PERSONALITY DEVELOPMENT / BIOGRAPHY

| 9336 B • Rs. 135/- | 9334 E • Rs. 150/-
Also available in Odia | 9382 A • Rs. 110/- | 9329 E • Rs. 96/- | 9346 C • Rs. 60/- | 9392 C • Rs. 125/- | U 2174 • Rs. 395/- |

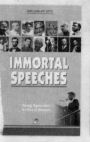      

| 9299 A • Rs. 96/- | 9703 C • Rs. 125/- | 9394 A • Rs. 150/- | 9728 E • Rs. 96/- | 9389 D • Rs.96/- | 9365 D • Rs. 125/- | U 3034 • Rs. 100/- |

COOKERY

| U 3027
Rs. 150/- | U 3041
Rs. 150/- | 9715 H
Rs. 150/- | U 2785
Rs. 135/- | 9338 D
Rs. 96/- | 9357 F
Rs. 125/- | 9348 A
Rs. 125/- | 9320 A
Rs. 125/- | 9278 D
Rs. 96/- |

DIGITAL PHOTOGRAPHY

U 3072

- Simple and easy-to-understand language.
- Full of colourful photographs.
- Solutions of almost all the problems faced by the Photographers including editing of photographs.
- Expert Tips included wherever required.
- List of websites for showca...

...*he book is a "must" for all the ...hotography and even a seri... ...ook useful.*

Life Cycle of **BIRDS**

Bhagat Singh

A comprehensive volume showing the birdlife in its various phases of growth right from the stage of nest building to the successful departure of the young, through clear, crisp & sharp colour photographs in their natural habitats and true to life postures.

...200/-

Portrays a vivid & lucid picture of ...bird-life for 35 different bird

9398 A • Rs. 98/-

Tales of

9397 D • Rs. 98/-

9361 D • Rs. 96/-

9360 C • Rs. 96/-

9292 B • Rs. 50/-

9291 A • Rs. 50/-

9332 C • Rs. 48/-

9331 B • Rs. 60/-

9274 D • Rs. 75/-

9273 C • Rs. 75/-

9277 C • Rs. 50/-

9276 B • Rs. 75/-

9388 C • Rs. 125/-

9385 D • Rs. 125/-

TALES

9295 A • Rs. 60/-

9386 A • Rs. 125/-

9387 B • Rs. 125/-

9279 A • Rs. 50/-

9280 B • Rs. 50/-

9354 C • Rs. 48/-

Tales

9328 D • Rs. 95/-

Tales of Witty Characters

9238 A • Rs. 96/-

Tales of

9236 C • Rs. 75/-

9245 D • Rs. 60/-

TALES OF

9243 B • Rs. 75/-

9237 D • Rs. 96/-

Tales of

9235 B • Rs. 75/-

9244 C • Rs. 60/-

WITTY TALES OF

9242 A • Rs. 75/-

9246 A • Rs. 60/-

9225 C • Rs. 60/-

9287 B • Rs. 60/-

9290 E • Rs. 60/-

9370 A • Rs. 36/-

WITTIEST TALES OF

9226 A • Rs. 60/-

Tales
of
Wit,

9248 C • Rs. 60/-

9340 A • Rs. 96/-

انگریزی سکھانے کا بے مثال سورس

ریپڈیکس®

انگلش اسپیکنگ کورس

ترجمہ
ظہیر حسن قدوسی قاسمی
(M.A., M.Phil.)

اس نئے ایڈیشن کی خصوصیات:

- اس مرتبہ اردو ایڈیشن کو بہتر اور ممتاز بنانے کے لئے مکمل طور پر جدید طریقے سے آراستہ کیا گیا ہے۔
- عام فہم انداز بیان کے ساتھ انگریزی سکھانے کے لئے ریپڈیکس سسٹم کو اپنایا گیا ہے۔
- اردو ایڈیشن میں کافی ترمیم کے بعد ایسے مفید مضامین کا اضافہ کیا گیا ہے جن کی بہت ضرورت محسوس ہوتی ہے۔
- مختلف مواقع پر عام بول چال میں استعمال ہونے والے چنندہ جملوں کو بطور مشق ایک CD میں کیا گیا ہے جو آپ کو اس کے ہمراہ ملے گی۔
- CD میں دئے گئے جملے اور مضامین کی CD اسکرپٹ (CD Script) کتاب کے آخر میں گلابی صفحات میں دی گئی ہے۔

Rapidex®
PUBLICATIONS

Publishers
UNICORN BOOKS

F-2/16, Ansari Road, Daryaganj, New Delhi-110002
☎ 23275434, 23262683 • Fax: 011-23257790
E-mail: info@unicornbooks.in • *Website:* www.unicornbooks.in

Branch : Mumbai
23-25, Zaoba Wadi Thakurdwar, Mumbai-400002
☎ 022-22010941, 022-22053387
E-mail: rapidex@bom5.vsnl.net.in

Distributors :

➤ **Pustak Mahal**, New Delhi

J-3/16, Daryaganj, New Delhi-110002

Bangaluru: ☎ 080-22234025 • *Telefax:* 22240209

Patna: ☎ 0612-3294193 • *Telefax:* 0612-2302719

➤ **PM Publications, New Delhi-110002**

- 10-B, Netaji Subhash Marg, Daryaganj, New Delhi-110002
- 6686, Khari Baoli, Delhi-110006

➤ **V & S Publishers, Hyderabad**

5-1-707/1, Brij Bhawan, (Beside Central Bank of India Lane)
Bank Street, Koti Hyderabad-500095
Hyderabad: ☎ 040-24737290

This book has been published in arrangement with Pustak Mahal
© **Pustak Mahal**
'RAPIDEX' Trade Mark Registration No. 318345//Dt. 6.9.76

ISBN: 978-81-7806-274-7 (Urdu)

7th Revised Edition
Reprint:- 2014

Printed at : Unique Colour Cartoon, Delhi

RAPIDEX ENGLISH SPEAKING COURSE
A book published in 13 Indian Regional Languages and 4 International Languages.

ریپیڈیکس انگلش اسپیکنگ کورس

آپ کا پسندیدہ "ریپیڈیکس انگلش اسپیکنگ کورس" کا اب بالکل جدید ایڈیشن بہت کچھ اضافے کے ساتھ آپ کے ہاتھ میں ہے۔ اس نئے "ریپیڈیکس انگلش اسپیکنگ کورس" کو تیار کرنے کے لئے جہاں ہم نے ہزاروں لوگوں کے بیچ تحقیق و تفتیش کی، ان کے مسائل کو جانا، وہیں انگریزی زبان کے ماہر و تجربہ کار اساتذہ کے صلاح و مشورے سے اس کو مرتب کیا ہے جو یقیناً نئی صدی کے لئے ایک قیمتی تحفہ ہے۔ اس میں زبان و بیان اور مضامین و مشق ہر اعتبار سے ندرت ہے۔ یہ ندرت مطالعہ کے درمیان عیاں ہوتی جائے گی۔

اس نئے کورس میں اگرچہ انگریزی سکھانے کے لئے ریپیڈیکس سسٹم کو ہی اپنایا گیا ہے (کیونکہ یہ طریقہ آج بھی ہر نئے سے مفید ہے) مگر ہر طرح سے صحیح کے بعد۔ اس نئے کورس کے Conversation section میں زبان کے نقطۂ نظر سے انگریزی زبان میں نئے قابل قبول الفاظ کو اپنانے کی کوشش کی گئی ہے تاکہ قارئین کو آج اور مستقبل میں بھی کسی طرح کی احساس کمتری کی شکایت نہ ہو۔ اس طریقے سے آپ کو کم الفاظ میں اپنے مافی الضمیر کی ادائیگی کی صلاحیت بھی پیدا ہو جائے گی۔ بات چیت کو اور زیادہ کارآمد بنانے کے لئے اس بات کا خاص دھیان رکھا گیا ہے کہ وہ زیادہ سے زیادہ ایسے حصوں کا احاطہ کرے جو ذاتی اور سماجی تو ہوں، ہی ساتھ ہی کیریر سے جڑے ہوئے بھی ہوں۔ اس طرح ایک عام خانگی خاتون یا ملازم پیشہ خاتون اسکول/کالج کا طالب علم ہو یا کیریر تلاش کرنے والا نوجوان، اسٹوڈنٹ ہو یا افسر، مال بیچتا ہوا دکاندار یا خریدار _____ یہ کورس ہر ایک کے لئے یکساں مفید ہے۔

درمیان میں بہت سے مفید جملے ملیں گے۔ آپ ان کی مشق کرکے کام چلاؤ انگریزی تو بول ہی سکتے ہیں اگر چہ ایسی صلاح تو ہم بھی نہیں دیں گے۔ ہم تو چاہیں گے کہ آپ پوری کتاب پڑھ کر اس کی مشق کریں صحیح اور اچھی انگریزی بولیں۔ آپ کو اس قابل بنانا ہی کتاب کا اصل مقصد و مدعا ہے۔

اس نئے کورس میں کچھ ایسے طریقے بھی بتائے گئے ہیں جنہیں اپنا کر آپ صحیح وقت پر صحیح لفظ نہ چن پانے کی پریشانی سے بھی بچ سکتے ہیں۔ جیسے کہ ایسی حالت میں انگریزی الفاظ کی جگہ اپنی مادری زبان کے الفاظ کا استعمال کرکے، آپ اپنی کی کو ہی نہیں چھپا لیتے، بلکہ جدید رواں انگریزی بولنے والوں کے زمرے میں بھی آ جاتے ہیں۔

اس نئی کورس کٹ کے ساتھ "ریپیڈیکس ایجوکیشنل کنورسیشن CD" دی جا رہی ہے۔ اس CD میں انگریزی الفاظ، ہفتے اور مہینوں کے نام، 1 سے 100 تک کی گنتی کے صحیح تلفظ اور خطاب، شکریہ، مبارکباد، معذرت، حمایت و نفی جیسے جذبات کو اظہار کرنے والے ایسے ضروری جملے ہیں جن کا استعمال ہم روز ہی کیا کرتے ہیں۔ اور اس کے علاوہ اس میں تعارف، پارٹی، راستہ پوچھنا، سکریٹری، بوس، دکاندار کو شکایت، انٹرویو، لڑکے لڑکیوں کی شادی سے متعلق گفتگو، کالج میں لڑکے لڑکیوں کے درمیان گفتگو جیسی خاص مواقع پر ہونے والی بات چیت کے جملے ہیں۔

کتاب پڑھنے کے بعد، دیئے گئے اشارات کے مطابق اگر CD کے ساتھ آپ مشق کریں گے تو ہمارا یقین ہے کہ آپ کو انگریزی بولنے کی ہچک بالکل ختم ہو جائے گی۔ اس طرح یہ CD آپ کو جہاں انگریزی کی صحیح تلفظ سکھائے گی وہیں بولنے کی ہچک کو بھی ختم کرنے میں معاون ثابت ہوگی۔

اگر یہ کہا جائے تو مبالغہ نہ ہوگا کہ "ریپیڈیکس انگلش اسپیکنگ کورس" اپنی خصوصیات کی بنا پر مستقبل میں کامیاب زندگی کے لئے ایک ضروری کورس بن جائے گا۔ کیونکہ یہ کورس صرف آپ کو انگریزی بولنا اور لکھنا ہی نہیں سکھائے گا بلکہ آپ کی پوری شخصیت کی تشکیل بھی کرے گا۔

آپ نے جس طرح 25 سالوں سے اس کورس کو سراہا ہے اور اس کے لئے کامیاب سفر میں وقت وقت پر دیئے گئے مشوروں اور ناقدانہ تبصروں کے ذریعہ حوصلہ افزائی کی ہے۔ ہمیں امید ہے کہ ویسا ہی پیار اس نئے ترمیم شدہ ایڈیشن کو بھی ملے گا۔

ناشر

فہرست مضامین Contents

آیئے شروع کریں

دوستو! اس کورس میں آپ کا خیر مقدم ہے'

یہ کوئی عام کورس نہیں ہے کیونکہ یہ ہزاروں لوگوں کے بیچ کی گئی کھوج اور انگریزی زبان کے ماہر اساتذہ کے برسوں کے تجربات کا نچوڑ ہے۔ اسی کے ساتھ قارئین کے بیش قیمت تاثرات اور مشورے کے مطابق اس کی تجدید کی گئی ہے جسے آپ صرف پڑھ کر دئے گئے اشارات کی مشق کر کے ہی محسوس کر سکیں گے۔

60 دنوں کے اس کورس کو تیار کرتے وقت ہم نے دو باتوں کو اپنے سامنے خاص طور پر رکھا تھا ایک تو یہ کہ آپ روانی کے ساتھ انگریزی بولنے لگیں، دوسرے یہ کہ انگریزی زبان کا مزاج، جملے کے ساخت تلفظ، رموز و اوقاف وغیرہ کی تدریجی معلومات ہو۔ اس طرح یہ کورس آپ کو انگریزی بولنا اور لکھنا دونوں سکھائے گا۔

اس کورس کے ذریعہ آپ 60 دنوں کا سفر طے کریں گے جس کی چھ منزلیں ہونگی ہر دس دن ایک اکائی (unit) ہے۔ اس طرح اس کی چھ اکائیاں (unit) ہوئیں۔ ہر ایک اکائی کا آخری دن یعنی 10واں، 20 واں، 30 واں............وغیرہ مشاقی کا دن ہے۔ انھیں دنوں میں آپ کو نئی یا اس کے علاوہ بھی جانکاری ملے گی۔ ان میں tests, exercises اور tables کی مدد سے آپ اپنی جانچ بھی خود کر سکیں گے کہ آپ نے کتنا سیکھا ہے۔

ویسے تو اس کورس میں شامل کئے گئے سبھی جملے ضروری ہی ہیں مگر کچھ ایسے جملے جو روز مرہ استعمال کئے جاتے ہیں۔ اور کچھ مشہور جملوں کی بھی جا بجا نشاندہی کر دی گئی ہے تعداد میں کم ہونے کی وجہ سے ان جملوں کو جلد اور بآسانی یاد کیا جا سکتا ہے۔ آپ ان کا عام بات چیت میں استعمال کر کے لوگوں پر اپنی دھاک جما سکتے ہیں۔

کسی بھی زبان کا اچھا جاننے والا اُس زبان میں پورے اعتماد کے ساتھ بول پائے، یہ ضروری نہیں جب تک دل میں یہ خوف بنا رہے گا کہ لوگ کیا کہیں گے تب تک آپ بات چیت میں اٹکیں گے۔ اسی طرح اگر آپ کا تلفظ صحیح نہیں ہوگا تو آپ کی 'لوگ ہنسی اڑائیں گے' کے ڈر سے بولنے میں ہچک محسوس کریں گے یا پھر صحیح وقت پر صحیح بات نہیں کہہ پائیں گے۔ بات چیت میں ہونے والی انہیں پریشانیوں سے بچنے کے لئے کتاب کے ساتھ جو **CD** آپ کو دی گئی ہے اس کا **16** صفحات کا اسکرپٹ کتاب کے آخر میں دیا گیا ہے۔ اس کے شروع میں اشارے دیئے گئے ہیں آپ انہیں پڑھیں اور CD کے ساتھ ساتھ صحیح تلفظ کی مشق کریں۔ یقیناً تھوڑی مدت کی مشق کے بعد آپ کو اپنے پر اعتماد محسوس ہوگا اور انگریزی بولنا اتنا فطری لگے گا جیسے آپ اپنے مادری زبان بول رہے ہیں۔

یہاں ایک بات خصوصی توجہ کے لائق ہے کہ کتاب کو پڑھے بغیر CD کا استعمال نہ کریں اس سے فائدہ کی جگہ نقصان ہو سکتا ہے کیونکہ یہ CD کتاب ہی کا ایک حصہ ہے۔ آپ کو انگریزی سکھانے کے لئے اپنے آپ میں یہ CD مکمل نہیں ہے۔ اس کورس کو تیار کرتے وقت پوری طرح نفسیات انسانی کو مدّ نظر رکھا گیا ہے۔ آپ کو 60 دنوں کے بعد پُر مسرت تعجب ہوگا یہ جان کر کہ انگریزی بولنا لکھنا تو کوئی مسئلہ ہی نہیں تھا لیکن یہ ساٹھ دنوں کے بعد کا تجربہ ہے۔ یہاں تک پہنچنے کے لئے آپ کو پہلے ان شرائط کی پابندی کرنی ہوگی :

1. سب سے پہلے مصمم ارادہ کرنا ہوگا، پھر
2. اس پختہ ارادہ کے پائے تکمیل تک پہنچانے کے لئے محنت کرنی ہوگی اور
3. اس کوشش کو تب تک جاری رکھنا ہوگا جب تک کہ آپ اپنے مقصد تک پہنچ نہیں جاتے۔

اور ہمیں پورا یقین ہے کہ ان تین شرائط کو ماننے کیلئے آپ پوری طرح سے تیار ہیں۔ بس سمجھ لیجئے آپ انگریزی بولنے کے ہنر میں ماہر ہو گئے۔ انگریزی میں ایک مقولہ ہے Well begun is half done یعنی صحیح شروعات کام کی نصف تکمیل ہے۔

تو آیئے چلئے ہمارے ساتھ پہلے مرحلہ میں آپ کا تعارف ہوگا انگریزی میں آداب و القاب، تہذیب و اقدار، جذبات و احساسات والے الفاظ سہل و مختصر جملے اور فعل کے تینوں زمانے بغیر قواعد کی دماغ سوزی کے۔ اسی کے ساتھ آگے ہر ایک دن کچھ بولنے کے لئے ہوگا کچھ سیکھنے کے لئے ہوگا، اور کچھ مشق کے لئے جو کہ آپ کو ساتھ ساتھ سمجھایا جائے گا۔

ہماری نیک خوہشات آپ کے ساتھ ہیں خدا کرے اس سفر میں منزل بمنزل کامیابی آپ کا قدم چومتی رہے۔

1 پہلا دن
1st Day

پہلی منزل (1st Expedition)

آیئے! پہلا دن آداب و تعظیم سے شروع کریں۔ بھارت میں سبھی مواقع پر الفاظ سلام' نمستے یا نمسکارم' کہہ کر مخاطب کیا جاتا ہے۔ مسلمان 'السلام علیکم' یا 'آداب' اور سکھ آپس میں ملنے پر 'ست سری اکال' کہتے ہیں۔ مگر انگریزی میں ایسا نہیں ہے۔ اس میں دن کے الگ الگ اوقات پر الگ الگ الفاظ سے سلام کرنے کا طریقہ رائج ہے۔

گفتگو میں آداب و تعظیمی جملے

اپنے سے، بڑے رشتے داروں والی عہدہ داروں کے ساتھ

صبح سے لے کر دوپہر بارہ بجے تک

۱. آداب عرض ہے، دادا جان!	Good morning, Grandpa!	گڈ مارننگ، گرینڈ پا!
۲. آداب عرض، والد صاحب!	Good morning, Dad!	گڈ مارننگ، ڈیڈ!
۳. آداب، سر!	Good morning, Sir!	گڈ مارننگ، سر!

دوپہر کے بارہ بجے سے شام پانچ بجے تک

۴. آداب عرض ہے، دادی جان!	Good afternoon, Grandma!	گڈ آفٹرنون، گرینڈ ما!
۵. آداب عرض ہے، امی جان!	Good afternoon, Mummy!	گڈ آفٹرنون، ممی!
۶. آداب، بیٹی!	Good afternoon, dear!	گڈ آفٹرنون، ڈیئر!

شام پانچ بجے کے بعد

۷. آداب عرض ہے، چچا جان!	Good evening, Uncle!	گڈ ایوننگ، انکل!
۸. آداب عرض ہے، چچی جان!	Good evening, Auntie!	گڈ ایوننگ، انٹی!
۹. آداب، بیٹے!	Good evening, dear!	گڈ ایوننگ، ڈیئر!

رات کو رخصت ہونے کے وقت

۱۰. شب بخیر، خدا حافظ!	Good night!	گڈ نائٹ!
	Sweet dreams,darling!	سوئیٹ ڈریمز، ڈارلنگ!

دن میں کسی بھی وقت رخصت ہوتے وقت

۱۱. اچھا جناب، اب اجازت دیجیئے!	Good day to you, Sir!	گڈ ڈے ٹو یو، سر!

ملاقات پر

۱۲. آپ سے ملکر بڑی مسرت ہوئی!	Pleased to meet you!	پلیز ٹو میٹ یو!

کسی بھی وقت (Informal greetings) اپنے دوستوں اور برابری کے لوگوں کے ساتھ

۱. ہائے سیمی!	Hi Simi!	ہائی سیمی!

۲. ہائے انکور!	Hi Ankur!	ہائی انکور!
۳. ہلو انکل!	Hello Uncle!	ہیلوانکل!
۴. ہلو نشی!	Hello Nishi!	ہیلونیشی!
۵. ہلو کش!	Hello Kush!	ہیلوکش!
۶. ہلو مسز مہرا!	Hello Mrs. Mehra!	ہیلومسزمہرا!

نوٹ : اگر تعلق بے تکلفانہ ہوتو 'ہلو' اور 'ہائی' کا استعمال اپنے سے بڑوں کے ساتھ بھی کیا جاسکتا ہے۔

رخصت کے وقت :

۱. اچھا چلتے ہیں، بچو!	Goodbye, children!	گڈبائی، چلڈرن!
۲. اچھا!	Bye, bye!	بائی بائی!
۳. چلتے ہیں، پیارے!	Farewell, dear!	فیئرویل، ڈیئر!
۴. اچھا، پھر ملیں گے!	Bye, see you./So long!	بائی، سی یو/سولونگ!

برائے یادداشت (To Remember)

اردو اور انگریزی میں طرز تخاطب کا فرق

A

انگریزی میں :

۱. گرینڈ فادر Grandfather کو مختصراً گرینڈپا Grandpa کہتے ہیں۔

۲. فادر Father کے لئے ڈیڈ Dad یا ڈیڈی Daddy کا بھی استعمال ہوتا ہے

۳. گرینڈ مدر Grandmother کو مختصراً گرینڈ ما Grandma کہتے ہیں۔

۴. مدر Mother کے لئے Mom ممی (Mummy) کا لفظ بھی استعمال کیا جاتا ہے۔

B

انگریزی میں :

۱. چچا، تایا، ماموں، خالو، پھوپا......سبھی کو صرف انکل (Uncle) کہا جاتا ہے۔

۲. چچی، تائی، ممانی، پھوپی، خالہ......ان تمام رشتوں کو آنٹ یا آنٹی (Aunt, Aunty or Auntie) کہا جاتا ہے۔

۳. کسی آدمی کی تعظیم اور عزت افزائی کے لئے سر (Sir) کا لفظ استعمال کرتے ہیں۔

۴. کسی بھی عورت کی تعظیم وتکریم کے لئے میڈم (Madam) کا لفظ استعمال کرتے ہیں۔

۵. چچازاد، ماموں زاد، پھوپھی زاد، تایازاد، خالہ زاد بھائی یا بہن کے رشتہ کے لئے صرف کزن (Cousin) کا لفظ استعمال کیا جاتا ہے۔ Cousin Brother/Cousin Sister نہیں۔

۶. شوہر (Husband) ہزبینڈ کو مختصراً (Hubby) 'ہبی' کہتے ہیں۔

۷. شادی شدہ عورت کے نام یا عرف سے پہلے مسز (Mrs) اور غیر شادی شدہ عورت کے لئے مس (Miss) کا استعمال کیا جاتا ہے۔
مس (Ms) کا استعمال شادی شدہ وغیر شادی شدہ کسی بھی عورت کے نام سے پہلے کیا جاسکتا ہے۔

10

2nd Day دوسرا دن

(Good Manners in English) انگریزی میں خوش اخلاقی

انگریزی زبان سیکھنے کے ساتھ ساتھ اس کے آداب وتہذیب کی معلومات بھی ضروری ہے۔ انگریز بات چیت میں تہذیبی اقدار کے بڑے پابند ہوتے ہیں۔ بار بار کچھ مخصوص منکسر الفاظ کا استعمال ان کی گفتگو کا خاص امتیاز ہوتا ہے کہ بات کو کیسے کہیں، کن الفاظ کا استعمال کریں۔ ایسی ہی کچھ ضروری باتوں کی معلومات اس سبق میں دی گئی ہے۔

A

اردو زبان کی طرح انگریزی میں دورانِ گفتگو نام کے ہمراہ 'جی' یا 'صاحب' لگانے کا رواج نہیں ہے اور نہ 'آپ' یا وہ جیسے تعظیمی الفاظ کا استعمال کیا جاتا ہے۔ اسی طرح بات چیت کے درمیان 'میں' کیلئے ہم بھی نہیں استعمال کیا جاتا۔ اسی تعلق سے اردو داں طبقہ کو یہ کہتے سنا گیا ہے کہ انگریزی خشک زبان ہے۔ اس میں بزرگوں اور بڑوں کو بھی 'تم'، 'تو' (You) سے مخاطب کیا جاتا ہے۔ اس کا یہ مطلب ہرگز نہیں ہے کہ انگریزی بالکل ہی روکھی اور خشک زبان ہے۔ صرف اتنا سمجھ لیجئے وہاں 'آپ' اور 'وہ' لفظ نہیں ہیں۔ ویسے بات بات پر آداب جتانے کا انگریزی زبان میں ایک طریقہ رائج ہے۔ صحیح انگریزی جاننے کے لئے اس بات کو ذہن نشین کر لیجئے۔ انگریزی کے ان الفاظ کو پھر سے دہرائیے۔ ان الفاظ میں مکمل انگریزی تہذیب سمائی ہوئی ہے۔ یہ انگریزی زبان کے بڑے اہم الفاظ ہیں۔

1. Please	پلیز	**5.** Allow me	الاؤمی	**9.** Pardon	پارڈن
2. Thanks	تھینکس	**6.** After you	آفٹر یؤ	**10.** That is alright	دیٹ از اول رائٹ
3. Welcome	ویلکم	**7.** Sorry	سوری	**11.** It's my pleasure	اٹس مائی پلیزر
4. Kindly	کائنڈلی	**8.** Excuse me	ایکس کیوزمی		

۱. اگر آپ کو کسی سے قلم حاصل کرنا ہو یا پانی طلب کرنا ہو یا وقت معلوم کرنا ہو یا پھر کسی کو جواب میں ہاں کہنا ہو تو آپ کو جملوں میں پلیز (Please) استعمال کرنا ہوگا۔ اگر آپ پلیز (Please) یا کائنڈلی (Kindly) وغیرہ یکساں معنی والے الفاظ کا استعمال نہیں کرتے ہیں تو آپ غیر مہذب اور بد اخلاق تصور کئے جائیں گے۔ اردو میں آپ یوں بھی کہہ دیتے ہیں :

۱. ذرا اپنا قلم دینا۔ ۲. ایک گلاس پانی۔ ۳. کیا بجا ہے؟ ۴. ہاں، پی لوں گا۔

لیکن اردو کی طرح اگر آپ انگریزی میں مندرجہ ذیل جملے بولیں گے تو کوئی انگریزی داں پہچان لے گا کہ کوئی غیر مہذب بول رہا ہے یا کوئی غیر ملکی نو آموز بول رہا ہے جو آداب گفتگو سے نابلد ہے۔

1. Give me your pen. گیومی یور پین۔
2. Give me a glass of water. گیومی اے گلاس آف واٹر۔
3. What is the time? واٹ از دی ٹائم؟
4. Yes, I will drink it. یس، آئی ول ڈرنک اٹ۔

اور اگر آپ کہیں گے :

1. May I have your pen, please? مے آئی ہیو یور پین، پلیز؟
2. A glass of water, please. اے گلاس آف واٹر، پلیز۔
3. Time, please? ٹائم، پلیز؟
4. Yes, please. یس، پلیز۔

اگر آپ ان جملوں کو اس طرح بھی ادا کریں گے تو یہ سمجھا جائے گا کہ کوئی مہذب شخص بول رہا ہے :

1. May I borrow your pen, please? — مے آئی بورو یور پین، پلیز؟

2. Give me a glass of water, please. — گیو می اے گلاس آف واٹر، پلیز۔

3. What is the time, please? — واٹ از د ٹائم پلیز؟

۲. (ا) اگر کسی آدمی نے آپ کا معمولی سا بھی کام کیا ہے۔ مثال کے طور پر، آپ نے وقت معلوم کیا یا مکان کا پتہ دریافت کیا اور اس نے بتا دیا تو اسے آپ Thank you کہنا نہ بھولئے۔ ہاں آپ تھینکس Thanks بھی کہہ سکتے ہیں اگر آپ اس پر مزید شکریہ ظاہر کرنا چاہیں تو آپ یہ کہہ سکتے ہیں: مینی مینی تھینکس ٹو یو؟ Many many thanks to you. یا تھینک یو ویری مچ Thank you very much.

(ب) کوئی آپ سے کچھ لینے کو کہے لیکن آپ کو لینے کی خواہش نہ ہو تو آپ اپنے انداز میں یہ نہ کہئے کہ ''بس بس'' آئی ڈونٹ وانٹ ٹو ٹیک مور۔ I don't want to take more. اس کے بجائے آپ اس طرح کہئے ''نو، تھینکس'' No, thanks.

۳. آپ نے کسی کا کوئی معمولی سا بھی کام کیا۔ اس نے آپ سے تشکرانہ انداز میں تھینک یو (Thank you) کہا تو انگریزی میں سلسلۂ کلام یہیں پر ختم نہیں ہو جاتا بلکہ تھینکس (Thanks) سن کر آپ خاموش رہ جائیں گے تو آپ انگریزی سوسائٹی میں بڑے غیر مہذب یا مغرور کہلائیں گے۔ اسکے جواب میں آپ کو مزید یہ الفاظ ادا کرنے ہوں گے:

	It's* all right.	(اٹس آل رائٹ)	سب ٹھیک ہے۔
یا	1. No mention.	(نو منشن)	کوئی بات نہیں۔
یا	2. It's fine.	(اٹس فائن)	سب ٹھیک ہے۔
یا	3. My pleasure.	(مائی پلیزر)	اسمیں میری خوشی ہے۔
یا	4. Welcome/you're welcome.	(ویلکم/یو آر ویلکم)	زہے نصیب۔

مذکورہ بالا پانچ جملوں سے آپ خود اندازہ کر سکتے ہیں کہ آخری جملے میں زیادہ نرمی اور انکساری ہے۔ ویسے اوپر کے دونوں جملے بھی کافی استعمال ہوتے ہیں۔

۴. اگر کوئی آپ سے کسی شئے کو طلب کرے اور آپ دینے پر رضامند ہوں تو اردو میں آپ کہیں گے لے لیجئے مگر اسی طرح آپ نے انگریزی میں کہہ دیا 'ٹیک اٹ' (Take it) تو فوراً شناخت ہو جائے گا کہ آپ ادب سے ناواقف ہیں۔ اس لئے آپ کہیں گے :

With great pleasure. — ود گریٹ پلیزر

Yes, you are welcome. — یس یو آر ویلکم

۵. اگر آپ کسی کی خدمت یا مدد کے خواہش مند ہیں تو اپنی خواہش ظاہر کرنے کا انگریزی میں الگ طریقہ ہے۔ مثلاً آپ کو کسی عورت کی گود سے اس کا بچہ لینے کی خواہش ہے یا پھر کسی ضعیف شخص کا وزنی تھیلا اٹھانے کی پیش کش کرتے ہیں تو اس کے لئے اس طرح کہا جائے گا کہ مجھے موقع دیں؟ الاؤ می (Allow me) یا کیا میں آپ کی مدد کر سکتا ہوں؟ مے آئی ہلپ یو؟ (May I help you?)

۶. اگر آپ کسی عورت یا کسی بوڑھے کو راستہ دیتے ہیں تو آپ اپنی زبان میں کہہ دیتے ہیں 'پہلے آپ' جبکہ انگریزی میں فرسٹ یو First you نہیں کہیں گے بلکہ یہ کہیں گے After you.

۷. انگریزی میں بات بات پر افسوس کرنے کا رواج ہے۔ اپنی زبان میں بھی ہم افسوس کا اظہار کرتے ہیں یا معافی طلب کرتے ہیں۔ لیکن تب ہی جب کوئی غلطی سرزد ہو جائے یا کسی نقصان سے دوچار ہونا پڑے، یا کسی کے یہاں وقت متعین پر نہیں پہنچ پاتے تب ہم اظہار افسوس یا اظہار ندامت کرتے ہیں۔ اگر حسبِ وعدہ کہیں آپ پہنچ نہ سکیں اور اپنی اس کوتاہی پر معذرت خواہ ہیں تو انگریزی میں ایسی چھوٹی چھوٹی باتوں پر معذرت طلب کرنے کے لئے 'سوری (Sorry)، ایکس کیوزمی (Excuse me) پارڈن (Pardon) وغیرہ الفاظ استعمال کرتے ہیں۔

---

*انگریزی میں short forms (مختصرات) بہت رائج ہیں۔ جیسے It is کے لئے It's اور You are کے لئے you're کا بات چیت میں بہت استعمال ہوتا ہے۔ کچھ مثالیں مندرجہ ذیل ہیں۔

I am ------- I'm	He is ---- He's
I have ------I've	She is ----- She's
We are ------We're	Is not/are not ---- Isn't/aren't

اس کے استعمال سے بات چیت میں روانی آتی ہے۔

(الف) آپ کا کسی سے ہاتھ چھو جائے تو آپکو فوراً کہنا ہوگا، سوری (Sorry)۔

(ب) دو شخص کسی راستے میں محوِ گفتگو ہوں اور آپ کو ان کے درمیان سے گزرنا ضروری ہو تو آپ کو ایسے موقع پر ایکسکیوز می (Excuse me) کہہ کر گزرنا ہوگا۔ اسی طرح کسی محفل، وغیرہ کے درمیان سے اٹھکر جانا ہے یا کسی کی بات کاٹ کر اپنی بات کہنی ہے تو ان حالتوں میں آپ کہیں گے ایکس کیوز می (Excuse me)

(ج) آپ ٹیلی فون سن رہے ہیں یا کسی سے روبرو بات چیت کرتے ہوئے کوئی بات سمجھ میں نہ آئی اس لئے آپ مکرر اس کی بات کو سننے کے طالب ہیں تو اس طرح نہیں کہیں گے اسپیک لاؤڈلی، آئی کین نوٹ ہیئر اینی تھنگ۔ Speak loudly! I cannot hear anything اونچا بولیئے، مجھے کچھ سنائی نہیں دیتا۔

یہاں بجائے اسکے صرف اتنا ہی کہیں گے۔ پارڈن Pardon یا آئی بیگ یور پارڈن (I beg your pardon.)

اس سے مخاطب سمجھ لے گا کہ آپ کو دوبارہ اپنا مدعا سمجھائے۔

(د) آپ کسی سے ملاقات کی غرض سے اس کے مکان پر پہنچ گئے۔ وہاں آپ بغیر اطلاع کئے یا بغیر اجازت کے اندر داخل نہ ہوں بلکہ انگریزی میں اس طرح اجازت طلب کریں 'مے آئی کم ان پلیز' May I come in, please? اہل خانہ اس طرح جواب دیگا (سرٹینلی) Certainly یا (ودگریٹ پلیزر) With great pleasure یا (آف کورس) Of course یا (یس پلیز کم ان) Yes, please come in

انگریزی زبان ایسے آداب و تعظیمی الفاظ سے بھری پڑی ہے۔ جملے بناتے وقت زبان کی اس ادا کو ہمیشہ ذہن نشیں رکھیئے۔

چند تعظیمانہ جملے (Some Polite Phrases)

۱.	میں نے ملنے کا وقت دیا تھا مگر آ نہیں سکا۔ مجھے معاف فرمائیں۔	I'am sorry, I couldn't make it that day.	آئم سوری آئی کڈنٹ میک اٹ دیٹ ڈے۔
۲.	میں مقررہ وقت پر نہ آسکا، اس کے لئے معاف فرمائیں۔	I'm sorry, I couldn't make it in time.	آئم سوری، آئی کڈنٹ میک اٹ ان ٹائم۔
۳.	معاف فرمائیں، مجھے کچھ دیر ہوگئی۔	I'm sorry, I got a little late.	آئم سوری، آئی گوٹ اے لٹل لیٹ۔
۴.	میری طرف سے معذرت طلب کر لیجئے۔	Please convey my apologies.	پلیز کنوے مائی اپولوجیز۔
۵.	یہ غلطی سے سرزد ہوگیا۔ معاف فرمائیں۔	It was all by mistake, please excuse me.	اِٹ واز آل بائی مسٹیک، پلیز ایکسکیوز می۔
۶.	مجھے بیحد افسوس ہے۔	I'm very sorry.	آئم ویری سوری۔
۷.	معاف کیجئے میں نے خلل اندازی کی۔	Sorry to have disturbed you.	سوری ٹو ہیو ڈسٹربڈ یو۔
۸.	معاف کیجئے۔	I beg your pardon.	آئی بیگ یور پارڈن۔
۹.	میں یہ عرض کرنا چاہتا ہوں۔	Allow me to say.	الاؤ می ٹو سے۔
۱۰.	ذرا توجہ فرمائیے۔	May I have your attention, please?	مے آئی ہیو یور اٹنشن پلیز؟
۱۱.	اسے اپنی ہی چیز سمجھیئے	It's all yours.	اٹس آل یورس۔
۱۲.	کیا آپ مجھے عرض کرنیکا موقع عنایت فرمائیں گے؟	Will you please permit me to speak?	ول یو پلیز پرمٹ می ٹو اسپیک؟
۱۳.	اپنے کام میں میری مدد لیجئے۔	Let me also help you.	لیٹ می اولسو ہیلپ یو۔
۱۴.	کیا آپ تھوڑی جگہ دیں گے؟	Will you please move a bit?	ول یو پلیز موو اے بٹ؟
۱۵.	کیا آپ سے آہستہ بولنے کی درخواست کر سکتا ہوں؟	Will you please speak slowly?	ول یو پلیز اسپیک سلولی؟
۱۶.	ذرا آہستہ بولنے کی زحمت کریں؟	Will you mind speaking a bit softly please?	ول یو مائنڈ اسپیکنگ اے بٹ سوفٹلی پلیز؟
۱۷.	کیا آپ مجھے بیٹھنے دیں گے؟	Will you please let me sit?	ول یو پلیز لیٹ می سِٹ؟

۱۸. کیا میں آپ کا تھوڑا سا وقت لے سکتا ہوں؟ — Could you spare a few moments for me? — کڈ یو اسپیئر اے فیو مومنٹس فور می؟

۱۹. جیسی آپ کی مرضی۔ — As you please. — ایز یو پلیز۔

۲۰. آرام سے بیٹھیے۔ — Please make yourself comfortable. — پلیز میک یور سلف کمفورٹیبل۔

۲۱. تکلیف کے لئے معذرت ہے۔ — Sorry for the inconvenience. — سوری فور دی انکنوینینس

۲۲. آپ کی بڑی عنایت۔ — That's very/so kind of you. — دیٹس ویری/سو کائنڈ آف یو۔

۲۳. لیجئے۔ — Please help yourself. — پلیز ہلپ یورسیلف۔

۲۴. آپ سے ملکر خوشی ہوئی۔ — Glad to meet you. — گلیڈ ٹو میٹ یو۔

۲۵. آپ کے نیک مشورہ کا شکریہ۔ — Thanks for your kind/valuable advice. — تھینکس فور یور کائنڈ/ویلوایبل ایڈوائس۔

۲۶. میں پوری کوشش کروں گا/کروں گی۔ — I will try my level best. — آئی ول ٹرائی مائی لیول بیسٹ۔

۲۷. امید ہے آپ مزے میں ہوں گے۔ — Hope you are enjoying yourself/yourselves. — ہوپ یو آر انجوائنگ یورسلف/یورسلوز۔

(To Remember) برائے یادداشت

A

۱. ہر ایک ملک میں آداب وتہذیب ظاہر کرنے کے الگ الگ طریقے رائج ہیں۔ اردو میں نام کے بعد 'صاحب' یا 'جی' جیسے تعظیمی لفظوں کا رواج ہے۔ اسی طرح تعظیمی جملوں کیلئے جمع کا استعمال بھی کیا جاتا ہے۔ جبکہ انگریزی میں واحد ہی رہتا ہے۔ مثال کیلئے :

جناب کیدارناتھ صاحب آئے ہیں۔ — Mr. Kedarnath has come. — مسٹر کیدارناتھ ہیز کم۔

۲. اردو میں مخاطب کی تعظیم کیلئے 'تم' کی جگہ 'آپ' کا استعمال ہوتا ہے۔ مگر انگریزی میں تم اور آپ دونوں کے لئے یو (**You**) کا ہی استعمال کیا جاتا ہے۔ جیسے :

آپ کیا چاہتے ہیں؟ — What do you want? — واٹ ڈو یو وانٹ؟

اسی طرح اردو میں ضمیر غائب کے لئے تعظیم کے لئے 'وہ' کی جگہ، جمع کا استعمال ہوتا ہے۔ جب کہ انگریزی میں واحد صیغہ کا استعمال ہوتا ہے۔ جیسے :

وہ رات کو آسکتے ہیں۔ — He may come at night. — ہی مے کم ایٹ نائٹ۔

B

معافی مانگنے سے متعلق انگریزی میں کئی الفاظ ہیں جو بات چیت میں استعمال ہوتے ہیں۔ ان الفاظ کے جو اصل معنی ہیں، انھیں یہاں دیا جا رہا ہے۔

۱. Excuse* (v.) معذرت (معاف کریں) یہ عام معنی میں استعمال ہوتا ہے۔

مجھے معاف کریں — Please excuse me. — پلیز ایکسکیوز می

۲. Forgive (v.) سزا دینے کی خواہش کو ہمیشہ کے لئے دل سے نکال دینا۔ دل سے معاف کر دینا۔ جیسے: غلطی کرنا انسان کا کام ہے، معاف کرنا خدا کا کام۔
(To err is human, to forgive is divine)

۳. Pardon (v.) مجرم کو ملی ہوئی سزا سے آزاد کرنا۔ میری غلطی کے لئے مجھے معاف کریں (Please pardon me for my mistake.)

۴. Mistake (v.) غلط سمجھنا۔ غلطی سے آپ مجھے ڈاکٹر سمجھ رہے ہیں (You are mistaking me for a doctor.)

۵. Sorry (adj.) مجھے افسوس ہے۔ مجھے دیر سے آنے کا افسوس ہے۔ (I am sorry for being late.)

آج کل آسان بول چال میں I beg your pardon کا ہلکے پھلکے جملے میں عام استعمال ہونے لگا ہے۔ فون پر جب آپ کو آواز سنائی نہیں دیتی تو آپ کہتے ہیں I beg your pardon یا 'Pardon'? تو اس کا یہ مطلب ہوتا ہے کہ آپ تو ٹھیک بول رہے ہیں، پر مجھے سنائی نہیں دے رہا ہے۔ برائے مہربانی دوبارہ کہئے۔ 'Please repeat it' یہ بھی چلے گا پر آپ کو اصل معنی بھی جاننا چاہئے۔

*v کا مطلب فعل (verb) ہے۔

3rd Day تیسرا دن

استعجابیہ الفاظ (Exclamations)

انگریزی میں احساسات کے اظہار کے لئے الگ الگ طریقے ہیں۔ یہ سہل بھی ہے اور خوبصورت بھی۔ حیرانی، خوشی، رنج، ناراضگی اور دوسرے کئی جذبات کو چھوٹے چھوٹے جملوں اور دو تین الفاظوں میں بہت اچھے ڈھنگ سے کہا جاسکتا ہے۔ ان الفاظ اور جملوں کا ہم عام بول چال میں بار بار استعمال کرسکتے ہیں۔

۱.	واہ، واہ!	Marvellous!	ماروِلیس!
۲.	شاباش!	Well done!	ویل ڈن!
۳.	بہت خوب! بہت خوبصورت!	Beautiful!	بیوٹی فل!
۴.	ارے!	Hey!	ہے!
۵.	واہ!	Wow!	واؤ!
۶.	ہائے اللہ!	My/Oh God!	مائی/او گوڈ!
۷.	آپ نے تو کمال کردیا!	Wonderful!	ونڈرفل!
۸.	بیشک!	Of course!	اوف کورس!
۹.	خدا کا شکر ہے!	Thank God!	تھینک گوڈ!
۱۰.	خدا کے فضل سے!	By God's grace!	بائی گوڈس گریس!
۱۱.	خدا آپ کو برکت دے!	May God bless you!	مے گوڈ بلیس یو!
۱۲.	آپ کو بھی!	Same to you!	سیم ٹو یو!
۱۳.	بہت عمدہ!	Excellent!	ایکسی لنٹ!
۱۴.	بہت تکلیف دہ خبر!	How sad!	ہاؤ سیڈ!
۱۵.	بڑی خوشی کی خبر!	That is a good news!	دیٹ از اے گڈ نیوز!
۱۶.	کتنی بڑی جیت!	What a great victory!	واٹ اے گریٹ وکٹری!
۱۷.	میرے خدا! (تعجب سے)	Good heavens!	گڈ ہیونز!
۱۸.	سنیئے!	Hello! Listen!	ہیلو! لسن!
۱۹.	جھٹ پٹ کریئے! (فٹافٹ کیجئے)	Hurry up, please!	ہری اپ، پلیز!
۲۰.	کتنی بری بات ہے!	How terrible!	ہاؤ ٹریبل!
۲۱.	اتنی بے عزتی!	How disgraceful!	ہاؤ ڈس گریس فل!
۲۲.	کیسی فضول بات ہے!	How absurd!	ہاؤ ایبسرڈ!
۲۳.	اس کی اتنی ہمت!	How dare he!	ہاؤ ڈیئر ہی!
۲۴.	کیا خوب!	How sweet!	ہاؤ سوئیٹ!
۲۵.	کتنا خوبصورت!	How lovely!	ہاؤ لؤلی!
۲۶.	ایسا کہنے کی تمہیں جرأت کیسے ہوئی!	How dare you say that!	ہاؤ ڈیئر یو سے دیٹ!

۲۷.	پیارے!	Oh dear!	او ڈیئر!
۲۸.	جلدی چلو!	Hurry up!/Walk fast!	ہری اپ/رواک فاسٹ!
۲۹.	چپ رہیئے!	Please keep quiet!/Quiet, please!	پلیز کیپ کوائٹ! / کوائٹ پلیز!
۳۰.	ہاں، ایسا ہی!	Yes, it is!	یس، اٹ از!
۳۱.	سچ مچ!	Really!	رئیلی!
۳۲.	سچ !	Is it!	ازاٹ!
۳۳.	شکریہ!	Thanks!	تھینکس!
۳۴.	آپ کا شکریہ!	Thank you!	تھینک یو!
۳۵.	خدا کا لاکھ لاکھ شکر ہے!	Thank God!	تھینک گوڈ!
۳۶.	یہ مبارک دن بار بار آئے!	Many happy returns of the day!	مینی ہیپی ریٹرنس اوف د ڈے!
۳۷.	آہا! میں نے یہ میچ جیت لیا!	Hurrah! I have won!	ہُرّا! آئی ہیو اون!
۳۸.	آپکی بہتر صحت کے لئے!	For your good health!	فور یور گڈ ہیلتھ!
۳۹.	مبارک باد!	Congratulations!	کونگریچولیشنز!
۴۰.	کتنی بے ہودگی ہے!	What nonsense!	واٹ نون سینس!
۴۱.	کتنی شرم کی بات ہے!	What a shame!	واٹ اے شیم!
۴۲.	کتنی تکلیف دہ بات ہے!	How tragic!	ہاؤ ٹریجک!
۴۳.	کتنے حیرت کی بات ہے!	What a pleasant surprise!	واٹ اے پلیزنٹ سرپرائز!
۴۴.	تعجب خیز!	Wonderful!	ونڈرفل!
۴۵.	چھی چھی!	How disgusting!	ہاؤ ڈسگسٹنگ!
۴۶.	خبردار!	Beware!	بیویئر!
۴۷.	کتنے دکھ کی بات ہے!	What a pity!	واٹ اے پِٹی!
۴۸.	کیا خوب خیال ہے!	What an idea!	واٹ این آئیڈیا!
۴۹.	خوش آمدید، جناب!	Welcome sir!	ویل کم سر!
۵۰.	آپ کے استقبال کیلئے!	Cheers!	چیئرز!
۵۱.	کیا مصیبت ہے!	What a bother!	واٹ اے بودر!
۵۲.	ہوشیاری سے، سنبھل کر!	Watch out!	واچ آؤٹ!
۵۳.	کہیں نظر نہ لگے!	Touch wood!	ٹچ وڈ!
۵۴.	اب چاہے جو ہو!	Come what may!	کم واٹ مے!

4 th Day چوتھا دن

فقرے (Phrases)

انگریزی میں پورے جملے کی جگہ دو ایک لفظوں سے کام چلایا جاتا ہے۔ مثال کے طور پر (یَس، سَر) Yes, sir! (نو، سر) No, sir! (ویری گڈ، سر) Very good, sir! وغیرہ۔ ایسے چھوٹے چھوٹے مختصر الفاظ بہت زیادہ بولے جاتے ہیں۔ انگریزی بولنے اور سیکھنے کے خواہش مند حضرات/خواتین کے لئے ان کی معلومات بہت ضروری ہے۔ یہ مختصر الفاظ آسان بھی ہیں کیونکہ یہ گرامر کے پیچیدہ قواعد کے پابند نہیں ہیں۔

A

۱. میں ابھی آ رہا ہوں۔	Just coming.	جسٹ کمنگ۔
۲. بہت اچھا۔	Very well.	ویری ویل۔
۳. اچھی بات ہے۔	Fine/Very good.	فائن/ویری گڈ۔
۴. جیسی آپ کی مرضی۔	As you like.	ایز یو لائک۔
	As you please.	ایز یو پلیز۔
۵. اور کچھ؟	Anything else?	اینی تھنگ الس؟
۶. بس، رہنے دو۔	That's enough.	دیٹس اینف۔
۷. اس عزت افزائی کے لئے شکریہ۔	Thanks for this honour.	تھینکس فور دس آنر۔
۸. اچھا۔	O.K.	او، کے۔
۹. کیوں نہیں؟	Why not?	وائی نوٹ؟
۱۰. تھوڑا سا بھی نہیں۔ بالکل نہیں	Not a bit.	نوٹ اے بٹ۔
۱۱. دھیان رکھنا۔	Take care.	ٹیک کیئر۔
۱۲. کل ملیں گے۔	See you tomorrow.	سی یو ٹومورو۔
۱۳. ہاں، ضرور۔	Yes, by all means!	یس، بائی آل مینز
۱۴. بہت ہے۔ یہ انتہا ہے	That is too much.	دیٹ از ٹو مچ۔
۱۵. ہاں، جناب۔	Yes, sir!	یس، سر۔
۱۶. نہیں، کبھی نہیں۔	No, not at all.	نو، نوٹ ایٹ اول۔
۱۷. کوئی بات نہیں۔	Never mind./Doesn't matter.	نیور مائنڈ/ڈزنٹ میٹر۔
۱۸. اور کچھ نہیں۔	Nothing else.	نتھنگ الس۔
۱۹. کوئی خاص بات نہیں۔	Nothing special.	نتھنگ اسپیشل۔
۲۰. خوش آمدید، آئیے۔	Welcome!	ویلکم۔
۲۱. بھروسہ رکھیں۔	Rest assured.	ریسٹ ایشیورڈ۔
۲۲. بہت دن سے دیکھا نہیں۔	Long time no see.	لونگ ٹائم نو سی۔
۲۳. اچھا رخصت/گڈ بائی!	Good bye!	گڈ بائی!

۲۴. الوداع۔ Bye bye! بائی بائی!

۲۵. ذرا سا بھی نہیں۔ Not the least! نوٹ دی لیسٹ!

یہ لگ بھگ سبھی مختصر الفاظ ہیں، پورے جملے نہیں لیکن ان سے پورے جملے جیسا کام لیا جاتا ہے۔

B

(Sentences of Command/Order) حکمیہ جملے

۱. رکو۔	Stop.	اسٹوپ۔
۲. بولو۔	Speak.	اسپیک۔
۳. سنو۔	Listen.	لِسن۔
۴. یہاں ٹھہرو۔	Wait here.	ویٹ ہیئر۔
۵. ادھر آؤ۔	Come here.	کم ہیئر۔
۶. ادھر دیکھو۔	Look here.	لک ہیئر۔
۷. یہ لو۔	Take it.	ٹیک اٹ۔
۸. پاس آؤ۔	Come near.	کم نیئر۔
۹. باہر انتظار کرو۔	Wait outside.	ویٹ آؤٹ سائیڈ۔
۱۰. اوپر جاؤ۔	Go up.	گو اپ۔
۱۱. نیچے جاؤ۔	Go down.	گو ڈاؤن۔
۱۲. اتر جاؤ۔	Get off.	گیٹ اوف۔
۱۳. تیار ہو جاؤ۔	Get ready./Be ready.	بی ریڈی/گیٹ ریڈی۔
۱۴. چپ رہو۔	Keep quiet.	کیپ کوائٹ۔
۱۵. ہوشیار رہو۔	Be careful./Be cautious.	بی کیئرفل/بی کوشس۔
۱۶. دھیرے چلو۔	Go slowly./Walk slowly.	گو سلولی/واک سلولی۔
۱۷. فوراً جاؤ۔	Go at once.	گو ایٹ ونس۔
۱۸. یہاں رکو۔	Stop here.	اسٹوپ ہیئر۔
۱۹. سیدھے جاؤ۔	Go straight.	گو اسٹریٹ۔
۲۰. چلے جاؤ/نکل جاؤ۔	Go away./Get out.	گو اوے/گیٹ آوٹ۔

فاعل نہ ہوتے ہوئے بھی یہ جملے مکمل ہیں کیونکہ ان میں فعل اپنی جگہ پر ہیں یہ حکم (Command) کے جملے ہیں۔ ان میں You (تم) یعنی فاعل معنی کو دیکھتے ہوئے اپنی طرف سے لگانا پڑتا ہے۔ یعنی understood 'You' ہے۔

(To Remember) برائے یادداشت

۱ اوپر کے B حصے میں سبھی حکمیہ جملے ہیں۔ آپ انہیں تھوڑی کوشش سے استدعائیہ جملوں میں بھی بدل سکتے ہیں۔ اوپر کے سبھی جملوں میں پہلے 'Please' لگائیں۔ پہلا جملہ اس طرح بنے گا۔ .Please stop (ذرا رکیے)۔ اسی طرح سبھی جملے بنیں گے۔ ان جملوں کے افعال کا مطلب اب درخواست اور گزارش ہو جائے گا۔

۲. جب آپ اپنے افسر سے چھٹی مانگیں یا ایسی ہی کوئی اور درخواست کریں وہاں Please کی جگہ پر Kindly کا استعمال کریں۔ جیسے (i) مہربانی کر کے مجھے ایک یوم کی چھٹی عنایت کریں Kindly grant me leave for one day.

(ii) براہ کرم معاملے کی جانچ پڑتال کرائیں! Kindly look into the matter.

ان دونوں جملوں میں 'Please' کا استعمال درست نہیں ہے۔ Kindly لفظ کا استعمال کیا جانا چاہئے۔

۳. Don't – Do not اور Can't - cannot کی مختصر شکل ہے۔ ۴۔ استدعائیہ جملے نویں دن میں دیکھیے۔

5 پانچواں دن th Day

(Present Tense) زمانۂ حال

انگریزی میں زمانہ حال کے فعل کو چار حصوں میں تقسیم کیا گیا ہے۔(۱) Rahim studies (رحیم اسٹڈیز) رحیم پڑھتا ہے۔(۲) Rahim is studying. (رحیم از اسٹڈنگ) رحیم پڑھ رہا ہے۔ (۳) Rahim has studied. (رحیم ہیز اسٹڈیڈ) رحیم نے پڑھ لیا ہے۔ (۴) Rahim has been studying since morning. (رحیم ہیز بین اسٹڈنگ سنس مورننگ) رحیم صبح سے پڑھ رہا ہے۔ یہاں پہلے جملے میں فعل حال تو ہے مگر زمانہ متعین نہیں ہے۔ Rahim studies رحیم پڑھتا ہے۔ مگر یہ پتہ نہیں کب سے پڑھتا ہے؟ دوسرے جملے میں زمانہ حال میں جو فعل کیا جا رہا ہے وہ ابھی تک ختم نہیں ہوا بلکہ جاری ہے۔ Rahim is studying. تیسرے جملے میں Rahim has studied. رحیم نے پڑھ لیا ہے۔ یعنی فعل پورا ہو چکا لیکن اسے زیادہ وقت نہیں گزرا ہے۔ چوتھے جملے میں Rahim has been studying since morning. یعنی فعل ایک معینہ وقت سے چل رہا ہے۔ انہیں بالترتیب Present Indefinite, Present Continuous, Present Perfect اور Present Perfect Continuous کہا جاتا ہے۔

A

– Does/Do –

ڈو یو اسٹڈی انگلش؟	**Rahim :** *Do* you study English?	رحیم : کیا تم انگریزی پڑھتے ہو؟
یس، آئی ڈو۔	**Shamim :** Yes, I *do*.	شمیم : ہاں۔
ڈز لتا کم ٹو یور ہاؤس؟	**Rahim :** *Does* Lata come to your house?	رحیم : کیا لتا تمھارے گھر آتی ہے؟
یس، شی کمس سم ٹائمس۔	**Shamim :** Yes, she comes sometimes.	شمیم : ہاں، وہ کبھی کبھی آتی ہے۔
ڈو ادر فرینڈس اولسو کم ٹو یو؟	**Rahim :** *Do* other friends also come to you?	رحیم : کیا دوسرے دوست بھی تمہارے پاس آتے ہیں؟
یس، دے ڈو۔	**Shamim :** Yes, they *do*.	شمیم : ہاں، وہ بھی آتے ہیں۔
ڈو یو اسٹے ان ممبئی۔	**Rahim :** *Do* you stay in Mumbai?	رحیم : کیا تم ممبئی رہتے ہو؟
نو، آئی اسٹے ان کولکاتہ۔	**Shamim :** No, I stay in Kolkata.	شمیم : نہیں، میں کولکاتا رہتا ہوں۔

B

– Is/Are/Am –

از دس بک یو آر لکنگ فور؟	**Basra :** *Is* this the book you are looking for?	باصرہ : کیا یہی کتاب تمہیں چاہیئے؟
یس، دس از اٹ۔	**Majida :** Yes, this *is* it.	ماجدہ : ہاں، یہی کتاب مجھے چاہیئے۔
از روبی واچنگ اے مووی؟	**Basra :** *Is* Rubi watching a movie?	باصرہ : کیا روبی فلم دیکھ رہی ہے؟
نو، شی از پلے ئنگ اے ویڈیو گیم۔	**Majida :** No, she *is* playing a video game.	ماجدہ : نہیں، وہ ویڈیو گیم کھیل رہی ہے۔
آر یو نوٹ گوئنگ ٹو مارکیٹ ناؤ؟	**Basra :** *Are* you not going to market now?	باصرہ : کیا تم بازار نہیں جا رہی ہو؟

19

نو، آئی ایم نوٹ۔	**Majida :** No, I *am* not.	ماجدہ : نہیں۔
ازیور فادران گورنمنٹ سروس؟	**Basra :** *Is* your father in government service?	باصرہ : کیا تمہارے والد سرکاری ملازم ہیں؟
نو، ہی ازاے بزنس مین۔	**Majida :** No, he *is* a businessman.	ماجدہ : نہیں، میرے والد تاجر ہیں۔
ازیور بردر پری پیرنگ فورسم اگزامینیشن؟	**Basra :** *Is* your brother preparing for some examination?	باصرہ : کیا تمہارا بھائی کسی امتحان کی تیاری کر رہا ہے؟
یس، ہی از پری پیرنگ فور دی آئی اے ایس اگزامینیشن۔	**Majida :** Yes, he *is* preparing for the I.A.S. examination.	ماجدہ : وہ آئی اے ایس امتحان کی تیاری کر رہا ہے۔

C

– Has/Have –

ہیو یورٹن اینی لیٹر ٹو رانی؟	**Munis :** *Have* you written any letter to Rani?	مونس : کیا تم نے رانی کو کوئی خط لکھا ہے؟
یس، آئی ہیو۔	**Shahid :** Yes, I *have*.	شاہد : ہاں۔
ہیز شی ریپلائیڈ ٹو یور لیٹر؟	**Munis :** *Has* she replied to your letter?	مونس : کیا اس نے تمہارے خط کا جواب دیا ہے؟
نو، شی ہیزنٹ۔	**Shahid :** No, she *hasn't*.	شاہد : نہیں۔
ہیو یو ٹیکن یور میلز؟	**Munis :** *Have* you taken your meals?	مونس : کیا تم نے کھانا کھالیا؟
نو، آئی ہیڈ اے ہیوی بریک فاسٹ ان دَ مورننگ۔	**Shahid :** No, I *had* a heavy breakfast in the morning.	شاہد : نہیں، میں نے صبح کا ناشتہ کافی بھاری کیا تھا۔
ڈڈ یو گو ٹو ہز پلیس؟	**Munis :** *Did* you go to his place?	مونس : کیا تم اس کے گھر گئے تھے؟
نو، آئی ہیو یٹ ٹو گو۔	**Shahid :** No, I *have* yet to go.	شاہد : نہیں، ابھی مجھ کو جانا ہے۔

D

– Has been/Have been –

واٹ ہیو یو بین ڈوئنگ سنس مورننگ۔	**Shamim :** What *have* you *been* doing since morning?	شمیم : تم صبح سے کیا کر رہے ہو؟
آئی ہیو بین ریڈنگ دس بک۔	**Ghiyas :** I *have been* reading this book.	غیاث : میں صبح سے یہ کتاب پڑھ رہا ہوں۔
ہیز اٹ بین ریننگ ہیئر اولسو سنس یسٹرڈے؟	**Shamim :** *Has* it *been* raining here also since yesterday?	شمیم : کیا کل سے یہاں بھی بارش ہو رہی ہے؟
یس، اٹ ہیز بین، بٹ نوٹ کنٹی نیوسلی	**Ghiyas :** Yes, it *has been*, but not continuously.	غیاث : ہاں، ہو تو رہی ہے پر رک رک کر۔
ہیز دَ واٹر بین بوائلنگ فور لونگ؟	**Shamim :** *Has* the water *been* boiling for long?	شمیم : کیا پانی کافی دیر سے ابل رہا ہے؟
نو، اٹ ہیز بین بوائیلنگ اونلی فور اے لٹل ٹائم۔	**Ghiyas :** No, it *has been* boiling only for a little time.	غیاث : نہیں، ابھی تھوڑی دیر سے ابل رہا ہے۔
وی ہیو بین لیونگ ان دس ہاؤس فور ٹین ایرس۔	We *have been* living in this house for ten years.	ہم اس گھر میں دس برس سے رہ رہے ہیں۔
ہی ہیز بین ورکنگ اون اے نیو پروجیکٹ سنس جنوری۔	He *has been* working on a new project since January.	وہ جنوری سے ایک نئے پروجیکٹ پر کام کر رہا ہے۔

(To Remember) برائے یادداشت

حسب ذیل جملوں کو بغور دیکھیے :

۱. تم خط لکھ رہے ہو۔ You are writing a letter. یو آر رائٹنگ اے لیٹر۔

۲. تم خط لکھ چکے ہو۔ You have written a letter. یو ہیو رٹن اے لیٹر۔

یہ دونوں سادے (Affirmative) جملے ہیں ان کو منفی (Negative) اور سوالیہ (Interrogative) جملوں میں اس طرح بدلا جاتا ہے :

(Interrogative) سوالیہ

1. **Are** you writing a letter?
2. **Have** you written a letter?

(Negative) منفی

1. You are **not** writing a letter.
2. You have **not** written a letter.

آپ نے دیکھا کہ تمام جملوں کو منفی میں بدلنے کے لئے معاون فعل are, have کے بعد not جوڑنا پڑتا ہے۔اسی طرح سوالیہ جملوں میں معاون فعل are, have جملے کے شروع میں آگئے ہیں۔اس طرح سے ہمیں معلوم ہوگیا ہے کہ Present Continuous Tense اور Present Perfect Tense میں تمام جملوں سے منفی اور سوالیہ جملے آرام سے بنائے جا سکتے ہیں۔

اب Present Indefinite Tense کی مثال لیجیے :

۱. تم ایک خط لکھتے ہو۔ You write a letter. یو رائٹ اے لیٹر۔

۲. میں انگریزی پڑھتا ہوں۔ I read English. آئی ریڈ انگلش۔

اب ان کے منفی اور سوالیہ جملوں کو دیکھیے :

(Interrogative) مثبت

1. **Do** you write a letter?
2. **Do** I read English?

(Negative) منفی

1. You **do not** write a letter.
2. I **do not** read English.

دیکھیے مذکورہ بالا جملوں میں Do الگ سے جوڑا گیا ہے۔اگر Tense میں Do یا Does جوڑ دیا جاتا ہے تب وہ منفی یا سوالیہ بن جاتے ہیں Do کا استعمال جمع فاعل کے ساتھ اور Does کا واحد فاعل کے ساتھ ہوتا ہے۔ I اور You دونوں کے ساتھ Do کا ہی استعمال ہوتا ہے Does کا کبھی نہیں۔

6th Day چھٹا دن

زمانۂ ماضی (Past Tense)

انگریزی زبان میں فعل ماضی کو بھی، زمانۂ حال کی طرح چار قسموں میں تقسیم کیا گیا ہے۔ ۱. Rahim studied. (رحیم اسٹڈیڈ) ۲. Rahim was studying. (رحیم واز اسٹڈیئنگ) ۳. Rahim had studied. (رحیم ہیڈ اسٹڈیڈ)، Rahim had beenstudying since morning. (رحیم ہیڈ بین اسٹڈئنگ سنس مورننگ) بالترتیب رحیم نے پڑھا، رحیم پڑھ رہا تھا، رحیم نے پڑھا تھا اور رحیم صبح سے پڑھ رہا تھا۔ Rahim studied. اس سے یہ تو معلوم ہوتا ہے کہ فعل گزرے ہوئے وقت میں پورا ہو چکا ہے۔ لیکن یہ طے نہیں ہوتا کہ کب ہوا؟ (Past Indefinite); Rahim was studying. رحیم پڑھ رہا تھا۔ اس سے پتہ چلتا ہے کہ فعل جاری تھا، ختم نہیں ہوا تھا۔ (Past Continuous) Rahim had studied. رحیم نے پڑھا تھا یعنی فعل بہت پہلے ہی پورا ہو گیا تھا۔ (Past Perfect) Rahim had been studying since morning. رحیم صبح سے پڑھ رہا تھا۔ یعنی فعل ایک معین وقت سے شروع ہوا تھا (Past Perfect Continuous)

E

– Did –

ڈڈیو گیٹ اپ ارلی یسٹرڈے؟	**Teacher :** *Did* you get up early yesterday?	استانی : کیا تم کل جلدی اٹھیں؟
یس میڈم، آئی ڈڈ۔	**Neha :** Yes madam, I *did.*	نیہا : جی محترمہ!
ڈڈیو ہیو بریڈ اینڈ بٹر؟	**Teacher :** *Did* you have bread and butter?	استانی : کیا تم نے ڈبل روٹی اور مکھن کھایا؟
یس میڈم، آئی ڈڈ۔	**Neha :** Yes madam, I *did.*	نیہا : جی ہاں محترمہ، کھایا۔
ڈڈ روزی کم ٹو یو ایٹ نون؟	**Teacher :** *Did* Rozi come to you at noon?	استانی : کیا روزی تمھارے پاس دوپہر کو آئی تھی؟
نو، شی ڈڈنٹ۔	**Neha :** No, she *didn't.*	نیہا : نہیں۔
ڈڈیو رائٹ دس ایسے ایٹ نائٹ؟	**Teacher :** *Did* you write this essay at night?	استانی : کیا رات کو تم نے یہ مضمون لکھا ؟
نو، آئی ڈڈنٹ، مائی بردر ڈڈ۔	**Neha :** No, I *didn't,* my brother did.	نیہا : میں نے نہیں، میرے بھائی نے لکھا۔
ڈڈیو میک یور بیڈ بفور کمنگ ٹو اسکول؟	**Teacher :** *Did* you make your bed before coming to school?	استانی : کیا تم نے اسکول آنے سے پہلے اپنا بستر ٹھیک کیا؟
یس میڈم، آئی ڈڈ۔	**Neha :** Yes madam, *I did.*	نیہا : جی محترمہ، میں نے کیا؟
ڈڈیو لرن یور لیسن یسٹرڈے؟	**Teacher :** Did you learn your lesson yesterday?	استانی : کیا تم نے کل اپنا سبق یاد کیا؟
نو، آئی ڈڈنٹ۔	**Neha :** No, I *didn't.*	نیہا : نہیں، میں نے نہیں کیا۔

F

– Was/Were –

ویر یو آوٹ فور شاپنگ یسٹرڈے؟	**Teacher :** *Were* you out for shopping yesterday?	استاد : کیا کل تم بازار گئے تھے؟
یس سر، آئی واز۔	**Rafeeque :** Yes sir, I *was.*	رفیق : جی ہاں سر، میں بازار گیا تھا۔

ویرُ یو نوٹ ریڈنگ اے بک وائل واکنگ؟	**Teacher :** *Were* you not reading a book while walking?	استاد : کیا تم چلتے چلتے کتاب نہیں پڑھ رہے تھے؟
یس سر، آئی واز۔	**Rafeeque :** Yes sir, I *was*.	رفیق : جی ہاں، پڑھ رہا تھا۔
واز روبینہ السو ریڈنگ وائل واکنگ؟	**Teacher :** *Was* Rubina also reading while walking?	استاد : کیا روبینہ بھی چلتے چلتے پڑھ رہی تھی؟
نو، شی واز جسٹ لسننگ۔	**Rafeeque :** No, she *was* just listening.	رفیق : نہیں، وہ صرف سن رہی تھی۔
واز یور آنٹ سنگنگ ایٹ یور ھاؤس؟	**Teacher :** *Was* your aunt singing at your house?	استاد : کیا تمھارے گھر میں تمھاری پھوپھی گا رہی تھیں؟
نو، اٹ واز مائی سسٹر۔	**Rafeeque :** No, it *was* my sister.	رفیق : نہیں، میری بہن گا رہی تھی۔
ویرُیو اسٹڈیئنگ انگلش؟	**Teacher :** *Were* you studying English?	استاد : کیا تم انگلش پڑھ رہے تھے؟
یس، آئی واز۔	**Rafeeque :** Yes, I *was*.	رفیق : جی ہاں، پڑھ رہا تھا۔

G

– Had –

ہیڈ یو نوٹ گون ٹو سنیما؟	**Kamal :** *Had* you not gone to cinema?	کمال : کیا تم سینما نہیں گئے تھے؟
نو، آئی ہیڈ نوٹ۔	**Jamal :** No, I *had* not.	جمال : نہیں۔
ہیڈ ہی کلوزڈ دُ شوپ؟	**Rama :** *Had* he closed the shop?	رما : کیا وہ دکان بند کر چکا تھا؟
یس، ہی ہیڈ۔	**Rani :** Yes, he *had*.	رانی : ہاں، کر چکا تھا۔
ہیڈ ہی نوٹ میٹ یو ٹِل یسٹرڈے؟	**Ram :** *Had* he not met you till yesterday?	رام : کیا وہ آپ کو کل تک نہیں ملا تھا؟
نو، ہی ہیڈنٹ۔	**Shyam :** No, he *hadn't*.	شیام : نہیں، وہ کل تک مجھے نہیں ملا تھا۔
ہیڈ یو نوٹ گون ٹو پلے یسٹرڈے؟	**Raman :** *Had* you not gone to play yesterday?	رمن : کیا تم کل کھیلنے نہیں گئے تھے؟
نو، آئی ہیڈ نوٹ۔	**Sudhir :** No, I *had* not.	سدھیر : نہیں، میں نہیں گیا تھا۔
ہیڈ یو میٹ روہت اینی وھیر بفور؟	**Sachin :** *Had* you met Rohit anywhere before?	سچن : کیا تم روہت سے پہلے کہیں مل چکے تھے؟
یس، آئی ہیڈ میٹ ہم ان شملہ ٹو ایرس اگو۔	**Anuj :** Yes, I *had* met him in Shimla two years ago.	انج : ہاں میں دو سال پہلے شملہ میں ملا تھا۔
ہیڈ دُ ٹرین لیفٹ بفور یو ریچڈ دُ اسٹیشن؟	**Neeraj :** *Had* the train left before you reached the station?	نیرج : کیا تمہارے اسٹیشن پہونچنے سے پہلے گاڑی جا چکی تھی؟
یس، اٹ ہیڈ۔	**Saurabh :** Yes, it *had*.	سوربھ : ہاں، جا چکی تھی۔
ہیڈ یور مدر گون ٹو مارکیٹ بفور یو ریچڈ ہوم؟	**Seema :** *Had* your mother gone to market before you reached home?	سیما : کیا تمہاری ماں تمہارے گھر پہونچنے سے پہلے بازار جا چکی تھی؟
نو، شی ہیڈنٹ۔	**Meera :** No, she hadn't.	میرا : نہیں، وہ نہیں جا چکی تھی۔

H

– Had been –

نفیس : کیا تم کل پچھلے دو گھنٹے سے پڑھ رہے تھے؟	**Nafis :** *Had* you *been* studying for last two hours yesterday?	ہیڈ یو بین اسٹڈئینگ فور لاسٹ ٹو آورس یسٹرڈے؟
رقیب : ہاں، کیونکہ میں اپنا کام ختم کر کے فلم دیکھنے کا ارادہ کر رہا تھا۔	**Raqueeb :** Yes, because I *had been* planning to see a film after finishing my work.	یس بکاؤز آئی ہیڈ بین پلاننگ ٹو سی اے فلم آفٹر فنیشنگ مائی ورک۔
نفیس : لیکن تمہارے ساتھ رامو بھی کیوں پڑھ رہا تھا؟	**Nafis :** But, why *had* Ramu also *been* studying with you?	بٹ، وائی ہیڈ رامو آلسو بین اسٹڈئنگ ود یو۔
رقیب : کیونکہ وہ بھی میرے ساتھ پکچر جانے کی ضد کر رہا تھا۔	**Raqueeb :** Because, he *had* also *been* insisting on going with me for the film.	بکاؤز، ہی ہیڈ آلسو بین انسسٹنگ اون گوئنگ ود می فور دی فلم۔
نفیس : مگر تمہاری والدہ صاحبہ تو کہہ رہی تھیں کہ تم کچھ دوستوں کے ساتھ گھومنے کا پروگرام بنا رہے تھے۔	**Nafis :** But, your mother was saying that you *had been* planning to go out with some friends.	بٹ، یور مدر واز سیئنگ دیٹ یو ہیڈ بین پلاننگ ٹو گو آؤٹ ودسم فرینڈس۔
رقیب : ہاں، پہلے ہم ایسا ہی کچھ سوچ رہے تھے مگر بعد میں پروگرام بدل گیا۔	**Raqueeb :** Yes, previously we *had been* planning something of the sort, but later we changed our programme.	یس، پریویسلی وی ہیڈ بین پلاننگ سم تھنگ اوف د سورٹ، بٹ لیٹر وی چینجڈ آور پروگرام۔

(To Remember) برائے یادداشت

اب ہم Past Tense کے مثبت (Affirmative) جملوں سے منفی (Negative) اور سوالیہ (Interrogative) جملے بنا سکتے ہیں۔ اس کا طریقہ وہی ہے جو پہلے بیان کیا جا چکا ہے۔ Past Indefinite Tense میں did معاون فعل بڑھایا جاتا ہے Past Continuous Tense میں was, were اور Past Perfect Tense میں had کے بعد منفی جملوں میں not بڑھ جاتا ہے۔ اسی طرح سوالیہ جملوں میں بھی معاون فعل did, was, were اور had جملوں میں سب سے پہلے استعمال کئے جاتے ہیں۔

Affir. : I ate bread and butter. (آئی ایٹ بریڈ اینڈ بٹر) میں نے ڈبل روٹی اور مکھن کھایا۔

Neg. : I did not eat bread and butter. **Int.** : Did I eat bread and butter?

Affir. : You were reading a book. (یو ویئر ریڈنگ اے بک) تم ایک کتاب پڑھ رہے تھے؟

Neg. : You were not reading a book. **Int.** : Were you reading a book?

Affir. : You had read a book. (یو ہیڈ ریڈ اے بک) تم نے کتاب پڑھ لی تھی؟

Neg. : You had not read a book. **Int.** : Had you read a book?

7th Day ساتواں دن

زمانہ مستقبل (Future Tense)

زمانہ مستقبل کے فعل کو بھی انگریزی میں چار حصوں میں تقسیم کیا گیا ہے۔ (۱) Rahim will study. (رحیم ول اسٹڈی) (۲) Rahim will be studying. (رحیم ول بی اسٹڈنگ) (۳) Rahim will have studied. (رحیم ول ہیو اسٹڈیڈ) (۴) Rahim will have been studying since morning. (رحیم ول ہیوبین اسٹڈنگ سنس مورننگ) زمانہ حال، زمانہ ماضی، اور زمانہ مستقبل کی طرح انہیں بالترتیب (1) Future indefinite (2) Future continuous (3) Future perfect (4) Future perfect continuous کہا جاتا ہے۔

I

-Will/Shall-

ول یو پلے؟	**Gulzar :** *Will* you play?	گلزار : کیا تم کھیلو گے؟
نو، آئی وونٹ۔	**Anwar :** No, I *won't*.	انور : نہیں، کھیلوں گا۔
ول یو کم ٹومورو؟	**Gulzar :** *Will* you come tomorrow?	گلزار : کیا تم کل آؤ گے؟
یس، آئی ول۔	**Anwar :** Yes, I *will*.	انور : ہاں، آؤں گا۔
ول یو اسٹے ہیر ٹو نائٹ؟	**Gulzar :** *Will* you stay here tonight?	گلزار : کیا تم رات کو یہاں ٹھہرو گے؟
نو، آئی ول گو بیک۔	**Anwar :** No, I'*ll* go back.	انور : نہیں، میں واپس جاؤں گا۔
ول یو سی راجا اون فرائی ڈے؟	**Gulzar :** *Will* you see Raja on Friday?	گلزار : کیا تم جمعہ کو راجا سے ملو گے؟
نو، آئیل ویٹ فور یو ایٹ ہوم۔	**Anwar :** No, I'*ll* wait for you at home.	انور : نہیں میں گھر پر تمھارا انتظار کروں گا۔

J

- Will be/Shall be -

ول یو بی ان دَ ٹرین ایٹ دس ٹائم ٹومارو؟	**Imtiyaz :** *Will* you *be* in the train at this time tomorrow?	امتیاز : کیا تم کل اس وقت گاڑی میں سفر کر رہے ہو گے؟
یس آئیل بی اباؤٹ ٹو ریچ کانپور ایٹ دس ٹائم ٹومارو۔	**Najeeb :** Yes, I'*ll be* about to reach Kanpur at this time tomorrow.	نجیب : ہاں میں کل اس وقت کانپور پہنچ رہا ہوں گا۔
شیل وی نوٹ بی پلیئنگ دَ میچ ایٹ دس ٹائم ٹومارو؟	**Imtiyaz :** *Shall* we not *be* playing the match at this time tomorrow?	امتیاز : کیا ہم کل اس وقت میچ نہیں کھیل رہے ہوں گے؟
یس، وی ول بی۔	**Najeeb :** Yes, we *will be*.	نجیب : ہاں۔
شیل وی بی کمنگ ٹو شملہ اگین اینڈ اگین؟	**Imtiyaz :** *Shall* we *be* coming to Shimla again and again?	امتیاز : کیا ہم شملہ بار بار آتے رہیں گے؟
نو، وی وونٹ بی۔	**Najeeb :** No, we *won't be*.	نجیب : نہیں۔

K

– Will have/Shall have –

مینا : کیاوہ جاچکی ہوگی؟	**Meena :** *Will* she *have* gone?	ول شی ہیوگون؟
رجنی : نہیں۔	**Rajni :** No, she won't have.	نو،شی وونٹ ہیو۔
مینا : کیاتم اگلے مہینے کالکاسے آچکی ہوگی؟	**Meena :** *Will* you *have* come back from Kalka by next month?	ول یوہیوکم بیک فروم کالکابائی نیکسٹ منتھ؟
رجنی : ہاں، تب تک میں وہاں سے آچکی ہوں گی۔	**Rajni :** Yes, *I'll have* come back by then.	یس ،آئی ول ہیوکم بیک بائی دین۔
مینا : کیاکل اس وقت تک تم امتحان دے چکی ہوگی؟	**Meena :** *Will* you *have* taken your test by this time tomorrow?	ول یوہیوٹیکن یورٹیسٹ بائی دس ٹائم ٹومورو؟
رجنی : ہاں، میں اپنی زندگی کاایک اہم باب ختم کرچکی ہوں گی۔	**Rajni :** Yes, I *will have* finished an important chapter of my life.	یس،آئی ول ہیوفنشڈاین امپورٹنٹ چیپٹرآف مائی لائف ۔
مینا : کیاتمھارابھائی کناڈاسے آچکاہوگا؟	**Meena :** *Will* your brother *have* returned from Canada?	ول یوربردرہیو ریٹرنڈفروم کناڈا؟
رجنی : نہیں،وہ کناڈاسے نہیں آچکے ہونگے۔	**Rajni :** No, he *won't have.*	نو،ہی وونٹ ہیو۔

L

– Will have been/Shall have been –

پرویز : کیاتم کل اس وقت سورہے ہوگے؟	**Parvez :** *Will* you *have been* sleeping at this time tomorrow?	ول یوہیوبین سلیپنگ ایٹ دس ٹائم ٹومورو؟
سالک : نہیں،شایدمیں اس وقت پڑھ رہاہوں گا؟	**Salik :** No, probably I *shall have* *been* studying at this time?	نو،پرابلی آئی شیل ہیو بین اسٹڈی ئینگ ایٹ دس ٹائم؟
پرویز : اورتمہارابھائی راحل کیاکررہاہوگا۔	**Pervez :** And, what *will* your brother, Rahil *have been* doing?	اینڈ،واٹ ول یوربردر، راحل ہیوبین ڈوئنگ؟
سالک : وہ شملہ جانے کی تیاری کررہاہوگا۔	**Salik :** He *will have been* preparing to leave for Shimla.	ہی ول ہیوبین پری پیئرنگ ٹولیو فورشملہ۔

(To Remember) برائے یادداشت

ان جملوں پرغورکیجئے آئی شیل نوٹ پلے۔ (A) I shall not play. ہی ول نوٹ پلے۔ (B) He will not pla. پہلے جملے میں 'I' کے ساتھ شیل shall آیاہےاوردوسرے جملے میں 'He' کے ساتھ ول 'will' آیاہے، یہ عام زمانہ مستقبل کے فعل کوظاہرکرتے ہیں۔اصول یہ ہے کہ عام طورپر He, She, They, It, Ramu وغیرہ اور you کے ساتھ will کااستعمال کیاجاتاہےاور I, we کے ساتھ Shall کااستعمال کیاجاتاہے۔

لیکن اگر I, We کے ساتھ will کااور They, You, He, She وغیرہ کے ساتھ shall کااستعمال ہوتاہےتووہاں پکے ارادے کامطلب نکلتاہے جیسے(ا) آئی ول نوٹ پلےٹومورو۔ I will not play tomorrow. (1) یوشیل نوٹ ریٹرن You shall not return. (2) ان جملوں کامطلب اس طرح ہے(i) میں نے کل نہ کھیلنے کاارادہ کیاہے۔یامیں کل بالکل نہیں کھیلونگا (ii) تم قطعی نہیں لوٹو گے۔

8th Day آٹھواں دن

(Some Important Helping Verbs) کچھ خاص معاون فعل

Can, Could, May, Might, Must/Ought (to), Should/Would

اب تک آپ نے تینوں زمانوں (Tenses) کے فعل کی مشق کی ہے۔ وہاں بھی آپ نے خاص فعل یا معاون فعل (Special Verbs یعنی Helping Verbs) کا سہارا لیا تھا۔ آیئے اب کچھ اور معاون فعل کی مشق کریں۔ Can (کین) اور May (مے) یہ معاون فعل ہیں۔ دونوں کا مطلب ہے 'سکنا'، لیکن اس سکنا کے معنوں میں فرق ہے۔ جیسے آپ نیچے لکھے جملوں میں خود سمجھ لیں گے۔ Can, Could کا ماضی ہے۔ May, Might کا ماضی ہے۔ Could اور Would سے جملہ شروع کرنے پر request (التجا) کا مفہوم دیتا ہے۔

– Can –

کین یو پلے ستار؟	**Rajni :** *Can* you play sitar?	کیاتم ستار بجاسکتی ہو؟	رجنی :
یس، آئی کین پلے دَ فلوٹ ایز ویل۔	**Shashi :** Yes, I *can* play the flute as well.	ہاں، میں بانسری بھی بجاسکتی ہوں۔	ششی :
کین یو ریٹرن مائی بکس؟	**Rajni :** *Can* you return my books?	کیاتم میری کتابیں واپس کرسکتی ہو؟	رجنی :
نو، آئی کانٹ ریٹرن دیم یٹ۔	**Shashi :** No, I *can't* return them yet.	نہیں، میں وہ ابھی واپس نہیں کرسکتی۔	ششی :
کین یو ریڈ سنسکرت؟	**Rajni :** *Can* you read Sanskrit?	کیاتم سنسکرت پڑھ سکتی ہو؟	رجنی :
یس، آئی کین۔	**Shashi :** Yes, I *can.*	ہاں۔	ششی :

– May –

مے آئی کم ان سر؟	**Student :** *May* I come in Sir?	کیامیں اندر آسکتا ہوں؟	طالب علم :
یس، یو مے۔	**Teacher :** Yes, you *may.*	ہاں، آؤ۔	استاد :
مے آئی اٹینڈ بال سبھا، سر؟	**Student :** *May* I attend Bal Sabha, Sir?	کیامیں بال سبھا میں شریک ہوسکتا ہوں؟	طالب علم :
یس ود گریٹ پلیژر/آف کورس۔	**Teacher :** Yes, with great pleasure./Of course.	ہاں، بڑی خوشی سے۔	استاد :
سر، مے آئی اکمپنی سریش؟	**Student :** Sir, *may* I accompany Suresh?	کیامیں سریش کوساتھ لے جاسکتا ہوں، جناب؟	طالب علم :
نو، یو بیٹر فنش یور ورک فرسٹ۔	**Teacher :** No.You better finish your work first.	نہیں، تمہیں اجازت نہیں ہے۔ تم پہلے اپنا کام پورا کرو۔	استاد :

– Could –

کڈیو ڈو دس ورک الون؟	**Raju :** *Could* you do this work alone?	کیاتم یہ کام اکیلے کرسکے؟	راجو :
نو، آئی کڈنٹ۔	**Suresh :** No, I *couldn't.*	نہیں، میں اسے اکیلے نہیں کرسکا۔	سریش :
کڈشی ہیلپ یوان ٹائم؟	**Raju :** *Could* she help you in time?	کیاوہ وقت پر تمھاری مدد کرسکی؟	راجو :
یس، شی کڈ۔	**Suresh :** Yes, she *could.*	ہاں، کرسکی۔	سریش :
کڈیو برنگ می اے گلاس آف واٹر؟	**Raju :** Could you bring me a glass of water?	کیاتم میرے لئے پانی لاسکتے ہو؟	راجو :
ود پلیزر۔	**Suresh :** With pleasure.	خوشی سے۔	سریش :

– Might/Must/Ought (to)/Would/Should –

سوہن مائٹ ہیوہلپڈ ہم۔	Sohan *might* have helped him.	شاید سوہن نے اس کی مدد کی۔
ہی مائٹ ہیوکم ہیئر ۔	He *might* have come here.	شاید وہ یہاں آیا ہوگا۔
آئی مسٹ اٹینڈ ہز میرج۔	I *must* attend his marriage.	مجھے اس کی شادی میں ضرور جانا چاہیئے۔
وی اوٹ ٹولو آور ینگرس۔	We *ought to* love our youngers.	ہمیں اپنے سے چھوٹوں سے پیار کرنا چاہیئے۔
آئی مسٹ ریچ ہوم بائی ٹین اوکلوک۔	I *must* reach home by 10 o'clock.	مجھے دس بجے تک گھر ضرور پہنچ جانا چاہیئے
وُوڈیو پوسٹ دس لیٹر پلیز؟	*Would* you post this letter please?	کیا آپ برائے مہربانی یہ خط پوسٹ کردیں گے۔
یوشڈ اٹینڈ دَ کلاسز مورریگولرلی۔	You *should* attend the classes more regularly.	تمہیں کلاس میں زیادہ پابندی سے جانا چاہیئے۔

(To Remember) برائے یادداشت

(a) Can I walk?	(a) May I walk?
(b) Can you do this job?	(b) May I do this job?
(c) Can you sing a song?	(c) May I sing a song?

ا. مذکورہ بالا Can والے جملوں میں طاقت اور قابلیت وغیرہ کے جذبات کا اظہار ہوتا ہے اور May والے جملوں میں اجازت، حکم اور خواہش وغیرہ کا اظہار ہوتا ہے۔ ?Can I walk اس کا مطلب یہ ہے کہ مجھ میں چلنے پھرنے کی طاقت ہے؟ اسی طرح ?May I walk اس کا مطلب اجازت حاصل کرنے سے ہے۔ کیا میں سیر کرلوں؟

ویسے تو لوگ کہیں کہیں Can کے معنی میں May کا استعمال کرتے ہیں یہ بول چال میں تو استعمال کیا جاتا ہے لیکن ٹھیک نہیں ہے۔

۲. جیسا کہ ہم پہلے ہی بتا چکے ہیں۔ Could اور Might لفظ Can اور May کے زمانۂ ماضی کی شکل میں ہیں۔ اسی طرح Should اور Ought کا استعمال بھی فرض کے احساسات کو ظاہر کرتا ہے۔ ان الفاظوں کے معنی کو جملوں میں استعمال کرکے اچھی طرح سمجھ لینا چاہیئے۔

9 th Day نواں دن

(Sentences of Order and Request) حکمیہ اور استدعائیہ جملے

نیچے حکم اور درخواست کے کچھ جملے دیئے گئے ہیں۔ یہ Imperative mood کے جملے کہلاتے ہیں۔ اس موڈ (Mood) میں کوئی Tense نہیں لگانا پڑتا۔ اکثر اصل فعل کے ساتھ ہی جملے کی بناوٹ ہوتی ہے۔ ان کی مشق بڑی آسانی سے کی جا سکتی ہے۔

(Imperative Mood) تاکیدی حکمیہ

A

۱.	سامنے دیکھو۔	Look ahead.	لک اَہیڈ۔
۲.	آگے بڑھو۔	Go ahead.	گو اَہیڈ۔
۳.	گاڑی آہستہ چلاؤ۔	Drive slowly.	ڈرائیو سلولی۔
۴.	اپنا کام کرو۔	Mind your own business.	مائنڈ یور اون بزنس۔
۵.	اس کا خیال رکھنا۔	Take care of him/her.	ٹیک کیئر اوف ہم/ہر۔
۶.	واپس جاؤ۔	Go back.	گو بیک۔
۷.	سنئے تو۔	Just listen.	جسٹ لسن۔
۸.	جلدی آنا۔	Come soon.	کم سون۔
۹.	مجھے دیکھنے دو۔	Let me see.	لیٹ می سی۔
۱۰.	تیار رہنا۔	Be ready.	بی ریڈی۔
۱۱.	ایک طرف ہو جاؤ۔	Move aside.	موو اسائڈ۔
۱۲.	سوچ سمجھ کر بولو۔	Think before you speak.	تھنک بفور یو اسپیک۔
۱۳.	ضرور آنا۔	Do come.	ڈو کم۔

B

۱۴.	اس کی خبر کرنا۔	Inform me about her/him.	انفارم می اباؤٹ ہر/ہم۔
۱۵.	مذاق مت کرو۔	Don't cut jokes.	ڈونٹ کٹ جوکس۔
۱۶.	بے ہودا نہ بکو۔	Don't talk nonsense.	ڈونٹ ٹوک نونسینس۔
۱۷.	کچھ پروا نہ کرو۔	Never mind.	نیور مائنڈ۔
۱۸.	مجھے اکیلا چھوڑ دو۔	Leave me alone.	لیو می الون۔
۱۹.	جانے دو۔	Let it be.	لیٹ اٹ بی۔
۲۰.	کچھ تو خیال کرو۔	Have a heart.	ہیواے ہرٹ۔

۲۱.	ذرا رکو/رکیئے۔	Hold on.	ہولڈ اون۔
۲۲.	کبھی مت بھولو۔	Never forget.	نیور فورگیٹ۔
۲۳.	فکر مت کرو	Don't worry.	ڈونٹ وری۔

C

۲۴.	پھر کوشش کرو۔	Please try again.	پلیز ٹرائی اگین۔
۲۵.	ذرا ٹھہریئے۔	Please wait a bit.	پلیز ویٹ اے بٹ۔
۲۶.	اندر آیئے۔	Please come in.	پلیز کم ان۔
۲۷.	بیٹھیئے۔	Please be seated.	پلیز بی سیٹیڈ۔
۲۸.	جواب دیجیئے۔	Please reply.	پلیز ریپلائی۔
۲۹.	ذرا اور ٹھہریئے۔	Please stay a little longer.	پلیز اسٹے اے لٹل لونگر۔
۳۰.	مجھے شرمندہ مت کیجیئے	Please don't embarrass me.	پلیز ڈونٹ امبراس می۔
۳۱.	جیسی آپ کی مرضی۔	As you like./As you please.	ایز یو لائک۔ ایز یو پلیز۔
۳۲.	پھر آیئے گا۔	Do come again.	ڈو کم اگین۔

D

۳۳.	ادھر ادھر کی باتیں چھوڑو، اصل بات پر آؤ۔	Come to the point, don't beat about the bush.	کم ٹو دی پوائنٹ، ڈونٹ بیٹ اباؤٹ د بش۔
		Stop rambling and come to the point.	اسٹوپ ریمبلنگ اینڈ کم ٹو د پوائنٹ۔
۳۴.	پاگل مت بنو۔	Don't be silly.	ڈونٹ بی سلی۔
۳۵.	یہ خوراک پیو۔	Take this dose.	ٹیک دس ڈوز۔
۳۶.	میرے پیچھے آؤ۔	Follow me./Come with me.	فالو می/کم ود می۔
۳۷.	کام کے وقت کام کرو۔ کھیل کے وقت کھیلو۔	Work while you work, and play while you play.	ورک وائل یو ورک، اینڈ پلے وائل یو پلے۔
۳۸.	ٹھیک وقت پر کوشش کرو۔	Strike the iron when it is hot.	اسٹرائیک دی آئرن وین اٹ از ہوٹ۔
۳۹.	جگہ خالی کرو۔	Vacate the place.	ویکیٹ د پلیس۔
۴۰.	خیال مت کرو۔	Never mind.	نیور مائنڈ۔
۴۱.	زبان پر قابو رکھو۔	Hold your tongue./Mind your words.	ہولڈ یور ٹنگ/مائنڈ یور ورڈس۔
۴۲.	اسے فیکس کر دو۔	Fax it.	فیکس اٹ۔

E

۴۳.	رابطہ بنائے رکھیئے گا۔	Please keep in touch.	پلیز کیپ ان ٹچ۔
۴۴.	اپنے آپ پر بھروسہ رکھو۔	Have faith in yourself.	ہیو فیتھ ان یور سلف۔
۴۵.	اپنے کام سے کام رکھو۔	Mind your own business.	مائنڈ یور اون بزنس۔

۴۶. اپنے دل کی بات کہو۔	Speak your mind.	اسپیک یور مائنڈ۔
۴۷. تکلف کی ضرورت نہیں ہے۔	Please don't be formal.	پلیز ڈونٹ بی فورمل۔
۴۸. یہ پیکٹ کوریئر سے بھیج دو۔	Send this packet by courier.	سنڈ دس پیکٹ بائی کوریئر۔
۴۹. دل کھول کر خیرات کریں۔	Donate generously.	ڈونیٹ جینیرسلی۔
۵۰. برائے مہربانی میری مدد کریں۔	Please help me.	پلیز ہیلپ می۔
۵۱. ہوشیاری سے کام لو۔	Be careful.	بی کیئرفل۔
۵۲. ذرا ہاتھ لگانا۔	Lend me a hand please.	لینڈ می اے ہینڈ پلیز۔
۵۳. سمجھنے کی کوشش کرو۔	Try to understand.	ٹرائی ٹو انڈراسٹینڈ۔

برائے یادداشت (To Remember)

۱. آپ نے دیکھا کہ is, are, am, was, were, has, had, will, would, shall, should, can, could, may, do, did, might, وغیرہ اگر جملے کے شروع میں آئیں تو سوالیہ جملے بنتے ہیں لیکن اگر جملے کے بیچ میں (Subject کے بعد) آئیں تو سادے جملے بنتے ہیں۔ مثال کے طور پر:

A	B
(1) Am I a fool?	I am not a fool.
(2) Were those your books?	Those were your books.
(3) Can I walk for a while?	You can walk for a while.
(4) May I come in?	You may come in.

۲. Do, Did کا استعمال منفی اور سوالیہ جملے بنانے کے لئے ضروری ہے نیچے دیئے گئے سادے جملے دھیان سے دیکھیں :

۱۔ میں صبح جلدی اٹھتا ہوں۔ I get up early in the morning.

۲۔ میں صبح جلدی اٹھا۔ I got up early in the morning.

اب ان کی منفی جملے بنائیئے :

۳. میں صبح جلدی نہیں اٹھتا ہوں۔ I do not get up early in the morning.

۴. میں صبح جلدی نہیں اٹھا۔ I did not get up early in the morning.

آپ نے دیکھا منفی جملے بنانے کے لئے بالترتیب do not اور did not جوڑنا پڑا۔ سوالیہ جملے بنانے کے لئے یہی do اور did سب سے پہلے لگتا ہے جیسے:

۵. کیا میں جلدی اٹھتا ہوں؟ Do I get up early in the morning?

۶. کیا میں جلدی اٹھا؟ Did I get up early in the morning?

10 دسواں دن
th Day

آپ بغیر رکے، بے جھجک، صاف اور صحیح انگریزی بولنا چاہتے ہیں۔ ریپیڈیکس کورس کا بھی یہی مقصد ہے۔ اس کے لئے ہم چند مشورے دے رہے ہیں۔ انہیں مان کے آپ جلدی اور سہل طریقہ سے انگریزی زبان سیکھ سکتے ہیں اور بات چیت میں روانی و خود اعتمادی بحال کر سکتے ہیں۔

ا. بات چیت کے لئے ایک ساتھی بنائیے۔ دھیان سے ریپیڈیکس میں دیئے گئے جملوں کو پڑھئے۔ استعمال کے لئے جا بجا اشارات دے گئے ہیں، ان کا خاص خیال رکھئے۔ اب ساتھی کے ساتھ ان جملوں کے بولنے کی مشق کریں۔ بات چیت سوال و جواب کے انداز میں کی جا سکتی ہے۔ غلطیاں ہونگیں، مایوسی کی چنداں ضرورت نہیں۔ ایک دوسرے کی غلطی بتا کر اسے صحیح کرنے کی کوشش کریں۔ دھیرے دھیرے غلطیاں کم ہوتی جائینگی اور گفتگو کی زبان میں بھی نمایاں تبدیلی آتی جائے گی۔

۲. آئینے کے سامنے بیٹھ کر جملے کو بولیئے۔ صحیح الفاظ کے ساتھ بار بار بولئے۔ مشق کے ساتھ آپ کی زبان صاف ہوگی، تلفظ صحیح ہوگا اور اسی کے ساتھ خود اعتمادی بھی آئیگی۔

دسویں دن کے اس حصہ میں کچھ مشقیں (Exercises) دی گئی ہیں۔ انہیں کرنے سے آپ کو زبان پر عبور حاصل ہوگا اور خود ہی اندازہ کر سکیں گے کہ آپ نے کتنا سیکھا ہے اور کہاں اصلاح کی ضرورت ہے۔

جداول برائے مشق (Drill Tables)

{Table}-1 جدول ۱

1	2	3
He She	is	ready. hungry.
I	am	thirsty.
They You We	are	tired.

{Table}-2 جدول ۲

1	2	3
He She I	was	rich. poor.
They You We	were	pleased. sorry.

(i) جدول نمبر (۱) اور نمبر (۲) سے ۲۴-۲۴ جملے بولیئے۔ پھر بول کر کسی دوسرے کو اس کا مطلب بتایئے۔

(ii) اوپر کے دونوں نقشوں کے اڑتالیس جملے مثبت جملے (Affirmative) ہیں۔ ان کے انکاریہ (منفی) جملے (Negative) بنانے کے لئے آپ کیا کریں گے؟ ٹھیک ہے is, am, are, was, were فعل کے بعد not جوڑیں گے۔ مثال کے طور پر .She is not ready اسی طرح آپ دونوں نقشوں سے منفی جملے بنایئے۔

(iii) جدول ۲ کے مثبت جملوں (Affirmative) کے سوالیہ جملے (Interrogative) بنایئے۔

{Table}-3 جدول ۳

1	2	3
The boy His friends	did not can may must not ought to should will cannot	use this train. do as I say. go for hunting, enter the cave.

جدول نمبر ۳ میں چونسٹھ جملے دیئے گئے ہیں۔ اپنے دوست کو انھیں پڑھ کر سنایئے۔

{Table}-4 جدول ۴

1		2
(i)	Be	day after tomorrow?
(ii)	Go	Sanskrit?
(iii)	Have you written	Ramesh, sir?
(iv)	Did you wake up	this problem?
(v)	Will you come	at once.
(vi)	Can you read	to Radha?
(vii)	May I accompany	early yesterday?
(viii)	Could Rama solve	your own business.
(ix)	Mind	ready.
(x)	Don't	befool me.

جدول نمبر ۴ میں ایک اور دو کالموں میں توڑ کر دس جملے دیئے گئے ہیں۔ یہاں یہ جملے پچھلے سبق سے لئے گئے ہیں۔ انھیں اس طرح جوڑیں کی سبھی با معنی جملے بن جائیں اور پھر ان کا ترجمہ کیجئے۔

(Practice) مشق

پہلا دن

I. ان جملوں میں کچھ غلطیاں ہیں۔ غلطیاں ٹھیک کیجئے اور جملوں کی مشق کیجئے:

1 . Good night uncle, how are you? (شام چھ بجے)
2. Is he your cousin brother?
3. She is not my cousin sister.
4. Good afternoon, my son. (صبح نو ۹ بجے)
5. Good morning, mother. (دو بجے دوپہر)

۲. ان جملوں کے انگریزی اور اردو کے ساخت پر دھیان دیں اور سمجھیں کہ دونوں زبانوں کے جملوں کے واحد اور جمع میں کیا فرق ہے؟

1. Father ***has*** come. والد صاحب آئے ہیں۔
2. Mr. Sharma ***has*** just left. شرما جی ابھی ابھی گئے ہیں۔
3. He ***has*** called *you* again. انہوں نے آپ کو پھر بلایا ہے۔

دیکھا فرق؟ اردو جملہ 'والد صاحب آئے ہیں'، کا انگریزی میں Father has come (والد آیا ہے) ترجمہ ہوا ہے۔ اسی طرح دوسرے اور تیسرے جملے میں شرما 'جی' گئے ہیں، 'انہوں نے آپ کو'، یہ سبھی ایک شخص (واحد) 'والد' اور 'تم' سے مخاطب ہیں، جمع سے نہیں۔ اس لئے جب آپ اردو سے انگریزی میں جملہ بنانے لگیں تو سب سے پہلے دل میں ادب و احترام والے جملے کو سیدھا کر لیں (جناب) شرما ابھی ابھی گیا ہے۔ اس نے تمہیں بلایا ہے۔ پھر اوپر لکھے جملے کا انگریزی میں ترجمہ کرنے میں دقت

نہیں ہوگی۔ (دیکھیے پہلا دن، Tail Box)

دوسرا دن

۳. ادب وتہذیب کے کچھ جملوں کو دہرا لیجیے :

(a) آپ کسی کے یہاں جائیں اور وہ آپ کی بڑی خاطر تواضع کرے تو آپ کہیں گے۔ Thanks for your hospitality. (آپ کی مہمان نوازی کا شکریہ)۔

(b) I *am* very grateful to you. I *shall be* very grateful to you. You *have been* a great help. ان تینوں جملوں کو پڑھ کر دیکھیے کہ ان میں کیا فرق ہے؟ کہاں کس جملے کو استعمال کرنا چاہیے؟ کوئی شخص آپ کے لئے آپ کے کہنے پر آپکا کوئی کام کردے تو آپ کہیں گے I *am* very grateful to you. (میں آپ کا/آپ کی بہت احسان مند ہوں) You *have been* a great help. (آپ نے میری بہت مدد کی)۔ اسی طرح جب آپ کسی سے اپنا کوئی کام کرنے کے لئے کہیں تو آپ پہلے سے ہی شکریہ کے لئے کہیں گے۔ I shall be very grateful to you. (میں آپ کا بڑا شکر گزار رہوں گا)

(c) کوئی آپ کے منہ پر آپکی تعریف کرنے لگے تو آپ اسکے جواب میں کہہ سکتے ہیں۔ Oh, I don't deserve this praise. (میں اس تعریف کا اہل نہیں ہوں)

تیسرا دن

۴. ان الفاظ پر توجہ کیجیے: (a) God, gods (b) good, goods. یہ دو جوڑے ہیں۔ God یعنی خدا، خالق و مالک۔ gods یعنی دیوتا۔ خدا ایک ہے جبکہ دیوتا یا دیودوت کئی ہیں۔ Good (صفت ہے) یعنی اچھا۔ goods (اسم ہے) یعنی سامان۔

۵. ان الفاظ کو لغت میں دیکھیے اور انکے معنی دہرائیے۔ Marvellous, Splendid, Disgraceful, Absurd, Excellent, Nonsense.

۶. ان الفاظ کا مفہوم سمجھیے کہ یہ کس کس جذبے کے کو ظاہر کرتے ہیں۔ Nasty, Woe, Hello, Hurrah.

چوتھا دن

۷. ان جملوں پر توجہ دیجیے۔ (a) Well begun, half done. (b) To err is human, to forgive divine. (c) Thank you. (d) Just coming. یہ جملے دیکھنے میں ادھورے لگتے ہیں۔ a اور b جملے میں فعل غائب ہے۔ c اور d جملے میں فاعل غائب ہے۔ بول چال میں یہ جملے ایسے ہی بولے جاتے ہیں۔ یہ مختصر یا ادھورے جملے ہیں جو پورے جملے کا کام کرتے ہیں۔ انگریزی میں ایسے جملوں کو eliptical sentences کہا جاتا ہے ایسے جملوں کا انگریزی میں کثرت سے استعمال ہوتا ہے۔

۸. Just coming. کا چوتھے دن کے پہلے جملہ میں معنی دیا ہے۔ 'میں ابھی آرہا ہوں' یہاں آپ پوچھ سکتے ہیں کہ کیا اسکا مطلب ہے 'وہ ابھی آرہا ہے'، نہیں ہوسکتا؟ جواب ہوگا 'ہوسکتا ہے'۔ ٹھیک ہے۔ مان لیجیے کوئی آپ کے گھر آئے اور آپ سے آپ کے بھائی کے بارے میں پوچھے۔ آپ اندر جائیں گے اور اس کے دوست کے آنے کی اطلاع دیکر جلدی سے وہاں لوٹیں گے اور کہیں گے Just coming یہاں یہ پورا جملہ ہوگا۔ He is just coming.

پانچواں دن

۹. ان جملوں کو غور سے دیکھیے (i) You speak English. (ii) Do you speak English? پہلا مثبت (positive) جملہ ہے، دوسرا سوالیہ (Interrogative) پہلے جملے میں do معاون (special) فعل شروع میں جوڑنے سے سوالیہ جملہ بن گیا ہے ایسے ہی do اور does معاون فعل جوڑ کر نیچے لکھے جملوں سے سوالیہ جملے بنائیے اور ان سوالیہ جملوں کا معنی اردو میں بھی لکھیے۔

(1) You go to school. (2) You play hockey. (3) She is back from office at 6 p.m. (4) Mother takes care of her children. (5) They go for a morning walk. (6) I always work hard.

۱۰. سوال ۱۱ میں چھپے مثبت جملوں کا اردو میں ترجمہ کیجیے۔

۱۱. زمانہ حال کے لئے کچھ دوسرے معاون فعل (Special Verbs) خاص ہیں۔ is, am, are, has, have. نیچے دئے گئے جملوں میں انہیں کا استعمال ہوا ہے۔

34

(i) The moon *is* shining.	*Is* the moon shining?
(ii) We *are* listening to you.	*Are* we listening to you?
(iii) My father *has* gone out.	*Has* my father gone out?
(iv) I *have* seen it.	*Have* I seen it?

آمنے سامنے کے دونوں جملوں کو دیکھئے اور غور کیجئے کہ یہ positive سے Interrogative کیسے بنے ہیں کیونکہ is, are, am, has, have, یہ سبھی special verb جملوں میں سب سے پہلے نکال کر رکھے جاتے ہیں۔ انہیں بولتے وقت لہجہ (tone) سوالیہ رکھا جاتا ہے۔

اب اوپر کے آٹھوں جملوں کا اردو میں ترجمہ کر کے پڑھئے۔

۱۲. نیچے دیئے جملوں کو سوالیہ بنایئے اور ساتھ ہی ان کا اردو میں ترجمہ کیجئے :

(1) Someone *is* knocking at the door. (2) Your friends *are* enjoying themselves. (3) I *am* reading a comic. (4) It *is* Friday today. (5) Your hands *are* clean. (6) The train *has* just arrived. (7) We *have* studied English. (8) It *has* rained for two hours. (9) They *have* gone to bed. (10) You *have* already finished your dinner.

چھٹے سے نواں دن

۱۳. انگریزی میں چوبیس معاون فعل ہیں :

(i) do, does, did, is, are, am, was, were, has, have, had, will, shall; (ii) would, should, can, could, may, might, must, ought (to); (iii) need, dare, used (to).

(i) پہلے ۱۳ فعل اکثر Tenses میں کام آتے ہیں۔ ان کا استعمال آپ پانچویں، چھٹے و ساتویں دن میں دیکھ سکتے ہیں۔

(ii) would, should, could اور might کا تعارف آپ آٹھویں دن میں حاصل کر چکے ہیں۔ آپ نے دیکھا ہے کہ اکثر یہ سبھی معاون فعل، اصل فعل کی مدد کرتے ہیں جیسے: I may go: سوالیہ (Interrogative) جملہ بنانا ہو تو اکثر یہ سب جملہ کے شروع میں آجاتے ہیں جیسے:- May I go? نفی (Negative) جملہ بنانا ہو تو ان معاون فعل کے بعد اور اصل فعل سے پہلے not جڑتا ہے جیسے: I may not go.

۱۴. نیچے دیئے گئے سوالیہ جملوں کا اردو میں ترجمہ کیجئے:

(1) Must I tell you again? (2) Must she write first? (3) Can't you find your book? (4) Could they repair it for me? (5) Could you show me the way? (6) Won't she be able to get the cinema tickets? (7) Won't you be able to come to see us? (8) Should he go to bed early? (9) Should not the rich help the poor? (10) Dare I do it? (11) Need you be told to be careful? (12) May I have the room? (13) May I accompany you? (14) Should I ask him first? (15) Would you wait for a few minutes? (16) Did he give you money often?

۱۵. اب آپ جانتے ہیں کہ must, ought, need, dare, used (to) یہ معاون فعل (special verb) دوسرے افعال کے جیسے ہی استعمال میں آتے ہیں۔ نیچے کے مثبت (positive) اور نفی (Negative) جملوں کا ترجمہ کیجئے اور ساتھ ہی اس بات کو سمجھنے کی کوشش کیجئے کہ افعال کس طرح استعمال کئے جاتے ہیں۔

(1) I need a towel. (2) She needn't go to the bank. (3) You needed rest, didn't you? (4) I might go to Qutub Minar. (5) You needn't worry. (6) I ought to sleep now. (7) You needn't go there. (8) I must save money. (9) There isn't any need to discuss this. (10) He won't attend the meeting, will he?

۱۶. آگے سوال اور ان کے مختصر جواب دیئے گئے ہیں ان کی مشق کیجئے اس سے آپ نئے غیر معروف سوالوں کے جواب بھی دے سکیں گے

	سوال **(Question)**	مختصر جواب **(Short Answer)**
(1)	Can you speak correct English?	No, I can't.
(2)	Will you speak to her?	No, I won't.
(3)	Could they have gone there alone?	Yes, they could have.
(4)	Should I wait for you at the station?	No, you shouldn't.

(5) Does she tell a lie? — No, she doesn't.
(6) Do you speak the truth? — Yes, I do.
(7) May we go now? — Yes, you may.
(8) Weren't you off to the market? — Yes, I was.
(9) Hadn't she finished her work? — Yes, she had.
(10) Must they work hard? — No, they needn't.

۱۷. سوالوں کے جوابات دو طرح سے دیئے جاسکتے ہیں۔(۱) مکمل (Complete) طور پر (۲) مختصر طور پر - مثلاً:

Q. Do you read English? (Question)
A. Yes, I read English. (Complete Answer)
A. Yes, I do. (Short Answer)

عام بات چیت میں مختصر جوابات ہی موزوں و مناسب ہوتے ہیں۔ جب کبھی ہم جلدی میں ہوتے ہیں، فون پر بات کرتے ہیں یا دکان پر گاہکوں کے سوالوں کا جواب دیتے ہیں تو مختصر جواب ہی زیادہ موزوں اور بامعنی لگتے ہیں۔ اس سے بات چیت کی رفتار بھی تیز ہوتی ہے اور وقت کی بچت بھی۔

اب نیچے دیئے گئے جملوں سے 'مختصر جوابات والے جملے' بنائیے:

(1) No, I am not going there.
(2) Yes, I have written to her.
(3) No, she has not replied to my letter.
(4) Yes, madam, I woke up early.
(5) Yes, I ate chat.
(6) Yes sir, I was reading a book while walking.
(7) No, I had not gone to cinema.
(8) No, I shall not play.
(9) No, we shall not be coming again and again.
(10) No, she will not have gone.

۱۸. نیچے دیئے گئے اردو کے جملوں کا انگریزی میں ترجمہ کیجئے - پھر نیچے الٹے چھپے انگریزی ترجمہ سے مقابلہ کیجئے:

۱. کیا تم جانتے ہو؟ ۲. آپ اسے جانتے ہیں کیا؟ ۳. کیا آپ ان کا پتہ جانتے ہیں؟ ۴. چوٹ تو نہیں آئی؟ ۵. تمہیں کچھ اور کہنا ہے؟ ۶. کیا آپ ناراض ہیں؟ ۷. کیا آپ بازار جا رہے ہیں؟ ۸. کیا ٹماٹر تازے ہیں؟ ۹. کیا اس نے تمہارا مکان دیکھا ہے؟ ۱۰. کیا اس کا کوئی خط آیا ہے؟ ۱۱. کیا وہ آپ کو جانتا تھا؟ ۱۲. کیا آپ نے دوا لی؟ ۱۳. کچھ ملا تمہیں کیا؟ ۱۴. میں کچھ عرض کروں؟ ۱۵. سب ٹھیک ٹھاک ہے؟ ۱۶. کیا یہ سچ ہے؟ ۱۷. کیا وہ آپ کو جانتی ہے؟ ۱۸. کیا اب گھر جاؤں؟ ۱۹. کیا ہم یہ رسالہ آپ کو منگوا دیں؟ ۲۰. آپ ایک مہربانی کریں؟ ۲۱. آپ سیر کرنے چلیں گے؟ ۲۲. کیا یہ بس مدراس ہوٹل رکے گی؟ ۲۳. کیا اسے بلاؤں؟ ۲۴. کیا اس سے ملنے جاؤں گی؟ ۲۵. کیا تم ایک دن نہیں رہ سکتے؟ ۲۶. کیا تم اپنی کتاب ایک ہفتے کے لئے نہیں دے سکتے؟ ۲۷. کیا میں پرکاش سے مل سکتا ہوں؟

(1) Do you know? (2) Do you know him? (3) Do you know his address? (4) You haven't got hurt, have you? (5) Have you anything else to say? (6) Are you annoyed? (7) Are you going to the market? (8) Are the tomatoes fresh? (9) Has he seen your house? (10) Has he written to you? (11) Did he know you? (12) Have you taken the medicine? (13) Did you get something? (14) May I make a request? (15) Is everything fine? (16) Is it true? (17) Does she know you? (18) May I go home now? (19) Shall we get this magazine for you? (20) Will you do me a favour? (21) Will you go for a walk? (22) Will this bus stop at Madras Hotel? (23) Should I call him/her? (24) Should I visit him/her? (25) Can't you stay for a day? (26) Can't you lend me your book for a week? (27) Can I see Mr. Prakash?

نوٹ: اس طرح آپ انگریزی کے جملے خود بنائیں۔ آپ انہیں اپنے دوستوں اور جان پہچان والوں کے ساتھ بولنے کی مشق کریں۔

11 گیارھواں دن th Day

(2nd Expedition) دوسری منزل

پچھلے دس دنوں میں آپ ایک منزل پر پہونچے تھے۔اب آپ کو اس سے آگے بڑھنا ہے۔اب تک ہم آپ کو انگریزی بول چال کی ابتدائی معلومات دے رہے تھے۔ اب گیارہویں دن ہم آپ کو ان سبھی باتوں سے واقف کرانا چاہتے ہیں جنہیں جانے بغیر آپ انگریزی زبان کے استعمال کو نہیں سمجھ سکتے۔آنے والے پانچ دنوں میں آپکو رومن رسم الخط کے حروف تہجی، الفاظ کی بناوٹ، املاء، رومن رسم الخط میں اردو لکھنا، انگریزی کے vowels اور consonants کے مخصوص تلفظ اور خاموش حروف (Silent letters) وغیرہ مضامین کے ضروری معلومات فراہم کی جائے گی۔اس کے بعد ۱۶ویں سے ۱۹ویں دن میں آپ سوالیہ جملے اور منفی جملوں کے متعلق جانکاری حاصل کریں گے۔آیئے شروع کریں دوسری مہم۔

رومن رسم الخط کے حروف تہجی

انگریزی کا رسم الخط 'رومن' ہے۔اور اردو کا رسم الخط 'فارسی' انگریزی میں A سے Z تک کل ۲۶ حروف ہوتے ہیں جبکہ اردو میں الف سے لیکر یے تک ۳۵ حروف ہوتے ہیں۔

انگریزی حروفِ تہجی میں حروف دو طرح کے ہوتے ہیں : بڑے (Capital) جیسے : A اور چھوٹے (small) جیسے : a وغیرہ پھر یہ سبھی حروف طباعت و کتابت کے لحاظ سے مختلف ہوتے ہیں۔اس طرح سے حروف چار قسم کے ہوتے ہیں۔

(۱) طباعت کے بڑے (Capital) حروف (۲) طباعت کے چھوٹے (small) حروف (۳) لکھنے کے بڑے (Capital) حروف (۴) لکھنے کے چھوٹے (small) حروف۔

حروف تہجی (Alphabet)

رومن ترتیب سے

طباعت کے بڑے حروف (Capital Letters)

A	B	C	D	E	F
اے	بی	سی	ڈی	ای	ایف
G	H	I	J	K	L
جی	ایچ	آئی	جے	کے	ایل
M	N	O	P	Q	R
ایم	این	او	پی	کیو	آر
S	T	U	V	W	X
ایس	ٹی	یو	وی	ڈبلیو	ایکس
		Y	Z		
		وائی	زیڈ		

طباعت کے چھوٹے حروف (Small Letters)

a	b	c	d	e	f
اے	بی	سی	ڈی	ای	ایف
g	h	i	j	k	l
جی	ایچ	آئی	جے	کے	ایل
m	n	o	p	q	r
ایم	این	او	پی	کیو	آر
s	t	u	v	w	x
ایس	ٹی	یو	وی	ڈبلیو	ایکس
		y	z		
		وائی	زیڈ		

۱. درمیان کے دو لائنوں میں لکھے جانے والے حروف a, c, e, i, m, n, o, r, s, u, v, w, x, z = ۱۴ حروف

۲. اوپر کی لائنوں میں لکھے جانے والے حروف b, d, h, k, l, t = ۶ حروف

۳. چار لائنوں میں لکھے جانے والے حروف f = ایک حرف

۴. نیچے کے تین لائنوں میں لکھے جانے والے حروف g, j, p, q, y, = ۵ حروف

بہت سے لوگ انگریزی میں اپنے بدخط ہونے پر برامحسوس کرتے ہیں اور یہ سمجھتے ہیں کہ ان کی تحریر اتنی خراب ہے کہ اس کو بہتر کیا ہی نہیں جاسکتا۔ کچھ لوگ اپنی تحریر سنوارنے کی کوشش کرتے ہیں اور انہیں خاطر خواہ کامیابی ملتی ہے۔ اس جیسی ہزارں مثالیں آپ کو دیکھنے کو ملیں گی۔ لیکن خوبصورت تحریر کا راز کیا ہے؟ کیا آپ اس راز سے واقف ہیں؟

انگریزی کا رسم الخط رومن ہے۔ رومن بڑی stylish زبان ہے۔ اسکی تحریر کے کچھ اصول ہیں۔ اسکے حروف کی موٹائی کم اور زیادہ ہوتی ہے۔ آپ یہ مشق اچھی طرح سے کرلیں کہ کون کون سا حرف تین یا دو یا چار لائنوں میں لکھا جاتا ہے پہلے آپ اچھی طرح چار لائنوں والی کاپی پر مشق کیجئے۔ جب آپ کا ہاتھ چار لائنوں والی کاپی پر اچھی طرح عادی ہو جائے گا تب آپ اگر ایک لائن والی کاپی پر لکھیں گے تو بھی آپ کا ہاتھ اسی انداز میں ٹھیک چلے گا۔

مشق کرنے سے آپ دیکھیں گے کہ آپ کی تحریر پہلے سے کافی عمدہ ہوگئی ہے۔ اور چار لائنوں والی کاپی میں یہ مشق شروع کریں۔ گیارہویں دن کی تحریر اور ایک صفحہ روز لکھئے۔ خواہ آپ ہائی اسکول پاس ہوں یا گریجویٹ۔ تحریر کو سنوارنے کی مہم شروع کیجئے۔ اچھی بات سیکھنے کے لئے ہر عمر درست ہے صرف مضبوط ارادے کی ضرورت ہے۔ تحریر کو سنوارنے کی مہم شروع کیجئے ہماری نیک خواہشات آپ کے ساتھ ہیں۔

انگریزی کے لکھے جانے والے حروف (Cursive Writing)

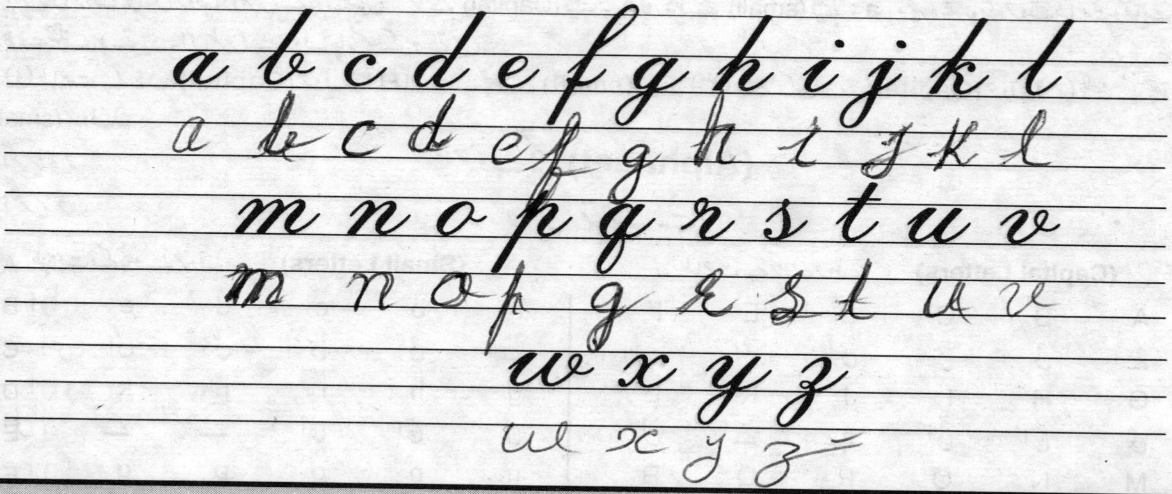

a b c d e f g h i j k l

a b c d e f g h i j k l

m n o p q r s t u v

m n o p q r s t u v

w x y z

w x y z

برائے یادداشت (To Remember)

۱۔ انگریزی میں بڑے (Capital) اور چھوٹے (Small) دو طرح کے حروف ہوتے ہیں۔ بڑے حرف کا استعمال جملے کے شروع میں، اسم معرفہ (جیسے Delhi) کے شروع میں ہوتا ہے۔ نیز الفاظ کے مختصر مخفف شکل میں (جیسے ڈاکٹر Doctor) کا مختلف مہینوں اور دنوں کا نام (جیسے: Saturday, March) وغیرہ کے لئے ہوتا ہے۔ بڑے حرف کے ہونے سے زبان دیکھنے میں اچھی لگتی ہے (بارہویں دن میں اور دیکھیں)

سوچئے اگر انگریزی میں کیپیٹل لیٹر (Capital Letter) نہ ہوں تو 'میں' کے لئے i لکھا جاتا 'I' نہیں۔

۲۔ اردو لائن کے بیچ میں لکھی جاتی ہے جبکہ انگریزی لائن کے ٹھیک اوپر لکھی جاتی ہے۔

38

12 بارھواں دن
12th Day

انگریزی کے حروفِ علت و حروف صحیح (Vowels and Consonants)

انگریزی میں والس (Vowels) اور کانسوننٹس (Consonants) دو طرح کے الفاظ ہوتے ہیں۔ بڑے کیپٹل (Capital) اور چھوٹے اسمول (Small) ان کا بیان گیارہویں دن میں گزر چکا ہے۔ اب یہاں والس (Vowels) اور کانسوننٹس (Consonants) کے مختلف تلفظ کے بارے میں بتایا جا رہا ہے۔ ساتھ ہی ساتھ آپ اس کے حروف تہجی بھی سیکھیں گے۔

انگریزی میں پانچ حروف علت (والس Vowels) ہیں اور حروف صحیح (کونسوننٹس Consonants) اکیس ہیں۔ یہ حروف اس طرح ہیں۔

Vowels : A E I O U

Consonants : B C D F G H J K L M N P Q R S T V W X Y Z

انگریزی میں کئی والس (Vowels) اور کونسوننٹس (Consonants) کا اکیلے میں الگ تلفظ ہوتا ہے لیکن دوسرے الفاظ کے استعمال ہونے پر ان کا مختلف تلفظ ہو جاتا ہے۔ جیسے: G, H, L, M, N, P وغیرہ حروف اکیلے میں جی، ایچ، ایل، ایم، این، پی وغیرہ بولے جاتے ہیں۔ لیکن الفاظ میں ان کا تلفظ عام طور پر بالترتیب گ، ہ، ل، م، ن، پ، وغیرہ ہوتا ہے۔

انگریزی حروف کے تلفظ

انگریزی حروف تہجی کو بولنے میں جو تلفظ ہوتے ہیں وہ مثال کے طور پر اس طرح ہیں :

انگریزی حروف		آواز اور لفظ		انگریزی حروف		آواز اور لفظ	
A	(اے)	اے	(مین Man)، آ (کار Car)	N	(این)	ن	(نوز Nose.)
B	(بی)	ب	(بک Book)	O	(او)	آ	(آ-او Our)، او (اوپن Open)
C	(سی)	ک	(کیٹ Cat)، س (سینٹ Cent)	P	(پی)	پ	(پوسٹ Post)
D	(ڈی)	ڈ	(ڈڈ Did)	Q	(کیؤ)	ک	(کوئک Quick)
E	(ای)	ی	(شی She)، ا (من Men)	R	(آر)	ر	(ریمائنڈ Remind)
F	(ایف)	ف	(فٹ Foot)	S	(ایس)	س	(سینڈ Sand)
G	(جی)	گ	(گڈ Good)، ج (جورج George)	T	(ٹی)	ٹ	(ٹیچر Teacher)
H	(ایچ)	ہ	(ہین Hen)	U	(یو)	اَ	(اپ Up، کپ Cup)، یو (سیلوٹ Salute)
I	(آئی)	ا	(انڈیا India)، آئی (کائنڈ Kind)	V	(وی)	و	(ویلو Value)
J	(جے)	ج	(جوک Joke)	W	(ڈبلیو)	و	(واک Walk)
K	(کے)	ک	(کک Kick)	X	(ایکس)	ایکس	(ایکسرے X-ray)
L	(ایل)	ل	(لیٹر Letter)	Y	(وائی)	ی	(ینگ Young)، آئی (مائی My)
M	(ایم)	م	(مین Man)	Z	(زیڈ)	ز	(زیبرا Zebra)

* q کے ساتھ ہمیشہ 'u' یو لگتا ہے : quick, cheque وغیرہ

انگریزی کے مخلوط الفاظ : ch (چ)، th (تھ،ٹھ)، ph (ف، پھ)، sh (ش)، gh (گھ، غ)، gh کے پہلے Vowel ہوتو gh کا لفظ خاموش (silent) ہوتا ہے۔ جیسے: right (رائٹ) ورنہ 'گھ' ہوتا ہے۔ جیسے : ghost (گھوسٹ) بھوت۔ کبھی کبھی gh سے 'ف' کا بھی تلفظ ہوتا ہے۔ جیسے۔ rough (رف)۔

بڑے اور چھوٹے حروف کا استعمال

انگریزی کے جملے کی تشکیل میں چھوٹے (Small) اور بڑے (Capital) دونوں حروف کا استعمال ہوتا ہے۔ بڑے حروف (Capital) کا استعمال مندرجہ ذیل جگہوں پر ہوتا ہے :

۱. ہر جملے کا پہلا حرف — This is a box. When did you come? etc. etc.

۲. کسی اسم کا پہلا لفظ — The Ganges, The Taj, Mathura, Rehman etc.

۳. انگریزی شاعری کے ہر ایک مصرعے کے شروع میں — His coat is ragged, and blown away.
He drops his head, and he knows not why?

۴. وہ الفاظ جو کسی بڑے مطلب کو مختصر کر کے لکھے جائیں — P.T.O., N.B.

۵. مہینے اور دنوں اور ہفتے کے نام کا پہلا حروف — January, March, Sunday, Monday etc.

۶. کسی آدمی کی ڈگری کا پہلا حرف — B.A., LL.B., M.Com. etc.

۷. خدا کے نام کے ساتھ اور اس کے استعمال میں آنے والے ضمیر کا پہلا حرف۔ — God, Lord, He, His.

۸. انگریزی میں 'میں' کے لئے — How can I ever forget?
what have you done for me?

۹. خط کے آغاز میں خطاب (Salutation) کا اور (Complementary clause) کا پہلا حرف — Dear Kavita/Aunt/Sir,
Yours sincerely,/Affectionately yours,

۱۰. Quotation mark کے اندر جملہ شروع کرتے وقت، جملہ کا پہلا حرف — He said, "Don't forget to inform me about the date of your interview."

برائے یادداشت (To Remember)

(i) 'ک' کے لئے انگریزی حروف c, k, q استعمال ہوتے ہیں۔ کہیں کہیں 'ک' کے لئے ck بھی (بلوک block) آتا ہے۔ c کا تلفظ 'س' بھی ہوتا ہے (سیز Cease)

(ii) 'گ' کے لئے g آتا ہے۔ گڈ (good) اور 'ج' کے لئے (jam) مگر بعض دفعہ 'ج' کے لئے (g) بھی آتا ہے۔ جرم (germ)، جنریشن (generation)

(iii) 'و' کے لئے انگریزی میں وی (v) اور ڈبلو (w) آتا ہے۔ ویری (very)، وال (wall)

(iv) 'ف' کے لئے ایف (f) استعمال کیا جاتا ہے، ph بھی انگریزی میں 'ف' کیلئے استعمال ہوتا ہے جیسے : Philosophy, fruit
لیکن انگریزی میں تلفظ ہمیشہ 'پھ' نہیں 'ف' ہوتا ہے۔

13th Day تیرھواں دن

انگریزی میں تلفظ (English Pronunciation)

انگریزی حروفِ عِلّت (Vowels) کا تلفظ سمجھنا بھی بہت اہم ہے۔ انگریزی حروفِ عِلّت کے تلفظ بہت مختلف ہوتے ہیں۔ جیسے A کا تلفظ آ، اَے، اے ہوتا ہے E کا اے، اور ای (کھینچ کر) I کا تلفظ ای، آئی، آوٗ، آ، او، ا۔ O کا تلفظ اَو، اُو، او، ے اور U کا تلفظ او اور اَے اُو غیرہ ہوتا ہے۔
یہاں آپ کو ان کی بڑی ہی دلچسپ اور پُر لطف واقفیت حاصل ہوگی۔

عام طور پر دیکھا گیا ہے کہ لوگ انگریزی تلفظ میں بڑی بھول کرتے ہیں۔ انگریزی زبان کے تلفظ کے کچھ ضوابط اور اصول ہیں جنہیں جاننا ہر انگریزی سیکھنے والے کے لئے ضروری ہے۔ ہم پہلے واولس (Vowels) کے تلفظ کے بارے میں بتاتے ہیں۔
اِس طرح آپ نے Vowels کے مختلف تلفظ کی معلومات حاصل کر لی ہے۔ مشق کر کے آپ اسمیں مہارت حاصل کر سکتے ہیں۔ آگے (Consonants) کے تلفظ پر روشنی ڈالی جائے گی۔

انگریزی حروف کے تلفظ

A کے تلفظ کے اصول

A (a) کے تلفظ یہ ہوتے ہیں : اے، آ، اَے

A = اے

ایک	An	(این)	پر	At	(ایٹ)
لڑکا	Lad	(لیڈ)	چوہا	Rat	(ریٹ)
آدمی	Man	(مین)	ٹھہرنا	Stand	(اسٹینڈ)
پاگل	Mad	(میڈ)	پابندی	Ban	(بین)

A = آ

تمام	All	(اول)	دیوار	Wall	(وال)
گرنا	Fall	(فول)	لڑائی	War	(وار)
بلانا	Call	(کول)	دور	Far	(فار)
چھوٹا	Small	(اسمول)	تارا	Star	(اسٹار)

A = آ اے ا

برتن	Ware	(ویَر)	حصہ بانٹنا	Share	(شیَر)
کرایا	Fare	(فیَر)	زیادہ	Spare	(اسپیَر)
ہمت کرنا	Dare	(ڈیَر)	پرواہ	Care	(کیَر)

A اے

اگر A کے بعد Y یا I کا استعمال ہو تو اس کا تلفظ اے کی طرح ہوتا ہے۔
لیکن یہ 'اے' کچھ لمبا تلفظ دیتا ہے :۔

تنخواہ	Pay	(پے)	راستہ	Way	(وے)
قیام کرنا	Stay	(اسٹے)	خوشی	Gay	(گے)
دماغ	Brain	(برین)	خاص	Main	(مین)

E کے تلفظ کے اصول

E (e) کے عام طور پر یہ تلفظ ہوتے ہیں: یے، اے، ای اِی (کھینچ کر)

E = اے

جال	Net	(نیٹ)	آدمی (جمع)	Men	(مِن)
بیچنا	Sell	(سیل)	تب	Then	(دین)
ٹانگ	Leg	(لیگ)	کب	When	(وین)
کنواں اچھا	Well	(ویل)	گیلا	Wet	(ویٹ)

E = ای

ہونا	Be	(بی)	ہم	We	(وی)
وہ	He	(ہی)	وہ (مونث)	She	(شی)

EE = ای (کھینچ کر)

دیکھنا	See	(سی)	رونا	Weep	(ویپ)
شہد کی مکھی	Bee	(بی)	سونا	Sleep	(سلیپ)

EA = ی

صاف	Clean	(کلین)	سمندر	Sea	(سی)
گوشت	Meat	(میٹ)	گرمی	Heat	(ہیٹ)

E کی اپنی کوئی آواز نہیں

اگر کسی لفظ کے آخر میں E آئے تو اس کا اپنا کوئی تلفظ نہیں ہوتا۔ اور اس سے پہلے آئے ایک یا زیادہ Consonants کو چھوڑ کر جو دوسرا واول (Vowel) ہوتا ہے اسکا تلفظ لمبا ہو جاتا ہے۔ نیچے پہلے آئے A, I, O, U کے ساتھ آخر میں دی گئی E کے استعمال کی مثالیں دی جاتی ہیں۔

(ا) اگر پہلے Vowel 'A' ہو تو (A) کا تلفظ 'ایے' ہوتا ہے اور E کی اپنی کوئی آواز نہیں ہوتی۔

شرم	Shame	(شیم)	نام	Name	(نیم)
لنگڑا	Lame	(لیم)	ویسا	Same	(سیم)

(ب) اگر پہلے Vowels 'I' ہو تو 'I' کا تلفظ 'آئی' ہوتا ہے اور آخری E کی کوئی آواز نہیں ہوتی۔

بیوی	Wife	(وائف)	نو	Nine	(نائن)
سفید	White	(وائٹ)	سطر، لکیر	Line	(لائن)

(ج) اگر پہلے واول (Vowel) O ہو تو O کا تلفظ او ہوتا ہے اور E کا کوئی تلفظ نہیں ہوتا۔

ناک	Nose	(نوز)	دھواں	Smoke	(اسموک)
امید	Hope	(ہوپ)	لطیفہ، مذاق	Joke	(جوک)

(د) اگر واول U ہو تب U کا تلفظ 'واو' یا 'یو' ہوتا ہے اور آخری E کی آواز نہیں ہوتی۔

اصول	Rule	(رؤل)	جون	June	(جون)
آواز	Tune	(ٹیون)	نلی	Tube	(ٹیوب)

EW = ایو

کچھ	Few	(فیو)	سینا	Sew	(سیو)
نیا	New	(نیو)	اوس	Dew	(ڈیو)

I کے تلفظ کے اصول

(i) آئی کے عام طور پر یہ تلفظ ہیں : ای، آئی۔ کبھی اے (a) جیسا بھی ہوتا ہے۔

I = اِ

بیمار	Ill	(اِل)	مار ڈالنا	Kill	(کِل)
بڑا	Big	(بِگ)	ساتھ	With	(وِد)
روشنائی	Ink	(انک)	جہاز	Ship	(شِپ)

I = آئی

مہربان	Kind	(کائینڈ)	نرم	Mild	(مائلڈ)
پیچھے	Behind	(بی ہائینڈ)	مائک	Mike	(مائیک)
باندھنا	Bind	(بائنڈ)	میل	Mile	(مائیل)

I = آئی/ آیی

اگر I کے بعد GH آئے تو I کا تلفظ آئی (یا آیی) ہوتا ہے۔

ٹھیک	Right	(رائٹ)	روشنی	Light	(لائٹ)
نظر	Sight	(سائٹ)	اونچا	High	(ہائی)

I = اَ

کمپنی	Firm	(فرم)	اوّل	First	(فرسٹ)

I = ائے

آگ	Fire	(فائر)	تعریف	Admire	(ایڈمائر)

IE = ای ، EI = ی

مختصر	Brief	(بریف)	حاصل کرنا	Achieve	(اچیو)
گھیرا	Siege	(سیج)	وصول کرنا	Receive	(رسیو)
			دھوکا دینا	Deceive	(ڈیسوو)

O کے تلفظ کے اصول

O (o) کا تلفظ عام طور پر یہ ہوتا ہے: آ، اُو، اوَ، اَ

O = او

پر	On	(اون)	لومڑی	Fox	(فوکس)
گرم	Hot	(ہوٹ)	برتن	Pot	(پوٹ)
داغ	Spot	(اسپوٹ)	بالائی حصہ	Top	(ٹوپ)
گرنا، گرانا	Drop	(ڈروپ)	نقطہ	Dot	(ڈوٹ)
نرم	Soft	(سوفٹ)	نہیں	Not	(نوٹ)
خدا	God	(گوڈ)	پایا	Got	(گوٹ)

O = اُو

کھولنا	Open	(اوپن)	ایسا	So	(سو)
اُمید	Hope	(ہوپ)	نہیں	No	(نو)
بوڑھا	Old	(اولڈ)	سونا	Gold	(گولڈ)
گھر	Home	(ہوم)	سب سے زیادہ	Most	(موسٹ)
مذاق	Joke	(جوک)	ڈاک	Post	(پوسٹ)

OW = او

آگے W ہونے پر

لائن Row (رو) — دکھانا Show (شو)
تخم ریزی Sow (سو) — کوّا Crow (کرو)

OO = اُو

دیکھنا Look (لک) — کتاب Book (بُک)
لیا Took (ٹک) — اچھا Good (گڈ)

OO = اوُ

کمرہ Room (رؤم) — چاند Moon (مؤن)
جوتا Boot (بؤٹ) — دوپہر Noon (نؤن)
کرنا Do (ڈؤ) — جڑ Root (روٹ)

O = اَ

بیٹا Son (سن) — آنا Come (کم)

OW = آؤ

کیسے How (ہاؤ) — اب Now (ناؤ)
گائے Cow (کاؤ)

OY = آئے

خوشی Joy (جوائے) — لڑکا Boy (بوائے)
کھلونا Toy (ٹوائے)

OU = آؤ

ہمارا Our (آور) — گھنٹہ Hour (آور)

یُ ، (U) کے تلفظ کے قاعدے

U کے خاص تلفظ ہوتے ہیں : ا، اُو، یُو، یو

U = اَ

اوپر Up (اپ) — پیالہ Cup (کپ)

جھونپڑی Hut (ہٹ) — مذاق Fun (فن)
کیچڑ Mud (مڈ) — سورج Sun (سن)

U = اُو

رکھنا Put (پُٹ) — دھکا دینا Push (پُش)
کھینچنا Pull (پُل) — بلّی Puss (پُس)

U = یُو، یو

پائیدار Durable (ڈیوُریبل)
فرض Duty (ڈیوُٹی)
پکا،یقینی Sure (شیوُر) — صاف Pure (پیور)

Y کے تلفظ کے اصول

کہیں کہیں حروف علت کا کام کرتا ہے دراصل پرانی انگریزی میں تو Y حروف علت تھا۔ لیکن اب آہستہ آہستہ اس کی جگہ آئی I نے لے لی ہے صرف کہیں کہیں اب بھی یہ واول کا کام کرتا ہے۔ جیسے :

Y = ای

ایک سے زیادہ شادیاں Polygamy (پولی گیمی)
سخت جُرم Felony (فیلونی)
پالیسی، طریقہ، اصول Policy (پولیسی)

Y = آئے

میعادی بخار Typhoid (ٹائفائڈ)
ٹائر Tyre (ٹائر)

Y = آئی

خلیج Dyke (ڈائک)
خاندان Dynasty (ڈائینیسٹی)

اِس طرح آپ نے Vowels کے مختلف تلفظ کی معلومات حاصل کر لی ہے۔ مشق کر کے آپ اسمیں مہارت حاصل کر سکتے ہیں۔ آگے Consonants کے تلفظ پر روشنی ڈالی جائے گی۔

خاموش حروف (Silent Letters)

انگریزی کے بہت سے الفاظ میں کئی خاموش حروف ہوتے ہیں۔ حروف صحیح یا حروف علت دونوں میں سے کوئی بھی خاموش ہوسکتا ہے۔ اس کے متعلق مزید تفصیلات پندرہویں سبق میں دی گئی ہیں۔ نیچے خاموش الفاظ کی مثالیں آپ کے علم و مشق کے لئے دی جارہی ہیں۔

A Silent

(سیزر)	Caesar	رومن بادشاہ
(ہیموگلوبین)	Haemoglobin	لال خونی مادّہ

B Silent

(کرمس)	Crumbs	کھانا، لقمہ
(انڈیٹیڈ)	Indebted	مقروض
(پلمبر)	Plumber	نل مرمت کرنے والا
(سکم)	Succumb	ہارجانا، مرجانا

C Silent

(سیپٹر)	Sceptre	عصائے شاہی
(سیزرز)	Scissors	قینچی

D Silent

(بجٹ)	Budget	بجٹ
(برج)	Bridge	پل
(میجٹ)	Midget	بونا

G Silent

(بنائن)	Benign	ہمدرد، بے ضرر
(ڈیزائن)	Design	نمونہ
(ملائن)	Malign	بدنام

H Silent

(اونریری)	Honorary	اعزازی
(اونریریم)	Honorarium	اجرت بطورِ تعظیم

K Silent

(نائف)	Knife	چاقو
(نوک)	Knock	کھٹکھٹانا
(نکل)	Knuckle	انگلی کا جوڑ

L Silent

(آمز)	Alms	صدقہ / بھیک
(بام)	Balm	مرہم

P Silent

(سائکی)	Psyche	نفس
(سائیکی ٹرسٹ)	Psychiatrist	ماہر نفسیات

R Silent

(آئن)	Iron	لوہا، پریس
(ولڈ)	World	عالم

T Silent

(زار)	Tsar	روسی حکمراں
(فاسین)	Fasten	باندھنا
(نسل)	Nestle	پیار سے چپکانا

W Silent

(راتھ)	Wrath	غصہ
(ریپ)	Wrap	لپیٹنا
(ریک)	Wreck	توڑنا، ٹوٹا ہوا

برائے یادداشت (To Remember)

۱. Fan, Fall, Fail, Far. ان لفظوں میں بالترتیب a کا تلفظ فین (اَیے) فول (او)، فیل (اِیے)، فار (آ) ہوتا ہے۔ ایسے اور لفظ تلاش کیجئے اور عام اصول جاننے کی کوشش کیجئے۔

۲. Wet, Be, See ان لفظوں میں بالترتیب E کا تلفظ ویٹ، بی، سی، ہوتا ہے یعنی (اِے، ای، اِی) Shame, Line, Hope میں E کا تلفظ کچھ نہیں ہوتا۔ پہلا واول Vowel (بالترتیب a,i,o) کچھ اور لمبے ہو جاتے ہیں

۳. آئی کا تلفظ الف (اَ) بھی ہوتا ہے۔ کیا آپ کو پتہ ہے؟ دیکھئے Firm (فرم)۔ اس کے علاوہ آئی کا آئے تلفظ بھی ہوتا ہے جیسے : Fire (فائر)

۴. O کا تلفظ 'اَوْ' اور U کا 'اوْ' تو ہوتا ہی ہے اس کے علاوہ اِ بھی ہوتا ہے جیسا آپ جانتے ہیں۔ دیکھئے Son (سَن) بیٹا، Sun (سَن) سورج

۵. OO کا 'اوْ' تو ہوتا ہے۔ Room (رُوم)۔ چھوٹا 'اُوْ' بھی ہوتا ہے۔(Book بک، Look لُک وغیرہ)

اس سبق کی بنیاد پر آپ سبھی واول کے نئے تلفظ کتابوں میں ڈھونڈھتے رہنے کی عادت ڈالئے۔ آپ دیکھیں گے کہ آپ کے سامنے انگریزی زبان کے نئے نئے راز کھلتے جائیں گے۔ خاموش الفاظ کا بھی دھیان رکھیں۔

14 چودھواں دن
th Day

انگریزی میں حروف صحیح (Consonants) کے تلفظ

Vowels کی طرح انگریزی کے کچھ Consonants (حروف صحیح) کے تلفظ میں بھی اختلاف پایا جاتا ہے۔ جیسے **C** کا تلفظ 'س' اور 'ک' ہوتا ہے۔ G کا 'گ' اور 'ج' S کا 'ز' ض' ظ' س' ش 'T کا 'ش' چ' تھ' ڈ' وغیرہ- یہ تلفظ ہوتے ہیں۔ اگر آپ دیئے گئے بیان کے مطابق انگریزی Consonant کے تلفظ پر تھوڑی سی توجہ کریں گے تو آپ کے لئے انگریزی لفظوں کے الفاظ کا مسئلہ نہیں رہ جائے گا۔

انگریزی زبان میں **Consonants** (حروف صحیح) یہ ہیں

B	C	D	F	G	H	J	K	L	M	N
ب	س	ڈ،د	ف	گ،ج	ہ	ج	ک	ل	م	ن

P	Q	R	S	T	V	W	X	Y	Z
پ	ق	ر	س	ٹ،ت	و	و	کس	ی	ذ،ز،ض،ظ

دراصل انگریزی کے ان حروف کا تلفظ تقریباً ویسا ہے ہوتا ہے جیسا کہ نیچے دیئے گئے اردو کے حروف کا ہوتا ہے۔ لیکن اگر انگریزی کے Consonants حروف کا صحیح تلفظ جاننا چاہتے ہیں تو ہم آپ سے صرف یہی کہنا چاہتے ہیں کہ اگر آپ ذرا گہری نظر سے آوازوں کو پہچاننے کی کوشش کریں گے تو آپ دیکھیں گے کہ ان سبھی انگریزی Consonants کا تلفظ مختلف ہوتا ہے۔

آپ کسی اہل زبان سے یعنی جس کی مادری زبان انگریزی ہو، کے منہ سے ان Consonants کا تلفظ سنیں گے تو اس نتیجہ پر پہونچیں گے کہ K, P, T, بالکل ک، پ، ٹ جیسے نہیں ہیں، یہ ک۔ کھ، پ۔ پھ، ت۔ ٹ کے درمیان کہیں بولے جاتے ہیں۔ اسی طرح 'J' 'ج' کی طرح نہ ہو کر کچھ کچھ ڈ (ڈجاب Job) کی طرح بولا جاتا ہے۔ مگر یہ اتنا ایک باریک فرق ہے کہ توجہ دینے پر ہی پکڑ میں آسکتے ہیں۔ اس کے علاوہ آپ ٹی، وی یا ریڈیو پر نشر ہونے والے خبر نامہ کو سنئے یا جب کوئی انگریز ٹیلی کاسٹ یا براڈ کاسٹ کر رہا ہو تو اس کی تقریر بغور سنئے اس طرح آپ اپنے تلفظ کو ٹھیک کر سکتے ہیں۔

اب R کو لیجئے ہم 'ر' بولتے ہیں تب زبان میں ایک تھرتھراہٹ پیدا ہوتی ہے، ۔ ہم دھرم کہتے ہیں تب بھی 'ر' کہتے وقت زبان پر تھرتھری پیدا ہوتی ہے۔ انگریزی کے آر (R) کا کچھ ایسا ہی تلفظ ہے۔ Round, Real, Roll, Run اس کا فرق بھی آپ بار بار سُن کر ہی جان سکتے ہیں۔

R کے پہلے Vowel ہو اور R کے بعد حرفِ صحیح ہو تو یہ بہت ہلکے سے بولا جاتا ہے۔ اور کبھی بالکل خاموش رہتا ہے، اس سے پہلے کا کچھ واول کچھ لمبا کھنچ جاتا ہے۔ جیسے۔ Form فام، Arm آم، Art آٹ، وغیرہا- S کا تلفظ 'س' کی طرح تو ہوتا ہی ہے۔ لیکن 'س' ایسے بولا جاتا ہے جیسے سیٹی بجاتے وقت آواز نکلتی ہے Sweet سوئیٹ

C	F	H	L	M	N	Q	V	W	X	Y	Z
س،ک	ف	ہ	ل	م	ن	ق		و	کس	ی	ذ،ز،ض،ظ

ان Consonants کا تلفظ تقریباً اردو کے حروف کے تلفظ کی طرح ہی ہوتا ہے۔

F اور Ph دونوں حروف کا تلفظ 'ف' ہی ہوتا ہے جیسے فال (Fall) اور فلاسفی (philosophy) وغیرہ۔

حروف کی ترتیب بدل جانے سے تلفظ میں فرق

اردو میں 'س' وغیرہ کوئی بھی حرف کسی بھی ترتیب سے لکھا ہوا اس کا تلفظ وہی رہتا ہے لیکن انگریزی میں ایسا بالکل نہیں ہے۔ Cent کا تلفظ ہوتا ہے سینٹ مگر Cant کو کینٹ پڑھا جائے گا۔ ایسے الفاظ کے کچھ اصول آگے دیئے گئے ہیں۔

'C' کا تلفظ

C کے تلفظ ہیں : 'س' اور 'ک'

۱. **C** کے بعد **E,I,Y** آئے تو **C** کا تلفظ 'س' ہوگا۔ جیسے :

حاصل کرنا	Receive	(ریسیو)	چاول	Rice	(رائس)	فلم	Cinema	(سنیما)
طوفان	Cyclone	(سائکلون)	بھتیجی	Niece	(نیس)	ٹکڑا	Piece	(پیس)
برفیلا	Icy	(آئیسی)	تقریب	Celebrate	(سلیبریٹ)	صدی	Century	(سینچری)
سند	Certificate	(سرٹیفکیٹ)	گھیرا	Circle	(سرکل)	قومیت	Citizenship	(سٹی زن شپ)
طاقت	Force	(فورس)						

۲. **C** کے بعد **A, O, U, K, R, T** وغیرہ کوئی حرف ہو تو 'ک' ہوگا۔ جیسے :

چارپائی	Cot	(کوٹ)	ٹوپی	Cap	(کیپ)	گائے	Cow	(کاؤ)
بلی	Cat	(کیٹ)	امیدوار	Candidate	(کنڈیڈیٹ)	جانور	Cattle	(کیٹل)
پیٹھ	Back	(بیک)	مرغا	Cock	(کاک)	تالا	Lock	(لوک)
بندرگاہ	Dock	(ڈوک)	کاٹنا	Cutting	(کٹنگ)	کوسنا	Curse	(کرس)
رواج	Custom	(کسٹم)	ظالم، بے درد	Cruel	(کروئل)			

۳. کبھی کبھی **C** کے بعد **IA** یا **EA** ہو تو 'ش' کی آواز دیتے ہیں جیسے:

سماجی	Social	(سوشل)	سمندر	Ocean	(اوشن)	مغنّی	Musician	(میوزیشین)

'G' کا تلفظ

'G' کے دو تلفظ ہیں : 'گ' اور 'ج'

۱. جب کسی لفظ کے اخیر میں **'GE'** تو اس کا تلفظ 'ج' ہوتا ہے جیسے:

عمر	Age	(ایج)	صفحہ	Page	(پیج)	غصہ	Rage	(ریج)
پنجرا	Cage	(کیج)	درویش	Sage	(سیج)	آلہ پیائش	Gauge	(گیج)

اسی طرح ان میں بھی 'ج' بولا جاتا ہے۔ جیسے:

ادرک	Ginger	(جنجر)	تخیل	Imagine	(امجن)	جرثومہ	Germ	(جرم)
کبوتر	Pigeon	(پیجن)	لب ولباب	Gist	(جسٹ)	قیمتی پتھر	Gem	(جیم)

۲. باقی جگہوں پر اکثر 'گ' کا تلفظ ہوتا ہے۔ جیسے:

بڑا	Big	(بگ)	تھیلا	Bag	(بیگ)	لٹکانا	Hang	(ہینگ)
جاؤ	Go	(گو)	سونا	Gold	(گولڈ)	بھوک	Hunger	(ہنگر)
دینا	Give	(گیو)	انگلی	Finger	(فنگر)	بھولنا	Forget	(فورگیٹ)

‘S’ کا تلفظ

‘S’ کے خاص تین تلفظ ہیں : ز، ش، س

۱. لفظ کے آخر میں BE, G, GG, GE, IE, EF, Y وغیرہ آئیں تو ان کے بعد لگے S کا تلفظ ’ز‘ ہوتا ہے۔ جیسے:

قبیلے	Tribes	(ٹرائبز)	تھیلے	Bags	(بیگز)	انڈے	Eggs	(ایگز)
زمانہ رزمانے	Ages	(ایجز)	بہادر	Heroes	(ہیروز)	کہانیاں	Stories	(اسٹوریز)
روپے	Rupees	(روپیز)	کھلونے	Toys	(ٹوائز)	کرنیں	Rays	(ریز)

۲. کسی لفظ کے آخر میں F, P, KE, GHT, PE, TE وغیرہ حروف ہوں تو ان کے بعد لگے S کا تلفظ ’س‘ ہوتا ہے۔ جیسے :

چھتیں	Roofs	(روفس)	ٹکڑے	Chips	(چپس)	امیدیں	Hopes	(ہوپس)
ہونٹ	Lips	(لپس)	پتنگیں	Kites	(کائیٹس)	جہاز	Ships	(شپس)
مذاق	Jokes	(جوکس)	راتیں	Nights	(نائیٹس)			

۳. لفظ میں S یا SS کے بعد IA, ION ہوں تو ’ش‘ کی آواز دیتا ہے جیسے:

براعظم کا نام	Asia	(ایشیا)	وظیفہ	Pension	(پنشن)	مدت کار	Session	(سیشن)
حملہ	Aggression	(ایگریشن)	محل	Mansion	(منشن)	روس	Russia	(رشیا)

‘T’ کا تلفظ

‘T’ کی مختلف حالتوں میں یہ تلفظ ہوتے ہیں : ش، چ، تھ، دَ

۱. لفظ میں ’T‘ کے بعد IA, IE, IO وغیرہ ہوں تو ’T‘ کو ’ش‘ بولا جاتا ہے۔ جیسے :

شروع کا	Initial	(اِنی شیل)	مریض	Patient	(پیشنٹ)	تصویر	Illustration	(السٹریشن)
حصہ	Portion	(پورشن)	ترقی	Promotion	(پروموشن)	نسبت	Ratio	(ریشو)

۲. اگر لفظ میں S کے بعد TION آئے یا T کے بعد URE آئے تو T کا تلفظ ’چ‘ جیسا ہوتا ہے۔ جیسے :

سوال	Question	(کوئشچن)	تہذیب	Culture	(کلچر)	قدرت	Nature	(نیچر)
مستقبل	Future	(فیوٗچر)	قید کرنا	Capture	(کیپچر)	تصویر	Picture	(پکچر)
جاندار	Creature	(کریچر)						

۳. اگر لفظ میں T کے بعد H ہو تو کبھی کبھی ’تھ‘ کی آواز ہوتی ہے اور بعض دفعہ ’دَ‘ کی آواز ہوتی ہے۔ جیسے :

th = تھ   th = د

موٹا	Thick	(تھک)	دھاگا	Thread	(تھریڈ)	وہ	That	(دیٹ)
تین	Three	(تھری)	تب	Then	(دین)	وہاں	There	(دیئر)
پتلا	Thin	(تھن)				یہ	This	(دس)

۴. کئی بار TH اردو کے حرف ’ٹ‘ کی آواز بھی دیتا ہے جیسے :

ٹیمز ندی	Thames	(ٹیمس)	آدمی کا نام	Thomas	(ٹومس)

(To Remember) برائے یادداشت

The کوکئی لوگ ’دَ‘ بولتے ہیں کئی ’دِ‘ دونوں صحیح ہیں۔ عام طور پر vowel سے شروع ہونے والے لفظ سے پہلے ’دِ‘ بولا جاتا ہے (جیسے: دِ ایگ، دِ آنسر وغیرہ) اور Consonant سے شروع ہونے والے لفظ سے پہلے ’دَ‘۔ جیسے: دَ کیٹ، دَ ریٹ وغیرہ

15 پندرھواں دن th Day

الفاظ میں خاموش حروف (Silent Letters in Words)

انگریزی زبان میں کچھ الفاظ کے کچھ حرف خاموش (silent) ہوتے ہیں جن کا تلفظ پتہ نہ ہونے کی وجہ سے ہندوستان کے طالب علموں کے لئے ایک مسئلہ بن جاتا ہے۔ یہاں ایسے الفاظ کو بڑے دلچسپ انداز میں پیش کیا گیا ہے۔ آپ مطالعہ اور مشق کے ذریعہ ایسے الفاظ پر مہارت (mastery) حاصل کر سکتے ہیں۔

1

کیا الفاظ کا پہلا حرف بھی 'خاموش' ہوتا ہے؟

جی ہاں! کئی بار الفاظ کا پہلا حرف بھی خاموش (**silent**) ہوتا ہے۔ ان کو بولئے اور ہجے اور تلفظ کو یاد کیجئے :

نفسیات	*P*sychology	(سائیکولوجی)	لڑاکو جہاز	*G*nat	(نیٹ)
لکھنا	*W*rite	(رائٹ)	پھپھڑوں کی سوجن	*P*neumonia	(نمونیا)
علم	*K*nowledge	(نالج)	عزت	*H*onour	(آنر)
			گھنٹہ	*H*our	(آور)

آپ نے دیکھا کہ ان الفاظ کے پہلے حرف کا تلفظ نہیں ہوتا۔ اب اِن الفاظ کا تلفظ کریں :

***W*rong, *K*now, *K*nitting, *H*onest, *P*salm** رونگ، نو، نٹنگ، اونیسٹ، سام۔

اب دیکھئے کہ Knitting میں K اور دوسرے **T** کا تلفظ نہیں ہوا۔ بولنے میں Niting ہی آیا۔ اسی طرح Psalm میں P اور L دونوں Silent ہیں۔

2

High کا تلفظ ہے 'ہائی' اور **Right** کا تلفظ ہے 'رائٹ' اس بنیاد پر ان لفظوں کا تلفظ کریں :

(اڑان)	Flight	(طاقت)	Might	(لڑائی)	Fight	(آہ بھرنا)	Sigh
(خوشی)	Delight	(رات)	Night	(رَوشنی)	Light	(ران)	Thigh
(بہادر)	Knight	(کساہوا)	Tight	(چمکیلا)	Bright	(اگرچہ)	Though
(نظارہ)	Sight	(ڈر)	Fright	(تھوڑاسا)	Slight	(ذریعہ)	Through

ان خاموش الفاظ سے آپ اچھی طرح واقف ہو چکے ہیں۔ اچھا بتایئے ان میں کون سے دو حروف ہیں جو سب میں ایک ساتھ (Silent) ہیں۔ ٹھیک ہے 'gh' اور Knight میں K بھی Silent ہے۔

حسب ذیل الفاظ دیکھئے ان میں کون کون سے حروف خاموش (Silent) ہیں۔ پھر ان الفاظ کی اسپیلنگ ذہن نشین کرئے اور لکھ کر مشق کیجئے۔

G Silent			C Silent			B Silent		
نشان	Si*g*n	(سائن)	عطر	S*c*ent	(سینٹ)	کنگھا	Com*b*	(کوم)
طرز، ڈھنگ	Desi*g*n	(ڈیزائن)	سائنس	S*c*ience	(سائینس)	میمنہ	Lam*b*	(لیم)
استعفیٰ دینا	Resi*g*n	(ریزائن)	منظر	S*c*ene	(سین)	انگوٹھا	Thum*b*	(تھم)

H Silent

(آنر)	*H*onour	عزت
(آور)	*H*our	گھنٹہ
(ٹامس)	T*h*omas	ٹامس

K Silent

(نوک)	*K*nock	کھٹکھٹانا
(نائف)	*K*nife	چاقو
(نوٹ)	*K*not	گرہ

L Silent

(پام)	Pa*l*m	ہتھیلی
(کام)	Ca*l*m	سکون
(ہاف)	Ha*l*f	نصف
(واک)	Wa*l*k	چلنا
(فوک)	Fo*l*k	گروہِ انسانی
(ٹاک)	Ta*l*k	گفتگو
(شُڈ)	Shou*l*d	چاہیئے
(وُڈ)	Wou*l*d	جائے گا
(کڈ)	Cou*l*d	سکنا

N Silent

(آٹم)	Autum*n*	پت جھڑ
(کنڈم)	Condem*n*	مذمت کرنا
(ہائم)	Hym*n*	مناجات
(کالم)	Colum*n*	کالم
(ڈیم)	Dam*n*	بددعا کرنا

T Silent

(ہیسن)	Has*t*en	جلدی کرنا
(لِسن)	Lis*t*en	سننا
(آفن)	Of*t*en	اکثر
(سوفن)	Sof*t*en	نرم

U Silent

(گارڈ)	G*u*ard	چوکیدار
(گیس)	G*u*ess	اندازہ
(گیسٹ)	G*u*est	مہمان

W Silent

(رونگ)	*W*rong	غلط
(آنسر)	Ans*w*er	جواب
(سورڈ)	S*w*ord	تلوار

اوراب ذرا نیچے دیئے گئے انگریزی الفاظ کا تلفظ کر کے لطف اٹھائیے اور پتہ لگائیے کہ کون سا حرف خاموش (Silent) ہے؟

Asthma, Heir, Island, Doubt, Reign, Wrapper, Wednesday

جی نہیں یہ آستھما، ہیئر، از لینڈ، ڈاوبٹ، ری اگن، وراپر، ویڈنس ڈے نہیں ہے۔ یہ ہیں ایز ما (دمّہ)، ایئر (وارث)، آئی لینڈ (جزیرہ)، ڈاوٹ (شک) رین (حکومت)، ریپر (لپیٹنے کا غذیا کپڑا)، وینز ڈے (بُدھ)۔

ایسے دوسرے بہت سے الفاظ کی مشق کیجئے اور کامیابی کی منزل کی طرف بڑھتے جائیے۔ لغت میں مزید الفاظ تلاش کیجئے۔

16th Day سولھواں دن

سوالیہ جملے میں What, Who, How وغیرہ کا استعمال

درمیان میں رومن رسم الخط اور الفاظ کے تلفظ کا ذکر آ گیا تھا جن کی واقفیت بھی اشد ضروری تھی۔ آیئے اب پھر وہاں سے شروع کریں جہاں سے چھوڑا تھا۔ چھٹے سے آٹھویں دن میں ہم نے بیان کیا تھا کہ تینوں زمانوں کے جملوں میں معاون فعل کو سب سے پہلے لاکر سوالیہ جملے بناتے ہیں جیسے: ?Will you play? Does he Know? Was Gopal reading وغیرہ ۔ اب ہم اتنا اضافہ کریں گے کہ جب اِنہیں سوالیہ جملوں کے شروع میں ہی How, Which, When, Where, Why, What, Who, وغیرہ لگتے ہیں تو یہ جملے وسیع معنیٰ دینے لگتے ہیں۔ ان کو آپ پہلے ایک ایک کرکے اور پھر ملی جلی شکل میں ۱۶ویں ۱۸ویں دن کے کورس میں پائیں گے۔ آیئے تو پھر شروع کریں۔

What | **A**

۱. س : تم کیا چاہتے ہو؟	Q. *What* do you want?	واٹ ڈویُو وانٹ؟
ج : ایک گلاس دودھ ۔	A. A glass of milk.	اے گلاس آف مِلک۔
۲. س : تم کیا لکھ رہے ہو؟	Q. *What* are you writing?	واٹ آر یو رائیٹنگ؟
ج : خط لکھ رہا ہوں۔	A. A letter.	اے لیٹر۔
۳. س : تم کیا کہنا چاہتے ہو؟	Q. *What* do you want to say?	واٹ ڈویُو وانٹ ٹو سے؟
ج : کچھ نہیں۔	A. Nothing.	نتھنگ۔
۴. س : تمہارا کیا نام ہے؟	Q. **What's* your name?	واٹس یور نیم؟
ج : محمد خالد۔	A. Mohammed Khalid.	محمد خالد۔
۵. س : تمہارے والد کیا کام کرتے ہیں؟	Q. *What's* your father?	واٹس یور فادر؟
ج : میرے والد ایڈیٹر ہیں۔	A. He's an editor.	ہیز این ایڈیٹر۔
۶. س : تمہاری والدہ کیا کرتی ہیں؟	Q. *What's* your mother?	واٹس یور مدر؟
ج : میری والدہ گھر کا کام سنبھالتی ہیں۔	A. She is a housewife.	شی از اے ہاؤس وائف۔
۷. س : تم آج کل کیا کر رہی ہو؟	Q. *What* are you doing these days?	واٹ آر یو ڈوئنگ دیز ڈیز؟
ج : پڑھ رہی ہوں۔	A. Studying.	اسٹڈیئنگ۔
۸. س : تم نے آگرہ میں کیا دیکھا؟	Q. *What* have you seen in Agra?	واٹ ہیو یو سین اِن آگرہ؟
ج : تاج محل۔	A. The Taj Mahal.	دَ تاج محل۔
۹. س : تم نے اپنے والد کو کیا لکھا؟	Q. *What* did you write to your father?	واٹ ڈڈ یو رائٹ ٹو یور فادر؟
ج : اپنے نتیجے کے بارے میں لکھا۔	A. About my result.	اباؤٹ مائی رزلٹس۔
۱۰. س : وہ ممبئی میں کیا کر رہی تھی؟	Q. *What* was she doing in Mumbai?	واٹ واز شی ڈوئنگ اِن ممبئی؟
ج : وہ ایک پرائمری اسکول میں معلّمہ تھی۔	A. She was teaching in a primary school.	شی واز ٹیچنگ اِن اے پرائمری اسکول۔
۱۱. س : دسویں کلاس پاس کرکے تم کیا کروگے؟	Q. *What* do you intend doing after passing High School?	واٹ ڈویو اِن ٹینڈ ڈوئنگ آفٹر پاسنگ ہائی اسکول؟

---

* 'What is' کا مخفف (What's (Shortened form ہے۔ What's کا بول چال میں کثرت سے استعمال ہوتا ہے۔ اب لکھنے میں اِن Shortened forms کا کافی استعمال ہونے لگا ہے۔ ایسی بکثرت مثالیں ہیں۔ it is کے لئے it's، you are کے لئے you're، I have کے لئے I've وغیرہ۔

ج :	آگے پڑھوں گا۔	**A.** I'll study further.	آئل اسٹڈی فردر۔

Who		**B**	
۱۲. س :	آپ کون ہیں؟	**Q.** *Who* are you?	ہُو آر یُو؟
ج :	میں ایک تاجر ہوں۔	**A.** I am a businessman.	آئی ایم اے بزنس مین۔
۱۳. س :	وہ کون ہیں؟	**Q.** *Who* are they?	ہو آر دے؟
ج :	وہ میرے رشتہ دار ہیں۔	**A.** They are my relatives.	دے آر مائی ریلیٹوز۔
۱۴. س :	گیت کس نے گایا؟	**Q.** *Who* sang the song?	ہو سینگ دَ سونگ؟
ج :	لتا نے۔	**A.** Lata did.	لتا ڈِڈ۔
۱۵. س :	بازار کون جائے گا؟	**Q.** *Who* will go to the market?	ہو ول گو ٹو دَ مارکیٹ؟
ج :	میں جاؤں گا۔	**A.** I will.	آئی وِل۔
۱۶. س :	اِس کام کو کون کر سکتا ہے؟	**Q.** *Who* can do this work?	ہو کین ڈو دِس ورک؟
ج :	نشاط۔	**A.** Nishat can.	نشاط کین۔
۱۷. س :	اسے کس سے ملنا ہے؟	**Q.** *Whom* does she want to meet?	ہوم ڈز شی وانٹ ٹو میٹ؟
ج :	اپنی ماں سے۔	**A.** Her mother.	ہر مدر۔
۱۸. س :	اس مکان کا مالک کون ہے؟	**Q.** *Who* is the owner of this house?	ہو از دَ اونر آف دِس ہاؤس؟
ج :	میرے والد صاحب۔	**A.** My father.	مائی فادر۔

How		**C**	
۱۹. س :	وہ اسکول کیسے جاتا ہے؟	**Q.** *How* does he go to school?	ہاؤ ڈز ہی گو ٹو اسکول؟
ج :	بس سے۔	**A.** By bus.	بائی بس۔
۲۰. س :	آپ کے والد صاحب کیسے ہیں؟	**Q.** *How* is your father?	ہاؤ از یور فادر؟
ج :	وہ ٹھیک نہیں ہیں۔	**A.** He's not well.	ہیز نوٹ ویل۔
۲۱. س :	تم شملہ کیسے گئے؟	**Q.** *How* did you go to Shimla?	ہاؤ ڈڈ یو گو ٹو شملہ؟
ج :	ریل گاڑی سے۔	**A.** By train.	بائی ٹرین۔
۲۲. س :	تم کیسے واپس ہوئے؟	**Q.** *How* did you return?	ہاؤ ڈڈ یو ریٹرن؟
ج :	بس سے	**A.** By bus.	بائی بس۔
۲۳. س :	شملہ میں آپ کی صحت کیسی تھی؟	**Q.** *How* was your health in Shimla?	ہاؤ واز یور ہیلتھ اِن شملہ؟
ج :	میں بالکل ٹھیک تھا۔	**A.** I was perfectly alright there.	آئی واز پرفیکٹلی اول رائٹ دیئر۔
۲۴. س :	وہاں موسم کیسا تھا؟	**Q.** *How* was the weather there?	ہاؤ واز دَ ویدر دیئر؟
ج :	کافی ٹھنڈا تھا۔	**A.** It was quite cold.	اِٹ واز کوآئٹ کولڈ۔
۲۵. س :	آپ کے بیٹے کی کتنی عمر ہے؟	**Q.** *How* old is your son?	ہاؤ اولڈ از یور سن؟
ج :	وہ بارہ سال کا ہے۔	**A.** He's twelve.	ہیز ٹویلو۔
۲۶. س :	یہاں سے کناٹ پلیس کتنی دور ہے؟	**Q.** *How* far is Connaught Place from here?	ہاؤ فار از کناٹ پلیس فروم ہیئر؟
ج :	تقریباً چھ کیلومیٹر۔	**A.** *About* six kilometres.	اباؤٹ سکس کیلومیٹرس۔

۲۷. س : اب تم کیسا محسوس کر رہے ہو؟ **Q.** *How* are you feeling now? ہاؤ آر یو فلنگ ناؤ؟-
ج : پہلے سے بہت اچھا۔ **A.** Much better. مچ بیٹر۔

(To Remember) برائے یادداشت

A	B
1. What do you say?	I do not know what you say.
2. What did you say?	I do not remember what you said.
3. What had you said?	I do not remember what you had said.
4. What is this?	Tell me, what this is.
5. What was that?	Tell me, what that was.

A والے سوالیہ جملے ہیں۔ B والے سادہ ہیں۔ سوالیہ جملوں کو سادہ جملوں میں بدلنے کے لئے (۱) do, did وغیرہ ہٹ جاتے ہیں اور عام فعل استعمال ہوتا ہے جیسے: What do you say کا you say اور What did you say کا What you said وغیرہ۔ (۲) سوالیہ جملوں میں معاون فعل is, was, had وغیرہ ہوں تو وہ فعل object کے بعد چلے جاتے ہیں۔ اسی طرح سادہ جملوں کے سوالیہ جملے بنیں گے۔

A	B
1. I do not know *who* he is.	*Who* is he?
2. Tell me *whom* you want.	*Whom* do you want?
3. Tell me *whose* book that was.	*Whose* book was that?
4. I do not know *how* old you are.	*How* old are you?
5. Tell me *how* she knew.	*How* did she know?
6. You did not say *whom* you had promised.	*Whom* had you promised?

سوالیہ جملوں میں سے سادہ جملے اور سادہ جملوں سے سوالیہ بنانے کی مشق کیجئے، اور انہیں اونچی آواز سے بول کر ایک دوسرے کو سنائیے۔

17 ستر ھواں دن th Day

سوالیہ جملوں کی ساخت میں Which, When, Where, Why وغیرہ کا استعمال

آپ گزشتہ اسباق میں What, Who, How لفظوں کا استعمال کرنا سیکھ چکے ہیں۔ اب یہاں پر When, Where, Which اور Why کا استعمال سیکھیے۔ Which کا استعمال عام طور پر بے جان چیزوں کے لئے کیا جاتا ہے۔ When وقت بتاتا ہے۔ اور Where سے جگہ کا پتہ چلتا ہے۔ اسی طرح Why وجہ بتاتا ہے۔ ان لفظوں کے استعمال کی ایک خصوصیت یہ ہے کہ ان کے ساتھ do, did یا کوئی اور helping verb ضرور لگانا پڑتا ہے۔

D — Which

۱. س : تم نے کونسا گانا پسند کیا — لتا کا یا آشا کا؟ — **Q.** *Which* song did you prefer — Lata's or Asha's? — وِچ سونگ ڈِڈ یو پریفر — لتاز اور آشاز؟

ج : مجھے وہی پسند ہے جو تمھیں پسند آیا ہے۔ — **A.** I like what you have liked. — آئی لائک واٹ یو ہیو لائکڈ۔

۲. س : تم کونسی کتاب پڑھ رہے ہو؟ — **Q.** *Which* book are you reading? — وچ بک آر یو ریڈنگ؟

ج : وہ ناول جو تم سے کل مانگ کر لایا تھا۔ — **A.** It's the novel which I borrowed from you yesterday. — اِٹس دی ناول وچ آئی بوروڈ فروم یو یسٹرڈے۔

۳. س : تمھاری پسندیدہ کتاب کون سی ہے؟ — **Q.** *Which* is your favourite book? — وِچ از یور فیوریٹ بک؟

ج : میری پسندیدہ کتاب قرآن پاک ہے۔ — **A.** My favourite book is the Holy Quran. — مائی فیوریٹ بک از دہولی قرآن۔

E — When

۴. س : تم اپنا سبق کب دہراتے ہو؟ — **Q.** *When* do you revise your lesson? — وین ڈو یُو ریوائز یور لیسن؟

ج : سویرے۔ — **A.** In the morning. — اِن دمورننگ۔

۵. س : تم ہمارے یہاں کب آرہے ہو؟ — **Q.** *When* are you coming to us? — وین آر یو کمنگ ٹو اَس؟

ج : جیسے ہی وقت ملے گا۔ — **A.** As soon as I get time. — ایز سون ایز آئی گیٹ ٹائم۔

۶. س : تم سنجے سے کب ملے؟ — **Q.** When did you meet Sanjay? — وین ڈِڈ یو میٹ سنجے؟

ج : میں اس سے پچھلے ہفتہ میں ملا تھا جب وہ دہلی آیا تھا۔ — **A.** Last Saturday, when he came to Delhi. — لاسٹ سٹرڈے، وین ہی کیم ٹو ڈلہی۔

F — Where

۷. س : آپ کہاں کام کرتے ہیں؟ — **Q.** Where do you work? — ویئر ڈو یو ورک؟

ج : ایک سرکاری دفتر میں۔ — **A.** In a government office. — ان اے گورنمنٹ آفس۔

۸. س : آپ کتابیں کہاں سے خریدتے ہیں؟ — **Q.** From where do you buy the books? — فروم ویئر ڈو یو بائی دبکس؟

ج : پستک محل دہلی سے۔ — **A.** From Pustak Mahal, Delhi. — فروم پستک محل، ڈیلہی۔

۹. س : آپ کی رہائش کہاں ہے؟ — **Q.** *Where* do you live? — ویئر ڈو یُو لیو؟

ج : رؤپ نگر میں۔ — **A.** At Roop Nagar. — ایٹ روپ نگر۔

۱۰	س : آپ نے یہ سوٹ کہاں سے خریدا؟	**Q.** From where did you buy your suit?	فروم ویئر ڈڈ یو بائی یور سوٹ؟
	ج : کناٹ پلیس سے۔	**A.** From Connaught Place.	فروم کناٹ پلیس۔

| **G** | **Why** |

۱۱	س : آپ روزانہ دودھ کیوں پیتے ہیں؟	**Q.** *Why* do you drink milk daily?	وائی ڈو یو ڈرنک مِلک ڈیلی؟
	ج : اپنی صحت بنائے رکھنے کے لئے۔	**A.** To maintain good health.	ٹو مین ٹین گڈ ہیلتھ۔
۱۲	س : مینا کی استانی اتنی سخت کیوں ہے؟	**Q.** *Why* is Meena's teacher so strict?	وائی از مینا ز ٹیچر سو سٹرکٹ؟
	ج : اس لئے کہ وہ اپنی طالبات کی ترقی چاہتی ہے۔	**A.** Because she is interested in the progress of her students.	بکاؤز شی از انٹرسیٹڈ ان دِ پروگریس آف ہراسٹوڈنٹس۔
۱۳	س : تم یہاں کیوں بیٹھے ہو؟	**Q.** *Why* are you sitting here?	وائی آر یو سِٹنگ ہیر؟
	ج : میں اپنے دوست منیر کا انتظار کررہا ہوں۔	**A.** I'm waiting for my friend, Munir.	آئم ویٹنگ فار مائی فرینڈ، منیر۔

برائے یادداشت (To Remember)

Which اور Who ان دونوں الفاظ کے فرق کو سمجھئے۔ Who کا مطلب ہے کون اور Which کا مطلب ہے کون سا کون سی۔ Who انسانوں کے لئے استعمال ہوتا ہے اور Which جانوروں اور بے جان چیزوں کے لئے۔ اس بات کو آپ مندرجہ ذیل مثالوں سے اچھی طرح سمجھ سکتے ہیں :

Who	۱. وہاں کون ہے؟	*Who's* there?
	۲. آگرہ کون گیا؟	*Who* went to Agra?
	۳. یہاں کون آئے گا؟	*Who* will come here?
Which	۴. میز پر کونسی کتاب رکھی ہے؟	*Which* book is on the table?
	۵. کون سی کتاب میری ہے؟	*Which* book is mine?
	۶. آپ کا کون سا کتّا ہے؟	*Which* is your dog?

Who اور Which کے ایک ایک معنی اور بھی ہیں 'جو'۔ اصول وہی ہیں۔ انسانوں کے لئے Who اور بے جان اور جانوروں کے لئے Which 'جو' ۔ جیسے :

۱. میں اس لڑکی سے ملا جو مونیٹر ہے۔	I met the girl who is the monitor.
۲. وہ لڑکی، جو پیانو بجا رہی ہے، میری بہن ہے۔	The girl, who is playing the piano, is my sister.
۳. جو کتاب تم چاہتے ہو، چھانٹ لو۔	Select the book which you want.

Where is-**Where's** کا مخفف ہے۔

54

18 اٹھارھواں دن
18th Day

سوالیہ جملوں کی ساخت مختلف طریقے سے (Miscellaneous)

سوالیہ جملے کی بناوٹ کو دہرائیے۔ اب What اور Where وغیرہ لفظوں کے ساتھ were, has, have, had, was, is, are, am, will, shall, would, وغیرہ معاون فعل helping verb کو اچھی طرح ذہن نشین کر لیجیے۔ ان سے اکیلے بھی سوالیہ جملے بنتے ہیں یہ بات آپ سابقہ اسباق میں پڑھ چکے ہیں۔ اب پھر دہرا لیجیے۔

۱.	کیا ہوا؟	What happened?	واٹ ہیپنڈ؟
۲.	کیا آپ نے مجھے بلایا تھا؟	Had you asked for me?	ہیڈ یوٗ آسکڈ فور می؟
۳.	میں جاؤں؟	May I go?	مے آئی گو؟
۴.	میں بھی چلوں؟	May I accompany you?	مے آئی اکمپنی یو؟
۵.	کیا تم آ رہے ہو؟	Are you coming?	آر یوٗ کمنگ؟
۶.	میں لاؤں؟	Should I bring it?	شُڈ آئی برنگ اِٹ؟
۷.	مزاج کیسے ہیں؟ آپ کیسے ہیں؟	How are you?	ہاؤ آر یو؟
۸.	سمجھے؟	Did you understand?/Understood?	ڈڈ یو انڈرسٹینڈ؟/انڈر اسٹوڈ؟
۹.	کیا مطلب؟	What do you mean?	واٹ ڈو یوٗ مین؟
۱۰.	کیا، صاحب اندر ہیں؟	Is the boss in?	از دَ بوس اِن؟
۱۱.	کون ہے؟	Who is it?	ہوٗ از اٹ؟
۱۲.	کیا ہے؟	What's the matter?	واٹس دَ میٹر؟
۱۳.	دانش کہاں ہے؟	Where is Danish?	ویئر از دانش؟
۱۴.	کب آئے؟	When did you come?	وین ڈِڈ یو کم؟
۱۵.	شروع کریں؟	Do/shall we begin?	ڈو/شیل وی بگن؟
۱۶.	ایک کام کرو گے؟	Will you do one thing?	ول یو ڈو ون تھنگ؟
۱۷.	کیا آج چھٹی ہے؟	Is it a holiday today?	از اٹ اے ہولی ڈے ٹوڈے؟
۱۸.	تمہیں معلوم ہے؟	Do you know?	ڈو یو نو؟
۱۹.	تم جاؤ گے نہیں؟	Won't you go?	وونٹ یو گو؟
۲۰.	کیا گڑبڑ ہے؟	What's the trouble?	واٹس دَ ٹربل؟
۲۱.	آپ ناراض ہیں کیا؟	Are you angry?	آر یو اینگری؟
۲۲.	اہل و عیال بخیریت ہیں؟	How is the family?	ہاؤ از دَ فیملی؟
۲۳.	میں آپ کی کیا خدمت کروں؟	What can I do for you?	واٹ کین آئی ڈو فور یوٗ؟
۲۴.	ہم اب کہاں پر ہیں؟	Where are we now?	ویئر آر وی ناؤ؟
۲۵.	کیسے تکلیف کی؟	What brings you here?	واٹ برنگس یو ہیئر؟
۲۶.	کیا اس کے پاس کار ہے؟	Has he got a car?	ہیز ہی گوٹ اے کار؟

۲۷.	آپ کو مجھ سے کچھ کام ہے؟	Have you any business with me?	ہیو یُو اینی بزنس وِدمی؟
۲۸.	کون آرہا ہے؟	Who's coming?	ہوز کمنگ؟
۲۹.	رات کھانے میں کیا کیا ہے؟	What's the menu for dinner?	واٹس دَ مینیُو فور ڈِنر؟
۳۰.	یہ کس کا ٹیلی فون نمبر ہے؟	Whose telephone number is this?	ہوز ٹیلیفون نمبر از دِس؟
۳۱.	ہم کہاں ملیں گے؟	Where shall we meet?	ویئر شیل وی میٹ؟
۳۲.	تم واپس کیسے آگئے؟	How have you come back?	ہاؤ ہیو یو کم بیک؟
۳۳.	تم نے پڑھنا کیوں چھوڑ دیا؟	Why have you dropped your studies?	وائی ہیو یو ڈراپڈ یور اسٹڈیز؟
۳۴.	اب آپ کی والدہ کیسی ہیں؟	How is your mother now?	ہاؤ از یور مدر ناؤ؟
۳۵.	آپ کیسے ہیں؟	How do you do?*	ہاؤ ڈو یو ڈو؟
۳۶.	یہاں سب سے اچھا ہوٹل کون سا ہے؟	Which is the best hotel here?	وچ از دَ بسٹ ہوٹل ہیئر؟
۳۷.	یہ کون ہے؟	Who's this?	ہوز دِس؟
۳۸.	ساجد کہاں ہے؟	Where is Sajid?	ویئر از ساجد؟
۳۹.	کیا خبر ہے؟	What's the news?	واٹس دَ نیُوز؟
۴۰.	اب کب ملاقات ہوگی؟	When shall we meet again?	وین شیل وی میٹ اگین؟
۴۱.	تمہاری عمر کیا ہے؟	How old are you?	ہاؤ اولڈ آر یو؟
۴۲.	اس کوٹ میں کیا صرف ہوا؟	How much did this coat cost you?	ہاؤ مچ ڈِڈ دِس کوٹ کوسٹ یو؟
۴۳.	آپ یہاں کب سے ہیں؟	For how long have you been here?	فور ہاؤ لونگ ہیو یو بین ہیئر؟
۴۴.	کتنا وقت صرف ہوگا؟	How long will it take?	ہاؤ لونگ وِل اِٹ ٹیک؟
۴۵.	آپ کیوں تکلیف کرتے ہیں؟	Why do you trouble yourself?	وائی ڈو یو ٹربل یور سِلف؟
۴۶.	سڑک کیوں بند ہے؟	Why is the road closed?	وائی از دَ روڈ کلوزڈ؟
۴۷.	آج کونسی پکچر لگی ہے؟	What movie is on today?	واٹ مووی از اون ٹوڈے؟
۴۸.	آپ کیا ڈھونڈھ رہے ہیں؟	What are you looking for?	واٹ آر یو لکنگ فور؟
۴۹.	آپ اتنے سنجیدہ کیوں ہیں؟	Why are you so serious?	وائی آر یو سو سیریس؟
۵۰.	میں آج کی پارٹی میں کیا پہنوں؟	What should I wear in the party tonight?	واٹ شُڈ آئی وِیئر اِن دَ پارٹی ٹونائٹ؟
۵۱.	میں آپ سے کہاں رابطہ کروں؟	Where should I contact you?	ویئر شُڈ آئی کنٹیکٹ یو؟
۵۲.	کیا کوئی پریشانی ہے؟	Is there any problem?	از دیئر اینی پرابلم؟
۵۳.	کیا آج آپ دیر سے آئیں گے؟	Are you going to be late tonight?	آر یو گوئنگ ٹو بی لیٹ ٹونائٹ؟
۵۴.	کیا آپ کے ساتھ ڈانس کر سکتا ہوں؟	May I have a dance with you?	مے آئی ہیو اے ڈانس وِد یو؟
۵۵.	کیا آپ ہمارے ساتھ بیٹھیں گے؟	Would you like to join us?	وڈ یو لائک ٹو جوائن اَس؟
۵۶.	اب مجھے کیا کرنا چاہئے؟	What should I do now?	واٹ شُڈ آئی ڈو ناؤ؟
۵۷.	تم میری بات کیوں نہیں سنتے؟	Why don't you listen to me?	وائی ڈونٹ یو لِسن ٹو می؟
۵۸.	اِن دونوں پوشاکوں میں سے کون سی مجھ پر جچیگی؟	Which of these two dresses will suit me better?	وِچ آف دیز ٹو ڈریسز وِل سوٹ می بٹر؟

*How do you do? کا استعمال کسی سے پہلی بار ملنے پر کیا جاتا ہے۔ خاص طور جب پر تب جب دو اشخاص کا باہمی تعارف کرایا جائے۔ ہاؤ ڈو یو ڈو؟ کے جواب میں ہاؤ ڈو یو ڈو ہی کہا جاتا ہے۔

۵۹. مجھے اسے کہاں ڈھونڈنا چاہیئے؟ Where should I look for him? ویئر شڈ آئی لک فور ہم؟

۶۰. میں تمھارے لئے کیا کرسکتا ہوں؟ What can I do for you? واٹ کین آئی ڈو فور یو؟

۶۱. کیا میں آپ کا فون استعمال کرسکتا ہوں؟ May I use your phone? مے آئی یوز یور فون؟

۶۲. کیا آپ اسے پہچانتے ہیں؟ Do you recognize him? ڈو یو ریکوگنائز ہم؟

برائے یادداشت (To Remember)

(i) آپ نے گزشتہ اسباق میں پڑھا کہ is, am, are, was, were, had, will, would, shall, should, can, could, may, might, وغیرہ اگر جملے کے شروع میں آئیں تو سوالیہ جملہ بنتا ہے۔اور اگر بیچ میں (Subject کے بعد) آئے تو سادہ جملہ بنتا ہے۔مثال کے طور پر :

A	B
(1) Am I a fool?	I am not a fool.
(2) Were those your books?	Those were your books.
(3) Had you gone there?	You had gone there.
(4) Can I walk for a while?	I can walk for a while.
(5) May I come in?	I may come in.

(ii) مندرجہ ذیل سادہ جملوں کو غور سے دیکھئے :

(1) I get up early in the morning. ۱.میں صبح جلدی اٹھتا ہوں۔

(2) I got up early in the morning. ۲.میں صبح جلدی اٹھا۔

اب ان کے **(Negative)** منفی جملے بنائیے:

(3) I do no get up early in the morning. ۳.میں صبح جلدی نہیں اٹھتا ہوں۔

(4) I did not get up early in the morning. ۴.میں صبح جلدی نہیں اٹھا۔

آپ نے دیکھا کہ منفی جملے بنانے کے لئے بالترتیب do اور did لگایا گیا ہے اور سوالیہ جملہ بنانے کے لئے یہی do اور did سب سے پہلے لگایا گیا ہے۔جیسے :

(5) Do I get up early in the morning? ۵.کیا میں جلدی اٹھتا ہوں؟

(6) Did I get up early in the morning? ۶.کیا میں جلدی اٹھا؟

th Day

(Negative Sentences) منفی جملے

۱.	میں نہیں جانتا۔	I do not know.	آئی ڈونوٹ نو۔
۲.	میں کچھ نہیں پوچھتا۔	I don't ask anything.	آئی ڈونٹ آسک اینی تھنگ۔
۳.	وہ یہاں نہیں آتی۔	She does not come here.	شی ڈزنوٹ کم ہیئر۔
۴.	وہ چائے بنانا نہیں جانتی۔	She doesn't know how to make tea.	شی ڈزنٹ نو ہاؤ ٹو میک ٹی۔
۵.	کل وہ بس لینے سے نہیں چُوکا۔	He did not miss the bus yesterday.	ہی ڈڈنوٹ مس دَ بس یسٹرڈے۔
۶.	ہم نے یہ خبر نہیں سنی۔	We haven't heard this news.	وی ہیونٹ ہرڈ دِس نیوز۔
۷.	آج سردی نہیں ہے۔	It's not cold today.	اِٹس نوٹ کولڈ ٹوڈے۔
۸.	وہ عورت شادی شدہ نہیں ہے۔	She isn't married.	شی ازنٹ میریڈ۔
۹.	آج ہم تاخیر سے نہیں ہیں۔	We are not late today.	وی آر نوٹ لیٹ ٹوڈے۔
۱۰.	وہ دہلی میں نہ تھی۔	She wasn't in Delhi.	شی وازنٹ ان ڈلہی۔
۱۱.	ہم لکچر میں حاضر نہ تھے۔	We didn't attend the lecture.	وی ڈڈنٹ اٹینڈ دَ لکچر۔
۱۲.	اس کے لڑکا نہیں ہے۔	She doesn't have a son.	شی ڈزنٹ ہیوا ے سن۔
۱۳.	مجھے خط نہیں ملا۔	I didn't get the letter.	آئی ڈڈنٹ گیٹ دَ لیٹر۔
۱۴.	ان کے پاس سواری نہیں تھی۔	They didn't have a conveyance.	دے ڈڈنٹ ہیوا ے کنوے ینس۔
۱۵.	گھبراؤ نہیں، والد صاحب ناراض نہ ہونگے۔	Don't worry, father won't be angry.	ڈونٹ وری، فادر وونٹ بی اینگری۔
۱۶.	والد صاحب کل گھر پر نہیں ہونگے۔	Father won't be at home tomorrow.	فادر وونٹ بی ایٹ ہوم ٹومورو۔
۱۷.	ہمیں کل دیر نہیں ہوگی۔	We shan't (shall not) be late tomorrow.	وی شانٹ بی لیٹ ٹومورو۔
۱۸.	میں موٹر سائکل نہیں چلا سکتا۔	I can't ride a motor cycle.	آئی کانٹ رائڈ اے موٹر سائکل۔
۱۹.	آپ کو اپنی کار پٹری پر نہیں چلانا چاہئے۔	You must not drive the car on the footpath.	یو مسٹ نوٹ ڈرائیو دی کار اون دی فوٹ پاتھ۔

۲۰.	میں پرسوں وقت پر نہیں پہنچ سکا۔	I couldn't reach in time day before yesterday.	آئی کڈنٹ ریچ اِن ٹائم ڈے بفور یسٹرڈے۔
۲۱.	آپ کو وہاں جانے کی ضرورت نہیں۔	You needn't go there.	یو نیڈنٹ گو دیئر۔
۲۲.	کوئی مشکل مسئلہ نہیں۔	No problem.	نو پرابلم۔
۲۳.	اب ہمیں اپنی دوکان بند نہیں کرنی چاہئے نا؟	Now we shouldn't close our shop, should we?	ناؤ وی شُڈنٹ کلوز آور شوپ، شُڈ وی؟

سوالیہ منفی جملے (Interrogative-cum-Negative Sentences)

۱. انگریزی میں: ?It's hot today, isn't it آج بڑی گرمی ہے، نا؟ یا ?It's not cold today, is it آج ٹھنڈک نہیں ہے، نا؟۔اس طرح کے جملے انگریزی میں بہت مستعمل ہوتے ہیں۔ انہیں Tail Questions کہتے ہیں۔ یہ جملے آخر میں چھوٹے سے سوال کی شکل میں رہتے ہیں۔ اگر جملہ سادہ ہوتا ہے تو Tail Question منفی ہوتا ہے جیسے: ?It's hot today, isn't it (نیز دیکھئے جملے ۲۶، ۲۸) اور اگر جملہ منفی ہوتا ہے تو Tail Question سادہ ہوتا ہے جیسے : It is not cold today? (نیز دیکھئے جملے ۲۷، ۳۰)

۲. جملے کے پہلے حصہ میں معاون فعل (helping verb) کیساتھ not الگ یا ملا ہوا، دونوں استعمال ہوتے ہیں جیسے: .is not, isn't مگر Tail Question میں isn't وغیرہ مختصر شکل میں ہی تسلیم شدہ ہیں اور عام طور پر وہی اچھے سمجھے جاتے ہیں۔ ہماری بات کو وضاحت سے سمجھنے کے لئے پہلے مندرجہ ذیل جملوں پر غور کیجئے۔

۲۴.	آج بڑی گرمی ہے، ہے نا؟	It is very hot today, isn't it?	اِٹ از ویری ہوٹ ٹوڈے، ازنٹ اِٹ؟
۲۵.	وہ غیر ملکی ہیں، ہے نا؟	They are foreigners, aren't they?	دے آر فورنرز، آرنٹ دے؟
۲۶.	تم خوش نہیں تھے، ہے نا؟	You weren't pleased, were you?	یو ورنٹ پلیزڈ، ویئر یو؟
۲۷.	کل اتوار ہوگا، ہے نا؟	It will be Sunday tomorrow, won't it?	اِٹ وِل بی سنڈے ٹومورو، وونٹ اِٹ؟
۲۸.	ہم جلدی تیار ہو جاہیں گے، ہیں نا؟	We'll be ready soon, won't we?	وِیل بی ریڈی سوٗن، وونٹ وی؟
۲۹.	میں یہ کبھی نہیں بھول سکتا، ہے نا؟	I can never forget it, can I?	آئی کین نیوَر فورگیٹ اِٹ، کین آئی؟
۳۰.	کل میں تمہارے ساتھ نہیں ہونگا، ہے نا؟	I won't be with you tomorrow, will I?	آئی وونٹ بی وِد یو ٹومورو، وِل آئی؟
۳۱.	ہم پہلے مل چکے ہیں، ہے نا؟	We have met before, haven't we?	وی ہیو میٹ بفور، ہیونٹ وی؟
۳۲.	تم نے اپنا کام ختم کر لیا تھا، ہے نا؟	You had finished your work, hadn't you?	یو ہیڈ فنشڈ یور ورک، ہیڈنٹ یو؟
۳۳.	تم میرے لئے کتاب نہیں ڈھونڈ سکے، ہے نا؟	You couldn't find the book for me, could you?	یو کڈنٹ فائنڈ د بک فور می، کڈ یو؟
۳۴.	مینا کو دیر سے نہیں سونا چاہئے، ہے نا؟	Meena shouldn't go to bed late, should she?	مینا شڈنٹ گو ٹو بیڈ لیٹ، شڈ شی؟
۳۵.	امین کو بارہ بجے تک ضرور انتظار کرنا چاہئے، ہے نا؟	Amin must wait till 12 o'clock, mustn't he?	امین مسٹ ویٹ ٹل ٹوئلو او کلوک، مسنٹ ہی؟
۳۶.	اس نے انگریزی نہیں سیکھی، ہے نا؟	She hasn't learnt English, has she?	شی ہیزنٹ لرنٹ انگلش، ہیز شی؟
۳۷.	تم انگریزی بول سکتے ہو، ہے نا؟	You can speak English, can't you?	یو کین اسپیک انگلش، کانٹ یو؟
۳۸.	بڑے لوگ وقت برباد نہیں کرتے، ہے نا؟	Great men don't waste their time, do they?	گریٹ مین ڈونٹ ویسٹ دِیئر ٹائم، ڈوٗ دے؟
۳۹.	تمہیں اس طرح کی بات نہیں کرنی چاہئے، ہے نا؟	You should not talk like this, should you?	یو شُڈ نوٹ ٹوک لائیک دِس، شڈ یو؟

۴۰.	کتنا سہانا موسم ہے، ہے نا؟	How pleasant it is, isn't it?	ہاؤ پلیزنٹ اِٹ اِز، اِزنٹ اِٹ؟
۴۱.	تم اپنے کو بہت ہوشیار سمجھتے ہو، ہے نا؟	You think yourself to be very clever, don't you?	یو تھنک یور سیلف ٹو بی ویری کلیور، ڈونٹ یو؟
۴۲.	وہ جلدی ہی یہاں آئے گی، ہے نا؟	She will reach here soon, won't she?	شی وِل ریچ ہیئر سوُن، وونٹ شی؟
۴۳.	وہ پھر گھر دیر سے پہونچی، ہے نا؟	She reached home late again, didn't she?	شی ریچڈ ہوم لیٹ اگین، ڈِڈنٹ شی؟
۴۴.	ہم اپنا بچپن کبھی نہیں بھولتے، ہے نا؟	We never forget our childhood, do we?	وی نیور فورگیٹ آور چائلڈ ہوڈ، ڈو وی؟

(To Remember) برائے یادداشت

A

A. انگریزی میں مختلف الفاظ مختصر طور پر (Short forms) بولنے کا بہت رواج ہے۔ انہیں بولنے اور لکھنے کی مشق کیجئے۔

do + not = don't	does + not = doesn't	did + not = didn't
is + not = isn't	are + not = aren't	was + not = wasn't
were + not = weren't	has + not = hasn't	have + not = haven't
had + not = hadn't	will + not = won't	shall + not = shan't
can + not = can't	must + not = mustn't	could + not = couldn't
need + not = needn't	would + not = wouldn't	should + not = shouldn't

B. n't forms میں **n** پر لگے نشان (n') کو Apostrophe کہتے ہیں۔

B

Tail-Question والے جملوں میں متضاد معنی والے جوڑے کام آتے ہیں ان کو ایک ساتھ یاد کیجئے :

I did - *didn't* I?	He is - *isn't* he?	We are - *aren't* we?
He was - *wasn't* he?	You were - *weren't* you?	They had - *hadn't* they?
We can - *can't* we?	You will - *won't* you?	I shall - *shan't* I?
I must - *mustn't* I?	You would - *wouldn't* you?	She could - *couldn't* she?
She does *not* - *does* she?	You *do not* - do you?	

اب انکی مشق کیجئے:

I am - *I'm* آئم	*We are* - We're وی ار
You are - *You're* یُو ار	*They are* - *They're* دے ار
He is - *He's* ہیز	
She is - *She's* شیز	

اسی طرح سے I have, you have, she/he has کے لئے I've آئیو، یوئیو، شیز/ ہیز اور We have اور They have کے لئے We've وی ئیو، They've دے ئیو وغیرہ کا استعمال ہوتا ہے۔

60

20 بیسواں دن
th Day

۱۱ سے ۱۵ دن

۱. انگریزی میں پانچ حروفِ علت (Vowels) ہیں: A, E, I, O, U : نیچے دیئے گئے الفاظ کے تلفظ کیجئے۔ تلفظ کرتے ہوئے حروف علت کے تلفظ پر دھیان دیجئے :

(a) a = آ (car : جیسے)

far	star	card	hard	dark	mark
arm	farm	harm	art	part	start
heart	guard	answer	can't	balm	palm
calm	half	craft	draft	graph	laugh

(b) y یا i = آئی (my : جیسے)

by	buy	cry	try	spy	style
die	lie	tie	eye	life	wife
like	strike	high	sight	right	height
fight	light	might	night	tight	bind
find	mind	kind	fine	line	nine
pipe	ripe	five	strive	drive	knife

(c) u یا o = ا (cup : جیسے)

but	cut	rub	bud	dull	sum
fun	gun	up	hunt	lunch	luck
rush	sun	vulgar	cutter	butter	hut
front	worry	some	dozen	cousin	Monday
son	govern	nothing	young	tongue	southern
colour	comfort	become	brother	mother	other

(d) i = اِ (it : جیسے)

fit	hit	this	fish	wish	him
in	sin	thin	big	bid	kid
lip	slip	trip	ill	fill	will
kill	still	kick	pick	sick	trick
quick	king	link	spring	wing	fist
list	give	live	stick	clip	pin

(e) ea, ee = ای ا (near : جیسے)

clear	tear	near	hear	fear	appear
ear	year	dear	rear	peer	gear
sheer	beer	deer	cheer	queer	compere

(f) ea = ای (seat : جیسے)

teat	beat	heat	meat	neat	heap
mean	sea	tea	lead	read	meal
each	reach	breach	preach	teach	speak

۲. اوپر سوال ۱ میں (a) سے (f) تک کل 168 الفاظ ہیں۔ اِن کے معنیٰ بتایئے، نہ آنے پر انہیں لغت میں دیکھئے۔ ان میں سے 150 کے جواب ٹھیک ہوں تو very good، 125 ٹھیک ہوں تو good اور 100 ٹھیک ہوں تو not bad مانئے۔

۳. سوال 1 کے 168 الفاظ میں سے کچھ الفاظ میں حروف علّت اور کچھ میں Consonants خاموش (Silent) ہیں جیسے: balm, guard اور palm میں 'l' eight, tight, میں 'g' وغیرہ۔ ایسے ہی کچھ اور خاموش حروف (Silent letters) والے الفاظ ڈھونڈ کر ان کی لسٹ بنایئے۔ یہ بھی بتایئے کہ ان میں کون سا حرف خاموش ہے

۴. ان الفاظ کا تلفظ اردو رسم الخط میں تحریر کریں۔ جیسے:- rough رَف

rough	fall	philosophy	forgive	age	page
from	arm	tribes	hopes	Asia	Shimla
Russia	thin	then			

۵. نیچے دیئے الفاظ میں جو الفاظ ناگفتہ (Silent) ہیں انہیں لکھئے۔

Calm خاموش، Debt قرض، Folk عوام، Half نصف، knoll چھوٹی پہاڑی، Lodge چھوٹا گھر، Match دیا سلائی، Villain بے رحم، Reign حکومت، Stalk ٹہنی، Unknown نامعلوم، Walk چلنا۔

۶. ان الفاظ کا تلفظ اردو میں لکھئے۔

ice, can, come, policy, chocolate, receipt, received, pierce, of, off, accept, borne, born, clothes, morale, moral, island, gnat, known, psychology, written, honesty, psalm, knitting, honour, wrong, hour, deny

اب کسی اچھے لغت سے تلفظ ملایئے۔

۷۔ مشق کے لئے ان الفاظ میں سے ٹھیک اسپیلنگ والے لفظ چھانٹ کر لغت سے ملایئے :

hieght	height	speek	speak	call	calle
procced	proceed	speach	speech	near	nare
exceed	excede	treat	treet	reech	reach
exprress	express	harrass	harass	ocasion	occasion
havy	heavy	tension	tention	attack	atacke
angry	angary	attension	attention	sleep	sleap
new	nue	simpaly	simply	whitch	which
plastek	plastic	nature	nateur	velley	valley
pleese	please	tuche	touch	flower	flover
compeny	company	midal	middle	substract	subtract

۱۶ سے ۱۹ دن :

۸. انگریزی میں سوالیہ لفظ (Interrogative words) ہیں۔ what, who, how, which, when, where, why وغیرہ۔ نیچے دیئے گئے جملوں میں ان الفاظ کا استعمال ہوا ہے۔ انکا اردو میں ترجمہ کیجیے :

1. *What* do you mean?
2. *What* does your father do?
3. *What's* wrong with you?
4. *What* has he decided?
5. *Who* do you think will be chosen?
6. *Whom* do you think I saw yesterday?
7. *Who* cleans your house?
8. *How* do you know his address?
9. *How* many boys ran in the race?
10. *How* did he work?
11. *Which* is your note book?
12. *Who* answered the question?
13. *When* did you return from Bombay?
14. *When* will you be able to repay the loan?
15. *When* are you going to start learning English?
16. *Where* do you live?
17. *Where* did she spend her summer vacation?
18. *Why* should we take exercise?
19. *Why* didn't you get up early?
20. *Why* do people read the newspaper?
21. *What's* troubling you?

۹. نیچے لکھے گئے جملوں کا اردو میں ترجمہ کیجئے۔ پھر اسے الٹے لکھے ہوئے اردو کے جملوں سے ملائیے :

(1) The shop is closed, isn't it? (2) We are late, aren't we? (3) You did come, didn't you? (4) You won't come tomorrow, will you? (5) We won't go there, will we? (6) If you had not told her, she wouldn't have known. (7) I'm not late today. (8) They played well, but you didn't. (9) They won't reach in time, but we will. (10) My mother won't attend the wedding, but my father will. (11) I must go, but you need not. (12) You must not write in red ink. (13) He is wrong, isn't he? (14) I was with you, wasn't I? (15) You know him well, don't you? (16) We have done the work, haven't we? (17) You have learnt a lot, haven't you?

(۱) دکان بند ہے، ہے نا؟ (۲) ہم لیٹ ہیں، ہے نا؟ (۳) تم آئے تھے، ہے نا؟ (۴) تم کل نہیں آؤ گے، ہے نا؟ (۵) ہم وہاں نہیں جائیں گے، ہے نا؟ (۶) اگر تم نے اسے بتایا نہ ہوتا، تو وہ نہ جانتی (۷) میں آج لیٹ نہیں ہوں۔ (۸) وہ اچھی طرح کھیلے، لیکن تم نہیں؟ (۹) وہ وقت پر نہیں پہونچیں گے، لیکن ہم پہونچ جائیں گے (۱۰) میری ماں شادی پر نہیں جائیں گی، لیکن میرے والد جائیں گے (۱۱) مجھے ضرور جانا چاہیئے، لیکن تمہارے جانے کی ضرورت نہیں ہے (۱۲) تمہیں لال سیاہی سے نہیں لکھنا چاہیئے (۱۳) وہ غلط ہے، ہے نا؟ (۱۴) میں تمہارے ساتھ تھا، ہے نا؟ (۱۵) تم اسے اچھی طرح سے جانتے ہو نا؟ (۱۶) ہم نے کام کرلیا ہے نا؟ (۱۷) تم نے بہت کچھ سیکھ لیا ہے نا؟

اشارہ : اب آپ نے انگریزی کے کئی نئے جملے سیکھ لئے ہیں انہیں اپنے دوستوں کے ساتھ بولنے کی مشق کیجئے۔

۱۰. نیچے مشق کے لئے کچھ سوال اور جواب دیئے گئے ہیں۔ آپ اپنے ساتھی سے کہئے کہ وہ آپ سے سوال کرے اور آپ جواب دیں۔ پھر ہمارے جواب سے ملائیں :

(Questions) سوال	**(Answers)** جواب
1. What's her dog's name?	It's Juno.
2. What do they want now?	They want more money.
3. Whom do you wish to see?	Mr. B.N. Kohli.
4. Who owns this car?	My cousin does.
5. What do you think?	I think that she will come soon.
6. What did you say?	I said that I would help her.
7. Who is coming today?	My uncle.
8. How do you earn so much money?	I work day and night.
9. How can a man make many friends?	By being a good friend himself.
10. Which book do you want now?	The Bhagavad Gita.
11. What has happened to him?	He walked into a lamp post and hurt himself.
12. What is your suit made of?	Woollen cloth.
13. When do you plan to visit your auntie?	On Monday.
14. When will you be able to see me?	In a day or two.
15. Where did you sleep last night?	At my uncle's home.
16. Where did she invest the money?	In book trade.
17. Why must you work hard?	To succeed.
18. Why did you lend him your cycle?	Because he had to go to the market.
19. Why did you vote for Dr. Mishra?	Because he is very competent.
20. Whose telephone number is this?	Mr. Gupta's.
21. Who's it?	It's me.
22. How are you?	Fine, and you?
23. Does Rama know how to prepare tea?	No, she doesn't.
24. Shall we be late tomorrow?	No, I don't think so.
25. What is the date tomorrow?	20th February.

اوپر والے جملوں کا اردو میں ترجمہ کیجئے۔

۱۱. نیچے لکھے گئے جملوں کا اردو میں ترجمہ کریں۔ آپ کی آسانی کے لئے اردو کے جملے آگے الٹے لکھے ہوئے ہیں۔

(1) I want three hundred rupees on loan. (2) He is known to the Prime Minister. (3) No, not at all. He is a book-worm. (4) No sir, the postman hasn't come yet. (5) Yes, he is weak but he is good in English. (6) No, it is slow by five minutes. (7) Raju, I don't have any appetite. (8) No, this is no thorough fare. (9) Yes, it is snowing too. (10) Yes, but it gains ten minutes every day. (11) No, I'm not thirsty. (12) I have nothing else to say. (13) No, he

had a headache. (14) It takes me half an hour. (15) She has gone to her school. (16) I have been working here for the last five years. (17) Don't give up. (18) No, he is an author.

۱۲. سوال ۱۱ کے جوابی جملوں کے لئے مناسب سوال بنائیے۔ آپ کی سہولت کے لئے زیادہ تر جوابوں کے موہوم سوال نیچے دئے گئے ہیں۔ یہ ضروری نہیں ہے کہ آپ کا سوال

[illegible]

ہمارے سوال سے ہو بہ ہو ملے۔ لیکن یہ ضروری ہے کہ آپ کے سوال کا مفہوم ہمارے سوال کے ہی جیسا ہو۔

(1) What do you want? (2) Who knows him? (3) Is Mahesh not fond of games? (4) Is there any letter for me? (5) Is he weak in Hindi? (6) Does your watch give correct time? (7) Will you have some milk? (8) Can we pass through this way? (9) Is it raining? (10) Is your timepiece working properly? (11) Are you hungry? (12) What do you want to say next, Gopal? (13) Did he have fever? (14) How much time does it take you to reach school? (15) Where is your sister? (16) How long have you been working here? (17) Who is the Prime Minister of India? (18) Is your father a businessman?

مشقی جدول

جدول۔۵ : What, That, This, It کے ساتھ a, an کا استعمال۔ That اور This میں ختم ہونے والے سوالیہ جملوں کے جواب میں it کا استعمال ہوتا ہے۔ vowels کی sound والے الفاظ کے ساتھ an اور باقی الفاظ میں a کا استعمال ہوتا ہے۔

[Table]-5

جدول ۵

1	2	1	2	3
What is	that? this? it?		It is	book a large bottle small cup
			an	old book empty bottle empty cup

جدول۔۶: What, Why, Where, How, سوالیہ الفاظ والے جملے۔

[Table]-6

جدول ۶

1	2	3	4	5
What Why Where How	did	we you they she/he	criticise support invest manage	him for? him in the election? the money? to keep it a secret?

جدول۔۷: Shall, Should, Will, Would, کو سوالیہ الفاظ کی طرح والے جملے نرم بناتے ہیں، Should اور Would سوالوں کو نرم بنانے کے لئے استعمال کئے جاتے ہیں۔

[Table]-7

جدول ۷

1	2	3	4
Shall Should Will Would	I we you they	stop walking begin to do it like to see it try the other way	now? soon? at once? tomorrow?

مذکورہ بالا نقوش سے جملے بنا کر اپنی قابلیت و لیاقت بڑھائیے۔

21 اکیسواں دن st Day

(3rd Expedition) تیسری منزل

تیسری منزل میں آپ کو انگریزی قواعد کے کچھ پہلوؤں کی معلومات کرانے جا رہے ہیں۔ اگر آپ انہیں جان لیں گے تو آپ کو، موٹے طور سے، انگریزی کی سمجھ آ جائے گی۔ ۲۱ ویں سے ۳۰ ویں دن کے اس سٹ میں مضامین پر دھیان دیا گیا ہے۔

Pronouns, Prepositions, Co-relatives, Active and Passive Voices, Temporals, Countable Nouns, Emphasis and some notable usages.

آخر میں کچھ رائج Idioms بھی دیئے گئے ہیں۔ ہر ایک دن کے آخیر میں ان مضامین سے متعلق اشارات بھی دیئے گئے ہیں جو مضمون کو سمجھنے میں بڑے معاون ہوں گے۔

آپ ایک ایک دن کی ایک ایک کر کے مشق کیجیے اور پھر دیکھئے کہ آپ کہاں پہنچ گئے ہیں۔ تو پہلے ضمیروں کا استعمال سیکھئے۔

He, She, It, This, That, You, I, Each, None وغیرہ ضمیر کا استعمال

a, an, the — articles کا عام استعمال

۱.	یہ حامد ہے۔	*This* is Hamid.	دِس از حامد۔
۲.	وہ انجم ہے۔	*That* is Anjum.	دیٹ از انجم۔
۳.	یہ اس کی کتاب ہے۔	*This* is *his* book.	دِس از ہز بک۔
۴.	وہ اس کی ڈائری ہے۔	*That* is *her* diary.	دِس از ہر۔ ڈائری۔
۵.	وہ لڑکا ہے۔	*He* is *a* boy.	ہی از اے بوائے۔
۶.	وہ لڑکی ہے۔	*She* is *a* girl.	شی از اے گرل۔
۷.	تم ایک طالبِ علم ہو۔	*You* are *a* student.	یو آر اے اسٹوڈنٹ۔
۸.	میں ایک کلرک ہوں۔	*I* am *a* clerk.	آئی یم اے کلرک۔
۹.	یہ ایک قلم ہے۔	This is *a* pen.	دس از اے پن۔
۱۰.	یہ ایک سیب ہے۔	This is *an* apple.	دس از این ایپل۔
۱۱.	وہ ایک سنترہ ہے۔	*That's an* orange.	دیٹس این اورنج۔
۱۲.	میں ایک ہندوستانی ہوں۔	*I* am *an* Indian.	آئی یم این انڈین۔
۱۳.	یہی کیمرہ میں چاہتا ہوں۔	*This* is *the* camera *I* need.	دس از دَ کیمرہ آئی نیڈ۔
۱۴.	وہی پین میں نے بھی خریدا ہے۔	*I* have also bought *the* same pen.	آئی ہیو آلسو باوٹ دی سیم پین۔
۱۵.	یہ پنسل ہے اور یہ میری ہے۔	*This* is *a* pencil, and *it's* mine.	دس از اے پنسل اینڈ اِٹس مائن۔
۱۶.	وہ میری بکری ہے۔	*That* is *my* goat.	دیٹ از مائی گوٹ۔

۱۷.	یہ میری کتابیں ہیں۔	*These* are *my* books.	دیز آر مائی بکس۔
	وہ تیری کتابیں ہیں۔	*Those* are *your* books.	دوز آر یور بکس۔
۱۸.	یہ کتابیں میری ہیں۔	*These* books are *mine.*	دیز بکس آر مائن۔
	وہ تمھاری کتابیں ہیں۔	*Those* books are *yours.*	دوز بکس آر یورس۔
۱۹.	یہ تمہاری کاپیاں ہیں۔	*These* are *your* notebooks.	دیز آر یور نوٹ بکس۔
	وہ میز پر ہیں۔	*They* are on *the* table.	دے آر اون دَ ٹیبل۔
۲۰.	وہ میرے کنچے ہیں۔	*Those* are *my* marbles.	دوز آر مائی ماربلس۔
	وہ کئی رنگ کے ہیں۔	*They* are of different colours.	دے آر اوف ڈفرینٹ کلرز۔
۲۱.	ہندوستان ہمارا ملک ہے۔	India is *our* country.	انڈیا از آور کنٹری۔
	ہم اس کے باشندے ہیں۔	*We* are *her* inhabitants.	وی آر ہر انہیبی ٹینٹس۔
۲۲.	شرما صاحب تمہارے استاد ہیں۔	Mr. Sharma is *your* teacher.	مسٹر شرما از یور ٹیچر۔
۲۳.	کملہ اور وملہ بہنیں ہیں۔	Kamla and Vimla are sisters.	کملہ اینڈ وملہ آر سسٹرز۔
	ان کی ماں استانی ہیں۔	*Their* mother is *a* teacher.	دیئر مدر از اے ٹیچر۔
۲۴.	ان لڑکوں میں سے ہر ایک کھیل کھیلتا ہے۔	*Each* of *these* boys plays games.	ایچ آف دیز بوائز پلیز گیمس۔
۲۵.	وہاں ہم میں سے کوئی نہیں گیا۔	*None* of *us* went there.	نن آف اَس وینٹ دیئر۔
۲۶.	ہم نے چھٹیوں کے دوران مزہ کیا۔	*We* enjoyed ourselves during *the* holidays.	وی انجوائڈ آورسیلوز ڈیورنگ دی ہولی ڈیز۔
۲۷.	جو کوئی سب سے عمدہ رہے گا، اسے انعام دیا جائے گا۔	*Whoever* is the best,	ہوایور از دَ بیسٹ،
		will get a prize.	ول گیٹ اے پرائز۔
۲۸.	وہ مجھ سے زیادہ عقلمند ہے۔	*She* is wiser than *me.*	شی از وائیزر دین می۔
۲۹.	میری لکھائی میرے بھائی کی لکھائی سے اچھی ہے۔	*My* handwriting is better than	مائی ہینڈ رائیٹنگ از بیٹر دین دیٹ
		that of my brother.	آف مائی بَردر۔
۳۰.	وہ کیا ہے؟ وہ ایک کمپوٹر ہے۔	What is *that*? *That*'s a computer.	واٹ از دیٹ؟ دیٹس اے کمپوٹر۔
۳۱.	وہ کیا ہیں؟ وہ کتابیں ہیں۔	What are *those*? *Those* are books.	واٹ آر دوز؟ دوز آر بکس۔
۳۲.	یہ ایک صندوق ہے یہ اسکے کونے ہیں۔	*This* is *a* box. *These* are *its* corners.	دس از اے بوکس؟ دیز آر اٹس کارنرز۔
۳۳.	وہ کون ہے؟ وہ میرا دوست ہے۔	Who is that? – He is *my* friend.	ہو از دیٹ؟ ہی از مائی فرینڈ۔
۳۴.	یہ کس کی کوپی (کاپی) ہے؟	Whose notebook is *this*?	ہوز نوٹ بک از دس؟
۳۵.	یہ اسکی ہے۔	It's *hers.*	اٹس ہرز۔
۳۶.	وہ گائے ہماری ہے۔	*This* cow is *ours.*	دس کاؤ از آورز۔
۳۷.	وہ دکانیں ان کی ہیں۔	*Those* shops are *theirs.*	دوز شوپس آر دیئرز۔
۳۸.	یہ گھڑی میری ہے۔	*This* watch is *mine.*	دس واچ از مائن۔

۳۹. یہ گھر آپ کا ہے۔	*This* house is *yours*.	دس ہاؤس از یورز۔
۴۰. یہ گھر اسکا ہے۔	*This* house is *his*.	دس ہاؤس از ہز۔
۴۱. تمہاری پینٹنگ سب سے اچھی ہے۔	*Your* painting is *the* best.	یور پینٹنگ از دبیسٹ۔
۴۲. میں تمہاری بات دھیان سے سن رہا ہوں۔	*I* am listening to *you* attentively.	آئی ایم لسننگ ٹو یو اٹینٹیولی۔
۴۳. دروازہ کون کھٹکھٹا رہا ہے۔	*Who* is knocking at the door?	ہو از نوکنگ ایٹ د ڈور۔
۴۴. وہ کس کا سامان ہے؟	*Whose* luggage is *this*?	ہوز لگیج از دس؟
۴۵. وہ بالکل دوسری بات ہے۔	*That's* a different matter altogether.	دیٹس اے ڈیفرنٹ میٹر اول ٹوگیدر۔
۴۶. اسے وقت کی قیمت نہیں معلوم۔	*She* doesn't know the value of time.	شی ڈزنٹ نو د ویلیو اوف ٹائم۔
۴۷. تم ان پر بھروسہ کر سکتے ہو۔	*You* can trust them.	یو کین ٹرسٹ دیم۔
۴۸. میں آپ کا بہت احسان مند ہوں۔	*I* am very thankful to *you.*	آئی ایم ویری تھینک فل ٹو یو۔
۴۹. اس کے روکھے رویے سے مجھے دھکا پہونچا۔	*His* rude behaviour shocked *me*.	ہز روڈ بہیویر شوکڈ می۔
۵۰. مجھے تم سے ایسی امید کبھی نہ تھی۔	*I* never expected *this* from *you*.	آئی نیور اکسپیکٹڈ دس فروم یو۔
۵۱. یہ کتابیں میرے کسی کام کی نہیں۔	*These* books are of no use to *me*.	دیز بکس آر اوف نو یوز ٹو می۔
۵۲. ہمیں ابھی فوراً جانا ہے۔	*We* have to leave at once.	وی ہیو ٹو لیو ایٹ ونس۔
۵۳. ان کے دہلی میں اپنے مکان ہیں۔	*They* have *their* own houses in Delhi.	دے ہیو دیئر اون ہاؤسز ان ڈلہی۔
۵۴. وہ دکان میرے چچاجی کی ہے۔	*That* shop belongs to *my* uncle.	دیٹ شوپ بلونگز ٹو مائی انکل۔

برائے یادداشت (To Remember)

۱. *He (She)* اور That ان سب کا مطلب اگرچہ 'وہ' ہے لیکن استعمال میں فرق ہے۔ He (مذکر کے لئے) اور She (مؤنث) کیلئے ہوتا ہے۔ اور That غیر جاندار کے لئے استعمال کیا جاتا ہے، جیسے یہ نہیں، وہ لاؤ۔ Bring that, not this.

۲. This, That ضمیر اشارہ ہے۔ These (This) کی جمع ہے۔ اور Those (That) کی۔

۳. This (یہ)، That (وہ) ان دونوں کے بدلے آئندہ جملوں میں It کا استعمال کیا ہے۔

۴. These (یہ) Those (وہ) ان دونوں کے بدلے اگلے جملوں میں They استعمال کیا ہے۔

۵. A, an, the- یہ articles کہلاتے ہیں۔ A, an غیر متعین اور the متعین کے لئے ہے۔ عام طور پر جن اسموں کو شمار کیا جا سکتا ہے۔ ان کے آگے a یا an لگتا ہے : جیسے a book, a cat, an animal, an egg وغیرہ

الفاظ کا پہلا حرف a, e, i, o, u میں سے کوئی ہو وہاں اکثر 'an' لگتا ہے جیسے : *an* animal, *an* Indian وغیرہ۔ جن الفاظ کی ابتداء ان حروف کے علاوہ دوسرے حروف سے ہوتی ہے وہاں 'a' لگتا ہے جیسے:۔ a man, a talk

۶. The متعین article کسی انسان یا خاص چیز کی طرف اشارہ کرنے کے لئے استعمال کیا جاتا ہے۔ جیسے : This is *the* book I need یہ ہے (وہی) کتاب جسکی مجھے ضرورت ہے، وغیرہ۔ اسکا تفصیلی استعمال آگے دیکھیں گے۔

22 nd Day
بائیسواں دن

مقام ظاہر کرنے والے الفاظ (Platial) سے بنے جملے

[on, at, into, in, of, to, by, with, besides, beside, between, among, over]

انگریزی زبان کی بناوٹ میں حروف اضافت (prepositions) کی بڑی اہمیت ہے۔ انگریزی زبان کے طلبہ کو بڑی احتیاط سے اس کا استعمال سیکھنا چاہیئے۔ prepositions کا تعلق جگہ، وقت، طریقہ وغیرہ کے ساتھ ہوتا ہے۔ اور کچھ کا وجہ اور رفتار کی ساتھ۔ ان سب کی مشق بڑے دھیان سے کرنا چاہیئے۔ preposition اکثر اسم، ضمیر یا اسم سے متعلق دوسرے الفاظ سے تعلق بتاتے ہیں یہ اکثر اسم وغیرہ الفاظ سے پہلے لگتے ہیں اور کبھی کبھی بعد میں بھی جوڑے جاتے ہیں۔ ان کی اچھی طرح مشق کر کے آپ انہیں آسانی سے سیکھ سکتے ہیں۔

۱.	کتاب صندوق کے اوپر ہے۔	The book is *on* the table.	دَ بُک ازاون دَٹیبل۔
۲.	کمپیوٹر میز پر ہے۔	The computer is *on* the table.	دَکمپیوٹرازاون دَٹیبل۔
۳.	کلرک سیٹ پر بیٹھا ہے۔	The clerk is *at* the seat.	دَکلرک ازایٹ دَسیٹ۔
۴.	دروازے پر سبز رنگ ہے۔	There is green paint *on* the door.	دیئرازگرین پینٹ اون دَڈور۔
۵.	والدصاحب دروازے پر کھڑے ہیں۔	Father is standing *at* the door.	فادرازاسٹینڈنگ ایٹ دَ ڈور۔
۶.	میں آپ کو گھر پر ملوں گا۔	I'll see you *at* home.	آئل سی یوایٹ ہوم۔
۷.	نیہا کمرے میں آرہی ہے۔	Neha is coming *into* the room.	نیہاازکمنگ انٹو' دَ روم۔
۸.	شمع اور کمال دونوں کمرے میں ہیں۔	Shama and Kamal both are *in* the room.	شمع اینڈ کمال بوتھ آران دَ روم۔
۹.	گلاس میں تھوڑا سا اور پانی ڈالوں گا۔	I'll pour some more water *into* the glass.	آئل پورسم مور واٹرانٹو' دَ گلاس۔
۱۰.	لوگ ندی میں نہاتے ہیں۔	People bathe *in* the river.	پیپل بیدان دَریور۔
۱۱.	ہم بنچ پر بیٹھتے ہیں	We sit *on* the bench,	وی سٹ آن دَ بینچ،
	لیکن والدصاحب آرام کرسی پر بیٹھتے ہیں۔	but father sits *in* the arm-chair.	بٹ فادرسٹس ان دَ آرم چیئر۔
۱۲.	آپ میز پر کیوں نہیں بیٹھتے؟	Why don't you sit *at* the table?	وائی ڈونٹ یوسٹ ایٹ دَٹیبل؟
۱۳.	فلوپی کو کمپیوٹر میں ڈال دو۔	Feed the floppy *into* the computer.	فیڈ دَ فلوپی ان ٹو دَکمپیوٹر۔
۱۴.	وہ اپنے مکان کے اندر گیا۔	He went *into* his house.	ہی وینٹ انٹو' ہزہاؤس۔
۱۵.	خط کوریئر کے ذریعہ بھیجا گیا۔	The letter was sent *by* courier.	دَلیٹرواز سینٹ بائی کوُریَر۔
۱۶.	اسے اردو سے انگریزی میں ترجمہ کیجئے۔	Please translate this from Urdu *into* English.	پلیز ٹرانسلیٹ دس فرام اردو انٹو' انگلش۔
۱۷.	ہماچل پردیش شمالی ہندوستان میں ہے۔	Himachal Pradesh is *in* northern India.	ہماچل پردیش ازان ناردرن انڈیا۔
۱۸.	نیپال ہندوستان کی شمال سمت ہے۔	Nepal is to the north of India.	نیپال ازٹو دنارتھ آف انڈیا۔
۱۹.	کسی آدمی کو اسکی پوشاک سے مت پہچانو۔	Don't judge a person *by* his clothes.	ڈونٹ جج اے پرسن بائی ہزکلودس۔

۲۰.	میں نے دودھ سے بوتل بھری۔	I filled the bottle *with* milk.	آئی فِلڈ دبوٹل وِد ملک۔
۲۱.	شیر شکاری کے ذریعہ مارا گیا۔	The tiger was killed *by* the hunter.	دی ٹائیگر واز کلڈ بائی د ہنٹر۔
۲۲.	وہ اپنے بھائی کے پاس کھڑا ہوا۔	He stood beside *his* brother.	ہی اسٹوڈ بسائیڈ ہز بردر۔
۲۳.	میں ہاکی اسٹک سے فٹ بال کھیل سکتا ہوں۔	I kept football *beside* hockey stick.	آئی کیپٹ فٹبال بسائڈ ہاکی اسٹک
۲۴.	مٹھائی شریف اور محمود کے درمیان تقسیم کردو۔	Divide the sweets *between* Sharif and Mehmood.	ڈیوائڈ دسوئیٹس بٹوین شریف اینڈ محمود۔
۲۵.	شملہ پہاڑوں کے بیچ میں واقع ہے۔	Shimla is situated *amongst* the mountains.	شملہ از سچوایٹڈ امنگسٹ د ماؤنٹینس۔
۲۶.	وہ اصول پسند آدمی ہے۔	He is a man *of* principles.	ہی از اے مین آف پرنسپلس۔
۲۷.	جمنا ندی پر پل ہے۔	There is a bridge *over* the Yamuna river.	دیئر از اے برج اوَر د یمونا ریور۔
۲۸.	گیند کو دیوار سے اوپر پھینکو۔	Throw the ball *over* the wall.	تھرو د بول اوَر د وال۔
۲۹.	چڑیاں پل کے اوپر اڑ رہی ہیں۔	Birds are flying *over* the bridge.	برڈس آر فلائنگ اوَر د برج۔
۳۰.	کشتیاں پل کے نیچے ہیں۔	Boats are *under* the bridge.	بوٹس آر انڈر دَ برج۔
۳۱.	انیس، راجا اور دانش کے بیچ میں کھڑا ہے۔	Anis is standing *between* Raja and Danish.	انیس از اسٹینڈنگ بٹوین راجا اینڈ دانش۔
۳۲.	رقیب، رفیق سے آگے ہیں۔	Raquib is *in front of* Rafique.	رقیب از ان فرنٹ آف رفیق۔
	رفیقہ ان کے پیچھے کھڑی ہیں۔	Rafiqua is standing *behind* him.	رفیقہ از اسٹینڈنگ بیہائنڈ ہم۔
۳۳.	ہم تذبذب میں ہیں۔ پیسہ میری جیب میں ہے مچھلیاں سمندر میں ہیں۔	We are *in* confusion. The money is in *my* pocket. Fishes are *in* the sea.	وی آر ان کنفیوزن۔ دمنی از ان مائی پاکٹ۔ فشز آر ان دی سی۔
۳۴.	اندر کون ہے؟	Who is inside?	ہو از انسائڈ؟

(To Remember) برائے یادداشت

۱. at, on, in, with, by وغیرہ prepositions کا استعمال اکثر مقام (platial) اور زمانی (temporal) الفاظ کے طور پر ہوتا ہے۔ اوپر آپ نے platial معنی میں ان کے استعمال دیکھے ہیں۔

۲. on اور at دونوں کا مطلب 'پر' ہے اور by اور with کا مطلب 'ساتھ' ہے۔ پر ان الفاظ کے مطلب میں بڑا فرق ہے۔ on the table کا مطلب ہے۔ 'میز کے اوپر' 'At the table' کا مطلب ہے میز پر -by کا مطلب کے ذریعہ (سے) اور with کا مطلب 'کے ساتھ' ہے۔

۳. between دو اشخاص/اشیاء کے لئے آتا ہے۔ among دو یا دو سے زیادہ اشخاص کے ساتھ استعمال ہوتا ہے۔

۴.

Kamla is going *in* her room. (×)
Kamla is going *into* her room. (✓)

اوپر کے دو جملوں میں دوسرا جملہ ٹھیک ہے۔ یہاں مطلب ہے باہر سے کمرے کے اندر جانا، نہ کی اندر چلنا پھرنا۔ اسلئے into استعمال کیا گیا ہے۔ in کا استعمال وہاں ہوتا ہے جہاں یہ مطلب نکلے کہ وہ کمرے کے اندر کام کر رہی ہے۔ مثلاً: نیچے کے جملے پڑھئے۔

کملا اپنے کمرے میں ہے۔	Kamla is in her room.	کملا از ان ہر روم۔
کملا اپنے کمرے کے اندر سو رہی ہے	Kamla is sleeping *in* her room.	کملا از سلیپنگ ان ہر روم۔

23 rd Day تیئیسواں دن

(Co-relatives and Temporals) باہم متعلق اور اظہار وقت کرنے والے الفاظ

انگریزی زبان میں کہیں کہیں جملوں میں ایک دوسرے کے (Co-relatives) استعمال میں آتے ہیں۔ یہ لفظ ایک دوسرے سے متعلق ہوتے ہیں۔ دو ٹکڑوں میں سے ایک تھوڑا سا بھی بدل جائے تو جملہ غلط ہو جاتا ہے۔ اس لئے ان کی ٹھیک سے مشق کرنی چاہیئے۔

جیسے:۔ no sooner–than, scarcely–when, hardly–when, وغیرہ۔ کچھ لفظ اپنے ساتھ (Co-relatives) نہیں رکھتے۔ وہ اکیلے استعمال میں آتے ہیں۔ جیسے:۔ As soon as we reached the bus stop, the bus left. یہاں as soon as کے ساتھ کوئی اور لفظ استعمال میں نہیں آتا۔ اسی سبق کے (B) حصے میں زمانی الفاظ (Temporals) کے استعمال کو سکھلایا گیا ہے۔

A

(Co-relatives) باہم متعلق الفاظ

as soon as – x	as long as – x	unless – x	as far as – x
x – until	x – till	x – so that	no sooner – than
hardly – when	not only – but also	either – or	neither – nor
although –	Scarcely – when	rather – than	no less – than
the – the			

۱.	جیسے ہی ہم اسٹیشن پر پہنچے، گاڑی چل پڑی۔	*As soon as* we reached the station, the train left.	ایز سُون ایز وی ریچڈ د اسٹیشن، دَ ٹرین لیفٹ۔
۲.	جیوں ہی وہ اپنی تقریر کے لئے اٹھے، ہال تالیوں سے گونج اٹھا۔	*No sooner* did he get up to deliver his speech than the hall began to resound with cheers.	نو سونر ڈڈ ہی گیٹ اپ ٹو ڈلیور ہز اسپیچ دین دَ ہال بگین ٹو ری ساؤنڈ وِد چیئرس۔
۳.	ہم ابھی اسکول پہونچے ہی تھے کی گھنٹی بج گئی۔	We had *scarcely* reached the school *when* the bell rang.	وی ہیڈ اسکارسلی ریچڈ د اسکول وین دَ بیل رینگ۔
۴.	وہ ابھی گھر سے نکلا ہی تھا کہ بارش شروع ہو گئی۔	He had *hardly* left his house *when* it started raining.	ہی ہیڈ ہارڈلی لیفٹ ہز ہاؤس۔ وین اٹ اسٹارٹیڈ ریننگ۔
۵.	جب تک آپ تیز نہ دوڑینگے، گاڑی کو نہیں پکڑ سکیں گے۔	*Unless* you run fast, you will not be able to catch the train.	انلس یو رن فاسٹ، یو ول نوٹ بی ایبل ٹو کیچ دی ٹرین۔
۶.	جب تک میں واپس نہ آؤں برائے مہربانی آپ میرا انتظار کیجئے۔	Please wait for me *until* I return.	پلیز ویٹ فور می انٹل آئی رٹرن۔

ایزلونگ ایز آئی ایم ہیئر، یونیڈنٹ وری اباؤٹ اینی تھنگ۔	*As long as* I am here, you needn't worry about anything.	۷. جب تک میں یہاں ہوں، آپ کو کسی بات کے فکر کرنے کی ضرورت نہیں۔
اول دو ہی از پُور، یٹ ہی از اونیسٹ۔	*Although* he is poor, yet he is honest.	۸. اگرچہ وہ غریب ہے، لیکن ایماندار ہے۔
ایز فار ایز آئی ریمیمبر، ہی واز ہیئر یسٹرڈے۔	*As far as* I remember, he was here yesterday.	۹. جہاں تک مجھے یاد ہے وہ کل یہاں پر تھا۔
گیٹ دی روف ریپیئرڈ بفور اِٹ شوڈ لیک۔	Get the roof repaired *before* it should leak.	۱۰. چھت کی مرمت کرالو تاکہ نہ ٹپکے۔
واٹ ٹو اسپیک اوف اسٹینڈنگ فرسٹ ہی کین نوٹ ایون پاس دَ اگزامینیشن۔	What to *speak* of standing first, he cannot even pass the examination.	۱۱. اول آنے کی تو بات ہی کیا، وہ تو امتحان میں پاس بھی نہیں ہوسکتا۔
ہی وُڈ ریدر فیل دین کوپی۔	He would *rather* fail *than* copy.	۱۲. وہ ناکامیاب ہوجائے گا مگر نقل نہیں کریگا۔
نو لیس اے پرسن دین چیف منسٹر اوف دی اسٹیٹ ہوائیسٹڈ دَ نیشنل فلیگ۔	*No* less a person *than* the Chief Minister of the state hoisted the National Flag.	۱۳. علاقے کے وزیراعلیٰ سے کم شخصیت کے آدمی نے قومی جھنڈا نہیں لہرایا۔
ہی از سو اِل دیٹ ہی کین نوٹ رائز فروم ہز بیڈ۔	He is *so* ill *that* he cannot rise from his bed.	۱۴. وہ اتنا بیمار ہے کہ بستر سے اٹھ نہیں سکتا۔
ہی ورکس ہارڈ سو دیٹ ہی مے وِن اے پرائز۔	He works hard *so that* he may win a prize.	۱۵. وہ محنت کرتا ہے تاکہ انعام ملے۔
دَ ہائر یو گو دَ کولڈر اِٹ از۔	*The* higher you go *the* colder it is.	۱۶. جتنا اونچا چڑھیں اتنی ٹھنڈک بڑھتی ہے۔
آئیدر یو اور یور بردر از گلٹی۔	*Either* you *or* your brother is guilty.	۱۷. تم یا تمہارا بھائی مجرم ہے؟
شی از ٹو ویک ٹو واک۔	She is *too* weak to walk.	۱۸. وہ اتنی کمزور ہے کہ چل نہیں سکتی۔
شی از سو ویک دیٹ شی کین نوٹ واک۔	She is *so* weak *that* she cannot walk.	۱۹. وہ اتنی کمزور ہے کہ چل نہیں سکتی۔
آئی اسٹڈی نوٹ اونلی انگلش بٹ فرنچ آلسو۔	I study *not only* English *but* French *also*.	۲۰. میں صرف انگریزی ہی نہیں بلکہ فرنچ بھی پڑھتا ہوں۔
نائیدر بابو نور ہز بردر پلیز ان دس پارک۔	*Neither* Babu *nor* his brother plays in this park.	۲۱. نہ بابو اور نہ اس کا بھائی اس پارک میں کھیلتا ہے۔

B

زمانی الفاظ (Temporals) سے بنے جملے

اٹ از جولائی ٹو تھاؤزنڈ اینڈ تھری (۲۰۰۳ء)	It is July two thousand and three (2003).	۲۲. آج جولائی دو ہزار تین ہے
ہی ول کم ان اگست۔	He will come *in* August.	وہ اگست میں آئے گا۔
یو ول ریسیو ہز لیٹر ان تھری ڈیز۔	You will receive his letter *in* three days.	۲۳. آپ کو اس کا خط تین دن میں ملے گا۔
یو ول ریسیو ہز لیٹر وِدِن تھری ڈیز۔	You will receive his letter *within* three days.	۲۴. آپکو اس کا خط تین دن کے اندر ملے گا۔
وی لیفٹ فور ممبئی آن ٹوینٹیتھ فیبروری۔	We left for Mumbai *on* 20th February.	۲۵. ہم ۲۰ فروری کو ممبئی کے لئے روانہ ہوئے۔
یو کیم ایٹ ہاف پاسٹ تھری۔	You came *at* half past three.	۲۶. تم ساڑھے تین بجے آئے۔

دکان سویرے ساڑھے نو بجے	د شوپ ریمینس اوپن فروم	The shop remains open *from*	۲۷
سے شام سات بجے تک کھلتی ہے۔	۹،۳۰ اے ۔ایم ۔ٹو ۔پی ۔ایم۔	9.30 A.M. to 7 P.M.	
وہ کل یہاں ۵ بجے تک تھی۔	شی واز ہیئر ٹل فائیو پی۔ ایم یسٹرڈے۔	She was here *till* 5.00 P.M. yesterday.	۲۸
لڑکے ہر ایک دن ایک گھنٹہ کھیلتے ہیں۔	د بوائز پلے ایوری ڈے فور ون آور۔	The boys play every day *for* one hour.	۲۹
وہ کل سے یہاں رہ رہا ہے۔	ہی ہیز بین اسٹینگ ہیئر سنس یسٹرڈے۔	He has been staying here *since* yesterday.	۳۰
وہ یہاں ۲۰۰۰ سے ہے۔	شی ہیز بین لونگ بین ہیئر سنس ۲۰۰۰۔	She has been living here *since* 2000.	۳۱
آپ کتنے عرصے سے انگریزی سیکھ رہے ہیں۔	ہاؤلونگ ہیو یو بین لرننگ انگلش؟	*How long* have you been learning English?	۳۲
میں نے اسے پہلے ہی لکھ دیا ہے۔	آئی ہیو اول ریڈی رٹن ٹو ہر/ہم۔	I have *already* written to her/him.	۳۳
وہ ابھی نہیں آئی۔	شی ہیزنٹ کم یٹ۔	She hasn't come *yet*.	۳۴
شو شروع ہونے والا ہے۔	د شو از اباؤٹ ٹو اسٹارٹ۔	The show is *about* to start.	۳۵
میں اپنا کام اگلے جمعہ تک ختم کرلوں گا۔	آئی شیل فنش مائی ورک بائی نیکسٹ فرائیڈے۔	I shall finish my work *by* next Friday.	۳۶
وہ اپنا کام لگ بھگ چار گھنٹوں میں پورا کرلے گا۔	ہی ئل فنش ہز ورک ان اباؤٹ فور آورز۔	He'll finish his work *in* about four hours.	۳۷
میں وہاں لگ بھگ تین بجے پہنچا۔	آئی ریچڈ دیز اراؤنڈ تھری اوکلوک۔	I reached there *around* 3 o'clock.	۳۸
جب رانی آئی تو مالا چلی گئی۔	وین رانی کیم، مالا لیفٹ۔	When Rani came, Mala left.	۳۹
فجر ہوتے ہی اس کی سانس اکھڑنے لگی۔	ہی واز بریتھنگ ہز لاسٹ بائی ڈون۔	He was breathing his last *by* dawn.	۴۰
میں اس سے اگلے ماہ ملاقات کروں گا۔	آئی ئل میٹ ہم نیکسٹ منتھ۔	I'll meet him *next* month.	۴۱

(To Remember) برائے یادداشت

No sooner did Rajendra reach the school than the bell started ringing.

۱۔ ان جملوں میں لفظوں کے جوڑے استعمال کئے جاتے ہیں No sooner اکیلا نہیں آسکتا۔اسکے ساتھ than لگانا ضروری ہے۔لفظوں کا یہ جوڑ ہمل کر جملے کے دوحصوں کو یعنی bell started ringing اور did Rajendra reach the school کو جوڑتا ہے۔ اس لئے ایسے جوڑوں کے لفظوں کو co-relative conjunctions یا co-relatives کہتے ہیں۔

۲۔ مہینوں کے نام کے ساتھ، in، دنوں کے نام کے ساتھ on اوروقت کے ساتھ at استعمال ہوتا ہے جیسے:۔ in February, on Tuesday, at 6.30 A.M. وغیرہ۔اسی طرح صبح(morning)اورشام (evening) سے پہلے in اور noon اور night سے پہلے ایٹ لگتا ہے جیسے:۔ in the morning, in the evening, at night, at noon.

۳۔ جہاں کام شروع ہونے کا دن یا وقت معین کر دیا گیا ہو وہاں since استعمال ہوتا ہے جیسے:۔ since 1974, since last Tuesday, since 4 A.M. وغیرہ اور جہاں صرف وقت مدت کی شکل میں دیا ہو وہاں پر for لگتا ہے۔ جیسے:۔for two months, for three years. وغیرہ

72

24 چوبیسواں دن th Day

فعل اور دیگر الفاظ کے ساتھ ضروری حروف اضافت (Prepositions) کا استعمال

(from, by, with, in, of, for, in, into, against, on, over, about)

انگریزی الفاظ کے ساتھ کچھ خاص Prepositions لگانے کا قاعدہ ہے۔ تو آیئے الفاظ کے ساتھ کچھ اور Preposition لگانے کی مشق کریں۔ آپ دیکھیں گے کہ Preposition لگانے کے پیچھے کوئی نہ کوئی قاعدہ کام کر رہا ہے۔ سمجھئے، استعمال کیجئے۔

From

۱. لڑکا اسکول سے غیر حاضر تھا۔ | The boy was absent *from* school. | دَ بوائے واز ایبسنٹ فروم اسکول۔

۲. آپ کو سگرٹ نوشی سے بچنا چاہیئے۔ | You must abstain/refrain *from* smoking. | یو مسٹ ایبسٹین / ریفرین فروم اسموکنگ۔

۳. میرے چچا آسام سے آئے ہیں۔ | My uncle has come *from* Assam. | مائی انکل ہیز کم فروم آسام۔

۴. وہ مجھے وہاں جانے سے روکتا ہے۔ | He prevents/stops me *from* going there. | ہی پریوینٹس / اسٹوپس می فروم گوئنگ دیئر۔

By

۵. اسکی کمپنی دن دونی رات چوگنی ترقی کر رہی ہے۔ | His company is progressing *by* leaps and bounds. | ہز کمپنی از پروگریسنگ بائی لیپس اینڈ باؤنڈز۔

۶. میرے والد صاحب میرے ساتھ تھے۔ | I was accompanied *by* my father. | آئی واز اکمپنیڈ بائی مائی فادر۔

۷. اس خبر سے گھبرایئے نہیں۔ | Please don't get disturbed *by* this news. | پلیز ڈونٹ گیٹ ڈسٹربڈ بائی دس نیوز۔

۸. میری کہانی سن کر اس کو بڑا لطف آیا۔ | He was highly amused *by* my story. | ہی واز ہائیلی ایمیوزڈ بائی مائی اسٹوری۔

۹. یہ پیکٹ پیر تک ممبئی پہنچ جانا چاہیئے۔ | This packet should reach Mumbai *by* Monday. | دس پیکٹ شڈ ریچ ممبئی بائی منڈے۔

With

۱۰. تم دوسروں سے معاملہ کرنا نہیں جانتے۔ | You don't know how to deal *with* others. | یو ڈونٹ نو ہاؤ ٹو ڈیل وِد ادرس۔

۱۱. ہمیں انگریزی زبان سے واقف ہونا چاہیئے۔ | We should be acquainted *with* the English language. | وی شڈ بی ایکوئنٹیڈ وِد دَ انگلش لنگویج۔

۱۲. وہ پینٹنگ کے ہنر میں ماہر ہے۔ | He was gifted *with* a talent of painting. | ہی واز گفٹیڈ وِد اے ٹیلینٹ اوف پینٹنگ۔

۱۳. ہم اس کے رویے سے اکتا گئے۔ | We got *fed* up with his behaviour. | وی گوٹ فیڈ اپ وِد ہز بیہیویئر۔

مائی بوس واز پلیزڈ وِدھ می۔	My boss was pleased *with* me.	۱۴۔ میرا مالک مجھ پر مہربان تھا۔

In

ہی واز ابسوربڈ/بیزی اِن ہز ورک۔	He was *absorbed/busy in* his work.	۱۵۔ وہ اپنے کام میں مشغول تھا۔
شہلا اِز ڈیف اِن ون ایئر۔	Shahla is deaf *in* one ear.	۱۶۔ شہلا ایک کان سے بہری ہے۔
یو مسٹ بی پولائٹ اِن یور بِہیویئر۔	You must be *polite in* your behaviour.	۱۷۔ تمہیں اپنے رویّے میں نرم ہونا چاہیے۔
ہی اِز ویل ورسڈ اِن میوزک۔	He is *well* versed *in* music.	۱۸۔ وہ گانے میں ماہر ہے۔

Of

ہی واز شیوؤر آف سکسس۔	He was sure *of* success.	۱۹۔ اسے کامیابی کا پورا یقین تھا۔
ہی اِز فُلی اویئر آف ہز ویک نیس۔	He is fully aware *of* his weakness.	۲۰۔ وہ اپنی کمزوری پوری طرح جانتا ہے۔
ہی اِز فونڈ آف مینگوز۔	He is fond *of* mangoes.	۲۱۔ اسے آم بہت بھاتے ہیں۔
ہی ریمائنڈس می آف ہز برادر۔	He *reminds* me *of* his brother.	۲۲۔ اسے دیکھ کر مجھے اس کے بھائی کی یاد آتی ہے۔
اِٹس اے میٹر آف گریٹ آنر فور می	It's a matter *of* great honour for me.	۲۳۔ یہ میرے لئے عزت کی بات ہے۔

For

اِز شی پری پیئرنگ/اسٹڈنگ فور دَ ٹسٹ؟	Is she preparing/studying *for* the test?	۲۴۔ کیا وہ امتحان کے لئے تیاری کر رہی ہے؟
آئی اولویز کیئر فور ہِم۔	I always care *for* him.	۲۵۔ میں ہمیشہ اس کا خیال رکھتا ہوں۔
ہی اپولوجائزڈ ٹو می فور ہز مِس بِہیویئر۔	He apologized to me *for* his misbehaviour.	۲۶۔ اس نے بدتمیزی کے لئے مجھ سے معافی مانگی۔
ہی اِل ہیو ٹو اکاؤنٹ فور دَ منی۔	He'll have to account *for* the money.	۲۷۔ اسے پیسے کا حساب دینا ہوگا۔

To

ہی اِز اڈیکٹیڈ ٹو اسموکنگ۔	He is addicted *to* smoking.	۲۸۔ وہ سگرٹ نوشی کا عادی ہو گیا ہے۔
ہی ایکٹیڈ کونٹریری ٹو دَ رولس۔	He acted contrary *to* the rules.	۲۹۔ اس نے قاعدے کے خلاف رویّہ اختیار کیا۔
سم پیپل پریفر ویلتھ ٹو ہیلتھ۔	Some people prefer wealth *to* health.	۳۰۔ کچھ لوگ صحت کا نقصان کر کے پیسے کماتے ہیں۔
ہی ریفرڈ دَ میٹر ٹو دَ ہائر اتھارٹیز۔	He referred the matter *to* the higher authorities.	۳۱۔ اس نے معاملہ اعلیٰ افسران کے آگے رکھ دیا۔

Into

۳۲. پولیس نے معاملہ کی جانچ پڑتال کی۔ — The police inquired/looked *into* the matter. — ڈیولیس انکوائرڈ/لُکڈ اِنٹوُ دَ میٹر۔

۳۳. ہم نے اپنی کتابیں اپنے بستوں میں ڈالیں۔ — We put our books *into* our bags. — وی پٹ آور بکس اِنٹوُ آور بیگس۔

۳۴. وہ کمرے میں گیا۔ — He went *into* the room. — ہی وینٹ اِنٹوُ دَ روم۔

Against

۳۵. میں تمہیں تمہارے دشمنوں کے خلاف ہمیشہ ہوشیار کرتا ہوں۔ — I always warn you *against* your enemies. — آئی اولویز وارن یو اگینسٹ یورائنی میز۔

۳۶. ڈاکٹر نے اسے بہت زیادہ کام کرنے کے خلاف آگاہ کیا۔ — The doctor warned him *against* working too hard. — دَ ڈاکٹر وارنڈ ہم اگینسٹ ورکنگ ٹوُ ہارڈ۔

On

۳۷. اس کی تنقید حقیقت پر مبنی نہیں ہے۔ — His criticism is not based *on* facts. — ہز کریٹیسزم از نوٹ بیسڈ آن فیکٹس۔

۳۸. آپ وہاں جانے پر کیوں تلے ہوئے ہیں۔ — Why are you bent *on* going there? — وائی آر یو بینٹ اون گوئنگ دیئرز؟

۳۹. ہم اس پر بھروسہ نہیں کر سکتے۔ — We cannot rely *on* him. — وی کین نوٹ ر لائی اون ہم۔

Over

۴۰. برف سڑک پر پھیلی ہے۔ — Snow/Ice is scattered *over* the road. — اسنوُ/آئس از اسکیٹرڈ اوور دَ روڈ۔

۴۱. پل ندی کے اوپر ہے۔ — The bridge is *over* the river. — دَ برج از اوور دَ ریور۔

About

۴۲. ماں اپنے لڑکے کی صحت کے بارے میں فکرمند ہے۔ — The mother is worried *about* her son's health. — دَ مدراز وریڈ اباوٹ ہر سنز ہیلتھ۔

۴۳. وہ سیما کے بارے میں پوچھ رہی تھی۔ — She was enquiring *about* Sima. — شی واز انکوائرنگ اباوٹ سیما۔

{Phrase Prepositions}

۴۴. میں جانے ہی والا تھا۔ — I was *about to* go. — آئی واز اباوٹ ٹو گو۔

۴۵. وہ سخت محنت کے نتیجہ میں کامیاب ہوا۔ — He succeeded *by dint of* hard work. — ہی سکسیڈ ڈبائی ڈنٹ آف ہارڈ ورک۔

۴۶. ہمیں اپنے ملک کے لئے (اپنی) ہر چیز کو قربان کرنے کے لئے تیار رہنا چاہئے۔ — We should be prepared to sacrifice everything *for the sake of* our country. — وی شڈ بی پریپیئرڈ ٹو سیکریفائس ایوری تھنگ فور دَ سیک آف آور کنٹری۔

۴۷. ہمیں اپنے دوستوں کی بھلائی کرنی چاہئے۔ — We should act *in favour of* our friends. — وی شڈ ایکٹ ان فیوئر آف آور فرینڈز۔

75

۴۸. ہمیں جینے کے لئے کام کرنا ہوگا۔	We must work *in order to* live.	وی مسٹ ورک ان اورڈر ٹو لیو۔
۴۹. اپنی بیماری کے باوجود میں دفتر میں حاضر ہوا۔	I attended the office *in spite of* my illness.	آئی اٹینڈڈ د آفس ان اسپائٹ آف مائی النیس۔
۵۰. ہم خطرے میں گھرے ہیں۔	We are *in the midst of* trouble.	وی آر ان د مڈسٹ اوف ٹربل۔
۵۱. اسے میٹنگ کے بیچ سے اچانک جانا پڑا۔	He had to leave suddenly *in the midst of* meeting.	ہی ہیڈ ٹو لیو سڈنلی ان د مڈسٹ اوف میٹنگ۔
۵۲. پنکج کو پیسے کی کمی کی وجہ سے پڑھائی چھوڑنی پڑی۔	Pankaj had to give up studies *for want of* money.	پنکج ہیڈ ٹو گیو اپ اسٹڈیز فور وانٹ اوف منی۔

برائے یادداشت (To Remember)

۱. فعل وغیرہ کے استعمال میں کچھ (Prepositions) حروف اضافت کا استعمال ہوتا ہے۔ ان کی اچھی طرح مشق ضروری ہے۔

عام طور پر abstain, prevent, recover وغیرہ کے ہمراہ *from* کا استعمال ہوتا ہے۔ اسی طرح please, accompany, replace, deal, satisfy میں *with* کا care, apologise, prepare, کے ساتھ *for* کا addict, prefer, refer کے ساتھ *to* کا؛ rely, base, کے ساتھ *on* کا استعمال ہوتا ہے۔ ان کی تفصیل مذکورہ بالا مثالوں سے آپ اچھی طرح سمجھ سکتے ہیں۔

۲. Prepositions کے کچھ استعمال بہت عام ہو گئے ہیں۔ Phrase Prepositions جیوں کے تیوں استعمال میں آتے ہیں، مثال کے طور پر: by dint of, for the sake of, in order to, in the midst of, on the eve of وغیرہ کا استعمال اوپر کے جملوں میں دیکھئے۔ ایسے سیکڑوں Phrase Prepositions انگریزی میں استعمال ہوتے ہیں۔ یہ انگریزی زبان سیکھنے والوں کے ذہن میں الفاظ کا ذخیرہ بڑھانے میں بڑے معاون ہوتے ہیں۔ ایسے Phrase Prepositions الگ کر کے ان کا جملوں میں استعمال کرنا سیکھئے۔

25 پچیسواں دن th Day

(Active Voice and Passive Voice) فعل لازم اور فعل متعدی

Active Voice	Passive Voice
۱. وہ گیت گاتا ہے۔ He sings a song. ہی سنگس اے سونگ۔	A song is sung by him. اس کے ذریعہ گیت گایا جاتا ہے۔ اے سونگ از سنگ بائی ہم۔
۲. میں نے پیغام پہنچادیا۔ I delivered the message. آئی ڈیلیورڈ د میسج۔	The message was delivered by me. میرے ذریعہ پیغام پہنچادیا گیا۔ د میسج واز ڈیلیورڈ بائی می۔
۳. وہ کرکٹ کھیلیں گے۔ They 'll play cricket. دے ئل پلے کرکٹ۔	کرکٹ ان کے ذریعہ کھیلی جائے گی۔ Cricket will be played by them. کرکٹ ول بی پلیڈ بائی دیم۔
۴. کیا تم خط لکھ رہے ہو؟ Are you writing a letter? آر یو رائٹنگ اے لیٹر؟	کیا تمہارے ذریعہ خط لکھا جا رہا ہے؟ Is a letter being written by you? از اے لیٹر بینگ رٹن بائی یو؟
۵. مزدور نہر کھود رہے تھے۔ Labourers were digging a canal. لیبررز ویئر ڈگنگ اے کنال۔	مزدوروں کے ذریعہ نہر کھودی جا رہی تھی۔ A canal was being dug by the labourers. اے کنال واز بینگ ڈگ بائی د لیبررز۔
۶. کیا تم نے یہ کام ختم کرلیا ہے؟ Have you finished this job? ہیو یو فنشڈ دس جوب؟	کیا یہ کام تمہارے ذریعہ ختم کرلیا گیا ہے؟ Has this job been finished by you? ہیز دس جوب بین فنشڈ بائی یو؟
۷. کیا گاڑی آنے سے پہلے تم اپنا سامان باندھ چکے ہوگے؟ Will you have packed your luggage before the train's arrival? ول یو ہیو پیکڈ یور لگیج بفور دی ٹرینز ارائیول؟	کیا گاڑی آنے سے پہلے تمہارا سامان باندھا جا چکا ہوگا؟ Will your luggage have been packed before train's arrival? ول یور لگیج ہیو بین پیکڈ بفور ٹرینز ارائیول؟
۸. اس کی مدد کرو۔ Help him. ہیلپ ہم۔	Let him be helped(by you). اس کی مدد ہونے دو۔ لیٹ ہم بی ہیلپڈ (بائی یو)

Voice بدلنے کے لئے یعنی فاعل کی جگہ مفعول کو بدلنے کے لئے دو چیزوں کا خیال رکھنا اشد ضروری ہے۔ کبھی جملے میں فاعل کو مفعول اور مفعول کو فاعل بنا دیا جاتا ہے۔ جیسے :

(i) رام (فاعل) نے راون کو مارا۔ Rama killed Ravana. فعل متعدی میں یہ ہو جائے گا، راون رام کے ذریعہ مارا گیا۔ Ravana was killed by Rama.

(ii) فعل کی شکل بدل جاتی ہے۔ یعنی کسی بھی زمانہ (Tense) کا voice، ہو اسی میں Participle, main verb میں بدل جاتی ہے۔ جیسے do, doing وغیرہ سے بدل کر done ہو جائے گا۔ اور دوسرے اس کے ساتھ ایک معاون فعل is, was, be, has been وغیرہ لگا دیا جاتا ہے۔ اوپر دیئے گئے جملوں میں مختلف زمانوں کی شکل میں دیکھئے۔

نیچے کچھ جملے دیئے ہیں۔ جو Passive Voice میں ہیں لیکن ان میں فاعل نہیں ہے۔ اس لئے فاعل کے غائب ہونے کی وجہ سے ان کو Active Voice میں بدلنا ممکن نہیں۔ اس طرح کے بہت سے جملے ہو سکتے ہیں، یہ ذہن نشین رہے۔

Passive Voice

۹.	تاج محل بہت خرچ کر کے بنوایا گیا۔	The Taj *was built* at an enormous cost.	دی تاج واز بلٹ ایٹ این انورمس کوسٹ۔
۱۰.	مکئی برسات میں بوئی جاتی ہے۔	Maize *is sown* in the rainy season.	میز از سون ان دَ رینی سیزن۔
۱۱.	آپکو آپکی لاپرواہی کی سزا دی جائے گی۔	You *will be punished* for your negligence.	یو ول بی پنشڈ فور یور نیگلی جنس۔
۱۲.	اس پر چوری کا الزام لگایا گیا تھا۔	He *was accused* of theft.	ہی واز ایکیوزڈ اوف تھفٹ۔
۱۳.	سبھی پرچے دیکھے جا چکے ہوں گے۔	All the papers *will have been* marked.	اول دپیپرز ول ہیو بین مارکڈ۔
۱۴.	کیا آپ کو دھوکہ دیا گیا؟	*Have* you *been cheated*?	ہیو یو بین چیٹڈ؟
۱۵.	کیا اسے مطلع کر دیا گیا ہے؟	*Has* he *been* informed?	ہیز ہی بین انفورمڈ؟
۱۶.	وہ چینی حملہ آوروں سے لڑتا ہوا مارا گیا۔	He *was killed* fighting the Chinese aggressors.	ہی واز کلڈ فائیٹنگ دچائینیز اگریسرس۔
۱۷.	گاندھی جی کی پیدائش ۲/ اکتوبر ۱۸۶۹ کے دن ہوئی۔	Gandhiji *was born* on 2nd October 1869.	گاندھی جی واز بورن اون سیکنڈ اکتوبر ۱۸۶۹۔
۱۸.	نوچندی میلہ ہر سال میرٹھ میں لگتا ہے۔	The Nauchandi fair *is held* every year at Meerut.	دَ نوچندی فیئر از ہیلڈ ایوری ایئر ایٹ میرٹھ۔
۱۹.	دہلی سے کئی روزنامے شائع ہوتے ہیں۔	Many dailies *are published* from Delhi.	مینی ڈیلیز آر پبلیشڈ فروم ڈلہی۔
۲۰.	انہیں آپ سے مل کر خوشی ہوگی۔	He *will be pleased/happy* to see you.	ہی ول بی پلیزڈ/ہیپی ٹو سی یو۔
۲۱.	میں سیلاب کی تباہی دیکھ کر حیران رہ گیا۔	I *was surprised* to see the fury of the floods.	آئی واز سرپرائزڈ ٹو سی دفیوری آف دَ فلڈس۔
۲۲.	کہا جاتا ہے کہ شیواجی بھگوان شیو کے روپ تھے۔	*It is said/believed* that Shivaji was an incarnation of Lord Shiva.	اٹ از سیڈ/بلیوڈ دیٹ شواجی واز این انکارنیشن اوف لارڈ شیوا۔

Imperative Sentences

(a). بعض دفعہ تاکیدی حکمیہ (Imperative mood) فعل لازم میں بدلنے کے لئے 'let' کا استعمال شروع جملے میں ہوتا ہے۔ (b) کئی بار active voice جملوں کے مفہوم کے مطابق request or should وغیرہ لفظ جوڑکر passive voice کے جملے بنائے جاتے ہیں۔ دونوں کی مشق کیجئے۔

۲۳. یہ کام کرو۔ Do this work.
ڈو دس ورک

وہ کام ہونے دو۔ Let this work be done (by you).
لیٹ دس ورک بی ڈن (بائی یو)۔

۲۴. اسے بیٹھنے کو کہو۔ Ask him to sit down.
آسک ہم ٹو سٹ ڈاؤن۔

اسے بیٹھنے کو کہا جائے۔ Let him be asked to sit down.
لیٹ ہم بی آسکڈ ٹو سٹ ڈاؤن۔

۲۵. اسے سزا دو۔ Punish him.
پنش ہم۔

اسے سزا دی جائے۔ Let him be punished (by you).
لیٹ ہم بی پنشڈ (بائی یو)

۲۶. خالی جگہ کا اشتہار دو۔ Advertise the post.
ایڈورٹائز دپوسٹ۔

خالی جگہ کا اشتہار دیا جائے۔ Let the post be advertised.
لیٹ دپوسٹ بی ایڈورٹائزڈ۔

۲۷. مہربانی کر کے سگریٹ نہ پیجئے۔ Please don't smoke.
پلیز ڈونٹ اسموک۔

آپ سے سگریٹ نہ پینے کی درخواست کی جاتی ہے۔
You are requested not to smoke. یو آر ریکوئسٹڈ نوٹ ٹو اسموک

۲۸. بدتہذیبی کی حوصلہ افزائی مت کرو۔ Don't encourage indiscipline.
ڈونٹ انکریج انڈسپلین۔

قانون کی خلاف ورزی کے لئے ترغیب نہ دی جائے۔
Indiscipline shouldn't be encouraged.
انڈسپلین شڈنٹ بی انکریجڈ۔

برائے یادداشت (To Remember)

(a) Rama killed Ravana. (b) Ravana was killed by Rama.

۱. پہلا جملہ فعل لازم (Active Voice) ہے دوسرا جملہ فعل متعدی (Passive Voice) ہے۔ فعل لازم میں فاعل خاص ہوتا ہے اور فعل متعدی میں مفعول خاص ہوتا ہے۔

۲. فعل لازم کو فعل متعدی میں بدلنے کے لئے by کا استعمال کیا جاتا ہے۔ جیسے :

(i) Ravana was killed by Rama. (ii) Cricket will be played by them.

۳. کئی دفعہ فعل متعدی میں by کا استعمال نہیں ہوتا۔ جیسے:

(i) Let your lesson be learnt. (ii) He was charged with theft.

اس بات کو ہرگز فراموش نہ کریں کہ فعل متعدی اکثر وہاں استعمال ہوتا ہے جہاں جملے میں مفعول پر زور دیا جائے۔ مثال کے طور پر اگر کوئی طالب علم کہنا نہیں مانتا تو کہا جاتا ہے۔ You will be punished for your negligence. (تمہاری لاپرواہی پر تمہیں سزا دی جائے گی)۔ آپ (دوسری طرح) ایسا بھی کہہ سکتے تھے۔ The teacher will punish you for your negligence. (استاد تمہاری لاپرواہی کی سزا دیگا۔) اگر آپ ذرا غور کریں تو آپ کو معلوم ہوگا کہ اس کا وہ اثر نہیں پڑتا جیسا پہلے جملے کا پڑتا ہے اور پھر یہاں زور سزا دینے والے پر نہیں بلکہ 'سزا' کے فعل پر زور دیا جانا چاہیے۔

(Transformation of Sentences) تبدیلی ٔ جملہ

ہم ایک ہی بات کو ایک سے زیادہ طریقے سے کہہ سکتے ہیں۔ جب ہم ایک بات کو دوسرے طریقے سے کہتے ہیں تو ہم دیکھتے ہیں کہ جملے بدل گئے ہیں پر معنی وہی ہیں۔ اس فعل کو تبدیلی ٔ جملہ (Transformation of sentences) کہتے ہیں۔

پچھلے سبق میں (Active Voice and Passive Voice) کی معلومات فراہم کی گئی تھیں، وہ جملے کی تبدیلی کا ایک خاص ذریعہ ہے اب یہاں دوسرے طریقوں کا تعارف کراتے ہیں۔ وہ ایک نوع کے جملوں کو دوسرے نوع کے جملوں میں تبدیل کرنا ہے۔

جملے کی کئی اقسام ہیں مثلاً سوالیہ (Interrogative)، اقراریہ (Assertive)، منفی (Negative)، استعجابیہ (Exclamatory)، اثباتی (Affirmative) وغیرہ۔

آیئے اب ہم ایک طرح کے جملے کو دوسرے نوع کے جملے میں بدلیں اور پھر دیکھیں کہ مطلب میں کتنی یکسانیت ہے اس طریقے سے آپ جملہ کو ایک سے زیادہ طریقوں سے کہنے کی صلاحیت بڑھا سکتے ہیں۔

اقراریہ (Assertive) — سوالیہ (Interrogative)

1. کوئی اتنی ذلت سہہ سکتا ہے کیا؟
Can anybody/anyone bear such an insult?
کین اینی بڈی/اینی ون بیئر سچ این انسلٹ؟

کوئی آدمی اتنی بے عزتی برداشت نہیں کر سکتا ہے
Nobody/No one can bear such an insult.
نوبڈی/نو ون کین بیئر سچ این انسلٹ

Who can bear such an insult?
ہو کین بیئر سچ این انسلٹ؟

No one can bear such an insult.
نو ون کین بیئر سچ این انسلٹ۔

2. کیا صحت دولت سے بیش قیمتی نہیں؟
Is not health more precious than wealth?
از نوٹ ہیلتھ مور پریشس دین ویلتھ؟

صحت دولت سے زیادہ قیمتی ہے۔
Health is more precious than wealth.
ہیلتھ از مور پریشس دین ویلتھ۔

3. کیا پارٹی میں انہیں لطف نہیں آیا؟
Did they not enjoy at the party?
ڈڈ دے نوٹ انجوائے ایٹ دَ پارٹی؟

انہیں پارٹی میں مزہ آیا۔
They enjoyed at the party.
دے انجوائیڈ ایٹ دَ پارٹی۔

4. کیا ہم کبھی ان اچھے دنوں کو بھول سکیں گے؟
Shall we ever forget these good days?
شیل وی ایور فورگیٹ دیز گڈ ڈیز؟

ہم ان اچھے دنوں کو کبھی نہیں بھول سکیں گے۔
We'll never be able to forget these good days.
ویل نیور بی ایبل ٹو فورگیٹ دیز گڈ ڈیز۔

اثباتی (Affirmative) — استعجابیہ (Exclamatory)

5. کتنا خوبصورت منظر تھا وہ!
What a beautiful scene/lovely sight it was!
واٹ اے بیوٹی فل سین/لولی سائٹ اٹ واز!

منظر بہت خوبصورت تھا!
It was a beautiful scene/lovely sight.
اٹ واز اے بیوٹی فل سین/لولی سائٹ!

۶. رات کو کتنی ٹھنڈ ہے!

What a cold night it is!

واٹ اے کولڈ نائٹ اٹ از!

رات کو بڑی ٹھنڈ ہے!

It is a bitterly/terribly cold night!

اٹ از اے بیٹرلی/ٹیریبلی کولڈ نائٹ!

۷. ہم کتنی مشکل سے زندگی گزارتے ہیں!

What a hard life we live/lead!

واٹ اے ہارڈ لائف وی لیو/لیڈ!

ہم بڑی مشکل سے زندگی گزارتے ہیں!

We live/lead a very hard life!

وی لیو/لیڈ اے ویری ہارڈ لائف!

تاکیدی (Imperative)

8. برائے مہربانی دروازہ کھولیئے۔

Please open the door.

پلیز اوپن دَ ڈور۔

9. مہربانی کر کے ایک گلاس دودھ لیجئے

Please have a cup of milk.

پلیز ہیوائے کپ اوف ملک۔

10. چُپ رہو/خاموش ہوجایئے۔

Please keep quiet.

پلیز کیپ کوائٹ۔

استفہامیہ (Interrogative)

کیا آپ برائے مہربانی دروازہ کھولیں گے۔

Will you please open the door?

ول یو پلیز اوپن دَ ڈور؟

کیا آپ ایک گلاس دودھ لینگے؟

Will you please have a cup of milk?

ول یو پلیز ہیوائے کپ اوف ملک؟

کیا تم چپ رہو گے؟

Will you please keep quiet?

ول یو پلیز کیپ کوائٹ؟

یقینی (Positive) — نسبتی (Comparative)

ایک ہی بات کو تقابل کے جملوں میں دو طرح کہا جا سکتا ہے۔ صرف لفظ بدلتے ہیں مطلب پہلے کی طرح یکساں رہتا ہے۔ اس میں کوئی فرق نہیں آتا۔

11. امیتابھ اتنا ہی لمبا ہے جتنا سنجے۔

Amitabh is as tall as Sanjay.

امیتابھ از ایز ٹول ایز سنجے۔

سنجے امیتابھ کے مقابلے میں لمبا نہیں ہے۔

Sanjay is not taller than Amitabh.

سنجے از نوٹ ٹولر دین امیتابھ۔

12. ہمارے ملک میں بہت تھوڑے شہر اتنے بڑے ہیں جتنا ممبئی۔

Very few cities in India/our country are as big as Mumbai.

ویری فیو سٹیز ان انڈیا/آور کنٹری آر ایز بگ ایز ممبئی۔

ممبئی ہمارے ملک کے بہت سے شہروں کے مقابلہ میں بڑا شہر ہے۔

Mumbai is bigger than most other cities in India/our country.

ممبئی از بیگر دین موسٹ ادر سٹیز ان انڈیا/آور کنٹری۔

13. دوسرا کوئی شخص اتنا طاقتور نہیں تھا جتنا علیؓ۔

No other man was as strong as Ali.

نو ادر مین واز ایز اسٹرونگ ایز علیؓ۔

علی کسی بھی آدمی سے زیادہ طاقتور تھے۔

Ali was stronger than any other man.

علی واز اسٹرونگر دین انی ادر مین۔

یقینی (Positive) — فوقیتی (Superlative)

14. بہت کم ہندوستانی سادھو تھے جو ویویکانند جیسے مقبول تھے۔

Very few Indian saints were as popular/famous as Vivekanand.

ویری فیو انڈین سینٹس ویر ایز پاپولر/فیمس ایز ویویکانند۔

وویکانند ہندوستان کے سب سے زیادہ مقبول سادھو تھے۔

Vivekanand was one of the most popular/famous saints in India.

ویویکانند واز ون اوف دَ موسٹ پاپولر/فیمس سینٹس ان انڈیا۔

(Negative) منفی	(Affirmative) اثباتی

منفی جملوں کو بھی (Affirmative) جملوں میں بدلا جا سکتا ہے۔اس میں عام طور پر ایسے متضاد لفظوں کا استعمال کیا جاتا ہے جن کا مفہوم دونوں جملوں میں برابر ہوتا ہے۔

۱۵. کسی شخص کو بقا نہیں ہے۔	آدمی ختم ہونے والا ہے۔
No man is immortal.	Man is mortal.
نو مین از اِمّورٹل۔	مین از مورٹل۔
۱۶. سونیا اتنی عقلمند نہیں جتنی عابدہ۔	عابدہ سونیا سے عقلمند ہے۔
Sonia is not as intelligent as Abida.	Abida is more intelligent than Sonia.
سونیا از نوٹ ایز انٹیلی جنٹ ایز عابدہ۔	عابدہ از مور انٹیلی جینٹ دین سونیا۔
۱۷. کوئی مقام بغیر محنت کے نہیں ملتا۔	محنت کی جاتی ہے تو کچھ حاصل ہوتا ہے۔
There is no gain without hard work.	Where there is hard work, there is gain.
دیئر از نو گین وداؤٹ ہارڈ ورک۔	ویر دیر از ہارڈ ورک، دیئر از گین۔
۱۸. وہ اپنے روز کے کام کو کبھی نظر انداز نہیں کرتی۔	وہ اپنی روزمرہ کے کام پر پورا دھیان دیتی ہے۔
She never neglects her daily/routine work.	She always pays attention to her daily/routine work.
شی نیور نگلکٹس ہر ڈیلی/روٹین ورک۔	شی اولویز پیز اٹنشن ٹو ہر ڈیلی/روٹین ورک۔
۱۹. میں اسٹیشن پر پہنچا نہ تھا کہ گاڑی چھوٹ گئی۔	مشکل سے میں اسٹیشن پر پہنچا ہی تھا کہ گاڑی چھوٹ گئی۔
No sooner had I reached the station *than* the train left.	Scarcely had I reached the station *when* the train left.
نو سونر ہیڈ آئی ریچڈ د اسٹیشن دین د ٹرین لفٹ۔	اسکارسلی ہیڈ آئی ریچڈ د اسٹیشن وین دٹرین لیفٹ۔

(To Remember) برائے یادداشت

India is our country. We are *her* citizens.

اوپر کے جملہ میں 'country' کنٹری لفظ آیا ہے۔یہ انگریزی میں اکثر مؤنث استعمال ہوتا ہے۔اس لئے 'ہر' her کا لفظ آیا ہے۔

۱. انگریزی میں پیڑ (tree)، مکڑی (spider) وغیرہ کو نیوٹر جنڈر (neuter gender) میں رکھا جاتا ہے اس لئے ہر اردو میں جاندار کے لئے ہوتا ہے۔اور سائنس دانوں کے مطابق ان میں مذکر مؤنث ہوتے ہیں۔جو بھی ہو یہ زندگی کی نچلی سطح سے متعلق ہیں۔اس لئے انہیں نیوٹر جنڈر ہی میں رکھا گیا ہے۔ان کے لئے it لفظ کا استعمال ہوتا ہے۔مندرجہ ذیل لفظ بھی اسی مشابہت کے ہیں۔

پانی	(واٹر)	water	شکر	(شوگر)	sugar	برف	(آئس)	ice
روٹی	(بریڈ)	bread	گھاس	(گراس)	grass	پھول	(فلاور)	flower

۲. اس کے برعکس کچھ الفاظ ہوتے ہیں جو جاندار نہیں مگر انہیں یا تو مؤنث (feminine gender) بولا جاتا ہے۔یا مذکر (masculine gender)۔مثال کے لئے جہاز ابھی تک نہیں آیا ہے۔شاید وہ لیٹ ہے۔

دی شپ ہزنٹ کم یٹ، شی از پروبیبلی لیٹ۔ The ship hasn't come yet, she is probably late. اس جملے میں ship ایک بے جان چیز ہے۔مگر اسے مؤنث feminine gender کہا گیا ہے، اسی طرح سورج (sun) اور death (موت) مذکر الفاظ ہیں۔

27 ستائیسواں دن th Day

تعدادی ومقداری اسماء (Countable & Uncountable Nouns)

کچھ اسم گنے جا سکتے ہیں اور کچھ نہیں۔ گننے لائق اور نہ گننے لائق اسماء کی الگ الگ مشق کیجئے۔ موٹے طور پر سمجھ لیجئے کہ (Proper noun) گنے جا سکتے ہیں (Countable)، اور جن کو شمار نہیں کیا جا سکتا ان کو (Uncountable) کہتے ہیں۔ جو اسماء شمار کئے جاتے ہیں وہی واحد اور جمع ہوتے ہیں جیسے: Boy (Singular), Boys (Plural) وغیرہ

A

تعداد ظاہر کرنے والے اسماء (Countable Nouns)

۱.	کلاس میں کچھ طالب علم ہیں۔	There are *some/a few* students in the class.	دیئر آر سم/اے فیو اسٹوڈنٹس ان دَ کلاس۔
۲.	کیا ہال میں کوئی لڑکی ہے؟	Is there *any* girl in the hall?	از دیئر اینی گرل ان دَ ہال؟
۳.	میدان میں کوئی لڑکا نہیں ہے۔	There is *no* boy in the playground.	دیئر از نو بوائے ان دَ پلے گراؤنڈ۔
۴.	ان لڑکیوں میں سے کوئی بھی وہاں موجود نہیں تھی۔	*None* of these girls was present there.	نن آف دیز گرلس واز پریزینٹ دیئر۔
۵.	کیا تم میں سے کوئی فٹ بال کھیلا؟	Did *any* of you play football?	ڈڈ اینی اوف یو پلے فٹ بال؟
۶.	لڑکوں میں سے بہت سے کل اسکول نہیں آئے تھے۔	*Many* of the boys hadn't come to school yesterday.	مینی آف دَ بوائز ہیڈنٹ کم ٹو اسکول یسٹرڈے۔
۷.	ٹوکری میں کتنے آم ہیں؟	How many mangoes are there in the basket?	ہاؤ مینی مینگوز آر دیئر ان دَ باسکیٹ؟
۸.	شاید ہی کوئی لڑکی اسے پسند کرے گی۔	*Hardly* would any girl like him.	ہارڈلی وُڈ اینی گرل لائک ہم۔
۹.	اِس کتاب میں اُس کتاب کے مقابلے زیادہ صفحات ہیں۔	That book has *more* pages than this book.	دیٹ بک ہیز مور پیجیز دین دس بک۔
۱۰.	اس کے ہاتھوں کئی لوگوں نے دکھ اٹھایا۔	*Many* a man has suffered at his hands.	مینی اے مین ہیز سفرڈ ایٹ ہز ہینڈز۔
۱۱.	دونوں شخصوں میں سے کوئی نہیں آیا۔	*Neither* man has come.	نائیدر مین ہیز کم۔
۱۲.	اسے تھوڑی تنخواہ ملتی ہے۔	He gets a *small* salary.	ہی گیٹس اے اسمول سیلری۔

B

مقدار ظاہر کرنے والے اسماء (Uncountable Nouns)

۱۳.	کیا بوتل میں دودھ بالکل نہیں ہے؟	Isn't there *any* milk in the bottle?	ازنٹ دیئر اینی ملک ان دَ بوٹل؟
۱۴.	مہربانی کر کے مجھے تھوڑا پانی دیجئے۔	Get me *some* water, please./Let me have *some* water please.	گیٹ می سم واٹر پلیز/ لیٹ می ہیو سم واٹر پلیز۔

۱۵. کیا بوتل میں کچھ دودھ ہے۔	Is there *any* milk in the bottle?	ازدیئر اینی ملک ان دَبوٹل؟
۱۶. گلاس میں کتنا دودھ ہے؟	How *much* milk is there in the glass?	ہاؤمچ ملک ازدیئران دَگلاس؟
۱۷. تمہارے گلاس میں میرے گلاس سے کم دودھ ہے۔	Your glass has *less* milk than mine.	یورگلاس ہیزلیس ملک دین مائن۔
۱۸. کیا میں تمہیں تھوڑا دودھ اور دوں؟	Shall I give you *some more* milk ?	شیل آئی گیویوسم مورملک؟
	Will you have *some more* milk?	ول یوہیوسم مورملک۔
۱۹. ندی میں بہت پانی تھا۔	There was *a lot of* water in the river.	دیئروازاےلوٹ اوف واٹران دَریور۔
۲۰. کیا یہ اس کا ٹھیک آدھا ہے؟	Is it exactly half of that?	ازاٹ ایگزیکٹلی ہاف اوف دیٹ؟

C

(The Emphasis) پُرزورالفاظ

۲۱. کل ضرور آنا۔ بھول نہ جانا۔	*Do* come tomorrow. *Don't* forget./You *must* come tomorrow.	ڈوکم ٹومورو۔ ڈونٹ فورگیٹ/ یومسٹ کم ٹومورو۔
۲۲. کملہ اور اس کا بھائی دونوں مجھے دیکھنے آئے۔	*Both* Kamla and her brother came/ dropped in to see me.	بوتھ کملہ اینڈ ہر بردر کیم/ ڈراپڈان ٹوسی می۔
۲۳. میں اسے کبھی معاف نہیں کروں گا۔	I will never forgive him.	آئی ول نیورفورگیوہم۔
۲۴. واقعی میں خوش ہوں۔	*Indeed/Of course,* I am happy.	انڈیڈرآف کورس آئی ایم ہیپی۔
۲۵. تم پڑھائی میں سخت محنت نہیں کر رہے ہو، نا؟	You *don't* study hard, do you?	یوڈونٹ اسٹڈی ہارڈ، ڈویو؟
۲۶. بے شک میں کرتا ہوں۔	*Of course,* I do.	اوف کورس، آئی ڈو۔
۲۷. خاموش بھی رہئے۔	*Please* keep quiet./*Please* be quiet.	پلیز کیپ کوائٹ/پلیز بی کوائٹ۔
۲۸. اپنے والد صاحب کو خط ضرور لکھ دو۔	*Do* write to your father.	ڈو رائٹ ٹویورفادر۔

(To Remember) برائے یادداشت

۱. صفت (adjective) کی تین degrees ہوتی ہیں۔ اوّل positive جیسے poor ، دوئم comparative جیسے: poorer اور سوئم superlative جیسے: poorest

۲. Ram is *poorer than* Mahesh.
He is *more careful than* his brother.
Comparative degree کا استعمال کرتے وقت poorer وغیرہ صفات کے بعد than ضرور لگتا ہے۔

۳. Superlative degree. کا استعمال کرتے وقت the کو صفت سے پہلے لگاتے ہیں جیسے: Manohar is the *oldest* boy in the class.

28th Day اٹھائیسواں دن

متفرق استعمال (Miscellaneous Uses)

A

It اور That کا استعمال

۱.	وہ کون ہے؟	Who is *that/he/she?*	ہُو از دیٹ/ہی/شی؟
۲.	وہ میرا دوست ہے۔	*It*'s my friend.	اٹس مائی فرینڈ۔
۳.	یہ ٹھیک جواب نہیں تھا۔	*It* was not the correct answer.	اٹ واز نوٹ دکرکٹ آنسر۔
۴.	یہ کتاب تمہاری ہے۔ وہ میری ہے۔	This is your book. *That* is mine.	دس از یور بک، دیٹ از مائن۔
۵.	وہاں کون ہے؟	Who is there?	ہُو از دیئر؟
۶.	میں ہوں۔	*It's* me.	اٹس می۔
۷.	کیا آپ مجھ سے ہی ملنا چاہتے ہیں؟	Is *it* me you want to see?	از اٹ می یو وانٹ ٹو سی؟
۸.	کیا آپ مجھ ہی کو بلا رہی ہیں؟	Is *it* me you are calling?	از اٹ می یو آر کولنگ؟
۹.	اسکی زندگی کا وہ سب سے بڑا خوشی کا دن تھا۔	*It* was the happiest day of her life.	اٹ واز د ہیپی ایسٹ ڈے آف ہر لائف۔
۱۰.	اس سے کوئی فرق نہیں پڑتا۔	*It* doesn't make any difference.	اٹ ڈزنٹ میک اینی ڈیفرینس۔
۱۱.	اس سے مجھے فرق نہیں پڑتا۔	*It* doesn't matter to me.	اٹ ڈزنٹ میٹر ٹو می۔
۱۲.	چار بجے ہیں۔	*It's* four o'clock.	اٹس فور او کلوک۔

B

۱۳.	کیا آپ مجھے ایک قلم یا ایک پنسل دیں گے؟	Will you please give me *either* a pen *or* a pencil?	ول یو پلیز گیو می آئیدر اے پین اور اے پنسل؟
۱۴.	دونوں جواب صحیح ہیں۔	*Both* answers are correct.	بوتھ آنسرز آر کرکٹ۔
۱۵.	یہ نہ استاد ہے، نہ طالب علم ہے۔	She is *neither* a teacher *nor* a student.	شی از نائیدر اے ٹیچر نور اے اسٹوڈینٹ۔
۱۶.	دونوں قیدیوں میں سے کوئی ملزم نہیں تھا۔	*None* of the two prisoners is guilty.	نن آف دَ ٹو پرزنرس از گلٹی۔
۱۷.	درجے میں بہت سے لڑکے ہیں۔	*There* are many/a number of students in the class.	دیئر آر مینی/اے نمبر اوف اسٹوڈینٹس ان دَ کلاس۔
۱۸.	رجنی اور مینا دونوں کو محنت کرنی چاہیئے۔	*Both* Rajni and Meena should work hard.	بوتھ رجنی اینڈ مینا شڈ ورک ہارڈ۔
۱۹.	میری قمیص سفید ہے اور تمہاری قمیص بھی سفید ہے۔	My shirt is white. Your shirt is white too.	مائی شرٹ از وائٹ۔ یور شرٹ از وائٹ ٹو۔

۲۰.	میرا کوٹ کالا نہیں ہے، تمہارا کوٹ بھی کالا نہیں ہے۔	My coat is not black.	مائی کوٹ از نوٹ بلیک۔
		Your coat is not black *either.*	یور کوٹ از نوٹ بلیک آئیدر۔

C

۲۱.	یہاں کے منظر خوبصورت ہیں۔	The scenery here is nice/beautiful/lovely.	دَ سینری ہیئر از نائس/ بیوٹی فل لَو لی۔
۲۲.	میں نے اس کتاب کو دو تہائی پڑھ لیا ہے۔	I have finished *two-thirds* of this book.	آئی ہیو فنشڈ ٹو تھرڈس اوف دس بک۔
۲۳.	مجسٹریٹ نے اس کی گرفتاری کا حکم دیا۔	The magistrate *ordered* his arrest.	دَ مجسٹریٹ آرڈرڈ ہز اریسٹ۔
۲۴.	جب میں بمبئی جاؤں گا تو اس سے ملونگا۔	I'll see him when I go to Mumbai.	آئل سی ہم وین آئی گو ٹو ممبئی۔
۲۵.	میں نے کھانا کھالیا ہے۔	I *have* had my food/meals.	آئی ہیو ہیڈ مائی فوڈ/ میلز۔
۲۶.	وقت قیمتی ہے۔	Time is money.	ٹائم از منی۔
۲۷.	کیا تمہیں سو روپے ماہانہ کا خرچ ملا۔	Did you get *a* monthly allowance of *a* hundred rupees?	ڈڈ یو گیٹ اے منتھلی الاؤونس اوف اے ہنڈرڈ روپیز؟
۲۸.	میں پینتالس برس کا ہوں۔	I am forty-five.	آئی ایم فورٹی فائیو۔
۲۹.	اب کیا کیا جاسکتا ہے؟	What *can be done* now?	واٹ کین بی ڈن ناؤ؟
۳۰.	میرے دونوں ہاتھ زخمی ہو گئے ہیں۔	*Both* my hands have been injured.	بوتھ مائی ہینڈز ہیو بین انجیورڈ۔
۳۱.	میں نے پینٹنگ چھوڑ دی ہے۔	I have *given up* painting.	آئی ہیو گیون اپ پینٹنگ۔

برائے یادداشت (To Remember)

اسم ضمیر (Pronoun) it کا کئی طرح سے استعمال کیا جاتا ہے: (۱) کسی Lower animal چھوٹے جانور یا چھوٹے بچوں کے لئے جیسے:

"After dressing the wound of the dog, the doctor patted it and sent it home." کتے کے زخم پر پٹی کرنے کے بعد ڈاکٹر نے اسے تھپتھپایا اور اسے گھر بھیج دیا"۔

"As soon as the child saw its mother, it jumped towards her" جیسے ہی بچے نے اپنی ماں کو دیکھا وہ اس کی طرف لپک پڑا۔"

(۲) کسی noun یا Pronoun پر زور دینے کے لئے " گاندھی جی نے ہی سول نافرمانی کی تحریک شروع کی تھی۔

It was Gandhi ji who started the Civil Disobedience Movement.

۳. موسم کے بارے میں بات کرنے کے لئے۔ It is hot گرمی ہے۔ It is cold سردی ہے۔ It is raining outside. باہر بارش ہورہی ہے۔

۴. Object کے طور پر Children find it difficult to sit quietly. (بچوں کے لئے خاموش بیٹھنا مشکل ہے۔)

۵. پہلے ہوئی بات کے لئے He was wrong and he realises it. (وہ غلطی پر تھا، اور وہ اس بات کو محسوس کرتا ہے) اس جملے میں it کا استعمال he was wrong کے لئے کیا گیا ہے۔

It کے بے شمار استعمال انگریزی میں ہیں۔ ان کی مشق کافی غور سے کرنی چاہیئے۔

29th Day انتیسواں دن

(Countables & Uncountables) تعدادی اور مقداری جملے

۱.	اس میز پر رکھی سب ہی کتابیں نیلی ہیں۔	*All* the books on this table are blue.	اول دبکس اون دس ٹیبل آر بلو۔
۲.	بھیڑ میں ہر آدمی حیران کھڑا تھا۔	*Everyone* in the crowd was stunned.	ایوری ون ان دکراوڈ واز اسٹنڈ۔
۳.	ان میں ہر ایک کی اپنی کار ہے۔	*Each* of them has his own car.	ایچ اوف دیم ہیز ہز اون کار۔
۴.	میں نے چار پنسلیں پندرہ پیسے کے حساب سے خریدیں۔	I bought four pencils at fifteen paise *each*.	آئی باوٹ فور پینسلس ایٹ ففٹین پیسے ایچ۔
۵.	سونیا اور رینا ایک دوسرے کو چاہتی ہیں۔	Sonia and Rina are fond of *each other*.	سونیا اینڈ رینا آر فونڈ آف ایچ اَدر۔
۶.	راجیو اپنی والدہ کو ہر دوسرے ہفتے دیکھنے جاتا ہے۔	Rajiv visits his mother *every other* week.	راجیو وزٹس ہز مدر ایوری ادر ویک۔
۷.	ان دونوں میں سے کوئی بھی چابی تالے میں لگ جائیگی۔	*Either* of these two keys will fit the lock.	آئیدر آف دیز ٹو' کیز ول فٹ دلوک۔
۸.	مجھے کچھ کھانے کو دو۔	Give me *something* to eat.	گیو می سم تھنگ ٹو' ایٹ۔
۹.	تمہاری جیب میں کچھ ہو تو نکالو۔	Take out *anything* you have in your pocket.	ٹیک آؤٹ اینی تھنگ یو ہیو ان یور پوکٹ۔
۱۰.	میں نے بہت سی چیزیں گم کر دی ہیں۔	I've lost *many* a thing.	آئیو لوسٹ مینی اے تھنگ۔
۱۱.	کیا کوئی آیا ہے؟	Has *someone* come?	ہیز سم ون کم؟
۱۲.	ہاں! کوئی آپ کا انتظار کر رہا ہے۔	Yes, *somebody* is waiting for you.	یس سم بڈی از ویٹنگ فور یو۔
۱۳.	گھر گھر میں شور مچا ہوا تھا۔	There was commotion/uproar in *every* house.	دیئر واز کموشن/اپ روران ایوری ہاؤس۔
۱۴.	کیا اور کوئی آدمی آیا تھا؟	Had *anybody/anyone* else come.	ہیڈ اینی بڈی/اینی ون ایلس کم۔
۱۵.	یہاں کوئی نہیں آیا۔	*Nobody/No one* came here.	نوبڈی نو ون کیم ہیئر۔
۱۶.	اس گھر کی ہر ایک چیز آپ کے لئے ہے۔	*Everything* in this house is at your disposal./You can use *anything* in this house.	ایوری تھنگ ان دس ہاؤس از ایٹ یور ڈسپوزل۔/یو کین یوز اینی تھنگ ان دس ہاؤس۔
۱۷.	میرے گھر میں ہر ایک بیمار ہے۔	*Everyone* in my house is ill.	ایوری ون ان مائی ہاؤس از ال۔
۱۸.	وہ تمام وقت باغ میں رہے۔	They were in the garden *all* the time. They spent *all* the time in the garden.	دے ویئر ان دَ گارڈن اول دَ ٹائم/دے اسپینٹ اول دَ ٹائم ان د گارڈن۔
۱۹.	ہم نے پورے باغ کا چکر لگایا۔	We went *all around* the garden.	وی وینٹ اول اراؤنڈ دَ گارڈن۔
۲۰.	انہوں نے ملک بھر کا دورہ کیا۔	They travelled *all over* the country.	دے ٹریولڈ اول اوور دَ کنٹری۔
۲۱.	اس سارے وقت میں اس کا انتظار کرتا رہا۔	*All* this while I waited for her.	اول دس وائل آئی ویٹیڈ فور ہر۔

B

(Idiomatic Sentences) محاورے دار جملے

۲۲.	بری عادتیں شروع ہی میں روک دینی چاہئے۔	Bad habits should be *nipped in the bud.*	بیڈ ہیبٹس شڈ بی نپڈ ان دَبڈ۔
۲۳.	موہن کا گزر بسر بہت مشکل ہے۔	Mohan lives from *hand to mouth.*	موہن لیوز فروم ہینڈ ٹو ماؤتھ۔
۲۴.	ڈاکو ابھی تک نہیں پکڑے گئے۔	The dacoits are still *at large.*	د ڈیکوئٹس آر اسٹل ایٹ لارج۔
۲۵.	خونی رنگے ہاتھوں پکڑا گیا۔	The murderer was caught *red handed.*	دَ مرڈرر واز کاؤٹ ریڈ ہینڈڈ۔
۲۶.	مجھے اس بات کا پتہ لگ گیا۔	I *got wind* of this matter.	آئی گوٹ ونڈ اوف دس میٹر۔
۲۷.	اس کی موت بالکل قریب ہے۔	His *days* are *numbered.*	ہز ڈیز آر نمبرڈ۔
۲۸.	خیالی پلاؤ پکانے سے کیا فائدہ؟	*Building castles in the air* won't help.	بلڈنگ کاسلز ان دَ ایئر وونٹ ہیلپ۔
۲۹.	وہ لاری کے حادثے میں بال بال بچا۔	He had *a narrow escape* in the lorry accident.	ہی ہیڈ اے نیرو اسکیپ ان دلاری ایکسیڈینٹ۔
۳۰.	ہمیں اتنی چھوٹی چھوٹی بات پر آپے سے باہر نہیں ہونا چاہئے۔	We should not *lose our temper* over trifles.	وی شڈ نوٹ لوز آور ٹمپر اوور ٹرفلز۔
۳۱.	اس نے زندگی کے بڑے نشیب و فراز دیکھے ہیں۔	He has seen many *ups & downs* in his life.	ہی ہیز سین مینی اپس اینڈ ڈاؤنز ان ہز لائف۔
۳۲.	میں لگاتار بارہ گھنٹے کام کرسکتا ہوں۔	I can work for twelve hours *at a stretch.*	آئی کین ورک فور ٹوئیلو آورز ایٹ اے اسٹریچ۔
۳۳.	وہ کسی بھی طرح سب سے اونچے عہدہ پر پہونچنا چاہتا ہے۔	He wants to reach the top *by hook or by crook.*	ہی وانٹس ٹو ریچ د ٹوپ بائی ہوک اور بائی کروک۔

(To Remember) برائے یادداشت

۱. ہر ایک زبان میں بولتے بولتے کچھ الفاظ پختہ ہوجاتے ہیں۔ کچھ تو ایسے رائج ہوجاتے ہیں کہ اپنا اصل معنی چھوڑ کر دوسرے معنی دینے لگتے ہیں۔ انہیں محاورہ Proverb کہتے ہیں۔
اگر ہم کسی زبان کو ٹھیک سے سیکھنا چاہتے ہیں تو اس کے محاوروں کو ٹھیک اسی شکل میں یاد کرنا ہوگا تبھی ہم اس زبان کے جانکار کہلا سکیں گے۔

۲. کچھ لوگ محاورے کے الفاظ میں رد بدل کردیتے ہیں، یہ غلط ہے۔ اگر کوئی کہے Mohan lives from *foot to mouth.* تو یہ غلط مانا جائے گا۔ ٹھیک استعمال ہوگا Mohan lives from *hand to mouth.* محاوروں کا استعمال زبان میں بہت احتیاط سے کرنا چاہئے۔

30 تیسواں دن th Day

جداولِ مشق (Drill Tables)

یہ جداولِ مشق جملوں کو بار بار دہرانے کے لئے ہیں۔ آپ جتنی زیادہ بار دہرا سکتے ہیں، دوہرائیے۔ اس سے آپ کی زبان پر انگریزی کے یہ اور دوسرے جملے ازبر ہو جائیں گے اور اس طرح آپ روانی کے ساتھ نئے نئے جملے بول سکیں گے۔

جدول 8-A میں his, her, their, your وغیرہ ضمیر لفظ اسم house سے پہلے آئے ہیں۔ یہ لفظ عام طور پر اسی طرح استعمال میں آتے ہیں لیکن جدول 8-B میں his, hers, theirs, yours, mine or ours, الفاظ جملہ کے اخیر میں اکیلے آئے ہیں Possessive pronouns کی شکل میں۔ Possessive pronouns کے ساتھ اسم کا استعمال نہیں ہوتا ہے۔

Example: This is *my pen.* (Possessive adjective)

This pen is *mine.* (Possessive pronoun) اس فرق کو ہمیشہ یاد رکھیں۔

[Table]-8 (a) ۱۲ جملے (b) ۱۲ جملے ۸ جملے

	1	2	3
A	This is That isn't	his her their your my our	house.

	1	2
B	This house is That house isn't	his. hers. theirs. yours. mine. ours.

Mr. Ram's کا مطلب ہے۔ مسٹر رام کا۔ Apostrophe + s ('s) کا استعمال کسی چیز یا شخص کا دوسرے شخص سے تعلق بتانے کے لئے ہوتا ہے۔ This is Mr. Mehta's house. She is Meena's sister. اس کا زیادہ تر استعمال جاندار چیزوں کے ساتھ ہوتا ہے پر کبھی کبھی غیر جاندار چیزوں کے ساتھ اس کا استعمال قابل قبول ہے۔ a day's work, a month's supply, a year's growth وغیرہ۔ یہ اسی لئے صحیح مانے جاتے ہیں کیونکہ یہ expressions زبان میں کافی مستعمل ہیں۔ انہیں غیر صحیح کہہ کر نکالا نہیں جا سکتا۔

بائیسواں دن

جدول 9 میں (Platial words) مقام ظاہر کرنے والے الفاظ in, under, on, near جملے میں استعمال ہوئے ہیں۔

جملے ۳۸۴ [Table]-9 جدول ۔۹

1	2	3	4	5
It Your plate The bottle The cup	is isn't	in under on near	that this your Mr. Ram's	bag. basket. table.

تیئیسواں دن

جدول ۔10 میں too, to متعلقہ حروف (Linking words) کی مشق دی گئی ہے۔ I am *too* tired to do such heavy work. کا مطلب ہے ''میں اتنا زیادہ تھک گیا ہوں کہ ایسا بوجھل کام نہیں کر سکتا''۔ اسی طرح دوسرے جملوں میں ان لفظوں کا مطلب سمجھنا چاہئے۔

جملے ۲۷ [Table]-10 جدول ۔۱۰

1	2	3	4	5
I am The little boy was You will be	too	tired hungry weak	to	do such heavy work. go back so soon. answer their questions.

جدول ۔11 میں when, as well as, after, before وغیرہ کی مشق دی گئی ہے ان کے ساتھ Linking words نہیں جڑتے۔ سیدھے دوسرے Clause سے جڑ جاتا ہے۔ جیسے When we arrived (then نہیں آتا) it began to rain وغیرہ۔

جملے ۶۴ [Table]-11 جدول ۔۱۱

1	2	3
When As soon as After Before	we arrived the train left they came she noticed	it began to rain. he started crying. the lights went out. he moved away.

جدول ۔12 میں since اور for کے مثبت (Positive) جملے دیئے گئے ہیں۔

جملے ۶۴ [Table]-12 جدول ۔۱۲

1	2	3	4
She He I You	has been have been	discussing this matter quarrelling over it playing hockey reading a novel	since morning. for many days. since 2 P.M. for two hours.

چوبیسواں دن

جدول13 میں prepositions کے الٹ پلٹ جملے دیئے گئے ہیں۔ انہیں ٹھیک سے ملا کر بامعنی جملہ بنائیے۔ ایک preposition کا استعمال ایک سے زیادہ جملے میں ہوسکتا ہے۔ وقت پر متعلق سبق سے مدد لیجئے۔

جدول ۔۱۳ [Table]-13 جملے ۲۴

1	2	3
You must refrain	by	my story
He was highly amused	into	working too hard
He prevents me	against	her son's health
The mother is worried		music
His work is progressing		his work
We got fed up		the matter
He was absorbed	about	his behaviour
The police looked	in	smoking
He is well versed		going there
My boss is pleased	with	leaps and bounds
She went		my work
The doctor warned him	from	the room

پچیسواں دن

جدول14 میں فعل متعدی (Passive Voice) کے جملے دیئے گئے ہیں ان کی اچھی طرح سے مشق کیجئے اور ذہن نشین کیجئے۔ اسمیں معاون فعل (is, is being, has been) کے ساتھ اصل فعل کی 3rd form جوڑی جاتی ہے۔

جدول ۔۱۴ [Table]-14 جملے ۱۶۵

1	2	3
	is	
	is being	
	has been	collected.
The money	is going to be	kept in a secret place.
	was	
The jewellery	was being	
	had been	sent away.
The body of the lion	will be	
	will not be	buried in my garden.
	will have been	
	should be	moved from here.

چھبیسواں دن

جدول 15۔ میں صفات میں تقابل دوم (Comparative Degree) کے جملوں کی مشق کرائی گئی ہے۔ اس میں than کا استعمال ہوتا ہے۔

جدول۔۱۵ [Table]-15 جملے ۶۰

1	2	3	4	5
He was They were	more	wicked honest cruel willing cheerful foolish	than	anyone else. she was. you were. I was. we were.

جدول۔16 میں صفات میں تقابل سوم (Superlative Degree) کے جملوں کی مشق کرائی جا رہی ہے اس میں 'best of' وغیرہ الفاظ کا استعمال کیا جا رہا ہے۔

جدول۔۱۶ [Table]-16 جملے ۴۸

1	2	3	4	5	6
Your coat This one That one	is	the	thickest worst best finest	of	all. those in the shop. the lot. any I have seen.

ستائیسواں دن

جدول **17-A** میں تعداد ظاہر کرنے والے (Countable) الفاظ سے بنے سوالیہ جملے دیئے گئے ہیں۔ نقشہ **17-B** میں مقدار ظاہر کرنے والے (Uncountable) الفاظ سے بنے سوالیہ جملے- Many تعداد بتانے والا (Countable) ہے، much مقدار بتانے والا (Uncountable) دھیان دیجئے، cup, knife, pen, pencil, book وغیرہ تعدادی (Countable) چیزیں ہیں جب کہ money, oil, bread, tea, sand, وغیرہ مقداری (Uncountable) چیزیں ہیں۔

جدول۔۱۷ [Table]-17 جملے ۱۵

	1	2	3	4
A	How many	cups knives pens pencils books	are there	on the table? in the store? in the cupboard?

	1	2	3	4
B	How much	money oil salt tea sand	is there	in the house? in his possession? for use?

اٹھائیس واں دن

جدول 18 میں ضمیر 'it' کے مختلف استعمال کی مشق دی گئی ہے۔

جدول۔۱۸ **[Table]-18** جملے۱۴

1	2	3
It	is was	my friend. not my turn. four o'clock. not noon yet. not true. very easy.

انتیسواں دن

جدول 19 میں دو طرح کے فاعل ہیں۔ منفی (Negative) اور مثبت (Positive)۔ Nobody منفی ہے۔ Somebody اور Everybody مثبت (Positive) ہیں۔ Nobody took anything last time کا معنیٰ ہے۔ کسی نے پچھلی بار کوئی چیز نہیں لی۔ جبکہ Somebody took something last time کا مطلب ہے۔ کسی نے پچھلی بار کچھ چیز لی۔ منفی جملے میں اکثر anything اور مثبت جملے میں Something لفظ کا استعمال ہوتا ہے۔

جدول۔۱۹ **[Table]-19** جملے۱۰۰

1	2	3	4
No one Nobody One of us None of you	wrote wanted cared for	anything	at that time.
Everybody Somebody Some of you A few of us	noticed took	something	before breakfast. last time.

مشق (Practice)

I. نیچے سوال و جواب ہیں۔ سوال یا جواب میں زیادہ تر جملے 21 سے 29 دنوں کے جملوں سے لئے گئے ہیں لیکن کچھ جملوں کو بدل دیا گیا ہے۔ آپ اپنے ساتھی سے کہیں کہ وہ آپ سے سوال پوچھے۔ آپ اس کا جواب دیں۔ پھر وہ جواب والے جملے بولے اور آپ سوال بنائیں۔ اس طرح دوہرا کر مشق کیجیے۔

۲۱واں دن

سوال **(Question)**	جواب **(Answer)**
1. What are you?	I'm a clerk. (8)
2. What's your nationality?	Indian. (12)
3. Is this the book you need?	Yes, this is it. (13)
4. Who went there?	None of us. (25)

۲۲واں دن

5. Where is the book?	On the table. (2)
6. Where is the clerk?	At the table/seat. (3)
7. Where is Kamla going?	Into the room. (7)

8. Where is Kamla?	In the room. (9)
9. What do you play besides hockey?	Football. (23)
10. Who is inside?	My brother.

۲۳واں دن

11. Why does he work hard?	Because he wants to win a prize.
12. Can she walk easily?	No, she is quite weak. (20) or She can't.
13. Who is guilty?	Either you or your brother. (19)
14. For how long have you been learning English? (35)	For the last two years.
15. When shall I receive his letter?	Within three days. (27)

۲۴واں دن

16. Was the boy absent from school?	Yes, he was. (1)
17. Does he know his weakness?	Yes, he is fully conscious/aware of it. (22)
18. Are you sure of your success? (19)	Yes, I'm dead sure.
19. Are his remarks based on facts?	No, they aren't. (37)
20. Why do you want to leave?	To try for a better job or for better prospects.

۲۵واں دن

21. What's to be done?	Let the post be advertised. (26)
22. What am I requested to do?	You are requested not to smoke. (27)

۲۶واں دن

23. Shall we ever forget these good days? (4)	No, we'll never forget them or No, how can we ?
24. Is man immortal?	No, he is not. (19)
25. Is there any gain without hard work?	No, there isn't.

۲۷واں دن

26. Did any of you play football? (5)	No, none of us did.
27. Isn't there any milk in the bottle?	No, there isn't.
28. Shall I give you some more milk? (14)	No, thank you./I need no more.
29. Will you give whatever I want? (18)	With great pleasure./Yes, of course.

۲۸واں دن

30. Who is that? (1)	It's my friend. (2)
31. Is it me you are calling? (10)	Yes, I need you.
32. How many boys are there in the class?	There are many. (19)

۲۹واں دن

33. Had anybody else come? (15)	No, nobody.
34. For how long did you stay in the garden? (20)	We stayed there all the time.
35. How much money can you lend me?	At the most I can lend you ten rupees.

II. سوال نمبر ایک کے سوال اور جواب دونوں جملوں کا آسان اردو میں ترجمہ کیجئے:

(i) Lata *does* come. (ii) Lata *comes.* (iii) Lata *did* come. (iv) Lata *came.*

III. مندرجہ بالا جملوں کو دھیان سے دیکھئے اور بتایئے کون سے درست ہیں؟ آپ کہیں گے پہلا اور تیسرا جملہ غلط ہے۔ ہمارا کہنا ہے کہ چاروں جملے بالکل درست ہیں۔
آپ پوچھیں گے کہ اگر چاروں جملے درست ہیں تو آپس میں ان کے مطلب میں کیا فرق ہے؟ ہاں! جو فرق ہے اسے سمجھئے Lata does come اور Lata did come دونوں جملے آنا (come) کے معنی میں زور (emphasis) دیتے ہیں۔ اوپر کے دونوں جملوں کے معنی ہونگے۔ (۱) لتا ضرور آتی ہے۔ اور لتا ضرور آئی! یا لتا آتی تو ہے۔ اور لتا آئی تو تھی دوسرے اور چوتھے جملے Lata comes اور Lata came کا مطلب ہوگا لتا آتی ہے اور لتا آئی! یہ دونوں عام معنی کے فعل ہیں۔ (Positive Sentences) میں do, does اور did کے استعمال کے بارے میں اوپر جو کچھ کہا گیا ہے اس کے مطابق مندرجہ ذیل جملوں کا اردو میں ترجمہ کرو۔

(i) My mother does like children.	(iii) The labourers did shout loudly.
(ii) Children do like to play.	(iv) Do come tomorrow.

IV. مندرجہ ذیل خالی جگہوں کو قوسین میں دیئے گئے لفظوں میں سے مناسب لفظ سمجھ کر بھریئے:

1. He is .... (a, an) American. 2. The train is late by half... (a, an) hour. 3. Is he....(a, an) Russian? 4. Qutab Minar is....(a, an, the) highest tower in India. 5. Sonepat is.... (a, an, the) small town in Haryana. 6. These pictures....(is, are) mine. 7. He has gone....(to, out) of Delhi. 8. Are you going....(to, for) sleep? 9. Put on a raincoat lest you....(will, shall, should) get wet. 10. Neither Mahesh nor Ramesh.... (play/plays) football. 11. Is she.... (known, knew) to you? 12. They pray everyday .... (for, till) fifteen minutes. 13. Either Sati or Mati.... (is, are) to blame. 14. She is....(too, so) weak to walk. 15. I am .... (too, so) weak that I can't walk.

ٹھیک جوابات یہ ہیں : 1. (an), 2. (an), 3. (a), 4. (the), 5. (a), 6. (are), 7. (out), 8. (to), 9. (should), 10. (plays), 11. (known), 12. (for), 13. (is), 14. (too), 15. (so).

V. نیچے دو جملوں میں ایک ایک جملہ ٹھیک ہے۔ غور سے پڑھ کر ٹھیک جملوں کا انتخاب کیجئے :

	(A)		(B)
1.	(A) He looks older to his years/age.	(B)	He looks older than his years/age.
2.	(A) My mother is right now.	(B)	My mother is alright now.
3.	(A) Mother as well as father is happy.	(B)	Mother as well as father are happy.
4.	(A) I couldn't understand but a few words.	(B)	I could understand but a few words.
5.	(A) He was capable to support himself.	(B)	He was capable of supporting himself.
6.	(A) I always see you with one particular person.	(B)	I always see you with one certain person.

صحیح جوابات یہ ہیں : 1. B, 2. B, 3. A, 4. B, 5. B, 6. A.

VI. ذیل کے جملوں کو درست کر کے لکھیے:۔

1. This is a ass. 2. That is a book. That is my book. 3. We travelled by ship. It is a fine ship. 4. I am taller than he. 5. He was looking me. 6. He had hardly finished the work then his friend came. 7. Either you are thief or a robber. 8. I have been studying this subject since ten years. 9. He spent plenty of money at his wedding. 10. I no sooner left the house when it began to rain. 11. Though his arms were week, but his legs were strong. 12. Neither you nor I are lucky. 13. It is too hot for work. 14. Have you much toys? 15.This is a bread. Bread is a food. 16. She is too weak that she can't walk. 17. He works hard lest he will fail. 18. Somebody spoke to me, I forget whom. 19. He is a man whom I know is corrupt. 20. Put everything in their place. 21. None of them were available there. 22. There is misery in the life of all men. 23. Are you senior from him?

صحیح جملے نیچے ہیں مگر الٹے :

1. This is *an* ass. 2. That is a book. *It* is my book. 3.We travelled by ship. *It* was a fine ship. 4. I am taller than *him*. 5. He was looking *at* me. 6. He had *hardly* finished the work *when* his friend came. 7. You are *either* a thief *or* a robber. 8. I have been studying this subject *for* ten years. 9. He spent plenty of money *on* his wedding. 10. *No sooner* did I leave the house *than it* began to rain. 11. Though his arms were weak, his legs were strong. 12. *Neither* of us is lucky. 13. It is *too* hot *to* work. 14. Do you have *many* toys? 15. This is *bread.* Bread is food. 16. She is *too* weak to walk. 17. He works hard *lest* he *should* fail. 18. Somebody spoke to me, I forget who. 19. He is *the* man *who* I know is corrupt. 20. Put everything in *its* place. 21. None of them was available there. 22. There is misery in the *lives* of all men. 23. Are you senior *to* him?

31 اکتیسواں دن st Day

(4th Expedition) چوتھی منزل

اب شروع ہوئی آپ کے سفر کی چوتھی منزل۔ یہاں سے آپ قواعد کی بھول بھلیوں سے نکل کر عملی روزمرّہ کی زبان کو سمجھیں گے۔ پچھلے تین سیٹس (Sets) میں آپ کو صحیح غلط کی تمیز ہوگئی۔ آپ نے جانا کہ الفاظ کو جملہ میں کیسے رکھیں تاکہ موزوں جملے بن سکیں۔ اب آپ سیکھیں گے مضامین کے اعتبار سے چھوٹے چھوٹے جملوں کا بولنا چالنا۔ آپ نے گزشتہ تین منازل میں جو کچھ سیکھا ہے اس کے سہارے آپ کو آگے بڑھنا ہے۔ اس سبق میں دئے گئے جملے روز کی زندگی میں کام آنے والے جملے ہیں۔ انہیں سیکھ کر ان کی مشق کیجئے اور بات چیت میں استعمال کرنا شروع کیجئے۔ مشق کے لئے ساتھ دیئے گئے تلفظ کو سیکھ لینے پر آپ آسانی سے جملوں کو بول سکیں گے اور انگریزی میں بات کر پانے کا لطف اٹھا سکیں گے۔ دھیرے دھیرے آپ کی جھجک ختم ہوجائے گی اور یقین بڑھتا جائے گا۔ سب سے پہلے دعوتی باتوں کو سیکھیں۔

ا. دعوت (Invitation)

ا.	اندر آئیے۔	Come in please.	کم ان پلیز۔
۲.	کچھ ٹھنڈا لیجئے۔	Please have something cold.	پلیز ہیوٗ سم تھنگ کولڈ۔
۳.	کیا آپ ذرا یہاں آئیں گے؟	Will you please come over here?	ول یو پلیز کم اوور ہیئر؟
۴.	ٹہلنے کے لئے آئیے۔	Come for a walk please./Let's have a stroll.	کم فورا ے واک پلیز/لیٹس ہیوا ے سٹرول۔
۵.	کیا آپ ہمارے ساتھ	Would you like to come with us to the cinema?	ووڈ یو لائک ٹو کم وداس ٹو دسنیما؟
	سنیما دیکھنے جائیں گے؟	Would you like to see a film/movie with us.	ووڈ یو لائک ٹو سی اے فلم/مووی ود اس؟
٦.	کیا آپ سارا دن ہمارے ساتھ گزاریں گے؟	Will you spend the whole day with us?	ول یو اسپینڈ د ہول ڈے ود اس؟
۷.	مجھے ویسا کرنے میں خوشی ہوگی۔	I'll be glad/pleased to do so.	آئل بی گلیڈ/پلیزڈ ٹو ڈوسو۔
۸.	آؤ بس میں چلیں۔	*Let's go by bus.	لیٹس گو بائی بس۔
۹.	کیا آپ میرے ساتھ ناچیں گی؟	Would you join me in the dance?	ووڈ یو جوائن می ان دَ ڈانس؟
		May I dance with you?	مے آئی ڈانس ود یو؟
۱۰.	نہیں میں نہیں ناچتی۔	No, I don't dance.	نو، آئی ڈونٹ ڈانس۔
۱۱.	نہیں میں تاش کھیلنا نہیں جانتا۔	No, I don't know how to play cards.	نو آئی ڈونٹ نو ہاؤ ٹو پلے کارڈز۔
۱۲.	آپ اگلا اتوار ہمارے یہاں گزاریئے۔	Please spend next Sunday with us.	پلیز، اسپینڈ نکسٹ سنڈے ود اس۔
۱۳.	کھانے کے لئے آپ کی دعوت کا شکریہ۔	Thanks for your invitation to dinner.	تھینکس فور یور انویٹیشن ٹو ڈنر۔
	ہم وقت پر حاضر ہونے کی کوشش کرینگے۔	We'll try to be punctual.	ویئل ٹرائی ٹو بی پنکچوئل۔
		Thanks for inviting us to dinner.	تھینکس فور انوائٹنگ اس ٹو ڈنر۔
		We'll try to come in time.	ویئل ٹرائی ٹو کم ان ٹائم۔

*Let's یہ Let us کا مختصر ہے۔

۱۴.	کھانے پر آپ کی دعوت قبول نہیں کر سکتا ہوں۔ اس کا مجھے افسوس ہے۔	I'm sorry, I can't accept your invitation to dinner.	آئم سوری، آئی کانٹ ایکسپٹ یور انویٹیشن ٹو ڈنر۔
	آپ نے یاد کیا، اس کے لئے شکریہ۔	Thank you for remembering me.	تھینک یو فور ریممبرنگ می۔
۱۵.	کیا آپ فتح پور سیکری تک ٹیکسی میں ہمارے ساتھ چلیں گے؟	Will you come with us in taxi to Fatehpur Sikri?	ول یو کم وداس ان ٹیکسی ٹو فتح پور سیکری؟
۱۶.	آپ کی دعوت کے لئے بہت شکریہ۔	Many thanks for your kind invitation.	مینی تھینکس فار یور کائنڈ انویٹیشن۔
	آپ کا ٹیکسی ٹور کا مشورہ بڑا ہی اچھا ہے۔	Your idea of a taxi tour is really grand.	یور آئیڈیا اوف اے ٹیکسی ٹور از ریئلی گرانڈ۔
	میں ضرور ساتھ چلوں گا۔	I'll surely join you.	آئل شیور لی جوائن یو۔

۲. ملاقات ، الوداع (Meeting & Parting)

۱۷.	آداب عرض (صبح میں)۔	Good morning!	گوڈ مورننگ۔
۱۸.	آپ کیسے ہیں؟	Hello, how are you?	ہیلو! ہاؤ آر یو؟
۱۹.	بہت بہتر، شکریہ آپ کا۔ آپ کیسے ہیں؟	Very well, thank you. And you?	ویری ول، تھینک یو، اینڈ یو؟
۲۰.	میں ٹھیک ٹھاک ہوں۔	I'm fine.	آئی ایم فائن۔
۲۱.	آپ سے ملکر مجھے بہت خوشی ہوئی۔	I'm glad to see you.	آئی ایم گلیڈ ٹو سی یو۔
۲۲.	یہ میرے لئے خوشی کی بات ہے۔	It's my pleasure.	اٹس مائی پلیزر۔
۲۳.	بہت دنوں بعد ملے۔	It's been a long time since we met.	اٹس بین اے لونگ ٹائم سنس وی میٹ۔
۲۴.	میں نے آپ کے بارے میں بہت کچھ سنا ہے۔	I've heard a lot about you.	آئیو ہرڈ اے لوٹ اباؤٹ یو۔
۲۵.	دیکھو، کون ہے؟	Look, who is it?/Who is here?	لک، ہواز اٹ؟ ہو از ہیئر؟
۲۶.	کیا آپ مجھے دیکھ کر متعجب ہو رہے ہیں؟	Are you surprised to see me?	آر یو سرپرائزڈ ٹو سی می؟
۲۷.	واقعی، میں سوچتا تھا کہ آپ لندن میں ہیں۔	Really, I thought/was under the impression that you were in London.	رِئیلی، آئی تھوٹ/واز انڈر دَ امپریشن دیٹ یو ویرَ ان لندن۔
۲۸.	میں وہاں تھا پر میں وہاں سے پچھلے ہفتہ لوٹا ہوں۔	I was there, but I returned/came back last week.	آئی واز دیئر بٹ آئی ریٹرنڈ/کیم بیک لاسٹ ویک۔
۲۹.	اچھا، پھر ملیں گے۔	O.K., see you again./O.K., we will meet again.	او۔کے۔سی یو اگین۔/او۔کے۔ول میٹ اگین۔
۳۰.	کیا آپ اب ضرور جائیں گے؟	Must you go/leave now?	مسٹ یو گو/لیو ناؤ؟
۳۱.	آپ کا سفر اچھا ہو۔	Have a pleasant/nice journey!	ہیو اے پلیزنٹ/نائس جرنی!
۳۲.	خدا آپ پر کرم کرے۔	God bless you.	گوڈ بلیس یو۔
۳۳.	براہ کرم والد صاحب سے میرا اسلام کہئے گا۔	Please convey my regards/compliments to your father.	پلیز کنوے مائی ریگارڈز/کمپلیمینٹس ٹو یور فادر۔
۳۴.	قسمت آپ کے ساتھ ہو۔	May luck be with you./Best of luck.	مے لک بی ود یو۔ بسٹ اوف لک۔

۳۵. اچھا چلیں۔ (رات کو)	Good night.	گڈ نائٹ۔
۳۶. آداب عرض۔ (وداع میں آداب کا جواب)	Bye bye./Goodbye.	بائی بائی / گڈ بائی۔

۳. احسان مندی (Gratitude)

۳۷. بہت بہت شکریہ!	Thanks a lot.	تھینکس اے لوٹ۔
۳۸. آپ کی صلاح کے لئے مبارکباد۔	Thanks for your advice.	تھینکس فور یور ایڈوائس۔
۳۹. تحفے کے لئے مبارکباد۔	Thanks for the present/gift.	تھینکس فور د پریزینٹ / گفٹ۔
۴۰. یہ بہت قیمتی تحفہ ہے۔	This is a very costly/expensive present.	دس از اے ویری کوسٹلی / اکسپنسیو پریزنٹ۔
۴۱. میں آپ کا بہت احسان مند ہوں۔	I'm much/very obliged/grateful to you.	آئم مچ/ویری اوبلایجڈ/گریٹ فل ٹو یو۔
۴۲. آپ بہت ہمدرد ہیں۔	You are very kind. So kind of you.	یو آر ویری کائنڈ/ سو کائنڈ آف یو۔
۴۳. ارے نہیں مجھے تو خوشی ہوئی۔	Not at all. It's my pleasure.	نوٹ ایٹ آل۔ اٹس مائی پلیزر۔
۴۴. یہ احسان کی بات نہیں بلکہ،	This is no matter of kindness.	دس از نو میٹر آف کائنڈنیس۔
اس سے مجھے مسرت حاصل ہوگی۔	It will rather please me.	اٹ ول ریدر پلیز می۔

۴. مبارکباد اور نیک خواہشات
(Congratulations & Good Wishes)

۴۵. ہماری جانب سے آپ کو نئے سال کی نیک خواہشات۔	Wish you a happy new year.	وش یو اے ہیپّی نیو ایئر۔
۴۶. آپ کے یوم پیدائش پر دلی مبارکباد۔	Hearty felicitations on your birthday.	ہرٹی فیلی سٹیشن اون یور برتھ ڈے۔
۴۷. خدا کرے یہ دن بار بار آئے۔	Many happy returns of the day.	مینی ہیپّی ریٹرنس اوف د ڈے۔
۴۸. آپ کی کامیابی پر مبارکباد۔	Congratulations on your success.	کنگریچولیشنز اون یور سکسس۔
۴۹. آپ کی شادی پر مبارکباد۔	Congratulations on your wedding.	کنگریچولیشنز اون یور ویڈنگ۔
۵۰. آپ پر قسمت ہمیشہ مسکرائے۔	May you always be lucky./	مے یو الویز بی لکی۔/
	May luck always shine on you.	مے لک اولویز شائن اون یو۔
۵۱. آپ کو امتحان میں کامیابی نصیب ہو۔	Hope you do well in the examination.	ہوپ یو ڈو ویل ان د اگزیمینیشن۔
۵۲. میں آپ کو سب کی طرف سے مبارکباد دیتا ہوں۔	I congratulate you on behalf of all.	آئی کنگریچولیٹ یو اون بی ہاف اوف اول۔
۵۳. آپ کامیاب ہوں۔	Wish you all the best.	وش یو اول د بسٹ۔

۵. متفرق جملے
(Miscellaneous Sentences)

۵۴. آؤ اب کھانا کھائیں۔	Let's have food now.	لیٹس ہیو فوڈ ناؤ۔
۵۵. آپ کیا پسند کریں گے؟ چائے یا کوفی۔	What would you like – tea or coffee?	واٹ وڈ یو لائک–ٹی اور کوفی؟
۵۶. میں آپ کو اسٹیشن تک چھوڑنے چلوں گا۔	I will come to the station to see you off.	آئی ول کم ٹو د سٹیشن ٹو سی یو اوف۔

۵۷.	جب بھی آپ دلی آئیں، مجھ سے ملیں۔	Please look me up whenever you come to Delhi.	پلیز لک می اپ وین ایور یو کم ٹو ڈلہی۔
۵۸.	آیئے، میں آپ کو اپنے گھر والوں سے ملاؤں۔	Let me introduce you to my family.	لیٹ می انٹروڈیوس یو ٹو مائی فیملی۔
۵۹.	میری بیوی نیشا، میری بیٹی کِٹی اور بیٹے سومت سے ملئے۔	Please meet my wife Nisha, my daughter Kitty and my son Sumit.	پلیز میٹ مائی وائف نیشا، مائی ڈاٹر کٹی اینڈ سن سومت۔
۶۰.	آپ کے بچے بہت پیارے ہیں۔	You have lovely children.	یو ہیو لوْلی چلڈرن۔
۶۱.	مجھے لگتا ہے ہم پہلے مل چکے ہیں۔	I think we have met before.	آئی تھنک وی ہیو میٹ بفور۔
۶۲.	ایسی بھی کیا جلدی ہے تھوڑا رکو نا!	What's the hurry? Please stay a little more.	واٹس دہری؟ پلیز اسٹے اے لٹل مور۔
۶۳.	میرے پاس آپ کا شکریہ ادا کرنے کے لئے الفاظ نہیں ہیں۔	I have no words to express my thanks to you.	آئی ہیو نو ورڈس ٹو ایکسپریس مائی تھینکس ٹو یو۔
۶۴.	آپ نے واقعی مجھے بچالیا۔	You really saved my life.	یو رئیلی سیوڈ مائی لائف۔
۶۵.	آپ کی شادی شدہ زندگی دراز، خوش وخرم و بامراد ہو۔	May you have a long, happy and prosperous married life.	مے یو ہیوا ے لونگ ہیپی اینڈ پروسپرس میرڈ لائف۔

32 بتیسواں دن
nd Day

٦. نامنظوری (Refusal)

١.	میں نہیں آسکوں گا۔	I won't be able to come.	آئی وونٹ بی ایبل ٹوکم۔
٢.	آپ جو چاہتے ہیں میں وہ نہیں کرسکوں گا۔	I won't be able to do as you wish.	آئی وونٹ بی ایبل ٹو ڈوایز یووش۔
٣.	میں آنا نہیں چاہتا۔	I don't want to come.	آئی ڈونٹ وانٹ ٹوکم۔
٤.	مجھے افسوس ہے کہ مجھے انکار کرنا پڑ رہا ہے۔	I'm sorry to refuse.	آئم سوری ٹو ریفیوز۔
٥.	وہ اس سے اتفاق نہیں کریں گے۔	They won't agree to this.	دے وونٹ ایگری ٹو دس۔
٦.	یہ ممکن نہیں ہے۔	It's not possible.	اٹس نوٹ پوسیبل۔
٧.	افسوس میں یہ درخواست منظور نہیں کرسکتا۔	I regret, I can't accept this proposal.	آئی ریگریٹ، آئی کانٹ ایکسپٹ دس پروپوزل۔
٨.	آپ میری رائے سے متفق نہیں ہیں، نا؟	You don't agree with me, do you?	یو ڈونٹ ایگری ود می، ڈو یو؟
٩.	اس کا انتظام نہیں ہوسکتا ہے۔	It can't be arranged.	اٹ کانٹ بی ایرنجڈ۔
١٠.	اسے یہ پسند نہیں ہے۔	She's averse to this idea/to it.	شیز ایورس ٹو دس آئیڈیا/ ٹو اٹ/
		She does not like it.	شی ڈزنوٹ لائک اٹ۔

٧. یقین (Believing)

١.	کیا آپ یقین نہیں کرتے؟	Don't you believe it?	ڈونٹ یو بلیواٹ؟
٢.	یہ صرف افواہ ہے۔	It's only a rumour.	اٹس اونلی اے ریئومر۔
٣.	یہ سنی سنائی بات ہے۔	It's only a hearsay/rumour.	اٹس اونلی اے ہیئر سے/ ریئومر۔
٤.	کیا ہمیں اس ٹیکسی ڈرائیور کا یقین کرنا چاہیے؟	Should/Can we trust this taxi driver?	شڈ/ کین وی ٹرسٹ دس ٹیکسی ڈرائیور؟
٥.	آپ ان کا پوری طرح یقین کرسکتے ہیں۔	You can trust them fully.	یو کین ٹرسٹ دیم فلی۔
٦.	مجھے اس پر پورا بھروسہ ہے۔	I have full faith in him.	آئی ہیو فل فیتھ ان ہم۔

٨. التجا (Request)

١.	ذرا ٹھہریئے۔*	Please wait.	پلیز ویٹ۔
٢.	واپس آئیے۔	Please come back.	پلیز کم بیک۔
٣.	جانے دیجئے۔**	Let it be.	لیٹ اٹ بی۔
٤.	ذرا یہاں آنا۔	Please come here.	پلیز کم ہیئر۔
٥.	جواب دیجئے۔	Please reply/answer.	پلیز ریپلائی/ آنسر۔

۶.	ذرا اسے جگائیے۔	Please wake him up.	پلیز ویک ہم اپ۔
۷.	امید ہے تم خط لکھو گے۔	Hope to hear from you.	ہوپ ٹو ہیر فروم یو۔
۸.	میرا ایک کام کرو گے؟	Will you do me a favour?	ول یو ڈو می اے فیور؟
۹.	مجھے کام کرنے دو۔	Let me work.	لیٹ می ورک۔
۱۰.	ذرا دیکھنے تو دو۔	Let me see.	لیٹ می سی۔
۱۱.	انھیں آرام کرنے دیجئے۔	Let them relax.	لیٹ دیم ریلیکس۔
۱۲.	ذرا کاغذ پنسل دیجئے۔	Please give me a pencil and paper.	پلیز گیو می اے پنسل اینڈ پیپر۔
۱۳.	پرسوں ضرور آئیے گا بھولئے گا نہیں۔	Please do come day after tomorrow, don't forget.	پلیز ڈو کم ڈے آفٹر ٹومورو۔ ڈونٹ فورگیٹ۔
۱۴.	پھر سے کہئے۔	Please repeat./Pardon./I beg your pardon.	پلیز رپیٹ/پارڈن/آئی بیگ یور پارڈن۔
۱۵.	تھوڑا کھسک سکتے ہیں آپ؟	Could you move/shift a little.	کڈ یو موو/شفٹ اے لٹل۔
۱۶.	کیا آپ مجھ سے پرسوں مل سکتے ہیں؟	Can you see me day after tomorrow?	کین یو سی می ڈے آفٹر ٹومورو؟
۱۷.	مجھے معاف کریں۔	Please forgive me.	پلیز فورگیو می۔
۱۸.	ذرا کھڑکی کھول دیجئے۔	Please open the window.	پلیز اوپن دَ ونڈو۔
۱۹.	سبھی سے درخواست ہے کہ وقت پر پہونچیں۔	All are requested to reach in time.	اول آر ریکوئسٹڈ ٹو ریچ ان ٹائم۔

(To Remember) برائے یادداشت

*انگریزی گفتگو میں Please کی جگہ بہت اہم ہے۔ اس کے استعمال سے مہذب سلوک کا پتہ چلتا ہے۔ اس لئے please کا زیادہ سے زیادہ استعمال کیجئے۔ صرف Yes (ہاں) کہنا بہت روکھا اور غیر مہذب جواب ہے۔ اس کے برعکس Yes please (ہاں جی) بہت مہذب اور عاجزانہ جواب ہے۔ کسی شخص سے گفتگو کرتے وقت Please کہنا نہیں بھولئے۔ Give me a glass of water. (مجھے ایک گلاس پانی دو) مت کہئے بلکہ اس کی جگہ پر Please give me a glass of water. (مہربانی کرکے مجھے ایک گلاس پانی دیجئے) کہیے۔

**Let (i) کا استعمال ہمیشہ first person اور third person کے ساتھ ہوتا ہے۔ جیسے:۔

What a fine weather! Let us go to the river bank. (کتنا سہانا موسم ہے! آؤ ندی کنارے چلیں) Let them play football. (انہیں فٹ بال کھیلنے دو۔) Second person کے ساتھ Let کا استعمال نہیں ہوتا۔ جیسے:. Let you go for a walk. کہنا غلط ہوگا۔ اگر Second person کیساتھ First person بھی ہو تو ہم کہہ سکتے ہیں۔ Let us go for a walk. (آؤ میں اور تم گھومنے چلیں۔)

33 rd Day تینتیسواں دن

(Meals) طعام .9

آئی ایم فیلنگ ہنگری۔	I am feeling hungry.	مجھے بھوک لگ رہی ہے۔	۱.
واٹ ول یو لائیک ٹو ایٹ؟	What will you like to eat?	آپ کیا کھائیں گے؟	۲.
وچ پکلز ڈو یو ہیو؟	Which pickles do you have?	آپ کے پاس کون کون سے اچار ہیں؟	۳.
ہیو یو ہیڈ یور بریک فاسٹ؟	Have you had your breakfast?	کیا آپ نے ناشتہ کرلیا؟	۴.
نوٹ یٹ، روبینہ۔	Not yet, Rubina.	ابھی تک نہیں، روبینہ۔	۵.
پری پیئر / میک د بریک فاسٹ۔	Prepare/make the breakfast.	ناشتہ تیار کرلو۔	۶.
لیٹس ہیو بریک فاسٹ ٹوگیدر۔	Let's have breakfast together.	آؤ! ہم لوگ ایک ساتھ ناشتہ کریں۔	۷.
جسٹ ٹیسٹ اٹ۔	Just taste it.	چکھ کر دیکھو۔	۸.
نو، آئی ہیو ٹو اٹینڈ اے پارٹی۔	No, I have to attend a party.	نہیں، مجھے ایک پارٹی میں جانا ہے۔	۹.
واٹ سیوئٹ ڈشز ڈو یو ہیو؟	What sweet dishes do you have?	آپ کے پاس میٹھی چیزیں کیا ہیں؟	۱۰.
ہیز لتا فنشڈ ہر میلز؟	Has Lata finished her meals?	کیا لتا نے کھانا کھالیا ؟	۱۱.
ہری اپ، فوڈ ہیز بین سروڈ۔	Hurry up, food has been served.	جلدی آؤ، کھانا چن دیا گیا ہے۔	۱۲.
ڈو یو وانٹ اے پیکٹ اوف سگریٹس؟	Do you want a packet of cigarettes?	کیا آپ کو سگریٹ کا ایک پیکٹ چاہئے؟	۱۳.
آئی پریفر سیگار ٹو سگریٹس۔	I prefer cigar to cigarettes.	میں سگریٹ سے سگار زیادہ پسند کرتا ہوں۔	۱۴.
یو ہارڈلی ایٹ / ہیڈ اینی تھنگ ۔/ یو ایٹ ویری لٹل۔	You hardly ate/had anything./You ate very little.	تم نے تو کچھ کھایا نہیں۔	۱۵.
ہیو اے لٹل مور / پلیز ہیو سم مور۔	Have a little more./Please have some more.	تھوڑا اور لیجئے۔	۱۶.
ڈو یو اولسو اسموک؟	Do you also smoke?	کیا آپ بھی سگریٹ پیتے ہیں؟	۱۷.
ووڈ یو ہیو ٹی اور کوفی؟	Would you have tea or coffee?	آپ چائے لیں گے یا کوفی؟	۱۸.
برنگ / گیٹ می اے کپ اوف کوفی۔	Bring/get me a cup of coffee.	مجھے ایک پیالہ کوفی لادو۔	۱۹.
پور د کوفی۔	Pour the coffee.	کوفی ڈالئے۔	۲۰.
ویٹر، د اسپون از ڈرٹی / نوٹ کلین۔	Waiter, the spoon is dirty/not clean.	چمچہ صاف نہیں ہے، بیرا۔	۲۱.
پاس می د سالٹ، پلیز۔	Pass me the salt, please.	ذرا نمک پکڑائیے۔	۲۲.
گیو سم فریش بٹر، پلیز۔	Give some fresh butter, please.	مجھے تھوڑا تازہ مکھن دیجئے۔	۲۳.
گیٹ برنگ سم مور، پلیز۔	Get/bring some more, please.	تھوڑا اور لائیے۔	۲۴.
ہیلپ یور سیلف، پلیز۔	Help yourself, please.	برائے کرم شروع کریں۔	۲۵.
چینج دی پلیٹ، پلیز۔	Change the plate, please.	پلیٹ بدلئے۔	۲۶.
آر یو اے ویجی ٹیرئن۔	Are you a vegetarian?	کیا آپ سبزی خور ہیں؟	۲۷.
نو، آئی ایم اے نون ویجی ٹیرئن۔	No, I am a non-vegetarian.	نہیں، میں گوشت خور ہوں۔	۲۸.

۲۹.	آج میرا کھانا باہر ہی ہے۔	I'll dine out today.	آئل ڈائن آؤٹ ٹوڈے۔
		I'll have my dinner out today.	آئل ہیومائی ڈینرآؤٹ ٹوڈے۔
۳۰.	کیا آپ دودھ پئیں گے؟	Would you like some milk?	ووڈیولائک سم ملک؟
۳۱.	میں کھانا کھانے کو ابھی بیٹھا ہوں۔	I have just sat down to have my meals.	آئی ہیوجسٹ سیٹ ڈاؤن ٹو ہیومائی میلز۔
۳۲.	میں چاول نہیں کھاتا۔	I'm not fond of rice.	آئم نوٹ فونڈ اوف رائس۔/
		I don't eat rice.	آئی ڈونٹ ایٹ رائس۔
۳۳.	کھانے کے بعد میٹھا کیا ہے؟	What is there for dessert?	واٹ از دیئر فور ڈیزرٹ؟
۳۴.	دو روٹیوں سے تو میری بھوک نہیں رکی۔	Two Chapatis were not enough for me.	ٹوچپاتیز ویئر نوٹ انف فور می۔
۳۵.	آلو اور مٹر میرا دل پسند کھانا ہے۔	*Alu-matar* is my favourite dish.	آلومٹرازمائی فیوریٹ ڈش۔
۳۶.	کھانے کا وقت ہو گیا ہے، تیار ہو جاؤ۔	It is dinner time. Get ready.	اٹ از ڈنر ٹائم۔ گیٹ ریڈی۔
۳۷.	سبزی میں نمک کم ہے۔	There is less salt in the vegetable.	دیئر از لیس سالٹ ان دو ویجی ٹیبل۔
۳۸.	خالی پیٹ پانی نہ پیو۔	Don't take water on an empty stomach.	ڈونٹ ٹیک واٹر اون این ایمپٹی اسٹومک۔
۳۹.	آج کیا دال / سبزی بنی ہے؟	What dishes are cooked today?	واٹ ڈشیز آر ککڈ ٹوڈے؟
۴۰.	اپنی ماں سے چٹکی بھر نمک لاؤ۔	Bring a pinch of salt from your mother.	برنگ اے پنچ آف سالٹ فروم یور مدر۔
۴۱.	آلو کے علاوہ یہاں کچھ نہیں ملتا۔	Potatoes are all we get here.	پوٹیٹوز آر اول وی گیٹ ہیئر۔
۴۲.	میری پیاس ابھی نہیں بجھی۔	I'm still thirsty.	آئیم اسٹل تھرسٹی۔
۴۳.	انہوں نے مجھے دوپہر کے کھانے پر بلایا ہے۔	They have invited me to lunch.	دے ہیوانوائیٹڈ می ٹو لنچ۔
۴۴.	آپ رات کا کھانا میرے ساتھ کھائیے۔	Please have your dinner with me.	پلیز ہیو یور ڈنر ود می۔
۴۵.	ابلے ہوئے انڈے لیں گے یا تلے ہوئے؟	Will you have boiled or fried eggs?	ول یوہیو بوآئلڈ اور فرائیڈ ایگز؟
۴۶.	ان کی پارٹی میں سات طرح کے کھانے لگائے گئے۔	There were seven items/ dishes at their party.	دیئر ویئر سیون آئیٹمز / ڈشز ایٹ دیئر پارٹی۔
۴۷.	نینا اچھا کھانا بناتی ہے۔	Nina is an expert cook.	نینا از این ایکسپرٹ کک۔
۴۸.	تھوڑا شوربہ اور دیجئے۔	May I have little/some more gravy?	مے آئی ہیولٹل / سم مور گریوی؟
۴۹.	مجھے تندوری چکن بہت پسند ہے۔	I like tandoori/grilled chicken very much.	آئی لائک تندوری / گرلڈ چکن ویری مچ۔
۵۰.	وہ بڑا پیٹو ہے۔	He's a glutton.	ہی از اے گلٹن۔

(To Remember) برائے یادداشت

*Feel کے ساتھ صفت لگتی ہے، اسم نہیں لگتا ہے۔ مثال کے طور پر I'm feeling thirsty. آئم فیلنگ تھرسٹی۔ (مجھے پیاس لگی ہے) کہا جاتا ہے۔ اردو میں نقل کرتے ہوئے I feel thirsty. نہیں کہا جاتا۔

** پکوان کے لئے dish لفظ کا استعمال کیا جاتا ہے۔ ویسے اس کا مطلب طشتری ہوتا ہے۔ مثال کے طور پر۔ آپ کے یہاں کیا کھانا ملتا ہے؟ کے لئے کہیں گے What dishes do you serve?

*** انگریزی میں عام طور پر کھانے کیلئے eat اور پینے کے لئے drink لفظ کا استعمال نہیں کیا جاتا۔ اس کے برعکس کھانے اور پینے کے لئے take لفظ کا استعمال کیا جاتا ہے جیسے: Do you take tea? (کیا آپ چائے پیتے ہیں) اور Do you take fish? (کیا آپ مچھلی کھاتے ہیں؟) Drink کا استعمال 'شراب پینے' کے معنی میں ہوتا ہے۔

34th Day چونتیسواں دن

۱۰. وقت (Time)

۱.	آپ کے گھڑی میں کیا بجا ہے؟*	What's the time by your watch?	واٹس د ٹائم بائی یور واچ؟
۲.	ساڑھے سات بجے ہیں۔	It's half past seven.	اٹس ہاف پاسٹ سیون۔
۳.	تم کب اٹھتے ہو؟	When do you wake up?	وین ڈو یو ویک اپ؟
۴.	میں روز صبح ساڑھے چھ بجے اٹھتا ہوں۔	I wake up every morning at half past six.	آئی ویک اپ ایوری مورننگ ایٹ ہاف پاسٹ سکس۔
۵.	میری بہن لگ بھگ آٹھ بجے ناشتہ کرتی ہے۔	My sister has her breakfast around eight o'clock.	مائی سسٹر ہیز ہر بریک فاسٹ اراؤنڈ ایٹ او کلوک۔
۶.	ٹیچر اسکول میں کب پہونچتی ہیں؟	When does the teacher come to the school?	وین ڈز د ٹیچر کم ٹو دا سکول؟
۷.	نو بجے سے تھوڑا پہلے۔	A little before nine.	اے لٹل بیفور نائن۔
۸.	اس کے اسکول میں پڑھائی کب ختم ہوتی ہے؟	When are the classes over in her school?	وین آر د کلاسز اوور ان ہر اسکول؟
۹.	سوا تین بجے۔	At quarter past three.	ایٹ کوارٹر پاسٹ تھری۔
۱۰.	آپ رات کا کھانا کب کھاتے ہیں؟	When do you have your dinner?	وین ڈو یو ہیو یور ڈنر؟
۱۱.	ساڑھے سات بجے۔	At half past seven.	ایٹ ہاف پاسٹ سیون۔
۱۲.	میں گھر پونے چار بجے پہونچتا ہوں۔	I reach home at quarter to four.	آئی ریچ ہوم ایٹ کوارٹر ٹو فور۔
۱۳.	اس وقت تین بج کر دس منٹ ہوئے ہیں۔	It's ten past three now.	اٹس ٹین پاسٹ تھری ناؤ۔
۱۴.	مجھے چار بجنے سے بیس منٹ پہلے جانا ہے۔	I have to go/leave at twenty to four/ at three-forty.	آئی ہیو ٹو گو/لیو ایٹ ٹوئنٹی ٹو فور/ ایٹ تھری فورٹی۔
۱۵.	آپ کے والد صاحب رات کو گھر میں کتنے بجے تک آجاتے ہیں؟	By what time does your father usually come home every night?	بائی واٹ ٹائم ڈز یور فادر یوزلی کم ہوم ایوری نائٹ؟
۱۶.	وہ اپنے دفتر سے کتنے بجے چھٹی کرتے ہیں؟	At what time does he leave his office?	ایٹ واٹ ٹائم ڈز ہی لیو ہز آفس؟
۱۷.	وہ اپنے دفتر سے پانچ بجے چھٹی کر لیتے ہیں۔	He leaves his office at/by five o'clock.	ہی لیوز ہز آفس ایٹ/بائی فائیو او کلاک۔
۱۸.	آج کیا تاریخ ہے؟	What's the date today?	واٹس دَ ڈیٹ ٹوڈے؟
۱۹.	آج ۱۵/مئی ۲۰۰۳ ہے۔	It is fifteenth May two thousand and three.	اٹ از ففٹینتھ مے ٹو تھاؤزینڈ اینڈ تھری۔
۲۰.	تمہارا یوم پیدائش کب ہوتا ہے؟	When is your birthday?	وین از یور برتھ ڈے؟
۲۱.	جناب میں نہیں جانتا۔	I don't know, sir.	آئی ڈونٹ نو، سر۔

۲۲.	میری گھڑی روز دو منٹ آگے ہوجاتی ہے۔	My watch gains two minutes daily.	مائی واچ گینز ٹو منٹس ڈیلی۔
۲۳.	اپنے وقت کا پورا فائدہ اٹھاؤ۔	Make the best use of your time.	میک دبیسٹ یوز اوف یور ٹائم۔
۲۴.	اب اسے وقت کی قیمت پتہ لگ گئی ہے۔	Now he values punctuality/time./	ناؤ ہی ویلیوز پنکچوئیلیٹی/ٹائم/
		Now he knows the importance of time.	ناؤ ہی نوز دا امپورٹینس اوف ٹائم۔
۲۵.	وہ اپنا وقت برباد کرتا ہے۔	He wastes his time.	ہی ویسٹس ہز ٹائم۔
۲۶.	وہ ایک ایک منٹ کا پابند ہے۔	He/she is punctual to the minutes.	ہی/شی از پنکچوئل ٹو دمنٹس۔
۲۷.	وقت کتنی تیزی سے گزرتا ہے۔	How time flies!	ہاؤ ٹائم فلائز!
۲۸.	میری گھڑی ٹوٹ گئی ہے۔	My watch has broken.	مائی واچ ہیز بروکن۔
۲۹.	اٹھنے کا وقت ہوگیا ہے۔	It is time to wake up.	اٹز ٹائم ٹو ویک اپ۔
۳۰.	اسے دیر نہیں ہوئی ہے۔	He is quite in time.	ہی از کوائٹ ان ٹائم۔
		He isn't late.	ہی ازنٹ لیٹ۔
۳۱.	وہ ٹھیک وقت پر آگیا۔	He came at the right time.	ہی کیم ایٹ دَ رائٹ ٹائم۔
۳۲.	آپ کو آدھا گھنٹہ دیر ہوگئی ہے۔	You are late by half an hour.	یو آر لیٹ بائی ہاف این آور۔
۳۳.	ہمارے پاس بہت وقت ہے۔	We have enough time./We have plenty of time.	وی ہیوانف ٹائم/وی ہیو پلینٹی اوف ٹائم
۳۴.	قریب قریب آدھی رات ہے۔	It's almost midnight.	اٹس اول موسٹ مڈنائٹ۔
۳۵.	ہم بہت جلدی آگئے ہیں۔	We are too early.	وی آر ٹو ارلی۔
۳۶.	آپ بالکل وقت سے آگئے ہیں۔ میں ایک منٹ میں چلا گیا ہوتا۔	You are just in time./I would have left in another minute.	یو آر جسٹ ان ٹائم/آئی ووڈ ہیو لیفٹ ان انڈر منٹ۔
۳۷.	اچھے دن آئینگے۔	Better days will come./Good days are ahead.	بیٹر ڈیز ول کم۔/گڈ ڈیز آر اہیڈ۔
۳۸.	میں تو ایک ایک لمحہ بچانے کی کوشش کر رہا ہوں۔	I am trying to save each/every moment.	آئی ایم ٹرائنگ ٹو سیو ایچ/ایوری مومنٹ۔
۳۹.	ہر چیز کا ایک وقت ہوتا ہے۔	There is a time for everything.	دیئر از اے ٹائم فور ایوری تھنگ۔
۴۰.	کیا آپ کچھ وقت دے سکتے ہیں۔	Can you spare a little time?	کین یو اسپیئر اے لٹل ٹائم؟
۴۱.	گیا وقت پھر ہاتھ نہیں آتا۔	Time once lost can never be regained.	ٹائم ونس لوسٹ کین نیور بی ریگینڈ۔

۱۱. اجازت (Permission)

۱.	شروع کریں؟*	Do/Should we begin?	ڈو/شڈ وی بگن؟
۲.	میں چلوں؟**	May I go/leave?	مے آئی گو/لیو؟
۳.	میں بھی چلوں؟	May I also come along?	مے آئی اولسو کم الونگ؟/
		May I join you?	مے آئی جوآئن یو؟
۴.	مجھے جانے دو۔	Let me go.	لیٹ می گو۔
۵.	اب آپ جا سکتے ہیں۔	You may go/leave now.	یو مے گو/لیو ناؤ۔
۶.	اب، مجھے جانے کی اجازت دیجئے۔	Please permit/allow me to go now.	پلیز پرمٹ/الاؤ می ٹو گو ناؤ۔

۷.	کیا میں ٹیلیفون کرلوں؟	Can I use your phone?	کین آئی یوز یور فون؟
۸.	کیا میں بجلی بند کردوں؟	Can I switch off the light?	کین آئی سوئچ اوف دَلائٹ؟
۹.	کیا میں تمہارا ویڈیو گیم کھیل سکتا ہوں؟	May I play your video game?	مے آئی پلے یور ویڈیو گیم؟
۱۰.	کیا میں اندر آ سکتا ہوں؟	May I come in, please?	مے آئی کم ان، پلیز؟
۱۱.	کیا میں اپنی کتابیں تمہارے پاس چھوڑ جاؤں؟	Can I leave my books with you?	کین آئی لیو مائی بکس ود یو؟
۱۲.	کیا ہم تمہارے کمرے میں سگریٹ پی سکتے ہیں؟	Can we smoke in your room?	کین وی اسموک ان یور روم؟
۱۳.	ہاں، بڑی خوشی سے۔	Of course, with great pleasure.	اوف کورس، ودگریٹ پلیزر۔
۱۴.	کیا آپ مجھے اپنی کار میں لے چلیں گے؟	Will you please give me a lift/ take me in your car?	ول یو پلیز گیو می اے لفٹ/ ٹیک می ان یور کار؟
۱۵.	کیا میں تھوڑی دیر کے لئے آپ کی سائیکل لے سکتا ہوں؟	May I borrow your bike for a while?	مے آئی بورو یور بائیک فور اے وائل؟
۱۶.	کیا میں آپ کو تکلیف دے سکتا ہوں؟	Can I disturb you?	کین آئی ڈسٹرب یو؟
۱۷.	کیا میں اس کمرے میں ٹھہر سکتا ہوں؟	Can I stay in this room?	کین آئی اسٹے ان دس روم؟
۱۸.	کیا ہم یہاں تھوڑا آرام کرلیں؟	May we rest here for a while?	مے وی ریسٹ ہیئر فور اے وائل؟
۱۹.	کیا میں آج پکچر دیکھنے جا سکتا ہوں؟	May I go to see a movie today?	مے آئی گو ٹو سی اے مووی ٹوڈے؟

(To Remember) برائے یادداشت

*سوال دو طرح سے بنائے جا سکتے ہیں۔ ایک تو سوالیہ ضمیر (Pronoun) کی مدد سے۔ جیسے: .What is your name, please (آپ کا نام کیا ہے؟) اور دوسرے (معاون فعل) Auxiliary Verb کو جملہ سے پہلے رکھ کر۔ جیسے: ?Are you going (کیا آپ جا رہے ہیں؟) اس دوسرے طریقے کا استعمال انگریزی میں ہوتا ہے، اردو میں نہیں۔ اسی طرح دوسری معاون فعل جیسے- is, has, have, will, shall وغیرہ کو جملہ میں پہلے رکھ کر سوالیہ جملے بنائے جا سکتے ہیں۔ جیسے: ?Is she unwell (ازشی ان ویل؟) کیا وہ بیمار ہے؟ ?Have you a pen (ہیو یو اے پین؟) کیا تمہارے پاس پین ہے؟ ?Shall we go (شیل وی گو؟) کیا ہم چلیں؟ وغیرہ۔

**اجازت مانگنے کیلئے انگریزی میں may لفظ کا استعمال ہوتا ہے۔ اس کا یہ مطلب نہیں ہے کہ اجازت کے لئے صرف یہی ایک لفظ ہے۔ کچھ اور الفاظ بھی ہیں جنکے ذریعہ اجازت مانگی جا سکتی ہے۔ جیسے: ?Shall we set out now (کیا ہم اب چل پڑیں؟) کئی بار تو may لفظ کے ذریعہ مانگی ہوئی اجازت صحیح نہیں لگتی ہے۔ جیسے: مان لیجئے کہ آندھی آ گئی ہو تو اسے دیکھتے ہوئے ?May I shut the window نہ کہہ کر ?Should I shut the window کہنا صحیح ہوگا۔ اردو میں دونوں جملوں کا مطلب ہے۔ کیا میں کھڑکی بند کردوں؟

35th Day پینتیسواں دن

۱۲. ہدایت/ حکم (A) (Instruction/Order)

۱.	آپ اپنا کام کریں۔	Do your work.	ڈو یور ورک۔
۲.	اسے اسٹیشن تک چھوڑ آؤ۔	See him off at the station.	سی ہم اوف ایٹ د اسٹیشن۔
۳.	سچ کہنا، جھوٹ نہ بولنا۔	Speak the truth, don't lie.	اسپیک د ٹرتھ، ڈونٹ لائی۔
۴.	یہ کوٹ پہن کر دیکھو۔	Try this coat on.	ٹرائی دس کوٹ اون۔
۵.	دل لگا کر کام کرو۔	Work wholeheartedly.	ورک ہول ہرٹیڈلی۔
۶.	شراب مت پیو۔	Don't drink.	ڈونٹ ڈرنک۔
۷.	میرے لئے ایک گلاس تازہ پانی لاؤ۔	Fetch/get me a glass of fresh water.	فیچ/گیٹ می اے گلاس اوف فریش واٹر۔
۸.	ذرا نرمی سے بات کرو۔	Talk politely./Be polite.	ٹوک پولائٹلی/بی پولائٹ۔
۹.	اس خط کا جواب واپسی ڈاک سے دو۔	Reply by return post.	ریپلائی بائی ریٹرن پوسٹ۔
۱۰.	حساب چیک کرلو۔	Check the accounts.	چیک دَ اکاؤنٹس۔
۱۱.	گرم چائے کو دھیرے دھیرے پیو۔	Sip the hot tea slowly.	سِپ دہوٹ ٹی سلولی۔
۱۲.	تانگا اسٹینڈ سے تانگا لاؤ۔	Get a tonga from the tonga-stand.	گیٹ اے ٹونگا فروم د ٹونگا اسٹینڈ۔
۱۳.	یہاں گاڑی کھڑی کرنا منع ہے۔	Parking is not allowed here.	پارکنگ از نوٹ الاوڈ ہیئر۔
۱۴.	دو سنترے نچوڑ دو۔	Squeeze two oranges.	اسکوئیز ٹو اورنجز۔
۱۵.	بائیں ہاتھ چلو۔	Keep to the left.	کیپ ٹو دَ لیفٹ۔
۱۶.	مجھے صبح اٹھا دینا۔	Wake me up early in the morning.	ویک می اپ ارلی ان دَ مورننگ۔
۱۷.	اپنے آپ کو سدھار لو۔	Mend your ways.	مینڈ یور ویز۔
۱۸.	پردہ گرا دو۔	Draw the curtain.	ڈراءِ دَ کرٹین۔
۱۹.	اسے سارا شہر دکھا دو۔	Take him round the city.	ٹیک ہم راؤنڈ د سیٹی۔
۲۰.	مہمان کو اندر لے آؤ۔	Bring the guest in.	برنگ دَ گیسٹ ان۔
۲۱.	سب کے ساتھ نرمی سے بولو۔	Be polite to all./Speak politely with everybody.	بی پولائٹ ٹو اول۔/اسپیک پولائٹلی ود ایوری بڈی۔
۲۲.	یہ بات مجھے وقت پر یاد دلا دینا۔	Remind me of it at the proper time.	ریمائنڈ می اوف اٹ ایٹ دَ پروپر ٹائم۔
۲۳.	میرے ساتھ قدم ملا کر چلو۔	Keep pace with me.	کیپ پیس ود می۔
۲۴.	بچے کو سلا دو۔	Put the child to sleep/bed.	پٹ دَ چائیلڈ ٹو سلیپ/بیڈ۔

۲۵.	مجھے کل اس کی یاد دلانا۔	Remind me about it tomorrow.	ریمائنڈ می اباؤٹ اٹ ٹومورو۔
۲۶.	سب بندوبست کر کے رکھنا۔	Keep everything ready.	کیپ ایوری تھنگ ریڈی۔
۲۷.	سنبھل کر چلنا۔	Walk cautiously.	واک کوشسلی۔
۲۸.	بعد میں آجانا۔	Come afterwards.	کم آفٹروارڈز۔
۲۹.	مجھے پانچ بجے جگا دینا۔	Wake me up at 5 o'clock.	ویک می اپ ایٹ فائیو او کلوک۔
۳۰.	چلنا ہو تو تیار ہو جاؤ۔	Get ready if you want to come along.	گیٹ ریڈی اف یو وانٹ ٹو کم الونگ۔
۳۱.	جب تک میں نہ آؤں یہیں بیٹھے رہنا۔	Wait here until I'm back.	ویٹ ہیر انٹل آئم بیک۔
۳۲.	ایسی بات نہیں کہتے۔	Don't speak like this.	ڈونٹ اسپیک لائک دس۔
۳۳.	اپنا کام دھیان سے کرو۔	Work carefully.	ورک کیئرفلی۔
۳۴.	اپنا کام کرو۔	Do your own work.	ڈو یور اون ورک۔
۳۵.	آج تم جاؤ، مجھے کام ہے۔	You may go now, I have some work.	یو مے گو ناؤ، آئی ہیو سم ورک۔
۳۶.	اسے لکھ لو۔	Note this down.	نوٹ دس ڈاؤن۔
۳۷.	جلدی واپس آنا۔	Come back soon.	کم بیک سؤن۔
۳۸.	پھر کبھی آکر ملنا۔	Come and see me some other time.	کم اینڈ سی می سم ادر ٹائم۔
۳۹.	اپنا کام دیکھیے۔	Please mind your own business.	پلیز مائنڈ یور اون بزنس۔
۴۰.	ذرا صبر کرو۔	Have patience.	ہیو پیشنس۔
۴۱.	بڑوں کی عزت کرو۔	Respect your elders.	ریسپیکٹ یور الڈرز
۴۲.	تم وہیں رہنا۔	You stay there.	یو اسٹے دیئر۔
۴۳.	اچھے وقت کی امید کرو۔	Hope for good times.	ہوپ فور گڈ ٹائمس۔
۴۴.	بچے کا دھیان رکھنا۔	Take care of the baby.	ٹیک کیئر اوف دے بی۔

(To Remember) برائے یادداشت

*اردو میں ایک ہی مادّہ لفظ سے سابقہ کی مدد سے کئی مختلف المعانی الفاظ بنائے جاتے ہیں۔ انگریزی میں بھی ایسا ہی ہوتا ہے۔۔ مثلاً: Adjudge, misjudge, prejudge, subjudge وغیرہ لفظ judge میں ad, mis, pre, sub سابقہ (prefix) لگانے سے بنے ہیں۔ انگریزی میں ایک خوبی یہ ہے جو اردو میں نہیں۔ انگریزی میں ایک ہی فعل کے ساتھ کئی (preposition) لگا کر کئی معانی میں استعمال ہوتا ہے جیسے: go (جانا) اصل فعل کو لیجیے۔ Go out کا مطلب ہے بجھنا۔ The light *went out* during the storm (طوفان کے دوران بتیاں بجھ گئیں) Go off کا مطلب ہے دھماکے کے ساتھ پھٹنا۔ The gun *went off* by itself. (بندوق اپنے آپ چل پڑی) Go through کا مطلب ہے دھیان سے پڑھنا He *went* through the whole book, but could not discover anything new in it. (اس نے ساری کتاب پڑھ ڈالی لیکن اس سے کچھ بھی نئی بات نہیں نکلی)۔ ان جملوں میں Go کی جگہ پر اس کا Past tense went لیا گیا ہے۔

36th Day چھتیسواں دن

۱۲. ہدایت/ حکم (Instruction/Order) (B)

۴۵. تمہیں جاؤ۔	Go yourself.	گو یورسیلف۔
۴۶. تیار رہنا۔	Be ready.	بی ریڈی۔
۴۷. لیمپ جلانا۔	Light the lamp.	لائٹ دَلیمپ۔
۴۸. لائٹ کھولو۔	Switch on the light.	سوئچ اون دَلائٹ۔
۴۹. لیمپ بجھادو۔*	Put off the lamp.	پٹ اوف دَلیمپ۔
۵۰. لائٹ بند کردو۔	Switch off the light.	سوئچ اوف دَلائٹ۔
۵۱. پنکھا چلادو۔	Switch on the fan.	سوئچ اون دَفین۔
۵۲. کسی کو بھیج کر اسے بلاؤ۔	Send for him.	سینڈ فورہم۔
۵۳. ان لوگوں کو اپنا کام کرنے دو۔	Let these people do their work.	لیٹ دِیز پیپل ڈو دیَر ورک۔
۵۴. ہاتھ دھوؤ۔	Wash your hands.	واش یور ہینڈز۔
۵۵. جلدی آؤ۔	Come soon.	کم سون۔
۵۶. گاڑی روکو۔	Stop the car.	اسٹوپ دَکار۔
۵۷. واپس جاؤ۔	Go back.	گو بیک۔
۵۸. دیر مت کرو۔	Don't delay./Don't be late.	ڈونٹ ڈیلے/ڈونٹ بی لیٹ۔
۵۹. پنسل سے مت لکھو۔	Don't write with a pencil.	ڈونٹ رائٹ ود اے پنسل۔
۶۰. قلم سے لکھو۔	Write with a pen.	رائٹ ود اے پین۔
۶۱. دوسروں کی نقل نہ کرو۔	Don't copy others.	ڈونٹ کاپی ادرس۔
۶۲. کوئی کرائے کی موٹر کرلو۔	Hire a taxi.	ہائر اے ٹیکسی۔
۶۳. کوٹ کے بٹن بند کرو۔	Button up your coat.	بٹن اپ یور کوٹ۔
۶۴. آگ بجھنے نہ دینا۔	Keep the fire going.	کیپ دفائر گوئنگ۔
۶۵. گھوڑے کو گھاس ڈال دو۔	Feed the horse with grass.	فیڈ دھ ہورس ود گراس۔
۶۶. جاؤ، ناک صاف کرو۔	Go and blow your nose.	گو، اینڈ بلو یور نوز۔
۶۷. مجھے خبر دینا مت بھولنا۔	Don't forget to inform me.	ڈونٹ فورگیٹ ٹو انفورم می۔
۶۸. بوٹ کو کس کر باندھو۔	Tighten your shoe-laces.	ٹائٹن یور شو لیسز۔
۶۹. صحت کو بگاڑ کر مت پڑھو۔	Don't study at the cost of your health.	ڈونٹ اسٹڈی ایٹ دکوسٹ اوف یور ہیلتھ۔
۷۰. تفصیل کے ساتھ خط لکھو۔	Write a detailed letter./Write a long letter.	رائٹ اے ڈیٹیلڈ لیٹر/رائٹ اے لونگ لیٹر۔
۷۱. مستقبل میں ایسا مت کرنا۔	Don't do so in future.	ڈونٹ ڈوسوان فیوچر۔/

No.	Urdu	English	Pronunciation
		Let this not happen in future.	لیٹ دس نوٹ ہیپن ان فیوچر۔
۷۲.	تم خود خط ڈال کر آؤ۔	Post this letter yourself.	پوسٹ دس لیٹر یور سیلف۔
۷۳.	وقت کے پابند بنو۔	Be punctual.	بی پنکچوئل۔
۷۴.	ادھر ادھر کی باتیں نہ کرو۔	Don't beat about the bush.	ڈونٹ بیٹ اباؤٹ دَ بش۔
۷۵.	پھول مت توڑو۔	Don't pluck the flowers.	ڈونٹ پلک دَ فلاورز۔
۷۶.	خراب عاتیں چھوڑ دو۔	Give up bad habits.	گیواپ بیڈ ہیبٹس۔
۷۷.	کھانا اچھی طرح چبا کر کھاؤ۔	Chew your food well.	چیو یور فوڈ ویل۔
۷۸.	دانتوں کو برش کر لو۔	Brush your teeth.	برش یور ٹیتھ۔
۷۹.	بک بک نہ کرو۔	Don't chatter./Don't talk nonsense.	ڈونٹ چیٹر / ڈونٹ ٹوک نون سنس۔
۸۰.	ہر چیز قرینے سے رکھو۔	Arrange/keep everything in order.	ارینج/ کیپ ایوری تھنگ ان اورڈر۔
۸۱.	سیاہی سے لکھو۔	Write in ink.	رائٹ ان انک۔
۸۲.	بیوقوف مت بنو۔	Don't be silly.	ڈونٹ بی سلّی۔
۸۳.	مہمانوں کی خدمت کرو۔	Look after the guests.	لوک آفٹر دَ گیسٹس۔
۸۴.	تم اپنے کام میں دھیان دو۔	Mind your own business.	مائنڈ یور اون بزنس۔
۸۵.	دونوں ہاتھوں سے پکڑے رہو۔	Hold with both hands.	ہولڈ وِد بوتھ ہینڈز۔
۸۶.	ملک کی خدمت میں جان دے دو۔	Sacrifice your life for the motherland/country.	سیکریفائس یور لائف فور دَ مدرلینڈ/ کنٹری۔
۸۷.	کام میں رکاوٹ مت ڈالو۔	Don't hold up the work.	ڈونٹ ہولڈ اپ دَ ورک۔
۸۸.	بری عادتوں سے ہوشیار رہنا چاہئے۔	Be careful against bad habits.	بی کیرفل اگینسٹ بیڈ ہیبٹس۔
۸۹.	کمپیوٹر ریسیٹ کرو۔	Reset the computer.	ریسیٹ دَ کمپیوٹر۔
۹۰.	اس ریزگاری کو رکھو۔	Keep the change.	کیپ دَ چینج۔

برائے یادداشت (To Remember)

انگریزی میں Put فعل کا معنی ہوتا ہے 'رکھنا'۔ لیکن یہ بات قابل توجہ ہے کہ Prepositions کے جوڑنے سے Put کے کیسے عجیب وغریب معنی بن جاتے ہیں۔ مثلاً مندرجہ جملوں کو توجہ سے پڑھیے۔

Put down کا مطلب ہے لکھنا۔ Please *put down* all that I say. (جو میں کہتا ہوں اسے لکھ لیجئے)

Put forward کا مطلب ہے 'پیش کرنا': He hesitated to *put forward* his plan. (وہ اپنی پلاننگ پیش کرنے میں ہچکچایا)۔

Put off کا مطلب ہے ملتوی کرنا۔ For want of a quorum the meeting was *put off*. (سامعین کی کمی کی وجہ سے مجلس ملتوی کر دی گئی۔)

Put on کا مطلب 'کپڑے پہننا' He put on new clothes on the Eid day. (اس نے عید کے دن نئے کپڑے پہنے)

Put out کا مطلب ہے 'بجھانا' *Put out* the fire lest it should spread around. (آگ کو بجھا دو کہیں یہ آس پاس پھیل نہ جائے)

37 سینتیسواں دن th Day

۱۳. حوصلہ افزائی (Encouragement)

۱.	یقین رکھیے۔	Rest assured.	ریسٹ اشیورڈ۔
۲.	فکر مت کرو۔	Stop worrying.	اسٹوپ وری ئنگ۔
۳.	بچوں کی طرح مت روؤ۔	Don't cry like children.	ڈونٹ کرائی لائک چلڈرن۔
۴.	تمہیں فکر کس بات کی ہے؟	What's bothering you?	واٹس بودرنگ یو؟
۵.	میری فکر نہ کرو۔	Don't worry about me.	ڈونٹ وری اباؤٹ می۔
۶.	ڈرو مت۔	Don't be scared.	ڈونٹ بی اسکیئرڈ۔
۷.	فکر کی کوئی بات نہیں۔	There is no need to worry.	دیئر از نو نیڈ ٹو وری۔
۸.	مجھے اس کی پرواہ نہیں۔	I'm not bothered about it.	آئم نوٹ بودرڈ اباؤٹ اٹ۔
۹.	کوئی دقت ہو تو پوچھیے۔	You can ask me if there is any difficulty.	یو کین آسک می اف دیئر از اینی ڈیفکلٹی۔
۱۰.	جس چیز کی ضرورت پڑے وہ لے جانا۔	Take whatever you need.	ٹیک واٹ ایور یو نیڈ۔
۱۱.	آپ فضول پریشان ہو رہے ہیں۔	You are unnecessarily worried.	یو آر ان نیسسریلی وریڈ۔
۱۲.	مجھے آپ پر فخر ہے۔	I'm proud of you.	آئم پراوڈ اوف یو۔
۱۳.	ہچکچاؤ نہیں۔	Don't hesitate.	ڈونٹ ہیزی ٹیٹ۔
۱۴.	کوئی حرج نہیں۔	It doesn't matter.	اٹ ڈزنٹ میٹر۔

۱۴. تسلّی (Consolation)

۱۵.	بڑے افسوس کی بات ہے۔	It's a pity./It's very sad.	اٹس اے پٹی۔/اٹس وری سیڈ۔
۱۶.	اسے تسلی دو۔	Console him.	کنسول ہم۔
۱۷.	دنیا کا کچھ ایسا ہی قاعدہ ہے۔	That's the way things are.	دیٹس دَ وے تھنگز آر۔
۱۸.	خدا کی یہی مرضی تھی۔	It was God's will.	اٹ واز گوڈس ول۔
۱۹.	جس تکلیف کا علاج نہیں ہو سکتا اسے سہنا ہی پڑتا ہے۔	What cannot be cured must be endured.	واٹ کین نوٹ بی کیورڈ مسٹ بی انڈیورڈ۔
۲۰.	خدا پر بھروسہ رکھو، مصیبت ٹل جائے گی۔	Have faith in God, misfortune will pass.	ہیو فیتھ ان گوڈ، مس فورچون ول پاس۔
۲۱.	خدا تمہیں اس گہرے صدمے کو برداشت کرنے کی طاقت دے۔	May God give you strength to bear this terrible blow.	مے گوڈ گیو یو اسٹرنتھ ٹو بیئر دس ٹیریبل بلو۔
۲۲.	ہم اپنا اظہار افسوس کرتے ہیں۔	We offer our condolences.	وی اوفر آور کنڈولنسز۔
۲۳.	ہم اس کے والد کے وفات پر رنجیدہ ہیں۔	We are deeply grieved at the death of her father.	وی آر ڈیپلی گریوڈ ایٹ دَ ڈیتھ اوف ہر فادر۔

۱۵. ناراضگی (Annoyance)

۲۴. آپ ابھی تک کام میں کیوں نہیں لگے؟	Why haven't you begun/started the work yet?	وائی ہیونٹ یو بگن/اسٹارٹڈ دَورک یٹ؟
۲۵. آپ میری بات کیوں کاٹتے ہیں؟	Why do you contradict me?	وائی ڈو یو کنٹراڈکٹ می؟
۲۶. آپ میری طرف کیوں گھورتے ہیں؟	Why do you stare at me?	وائی ڈو یو اسٹیئر ایٹ می؟
۲۷. آپ بیکار غصہ ہو رہے ہیں۔	You are angry for nothing./	یو آر اینگری فور نتھنگ۔/
	You are unnecessarily getting annoyed.	یو آر ان نیسسر یلی گیٹنگ انوائیڈ۔
۲۸. تم بیکار وقت برباد کرتے ہو۔	You just/simply waste your time.	یو جسٹ/سمپلی ویسٹ یور ٹائم۔
۲۹. کس کا قصور ہے؟	Who is to blame?	ہو از ٹو بلیم؟
۳۰. کیا میں نے آپ کو چوٹ پہونچائی ہے؟	Have I hurt you?	ہیو آئی ہرٹ یو؟
۳۱. کیسی شرم کی بات!	What a shame!	واٹ اے شیم!
۳۲. میں یہ یقین نہیں کر سکا کہ تم ایماندار نہیں ہو۔	I couldn't believe that you are not an honest person!	آئی کڈنٹ بلیو دیٹ یو آر نوٹ این اونسٹ پرسن!
۳۳. میں کس کا یقین کروں؟	Whom can I trust?	ہوم کین آئی ٹرسٹ؟
۳۴. یہ میرا قصور نہیں تھا۔	It was not my fault.	اٹ واز نوٹ مائی فولٹ۔
۳۵. دراصل ایسا غلطی سے ہو گیا۔	Actually, it was done by mistake.	ایکچوئلی، اٹ واز ڈن بائی مسٹیک۔
۳۶. اس نے ناک میں دم کر رکھا ہے۔	He is a nuisance.	ہی ازاے نیوسینس۔
۳۷. اس نے میرے یقین کو ٹھیس پہنچائی۔	He has let me down.	ہی ہیز لیٹ می ڈاؤن۔
۳۸. مجھے اس سے چڑھ آتی ہے۔	He irritates me.	ہی اررٹیٹس می۔
۳۹. اس نے مجھے دھوکا دیا۔	He has betrayed/cheated me.	ہی ہیز بٹریڈ-/چیٹیڈ می۔

۱۶. شفقت/تعریف (Affection)

۴۰. تم نے بڑی ہمت کا کام کیا ہے۔	That was very brave of you.	دیٹ واز وری بریو اوف یو۔
۴۱. شاباش!	Well done! Good show! Keep it up.	ویل ڈن! گڈ شو! کیپ اٹ اپ!
۴۲. کمال کر دیا۔	That's wonderful.	دیٹس ونڈرفل۔
۴۳. تمہارا کام تعریف کے قابل ہے۔	Your work is praiseworthy.	یور ورک از پریز وردی۔
۴۴. تم کتنے اچھے ہو۔	You are so nice./How nice you are!	یو آر سو نائس۔/ہاؤ نائس یو آر۔
۴۵. آپ نے میری بڑی مدد کی۔	You have been a great help to me.	یو ہیو بین اے گریٹ ہیلپ ٹو می۔

برائے یادداشت (To Remember)

*Don't be afraid (ڈرومت) میں Don't دو الفاظ کے میل سے بنا ہے۔ Don't = Do + not یہ دکھانے کے لئے not کا o غائب کر کے اسکے جگہ پر (') apostrophe لگا دیتے ہیں۔ Won't = will + not نہیں ہے بلکہ will + not = Won't ہے۔ اس طرح ان الفاظ کی بناوٹ کا کوئی ایک مخصوص قاعدہ نہیں ہے۔ ہاں not کا ہمیشہ n't لکھا جاتا ہے۔ اسی طرح can't کانٹ cannot کا انحصار ہے۔ یاد رکھیئے کہ cannot کا معنی can not ہے لیکن اسے زیادہ تر ایک ہی لفظ کے طور پر لکھا جاتا ہے۔ الگ الگ can اور not نہیں۔ اسی طرح بنے کچھ اور رائج الفاظ مندرجہ ذیل ہیں:

Shouldn't = Should + not	Aren't = Are + not	Doesn't = Does + not
Needn't = Need + not	Weren't = Were + not	Shan't = Shall + not
Didn't = Did + not	Couldn't = Could + not	Wouldn't = Would + not

مندرجہ بالا الفاظ کا پورا تلفظ کر کے 'نٹ' لگانے سے بنتا ہے۔ جیسے وڈنٹ، کڈنٹ، شڈنٹ، ڈِڈنٹ وغیرہ۔

38th Day
اڑتیسواں دن

۱۷. نفی / انکاریہ (Negation)

۱.	میں آپ کا کہنا نہیں مان سکتا۔	I can't accept what you say.	آئی کانٹ ایکسپٹ واٹ یو سے۔
۲.	میں اس بارے میں کچھ نہیں جانتا۔	I know nothing in this connection.	آئی نو نتھنگ ان دس کنکشن۔
۳.	ایسی شرارت پھر نہ کرنا۔	Don't do such a mischief again.	ڈونٹ ڈو سچ اے مس چیف اگین۔
۴.	ایسا نہیں ہے۔	It's not so/like that.	اٹس نوٹ سو/لائک دیٹ۔
۵.	اسے چھٹی نہیں مل سکی۔	He couldn't manage to get leave.	ہی کڈنٹ مینج ٹو گیٹ لیو۔
۶.	مجھے کوئی شکایت نہیں۔	I have no complaints./I don't have any complaint.	آئی ہیو نو کمپلینٹس۔/ آئی ڈونٹ ہیو اینی کمپلینٹ۔
۷.	ایسا نہیں ہوسکتا۔	It's impossible./It can't be so.	اٹس امپوسبل۔/اٹ کانٹ بی سو۔
۸.	نہیں، میں نہیں جاسکا۔	No, I couldn't go.	نو آئی کڈنٹ گو۔
۹.	میں نہیں جانتا۔	I don't know.	آئی ڈونٹ نو۔
۱۰.	مجھے کچھ نہیں چاہیئے۔	I don't want anything.	آئی ڈونٹ وانٹ اینی تھنگ۔
۱۱.	کچھ نہیں۔	Nothing.	نتھنگ۔
۱۲.	یہ میں کیسے کرسکتا ہوں؟	How can I do this?	ہاؤ کین آئی ڈو دس؟
۱۳.	مجھ سے یہ کام نہیں ہوگا۔	I can't do this.	آئی کانٹ ڈو دس۔
۱۴.	میں نہیں مانتا۔	I don't agree/believe.	آئی ڈونٹ ایگری/بیلیو
۱۵.	یہ سچ نہیں ہے۔	This is not true.	دس از نوٹ ٹرو۔
۱۶.	تمہیں اس بات کی اجازت نہیں دینی چاہیئے۔	You should not allow this.	یو شڈ نوٹ الاؤ دس۔
۱۷.	دوسرے پر تنقید نہ کرو۔	Don't find fault with others./ Don't criticise others.	ڈونٹ فائنڈ فولٹ ود ادرز/ ڈونٹ کریٹی سائز ادرز۔
۱۸.	دولت کا غرور نہ کرو۔	Don't be proud of your riches/money.	ڈونٹ بی پراؤڈ اوف یور ریچز / منی۔
۱۹.	کسی کو دھوکا نہ دو۔	Don't cheat anybody.	ڈونٹ چیٹ اینی بڈی۔
۲۰.	لمبی گھاس پر مت چلو۔	Don't walk on the tall grass.	ڈونٹ واک اون دَ ٹول گراس۔
۲۱.	ضدی مت بنو۔	Don't be stubborn.	ڈونٹ بی اسٹبرن۔
۲۲.	میں اسے خرید نہیں سکتا۔	Sorry, I can't buy/afford it.	سوری، آئی کینٹ بائی/افورڈ اٹ۔
۲۳.	میرے پاس ریزگاری نہیں ہے۔	Sorry, I don't have any change.	سوری، آئی ڈونٹ ہیو اینی چینج۔
۲۴.	میں گانا نہیں جانتا۔	I don't know how to sing.	آئی ڈونٹ نو ہاؤ ٹو سنگ۔
۲۵.	غصہ مت کرو۔	Don't be angry./Don't lose your temper.	ڈونٹ بی اینگری/ڈونٹ لوز یور ٹمپر۔
۲۶.	کسی آدمی کے ساتھ روکھا مت بولو۔	Don't be rude to anybody./ Don't speak harshly with anybody.	ڈونٹ بی روڈ ٹو اینی بڈی۔/ ڈونٹ اسپیک ہارشلی ود اینی بڈی۔

۱۸. حمایت (Consent)

۱.	جیسی آپ کی مرضی۔	As you like./As you please.	ایز یو لائیک/ایز یو پلیز۔
۲.	آپ کا کہنا ٹھیک ہے۔	You are right.	یو آر رائٹ۔
۳.	مجھے کوئی اعتراض نہیں۔	I have no objection./I don't have any objection.	آئی ہیو نو اوبجکشن۔/آئی ڈونٹ ہیو اینی اوبجکشن۔
۴.	کوئی حرج نہیں۔	It doesn't matter.	اٹ ڈزنٹ میٹر۔
۵.	ایسا ہی ہوگا۔	It will be so.	اٹ ول بی سو۔
۶.	میں آپ سے متفق ہوں۔	I agree with you.	آئی ایگری ود یو۔
۷.	میں آپ کے ساتھ ہوں۔	I am with you.	آئی ایم ود یو۔
۸.	ہاں، یہ سچ ہے۔	Yes, it's true.	یس اٹس ٹرو۔
۹.	میں آپ کے صلاح کے مطابق کام کروں گا۔	I'll follow your advice.	آئل فولو یور ایڈوائس۔
۱۰.	میں آپ کی دعوت قبول کرتا ہوں۔	I accept your invitation.	آئی ایکسپٹ یور انویٹیشن۔
۱۱.	میں اس کے لئے اپنی اجازت دیتا ہوں۔	I give* my consent to this.	آئی گیو مائی کنسنٹ ٹو دس۔
۱۲.	اپنے والد کی بات مانو۔	Do as your father says.	ڈو ایز یور فادر سیز
۱۳.	میں آپ پر زبردستی اپنی مرضی لادنے کی کوشش نہیں کر رہا ہوں۔	I'm not trying to impose my will on you.	آئم نوٹ ٹرائنگ ٹو امپوز مائی ول اون یو۔
۱۴.	تم مجھ سے متفق نہیں معلوم ہوتے۔	You don't seem to agree with me.	یو ڈونٹ سیم ٹو ایگری ود می۔

۱۹. افسوس (Sadness)

۱.	معاف کریں/معافی چاہتا ہوں۔	Excuse me./Forgive me./Pardon me.	اکسکیوز می/فورگیو می/پارڈن می۔
۲.	افسوس ہے میری وجہ سے آپ کو تکلیف ہوئی۔	I'm sorry, you had to suffer because of me.	آئم سوری۔ یو ہیڈ ٹو سفر بکاؤز اوف می۔
۳.	مجھے یہ سن کر بڑا افسوس ہوا۔	I'm very sorry to hear this.	آئم ویری سوری ٹو ہیئر دس۔
۴.	میری ہمدردی آپ کے ساتھ ہے۔	My sympathies are with you.	مائی سمپتھیز آر ود یو۔

برائے یادداشت (To Remember)

* Give کا معنی ہے 'دینا'۔ اب دیکھئے Preposition کا کمال۔ Give up کا معنی ہے ترک کر دینا۔ Arshad gave up all hopes of recovering from his illness. (ارشد نے اپنی بیماری سے چھٹکارا پانے کی سبھی امیدیں ترک کر دیں) Give in = ہار ماننا، شکست ہونا Inspite of Akbar's larger resources, Maharana Pratap refused to give in. (اکبر کے کثیر ساز و سامان کے باوجود مہارانا پرتاپ نے ہار ماننے سے انکار کر دیا)۔ اسی طرح give way = بیٹھنا (زیادہ بوجھ سے پل وغیرہ کا) Give out = بتانا، ظاہر کرنا Give off چھوڑنا Give ear = سننا۔ Give a piece of one's mind جھڑکنا، Give onself airs = شان بگھارنا Give chase = پیچھا کرنا Give ground = پیچھے ہٹنا، پسپا ہونا وغیرہ

39th Day انتالیسواں دن

۲۰. جھگڑا (Quarrel)

۱.	آپ آپے سے باہر کیوں ہو رہے ہیں؟	Why are you losing* your temper?	وائی آر یو لوزنگ یور ٹمپر؟
۲.	خبردار! دوبارہ منھ سے نہ نکالنا۔	Beware, don't utter it again!	بی ویئر، ڈونٹ اٹر اٹ اگین!
۳.	تم بڑے چڑچڑے مزاج کے ہو۔	You are very short-tempered.	یو آر ویری شورٹ ٹمپرڈ۔
۴.	اس نے میری ناک میں دم کر رکھا ہے۔	He has got on my nerves.	ہی ہیز گوٹ اون مائی نروز۔
۵.	جو ہو، سو ہو۔	Come what may!	کم واٹ مے!
۶.	میں نے تمہارا کیا بگاڑا ہے؟	What harm/wrong have I done to you?	واٹ ہارم/رونگ ہیو آئی ڈن ٹو یو؟
۷.	تمہیں خود کو سدھارنا پڑے گا۔	You'll have to mend your ways.	یول ہیو ٹو مینڈ یور ویز۔
۸.	کیوں اس سے بیکار میں جھگڑا مول لیتے ہو؟	Why do you quarrel with him unnecessarily?	وائی ڈو یو کوارل ود ہم ان نیسیس ریلی؟
۹.	طیش میں نہ آؤ۔	Don't get worked up/excited.	ڈونٹ گیٹ ورکڈ اپ/ ایکسائیٹڈ۔
۱۰.	اب کسی نہ کسی طرح بات ختم کرو۔	Now settle the matter somehow.	ناؤ سٹل دی میٹر سم ہاؤ۔
۱۱.	کیا آپ کے ہوش ٹھکانے ہیں؟	Are you in your senses?	آر یو ان یور سنسیز؟
۱۲.	میری نظروں سے دور ہو جاؤ۔	Get** out of my sight./Get lost.	گیٹ آؤٹ اوف مائی سائٹ/ گیٹ لوسٹ۔
۱۳.	آپ کا ہماری باتوں سے کیا تعلق؟	How are you concerned with our affairs?	ہاؤ آر یو کنسرنڈ ود آور افیئرز۔
۱۴.	بات کو زیادہ نہ بڑھاؤ۔	Now put an end to controversy./ Don't stretch the matter further.	ناؤ پٹ این اینڈ ٹو کنٹروورسی۔/ ڈونٹ اسٹریچ دِ میٹر فردر۔
۱۵.	بھاڑ میں جاؤ۔	Go to hell.	گو ٹو ہیل۔
۱۶.	انہیں دونوں فریقوں کے درمیان فیصلہ کرانے دو۔	Let him mediate between the two parties.	لیٹ ہم میڈی ایٹ بٹوین دَ ٹو پارٹیز۔
۱۷.	جھگڑے کا فیصلہ ہو گیا ہے۔	The quarrel is settled./The matter ends here!	دَ کوارل از سیٹلڈ۔ دَ میٹر اینڈز ہیئر!
۱۸.	اب ایک دوسرے سے ملو۔	Now be friends.	ناؤ بی فرینڈز۔

۲۱. معذرت معافی (Apologies)

۱.	آپ برا نہ مانیں۔	Please don't mind this./ Please don't feel bad about it.	پلیز ڈونٹ مائنڈ دس۔/ پلیز ڈونٹ فیل بیڈ اباؤٹ اٹ۔
۲.	میں تو مذاق کر رہا تھا۔	I was just joking.	آئی واز جسٹ جوکنگ۔
۳.	معاف کیجیے میں وقت پر نہیں آسکا۔	I'm sorry, I got late.	آئم سوری، آئی گوٹ لیٹ۔

۴.	مجھے یہ جان کر صدمہ ہوا۔	I was sorry/pained to hear this.	آئی واز سوری۔ ر پینڈ ٹو ہیئر دس۔
۵.	کوئی غلطی ہوگئی ہو تو معاف کرنا۔	Excuse me, if there has been any mistake.	اکسکیوز می، اف دیئر ہیز بین اینی مسٹیک۔
۶.	میں آپ سے معافی چاہتا ہوں۔	I beg your pardon.	آئی بیگ یور پارڈن۔
۷.	میرے غلط تلفظ کو معاف کریں۔	Please excuse my incorrect pronunciation.	پلیز اکسکیوز مائی انکرکٹ پرونسی ایشن۔
۸.	بیچ میں بولنے کے لئے مجھے معاف کریں۔	I'm sorry for interrupting you.	آئی ایم سوری فور انٹرپٹنگ یُو۔
۹.	معاف کیجئے میں ٹیلیفون نہیں کر سکا۔	I'm sorry, I couldn't call you.	آئی ایم سوری، آئی کڈنٹ کول یو۔
۱۰.	میری طرف سے معافی مانگ لیجئے۔	Apologize on my behalf.	اپولوجائز اون مائی بی ہاف۔
۱۱.	معافی مت مانگئے کوئی بات نہیں۔	Don't apologize. It does not matter.	ڈونٹ اپولوجائز۔ اٹ ڈز نوٹ میٹر۔
۱۲.	یہ تو صرف غلطی سے ہوگیا۔	It was merely done by mistake.	اٹ واز میرلی ڈن بائی مسٹیک۔
۱۳.	مجھے بہت افسوس ہے۔	I am very sorry.	آئی ایم ویری سوری۔
۱۴.	آپ فکر نہ کریں کوئی نقصان نہیں ہوا۔	Don't worry. No harm is done.	ڈونٹ وری۔ نو ہارم از ڈن۔
۱۵.	اگر انجانے میں میں نے آپ کو تکلیف پہنچائی ہو تو مجھے اسکا افسوس ہے۔	I am very sorry if I have unknowingly hurt you.	آئی ایم ویری سوری اف آئی ہیو ان نوانگلی ہرٹ یو۔
۱۶.	یہ انجانے میں ہوا تھا۔	It was done unknowingly.	اٹ واز ڈن ان نوائنگلی۔
۱۷.	یہ آپ کی غلطی نہیں تھی۔	It was not your fault.	اٹ واز نوٹ یور فاؤلٹ۔
۱۸.	مجھے بڑا افسوس ہے جو آپ کو اتنی دیر تک میرا انتظار کرنا پڑا۔	I am awfully sorry to have kept you waiting so long.	آئی ایم آفلی سوری ٹو ہیو کیپٹ یو ویٹنگ سو لونگ۔
۱۹.	کوئی حرج نہیں۔	That's all right.	دیٹس اول رائٹ۔

۲۲. غصہ (Anger)

۱.	چلو بھر پانی میں ڈوب مرو۔	You should be ashamed of yourself./ Shame on you.	یو شڈ بی اشیمڈ اوف یور سیلف۔ ر شیم اون یو۔
۲.	تمہیں شرم آنی چاہیئے۔	You should be ashamed of yourself.	یو شڈ بی اشیمڈ اوف یور سیلف۔
۳.	تم بڑے چلتے پرزے ہو۔	You are too clever/smart.	یو آر ٹو کلیور ر اسمارٹ۔
۴.	تم بڑے چالو آدمی ہو۔	You are an extremely cunning man.	یو آر این اکسٹریملی کننگ مین۔
۵.	لعنت ہے تم پر۔	Shame on you.	شیم اون یو۔
۶.	تم بڑے کمینے ر دغاباز ہو۔	You are a mean/cunning fellow.	یو آر اے مین ر کننگ فیلو۔
۷.	میں تمہاری صورت دیکھنا نہیں چاہتا۔	I don't want to see your face./ Don't show me your face again.	آئی ڈونٹ وانٹ ٹو سی یور فیس۔ ر ڈونٹ شو می یور فیس اگین۔
۸.	بک بک مت کرو۔	Don't talk nonsense./Stop yapping.	ڈونٹ ٹوک نون سنس۔ ر اسٹوپ یپنگ۔
۹.	یہ سب تمہاری وجہ سے ہوا ہے۔	It's all because of you.	اٹس اول بکاوز اوف یو۔
۱۰.	یہ سب تمہاری کرتوت ہے۔	It's all your doing.	اٹس اول یور ڈوئنگ۔
۱۱.	تم اس سے بچ نہیں سکتے۔	You can't get away like this./ You can't escape from this.	یو کانٹ گیٹ اوے لائک دس۔ ر یو کانٹ اسکیپ فروم دس۔

۱۲. تمہیں کبھی معاف نہیں کیا جاسکتا۔ You don't deserve forgiveness./ یوڈونٹ ڈیزروفورگیونس۔
You can never be forgiven. یوکین نیور بی فورگیون۔
۱۳. اس کے ذمہ دار تم ہو۔ You are responsible for this/that. یو آرر سپونسیبل فور دِس/دیٹ۔

برائے یادداشت (To Remember)

* تلفظ کے لحاظ سے lose (لوز) کھونا اور loose (لوس) ڈھیلا ایک جیسا نہیں ہے۔ معنی میں ایک دم الگ ہے۔ ہم ہندوستانی تلفظ کے مطابق Spelling کرنے کے مشاق ہونے کی وجہ سے lose کے جگہ پر loose [مشبہ لفظ goose (بطخ)، noose (پھانسی کا پھندا) کو نظر میں رکھتے ہوئے] لکھ دیا کرتے ہیں۔ اس غلطی سے ہوشیار رہیئے۔

**Get گیٹ (حاصل کرنا) فعل کے ساتھ مختلف preposition کے کیسے کیسے عجیب معنی بن جاتے ہیں۔ یہ قابل دید ہے۔

Get about کا مطلب ہے چلنا پھرنا He *gets about* with difficulty since his illness. (اپنی بیماری کے وقت سے وہ مشکل سے چل پھر پاتا ہے۔)

Get back = واپس آنا : When will you *get back*? (آپ واپس کب آئیں گے؟)

Get down = اترنا She climbed the tree but then couldn't *get down* again (وہ پیڑ پر چڑھ تو گئی مگر اتر نہ سکی۔)

Get going = شروع کرنا They wanted to *get going* on the construction of the house. (وہ مکان بنانا شروع کرنا چاہتے تھے۔)

Get in = داخل ہونا "Please get in the train," said the guard. "The train is about to start." (گاڑی کے اندر آیئے" گارڈ نے کہا" گاڑی چلنے والی ہے۔)

Get off = اترنا He *got off* the noon train. (وہ دوپہر کی گاڑی سے اترا)

Get out = نکلنا He couldn't *get out* of the room. (وہ کمرے سے باہر نہیں نکل سکا)

Get up = سوکر جاگنا It is a good habit to *get up* early in the morning. (صبح جلدی اٹھنا ایک اچھی عادت ہے)

Get together = اکٹھے ہونا We are planning a *get together* to celebrate our friend's marriage. ہم اپنے دوست کی شادی کے موقعے پر اکٹھے ہونے کی سوچ رہے ہیں)

Get through = کامیاب ہونا He *got through* his examination. (وہ امتحان میں کامیاب ہوگیا) وغیرہ۔

40th Day چالیسواں دن

یہاں کچھ ٹسٹ دیئے گئے ہیں۔

آیئے اب ان سے اپنی لیاقت کو جانچیے۔ ۲۰ جملوں کے ۲۰ نمبر ہیں۔ آپ کے ۱۶ یا اس سے زائد جملے درست ہوں تو آپ کی حالت بہت اچھی (very good)، ۱۲ یا اس سے زائد جملے ٹھیک ہوں تو 'اچھا' (fair) ہے۔

Test No.1

۳۱ سے ۳۵ دن

I. ذیل میں کچھ جملے دیئے گئے ہیں اس میں کوئی ایسی غلطی ہے جسے لوگ بولنے یا لکھنے میں کرتے ہیں۔ انہیں درست کیجئے۔ پھر ۳۱ سے ۳۵ دنوں کے جملوں سے ملا کر دیکھئے اور سمجھئے کہ ان کے لئے کیا اصول ہیں۔ (مضمون کا نمبر اور جملے کا نمبر ساتھ دیئے گئے ہیں۔)

1. Would you like to come with us to cinema? [1:5]. 2. Let us go through bus. [1:8]. 3. No, I don't know to play it. [1:11]. 4. It's mine pleasure. [2:22]. 5. Have nice journey. [2:31]. 6. Thanks for present. [3:39] 7. Wish you new year. [4:45]. 8. Congratulations for your success. [4:48]. 9. Please wake up him. [7:6]. 10. Let me do work. [7:9]. 11. Please repeat again. [7:14]. 12. What sweet dishes you have? [8:10] 13. Have little more.[8:16]. 14. Are you an vegetarian? [8:27]. 15. He is glutton. [8:50] 16. When you have dinner? [9:11]. 17. You are late by half hour. [9:36]. 18. May we rest here for while? [10:19]. 19. Tell the truth and speak no lies. [11:3]. 20. Note down this. [11:36].

Test No.2

۳۶ سے ۳۹ دن

II. ذیل میں جو جملے دیئے گئے ہیں انہیں آپ نے پچھلے دنوں تھوڑی، بہت تبدیلیوں کے ساتھ دیکھا ہے۔ اب آپ انہیں ذرا غور سے پڑھیئے اور جہاں کہیں غلطی ہوا سے ٹھیک کرلیجئے۔ اور وجہ دریافت کریئے۔ (جملوں کے ساتھ Topic No. اور Sentence No. دیا گیا ہے۔)

1. Don't write in pencil. Please write with pen. [12:59-60]. 2. Chew your food good. [12:77]. 3. You must guard bad habits. [12:88]. 4. You can ask if difficulty. [13:11]. 5. It's pity. [14:1]. 6. It was God will. [14:18]. 7. Whom I should trust? [15:23]. 8. He is nuisance. [15:36]. 9. I can't accept what do you say. [17:1]. 10. How I can do this! [17:12].
11. Don't be proud for your riches. [17:20] 12. Do not walk at the long grass. [17:22]. 13. I don't know to sing. [17:26]. 14. Don't angry. [17:27]. 15. I entirely agree to you. [18:8]. 16. Yes, that is truth. [18:10]. 17. I'll follow your advices. [18:12]. 18. Forgive me to interrupt you sir! [21:8]. 19. It was merely done with mistake. [21:12]. 20. I am awfully sorry for kept you waiting so long. [21:18].

Test No.3

III. ذیل میں دیئے گئے جملوں میں کچھ نہ کچھ غلطی ہے۔ انہیں درست کر کے لکھیں۔ غلطیاں ٹیڑھے رسم الخط (Italics) میں دی گئی ہیں۔

1. Be careful not to *loose* your money. 2. Has the clerk *weighed* the letter? 3. Physics are not easy to learn. 4. You have a *poetry* to learn by heart. 5. My *luggages are* at the station. 6. You have five *thousands* rupees. 7. When she entered the room, she saw a notebook on the *ground.* 8. Let us see a *theater* tonight. 9. Which is the *street* to the village? 10. My younger brother is five and a half feet *high.* 11. Are you *interesting* in your work? 12. I have now *left* cricket. 13. Madam, *will* I go home to get my exercise book? 14. She sometimes *puts* on red shoes. 15. She *wears* her clothes in the morning. 16. There *is* a lot of flowers on this tree. 17. How *many* paper do you want? 18. He has given up smoking, *isn't* it? 19. Why *he not sees* a film? 20. *What does elephants* eat?

1. lose, 2. weighed. 3. is, 4. poem, 5. luggage is, 6. thousand, 7. floor, 8. play, 9. road, 10. tall, 11. interested, 12. given up, 13. may, 14. wears, 15. puts on, 16. are, 17. much, 18. hasn't he, 19. doesn't he see, 20. what do.

Test No .4

IV مندرجہ ذیل جملوں میں خالی جگہ کے آگے قوسین میں دیئے گئے لفظ بھریئے۔ ان میں مناسب الفاظ چن کر خالی جگہ کو پر کریئے۔

1. ...(Shall, Will) you please help me out of this dificulty? 2. She was over-joyed... (to, into) see her lost baby. 3. Thanks... (to, for) your food wishes. 4. We congratulated him... (at, on) his success. 5. ...(Get, Let) me go home. 6. Are you feeling... (thirst, thirsty)? 7. Do you... (drink, take) milk or tea? 8. What... (is, are) the news. 9. Remind him... (of, on) his promise. 10. Switch... (out, off) the light. 11. Go.... (on, in) person to post this important letter. 12. Give.... (in, up) smoking, it's harmful. 13. Is there any need....(for, to) worry? 14. Do not find fault.... (on, in, with) others. 15. Are you angry....(on, with) me? 16. I know very little.....(of, in, on) this connection. 17. Get out (from, of) my sight. 18. You are... (loosing, losing) temper. 19. We... (may, shall) have some coffee. 20. We must avoid....(smoking, to smoke).

1. Will, 2. to, 3. for, 4. on, 5. Let, 6. thirsty, 7. take, 8. is, 9. of, 10. off, 11. in, 12. up, 13. to, 14. with, 15. with, 16. in, 17. of, 18. losing, 19. shall, 20. smoking.

Test No.5

V مندرجہ ذیل جملوں کا اردو میں ترجمہ کیجئے :

1. No, I don't take tea. 2. I won't be able to attend his birthday party. 3. He does not agree with me. 4. They didn't come. 5. The lion killed two shepherds. 6. Yamuna was flooded. 7. Raise the curtain. 8. Don't they run fast? 9. How can it be so? 10. The tiger in the cage frightened the children. 11. I want your kind help. 12. He did it. 13. Who plays football in the park? 14. He lives only on milk. 15. Isn't he twelve years old?

Test No.6

VI سوال V کے منفی جملوں کو مثبت جملوں میں اور مثبت جملوں کو منفی جملوں میں نیچے دی گئی مثالوں کے مطابق بدلئے :

دیئے گئے جملے	دیئے گئے جملے کا اُلٹا
He didn't play cricket.	He played cricket.
She sings very well.	She doesn't sing very well.

Test No.7

VII. ان الفاظ کا ٹھیک تلفظ کریئے اور اردو میں لکھئے جیسے :ووڈ would

invite, invitation, pleasure, journey, hearty, rumour, success, little stomach, quarrel, minutes, forty, fourteen, receipt, honest.

Test No.8

VIII. نیچے کچھ فعل دیئے گئے ہیں ان کے معنی لکھئے۔

(i) to fetch, to enjoy, to meet, to burst, to bring, to enter, to chew, to cheat, to want, to agree, to obey, to move, to forget, to forgive, to hire, to abstain.

(ii) ان دونوں میں کیا فرق ہے؟ لکھئے:۔

believe---belief, (to) check---cheque, (to) speak---speech, (to) agree---agreement, (to) cool---cold, (to) invite---invitation, (to) pride---proud, (to) accept --- except

(iii) مندرجہ ذیل کے متضاد لفظ لکھئے جیسے:۔(possible-impossible)

Patience, come, accept, clean, improper, without, switch off, back, early, disagree, many, able, empty.

Test No.9

IX. انگریزی فعل go کے بعد مختلف prepositions لگانے سے مختلف معنی ہو جاتے ہیں۔ اس طرح کے بامحاورہ الفاظ کے استعمال کی ہر ایک زبان میں اپنی خصوصیت ہوتی ہے۔ ہم go کے کچھ بہت زیادہ بولے جانے والے محاورے نیچے دے رہے ہیں ان کو یاد کریں اور مشق کے لئے جملوں میں استعمال کریں۔

go into = تلاش کرنا	go down = ڈوبنا	go on = جاری رکھنا
go back on = نہ نبھانا	go in for = کسی کام میں منہمک ہونا	go out = بجھنا
	go about = کسی کام میں لگنا	go with = ساتھ، میل ہونا

119

41 st Day اکتالیسواں دن

پانچویں منزل (5th Expedition)

چوتھی منزل میں ہم نے دعوت، آداب، ملاقات، انکار، حکم، جھگڑا، ناراضگی، معافی، التجا وغیرہ مختلف موضوعات پر بولے جاسکنے والے جملوں کو انگریزی میں بولنا سیکھا ہے۔ پانچویں منزل میں ہم صحت، موسم، کردار، لباس، پڑھائی لکھائی، کھیل کود اور گھر میں اور گھر سے باہر کسی سے ملنے پر یا شوپنگ کرتے وقت استعمال ہونے والے انگریزی جملوں کو بولنا سیکھیں گے۔ جہاں ان جملوں کے ذریعہ آپ موقعے کے مطابق انگریزی میں بات کرسکیں گے۔ وہیں سبق کے آخر میں دی گئی ہدایت کی مدد سے نئے الفاظ کو پڑھنا اور سابقہ لگا کر بنائے گئے طرح طرح کے الفاظ کا ٹھیک ٹھیک استعمال بھی آپ جان سکیں گے۔

۲۳. گھر میں (At Home)

۱.	دیکھو، یہاں بستر لگا دو۔	Look, make the bed over here.	لک، میک دَ بیڈ اوور ہیئر۔
۲.	دودھ پھٹ گیا ہے۔	The milk has turned sour.	دَ ملک ہیز ٹرنڈ ساور۔
۳.	ٹھہرو، میں گائے باندھ آؤں۔	Let me tether the cow.	لیٹ می ٹیتھر د کاؤ۔
۴.	کمرہ صاف رکھو۔	Keep the room clean/dusted.	کیپ دَ روم کلین/ڈسٹڈ۔
۵.	کوئلے جل کر راکھ ہوگئے۔	The coals were burnt to ashes.	دَ کولز ور برنٹ ٹو ایشز۔
۶.	آپ کے کتنے بچے ہیں؟	How many children do you have?	ہاؤ مینی چلڈرن ڈو یو ہیو؟
۷.	ہمارے یہاں آلو روز پکتے ہیں۔	We cook potatoes everyday for our meals.	وی کک پوٹیٹوز ایوری ڈے فور آور میلز۔
۸.	آج نئی چیز کیا پکی ہے؟	What new dishes are made today?	واٹ نیو ڈشز آر میڈ ٹوڈے؟
۹.	دھوبی پچھلی دھلائی کب لے گیا تھا؟	When did the washerman last take the clothes for washing?	وین ڈڈ د واشرمین لاسٹ ٹیک دَ کلودز فور واشنگ؟
۱۰.	اس کوٹ کو پھر استری کراؤ۔	Get this coat ironed again.	گیٹ دس کوٹ آئرنڈ اگین۔
۱۱.	گیلے کپڑے دھوپ میں ڈال دو۔	Put wet clothes in the sun.	پٹ ویٹ کلودز ان د سن۔
۱۲.	میں ذرا تیار ہولوں۔	Let me get ready.	لیٹ می گیٹ ریڈی۔
۱۳.	تم بڑی دیر لگا رہے ہو۔	You are taking too long./You are being very slow.	یو آر ٹیکنگ ٹو لونگ۔/یو آر بیئنگ ویری سلو۔
۱۴.	ہم وہاں وقت سے پہلے پہونچیں گے۔	We'll reach there before time.	ویئل ریچ دیئر بفور ٹائم۔
۱۵.	اس کی ساس اچھے مزاج کی عورت ہے۔ لیکن اس کی بہوئیں برے مزاج کی ہیں۔	Her mother-in-law is good-natured, but not her daughters-in-law.	ہر مدر ان لا از گڈ نیچرڈ۔ بٹ نوٹ ہر ڈاٹرز ان لا۔
۱۶.	آپ کا استقبال ہے۔	You are welcome.	یو آر ویلکم۔
۱۷.	تمہیں اپنے وعدے سے نہیں پھرنا چاہیئے۔	You should not go back on your words./ You should keep your word.	یو شُڈ نوٹ گو بیک اون یور ورڈز۔/ یو شڈ کیپ یور ورڈ۔

۱۸.	اس نے بہت روکھا برتاؤ کیا۔	He behaved very rudely./He was impudent/rude.	ہی بی ہیوڈ ویری روڈلی۔ ہی واز امپوڈنٹ /روڈ۔
۱۹.	اپنے برتنوں کو قلعی کرالو۔	Get your utensils tinned.	گیٹ یور یوٹنسلز ٹنڈ۔
۲۰.	اب میں زیادہ انتظار نہیں کرسکتا۔	I can't wait any longer.	آئی کانٹ ویٹ اینی لونگر۔
۲۱.	میں صبح کا گھر سے نکلا ہوا ہوں۔	I have been out since morning.	آئی ہیو بین آوٹ سنس مورننگ۔
۲۲.	مجھے نیند آرہی ہے۔	I'm feeling sleepy.	آئی ایم فیلنگ سلیپی۔
۲۳.	رات خوب نیند آئی۔	I had a sound sleep last night.	آئی ہیڈ اے ساؤنڈ سلیپ لاسٹ نائٹ۔
۲۴.	اندر کوئی نہیں ہے۔	There is nobody inside.	دیئر از نوبڈی انسائیڈ۔
۲۵.	بس، اب سو جاؤ۔	Now, go to sleep/bed.	ناؤ گو ٹو سلیپ/ بیڈ۔
۲۶.	تم نے بڑی دیر لگائی۔	You took a long time.	یو ٹک اے لونگ ٹائم۔
۲۷.	میں ابھی تیار ہوتا ہوں۔	I'll be ready in a moment.	آئل بی ریڈی ان اے مومنٹ۔
۲۸.	آپ نے مجھے جگا کیوں نہیں لیا؟	Why didn't you wake me up?	وائی ڈڈنٹ یو ویک می اپ؟
۲۹.	میں نے آپ کو جگانا مناسب نہیں سمجھا۔	I didn't think it proper to wake you up.	آئی ڈڈنٹ تھنک اٹ پروپر ٹو ویک یو اپ۔
۳۰.	میں ذرا آرام کرلوں۔	I'll relax/rest for a while.	آئل ریلکس/ریسٹ فور اے وائیل۔
۳۱.	کرسی لیجیے۔	Pull/have a chair, please.	پل/ہیو اے چیئر پلیز۔
۳۲.	آپ ابھی تک جاگ رہے ہیں۔	You are still awake!	یو آر اسٹل اویک!
۳۳.	دروازہ کون کھٹکھٹا رہا ہے۔	Who is knocking at the door?	ہو از نوکنگ ایٹ د ڈور۔
۳۴.	آج صبح میری آنکھ دیر سے کھلی۔	I woke up late this morning.	آئی ووک اپ لیٹ دس مورننگ۔
۳۵.	آپ سے کوئی ملنے آیا ہے۔	Someone has come./	سم ون ہیز کم/
		There is someone to see you.	دیئر از سم ون ٹو سی یو۔
۳۶.	اندر آئیے۔	Please come in.	پلیز کم ان۔
۳۷.	بیٹھیے۔	Please be seated./Please have a seat./	پلیز بی سیٹڈ/ پلیز ہیو اے سیٹ/
		Please sit down.	پلیز سٹ ڈاؤن۔
۳۸.	انور کہاں ہے؟	Where is Anwar?	ویئر از انور؟
۳۹.	معلوم نہیں کہاں ہے۔	I don't know where he is.	آئی ڈونٹ نو ویئر ہی از۔
۴۰.	کیا ہے؟	What's it?	واٹس اٹ؟
۴۱.	کون ہے؟	Who's it?	ہوز اٹ؟
۴۲.	میں مغیث ہوں۔	It's me, Mughis.	اٹس می مغیث۔
۴۳.	ارشد اندر ہے کیا؟	Is Arshad in?	از ارشد ان؟
۴۴.	دن بہت چڑھ آیا ہے۔	The day is far advanced.	د ڈے از فار ایڈوانسڈ۔
۴۵.	آج کل میرا ہاتھ تنگ ہے۔	I'm hard up/tight these days.	آئم ہارڈ اپ/ٹائٹ دیز ڈیز۔
۴۶.	کوئی اچھا باورچی رکھ لو۔	Engage some expert cook.	انگیج سم ایکسپرٹ کک۔
۴۷.	میں بہت تھکا ہوں۔	I am dead/terribly tired.	آئی ایم ڈیڈ/ٹریبلی ٹائرڈ۔
۴۸.	آؤ گپ لڑائیں۔	Let's have a chat.	لیٹس ہیو اے چیٹ۔

۴۹.	دروازے کی چٹخنی لگادو۔	Bolt the door.	بولٹ د ڈور۔
۵۰.	اب جانے کا وقت ہے۔	It's time to depart now.	اٹس ٹائم ٹو ڈیپارٹ ناؤ۔
۵۱.	گھر کی چیزوں کو ٹھیک سے رکھو۔	Keep the household things in their place.	کیپ دہاؤس ہولڈ تھنگز ان دیئر پلیس۔
۵۲.	آج رات یہیں آرام کریں۔	Take rest/Relax here tonight.	ٹیک ریسٹ/ریلیکس ہیئر ٹو نائٹ۔
۵۳.	آپ تو اونگھ رہے ہیں۔	You are dozing.	یو آر ڈزنگ۔
۵۴.	میرا بستر کردو۔	Make my bed.	میک مائی بیڈ۔
۵۵.	تمہاری ناک بہہ رہی ہے۔	Your nose is running.	یورنوز از رننگ۔
۵۶.	ہم بہت دیر تک باتیں کرتے رہے۔	We kept talking/chatting till very late.	وی کیپٹ ٹوکنگ/چیٹنگ ٹل ویری لیٹ۔
۵۷.	ڈاکٹر صاحب کو فون کرو۔	Ring up the doctor.	رنگ اپ دَ ڈاکٹر۔
۵۸.	میرے ماموں مجھ سے ملنے آئے ہیں۔	My maternal uncle has come to see me.	مائی میٹرنل انکل ہیز کم ٹو سی می۔
۵۹.	ان کو آپ سے کچھ کام ہے۔	This gentleman has some work with you.	دس جنٹل مین ہیز سم ورک ود یو۔
۶۰.	مجھے اس کے گھر جانا ہے۔	I have to go to his house./I have to call on him.	آئی ہیو ٹو گو ٹو ہز ہاؤس/آئی ہیو ٹو کول اون ہم۔
۶۱.	وہ اپنے والدین سے الگ ہے۔	He lives separately from his parents.	ہی لیوز سپریٹلی فروم ہز پیرنٹس۔
۶۲.	اگر اس نے مجھے کہا ہوتا تو میں رک گیا ہوتا۔	Had he asked me, I would have stayed.	ہیڈ ہی آسکڈ می، آئی ووڈ ہیو اسٹیڈ۔
۶۳.	میں روز سویرے فوارے کے نیچے نہاتا ہوں۔	I take/have a shower-bath every morning.	آئی ٹیک رہیو اے شور باتھ ایوری مورننگ۔

(To Remember) برائے یادداشت

*انگریزی میں لفظ کے آخر میں s لگا کر جمع بناتے ہیں۔ لیکن کچھ الفاظ کے ساتھ s بڑی احتیاط سے لگانا پڑتا ہے۔ مثال کے طور پر son-in-law سن۔ان۔لا (داماد) کی جمع sons-in -law سنز۔ان۔لا ہے، son-in-laws سن۔ان۔لاز نہیں۔ اسی طرح مندرجہ ذیل الفاظ کے جمع بنتے ہیں:

Father- in-law	(فادر۔ان۔لا)	خسر، سسر	Fathers-in-law
Brother-in -law	(بردر۔ان۔لا)	بہنوئی، سالا، دیور	Brothers-in-law
Mother-in-law	(مدر۔ان۔لا)	خوش دامن، ساس	Mothers -in-law
Sister-in-law	(سسٹر۔ان۔لا)	بھابی، سالی، سرج	Sisters-in law
Governor-General	(گورنر جنرل)	سربراہ انتظامیہ	Governors-General
Commander-in-chief	(کمانڈر۔ان۔چیف)	فوج کا سربراہ	Commanders-in-chief

دیکھنا یہ ہوتا ہے کہ الفاظ کے مجموعہ میں جو خاص لفظ ہے۔ اسی کے ساتھ s جوڑا جائے۔ اسی قاعدے کے مطابق step-son اسٹیپ سن (سوتیلا بیٹا) کا جمع step-sons اسٹیپ سنس بنتا ہے اور maid-servant میڈ سرونٹ کی جمع maid-servants میڈ سرونٹس۔

42 بیالیسواں دن
nd Day

(Out of Home) ۲۴. گھر سے باہر

۱.	یہ جوتا بہت تنگ ہے۔	This shoe is very tight.	دس شواز ویری ٹائٹ۔
۲.	یہ سڑک کدھر جاتی ہے۔	Where does this road lead to?	ویئر ڈز دس روڈ لیڈ ٹو؟
۳.	یہ سڑک روہتک جاتی ہے۔	This road leads to Rohtak.	دس روڈ لیڈز ٹو روہتک۔
۴.	ذرا میری سائیکل پکڑنا۔	Just hold my cycle/bike.	جسٹ ہولڈ مائی سائیکل/بائک۔
۵.	مجھے رات کو جاگنا پڑتا ہے۔	I have to keep awake/wake up at night.	آئی ہیو ٹو کیپ اویک/ویک اپ ایٹ نائٹ۔
۶.	ہمیشہ بائیں ہاتھ چلو۔	Always keep to the left.	الویز کیپ ٹو د لیفٹ۔
۷.	ہمیشہ فٹ پاتھ پر چلو۔	Always walk on the footpath.	الویز واک اون د فوٹ پاتھ۔
۸.	جیب تراشوں سے بچو۔	Beware of pickpockets.	بی ویئر اوف پک پاکٹس۔
۹.	مجھے ناٹک دیکھنے کا شوق نہیں ہے۔	I am not fond of theatre/seeing plays.	آئی ایم نوٹ فونڈ اوف تھیئٹر/سی اِنگ پلیز۔
۱۰.	میں نے اپنا مکان بدل لیا ہے۔	I have changed my house/I've shifted from the old place.	آئی ہیو چینجڈ مائی ہاؤس/آئیو شفٹڈ فروم دی اولڈ پلیس۔
۱۱.	کیا یہاں کوئی کرائے کی موٹر مل سکتی ہے؟	Can one get a taxi/cab here?	کین وَن گیٹ اے ٹیکسی، کیب ہیئر؟
۱۲.	چاہے کچھ ہو، ہمیں میٹنگ میں ٹھیک وقت پر پہونچ جانا چاہئے۔	Come what may, we must reach the meeting in time.	کم واٹ مے وی مسٹ ریچ د میٹنگ ان ٹائم۔
۱۳.	یہ سڑک لوگوں کے لئے بند ہے۔	This road is closed to the public.	دس روڈ از کلوزڈ ٹو د پبلک۔
۱۴.	بغیر اجازت اندر آنا منع ہے۔	No entry without permission.	نو انٹری وداؤٹ پرمیشن۔

(To Servant) ۲۵ . ملازم سے

۱.	یہاں آؤ لڑکے!	Come here boy.	کم ہیئر بوائے۔
۲.	کھانا لاؤ۔	Bring the food.	برنگ د فوڈ۔
۳.	ایک گلاس پانی لاؤ۔	Get me a glass of water.	گیٹ می اے گلاس اوف واٹر۔
۴.	وہاں جاؤ اور یہ خطوط لیٹر بکس میں ڈالو۔	Go and post these letters.	گو اینڈ پوسٹ دیز لیٹرس۔
۵.	کپڑے دھوؤ۔	*Wash the clothes.	واش د کلودز۔
۶.	جلدی کرو۔	Hurry up/Make haste.	ہری اپ/میک ہیسٹ۔
۷.	بنڈل اٹھاؤ۔	Lift/Pick up./Carry the bundle.	لفٹ/پک اپ/کیری د بنڈل۔
۸.	مجھے آدھی (ڈبل) روٹی دو۔	Give me half a bread/chapati.	گیومی ہاف اے بریڈ/چپاتی۔

(i) Clothes (کلوز) سلے ہوئے کپڑوں کو کہتے ہیں۔ Cloth بغیر سلے کپڑوں کو

(ii) cloth (کلود) فعل بھی ہے یعنی کپڑے پہننا/پہنانا

۹.	اب تم جاؤ، مجھے کچھ کام کرنا ہے۔	You go now, I have to do some work.	یو گو ناؤ، آئی ہیوٹو ڈو سم ورک
۱۰.	راستہ دکھاؤ۔	Show the way.	شو د وے۔
۱۱.	انہیں باہر چھوڑ آؤ۔	Show him out.	شو ہم آؤٹ۔
۱۲.	بیچ میں مت بولو۔	Don't interrupt.	ڈونٹ انٹرپٹ۔
۱۳.	ذرا سنو۔	Just listen.	جسٹ لسن۔
۱۴.	گھبراؤ نہیں۔	Don't worry.	ڈونٹ وری۔
۱۵.	تھوڑی دیر ٹھہرو۔	Wait a bit.	ویٹ اے بٹ۔
۱۶.	پنکھا چلا دو۔	Switch on the fan.	سوئچ اون دَ فین۔
۱۷.	شور مت مچاؤ۔	Don't make a noise.	ڈونٹ میک اے نوائز۔
۱۸.	دیکھو! بچہ کیوں رو رہا ہے۔	Go and see why the child is weeping/crying.	گو اینڈ سی وائی دچائیلڈ از ویپنگ/کرائنگ۔
۱۹.	ذرا کاغذ پنسل دینا۔	Give me a pencil and a piece of paper.	گیو می اے پنسل اینڈ اے پیس اوف پیپر۔
۲۰.	جب تک میں نہ آؤں یہیں بیٹھے رہو۔	Wait here until I'm back.	ویٹ ہیئر انٹل آئم بیک۔
۲۱.	اب تم جا سکتے ہو۔	You may go now.	یو مے گو ناؤ۔
۲۲.	مجھے چار بجے جگا دینا۔	Wake me up at 4 o'clock.	ویک می اپ ایٹ فوراوکلوک۔
۲۳.	لیمپ جلاؤ۔	Light the lamp.	لائٹ دَلیمپ۔
۲۴.	لائٹ کھولو/بند کرو۔	Switch on/off the light.	سوئچ اون/اوف دَ لائٹ۔
۲۵.	ایک طرف ہو جاؤ۔	Move aside.	موو اسائیڈ۔
۲۶.	اپنی عقل سے کام کرو۔	Use your mind/brains.	یوز یور مائنڈ/برینس۔
۲۷.	کل جلدی آنا نہ بھولنا۔	Don't forget to come early tomorrow.	ڈونٹ فورگیٹ ٹو کم ارلی ٹومورو۔
۲۸.	بس، اب تھوڑا آرام کرلو۔	Go and relax for a while.	گو اینڈ ریلیکس فور اے وائیل۔

(To Remember) برائے یادداشت

اسم کی طرح کئی صفت کے صرف آخری حصے کو دیکھ کر پہچانا جا سکتا ہے۔ Articles of daily use are now available in the market. (روز مرّہ کام میں آنے والی چیزیں اب بازار میں ملتی ہیں) avail فعل کے آگے able لگا کر available صفت بنایا گیا ہے۔ اسی طرح agreeable (اچھا لگنے والا) comfortable (آرام دہ) dependable (جس پر منحصر رہ سکیں) eatable (کھانے لائق) manageable (انتظام کرنے لائق) payable (جسکی ادائیگی کی جا سکے)، saleable (قابلِ فروخت) washable (دھونے لائق) اصل مادہ (اسم یا فعل) میں able لگانے سے بنے ہیں۔ کئی بار able کا کام کرنے کے لئے ible بھی لگتا ہے۔ جیسے: combust (جلنا) سے combustible (جلنے والا) eligible (قابل انتخاب) illegible (جو پڑھا نہ جا سکے)

کچھ اسماء اور افعال کے آخر میں al لگا کر بھی صفت بنتے ہیں جیسے:

brute سے	brutal	(ظالم)	continue سے	continual	(لگاتار)
centre سے	central	(درمیانی)	term سے	terminal	(آخری حصہ کا)

ایسے میں لفظ کے آخر میں اگر 'e' ہو تو وہ ہٹ جاتی ہے۔

43 rd Day تینتالیسواں دن

۲۶. ملنے پر (On Meeting)

آپ کے آنے سے بڑا لطف رہا۔	۱.	It's been nice seeing you.	اٹس بین نائس سی ئنگ یو۔
اب کب ملاقات ہوگی؟	۲.	When do I see you again./	وین ڈو آئی سی یو اگین؟
		When shall we meet again?	وین شیل وی میٹ اگین؟
آپ سے ملکر بڑی خوشی ہوئی۔	۳.	I am glad to see you!	آئی ایم گلیڈ ٹو سی یو۔
ایک ضروری کام آگیا ہے۔	۴.	There is something important to do.	دیرَ از سمتھنگ امپورٹینٹ ٹو ڈو۔
آپ اس دن کیوں نہیں آئے؟	۵.	Why didn't you come that day?	وائی ڈڈنٹ یو کم دیٹ ڈے؟
تم غلطی پر ہو۔	۶.	You are mistaken./You are at fault.	یو آر مسٹیکن ۔ یو آر ایٹ فولٹ۔
تم بہت دنوں سے نظر نہیں آئے۔	۷.	Long time no see. (informal)./	لونگ ٹائم نو سی ۔ ر
		Didn't see you for a long time.	ڈڈنٹ سی یو فورا ے لونگ ٹائم۔
انہوں نے آپ کو یاد کیا ہے۔	۸.	He has asked for you.	ہی ہیز آسکڈ فور یو۔
ابھی میرا کام ختم نہیں ہوا۔	۹.	My work is not yet over.	مائی ورک از نوٹ یٹ اوور۔
میں آپ سے صلاح لینے آئی ہوں۔	۱۰.	I've come to seek your advice.	آئیوکم ٹو سیک یور ایڈوائس۔
مجھے تم سے باتیں کرنی ہیں۔	۱۱.	I wish to talk to you.	آئی وش ٹو ٹوک ٹو یو۔
آپ کا بڑا انتظار کیا۔	۱۲.	I waited long for you.	آئی ویٹڈ لونگ فور یو۔
آپ آدھا گھنٹہ دیر سے ہیں۔	۱۳.	You are late by half an hour.*	یو آر لیٹ بائی ہاف این آور۔
ہم بہت ہی جلدی آگئے ہیں۔	۱۴.	We have come too early.	وی ہیو کم ٹو ارلی۔
آپ کا کیا حال چال ہے؟	۱۵.	How are you?	ہاؤ آر یو؟
اس سے میرا تعارف کرا دو۔	۱۶.	Introduce me to him.	انٹروڈیوس می ٹو ہم۔
اپنی راضی خوشی کا تار دو۔	۱۷.	Wire about your welfare.	وائر اباؤٹ یور ویلفیئر۔
ہر روز ورزش ضرور کرو۔	۱۸.	Take exercise daily/everyday.	ٹیک ایکسر سائز ڈیلی/ایوری ڈے۔
زمانے سے اسکی کوئی خبر نہیں آئی۔	۱۹.	I haven't heard about him for long.	آئی ہیونٹ ہرڈ اباؤٹ ہم فور لونگ۔
کوئی اچھی خبر سنائیے۔	۲۰.	Let's have some good news.	لیٹس ہیو سم گڈ نیوز۔
آپ کا خط ابھی ابھی ملا ہے۔	۲۱.	Your letter has just been received.	یور لیٹر ہیز جسٹ بین ریسیوڈ۔
جاتے ہی خط لکھنا۔	۲۲.	Write immediately on reaching.	رائٹ امی جیئیٹلی اون ریچنگ۔

۲۳.	کہیں بھول نہ جانا۔	Don't forget it./Keep it in mind.	ڈونٹ فورگیٹ اٹ رکیپ اٹ ان مائنڈ۔
۲۴.	ان کے آجانے پر مجھے خبر دینا۔	Let me know when he comes.	لیٹ می نو وین ہی کمس۔
۲۵.	پھر ملیں گے۔	See you again.	سی یو اگین۔
۲۶.	انہیں میرا سلام لکھ دینا۔	Give/convey my regards to him.	گیو رکنوے مائی ریگارڈس ٹو ہم۔
۲۷.	کبھی کبھی خط ضرور ڈال دیا کرو۔	Do write to me sometimes/off and on.	ڈو رائٹ ٹو می سم ٹائمز راوف اینڈ اون
۲۸.	مجھے اپنا پتہ دیتے جائیے۔	Please give me your address.	پلیز گیو می یور ایڈرس۔
۲۹.	اگلے اتوار مجھے ملو۔	Meet me next Sunday.	میٹ می نیکسٹ سنڈے۔
۳۰.	کیا تم نے اس کیساتھ ملاقات طے کرلی ہے۔	Have you arranged/fixed up a meeting with her/him?	ہیو یو ارینجڈ ر فکسڈ اپ اے میٹنگ ود ہر رہم۔
۳۱.	ان سے مل کر بڑی خوشی ہوئی۔	It was nice meeting him.	اٹ واز نائس میٹنگ ہم۔
۳۲.	آپ کسی وقت بھی آئیے۔	You are always welcome.	یو آر اولویز ویلکم
۳۳.	تکلف مت کیجئے۔	There is no need for formality./Don't be formal.	دیئر از نو نیڈ فور فورمیلیٹی رڈونٹ بی فورمل۔
۳۴.	میرے تعلقات اس کے ساتھ بگڑے ہوئے ہیں۔	I am not on good terms with him.	آئی ایم نوٹ اون گڈ ٹرمز ود ہم۔
۳۵.	ہمارے آپسی تعلقات بہت اچھے ہیں۔	We have an excellent/perfect relationship with each other.	وی ہیو این ایکسلینٹ ر پرفیکٹ ریلیشن شپ ود ایچ ادر۔
۳۶.	آج کی سہانی رخوبصورت شام کے لئے شکریہ	Thanks for a pleasant/wonderful/lovely evening!	تھینکس فور اے پلیزنٹ رونڈرفل ر لولی ایوننگ۔

44th Day چوالیسواں دن

۲۷. خریداری (Shopping)

۱.	وہ تو ایک معمولی دکاندار ہے۔	He is a petty/an ordinary shopkeeper.	ہی از اے پیٹی/این اورڈینری شوپ کیپر۔
۲.	ریڑی والے اونچی آواز سے چلّا رہے ہیں۔	The hawkers are shouting at the top of their voice.	دہوکرز آر شاؤٹنگ ایٹ دٹوپ اوف دیئر وآئس۔
۳.	یہ چاول گھٹیا درجے کا ہے۔	This rice is of an inferior quality.	دس رائز از اوف این انفیریر کوالٹی۔
۴.	یہ چیز کوڑیوں کے بھاؤ بک رہی ہے۔	This article is selling at a throw-away price.	دس آرٹیکل از سیلنگ ایٹ اے تھرواوے پرائس۔
۵.	آج کل تجارت سُست ہے۔	There is depression in trade these days./ There is a slump in business these days.	دیئر از ڈیپریشن ان ٹریڈ دیز ڈیز/ دیئر از اے سلمپ ان بزنس دیز ڈیز۔
۶.	یہ کتاب دھڑا دھڑ بک رہی ہے۔	This book is selling like hot cakes.	دس بک از سیلنگ لائک ہوٹ کیکس۔
۷.	میرے پاس پچاس پیسے کم ہیں۔	I am short by fifty paise.	آئی ایم شورٹ بائی ففٹی پیسے۔
۸.	وہ حلوائی باسی چیزیں بیچتا ہے۔	This confectioner sells stale stuff/things.	دس کنفکشنر سیلز اسٹیل اسٹف/تھنگز
۹.	تم نے مجھے ایک روپیہ کم دیا۔	You have given me one rupee less.	یو ہیو گیون می ون روپی لیس۔
۱۰.	یہ کپڑا دھونے پر سکڑ جاتا ہے۔	This cloth shrinks on washing.	دکلوتھ شرنکس اون واشنگ۔
۱۱.	یہ آم زیادہ پکا ہوا ہے۔	This mango is over-ripe.	دس مینگو از اوور رائپ۔
۱۲.	ہڑتال کی وجہ سے سب کام بند ہے۔	Everything is closed because of the strike.	ایوری تھنگ از کلوزڈ بکاؤز اوف د اسٹرائیک۔
۱۳.	ہر طرح کا کپڑا اس دکان سے مل سکتا ہے۔	All varieties of cloth are available at this shop.	اول ورائٹیز اوف کلوتھ آر اویلیبل ایٹ دس شوپ۔
۱۴.	یہ کتاب خوب چلتی ہے۔	This book is very popular.	دس بک از وری پاپولر۔
۱۵.	دام گر رہے ہیں۔	The prices are falling.	دپرائسز آر فالنگ۔
۱۶.	یہ کوٹ تنگ ہے۔	This coat is tight for me.	دس کوٹ از ٹائٹ فور می۔
۱۷.	یہ کرسی ساٹھ روپے میں بہت سستی ہے۔	This chair is quite cheap for sixty rupees.	دِس چیئر از کوائٹ چیپ فور سکسٹی روپیز۔
۱۸.	بال بہت چھوٹے نہ کاٹنا۔	Don't cut the hair too short.	ڈونٹ کٹ دہیئر ٹو شورٹ۔
۱۹.	ادھار کبھی مت خریدو۔	Don't buy on credit.	ڈونٹ بائی اون کریڈٹ۔
۲۰.	میرا حساب چکا دو۔	Clear my accounts.	کلیئر مائی اکاؤنٹس۔
۲۱.	بازار سے بیس روپئے کا آٹا لے آؤ۔	Bring flour for twenty rupees from the bazaar/market.	برنگ فلور فور ٹوئنٹی روپیز فروم د بازار/مارکیٹ۔
۲۲.	میری پتلون ڈھیلی/تنگ ہے۔	My trousers are loose/tight.	مائی ٹراؤزرز آر لوز/ٹائٹ۔

۲۳.	میری گھڑی کو تیل اور صفائی چاہئے۔	My watch needs cleaning and oiling.	مائی واچ نیڈز کلینگ اینڈ آئلنگ۔
۲۴.	کیا تمہیں اپنا جوتا پاؤں میں لگتا ہے۔	Does your shoe pinch you?	ڈز یور شو پنچ یو؟
۲۵.	یہ کپڑا کوٹ کے لئے پورا ہے۔	This cloth is enough for a coat.	دس کلوتھ از انف فور اے کوٹ۔
۲۶.	میرا ناپ لو۔	Take my measurements.	ٹیک مائی میزرمنٹس۔
۲۷.	مجھے کچھ اچھی کتابیں دیجئے۔	Give me some good books.	گیو می سم گڈ بکس۔
۲۸.	ڈاکٹر صاحب کا کام خوب چلتا ہے۔	The doctor has a large practice.	دَ ڈاکٹر ہیز اے لارج پریکٹس۔
۲۹.	اس قمیص کے ٹھیک ٹھیک دام لے لو۔	Charge a reasonable price for this shirt.	چارج اے ریزنیبل پرائس فار دس شرٹ۔
۳۰.	کیا مال اچھا ہے؟	Is the stuff good?	از د اسٹف گڈ؟
۳۱.	رنگ پکا ہے نا؟	Is the colour fast?	از د کلر فاسٹ؟
۳۲.	یہاں سے بازار کتنی دور ہے؟	How far is the market from here?	ہاؤ فار از د مارکیٹ فروم ہیئر؟
۳۳.	کافی دور ہے۔	It's quite far.	اٹس کوائٹ فار۔
۳۴.	اگر تم ایک ہی جگہ سے ساری چیزیں خریدنا چاہتے ہو تو سُپر بازار میں جاؤ۔	If you wish to buy everything from one place, go to Super Bazaar.	اف یو وش ٹو بائی ایوری تھنگ فروم ون پلیس، گو ٹو سپر بازار۔
۳۵.	یہ دکان دار ملاوٹ کی ہوئی چیزیں بیچتا ہے۔	This shopkeeper sells adulterated stuff/things.	دس شوپ کیپر سیلز اڈلٹریٹڈ اسٹف/تھنگز۔
۳۶.	کیا آپ چیک قبول کرتے ہیں۔	Do you accept cheques?	ڈو یو ایکسپٹ چیکس؟
۳۷.	یہ میلا/ گندا ہے۔	It's soiled/dirty.	اٹس سوائلڈ/ڈرٹی۔
۳۸.	یہ پھٹا ہوا ہے۔	It's torn.	اٹس ٹورن۔
۳۹.	یہ بالکل نیا ہے۔	It's brand new.	اٹس برانڈ نیو۔
۴۰.	یہ دکان دار ادھار چیزیں نہیں بیچتا۔	This shopkeeper doesn't sell things on credit.	دس شوپ کیپر ڈزنٹ سیل تھنگز اون کریڈٹ۔

لوگوں/ چیزوں سے متعلق (Describing People/Things)

۱.	وہ لمبا ہے۔	He is tall.	ہی از ٹال۔
۲.	وہ چھوٹے قد کی ہے۔	She is short.	شی از شورٹ۔
۳.	سمیر درمیانی قد کا ہے۔	Sameer is of medium height.	سمیر از اوف میڈیم ہائٹ
۴.	ممتا موٹی ہے۔	Mamta is fat.	ممتا از فیٹ۔
۵.	کٹی دبلی پتلی ہے۔	Kitty is slim.	کٹی از سلم۔
۶.	نتن کا جسم سڈول ہے۔	Nitin is well built.	نتن از ویل بلٹ۔
۷.	نیہا خوبصورت ہے۔	Neha is pretty/beautiful.	نیہا از پریٹی/ بیوٹی فل۔
۸.	وپن خوبصورت ہے۔	Vipin is handsome.	وپن از ہینڈسم۔
۹.	سیمی گوری ہے۔	Simi is fair.	سیمی از فیئر۔
۱۰.	سوربھ سانولہ/کالا ہے۔	Saurabh is dark.	سوربھ از ڈارک۔

۱۱. اس کا رنگ گیہواں ہے۔	His complexion is wheatish.	ہز کمپلیکشن از وھیٹش۔
۱۲. نتن کے مونچھ ہے۔	Nitin has moustache.	نتن ہیز مسٹیچ۔
۱۳. مسٹر سنگھ کے داڑھی رمونچھ ہے۔	Mr. Singh has a beard/moustache.	مسٹر سنگھ ہیز اے بیرڈ رمسٹیچ۔
۱۴. پردیپ کی داڑھی مونچھ نہیں ہے۔	Pradeep is clean-shaved.	پردیپ از کلین شیوڈ۔
۱۵. یہ بکس وزنی ہے۔	This box is heavy.	دس بوکس از ہیوی۔
۱۶. یہ پیکٹ ہلکا ہے۔	This packet is light.	دس پیکٹ از لائٹ۔
۱۷. یہ میز گول ہے۔	This table is round.	دس ٹیبل از راؤنڈ۔
۱۸. میرا پرس چوکور ہے۔	My purse is square.	مائی پرس از اسکوائر۔
۱۹. یہ ٹوکری انڈا نما ہے۔	This basket is oval.	دس باسکٹ از اوول۔
۲۰. یہ کتاب مدور ہے۔	This book is circular.	دس بک از سرکولر۔
۲۱. یہ کنواں بہت گہرا ہے۔	This well is very deep.	دس ویل از ویری ڈیپ۔
۲۲. یہ تالاب اتھلا ہے۔	This pond is shallow.	دس پونڈ از شیلو۔
۲۳. یہ راستہ لمبا ہے لیکن محفوظ ہے۔	This route is long but safe.	دس روٗٹ از لونگ بٹ سیف۔
۲۴. یہ راستہ چھوٹا ہے لیکن خطرناک ہے۔	This route is short but risky/dangerous.	دس روٗٹ از شورٹ بٹ رسکی رڈینجرس۔
۲۵. چپاتی باسی اور سخت ہے۔	This chapati is stale and hard.	دس چپاتی از اسٹیل اینڈ ہارڈ۔
۲۶. ڈبل روٹی تازی اور نرم ہے۔	The bread is fresh and soft.	دبریڈ از فریش اینڈ سوفٹ۔
۲۷. کھانا بہت لذیذ ہے۔	The food is delicious.	دفوڈ از ڈیلیشیس۔
۲۸. دو گھروں کے درمیان اونچی دیوار ہے۔	There is a high wall between the two houses.	دیئر از اے ہائی وال بٹوین د ٹو ہاؤسز۔
۲۹. اس کمرے کی چھت نیچی ہے۔	This room has a low ceiling.	دس روم ہیز اے لو سیلنگ۔

برائے یادداشت (To Remember)

جن الفاظ کے آخر میں ant ہوتا ہے وہ اسم یا صفت ہوتے ہیں۔ جیسے: abundant (کافی مقدار میں موجود)، distant (دورکا)، ignorant (نافہم)، important (ضروری)، یہ لفظ صفت ہیں مگر applicant (مدعی رلتجی)، servant (سرونٹ) نوکر، وغیرہ اسم ہیں اگرچہ ان کے آخر میں بھی ant ہے۔ ent میں ختم ہونے والے لفظ بھی (ant میں ختم ہونے والے الفاظ کے جیسے) اسم جیسے کہ ascent (چڑھائی)، comment (رائے زنی) بھی ہوتے ہیں اور صفت بھی۔ جیسے: content (قناعت)، dependent (منحصر)، excellent (اعلیٰ، نفیس)، intelligent (ذہین وفطین) violent (متشدد) وغیرہ۔

صفت کی موٹی پہچان میں سے ایک یہ ہے کہ لفظ کے آخر میں ful ہو۔ مثال کے طور پر. This is a beautiful garden (یہ خوبصورت باغ ہے)۔ یہاں beauty میں ful لگایا گیا ہے اور y بدل کر i ہوگیا ہے۔ کچھ اور مثالیں:

awe	سے awful	(اوفل)	بھیانک	bash	سے bashful	(بیش فل)	شرمناک
colour	سے colourful	(کلرفل)	رنگین	delight	سے delightful	(ڈیلائٹ فل)	پرمسرت
power	سے powerful	(پاورفل)	قوی	truth	سے truthful	(ٹرتھ فل)	سچا

45th Day
پینتالیسواں دن

---

۲۸. مطالعہ (Study)

۱	جیسی ہم محنت کریں گے ویساہی انعام ملے گا۔	As we labour, so shall we be rewarded./ Our reward will depend on our labour.	ایزوی لیبر، سوشیل وی بی ریوارڈڈ۔ر آور ریوارڈ وِل ڈیپنڈاوَن آور لیبر۔
۲	آپ نے انگریزی کی کون کون سی کتابیں پڑھی ہیں۔	Which books in English have you read?	وچ بکس اِن انگلش ہیو یو ریڈ؟
۳	میں اتنا تھک گیا ہوں کہ اپنے درجے میں پڑھنے نہیں جاسکا۔	I'm too tired to attend the class.	آئم ٹو ٹائرڈ ٹو اٹینڈ دَ کلاس۔
۴	اس کا امتحان کب سے ہے؟	When does her examination begin?	وین ڈز ہراگزامینیشن بگن؟
۵	میں اس سال بی۔اے پاس کرلوں گا۔	I'll pass my B.A. this year./ I'll be a graduate this year.	آئل پاس مائی بی اے دِس ایئر۔ر آئل بی اے گریجویٹ دِس ایئرز۔
۶	آج میں کچھ نہیں پڑھ سکا۔	I couldn't study anything today.	آئی کڈنٹ اسٹڈی اینی تھنگ ٹوڈے
۷	وہ بی۔اے امتحان میں ناکامیاب ہوگیا۔	He failed in the B.A. examination.	ہی فیلڈ اِن دَ بی۔اے اگزامینیشن
۸	سوال بڑا آسان ہے۔	The question is very easy.	دکوشچن اِز ویری ایزی۔
۹	نہ تو آشا اور نہ ہی اسکی بہن لگا تار اسکول آتی ہے۔	Neither Asha nor her sister comes to school regularly.	نائدر آشا نور ہر سسٹر کمز ٹو اسکول ریگولرلی۔
۱۰	میں ضرور پاس ہوجاؤں گا۔	I'll definitely pass/get through.	آئل ڈیفینٹلی پاس رگیٹ تھرو۔
۱۱	میں نے پچھلی رات بڑی مزیدار کتاب پڑھی۔	I read a very interesting book last night.	آئی ریڈ اے ویری انٹرسٹنگ بک لاسٹ نائٹ۔
۱۲	وہ ہندی میں کمزور ہے۔	He is weak in Hindi.	ہی اِز ویک اِن ہندی۔
۱۳	آج کل درجہ جلدی لگ جاتا ہے۔	Classes start early nowadays/these days.	کلاسز اسٹارٹ ارلی ناوڈے اڈیز رِدیز ڈیز۔
۱۴	ہم نے اپنی پڑھائی پوری کرلی۔	We have completed/finished our studies.	وی ہیو کمپلیٹڈ رفنشڈ آور اسٹڈیز۔
۱۵	تم یا تو اس سے معافی مانگو یا پھر جرمانہ ادا کرو۔	Either you beg his pardon or pay the fine.	آئیدر یو بیگ ہز پارڈن اور پے دَ فائن۔
۱۶	اسے کچھ نہیں آتا جاتا۔	He doesn't know anything./He's good for nothing.	ہی ڈزنٹ نو اینی تھنگ۔رہیز گڈ فور نتھنگ۔
۱۷	وہ بدھ سے حاضر نہیں ہے۔	She has been absent since Wednesday.	شی ہیز بین ایبسنٹ سنس وینزڈے۔
۱۸	میرے پاس اپنا کام پورا کرنے کا وقت نہیں۔	I had no time to finish my work.	آئی ہیڈ نو ٹائم ٹو فنش مائی ورک۔
۱۹	اس کا مطلب کیا ہے؟	What does it mean?	واٹ ڈز اٹ مین؟
۲۰	وہ اچھی طرح جی لگا کر پڑھتی ہے۔	She takes keen interest in her studies.	شی ٹیکس کین انٹرسٹ اِن ہر اسٹڈیز۔
۲۱	طلباء کو نتیجہ کل پتہ چلے گا۔	The students will know the result tomorrow.	دَ اسٹوڈنٹس وِل نو دَ رزلٹ ٹومورو۔
۲۲	تم امتحان میں پاس ہوگئے۔	You have passed the examination.	یو ہیو پاسڈ دَ اگزامینیشن۔

۲۳.	مجھے پڑھنے کیوں نہیں دیتے؟	Why don't you let me read/study.	وائی ڈونٹ یو لیٹ می ریڈ/اسٹڈی؟
۲۴.	اگر تم پاس ہوئے تو تمہارے والدین خوش ہوں گے۔	If you pass, your parents will be happy.	اف یو پاس، یور پیرنٹس ول بی ہیپی۔
۲۵.	میں انگریزی بولنا جانتی ہوں۔	I know how to speak English.	آئی نو ہاؤ ٹو سپیک انگلش۔
۲۶.	تم کس کالج میں پڑھتے ہو؟	In which college are you?	ان وچ کالج آر یو؟
۲۷.	تمہاری پڑھائی کیسی چل رہی ہے؟	How are you getting on with your studies?	ہاؤ آر یو گیٹنگ اون ود یور اسٹڈیز؟
۲۸.	میں اس کالج میں دو سال سے ہوں۔	I have been in this college for two years.	آئی ہیو بین ان دس کالج فور ٹو ایئرز۔
۲۹.	میں اس کالج میں ۱۹۸۰ء سے ہوں۔	I have been in this college since 1980.	آئی ہیو بین ان دس کالج سنس ۱۹۸۰ء۔
۳۰.	تمہارا اسکول اچھا ہے۔	Your school is good.	یور اسکول از گڈ۔
۳۱.	وہ انگریزی میں اچھا ہے۔	He is good at English.	ہی از گڈ ایٹ انگلش۔
۳۲.	وہ اس سال امتحان میں نہیں بیٹھے گا۔	He is dropping out of the examination this year.	ہی از ڈروپنگ آوٹ اوف دی اگزامنیشن دس ایئر۔
۳۳.	وہ کھیلوں میں بہت ہوشیار ہے۔	He is a good sportsman.	ہی از اے گڈ اسپورٹس مین۔
۳۴.	تمہاری لکھائی اچھی نہیں ہے۔	Your handwriting is not good.	یور ہینڈرائٹنگ از نوٹ گڈ۔
۳۵.	کتاب ابھی اپنے پاس ہی رہنے دو۔	Keep the book with you for the present.	کیپ دَ بک ودیو فور دَ پریزینٹ۔
۳۶.	وہ اکثر اسکول سے بھاگ جاتا ہے۔	He often runs away from the school.	ہی آفن رنز اوے فروم دَ سکول۔
۳۷.	آپ کا دھیان کس طرف ہے؟	What are you looking at?/ Why don't you pay attention?	واٹ آر یو لکنگ ایٹ؟/ وائی ڈونٹ یو پے اٹینشن؟
۳۸.	کیا آپ کا ہیڈ ماسٹر پر کوئی اثر نہیں؟	Don't you have any influence on the headmaster?	ڈونٹ یو ہیو اینی انفلوئنس اون دَ ہیڈ ماسٹر؟
۳۹.	ہمارے اسکول میں کل چھٹیاں ہو جائیں گی۔	Our school will be closed for vacation from tomorrow.	آور اسکول ول بی کلوزڈ فور ویکیشن فروم ٹومورو۔
۴۰.	لڑکو! وقت ختم ہو گیا، پرچے دے دو۔	Boys, time is over, hand in your papers.	بوائز، ٹائم از اوور، ہینڈ ان یور پیپرس۔
۴۱.	نیا نظام الاوقات پہلی مئی سے چالو ہوگا۔	The new time table will come into force from 1st May.	دَ نیو ٹائم ٹیبل ول کم انٹو فورس فروم فرسٹ مے۔
۴۲.	بکواس کیوں کرتے ہو، منہ بند کرو؟	Why do you chatter/speak nonsense? Hold your tongue./Keep shut.	وائی ڈو یو چیٹر/اسپیک نون سنس۔ ہولڈ یور ٹنگ/کیپ شٹ۔
۴۳.	میرے پاس فالتو پنسل نہیں ہے۔	I don't have a spare pencil.	آئی ڈونٹ ہیو اے اسپیئر پنسل۔
۴۴.	ہماری آپس میں بول چال نہیں ہے۔	We are not on speaking terms.	وی آر نوٹ اون اسپیکنگ ٹرمز۔
۴۵.	ہمارا ایک دوسرے کے گھر آنا جانا نہیں ہے۔	We are not on visiting terms.	وی آر نوٹ اون وزیٹنگ ٹرمز۔
۴۶.	یہ طالب علم دسویں درجہ میں نہیں چل سکے گا۔	This boy won't be able to get on in the 10th class.	دس بوائے وونٹ بی ایبل ٹو گیٹ اون ان دَ ٹینتھ کلاس۔
۴۷.	بک بک مت کرو۔	Don't speak nonsense./Stop yapping.	ڈونٹ اسپیک نون سنس۔/اسٹوپ یپنگ۔
۴۸.	کیا حاضری لگ گئی۔	Has the roll been called?	ہیز دَ رول بین کالڈ؟

۴۹.	حساب تو میرے لئے ہَوّا ہے۔	Mathematics is my bugbear.	میتھے میٹکس از مائی بگ بیئر۔
۵۰.	ساری کوششیں ناکام رہیں۔	All the efforts failed.	اول دا فورٹس فیلڈ۔
۵۱.	نرین درجے کا سب سے ہوشیار طالب علم ہے۔	Naren is the best boy in the class.	نرین از دبیسٹ بوائے ان دکلاس۔
۵۲.	وہ مجھ سے ایک سال پیچھے ہے۔	He is junior to me by one year.	ہی از جونیئر ٹومی بائی ون ایئر۔
۵۳.	اچھا طالب علم درجہ کا نام روشن کرتا ہے۔	A good boy brings credit to his class.	اے گڈ بوائے برنگز کریڈٹ ٹو ہز کلاس۔
۵۴.	وہ حساب میں مجھ سے آگے ہے۔	He is ahead of me in Mathematics.	ہی از اہیڈ اوف می ان میتھے میٹکس۔
۵۵.	یہ پیپر کس نے بنایا ہے؟	Who has set this paper?	ہو ہیز سیٹ دس پیپر؟
۵۶.	اسکول جانے کا وقت ہو گیا۔	It is time for school.	اٹ از ٹائم فور اسکول۔
۵۷.	لڑکا اسکول نہیں آیا۔	The boy did not come to school.	دبوائے ڈڈ نوٹ کم ٹو اسکول۔
۵۸.	لڑکے نے نظم سنائی۔	The boy recited a poem.	دبوائے ریسائیٹڈ اے پوئم۔
۵۹.	کیا کوئی فالتو کوپی آپ کے پاس ہے؟	Do you have a spare exercise book/notebook?	ڈو یو ہیو اے اسپیئر اکسرسائز بک/نوٹ بک۔
۶۰.	صدر مدرس نے میرا جرمانہ معاف کر دیا۔	The headmaster exempted my fine.	دہیڈ ماسٹر اگزمپٹیڈ مائی فائن۔
۶۱.	اسے انگریزی میں ڈسٹنکشن ملی ہے۔	He has got a distinction in English.	ہی ہیز گوٹ اے ڈسٹنکشن ان انگلش۔
۶۲.	تمہارے پاس آرٹس کے مضمون ہیں یا سائنس کے؟	Have you offered arts or science?	ہیو یو اوفرڈ آرٹس اور سائنس؟
۶۳.	میرے پاس علم طبیعیات، علم کیمیا اور علم الحیات ہے۔	I have offered Physics, Chemistry and Biology.	آئی ہیو اوفرڈ فزکس، کیمسٹری اینڈ بایولوجی۔

(To Remember) برائے یادداشت

He recalled his school days. (یہ قرض بیس سال میں لوٹا دینا چاہیئے) This loan is repayable within twenty years. (اس نے اپنے اسکول کے دن یاد کئے) When will you return? (آپ کب لوٹیں گے؟) ان جملوں میں:

repayable = re + payable
recall = re + call
return = re + turn

re تینوں الفاظ کے شروع میں ہے۔ 're' کا معنیٰ ہے 'واپس' جس سے:

re + payable = واپس + دیا یعنی لوٹانے لائق
re + call = واپس + بلانا یعنی یاد کرنا
re + turn = واپس + مڑنا یعنی واپس آنا

re کو لاحقہ (prefix) کہتے ہیں اس کے جوڑ سے بنے کچھ اور لفظ:

remark	(ریمارک)	تشریح کرنا	replace	(ریپلیس)	ایک کے بدلے دوسرے کو رکھنا
remove	(ریموو)	ہٹانا	remind	(ریمائنڈ)	یاد کرانا
rejoin	(ریجوائن)	دوبارہ شامل ہونا	reform	(ریفارم)	سدھارنا

46th Day چھیالیسواں دن

۲۹. صحت (A) (Health)

۱.	کل رات مجھے بخار ہوگیا تھا۔	I had fever last night.	آئی ہیڈ فیور لاسٹ نائٹ۔
۲.	بخار اترنے پر تین بار کونین کھانا۔	Take quinine thrice after the fever is down.	ٹیک کونین تھرائس آفٹر دفیور از ڈاؤن۔
۳.	مجھے اپنی صحت کی فکر ہے۔	I am worried about my health.	آئی ایم وریڈ اباؤٹ مائی ہیلتھ۔
۴.	وہ آنکھوں کا ڈاکٹر ہے۔	He is an eye specialist.	ہی از این آئی اسپیشلسٹ۔
۵.	اس کی صحت بگڑ گئی۔	He is run down in health.	ہی از رن ڈاؤن ان ہیلتھ۔
۶.	میرے پیر کے انگوٹھے پر چوٹ آئی ہے۔	I've hurt my big toe.	آئیو ہرٹ مائی بگ ٹو۔
۷.	اس کے سب دانت ٹھیک ہیں۔	All his teeth are intact.	اول ہز ٹیتھ آر انٹیکٹ۔
۸.	وہ کانا ہے۔	He is blind in one eye.	ہی از بلائنڈ ان ون آئی۔
۹.	وہ لنگڑا ہے۔	He is lame.	ہی از لیم۔
۱۰.	مجھے اکثر قبض رہتی ہے۔	I often have constipation.	آئی اوفن ہیو کونسٹی پیشن۔
۱۱.	میرا پیٹ خراب ہے۔	My digestion is bad./My stomach is upset.	مائی ڈائجیشن از بیڈ۔/مائی اسٹومک از اپسیٹ۔
۱۲.	دھیرے دھیرے میرا سر دبا دینا۔	Press my head gently.	پریس مائی ہیڈ جنٹلی۔
	اس سے مجھے آرام ملتا ہے۔	It's comforting.	اٹس کمفورٹنگ۔
۱۳.	اس کی آنکھیں دکھتی ہیں اور پانی بہتا ہے۔	His eyes are sore and watering.	ہز آئیز آر سور اینڈ واٹرنگ۔
۱۴.	اس کے سارے جسم پر پھوڑے پھنسیاں ہیں۔	His body is covered with boils.	ہز بڈی از کورڈ ود بوائلز۔
۱۵.	آج کل شہر میں ہیضہ پھیل گیا ہے۔	These days/nowadays cholera has spread in the city.	دیز ڈیز/ ناؤ اے ڈیز کولرا ہیز اسپریڈ ان د سیٹی۔
۱۶.	ورزش سبھی امراض کی اچوک دوا ہے۔	Exercise is a panacea for all diseases.	اکسر سائز از اے پناسیا فور اول ڈیزیز۔
۱۷.	اسے دل کی بیماری ہے۔	He has heart trouble.	ہی ہیز ہرٹ ٹربل۔
۱۸.	دوا کڑوی ہوتی ہے لیکن مریض کو ٹھیک کرتی ہے۔	Medicine is bitter but it cures the patient.	میڈیسین از بٹر بٹ اٹ کیورز د پیشنٹ۔
۱۹.	آج کل بخار زور پر ہے۔ ڈاکٹر پیسہ بنا رہے ہیں۔	Nowadays fever is raging violently and the doctors are minting money.	ناؤ اے ڈیز فیور از ریجنگ وایولنٹلی اینڈ د ڈاکٹرز آر منٹنگ منی۔
۲۰.	کیا تمہیں تھرمامیٹر دیکھنا آتا ہے۔	Can you read the thermometer?	کین یو ریڈ د تھرمامیٹر؟
۲۱.	شہر میں چیچک اور بخار بہت زور پر ہے۔	Small pox and fever are raging in the city.	اسمول پوکس اینڈ فیور آر ریجنگ ان دسیٹی۔
۲۲.	آپ کے بھائی کو کب سے بخار ہے؟	How long has your brother been down with fever?	ہاؤ لونگ ہیز یور بردر بین ڈاؤن ود فیور؟
۲۳.	کونین ملیریا کی پر اثر دوا ہے۔	Quinine is an effective remedy for malaria.	کونین از این افکٹیو ریمیڈی فور ملیریا۔
۲۴.	مجھے بخار لگ رہا ہے۔	I'm feeling feverish.	آئم فیلنگ فیورش۔

۲۵. کسی ڈاکٹر کو دکھاؤ۔	Consult a/some doctor.	کنسلٹ اے/سم ڈاکٹر۔
۲۶. اسے پرانا بخار ہے۔	He has chronic fever.	ہی ہیز کرونک فیور۔
۲۷. اس کا بخار اتر گیا۔	His fever is down.	ہز فیور از ڈاؤن۔
۲۸. عورت کی بیماری ٹھیک ہوگئی۔	The lady recovered from her illness.	دَ لیڈی ریکورڈ فروم ہر النس۔
۲۹. اب مریض خطرے سے باہر ہے۔	Now the patient is out of danger.	ناؤ دَ پیشنٹ از آؤٹ اوف ڈینجر۔
۳۰. اس کو بہت چوٹ لگی ہے۔	He is badly hurt.	ہی از بیڈلی ہرٹ۔
۳۱. آپ کو پابندی سے ورزش کرنی چاہیئے۔	You should exercise regularly.	یو شڈ اکسر سائز ریگولر لی۔
۳۲. زیادہ کام نے ان کی صحت بگاڑ دی ہے۔	Over work has ruined his health.	اوور ورک ہیز روئینڈ ہز ہیلتھ۔
۳۳. اسے بدہضمی ہے۔	He has indigestion.	ہی ہیز انڈائجیشن
۳۴. مچھروں نے ناک میں دم کر رکھا ہے۔	Mosquitoes are a menace.	موسکیوٹوز آر اے مینس۔
۳۵. میرا بخار اتر گیا۔	I have recovered from fever.	آئی ہیو ریکورڈ فروم فیور۔
۳۶. اسکی طبیعت ڈھیلی ہے۔	He is not feeling well.	ہی از نوٹ فیلنگ ویل۔
۳۷. وہ ایک تندرست بچہ ہے۔	He is a healthy child.	ہی از اے ہیلدی چائیلڈ۔
۳۸. مجھے آنتوں کی کچھ تکلیف ہے۔	I am suffering from some intestinal disorder.	آئی ایم سفرنگ فروم سم انٹسٹائینل ڈس اورڈر۔
۳۹. علاج سے پرہیز اچھا ہے۔	Prevention is better than cure.	پری وینشن از بٹر دین کیوٗر۔
۴۰. دن میں کھا کر سو جائیے۔	After lunch, sleep a while.	آفٹر لنچ سلیپ اے وائل
رات کو کھا کر گھوم آیئے۔	After dinner, walk a mile.	آفٹر ڈنر واک اے مائل۔
۴۱. وہ حالتِ حیض میں ہے۔	She is in her period.	شی از ان ہر پیریڈ۔
۴۲. وہ اپنا وزن کم کرنے کی کوشش کر رہی ہے۔	She is trying to reduce her weight.	شی از ٹرائنگ ٹو ریڈیوس ہر ویٹ۔
۴۳. وحیدہ بہت کمزور ہے۔	Waheeda is very weak.	وحیدہ از ویری ویک۔
۴۴. رانی بہت کمزور ہے۔	Rani is very weak.	رانی از ویری ویک۔
۴۵. صحت کے لئے خوشی بہت اچھی چیز ہے۔	Happiness is the best tonic/ thing for health.	ہیپّی نیس از دبیسٹ ٹونک/ تھنگ فور ہیلتھ۔

(To Remember) برائے یادداشت

Action (فعل)، Collection (مجموعہ)، Protection (حفاظت) وغیرہ اسماء ہیں۔ ان سب کے آخر میں tion ہے اور یہ سبھی 't' میں ختم ہونے والے افعال سے بنے ہیں۔ (act, collect, protect وغیرہ) کئی بار ایسے افعال سے بھی tion کے ذریعہ اسماء بنتے ہیں جن کے آخر میں 't' نہ ہو جیسے:

attend سے attention (توجہ)، destroy سے destruction (بربادی)

convene سے Convention (کمیٹی) receive سے reception (استقبال)، describe سے description (بیان)

Timely action by the engine driver prevented a major railway accident. (انجن کے ڈرائیور کے ذریعہ بر وقت کارروائی نے ایک بڑے حادثے سے بچا لیا) کہنا ٹھیک ہے کیوں کہ act سے action اسم بنا ہے۔ مگر His total investment amounts to rupees one lac. (اس کا کل سرمایہ ایک لاکھ روپے ہے) میں invest لفظ، کے آخر میں 't' ہے اس میں ment جوڑ کر اسم investment بنا ہے نہ کی آخر میں tion لگا کر۔ ظاہر ہے کہ t میں ختم ہونے والا فعل کئی بار ment جوڑ کر اسم بناتا ہے۔ جیسے adjust سے adjustment (سمجھوتہ)، assort سے assortment (انتخاب) وغیرہ۔

47 سینتالیسواں دن th Day

۲۹. صحت (B) (Health)

۴۶.	میرا جی متلا رہا ہے۔	I feel like vomiting./I am feeling sick.	آئی فیل لائک وومیٹنگ/آئی ایم فیلنگ سک۔
۴۷.	دوا کی خوراک ہر ایک چار گھنٹے پر پیتے رہو۔	Take a dose of the medicine every four hours.	ٹیک اے ڈوز اوف دَ میڈیسن ایوری فور آورز۔
۴۸.	تازی ہوا ہماری طاقت کو بڑھاتی ہے۔	Fresh air is rejuvenating.	فریش ایئر از ریجووینیٹنگ۔
۴۹.	آج میرا جی ٹھیک نہیں ہے۔	I am not feeling well today.	آئی ایم نوٹ فیلنگ ویل ٹوڈے۔
۵۰.	چلتے چلتے اسکے پاؤں میں سوجن آ گئی۔	His feet are swollen because of walking.	ہز فیٹ آر سوئیلن بکاؤز اوف واکنگ۔
۵۱.	میری صحت بگڑی ہوئی ہے۔	My health is down.	مائی ہیلتھ از ڈاؤن۔
۵۲.	جلاب لے لو۔	Take a purgative.	ٹیک اے پرگیٹیو۔
۵۳.	وہ بیماری سے تنگ آ گیا ہے۔	He is fed up with his illness.	ہی از فڈ اپ ودھ ہز النیس۔
۵۴.	نیم حکیموں سے بچو۔	Beware of/Avoid quacks.	بی ویئر اوف/اوآئیڈ کوئیکس۔
۵۵.	ڈاکٹر اس کی بیماری معلوم نہ کر سکا۔	The doctor could not diagnose his disease.	دَ ڈاکٹر کڈ نوٹ ڈائیگنوز ہز ڈیزیز۔
۵۶.	تمہاری ناک بہہ رہی ہے۔	Your nose is running.	یور نوز از رننگ۔
۵۷.	میری بانہہ کی ہڈی ٹوٹ گئی۔	My arm-bone has got fractured.	مائی آرم بون ہیز گوٹ فریکچرڈ۔
۵۸.	میں تھک کر چور ہو گیا ہوں۔	I am dead/extremely tired.	آئم ڈیڈ/ایکسٹریملی ٹائرڈ۔
۵۹.	وہ آج کیسا ہے؟	How is he today?	ہاؤ از ہی ٹوڈے؟
۶۰.	والی بال کھیلتے کھیلتے اس کا ہاتھ اتر گیا۔	His hand was dislocated while playing volleyball.	ہز ہینڈ واز ڈسلوکیٹڈ وائل پلےئنگ وولی بول۔
۶۱.	وہ کل سے آج اچھا ہے۔	Today he is better than yesterday./ He is feeling better today.	ٹوڈے ہی از بیٹر دین یسٹرڈے۔ ہی از فیلنگ بیٹر ٹوڈے۔
۶۲.	یہ دوا آپ کے بخار کو اتار دے گی۔	This medicine will bring your fever down.	دس میڈیسن ول برنگ یور فیور/ڈاؤن۔
۶۳.	اس کے سر میں درد ہے۔	He has a headache.	ہی ہیز اے ہیڈک۔

۳۰. موسم (Weather)

۱.	کل رات بھر تھوڑی تھوڑی بارش ہوتی رہی۔	It kept drizzling throughout the night.	اٹ کیپٹ ڈرزلنگ تھرو آوٹ دَ نائٹ۔
۲.	آسمان پر کالے بادل چھائے ہوئے ہیں۔	The sky is overcast.	دَ اسکائی از اوور کاسٹ۔
۳.	آج تو بڑی گرمی/سردی ہے۔	It is very/terribly hot/cold today.	اٹ از ویری/ٹیریبلی ہوٹ/کولڈ ٹوڈے۔
۴.	گرمی سے سر چکر کھا رہا ہے۔	The heat has made me giddy.	دَ ہیٹ ہیز میڈ می گڈی۔

۵.	زیادہ بارش میں چھاتہ بھی کام نہیں دیتا۔	Even an umbrella is useless in heavy rain.	ایون این امبریلا از یوزلیس ان ہیوی رین۔
۶.	دن بدن سردی بڑھ رہی ہے۔	It is getting colder day by day.	اٹ از گٹنگ کولڈر ڈے بائی ڈے۔
۷.	شملہ میں آجکل کڑاکے کی سردی پڑ رہی ہے۔	It is biting cold in Shimla these days.	اٹ از بائیٹنگ کولڈ ان شملہ دیز ڈیز۔
۸.	تیز ہوا کی وجہ سے لیمپ بجھ جائے گا۔ اسے اندر ہی رہنے دو۔	The lamp will go off/blow off because of strong wind. Let it remain inside.	دلیمپ ول گو اوف/بلو اوف بکاؤز اوف اسٹرونگ ونڈ۔ لیٹ اٹ ریمین انسائیڈ۔
۹.	آج کل بڑی لوٗ چل رہی ہے۔	Hot winds are blowing these days.	ہوٹ ونڈس آر بلوئنگ دیز ڈیز۔
۱۰.	آپ کو پسینہ آ رہا ہے۔	You are perspiring.	یو آر پرسپائرنگ۔
۱۱.	میں ٹھٹھر رہا ہوں۔	I am shivering.	آئی ایم شیورنگ۔
۱۲.	میں نہیں بھیگا۔	I did not get drenched.	آئی ڈڈ نوٹ گیٹ ڈرینچڈ۔
۱۳.	بہت دھول ہے۔	It's terribly dusty.	اٹس ٹیریبلی ڈسٹی۔
۱۴.	امید کرتا ہوں موسم اچھا رہے گا۔	I hope the weather will remain pleasant.	آئی ہوپ د ویدر ول ریمین پلیزنٹ۔
۱۵.	ہوا میں ٹھنڈک ہے۔	There is a nip in the air.	ویئر از اے نپ ان دَ ایر۔
۱۶.	باہر طوفان آ رہا ہے۔ موسم بہت خراب ہو گیا ہے۔	A storm is raging outside.	اے اسٹورم از ریجنگ آؤٹ سائیڈ۔
۱۷.	زوروں کی بارش ہو رہی ہے۔	It's raining heavily.	اٹس رینگ ہیویلی۔
۱۸.	آج صبح اولے پڑے تھے۔	There was a hailstorm this morning./ It hailed this morning.	دیئر واز اے ہیل اسٹورم دس مورننگ / اٹ ہیلڈ دس مورننگ
۱۹.	اُمس بہت بڑھ گئی ہے	It's very humid.	اٹس ویری ہیوٗمڈ۔
۲۰.	گرمی بہت ہے اور ہوا بالکل بند ہے۔	It's sultry.	اٹس سلٹری۔
۲۱.	ہوا لگ بھگ بند ہے۔	The wind is almost still.	دَ ونڈ از اول موسٹ اسٹل۔
۲۲.	ہوا میں خنکی ہے۔	Cool wind is blowing.	کوٗل ونڈ از بلوئنگ۔
۲۳.	بارش کی وجہ سے میں نہیں گئی۔	The rain prevented me from going.	دَ رین پریوینٹڈ می فروم گوئنگ۔

(To Remember) برائے یادداشت

A patriot would gladly lay down his life for the sake of his country. (کوئی بھی محبّ وطن اپنے ملک کے لئے خوشی خوشی جان دیدے گا) The camel walks very clumsily. (اونٹ بڑے بھدے ڈھنگ سے چلتا ہے۔) میں glad سے gladly، clumsy سے clumsy - clumsily میں ly لگا کر یہ الفاظ بنے ہیں۔ یہ adverb کہلاتے ہیں۔ جیسے :

able	سے	ably	(قابلیت کے ساتھ)	glad	سے	gladly	(خوشی سے)
aimless	سے	aimlessly	(بے مقصدیت)	humble	سے	humbly	(عاجزی سے)
bad	سے	badly	(بری طرح سے)	intelligent	سے	intelligently	(عقلمندی سے)
calm	سے	calmly	(پرامن)(سکون سے)	kind	سے	kindly	(مہربانی سے)
efficient	سے	efficiently	(ہوشیاری سے)	honest	سے	honestly	(ایمانداری سے)
wrong	سے	wrongly	(غلط ڈھنگ سے)	right	سے	rightly	(ٹھیک سے)

48th Day اڑتالیسواں دن

۳۱. حیوانات (Animals)

۱. س : کون سے جانور ہمیں دودھ دیتے ہیں؟	Q. Which animals give us milk?	وچ اینیملز گیواس ملک؟
ج : گائے، بھینس اور بکری۔	A. The cow, bufallo and goat.	دَ کاؤ، بفولو اینڈ گوٹ۔
۲. س : کون سا جانور بھونکتا ہے؟	Q. Which animal barks?	وچ اینی مل بارکس؟
ج : کتا۔	A. The dog.	دَ ڈوگ۔
۳. س : کون سے جانور کی گردن لمبی ہوتی ہے؟	Q. Which animal has a long neck?	وچ اینیمل ہیزاے لونگ نیک؟
ج : زرافہ کی۔	A. The giraffe.	دَ جیراف۔
۴. س : کون سا جانور ہمیں اون دیتا ہے؟	Q. Which animal gives us wool?	وچ اینیمل گیوزاس وُول؟
ج : بھیڑ۔	A. The sheep.	د شیپ۔
۵. س : کس جانور کی پونچھ جھاڑی کی طرح ہوتی ہے۔	Q. Which animal has a bushy tail?	وچ اینیمل ہیزاے بوشی ٹیل؟
ج : گلہری کی۔	A. The squirrel has a bushy tail.	د اسکویرّل ہیزاے بوشی ٹیل۔
۶. س : کون سا جانور آدھا گھوڑا اور آدھا گدھا ہوتا ہے؟	Q. Which animal is a cross between horse and donkey?	وچ اینیمل ازاے کروس بٹوین ہورس اینڈ ڈنکی؟
ج : خچر۔	A. The mule.	دَمیول
۷. س : خچر کس کام آتے ہیں؟	Q. What do mules do?	واٹ ڈومیولز ڈو؟
ج : بوجھ ڈھونے کے۔	A. They carry load.	دے کیری لوڈ۔
۸. س : کون سے جانور کی سونڈ ہوتی ہے۔	Q. Which animal has a trunk?	وچ اینیمل ہیزاے ٹرنک؟
ج : ہاتھی کی۔	A. The elephant.*	دی ایلیفینٹ۔
۹. س : کون سے جانور کے پیٹھ پر کوبڑ ہوتا ہے؟	Q. Which animal has a hump on its back?	وچ اینیمل ہیزاے ہمپ اون اٹس بیک؟
ج : اونٹ کے پیٹھ پر۔	A. The camel.	دَکیمل۔
۱۰. س : کس جانور کے سینگ ہوتے ہیں؟	Q. Which animal has horns?	وچ اینیمل ہیز ہورنز؟
ج : گائے کے۔	A. The cow.	دَ کاؤ۔
۱۱. س : کون سا جانور گاڑی کھینچتا ہے؟	Q. Which animal pulls wagons?	وچ اینیمل پلز ویگنس؟
ج : ٹٹو	A. The cart-horse/mule.	دَکارٹ ہورس/میول۔
۱۲. س : کون سا حیوان چھتے میں رہتا ہے؟	Q. Which insect lives in a hive?	وچ انسیکٹ لیوزان اے ہائیو؟
ج : شہد کی مکھیاں۔	A. Bees.	بیز۔

---

* The elephant کا تلفظ دی ایلیفینٹ ہوتا ہے۔ The کا تلفظ حرف جار پر The owl کا دی آوَل اور The ape کا دی ایپ The cow, the giraffe کا تلفظ 'دکاؤ' 'دَ جیراف' ہوتا ہے۔
جیسے: a, e, o, وغیرہ سے پہلے دی اور consonants جیسے ک، ج، ر، وغیرہ کے پہلے دَ ہوتا ہے۔

۱۳. س : رات کو کون سا پرندہ چیختا ہے؟	**Q.** Which bird hoots at night?	وچ برڈ ہوٹس ایٹ نائٹ؟
ج : الّو۔	**A.** The owl.	دَ آوَل۔
۱۴. س : کون سا جانور آدمی سے ملتا جلتا ہے؟	**Q.** Which animal resembles human beings?	وچ اینیمل ریزمبلز ہیؤمین بینگز؟
ج : بندر	**A.** The ape.	دَ ایپ۔
۱۵. س : کون سا جاندار جالا بنتا ہے؟	**Q.** Which insect weaves webs?	وچ انسیکٹ ویوز ویبز؟
ج : مکڑی۔	**A.** The spider.	دَ اسپائیڈر۔
۱۶. س : شکاری جانور کون سے ہیں؟	**Q.** Which are the beasts of prey?	وچ آر دَ بیسٹس اوف پرے؟
ج : شیر، بھیڑیا، چیتا وغیرہ	**Q.** Lion, wolf, leopard etc.	لائن، وولف، لیوپرڈ اٹسٹرا۔

۳۱. کھیل کود (Games)

۱. رومانہ کھیل رہی ہے۔	Romana is playing.	رومانہ از پلے انگ۔
۲. آپ کو زیادہ چوٹ تو نہیں آئی؟	Hope you are not hurt badly.	ہوپ یو آر نوٹ ہرٹ بیڈلی۔
۳. میں سواری کو پیدل چلنے سے اچھا سمجھتا ہوں۔	I prefer* riding to walking.	آئی پریفر رائڈنگ ٹو واکنگ۔
۴. میں پتنگ اڑا رہا ہوں۔	I am flying a kite.	آئی ایم فلائنگ اے کائٹ۔
۵. آج ہم شطرنج کھیلیں گے۔	We will play chess today.	وی ول پلے چس ٹوڈے۔
۶. کون جیتا؟	Who won?	ہؤ وون؟
۷. تم کون سے کھیل کھیلتے ہو؟	What games do you play?	واٹ گیمز ڈو یو پلے؟
۸. آؤ تاش کھیلیں۔	Come, let's play cards.	کم لیٹس پلے کارڈز۔
۹. تم پتوں کو ملاؤ، میں کاٹتا ہوں۔	You shuffle the cards and I'll cut.	یو شفل دَ کارڈز اینڈ آئل کٹ۔
۱۰. ہماری ٹیم جیتی ہے۔	Our team has won.	آور ٹیم ہیز وون۔
۱۱. کیا تمہیں لاٹھی چلانی آتی ہے۔	Can you wield a lathi?	کین یو ویلڈ اے لاٹھی؟
۱۲. چلو، کھیلیں۔	Come, let's play.	کم لیٹس پلے۔
۱۳. کھیل شروع ہو گیا۔	The game has started.	دَ گیم ہیز اسٹارٹیڈ۔
۱۴. کھیلنا اتنا ہی ضروری ہے جتنا کہ پڑھنا۔	Games are as important as studies.	گیمز آر ایز امپورٹینٹ ایز اسٹڈیز۔
۱۵. چھلانگ لگاتے ہوئے مجھے موچ آ گئی۔	I sprained my ankle while jumping.	آئی اسپرینڈ مائی اینکل وائل جمپنگ۔
۱۶. اس نے اونچی کود میں ریکارڈ قائم کیا۔	He has set a record in high jump.	ہی ہیز سٹ اے رکارڈ ان ہائی جمپ۔
۱۷. وہ تیز دوڑنے والا ہے۔	He is a fast sprinter/racer.	ہی از اے فاسٹ اسپرنٹر/ریسر
۱۸. کیا تمہارے اسکول میں ورزش سکھاتے ہیں؟	Do they teach you exercise/ gymnastics in your school.	ڈو دے ٹیچ یو اکسر سائزر/ جمناسٹیکس ان یور اسکول؟
۱۹. ہمارے اسکول کا کھیلنے کا میدان کافی بڑا ہے۔	Our school has a big playground.	آور اسکول ہیز اے بگ پلے گراؤنڈ۔
۲۰. تمہاری بیس بول ٹیم کا کپتان کون ہے؟	Who is the captain of your baseball team?	ہو از دَ کیپٹن اوف یور بیس بول ٹیم؟

*Prefer فعل کے بعد جو باتیں آتی ہیں ان میں پہلی بات کو دوسری سے اچھا سمجھا جاتا ہے۔

۲۱. کیا میں بیڈمنٹن تمہارے بلّے سے کھیل لوں؟	Can I play badminton with your racquet?	کین آئی پلے بیڈمنٹن وِد یور ریکٹ؟
۲۲. کیا تمہاری ٹیم بھی ملکی فٹ بال مقابلہ میں حصہ لے رہی ہے؟	Is your team also playing/taking part in the national football tournament?	از یور ٹیم اولسو پلے ئینگ/ٹیکنگ پارٹ ان دَ نیشنل فٹ بال ٹورنامنٹ؟
۲۳. مجھے ناؤ چلانا اچھا لگتا ہے۔	I like rowing.	آئی لائک روئنگ۔
۲۴. وہ ٹیم کے لئے لگاتار کھیلتی ہے۔	She plays regularly for the team.	شی پلیز ریگولرلی فور دَ ٹیم۔
۲۵. ہم ہفتے میں ایک بار ڈِل کرتے ہیں۔	We do drill once a week.	وی ڈو ڈرل ونس اے ویک۔

(To Remember) برائے یادداشت

آپ نے پچھلے سبق میں پڑھا ہے کہ ly صفت کو Abverb میں بدل دیتا ہے۔جیسے: kind سے kindly یہی 'ly' اسم کو صفت میں بھی بدل دیتا ہے۔جیسے۔ His brotherly behaviour endeared him to all his colleagues. (اس کے بھائی کے مناسب سلوک نے اسے اپنے سبھی ساتھیوں کا پیارا بنادیا۔) میں brother میں ly لگانے سے brotherly صفت بن گیا۔اسی طرح:

father	سے	fatherly	(والدجیسا)	man	سے	manly	(مردجیسا)
mother	سے	motherly	(ماں جیسا)	woman	سے	womanly	(عورت جیسی)
sister	سے	sisterly	(بہن جیسی)	king	سے	kingly	(بادشاہ جیسا)
scholar	سے	scholarly	(عالم جیسا)	body	سے	bodily	(جسمانی)

It was a windy day. (اس دن ہوا چلتی رہی) A fish has a scaly body (مچھلی کے بدن میں چھلکے ہوتے ہیں۔)

scale سے scaly (چھلکوں والا) صفت wind or scale اسماء میں Y جوڑنے سے بنے ہیں۔اسی طرح بنے کچھ صفت یہ ہیں۔:

breeze	سے	breezy	(ہوائی، ہلکی ہوا والا)	hand	سے	handy	(قابل استعمال)
craft	سے	crafty	(چالاک)	dust	سے	dusty	(دھول بھرا)
greed	سے	greedy	(لالچی)	room	سے	roomy	(کھلا)
rain	سے	rainy	(برساتی)	sun	سے	sunny	(دھوپ والا)

49th Day انچاسواں دن

۳۳. شخصیت اور عمر (Person & Age)

۱.	آپ کا نام؟	Your name, please?/What is your good name?	یورنیم پلیز؟/واٹ از یور گڈ نیم۔
۲.	براہ کرم اپنا تعارف کرائیں۔	Please introduce yourself.	پلیز، انٹروڈیوس یورسیلف۔
۳.	آپ کی عمر کیا ہے؟	What is your age?/How old are you?	واٹ از یور ایج؟/ہاؤ اولڈ آر یو؟
۴.	میں نے ابھی بیس سال پورے کئے ہیں۔	I have just completed twenty.	آئی ہیو جسٹ کمپلیٹیڈ ٹوئنٹی۔
۵.	آپ مجھ سے بڑے/چھوٹے ہیں۔	You are older/younger than me.	یو آر اولڈر/ینگر دین می؟
۶.	میں غیر شادی شدہ ہوں۔	I am a bachelor.	آئی ایم اے بیچلر۔
۷.	وہ شادی شدہ ہے۔	She is married.	شی از میرڈ۔
۸.	اسکے صرف دو لڑکیاں ہیں۔	She has only two daughters.	شی ہیز اونلی ٹو ڈاوٹرز۔
۹.	آپ کے والد کیا کرتے ہیں؟	What is your father?/ What does your father do?	واٹ از یور فادر؟/ واٹ ڈز یور فادر ڈو؟
۱۰.	وہ سرکاری نوکری سے سبک دوش ہو چکے ہیں۔	He has retired from government service.	ہی ہیز ریٹائرڈ فروم گورمنٹ سروس۔
۱۱.	وہ زیادہ عمر کے لگتے ہیں۔	He looks aged.	ہی لکس ایجڈ۔
۱۲.	ان کے بال سفید ہیں۔	He has grey hair.	ہی ہیز گرے ہیئر۔
۱۳.	کیا وہ اپنے بالوں کو خضاب لگاتی ہے؟	Does she dye her hair?	ڈز شی ڈائی ہر ہیئر؟
۱۴.	کیا آپ کا مشترک خاندان ہے؟	Do you have a joint family?/ Is yours a joint family?/	ڈو یو ہیو اے جوائنٹ فیملی؟/ از یورز اے جوائنٹ فیملی؟
۱۵.	ہاں!	Yes, it is.	یس، اٹ از۔
۱۶.	آپ کتنے بھائی ہیں؟	How many brothers do you have?	ہاؤ مینی برادرز ڈو یو ہیو؟
۱۷.	آپ کی کتنی بہنیں ہیں؟	How many sisters do you have?	ہاؤ مینی سسٹرز ڈو یو ہیو؟
۱۸.	ہمارے بڑے بھائی الگ رہتے ہیں	Our eldest brother lives separately.	آور الڈسٹ برادر لیوز سیپریٹلی۔
۱۹.	وہ بچہ ہے۔	He is just a kid.	ہی از جسٹ اے کڈ۔
۲۰.	آپ اپنی عمر سے کم دکھائی دیتے ہیں۔	You look younger than your age./ You look young for your age.	یو لک ینگر دین یور ایج۔/ یو لک ینگ فور یور ایج۔
۲۱.	میرا بھائی سولہ سال کا ہے۔	My brother is sixteen years old.	مائی برادر از سکسٹین ایئرز اولڈ۔

۳۴. کردار (چال چلن) (Character)

۱.	غصہ کرنا کمزوری کی نشانی ہے۔	To get angry is to show weakness.	ٹوگیٹ اینگری ازٹوشو ویکنس۔
۲.	کاہل آدمی ادھ مرا جیسا ہے۔	An idle man is as good as half-dead.	این آئیڈل مین ازایز گڈ ایز ہاف ڈیڈ۔
۳.	نہ ادھار لو، نہ دو۔	Neither borrow nor lend.	نائیدر بورو، نور لینڈ۔
۴.	تمہیں سچ بات بتا دینی چاہئے۔	You must come out with the truth./	یومسٹ کم آؤٹ ود د ٹرتھ۔
		You must tell/speak the truth.	یومسٹ ٹیل/اسپیک د ٹرتھ۔
۵.	بے لوث خدمت میں بڑا لطف ہے۔	There is great joy in selfless service.	دیئر از گریٹ جوائے ان سیلف لیس سروس۔
۶.	اس نے اپنے گناہ کی تلافی کی۔	He has atoned for his sin.	ہی ہیز اٹونڈ فور ہز سن۔
۷.	نہ دھوکہ دو، نہ کھاؤ۔	Neither deceive nor be deceived.	نائیدر ڈیسیو، نور بی ڈیسوڈ۔
۸.	صرف نیک لوگ ہی خوش ہیں۔	The virtuous alone are happy.	دَ ورچوس الون آر ہیپّی۔
۹.	خالی دماغ شیطان کی دکان ہے۔	An idle mind is a devil's workshop.	این آئیڈل مائنڈ از اے ڈیولز ورک شوپ۔
۱۰.	زندگی اوروں کی خدمت کے لئے ہے۔	Life is for others' service.	لائف از فور ادرز سروس۔
۱۱.	کسی سے کچھ نہ مانگو۔	Don't ask anything from anybody.	ڈونٹ آسک اینی تھنگ فروم اینی بڈی۔
۱۲.	میرا ضمیر اجازت نہیں دیتا۔	My conscience doesn't permit.	مائی کونشنس ڈزنٹ پرمٹ۔
۱۳.	آرام حرام ہے۔	To rest is to rust.	ٹوٗ ریسٹ از ٹو رسٹ۔
۱۴.	جو محنت کئے بغیر کھاتا ہے، چوری کرتا ہے۔	He who eats without earning	ہی ہوا ئیٹس وداؤٹ ارننگ
		is committing a theft.	از کمیٹنگ اے تھیفٹ۔
۱۵.	وہ ہر وقت بات کرتی رہتی ہے۔	She always keeps on talking.	شی اول ویز کیپس اون ٹوکنگ۔
۱۶.	وہ اپنی بہن سے بہت حسد کرتی ہے۔	She is very jealous of her sister.	شی از ویری جیلس اوف ہر سسٹر۔
۱۷.	ہمیں تمہاری ایمانداری کا پورا بھروسہ ہے۔	We are sure of your honesty.	وی آر شیور اوف یور اونسٹی۔
۱۸.	وہ ایسا ظاہر کرتا ہے کہ جیسے سب کچھ جانتا ہے۔	He pretends to know everything.	ہی پرٹنڈز ٹو نو ایوری تھنگ۔

۳۵. لباس (Dress)

۱.	یہ کپڑا بارہ روپئے میٹر ہے۔	This cloth is twelve rupees a/per metre.	دس کلوتھ از ٹوئلو روپیز اے/پر میٹر۔
۲.	برائے مہربانی برساتی کوٹ پہننا نہ بھولیں۔	Please don't forget to wear a raincoat.	پلیز ڈونٹ فورگیٹ ٹو ویئر اے رین کوٹ۔
۳.	یہ کپڑا بہت گرم ہے۔	This cloth is extremely/very warm.	دس کلوتھ از ایکسٹریملی/ویری وارم۔
۴.	ہندوستانی عورتیں اکثر ساڑی پہنتی ہیں۔	Indian women usually/mostly wear sarees.	انڈین ویمین یوزوئلی/موسٹلی ویئر ساریز۔
۵.	گیلے کپڑے نہ پہنو۔	Don't wear/put on wet clothes.	ڈونٹ ویئر/پٹ اون ویٹ کلوذز۔
۶.	پرانا کوٹ پہنو، نئی کتاب خریدو۔	Wear old coat, buy a new book.	ویئر اولڈ کوٹ، بائی اے نیو بک۔
۷.	میں کپڑے بدل کر آتا ہوں۔	I will come after changing my clothes.	آئی ول کم آفٹر چینجنگ مائی کلوذز۔
۸.	آج کل کے نوجوان نئے	Nowadays the youth wear clothes	ناؤاے ڈیز دَ یوتھ ویئر کلوذز

No.	Urdu	English	Pronunciation
	فیشن کے کپڑے پہنتے ہیں۔	of the latest fashion.	اوف دلیٹسٹ فیشن۔
۹.	وہ ریشمی ساڑی پہنے ہوئے تھی۔	She was wearing/clad in a silk sari.	شی واز ویئرنگ/کلیڈ ان اے سلک ساری۔
۱۰.	میرے کپڑے دھوبی کے پاس گئے ہیں۔	My clothes have gone to the laundry.	مائی کلوز ہیو گون ٹو د لونڈری۔
۱۱.	وہ نیلی وردی پہنے ہوئے تھا۔	He was wearing a blue uniform.	ہی واز ویئرنگ اے بلو یونیفارم۔
۱۲.	یہ کوٹ پانی سے نہیں بھیگتا۔	It is a water-proof coat.	اٹ ازاے واٹرپروف کوٹ۔
۱۳.	یہ کپڑے آپ کے لئے ہیں۔	These dresses are for you.	دیز ڈریس آر فور یو۔
۱۴.	آدمی کی پہچان اس کے کپڑوں سے کی جاتی ہے۔	A man is judged by his clothes./ by the clothes he wears.	اے مین از ججڈ بائی ہز کلوز ر/ بائی دَکلوز ہی ویئرز۔
۱۵.	یہ لباس مجھے کچھ تنگ ہے۔	This dress is a little tight for me.	دس ڈریس از اے ازلٹل ٹائٹ فور می۔
۱۶.	یہ کوٹ کمر سے ڈھیلا ہے۔	This coat is loose at the waist.	دس کوٹ از لوز ایٹ د ویسٹ۔
۱۷.	آپ کے پاس قمیص کا کپڑا ہے؟	Do you have shirtings?	ڈو یو ہیو شرٹنگز؟
۱۸.	جی ہاں! ہمارے پاس سوٹ کے اچھے کپڑے بھی ہیں۔	Yes, we have good suitings also.	یس، وی ہیو گڈ سوٹنگز اولسو۔
۱۹.	میرا سوٹ تمہارے سوٹ سے مختلف ہے۔	My suit is different from yours./ Your suit is not like mine.	مائی سؤٹ از ڈیفرینٹ فروم یورز/ یور سؤٹ از نوٹ لائک مائن۔
۲۰.	اسکی قمیص میری قمیص جیسی نہیں ہے۔	His shirt is not like mine./similar to mine.	ہز شرٹ از نوٹ لائک مائن/ سملیر ٹو مائن۔

(To Remember) برائے یادداشت

☆ کسی لفظ کے آخر میں less آئے تو اسے صفت نفی سمجھئے۔ جیسے: He is a shameless person. (یہ بے غیرت آدمی ہے) Needless to say that you are a thorough gentleman. (یہ کہنا غیر ضروری ہے کہ آپ نیک شخص ہیں۔) Cloudless sky in the month of 'Sawan' can really worry the poor Indian farmers. (ساون کے مہینے میں بے بادل آسمان بھارت کے غریب کسانوں کو سچ مچ متفکر کر سکتا ہے۔) Astronauts remain weightless while travelling in space. خلائی مسافر، خلائی سفر میں بے وزنی محسوس کرتے ہیں۔ 'less' کا معنی ہے بغیر یا بلا۔

کچھ ایسے الفاظ ہیں جن کے ساتھ full لگایا جا سکتا ہے اور less بھی لگایا جا سکتا ہے۔ مثلاً merciful (ہمدرد)، merciless (بے درد)، colourful (رنگین)، colourless (بے رنگ)، careful (ہوشیار) careless (لاپروا)، pitiful (خیر خواہ)، pitiless (بدخواہ) وغیرہ۔ full اور less سے بنے متضاد الفاظ ہیں لیکن سبھی الفاظ جنکے ساتھ 'less' لگایا جا سکتا ہے 'Full' نہیں لگایا جا سکتا ہے: Friendless (بے دوست) اور landless (بے زمین)۔ ان کے ساتھ full لگا کر friendful اور landful نہیں بنایا جا سکتا ۔ دھیان رہے کی کسی دوسرے لفظ کے ساتھ جوڑنے پر 'full' میں single 'l' لکھا جاتا ہے 'll' double نہیں۔

50th Day پچاسواں دن

Test No. 1

کل نمبر ۲۰

۴۱ سے ۴۵ دن

۱۶ یا اس سے زیادہ very good، ۱۲ یا اس سے زیادہ پر fair

I. مندرجہ ذیل جملوں سے ملتے جلتے جملے گزشتہ اسباق میں آپ سیکھ چکے ہیں۔ دیکھئے ان جملوں میں کوئی نہ کوئی کسر باقی ہے۔ اس کو درست کر کے اپنی یادداشت کا خود امتحان لیجئے۔ اور ترچھے ٹائپ والے (italics) غلط الفاظ کا ذیل میں دیئے گئے درست الفاظ سے ملا کر جائزہ لیجئے۔

1. The milk has *become* sour. 2. Why didn't you wake me *on*? 3. You should not go back *from* your words. 4. Sonia is taller of *a* two girls. 5. Wait *the* bit. 6. I saw the woman *whom* the boss said was away. 7. This rice is *on* inferior quality. 8. I am short *for* fifty paise. 9. This chair is quite cheap *at* sixty rupees. 10. Do not buy *at* credit. 11. Does your shoe *pinches* you? 12. Show me a shoe with *an* narrow toe. 13. As we labour, so shall we be *reward*. 14. I am *so* tired to attend the class. 15. The question is *so* easy. 16. He is *week* in Hindi. 17. She has been absent *for* Wednesday. 18. *Should* you pass, your parents will be happy. 19. I have been in this college *since* two years. 20. He is junior *than* me by one year.

Test No.1 : جوابات

1. turned, 2. up. 3. on, 4. the, 5. a, 6. who, 7. of, 8. by, 9. for, 10. on, 11. pinch, 12. a, 13. rewarded, 14. too, 15. very, 16. weak, 17. since, 18. if, 19. for, 20. to.

Test No. 2

کل نمبر ۲۰

۴۶ سے ۴۹ دن

۱۶ یا ان سے زیادہ پر very good، ۱۲ یا اس سے زیادہ پر fair

II. ان جملوں میں چھوٹی چھوٹی غلطیاں ہیں۔ اپنی معلومات کا امتحان لیجئے۔ اور جملوں کے آخر میں دیئے گئے جوابوں سے اپنی قابلیت کے جوہر دیکھئے:

1. He is *a* eye specialist. 2. All his *tooth* are intact. 3. He is blind *from* one eye. 4. Nothing *for* worry. 5. Can you *see* thermometer? 6. He is *bad* hurt. 7. Prevention is better *to* cure. 8. Happiness is *a* best tonic. 9. I am not feeling *good*. 10. How are you getting *of* in your business? 11. My health has gone *for* on account of hard work. 12. The patient is shivering *from* cold. 13. Many people died *from* malaria. 14. It's getting *cold* day by day. 15. *Sheeps* give us wool. 16. I prefer riding to *walk*. 17. Who *did win* the match? 18. Is *your* a joint family? 19. My brother is sixteen *year* old. 20. We are quite sure *for* your honesty.

Test No.2. جوابات

1. an, 2. teeth, 3. of, 4. to, 5. read, 6. badly, 7. than, 8. the, 9. well, 10. on, 11. down, 12. with, 13. of, 14. colder, 15. sheep, 16. walking, 17. won, 18. yours, 19. years, 20. of.

۴۱ سے ۴۹ دن

کل نمبر ۲۰

Test No. 3

۱۶ یا اس سے زیادہ پر very good، ۱۲ یا ان سے زیادہ پر fair

III. ذیل میں دیئے گئے نامکمل جملے کے درمیان میں دو دو متبادل الفاظ دیئے گئے ہیں۔ ان میں سے درست لفظ چن کر جملے کو مکمل کریں۔ ساتھ ہی ان میں جو اصول کام کرتے ہیں اسے بھی توجہ سے سمجھئے :

1. I ...(have passed/passed) the B.A. examination in 1976. 2. How...(many/much) letters did she write to me? 3. They have not spoken to each other... (for/since) two weeks. 4. She has been looking for a job...(for /since) July 1975. 5. I... (had/have) already bought my ticket, so Iwent in. 6. He was found guilty... (for/of)murder. 7. They are leaving ..... (for/to) America soon. 8. She was married..... (with/to) a rich man. 9. This shirt is superior ... (than/to) hat. 10. Write the letter....(with/in) ink. 11. She cannot avoid ...(to make/making) mistakes. 12. The train.... (left/had left) before I arrived. 13. She (finished/had finished) her journey yesterday. 14. You talk as if you.... (know/knew) everything. 15. She is (taller/tallest) than.....her sister. 16. It will remain a secret between you and... (I/me). 17. A girlfriend of.... (his/him) told us this news. 18. Vagish and... (myself/I) were present there. 19. Amitabh played a very good... (game/play). 20. I played well yesterday... (isn't it/didn't I)?

Test No.3 کے درست الفاظ

1. passed, 2. many, 3. for, 4. since, 5. had, 6. of, 7. for, 8. to, 9. to, 10. in, 11. making, 12. had left, 13. finished, 14. know, 15. taller, 16. me, 17. his, 18. I, 19. game, 20. didn't I ?

Test No. 4

IV. قوسین میں دیئے گئے الفاظ میں سے مناسب لفظ چن کر خالی جگہ پر کیجئے:

1. How... (much, more, many) children do you have? 2. Custard is my favourite....(food, dish). 3. Where does this road...(lead, go) to? 4. Is he a...(dependible, dependable) person? 5. He is an..... (important/ importent) minister. 6. When does your examination...(start, begin, commence)? 7......(If /should) you pass, your parents... (will, shall) be happy. 8. The boy is so weak in mathematics that he will not be able to get... (up, on, in) with the class. 9. Good boys bring credit ... (to, for) their school. 10. A little girl ... (recalled, recounted, recited) a beautiful poem. 11. The squirrel has a ...(woolly hairly, bushy) tail. 12. The sun is bright because the sky is... (cloudy, cloudless). 13. As he is a .... (shameful, shameless) person he pays a good deed with a bad one. 14. She had ..... (wore, worn) a simple sari. 15. Children need ... (protection, defence) from traffic hazards. 16 ..... (Quitely, Quietly) he went out of the convention hall. 17. Hamid and Majid help... (each other, one another) 18. Small children help..... (each other, one another). 19. Minakshi has not come... (too, either). 20. They went for a ... (ride, walk) on their bicycles.

جملے کے درست الفاظ

1. many, 2. dish, 3. lead, 4. dependable, 5. important, 6. commence, 7. if-will, 8. on, 9. to, 10. recited, 11. bushy, 12. cloudless, 13. shameless, 14. worn, 15. protection, 16. Quietly, 17. each other, 18. one another, 19. either, 20. ride.

Test No. 5

V. ان جملوں کا اردو میں ترجمہ کیجئے:

1. Do you have books? 2. Did the dhobi take the last wash? 3. Did you wake me up? 4. Is Anupam there? 5. Shall we meet again? 6. Why do you say this? 7. When will your college reopen? 8. Why don't you allow me to read? 9. Why are you looking at him?

Test No. 6

VI . انگریزی میں ترجمہ کیجئے

(۱) میں اس سے پیچھا چھڑانا چاہتا ہوں۔ (۲) بک بک بند کرو (۳) جلدی سوو، جلدی اٹھو (۴) اس کا بخار اتر گیا ہے۔ (۵) کسی ڈاکٹر سے مشورہ لیجئے۔ (۶) اس کے سر میں درد ہے۔ (۷) میں کانپ رہا ہوں۔ (۸) میں جیتا۔ (۹) آؤ کھیلیں۔ (۱۰) میں غیر شادی شدہ ہوں۔ (۱۱) ہم وقت سے پہلے پہونچیں گے۔ (۱۲) کوئی ملنے آیا ہے۔ (۱۳) میں بہت تھکا ہوا ہوں۔ (۱۴) میں نے اپنا مکان بدل دیا ہے۔ (۱۵) انہوں نے آپ کو یاد کیا ہے۔ (۱۶) کبھی کبھی خط ضرور ڈال دیا کرو۔ (۱۷) رنگ پکا ہے نا؟ (۱۸) کیا آپ چیک منظور کرتے ہیں۔ (۱۹) وہ حساب میں کمزور ہے۔ (۲۰) میں انگریزی میں اچھا ہوں۔

Test No. 7

VII. (i) نیچے کچھ الفاظ دیئے گئے ہیں۔ ان کے شروع میں کوئی نیا حرف جوڑ کر ایک نیا لفظ بنائیے۔ جیسے:۔ old سے gold وغیرہ۔

now, he, ox, our, an, how, hen, ear, all, refer.

(ii) ان صفتوں کے تقابلی الفاظ لکھئے (جیسے: old سے old, older, oldest وغیرہ۔)

good, young, pretty, bad, fine, strong, hard, wealthy.

(iii) ان الفاظ کا تلفظ اردو میں لکھ کر مطلب بتائیے :

year, psalm, of, off, man, men, in, inn, to, too, answer, station, cloth, clothe, Mrs., bath, bathe, dare, dear, car, idea, idiom, white, who.

مندرجہ ذیل کے ساتھ 'more' or 'most' لگا کر تقابل کیجئے جیسے : beautiful سے more beautiful وغیرہ۔

peaceful, difficult, careful, intelligent, stupid.

Test No. 8

VIII (i) ان الفاظ کے plural بتائیے :

knife, journey, city, woman, ox, tooth, mouse, sheep, deer, foot, child, brother, church, fly, day, brother-in-law, myself.

(ii) کچھ فعل کے present, past اور past participle کی شکل لکھئے۔ جیسے:۔ go فعل کے go, went, gone وغیرہ۔

to light, to lose, to mean, to pay, to say, to write, to throw, to win, to beat, to begin, to lie, to lay, to know, to hurt, to put, to cut, to hold, to forget, to shut, to take.

(iii) ذیل میں کچھ رائج الفاظ کے short forms دیئے گئے ہیں۔ آپ ان الفاظ کو اچھی طرح جانتے ہیں۔ ان کو پورا کر کے سامنے لکھئے :

Jan.	Mar.	Aug.	Oct.	Dec.	Mon.	Wed.	Fri.
Feb.	Apr.	Sep.	Nov.	Sun.	Tues.	Thurs.	Sat.
No.	Nos.	P.S.	P.P.	Co.	P.T.O.	K.M.	Dr.

اوپر دی گئی exercises میں کسی طرح کی دقت آنے پر لغت کی مدد لیجئے۔

51 st Day اکیاونواں دن

(6th Expedition) چھٹی منزل

آپ نے اپنی پانچ منازل پوری کرلی ہیں۔ بہت کچھ آپ جان چکے ہیں۔ چند اور ضروری مضامین ابھی باقی ہیں جن کے متعلق بات چیت کا برابر موقع آتا رہتا ہے جیسے : آداب محفل کی باتیں، دفتر میں ہونے والی بات چیت، قانونی موضوع، لین دین اور تجارت سے متعلق باتوں کو انگریزی زبان میں بیان کرنے کے جملے وغیرہ۔ اسی طرح کے ضروری جملے چھٹی منزل میں دیئے گئے ہیں۔ اس کے علاوہ رائج محاورے وکہاوتیں بھی اس حصے میں شامل کئے گئے ہیں۔

۳۶. آداب محفل (Etiquette)

۱.	اتنا کافی ہے۔	That will do./This/It is enough.	دیٹ ول ڈو/دس/اٹ از انف۔
۲.	آپ کیوں تکلیف کرتے ہیں۔	Please, don't bother.	پلیز ڈونٹ بودر۔
۳.	اسمیں کوئی تکلیف نہیں۔	No trouble at all.	نو ٹربل ایٹ اول۔
۴.	میری فکر نہ کیجئے۔	Don't worry about me.	ڈونٹ وری اباؤٹ می۔
۵.	آپ کی مہربانی ہے۔	So kind/nice of you.	سو کائنڈ/نائس اوف یو۔
۶.	آپ کی بڑی مہربانی ہوگی۔	It would be very kind of you.	اٹ ووڈ بی وری کائنڈ اوف یو۔
۷.	میں آپ کی کیا خدمت کروں؟	How can I help you?	ہاؤ کین آئی ہیلپ یو؟
۸.	آپ نے کیسے زحمت کی؟	Why did you trouble yourself?	وائی ڈڈ یو ٹربل یور سیلف؟
۹.	بس اتنا بہت ہے۔	This is sufficient.	دس از سفی شینٹ
۱۰.	تکلیف مت کیجئے۔	Don't bother.	ڈونٹ بودر۔
۱۱.	ذرا اور ٹھہریئے۔	Please stay a little more.	پلیز اسٹے اے لٹل مور۔
۱۲.	معاف کیجئے۔	Please excuse me.	پلیز ایکسکیوز می۔
۱۳.	مجھے افسوس ہے۔	I'm sorry.	آئم سوری۔
۱۴.	تکلف مت کیجئے۔	Don't be formal.	ڈونٹ بی فورمل۔
۱۵.	میں کچھ عرض کروں۔	May I say something.	مے آئی سے سم تھنگ۔
۱۶.	برا نہ مانئے گا۔	Don't mind.	ڈونٹ مائنڈ۔
۱۷.	میں آپ کی خدمت میں حاضر ہوں۔	I'm at your service/disposal.	آئم ایٹ یور سروس/ڈسپوزل۔
۱۸.	ہم آپ کی اچھی خاطر تواضع نہ کرسکے۔	We couldn't entertain you properly.	وی کڈنٹ انٹرٹین یو پروپرلی۔
۱۹.	کیا میں یہاں بیٹھ سکتا ہوں؟	May I sit here?	مے آئی سٹ ہیئر؟
۲۰.	آپ کی مدد کے لئے شکریہ۔	Thanks for your help!	تھینکس فور یور ہیلپ۔
۲۱.	ہم پر آپ کا احسان ہے۔	We are grateful to you.	وی آر گریٹ فل ٹو یو۔

۲۲.	اس میں احسان کی کوئی بات نہیں،	No question of kindness.*	نو کوئسچن اوف کائنڈنس۔
	بلکہ اس سے مجھے خوشی ہوگی۔	It would rather please me.	اٹ ووڈ ریدر پلیز می۔
۲۳.	آپ کے نیک مشورے کے لئے شکریہ۔	Thank you for your sensible/good advice.	تھینک یو فوریور سنسیبل/گڈ ایڈوائس۔
۲۴.	دلی محبت اور نیک خواہشات کے ساتھ	With love and best wishes —	ود لو اینڈ بیسٹ وشز۔
	آپ کا جگری دوست، امین	Yours sincerely, Amin.	یورز سنسیر لی، امین۔
۲۵.	برائے مہربانی تکلیف کے لئے معاف کریں۔	Kindly excuse me for the trouble.	کائنڈلی اکسکیوزمی فور دٹربل۔
۲۶.	بہنوں کو آداب عرض اور بچوں کو پیار۔	Regards to sisters and love to children!	ریگارڈ ٹو سسٹرز اینڈ لوٹو چلڈرن!
۲۷.	میں آپ کا بے حد شکر گزار رہوں گا	I'll feel highly obliged,	آئیل فیل ہائیلی اوبلایجڈ،
	اگر آپ میرا یہ کام کرادیں گے۔	if you get this work done.	اف یوگیٹ دس ورک ڈن۔
۲۸.	میں آپ کی کیا خدمت کروں؟	What can I do for you?	واٹ کین آئی ڈو فور یو؟
۲۹.	کبھی آیئے نا۔	Please drop in sometime.	پلیز ڈراپ ان سم ٹائم۔
۳۰.	آرام سے بیٹھیے۔	Please make yourself comfortable.	پلیز میک یورسیلف کمفرٹیبل۔

۳۷. اشارات / نشانات (Signals)

۱.	دھیرے چلئے۔	Drive slowly.	ڈرائیو سلولی۔
۲.	بائیں طرف رہیئے۔	Keep to the left.	کیپ ٹو' د لیفٹ۔
۳.	آگے خطرناک موڑ ہے۔	Dangerous turn ahead.	ڈینجرس ٹرن اہیڈ۔
۴.	یہاں گاڑی کھڑی نہ کیجیے۔	No parking here.	نو پارکنگ ہیئر۔
۵.	یہاں سے اس پار جائیے۔	Cross from here.	کروس فروم ہیئر۔
۶.	کتے اندر نہیں آسکتے۔	Dogs not permitted.	ڈوگز نوٹ پرمیٹڈ۔
۷.	اندر آنے کا راستہ نہیں۔	No entrance.**	نو انٹرنس۔
۸.	باہر جانے کا راستہ۔	Exit.	اکزٹ۔
۹.	اندر جانے کا راستہ۔	Entrance.	انٹرنس۔
۱۰.	گھاس پر نہ چلئے۔	Keep off the grass.	کیپ اوف دگراس۔
۱۱.	بغیر اجازت اندر آنا منع ہے۔	No entry without permission.	نو انٹری وداوٹ پرمیشن۔
۱۲.	سگریٹ نوشی منع ہے۔	No smoking.	نو اسموکنگ۔
۱۳.	زنجیر کھینچئے۔	Pull the chain.	پل دچین۔
۱۴.	کرائے کے لئے خالی ہے۔	To let.	ٹولیٹ۔
۱۵.	آگے اسکول ہے۔	School ahead.	اسکول اہیڈ۔
۱۶.	سڑک بند ہے۔	Road closed.	روڈ کلوزڈ۔
۱۷.	آگے راستہ بند ہے۔	Dead end ahead.	ڈیڈ اینڈ اہیڈ
۱۸.	غسل خانہ۔	W.C.[1]	ڈبلوسی۔

۱۹. آرام گھر، راحت خانہ۔ — Waiting room. — ویٹنگ روُم۔

۲۰. ایک لائن میں کھڑے ہوں۔ — Please stand in a queue. — پلیز اسٹینڈ ان اے کیو۔

۲۱. صرف عورتوں کے لئے۔ — For ladies only. — فور لیڈیز اونلی۔

۲۲. وزنی گاڑیوں کو چلانے کی اجازت نہیں۔ — Heavy vehicles are not allowed. — ہیوی وھیکلز آر نوٹ الاوُڈ۔

۲۳. تصویر لینا منع ہے۔ — Photography is prohibited. — فوٹوگرافی از پروہیبٹڈ۔

۲۴. کتوں سے ہوشیار۔ — Beware of dogs. — بی ویئر اوف ڈوگز۔

۲۵. محفوظ/مخصوص — Reserved. — ریزروڈ۔

۲۶. گاڑی نہ ٹھہرائیں۔ — Tow Away Zone. — ٹو اوے زون۔

(To Remember) برائے یادداشت

*اسم کی پہچان کئی بار بہت آسان ہوتی ہے۔ مثال کے طور پر جس لفظ کے آخر میں ness ہو وہ لفظ اسم ہوتا ہے جیسے : Long illness has made him weak. (لمبی بیماری نے اسے کمزور بنا دیا ہے) میں illness اسم ہے۔ وہ لفظ صفت میں ness لگانے سے بنتے ہیں۔ مثال کے طور پر کچھ الفاظ نیچے دیئے جا رہے ہیں۔ دھیان دیں :

جیسے :

ill = illness	thick = thickness
good = goodness	great = greatness
sad = sadness	

** Assistance (مدد) اسم یہاں assist فعل سے بنا ہے۔ ظاہر ہے کہ assist فعل کو اسم میں بدلنے کے لئے ance جوڑا گیا ہے۔ اسی طرح کے کچھ اور الفاظ نیچے دیئے جا رہے ہیں۔

allow = allowance (خرچہ)	clear = clearance (صفائی)
ally = alliance (میل جوڑ)	pursue = pursuance (پیروی)
(یہاں ance جوڑنے سے پہلے y کو i میں بدلا گیا ہے)	(ance) لگانے سے pursue کا آخری e ہٹ گیا ہے)

---

[1] W.C دراصل water closet کا اختصار ہے۔ آج کل بیت الخلاء کے لئے زیادہ تر Gentleman's (جنٹل مینز) یا Men (مین) (مردوں کے لئے) اور Ladies (لیڈیز) یا Women (ویمن) (عورتوں کے لئے) استعمال کیا جاتا ہے۔ ویسے تو بول چال میں بیت الخلاء کے لئے Toilet (ٹوائلٹ) یا Lavatory (لیوٹری) لفظ کا استعمال کیا جاتا ہے پر عام استعمال کے لئے .W.C یا Gentleman's وغیرہ کا استعمال اچھا سمجھا جاتا ہے۔

52 باونواں دن
52nd Day

۳۸. دفتر (Office)

۱.	یہ پنجاب نیشنل بینک کا چیک ہے۔	This is a Punjab National Bank cheque.	دس از اے پنجاب نیشنل بینک چیک۔
۲.	یہ کلرک افسروں کے منہ لگا ہوا ہے۔	This clerk is a favourite of the officers.	دس کلرک از اے فیورٹ اوف دَ آفیسرس۔
۳.	تمہیں کتنے دنوں کی رخصت لینی پڑے گی۔	For how many days would you have to take leave?	فور ہاؤ مینی ڈیز ووڈ یو ہیو ٹو ٹیک لیو؟
۴.	آج کل کام کا زور ہے۔	Work pressure is very heavy these days.	ورک پریشر از ویری ہیوی دیز ڈیز۔
۵.	مجھے ٹیلیفون پر بات کرنی ہے۔	I want to make a call.	آئی وانٹ ٹو میک اے کول۔
۶.	نوٹس کو نوٹس بورڈ پر لگا دو۔	Put up the notice on the notice-board.	پٹ اپ دَ نوٹس اون دَ نوٹس بورڈ۔
۷.	صاحب ہیں؟	Is the boss in?	از دَ بوس ان؟
۸.	یہاں دستخط کیجئے۔	Please sign here.	پلیز سائن ہیئر۔
۹.	میری درخواست منظور ہو گئی۔	My application has been accepted.	مائی اپلی کیشن ہیز بین ایکس سپٹڈ
۱۰.	اسے چھٹی نہیں ملی۔	He didn't/couldn't get leave.	ہی ڈڈنٹ/کڈنٹ گیٹ لیو۔
۱۱.	اسے تنبیہ کر دیا گیا۔	He has been warned.	ہی ہیز بین وارنڈ۔
۱۲.	میں اس معاملے پر سوچوں گا۔	I'll think over this matter.	آئل تھنک اوور دس میٹر۔
۱۳.	اس نے استعفیٰ دے دیا ہے۔	He has resigned.	ہی ہیز ریزائنڈ۔
۱۴.	اس موضوع پر کوئی بات نہیں ہوئی۔	This point was not touched.	دس پوائنٹ واز نوٹ ٹچڈ۔
۱۵.	میں ضرور اس بات کا خیال رکھوں گا۔	I'll surely keep this in mind.	آئل شیور لی کیپ دس ان مائنڈ۔
۱۶.	آپ جو کہہ رہے ہیں میں سب سمجھ رہا ہوں۔	I follow all what you say./ I am following whatever you are saying.	آئی فولو اول واٹ یو سے/ آئی ایم فولوئنگ واٹ ایور یو آر سینگ۔
۱۷.	اس دفتر میں بڑے بابو ہی سب کچھ ہیں۔	The head clerk is all in this office.	دَ ہیڈ کلرک از اول ان دس اوفس۔
۱۸.	اس کا استعفیٰ منظور ہو گیا ہے۔	His resignation has been accepted.	ہز ریزِگنیشن ہیز بین ایکس سپٹڈ۔
۱۹.	سگریٹ پینا منع ہے۔	No smoking.*	نو اسموکنگ۔
۲۰.	کیا تم یہ گرافک ڈیزائن کمپیوٹر پر بنا سکتے ہو؟	Can you make this graphic design on computer?	کین یو میک دس گرافک ڈیزائن اون کمپیوٹر؟
۲۱.	میری گھڑی بند ہو گئی ہے۔	My watch has stopped.	مائی واچ ہیز اسٹوپڈ۔
۲۲.	کیا دیر ہو گئی ہے؟	Is it late?	از اِٹ لیٹ؟

* کہیں کہیں 'No smoking' کی جگہ Smoking not allowed بھی لکھ دیا جاتا ہے۔ دراصل دونوں پورے جملے نہیں۔

۲۳.	آپ ایک گھنٹہ دیر سے ہیں۔	You are late by an hour.	یو آر لیٹ بائی این آور۔
۲۴.	یہ خط جلدی سے ٹائپ کرو۔	Type this letter fast.	ٹائپ دس لیٹر فاسٹ۔
۲۵.	آج کون سی تاریخ ہے؟	What's the date today?	واٹس د ڈیٹ ٹوڈے؟
۲۶.	وہ آج ہی نوکری پر آئی ہے۔	She has joined today.	شی ہیز جوائنڈ ٹوڈے۔
۲۷.	کیا میرے لئے کوئی فون ہے؟	Is there any phone call for me?	از دیئر اینی فون کول فور می؟
۲۸.	میں نے ڈائرکٹر صاحب سے تین بجے کی اپائنٹمینٹ لی ہے۔	I have fixed an appointment with the director at 3 o'clock.	آئی ہیو فکسڈ این اپائنٹمینٹ ود دَ ڈائرکٹر ایٹ تھری او کلوک۔
۲۹.	کیا تم اس دفتر میں نوکری کرتے ہو؟	Are you working in that office?	آر یو ورکنگ اِن دیٹ اوفس۔
۳۰.	بہتر ہوگا کہ آپ سبک دوش ہو جائیں۔	It's better if you resign.	اِٹس بیٹر اِف یو ریزائن۔
۳۱.	آپ کس پوسٹ پر ہیں؟	What post do you hold?	واٹ پوسٹ ڈو یو ہولڈ؟
۳۲.	اُسے اپنی کامیابی پر بڑا غرور ہے۔	Success has gone to his head.	سکسس ہیز گون ٹو ہز ہیڈ۔
۳۳.	آج مجھے بہت کام ہے۔	I'm very busy today.	آئم وری بیزی ٹوڈے۔

۳۹. اشیاء (Things)

۱.	یہ بہت اچھی تصویر ہے۔	This is a very fine/nice/ beautiful picture.	دس از اے وری فائن/نائس/ بیوٹی فل پکچر۔
۲.	برائے مہربانی ریزگاری دیجئے۔	Please give change.	پلیز گیو چینج۔
۳.	تم نے مجھے اپنی تصویر نہیں دکھائی۔	You have not shown me your photograph.	یو ہیو نوٹ شون می یور فوٹوگراف۔
۴.	ذرا یہ سامان میرے ہوٹل میں پہونچا دیجئے۔	Please deliver the goods at my hotel.	پلیز ڈیلیور دَ گڈز ایٹ مائی ہوٹل۔
۵.	مجھے چشمہ بدلوانا ہے۔	I have to get my spectacles changed.	آئی ہیو ٹو گیٹ مائی اسپکٹیکلز چینجڈ۔
۶.	مجھے ایک اور کمبل چاہیے۔	I need another blanket.	آئی نیڈ انڈر ربلینکٹ۔
۷.	میری گھڑی ٹھیک ہونے گئی ہے۔	My watch has been sent for repairs.	مائی واچ ہیز بین سینٹ فور رپیئرز۔
۸.	مجھے چاول، دال اور کڑھی چاہیے۔	I want rice, pulses and curry.	آئی وانٹ رائس، پلسز اینڈ کری۔
۹.	میں ایک درجن سگار اور دو درجن سگریٹ چاہتا ہوں۔	I want one dozen cigars and two dozen cigarettes.	آئی وانٹ ون ڈزن سگارز اینڈ ٹو ڈزن سگریٹس۔
۱۰.	مجھ سے شیشہ ٹوٹ گیا۔	The mirror was broken by me.	دَ میرر واز بروکن بائی می۔
۱۱.	کچھ ٹھنڈا لیجئے۔	Please have something cold.	پلیز ہیو سم تھنگ کولڈ۔
۱۲.	میں نے تمہاری کتاب نہیں دیکھی۔	I haven't seen your book.	آئی ہیونٹ سین یور بک۔
۱۳.	یہ بکس بڑا بھاری ہے۔	This box is very heavy.	دس بوکس از وری ہیوی۔

۱۴. ان سب چیزوں کو لے آؤ۔ Bring/get all these things. برنگ / گیٹ اول دیز تھنگز۔

۱۵. ان چیزوں کو باندھ دو۔ Pack these things/articles. پیک دیز تھنگز / آرٹکلز۔

۱۶. اپنا بستر بند اٹھا لیجئے۔ Please carry your holdall. پلیز کیری یور ہولڈ ال۔

۱۷. وہ اپنا سامان لیکر گھر سے چلا گیا۔ He left his house with bag and baggage. ہی لیفٹ ہز ہاوس ود بیگ اینڈ بیگیج۔

۱۸. سامان کم لیکر چلیں۔ You should travel light. یو شڈ ٹریول لائٹ۔

۱۹. اس کو خوب صورت چیزوں سے بہت لگاؤ ہے۔ He is fond of beautiful things. ہی از فونڈ اوف بیوٹی فل تھنگز۔

۲۰. یہ کپڑا مضبوط لگتا ہے۔ This cloth appears durable. دس کلوتھ اپیئرس ڈوریبل۔

۲۱. برتنوں کو واپس شلف پر رکھ دو۔ Put the utensils back on the shelf. پٹ دَ یوٹینسلز بیک اون دَ شلف۔

۲۲. آپ اپنے کمرے میں ہرا رنگ کرا لیجئے۔ Get your room painted green. گیٹ یور روم پینٹڈ گرین۔

۲۳. کیا آپ نے اپنے گھر میں سفیدی کرا لی؟ Have you got your house whitewashed? ہیو یو گوٹ یور ہاوس وائٹ واشڈ؟

۲۴. مجھے اپنے فرنیچر کی مرمت کرانی ہے۔ I have to get my furniture repaired. آئی ہیو ٹو گیٹ مائی فرنیچر ریپیرڈ۔

sheep (شیپ) بھیڑ	Chinese (چائنیز) چینی	hair (ہیئر) بال
a sheep (اے شیپ) ایک بھیڑ	(many) sheep کئی بھیڑیں	a hair (ایک بال) (many hair), کئی بال

53rd Day تریپنواں دن

۴۰. قانون (Law)

۱.	اس پر خون کا الزام لگایا گیا۔	He was accused of murder.	ہی وازا ایکوزڈ اوف مرڈر۔
۲.	وہ دو دن جیل میں رہا۔	He was in the police lock-up for two days.	ہی وازان د پولس لوک اپ فور ٹو ڈیز۔
۳.	اس نے اس واقعہ کی رپورٹ پولس کو دی۔	He reported this incident to the police.	ہی رپورٹیڈ دس انسیڈ ینٹ ٹو د پولس۔
۴.	ملزم بری کر دیا گیا۔	The accused was acquitted.	دَ ایکسیوزڈ واز اکیوٹیڈ۔
۵.	وہ فرار ہو گیا۔	He absconded.	ہی ایبس کونڈڈ۔
۶.	وہ ضمانت پر چھوڑ دیا گیا۔	He was released on bail.	ہی واز ریلیزڈ اون بیل۔
۷.	شہر میں بدامنی پھیلی ہوئی ہے۔	Lawlessness prevails in the city.	لالیس نیس پریویلز ان د سیٹی۔
۸.	تم نے غیر قانونی کام کیا ہے۔	Your act is illegel.	یور ایکٹ از الّیگل۔
۹.	انصاف کا یہی تقاضا تھا۔	Justice demanded it.	جسٹس ڈیمانڈیڈ اٹ۔
۱۰.	آپ میرے گواہ ہیں۔	You are my witness.	یو آر مائی وٹنیس۔
۱۱.	یہ قانون کے خلاف ہے۔	This is against the law.	دس از اگینسٹ دلا۔
۱۲.	وہ بالکل بے گناہ ہے۔	He is innocent.	ہی از اِنّو سنٹ۔
۱۳.	آپ ہی انصاف کریں۔	It's for you to judge.	اٹز فور یو ٹو جج۔
۱۴.	یہ سب نقلی دستاویز ہیں۔	These are all forged documents.*	دیز آر اول فورجڈ ڈاکومینٹس۔
۱۵.	اس نے میرے خلاف مقدمہ کیا۔	He filed a suit against me.	ہی فیلڈ اے سوٗٹ اگینسٹ می۔
۱۶.	وکیلوں نے گواہوں سے سوالات کئے۔	The lawyers cross-examined the witnesses.	دَ لائرز کروس اگزامنڈ د وٹنیسز۔
۱۷.	آج کل مقدمہ بازی بڑھ گئی ہے۔	Nowadays litigation is on the increase.	ناؤاے ڈیز لٹگیشن از اون د انکریز۔
۱۸.	پولس اس معاملہ کی چھان بین کر رہی ہے۔	The police is investigating the matter.	د پولس از انوسٹگیسٹنگ دَ میٹر۔
۱۹.	میں نے اس کے خلاف فوجداری مقدمہ دائر کر دیا ہے۔	I have filed a criminal case against him.	آئی ہیو فائلڈ اے کریمینل کیس اگینسٹ ہم۔
۲۰.	مجسٹریٹ نے ملزم پر الزام لگا دیا۔	The magistrate convicted the accused.	دَ مجسٹریٹ کنوکٹیڈ د اکیوزڈ۔
۲۱.	آخر میں مدّعا علیہ اور مدّعی نے سمجھوتہ کر لیا۔	At last the plaintiff and the defendant reached a compromise.	ایٹ لاسٹ د پلینٹف اینڈ دَ ڈیفنڈ ینٹ ریچڈ اے کمپرومائز۔
۲۲.	اس کو موت کی سزا ملی۔	He got a death sentence.	ہی گوٹ اے ڈیتھ سینٹنس۔

۲۳. جیوری نے ملزم کے حق میں فیصلہ دیا۔	The jury gave its verdict in favour of the accused.	دَ جیوری گیو اِٹس ورڈکٹ ان فیوراوف دَ اکیوزڈ۔
۲۴. خونی کو پھانسی مل چکی ہے۔	The murderer has been hanged.	دَ مرڈرر ہیز بین ہینگڈ۔
۲۵. قانون نہ جاننا کوئی بہانا نہیں۔	Ignorance of law is no excuse.	اگنورنس اوف لاء از نو ایکسکیوز۔
۲۶. جج نے چور کو سزا دی۔	The judge punished the thief.	دَ جج پنشڈ دَ تھیف۔
۲۷. مقدمے کا کیا فیصلہ ہوا؟	What was the judgement* in the case?	واٹ واز دَ ججمینٹ ان دَ کیس؟
۲۸. وہ چشم دید گواہ ہے۔	He is an eyewitness.	ہی از این آئی وٹنیس۔
۲۹. وہ قانون کا ماننے والا ہے۔	He is a law-abiding man.	ہی از اے لاء ابائیڈنگ مین۔
۳۰. انصاف میں دیر کا مطلب اندھیر ہے۔	Justice delayed is justice denied.	جسٹس ڈیلیڈ از جسٹس ڈینائیڈ۔
۳۱. صفائی کے وکیل نے خوب پیروی کی۔	The defence counsel argued the case well.	دَ ڈیفنس کاؤنسل آرگیوڈ دکیس ویل۔

۴۱. ریڈیو، ٹی وی، ڈاکخانہ (Radio/T.V./Post Office)

۱. میں نے رنگین ٹیلی ویژن خریدا ہے۔	I have bought a colour television.	آئی ہیو باوٹ اے کلر ٹیلی ویژن۔
۲. آپ کا ٹی وی چل رہا ہے۔	Your T.V. is on.	یور ٹی وی از اون۔
۳. میرا ریڈیو بند ہے۔	My radio is off.	مائی ریڈیو از اوف۔
۴. خبریں سبھی اسٹیشنوں سے ایک ساتھ نشر ہوتی ہیں۔	News bulletin is broadcast simultaneously from all radio stations.	نیوز بلیٹن از بروڈکاسٹ سائمل ٹینی اسلی فروم اول ریڈیو اسٹیشنز۔
۵. میں ٹی وی دیکھنے کا بڑا شوقین ہوں۔	I'm very fond of watching T.V.	آئم ویری فونڈ اوف واچنگ ٹی وی۔
۶. ڈاکیہ خطوط چھانٹ رہا ہے۔	The postman is sorting out the letters.	دپوسٹ مین از سورٹنگ آوٹ دَ لیٹرز۔
۷. اب چینل زی لگا دو۔	Now switch on/tune into channel Zee.	ناؤ سوئچ اون/ٹیون انٹو' چینل زی۔
۸. اگلی ڈاک ساڑھے چار بجے نکلے گی۔	The next clearance is due at 4.30 p.m.	دَ نیکسٹ کلیئرنس از ڈیو ایٹ فورتھرٹی پی ایم۔
۹. ڈاک دن میں دو وقت بٹتی ہے۔	The mail is delivered twice a day.	دَ میل از ڈیلیورڈ ٹوائس اے ڈے۔
۱۰. میں نے پچاس روپئے منی آرڈر کے ذریعے بھیجے۔	I sent Rs. 50 by moneyorder.	آئی سینٹ روپیز ففٹی بائی منی آرڈر۔
۱۱. رجسٹرڈ پیکٹ پر پورے ٹکٹ نہیں ہیں۔	The registered packet needs more stamps.	د رجسٹرڈ پیکٹ نیڈز مور اسٹامپس۔
۱۲. برائے مہربانی منی آرڈر کی رسید بھیجنا۔	Please acknowledge the moneyorder.	پلیز اکنولج دَ منی آرڈر۔
۱۳. ٹیلیویژن کا ہماری زندگی میں بہت اہم رول ہے۔	The television plays an important role in our daily life.	دَ ٹیلیویژن پلیز این امپورٹنٹ رول ان اَور ڈیلی لائف۔
۱۴. میرا ریڈیو بڑی صاف آواز پکڑتا ہے۔	My radio has a very clear/sharp reception.	مائی ریڈیو ہیز اے ویری کلیئر/شارپ ریسپشن۔
۱۵. کیا تم نے پارسل کا وزن کر لیا ہے؟	Have you weighed the parcel?	ہیو یو ویڈ دپارسل؟

۱۶.	مجھے ڈاکخانے سے کچھ لفافے اور انلینڈ خریدنے ہیں۔	I have to buy some envelopes and inland letters from the post office.	آئی ہیوٹو بائی سم انویلپس اینڈ انلینڈ لیٹرس فروم د پوسٹ آفس۔
۱۷.	اس چینل میں گڑبڑی ہے۔	This channel is disturbed.	دس چینل از ڈسٹربڈ۔
۱۸.	تم نے اسے ٹھیک ٹیون نہیں کیا ہے۔	You haven't tuned it properly.	یُو ہیونٹ ٹیونڈاٹ پروپرلی۔
۱۹.	محکمہ ڈاک کے ملازمین ہڑتال پر ہیں۔	The workers in the postal department are on strike.	د ورکرزان د پوسٹل ڈیپارٹمنٹ آراون اسٹرائیک۔
۲۰.	اس خط پر کتنے کی ٹکٹ لگے گی؟	What will the stamp on this letter cost?	واٹ ول د اسٹامپ اون دس لیٹر کوسٹ؟

(To Remember) برائے یادداشت

*Here's a good government after decades. (آج کافی عرصہ کے بعد ایک اچھی سرکار بنی ہے) میں govern فعل میں ment لگانے سے اسم government بنا ہے۔ اسی طرح کچھ دیگر اسماء مندرجہ ذیل ہیں :

employ سے	employment	(نوکری)	agree سے	agreement	(سمجھوتہ)
excite سے	excitement	(جوش)	amaze سے	amazement	(تعجب)
settle سے	settlement	(نمٹانا)	amend سے	amendment	(تصحیح)

He is a civil servant (وہ ایک افسر ہے) اس جملہ میں servant اسم ہے۔ آخر میں ant والی کچھ اور اسماء ہیں۔

اوپر دیئے گئے اسماء میں servant ، defendant اور accountant جیسے الفاظ بالترتیب defend, serve اور account میں ant اور apply میں 'cant' لگانے سے بنے ہیں۔ لیکن کچھ لفظ جیسے merchant اور consonant الگ ہیں۔ کسی دوسرے لفظ میں جوڑنے سے نہیں بنے ہیں۔ اس طرح important کے آخر میں 'ant' ہے لیکن یہ اسم نہیں، صفت ہے۔

54th Day چونواں دن

(Travel) سفر ۴۲

۱.	جلدی چلیے۔	Hurry up please.	ہری اپ پلیز۔
۲.	ہم راستہ بھول گئے۔	We have lost our way.	وی ہیولوسٹ اَور وے۔
۳.	سفر لمبا ہے۔	It's a long journey.	اِٹس اے لونگ جرنی۔
۴.	مجھے آگرہ جانا ہے۔	I have to go to Agra.	آئی ہیو ٹو گوٹو آگرہ۔
۵.	تم جلدی ہی کیوں واپس آگئے؟	Why did you come back so soon?	وائی ڈڈیو کم بیک سو سؤن؟
۶.	آپ کہاں ٹھہرے ہوئے ہیں؟	Where are you staying?	ویئر آریو اسٹے ئنگ؟
۷.	کیا آپ نے ٹکٹ لے لیا؟	Have you bought the ticket.	ہیویو باؤٹ د ٹکٹ؟
۸.	کیا جودھ پور میل وقت پر آرہی ہے؟	Is the Jodhpur Mail arriving on time?	از د جودھ پورمیل ارائیونگ اون ٹائم؟
۹.	میں ساڑھے دس بجے کی گاڑی سے کولکاتہ جاؤں گا۔	I'll go to Kolkata by the 10.30 train.	آئل گو ٹو کولکاتہ بائی ٹین تھرٹی ٹرین۔
۱۰.	ہم ساتھ ساتھ چلیں گے۔	We'll go together.	ویل گوٹو گیدر۔
۱۱.	اس برس بدری ناتھ مندر جون میں کھلے گا۔	Badrinath temple will reopen in June this year.	بدری ناتھ ٹیمپل ول ری اوپن ان جون دس ایئر۔
۱۲.	پنجاب میل کس وقت روانہ ہوتی ہے؟	When does the Punjab Mail leave?	وین ڈزد پنجاب میل لیو؟
۱۳.	ہم وقت پر پہونچ جائیں گے۔	We'll reach in time.	وی ئل ریچ ان ٹائم۔
۱۴.	گاڑی کس پلیٹ فارم پر آئے گی؟	On which platform will the train arrive?	اون وچ پلیٹ فارم ول دٹرین ارائیو؟
۱۵.	ریلوے اسٹیشن یہاں سے کتنی دور ہے؟	How far is the railway station from here?	ہاؤفارا ز د ریلوے اسٹیشن فروم ہیئر؟
۱۶.	جلدی کیجئے نہیں تو گاڑی چھوٹ جائیگی۔	Hurry up, otherwise you'll miss the train.	ہری اپ، ادروائز یوول مس دٹرین۔
۱۷.	گاڑی اب دکھائی نہیں دیتی۔	The train is out of sight now.	دٹرین ازآؤٹ اوف سائٹ ناؤ۔
۱۸.	میں اپنے بھائی کو اسٹیشن پر رخصت کرنے جارہا ہوں۔	I am going to the station to see off my brother.	آئی ایم گوئنگ ٹو داسٹیشن ٹوسی اوف مائی بردر۔
۱۹.	پیدل تو صرف دس منٹ کا راستہ ہے۔	It is only ten minutes walk.	اٹ ازاونلی ٹین منٹس واک۔
۲۰.	میں انہیں لینے اسٹیشن جارہا ہوں۔	I am going to the station to receive them.	آئی ایم گوئنگ ٹو داسٹیشن ٹو ریسیودیم۔
۲۱.	یہ عام راستہ نہیں ہے۔	It's no thoroughfare.	اِٹس نو تھوروفیئر۔
۲۲.	ہم شکار کے لئے جنگل میں گئے۔	We went to the forest for hunting.	وی وینٹ ٹو د فورسٹ فور ہنٹنگ۔
۲۳.	سڑک مرمت کے لئے بند ہے۔	The road is closed for repairs.	د روڈ ازکلوزڈ فور ریپیئرز۔
۲۴.	وہ گاڑی میں چڑھ نہ سکے۔	They couldn't catch the train.	دے کڈنٹ کیچ د ٹرین۔
۲۵.	اگلے پہیے میں ہوا کم تھی۔	The front wheel had less air.	دفرنٹ وھیل ہیڈلیس ایئر۔
۲۶.	موٹر ٹائر پھٹ گیا۔	The tyre of the car burst.	دٹائراوف دکار برسٹ۔
۲۷.	میں سائیکل چلانے کا شوقین ہوں۔	I'm fond of cycling.	آئم فونڈاوف سائیکلنگ۔

۲۸.	میں نے سہارن پور میں گاڑی بدلی۔	I changed the train at Saharanpur.	آئی چینجڈ دٔ ٹرین ایٹ سہارنپور۔
۲۹.	ٹکٹ گھر دن رات کھلا رہتا ہے۔	The booking office remains open twenty-four hours.	دٔ بکنگ آفس ریمینز اوپن ٹوئنٹی فور آورز۔
۳۰.	کیا یہ گاڑی سیدھی کولکاتہ جاتی ہے۔	Is this a direct train to Kolkata?	از دِس اے ڈائریکٹ ٹرین ٹو کولکاتہ۔
۳۱.	میں آپ کے ساتھ اسٹیشن چلونگا۔	I'll accompany you to the station.	آئل اَکمپنی یو ٹو دٔ اسٹیشن۔
۳۲.	اگلے ہفتے میں کشمیر میں ہوؤنگا۔	I'll be in Kashmir next week.	آئل بی اِن کشمیر نیکسٹ ویک۔
۳۳.	ریل کی پٹری پر سے جانا منع ہے۔	Crossing the railway tracks is prohibited.	کروسنگ دٔ ریلوے ٹریکس از پروہیبیٹڈ۔
۳۴.	اب آگے دہلی کا اسٹیشن ہے۔	The next station is Delhi.	دٔ نکسٹ اسٹیشن از ڈلہی۔
۳۵.	ابھی گاڑی چلنے میں آدھا گھنٹہ باقی ہے۔	There is still half an hour for the train to start.	دیئر از اسٹل ہاف این آور فور دٔ ٹرین ٹو اسٹارٹ۔
۳۶.	جلدی کرو، گاڑی یہاں تھوڑی دیر ٹھہرتی ہے۔	Hurry up, the train stops here for a shortwhile.	ہری اپ، دٔ ٹرین اسٹوپس ہیئر فور اے شورٹ وائل۔
۳۷.	گاڑی کا ٹھیک وقت ساڑھے گیارہ بجے ہے۔	The train is due at half past eleven.	دٔ ٹرین از ڈیو ایٹ ہاف پاسٹ الیون۔
۳۸.	راستے میں ہماری موٹر خراب ہوگئی۔	Our car broke down on the way.	آور کار بروک ڈاؤن اون دٔ وے۔
۳۹.	وہ سوموار کو ممبئی اترے گا۔	He will land in Mumbai on Monday.	ہی ول لینڈ ان ممبئی اون منڈے۔
۴۰.	قلی جہاز سے سامان اتار رہے ہیں۔	The porters are unloading the cargo.	دٔ پورٹرز آر ان لوڈنگ دٔ کارگو۔
۴۱.	میں نے ایک گھوڑا کرائے پر لیا۔	I hired a horse.	آئی ہائرڈ اے ہورس۔
۴۲.	کیا کوئی کرائے کی موٹر ملِ جائیگی۔	Is a taxi/cab available here.	از اے ٹیکسی/کیب اویلیبل ہیئر؟
۴۳.	گاڑی تو پلیٹ فارم پر پہنچ چکی ہے۔	The train has already reached the platform.	دٔ ٹرین ہیز اول ریڈی ریچڈ دٔ پلیٹ فارم۔
۴۴.	یہ ڈبہ تو فوجیوں کے لئے ریزرو ہے۔ ہم تو سلیپر میں جارہے ہیں۔	This bogey is reserved for soldiers, we are travelling by the sleeper coach.	دِس بوگی از ریزروڈ فور سولجرز۔ وی آر ٹریولنگ بائی دٔ سلیپر کوچ۔
۴۵.	اس سال آپ گرمی کی چھٹیاں کہاں گزار رہے ہیں؟	Where will you spend your summer vacation this year?	ویئر ول یو اسپینڈ یور سمر ویکیشن دس ایئر؟
۴۶.	میں کسی پہاڑی جگہ پر جاؤں گا، شاید شری نگر۔	I'll go to some hill station, probably to Srinagar.	آئل گو ٹو سم ہل اسٹیشن، پروبلی ٹو شری نگر۔

(To Remember) برائے یادداشت

Curzon Road in New Delhi has been renamed ، (ہمارا اسکول کل کھلے گا) Our school will reopen tomorrow. reopen = re + open, renamed میں (نئی دہلی میں کرزن روڈ کا نام بدل کر کستوربہ گاندھی مارگ رکھا گیا ہے۔) Kasturba Gandhi Marg. re = re + named یہاں re لاحقہ کا مطلب ہے 'پھر' 'دوبارہ' اس معنی کے کچھ اور الفاظ یہ ہیں:۔

rebound	(اچھل کر واپس آنا)	reenter	(پھر سے داخل ہونا)	replant	(پھر سے پودا لگانا)
reclaim	(پھر سے حاصل کرنا)	refill	(پھر سے بھرنا)	reprint	(پھر سے چھاپنا)
retrace	(اسی راہ پر لوٹانا)	reload	(پھر سے بھرنا)	recount	(پھر سے گننا، تفصیل سے بیان کرنا)
rejoin	(پھر سے ملنا)	remake	(پھر سے بنانا)	recross	(پھر سے پار کرنا)

55th Day پچپنواں دن

۴۳. تفریح (Recreation)

۱.	ہم گانا سن رہے تھے۔	We were listening to music.	وی ور لسننگ ٹو میوزک۔
۲.	وہ سنیما پر تمہارا انتظار کرے گی۔	She will wait for you at the cinema.	شی ول ویٹ فور یو ایٹ دسینما۔
۳.	وہ پیانو بجا سکتی ہے پر وائلن نہیں۔	She can play the piano but not the violin.	شی کین پلے دپیانو بٹ نوٹ د وائلن۔
۴.	میں ہر ایک اتوار سینما جایا کرتا تھا۔	I used to go to see a film every Sunday.	آئی یوزڈ ٹو گو ٹو سی اے فلم ایوری سنڈے۔
۵.	ٹکٹیں اکٹھی کرنا میرا شوق ہے۔	Stamp collecting/philately is my hobby.	اسٹامپ کلکٹنگ/فلیٹلی از مائی ہوبی۔
۶.	میں نے اپنی کچھ ٹکٹیں امیتابھ کو دکھائیں۔	I showed some of my stamps to Amitabh.	آئی شوڈ سم اوف مائی اسٹامپس ٹو امیتابھ۔
۷.	بہت پیارا نغمہ تھا۔	It was a sweet/melodious song.	اٹ واز اے سوئیٹ/میلوڈیس سونگ۔
۸.	یہ بڑی مزیدار کہانی تھی۔	It was a very interesting story.	اٹ واز اے ویری انٹرسٹنگ اسٹوری۔
۹.	کیا آج کا ڈرامہ دیکھنے کے لائق ہے؟	Is today's play worth seeing?	از ٹوڈیز پلے ورتھ سی انگ؟
۱۰.	'کرم' فلم جلدی دکھائی جائے گی۔	The film 'Karm' will be released shortly.	دِ فلم 'کرم' ول بی ریلیز ڈ شورٹلی۔

۴۴. ایسا مت کیجئے (Don'ts)

۱.	کام سے جی مت چراؤ۔	Don't shirk work.	ڈونٹ شرک ورک۔
۲.	جلدی نہ کرو۔	Don't be in a hurry.	ڈونٹ بی ان اے ہری۔
۳.	دوسروں کی برائی مت کرو۔	Don't speak ill of others.	ڈونٹ اسپیک ال اوف آدرز۔
۴.	دوسروں کی ہنسی مت اڑاؤ۔	Don't laugh at others.	ڈونٹ لاف ایٹ ادرز۔
۵.	دوسروں سے جھگڑا مت کرو۔	Don't quarrel with others.	ڈونٹ کوارل ود ادرز۔
۶.	دوسروں پر منحصر مت رہو۔	Don't depend upon others.	ڈونٹ ڈپنڈ اپون ادرز۔
۷.	ننگے پیروں سے باہر مت جاؤ۔	Don't go out barefooted.	ڈونٹ گو آوٹ بیئر فوٹیڈ۔
۸.	اپنا وقت برباد مت کرو۔	Don't waste your time.	ڈونٹ ویسٹ یور ٹائم۔
۹.	دوسروں کی کوئی چیز مت چراؤ۔	Don't steal others' things.	ڈونٹ اسٹیل ادرز تھنگز۔
۱۰.	اپنا اعتدال مت کھوؤ۔	Don't lose your balance.	ڈونٹ لوز یور بیلنس۔
۱۱.	بیکار مت بیٹھو۔	Don't sit idle.	ڈونٹ سٹ آئیڈل۔
۱۲.	کام کرتے ہوئے مت اونگھو۔	Don't doze while working.	ڈونٹ ڈز وائل ورکنگ۔
۱۳.	پھول مت توڑو۔	Don't pluck flowers.	ڈونٹ پلک فلاورز۔
۱۴.	فرش پر مت تھوکو۔	Don't spit on the floor.	ڈونٹ اسپٹ اون د فلور۔
۱۵.	دوسروں کے کام میں دخل مت ڈالو۔	Don't disturb others.	ڈونٹ ڈسٹرب ادرز۔
۱۶.	ورق کے کونے مت موڑو۔	Don't turn the corners of the page.	ڈونٹ ٹرن دکارنرز اوف د پیجز۔
۱۷.	اپنی کتاب پر کچھ مت لکھو۔	Don't write anything on your books.	ڈونٹ رائٹ اینی تھنگ اون یور بکس۔

۴۵۔ ایسا کیجئے (Do's)

۱.	جتنا ہو سکے، صاف لکھو۔	Write as neatly as you can.	رائٹ ایز نیٹلی ایز یو کین۔
۲.	کتاب پڑھتے وقت ہمیشہ ہاتھ صاف رکھو۔	Handle a book with clean hands.	ہینڈل اے بک ود کلین ہینڈز۔
۳.	سڑک کے بائیں طرف چلو۔	Keep to the left.	کیپ ٹو دَ لیفٹ۔
۴.	ہمیشہ اپنے دائیں ہاتھ سے دوسرے سے ہاتھ ملاؤ۔	Always shake hands with your right hand.	اول ویز شیک ہینڈز ود یور رائٹ ہینڈ۔
۵.	محنت کرنے کی عادت ڈالو۔	Be hardworking./Cultivate the habit of working hard.	بی ہارڈورکنگ/کلٹی ویٹ دہیبٹ اوف ورکنگ ہارڈ۔
۶.	ہمیشہ جاہلوں کو اپنے سے دور رکھو۔	Always keep the idiots off.	اول ویز کیپ د ایڈیٹس اوف۔
۷.	بڑوں کے ساتھ عزت سے بات کرو۔	Talk respectfully with elders.	ٹاک ریسپیکٹ فلی ود ایلڈرز۔
۸.	اپنے اختلافات کو بھلا دو۔	Sink your differences.	سنک یور ڈِفرینسز۔
۹.	صبح جلدی اٹھا کرو۔	Wake up early in the morning.	ویک اپ ارلی ان د مورننگ۔
۱۰.	صبح شام سیر کے لئے جایا کرو۔	Go out for a walk in the mornings and evenings.	گو آوٹ فور اے واک ان د مورننگز اینڈ ایوننگز۔
۱۱.	دونوں وقت کھانے کے بعد دانت صاف کیا کرو۔	Brush your teeth after both the meals.	برش یور ٹیتھ آفٹر بوتھ د میلز۔
۱۲.	سیدھے کھڑے رہو، جھکو نہیں۔	Stand up right, don't bend.	اسٹینڈ اپ رائٹ، ڈونٹ بینڈ۔
۱۳.	اپنے جھگڑے حل کرو۔	Patch up your disputes.	پیچ اپ یور ڈسپیوٹس۔
۱۴.	اپنی عادتیں سدھارو۔	Mend your ways.	مینڈ یو ویز۔
۱۵.	اپنے سے بڑوں کا کہنا مانو۔	Obey your elders.	او بے یور ایلڈرز۔
۱۶.	اپنے سے چھوٹوں کو پیار کرو۔	Love your youngers.	لَو یور ینگرز۔
۱۷.	اپنے برابر والوں کی قدر کرو۔	Give due regard to your equals.	گیو ڈیو رگارڈ ٹو یور ایکوئلز۔
۱۸.	وقت پر کام کرو اور دھیان دو۔	Be punctual and attentive.	بی پنکچویل اینڈ اٹینٹو۔
۱۹.	کھانا پوری طرح چبا کر کھاؤ۔	Chew your food properly.	چیُو یور فوڈ پروپرلی۔
۲۰.	مضبوطی سے پکڑو۔	Hold firmly.	ہولڈ فرملی۔

برائے یادداشت (To Remember)

I dislike mangoes. (میں آم پسند نہیں کرتا)۔ Do you give discount on your sales? (کیا آپ بیچے جانے والے مال پر رعایت دیتے ہیں۔) He is a dishonest person. (وہ بے ایمان آدمی ہے) ان جملوں میں dislike = dis+like, discount = dis + count, dishonest = dis + honest وغیرہ الفاظ میں dis کا مطلب ہے opposite (الٹا)۔ اسی طرح like (پسند کرنا) کا الٹا یعنی dislike (ناپسند کرنا) وغیرہ۔

dis لاحقہ (prefix) سے بنے کچھ اور الفاظ یہ ہیں:-

disable	(ناقابل بنانا)	disprove	(غلط ثابت کرنا)
disagree	(غیر متفق ہونا)	displace	(جگہ سے ہٹانا)
displease	(ناخوش رہنا)	disarm	(ہتھیار چھیننا)
disobey	(نافرمانی کرنا)	disgrace	(بے عزت کرنا)

دھیان رہے dis سے شروع ہونے والے الفاظ سبھی ضد نہیں ہوتے۔ مثلاً: distance, disturb وغیرہ اپنے آپ میں آزاد لفظ ہیں۔ tance یا turb ضد نہیں۔

56th Day چھپنواں دن

۴۶. لین دین (Dealings)

۱.	حساب صاف رکھو۔	Keep the accounts clear.	کیپ دَ اکاؤنٹس کلیر۔
۲.	اناج کا کیا بھاؤ ہے؟	How is the grain market?	ہاؤاز د گرین مارکیٹ؟
۳.	پیسے گن لیجئے۔	Please count the money.	پلیز کاؤنٹ د منی۔
۴.	میں اس کے دھوکے میں آگیا۔	I got duped by him.	آئی گوٹ ڈیوپڈ بائی ہم۔
۵.	یہ کھوٹا سکہ ہے۔	This is a base coin.	دِس از اے بیس کوائن۔
۶.	اسنے اپنا مال تجارت میں لگادیا۔	He invested all the money in trade/business.	ہی انویسٹڈ اول د منی ان ٹریڈ ربزنس۔
۷.	مزدوری طے کرلو۔	Settle the wages.	سٹل دَ ویجز۔
۸.	آپ کی تجارت کیسی چل رہی ہے؟	How is your business going?	ہاؤاز یور بزنس گوئنگ؟
۹.	ان لڑکوں کو دودو روپے دیجئے۔	Give the boys two rupees each.	گیو دَ بوائز ٹو روپیز ایچ۔
۱۰.	تمہاری مزدوری مل گئی؟	Did you get your wages?	ڈڈ یو گیٹ یور ویجز؟
۱۱.	اب میرا آپ کا حساب صاف ہے۔	Now I'm square with you.	ناؤ آئم اسکوئر ود یو۔
۱۲.	پیشگی روپیہ دینا ہوگا۔	Advance money will have to be paid.	ایڈوانس منی ول ہیو ٹو بی پیڈ۔
۱۳.	آپ میرے لئے کتنا روپیہ دے سکتے ہیں؟	How much money can you spare for me?	ہاؤ مچ منی کین یو اسپیر فور می؟
۱۴.	آمدنی سے زیادہ خرچ نہ کرو۔	Don't spend more than you earn.	ڈونٹ اسپنڈ مور دین یو ارن۔
۱۵.	کیا اس نے تمہاری تنخواہ دیدی؟	Has he paid your salary?	ہیز ہی پیڈ یور سیلری؟
۱۶.	بس، بل بنا دیجئے۔	That's all, please make the bill.	دیٹس اول، پلیز میک د بل۔
۱۷.	ان دنوں مجھے پیسوں کی تنگی ہے۔	I'm hard up/tight these days.	آئم ہارڈ اپ رٹائٹ دیز ڈیز۔
۱۸.	ادھار مت دو، اس سے نہ کہ صرف روپیہ جاتا ہے بلکہ دوست بھی۔	Don't lend, for a loan often loses both itself and a friend.	ڈونٹ لینڈ، فور اے لون اوفن لوزز بوتھ اٹ سیلف اینڈ اے فرینڈ۔
۱۹.	میرے پاس نقد روپیہ نہیں ہے۔	I don't have any cash.	آئی ڈونٹ ہیو اینی کیش۔
۲۰.	ہم اپنا سارا روپیہ بینک میں جمع کرادیں گے۔	We'll deposit all our money in the bank.	ویٔل ڈپوزٹ اول آور منی ان د بینک۔
۲۱.	روپے کی کمی ہے۔	There is a shortage of funds/cash.	دیئر از اے شورٹیج اوف فنڈز رکیش۔
۲۲.	آپ کے پاس کتنی نقدی ہے۔؟	How much is the cash in hand?	ہاؤ مچ از د کیش ان ہینڈ؟
۲۳.	میں پیسوں کا بھوکا نہیں ہوں۔	I am not after money.	آئی ایم نوٹ آفٹر منی۔
۲۴.	میں تجارت میں اپنی ساری پونجی لگادوں گا۔	I'll invest everything in the business.	آئل انویسٹ ایوری تھنگ ان د بزنس۔
۲۵.	سب روپے خرچ ہو گئے۔	All the money has been spent.	اول دَ منی ہیز بین اسپنٹ۔
۲۶.	کیا آپ مجھے سو روپے ادھار دیں گے؟	Can you lend me a hundred rupees?	کین یو لینڈ می اے ہنڈریڈ روپیز؟
۲۷.	مجھے کئی بلوں کا پیسہ چکانا ہے۔	I have to pay several bills.	آئی ہیو ٹو پے سیورل بلز۔

۴۷. تجارت (Business)

١.	کیا ان سے آپ کا کوئی لین دین ہے؟	Do you have any dealings with him?	ڈویوہیو اینی ڈیلنگز ود ہم۔
٢.	آپ نوکری کرتے ہیں یا تجارت؟	Are you in service or business?	آریو ان سروس اور بزنس؟
٣.	آج کل تجارت کی اچھی حالت ہے۔	Business is flourishing these days.	بزنس ازفلرشنگ دیز ڈیز۔
۴.	اسٹیشن سے پارسل چھڑالو۔	Get the parcel delivered from the station.	گیٹ دَ پارسل ڈیلیورڈ فروم دَ اسٹیشن۔
۵.	آؤ ہم معاملہ کریں۔	Let us have a deal.	لیٹ اس ہیوا ے ڈیل۔
٦.	میرا محنتانہ دلائیے۔	Please arrange for the payment of my wages.	پلیز ارینج فورد پیمنٹ اوف مائی ویجز۔
٧.	پیسوں سے پیسہ کمایا جاتا ہے۔	Money begets money.	منی بگیٹس منی۔
٨.	ذرا سو روپے پیشگی دیجیے۔	Kindly give me hundred rupees in advance.	کائنڈلی گیومی ہنڈرڈ روپیز ان ایڈوانس۔
٩.	کیا تم کوئی تجارت کرتے ہو۔	Are you in business?	آریوان بزنس؟
١٠.	میرے اوپر قرض ہے۔	I am under debt.	آئی ایم انڈرڈیٹ۔
١١.	کتنے پیسے ہوئے؟	How much is the bill?	ہاؤمچ از د بل؟
١٢.	اس چیز کی قیمت کیا ہے؟	How much does it cost?	ہاؤمچ ڈز اٹ کوسٹ؟
١٣.	یہ چیک کیش کرانا ہے۔	This cheque is to be encashed.	دس چیک از ٹوبی ان کیشڈ۔
١۴.	ان خطوط کو لیٹر بکس میں ڈالو۔	Post these letters.	پوسٹ دیز لیٹرز۔
١۵.	آج کل تجارت کو بہت دقت کا سامنا کرنا پڑ رہا ہے۔	Business is bad these days.	بزنس از بیڈ دیز ڈیز۔
١٦.	آپ کا کام کیا ہے؟	What is your profession?	واٹ از یور پروفیشن؟
١٧.	اس کمپنی میں کتنے حصہ دار ہیں؟	How many shareholders are there in this company?	ہاؤمینی شیئرہولڈرز آر دیئر ان دس کمپنی؟
١٨.	وہ درآمد برآمد تجارت کرتا ہے۔	He is in the import-export trade.	ہی ازان دَ امپورٹ ایکسپورٹ ٹریڈ۔
١٩.	ہم دلال ہیں۔	We are brokers.	وی آر بروکرز۔
٢٠.	کیا آپ نے مال کی رسید بھیج دی۔	Have you sent an invoice for the goods?	ہیویوسینٹ این انوائس فورد گڈز؟
٢١.	اس کا کام کیسا چل رہا ہے؟	How is he doing?	ہاؤازہی ڈوئنگ؟

برائے یادداشت (To Remember)

Lectureship is a respectable profession. (لکچرشپ معزز پیشہ ہے) یہاں لکچرر (اسم) میں ship سابقہ لگانے سے نیا اسم Lectureship بنایا گیا ہے۔ ship سابقہ (suffix) میں ختم ہونے والے کچھ لفظ اکثر اسم ہوتے ہیں۔ جیسے : scholarship (وظیفہ، قابلیت)، membership (ممبری)، kinship (تعلق)، hardship (دقت/پریشانی) friendship (دوستی) وغیرہ۔

I know him from childhood. جن الفاظ کے آخر میں hood سابقہ (suffix) ہو وہ اسم بھی ہوتے ہیں۔ جیسے :۔ اسی طرح کے کچھ اور الفاظ یہ ہیں :

father	=	fatherhood	(پدریت)	boy	=	boyhood	(لڑکپن)
mother	=	motherhood	(مادریت)	girl	=	girlhood	(لڑکپن)
man	=	manhood	(مردانگی)	parent	=	parenthood	(پدریت/مادریت دونوں)

57 ستاونواں دن th Day

۴۸. اقوال (Sayings)

۱.	سچی بات سب کو کڑوی لگتی ہے۔	Truth is bitter.	ٹرتھ از بیٹر۔
۲.	محنت ہی سب سے بڑی دولت ہے۔	Hard work always pays.	ہارڈ ورک اولویز پیز۔
۳.	سستی سبھی امراض کی جڑ ہے۔	Idleness is the root cause of all ills.	آئیڈلنس از د روٹ کاؤز اوف اول الز۔
۴.	جس گھر میں عداوت ہو وہ کھڑا نہیں ہو سکتا۔	A divided house cannot stand.	اے ڈیوائیڈڈ ہاؤس کین نوٹ اسٹینڈ۔
۵.	ہمیشہ سچ کی جیت ہوتی ہے۔	Truth always wins.	ٹرتھ الویز وینز۔
۶.	زیادہ آمدورفت عزت کھو دیتا ہے۔	Familiarity breeds contempt.	فیمی لیریٹی بریڈز کنٹمپٹ۔
۷.	خوشحالی دوست بناتی ہے لیکن	Prosperity gains friends,	پروسپیریٹی گینز فرینڈس،
	بدحالی ان کو پرکھتی ہے۔	but adversity tries them.	بٹ ایڈورسٹی ٹرائز دیم۔
۸.	ایمانداری سب سے اچھی چیز ہے۔	Honesty is the best policy.	اونسٹی از د بسٹ پولیسی۔
۹.	منھ پر کی گئی تعریف خوشامد ہوتی ہے۔	Extolling/praising you at your face is flattery.	اکسٹولنگ/پریزنگ یو ایٹ یور فیس از فلیٹری۔
۱۰.	علم میں اختلاف ہونا فطری ہے۔	Learning breeds controversy.	لرننگ بریڈز کنٹروورسی۔
۱۱.	پانچوں انگلیاں برابر نہیں ہوتیں۔	All are not alike.	اول آر نوٹ الائک۔
۱۲.	دنیا میں ثبات نہیں۔	Nothing is permanent in this world.	نتھنگ از پرمانٹ ان دس ورلڈ۔
۱۳.	کام کو کام سکھاتا ہے۔	Experience teaches the unskilled.	ایکسپیرینس ٹیچز د ان اسکلڈ۔
۱۴.	محبت اور عداوت میں سب کچھ جائز ہے۔	All is fair in love and war.	اول از فیئر ان لو اینڈ وار۔
۱۵.	کھوٹا سکہ ہمیشہ لوٹ آتا ہے۔	A base coin never runs.	اے بیس کوائن نیور رنز۔
۱۶.	آدمی پیٹ کا غلام ہے۔	Man is slave to his stomach.	مین از سلیو ٹو ہز اسٹومک۔
۱۷.	استقامت میں حصول مقصد ہے۔	Perseverance prevails.	پرسی ویرنس پیریولز۔
۱۸.	شرافت میں کچھ خرچ نہیں ہوتا۔	Courtesy costs nothing.	کرٹسی کوسٹس نتھنگ۔
۱۹.	مر گئے، مکر گئے۔	Death pays all debts.	ڈیتھ پیز اول ڈیٹس۔
۲۰.	ہر گدھے کو اپنی آواز سریلی لگتی ہے۔	Every ass loves his bray.	ایوری ایس لوز ہز برے۔
۲۱.	کسی کو مارنا ہو تو الزام لگا کر مارو۔	Give a dog a bad name and hang him.	گیو اے ڈوگ اے بیڈ نیم اینڈ ہینگ ہم۔
۲۲.	خوبصورت وہ جو خوبصورت کام کرے۔	Handsome is that handsome does.	ہینڈسم از دیٹ ہینڈسم ڈز۔

(متفرق جملے) (Miscellaneous Sentences)

۱.	گیس ختم ہو گئی۔	The gas has finished.	دَ گیس ہیز فنشڈ۔
۲.	شہر میں حالات کشیدہ ہیں۔	The situation in the city is tense.	دَ سچوئیشن ان دسٹی از ٹینس۔
۳.	کمرے میں سناٹا چھایا ہوا ہے۔	There is pin-drop silence in the room.	دیئر از پن ڈروپ سائیلینس ان د روم۔

۴. آج کل اچھی نوکری پانے کے لئے کمپیوٹر کی نولج ہونا ضروری ہے۔	Computer knowledge is essential these days to get a good job.	کمپیوٹر نولج از اسنشیل دیز ڈیز ٹو گیٹ اے گڈ جوب۔
۵. انیس ایک سادا اور صاف بات کرنے والا آدمی ہے۔	Anis is a simple and straightforward man.	انیس از اے سمپل اینڈ اسٹریٹ فوروارڈ مین۔
۶. وہ بلا اختلاف چنا گیا۔	He was elected unanimously.	ہی واز الکیٹڈ یونینی مسلی۔
۷. آپ کو تیار ہونے میں کتنی دیر لگے گی؟	How long will you take to get ready?	ہاؤ لونگ ول یو ٹیک ٹو گیٹ ریڈی؟
۸. قانون و انتظام دن بدن بگڑ رہا ہے۔	The law and order situation is deteriorating day by day.	دَ لا اینڈ آرڈر سچوئیشن از ڈیٹی ریوریٹنگ ڈے بائی ڈے۔
۹. دشمن کو کبھی کم نہیں سمجھو۔	Never underestimate the enemy.	نیور انڈر اسٹیمیٹ دَ اینمی۔
۱۰. آج کل شیئر بازار دھیما ہے۔	There is a slump in the share market these days.	دیرَ از اے سلمپ ان دَ شیئر مارکٹ دیز ڈیز۔
۱۱. شیئروں کی قیمتیں بڑھ رہی ہیں۔	There is a boom in the share market.	دیرَ از اے بوم ان دَ شیئر مارکٹ۔
۱۲. وہ ہر وقت بھُنبھناتی رہتی ہے۔	She is grumbling all the time.	شی از گرملنگ اول دَ ٹائم۔
۱۳. پٹرول بہت جلدی آگ پکڑتا ہے۔	Petrol is highly inflammable.	پٹرول از ہائلی انفلیمیبل۔
۱۴. اسکی پسند اچھی ہے۔	He is a man of good taste.	ہی از اے مین اوف گڈ ٹیسٹ۔
۱۵. مجھے اس طرح سے مت دیکھو۔	Don't look at me like this.	ڈونٹ لک ایٹ می لائک دس۔
۱۶. اندرا گاندھی کی شخصیت بہت پُر اثر تھی۔	Indira Gandhi had an impressive personality.	اندرا گاندھی ہیڈ این ایمپریسیو پرسنالٹی۔
۱۷. موقع کا پورا فائدہ اٹھایئے۔	Make the most of the opportunity.	میک دَ موسٹ اوف دِ اپورچونیٹی
۱۸. اس سے بات کرنا میری شان کے خلاف ہے۔	Talking to him is below my dignity.	ٹاکنگ ٹو ہم از بلو مائی ڈگنیٹی۔
۱۹. دونوں ملکوں نے معاہدۂ امن پر دستخط کئے۔	The two countries signed a peace treaty.	دَ ٹو کنٹریز سائنڈ اے پیس ٹریٹی۔

(To Remember) برائے یادداشت

کچھ ایسے جملے دیئے جا رہے ہیں جن میں فعل کے آخر میں ive اور ous لگا کر صفت بنائے گئے ہیں۔ اگر آپ ذرا بھی دھیان دیں گے تو بلا شبہ آپ بھی فعل اور اسم سے صفت بنانے میں ماہر ہو جائیں گے۔

This soap comes in several attractive shades. Attract + ive = Attractive

This is a preventive medicine. Prevent + ive = Preventive

Even at seventy he leads an active life. Act + ive = Active.

اوپر کے جملوں میں attract سے attractive اور prevent سے preventive اور act سے active صفت بنے ہیں۔ ان سب کے آخر میں ive لگا ہے۔ کچھ اور مثالیں: defend سے defensive (حفاظتی)، destroy سے destructive (بربادکن)، elect سے elective (انتخابی)، impress سے impressive (پراثر) وغیرہ ہیں۔

It is dangerous to drive fast. (گاڑی تیز چلانا خطرناک ہے)، The Nilgiris is a mountainous district (نیل گری ایک پہاڑی ضلع ہے) The cobra is a poisonous snake. (کوبرا زہریلا ہوتا ہے) Ramayan is a famous epic. (راماین ایک مشہور کتاب ہے) danger + ous = dangerous، mountain + ous = mountainous، poison + ous = poisonous، fame + ous = famous وغیرہ (fame میں ous جوڑنے سے پہلے 'e' ہٹ گیا ہے) 'ous' میں ختم ہونے والے نیچے دیئے گئے صفت enormity (وسعت)، nerve (عصب)، prosperity (خوشحالی)، humour (مزاح) وغیرہ اسم سے بنے ہیں: (مزاقیہ) humorous (خوشحال) prosperous (گھبرایا ہوا) nervous (شاندار) enormous

58th Day اٹھاونواں دن

۴۹. شادی کی تقریب میں (Attending a Wedding)

۱.	بارات کہاں سے آئی ہے؟	Where has the barat come from?	ویئر ہیز د بارات کم فروم؟
۲.	بارات کہاں جائے گی؟	Where will the barat be going?	ویئر ول د بارات بی گوئنگ؟
۳.	کیا آپ لوگوں میں جہیز کی رسم ہے؟	Do you have the dowry system?	ڈو یو ہیو د ڈوری سسٹم؟
۴.	شادی کی تاریخ کب پڑی؟	When is the muhurat for wedding?	وین از دَ مہورت فور ویڈنگ؟
۵.	میں دولہا اور دولہن کو دیکھنا چاہتا ہوں ر چاہتی ہوں۔	I want to/would like to see the bride and groom.	آئی وانٹ ٹو رووڈ لائک ٹو سی د برائیڈ اینڈ گروم۔
٦.	شادی ر پارٹی بہت اچھی رہی۔	The wedding/party was very good.	دَ ویڈنگ ر پارٹی واز ویری گڈ۔
۷.	یہ چھوٹا سا تحفہ قبول کریں۔	Please accept this small/little gift.	پلیز ایکسپٹ دس اسمول ر لٹل گفٹ۔

۵۰. سنیما میں (In the Cinema)

۱.	یہاں کون سی فلم لگی ہے؟	Which film/movie is running in this cinema hall?	وچ فلم ر مووی از رننگ ان دس سینما ہول؟
۲.	کیا یہ فلم اچھی ہے؟	Is this a good movie?	از دس اے گڈ مووی؟
۳.	اس فلم میں کون کون سے فنکار ہیں؟	Who are all acting in this movie?/ What is the cast in this movie?	ہو آر اول ایکٹنگ ان دس مووی؟ واٹ از دَ کاسٹ ان دس مووی؟
۴.	بالکنی کا ایک ٹکٹ دے دیجئے۔	Please give me a ticket for the balcony.	پلیز گیو می اے ٹکٹ فور د بالکونی۔
۵.	فلم کس وقت شروع ہوگی؟	At what time/when will the film start?	ایٹ واٹ ٹائم ر وین ول دُ فلم اسٹارٹ؟

۵۱. کھیل کے میدان میں (On the Playground)

۱.	میں آج فٹ بال ر ہوکی ر کرکٹ میچ دیکھنا چاہتا ہوں ر چاہتی ہوں۔	I want to see a football/hockey/ cricket match today.	آئی وانٹ ٹو سی اے فٹ بال ر ہوکی ر کرکٹ میچ ٹو ڈے۔
۲.	میچ کن ٹیموں کے بیچ ہو رہا ہے؟	Which teams are playing the match?	وچ ٹیمز آر پلے ئنگ د میچ؟
۳.	میچ کس وقت شروع ہوگا؟	When will the match start?	وین ول دَ میچ اسٹارٹ؟
۴.	اس کھلاڑی کا نام کیا ہے؟	Who is that player?	ہو از دیٹ پلیئر؟
۵.	کل کھیل میں کون جیتا؟	Who won the match yesterday?	ہو اون دَ میچ یسٹر ڈے؟
٦.	آپ کو کون سے کھیل پسند ہیں؟	What games do you like?	واٹ گیمز ڈو یو لائک؟

۵۲. دفتر سیاحت میں (In the Tourist Office)

۱.	اس شہر میں کون سی جگہ دیکھنے کے لائق ہے؟	Which are the worth seeing places in this city?	وچ آر دورتھ سی ئنگ پلیسز ان دس سیٹی؟
۲.	میں اجنتا اور ایلورا کے غار دیکھنا چاہتا رچاہتی ہوں۔	I would like to see/visit the Ajanta and Ellora Caves.	آئی ووڈ لائک ٹوسی روزٹ د اجنتا اینڈ ایلورا کیوز۔
۳.	متھرا جانے کے لئے ٹرین ٹھیک رہے گی یا بس؟	What's the best transport to Mathura– train or bus?	واٹس د بیسٹ ٹرانسپورٹ ٹو متھرا ٹرین اور بس؟
۴.	آگرہ میں کہاں ٹھہرنا چاہیئے؟	Where should I stay in Agra?	ویئر شُڈ آئی اسٹے ان آگرہ؟
۵.	مجھے دہلی بہت اچھا شہر لگا۔	I liked Delhi a lot.	آئی لائیکڈ ڈلھی اے لوٹ۔
۶.	مجھے ایک ٹورسٹ گائیڈ چاہیئے، کہاں ملے گا؟	I want a tourist guide. Where will I get one?	آئی وانٹ اے ٹورسٹ گائیڈ۔ ویئر ول آئی گیٹ ون؟

۵۳. ہوٹل میں (In the Hotel)

۱.	کیا کوئی کمرہ خالی ہے؟	Is there any room available in this hotel?	از دیئر اینی روم اویلیبل ان دس ہوٹل؟
۲.	سنگل رڈبل بیڈ کے کمرے کا کیا کرایہ ہوگا؟	What do you charge for a single/double bedroom?	واٹ ڈو یو چارج فور اے سنگل ر ڈبل بیڈروم۔
۳.	میرا سامان کمرہ نمبر چھ میں لے جاؤ۔	Take my baggage/luggage to room no. 6, please.	ٹیک مائی بیگج رلگج ٹو روم نمبر ۶، پلیز۔
۴.	میرا ناشتہ رکھانا کمرے میں بھیج دیجئے۔	Please send my breakfast/lunch/dinner in my room.	پلیز سنڈ مائی بریک فاسٹ رلنچ ر ڈنر ان مائی روم۔
۵.	میں ایک گھنٹے کے لئے باہر جا رہا رجا رہی ہوں۔	I am going out for an hour (or so).	آئی ایم گوئنگ آؤٹ فور این آور (اور سو)
۶.	میرا کوئی خط رفون تو نہیں آیا؟	Was there a call for me? Is there any letter for me?	واز دیئر اے کول فور می؟ ر از دیئر اینی لیٹر فور می۔
۷.	کوئی ملنے آئے تو کمرے میں بھیج دیں۔	Please send my visitors to my room.	پلیز سنڈ مائی ویزیٹرز ٹو مائی رؤم۔
۸.	مجھے گرم رٹھنڈا پانی چاہیئے۔	Get me some hot/cold water.	گیٹ می سم ہوٹ رکولڈ واٹر۔
۹.	دھوبی ابھی تک نہیں آیا۔	The laundry-man hasn't come yet.	دَ لونڈری مین ہیزنٹ کم یٹ۔

۵۴. ملازم سے (With the Servant)

۱.	بازار سے سبزی لے آؤ۔	Get some vegetables from the market.	گیٹ سم ویجیٹیبلز فروم د مارکیٹ۔
۲.	سامان کو آپریٹیو سے لانا۔	Get the stuff/things from the Co-operative store.	گیٹ دَ اسٹف رتھنگز فروم دکواوپریٹیو اسٹور۔
۳.	مجھے پانچ بجے جگا دینا۔	Wake me up at five o'clock.	ویک می اپ ایٹ فائیو او کلوک۔
۴.	یہ خط لیٹر بکس میں ڈال آؤ۔	Go and post this letter.	گو اینڈ پوسٹ دس لیٹر۔
۵.	کپڑے دھل کر آ گئے کیا؟	Are the clothes back from the laundry?	آر د کلوز بیک فروم دلونڈری؟
۶.	ایک کپ چائے بنا دو۔	Make me a cup of tea.	میک می اے کپ اوف ٹی۔
۷.	کیا کھانا تیار ہے؟	Is the food/lunch/dinner ready?	از د فوڈ رلنچ رڈنر ریڈی؟

(With the Doctor) ۵۵. ڈاکٹر سے

۱.	مجھے بخار ہے رکھانسی بھی آتی ہے۔	I have some temperature/fever and also cough.	آئی ہیوسم ٹمپریچر رفیور اینڈ اولسو کف۔
۲.	یہ دوا دن میں کتنی بار لینی ہے؟	How many times a day should I take this medicine?	ہاؤ مینی ٹائمز اے ڈے شڈ آئی ٹیک دس میڈیسین؟
۳.	کھانے میں کیا کیا لے سکتا رسکتی ہوں؟	What all can I eat?	واٹ اول کین آئی ایٹ؟
۴.	آپ کو ہر ماہ اپنے وزن کا ریکارڈ رکھنا چاہئے۔	You should keep a monthly record of your weight.	یوشڈ کیپ اے منتھلی رکارڈ اوف یور ویٹ۔
۵.	آپ کا بلڈ پریشر نورمل ہے۔	Your blood pressure is normal.	یور بلڈ پریشر از نورمل۔
۶.	نمک اور چینی کم کھائیں۔	Cut down on sugar and salt.	کٹ ڈاؤن اون شوگر اینڈ سالٹ۔
۷.	ہری سبزی آپ کو زیادہ لینی چاہئے۔	You should eat lots of green vegetables.	یوشڈ ایٹ لوٹس اوف گرین ویجی ٹیبلز۔
۸.	ایکسرے کے لئے کدھر جانا ہوگا؟	Where should/does one go for X-ray?	ویئر شڈ رڈز ون گو فور ایکسرے؟
		Where is the X-ray department?	ویئر از دا ایکسرے ڈیپارٹمنٹ؟
۹.	یہاں مریض سے پیسہ نہیں لیا جاتا۔	This is a free dispensary./	دس از اے فری ڈسپنسری ر
		Medical care is free here/in this hospital./	میڈیکل کیئر از فری ہیئر ران دس ہوسپٹل ر
	یہاں طبی مشورے کی کوئی	There is no consultation fee./	دیئر از نو کنسلٹیشن فی ر
	فیس نہیں لی جاتی۔	We don't charge the patients anything.	وی ڈونٹ چارج دَ پیشنٹس اینی تھنگ۔

(General Topics) ۵۷. عام موضوعات

۱.	اس کے کام سے میں خوش نہیں تھا۔	His work was quite disappointing.	ہزورک واز کوائٹ ڈس اپوائنٹنگ۔
۲.	اس سے پیچھا چھڑا کر میں خوش ہوں گا۔	I'll be glad to get rid of him.	آئل بی گلیڈ ٹو گیٹ رڈ اوف ہم۔
۳.	تمہارا کوٹ میرے کوٹ جیسا نہیں ہے۔	Your coat is not like mine.	یورکوٹ از نوٹ لائک مائن۔
۴.	تم غلطیاں ٹھیک نہیں کر سکتے۔	You cannot correct the mistakes.	یوکین نوٹ کرکٹ دَ مسٹیکس۔
۵.	اسی نے میچ جیتا۔	He's the one who won the match.	ہیز دَ ون ہو وون دی میچ۔
۶.	دولڑکیوں میں سے کون سی لمبی ہے؟	Who is taller of the two girls?	ہُواز ٹالر اوف دٹو گرلز؟
۷.	زیادہ تر لوگ اس بات کو مانتے ہیں۔	Most of the people would agree with it.	موسٹ اوف دپیپل وڈ اِگری وِداٹ۔
۸.	میں نے اس سے پوچھا کی وہ بازار جا رہی تھی کہ نہیں۔	I asked her whether she was going to the market or not.	آئی آسکڈ ہر ویدر شی واز گوئنگ ٹو دَمارکیٹ اورنوٹ۔
۹.	اگر وہ آئے گی تو کیا تم اس سے بولو گے؟	Will you speak to her if she comes?	ول یو اسپیک ٹو ہراف شی کمز؟
۱۰.	بے چارہ گولی سے مارا گیا۔	The unfortunate/poor man was shot dead.	دَان فورچنیٹ رپوئر مین واز شوٹ ڈیڈ۔
۱۱.	اس کی شکل اس کی ماں سے ملتی ہے۔	He resembles his mother.	ہی ریزمبلز ہزمدر۔
۱۲.	چاندی ایک قیمتی دھات ہے۔	Silver is a precious metal.	سلورازاے پریشس میٹل۔
۱۳.	مجھے آٹھ سو بیالس روپے ملے۔	I got/received eight hundred and forty-two rupees.	آئی گوٹ رریسیوڈ ایٹ ہنڈریڈ اینڈ فورٹی ٹو روپیز۔

۱۴.	وہ اتوار کو چرچ جاتی ہے۔	She goes to church on Sunday.	شی گوز ٹو چرچ اون سنڈے۔
۱۵.	میں صبح ٹہلتا ہوں۔	I go for a walk in the morning.	آئی گو فار اے واک ان د مورننگ۔
۱۶.	میں نے یہ کتاب تین روپے میں خریدی۔	I bought this book for three rupees.	آئی باؤٹ دس بک فور تھری روپیز۔
۱۷.	وہ انگریزی کے علاوہ جرمن پڑھیں گے۔	They will study German besides English.	دے ول اسٹڈی جرمن بسائڈز انگلش۔
۱۸.	میں نے پکا ارادہ کیا کہ میں جاؤں گا۔	I'm determined to go.	آئم ڈیٹر منڈ ٹو گو۔
۱۹.	میں نے پکا ارادہ کیا کہ وہ جائے گا۔	I have made up my mind to send him.	آئی ہیو میڈ اپ مائی مائنڈ ٹو سینڈ ہم۔
۲۰.	ہم نے تصویر دیوار پر ٹانگ دی۔	We hung the picture on the wall.	وی ہنگ د پکچر اون د وال۔
۲۱.	خونی پکڑا گیا اور پھانسی پر چڑھا دیا گیا۔	The murderer was caught and hanged.	دمرڈرر واز کاؤٹ اینڈ ہینگڈ۔
۲۲.	کیا آپ مجھے اپنا قلم تھوڑی دیر کے لئے دیں گے؟	Will you please lend me your pen for a while?	ول یو پلیز لینڈ می یور پین فور اے وھائل؟
۲۳.	کیا میں آپ سے قلم ادھار لے سکتا ہوں؟	Can I borrow a pen from you?	کین آئی بوروائے پین فروم یو۔
۲۴.	میٹنگ جلدی شروع ہوگی۔	The meeting will start early.	دَ مٹنگ ول اسٹارٹ ارلی۔
۲۵.	میں میٹنگ میں حصہ لوں گا۔	I'll attend the meeting.	آئل اٹنڈ دَ میٹنگ۔
۲۶.	میں رات جلدی لیٹ گیا تھا پر مجھے نیند نہیں آئی۔	I went to bed early last night but couldn't sleep.	آئی وینٹ ٹو بیڈ ارلی لاسٹ نائٹ بٹ کڈنٹ سلیپ۔
۲۷.	تم کب سوتے ہو؟	When do you go to bed?	وین ڈو یو گو ٹو بیڈ؟
۲۸.	کیا وہ اپنا پیسہ بینک میں رکھتی ہے؟	Does she keep her money in the bank?	ڈزشی کیپ ہر منی ان د بینک؟
۲۹.	یہاں گرمیوں میں بہت گرمی پڑتی ہے۔	It is very hot here in the summer.	اٹ از وری ہوٹ ہیرٗ ان د سمر۔
۳۰.	یہاں اس وقت اتنی گرمی ہے کہ ہوکی (ہاکی) کا کھیل نہیں کھیلا جاسکتا۔	It is too hot here to play hockey.	اٹ ازٹو' ہوٹ ہیرٗ ٹو پلے ہوکی (ہاکی)
۳۱.	چنئی کولکاتہ سے زیادہ دور ہے۔	Chennai is farther than Kolkata.	چنئی از فاردر دین کولکاتہ۔
۳۲.	ہم اور زیادہ اطلاع حاصل کریں گے۔	We will collect/get/gather more information.	وی ول کلکٹ رگیٹ رگیدر مور انفورمیشن۔
۳۳.	تم گھر مجھ سے دیر سے آئے۔	You came home later than I.	یو کیم ہوم لیٹر دین آئی۔
۳۴.	دہلی اور ممبئی دونوں بڑے شہر ہیں۔	Delhi and Mumbai are big cities.	ڈلھی اینڈ ممبئی آر بگ سیٹیز۔
	دوسرا سمندر کے کنارے بسا ہے۔	The latter is situated by the sea.	د لیٹر از سچوٹڈ بائی د سی۔
۳۵.	اس پنساری کے بہت سے گاہک ہیں۔	This grocer has good business.	دس گروسر ہیز گڈ بزنس۔
۳۶.	اس وکیل کے بہت سے موکل ہیں۔	This lawyer has many clients.	دس لائر ہیز مینی کلائنٹس۔
۳۷.	میری ماں نے مجھے اچھی صلاح دی۔	My mother gave me a good piece of advice.	مائی مدر گیو می اے گڈ پیس اوف ایڈوائس۔
۳۸.	یہ کیبورڈ ٹھیک سے کام نہیں کر رہا ہے۔	This keyboard is not functioning well.	دس کیبورڈ از نوٹ فنکشننگ ویل۔
۳۹.	رخسانہ کے بال لمبے ہیں۔	Rukhsana has long hair.	رخسانہ ہیز لونگ ہیئر۔
۴۰.	میرے پاس پھل زیادہ نہیں ہے۔	I don't have enough fruit.	آئی ڈونٹ ہیو انف فروٹ۔
۴۱.	کیا تم دو درجن کیلے خریدنا چاہتے ہو؟	Do you want to buy two dozen bananas?	ڈویو وانٹ ٹو بائی ٹو ڈزن بناناز؟
۴۲.	اس فلوپی میں وائرس ہے۔	This floppy is virus-infected.	دس فلوپی از وائرس انفکٹڈ۔

۴۳.	یہاں ایک بھیڑ ہے اور وہاں ایک ہرن۔	Here is a sheep and there is a deer.	ہیئر ازاے شیپ اینڈ دیئر ازاے ڈیئر۔
۴۴.	گڈریئے کے پاس ۲۰ بھیڑ اور دو ہرن ہیں۔	The shepherd has twenty sheep and two deer.	دَشیفرڈ ہیز ٹوئنٹی شیپ اینڈ ٹو ڈیئر۔
۴۵.	اس کی تنخواہ کم ہے۔	Her wages are low.	ہرویجز آر لو۔
۴۶.	ثمینہ اور رانی یہاں آرہی ہیں۔	Samina and Rani are coming here.	ثمینہ اینڈ رانی آر کمنگ ہیئر۔
۴۷.	طالبِ علم کم ہو رہے ہیں۔	The number of students is decreasing.	د نمبر اوف اسٹوڈنٹس از ڈیکریزنگ۔
۴۸.	بہت سے طالبِ علم آج آئے نہیں ہیں۔	Many students are absent today.	مینی اسٹوڈینٹس آر ایبسنٹ ٹوڈے۔
۴۹.	ہم کل رات کو کھانے میں مچھلی/چکن کھائیں گے۔	We will eat fish/chicken at dinner tomorrow.	وی ول ایٹ فش/چکن ایٹ ڈنر ٹومورو۔
۵۰.	میں نے اس کتاب کو ڈیڑھ گھنٹے میں پڑھا۔	This book took me one hour and a half./ I read this book in one and a half hour.	دس بک ٹک می ون آور اینڈ اے ہاف/ آئی ریڈ دس بک ان ون اینڈ ہاف آور۔
۵۱.	ذرا ہاتھ لگانا۔	Lend me a hand.	لینڈ می اے ہینڈ۔
۵۲.	وہ ہمیشہ اپنی بات پر قائم رہے گا۔	He will always honour his word.	ہی ول اولویز اونر ہز ورڈ۔
۵۳.	تم میری جاسوسی کر رہے ہو؟	Are you spying on me?	آر یو اسپائنگ اون می؟
۵۴.	تم نے تو کمال کر دیا۔	You have done wonders/marvels.	یو ہیو ڈن ونڈرز/مارولز۔
۵۵.	وہ تو بالکل چھوئی موئی ہے۔	She is a touch-me-not.	شی از اے ٹچ می نوٹ۔
۵۶.	تم میری بات کیوں نہیں سنتے؟	Why don't you listen to me?	وائی ڈونٹ یو لسن ٹو می؟

(To Remember) برائے یادداشت

Possessive case دکھانے کے لئے انگریزی میں ایک آسان طریقہ ہے جسے apostrophe (اپوسٹروفی)(') اور s کہتے ہیں۔ مثال کے طور پر The boy destroyed the bird's nest. (دبوائے ڈسٹرو آئڈ دبرڈز نسٹ) لڑکے نے چڑیا کا گھونسلہ اجاڑ دیا۔ خاص توجہ کی بات یہ ہے کہ اگر اس لفظ کے جمع کے آخر میں s ہو جس کا case بنتا ہے تو صرف apostrophe لگاتے ہیں۔ بے جان چیزوں کے نام کے ساتھ apostrophe اور s نہیں لگائے جاتے۔ وہاں possessive case دکھانے کے لئے preposition کا استعمال کرتے ہیں۔ جیسے: The doors of the gateway are made of iron. پھاٹک کے کواڑ لوہے کے بنے ہوئے ہیں۔ پھر بھی اس قاعدے کے کچھ ضد بھی ہیں۔ جیسے:۔

a week's leave, a month's pay, a day's journey, to their heart's content, in my mind's eye, a hair's breadth, a stone's throw, sun's rays وغیرہ۔ جملوں میں استعمال کرکے ان الفاظ کو ذہن میں بٹھائیے۔

59 th Day اُنسٹھواں دن

(Idioms) ۵۸. محاورے

۱.	دنیا میں ہر ایک اپنا الّو سیدھا کرنا چاہتا ہے۔	In this world everybody wants to grind his own axe.	ان دس ورلڈ ایوری بڈی وانٹس ٹو گرائنڈ ہز اون ایکس۔
۲.	کام کو کام سکھاتا ہے۔	Practice makes a man perfect.	پریکٹس میکس اے مین پرفیکٹ
۳.	جو ہوا سو ہوا، آگے دھیان رکھئے۔	Let bygones be bygones, take care in future.	لیٹ بائی گونز بی بائی گونز، ٹیک کیئر ان فیوچر۔
۴.	ان میں تو 'تو' مَیں مَیں ہوگئی۔	They exchanged hot words.	دے ایکس چینجڈ ہوٹ ورڈز۔
۵.	لگتا ہے اس کے ہوش ٹھکانے نہیں۔	It appears he is off his wits.	اٹ اپیئرز، ہی از اوف ہز وٹس۔
۶.	نعروں سے آسمان گونج اٹھا۔	The shouts rent the sky.	دَ شاؤٹس رنٹ دَ اسکائی۔
۷.	میں نے اس کے تعریف کے پل باندھ دیئے۔	I praised him to the skies.	آئی پریزڈ ہم ٹو دَ اسکائز۔
۸.	آج کل آپ کی پانچوں انگلیاں گھی میں ہیں۔	Nowadays your bread is buttered.	ناؤ اے ڈیز یور بریڈ از بٹرڈ۔
۹.	وہ خوش مزاج ہے۔	He is a jolly fellow.	ہی از اے جولی فیلو۔
۱۰.	اپنا بوریہ بستر باندھ لو۔	Pack up your bag and baggage.	پیک اپ یور بیگ اینڈ بیگج۔
۱۱.	مجھ میں اور آپ میں آسمان اور زمین کا فرق ہے۔	We are poles apart.	وی آر پولس اپارٹ۔
۱۲.	تم نے اس لڑکے کو بڑا سر چڑھا رکھا ہے۔	You have given a long rope to this boy.	یو ہیو گیون الونگ روپ ٹو دس بوائے۔
۱۳.	آج کل ٹی وی خوب بک رہے ہیں۔	Nowadays T.V. sets are selling like hot cakes.	ناؤ اے ڈیز ٹی وی سٹس آر سلنگ لائک ہوٹ کیکس۔
۱۴.	ڈاکو رتنا کر نے جینے کا ڈھنگ بدل دیا اور فقیر بن گیا۔	Ratnakar dacoit turned over a new leaf and became a saint.	رتنا کر ڈیکوائٹ ٹرنڈ اوور اے نیو لیف اینڈ بیکم اے سینٹ۔
۱۵.	موقعہ کو ہاتھ سے جانے نہ دو۔ پھر کیا، کامیابی تمہاری ہے۔	Take the time by the forelock and success is yours.	ٹیک دَ ٹائم بائی دِ فورلوک اینڈ سکسیس از یورز۔
۱۶.	موقعہ پرست نکلتے ہوئے سورج کی خوشامد کرنے سے نہیں چوکتے۔	Opportunists never hesitate to worship the rising sun.	اپورچونسٹس نیور ہیزٹیٹ ٹو ورشپ دِ رائزنگ سن۔
۱۷.	وہ آج کل بڑی موج میں ہے۔	He is making merry/thriving these days.	ہی از میکنگ میری/تھرائیونگ دیز ڈیز۔
۱۸.	موہن چالیس برس سے کم کا ہے۔	Mohan is on the right side of forty.	موہن از اون دَ رائٹ سائڈ اوف فورٹی۔
۱۹.	چور چوری کرتے وقت پکڑا گیا۔	The thief was caught red-handed.	دَ تھیف واز کاؤٹ ریڈ ہینڈیڈ۔
۲۰.	بچہ اپنے چچا کی دیکھ ریکھ میں ہے۔	The child is under his uncle's care.	دَ چائلڈ از انڈر ہز انکلز کیئر۔

۲۱.	اسٹیشن میرے گاؤں سے بہت نزدیک ہے۔	The station is within a stone's throw from my village.	دَاسٹیشن ازودن اے اسٹونز تھرو فروم مائی ولیج۔
۲۲.	لڑکا پرنسپل کی آنکھوں میں چڑھ گیا ہے۔	The boy is in the good books of the principal.	دَبوائے ازان دَگڈ بکس اوف دپرنسپل۔
۲۳.	وہ میری آنکھ کا تارا ہے۔	He is an apple of my eye.	ہی ازاین ایپل اوف مائی آئی۔
۲۴.	بھلے آدمی جلد ہی خدا کو پیارے ہوجاتے ہیں۔	Whom God loves die young.	ہوم گوڈ لوز ڈائی ینگ۔
۲۵.	کمائے دھوتی والا، کھائے ٹوپی والا۔ انڈے سیوے کوئی، بچے لیوے کوئی۔	One beats the bush, another takes the bird.	ون بیٹس دبش، اندر ٹیکس دبرڈ۔
۲۶.	بوڑھے آدمی پیسے کو ہوا نہیں لگنے دیتے۔ بڑھاپے میں پیسے کی چاہت بڑھ جاتی ہے۔	The older the goose, the harder to pluck.	دی اولڈر دَ گوز، دَہارڈر ٹو پلک۔

۵۹. کہاوتیں (Proverbs)

۱.	جہاں کا پیے پانی وہاں کی بولے بانی۔	While in Rome do as Romans do.	وائل ان روم ڈو ایز رومنز ڈو۔
۲.	جیسی کرنی، ویسی بھرنی۔	As you sow, so shall you reap.	ایز یو سو، سو شیل یو ریپ۔
۳.	جنگل میں موتی کی قدر نہیں ہوتی۔	A thing is valued where it belongs.	اے تھنگ ازویلیوڈ ویئراٹ بلونگز۔
۴.	آپ بھلا تو جگ بھلا۔	To the good the world appears good.	ٹو دگڈ د ورلڈ اپیئرز گڈ۔
۵.	تھوتھا چنا باجے گھنا۔	An empty vessel makes much noise.	این امٹی ویسل میکس مچ نوائز۔
۶.	تندرستی ہزار نعمت۔	Health is wealth.	ہیلتھ از ویلتھ۔
۷.	بدن کو تکلیف دیئے بغیر کام نہیں ہوتا۔	No pain, no gain.	نو پین، نہ گین۔
۸.	گیا وقت پھر ہاتھ آتا نہیں۔	Time once lost cannot be regained.	ٹائم ونس لوسٹ کین نوٹ بی ریگینڈ۔
۹.	خربوزے کو دیکھ کر خربوزہ رنگ پکڑتا ہے۔	Society moulds man.	سوسائٹی مولڈز مین۔
۱۰.	ایک اور ایک گیارہ ہوتے ہیں۔	Union is strength.	یونین ازاسٹرینگتھ۔
۱۱.	گدھے کو گدھا کھجلاتا ہے۔	Fools praise fools.	فولس پریز فولس۔
۱۲.	اپنی اپنی ڈفلی، اپنا اپنا راگ۔	Many heads many minds.	مینی ہیڈس، مینی مائینڈس۔
۱۳.	جو گرجتے ہیں سو برستے نہیں۔	Barking dogs seldom bite.	بارکنگ ڈوگز سلڈم بائٹ۔
۱۴.	من کے لڈو سے بھوک نہیں مٹتی۔	It is no use building castles in the air.	اٹ از نو یوز بلڈنگ کاسلز ان دَایئر۔
۱۵.	گنوار گنا نہ دے، بھیلی دے۔	Penny wise, pound foolish.	پینی وائز پاؤنڈ فولش۔
۱۶.	ادھار دیجئے دشمنی کیجئے۔	Give loan, enemy own.	گیو لون، اینیمی اون۔
۱۷.	ایک تھیلی کے چٹے بٹے۔	Birds of the same feather flock together.	برڈز اوف دَسیم فیدر فلوک ٹوگیدر۔
۱۸.	جہاں چاہ، وہاں راہ۔	Where there is a will, there is a way.	وئیر دیئر ازاے ول، دیئر ازاے وے۔
۱۹.	ناچ نہ جانے آنگن ٹیڑھا۔	A bad carpenter quarrels with his tools.	اے بیڈ کارپینٹر کورلز ود ہز ٹولز۔
۲۰.	چپ معنی آدھی مرضی۔	Silence is half consent.	سائیلینس از ہاف کنسینٹ

۲۱.	اوچھا برتن چھلکتا ہے۔	An empty vessel makes much noise.	این امپٹی ویسل میکس مچ نوائز۔
۲۲.	آدمی پیٹ کا غلام ہے۔	A man is a slave to his stomach.	اے مین ازاے سلیو ٹوہزاسٹومک۔
۲۳.	آگے دوڑ پیچھے چھوڑ۔	The more haste, the worse speed.	دَمور ہیسٹ دَ ورس اسپیڈ۔
۲۴.	دودھ کا جلا چھاچ پھونک پھونک کر پیتا ہے۔	A burnt child dreads the fire./	اے برنٹ چائیلڈ ڈریڈس دَفائرر
		Once bitten twice shy.	ونس بٹن ٹوائس شائی۔
۲۵.	منھ میں رام، بغل میں چھری۔	A honey tongue, a heart of gall.	اے ہنی ٹنگ، اے ہرٹ اوف گول۔
۲۶.	نیم حکیم خطرہ جان۔	A little knowledge is a dangerous thing.	اے لٹل نولج ازاے ڈینجرس تھنگ۔
۲۷.	آخر بھلا تو سب بھلا۔	All's well that ends well.	آلزویل دیٹ اینڈز ویل۔
۲۸.	کپڑے دیکھ کر عزت ملتی ہے۔	Style makes the man.	اسٹائل میکس دَمین۔
۲۹.	کانٹے سے کانٹا نکلتا ہے۔	One nail drives another.	ون نیل ڈرائیوز اندر۔
۳۰.	موتی گہرے پانی میں ہوتا ہے۔	Truth lies at the bottom of a well.	ٹرتھ لائز ایٹ دبوٹم اوف اے ویل۔
۳۱.	ہر چیز کا وقت ہوتا ہے۔	There is a time for everything.	دیئر ازاے ٹائم فور ایوری تھنگ۔
۳۲.	جھوٹ کا اخیر نہیں۔	One lie leads to another.	ون لائی لیڈز ٹو اندر۔
۳۳.	اس دنیا میں ہر طرح کے لوگ رہتے ہیں۔	It takes all sorts to make the world.	اٹ ٹیکس اول سورٹس ٹو میک دَ ورلڈ۔
۳۴.	تالی دونوں ہاتھوں سے بجتی ہے۔	It takes two to make a quarrel.	اٹ ٹیکس ٹو،ٹو میک اے کوارل۔
۳۵.	دوست وہی جو مصیبت میں کام آئے۔	A friend in need is a friend indeed.	اے فرینڈ ان نیڈ ازاے فرینڈ انڈیڈ۔

برائے یادداشت (To Remember)

اگر ایسے لفظ کا possessive case بنانا ہے جس کا آخری حصہ 's' سے شروع ہو اور 's' میں ہی ختم ہو۔ تو صرف apostrophe لگاتے ہیں جیسے Moses' laws are found in the Bible: (موسزلاز آرفاؤنڈان د بائیبل) حضرت موسیٰ کے قانون بائیبل میں لکھے ہوئے ہیں۔ لیکن جس لفظ کا آخری حصہ 's' میں ختم ہو مگر 's' سے شروع نہ ہو تو apostrophe اور 's' کا استعمال کرتے ہیں۔ Porus's army was large (پورسز آرمی واز لارج) پورس کی فوج بڑی تھی۔ کئی بار اس اسم سے آگے آنے والے اسم کو چھوڑ دیتے ہیں جن کا possessive بنا ہے۔ جیسے: I stopped at my uncle's last night. (آئی اسٹوپڈ ایٹ مائی انکلز لاسٹ نائٹ) میں کل رات اپنے چچا کے گھر ٹھہر گیا تھا۔ اس جملہ میں uncle's کا مطلب ہوا uncle's house۔ اسمیں house کو چھوڑ دیا گیا ہے۔

60th Day ساٹھواں دن

Test No.1

۱۶ سے اوپر **very good** ، ۱۲ سے اوپر fair

درجہ ذیل جملوں میں ترچھے ٹائپ والے (Italics) الفاظ کی غلطیاں ہیں۔اس طرح کے جملے آپ پہلے بھی سیکھ چکے ہیں۔انہیں درست کرکے اپنی قابلیت کا امتحان لیجئے۔درست الفاظ نیچے دیے گئے ہیں۔

1. Please do not trouble *myself*. 2. Please stay *for* little more. 3. Put up the notice *at* the notice board. 4. He is very proud *for* his promotion. 5. He was accused *for* murder. 6. He has been released *at* bail. 7. He was sentenced *for* death. 8. My radio *is* stopped. 9. Now switch *on* to Vividh Bharati. 10. Have you *weighted* the parcel? 11. You *can new* your driving licence from the transport office. 12. We have *loosed* our way. 13. Why did you *came* back? 14. The road is *close* for repair. 15. The train is due *at* half past eleven. 16. We were listening *at* music. 17. It was a very *interested* story. 18. Do not *depend on* others. 19. Do not spit *at* the floor. 20. Go for *an* walk in the morning and evening.

4. closed 15. at 16. to 17. interesting 18. upon 19. on 20. a. me 2. a 3. on 4. of 5. of 6. on 7. to 8. has 9. to 10. weighed 11. renew 12. lost 13. come

حل Test No.1

Test No.2

۱۶ سے اوپر **very good** ، ۱۲ سے اوپر fair

جملے پیچھے بھی پڑھ آئے ہیں لیکن یہاں پر وہ تھوڑے سے بدلے ہوئے ہیں۔اور غلط بھی ہیں۔ترچھے ٹائپ والے الفاظ غلط ہیں۔انہیں درست کیجئے اور اپنی معلومات کا اندازہ کیجئے۔درست الفاظ ذیل میں دیے گئے ہیں۔

1. Have the account *clear*? 2. Did you *got* your wages? 3. There is shortage *on* money. 4. How is he getting *at* with his work? 5. Honesty is *a* best policy. 6. The man is *the* slave to his stomach. 7. You coat is cleaner *to* mine. 8. Will you speak to her if she *come*. 9. Will you please *borrow* me a pen 10. Come home *behind* me. 11. The number of the students *are* decreasing. 12. I read this book in hour and a half. 13. Sita and Rita *is* coming here. 14. My mother gave me some good *advice*. 15. The unfortunate was *shoot* dead. 16. They will study German *beside* English. 17. The murderer was caught and *hung*. 18. A dog is a *wolf* in his lane. 19. All's well that *end* well. 20. A *crow* in hand is worth two in the bush.

4. advice 15. shot 16. besides 17. hanged 18. lion 19. ends 20. bird. cleared 2. get 3. of 4. on 5. the 6. a 7. than 8. comes 9. lend 10. after 11. is 12. an 13. are

حل Test No.2

Test No.3

۱۲ سے اوپر **very good** ، ۸ سے اوپر fair

کچھ لوگ انگریزی بولتے وقت قواعد کی غلطیاں (Grammatical mistakes) کر جاتے ہیں۔انہیں بڑی ہوشیاری سے ٹھیک کرکے یاد کرنا چاہئے۔کچھ غلط جملے دیے گئے ہیں۔ان میں گرامر کی غلطیاں ٹھیک کیجئے۔

1. He *speak* English very well. 2. This film will be *played* shortly. 3. Your elder brother is five and a half feet *high*. 4. The player plays very *good*. 5. Many *homes* have been built up. 6. She is *coward* girl. 7. We had a nice *play* of football. 8. I *have no any* mistakes in my dictation. 9. Strong *air* blew my clothes away. 10. I hurt a *finger* of my right foot. 11. She does't look *as* her brother. 12. I have a *plenty* work to do. 13. She spent *the rest day* at home. 14. His father was *miser*. 15. *After* they went home for dinner.

Test No.3 : درست الفاظ

1. speaks 2. released 3. tall 4. well 5. houses 6. a coward 7. game 8. have not any 9. wind 10. toe 11. like 12. lot of 13. the rest of the day 14. a miser 15. afterwards.

Test No.4

۱۲ سے اوپر **very good** ، ۸ سے اوپر **fair**

(i) ذیل کے ناقص جملوں میں a , an یا the لگائیے:

1. ... wheat grown in this area is of a good quality. 2. Is lead..... heavier than iron? 3. I like to have/eat........apple daily. 4. This is... cheque drawn on the Overseas Bank. 5. This is .... very fine picture. 6. .... murderer has been hanged. 7. She is ...... honest lady. 8. All... letters have been stamped. 9. She'll wait for you at...cinema hall. 10. Make....habit of working hard.

Test No.4 (i) (1) The (2) nil (3) an (4) a (5) a (6) the (7) an (8) the (9) the (10) a

(ii) قوسین میں دیے گئے ٹھیک الفاظ کے فارم استعمال کیجے:

1. What is the cause of your.....(sad). 2. His....has turned grey though he is still young (hair). 3. This ...not enough(be). 4. Ram.....not get leave(do). 5. Your watch....stopped(have). 6. There are more than a dozen.... in the zoo(deer). 7. Has he ...your salary (pay). 8. Let.... strike a bargain(we). 9.You can avoid ... mistakes (make). 10. Yesterday I.... the letter in an hour and a half (write).

Test No.4 (ii) (1) Sadness (2) hair (3) is (4) did (5) has (6) deer (7) paid (8) us (9) making (10) wrote

Test No.5

(i) *for, into, of, in, by, with, to, from, besides, after* میں سے مناسب الفاظ چن کر ذیل کے جملے مکمل کیجے۔

1. What was the judgement ... the case? 2. Billoo is fond........ cycling. 3. The road is closed ....repairs. 4. Do not quarrel... others. 5. I fell.... his trap. 6. I am not......money. 7. Right....... his childhood he has been very kind to others. 8. They'll study German...English. 9. Your coat is not similar...mine. 10. The letter is sent...post.

مندرجہ ذیل سوالوں کے جوابات verb کی اسی فارم میں دیجے جس میں سوال پوچھے گئے ہیں۔ مثال کے طور پر:

Test No. 5 (1) in (2) of (3) for (4) with (5) into (6) after (7) from (8) besides (9) to (10) by

سوال   When are you going home?
جواب   I am going around 6 o'clock.

(ii) 1. When will you go to office? 2. What will you be doing during the holidays? 3. How much money do you have? 4. Who will pay for the tickets tonight? 5. Are they leaving tomorrow? 6. When will you pay back the loan? 7. Have you written to her? 8. Do you like Delhi? 9. Will you please lend me some money? 10. Did he finish his work yesterday?

مندرجہ ذیل جملوں کو مکمل کیجئے۔

مثال : Barking dogs (ناقص جملہ)

Barking dogs seldom bite (پورا کیا ہوا جملہ)

1. Practice makes a man.... 2. .....is a freind indeed. 3. While in Rome........ 4. .....is strength. 5. As you sow.... 6. ...no gains. 7. Penny wise......8. ....dreads the fire. 9. All's well...... 10. ....is wealth. 11. A little knowledge is a...... 12. Where there is a will...... 13. Barking dogs seldom...... 14. Time and tide wait...... 15. ....vessel makes much noise.

Test No.7

نیچے دودو جملے دیئے گئے ہیں ان میں سے انتخاب کیجئے۔

1. (a) There were not three. (b) There were but three. 2. (a) His opinion was contrary to ours. (b) His opinion was contrary of ours. 3. (a) He acted in a couple school plays. (b) He has acted in a couple of school plays. 4. (a) He refused to except my excuse. (b) He refused to accept my excuse. 5. (a) I failed in English. (b) I was failed in English. 6. (a) Get into the room. (b) Get in the room. 7. (a) He is always into some mischief. (b) He is always up to some mischief. 8. (a) I made it a habit of reading. (b) I made a habit of reading. 9. (a) It will likely rain before night. (b) It is likely to rain before night. 10. (a) She needn't earn her living. (b) She needs not earn her living.

Correct sentences: 1. (b) 2. (a) 3. (b) 4. (b) 5. (a) 6. (a) 7. (b) 8. (b) 9. (b) 10. (a).

Test No.8

(a) ان الفاظ کے معنی لکھئے اور آپس میں فرق بھی ظاہر کیجئے:

always, usually; never, rarely; addition, edition; ready, already; anxious, eager; both, each; breath, breathe; cease, seize; couple, pair; fair, fare; habit, custom; its, it's; legible, readable; whose, who's.

(معنی پوری طرح سمجھ میں نہ آئے تو لغت کی مدد لیجئے)

(b) دودو جملے دیئے گئے ہیں۔ دونوں میں تھوڑا سا ترتیب کا فرق ہے۔ غور کیجئے کہ معنی میں کیسا فرق ہو جاتا ہے؟

1. (i) I don't try to speak loudly.
   (ii) I try not to speak loudly.

2. (i) The young men carry a white and a blue flag.
   (ii) The young men carry a white and blue flag.

3. (i) I alone can do it.
   (ii) I can do it alone.

4. (i) The mother loves Amitabh better than me.
   (ii) The mother loves Amitabh better than I.

5. (i) He forgot to do the exercise.
   (ii) He forgot how to do the exercise.

6. (i) She was tired with riding.
   (ii) She was tired of riding.

PRONUNCIATION

(a) a - اے
an, am - این، ایم
allow - الاؤ
auntie - آنٹی
at, as - ایٹ، ایز
any - اینی
and - اینڈ
another - انڈر
agree - ایگری
appear - اپیئر

(b) being - بینگ
by, buy, bye - بائی، بائی بائی
boy - بوائے
bed - بڈ
bread - بریڈ

(c) care - کیئر
chair - چیئر
congratulations - کنگریچولیشنز

(d) don't - ڈونٹ

(e) eye - آئی
ear - ایئر
egg - اگ
examination - اگزامینیشن
expect - اکسپکٹ
explain - اکسپلین

(f) four - فور
forty - فورٹی
for - فور
far - فار

(h) happy - ہیپی
hi - ہائی
high - ہائی
hot - ہوٹ
here - ہیئر
hand - ہینڈ
hello - ہیلو
how - ہاؤ

(i) I - آئی
I'm - آئم
I'll - آئل

(l) long - لونگ

(m) Mrs - مسز
many - مینی

(n) now - ناؤ
not - نوٹ
near - نیئر

(o) oh - اوہ/او
or - اور
on - اون
of - اوف
oil - آئل

(p) pair - پیئر
prepare - پریپیئر
phases - فیزز

(s) studying - اسٹڈینگ

(t) to - ٹو
two, too - ٹو،ٹو
there - دیئر
then - دین
than - دین

(w) where - ویئر
wear - ویئر
ware - ویئر
why - وائی
while - وائل
which - وچ
when - وین
wrong - رونگ

(y) yes - یس
yet - یٹ
yesterday - یسٹرڈے
year - ایئر
your - یور

GENERAL : 'the' is pronounced (دی) before a vowel and (دَ) before a consonant.

Example: The egg (دی اگ) The cat (دَ کیٹ) 'F' in English is (ف) not (پھ).

'S' after 'p', 'k', 't', 'f' is pronounced 'س'. After other sounds 'ز'.

Pronunciation of 'ed' in like 'interested' is (انٹرسٹڈ)(اِڈ) not (ایڈ) and words ending in 'es' like promises will end in 'اِز' not 'ایز'.

Conversation اردو۔ انگلش گفتگو

The Ways to be a Good Conversationist گفتگو میں ماہر ہونے کے طریقے

انگریزی زبان سے اب آپ کا تعارف ساٹھ (٦٠) دن پرانا ہے۔ ان ساٹھ دنوں میں آپ نے انگریزی زبان کے قاعدے، آداب، تہذیب ومختلف مواقع پر استعمال کرنے کے لائق مناسب جملوں، محاوروں اور ضرب الامثال (کہاوتوں، روزمرہ) وغیرہ کی معلومات فراہم کی ہیں۔ دس دس دنوں میں بٹے ہوئے اس کورس کے ہر آخری سبق میں آپ نے اپنی معلومات کی مشق بھی کی اور امتحان بھی لیا۔

ہمیں یقین ہے کہ اب انگریزی آپ کو ایک شناسا دوست سی لگنے لگی ہوگی۔ دل سے ڈر اور جھجک نکل کر نئی دلچسپی وخود اعتمادی آئی ہوگی۔ اب آپ کو اپنی دلچسپی بنائے رکھتے ہوئے اپنی خود اعتمادی کو اور بڑھانا ہوگا۔ اس کے لئے مندرجہ ذیل مشورہ پر غور کیجئے۔

● پختہ ارادہ کے ساتھ، اٹھتے بیٹھتے، گھر باہر دفتر اور دوستوں کے درمیان انگریزی بولنے کی مشق کیجئے۔ ● بولتے وقت مت شرمایئے یاد رکھئے بہت سی غلطیاں معلومات کی نہیں ارادے کی کمی کے سبب ہوتی ہیں۔ ● غلطیوں سے مت گھبرایئے۔ بولتے رہیئے آہستہ آہستہ زبان درست ہوگی اور اعتماد بھی بحال ہوگا۔ ● آغاز مختصر جملوں سے کیجئے۔ جیسے: آداب، القاب، استدعا اور حکمیہ جملے وغیرہ۔ ● ایک ہم نشین بنایئے۔ فون پر یا آمنے سامنے بیٹھ کر قاعدے سے انگریزی میں کچھ بات چیت کیجئے۔ ہر روز کم سے کم ١٠۔٥ نئے جملوں کی مشق کیجئے۔ اور گزشتہ جملوں کو دہرایئے۔

ہم نشین نہ ہو تو بھی آئینے کے سامنے بیٹھ کر خود اپنے آپ سے معقول اور فطری انداز سے گفتگو کی مشق کیجئے۔ ہر روز گفتگو کے لئے ایک نیا موضوع منتخب کیجئے۔

گفتگو کی اس طرز کو دلچسپ وسہل بنانے کے لئے روزانہ کی زندگی میں ضروری موضوع پر گفتگو کے چند نمونے اگلے صفحہ پر دیئے جا رہے ہیں۔ ان کو بغور مطالعہ کر کے بولنے کی مشق کیجئے۔ آپ پائیں گے کہ بہت سے جملے کو ہو بہ ہو آپ اپنی روزانہ زندگی میں استعمال کر سکتے ہیں انہیں گفتگو کو اپنے ہم سبق کے ساتھ بانٹ کر آپس میں بول سکتے ہیں اس سے دلچسپی بھی بڑھے گی اور انگریزی کا علم بھی ہوگا۔

گفتگو کو آپس میں بدل کر بولنے سے دوگنی مشق ہوگی۔ مثلاً: آپ گاہک اور دکاندار کے بیچ گفتگو کی مشق کر رہے ہیں۔ آپ کا دوست گاہک ہے اور آپ دکان دار تو دوسری بار رول بدل لیجئے اور آپ گاہک بن جایئے۔

ایک بات ہمیشہ یاد رکھیں کہ انگریزی ایک غیر ملکی زبان ہے۔ اس میں کبھی کبھی اٹک جانا شرم کی بات نہیں ہے۔ اچھے اچھے رواں انگریزی بولنے والے بھی کئی بار صحیح لفظ یاد نہ ہونے کی وجہ سے اٹک جاتے ہیں۔ ایسے میں آپ وہی کیجئے۔ جو سبھی ہوشیار لوگ کرتے ہیں۔ بڑی آسانی سے انگریزی جملے کے درمیان اردو یا کسی زبان کا لفظ جوڑیئے۔ جب ہم اردو کے درمیان انگریزی الفاظ کا بڑی آسانی واعتماد سے استعمال کر لیتے ہیں تو انگریزی الفاظ کے بیچ اردو الفاظ کے استعمال میں ہچک کیوں؟ یہ سننے میں قطعی برا نہیں لگتا۔ آج کل کالج کے لڑکے/لڑکیاں زبان کی روانی بنائے رکھنے کے لئے اس تکنیک کا بخوبی استعمال کرتے ہیں۔ ٹی وی پروگراموں میں بھی انگریزی و اردو گفتگو کا مکسچر آج کل کافی مقبول ہو رہا ہے۔

لیکن یاد رکھئے کہ دو زبان کے الفاظ ملاتے ہوئے گھبراہٹ یا جھجک نہیں اطمینان سے کام لینا چاہئے۔ مثال کے لئے دیکھئے بات چیت کے یہ چند نمونے

[1]

Seema: Hi Rina, what a lovely dress!

Rina : Thank you! It's a birthday present.

Seema: Really! کس نے دی ہے؟

Rina : My uncle, he sent it from Mumbai.

[2]

Sohail : ذرا سنئے Where is Kamal Colony please.

Rahman : Go بالکل straight.You will see a بڑا gate to your left. اندر چلے جایئے That is Kamal Colony.

Sohail : Thank you.

Rahman : You are welcome.

[3]

Mrs. Gulab: Hello, Mrs. Shamim کیسی ہیں؟

Mrs. Shamim : Fine, thank you. آپ کیسی ہیں؟

Mrs. Gulab : ٹھیک ہوں! Coming from the market?

Mrs. Shamim : جی ہاں! Went to buy some سبزی بھاجی

Mrs. Gulab : آیئے نا come for a while.

Mrs. Shamim : Thank you پھر کبھی. I am expecting some guests actually.

Mrs. Gulab : Oh I see! اچھا بائی! Mrs. Shamim.

کچھ اس طرح کے جملے بھی نوجوانوں کے درمیان اکثر سنائی دیتے ہیں :

He is a مہابور

Everything is الٹا پلٹا here.

Let me have a دیکھو at وغیرہ ۔اٹ

Let's do some موج مستی رہنگامہ

Do it. فٹافٹ

اوپر کی مثالوں میں آپ نے دیکھا کہ آسانی سے انگریزی کے درمیان جوڑے گئے اردو الفاظ یا جملے بول چال میں بالکل بھی اٹ پٹے نہیں لگتے بلکہ زبان کی روانی کو بنائے رکھنے میں معاون ہوتے ہیں۔

وقت وقت پر زبان و گفتگو کے ماہرین نے بات چیت کو پر اثر بنانے کے کچھ گر بتائے ہیں۔ جنہیں دھیان میں رکھ کر آپ لوگوں کے بیچ میں اپنا مقام بنا سکتے ہیں۔ ایسے ہی کچھ اہم نکتوں کو جدول میں دیا جارہا ہے۔

Do's (ایسا کریں)	Don'ts (ایسا نہ کریں)
1. ہمیشہ نرمی سے گفتگو کریں۔ (Always talk politely)	اپنی مت ہانکیں۔ (Don't blow your own trumpet)
2. سوچ سمجھ کر بات کریں۔ (Think before you speak)	بغیر بات کے منطق نہ بگھاریں۔ (Don't argue unnecessarily)
3. دوسروں کی بات توجہ سے سنیں۔ (Listen to others carefully)	لوگوں کے درمیان ذاتی ریمارکس نہ دیں۔ (Avoid giving personal comments in public)
4. اپنی آواز اور چہرے کے جذبات کو بات کرتے وقت قابو میں رکھیں۔ (Keep your voice and facial expressions under control while talking)	بھدی زبان کا استعمال نہ کریں۔ (Avoid using obscene language)
	بڑھا چڑھا کر بات نہ کریں۔ (Avoid exaggeration)
5. دوسروں میں دلچسپی لیں۔ (Show interest in others)	دوسروں کی تعریف سے کبھی گریز نہ کریں۔ (Never hesitate to praise and compliment others)
6. دوسروں کی باتیں ہمدردانہ سنیں۔ (Listen to others sympathetically)	طنزیہ جملوں کا استعمال نہ کریں۔ (Avoid making sarcastic remarks)
7. بات چیت میں دوست بنائیں، دشمن نہیں۔ (Make freinds not enemies while you talk)	گنواری زبان کا زیادہ استعمال نہ کریں۔ (Avoid excessive use of slang)
8. بات چیت میں ہمیشہ آداب واخلاق کا خیال رکھیں۔ (Be mannered while talking)	پھسپھسائیں نہیں، صاف صاف بات کریں۔ (Avoid mumbling. Always speak clearly)
9. خوش اخلاق بنیں پر دوسروں کے جذبات کو دھیان میں رکھیں ۔ (Be humorous, without hurting others' emotions)	ضرورت سے زیادہ اپنائیت نہ دکھائیں۔ (Never try to be overintimate)
10. عمر اور عہدے میں بڑے لوگوں سے تعظیماً بات کریں۔ (Always be respectful while talking to elders/ seniors.)	معنی جانے بغیر کسی لفظ کا استعمال مطلق نہ کریں۔ (Never use a word without understanding meaning)

کامیاب اور ہردلعزیز مقرر بننے کے لئے اوپر دی گئی باتوں کو دھیان میں رکھنا بہت ضروری ہے۔

آگے دیئے گئے گفتگو کے نمونے بھی روزانہ استعمال کے مدنظر رکھے گئے ہیں۔ سبھی گفتگو کا انگریزی تلفظ اردو میں دیا گیا ہے۔ آواز کے نشیب وفراز وصحیح تلفظ کے مشق میں ریپڈ یکس کیسٹ آپ کی بہت مدد کریگی۔ ہمیں یقین ہے کہ پختہ ارادہ و مسلسل مشق و مزاولت سے آپ جلد ہی رواں انگریزی بولنے لگیں گے۔

ہماری نیک تمنائیں آپ کے ساتھ ہیں۔

176

Introducing Self and Others (انٹروڈیوزنگ سلف اینڈ ادرس) تعارف : اپناودوسروں کا

(راحل اور سیف پہلی بار ایک بس میں ملتے ہیں۔ دیکھئے وہ کس طرح ایک دوسرے سے جان پہچان کرتے ہیں)

اکسکیوز می! کین آئی سِٹ ہیئر پلیز؟	**Rahil :** Excuse me, can I sit here please?	راحل : معاف کیجئے! کیا میں یہاں بیٹھ سکتا ہوں؟
یس پلیز۔	**Saif :** Yes please.	سیف : جی ہاں!
تھنک یو ہلو آئی ایم راحل احمد۔	**Rahil :** Thank you, Hello. I am Rahil Ahmed.	راحل : شکریہ! ہلو میں راحل احمد ہوں۔
آئی ایم سیف الدین۔	**Saif :** I am Saifuddin.	سیف : میں سیف الدین ہوں۔
واٹ ڈو یو ڈو مسٹر سیف؟	**Rahil :** What do you do Mr. Saif ?	راحل : مسٹر سیف آپ کیا کرتے ہیں؟
آئی ایم اے سیلز مین ان میگا الکٹریکلز۔ واٹ اباؤٹ یو۔	**Saif :** I am a salesman in Mega Electricals. What about you?	سیف : میں میگا الکٹریکلز میں سیلز مین ہوں اور آپ؟
آئی ایم این اکاؤنٹینٹ ان دی بینک اوف انڈیا۔	**Rahil :** I am an accountant in the Bank of India.	راحل : میں بینک اوف انڈیا میں اکاؤنٹینٹ ہوں۔
ویئر آر یو فروم؟	**Saif :** Where are you from?	سیف : آپ کہاں سے ہیں؟
آئی ایم فروم ممبئی۔ بٹ ناؤ آئی ایم سیٹلڈ ان ڈلہی۔ اینڈ یو؟	**Rahil :** I am from Mumbai, but now I am settled in Delhi. And you?	راحل : میں ممبئی کا رہنے والا ہوں پر اب میں دہلی میں بس گیا ہوں۔ اور آپ؟
آئی ایم فروم ڈلہی اِٹ سیلف۔	**Saif :** I am from Delhi itself.	سیف : میں دہلی کا ہی رہنے والا ہوں۔
مائی اسٹاپ، او۔کے! بائی سیف۔	**Rahil :** My stop. O.K., bye Saif.	راحل : میرا اسٹاپ آگیا۔ اچھا، بائی سیف۔
بائی!	**Saif :** Bye.	سیف : بائی!

(راحل اور سیف ایک پارٹی میں دوبارہ ملتے ہیں وہ اپنے گھر والوں کا آپس میں تعارف کراتے ہیں)

ہلو راحل! ہاؤ آر یو؟	**Saif :** Hello Rahil. How are you?	سیف : ہلو راحل! کیسے ہو؟
فائن۔ تھینک یو۔ اینڈ یو؟	**Rahil :** Fine, thank you. And you?	راحل : میں اچھا ہوں۔ شکریہ! تم کیسے ہو؟
فائن! ہیئر میٹ مائی وائف مینا، مائی سن مونس مائی ڈاؤٹر نیہا۔	**Saif :** Fine. Here, meet my wife Meena, my son Munis and my daughter Neha.	سیف : راحل میری بیگم مینا سے ملو۔ یہ میرا بیٹا مونس ہے اور میری بیٹی نیہا۔
ہلو مسز احمد! ہلو چلڈرن! مائی وائف شفالی اینڈ مائی ڈاؤٹر شمع۔	**Rahil:** Hello, Mrs. Ahmed, hello children. My wife Shefali and my daughter Shama.	راحل : ہلو! مسز احمد! ہلو بچو! میری بیگم شفالی سے ملئے۔ یہ میری بیٹی شمع۔
ہلو!	**Saif :** Hello!	سیف : ہلو!
ہلو! نائس میٹنگ یو۔	**Meena :** Hello, nice meeting you.	مینا : (شفالی) آپ سے مل کر اچھا لگا۔
نائس میٹنگ یو ٹو۔	**Shefali :** Nice meeting you too.	شفالی : مجھے بھی۔
ڈو یو ورک شفالی؟	**Meena :** Do you work Shefali?	مینا : شفالی، آپ کہیں کام کرتی ہیں کیا؟
نو آئی ایم اے ہاؤس وائف۔ واٹ اباؤٹ یو؟	**Shefali :** No, I am a housewife. What about you?	شفالی : نہیں: میں تو بس گھریلو کام دیکھتی ہوں اپنے بارے میں بتایئے؟
آئی ٹیچ ان اے اسکول۔	**Meena :** I teach in a school.	مینا : میں ایک اسکول میں پڑھاتی ہوں۔
وچ اسکول؟	**Shefali :** Which school?	شفالی : کس اسکول میں؟
نہرو پبلک اسکول۔	**Meena :** Nehru Public School.	مینا : نہرو پبلک اسکول۔
ویئر از دیٹ؟	**Shefali :** Where is that?	شفالی : وہ کہاں ہے؟

اِن پنجابی باغ۔	**Meena :** In Punjabi Bagh.	مینا : پنجابی باغ میں۔
ویر ڈو یو لیو؟	**Shefali :** Where do you live?	شفالی : آپ کہاں رہتی ہیں؟
وی آر ان شالیمار باغ۔اینڈ یو؟	**Meena :** We are in Shalimar Bagh. And you?	مینا : شالیمار باغ میں۔اور آپ؟
ان موڈل ٹاؤن۔پلیز ڈروپ ان سم ٹائم۔	**Shefali :** In Model Town. Please drop in some time.	شفالی : موڈل ٹاؤن میں۔کبھی آئیے گا۔
شیور، یو ٹو۔	**Meena :** Sure, you too.	مینا : ضرور، آپ بھی۔

Mother and Son (مدر اینڈ سن) ماں اور بیٹا

گیٹ اپ نازش۔اٹس فائیو اوکلوک۔	**Mother :** Get up Nazish. It's five o'clock.	ماں : اٹھو نازش، پانچ بج گئے۔
اٹس ٹو ارلی ممی۔	**Nazish :** It's too early Mummy.	نازش : ابھی بہت جلدی ہے ممی۔
یو ہیو یور سائنس اگزام ٹوڈے۔	**Mother :** You have your science exam today.	ماں : آج تمہارا سائنس کا امتحان ہے۔
گیٹ اپ اینڈ ریوائز یور کورس۔	Get up and revise your course.	اٹھو اور اپنا سبق دہرا لو۔
او کے ممی، آئی ول گیٹ اپ ان ٹو منٹس۔	**Nazish :** O.K. mummy, I will get up in two minutes.	نازش : اچھا ممی دو منٹ میں اٹھتا ہوں۔
ہری اپ اینڈ واش یور فیس۔	**Mother :** Hurry up and wash your face.	ماں : جلدی اٹھ کر منھ دھو لو۔تب تک
مین وائل آئی ول گیٹ ملک فور یو۔	Meanwhile I'll get milk for you.	میں تمہارے لئے دودھ لاتی ہوں۔
او کے۔	**Nazish :** O.K.	نازش : اچھا۔
ڈڈ یو ٹیک آؤٹ	**Mother :** Did you take out	ماں : نازش تم نے اپنے کپڑے رات کو
یور کلوذز لاسٹ نائٹ نازش؟	your clothes last night Nazish?	نکال کر رکھے تھے؟
یس، آئی ڈڈ۔	**Nazish :** Yes, I did.	نازش : ہاں رکھے تھے۔
اینڈ یور شوز؟	**Mother :** And your shoes?	ماں : اور تمہارے جوتے؟ انہیں
ڈڈ یو پولش دیم؟	Did you polish them?	پولش کیا تھا؟
نو آئی فورگوٹ ٹو پولش د شوز۔	**Nazish :** No, I forgot to polish the shoes.	نازش : نہیں میں جوتے پولش کرنا
آئی ول ڈو اٹ ناؤ۔	I will do it now.	بھول گیا تھا۔ابھی کرتا ہوں۔
ڈو دیٹ لیٹر۔	**Mother :** Do that later.	ماں : نہیں، بعد میں کرنا۔
فرسٹ فنش یور رویژن۔	First finish your revision.	پہلے پڑھائی ختم کرلو۔
ہیونٹ یو فنشڈ یٹ نازش؟	**Mother :** Haven't you finished yet Nazish?	ماں : ابھی تک پورا نہیں ہوا نازش؟
یس، آئی ہیو۔	**Nazish :** Yes, I have.	نازش : ہو گیا۔
ہیو یو ریوائزڈ ایوری تھنگ ویل؟	**Mother :** Have you revised everything well?	ماں : سب کچھ اچھی طرح دہرا لیا ہے؟
یس ممی آئی ریممبر ایوری تھنگ۔	**Nazish :** Yes Mummy, I remember everything.	نازش : ہاں ممی مجھے سب کچھ یاد ہے۔
گڈ! ناؤ گیٹ ریڈی،	**Mother :** Good! Now get ready,	ماں : اچھا ہے! اب تیار ہو جاؤ میں
آئل پریپئر بریک فاسٹ فور یو	I'll prepare breakfast for you.	تمہارے لئے ناشتہ بناتی ہوں۔
واٹ از دیئر فور بریک فاسٹ؟	**Nazish :** What is there for breakfast?	نازش : ناشتے میں کیا ہے؟
پراٹھا اینڈ کرڈ۔	**Mother :** Paratha and curd.	ماں : پراٹھا اور دہی۔
آئی ڈونٹ وانٹ پراٹھا۔	**Nazish :** I don't want paratha.	نازش : مجھے پراٹھا نہیں چاہئے۔
واٹ ڈو یو وانٹ؟ بریڈ اینڈ بٹر؟	**Mother :** What do you want? Bread and butter?	ماں : کیا چاہئے؟ بریڈ اور بٹر؟
اینڈ اوملیٹ۔	**Nazish :** And omelette.	نازش : اور اوملیٹ۔

فائن، گو گیٹ ریڈی فاسٹ۔	**Mother :** Fine, go, get ready fast.	ٹھیک ہے۔ چلو جلدی سے تیار ہوجاؤ۔	ماں :
اٹ از سیون تھرٹی اول ریڈی۔	It is 7.30 already.	ساڑھے سات تو بج گئے ہیں۔	
آئی ہیو یٹ ٹو پولش مائی شوز۔	**Nazish :** I have yet to polish my shoes.	ابھی مجھے اپنے جوتے پولش کرنے ہیں۔	نازش :
دین آئل گو اینڈ ہیو اے باتھ۔	Then I'll go and have a bath.	اس کے بعد میں نہانے جاؤنگا۔	
آئی ہیو پولشڈ یور شوز۔	**Mother :** I have polished your shoes.	میں نے تمہارے جوتے پولش کردئے ہیں۔	ماں :
تھینک یو ممی۔	**Nazish :** Thank you, mummy.	تھینک یو، ممی۔	نازش :
آئل گو اینڈ پریپئر دبریک فاسٹ	**Mother :** I'll go and prepare the breakfast	اب میں جا کر ناشتہ بناتی ہوں۔	ماں :
ناؤ۔ گیٹ ریڈی فاسٹ نازش۔	now. Get ready fast Nazish.	نازش تم جھٹ پٹ تیار ہوجاؤ۔	
یس ممی۔	**Nazish :** Yes, mummy.	اچھا ممی۔	نازش :
نازش کم ہیو یور بریک فاسٹ	**Mother :** Nazish come, have your breakfast.	آؤ نازش ناشتہ کرلو۔ دیر ہو رہی ہے۔	ماں :
اٹ از گیٹنگ لیٹ۔	It is getting late.		
آئی ایم ریڈی ممی۔	**Nazish :** I am ready mummy.	میں تیار ہوں ماں۔	نازش :
ڈڈیو پرے ٹو گوڈ۔	**Mother :** Did you pray to God?	خدا سے دعا مانگی؟	ماں :
یس ممی۔	**Nazish :** Yes mummy.	ہاں ممی!	نازش :
وری گڈ ریڈ دَ پیپر	**Mother :** Very good! Read the paper	بہت اچھا۔ بیٹے پیپر دھیان سے پڑھنا	ماں :
کیئر فلی سن اینڈ فنش اٹ ان ٹائم۔	carefully son and finish it in time.	اور وقت سے ختم کرنا۔ ٹیچر کو دینے سے	
ڈونٹ فورگیٹ ٹو ریوائز اٹ بفور	Don't forget to revise it before	پہلے پیپر ٹھیک سے دہرانا مت	
ہینڈنگ اٹ ٹو دٹیچر او کے؟	handing it to the teacher, O.K.?	بھولنا۔ ٹھیک ہے؟	
او۔ کے۔	**Nazish :** O.K.	اچھا۔	نازش :
ویر از یور واچ؟	**Mother :** Where is your watch?	تمہاری گھڑی کہاں ہے؟	ماں :
ہیئر اٹ از۔ اینڈ ممی نو ٹفن ٹوڈے۔	**Nazish :** Here it is. And mummy, no tiffin today.	یہ رہی۔ اور ممی آج میں ٹفن نہیں	نازش :
آئی ول کم بیک ارلی۔	I will come back early.	لے جاؤنگا۔ میں جلدی واپس آجاؤں گا۔	
یس آئی نو	**Mother :** Yes I know.	مجھے معلوم ہے۔	ماں :
ناؤ فنش ایٹنگ کوئکلی۔	Now finish eating quickly.	اب جلدی سے کھالو۔	
آئم گوئنگ ممی۔	**Nazish :** I'm going mummy.	میں جا رہا ہوں۔	نازش :
او کے سن۔ بسٹ اوف لک۔	**Mother :** O.K. son. Best of luck.	اچھا بیٹے میری بہت دعائیں۔	ماں :
تھینک یو ممی بائی۔	**Nazish :** Thank you mummy, bye.	تھینک یو ممی، بائی۔	نازش :

Talking to a Student (ٹاکنگ ٹو اے اسٹوڈینٹ) طالب علم سے گفتگو

واٹ از یور نیم؟	**Man :** What is your name?	تمہارا نام کیا ہے؟	آدمی :
آئی ایم رومی۔	**Boy :** I am Rumi.	میں رومی ہوں۔	لڑکا :
ڈو یو اسٹڈی؟	**Man :** Do you study?	پڑھتے ہو؟	آدمی :
یس انکل۔	**Boy :** Yes uncle.	جی انکل۔	لڑکا :
ان وچ کلاس؟	**Man :** In which class?	کون سی کلاس میں؟	آدمی :

ٹویلتھ	**Boy :** Twelfth.	بارہویں میں۔	لڑکا :
آریوا ے اسٹوڈنٹ اوف سائنس اور آرٹس؟	**Man :** Are you a student of Science or Arts?	تم سائنس کے طالبِ علم ہو یا آرٹس کے؟	آدمی :
سائنس۔	**Boy :** Science.	سائنس کا۔	لڑکا :
وچ از یور فیورٹ سبجیکٹ رومی؟	**Man :** Which is your favourite subject, Rumi?	رومی تمہارا سب سے پیارا مضمون کیا ہے؟	آدمی :
فزکس۔	**Boy :** Physics.	علم طبیعیات (فزکس)	لڑکا :
واٹ ڈویو وانٹ ٹو بی ان لائف؟	**Man :** What do you want to be in life?	زندگی میں تم کیا بننا چاہتے ہو؟	آدمی :
آئی وانٹ ٹو بی این الکٹرونکس انجینئر۔	**Boy :** I want to be an electronics engineer.	میں الکٹرونکس انجینئر بننا چاہتا ہوں۔	لڑکا :
واٹ ڈز یور فادر ڈو؟	**Man :** What does your father do?	تمہارے والد کیا کرتے ہیں؟	آدمی :
ہی از اے کیمسٹ۔	**Boy :** He is a chemist.	وہ کیمسٹ ہیں۔	لڑکا :
اینڈ یور مدر؟	**Man :** And your mother?	اور تمہاری ماں؟	آدمی :
شی از اے ٹیچر۔	**Boy :** She is a teacher.	وہ استانی ہیں۔	لڑکا :
ڈو یو پلے اینی گیمز؟	**Man :** Do you play any games?	کیا تم کوئی کھیل کھیلتے ہو؟	آدمی :
یس، آئی پلے ہوکی اینڈ کرکٹ۔	**Boy :** Yes, I play hockey and cricket.	جی ہاں، میں ہوکی اور کرکٹ کھیلتا ہوں۔	لڑکا :
وچ از یور فیورائٹ گیم؟	**Man :** Which is your favourite game?	تمہارا پیارا کھیل کون سا ہے؟	آدمی :
کرکٹ۔	**Boy :** Cricket.	کرکٹ۔	لڑکا :
اینڈ ہو از یور فیورٹ پلیئر؟	**Man :** And who is your favourite player?	تمہارا پیارا کھلاڑی کون سا ہے؟	آدمی :
سچن تندولکر۔	**Boy :** Sachin Tendulkar.	سچن تندولکر۔	لڑکا :
ڈو یو لائک ریڈنگ؟	**Man :** Do you like reading?	کیا تمہیں مطالعہ کا شوق ہے؟	آدمی :
یس، آئی لائک ریڈنگ مسٹریز اینڈ ایڈونچر بکس۔ آئی اولسو ریڈ دی نیوز پیپر ریگولرلی۔	**Boy :** Yes, I like reading mysteries and adventure books. I also read the newspaper regularly.	جی ہاں! میں حیرت انگیز پراسرار اور جانبازی کے واقعات والی کتابیں پڑھنا پسند کرتا ہوں۔ میں اخبار بھی روز پابندی سے پڑھتا ہوں۔	لڑکا :
دیٹس ویری گڈ۔ ڈو یو لائک واچنگ ٹی وی؟	**Man :** That's very good. Do you like watching T.V.?	بہت اچھی بات ہے۔ کیا تمہیں ٹی وی دیکھنا اچھا لگتا ہے؟	آدمی :
اویس! آئی لو اٹ۔	**Boy :** Oh yes! I love it.	جی ہاں، بہت اچھا لگتا ہے۔	لڑکا :
وچ آر یور فیورٹ چینلز؟	**Man :** Which are your favourite channels?	تمہارے دل پسند چینل کون کون سے ہیں؟	آدمی :
زی، میٹرو اینڈ سیٹی کیبل۔ آئی اولسو لائک پرائم اسپورٹس۔	**Boy :** Zee, Metro and Siticable. I also like Prime Sports.	زی، میٹرو اور سیٹی کیبل۔ مجھے پرائم اسپورٹس بھی پسند ہے۔	لڑکا :
واٹ ایلس ڈو یو ڈو ان یور اسپیئر ٹائم؟	**Man :** What else do you do in your spare time?	خالی وقت میں اور کیا کرتے ہو؟	آدمی :
آئی پلے کمپیوٹر گیمز۔	**Boy :** I play computer games.	میں کمپیوٹر گیمز کھیلتا ہوں۔	لڑکا :
ڈو یو لرن کمپیوٹرز ایٹ اسکول؟	**Man :** Do you learn computers at school?	کیا تم اسکول میں کمپیوٹر سیکھتے ہو؟	آدمی :
یس اٹس اے پارٹ اوف آور سلیبس۔	**Boy :** Yes, it's a part of our syllabus.	جی ہاں، یہ ہمارے نصاب کا حصہ ہے۔	لڑکا :
او، کے، رومی۔ اٹ واز گریٹ ٹوکنگ ٹو یو۔ آئی وش یو اول دبیسٹ ان لائف۔	**Man :** O.K. Rumi. It was great talking to you. I wish you all the best in life.	اچھا رومی، تم سے بات کرکے بہت اچھا لگا۔ میری نیک خواہشات تمہارے ساتھ ہیں۔	آدمی :
تھینک یو انکل، بائی۔	**Boy :** Thank you uncle, bye.	شکریہ انکل، بائی۔	لڑکا :

Getting Ready to Go (گٹنگ ریڈی ٹو گو) — جانے کی تیاری

بیگم :	آج آفس نہیں جانا کیا؟	**Wife :** Aren't you going to office today?	آرنٹ یو گوئنگ ٹو آفس ٹوڈے؟
شوہر :	بالکل جانا ہے۔ وقت کیا ہوا ہے؟	**Husband :** Of course, I am. What's the time?	اوف کورس، آئی ایم۔ واٹس دَ ٹائم؟
بیگم :	اٹھئے پھر۔ ساڑھے سات بج گئے ہیں۔	**Wife :** Get up then. It's seven thirty.	گیٹ اپ دین۔ اٹس سیون تھرٹی۔
شوہر :	ارے نہیں۔	**Husband :** Oh, no.	او، نو۔
بیگم :	جلدی کیجئے نہیں تو بس نکل جائے گی۔	**Wife :** Hurry up, otherwise you will miss the bus.	ہری اپ، ادروائز یو ول مس دَ بس۔
شوہر :	(اٹھتے ہوئے) باتھ روم میں کون ہے؟	**Husband :** *(Getting up)* Right. Who is in the bathroom?	رائٹ۔ ہو از ان دَ باتھ روم؟
بیگم :	سوربھ۔	**Wife:** Saurabh.	سوربھ۔
شوہر :	سوربھ جلدی کرو۔ مجھے دیر ہو رہی ہے۔	**Husband :** Saurabh, hurry up. I am getting late.	سوربھ، ہری اپ۔ آئی ایم گیٹنگ لیٹ۔
سوربھ :	آتا ہوں، پاپا۔	**Saurabh :** Coming, Papa.	کمنگ، پاپا۔
شوہر :	(بیگم سے) رینا، مجھے گرم پانی دو، میں تب تک شیو کر لیتا ہوں۔ میرا تولیہ کہاں ہے؟	**Husband :** *(to wife)* Reena give me hot water. I'll shave in the meanwhile. Where is my towel?	رینا گیو می ہوٹ واٹر۔ آئل شیو ان دَ مین وائل۔ ویئر از مائی ٹوول؟
بیگم :	یہ لے لو۔ وہ گندا ہے۔	**Wife :** That is dirty. Take this one.	دیٹ از ڈرٹی، ٹیک دس ون۔
شوہر :	میرے کپڑے پریس ہو گئے کیا؟	**Husband :** Have my clothes been ironed?	ہیو مائی کلوز بین آئرنڈ؟
بیگم :	ہاں میں نے تمہاری الماری میں رکھ دیئے ہیں۔	**Wife :** Yes, I have put them in your cupboard.	یس، آئی ہیو پٹ دیم یور کبرڈ۔
شوہر :	میری نیلی جرابیں نہیں مل رہی ہیں۔ رینا کیا تم نے انہیں کل دھویا تھا؟	**Husband :** I can't find my blue socks. Reena, did you wash them yesterday?	آئی کانٹ فائنڈ مائی بلو سوکس۔ رینا، ڈڈ یو واش دیم یسٹرڈے۔
بیگم :	پرسوں دھویا تھا۔ تمہاری ساری جرابیں تمہاری الماری کے دوسرے ڈرائر میں ہیں۔ اب مجھے کھانا بنا لینے دو۔	**Wife :** I washed them the day before. All your socks are in the second drawer of your cupboard. Now let me finish cooking.	آئی واشڈ دیم دَ ڈے بفور۔ اول یور سوکس آر ان دَ سیکنڈ ڈرائر اوف یور کبرڈ۔ ناؤ لٹ می فنش ککنگ۔
سوربھ :	پاپا، آپ باتھ روم میں جا سکتے ہیں۔ ممی، میرا یونیفارم کہاں ہے؟	**Saurabh :** You can go into the bathroom, Papa. Mummy, Where is my uniform?	یو کین گو انٹو دَ باتھ روم پاپا۔ ممی ویئر از مائی یونیفارم؟
ماں :	تمہارے بستر پر۔ اور تمہارے جوتے میز کے نیچے ہیں۔	**Mother :** On your bed. And your shoes are under the table.	اون یور بیڈ۔ اینڈ یور شوز آر انڈر دَ ٹیبل۔
سوربھ :	اچھا ممی۔	**Saurabh :** O.K. mummy.	او کے ممی۔
شوہر :	(باتھ روم جاتے ہوئے) رینا پلیز میرا ناشتہ اور کھانے کا ڈبہ تیار رکھنا۔ میں پندرہ منٹ میں آجاؤں گا۔	**Husband :** *(going into the bathroom)* Reena please keep my breakfast and the tiffin ready, I'll be back in fifteen minutes.	رینا پلیز کیپ مائی بریک فاسٹ اینڈ دِ ٹفن ریڈی۔ آئل بی بیک ان ففٹین منٹس۔

ڈونٹ وری۔ ایوری تھنگ از ریڈی۔	**Wife :** Don't worry. Everything is ready.	فکر مت کرو، سب تیار ہے۔	بیگم :
سور بھ، ہری اپ۔ یور بس مسٹ بی	Saurabh, hurry up.Your bus must	سور بھ جلدی کرو۔	
کمنگ اینی مومنٹ۔	be coming any moment.	کسی منٹ بھی تمہاری بس آجائیگی۔	
آئی ایم ریڈی ممّی۔	**Saurabh :** I am ready mummy.	ممّی میں تیار ہوں۔	سور بھ :
ہیرٗ ڈرنک دملک۔	**Mother :** Here, drink the milk.	یہ لو دودھ پی لو۔	ماں :
ویرٗ ازمائی لنچ بوکس؟	**Saurabh :** Where is my lunch box?	میرا لنچ بکس کہاں ہے؟	سور بھ :
ان یور بیگ۔ اینڈ ڈونٹ	**Mother :** In your bag. And don't	تمہارے بستے میں۔	ماں :
فورگیٹ دواٹر بوٹل۔	forget the water bottle.	اور پانی کی بوتل مت بھول جانا۔	
ممّی ڈونٹ فورگیٹ دَ	**Saurabh :** Mummy, don't forget the	ممّی آج پیرنٹ ٹیچرس میٹنگ ہے۔	سور بھ :
پیرنٹ ٹیچرس میٹنگ ٹوڈے۔	Parent-Teacher's Meeting today.	بھول نہ جانا۔	
گڈ، یوٗ ریمائنڈڈ می۔	**Mother :** Good, you reminded me.	اچھا کیا جو یاد دلا دیا۔	ماں :
اٹ ہیڈ سلپڈ آوٹ اوف مائی مائنڈ۔	It had slipped out of my mind.	میرے دماغ سے نکل گیا تھا۔	
مائی بس، بائی ممی۔	**Saurabh :** My bus. Bye mummy.	میری بس، بائی ممی۔	سور بھ :
بائی سن۔	**Mother :** Bye son.	بائی، بیٹے۔	ماں :
مائی بریک فاسٹ رینا؟	**Husband :** My breakfast, Reena?	رینا میرا ناشتہ؟	شوہر :
اٹس اون دَ ڈائننگ ٹیبل۔	**Wife :** It's on the dining table.	کھانے کی میز پر رکھا ہے۔	بیگم :
اینڈ دس از یور لنچ۔ لسن،	And this is your lunch. Listen,	اور یہ رہا تمہارا لنچ۔	
ڈونٹ فورگیٹ ٹو پے دی الکٹری سیٹی بل۔	don't forget to pay the electricity bill.	سنو بجلی کا بل دینا مت بھول جانا۔	
اینڈ اولسو فون فور دگیس پلیز۔	And also phone for the gas please.	اور گیس کے لئے بھی فون کر دینا۔	
اٹ کین فنش اینی ٹائم۔	It can finish any time.	کسی وقت بھی ختم ہو سکتی ہے۔	
یس، یس آئی ول ڈو دیٹ	**Husband :** Yes, yes I will do that.	ہاں، ہاں کردوں گا۔	شوہر :
رینا، پلیز گیٹ می اے کلین ہینکی۔	Reena, please get me a clean hanky.	رینا ذرا ایک صاف رومال لا دینا۔	
ہیئر اٹ از۔ اینڈ اولسو یور واچ،	**Wife :** Here it is. And also your watch.	یہ رہا اور تمہاری گھڑی بھی۔	بیگم :
یو اولویز فورگیٹ اٹ ان دباتھ روم۔	You always forget it in the bathroom.	روز باتھ روم میں بھول جاتے ہو۔	
تھینک یو رینا،	**Husband :** Thank you, Reena.	تھینک یو رینا۔ میں	شوہر :
آئی ہیوٹو رش ناؤ، بائی۔	I have to rush now. Bye.	جلدی میں ہوں بائی۔	

Asking the Way (آسکنگ دوے) — راستے کی معلومات

(روہت دلی میں نیا ہے۔ وہ ایکسپریس بلڈنگ پہونچنا چاہتا ہے)

ایکسکیوز می۔	**Rohit :** *(to a man)* Excuse me,	(ایک آدمی سے) معاف کیجئے!	روہت :
کڈ یو ٹیل می دَوے ٹو دَ	could you tell me the way to the	کیا آپ مجھے ایکسپریس بلڈنگ	
ایکسپریس بلڈنگ پلیز؟	Express Building please?	کا راستہ بتا سکتے ہیں؟	
یس، گو اسٹریٹ۔ ٹیک	**The man :** Yes, go straight, take the	جی ہاں! سیدھے جائیے۔	آدمی :
دَفرسٹ لفٹ ٹرن اینڈ کیپ واکنگ۔	first left turn and keep walking.	پہلا بایاں موڑ مڑیئے اور چلتے جائیے۔	
یوول ریچ بہادرشاہ ظفر روڈ۔	You will reach Bahadurshah Zafar Road.	آپ بہادر شاہ ظفر مارگ پہنچ جائیں گے۔	

ڈاکسپریس بلڈنگ ازاون دیٹ روڈ۔	The Express Building is on that road.	اکسپریس بلڈنگ اسی سڑک پر ہے۔
تھینک یو۔	**Rohit :** Thank you.	روہت : شکریہ۔
اکسکیوزمی میڈم۔ فروم ویئر	**Rohit :** *(to a lady)* Excuse me Madam!	روہت : (ایک عورت سے) معاف کیجئے
کین آئی گیٹ اے	From where can I get a	میڈم! مجھے کناٹ پلیس کی
بس ٹو کناٹ پلیس؟	bus to Connaught Place?	بس کہاں ملے گی؟
فروم دیٹ بس اسٹوپ نیئر دبرج۔	**Lady :** From that bus stop near the bridge.	عورت : پل کے پاس بس اسٹوپ سے۔
تھینک یو۔	**Rohit :** Thank you.	روہت : شکریہ۔
(ٹو دکنڈکٹر)	**Rohit :** *(to the conductor)*	روہت : (کنڈکٹر سے) کیا یہ بس
ازدس بس گوئنگ ٹو جنتر منتر؟	Is this bus going to Jantar Mantar?	جنتر منتر جارہی ہے؟
یس۔	**Conductor :** Yes.	کنڈکٹر : ہاں۔
وڈیو پلیز ٹیل می	**Rohit :** *(to a man)* Would you please tell me	روہت : (دوسرے آدمی سے) کیا آپ
وین شیل وی ریچ جنتر منتر؟	when shall we reach Jantar Mantar?	مجھے جنتر منتر پہونچنے پر بتادیں گے؟
یس، آئی ول۔	**The man :** Yes, I will.	آدمی : ہاں بتادوں گا۔
کین آئی گیٹ اے بس ٹو شالیمار باغ	**Rohit :** Can I get a bus to Shalimar	روہت : کیا وہاں مجھے شالیمار باغ
فروم دیئر؟	Bagh from there?	کے لئے بس مل سکتی ہے؟
یس ایزیلی۔	**The man :** Yes easily. *(after some time)*	آدمی : آسانی سے (تھوڑی دیر بعد)
دس از جنتر منتر۔	This is Jantar Mantar.	یہ جنتر منتر ہے۔
تھینک یو۔	**Rohit :** Thank you.	روہت : شکریہ۔

(روہت اتر کر بس اسٹاپ پر انتظار کرتا رہا۔ ایک بس آتی ہے)

ازاٹ گوئنگ ٹو شالیمار باغ؟	**Rohit :** Is it going to Shalimar Bagh?	روہت : کیا یہ شالیمار باغ جارہی ہے؟
نو۔	**Conductor :** No.	کنڈکٹر : نہیں۔
شالیمار باغ؟	**Rohit :** Shalimar Bagh?	روہت : شالیمار باغ؟
یس۔	**Conductor :** Yes.	کنڈکٹر : ہاں!

(روہت شالیمار باغ اترتا ہے)

اکسکیوزمی۔ وچ سائڈ	**Rohit :** *(to a man)* Excuse me, which side	روہت : (ایک آدمی سے) معاف کیجئے!
از ڈیسو کولونی؟	is DESU Colony?	ڈیسو کولونی کدھر پڑے گی؟
سوری، آئی ڈونٹ نو۔	**Man :** Sorry, I don't know.	آدمی : سوری، مجھے نہیں معلوم۔
ہاؤ ٹو ریچ	**Rohit :** *(to a shopkeeper)* How to reach	روہت : (ایک دکاندار سے)
ڈیسو کولونی پلیز؟	DESU Colony please?	ذرا ڈیسو کالونی کا راستہ بتائیں گے؟
گو اسٹریٹ۔ آفٹر سم ٹائم	**Shopkeeper :** Go straight. After some time	دکاندار : سیدھے چلتے جائیے۔ تھوڑی دیر میں
یوئل سی اے بگ آئرن گیٹ	you'll see a big iron gate	بائیں کی طرف بڑا سا لوہے
اون دلیفٹ سائڈ۔ گو ان سائڈ۔	on the left side. Go inside.	کا پھاٹک آئے گا۔ اندر چلے جائیے۔
دیٹ از ڈیسو کولونی۔	That is DESU Colony.	وہی ڈیسو کولونی ہے۔
از دس ڈیسو کولونی؟	**Rohit :** Is this DESU Colony?	روہت : (گیٹ پر چوکیدار سے) ڈیسو کولونی یہی ہے؟
یس سر۔	**Gatekeeper :** Yes, sir.	چوکیدار : جی ہاں۔

ویرَ ازسی بلاک؟	**Rohit :** Where is C-block?	روہت : سی بلاک کدھر پڑے گا؟
ڈویوسی دیٹ پارک؟	**Gatekeeper :** Do you see that park?	چوکیدار : وہ پارک دیکھتے ہیں نا۔
د ایریاارائونڈازسی بلوک۔	The area around is C-block.	اس کے چاروں طرف سی بلاک ہے۔
وچ سائڈول بی نمبر سکس نائنٹی فائیو؟	**Rohit :** Which side will be number 695?	روہت : ۶۹۵ نمبر کدھر پڑے گا؟
گواسٹریٹ اینڈٹرن لیفٹ۔	**Gatekeeper :** Go straight and turn left.	چوکیدار : سیدھے جائیے اور بائیں طرف مڑ جائیے۔
دین ٹیک دسکنڈ رائٹ ٹرن۔	Then take the second right turn	اس کے بعد سیدھے ہاتھ کو سیدھا موڑ لیجئے۔
سکس نائنٹی فائیو شڈ بی ان دیٹ لین۔	695 should be in that lane.	۶۹۵ اسی گلی میں ہونا چاہئے۔
آئی تھنک اٹ ازنیکسٹ ٹو	I think it is next to	میرا خیال سے ۶۹۵ ہپی پبلک اسکول سے اگلا نمبر ہے۔
ہپی پبلک اسکول۔	Happy Public School.	
تھینک یو ویری مچ۔	**Rohit :** Thank you very much.	روہت : بہت بہت شکریہ۔

Inquiry About a Patient (انکوئری اباؤٹ اے پیشنٹ) مریض کے بارے میں معلومات

ہلو دیپک! ہاؤ آر یو؟	**Prashant :** Hello Deepak, how are you?	پرشانت : ہلو، دیپک کیسے ہو؟
آئی ایم فائن بٹ مائی فادر	**Deepak :** I am fine, but my father	دیپک : میں تو ٹھیک ہوں پر میرے
ازنوٹ ویل۔	is not well.	والد بیمار ہیں۔
او، آئی ایم سوری ٹو ہیرَ دیٹ۔	**Prashant :** Oh, I am sorry to hear that!	پرشانت : اچھا، کیا تکلیف ہے؟
واٹس رونگ؟	What's wrong?	
د ڈاکٹر سیز ہز لیور	**Deepak :** The doctor says his liver is not	دیپک : ڈاکٹر کا کہنا ہے کی ان کا لیور
ازنوٹ فنکشننگ پروپرلی۔	functioning properly.	ٹھیک سے کام نہیں کر رہا ہے۔
وچ ڈاکٹر ہیو یو کنسلیڈ؟	**Prashant :** Which doctor have you consulted?	پرشانت : کس ڈاکٹر کو دکھایا ہے؟
ڈاکٹر کھنّا۔ ہی ہیڈ	**Deepak :** Doctor Khanna. He had	دیپک : ڈاکٹر کھنّا کو۔ انہوں نے کچھ
رکمنڈڈ سم ٹیسٹس۔	recommended some tests.	ٹسٹ بتائے تھے۔
ہیو یو گوٹ د رپورٹس؟	**Prashant :** Have you got the reports?	پرشانت : رپورٹس مل گئیں؟
لیس، اینڈ د ڈاکٹر ہیز	**Deepak :** Yes, and the doctor has	دیپک : ہاں، اور ڈاکٹر نے
اول ریڈی اسٹارٹیڈ دَ ٹریٹمینٹ	already started the treatment.	علاج بھی شروع کر دیا ہے۔
او، آئی سی۔	**Prashant :** Oh, I see.	پرشانت : اچھا، تو کچھ فائدہ ہوا کیا؟
ہیز دیرَ بین اینی امپرومنٹ؟	Has there been any improvement?	
لیس، بٹ د پروگریس از ویری سلو۔	**Deepak :** Yes, but the progress is very slow.	دیپک : ہاں، پر بہت دھیرے دھیرے
		فرق پڑ رہا ہے۔
ڈڈیو اسپیک	**Prashant :** Did you speak	پرشانت : تم نے اس بارے میں
ٹو دَ ڈاکٹر اباؤٹ اٹ؟	to the doctor about it?	ڈاکٹر سے بات کی کیا؟
لیس آئی ڈڈ۔ بٹ ہی سیز	**Deepak :** Yes I did. But he says	دیپک : ہاں کی تو، وہ کہتا ہے کہ
وی ہیو ٹو بی اے لٹل پیشنٹ۔	we have to be a little patient.	ہمیں تھوڑا صبر کرنا چاہئے۔
اینی رسٹرکشنز اباؤٹ ڈائٹ، فوڈ اٹ سٹرا؟	**Prashant :** Any restrictions about diet, food etc?	پرشانت : کھانے میں کوئی پرہیز وغیرہ؟
لیس، دڈاکٹر ہیز رکمنڈڈ اونلی	**Deepak :** Yes, the doctor has recommended only	دیپک : ہاں، ڈاکٹر نے صرف ابلا کھانا

اور زیادہ سے زیادہ پینے کی چیزیں لینے کے لئے کہا ہے۔ چائے اور کوفی کے لئے منع کیا ہے۔	boiled food, lots of liquids and no tea or coffee.	بوآئلڈ فوڈ، لوٹس اوف لکوئڈز اینڈ نو ٹی اور کوفی۔
پرشانت : ذرا کھانے پینے میں احتیاط رکھنا۔	**Prashant :** Please be careful about the diet.	پلیز بی کیئرفل اباؤٹ دڈائٹ۔
دیپک : کوشش تو پوری ہے۔	**Deepak :** Yes we are doing our best.	یس وی آر ڈوئنگ آور بیسٹ۔
پرشانت : دیپک میں کچھ کرسکتا ہوں تو بتاؤ۔	**Prashant :** Anything I can do Deepak?	اینی تھنگ آئی کین ڈو دیپک؟
دیپک : شکریہ، کچھ نہیں پرشانت،	**Deepak :** No thanks, Prashant.	نو تھینکس، پرشانت۔
بس کبھی آؤ۔	Just drop in some time.	جسٹ ڈروپ ان سم ٹائم۔
پرشانت : ضرور، اچھا۔ بائی دیپک۔	**Prashant :** Yes, sure. Bye Deepak.	یس، شیور، بائی دیپک۔

Talking to a Doctor (ٹاکنگ ٹو اے ڈاکٹر) ڈاکٹر سے بات چیت

مریض : آداب عرض ڈاکٹر صاحب۔	**Patient :** Good Morning, doctor.	گڈ مورننگ ڈاکٹر۔
ڈاکٹر : آداب، بیٹھئے کیا تکلیف ہے؟	**Doctor :** Good Morning. Please sit down. Yes, what's the problem?	گڈ مورننگ، پلیز سٹ ڈاؤن۔ یس، واٹس دَ پروبلم؟
مریض : مجھے بخار ہے اور گلا خراب ہے۔	**Patient :** I have fever and sore throat.	آئی ہیو فیور اینڈ سور تھروٹ۔
ڈاکٹر : لائیے دیکھیں، ذرا منہ کھولئے۔	**Doctor :** Let me see. Open your mouth please.	لیٹ می سی۔ اوپن یور ماؤتھ پلیز۔
ہاں! انفکشن تو ہے۔ بخار کتنا ہے؟	Yes, there is infection. How much is the fever?	یس دیئر از انفکشن۔ ہاؤ مچ از دَ فیور؟
مریض : گھر سے چلا تھا تو ۱۰۱ تھا۔	**Patient :** It was 101° when I started from home.	اٹ واز 101° وین آئی اسٹارٹیڈ فروم ہوم۔
ڈاکٹر : (بخار دیکھتا ہے) ابھی بھی اتنا ہی ہے۔	**Doctor :** It's the same even now.	اٹس دیسیم ایون ناؤ۔
سردی لگ رہی ہے کیا؟	Are you feeling cold?	آر یو فیلنگ کولڈ؟
مریض : زیادہ تو نہیں۔	**Patient :** Not much.	نوٹ مچ۔
ڈاکٹر : کھانسی ہے؟	**Doctor :** Do you have cough?	ڈو یو ہیو کف؟
مریض : ہاں جی! خاص طور پر رات کو تو میں سو نہیں سکتا۔	**Patient :** Yes, specially at night. I can't sleep because of it.	یس۔ اسپیشلی ایٹ نائٹ۔ آئی کانٹ سلیپ بکاوز اوف اٹ۔
ڈاکٹر : اور کوئی تکلیف؟	**Doctor :** Any other problem?	اینی ادر پروبلم؟
مریض : سر میں درد ہے۔	**Patient :** I have a headache.	آئی ہیو اے ہیڈک۔
ڈاکٹر : وہ بخار کی وجہ سے ہے۔ ٹھیک ہے۔ پانچ دن تک یہ کیپسول دن میں تین بار کھائیے۔ اور یہ گولیاں ہر ۶ گھنٹے کے بعد تین دن تک۔	**Doctor :** That's because of fever. O.K. Take these capsules thrice daily for five days and these tablets six hourly for three days.	دیٹس بکاوز اوف فیور۔ او، کے۔ ٹیک دیز کیپسولز۔ تھرائیس ڈیلی فور فائیو ڈیز اینڈ دیز ٹیبلیٹس سکس آورلی فور تھری ڈیز
مریض : دوا کیسے لیں؟	**Patient :** How to take the medicine?	ہاؤ ٹو ٹیک دَ میڈیسن؟
ڈاکٹر : گرم پانی کے ساتھ۔ یہ کھانسی کی دوا بھی ہر چھ گھنٹے کے بعد لینی ہے۔	**Doctor :** With warm water. Also take this cough mixture six hourly.	وِد وارم واٹر۔ اولسو ٹیک دس کف مکچر سکس آورلی۔
مریض : کتنی؟	**Patient :** How much?	ہاؤ مچ؟
ڈاکٹر : دو چائے کے چمچ بھر۔ دن میں چار پانچ بار گرم پانی کے غرارے	**Doctor :** Two teaspoons. Hot water gargles 4 to 5 times a	ٹوٹی اسپونز۔ ہوٹ واٹر گارگلس فور ٹو فائیو۔ ٹائمس اے

	سے بہت فائدہ ہوگا۔	day will help you a lot.	ڈے ول ہیلپ یو اے لوٹ۔
مریض :	کھانے میں کوئی پرہیز ڈاکٹر صاحب؟	**Patient :** Any restriction about food?	اینی رسٹرکشنز اباؤٹ فوڈ؟
ڈاکٹر :	زیادہ تیل اور مسالے دار کھانا مت کھائیے گا۔	**Doctor :** Don't eat oily or spicy food.	ڈونٹ ایٹ آئلی اور اسپائسی فوڈ۔
	ٹھنڈا پانی اور دوسرا ٹھنڈا بھی مت پئیں۔ اس	Avoid cold water and cold drinks, that will	اوائڈ کولڈ واٹر اینڈ کولڈ ڈرنکس دیٹ ول
	سے گلے میں تکلیف ہو جائے گی۔ آرام کریں۔	irritate the throat. Take rest and you will	اریٹیٹ دھ تھروٹ۔ ٹیک ریسٹ اینڈ یو ول
	آپ دو تین دن میں صحت یاب ہو جائینگے	be alright in two-three days.	بی اول رائٹ ان ٹو تھری ڈیز۔
مریض :	ٹھیک ہے ڈاکٹر صاحب شکریہ۔	**Patient :** O.K. Doctor, thank you very much.	او، کے ڈاکٹر تھینک یو ویری مچ۔

At the General Store (ایٹ د جنرل اسٹور) جنرل اسٹور پر

گاہک :	مجھے لکس کی دو ٹکیاں چاہیئے۔	**Customer :** I want two cakes of lux soap.	آئی وانٹ ٹو کیکس اوف لکس سوپ،
	کتنے پیسے؟	How much?	ہاؤ مچ؟
دکاندار :	دس روپئے اور کیا دوں؟	**Shopkeeper :** Ten rupees. What else?	ٹن روپیز۔ واٹ الس؟
گاہک :	دس روپئے کیوں؟ لکس کی ٹکی چار	**Customer :** Why ten rupees? Lux is four rupees	وائی ٹین روپیز؟ لکس از فور روپیز
	روپئے کی ہے۔ یہ دیکھئے یہاں چھپا ہے۔	a cake! Look, it is printed here!	اے کیک۔ لک اٹ از پرنٹیڈ ہیرَ۔
دکاندار :	ٹھیک ہے آٹھ روپئے ہی دے دیجئے۔	**Shopkeeper :** Alright pay eight rupees.	اول رائٹ پے ایٹ روپیز۔
	اور کیا چاہیئے آپ کو؟	What else do you want?	واٹ ایلس ڈو یو وانٹ؟
گاہک :	ریفائنڈ آئل ہے آپ کے پاس؟	**Customer :** Do you have refined oil?	ڈو یو ہیو ریفائنڈ آئل؟
دکاندار :	جی ہاں، آپ کو کون سا چاہیئے؟	**Shopkeeper :** Yes, which one do you want?	یس، وچ ون ڈو یو وانٹ؟
گاہک :	ایک کلو دھارا دے دو	**Customer :** Dhara one kg pack.	دھارا ون کے جی پیک۔
	اور ایک کلو چینی۔	and sugar one kg.	اینڈ شوگر ون کے.جی۔
دکاندار :	یہ رہا دھارا۔ مگر چینی ختم ہو گئی ہے۔	**Shopkeeper :** This is Dhara one kg but sugar is	دس از دھارا ون کے.جی۔ بٹ شوگر از
	آپ کو کل مل جائے گی۔	out of stock.You will get it tomorrow.	آوٹ آف اسٹوک یو ول گیٹ اٹ ٹومورو۔
گاہک :	مجھے ایک اچھا سا شیمپو بھی دینا۔	**Customer :** Give me a good shampoo also.	گیومی اے گڈ شیمپو اولسو۔
دکاندار :	کون سا چاہیئے؟	**Shopkeeper :** Which one do you want?	وچ ون ڈو یو وانٹ؟
	یہ ہربل شیمپو دے دوں؟	Should I give this herbal shampoo?	شڈ آئی گیو دس ہربل شیمپو؟
گاہک :	کتنے کا ہے؟	**Customer :** What is the price?	واٹ از د پرائس؟
دکاندار :	۶۵ روپئے کا۔ اس پر پانچ	**Shopkeeper :** Sixty-five rupees. There is five	سکسٹی فائیو روپیز۔ دیرَ از فائیو روپیز۔
	روپئے کی چھوٹ ہے۔	rupees discount on it. It will cost you	ڈسکاؤنٹ اون اٹ۔ اٹ ول کوسٹ
	آپ کو ۶۰ کا پڑے گا۔	sixty rupees.	یو سکسٹی روپیز۔
گاہک :	ٹھیک ہے۔ ایک دے دو۔	**Customer :** Alright give me one.	اول رائٹ، گیومی ون۔
	تمہارے پاس آٹا کون سا ہے؟	Which flour do you have?	وچ فلور ڈو یو ہیو؟
دکاندار :	سورج برانڈ، راج بھوگ، کک	**Shopkeeper :** We have all, Suraj brand, Rajbhog	وی ہیو اول۔ سورج برانڈ، راج بھوگ اینڈ
	ویل سب ہیں۔ آپ کو کون سا چاہیئے؟	and Cookwell. Which one do you want?	کک ویل۔ وچ ون ڈو یو وانٹ؟
گاہک :	پچھلی بار میں نے سورج برانڈ	**Customer :** Last time I used	لاسٹ ٹائم آئی یوزڈ
	لیا تھا۔ مجھے پسند نہیں آیا۔	Suraj brand. I didn't like it.	سورج برانڈ۔ آئی ڈڈنٹ لائک اٹ۔

ٹرائی راج بھوگ دس ٹائم۔	**Shopkeeper :** Try Rajbhog this time. It is	دکاندار : اس دفعہ راج بھوگ استعمال کر کے
اٹ از لائک د ریئل ہوم میڈ فلور	like the real home-made flour.	دیکھئے بالکل گھر کے آٹے جیسا ہے۔
اول رائٹ، گیومی ٹین کیلوز،	**Customer :** Alright, give 10 kilos.	گاہک : ٹھیک ہے دس کلو دے دو۔
ڈو یو ہیو ہوم ڈیلیوری؟	Do you have home delivery?	پر کیا تم اسے گھر پہونچوا دو گے؟
یس، اپ ٹو فائیو کلومیٹرس۔	**Shopkeeper :** Yes, upto 5 kilometres.	دکاندار : پانچ کلومیٹر تک گھر پہنچانے کا ذمہ ہمارا ہے۔
آئی لیو کلوز بائی۔	**Customer :** I live close by.	گاہک : میں پاس ہی رہتی ہوں۔
واٹ از یور ایڈریس؟	**Shopkeeper :** What is your address?	دکاندار : آپ کا پتہ۔
سی-۹۵ کمل کولونی۔	C-95, Kamal Colony.	گاہک : ۹۵۔سی کمل کولونی۔
نو پروبلم۔ یو میک د پیمنٹ	**Shopkeeper :** No problem, you make the	دکاندار : کوئی دقت نہیں۔ آپ پیسے دے دیجئے۔
آئل جسٹ سنڈ د ڈیلیوری	payment. I'll just send the	میں ابھی آپ کے گھر لڑکے سے
بوآئے ٹو یور ہاؤس۔	delivery boy to your house.	سامان بھجوا دیتا ہوں۔
تھینک یو۔	**Customer :** Thank you.	گاہک : شکریہ۔
ایٹ یور سروس میڈم۔	**Shopkeeper :** At your service, madam.	دکاندار : جی، اور کوئی خدمت بتائیے۔

Buying a Present (بائنگ اے پریزنٹ) تحفہ کی خریداری

یس، کین آئی ہیلپ یو میڈم؟	**Shopkeeper :** Yes, can I help you madam?	دکاندار : میں آپ کی کیا خدمت کر سکتا ہوں، میڈم؟
آئی وانٹ اے نائس واچ۔	**Lady :** I want a nice watch?	عورت : میں ایک اچھی گھڑی خریدنا چاہتی ہوں۔
لیڈیز اور جنٹس؟	**Shopkeeper :** Lady's or gent's ?	دکاندار : جنٹس یا لیڈیز؟
لیڈیز۔	**Lady :** Lady's.	عورت : لیڈیز۔
وی ہیو اے لارج ورائٹی۔ پلیز لک ہیئر۔	**Shopkeeper :** We have a large variety.	دکاندار : ہمارے پاس بہت ورائٹی ہیں۔ ذرا یہاں دیکھئے۔
ان دس شوکیس وی ہیو ٹائٹن،	Please look here. In this showcase, we	اس شوکیس میں ٹائٹن، آلون اور ایچ ایم ٹی
آلون اینڈ ایچ ایم ٹی۔ ان د نیکسٹ	have Titan, Allwyn and H.M.T. In the next	کی گھڑیاں ہیں۔ اس سے اگلے
ون وی ہیو امپورٹیڈ سوئس واچز۔	one, we have imported Swiss watches.	والے میں سبھی امپورٹیڈ سوئس گھڑیاں ہیں۔
پلیز شو می دس ون۔	**Lady :** Please show me this one.	عورت : ذرا یہ دکھائیے۔
د تھرڈ ان د ففتھ رو۔	The third in the fifth row.	پانچویں لائن کی تیسری۔
یس، اوف کورس۔	**Shopkeeper :** Yes, of course.	دکاندار : ضرور، یہ ٹائٹن کی ہے۔
دس از ٹائٹن، اے ویری نائس واچ۔	This is Titan, a very nice watch.	بہت اچھی گھڑی ہے۔
واٹ از د پرائس؟	**Lady :** What is the price?	عورت : قیمت کیا ہے؟
اٹس ہیئر اون د ٹیگ۔	**Shopkeeper :** It's here on the tag.	دکاندار : یہ پرچی پر لکھا ہے۔
ٹوئلو ہنڈریڈ اینڈ ففٹی روپیز اونلی۔	Twelve hundred and fifty rupees only.	بارہ سو پچاس روپئے فقط۔
نو، آئی ڈونٹ وانٹ	**Lady :** No, I don't want such	عورت : نہیں، مجھے اتنی مہنگی
سچ این ایکس پینسیو واچ۔	an expensive watch.	گھڑی نہیں چاہئے۔
دین لک ایٹ دس ون،	**Shopkeeper :** Then look at this one,	دکاندار : پھر یہ دیکھئے۔ کل
فائیو ہنڈریڈ اینڈ ففٹی اونلی۔	five hundred and fifty only.	پانچ سو پچاس کی۔
وچ برانڈ از اٹ؟	**Lady :** Which brand is it ?	عورت : کون سا برانڈ ہے؟

ایچ، ایم، ٹی ویری ڈیوریبل۔	**Shopkeeper :** H.M.T., very durable.	دکاندار : ایچ ایم ٹی۔ بہت چلے گی۔
نو، آئی ڈونٹ لائک د ڈیزائن۔ واٹ اباؤٹ دیٹ ون، دَفورتھ ان دتھرڈ رو۔	**Lady :** No, I don't like the design. What about that one, the fourth in the third row.	عورت : نہیں، مجھے اس کا ڈیزائن پسند نہیں ہے وہ دکھایئے تیسری لائن میں، چوتھی گھڑی۔
دس ون؟	**Shopkeeper :** This one?	دکاندار : یہ والی۔
واٹ برانڈ از دیٹ؟	**Lady :** Yes, what brand is that?	عورت : ہاں، کونسا برانڈ ہے؟
ٹمپل اٹ از اے نیو کمپنی ان کولبریشن ود سیکو جاپان۔	**Shopkeeper :** Temple. It is a new company in collaboration with Seiko, Japan.	دکاندار : ٹمپل۔ یہ ایک نئی کمپنی ہے۔ جاپان کی سیکو کے ساتھ مل کر گھڑیاں بناتی ہیں۔
ہاؤ از اٹ؟	**Lady :** How is it?	عورت : یہ کیسی ہے؟
اٹس گڈ۔ دے آر اولسو اوفرنگ ٹین پرسینٹ ڈسکاؤنٹ۔	**Shopkeeper :** It's good. They are also offering 10% discount.	دکاندار : اچھی ہے۔ اس پر دس فیصد رعایت بھی ہے۔
واٹ از د پرائس؟	**Lady:** What is the price?	عورت : اسکی قیمت کیا ہے؟
سیون ہنڈریڈ روپیز۔ بٹ آفٹر ٹین پرسینٹ ڈسکاؤنٹ اٹ ول کوسٹ یو سکس ہنڈریڈ اینڈ تھرٹی اونلی۔	**Shopkeeper :** Seven hundred rupees. But after 10% discount it will cost you six hundred and thirty only.	دکاندار : سات سو روپے۔ پر ۱۰٪ رعایت کے بعد آپ کو ۶۳۰/- کی پڑے گی۔
از دیئر اینی گارنٹی؟	**Lady :** Is there any guarantee?	عورت : اسکی کوئی گارنٹی ہے؟
یس، ٹو ایئرس۔	**Shopkeeper :** Yes, two years.	دکاندار : جی ہاں، دو سال کی۔
واٹ ڈز د گارنٹی انکلوڈ؟	**Lady :** What does the guarantee include?	عورت : گارنٹی میں کیا ہے؟
فری ریپئر اوف مائنر فولٹس۔ فور ٹو ایئرس اینڈ فل ریپلیس مینٹ اف دیئر از اے میجر مینوفیکچرنگ ڈیفکٹ۔	**Shopkeeper :** Free repair of minor faults for two years and full replacement, if there is a major manufacturing defect.	دکاندار : دو سال کے لئے چھوٹی موٹی شکایت کی مفت مرمت۔ کوئی بڑا مشینی نقص ہونے پر گھڑی بدل کر مفت ملے گی۔
اوکے۔ آئی ول بائی دس ون۔ شیل آئی گیٹ اے کیس ود د واچ؟	**Lady :** O.K. I will buy this one. Shall I get a case with the watch?	عورت : ٹھیک ہے۔ میں یہ خریدونگی۔ اس کیساتھ کیس ملے گا۔ نا؟
یس، اے بیوٹی فل کیس۔	**Shopkeeper :** Yes, a beautiful case.	دکاندار : جی ہاں ایک خوبصورت کیس ملے گا۔
پلیز گیٹ اٹ گفٹ ریپڈ۔	**Lady :** Please get it gift wrapped.	عورت : اس کو تحفہ کی طرح پیک کردو۔
یس میڈم، پلیز پے ایٹ دیٹ کاؤنٹر۔ اینڈ دس از یور گارنٹی کارڈ۔ پلیز ڈونٹ لوز اٹ۔	**Shopkeeper :** Yes madam, please pay at that counter. And this is your guarantee card. Please don't lose it.	دکاندار : جی میڈم، آپ اس کاؤنٹر پر پیسے دیں۔ اور یہ رہا آپ کا گارنٹی کارڈ اسے کھوئیگا مت۔
یس، تھینک یو۔	**Lady :** Yes, Thank you.	عورت : جی شکریہ۔

Entertainment : Discussing Movies & T.V. Programmes

(انٹرٹینمینٹ : ڈسکسنگ موویز اینڈ ٹی وی پروگرامز) تفریحی : فلموں اور ٹی وی پروگراموں کے بارے میں بات چیت

(دوسہیلیاں۔ نیما اور میگھا آپس میں فلموں اور ٹی وی پروگراموں کے بارے میں بات چیت کرتی ہیں)

ہائی میگھا۔	**Nima :** Hi Megha.	نیما : ہائی میگھا۔
ہائی، نیما، ہاؤ آر یو؟	**Megha :** Hi Nima. How are you?	میگھا : ہائی نیما، کیسی ہو؟
فائن، واٹس گوئنگ اون؟	**Nima :** Fine. What's going on?	نیما : ٹھیک ہوں۔ کیا چل رہا ہے؟

میگھا : کچھ نہیں، بس ٹی وی دیکھ رہی ہوں ؟	**Megha :** Nothing, just watching T.V.	نتھنگ جسٹ واچنگ ٹی وی۔
نیما : کون ساپروگرام؟	**Nima :** Which programme?	وچ پروگرام؟
میگھا : فلپس ٹوپ ٹن۔	**Megha :** Philips Top Ten.	فلپس ٹوپ ٹین۔
مجھے بہت پسند ہے۔	I just love the programme.	آئی جسٹ لو د پروگرام
نیما : مجھے بھی، سارے گاما اور کلوزاپ	**Nima :** Me too. I also like Sa Re Ga Ma	می ٹو۔آئی اولسو لائک
(بیت بازی) بھی بہت اچھی لگتی ہے۔	and Close up Antakshari.	سارے گاما اینڈ کلوزاپ انتاکشری۔
میگھا : مجھے بھی۔ تمہیں کون سا ٹی وی سیریل	**Megha :** Same here.	سیم ہیئر۔
سب سے زیادہ پسند ہے؟	Which T.V. serial do you like most?	وچ ٹی وی سیریل ڈو یو لائک موسٹ؟
نیما : مجھے تو داستان اچھا لگتا ہے۔	**Nima :** Well, I like Daastan.	ویل آئی لائک داستان۔
اسکے علاوہ شریمان اور شری متی بھی	Also I like Shriman Shrimati, a lovely	اولسو آئی لائک شری مان شری متی اے لولی
مجھے پسند ہے۔ بڑھیا کومیڈی ہے۔ ہے نا؟	comedy, isn't it?	کومیڈی، ازنٹ اٹ؟
میگھا : میرے پسندیدہ ہیں جنون اور سوابھیمان۔	**Megha :** My favourites are Junoon and	مائی فیوریٹس آر جنون اینڈ
ویسے مجھے ڈسکوری	Swabhiman. I also like	سوابھیمان۔ آئی اولسو لائک
اور ٹرننگ پوائنٹ بھی پسند ہے۔	Discovery and Turning Point.	ڈسکوری اینڈ ٹرننگ پوائنٹ۔
نیما : وہ مجھے بھی اچھے لگتے ہیں۔	**Nima :** I like them too. Megha, have you seen	آئی لائک دیم ٹو، میگھا، ہیو یو سین
میگھا، تم نے دل والے	Dilwale Dulhaniya Le Jayenge?	دل والے دلہنیاں لے جائیں گے؟
دلہنیاں لے جائیں گے دیکھی ہے؟		
میگھا : ارے ہاں تین بار۔	**Megha :** Oh yes, thrice. It's a beautiful	اوہ یس تھرائس۔ اٹس اے بیوٹی فل مووی،
بہت پیاری فلم ہے نا؛ شاہ رخ کتنا	movie, isn't it? Shahrukh is so	ازنٹ اٹ؟ شاہ رخ از سو
کیوٹ لگتا ہے اور کاجول کتنی خوبصورت۔	cute and Kajol looks so pretty.	کیوٹ اینڈ کاجول لکس سو پریٹی
نیما : واقعی! اور انوپم کھیر کا تو جواب	**Nima :** Really! And Anupam Kher is	ریئلی! اینڈ انوپم کھیر از
ہی نہیں۔ ہمارے یہاں اس سے اچھا	simply fantastic! He is the best	سمپلی فنٹاسٹک! ہی از د بیسٹ
مزاحیہ اداکار نہیں ہیں۔	comedian we have.	کومیڈین وی ہیو
میگھا : بے شک! معلوم ہے، اس بار	**Megha :** Yes, of course. You know,	یس! اوف کورس! یو نو
سارے انعامات اسی فلم کو ملے ہیں؟	the movie bagged all the awards this year?	د مووی بیگڈ اول دا ایوارڈس دس ایئر؟
سب سے عمدہ فلم، سب سے اعلیٰ اداکار،	The best movie, best actor,	د بیسٹ مووی، بیسٹ ایکٹر بیسٹ ایکٹرس
اداکارہ، نغمہ قریب قریب بھی کچھ۔	best actress, best music, almost everything.	بیسٹ میوزک، اول موسٹ ایوری تھنگ۔
نیما : وہ واقعی ان سب کے حق دار تھے۔	**Nima :** And they deserved every	اینڈ دے ڈیزروڈ ایوری
تھے نا؟	bit of it, didn't they?	بٹ اوف اٹ، ڈڈنٹ دے؟
خدا کا شکر ہے۔ ہوا بدل رہی ہے۔	Thank God, the trend is changing.	تھینک گوڈ د ٹرینڈ از چینجنگ۔
میں تو سیکس اور دہشت انگیز فلموں	I am fed up with movies	آئی ایم فڈ اپ ود مووِیز
سے تنگ آ گئی ہوں۔	full of sex and violence.	فل اوف سیکس اینڈ وایولنس۔
میگھا : واقعی! مجھے خود ایسی فلمیں اُبانے والی لگتی ہیں۔	**Megha :** Really, I too find such movies	ریئلی، آئی ٹو فائنڈ سچ مووِیز
پورے گھر کے ساتھ تو بیٹھ	very boring. You can't sit	وِیری بورنگ۔ یو کانٹ سٹ
کر فلم دیکھی ہی نہیں جا سکتی۔	and watch them with family.	اینڈ واچ دیم ود فیملی۔
نیما : ڈی ڈی ون پر چترہار آ رہا ہے۔	**Nima :** There is Chitrahaar on DD 1.	دیئر از چترہار اون ڈی ڈی ون۔

ڈویو وانٹ ٹوسی؟	Do you want to see?	دیکھوگی؟
او، کے لیٹس سی۔	**Megha :** O.K. Let's see.	میگھا : ٹھیک ہے دیکھ لیتے ہیں۔
سم ٹائمس دے شو گڈ سونگز۔	Sometimes they show good songs.	کبھی کبھی اچھے گانے دکھاتے ہیں۔

Entertaining a Guest (انٹرٹیننگ اے گیسٹ) مہمان نوازی

اوہلو، ویل کم پلیز کم ان	**Host :** Oh hello! Welcome, please come in.	میزبان : آہا! آئیے، آئیے، خوش آمدید۔
لیٹ می ہیلپ یو ود د لگیج	Let me help you with the luggage.	لائیے سامان ادھر دیجئے۔
نو، نو اِٹس اول رائٹ۔	**Guest :** No, No. It's alright.	مہمان : نہیں، نہیں، رہنے دیجئے۔
تھینک یو وری مچ	Thank you very much.	بہت بہت شکریہ۔
پلیز میک یورسیلف کمفرٹیبل۔	**Host :** Please make yourself comfortable.	میزبان : یہاں آرام سے بیٹھئے۔ کیسے ہیں؟
ہاؤ آر یو؟	How are you?	
آئی ایم فائن اینڈ یو؟	**Guest :** I am fine and you?	مہمان : میں ٹھیک ہوں۔ آپ کیسے ہیں؟
آئی ایم فائن ٹو۔ ہاؤ از د فیملی؟	**Host :** I am fine too. How is the family?	میزبان : میں بھی ٹھیک ہوں۔ آپ کے گھر میں سب کیسے ہیں؟
ایوری بڈی از فائن۔ تھینک یو۔	**Guest :** Everybody is fine. Thank you.	مہمان : سب ٹھیک ہیں، شکریہ۔
ہاؤ واز د جرنی؟	**Host :** How was the journey?	میزبان : آپ کا سفر کیسا رہا؟
اٹ واز کمفرٹیبل۔ نو پرابلمز۔	**Guest :** It was comfortable. No problems.	مہمان : میں آرام سے آگیا۔ کوئی دقت نہیں ہوئی۔
واٹ وڈ یو لائک ٹو ہیو؟	**Host :** What would you like to have?	میزبان : کیا لینا پسند کریں گے چائے یا کوفی؟
ٹی آور کوفی	Tea or coffee.	
آئی وڈ لائک ٹو ہیو باتھ فرسٹ۔	**Guest :** I would like to have bath first.	مہمان : میں پہلے نہانا چاہوں گا۔
یس، اوف کورس۔	**Host :** Yes, of course.	میزبان : ضرور، ضرور آئیے۔
لیٹ می شو یو د باتھ روم۔	Let me show you the bathroom.	آپ کو باتھ روم دکھا دوں۔
یس، تھینکس۔	**Guest :** Yes, thanks.	مہمان : جی، شکریہ۔
ڈو یو نیڈ اینی تھنگ۔	**Host :** Do you need anything?	میزبان : کچھ چاہئے آپ کو۔
نو، تھینکس	**Guest :** No, thanks.	مہمان : جی نہیں۔

(نہانے کے بعد)

واٹ وڈ یو لائک ٹو ہیو فور بریک فاسٹ؟	**Host :** What would you like to have for breakfast?	میزبان : ناشتے میں آپ کیا پسند کریں گے؟
اینی تھنگ ول ڈو۔	**Guest :** Anything will do.	مہمان : کچھ بھی چلے گا۔
ڈو یو لائک اسٹفڈ پوٹیٹو پراٹھاز؟	**Host :** Do you like stuffed potato parathas?	میزبان : آپ کو آلو کے پراٹھے پسند ہیں؟
اویس! آئی لائک دیم وری مچ۔	**Guest :** Oh yes! I like them very much.	مہمان : جی ہاں، بہت پسند ہیں۔
ہیئر، پلیز ہیلپ یورسیلف۔	**Host :** Here, please help yourself.	میزبان : لیجئے۔
تھینک یو۔	**Guest :** Thank you.	مہمان : شکریہ۔
ڈو یو لائک کرڈ؟	**Host :** Do you like curd?	میزبان : دہی لیجئے گا۔
یس، آئل ٹیک اے لٹل۔	**Guest :** Yes, I'll take a little.	مہمان : جی ہاں، تھوڑا سا لوں گا۔

پلیز ٹیک سم بٹر۔	**Host** : Please take some butter.	میزبان : تھوڑا سا مکھن بھی لیجئے۔
نو تھینکس، آئی اوآئڈ دیٹ۔	**Guest** : No, thanks. I avoid that.	مہمان : جی میں مکھن نہیں لیتا۔
واٹ وُڈ یو لائک ٹو ڈرنک؟	**Host** : What would you like to drink?	میزبان : پینے کے لئے کیا لیں گے؟
ٹی پلیز۔	**Guest** : Tea, please.	مہمان : جی چائے۔
شگر؟	**Host** : Sugar?	میزبان : چینی۔
نو شگر، پلیز۔	**Guest** : No sugar, please.	مہمان : جی، چینی نہیں۔
وائی، اینی پروبلم؟	**Host** : Why, any problem?	میزبان : کیوں کوئی خاص بات؟
نو، جسٹ ٹیکنگ پری کوشنز۔	**Guest** : No, just taking precautions.	مہمان : جی نہیں، بس تھوڑی احتیاط برت رہا ہوں۔
دیٹس گڈ۔	**Host** : That's good.	میزبان : اچھی بات ہے۔
دَ پراٹھاز آر ویری گڈ۔	**Guest** : The parathas are very good.	مہمان : پراٹھے بہت اچھے بنے ہیں۔
تھینک یو، پلیز ہیو ون مور۔	**Host** : Thank you, please have one more.	میزبان : شکریہ۔ ایک اور لیجئے نا۔
نو تھینکس، آئی ہیو ہیڈ انف۔	**Guest** : No thanks. I have had enough.	مہمان : جی بس، شکریہ۔
ٹیک سم فروٹ دین۔	**Host** : Take some fruit then.	میزبان : تو تھوڑا پھل لیجئے۔
یس تھینکس۔	**Guest** : (*takes an apple*) Yes, thanks.	مہمان : (سیب لیتا ہے) جی، شکریہ۔
واٹس یور پروگرام فور دَ ڈے؟	**Host** : What's your programme for the day?	میزبان : دن میں آپ کا کیا پروگرام ہے؟
آئی ول گیٹ ریڈی ناؤ اینڈ گو آؤٹ فور سم ورک۔	**Guest** : I will get ready now and go out for some work.	مہمان : بس ابھی تیار ہو کر کچھ کام سے نکلوں گا۔
واٹ ٹائم شڈ وی ایکسپیکٹ یو بیک۔	**Host** : What time should we expect you back.	میزبان : کس وقت تک واپس آنے کی امید ہے۔
آئی وونٹ بی بیک فور لنچ۔ بٹ ان د ایوننگ آئل کم بیک بفور سیون۔	**Guest** : I won't be back for lunch. But in the evening, I'll come back before seven.	مہمان : لنچ پر تو واپس نہیں آسکوں گا پر شام سات بجے سے پہلے آجاؤں گا۔
واٹ وُڈ یو لائک فور ڈنر؟ آئی مین اینی ویجیٹیبل اور دال یو پریفر۔	**Host** : What would you like for dinner? I mean, any vegetable or dal you prefer.	میزبان : ڈنر میں کیا کھانا پسند کریں گے؟ میرا مطلب کوئی خاص دال یا سبزی جو اچھی لگتی ہو۔
آئی لائک ایوری تھنگ پلیز کک اے سمپل میل۔	**Guest** : I like everything. Please cook a simple meal.	مہمان : مجھے سب کچھ پسند ہے۔ برائے مہربانی سادا کھانا ہی بنائیے گا۔
اوکے۔ آر یو فیملیئر وِد دَ بس روٹس؟	**Host** : O.K. Are you familiar with the bus routes?	میزبان : جی آپ کو بس کے راستے کی جانکاری ہے؟
یس، آئی نو سم۔ بٹ ان کیس اوف اینی پروبلم، آئی ول ٹیک این آٹو۔ آئی تھنک، آئی شڈ گیٹ ریڈی ناؤ۔	**Guest** : Yes, I know some. But in case of any problem, I will take an auto. I think, I should get ready now.	مہمان : کچھ تو ہے۔ اگر دقت ہوئی تو آٹو لے لوں گا۔ میرے خیال سے اب مجھے تیار ہو جانا چاہیئے۔

(شام کو)

ہاؤ واز یور ڈے؟	**Host** : How was your day?	میزبان : کیسا رہا آپ کا دن؟
اٹ واز گڈ بٹ ہیکٹک۔	**Guest** : It was good but hectic.	مہمان : اچھا تھا لیکن کافی بھاگ دوڑ رہی۔
ٹائرڈ؟	**Host** : Tired?	میزبان : تھک گئے ہیں نا؟

لیس،آئل گو ٹو بیڈارلی۔	**Guest** : Yes, I'll go to bed early.	مہمان : جی میں جلدی سوؤں گا۔
لیس شیور،لیٹس ہیوڈنر فرسٹ۔	**Host** : Yes, sure. Let's have dinner first.	میزبان : جی ضرور۔ پہلے چلیئے کھانا کھالیں۔

(کھانے کی میز پر)

اٹس رئیل فیسٹ۔ یوشڈنٹ ہیو	**Guest** : It's a real feast. You shouldn't have	مہمان : آپ نے تو پوری دعوت کرڈالی۔آپ کو
پرپیئرڈ سو مینی ڈشز۔	prepared so many dishes.	اتنی ساری چیزیں نہیں بنانی چاہیئے تھیں۔
اٹس نتھنگ مچ۔ پلیز ہیلپ یور سیلف۔	**Host** : It's nothing much. Please help yourself.	میزبان : اتنا کچھ نہیں ہے۔ لیجیے
دَچکن لکس ویری اپیٹائزنگ۔	**Guest** : The chicken looks very appetizing.	مہمان : چکن دیکھ کرتو بھوک لگ گئی ہے۔
ٹیک دال اینڈ ویجیٹیبلس اولسو۔	**Host** : Take dal and vegetables also.	میزبان : دال اور سبزیاں بھی لیجیے۔
ڈویولائک پوری اور چپاتی۔	Do you like, puri or chapati?	آپ کو کیا پسند ہے، پوری یا چپاتی؟
چپاتی پلیز۔	**Guest** : Chapati, please.	مہمان : جی، چپاتی۔
رائس؟	**Host** : Rice?	میزبان : چاول؟
آئل ٹیک رائس لیٹر۔	**Guest** : I'll take rice later.	مہمان : شکریہ! بعد میں لونگا۔
ووڈیو پاس سم سالٹ پلیز؟	Would you pass some salt, please?	ذرا نمک پکڑا دیں گے۔
ہیئر یو آر۔	**Host** : Here you are.	میزبان : یہ لیجیے۔
پلیز ہیوسم مور چکن۔	Please have some more chicken.	تھوڑا چکن اور لیجیے نا۔
جسٹ اے لٹل پلیز۔	**Guest** : Just a little, please.	مہمان : بس تھوڑا ہی۔
آر یوڈائٹنگ؟	**Host** : Are you dieting?	میزبان : ڈائٹنگ کر رہے ہیں کیا؟
او نو! ایکچوئلی، آئی ہیو اِٹن ویری ویل۔	**Guest** : Oh no! Actually, I have eaten very well.	مہمان : ارے نہیں۔ میں نے بہت کھالیا۔
د فوڈ از ریلی ڈلیشیس۔	The food is really delicious.	کھانا واقعی بہت مزیدار ہے۔
تھینک یو، ٹیک د ڈزرٹ۔	**Host** : Thank you, take the dessert.	میزبان : شکریہ۔ میٹھا لیجیے۔
واٹ از اٹ؟	**Guest** : What is it?	مہمان : یہ کیا ہے؟
کھیر۔	**Host** : Kheer.	میزبان : کھیر۔
کھیر از مائی ویکنیس۔	**Guest** : Kheer is my weakness.	مہمان : کھیر تو میری کمزوری ہے۔
وائی سو لٹل؟ ٹیک سم مور۔	**Host** : Why so little? Take some more.	میزبان : اتنی تھوڑی کیوں؟ اور لیجیے نا۔
نو تھینکس۔ آئی ایم ریئلی فل۔	**Guest** : No thanks, I am really full.	مہمان : جی بس، میرا پیٹ واقعی بھر گیا ہے۔
ووڈیو لائک سم ٹی اور کوفی؟	**Host** : Would you like some tea or coffee.	میزبان : تھوڑی چائے یا کوفی لیں گے؟
نو، آئی اوآئیڈ دیٹ ایٹ نائٹ۔	**Guest** : No, I avoid that at night.	مہمان : جی نہیں، رات کو نہیں لیتا۔
آئی وونٹ بی ایبل ٹو سلیپ دین۔	I won't be able to sleep then.	نہیں تو سو نہیں سکوں گا۔
او۔کے۔ یور بیڈ از ریڈی	**Host** : O.K. Your bed is ready, in case	میزبان : ٹھیک، اگر آرام کرنا چاہیں
ان کیس یو وانٹ ٹو ریسٹ ناؤ۔	you want to rest now.	تو آپ کا بستر تیار ہے۔
لیس! آفٹر اے شورٹ وائل۔	**Guest** : Yes, after a shortwhile.	مہمان : جی تھوڑی دیر میں۔

(سونے سے پہلے)

ڈویونیڈ اینی تھنگ؟	**Host** : Do you need anything?	میزبان : کسی چیز کی ضرورت تو نہیں؟
نتھنگ، تھینکس۔	**Guest** : Nothing, thanks.	مہمان : جی نہیں شکریہ۔
اول رائٹ، پلیز ٹیک ریسٹ دین، گڈ نائٹ	**Host** : Alright, please take rest then. Goodnight.	میزبان : ٹھیک ہے آرام کیجیے۔ گڈ نائٹ۔

At Birthday Party (ایٹ برتھ ڈے پارٹی) تقریب یوم پیدائش

(سدھیر اور مادھوری اپنی بیٹی رتو کا یومِ پیدائش منا رہے ہیں۔ مسٹر اور مسز راؤ اپنی بیٹی منی کے ساتھ آتے ہیں)

منی : (تحفہ دیتے ہوئے) یوم پیدائش مبارک ہو، رتو۔ — **Mini :** (*giving the gift*) Happy Birthday Ritu! — ہپی برتھ ڈے رتو۔

رتو : تھینک یو، منی۔ — **Ritu :** Thank you Mini. — تھینک یو منی۔

مسز راؤ : خدا کرے، یہ دن بار بار خوشیاں لائے۔ — **Mrs. Rao :** Many happy returns of the day Ritu. — مینی ہپی ریٹرنز اوف د ڈے رتو۔

رتو : تھینک یو آنٹی۔ — **Ritu :** Thank you, auntie. — تھینک یو آنٹی۔

مسز راؤ : (سدھیر سے) مبارک ہو۔ — **Mrs. Rao :** (*To Sudhir*) Congratulations. — کونگریچولیشنز۔

سدھیر : بہت بہت شکریہ آپئے بیٹھئے۔ — **Sudhir :** Thank you very much, please be seated. — تھینک یو ویری مچ، پلیز بی سیٹڈ

(دوسرے مہمان اور بچے آتے ہیں رتو اور اس کے والدین کو مبارک باد دیتے ہیں)

مادھوری : (مہمانوں سے) پلیز کچھ ٹھنڈا لیجئے۔ — **Madhuri :** (*to the guest's*) Please have cold drinks. — پلیز ہیو کولڈ ڈرنکس۔

رتو : پاپا میرے سارے دوست آ گئے۔ کیا اب میں کیک کاٹ لوں؟ — **Ritu :** Papa, all my friends have come. Can I cut the cake now? — پاپا! اول مائی فرینڈز ہیو کم۔ کین آئی کٹ د کیک ناؤ؟

سدھیر : ٹھیک ہے۔ اپنی ممی اور سبھی مہمانوں کو میز کے پاس بلاؤ۔ — **Sudhir :** All right. Call your mummy and all the guests to the table. — اول رائٹ۔ کول یور ممی اینڈ اول دَ گیسٹس ٹو ٹیبل۔

رتو : سبھی لوگ پلیز میز کے پاس آیئے۔ — **Ritu :** Everybody, please come to the table. — ایوری بڈی، پلیز کم ٹو ٹیبل۔

مادھوری : رتو آؤ۔ یہ چاقو لو اور کیک کاٹو۔ — **Madhuri :** Ritu, come here, take this knife and cut the cake. — رتو کم ہیر، ٹیک دس نائف اینڈ کٹ دکیک۔

(رتو کیک کاٹتی ہے، سبھی تالی بجاتے ہیں اور ہپی برتھ ڈے ٹو یو گاتے ہیں)

سدھیر : بہت اچھے۔ اب یہ کھاؤ۔ — **Sudhir :** Very good, now eat this. — ویری گڈ، ناؤ ایٹ دس۔

مادھوری : رتو، لو یہ کیک کے ٹکڑے سبھی میں بانٹ دو۔ — **Madhuri :** Ritu, give these cake pieces to everybody. — رتو گیو دیز کیک پیسز ٹو ایوری بڈی۔

رتو : پاپا، اب ہم کھیل کھیلیں گے۔ — **Ritu :** Papa, I want to play games now. — پاپا، آئی وانٹ ٹو پلے گیمز ناؤ۔

سدھیر : کون سا کھیل کھیلنا چاہتی ہو؟ — **Sudhir :** What games do you want to play? — واٹ گیمز ڈو یو وانٹ ٹو پلے؟

رتو : پاس د پارسل اور میوزیکل چیئرز — **Ritu :** Pass the Parcel and Musical Chairs. — پاس د پارسل اینڈ میوزیکل چیئرز۔

سدھیر : ٹھیک ہے چلو۔ — **Sudhir :** All right. Let's go. — اول رائٹ۔ لٹس گو۔

مادھوری : میں تب تک کھانا لگاتی ہوں۔ — **Madhuri :** I will lay the table in the meanwhile. — آئی ول لے دَ ٹیبل ان د مین وائل۔

مادھوری : رتو آؤ اپنے دوستوں کو کھانے کے لئے بلاؤ۔ (مہمانوں سے) پلیز کھانے کے لئے آیئے۔ — **Madhuri :** Ritu, come. Call your friends for food now (*to other guests*) Please come for food. — رتو کم، کول یور فرینڈز فور فوڈ ناؤ۔ پلیز کم فور فوڈ۔

(رتو اور دوسرے بچے بھاگتے ہوئے آتے ہیں)

رتو : ممی! بڑا مزا آیا۔ — **Ritu :** Mummy, we had a lot of fun. — ممی، وی ہیڈ اے لوٹ اوف فن۔

ممی، آئی ون دَ	**Mini :** (*to her mother*) Mummy, I won the	منی : (ماں سے) ممی مجھے
فرسٹ پرائز ان پاس دپارسل۔	first prize in Pass the Parcel.	پاس دپارسل میں پہلا انعام ملا۔
آئی اون دفرسٹ	**Another child :** I won the first	دوسرا بچہ : مجھے میوزیکل چیئرز
پرائزان دمیوزیکل چیئرز۔	prize in the Musical Chairs.	میں پہلا انعام ملا۔
ونڈرفل ! کم اینڈ ایٹ سم تھنگ ناؤ۔	**Madhuri :** Wonderful! Come and eat something now.	مادھوری : بھئی واہ، آؤ اب کچھ کھالو۔
مادھوری، دیز	**Mrs. Kanwar :** Madhuri, these	مسز کنور : مادھوری یہ رسگلے
رسگلاز آر ویری نائس۔	Rasgullas are very nice.	بہت اچھے ہیں۔
ویئر ڈڈ یو بائی دیم فروم؟	Where did you buy them from?	کہاں سے منگوائے؟
فروم سندر سوئٹس۔	**Madhuri :** From Sunder Sweets.	مادھوری : سندر سوئٹس سے۔
یور سینڈوچیز آر	**Mrs. Sharma :** Your sandwiches are	مسز شرما : تمہارے سینڈوچیز بھی
اولسو ویری ٹیسٹی۔	also very tasty.	بہت مزیدار بنے ہیں۔
تھینک یو، پلیز ہیو سم مور۔	**Madhuri :** Thank you, please have some more.	مادھوری : تھینک یو اور لیجئے نا۔

(پارٹی کے بعد)

تھینک یو سدھیر۔	**Mrs. Sharma :** Thank you, Sudhir.	مسز شرما : تھینک یو، سدھیر۔
وی ریئلی انجوائیڈ آورسلوز او کے بائی۔	We really enjoyed ourselves., O.K. bye.	بہت مزا آیا۔ اچھا بائی۔
تھینک یو فور کمنگ مسٹر شرما۔ بائی	**Sudhir :** Thank you for coming Mr. Sharma. Bye.	سدھیر : آنے کے لئے شکریہ مسٹر شرما، بائی۔
رتو یور پارٹی واز ویری نائس بائی۔	**Mini :** Ritu, your party was very nice. Bye.	منی : رتو تمہاری پارٹی بہت اچھی تھی، بائی۔
تھینک یو منی بائی!	**Ritu :** Thank you, Mini. Bye.	رتو : تھینک یو منی۔ بائی!
ممی کین آئی اوپن مائی گفٹس ناؤ؟	**Ritu :** Mummy, can I open my gifts now?	رتو : ممی! کیا اب میں تحفے کھول کر دیکھ سکتی ہوں؟
یس، یوکین۔	**Madhuri :** Yes, you can.	مادھوری : ہاں، کھول دو۔
کم پاپا، لیٹس اوپن دگفٹس۔	**Ritu :** Come papa, let's open the gifts.	رتو : چلئے پاپا، ہم تحفے کھولیں۔

At the Bus Stop (ایٹ دبس اسٹوپ) بس اسٹاپ پر

اکسکیوزمی۔ ویئر کین آئی	**A Man :** (*to another*) Excuse me. Where can I	ایک آدمی : (دوسرے سے) ذرا سنئے
گیٹ اے بس ٹو ڈیلھی گیٹ؟	get a bus to Delhi Gate?	دلی گیٹ کے لئے بس کہاں سے ملے گی؟
ویٹ ہیئر۔ مینی بسز	**Second Man :** Wait here. Many buses	دوسرا آدمی : یہیں انتظار کیجئے۔
فروم ہیئر گوٹو ڈیلھی گیٹ۔	from here go to Delhi Gate?	آپ کو اسی بس اسٹوپ سے بس ملے گی۔
تھینک یو۔ ہاؤ لونگ	**First Man :** Thank you, how long	پہلا آدمی : شکریہ دلی گیٹ پہنچنے میں
ڈزاٹ ٹیک ٹو ریچ ڈیلھی گیٹ۔	does it take to reach Delhi Gate?	کتنا وقت لگتا ہے؟
اباؤٹ ففٹین منٹس۔	**Second Man :** About 15 minutes.	دوسرا آدمی : قریب ۱۵ منٹ۔
وین ول دنیکسٹ بس کم؟	**First Man :** When will the next bus come?	پہلا آدمی : اگلی بس کتنی دیر میں آئے گی؟
ڈفیکلٹ ٹو سے۔ اٹ مے کم ان	**Second Man :** Difficult to say. It may come	دوسرا آدمی : کہنا مشکل ہے۔
فائیو منٹس اور اٹ مے نوٹ کم فور انادر	in five minutes or it may not come for another	پانچ منٹ میں بھی آسکتی ہے
ٹوئنٹی فائیو منٹس۔	twenty-five minutes.	اور ہوسکتا ہے کہ پچیس منٹ میں بھی نہ آئے۔

دکنڈیشن اوف بس	**First Man :** The condition of bus	پہلا آدمی : دلی میں بسوں سے سفر کرنے
پسنجرس ان ڈیلہی از ویری بیڈ۔	passengers in Delhi is very bad.	والوں کی حالت بہت خراب ہے۔
یو آر رائٹ۔ ہیئر نوبڈی	**Second Man :** You are right. Here nobody	دوسرا آدمی : آپ ٹھیک کہتے ہیں۔ یہاں تو کوئی بھی
کیئرز فور د ٹریفک رولز۔ ٹریولنگ	cares for the traffic rules. Travelling	ٹریفک کے قانون کا خیال نہیں کرتا۔ بسوں
بائی بسز از گٹنگ ہارڈر ڈے بائی ڈے۔	by buses is getting harder day by day.	سے سفر کرنا دن بدن مشکل ہوتا جا رہا ہے۔
یس، بٹ کومن پیپل	**First Man :** Yes, but common people	پہلا آدمی : لیکن عام لوگوں کے پاس
ہیو نو ادر الٹرنیٹیو۔	have no other alternative.	کوئی راستہ بھی تو نہیں ہے۔
یس، وی آر ہیلپ لیس۔	**Second Man :** Yes, we are helpless.	دوسرا آدمی : جی ہاں مجبوری ہے۔ حالانکہ
اولدو د نمبر اوف بسز	Although the number of buses	پچھلے سالوں میں بسوں کی تعداد بڑھی ہے۔
ہیز انکریزڈ ان دَ پاسٹ ایئرز۔	has increased in the past years,	مسافروں کی تعداد اس سے کہیں زیادہ بڑھ گئی ہے۔
دَ نمبر اوف پسنجرس ہیز انکریزڈ فار مور۔	the number of passengers has increased far more.	
روڈ ایکسیڈنٹس آر	**First Man :** Road accidents are	پہلا آدمی : سڑک کے حادثات بھی
اون د انکریز ٹو۔	on the increase too.	بڑھتے جا رہے ہیں۔
ایوری بڈی ڈرائیو کیئرلسلی۔	**Second Man :** Everybody drives carelessly.	دوسرا آدمی : سبھی اندھا دھند گاڑی چلاتے ہیں
لائف از ریلی انسکیور۔	Life is really insecure	بڑے شہروں میں سڑکوں پر زندگی
اون د روڈس ان بگ سیٹیز۔	on the roads in big cities.	بہت ہی غیر محفوظ ہو گئی ہے۔
یس، دیٹس ٹرو۔ اے بس از کمنگ۔	**First Man :** Yes, that's true. A bus is coming.	پہلا آدمی : ہاں، واقعی ایک بس آ رہی ہے۔
ول اٹ گو ٹو ڈیلہی گیٹ؟	Will it go to Delhi Gate?	کیا یہ دلی گیٹ جائے گی۔
یس اٹ ول۔ گیٹ ان کوئکلی۔	**Second Man :** Yes, it will. Get in quickly.	دوسرا آدمی : ہاں جائے گی۔ جلدی سے چڑھ جائیے۔

At the Railway Station (ایٹ د ریلوے اسٹیشن) ریلوے اسٹیشن پر

وین ڈز د ڈیلہی میل کم؟	**Passenger :** When does the Delhi Mail come?	مسافر : دلّی میل کب آتی ہے جی؟
ایٹ سیون او کلوک۔	**Clerk :** At seven o'clock.	کلرک : سات بجے۔
وین ڈز اٹ لیو فور ڈیلہی؟	**Passenger :** When does it leave for Delhi?	مسافر : دلی کے لئے کب چلتی ہے؟
ایٹ سیون تھرٹی۔	**Clerk :** At seven thirty.	کلرک : ساڑھے سات بجے۔
فروم وچ پلیٹ فارم پلیز؟	**Passenger :** From which platform, please?	مسافر : کس پلیٹ فارم سے؟
پلیٹ فارم نمبر فور۔	**Clerk :** Platform No. 4.	کلرک : پلیٹ فارم نمبر چار۔
فروم ویئر کین آئی بائی د ٹکٹ پلیز؟	**Passenger :** From where can I buy the ticket please?	مسافر : جی ٹکٹ کہاں سے ملے گا؟
فروم ونڈو نمبر ۳۔	**Clerk :** From window number 3.	کلرک : کھڑکی نمبر ۳۔ سے
تھینک یو۔	**Passenger :** Thank you.	مسافر : شکریہ۔

At the Ticket Window (ایٹ د ٹکٹ ونڈو) ٹکٹ کھڑکی پر

اے ٹکٹ ٹو ڈیلہی پلیز۔	**Passenger :** A ticket to Delhi, please.	مسافر : دلی کا ایک ٹکٹ دے دیجئے۔
وچ کلاس؟ واٹ ٹرین؟	**Clerk :** Which class? What train?	کلرک : کس کلاس کا؟ کون سی گاڑی کا؟
سکنڈ کلاس، ڈیلہی میل۔ ہاؤ مچ؟	**Passenger :** Second class, Delhi Mail. How much?	مسافر : سکنڈ کلاس، دلی میل۔ کتنا؟

نائنٹی روپیز۔	**Clerk :** Ninety rupees.	کلرک : نوے روپے۔
تھینک یو۔	**Passenger :** Thank you.	مسافر : تھینک یو۔

At the Platform (ایٹ د پلیٹ فارم) پلیٹ فارم پر

واٹ از د ٹائم پلیز؟	**Passenger :** (*to another*) What is the time, please?	پہلا مسافر : (دوسرے سے) کیا وقت ہوا؟
(۶:۴۵) سکس فورٹی فائیو۔	**Second Passenger :** 6:45.	دوسرا مسافر : چھ پینتالیس۔
ففٹین منٹس لیفٹ۔	**First Passenger :** Fifteen minutes left.	پہلا مسافر : پندرہ منٹ رہ گئے۔
از دٹرین اون ٹائم؟	Is the train on time?	گاڑی وقت پر آرہی ہے نا؟
آئی تھنک سو۔	**Second Passenger :** I think so.	دوسرا مسافر: میرے خیال سے تو آنی چاہئے۔
دے ہیونٹ اناؤنسڈ اینی ڈلے۔	They haven't announced any delay.	دیر کا اعلان نہیں ہوا ہے۔
واٹ ٹائم ڈز اٹ ریچ ڈیلھی؟	**First Passenger :** What time does it reach Delhi?	پہلا مسافر : یہ دلی کب پہونچتی ہے؟
۵:۳۰ ان د مورننگ، اف اٹ از اون ٹائم۔ لاسٹ ٹائم اٹ واز سکس آورس لیٹ۔	**Second Passenger :** 5:30 in the morning, if it is on time. Last time it was six hours late.	دوسرا مسافر : صبح ساڑھے پانچ بجے، اگر وقت پر پہونچے تو۔ پچھلی بار چھ گھنٹے لیٹ ہوگئی تھی۔
یس یو کین نیور بی شیور۔	**First Passenger :** Yes, you can never be sure.	پہلا مسافر : ہاں پکا تو کچھ بھی نہیں ہے۔
کڈ یو پلیز کیپ این آئی اون مائی لگیج؟ آئل سون بی بیک ود اے میگزن ٹو پاس ٹائم ان د جرنی۔	**Second Passenger :** Could you please keep an eye on my luggage? I'll soon be back with a magazine to pass time in the journey.	دوسرا مسافر : کیا آپ ذرا میرے سامان پر نظر رکھیں گے؟ میں جلدی سے سفر میں ٹائم پاس کرنے کے لئے ایک میگزین لے کر آتا ہوں۔
یس، نو پروبلم۔	**First Passenger :** Yes, no problem.	پہلا مسافر : جی ہاں، کوئی بات نہیں۔

In a Party (ان اے پارٹی) پارٹی میں

(مسٹر اور مسز مہتا کے بیٹے روہت کی شادی کی تقریب ہے۔ مسٹر اور مسز مہتا مہمانوں کا استقبال کرتے ہیں)

کنگریچولیشنز۔	**A Guest :** Congratulations.	ایک مہمان : مبارک ہو۔
تھینک یو، اینڈ ویل کم۔	**Mrs. Mehta :** Thank you and welcome.	مسز مہتا : شکریہ، آیئے خوش آمدید۔
ویئر آر د نیولی ویڈز؟	**Another Guest :** Where are the newly weds?	دوسرا مہمان : نئے دولہا دولہن کہاں ہیں؟
دیر ان د ہال۔	**Mrs. Mehta :** There in the hall.	مسز مہتا : اندر ہال میں۔
کنگریچولیشنز روہت۔	**A Lady :** Congratulations Rohit.	ایک عورت : مبارک ہو، روہت۔
یور برائڈ از ریلی لوَلی۔	Your bride is really lovely.	تمہاری دولہن تو واقعی بہت پیاری ہے۔
تھینک یو آنٹی۔	**Rohit :** Thank you auntie.	روہت : تھینک یو آنٹی

(مہمان آپس میں بات چیت کرتے ہیں)

ہلو مسٹر شرما۔ ہاؤ آر یو؟	**Mr. Mehra :** Hello, Mr. Sharma. How are you?	مسٹر مہرا : ہلو! مسٹر شرما کیسے ہیں؟
فائن تھینک یو	**Mr. Sharma :** Fine, thank you	مسٹر شرما : میں ٹھیک ہوں تھینک یو مسٹر مہرا۔

آپ کیسے ہیں؟	Mr. Mehra, and you?	مسٹر مہرا اینڈ یو؟
مسٹر مہرا : ٹھیک ہوں مسز شرما کہاں ہیں؟	**Mr. Mehra :** Fine. Where is Mrs. Sharma?	فائن۔ ویئر از مسز شرما؟
مسٹر شرما : وہ یہاں نہیں ہیں۔ وہ چنڈی گڑھ	**Mr. Sharma :** She isn't in town. She has gone	شی ازنٹ ان ٹاؤن۔ شی ہیز گون ٹو
اپنی بہن کی شادی میں گئی ہیں۔	to Chandigarh to attend her sister's wedding.	چنڈی گڑھ ٹو اٹینڈ ہر سسٹرز ویڈنگ۔
میں بھی آج رات کو جا رہا ہوں۔	Even I am leaving tonight.	ایون آئی ایم لیونگ ٹونائٹ۔
مسٹر مہرا : اچھا، اچھا ہاں ان دنوں	**Mr. Mehra :** Oh I see. Yes, this is	او آئی سی۔ یس دس از
کافی شادیاں ہو رہی ہیں۔	the marriage season.	د میرج سیزن
مینا : ہلو دیپا۔ بہت دنوں سے نہیں دکھائی دیں؟	**Meena :** Hello Deepa. Long time no see?	ہلو دیپا۔ لونگ ٹائم نو سی؟
دیپا : واقعی بہت دن ہو گئے۔ کیسی ہو؟	**Deepa :** Long time really. How are you?	لونگ ٹائم ریلی۔ ہاؤ آر یو؟
مینا : ٹھیک ہوں۔ سمیر اور بچے کہاں ہیں۔	**Meena :** Fine. Where are Sameer and children?	فائن۔ ویئر آر سمیر اینڈ چلڈرن؟
دیپا : سمیر یہیں ہیں اور بچوں کے	**Deepa :** Sameer is around but the children are	سمیر از اراؤنڈ بٹ د چلڈرن آر ہیونگ
امتحان ہیں اس لئے وہ گھر پر ہیں۔	having their exams. So they are at home.	دیئر اگزامز۔ سو دے آر ایٹ ہوم۔
مینا : او، اچھا! امتحانات کب ختم ہوں گے؟	**Meena :** Oh I see! When will the exams be over?	او آئی سی! وین ول دا اگزامز بی اوور؟
دیپا : اکیس تاریخ کو۔ تمہارا بیٹا سومت	**Deepa :** On the twenty first. How is your	اون دَ ٹوئنٹی فرسٹ۔ ہاؤ از یور سن
کیسا ہے؟ ہوسٹل میں جی لگ گیا اس کا؟	son Sumit? Has he adjusted in the hostel?	سومت؟ ہیز ہی ایڈجسٹڈ ان د ہوسٹل؟
مینا : ہاں! بہت اچھی طرح سے۔	**Meena :** Yes, he has adjusted very well.	یس، ہی ہیز ایڈجسٹڈ ویری ویل۔
پر کبھی کبھی گھر کو یاد کرتا ہے۔	But he feels a little homesick at times.	بٹ ہی فیلز اے لٹل ہوم سک ایٹ ٹائمز۔
مجھے بھی اس کی بہت یاد آتی ہے۔	I too miss him very much.	آئی ٹو مس ہم ویری مچ۔
دیپا : وہ تو فطری ہے۔	**Deepa :** That's but natural.	دیٹس بٹ نیچورل۔
ایک عورت : ہلو دیپا!	**A Lady :** Hello Deepa.	ہلو دیپا!
دیپا : ہائی سیما۔ کیسی ہو؟ آؤ مینا پرساد سے ملو۔	**Deepa :** Hi Seema. How are you? Here, meet	ہائی سیما! ہاؤ آر یو؟ ہیرٔ، میٹ مینا پرساد
اور مینا یہ سیما اگروال ہے۔	Meena Prasad. And Meena, this is Seema Aggarwal.	اینڈ مینا، دس از سیما اگروال
مینا : ہلو۔	**Meena :** Hello!	ہلو!
سیما : ہلو۔	**Seema :** Hello!	ہلو!
دیپا : (سیما سے) بہت خوبصورت	**Deepa :** (*to Seema*) Beautiful necklace!	بیوٹی فل نیکلس!
نکلس ہے۔ نیا ہے؟	Is it new?	از اٹ نیو؟
سیما : ہاں میری ماں نے دیا تھا۔	**Seema :** Yes, my mother gave it to me.	یس مائی مدر گیو اٹ ٹو می۔
مینا : آؤ بیٹھتے ہیں۔	**Meena :** Come, let us sit down.	کم لیٹ اس سٹ ڈاؤن۔
دیپا : ہاں چلو۔	**Deepa :** Yes, let's go.	یس، لیٹس گو۔
مسز سکسینہ : (بیرے سے) مجھے زکام ہوا ہے۔	**Mrs. Saxena :** (*to the waiter*) I have a cold.	آئی ہیو اے کولڈ۔
کوئی گرم چیز ہے کیا؟ جیسے کوئی سوپ؟	Is there something hot? Some soup?	از دیئر سم تھنگ ہوٹ؟ سم سوپ؟
ویٹر : جی میڈم، میں آپ	**The waiter :** Yes madam,	یس میڈم،
کے لئے سوپ لاتا ہوں۔	I'll get soup for you.	آئل گیٹ سوپ فور یو
مسٹر رائے : اور ساہنی تجارت کیسی چل رہی ہے؟	**Mr. Rai :** So Sahni, how is business?	سو ساہنی ہاؤ از بزنس؟
مسٹر ساہنی : بس ٹھیک ٹھاک ہے۔	**Mr. Sahni :** Well, so-so.	ویل، سوسو۔
مسٹر رائے : بازار میں بڑا	**Mr. Rai :** There is a cut throat	دیئر از اے کٹ تھروٹ

کمپٹیشن ان دَمارکیٹ ۔	competition in the market.	سخت مقابلہ ہے۔
لیس مینی نیو پروڈکٹس ہیو بین	**Mr. Rai :** Yes, many new products have been	مسٹر ساہنی : ہاں کئی نئی چیزیں آ گئی ہیں۔
لنچڈ بٹ کوالٹی اسٹل سیلز۔	launched. But quality still sells.	پر اچھی کوالٹی کی چیز ابھی بھی بکتی ہے۔
لیس، اوف کورس۔	**Mr. Rai :** Yes, of course.	مسٹر رائے : جی ہاں، بیشک۔
واٹ ڈز مسٹر مہتاز سن ڈو؟	**Mr. Sharma :** What does Mr. Mehta's son do?	مسٹر شرما : مسٹر مہتا کا بیٹا کیا کرتا ہے؟
ہی از اے چارٹرڈ اکاؤنٹینٹ۔	**Mr. Rai :** He is a Chartered Accountant.	مسٹر رائے : چارٹرڈ اکاؤنٹینٹ ہے۔
ویئر ڈز ہی ورک؟	**Mr. Sharma :** Where does he work?	مسٹر شرما : کام کہاں کرتا ہے؟
ان نول انڈسٹریز آئی تھنک۔	**Mr. Rai :** In Naval Industries, I think.	مسٹر رائے : میرے خیال سے نول انڈسٹریز میں۔
آئی سی۔ دبوائے از ریلی برائٹ۔	**Mr. Sharma :** I see. The boy is really bright.	مسٹر شرما : اچھا! لڑکا واقعی ہوشیار ہے۔
ہوپ یو	**Mr. Mehta :** (*to the guests*) Hope you	مسٹر مہتا : (مہمانوں سے) آپ لوگ تو لطف
آر انجوائنگ یور سلوز۔	are enjoying yourselves.	اٹھا رہے ہیں نا؟ کچھ ڈرنکس،
پلیز ہیو سم مور ڈرنکس اینڈ اسنیکس؟	Please have some more drinks and snacks.	اسنیکس وغیرہ اور لیجئے نا۔
تھینک یو، وی ہیو ہیڈ انف۔	**Mr. Sahni :** Thank you, we have had enough.	مسٹر ساہنی : شکریہ، ہم لوگوں نے
دار انجمنٹ از ویری گڈ۔	The arrangement is very good.	خوب کھایا آپ کا انتظام بہت عمدہ ہے۔
تھینک یو ویری مچ۔ نو بڈی	**Mrs. Mehta :** Thank you very much. Nobody	مسز مہتا : شکریہ، کھانا کھائے
شڈ گو وداؤٹ ہیونگ فوڈ پلیز۔	should go without having food, please.	بغیر کوئی مت جائیگا۔

(کھانا کھاتے وقت)

دفوڈ از ویری نائس۔ اسپیشلی	**Mr. Khanna :** The food is very nice. Specially	مسٹر کھنا : کھانا بہت اچھا ہے۔ خاص کر کے
دنن ویج از سوپرب۔	the non-veg. is superb.	نن ویج تو کمال کا ہے۔
آئی ونڈر ہو آر دکیٹررز؟	I wonder who are the caterers?	جانے کیٹررز کون سے ہیں؟
آئی ول آسک مسٹر مہتا۔ آئی وڈ	**Mr. Rai :** I will ask Mr. Mehta. I would like	مسٹر رائے : میں مسٹر مہتا سے پوچھونگا۔
لائک ٹو انگیج دسیم کیٹررز فور	to engage the same caterers for	میں اپنی بیٹی کی شادی
مائی ڈاؤٹرز ویڈنگ۔	my daughter's wedding.	میں انہیں کیٹررز کو بلاؤں گا۔
وین از دمیرج؟	**Mr. Mehra :** When is the marriage?	مسٹر مہرا : شادی کب ہے؟
اون دٹوئنٹی ففتھ مارچ۔	**Mr.Rai :** On the 25th of March.	مسٹر رائے : پچیس مارچ کی۔
دیئر از اسٹل انف ٹائم۔	**Mr. Mehra :** There is still enough time.	مسٹر مہرا : ابھی تو کافی وقت ہے۔
لیس بٹ دیز پیپل	**Mr. Rai :** Yes, but these people are booked	مسٹر رائے : ہاں ہے تو، پر یہ لوگ کافی
آر بکڈ ہیویلی ان ایڈوانس۔	heavily in advance.	پہلے سے بک ہو جاتے ہیں۔
تھینک یو۔	**Mr. Mehta :** Thank you.	مسٹر مہتا : شکریہ۔
	Mrs. Mehta : (*to Mrs. Khanna*)	مسز مہتا : (مسز کھنا سے)
ڈڈ یو ہیو فوڈ؟	Did you have food?	کھانا کھایا آپ نے؟
اویس، اٹ واز ڈیلیشیس۔	**Mrs. Khanna :** Oh yes, it was delicious!	مسز کھنا : جی ہاں بہت عمدہ کھانا تھا۔
اوکے مسٹر مہتا۔ بائی، گڈ نائٹ۔	**Mr. Rai :** O.K. Mr. Mehta. Bye, goodnight.	مسٹر رائے : اچھا مسٹر مہتا بائی۔ گڈ نائٹ۔
بائی گڈ نائٹ۔	**Mr. Mehta :** Bye, goodnight.	مسٹر مہتا : بائی، گڈ نائٹ۔

Talking on the Phone (ٹاکنگ اون دَ فون) فون پر بات چیت

(گھر پر)

ہلو! از دیٹ ٹو سیون ون زیرو نائن ٹو ون ٹو؟	**Mona :** Hello, is that 27109212?	مونا : ہلو، ۲۷۱۰۹۲۱۲ سے بول رہی ہیں۔
یس!	**Roma :** Yes.	روما : جی ہاں!
مے آئی اسپیک ٹو نیہا پلیز؟	**Mona :** May I speak to Neha, please?	مونا : ذرا نیہا سے بات کرادیجئے۔
نیہا ازنٹ اراؤنڈ۔	**Roma :** Neha isn't around.	روما : نیہا تو گھر پر نہیں ہے۔
ہوازاسپیکنگ پلیز؟	Who is speaking, please?	آپ کون بول رہی ہیں؟
موناسیٹھ۔	**Mona :** Mona Seth.	مونا : موناسیٹھ
مونا آئم روما۔ نیہاز سسٹر۔	**Roma :** Mona, I'm Roma, Neha's sister.	روما : مونا میں نیہا کی بہن روما بول رہی ہوں۔
نیہا از آوٹ شوپنگ ودممی۔	Neha is out shopping with mummy.	نیہا ممی کے ساتھ شوپنگ کے لئے گئی ہے۔
کین آئی ٹیک اے میسیج فور ہر؟	Can I take a message for her?	کوئی پیغام ہے کیا؟
کڈیو پلیز آسک ہر ٹو کول	**Mona :** Could you please ask her to call	مونا : جیسے ہی وہ آئے اس سے کہنا
می ایز سون ایز شی از بیک۔	me as soon as she is back.	مجھ سے بات کرلے۔
او۔کے ڈز شی ہیو یور نمبر؟	**Roma :** O.K., does she have your number?	روما : ٹھیک ہے۔اسکے پاس تمہارا نمبر ہے؟
پلیز نوٹ اٹ ڈاؤن۔	**Mona :** Please note it down.	مونا : ذرا لکھ لینا۔میں انکل کے
آئی ایم کولنگ فروم انکلز۔	I am calling from uncle's.	یہاں سے بول رہی ہوں۔
جسٹ اَے مومنٹ، یس پلیز۔	**Roma :** Just a moment, yes please.	روما : ایک منٹ، ہاں بولو
اٹ از سکس ایٹ ٹو ون فائیو ون فائیو۔	**Mona :** It is 26821515.	مونا : ۲۶۸۲۱۵۱۵۔
اٹ از ٹو ۲۶۸۲۱۵۱۵، از دیٹ رائٹ؟	**Roma :** It is 26821515, is that right?	روما : ۲۶۸۲۱۵۱۵ ٹھیک ہے نا؟
یس تھینک یو روما، بائی۔	**Mona :** Yes, thank you Roma, bye.	مونا : ہاں تھینک یو بائی۔

(2)

ہلو از دیٹ ڈبل ٹو فور ون ٹو نائن ون ایٹ؟	**Romesh :** Hello, is that 22412918?	رومیش : ہلو ۲۲۴۱۲۹۱۸ سے؟
یس ہو از اسپیکنگ پلیز؟	**Sachin :** Yes, who is speaking please?	سچن : جی ہاں، آپ کون بول رہے ہیں؟
رومیش کین آئی اسپیک	**Romesh :** Romesh. Can I speak	رومیش : رومیش۔ذرا سچن سے بات کرادیجئے۔
ٹو سچن پلیز؟	to Sachin please?	
ہائی رومیش، سچن ہیرَ۔	**Sachin :** Hi Romesh, Sachin here.	سچن : ہائی رومیش، سچن بول رہا ہوں۔
ہائی سچن، واٹس اپ؟	**Romesh :** Hi Sachin, what's up?	رومیش : ہائی سچن، کیا ہو رہا ہے؟
نتھنگ مچ، جسٹ گیٹنگ بورڈ۔	**Sachin :** Nothing much, just getting bored.	سچن : کچھ خاص نہیں بس بور ہو رہا ہوں۔
واٹ اباؤٹ گوئنگ ٹو اے مووی؟	**Romesh :** What about going to a movie?	رومیش : مووی دیکھنے کے بارے میں کیا خیال ہے؟
نوٹ اے بیڈ آئیڈیا۔ وچ ون؟	**Sachin :** Not a bad idea. Which one?	سچن : خیال تو برا نہیں۔کون سی؟
دیئر از اے نیو انگلش مووی ایٹ پریا۔	**Romesh :** There is a new English movie at Priya.	رومیش : پریا پر ایک نئی انگلش مووی لگی ہے۔
وی کین سی دیٹ۔	We can see that.	اسے دیکھ سکتے ہیں۔
بٹ واٹ اباؤٹ دَ ٹکٹس؟	**Sachin :** But what about the tickets?	سچن : پر ٹکٹیں؟
ڈونٹ وری اباؤٹ دیٹ۔ آئل گیٹ دَ	**Romesh :** Don't worry about that. I'll get the	رومیش : اسکی فکر مت کرو آج دوپہر کے
ٹکٹس فور دَ آفٹرنون شو۔	tickets for the afternoon show.	شو کی دو ٹکٹیں میں منگوالوں گا۔

سچن : بھئی واہ! تو پھر میں تمہیں کہاں ملوں؟	**Sachin :** Great! Where should I meet you then?	گریٹ! ویئر شڈ آئی میٹ یو دین؟
رومیش : لوبی میں، پورے تین بجے	**Romesh :** In the lobby at 3 o'clock sharp.	ان دلوبی ایٹ تھری اوکلوک شارپ۔
سچن : پکا، میں وقت پر پہنچ جاؤں گا۔	**Sachin :** Sure, I'll be there on time.	شیور، آئیل بی دیئر اون ٹائم۔
رومیش : پھر ملتے ہیں، بائی۔	**Romesh :** See you then, bye.	سی یو دین، بائی۔

(3)

(وملکو ٹکسٹائلز آفس فون کی گھنٹی بجتی ہے۔ آپریٹر اٹھاتی ہے۔)

ایک آدمی : ہلو، پرائم انٹرنیشنل سے بول رہے ہیں؟	**Caller :** Hello, is that Prime International?	ہلو، از دیٹ پرائم انٹرنیشنل؟
آپریٹر : سوری رونگ نمبر۔	**Operator :** Sorry, wrong number.	سوری، رونگ نمبر۔

(انٹرکام پر میٹیریلز منیجر مسٹر ساہنی)

مسٹر ساہنی : ہلو نینا۔	**Mr. Sahni :** Hello Nina.	ہلو نینا۔
آپریٹر : جی سر؟	**Operator :** Yes sir.	یس سر؟
مسٹر ساہنی : ذرا جے بھارت کیمکلز ملانا۔ مجھے مارکٹنگ منیجر، سنجیو گپتا سے بات کرنی ہے۔	**Mr. Sahni :** Please get me Jai Bharat Chemicals. I want to speak to the marketing manager, Sanjeev Gupta.	پلیز گیٹ می جے بھارت کیمکلز۔ آئی وانٹ ٹو اسپیک ٹو د مارکٹنگ منیجر سنجیو گپتا۔
آپریٹر : ہلو جے بھارت کیملز سے بول رہا ہوں۔	**Operator :** Hello, is that Jai Bharat Chemicals?	ہلو! از دیٹ جے بھارت کیمکلز؟
ریسپشنسٹ : فرمائیے۔	**Receptionist :** Yes please.	یس پلیز۔
آپریٹر : ذرا مارکٹنگ منیجر سنجیو گپتا سے بات کرادیجئے۔	**Operator :** Can I speak to Mr. Sanjeev Gupta, the marketing manager, please?	کین آئی اسپیک ٹو مسٹر سنجیو گپتا د مارکیٹنگ منیجر پلیز؟
ریسپشنسٹ : جی کس کو بات کرنی ہے؟	**Receptionist :** May I know who is calling, please.	مے آئی نو ہو از کولنگ پلیز؟
آپریٹر : وملکو ٹکسٹائلز سے مسٹر ساہنی کو	**Operator :** Mr. Sahni from Wimco Textiles.	مسٹر ساہنی فروم وملکو ٹکسٹائلز۔
ریسپشنسٹ : ذرا ہولڈ کیجئے (سنجیو گپتا سے) سر وملکو ٹکسٹائلز سے مسٹر ساہنی کا فون ہے۔	**Receptionist :** Please hold on. (*to Sanjiv Gupta*) Sir, Mr. Sahni from Wimco Textiles **wants to speak to you.**	پلیز ہولڈ اون (ٹو سنجیو گپتا) سر مسٹر ساہنی فروم وملکو ٹکسٹائلز، وانٹس ٹو اسپیک ٹو یو۔
مسٹر گپتا : ہاں بات کروا دو۔	**Mr. Gupta :** O.K. put him through.	او کے پٹ ہم تھرو۔
مسٹر ساہنی : ہلو سنجیو! ساہنی بول رہا ہوں۔ بھئی ہمارے کیمکلز اور ڈائی کے آرڈر کا کیا ہوا؟	**Mr. Sahni :** Hello Sanjeev, Sahni here. What about our order of chemicals and dyes?	ہلو سنجیو، ساہنی ہیئر۔ واٹ اباؤٹ آور آرڈر اوف کیمکلز اینڈ ڈائز؟
مسٹر گپتا : کل، پکا پہنچ جائیں گے۔	**Mr. Gupta :** You will get them tomorrow without fail.	یو ول گیٹ دیم ٹو مورو وداؤٹ فیل۔

(وملکو ٹکسٹائلز۔ فون کی گھنٹی پھر بجتی ہے)

ایک آدمی : ہلو، وملکو ٹکسٹائلز؟	**Caller :** Hello, is that Wimco Textiles?	ہلو! از دیٹ وملکو ٹکسٹائلز؟
آپریٹر : جی ہاں۔	**Operator :** Yes.	یس۔
آدمی : ذرا جی۔ ایم۔ صاحب	**Caller :** Can I speak to	کین آئی اسپیک ٹو۔

دپی اے ٹو جی ایم پلیز؟	the P.A. to G.M., please?	کے پی اے سے بات کروا دیجئے۔
ہواز اسپیکنگ پلیز؟	**Operator :** Who is speaking, please?	اوپریٹر : آپ کون بول رہے ہیں؟
امیت سہگل فروم اسپیس	**Caller :** Amit Sehgal from Space	آدمی : میں اسپیس سوفٹ ویئر انڈسٹریز
سوفٹ ویئر انڈسٹریز۔	Software Industries.	سے امیت سہگل بول رہا ہوں۔
پلیز ہولڈ اون۔	**Operator :** Please hold on (*to the P.A.*)	اوپریٹر : ذرا ہولڈ کیجئے (پی اے سے)
ہلو، مسٹر چندرا کول فور یو۔	Hello, Mr.Chandra, call for you.	ہلو مسٹر چندرا آپ کا فون۔
ہلو، چندرا ہیئر۔	**Mr. Chandra :** Hello, Chandra here.	مسٹر چندرا : ہلو! چندرا بول رہا ہوں۔
مسٹر چندرا گڈ مورننگ۔	**Caller :** Mr. Chandra, good morning.	آدمی : مسٹر چندرا آداب عرض۔ میں اسپیس سافٹ ویئر
آئی ایم امیت سہگل فروم اسپیس	I am Amit Sehgal from	انڈسٹریز سے امیت سہگل بول رہا ہوں۔
سوفٹ ویئر انڈسٹریز۔ آئی وانٹ	Space Software Industries. I want an	مجھے جی ایم صاحب کے ساتھ
این اپوائنٹ منٹ ود دجی.ایم.پلیز۔	appointment with the G.M., please.	اپوائنٹ منٹ چاہیے۔
وین ڈو یو وانٹ ٹو سی ہم؟	**Mr. Chandra :** When do you want to see him?	مسٹر چندرا : آپ ان سے کب ملنا چاہتے ہیں؟
اف پوسیبل ٹومورو	**Caller :** If possible, tomorrow	آدمی : ہوسکے تو کل صبح
ایٹ الیون تھرٹی ان دَ مورننگ۔	at 11:30 in the morning.	ساڑھے گیارہ بجے۔
سوری ٹومورو دجی ایم از آؤٹ اوف ٹاؤن۔	**Mr. Chandra :** Sorry. Tomorrow the G.M. is out	مسٹر چندرا : سوری کل تو جی ایم صاحب
از ٹوئنٹی ففتھ ایٹ فور پی ایم او کے؟	of town. Is 25th at 4 p.m. O.K.?	شہر سے باہر جا رہے ہیں۔
		۲۵ تاریخ کو چار بجے ٹھیک رہے گا۔؟
اول رائٹ تھینک یو مسٹر چندرا۔	**Caller :** All right. Thank you, Mr. Chandra.	آدمی : جی ٹھیک ہے تھینک یو مسٹر چندرا۔

(پھر سے گھنٹی بجتی ہے)

ہلو، ومکو ٹکسٹائلز۔ گڈ آفٹرنون۔	**Operator :** Hello, Wimco Textiles, good afternoon.	اوپریٹر : ہلو ومکو ٹکسٹائلز۔ گڈ آفٹرنون۔
گڈ آفٹرنون۔	**Caller :** Good afternoon.	آدمی : گڈ آفٹرنون۔ ذرا جی ایم
کین آئی اسپیک ٹو دجی ایم پلیز؟	Can I speak to the G.M., please?	صاحب سے بات کروائیں۔
مے آئی نو ہواز اسپیکنگ پلیز۔	**Operator :** May I know who is speaking, please?	اوپریٹر : ذرا بتائیں گے کہ آپ
		کون بول رہے ہیں؟
کے ایل رانا فروم ساگر انٹرنیشنل۔	**Caller :** K.L. Rana from Sagar International.	آدمی : ساگر انٹرنیشنل سے کے ایل رانا۔
سوری سر، دجی ایم	**Operator :** Sorry sir, the G.M.	اوپریٹر : سوری سر! جی، ایم صاحب
از بیزی ان اے میٹنگ رائٹ ناؤ۔	is busy in a meeting right now.	ایک میٹنگ میں مشغول ہیں۔
کڈ یو پلیز کول آفٹر تھری پی ایم؟	Could you please call after 3 p.m.?	آپ تین بجے کے بعد فون کرلیجئے۔

(تین بجے کے بعد)

ہلو، از دیٹ ومکو ٹیکسٹائلز؟	**Rana :** Hello, is that Wimco Textiles?	رانا : ہلو ومکو ٹکسٹائلز؟
یس پلیز، کین آئی ہیلپ یو؟	**Operator :** Yes please, can I help you?	اوپریٹر : جی ہاں، بتائیے؟
کین آئی اسپیک ٹو دجی ایم پلیز؟	**Rana :** Can I speak to the G.M. please?	رانا : کیا میں جی ایم صاحب سے بات کرسکتا ہوں۔
ہواز اسپیکنگ پلیز؟	**Operator :** Who is speaking please?	اوپریٹر : آپ کون بول رہے ہیں؟
کے ایل رانا فروم ساگر انٹرنیشنل۔	**Rana :** K.L. Rana from Sagar International.	رانا : ساگر انٹرنیشنل سے کے ایل رانا۔
پلیز ہولڈ اون۔	**Operator :** Please hold on. *(to the G.M.)*	اوپریٹر : ذرا رکیئے (جی ایم سے) سر ساگر انٹرنیشنل سے
سر مسٹر کے ایل رانا فروم ساگر	Sir, Mr. K.L. Rana from Sagar	مسٹر کے ایل رانا آپ سے بات کرنا چاہتے ہیں۔

انٹرنیشنل وانٹس ٹو اسپیک ٹو یو۔	International wants to speak to you.	
لیس، پٹ ہم تھرو۔	**G.M. :** Yes, put him through.	جی ایم : ہاں بات کرا دو۔
لیس سر، مسٹر رانا، دِ	**Operater :** Yes sir. Mr. Rana the G.M.	اوپریٹر : جی سر مسٹر رانا پلیز۔
جی ایم ازاون دلائن پلیز۔	is on the line, please.	جی ایم صاحب سے بات کیجئے۔
ہلو گڈ آفٹرنون سر رانا ہیئر۔	**Rana :** Hello, good afternoon sir, Rana here.	رانا : ہلو گڈ آفٹرنون سر۔ رانا بول رہا ہوں۔
ہلو رانا، ہاؤ آر یو؟	**G.M. :** Hello Rana. How are you?	جی ایم : ہلو رانا کیسے ہو؟
فائن۔ تھینک یو سر	**Rana :** Fine, thank you, sir.	رانا : جی ٹھیک ہوں، تھینک یو۔ آپ کو بتانا
آئی وانٹ ٹو انفورم یو دیٹ دکنسائمنٹ	I want to inform you that the consignment	چاہتا ہوں کہ جرمنی سے ہماری
فروم جرمنی ہیز بین سینٹ۔	from Germany has been sent.	کنسائنمنٹ بھیج دی گئی ہے۔
اٹ شڈ بی ہیران اباؤٹ ففٹین ڈیز ٹائم۔	It should be here in about 15 days' time.	۱۵ - ۱۰ دنوں میں پہنچ جانی چاہئے۔
تھینک یو رانا۔	**G.M. :** Thank you, Rana. That's a good news.	جی ایم : تھینک یو رانا، یہ بہت
دیٹس اے گڈ نیوز۔ سو وین ڈو آئی سی یو؟	So when do I see you?	اچھی خبر ہے۔ پھر کب ملتے ہو؟
کین آئی کم ٹومورو مورننگ؟	**Rana :** Can I come tomorrow morning?	رانا : کیا میں کل صبح آ جاؤں؟
فور اوکلوک ان د آفٹرنون ول بی بیٹر۔	**G.M. :** 4 o'clock in the afternoon will be better.	جی ایم : کل دو پہر چار بجے آؤ تو بہتر ہے۔
او کے آئی ول بی دیئر، بائی سر	**Rana :** O.K. I will be there. Bye sir.	رانا : جی میں آ جاؤں گا۔ بائی سر۔
بائی، سی یو۔	**G.M. :** Bye, see you.	جی ایم : اچھا تو ملتے ہیں۔

First Day at the Campus (فرسٹ ڈے ایٹ دکیمپس) کیمپس میں پہلا دن

(رینا نے بی اے فرسٹ ایئر میں داخلہ لیا ہے۔ یہ اسکا کیمپس میں پہلا دن ہے۔)

اکسکیوزمی، ویئر شڈ	**Reena :** *(to a girl)* Excuse me, where should	رینا : (ایک لڑکی سے) سنئے مجھے ٹائم ٹیبل
آئی لوک فور دٹائم ٹیبل پلیز؟	I look for the time table, please?	(نظام الاوقات) کہاں ملے گا؟
اون د نوٹس بورڈ ان دیٹ کوریڈر۔	**Girl :** On the noticeboard in that corridor.	لڑکی : اس برآمدے میں نوٹس بورڈ پر
تھینک یو۔	**Reena :** Thank you.	رینا : شکریہ۔
ہلو نیہا۔	**Reena :** *(to her friend)* Hello, Neha!	رینا : (سہیلی سے) ہلو نیہا!
ہائی رینا! ہاؤ آر یو؟	**Neha :** Hi Reena. How are you?	نیہا : ہائی رینا! کیسی ہو؟
فائن اینڈ یو؟	**Reena :** Fine and you?	رینا : ٹھیک ہوں اور تم؟
فائن ہیئر میٹ سونیا۔	**Neha :** Fine, here meet Sonia.	نیہا : اچھی ہوں، لو سونیا سے ملو،
اینڈ سونیا دس از رینا۔	And Sonia this is Reena.	اور سونیا یہ رینا ہے۔
ہائی!	**Sonia :** Hi.	سونیا : ہائی۔
ہائی سونیا!	**Reena :** Hi, Sonia	رینا : ہائی۔
آر یو اولسو ان د فرسٹ ایئر رینا؟	**Sonia :** Are you also in the first year, Reena?	سونیا : کیا تم فرسٹ ایئر میں ہو رینا؟
لیس، واٹ کورس آر یو ڈوئنگ؟	**Reena :** Yes, what course are you doing?	رینا : ہاں! تم کون سا کورس کر رہی ہو؟
آئی ایم ڈوئنگ انگلش آنرز۔	**Sonia :** I am doing English honours.	سونیا : میں انگریزی میں آنرس کر رہی ہوں۔
اینڈ یو نیہا؟	**Reena :** And you Neha?	رینا : اور نیہا تم؟
کامرس۔ واٹ اباؤٹ یو؟	**Neha :** Commerce. What about you?	نیہا : کامرس۔ اور تم؟

آئی ایم ڈوئنگ پاس کورس ود	**Reena :** I am doing Pass Course with	میں پاس کورس کر رہی ہوں۔	رینا :
انگلش، جیوگریفی اینڈ ہسٹری۔	English, Geography and History.	انگریزی، جغرافیہ اور تاریخ کے ساتھ۔	
ہیو یو نوٹڈ ڈاؤن د ٹائم ٹیبل؟	**Sonia :** Have you noted down the time table?	کیا تم نے نظام الاوقات	سونیا :
		(ٹائم ٹیبل) نوٹ کر لیا۔؟	
نو آئی واز گوئنگ ٹو۔	**Reena :** No, I was going to.	نہیں کرنے جا رہی تھی۔	رینا :
کم، لیٹس گو ٹوگیدر۔	**Neha :** Come, let's go together.	چلو ہم سب ساتھ چلیں۔	نیہا :

(نوٹس بورڈ سے وہ نظام الاوقات اور اپنے اپنے کمرے کا نمبر نوٹ کرتی ہیں)

آئی ایم ان سیکشن اے۔ اینڈ مائی فرسٹ	**Reena :** I am in section A. And my first	میں سکشن اے میں ہوں۔	رینا :
پیریڈ ازان روم نمبر تھری۔	period is in room number three.	اور میرا پہلا گھنٹہ کمرہ نمبر ۳ میں ہے۔	
مائن ازان روم نمبر ٹین۔	**Neha :** Mine is in room number ten.	میرا کمرہ نمبر دس میں ہے۔	نیہا :
آئی ایم فری ان د فرسٹ پیریڈ۔	**Sonia :** I'm free in the first period.	میرا پہلا گھنٹہ فری ہے۔	سونیا :
او کے سونیا۔ سی یو لیٹر۔ بائی۔	**Reena :** O.K. Sonia, see you later, bye.	اچھا سونیا بعد میں ملتے ہیں، بائی۔	رینا :
کم نیہا لیٹس گو ٹو آور کلاسز۔	Come, Neha let's go to our classes.	چل نیہا اپنے درجہ میں چلیں۔	
اکسکیوزمی۔	**Neha :** *(to a girl)* Excuse me.	(ایک لڑکی سے) ذرا سنئے۔	نیہا :
ویئر از د روم نمبر ٹین پلیز؟	Where is the room number ten, please?	کمرہ نمبر ۱۰ کہاں ہوگا؟	
اٹ ازاون د فرسٹ فلور۔	**The girl :** It is on the first floor.	پہلی منزل پر۔	لڑکی :
تھینک یو۔	**Neha :** Thank you.	تھینک یو۔	نیہا :
اینڈ روم نمبر تھری پلیز؟	**Reena :** And room number three, please?	اور کمرہ نمبر ۳ کہاں پڑے گا، پلیز؟	رینا :
ویئر ان دیٹ ورنڈا۔	**The girl :** There, in that verandah.	وہاں اس برامدہ میں۔	لڑکی :
تھینک یو۔ او کے نیہا۔	**Reena :** Thank you. O.K. Neha.	شکریہ! اچھا نیہا۔	رینا :
بائی رینا، سی یو۔	**Neha :** Bye Reena, see you.	بائی رینا، سی یو۔	نیہا :
مے آئی کم اِن میم؟	**Reena :** *(at the door)* May I come in ma'am.	(دروازے پر) میم کیا میں اندر آسکتی ہوں؟	رینا :
یس کم ان۔ واٹس یور	**Lecturer :** Yes come in. What's your	ہاں آؤ۔ کیا رول نمبر ہے؟	لکچرر :
رول نمبر پلیز؟	roll number please?		
ون فورٹی فائیو میم۔	**Reena :** One forty-five ma'am.	جی ایک سو پینتالیس۔	رینا :
ون فورٹی فائیو!	**Lecturer :** *(surprised)* One forty-five.	(حیرانی سے)	لکچرر :
وچ کلاس؟	Which class?	ایک سو پینتالیس۔ کون سی کلاس؟	
بی اے فرسٹ ایئر۔	**Reena :** B.A. first year.	بی۔ اے فرسٹ ایئر۔	رینا :
او! آئی سی! بٹ دس از بی اے فائنل	**Lecturer :** Oh, I see! But this is B.A. final.	اچھا تبھی۔ پر یہ تو بی۔ اے فائنل ہے۔	لکچرر :
او آئی ایم سوری میم!	**Reena :** Oh, I am sorry ma'am. I came to the	او سوری میم۔ میں غلطی سے	رینا :
آئی کیم ٹو د رونگ روم بائی مسٹیک۔	wrong room by mistake.	غلط کمرہ میں آ گئی۔	
نیور مائنڈ۔ وچ رؤم	**Lecturer :** Never mind. Which room	کوئی بات نہیں۔ تمہیں کون سے	لکچرر :
نمبر آر یو لکنگ فور؟	number are you looking for?	کمرے میں جانا ہے؟	
روم نمبر ۳۔	**Reena :** Room No. 3.	کمرہ نمبر ۳۔	رینا :
گو ٹو تھرڈ روم فروم دَ	**Lecturer :** Go to the third room from the	اسی برآمدے میں دوسرے کونے سے	لکچرر :

اَدر اینڈ اوف دس ورنڈا۔	other end of this verandah.	تیسرے کمرے میں جاؤ۔
او تھینک یو، ویری مچ میم۔	**Reena :** Oh! thank you very much, ma'am.	رینا : او تھینک یوٗ ویری مچ میم۔

A Boy Talks to a Girl (اے بوائے ٹاکس ٹو اے گرل) ایک لڑکے اور لڑکی کی بات چیت

ہائی رینا!	**Mona :** Hi Reena!	مونا : ہائی رینا!
ہائی مونا! ہاؤ آر یو؟	**Reena :** Hi Mona. How are you?	رینا : ہائی مونا! کیسی ہو؟
فائن۔	**Mona :** Fine.	مونا : ٹھیک ہوں۔
ہلو مونا!	**Sumit :** Hello Mona.	سومت : ہلو مونا!
ہائی سومت لونگ ٹائم نو سی۔	**Mona :** Hi Sumit, long time no see.	مونا : ہائی سومت! بہت دنوں میں دکھائی دیئے۔
یس، آئی واز آؤٹ اوف اسٹیشن۔	**Sumit :** Yes, I was out of station.	سومت : ہاں، باہر گیا ہوا تھا۔
ہاؤ از ایوری تھنگ؟	How is everything?	اور سب کیسا چل رہا ہے؟
فائن ! ہیرٗ میٹ مائی فرینڈ رینا۔	**Mona :** Fine. Here meet my friend, Reena.	مونا : ٹھیک ہے۔ آؤ میری سہیلی رینا سے ملو۔
ہلو!	**Sumit :** Hello.	سومت : ہلو!
ہائی!	**Reena :** Hi!	رینا : ہائی۔
آر یو نیو ہیرٗ؟	**Sumit :** Are you new here?	سومت : تم یہاں نئی آئی ہو کیا؟
یس، آئی جوآئنڈ لاسٹ ویک اونلی۔	**Reena :** Yes, I joined last week only.	رینا : ہاں! میں نے پچھلے ہفتہ ہی داخلہ
ارلیئر آئی واز ایٹ چنڈی گڑھ۔	Earlier I was at Chandigarh.	لیا ہے۔ اس سے پہلے میں چنڈی گڑھ تھی۔

(کوئی مونا کو آواز دیتا ہے اور مونا جاتی ہے)

اکسکیوز می۔	**Mona :** Excuse me.	مونا : معاف کیجئے۔
واٹ کورس آر یو ڈوئنگ رینا؟	**Sumit :** What course are you doing, Reena?	سومت : رینا تم کون سا کورس کر رہی ہو؟
پاس کورس، آئی ایم ان سیکنڈ ایرٗ۔	**Reena :** Pass Course, I am in Second Year.	رینا : پاس کورس، میں سکنڈ ایرٗ میں ہوں۔
واٹ آر یور سبجکٹس؟	**Sumit :** What are your subjects?	سومت : تمہارے مضامین کون کون سے ہیں؟
انگلش، ہسٹری اینڈ اکونومکس۔	**Reena :** English, History and Economics.	رینا : انگریزی، تاریخ اور معاشیات۔
واٹ آر یو ڈوئنگ سومت؟	What are you doing, Sumit?	سومت تم کیا کر رہے ہو؟
آئی ایم ان بی کام فائنل۔	**Sumit :** I am in B.Com. final.	سومت : میں بی کام (فائنل) میں ہوں۔
ہاؤ ڈو یو لائک ڈیلہی رینا؟	How do you like Delhi, Reena?	رینا تمہیں دلی کیسی لگی؟
او کے بٹ اے بٹ ٹو ہکٹک۔	**Reena :** O.K. But a bit too hectic.	رینا : ٹھیک ہے۔ پر تھوڑی زیادہ ہی ہڑ بڑی ہے یہاں۔
آئی ہیو بین ٹو چنڈی گڑھ۔	**Sumit :** I have been to Chandigarh.	سومت : میں چنڈی گڑھ گیا ہوں۔
نائس سیٹی بٹ اے لٹل ڈل آئی تھنک۔	Nice city, but a little dull I think.	اچھا شہر ہے پر مجھے تھوڑا سا سست سا لگا۔
ویل آئی فائنڈ ڈیلہی ٹو نوآئزی۔	**Reena :** Well, I find Delhi too noisy.	رینا : مجھے تو دلّی میں بہت شور شرابہ لگتا ہے۔
لائف ہیرٗ از ریئلی فاسٹ۔	Life here is really fast.	زندگی کی رفتار یہاں واقعی بہت تیز ہے۔
سوٗن یو ول گیٹ یوزڈ ٹو اِٹ۔	**Sumit :** Soon you will get used to it.	سومت : تمہیں جلدی ہی اسکی عادت پڑ جائیگی۔
آئی ہوپ سو۔ آئی ہیو اے	**Reena :** I hope so. (*the bell rings*) I have	رینا : (دیکھتے ہیں۔ گھنٹی بجتی ہے)
کلاس۔ او کے بائی سومت	a class. O.K., bye Sumit.	میری کلاس ہے، اچھا بائی سومت۔
بائی سی یو۔	**Sumit :** Bye, see you.	سومت : اچھا پھر ملتے ہیں۔

(رینااورسومت پھر ملتے ہیں)

ہائی رینا!	**Sumit :** Hi Reena!	سومت : ہائی رینا!
ہائی! ہاؤ آر یو؟	**Reena :** Hi! How are you?	رینا : ہائی! کیسے ہو؟
فائن اینڈ یو؟	**Sumit :** Fine and you?	سومت : اچھا ہوں۔ اور تم؟
فائن، تھینکس۔	**Reena :** Fine, thanks.	رینا : اچھی ہوں۔ تھینکس۔
ویئر آر یو گوئنگ؟	**Sumit :** Where are you going?	سومت : کہاں جا رہی ہو؟
ایکچوئیلی آئم فری ان دس پیریڈ۔	**Reena :** Actually I'm free in this period.	رینا : دراصل میں اس گھنٹے میں خالی ہوں۔
آئی واز جسٹ ونڈرنگ واٹ ٹو ڈو۔	I was just wondering what to do?	سوچ رہی تھی کیا کروں؟
آئی واز گوئنگ ٹو د کینٹین ؟	**Sumit :** I was going to the canteen.	سومت : میں کینٹن جا رہا تھا۔ چلوگی؟
او، کے۔	**Reena :** O.K.	رینا : ٹھیک ہے۔

(کینٹین میں)

واٹ ڈو یو لائک، کوک اور سم تھنگ ایلس؟	**Sumit :** What do you like, coke or something else?	سومت : تم کیا لوگی، کوک یا کچھ اور؟
کوک از فائن۔	**Reena :** Coke is fine.	رینا : کوک ٹھیک ہے۔
ہیئر یو آر۔	**Sumit :** Here you are.	سومت : یہ لو۔
تھینکس۔	**Reena :** Thanks.	رینا : شکریہ۔
ویئر ڈو یو لیو رینا؟	**Sumit :** Where do you live, Reena?	سومت : رینا تم کہاں رہتی ہو؟
ان موڈل ٹاؤن اینڈ یو؟	**Reena :** In Model Town, and you?	رینا : موڈل ٹاؤن میں اور تم؟
ان جنک پوری۔	**Sumit :** In Janakpuri.	سومت : جنکپوری میں۔
آر یو موسٹلی فری ان د ففتھ پیریڈ؟	Are you mostly free in the fifth period?	کیا تم پانچویں گھنٹے میں زیادہ تر خالی ہوتی ہو؟
یس موسٹلی! ایکسیپٹ اون فرائی ڈے وین	**Reena :** Yes mostly, except on Friday when	رینا : ہاں زیادہ تر جمعہ کو چھوڑ کر۔
وی ہیو ٹیوٹوریلز آئی ہیو ٹو گو ناؤ۔	we have tutorials.I have to go now.	جمعہ کو ٹیوٹوریلز ہوتے ہیں۔
تھینکس فور د کوک سومت، بائی۔	Thanks for the coke, Sumit. Bye.	اب مجھے جانا ہے۔ کوک کے لئے شکریہ سمت بائی۔
بائی، سی یو۔	**Sumit :** Bye, see you.	سومت : بائی! پھر ملتے ہیں

(سومت اور رینا کتب خانہ کے سامنے)

ہائی رینا! کمنگ فروم دَلائبریری؟	**Sumit :** Hi Reena! Coming from the library?	سومت : ہائی رینا! کتب خانہ سے آ رہی ہو؟
یس! ہاؤ آر یو؟	**Reena :** Yes! How are you?	رینا : ہاں، کیسے ہو؟
فائن۔ رینا واٹ آر یو ڈوئنگ	**Sumit :** Fine. Reena, what are you doing	سومت : ٹھیک ہوں۔
دس سنڈے۔	this Sunday?	رینا اس اتوار کو کیا کر رہی ہو؟
نتھنگ اسپیشل، وائی؟	**Reena :** Nothing special, why?	رینا : کچھ خاص نہیں کیوں؟
وی فرینڈز آر پلاننگ ٹو سی اے مووی	**Sumit :** We friends are planning to see a movie	سومت : ہم کچھ دوست مل کر اس اتوار کو
دس سنڈے۔ وانٹ ٹو جوائن اس؟	this Sunday. Want to join us?	پکچر دیکھنے کا پروگرام بنا رہے ہیں۔ تم ساتھ میں آنا چاہوگی۔
وچ مووی؟	**Reena :** Which movie?	رینا : کون سی مووی؟
وی ہیونٹ ڈسائیڈیٹ۔ مے بی د	**Sumit :** We haven't decided yet. May be the	سومت : ابھی سوچا نہیں ہے۔ چانکیہ پر ایک
نیو انگلش مووی اون چانکیہ۔	new English movie on Chanakya.	نئی انگلش مووی لگی ہے شاید وہی دیکھیں۔
ہاؤ مینی پرسنس آر دیئر؟	**Reena :** How many persons are there?	رینا : کتنے لوگ جا رہے ہیں؟

فائیوٹوبوائزاینڈتھری گلرز۔	**Sumit :** Five, two boys and three girls.	سومت : پانچ۔دولڑکے اورتین لڑکیاں۔
موناازاولسوکمنگ۔	Mona is also coming.	موناا بھی آرہی ہے۔
اوکے۔	**Reena :** O.K.	رینا : ٹھیک ہے۔کیامیں اپنی ایک سہیلی
کین آئی برنگ اے فرینڈالونگ؟	Can I bring a friend along?	ساتھ میں لاسکتی ہوں؟
لیس،اوف کورس۔	**Sumit :** Yes, of course.	سومت : ضرور۔
ہاؤمچ فور د ٹکٹ؟	**Reena :** How much for the ticket?	رینا : ٹکٹ کے کتنے پیسے دوں؟
آئل ٹیک د منی آفٹروی	**Sumit :** I'll take the money after we	سومت : پیسے میں ٹکٹ خریدنے کے
بائی دٹکٹس۔	buy the tickets.	بعدلےلوں گا۔
فائن۔سی یوسون۔بائی سومت	**Reena :** Fine. See you soon. Bye, Sumit.	رینا : ٹھیک ہے پھرجلدی ملتے ہیں۔
بائی،رینا۔	**Sumit :** Bye, Reena.	سومت : بائی رینا۔

Booking a Room in a Hotel (بکنگ اے روم ان اے ہوٹل) ہوٹل میں کمرے کی بکنگ

گڈمورننگ!	**Suhdir :** Good morning!	سدھیر : گڈمورننگ!
گڈمورننگ،سر۔	**Receptionist :** Good morning, sir.	ریسپشنسٹ : گڈمورننگ سر!
واٹ کین آئی ڈو فوریو؟	What can I do for you?	کہئے کیاخدمت کروں؟
آئی وانٹ اے روم۔	**Sudhir :** I want a room.	سدھیر : مجھے کمرہ چاہئے۔
سنگل اورڈبل؟	**Receptionist :** Single or Double?	ریسپشنسٹ : سنگل یاڈبل؟
سنگل۔واٹ آریورچارجز؟	**Sudhir :** Single. What are your charges?	سدھیر : سنگل کاکیاکرایہ ہے؟
ٹوہنڈریڈاینڈففٹی روپیزپرڈے۔	**Receptionist :** Two hundred and fifty rupees per day.	ریسپشنسٹ : دوسوپچاس روپئے یومیہ۔
یورریٹس آرویری ہائی۔اونلی	**Sudhir :** Your rates are very high. Only	سدھیر : آپ کے ریٹ بہت زیادہ ہیں۔
لاسٹ منتھ آئی پیڈون سیونٹی فائیو	last month I paid one seventy-five	پچھلے ماہ میں نے 175 روپے یومیہ
فورائے سنگل روم۔	for a single room.	کے حساب سے کمرہ لیاتھا۔
ہاؤمینی ڈیز	**Receptionist :** How many days	ریسپشنسٹ : آپ کتنے دن رکیں گے؟
ڈویووانٹ ٹواسٹے سر؟	do you want to stay, sir?	
ٹوڈیز۔	**Sudhir :** Two days.	سدھیر : دو دن۔
آورروموزآرویری نائس،سر۔	**Receptionist :** Our rooms are very nice, sir.	ریسپشنسٹ : ہمارے کمرے بہت
اینی ہاؤفوریوآئل میک	Anyhow for you, I'll make	اچھے ہیں۔خیرمیں آپ کے
اٹ ٹوہنڈریڈپرڈے۔	it two hundred per day.	لئے دوسوروپئے یومیہ لگادوں گا۔
اول رائٹ۔واٹ ازدچیک آؤٹ ٹائم۔	**Sudhir :** Alright. What is the check out time?	سدھیر : ٹھیک ہے آپ کاچیک آؤٹ ٹائم کیاہے؟
ٹوئیلو او کلوک۔	**Receptionist :** 12 o' clock.	ریسپشنسٹ : دوپہربارہ بجے۔برائے مہربانی
پلیزفل ان یورپرٹی کولرز	Please fill in your particulars	اس صفحہ پراپنانام پتہ وغیرہ
اون دس پیج اینڈسائن ہیر۔	on this page and sign here.	بھردیں اوریہاں دستخط کردیں۔
ڈویوہیوروم سروس؟	**Sudhir :** Do you have room service?	سدھیر : آپ کے یہاں روم سروس ہے؟
لیس سر!	**Receptionist :** Yes sir!	ریسپشنسٹ : لیس سر۔
اینڈکین یو ارینج	**Sudhir :** And can you arrange	سدھیر : اورکیاشہرگھمانے کے لئے

ٹرانسپورٹ فورائے لوکل ٹور؟	transport for a local tour?	سواری کا انتظام کروا سکتے ہیں؟
ییس سر وی آر ان ٹچ	**Receptionist :** Yes sir, we are in touch	ریسپشنسٹ : جی ہاں! کئی ٹور ایجنسیز سے
ود مینی ٹور ایجنسیز۔	with many tour agencies.	ہمارا تعلق ہے وہ ہمارے یہاں ٹھہرنے
دے اولسو گیو اور کلائنٹس ڈسکاؤنٹ۔	They also give our clients discounts.	والوں کے لئے ڈسکاؤنٹ بھی دیتے ہیں۔
او کے۔ کڈ یو پلیز	**Sudhir :** O.K. Could you please	سدھیر : ٹھیک ہے۔ کیا آپ مجھے
ویک می اپ ایٹ سکس ان د مورننگ؟	wake me up at six in the morning?	صبح چھ بجے اٹھا دیں گے؟
ییس شیور! یور کیز سر،	**Receptionist :** Yes sure. Your keys, sir, room	ریسپشنسٹ : جی ضرور۔ آپ کی
روم نمبر ایٹی فائیو ان د سکنڈ فلور	number eighty-five on the second floor.	چابیاں سر۔ دوسری منزل پر کمرہ نمبر ۸۵
تھینک یو۔	**Sudhir :** Thank you.	سدھیر : تھینک یو۔
ہیو اے نائس اسٹے سر!	**Receptionist :** Have a nice stay, sir!	ریسپشنسٹ : آپ کا قیام مبارک ہو۔

An Interview for the Child's Admission (این انٹرویو فور د چائلڈز ایڈمیشن) بچے کے داخلہ کے لئے ایک انٹرویو

(والدین بچے کے ساتھ پرنسپل کے دفتر میں آتے ہیں)

گڈ مورننگ سر۔	**Father :** Good morning, sir.	والد : گڈ مورننگ، سر۔
گڈ مورننگ۔ پلیز سٹ ڈاؤن۔	**Principal :** Good morning, please sit down.	پرنسپل : گڈ مورننگ، بیٹھیے۔
آئی ایم پریش کھنہ۔ مائی وائف سنیتا۔	**Father :** I am Paresh Khanna. My wife, Sunita.	والد : میں پریش کھنہ ہوں اور یہ میری بیگم سنیتا۔
واٹ ڈو یو ڈو مسٹر کھنہ؟	**Principal :** What do you do, Mr. Khanna?	پرنسپل : آپ کیا کرتے ہیں مسٹر کھنہ؟
آئی ایم این اسسٹنٹ منیجر	**Father :** I am an assistant manager in	والد : میں تروپتی فرٹیلائزرز میں
ان تروپتی فرٹیلائزرز۔	Tirupati Fertilizers.	اسسٹنٹ مینیجر ہوں۔
واٹ آر یور کوالی فیکیشنز؟	**Principal :** What are your qualifications?	پرنسپل : آپ کی لیاقت کیا ہے؟
ایم ایس سی کیمسٹری۔	**Father :** M.Sc. Chemistry.	والد : جی میں علم کیمیا میں ایم ایس سی ہوں۔
اینڈ یو مسز کھنہ، واٹ ڈو یو ڈو؟	**Principal :** And you Mrs. Khanna, what do you do?	پرنسپل : اور مسز کھنہ آپ کیا کرتی ہیں؟
آئی ایم اے ہاؤس وائف۔	**Mother :** I am a housewife.	والدہ : جی میں ہاؤس وائف ہوں۔
واٹ آر یور کوالی فیکیشنز؟	**Principal :** What are your qualifications?	پرنسپل : کہاں تک پڑھی ہیں آپ؟
آئی ایم اے بی ایس سی۔	**Mother :** I am a B.Sc.	والدہ : میں بی ایس سی ہوں۔
ہو ٹیچز د چائلڈ ایٹ ہوم؟	**Principal :** Who teaches the child at home?	پرنسپل : بچے کو گھر میں کون پڑھاتا ہے؟
بوتھ اوف اس۔	**Father :** Both of us.	والد : ہم دونوں۔
ہاؤ مچ ٹائم ڈو یو اسپنڈ	**Principal :** How much time do you spend	پرنسپل : مسٹر کھنہ آپ بچے کے ساتھ
ود د چائلڈ، مسٹر کھنہ؟	with the child, Mr. Khanna.	کتنا وقت گزارتے ہیں؟
ایٹ لسٹ ٹو آورس ڈیلی۔ آئی کم بیک	**Father :** At least two hours daily.	والد : کم سے کم دو گھنٹے روز۔ میں
فروم آفس اراؤنڈ سکس او کلوک	I come back from office around 6 o'clock	آفس سے قریب ۶ بجے گھر لوٹتا ہوں۔
ان د ایوننگ، فروم سکس تھرٹی ٹو ایٹ تھرٹی	in the evening. From 6:30 to 8:30,	ساڑھے چھ بجے سے ساڑھے آٹھ بجے تک
آئی پلے ود سمیتا اینڈ ٹیچ ہر۔	I play with Smita and teach her.	میں سمیتا کے ساتھ کھیلتا ہوں اور اسے پڑھاتا ہوں۔
آئی سی۔ اینڈ یو مسز کھنہ	**Principal :** I see. And you, Mrs.	پرنسپل : اچھا، اور آپ مسز کھنہ؟
وین ڈو یو ٹیچ ہر؟	Khanna, when do you teach her?	آپ اسے کب پڑھاتی ہیں؟

والدہ : زیادہ تر دوپہر میں۔	**Mother :** Mostly in the afternoon. After	موسٹلی ان دا آفٹرنون۔ آفٹر آئی ایم
جب میں گھر کے کام سے خالی ہوتی ہوں۔	I'm free from the household chores.	فری فروم دہاؤس ہولڈ چورز۔
پرنسپل : آپ بچے کو اسی اسکول میں	**Principal :** Why do you want to	وائی ڈو یو وانٹ ٹو
بھرتی کرانا کیوں چاہتے ہیں؟	admit your child here?	ایڈمٹ یور چائلڈ ہیئر؟
ماں : اسکول کا کافی نام ہے۔	**Mother :** This school has a very good reputation.	دس اسکول ہیز اے ویری گڈ ریپوٹیشن
اسکے علاوہ ہمارے گھر کے پاس ہے۔	Besides, it is close to our house.	بسائڈز اٹ از کلوز ٹو آور ہاؤس۔

(پرنسپل بچی سمتا سے بات کرتا ہے)

پرنسپل : بچے تمہارا نام کیا ہے؟	**Principal :** What's your name child?	واٹس یور نیم چائلڈ؟
سمیتا : اسمتا کھنا۔	**Smita :** Smita Khanna.	سمیتا کھنا۔
پرنسپل : تمہارے پاپا کا کیا نام ہے؟	**Principal :** And your father's name?	اینڈ یور فادرز نیم؟
سمیتا : مسٹر پریش کھنا۔	**Smita :** Mr. Paresh Khanna.	مسٹر پریش کھنا۔
پرنسپل : تم کہاں رہتی ہو؟	**Principal :** Where do you live?	ویئر ڈو یو لیو؟
سمیتا : اے۔۷۹۶ لکشمی نگر۔	**Smita :** A-796, Laxmi Nagar.	اے۔۷۹۶ لکشمی نگر۔
پرنسپل : تمہیں پہاڑے آتے ہیں؟	**Principal :** Do you know tables?	ڈو یو نو ٹیبلز؟
سمیتا : جی ۲ سے ۱۰ تک	**Smita :** Yes, two to ten.	یس، ٹو ٹو ٹین۔
پرنسپل : کوئی نرسری رائم یاد ہے؟	**Principal :** Do you know any nursery rhyme?	ڈو یو نو اینی نرسری رائم؟
سمیتا : جی کئی۔	**Smita :** Yes, many.	یس، مینی۔
پرنسپل : ایک سناؤ۔	**Principal :** Recite one.	رسائٹ ون۔

(بچی ٹوئنکل ٹوئنکل لٹل اسٹار سناتی ہے)

پرنسپل : (ایک تصویر دکھاکر) یہ کیا ہے؟	**Principal :** *(Showing a picture)* What is this?	واٹ از دس؟
سمیتا : ایروپلین (ہوائی جہاز)۔	**Smita :** An aeroplane.	این ایروپلین۔
پرنسپل : اسپیلنگ بتا سکتی ہو؟	**Principal :** Can you spell the word?	کین یو اسپیل د ورڈ؟
سمیتا : جی۔ (اسپیلنگ بتاتی ہے)	**Smita :** Yes.	یس
پرنسپل : اچھا بتاؤ۔ گرم کپڑا	**Principal :** O.K. tell me when do you	اوکے ٹیل می وین ڈو یو
کب پہنتے ہیں؟	wear woollen clothes?	ویئر وولن کلوتھس؟
سمیتا : سردی میں۔	**Smita :** In winter.	ان ونٹر۔
پرنسپل : ہم بارش میں باہر جاتے	**Principal :** What do you carry	واٹ ڈو یو کیری
ہوئے کیا لیکر جاتے ہیں؟	when you go out in rain?	وین یو گو آؤٹ ان رین؟
سمیتا : امبریلا (چھاتا)۔	**Smita :** Umbrella.	امبریلا۔
پرنسپل : ٹریفک لائٹ میں	**Principal :** How many colours are	ہاؤ مینی کلرز آر
کتنے رنگ ہوتے ہیں؟	there in a traffic light?	دیئر ان اے ٹریفک لائٹ؟
سمیتا : تین۔	**Smita :** Three.	تھری۔
پرنسپل : نام بتاؤ۔	**Principal :** Name them.	نیم دیم۔
سمیتا : ہرا، پیلا اور لال؟	**Smita :** Green, yellow and red.	گرین، یلو اینڈ ریڈ۔
پرنسپل : ٹریفک کے کیلئے ہرے کا کیا مطلب ہوتا ہے؟	**Principal :** What does green mean for traffic?	واٹ ڈز گرین مین فور ٹریفک؟
سمیتا : چلو۔	**Smita :** Go.	گو۔

اینڈ ریڈ؟	**Principal :** And the red.	پرنسپل : اور لال کا؟
اسٹوپ۔	**Smita :** Stop.	سمیتا : رکو۔
وین ڈو یو کروس د روڈ؟	**Principal :** When do you cross the road?	پرنسپل : تم سڑک کب پار کرتے ہو؟
وین دلائٹ از ریڈ۔	**Smita :** When the light is red.	سمیتا : جب بتی لال ہوتی ہے۔
ویئر ڈو یو واک	**Principal :** Where do you walk	پرنسپل : سڑک پار کرتے ہوئے
وائل کراسنگ د روڈ؟	while crossing the road?	کہاں پر چلنا چاہیئے؟
اون د زیبرا کراسنگ۔	**Smita :** On the zebra-crossing.	سمیتا : زیبرا کراسنگ پر۔
گڈ! او کے مسٹر کھنا۔	**Principal :** Good! O.K. Mr. Khanna,	پرنسپل : شاباش، ٹھیک ہے مسٹر کھنا۔
وی ول ایڈمٹ یور چائیلڈ؟	we will admit your child?	ہم آپ کی بچی کو داخل کرلیں گے۔
تھینک یو سر۔	**Father :** Thank you, sir.	والد : شکریہ جناب۔

With the Class Teacher (ود د کلاس ٹیچر) — کلاس ٹیچر سے بات چیت

گڈ آفٹر نون مسز سین۔	**Mother :** Good afternoon Mrs. Sen.	بچے کی ماں : آداب عرض، مسز سین۔
آئی ایم پونم شرما شیلیز مدر۔	I am Poonam Sharma, Shelly's mother.	میں شیلی کی ماں پونم شرما ہوں۔
شیلی ٹولڈمی یو وانٹیڈ ٹو سی می۔	Shelly told me, you wanted to see me.	شیلی نے بتایا کی آپ مجھ سے ملنا چاہتی ہیں۔
یس پلیز۔سٹ ڈاؤن۔	**Class Teacher :** Yes, please sit down.	کلاس ٹیچر : جی بیٹھئے۔یہ رہی شیلی کی ماہانہ
ہیئر از شیلیز منتھلی پروگریس رپورٹ۔	Here is Shelly's monthly progress report.	رپورٹ۔وہ دو مضمون میں فیل ہے۔
شی ہیز فیلڈ ان ٹو سبجکٹس۔	She has failed in two subjects.	
یس، شی واز ان ویل	**Mother :** Yes she was unwell	ماں : جی! وہ حساب کے ٹسٹ میں بیمار تھی۔
ڈیورنگ دمیتھس ٹیسٹ۔	during the Maths test.	
فائن۔بٹ واٹ اباؤٹ انگلش؟	**Class Teacher :** Fine, but what about English?	کلاس ٹیچر : ٹھیک ہے پر انگلش میں کیا ہوا؟
شی گوٹ اونلی تھری مارکس آؤٹ	She got only 3 marks out	اسے دس میں سے کل تین نمبر ملے۔
اوف ٹین۔ان سوشل اسٹڈیز اولسو،	of 10. In Social Studies also,	سماجیات میں بھی
شی ہیز بیئرلی گوٹ پاس مارکس۔	she has barely got pass marks.	وہ مشکل سے پاس ہوئی ہے۔
یس، ایکچو ئیلی ایون آئم کوائٹ	**Mother :** Yes. Actually, even I'm quite	ماں : ہاں! دراصل میں بھی اسکے بارے
وریڈ اباؤٹ ہر، شیلی ڈزنٹ	worried about her. Shelly doesn't	میں کافی پریشان ہوں۔
ٹیک انٹرسٹ ان اسٹڈیز۔	take interest in studies.	پڑھائی میں دلچسپی نہیں لیتی۔
آئی تھنک شی از کوائٹ	**Class Teacher :** I think, she is quite	ٹیچر : میرے خیال سے اسکی صحت کمزور ہے۔
ویک فزیکلی۔	weak physically.	
یس، یو آر رائٹ۔شی اولسو	**Mother :** Yes, you are right. She also	ماں : جی آپ ٹھیک کہتی ہیں۔اکثر وہ سر
کمپلینس اوف اہیڈک ویری اوفن۔	complains of a headache very often.	درد کی بھی شکایت کرتی ہے
پلیز، گیٹ ہر آئیز ٹیسٹڈ	**Class Teacher :** Please get her eyes tested.	کلاس ٹیچر : آپ اس کی آنکھیں ٹیسٹ کروائیے
آئی ہیونوٹسڈ دیٹ شی از ایبل ٹو ریڈ د	I have noticed that she is unable to read the	میں نے نوٹ کیا ہے کہ وہ بلیک بورڈ
بلیک بورڈ پروپرلی۔	blackboard properly.	ٹھیک سے نہیں پڑھ پاتی۔
آئی ول ٹیک ہر ٹو این آئی	**Mother :** I will take her to an eye	ماں : میں آج ہی اسے آنکھوں کے ڈاکٹر کے پاس

اسپیشلسٹ ٹوڈے اٹ سیلف۔ آئل اولسو	specialist today itself. I'll also	لے جاؤں گی۔ میں ڈاکٹر سے اس کی صحت کے
کنسلٹ دِدڈاکٹر ریگارڈنگ ہر جنرل ہیلتھ۔	consult the doctor regarding her general health.	بارے میں بھی صلاح ومشورہ کروں گی۔
بسائیڈس شیلی نیڈس	**Class Teacher :** Besides, Shelly needs	کلاس ٹیچر : اسکے علاوہ، شیلی کو میتھس اور
اکسٹرا کوچنگ ان میتھس اینڈ انگلش۔	extra coaching in Maths and English.	انگلش میں الگ سے پڑھانے کی ضرورت ہے۔
ہو ٹیچس ہر ایٹ ہوم؟	Who teaches her at home?	گھر میں اسے کون پڑھاتا ہے؟
آئی ڈو۔ بٹ آئی مسٹ ایڈمٹ دیٹ	**Mother :** I do. But I must admit that	ماں : میں ہی پڑھاتی ہوں۔ پر میں مانتی
آئی ایم نوٹ ویری ریگولر۔	I am not very regular.	ہوں کہ میں اسے باقاعدگی سے نہیں پڑھاتی۔
پلیز بی ریگولر ان فیوچر۔	**Class Teacher :** Please be regular in future.	کلاس ٹیچر: برائے مہربانی آئندہ باقاعدگی سے پڑھائیے
شیلیز ہینڈرائٹنگ از ویری بیڈ	Shelly's handwriting is very bad.	شیلی کی لکھائی بھی کافی خراب ہے۔
شی مسٹ پریکٹس ہینڈرائٹنگ ایٹ ہوم۔	She must practise handwriting at home.	اس کیلئے گھر پر لکھائی کی پریکٹس ضروری ہے۔
یس آئیل ڈیفینیٹلی	**Mother :** Yes, I'll definitely pay more	ماں : میں اب ضرور اس کی
پے مور اٹینشن ٹو ہر ناؤ۔	attention to her now.	طرف پہلے سے زیادہ دھیان دونگی۔
پلیز ڈو دیٹ شیلی از این	**Class Teacher :** Please do that. Shelly is an	کلاس ٹیچر : برائے مہربانی ایسا ہی کیجئے۔ شیلی
انٹلی جینٹ اینڈ ویل بیہیوڈ گرل	intelligent and well-behaved girl . With a	ایک ہوشیار اور اچھے اخلاق والی
ود اے لٹل افورٹ شی ول ڈفنٹلی امپرو۔	little effort, she will definitely improve.	بچی ہے۔ تھوڑی کوشش سے
		ہی اس میں ضرور فرق آئے گا۔
آئی ول ٹرائی مائی بسٹ۔ تھینک یو	**Mother :** I will try my best.Thank you	ماں : میں پوری کوشش کرونگی مسز سین
ویری مچ مسز سین۔ پلیز کیپ می	very much Mrs. Sen. Please keep me	آپ کا بہت بہت شکریہ۔ برائے مہربانی اس کی
انفورمڈ اباؤٹ ہر پروگریس۔	informed about her progress.	ترقی کے بارے میں مجھے خبر کرتی رہا کریں۔
یس، اوف کورس۔	**Class Teacher :** Yes, of course.	کلاس ٹیچر : جی ضرور۔
اوکے بائی مسز سین۔	**Mother :** O.K. Bye, Mrs. Sen.	ماں : اچھا۔ آداب عرض مسز سین۔

Complaints (کمپلینٹس) شکایتیں

Electricity Failure (الیکٹریسٹی فیلیور) بجلی فیل ہونے پر

از دیٹ الیکٹریسیٹی	**Mr. Lal :** (*On the phone*) Is that	مسٹر لال: (فون پر) بجلی شکایت
کمپلینٹس ،شاہدرہ؟	Electricity Complaints, Shahdara?	شاہدرہ سے بول رہے ہیں؟
یس۔	**Clerk :** Yes.	کلرک : جی ہاں۔
گڈ مورننگ۔ آئی ایم اسپیکنگ	**Mr. Lal :** Good morning, I am speaking from	مسٹر لال : آداب عرض۔ میں نیو کولونی
فروم نیو کولونی۔ دیئر از نو الکٹریسٹی	New Colony. There is no electricity in	سے بول رہا ہوں۔ ہمارے محلے
ان آور لوکیلٹی فور دَ لاسٹ ٹن آورز۔	our locality for the last ten hours.	میں پچھلے دس گھنٹے سے بجلی گئی ہوئی ہے۔
یس، دیئر ہیز بین اے بریک ڈاؤن۔	**Clerk :** Yes, there has been a breakdown.	کلرک : جی ہاں، بریک ڈاؤن ہوگیا ہے۔
اَور مین آر ایٹ ورک	Our men are at work.	ہمارے آدمی کام پر لگے ہیں۔
ان ہاؤ مچ ٹائم شڈ	**Mr. Lal :** In how much time should	مسٹر لال: کب تک بجلی
وی ایکسپکٹ دِ الیکٹریسٹی؟	we expect the electricity?	آنے کی امید کریں؟

کلرک : قریب ایک گھنٹہ میں۔	**Clerk :** In about an hour.	ان اباؤٹ این آور۔
مسٹرلال : اچھا، شکریہ	**Mr. Lal :** Thank you.	تھینک یو۔

ٹیلیفون کی گڑبڑی **Telephone Disorder** (ٹیلیفون ڈس آرڈر)

مسٹرکھرانا : (پبلک ٹیلیفون پر) ٹیلیفون شکایت	**Mr. Khurana :** *(calling from P.C.O.)*	
دریا گنج سے بول رہے ہیں؟	Is that Telephone Complaints, Daryaganj?	از دیٹ ٹیلیفون کمپلینٹس، دریا گنج؟
کلرک : جی ہاں۔	**Clerk :** Yes.	یس۔
مسٹرکھرانا : میں ۳۸۵ ایف دریا گنج سے بول رہا ہوں۔	**Mr. Khurana :** I am speaking from F-385,	آئی ایم اسپیکنگ فروم ۳۸۵ ایف دریا گنج
ہمارا ٹیلیفون خراب ہے۔	Daryaganj. Our telephone is out of order.	آور ٹیلیفون از آؤٹ اوف آرڈر
کلرک : اپنا ٹیلیفون نمبر بتائیے؟	**Clerk :** What is your telephone number?	واٹ از یور ٹیلیفون نمبر؟
مسٹرکھرانا : ۲۳۳۴۵۷۰۳ مجھے	**Mr. Khurana :** 23345703. Could you give me	۲۳۳۴۵۷۰۳، کڈ یو گیومی
کمپلینٹ نمبر دیں گے؟	complaint number, please?	کمپلینٹ نمبر، پلیز؟
کلرک : ڈی-۷۶	**Clerk :** D-76.	ڈی-۷۶
مسٹرکھرانا : شکریہ، ذرا جلدی ٹھیک کرادیجئے۔	**Mr. Khurana :** Thank you.	تھینک یو۔
	Please get it repaired fast.	پلیز گیٹ اٹ ریپیئرڈ فاسٹ
کلرک : جی ہاں جلدی کرادیں گے۔	**Clerk :** Yes, it will be done soon.	یس، اٹ ول بی ڈن سون۔

مشین میں نقص کی شکایتیں **Complaining about a Faulty Gadget** (کمپلیننگ اباؤٹ اے فولٹی گجٹ)

سیلزمین : (گاہک سے) گڈ مورننگ	**Salesman :** *(to the customer)* Good morning,	گڈ مورننگ
میڈم کیا خدمت کروں؟	madam. Can I help you?	میڈم کین آئی ہیلپ یو؟
گاہک : میں ایک شکایت لے کر آئی ہوں۔	**Customer :** Yes, I have a complaint.	یس آئی ہیو اے کمپلینٹ۔
سیلزمین : جی کہئے۔	**Salesman :** Yes, please.	یس پلیز۔
گاہک : میں نے پچھلے ہفتے آپ کی دکان	**Customer :** I bought this mixer-grinder last	آئی باؤٹ دس مکسر گرائینڈر لاسٹ ویک
سے یہ مکسر گرائنڈر خریدا تھا۔	week from your shop.	فروم یور شوپ۔
یہ ٹھیک سے کام نہیں کرتا۔	It doesn't work properly.	اٹ ڈزنٹ ورک پروپرلی۔
سیلزمین : دکھائیے، کیا شکایت ہے؟	**Salesman :** Let me see. What is the problem, madam?	لیٹ می سی۔ واٹ از دپرابلم میڈم؟
گاہک : گرائنڈر شور بہت مچاتا ہے	**Customer :** The grinder makes too	د گرائینڈر میکس ٹو مچ نوائیز اینڈ
اور کچھ بھی باریک نہیں پیستا۔	much noise and doesn't grind anything fine.	ڈزنٹ گرائنڈ اینی تھنگ فائن۔
بلینڈر بھی ٹھیک سے کام نہیں کرتا ہے۔	And the blender doesn't mix anything properly.	اینڈ دبلینڈر ڈزنٹ مکس اینی تھنگ پروپرلی۔
سیلزمین : اچھا اسکی گارنٹی ہے؟	**Salesman :** I see. Does it have a guarantee?	آئی سی۔ ڈزاٹ ہیو اے گارنٹی؟
گاہک : جی ہاں ایک سال۔	**Customer :** Yes, one year.	یس، ون ایئر۔
سیلزمین : ٹھیک ہے میڈم آپ مشین ہمارے	**Salesman :** Alright madam. Leave the machine	اول رائٹ میڈم۔
پاس چھوڑ دیجئے۔ میں اسے کمپنی کے	with us. I will send it to the company's	لیو دمشین ود اس۔ آئی ول سینڈ
ورک شوپ میں مرمت کے لئے بھیج دونگا۔	workshop for repair.	اٹ ٹو دَ کمپنیز ورک شاپ فور ریپیئر۔
گاہک : آپ پیس ہی کیوں نہیں بدل دیتے	**Customer :** Can't you change the piece	کانٹ یو چینج دپیس
یا پھر پیسے واپس کردیں۔	or refund the money?	اور رفنڈ دمنی؟
سیلزمین : اگر نقص ٹھیک نہ ہوا تو پیس	**Salesman :** We will change the piece	وی ول چینج دپیس

اف دَ فولٹ کانٹ بی	if the fault can't	بدل دیں گے۔
ریپرڈ۔ بٹ وی کانٹ رفنڈ دمنی۔	be repaired. But we can't refund the money.	لیکن پیسے واپس نہیں ہو سکتے۔
وین شڈ آئی کم بیک؟	**Customer :** When should I come back?	گاہک : تو پھر میں کب آؤں؟
نیکسٹ ویک ویزڈے۔	**Salesman :** Next week, Wednesday.	سیلزمین : اگلے ہفتے بدھ کو۔
اول رائٹ، تھینک یو۔	**Customer :** Alright. Thank you.	گاہک : ٹھیک ہے، شکریہ۔

Complaining about Things in General (کمپلیننگ اباؤٹ تھنگس ان جنرل) روزانہ کی شکایتیں

ہلو مسز کارتک۔	**Mrs. Sharma :** Hello Mrs. Kartik.	مسز شرما : ہلو مسز کارتک۔
ہلو مسز شرما۔ ہاؤ آر یو؟	**Mrs. Kartik :** Hello Mrs. Sharma. How are you?	مسز کارتک : ہلو مسز شرما، کیسی ہیں؟
فائن۔ ویئر آر یو کمنگ فروم؟	**Mrs. Sharma :** Fine. Where are you coming from?	مسز شرما : ٹھیک ہوں۔ کہاں سے آ رہی ہیں؟
مارکیٹ۔ اینڈ یو؟	**Mrs. Kartik :** Market. And you?	مسز کارتک : بازار سے۔ اور آپ؟
آئی ٹو وینٹ ٹو مارکیٹ۔ گوڈ!	**Mrs. Sharma :** I too went to market. God!	مسز شرما : میں بازار گئی تھی۔ اف!
ہاؤ ایکس پینسیو دَ تھنگس ہیو بکم!	How expensive the things have become.	چیزیں کتنی مہنگی ہو گئی ہیں۔
اِٹس ٹریبل رئیلی۔	**Mrs. Kartik :** It's terrible really.	مسز کارتک : واقعی بڑی بری حالت ہے۔
دَ پرائیسز آر شوٹنگ اپ ایوری ڈے۔	The prices are shooting up everyday.	ہر روز مہنگائی بڑھ رہی ہے۔
اِٹس ہارڈ ٹو سروائیو دیز ڈیز۔	**Mrs. Sharma :** It's hard to survive these days.	مسز شرما : آج کل تو زندہ رہنا مشکل ہے۔
ہیز یور سرونٹ ریٹرنڈ؟	Has your servant returned?	آپ کی نوکرانی واپس آ گئی؟
نو، شی از آسکنگ فور ریز اگین۔	**Mrs. Kartik :** No, she is asking for a raise again.	مسز کارتک : جی نہیں! وہ پھر سے پیسے
لاسٹ منتھ اونلی	Last month only	بڑھانے کو کہہ رہی ہے۔ ابھی
آئی انکریزڈ ہر سیلری۔	I increased her salary.	پچھلے مہینے میں نے اس کی تنخواہ بڑھائی تھی۔
نوبڈی وانٹس ٹو ورک دیز ڈیز۔ اول	**Mrs. Sharma :** Nobody wants to work	مسز شرما : آج کل تو کوئی کام کرنا
دے وانٹ از ٹو	these days. All they want is to	ہی نہیں چاہتا۔ بس زیادہ
گیٹ پیڈ مور اینڈ مور۔	get paid more and more.	سے زیادہ پیسہ چاہیے۔
یو آر رائٹ۔	**Mrs. Kartik :** You are right.	مسز کارتک : ٹھیک کہتی ہیں آپ۔
او گوڈ! ہاؤ ہوٹ اٹ از؟	Oh God! How hot it is?	یا اللہ! اف کتنی گرمی ہے۔
یس! اینڈ اون ٹوپ اوف اٹ،	**Mrs. Sharma :** Yes, and on top of it,	مسز شرما : جی ہاں! اور اوپر سے
نو الیکٹریسیٹی ان آور کولونی۔	no electricity ir. our colony.	ہماری کولونی میں بجلی نہیں ہے۔
دیز پاور کٹس آر ان بیئریبل۔	**Mrs. Kartik :** These power cuts are	مسز کارتک : یہ پاور کٹس (بجلی کی کٹوتیاں) تو برداشت
آئی کالڈ دَ کمپلینٹس	unbearable. I called the complaints	سے باہر ہیں۔ میں نے کمپلینٹس فون
بٹ نوبڈی از لفٹنگ دَ فون	but nobody is lifting the phone.	کیا تھا پر کوئی فون ہی نہیں اٹھا رہا ہے۔
مائی فون ہیز بین آؤٹ اوف آرڈر فور دَ	**Mrs. Sharma :** My phone has been out of order	مسز شرما : میرا فون پچھلے پندرہ دنوں سے خراب
لاسٹ ففٹین ڈیز۔ مائی ہسبینڈ لوجڈ	for the last fifteen days. My husband lodged	پڑا ہے۔ میرے شوہر نے تین
دَ کمپلینٹس تھری فور ٹائمز بٹ دیئر	the complaints 3-4 times but there	چار بار شکایت کی ہے
از نو رسپونس۔	is no response.	پر کوئی نتیجہ نہیں نکلا۔
دیئر از کرپشن ان اول دَ ڈیپارٹمینٹس	**Mrs. Kartik :** There is corruption in all the departments.	مسز کارتک : سبھی محکموں میں
ایوری بڈی وانٹس ہز پالم ٹو بی گریزڈ۔	Everybody wants his palm to be greased.	دھاندلی ہے ہر کسی کو رشوت چاہیے۔
یو آر رائٹ۔	**Mrs. Sharma :** You are right. (*A car speeds by*)	مسز شرما : آپ ٹھیک کہتی ہیں (ایک کار

لک ایٹ دَ وے ہیز ڈرائیونگ۔	Look at the way he's driving. There's no	تیزی سے گزرتی ہے) دیکھئے تو
دیئر زنو کنسڈریشن فور دپیڈسٹرئینز۔	consideration for the pedestrians.	ذرا کیسے گاڑی چلا رہا ہے۔ پیدل
		چلنے والوں کی تو کسی کو فکر ہی نہیں۔
ڈڈیو سی دا اماؤنٹ اوف اکزوسٹ	**Mrs. Kartik :** Did you see the amount of exhaust	مسز کارتک : اور دیکھا آپ نے گاڑی
کمنگ آؤٹ اوف د وہیکل؟	coming out of the vehicle?	سے کتنا دھواں نکل رہا تھا؟
اول دس ٹوک اباؤٹ ٹریفک اینڈ	All this talk about traffic and	ٹریفک اور کثافت کنٹرول کے
پولوشن کنٹرول ہیز نو میننگ۔	pollution control has no meaning.	اتنے شور کا کوئی مطلب نہیں۔
لائف ان بگ سیٹیز از فل	**Mrs. Sharma :** Life in big cities is full	مسز شرما : بڑے شہروں کی زندگی تو
اوف ہزارڈس۔	of hazards.	خطروں سے بھری پڑی ہے۔
لیس، بٹ وی ہیو نو چوائس۔ او کے مسز شرما	**Mrs. Kartik :** Yes, but we have no choice. O.K.	مسز کارتک : ہاں! لیکن اور راستہ بھی کیا ہے
پلیز ڈروپ ان سم ٹائم۔	Mrs. Sharma, please drop in sometime.	اچھا مسز شرما کبھی آیئے نا۔
لیس۔ یوٹو مسز کارتک۔	**Mrs. Sharma :** Yes, you too, Mrs. Kartik.	مسز شرما : جی ہاں! آپ بھی مسز کارتک۔
بائی سی یو۔	Bye, see you.	خدا حافظ

ہونے والے شوہر کے بارے میں معلومات (انکوائرنگ اباؤٹ د پروسپیکٹو برائیڈ گروم)

Inquiring About the Prospective Bridegroom

ہلو مسٹر پوری، واٹ اے سرپرائز!	**Mr. Dutt :** Hello Mr. Puri, what a surprise!	مسٹر دت: ارے واہ مسٹر پوری۔
پلیز کم ان اینڈ ہیو اے سیٹ۔	Please come in and have a seat.	آیئے، اندر آیئے، بیٹھیے۔
تھینک یو مسٹر دت۔	**Mr. Puri :** Thank you Mr. Dutt.	مسٹر پوری : شکریہ۔ مسٹر دت۔
سو ہاؤ از ایوری تھنگ؟	**Mr. Dutt :** So, how is everything?	مسٹر دت : اور کیا خبر ہے؟
فائن، ہاؤ از یور ہیلتھ ناؤ؟	**Mr. Puri :** Fine, how is your health now?	مسٹر پوری : ٹھیک ہے۔ اب آپ کی صحت کیسی ہے؟
مچ بٹر۔ تھینک یو۔ واٹ ووڈ یو	**Mr. Dutt :** Much better, thank you.	مسٹر دت : پہلے سے کافی اچھی ہے۔ شکریہ۔
لائک ٹو ہیو، ٹی اور کوفی؟	What would you like to have, tea or coffee?	کیا پسند کریں گے، چائے یا کوفی؟
نتھنگ، تھینکس۔ ایکچوئلی مسٹر دت	**Mr. Puri :** Nothing, thanks. Actually, Mr. Dutt,	مسٹر پوری : کچھ بھی نہیں مسٹر دت۔
آئی نیڈ یور ہیلپ ان سمتھنگ	I need your help in something.	مسٹر دت : دراصل مجھے آپ کی کچھ مدد چاہیے۔
لیس واٹ کین آئی ڈو فور یو؟	**Mr. Dutt :** Yes, what can I do for you?	مسٹر دت : جی ہاں، بتایئے۔ کیا کر سکتا ہوں؟
ڈو یو نو مسٹر کپور،	**Mr. Puri :** Do you know Mr. Kapoor,	مسٹر پوری : آپ کے دفتر میں ایک مسٹر کپور ہیں۔
د اسسٹنٹ منیجر ان یور اوفس؟	the Assistant Manager in your office?	اسسٹنٹ منیجر۔ کیا آپ انہیں جانتے ہیں؟
لیس۔	**Mr. Dutt :** Yes.	مسٹر دت : جی ہاں۔
اینڈ اولسو دَ فیملی؟	**Mr. Puri :** And also the family?	مسٹر پوری : اور ان کی فیملی کو بھی؟
لیس آئی نو دیم۔	**Mr. Dutt :** Yes, I know them.	مسٹر دت : جی ہاں! جانتا ہوں۔
ایکچوئیلی، وی آر کنسڈرنگ	**Mr. Puri :** Actually, we are considering	مسٹر پوری : دراصل مسٹر کپور کے بیٹے اور
اے میچ بٹوین مسٹر کپورز سن	a match between Mr. Kapoor's son	میری بیٹی رینو کے بیچ
اینڈ مائی ڈاؤٹر رینو۔	and my daughter, Renu.	رشتے کی بات چل رہی ہے۔
او! آئی سی۔	**Mr. Dutt :** Oh, I see.	مسٹر دت : او اچھا!

کڈ یو گیو می سم انفورمیشن رگارڈنگ د بوائے اینڈ دفیملی؟	**Mr. Puri :** Could you give me some information regarding the boy and the family?	مسٹر پوری : کیا آپ لڑکے اوراس کے خاندان کے بارے میں بتائیں گے؟
ویل! دکپورس آر ویری رسپیکٹیبل پیپل۔ مسٹر کپور اولسوازاے نائس اینڈ ہیلپ فل پرسن۔	**Mr. Dutt :** Well, the Kapoors are very respectable people. Mr. Kapoor also is a nice and helpful person.	مسٹر دت : جی۔ کپور خاندان کے آدمی اچھے خاصے عزت دار ہیں۔ کپور صاحب بھی اچھے اور مدد کرنے والے آدمی ہیں۔
ہاؤمینی ممبرس آر دیئر ان د فیملی؟	**Mr. Puri :** How many members are there in the family?	مسٹر پوری : گھر میں کتنے لوگ ہیں؟
فائیو۔ مسٹر اینڈ مسز کپور، دیئر ٹو چلڈرن راہل اینڈ پریا اینڈ مسٹر کپورز مدر ہواولسو اسٹیز ودہم۔	**Mr. Dutt :** Five. Mr. and Mrs. Kapoor, their two children, Rahul and Priya and Mr. Kapoor's mother who also stays with him.	مسٹر دت : پانچ۔ مسٹر اور مسز کپور ان کے دو بچے راہل اور پریا اور مسٹر کپور کی ماں جوان کے ساتھ رہتی ہیں۔
واٹ ڈز راہل ڈو؟	**Mr. Puri :** What does Rahul do?	مسٹر پوری : راہل کیا کرتا ہے؟
ہی از اے مارکٹنگ ایگزیکیوٹو ان نویگ انڈسٹریز۔	**Mr. Dutt :** He is a marketing executive in Navyug Industries.	مسٹر دت : نویگ انڈسٹریز میں۔ مارکٹنگ ایگزیکیوٹو ہے۔
ویئر از ہز اوفس؟	**Mr. Puri :** Where is his office?	مسٹر پوری : اس کا دفتر کہاں ہے؟
ان نوئیڈا۔	**Mr. Dutt :** In Noida.	مسٹر دت : نوئیڈا میں۔
واٹ مسٹ بی ہز ایج؟	**Mr. Puri :** What must be his age?	مسٹر پوری : کیا عمر ہوگی اس کی؟
اباؤٹ ٹوئنٹی سکس اور ٹوئنٹی سیون۔	**Mr. Dutt :** About 26 or 27.	مسٹر دت : میرے خیال میں ۲۶ یا ۲۷ کے قریب
واٹ مسٹ بی ہز اپروکسمیٹ سیلری؟	**Mr. Puri :** What must be his approximate salary?	امسٹر پوری : اندازاً اسکی تنخواہ کیا ہوگی؟
اراؤنڈ فائیو تھاؤزینڈ آئی تھنک۔	**Mr. Dutt :** Around Rs. 5,000/- I think.	مسٹر دت : میرے خیال میں پانچ ہزار کے قریب
کڈ یو ٹیل می سم تھنگ اباؤٹ ہز نیچر؟	**Mr. Puri :** Could you tell me something about his nature?	مسٹر پوری : اس کی عادت کے بارے میں کچھ بتا سکتے ہیں۔
ہی از اے نائس بوائے ویری رسپیکٹ فل۔	**Mr.Dutt :** He is a nice boy. Very respectful.	مسٹر دت : اچھا لڑکا ہے۔ بڑی عزت سے پیش آتا ہے۔
پلیز ٹیل می سم تھنگ اباؤٹ مسٹر کپورز فائنشیل اسٹیٹس۔	**Mr. Puri :** Please tell me something about Mr. Kapoor's financial status.	مسٹر پوری : مسٹر کپور کی مالی حالات کے بارے میں کچھ بتائیے۔
آئی تھنک دے آر کوائٹ ویل ٹو ڈو۔ مسٹر کپورز سیلری الون مسٹ بی اراؤنڈ ایٹ تھاؤزینڈ۔ دے لیوان دیئر اون ہاؤس ان پنجابی باغ۔	**Mr. Dutt :** I think they are quite well to do. Mr. Kapoor's salary alone must be around Rs. 8,000/-. They live in their own house in Punjabi Bagh.	مسٹر دت : میرے خیال سے اچھے کھاتے پیتے لوگ ہیں۔ اکیلے مسٹر پوری کی تنخواہ ہی ۸۰۰۰/ ہوگی پنجابی باغ میں اپنے مکان میں رہتے ہیں۔
از دیئر ڈاؤٹر میرڈ؟	**Mr. Puri :** Is their daughter married?	مسٹر پوری : ان کی بیٹی شادی شدہ ہے؟
نو، شی از ان کالج۔ شی از ینگر ٹو راہل۔	**Mr. Dutt :** No, she is in college. She is younger to Rahul.	مسٹر دت : نہیں، کالج میں پڑھ رہی ہے راہل سے چھوٹی ہے۔
واٹ اباؤٹ ڈرنکنگ اینڈ اسموکنگ ان د فیملی؟	**Mr. Puri :** What about drinking and smoking in the family?	مسٹر پوری : گھر میں سگریٹ شراب وغیرہ کے بارے میں؟
ویل، ایز فار ایز آئی نو نائیدر مسٹر کپور نور راہل اسموکس۔ اباؤٹ ڈرنکنگ، آئی ڈونٹ نو۔	**Mr. Dutt :** Well, as far as I know, neither Mr. Kapoor nor Rahul smokes. About drinking, I don't know.	مسٹر دت : دیکھیے میرے خیال میں تو مسٹر کپور اور راہل میں سے کوئی سگریٹ نہیں پیتا۔ پینے کے بارے میں کچھ کہنا مشکل ہے۔
یس، آئی انڈراسٹینڈ۔ جسٹ ون	**Mr. Puri :** Yes, I understand. Just one	مسٹر پوری : جی ہاں میں سمجھتا ہوں۔ بس ایک آخری بات

لاسٹ کوئسچن۔ ڈو یو تھنک دے ول ہیو	last question. Do you think they will have	وہ یہ کہ آپ کا کیا خیال ہے لڑکے کی شادی میں
ہائی اکسپکٹیشنز ان دیئر سنز میرج؟	high expectations in their son's marriage?	انہوں نے بڑی امیدیں لگا رکھی ہوں گی؟
واٹ کین آئی سے اباؤٹ دیٹ؟	**Mr. Dutt :** What can I say about that?	مسٹر دت: میں اس معاملے میں کیا کہہ سکتا ہوں؟
اٹ وُوڈ بی بیٹر اف یو آسک دیم یور سیلف۔	It would be better if you ask them yourself.	آپ کا ان سے بات کرنا ہی ٹھیک رہے گا۔
یو آر رائٹ۔	**Mr. Puri :** You are right.	مسٹر پوری : آپ ٹھیک کہتے ہیں۔
تھینک یو ویری مچ۔	Thank you very much	مسٹر دتؔ آپ کی مدد
مسٹر دتؔ فور یور کائنڈ ہیلپ۔	Mr. Dutt for your kind help.	کے لئے بہت بہت شکریہ
یو آر ویلکم۔	**Mr. Dutt :** You are welcome.	مسٹر دت: نہیں کوئی بات نہیں۔
او کے آئل ٹیک یور لیو ناؤ۔	**Mr. Puri :** O.K. I'll take your leave now.	مسٹر پوری : اچھا میں اب چلوں گا۔
پلیز ڈروپ ان سم ٹائم۔	Please drop in some time.	کبھی آپ آیئے گا۔
یس شیور۔ بائی مسٹر پوری۔	**Mr. Dutt :** Yes, sure. Bye, Mr. Puri.	مسٹر دتؔ: جی ضرور بائی! مسٹر پوری۔

Marriage Negotiation (میرج نگوشیئشن) شادی سے متعلق بات چیت

لڑکے اور لڑکی کے والدین کے درمیان پہلی ملاقات (فرسٹ میٹنگ بٹوین دبوائز اینڈ دگرلز پیرنٹس)

First meeting between the boy's & the girl's parents

(مسٹر اور مسز پوری، کپور صاحب کے بیٹے راہل سے اپنی بیٹی رینو کے رشتے کی بات چلانے پہلی بار ان کے گھر آتے ہیں۔ مسٹر کپور دروازہ کھولتے ہیں)

نمسکار۔ آئی ایم رمیش پوری۔	**Mr. Puri :** Namaskar. I am Ramesh Puri.	مسٹر پوری : آداب عرض۔ جی میں رمیش پوری ہوں۔
او مسٹر پوری!	**Mr. Kapoor :** Oh, Mr. Puri!	مسٹر کپور : او مسٹر پوری۔ میں سمیش کپور ہوں، آیئے۔
آئی ایم سمیش کپور۔ پلیز کم ان۔	I am Somesh Kapoor. Please come in.	
پلیز میٹ مائی وائف گیتا۔	**Mr. Puri :** Please meet my wife Geeta.	مسٹر پوری : یہ میری بیگم گیتا ہیں۔
نمسکار۔ مائی وائف میرا۔	**Mr. Kapoor :** Namaskar. My wife Meera.	مسٹر کپور : آداب۔ میری بیگم میرا۔
نمسکار۔	**Mr. & Mrs. Puri :** Namaskar.	مسٹر اور مسز پوری : آداب عرض۔
نمسکار۔ پلیز سٹ ڈاؤن۔	**Mrs. Kapoor :** Namaskar. Please sit down.	مسز کپور : آداب عرض۔

(سبھی بیٹھتے ہیں)

ڈو یو اوریجنلی	**Mr. Puri :** Do you originally	مسٹر پوری : مسٹر کپور کیا آپ خاص
بلونگ ٹو ڈیلہی مسٹر کپور؟	belong to Delhi, Mr. Kapoor?	دہلی ہی کے رہنے والے ہیں؟
نوٹ اوریجنلی مائی پیرنٹس بلونگڈ	**Mr. Kapoor :** Not originally. My parents belonged	مسٹر کپور : جی شروع سے نہیں۔ میرے
ٹو امرت سر بٹ وی ہیو لیوڈ فور	to Amritsar. But we have lived here for	والدین امرت سر سے تھے۔
د لاسٹ ٹوئنٹی ایئرس۔ واٹ اباؤٹ یو؟	the last twenty years. What about you?	پر ہم پچھلے بیس سال سے دہلی
		ہی میں بسے ہیں۔ اور آپ؟
وی بلونگ ٹو ڈیلہی۔ مائی پیرنٹس	**Mr. Puri :** We belong to Delhi. My parents	مسٹر پوری : جی ہم تو دہلی سے ہیں۔ میرے والدین
مائیگریٹڈ ہیئر آفٹر پارٹیشن۔	migrated here after partition.	بٹوارے کے بعد یہاں آ بسے تھے۔
آئی سی۔	**Mr. Kapoor :** I see.	مسٹر کپور : اچھا اچھا۔ آپ نگم صاحب کو کیسے جانتے ہیں؟
ہاؤ ڈو یو نو مسٹر نگم؟	How do you know Mr. Nigam?	

وی آر نیبرز۔	**Mr. Puri :** We are neighbours.	مسٹر پوری : جی ہم پڑوسی ہیں۔ دراصل میں نے
ایکچوئلی آئی ونس آسکڈ ہم	Actually I once asked him	ایک بار ان سے اپنی بیٹی رینو کے لئے
ٹو سجیسٹ اے میچ فور مائی ڈاؤٹر رینو۔	to suggest a match for my daughter, Renu.	کوئی اچھا لڑکا بتانے کے لئے کہا تھا۔
ہی اسپوک ویری ہائلی اوف یور سن اینڈ یور	He spoke very highly of your son and your	انہوں نے آپ کے بیٹے کی بڑی
فیملی اینڈ اولسو گیومی یور فون نمبر۔	family and also gave me your phone number.	تعریف کی اور آپ کا فون نمبر بھی دیا۔
یس، نگم اینڈ آئی ورکڈ	**Mr. Kapoor :** Yes, Nigam and I worked	مسٹر کپور : جی ہاں! نگم اور میں نے
ٹوگیدر فور ٹین ایئرس۔	together for ten years.	دس سال ساتھ کام کیا تھا۔ ہم
وی آر گڈ فرینڈز۔ ہاؤ از ہی؟	We are good friends. How is he?	اچھے دوست ہیں۔ کیسے ہیں وہ؟
ویری ویل۔	**Mr. Puri :** Very well.	مسٹر پوری : بالکل ٹھیک ہیں۔
ہی ہیز سینٹ یو ہز ریگارڈز۔	He has sent you his regards.	انہوں نے آپ کو آداب کہا ہے۔
پلیز کنوے د	**Mr. Kapoor :** Please convey the	مسٹر کپور : براہ کرم میری طرف سے
سیم اون مائی بی ہاف	same on my behalf.	بھی انہیں آداب کہیئے گا۔

(مسز کپور چائے اور ناشتہ لے کر آتی ہیں)

پلیز ہیوٹی۔	**Mr. Kapoor :** Please have tea.	مسز کپور : جی چائے لیجئے۔
دیئر واز نو نیڈ فور	**Mrs. Puri :** There was no need for	مسز پوری : اس تکلیف کی کیا ضرورت تھی۔
ٹیکنگ د ٹربل	taking the trouble.	
نو ٹربل ایٹ اول،	**Mrs. Kapoor :** No trouble at all.	مسز کپور : نہیں جی، تکلیف کی کیا بات ہے۔
پلیز ہیو سم نمکین۔	Please have some namkeen.	لیجئے تھوڑا نمکین لیجئے۔
تھینک یو۔ آر یو اسٹل ود	**Mr. Puri :** *(taking it)* Thank you. Are you still with	مسٹر پوری : (لیتے ہوئے) شکریہ، کپور صاحب،
این کے انڈسٹریز مسٹر کپور؟	N.K. Industries, Mr. Kapoor?	آپ کیا ابھی بھی این کے انڈسٹریز میں ہی ہیں۔
نو۔ آئی ایم ود شری کانت انڈسٹریز ناؤ۔	**Mr. Kapoor :** No, I am with Shrikant Industries	مسٹر کپور : جی نہیں! اب میں شری کانت انڈسٹریز
آئی ایم اسسٹینٹ مینجر دیئر۔	now. I am Assistant Manager there.	میں ہوں۔ میں وہاں اسسٹنٹ منیجر ہوں۔
او، آئی سی۔	**Mr. Puri :** Oh, I see!	مسٹر پوری : اوہ اچھا۔ میرے دوست
مائی فرینڈ مسٹر جگدیش بھاسکر	My friend, Mr. Jagdish Bhasker,	جگدیش بھاسکر بھی وہیں ہیں۔
از اولسو دیئر۔ ہی از ان اکاؤنٹس۔	is also there. He is in accounts.	وہ اکاؤنٹس میں ہیں۔
یس، آئی نو بھاسکر ویری ویل۔	**Mr. Kapoor :** Yes, I know Bhasker very well.	مسٹر کپور : جی ہاں، میں بھاسکر کو اچھی طرح
واٹ ڈو یو ڈو مسٹر پوری؟	What do you do, Mr. Puri?	جانتا ہوں۔ آپ کیا کرتے ہیں مسٹر پوری؟
آئی ایم اکاؤنٹس مینجر	**Mr. Puri :** I am Accounts Manager in the	مسٹر پوری : جی میں اسٹیٹ بینک اوف انڈیا میں
ان دَ اسٹیٹ بینک اوف انڈیا۔ ایز فور مائی	State Bank of India. As for my family,	اکاؤنٹس منیجر ہوں۔ میرے گھر میں
فیملی، وی ہیو ٹو، ڈاؤٹرز اینڈ ون سن۔	we have two daughters and one son.	ہماری دو بیٹیاں اور ایک بیٹا ہے۔
آور ایلڈر ڈاؤٹر از اول ریڈی میرڈ۔	Our elder daughter is already married.	بڑی بیٹی کی شادی ہو چکی ہے۔
سومت مائی سن از دینگیسٹ۔	Sumit, my son is the youngest.	ہمارا بیٹا سومت سب سے چھوٹا ہے۔
اینڈ واٹ از	**Mr. Kapoor :** And what is	مسٹر کپور : اور آپ کی چھوٹی بیٹی
یور ینگر ڈاؤٹر ڈوئنگ؟	your younger daughter doing?	کیا کر رہی ہے؟
شی از اسٹڈئینگ ان بی اے فائنل۔	**Mr. Puri :** She is studying in B.A. final.	مسٹر پوری : وہ بی اے فائنل میں پڑھ رہی ہے۔

ساتھ ہی وہ انٹیریرٗ ڈیکوریشن کا ایک	She is also doing a course in interior	ازاولسو، ڈوئنگ اے کورس ان انٹیریر
کورس کر رہی ہے۔ وہ گوری خوبصورت	decoration these days. She is fair,	ڈکوریشن، دیز ڈیز۔ شی از فیئر،
اور بہت سمجھ دار لڑکی ہے۔	beautiful and very sensible girl.	بیوٹی فل اینڈ ویری سنسیبل گرل۔
مسٹر کپور : ہمارا بیٹا راہل بھی بڑا سمجھ دار لڑکا ہے۔	**Mr. Kapoor :** Our son, Rahul, is also a very	آور سن راہل اولسو از اے ویری
	intelligent and sensible boy.	اینٹلی جنٹ اینڈ سنسیبل بوائے۔
مسٹر پوری : کپور صاحب، راہل کہاں کام کرتا ہے؟	**Mr. Puri :** Where is Rahul	ویرٗ از راہل
	working, Mr. Kapoor.	ورکنگ، مسٹر کپور؟
مسٹر کپور : نو یگ انڈسٹریز	**Mr. Kapoor :** He is a Marketing Executive	ہی از اے مارکٹنگ اگز کیوٹیو
میں مارکٹنگ ایکز کیوٹیو ہے۔	in Navyug Industries.	ان نو یگ انڈسٹریز۔
مسٹر پوری : وہاں کب سے کام کر رہا ہے؟	**Mr. Puri :** How long has he been working there?	ہاؤ لونگ ہیز ہی بین ورکنگ دیئرٗ؟
مسٹر کپور : تقریباً تین سال سے۔	**Mr. Kapoor :** About three years.	اباؤٹ تھری ایئرس۔
مسٹر پوری : راہل نے کون سا کورس کیا ہے؟	**Mr. Puri :** What course has Rahul done?	واٹ کورس ہیز راہل ڈن؟
مسٹر کپور : جی وہ فرسٹ کلاس بی کام ہے۔	**Mr. Kapoor :** He is a first class	ہی از اے فرسٹ کلاس
اس کے بعد اس نے سلز اینڈ	commerce graduate. After that, he has done	کومرس گریجویٹ۔ آفٹر دیٹ، ہی ہیز ڈن
مارکٹنگ میں ڈپلوما کیا ہے۔	a diploma in sales and marketing.	اے ڈپلوما ان سیلز اینڈ مارکٹنگ۔
مسز پوری : اچھا، اچھا راہل گھر پر ہے کیا؟	**Mr. Puri :** Oh, I see. Is Rahul around, Mr. Kapoor?	او آئی سی۔ از راہل اراؤنڈ مسٹر کپور؟
مسز کپور : جی ہاں! بس ابھی آ رہا ہے۔	**Mrs. Kapoor :** Yes, he is just coming.	لیس ہی از جسٹ کمنگ۔

(راہل آتا ہے)

مسٹر کپور : میرا بیٹا، راہل۔	**Mr. Kapoor :** My son, Rahul.	مائی سن راہل۔
راہل : (بیٹھتا ہے) آداب عرض۔	**Rahul :** *(sits down)* Namaskar.	نمسکار۔
مسٹر پوری : تو راہل، کیسا چل رہا ہے؟	**Mr. Puri :** So Rahul, how is everything?	سو راہل ہاؤ راز ایوری تھنگ؟
راہل : جی سب ٹھیک چل رہا ہے، شکریہ۔	**Rahul :** Very well, thank you.	ویری ویل۔ تھینک یو۔
مسٹر پوری : راہل، تمہاری نوکری کس طرح کی ہے؟	**Mr. Puri :** What is your job profile, Rahul?	واٹ از یور جوب پروفائل راہل۔
راہل : جی میں اپنی کمپنی کی کنزیوٗمر گڈس	**Rahul :** I look after sales, pricing,	آئی لک آفٹر سلز، پرائسنگ،
کی سیلز پرائسنگ، ڈسٹری بیوٗشن	distribution and advertising	ڈسٹری بیوشن اینڈ ایڈورٹائزنگ
اور ایڈورٹائزنگ وغیرہ کا کام سنبھالتا ہوں۔	of our consumer goods.	اوف آور کنزیومر گڈس۔
مسٹر پوری : کِن کِن علاقوں میں؟	**Mr. Puri :** Which areas do you cover?	وچ ایرٗیاز ڈو یو کور؟
راہل : دہلی، یوپی، پنجاب اور ہریانہ۔	**Rahul :** Delhi, U.P., Punjab and Haryana.	ڈلہی، یوپی، پنجاب اینڈ ہریانہ۔
مسٹر کپور : راہل کا کام بہت اچھا چل رہا ہے	**Mr. Kapoor :** Rahul is doing very well. His	راہل از ڈوئنگ ویری ویل۔ ہز
جی اس کی سالانہ آمدنی ستر ہزار کے قریب	annual package is about 70,000. And his	اینول پیکج اباؤٹ ۷۰۰۰۰ اینڈ ہز نیکسٹ
ہے۔ اور جلدی ہی ترقی ہونے والی ہے۔	next promotion is also expected very soon.	پروموشن از اولسو ایکسپیکٹڈ ویری سوٗن۔
مسٹر پوری : یہ تو کافی اچھی بات ہے؟	**Mr. Puri :** That's very good.	دیٹس ویری گڈ۔
راہل، کیا تم کافی باہر رہتے ہو؟	Do you travel a lot, Rahul?	ڈو یو ٹریول اے لوٹ راہل؟
راہل : جی، مہینے میں قریب دس دن۔	**Rahul :** Yes, about ten days a month.	لیس، اباؤٹ ٹین ڈیز اے منتھ۔
مسٹر پوری : اچھا، اچھا۔ تمہارا آفس	**Mr. Puri :** Oh I see.	او آئی سی۔

ہاؤ فار از یور اوفس فروم ہیئر؟	How far is your office from here?	یہاں سے کتنا دُور ہے؟
اباؤٹ ٹین کلومیٹرس۔	**Rahul :** About ten kilometres.	راہل : جی قریب دس کلومیٹر۔
واٹ آر یور فیوچر پلانس راہل؟	**Mr. Puri :** What are your future plans, Rahul?	مسٹر پوری : مستقبل کے لئے تمہارا کیا ارادہ ہے؟
فور د ٹائم بینگ، آئی ایم ہیپی ان نو یگ	**Rahul :** For the time being, I am happy	راہل : ابھی تو نو یگ میں خوش ہوں۔
بٹ فور بیٹر پروسپکٹس	in Navyug. But for better prospects,	لیکن بہتر مستقبل کے لئے تو ہمیشہ
آئی کین اولویز کنسیڈر اے چینج	I can always consider a change.	چینج کے بارے میں سوچا جاسکتا ہے۔
یس کوائٹ ٹرو۔	**Mr. Puri :** *(to Mr. Kapoor)* Yes, quite true.	مسٹر پوری : (مسٹر کپور سے) سو تو ہے۔
اٹس اے رئیل پلیژر میٹنگ یو اول۔	It's a real pleasure meeting you all.	آپ سب سے ملکر واقعی بڑی خوشی ہوئی۔
وی ول میک اے موو ناؤ۔	We will make a move now.	اب ہمیں چلنا چاہیے۔
ہیئر دس از مائی ایڈریس اینڈ ٹیلیفون نمبر۔	Here this is my address and telephone number.	یہ میرا پتہ اور ٹیلیفون نمبر ہے۔
سوُن آئیل گیٹ ان ٹچ ود یو اگین۔	Soon I'll get in touch with you again.	جلدی ہی میں آپ سے رابطہ قائم کروں گا۔
او۔کے۔ تھینک یو۔	**Mr. Kapoor :** O.K. Thank you.	مسٹر کپور : جی اچھا، تھینک یو۔
اوکے نمسکار۔	**Mr. & Mrs. Puri :** *(to Mrs. Kapoor)* O.K. Namaskar.	مسٹر اور مسز پوری : (مسز کپور سے) اچھا جی۔
نمسکار۔	**Rahul & Mrs. Kapoor :** Namaskar.	راہل اور مسز کپور : آداب عرض۔

(مسٹر اور مسز پوری باہر آکر بات کرتے ہیں)

واٹ ڈو یو تھنک، گیتا؟	**Mr. Puri :** What do you think, Geeta?	مسٹر پوری : گیتا کیا خیال ہے تمہارا؟
دے سیم ٹو بی، او کے۔	**Mrs. Puri :** They seem to be O.K.	مسز پوری : لگتے تو ٹھیک ہیں۔
بٹ یو مسٹ اسپیک ٹو جگدیش بھاسکر	But you must speak to Jagdish Bhaskar	پر تم بات پکی کرنے سے پہلے
بفور فائنالائزنگ اینی تھنگ۔	before finalizing anything.	جگدیش بھاسکر سے بات ضرور کرنا
اویس۔ اوف کورس۔	**Mr. Puri :** Oh yes, of course!	مسٹر پوری : بالکل۔ وہ تو ہے ہی۔

Marriage Negotiation (میرج نگوشیئشن) شادی سے متعلق بات چیت

The Boy meets the Girl (د بوائے میٹس د گرل) لڑکے اور لڑکی کی ملاقات

(مسٹر اور مسز کپور اپنے بیٹے راہل اور بیٹی پریا کے ساتھ مسٹر پوری کی بیٹی رینو کو دیکھنے کے لئے آتے ہیں)

گڈ ایوننگ (نمسکار) مسٹر پوری	**Mr. Kapoor :** Good evening (Namaskar) Mr. Puri.	مسٹر کپور : آداب عرض، مسٹر پوری۔
گڈ ایوننگ،	**Mr. Puri :** Good evening.	مسٹر پوری : آداب عرض،
ویل کم پلیز کم ان۔	Welcome, please come in.	خوش آمدید، تشریف لائیے۔
(نمسکار) پلیز بی سیٹڈ۔	**Mrs. Puri :** Namaskar. Please be seated.	مسز پوری : آداب عرض، آئیے بیٹھئے۔

(سب بیٹھتے ہیں)

دس از مائی ڈاؤٹر پریا۔	**Mr. Kapoor :** This is my daughter, Priya.	مسٹر کپور : یہ میری بیٹی پریا ہے۔
(نمسکار)	**Priya :** Namaskar.	پریا : آداب عرض۔
دس از مائی سن سومت	**Mr. Puri :** This is my son, Sumit.	مسٹر پوری : میرا بیٹا سومت۔
نمسکار۔	**Sumit :** Namaskar.	سومت : آداب عرض۔

(نوکر ٹھنڈا لیکر آتا ہے)

پلیز ہیوسم تھنگ کولڈ۔	**Mr. Puri :** Please have something cold.	مسٹر پوری : لیجیے ٹھنڈا لیجیے۔
سو، ہاؤ از ایوری تھنگ مسٹر پوری؟	**Mr. Kapoor :** So, how is everything Mr. Puri?	مسٹر کپور : اور مسٹر پوری سب کیسا چل رہا ہے؟
فائن بائی گوڈس گریس۔ تھینک یو	**Mr. Puri :** Fine, by God's grace. Thank you.	مسٹر پوری : خدا کی مہربانی سے سب خیریت ہے۔ شکریہ
آئی تھنک رینوز اگزامز آر اوور۔	**Mrs. Kapoor :** I think Renu's exams are over.	مسٹر کپور : رینو کا امتحان تو ہو گیا ہے نا؟
لیس، دے ویر اوور اون دَ ٹوینٹیتھ اوف دس منتھ۔	**Mrs. Puri :** Yes. They were over on the twentieth of this month.	مسٹر پوری : جی! اس ماہ کی بیس تاریخ کو ختم ہو گیا۔

(نوکر چائے، مٹھائی، نمکین وغیرہ لے کر آتا ہے)

سومت اوفر اسنیکس اینڈ سوئٹس ٹو ایوری ون۔	**Mrs. Puri :** Sumit, offer snacks and sweets to everyone.	مسز پوری : سومت، سبھی کو مٹھائی وغیرہ دو
نو تھینکس آنٹی۔ آئی ڈونٹ ٹیک ٹی۔	**Priya :** *(refuses tea)* No, thanks auntie, I don't take tea.	پریا : (چائے نہیں لیتی) جی نہیں آنٹی، میں چائے نہیں پیتی۔
او.کے. ہیوسم تھنگ ایلس دین۔ ہیوسم مور کوک	**Mrs. Puri :** Have something else then. Have some more coke.	مسز پوری : اور تو کچھ لو نا، تھوڑا کوک اور لے لو۔
نو، تھینکس۔	**Priya :** No, thanks.	پریا : جی نہیں، شکریہ۔
او۔کے۔ ہیوسم برفی اینڈ نمکین۔	**Mrs. Puri :** O.K. Have some burfi and namkeen.	مسز پوری : اچھا یہ برفی اور تھوڑا نمکین تو لو۔
تھینک یو۔	**Priya :** *(picks up one piece)* Thank you.	پریا : (ایک ٹکڑا لیتی ہے) شکریہ۔
ویئر از رینو؟	**Mrs. Kapoor :** Where is Renu?	مسز کپور : رینو کہاں ہے؟
آئل کول ہر۔	**Mrs. Puri :** I'll call her.	مسز پوری : میں اسے بلاتی ہوں۔

(اندر سے رینو کو بلا کر لاتی ہے)

نمسکار۔	**Renu :** Namaskar.	رینو : آداب عرض۔
رینو کم سیٹ نیئر می، سو یور اگزامز آر اوور؟	**Mrs. Kapoor :** Renu, come, sit near me. So, your exams are over?	مسز کپور : آؤ رینو میرے پاس بیٹھو؟ تمہارے امتحان تو ہو گئے نا؟
لیس۔	**Renu :** Yes.	رینو : جی ہاں۔
واٹ آر یو ڈوئنگ دیز ڈیز۔	**Mrs. Kapoor :** What are you doing these days?	مسز کپور : آج کل کیا کر رہی ہو؟
آئی ایم ڈوئنگ اے شورٹ کورس ان انٹیریئر ڈیکوریشن۔ بسائڈز آئی لائک ککنگ اینڈ ڈیزائننگ کلوڈز اولسو۔	**Renu :** I am doing a short course in interior decoration. Besides, I like cooking and designing clothes also.	رینو : جی میں انٹیریئر ڈیکوریشن (گھر کے اندر کی سجاوٹ) کا ایک چھوٹا سا کورس کر رہی ہوں۔ اس کے علاوہ مجھے کھانا بنانے اور طرح طرح کے کپڑے ڈیزائن کرنے کا بھی شوق ہے
رینو از اے ویری گڈ کک۔ موسٹ اوف دَ ککنگ اینڈ ہاؤس ہولڈ ورک از مینیجڈ بائی ہر اونلی۔	**Mrs. Puri :** Renu is a very good cook. Most of the cooking and household work is managed by her only.	مسز پوری: جی، رینو بہت ہی عمدہ کھانا بناتی ہے۔ زیادہ تر کھانا بنانے اور گھر سنبھالنے کی ذمہ داری انہیں پر ہے۔
دیٹس ویری گڈ۔ فور اے گرل اٹ از ویری امپورٹنٹ ٹو نو اول دس۔	**Mrs. Kapoor :** That's very good. For a girl, it is very important to know all this.	مسز کپور : یہ تو بہت اچھی بات ہے۔ لڑکی کو یہ سب آنا بہت ضروری ہے۔
ممی وائی ڈونٹ وی لیٹ رینو اینڈ بھیا ٹاک ٹو ایچ ادر الون فور اے وائل۔	**Priya :** Mummy, why don't we let Renu and Bhaiya talk to each other alone for a while.	پریا : ممی کیوں نا ہم بھیا اور رینو کو اکیلے میں کچھ بات چیت کرنے دیں۔

آئی تھنک اٹ	**Mrs. Kapoor :** *(to Mrs. Puri)*	مسز کپور : (مسز کپور سے) میری رائے میں
ازائے گڈ آئڈیا۔ کین وی سٹ	I think it is a good idea. Can we sit	ٹھیک بات ہے۔ ہم تھوڑی
سم ویئر ایلس فور سم ٹائم؟	somewhere else for sometime?	دیر کے لئے کہیں اور بیٹھ سکتے ہیں؟
یس، وائی نوٹ؟	**Mr. Puri :** Yes, why not?	مسز پوری : ہاں، ہاں! کیوں نہیں؟
لیٹ می شو یو اراؤنڈ	Let me show you around.	آیئے میں آپ کو گھر دکھاتی ہوں۔
دین وی کین سٹ ان د ادر روم۔	Then we can sit in the other room.	پھر ہم دوسرے کمرے میں بیٹھتے ہیں۔
کم،	**Mrs. Kapoor :** *(to Mr. Kapoor)* Come,	مسز کپور : (مسٹر کپور سے) آیئے ہم دوسرے
لیٹ اس سٹ ان دادر روم۔	let us sit in the other room.	کمرے میں چلیں۔ تھوڑی دیر راہل
لیٹ راہل اینڈ رینو ٹاک ٹو ایچ ادر۔	Let Rahul and Renu talk to each other.	اور رینو کو آپس میں بات کرنے دیتے ہیں۔
اول رائٹ۔	**Mr. Kapoor :** Alright.	مسٹر کپور : ٹھیک ہے۔

(سبھی جاتے ہیں۔ راہل اور رینو آپس میں باتیں کرتے ہیں)

وچ کالج ڈڈ یو اٹنڈ؟	**Rahul :** Which college did you attend?	راہل : آپ کون سے کالج میں پڑھی ہیں۔
گارگی کالج۔	**Renu :** Gargi College.	رینو : گارگی کالج میں۔
واٹ ویئر یور سبجیکٹس؟	**Rahul :** What were your subjects?	راہل : آپ کے پاس کون سے مضامین تھے؟
ہسٹری، اکونومکس اینڈ انگلش۔	**Renu :** History, Economics and English.	رینو : تاریخ، معاشیات اور انگریزی۔
واٹ آر یور ہوبیز؟	**Rahul :** What are your hobbies?	راہل : آپ کی دلچسپیاں کیا ہیں؟
ککنگ اینڈ ڈیزائننگ کلوذز۔	**Renu :** Cooking and designing clothes.	رینو : کھانا بنانا اور طرح طرح کی
ان مائی اسپیئر ٹائم آئی اولسو	In my spare time, I also	ڈیزائن کے کپڑے بنانا۔ خالی وقت
ریڈ ناولز اینڈ لسن ٹو میوزک۔	read novels and listen to music.	میں مجھے ناول پڑھنا اور نغمہ سننا بھی اچھا لگتا ہے۔
واٹ ٹائپ اوف میوزک؟	**Rahul :** What type of music?	راہل : کیسا نغمہ پسند ہے؟
لائٹ فلم سونگز اینڈ غزلز۔	**Renu :** Light film songs and ghazals.	رینو : ہلکا پھلکا فلمی گیت، غزل وغیرہ۔
واٹ آر یُو	**Rahul :** *(shyly)* What are your	راہل : (تھوڑا شرماتے ہوئے)
اکسپکٹیشنز فروم اے ہسبینڈ؟	expectations from a husband?	اپنے شوہر سے آپ کی کیا امیدیں ہیں؟
ہی شڈ بی لوونگ،	**Renu :** *(shyly)* He should be loving,	رینو : (شرماتے ہوئے) وہ پیار کرنے والا ہو،
کیئرنگ اینڈ انڈراسٹینڈنگ۔	caring and understanding.	میرا خیال رکھنے والا، مجھے سمجھنے والا ہونا چاہئے۔
ڈو یو وانٹ ٹو ورک	**Rahul :** Do you want to work	راہل : کیا آپ شادی کے بعد
آفٹر میرج؟	after marriage?	کام کرنا چاہتی ہیں؟
دیٹ ڈیپنڈز اون مائی ان لوز اینڈ	**Renu :** That depends on my in-laws and	رینو : یہ تو میرے سسرال والوں اور شادی
دسر کم اسٹانسز آفٹر میرج۔	the circumstances after marriage.	کے بعد کے حالات پر منحصر کرتا ہے۔
ون لاسٹ بٹ ویری امپورٹنٹ	**Rahul :** One last but very important	راہل : ایک آخری لیکن بڑا اہم سوال
کوئچن۔ بیئنگ د اونلی سن	question. Being the only son,	میں اپنے والدین کا اکلوتا بیٹا ہوں۔
آئیل اول ویز اسٹے ود مائی پیرنٹس۔	I'll always stay with my parents.	اس لئے ہمیشہ ان کے ساتھ رہونگا۔
کین یو ایڈجسٹ ان د فیملی؟	Can you adjust in the family?	کیا آپ گھر والوں کے ساتھ مل جل کر رہ سکیں گی؟
یس شیور۔	**Renu :** Yes, sure.	رینو : جی ضرور۔
ناؤ یو ٹو کین آسک	**Rahul :** Now you too	راہل : اب آپ بھی مجھ سے جو چاہے
می واٹ ایور یُو وانٹ۔	can ask me whatever you want.	پوچھ سکتی ہیں۔

رینو : میں بھی جاننا چاہوں گی کہ آپ	**Renu :** I would also like to know about	آئی ووڈ آلسو لائک ٹو نو اباؤٹ
اپنی بیگم سے کیا کیا امیدیں رکھتے ہیں۔	your expectations from your wife.	یورا کسپکٹیشنز فروم یور وائف۔
راہل : میں چاہتا ہوں کہ وہ میری سچی	**Rahul :** I want her to be my true	آئی وانٹ ہر ٹو بی مائی
دوست وہم شریک ہو۔	friend and life partner.	ٹروفرینڈ اینڈ لائف پارٹنر۔

(دونوں کے والدین واپس آتے ہیں)

مسز کپور : آپ کا گھر کافی اچھا اور بڑا ہے۔	**Mrs. Kapoor :** You have a nice and	یوہیو اے نائس اینڈ
	spacious house.	اسپیشیس ہاؤس
مسز پوری : جی شکریہ۔	**Mrs. Puri :** Thank you.	تھینک یو۔
مسز کپور : (راہل اور رینو سے) ہاں، تم لوگوں نے	**Mr. Kapoor :** *(to Rahul and Renu)* Yes,	یس،
آپس میں کچھ بات چیت کی؟	did you talk to each other?	ڈِڈ یوٹوک ٹو ایچ ادر؟
مسز پوری : اور ایک کپ چائے	**Mrs. Puri :** Please have another	پلیز ہیو اَندر کپ
اور کچھ ٹھنڈا لیجئے نا۔	cup of tea or something cold.	اوف ٹی اور سم تھنگ کولڈ۔
مسٹر کپور : جی نہیں، بس شکریہ۔	**Mr. Kapoor :** No thanks.	نو تھینکس،
میرے خیال سے اب چلنا چاہیئے۔	I think we will make a move now.	آئی تھنک وی ول میک اے موو ناؤ۔
امید ہے جلدی ہی پھر ملاقات ہوگی۔	We hope to meet again soon.	وی ہوپ ٹو میٹ اگین سوُن۔
مسٹر پوری : آپ کے پاس میرا فون نمبر ہے نا؟	**Mr. Puri :** You have my phone number I hope?	یو ہیو مائی فون نمبر آئی ہوپ؟
مسٹر کپور : جی ہاں ہے۔	**Mr. Kapoor :** Yes, I have.	یس آئی ہیو۔
راہل : (رینو سے) بائی، پھر ملتے ہیں۔	**Rahul :** Bye. See you.	بائی، سی یو۔
رینو : بائی۔	**Renu :** Bye.	بائی

Talking About Careers (ٹاکنگ اباؤٹ کیریرز) کیرئیر سے متعلق گفتگو

Sales And Marketing (سیلز اینڈ مارکیٹنگ) سیلز اور مارکیٹنگ

(ندیم اپنے انکل پروفیسر کوشک کے پاس صلاح کے لئے جاتا ہے کہ وہ بارہویں کے بعد کس کیرئیر کا انتخاب کرے)

ندیم : گڈ ایوننگ، انکل۔	**Nadeem :** Good evening uncle.	گڈ ایوننگ انکل۔
پروفیسر کوشک : گڈ ایوننگ ندیم کیسے ہو؟	**Prof. Kaushik :** Good evening Nadeem. How are you?	گڈ ایوننگ ندیم ہاؤ آر یو؟
ندیم : جی اچھا ہوں، شکریہ۔ انکل مجھے	**Nadeem :** Fine, thank you. Uncle, I need your	فائن تھینک یو انکل۔ آئی نیڈ یور ایڈوائس
آپ کی ایک ضروری صلاح چاہیئے	advice on something very important.	اون سم تھنگ ویری امپورٹینٹ۔
پروفیسر کوشک : ہاں ندیم کہو کیا بات ہے؟	**Prof. Kaushik :** Yes, Nadeem, what is it?	یس ندیم واٹ از اٹ؟
ندیم : انکل آپ کو تو پتہ ہی ہے۔ اس سال میں	**Nadeem :** You know uncle,	یو نو انکل۔ آئی ہیو اپیرڈ
نے بارہویں کا امتحان دیا ہے۔ میرا رزلٹ	I have appeared in the twelfth class	ان دَ ٹوئیلتھ کلاس اگزامینیشن دس ایرَ۔
اگلے ماہ آنے کی امید ہے۔ کیا آپ	examination this year. My result is expected	مائی رزلٹ از اسپیکٹڈ نیکسٹ منتھ۔
مجھے مشورہ دیں گے کہ بارہویں	next month. Could you please advise me on	کڈیو پلیز ایڈوائز می اون
کے بعد میں کس کیرئیر کا انتخاب کروں؟	what career to choose after twelfth?	واٹ کیرئیر ٹو چوز آفٹر ٹوئیلتھ؟
پروفیسر کوشک : تمہارے مضامین کیا ہیں؟	**Prof. Kaushik :** What are your subjects?	واٹ آر یور سبجیکٹس ؟

کومرس۔	**Nadeem :** Commerce.	ندیم : کومرس۔
ہاؤ ہیو یوڈن یور پیپرز؟	**Prof. Kaushik :** How have you done your papers?	پروفیسر کوشک : تمہارے پرچے کیسے رہے؟
نوٹ ویری ویل انکل۔ آئی ڈونٹ	**Nadeem :** Not very well uncle. I don't	ندیم : انکل، بہت اچھے نہیں ہوئے ہیں۔
ایکسپکٹ ٹو گیٹ مور دین سکسٹی	expect to get more than sixty	مجھے ساٹھ فی صد سے
پرسینٹ مارکس	per cent marks.	اوپر نمبر کی امید نہیں ہے۔
آئی سی۔	**Prof. Kaushik :** I see.	پروفیسر کوشک : اچھا، کوئی بزنس شروع کرنے
واٹ اباؤٹ اسٹارٹنگ سم بزنس؟	What about starting some business?	کے بارے میں تمہارا کیا خیال ہے؟
ہیو یو گون اٹ اے تھوٹ؟	Have you given it a thought?	کبھی اس بارے میں سوچا ہے؟
آئی ڈونٹ تھنک آئی ہیو این	**Nadeem :** I don't think I have an	ندیم : جی میرا ایسا رجحان نہیں ہے۔
اپٹی چیوڈ فور دیٹ۔ آئل پریفر ڈوئنگ	aptitude for that. I'll prefer doing	میں کوئی ایسا کورس چاہونگا
سم گڈ جوب اورینٹڈ کورس۔	some good job-oriented course.	جس سے مجھے اچھی نوکری ملے۔
آئی سی۔ ہاؤ آر یوان میتھس ندیم؟	**Prof. Kaushik :** I see. How are you in Maths, Nadeem?	پروفیسر کوشک : اچھا تم میتھس میں کیسے ہو؟
آئی تھنک	**Nadeem :** I think	ندیم : میرے خیال سے تو
آئی ایم ریزنیبلی گڈ ان میتھس۔	I am reasonably good in Maths.	میتھس میں ٹھیک ہوں۔
ان دیٹ کیس، یو کین ڈو اے کورس	**Prof. Kaushik :** In that case, you can do a	پروفیسر کوشک : تب تو تم
ان فائننس مینجمنٹ اور الٹرنیٹولی	course in finance management or	فائننس مینجمنٹ کا کورس کر سکتے
اے کورس ان سیلز اینڈ مارکٹنگ۔	alternatively a course in sales and marketing.	ہو یا پھر سیلز اور مارکٹنگ کا۔
واٹ از دَ ڈیوریشن	**Nadeem :** What is the duration	ندیم : انکل، ان کورسز میں کتنا وقت لگتا ہے؟
اوف دیز کورسز انکل؟	of these courses uncle?	
فائینینس مینجمنٹ از اے ون	**Prof. Kaushik :** Finance management is a one	پروفیسر کوشک : فائننس مینجمنٹ کا کورس تو
ایئر کورس بٹ آئی ول سجیسٹ، یو شڈ گو	year course. But I will suggest, you should go	ایک سال کا ہے۔ پر میری صلاح ہے
ان فور اے ٹو اور تھری ایئرس	in for a 2 or 3 years' courses in sales and	کی تمہیں دو یا تین سال کا سیلز اینڈ
کورسیز ان سیلز اینڈ مارکٹنگ۔ لیٹر یو کین	marketing. Later you can do	مارکٹنگ کا کورس کرنا چاہئے۔ اس کے
ڈو اے کورس ان کمپوٹر اکاؤنٹینسی۔	a course in computer accountancy.	بعد تم کمپوٹر اکاؤنٹینسی کا کورس کر سکتے ہو۔
ڈو دیز کورسیز ہیو گڈ	**Nadeem :** Do these courses have	ندیم : کیا ان کورسیز کے بعد اچھی
جوب پروسپکٹس؟	good job prospects?	نوکری مل جائے گی؟
یس، کوائٹ گڈ۔	**Prof. Kaushik :** Yes quite good.	پروفیسر کوشک : ہاں کافی اچھی۔
کڈ یو سجیسٹ دَ	**Nadeem :** Could you suggest the	ندیم : کیا آپ مجھے کچھ ایسے
نیمز اوف سم انسٹی چیوٹس؟	names of some institutes?	انسٹی چیوٹ کے بارے میں بتا سکتے ہیں؟
نیشنل انسٹی چیوٹ اوف سیلز	**Prof. Kaushik :** National Institute of Sales	پروفیسر کوشک : نیشنل انسٹی چیوٹ اوف سیلز کا سیلز
آفرز اے ویری گڈ کورس ان سیلز	offers a very good course in sales and	اینڈ مارکٹنگ کا کورس کافی اچھا ہے۔
اینڈ مارکٹنگ۔ ایز فور کمپوٹر اکاؤنٹینسی	marketing. As for computer	جہاں تک کمپوٹر اکاؤنٹینسی کا سوال
اول دَ کمپیوٹر انسٹی چیوٹس	accountancy, all the computer	ہے کسی بھی کمپوٹر انسٹی چیوٹ
اوفر کورسیز ان دیٹ۔	institutes offer courses in that.	میں ایسے کورس کرائے جاتے ہیں۔
تھینک یو ویری مچ انکل۔ یو ہیو رئیلی	**Nadeem :** Thank you very much uncle. You have	ندیم : تھینک یو انکل۔ آپ نے واقعی
گیون می ویلوئیبل ایڈوائس۔	really given me valuable advice.	مجھے بہت اچھی صلاح دی ہے۔

(ندیم نے انگریزی آنرز فائنل ایئر امتحان دیا ہے۔ وہ اپنے کیریئر کے بارے میں صلاح لینے کے لئے پروفیسر کوشک کے پاس آتا ہے)

گڈ مورننگ سر۔	**Nadeem :** Good morning sir.	ندیم : گڈمورننگ سر۔
گڈ مورننگ ندیم۔	**Prof. Kaushik :** Good morning Nadeem.	پروفیسر کوشک : گڈمورننگ ندیم۔
واٹ آر یو ڈوئنگ دیز ڈیز؟	What are you doing these days?	آج کل کیا کررہے ہو؟
ویٹنگ فور دَ ریزلٹ سر۔ ایکچوئلی، آئی کیم	**Nadeem :** Waiting for the result sir. Actually,	ندیم : جی ریزلٹ کا انتظار ہے۔ سر دراصل میں
ٹو سیک یور ایڈوائس اون واٹ	I came to seek your advice on what career	آپ سے گریجوئشین کے بعد اپنے
کیرئیر ٹو ٹیک اپ آفٹر گریجوئشن۔	to take up after graduation.	اپنے کیریئر کے بارے میں کچھ مشورہ کرنا چاہتا ہوں۔
یو آر ڈوئینگ انگلش	**Prof. Kaushik :** You are doing English	پروفیسر کوشک : تم انگلش آنرز کررہے ہونا؟
آنرز ازنٹ اٹ؟	honours, isn't it?	
لیس سر، بٹ آئی ایم نوٹ انٹرسٹیڈ	**Nadeem :** Yes sir, but I am not interested	ندیم : لیکن میں انگلش میں ایم اے نہیں کرنا چاہتا۔
ان ایم۔ اے۔ انگلش۔ کڈ یو سجیسٹ	in M.A. English. Could you suggest	کیا مجھے آپ گریجوئشین کے بعد کسی اچھے پروفیشنل
می سم پروفیشنل کورس،	me some professional course	کورس کے بارے میں صلاح دے سکتے ہیں؟
آئی کین ڈو آفٹر مائی گریجوئشن؟	I can do after my graduation?	
واٹ اباؤٹ جرنلزم؟	**Prof. Kaushik :** What about journalism?	پروفیسر کوشک : جرنلزم کے بارے میں تمہاری کیا رائے
آئی تھنک یو ہیو اے فلیئر فور رائٹنگ۔	I think you have a flair for writing.	ہے؟ میرے خیال سے تم اچھا لکھتے بھی ہو۔
لیس سر، آئی ہیو السو بین	**Nadeem :** Yes sir, I have also been	ندیم : جی سر، میں کالج میگزین کے شعبۂ
دَ ایڈیٹر اوف دَ	the editor of the English section of	انگریزی کا اڈیٹر بھی رہا ہوں۔
انگلش سیکشن اوف آور کالج میگزین۔	our college magazine. Some of my	میرے کچھ مضامین مقامی
سم اوف مائی آرٹکلس ہیو السو بین	articles have also been published in local	اخبار اور میگزین میں بھی چھپے ہیں۔
پبلشڈ ان لوکل نیوز پیپرز اینڈ میگزنز۔	newspapers and magazines.	
ویل ان مائی اوپنین	**Prof. Kaushik :** Well in my opinion	پروفیسر کوشک : میرے سمجھ سے تمہارے لئے
جرنلزم از اے گڈ کورس فور یو۔	journalism is a good course for you.	جرنلزم کا کورس اچھا رہے گا۔
واٹ از دَ ڈیوریشن اوف دس کورس سر؟	**Nadeem :** What is the duration of this course sir?	ندیم : اس کورس میں کتنا وقت لگتا ہے سر؟
ٹو ایئرز۔ بٹ سمپل جرنلزم از نوٹ اینف۔	**Prof. Kaushik :** Two years. But simple	پروفیسر کوشک : دوسال لیکن سادا جرنلزم کرنا
آئی سجیسٹ، یو شڈ گو ان	journalism is not enough. I suggest you should	کافی نہیں ہے۔ میرے
فور اسپیشلائزڈ کورسز ان پرنٹ میڈیا اور	go in for specialized courses in print media	سمجھ میں تو تمہیں پرنٹ میڈیا
ایڈورٹائزنگ اول دیز برانچز اوف جرنلزم	or advertising. All these branches of	اور ایڈورٹائزنگ کے میدان
ہیو ویری گڈ جوب پروسپکٹس۔	journalism have very good job prospects.	میں تخصیص کرنا چاہیے۔
واٹ کائنڈ اوف جوب	**Nadeem :** What kind of job	ندیم : اسکے بعد مجھے کس طرح کی
ول آئی گیٹ آفٹر دیٹ؟	will I get after that?	نوکری ملے گی؟
یو کین ورک فور میگزنز اینڈ نیوز پیپر اور	**Prof. Kaushik :** You can work for magazines	پروفیسر کوشک : اس کے بعد تم رسائل واخبارات
ٹی وی۔ آفٹر یو ہیو گینڈ فائیو۔ سکس	and newspapers or T.V. After you have	یا ٹی وی کے لئے کام کرسکتے ہو۔
ایئرز اوف ایکسپیرینس یو کین	gained 5-6 years of experience, you can	پانچ چھ سال کے تجربہ کے بعد تم
اولسو ورک انڈپینڈینٹلی	also work independently	آزادانہ صلاح کار کی حیثیت

ایز اے کنسلٹینٹ۔	as a consultant.	سے بھی کام کر سکتے ہو۔
وچ انسٹی چیوٹس ڈو یو رکمنڈ فور دکورس؟	**Nadeem :** Which institutes do you recommend for the course?	ندیم : اس کورس کے لئے آپ کون سے ادارے کی صلاح دیتے ہیں؟
بوتھ دہلی یونیورسٹی اینڈ جواہر لال نہرو یونیورسٹی اوفر اے ورائیٹی اوف کورسز ان جرنلزم۔ بھارتیہ وڈیا بھون اولسو ہیز اے گڈ ریپوٹیشن۔	**Prof. Kaushik :** Both Delhi University and Jawaharlal Nehru University offer a variety of courses in journalism. Bhartiya Vidya Bhawan also has a good reputation.	پروفیسر کوشک : دہلی یونیورسٹی اور جواہر لال نہرو یونیورسٹی دونوں ہی میں صحافت کے کئی کورس دستیاب ہیں۔ اس کے علاوہ بھارتیہ وڈیا بھون کا بھی صحافت کے میدان میں بڑا نام ہے۔
تھینک یو ویری مچ سر۔ آئی تھنک جرنلزم از درائٹ کیرئیر فوری۔	**Nadeem :** Thank you very much sir. I think journalism is the right career for me.	ندیم : بہت بہت شکریہ۔ میرے خیال میں صحافت ہی میرے لئے صحیح کیرئیر ہے۔

Computers (کمپیوٹرز) — کمپیوٹرز

[بارہویں درجہ (سائنس) کا ایک طالب علم رقیب بھی پروفیسر کوشک کے پاس کیرئیر کے متعلق مشورے کے لئے آتا ہے]

گڈ ایوننگ سر۔	**Raquib :** Good evening sir.	رقیب : گڈ ایوننگ سر۔
گڈ ایوننگ رقیب، ہاؤ آر یو؟	**Prof. Kaushik :** Good evening Raquib, how are you?	پروفیسر کوشک : گڈ ایوننگ رقیب، کیسے ہو؟
فائن تھینک یو۔ سر آئی نیڈ یور ایڈوائس اون واٹ کیرئیر ٹو ٹیک اپ آفٹر ٹویلتھ۔	**Raquib :** Fine, thank you. Sir, I need your advice on what career to take up after twelfth.	رقیب : جی ٹھیک ہوں۔ سر بارہویں کے بعد میں کیا کیرئیر اپناؤں۔ اس کے لئے آپ کی صلاح چاہتا ہوں۔
واٹ آر یور سبجکٹس؟	**Prof. Kaushik :** What are your subjects?	پروفیسر کوشک : تمہارے پاس کون سے مضامین ہیں؟
سائنس۔ نون میڈیکل۔	**Raquib :** Science, non-medical.	رقیب : جی سائنس، نون میڈیکل۔
ڈونٹ یو وانٹ ٹو بی این انجینئر؟	**Prof. Kaushik :** Don't you want to be an engineer?	پروفیسر کوشک : کیا تم انجینئر نہیں بننا چاہتے؟
ایکچوئلی سر، آئی ایم نوٹ ایکسپکٹنگ ویری گڈ مارکس۔ اٹ ول بی ڈیفیکلٹ فور می ٹو گیٹ ایڈمیشن ان این انجینئرنگ کالج۔	**Raquib :** Actually sir, I am not expecting very good marks. It will be difficult for me to get admission in an Engineering College.	رقیب : جی دراصل، مجھے بہت اچھے نمبروں کی امید نہیں ہے۔ میرے لئے انجینیئرنگ کالج میں داخلہ پانا مشکل ہوگا۔
واٹ اباؤٹ بزنس؟ ہیو یو گون اٹ اے تھوٹ؟	**Prof. Kaushik :** What about business? Have you given it a thought?	پروفیسر کوشک : تم نے تجارت کے بارے میں سوچا ہے؟
نو سر، آئی ڈونٹ تھنک آئی ہیو این اپٹی چیوڈ فور بزنس۔	**Raquib :** No sir, I don't think I have an aptitude for business.	رقیب : جی نہیں سر، میرا بزنس کی طرف ذرا بھی رجحان نہیں ہے۔
آئی سی۔ ہیو یو ڈن کمپیوٹرز ایٹ اسکول رقیب؟	**Prof. Kaushik :** I see. Have you done computers at school, Raquib?	پروفیسر کوشک : اچھا تم نے اسکول میں کمپیوٹر سیکھا ہے؟
یس سر، اٹ واز اے پارٹ اوف آور سلیبس۔	**Raquib :** Yes sir, it was a part of our syllabus.	رقیب : جی سر، وہ تو ہمارے نصاب کا حصہ تھا۔
آر یو انٹرسٹیڈ ان کمپیوٹرز؟	**Prof. Kaushik :** Are you interested in computers?	پروفیسر کوشک : کیا تمہیں کمپیوٹر میں دلچسپی ہے؟

یس سر، آئی فائنڈ کمپیوٹرز کوائٹ انٹرسٹنگ۔	**Raquib :** Yes sir, I find computers quite interesting.	رقیب : جی سر، مجھے کمپیوٹر میں مزہ آتا ہے۔
ان دیٹ کیس یو کین گو	**Prof. Kaushik :** In that case, you can go	پروفیسر کوشک : پھر تو تم کمپیوٹر کو ہی اپنے
ان فور اے کیرئیر ان کمپیوٹرز۔	in for a career in computers.	کیرئیر کے طور پر اپنا سکتے ہو
کڈ یو سجیسٹ می سم کورس سر؟	**Raquib :** Could you suggest me some course, sir?	رقیب : کیا آپ میرے لئے کسی کورس کا مشورہ دے سکتے ہیں؟
دیئر آر اے ورائٹی اوف کمپیوٹر کورسیز	**Prof. Kaushik :** There are a variety of	پروفیسر کوشک : دہلی یونیورسٹی اور دوسرے
آفرڈ بائی ڈیلہی یونیورسیٹی اینڈ ویرئس	computer courses offered by Delhi	اداروں میں طرح طرح کے کمپیوٹر
ادر کمپیوٹر انسٹی ٹیوٹس۔ یو کڈ گو ان فور اے	University and various other computer institutes.	کورسیز دستیاب ہیں۔ تم کمپیوٹر
ڈپلوما کورس ان کمپیوٹر پروگرامنگ اور	You could go in for a diploma course in	پروگرامنگ میں ڈپلوما کر سکتے ہو
اوپٹ فور اسپیشلائزڈ کورسیز	computer programming or opt for specialized	پھر دوسرے تجارتی کورسیز جیسے
لائک سکریٹیریل اور ہارڈ ویئر کورسیز۔	courses like secretarial or hardware courses.	سکریٹیریل ہارڈ ویئر کورسیز وغیرہ۔
واٹ از د ڈیوریشن اوف دیز کورسز سر؟	**Raquib :** What is the duration of these courses, sir?	رقیب : ان کورسز میں کتنا وقت لگتا ہے؟
ڈپلوما کورسز آر موسٹلی اوف ٹو تو تھری ایئرز	**Prof. Kaushik :** Diploma courses are	پروفیسر کوشک : ڈپلوما کورسز میں دو سے تین
ڈیوریشن۔ بٹ ان کیس اوف	mostly of 2 to 3 years' duration. But in case of	سال تک کا وقت لگتا ہے۔
شورٹ ٹرم جوب اورنٹیڈ کورسز۔	short term job-oriented courses,	لیکن چھوٹے تجارتی کورسز کی میعاد
د ڈیوریشن مے ویری انسٹی ٹیوٹ وائز۔	the duration may vary institute wise.	الگ الگ اداروں پر منحصر ہے۔
کڈ یو سجسٹ د نیمز	**Raquib :** Could you suggest the names	رقیب : سر کیا آپ مجھے کچھ اداروں
اوف سم انسٹی ٹیوٹس سر؟	of some institutes, sir?	کے نام بتا سکتے ہیں؟
اول میجر یونیورسٹیز	**Prof. Kaushik :** All major universities	پروفیسر کوشک : سبھی بڑی یونیورسٹی میں کمپیوٹر کے
اوفر کورسز ان ویرئس برانچز اوف	offer courses in various branches of	الگ الگ نصاب رائج ہیں۔ پرائیوٹ
کمپیوٹرز۔ اومونگ د پرائیوٹ انسٹی ٹیوٹس	computers. Among the private institutes,	اداروں میں این آئی ٹی ایک مشہور ادارہ
این آئی آئی ٹی ہیز اے ویری گڈ نیم۔	N.I.I.T. has very good name.	ہے۔ اس کے علاوہ اپٹیک، اپٹرون،
بسائڈس اپٹیک، اپٹرون اینڈ بریلینٹ	Besides Aptech, Uptron and Brilliant	بریلینٹ وغیرہ۔ سبھی کے ڈپلوما کورسز
اولسو اوفر ڈپلوما کورسز	also offer diploma courses	ہیں جنہیں کر لینے پر اچھی
ود گڈ جوب پروسپکٹس۔	with good job prospects.	نوکری کے امکانات ہوتے ہیں۔
سر آئی کین ڈراؤ ویری ویل۔	**Raquib :** Sir, I can draw very well.	رقیب : سر، میری ڈرائنگ کافی اچھی ہے۔
از دیئر اے کمپیوٹر کورس، ویئر دس ایبلیٹی	Is there a computer course where	کیا کوئی ایسا کمپیوٹر کورس ہے جس میں
اوف مائن کین بی یوٹی لائزڈ؟	this ability of mine can be utilized?	میرے ٹیلنٹ کا استعمال ہو سکتا ہے۔
یس اوف کورس۔ یو کین ڈو	**Prof. Kaushik :** Yes, of course. You can do	پروفیسر کوشک : کیوں نہیں تم گرافکس اینڈ اینیمیشن
ڈپلوما ان گرافکس اینڈ اینی میشن۔	a diploma in Graphics and Animation.	میں ڈپلوما کر سکتے ہو۔
تھینک یو ویری مچ فور یور گائڈنس سر۔	**Raquib :** Thank you very much for	رقیب : جی آپ کے قیمتی مشورے کے لئے
آئی تھنک، آئی شڈ	your guidance, sir. I think, I should	شکریہ، میرے خیال میں مجھے
جوائن اے کمپیوٹر کورس۔	join a computer course.	کمپیوٹر کورس میں داخلہ لینا چاہیے۔

Talking to a Property Dealer for Renting a Flat

فلیٹ کرائے پر لینے کے لئے پراپرٹی ڈیلر سے بات چیت (ٹاکنگ ٹو اے پروپرٹی ڈیلر فور رینٹنگ اے فلیٹ)

گاہک : آداب عرض۔	**Customer :** Good morning.	گڈ مورننگ۔
پروپرٹی ڈیلر : آداب عرض، جی کہئے۔ آیئے بیٹھئے۔	**Property dealer :** Good morning, sir.	گڈ مورننگ سر۔ پلیز ہیو اے سیٹ۔
میں آپ کی کیا خدمت کروں؟	Please have a seat. Yes, what can I do for you??	واٹ کین آئی ڈو فور یو؟
گاہک : مجھے کرائے پر مکان چاہیئے۔	**Customer :** I want to rent a flat.	آئی وانٹ ٹو رینٹ اے فلیٹ۔
پروپرٹی ڈیلر : جی کس جگہ؟	**Property dealer :** In which area, sir?	ان وچ ایریا سر۔
گاہک : پچھم وہار میں۔	**Customer :** In Pashchim Vihar.	ان پچھم وہار۔
پروپرٹی ڈیلر : ذرا اپنا نام بتائیں گے؟	**Property dealer :** May I know your name, sir?	مے آئی نو یور نیم سر؟
گاہک : پرشانت سری واستو۔	**Customer :** Prashant Shrivastav.	پرشانت سری واستو۔
پروپرٹی ڈیلر : جی آپ کیا کام کرتے ہیں؟	**Property dealer :** What do you do, sir?	واٹ ڈو یو ڈو سر؟
گاہک : میں این پی انڈسٹریز	**Customer :** I am an assistant manager	آئی ایم این اسسٹنٹ مینجر
میں اسسٹنٹ مینجر ہوں۔	in N.P. Industries.	ان این پی انڈسٹریز۔
پروپرٹی ڈیلر : آپ کیسا فلیٹ چاہتے ہیں؟	**Property dealer :** What type of flat do you want?	واٹ ٹائپ اوف فلیٹ ڈو یو وانٹ؟
گاہک : مجھے دو بیڈ رومز کا ڈرائنگ، ڈائننگ	**Customer :** A two-bedroom flat with drawing,	اے ٹو بیڈ روم فلیٹ ود ڈرائنگ،
اور کچن والا فلیٹ چاہیئے۔ ٹوائلیٹس	dining and kitchen. I want two toilets and	ڈائننگ اینڈ کیچن، آئی وانٹ
مجھے دو چاہئیں۔ اور ایک اچھی بالکنی بھی۔	alco a good balcony.	ٹو ٹوائلیٹس اینڈ اولسو اے گڈ بالکنی۔
پروپرٹی ڈیلر : آپ کا بجٹ کیا ہوگا؟	**Property dealer :** What is your budget?	واٹ از یور بجٹ؟
گاہک : قریب پچیس سو روپیہ مہینہ۔	**Customer :** About Rs. 2,500/- per month.	اباؤٹ ٹو تھاؤزنڈ فائیو ہنڈریڈ پر منتھ۔
پروپرٹی ڈیلر : کون سا فلور چاہیئے؟	**Property dealer :** Which floor do you want?	وچ فلور ڈو یو وانٹ؟
گاہک : ہو سکے تو پہلا فلور۔	**Customer :** Preferably, first floor.	پری فریبلی فرسٹ فلور۔
ہوادار کھلی دھوپ والا اور اچھے	I want an airy and sun-facing house	آئی وانٹ این ایری اینڈ
پڑوس میں ہونا چاہیئے۔	in a good neighbourhood.	سن فیسنگ ہاؤس ان اے گڈ نیبر ہوڈ۔
پروپرٹی ڈیلر : مکان کب دیکھنا چاہتے ہیں؟	**Property dealer :** When do you want	وین ڈو یو وانٹ
	to see the flat?	ٹو سی د فلیٹ؟
گاہک : جتنی جلدی آپ دکھا سکیں۔	**Customer :** As soon as you can show me.You see,	ایز سون ایز یو کین شو می۔
دیکھئے مجھے مہینے کے آخر تک	I have to shift positively	یو سی، آئی ہیو ٹو شفٹ
مکان ضرور بدلنا ہے۔	by the end of this month.	پوزی ٹیولی بائی د اینڈ اوف دس منتھ۔
پروپرٹی ڈیلر : اچھا اچھا۔ آپ مجھے اپنا پتہ	**Property dealer :** Oh I see. Let me note down	او آئی سی۔ لیٹ می نوٹ ڈاؤن یور ایڈریس
اور ٹیلیفون نمبر نوٹ کروا دیجئے۔	your address and telephone number.	اینڈ ٹیلیفون نمبر۔
گاہک : سی۔۸۹۴ آزاد پور۔ اور میرا	**Customer :** C-894, Azadpur. And my telephone	سی۔۸۹۴ آزاد پور۔ اینڈ مائی ٹیلیفون نمبر
ٹیلیفون نمبر ہے۔۲۷۵۱۳۴۵۰	number is 27513450.	از ۲۷۵۱۳۴۵۰۔
پروپرٹی ڈیلر : ٹھیک ہے شری واستو صاحب۔	**Property dealer :** O.K. Mr. Shrivastav.	او کے مسٹر شری واستو۔
مجھے تھوڑا سا وقت دیجئے۔ میں آپ کے لئے	Give me some time.	گیو می سم ٹائم۔
اچھا سا فلیٹ ڈھونڈ دونگا۔	I will find a nice flat for you.	آئی ول فائنڈ اے نائس فلیٹ فور یو۔

گاہک : کتنا وقت لگے گا؟	**Customer :** How much time will you take?	ہاؤ مچ ٹائم ول یو ٹیک؟
پروپرٹی ڈیلر : میں ایک دو دن میں ہی آپ سے	**Property dealer :** I'll get back to	آئی ول گیٹ بیک ٹو
رابطہ قائم کروں گا؟	you in a day or two.	یو ان اے ڈے اور ٹو
گاہک : ٹھیک ہے۔آپ کا کمیشن کیا ہے؟	**Customer :** O.K. What is your commission?	او کے۔واٹ از یور کمیشن؟
پروپرٹی ڈیلر : جی۔دو مہینے کا کرایہ۔	**Property dealer:** Two months' rent, sir.	ٹو منتھس رینٹ سر،
گاہک : اچھا چلتا ہوں۔	**Customer :** Alright.	اول رائٹ۔
ذرا جلدی کچھ کیجئے گا۔	Please do something quickly.	پلیز ڈو سم تھنگ کوئکلی۔
پروپرٹی ڈیلر : جی آپ بالکل فکر نہ کریں۔	**Property dealer :** Yes, yes. Don't worry at all.	یس، یس۔ڈونٹ وری ایٹ اول۔
اچھا جناب!	Bye sir.	بائی، سر۔

An Interview for a Job (این انٹرویو فور اے جوب) نوکری کیلئے انٹرویو

سیما : سر، کیا میں اندر آسکتی ہوں؟	**Seema :** May I come in, sir?	مے آئی کم ان سر؟
منیجر : جی ہاں!	**Manager :** Yes, please!	یس پلیز!
سیما : گڈ مورننگ سر۔	**Seema :** Good morning, sir.	گڈ مورننگ سر۔
منیجر : گڈ مورننگ، پلیز بیٹھئے۔	**Manager :** Good morning, please sit down.	گڈ مورننگ، پلیز سٹ ڈاؤن۔
سیما : شکریہ۔	**Seema :** Thank you.	تھینک یو۔
منیجر : آپ کا نام؟	**Manager :** What is your name?	واٹ از یور نیم؟
سیما : سیما وسواس۔	**Seema :** Seema Viswas.	سیما وسواس۔
منیجر : آپ شادی شدہ ہیں یا غیر شادی شدہ؟	**Manager :** Married or unmarried?	میرڈ اور ان میرڈ؟
سیما : شادی شدہ۔	**Seema :** Married.	میرڈ۔
منیجر : آپ نے پرسنل اسسٹنٹ کی نوکری	**Manager :** You have applied for the	یو ہیو اپلائیڈ فور د پوسٹ
کے لئے اپلائی کیا ہے نا؟	post of a personal assistant. Right?	اوف اے پرسنل اسسٹنٹ، رائٹ؟
سیما : جی سر۔	**Seema :** Yes sir.	یس سر۔
منیجر : آپ کی تعلیمی لیاقت کیا ہے؟	**Manager :** What are your qualifications?	واٹ آر یور کوالی فیکیشنز؟
سیما : جی میں بی ایس سی ہوں۔اس کے	**Seema :** I am B.Sc. I have also done a	آئی ایم۔بی ایس سی۔آئی ہیو اولسو ڈن اے
علاوہ میں نے گورنمنٹ پولیٹیکنک، غازی آباد	diploma in typing and shorthand and	ڈپلوما ان ٹائپنگ اینڈ شورٹ ہینڈ اینڈ
سے ٹائپنگ اور شورٹ ہینڈ میں ڈپلوما سکریٹریل	a secretarial course from the	اینڈ اے سکریٹیریل کورس فروم
کورس بھی کیا ہے۔	Govt. Polytechnic, Ghaziabad.	د گورنمنٹ پولی ٹیکنک، غازی آباد۔
منیجر : ٹائپنگ اور شورٹ ہینڈ میں آپ کی	**Manager :** What is your speed in	واٹ از یور اسپیڈ ان ٹائپنگ
کیا اسپیڈ ہے؟	typing and shorthand?	اینڈ شورٹ ہینڈ؟
سیما : ستر لفظ فی منٹ۔	**Seema :** Seventy words per minute.	سونٹی ورڈز پر منٹس۔
منیجر : کیا آپ کمپیوٹر پر کام کرسکتی ہیں؟	**Manager :** Can you work on a computer?	کین یو ورک اون اے کمپوٹر؟
سیما : جی، میں کپوٹر پر ورڈ پروسیسنگ کا	**Seema :** Yes, I can do the word	یس، آئی کین ڈو د ورڈ
کام کرسکتی ہوں۔	processing on it.	پروسیسنگ اون اٹ۔
منیجر : کیا آپ نے پہلے کسی آفس	**Manager :** Have you worked in an	ہیو یو ورکڈ ان این

آفس بفور؟	office before?	میں کام کیا ہے؟	
یس آئی ہیوورکڈ ایز اے پی اے ٹو	**Seema :** Yes, I have worked as a P.A. to	جی ہاں، میں نے جے کے انڈسٹریز میں	سیما :
د مینجر ان جے کے انڈسٹریز۔	the manager in J.K. Industries.	مینیجر کے پی اے کے عہدہ پر کام کیا ہے۔	
ہیویو لیفٹ دیم؟	**Manager :** Have you left them?	کیا اب آپ نے وہاں نوکری چھوڑ دی ہے؟	مینجر :
نو، بٹ آئی ایم لکنگ	**Seema :** No, but I am looking	جی نہیں، پر میں اب نوکری بدلنا چاہتی ہوں۔	سیما :
فور اے چینج ناؤ؟	for a change now.		
وائی؟	**Manager :** Why?	کیوں؟	مینجر :
دپلیس از ویری فار۔	**Seema :** The place is very far.	وہ جگہ بہت دور ہے۔ اسکے علاوہ تنخواہ	سیما :
بسائڈس د سیلری از نوٹ اینف۔	Besides, the salary is not enough.	بھی اچھی نہیں ہے۔	
واٹ از یور پرزنٹ سیلری؟	**Manager :** What is your present salary per month?	اب آپ کی تنخواہ کتنی ہے؟	مینجر :
ٹوئنٹی ون ہنڈریڈ روپیز پر منتھ۔	**Seema :** Twenty one hundred rupees per month.	اکیس سو روپے ماہوار۔	سیما :
واٹ سیلری ڈو یو ایکسپکٹ؟	**Manager :** What salary do you expect?	آپ کتنی تنخواہ کی امید رکھتی ہیں؟	مینجر :
ارائونڈ ۳۰۰۰۔	**Seema :** Around 3,000/-.	قریب تین ہزار۔	سیما :
کین یو کمیونکیٹ	**Manager :** Can you communicate in	کیا آپ اچھی طرح سے انگریزی میں	مینجر :
ان انگلش فلوئنٹلی؟	English fluently?	بات چیت کر سکتی ہیں؟	
اوف کورس، آئی کین۔	**Seema :** Of course, I can.	جی ہاں بالکل۔	سیما :
ون لاسٹ بٹ ویری	**Manager :** One last but very	ایک آخری پر بہت اہم سوال۔ پرسنل	مینجر :
امپورٹینٹ کوئسچن۔	important question.	اسسٹینٹ کو کبھی کبھی آفس میں دیر تک	
اے پرسنل اسسٹنٹ مے	A personal assistant may have to stay	رکنا پڑ سکتا ہے۔ کیا آپ رک سکتی ہیں؟	
ہیوٹو اسٹے بیک لیٹ ان آفس سم ٹائمز۔	back late in office sometimes.		
کین یو ڈو دیٹ؟	Can you do that?		
اونلی ونس ان اے وائل سر، نوٹ اولویز۔	**Seema :** Only once in a while sir, not always.	جی صرف کبھی کبھی رک سکتی ہوں ہمیشہ	سیما :
آئی ہیو اے اسمول بے بی۔	I have a small baby.	نہیں۔ میرا چھوٹا سا بچہ ہے۔	
اول رائٹ مسز وسواس۔ دیٹ ول ڈو۔	**Manager :** All right Mrs. Viswas. That will do.	ٹھیک ہے مسز وسواس۔ اتنا کافی ہے۔	مینجر :
وی ول لیٹ یو نو سون۔	We will let you know soon.	ہم جلدی ہی آپ کو بتا دیں گے۔	
تھینک یو سر۔	**Seema :** Thank you, sir.	تھینک یو سر۔	سیما :

Door-to-Door Selling (ڈور ٹو ڈور سیلنگ) گھر گھر فروختگی

(ایک سیلز گرل ایک گھر کی گھنٹی بجاتی ہے۔ خاتون دروازے سے جھانکتی ہے)

یس، واٹس اٹ؟	**Housewife :** Yes, what's it?	ہاں کیا بات ہے؟	خاتون :
گڈ مورننگ میڈم۔	**Salesgirl :** *(Smiling pleasantly)*	(مسکراتے ہوئے) گڈ مورننگ میڈم۔	سیلز گرل :
آئی ایم انوپا مشرا فروم ہیلدی ہارٹس۔	Good morning, madam. I am Anupa Mishra	میں ہیلدی ہارٹس سے انوپا مشرا ہوں۔	
آور کمپنی، ہیڈ براوٹ آوٹ	from Healthy Hearts. Our company had	ہماری کمپنی نے ایک بریک فاسٹ	
اے بریک فاسٹ سیریل۔ اٹس ویری	brought out a breakfast cereal. It's very	سیریل نکالا ہے۔ بہت ہی صحت مند،	
نرشنگ، ڈیلشش اینڈ گڈ فور ہارٹ۔	nourishing, delicious and good for heart.	مزے دار اور دل کے لئے اچھا ہے۔	
لک، آئی ایم ویری بیزی رائٹ ناؤ۔	**Housewife :** Look, I am very busy right now.	دیکھو اس وقت مجھے بہت کام ہے۔	خاتون :

آئی اپری شیئیٹ دیٹ میڈم۔	**Salesgirl :** I appreciate that madam.	سیلز گرل : جی میں سمجھتی ہوں۔ بس ذرا سا
بٹ جسٹ اسپیئر اے مومنٹ اینڈ پلیز	But just spare a moment and please	وقت لونگی۔ یہ دیکھئے۔ اپنے پروڈکٹ
لک ہیئر۔ فور دِ پروڈکٹس پرموشن	look here. For the product's promotion,	کی بکری بڑھانے کے لئے ہم آپ سے
وی آر آفرنگ اے بارگین پرائس۔ یو ول	we are offering a bargain price. You will	بہت کم قیمت لے رہے ہیں۔ ۷۵۰ گرام
گیٹ سیون ففٹی گرامز فور دِ پرائس اوف فائیو	get 750 grams for the price of 500	کا ڈبہ ۵۰۰ گرام کی قیمت میں ملے گا۔
ہنڈریڈ گرامز۔ بسائڈس دِس ائر ٹائٹ	grams. Besides, this airtight	اور اوپر سے یہ ایئر ٹائٹ ڈبہ ۷۵۰
کنٹینر کمز فری وِد دِ سیون ففٹی گرامز پیک۔	container comes free with the 750 grams pack.	گرام کے پیک کے ساتھ بالکل مفت
واٹ از دِ پرائس؟	**Housewife :** What is the price?	خاتون : کیا قیمت ہے؟
اونلی فورٹی روپیز۔ ایٹ دِ کاؤنٹر دِ سیم	**Salesgirl :** Only forty rupees. At the counter,	سیلز گرل : جی کل چالیس روپئے۔
پیک از سیلنگ فور ففٹی روپیز۔	the same pack is selling for fifty rupees.	دکان پر یہ پیک ۵۰ روپئے کا ہے۔
فورٹی روپیز از ٹو مچ۔	**Housewife :** Forty rupees is too much.	خاتون : چالیس روپے تو بہت ہے۔
بلیوی میڈم۔	**Salesgirl :** Believe me madam,	سیلز گرل : یقین مانئے میڈم۔
اٹ از آور اکونومی پیک۔	it is our economy pack. And if you	یہ ہمارا بچت پیک ہے اور اگر
اینڈ اف یو بائی ناؤ، آئی ول گیو دیز	buy now, I will give these	آپ ابھی خریدیں گی تو یہ رنگ
کلرفل بول پینس ایز اکسٹرا گفٹس ٹو یو۔	colourful ballpens as extra gifts to you.	برنگے بول پن آپ کو بطور تحفہ ملیں گے۔
ویل، آئی ہیو نیور ٹرائیڈ اٹ بفور۔	**Housewife :** Well, I have never tried it before.	خاتون : پر میں اسے پہلے کبھی استعمال نہیں کیا۔
ہیئر پلیز ٹیسٹ اٹ۔	**Salesgirl :** Here please, taste it.	سیلز گرل : لیجئے ذرا سا چکھ کر دیکھئے۔
یور فیملی ول لو دِ ٹیسٹ۔	Your family will love the taste.	آپ کی فیملی کو اس کا ذائقہ بہت
اٹ از ریئلی ویری گڈ۔ آئی ہیو	It is really very good. I have	پسند آئے گا۔ یہ واقعی بہت اچھی چیز ہے۔
اول ریڈی سولڈ ٹوئنٹی پیکس ان دِ کولونی۔	already sold 20 packs in the colony.	میں ابھی اس کولونی میں ۲۰ پیک بیچ چکی ہوں۔
اول رائٹ، آئل ٹیک اٹ۔	**Housewife :** Alright, I'll take it.	خاتون : ٹھیک ہے، میں خریدوں گی۔
ہاؤ مینی پیکس میڈم۔	**Salesgirl :** How many packs, madam?	سیلز گرل : کتنے پیکٹ میڈم؟
جسٹ ون۔	**Housewife :** Just one.	خاتون : صرف ایک۔
شیئور میڈم، یور نیم پلیز؟	**Salesgirl :** Sure, madam. Your name please?	سیلز گرل : جی ضرور۔ ذرا اپنا نام بتائیں گی؟
موہنی سیٹھ، لیٹ می گیٹ دمنی۔	**Housewife :** Mohini Seth. Let me get the money.	خاتون : موہنی سیٹھ۔ میں پیسے لاتی ہوں۔
تھینک یو۔	**Salesgirl :** Thank you.	سیلز گرل : شکریہ۔
ہیو اے گڈ ڈے میڈم، بائی۔	Have a good day madam, bye.	آپ کا دن مبارک ہو۔ بائی۔

Selling in Offices (سیلنگ ان اوفسز) — اوفس میں فروختگی

گڈ آفٹرنون میڈم۔	**Salesman :** *(to receptionist)* Good afternoon	سیلز مین : (ریسپشنسٹ سے) گڈ آفٹرنون
آئی ایم دھیرج شرما فروم	madam. I am Dheeraj Sharma	میڈم میں دھیرج شرما ہوں۔
نیو لک اسٹیشنرز اینڈ پرنٹرز۔	from Newlook Stationers and Printers.	نیولک اسٹیشنرز اینڈ پرنٹرز سے مجھے
آئی وانٹ ٹو سی دِ پرچیز مینیجر، پلیز۔	I want to see the Purchase Manager, please.	پرچیز مینیجر سے ملنا ہے۔
ڈو یو ہیو این اپوائنٹ منٹ؟	**Receptionist :** Do you have an appointment?	ریسپشنسٹ : کیا آپ کا اپوائنٹمنٹ ہے؟
یس، میڈم۔	**Salesman :** Yes, madam.	سیلز مین : جی میڈم۔

سر، مسٹر دھیرج شرما	**Receptionist :** *(on the intercom)* Sir,	ریپشنسٹ : (انٹرکوم پر) سر
فروم نیولک اسٹیشنرز اینڈ	Mr. Dheeraj Sharma from Newlook	نیولک اسٹیشنرز اینڈ پرنٹرز سے
پرنٹرز وانٹس ٹو سی یو۔	Stationers and Printers wants to see you.	مسٹر دھیرج شرما آپ سے ملنا چاہتے ہیں۔
اول رائٹ، سینڈ ہم ان۔	**Manager :** Alright, send him in.	منیجر : ٹھیک ہے بھیج دو۔
	Receptionist : *(to the salesman)*	ریپشنسٹ : (سیلزمین سے)
یو کین گو ان، پلیز۔	You can go in, please.	آپ اندر جاسکتے ہیں۔
وچ وے ان دا آفس میڈم؟	**Salesman :** Which way in the office, madam?	سیلزمین : دفتر کس طرف ہے؟
گو اسٹریٹ۔	**Receptionist :** Go straight.	ریپشنسٹ : سیدھے چلے جائیے۔
تھرڈ روم اون دلیفٹ۔	Third room on the left.	بائیں ہاتھ کو تیسرا کمرہ۔
تھینک یو۔	**Salesman :** Thank you.	سیلزمین : تھینک یو۔
	Salesman : *(to the Purchase Manager)*	سیلزمین : (پرچیز منیجر سے)
گڈ آفٹرنون سر	Good afternoon sir.	گڈ آفٹرنون سر۔
گڈ آفٹرنون، پلیز سٹ ڈاؤن۔	**Manager :** Good afternoon, please sit down.	منیجر : گڈ آفٹرنون، بیٹھیے۔
سر، آئی ایم دھیرج شرما فروم نیولک	**Salesman :** Sir, I am Dheeraj Sharma	سیلزمین : سر میں دھیرج شرما ہوں۔
اسٹیشنرز اینڈ پرنٹرز۔	from Newlook Stationers and Printers.	نیولک اسٹیشنرز اینڈ پرنٹرز سے۔
وی پرووائڈ اول کائنڈز اوف اسٹیشنری	We provide all kinds of stationery	ہمارے یہاں ہر طرح کی
اینڈ پرنٹنگ سروسز۔	and printing services.	اسٹیشنری اور پرنٹنگ سروسز ملتی ہیں۔
ہیو یو براؤٹ اینی سیمپلس؟	**Manager :** Have you brought any samples?	منیجر : آپ نمونے لائے ہیں۔
یس سر، دیز آر سم اسٹیشنری آئیٹمز	**Salesman :** Yes sir, these are some stationery	سیلزمین : جی ہاں! یہ رہے اسٹیشنری آئٹمز
اینڈ دیز آر سم کارڈز اینڈ بروشرز پرنٹڈ	items and these are some cards and	اور یہ کچھ کارڈ اور کتابچے جو ہم
بائی اس۔ کائنڈلی لک ایٹ دکوالٹی	brochures printed by us. Kindly look at the	نے چھاپے ہیں۔ سر ذرا ہمارے
اوف پرنٹ اینڈ دپیپر یوزڈ بائی اس۔	quality of print and the paper used by us.	کاغذ کی کوالٹی اور چھپائی دیکھیے۔
واٹ آر د ریٹس؟	**Manager :** What are the rates?	منیجر : ریٹس کیا ہیں؟
دس از د ریٹ لسٹ سر۔	**Salesman :** This is the rate list, sir.	سیلزمین: جی سر! یہ رہی ریٹ لسٹ۔
واٹ از دڈسکاؤنٹ؟	**Manager :** What is the discount?	منیجر : آپ کیا رعایت دیں گے؟
وی اوفر ٹین پرسینٹ ڈسکاؤنٹ سر۔ اون	**Salesman :** We offer 10% discount sir, on	سیلزمین: ہم فی ہزار کی خرید پر ۱۰% رعایت
اے پرچیز اوف روپیز 1000	a purchase of Rs. 1000.	دیتے ہیں۔ میں آپ کو پرنٹنگ ریٹس
آئی کین اولسو اوفر یو ٹین پرسینٹ	I can also offer you 10%	پر بھی ۱۰% رعایت دے سکتا ہوں۔
ڈسکاؤنٹ اون د پرنٹڈ ریٹس سر۔	discount on the printed rates, sir.	
یور ریٹس آر کوائٹ ہائی۔	**Manager :** Your rates are quite high.	منیجر : آپ کی قیمتیں بہت زیادہ ہیں۔
وی اوفر کوالٹی آئیٹمز اینڈ سروس سر۔	**Salesman :** We offer quality items	سیلزمین : ہماری چیزوں کی کوالٹی بہت عمدہ ہے سر۔
وی یوز اسٹیل ٹیبز ان پلیس	and service, sir. We use steel tabs	ہم اسٹیل ٹیبز استعمال کرتے ہیں۔ جبکہ دوسری
اوف آئرن ونز یوزڈ بائی ادر کمپنیز۔	in place of iron ones used by other	کمپنیاں لوہے کی ٹیبز استعمال کرتی ہیں۔
وی یوز اے گریڈ پلاسٹک ان اور فائلز،	companies. We use 'A' grade plastic	ہم اپنی فائلوں میں اے گریڈ پلاسٹک استعمال
اوفرنگ اے لارج ورائٹی ان کلرز۔ بیسائڈز	in our files, offering a large variety	کرتے ہیں۔ رنگوں کی بھی مختلف اقسام ہیں۔
دپیپر وی یوز ان ایٹی جی ایس ایم انسٹیڈ	in colours. Besides, the paper we	اس کے علاوہ اسّی جی ایس ایم کا غذ استعمال

230

کرتے ہیں جبکہ عام طور پر دوسرے ستر	use is 80 G.S.M. instead of 70 G.S.M.	اوف سیونٹی جی ایس ایم
جی ایس ایم کا غذ استعمال کرتے ہیں۔	commonly used by others.	کومنلی یوزڈ بائی ادرز۔
مینیجر : پھر بھی مجھے قیمتیں بہت زیادہ لگ رہی ہیں۔	**Manager :** Still, I find the rates very high.	اسٹل، آئی فائنڈ دریٹس ویری ہائی۔
سیلز مین : سر، دراصل ہم آپ کی کمپنی سے بزنس	**Salesman :** Sir, actually we	سر، ایکچوئیلی وی آر ویری کین اون
ضرور کرنا چاہتے ہیں۔ اس لئے میں	are very keen on doing business	ڈوئنگ بزنس ود یور کمپنی۔ آئی
خاص آپ کے لئے پانچ فیصد کا اور	with your company. I can, therefore, offer an	کین دیر فور، اوفر این ایڈیشنل فائیو
ڈسکاؤنٹ دے سکتا ہوں۔	additional 5% discount specially for you.	پرسینٹ ڈسکاؤنٹ اسپیشلی فور یو۔
مینیجر : ٹھیک ہے۔ آپ نمونے اور کتابیں	**Manager :** Alright, you can leave your	اول رائٹ۔ یو کین لیو یور
یہاں چھوڑ جائیے اور اگلے	brochures and samples here	بروشرز اینڈ سمپلز ہیر
ہفتے مجھے فون کر لیجئے۔	and call me next week.	اینڈ کول می نیکسٹ ویک۔
سیلز مین : جی اچھا۔	**Salesman :** Fine sir, thank you	فائن، سر تھینک یو
بہت بہت شکریہ۔ گڈ ڈے سر۔	very much and good day sir.	ویری مچ اینڈ گڈ ڈے سر۔

Kitty Party (کٹی پارٹی) — کٹی پارٹی

(میرا بھارگو کے یہاں پارٹی ہے۔ مسز مہتا، مسز شرما، سنیتا، مسز دیش مکھ اور کویتا آتی ہیں)

میرا : (مہمانوں سے) ہلو، آئیے۔	**Meera :** *(to the guests)* Hello,	ہلو ویلکم! پلیز بی سیٹڈ۔
خوش آمدید پلیز، بیٹھیے۔	Welcome! Please be seated.	

(میرا کی سہیلی دیپتی دو اور عورتوں کے ساتھ آتی ہے)

دیپتی : ہائی میرا! کیسی ہو؟	**Dipti :** Hi Meera! How are you?	ہائی میرا، ہاؤ آر یو؟
میرا : ہائی! میں ٹھیک ہوں۔ تم سناؤ، کیسی ہو؟	**Meera :** Hi! I am fine and you?	ہائی! آئی ایم فائن اینڈ یو؟
دیپتی : ٹھیک ہوں۔ ان سے ملو سچیتا مہرا	**Dipti :** Fine. Here meet Sucheta Mehra and	فائن۔ ہیئر میٹ سچیتا مہتا
اور نمرتا سین۔ یہ ہماری نئی ممبر ہیں۔	Namrata Sen, our new members.	اینڈ نمرتا سین، اور نیو ممبرز۔
میرا : ہلو! آئیے خوش آمدید۔	**Meera :** Hello and welcome!	ہلو اینڈ ویلکم۔

(کچھ اور عورتیں آکر بیٹھتی ہیں)

مسز سکسینہ : (مسز شرما سے) مسز شرما آپ کی	**Mrs. Saxena :** (*to Mr. Sharma*) Your sari	یور ساڑی
ساڑی بہت خوبصورت ہے۔	is very beautiful Mrs. Sharma.	از ویری بیوٹی فل مسز شرما۔
مسز شرما : تھینک یو۔	**Mrs. Sharma :** Thank you.	تھینک یو۔
مسز سکسینہ : کہاں سے لی؟	**Mrs. Saxena :** Where did you buy it from?	ویئر ڈڈ یو بائی اٹ فروم؟
مسز شرما : موہنی ساڑی پیلس، لاجپت نگر سے۔	**Mrs. Sharma :** Mohni Sari Palace, Lajpat Nagar.	موہنی ساری پیلس، لاجپت نگر۔
مسز سکسینہ : کتنے کی ہے؟	**Mrs. Saxena :** What is the price?	واٹ از دپرائس۔
مسز شرما : ۹۵۰ روپے کی۔	**Mrs. Sharma :** Nine hundred and fifty.	نائن ہنڈریڈ اینڈ ففٹی۔
سدھا : (دیپتی سے) ہلو دیپتی!	**Sudha :** *(to Dipti)* Hello,	ہلو،
بڑی اسمارٹ لگ رہی ہو۔	Dipti, looking very smart!	دیپتی لکنگ ویری اسمارٹ!
دیپتی : تھینک یو۔	**Dipti :** Thank you.	تھینک یو۔

دس نیو ہیئر اسٹائیل ازسوٹنگ	**Sudha :** This new hairstyle is suiting you	سدھا : یہ نیا ہیئر اسٹائل تم پر خوب
یو ویری مچ۔ ویئر ڈو یو گو فور کٹنگ؟	very much. Where do you go for cutting?	پھب رہا ہے۔ کہاں سے بال کٹواتی ہو؟
ایٹ شاھداز۔	**Dipti :** At Shahida's.	شاھدہ کے یہاں سے۔
ازنٹ شی ایکس پینسیو؟	**Sudha :** Isn't she expensive?	سدھا : کافی مہنگی ہے نا؟
یس، بٹ شی ازگڈ۔	**Dipti :** Yes, but she is good.	دپتی : ہاں، پرکام اچھا کرتی ہے۔
یس، دیٹس ٹرو۔	**Sudha :** Yes, that's true.	سدھا : ہاں، وہ تو ہے۔
آئی تھنک وی اول آر ہیئر۔	**Mrs. Mehta :** I think we all are here.	مسز مہتا : میرے خیال سے سبھی آ گئے ہیں،
لیٹ اس اسٹارٹ۔	Let us start.	چلو شروع کریں۔
مسز نائر ہیزنٹ کم،	**Dipti :** Mrs. Nayar hasn't come, but	دپتی : مسز نائر نہیں آئے ہیں۔ لیکن انہوں
بٹ شی ہیز سینٹ ہر کنٹری بیوشن۔	she has sent her contribution.	نے اپنے حصے کے پیسے بھیج دیئے ہیں۔
اول رائٹ۔	**Mrs. Mehta :** Alright. Sudha, are you	مسز مہتا : ٹھیک ہے سدھا تم پیسے
سدھا آر یو میکنگ د کلکشن؟	making the collection?	اکٹھا کر رہی ہونا؟
یس آئی ایم۔ وی آر ٹوئنٹی ممبرز۔	**Sudha :** Yes I am. We are twenty members.	سدھا : جی ہاں۔ ہم بیس ممبر ہیں۔
فائیو ہنڈریڈ ایچ میکس	Five hundred each makes ten thousand.	ہر ایک کے پانچ سو ملا کر دس ہزار ہوئے۔
ٹن تھاؤزینڈ۔ ہیئر میرا، ٹیک د منی۔	Here Meera, take the money.	یہ لو میرا تمہارے پیسے۔
تھینک یو، پلیز ایکسیکوز می۔	**Meera :** Thank you. Please excuse me.	میرا : تھینک یو۔ میں ابھی آئی۔

(اندر جاتی ہے)

سدھا ہو ہیز گوٹ دنکسٹ کٹی؟	**Mrs. Mehta :** Sudha, who has got the next kitty?	مسز مہتا : سدھا اگلی کٹی کس کی نکلی ہے؟
مسز پوری۔ لیڈیز اٹینشن پلیز۔	**Sudha :** Mrs. Puri. Ladies, attention please.	سدھا : مسز پوری کی۔ لیڈیز ذرا سنیں،
دنیکسٹ پارٹی از ایٹ مسز پوریز ہاؤس۔	The next party is at Mrs. Puri's house.	اگلی پارٹی مسز پوری کے یہاں ہے۔
لیٹ اس پلے تمبولا ناؤ۔	**Dipti :** Let us play Tambola now.	دپتی : چلو اب تمبولا کھیلیں۔
اول رائٹ۔ لیڈیز پلیز کنٹری بیوٹ	**Sudha :** All right. Ladies, please contribute	سدھا : ٹھیک ہے۔ لیڈیز پلیز تمبولا
ٹوئنٹی روپیز ایچ فور تمبولا۔	twenty rupees each for Tambola.	کے لئے ۲۰۔۲۰ روپے جمع کریں۔

(کھیل پورا ہونے کے بعد)

لیڈیز پلیز کم فور لنچ	**Meera :** Ladies, please come for lunch.	میرا : لیڈیز پلیز لنچ کے لئے آئیے۔
یور بیکڈ ویجی ٹیبل	**Sudha :** Your baked vegetable	سدھا : میرا تمہاری بیکڈ ویجیٹیبل
از ویری ٹیسٹی میرا۔	is very tasty Meera.	تو بہت مزیدار بنی ہے۔
تھینک یو، آئی لائیکڈ دَ اسٹفڈ ٹومیٹوز	**Meera :** Thank you, I liked the stuffed tomatoes	میرا : تھینک یو۔ مجھے تمہارے یہاں
ویری مچ ایٹ یور پلیس۔	very much at your place.	بھرواں ٹماٹر بہت پسند آئے تھے۔
وی ول ایکسچینج دَ ریسائپز۔	**Sudha :** We will exchange the recipes.	سدھا : ہم ایک دوسرے سے بنانے
		کا طریقہ سیکھیں گے۔
یس شیور پلیز ہیو سم مور۔	**Meera :** Yes sure. *(to guests)* Please have some more.	میرا : ہاں پکا۔ اور لیجئے نا۔
	Mrs. Deshmukh : *(to Preeti)*	مسز دیش مکھ : (پریتی سے) بڑی دبلی پتلی
لکنگ ویری سلم پریتی۔	Looking very slim, Preeti.	لگ رہی ہو پریتی۔
تھینک یو۔	**Preeti :** Thank you.	پریتی : تھینک یو۔

ہیو یو بین ڈائٹنگ؟	**Mrs. Deshmukh :** Have you been dieting?	مسز دیش مکھ : ڈائٹنگ کر رہی ہو کیا؟
نوٹ ریلی۔ بٹ آئی ہیو اسٹارٹیڈ	**Preeti :** Not really. But I have started	پریتی : نہیں تو، پر میں نے یوگا
سم یوگا اینڈ اکسرسائز۔	some Yoga and exercise.	اور کچھ ورزش کرنا شروع کیا ہے۔
لیس، دیٹ از ویری افکٹیو۔	**Mrs. Deshmukh :** Yes, that is very effective.	مسز دیش مکھ : ہاں! اس سے بہت فرق پڑتا ہے۔
	Mrs. Mehta : *(to Mrs. Saxena)*	مسز مہتا : (مسز سکسینہ سے) تم ہمارے
ڈو یو نو سنگز آور نیبرز؟	Do you know Singhs, our neighbours?	پڑوسی سنگھ پریوار کو تو جانتی ہونا؟
لیس، وائی؟	**Mrs. Saxena :** Yes, why?	مسز سکسینہ : ہاں، کیوں؟
دیر واز اے بگ سین ایٹ دیر	**Mrs. Mehta :** There was a big scene at	مسز مہتا : کل رات تو ان کے یہاں کافی
پلیس لاسٹ نائٹ۔	their place last night.	تماشا ہوا۔
وائی واٹ ہپنڈ؟	**Mrs. Saxena :** Why, what happened?	مسز سکسینہ : کیوں، کیا ہوا؟
وی ہیڈ ہارڈلی گون	**Mrs. Mehta :** We had hardly	مسز مہتا : ہم ابھی مشکل سے سوئے
ٹو سلیپ، وین وی ہرڈ لاوڈ	gone to sleep, when we heard	ہی تھے کہ زور زور سے آوازیں سنائی دیں۔
وائسز مسٹر اینڈ مسز سنگھ ویر	loud voices. Mr. and Mrs. Singh were	مسٹر اور مسز سنگھ آپس میں لڑ رہے تھے اور
فائٹنگ اینڈ شاؤٹنگ ایٹ ایچ ادر۔	fighting and shouting at each other.	زور زور سے ایک دوسرے پر چلاّ رہے تھے۔
واٹ واز دمیٹر؟	**Mrs. Saxena :** What was the matter?	مسز سکسینہ : اچھا کیا بات تھی؟
گوڈ نوز بٹ دیٹس ویری	**Mrs. Mehta :** God knows but	مسز مہتا : خدا جانے۔ پر ہے تو بری
بیڈ از نٹ اٹ؟	that's very bad, isn't it?	بات۔ ہے نا؟
لیس، اوف کورس۔	**Mrs. Saxena :** Yes, of course.	مسز سکسینہ : ہاں بالکل۔
واٹ آر یو	**Dipti :** *(to Meera)* What are you	دپتی : (میرا سے) کٹی کے روپیوں
گوئنگ ٹو بائی وِد کٹی منی؟	going to buy with the kitty money?	سے کیا خریدو گی؟
آئی ہیونٹ تھاوٹ یٹ۔	**Meera :** I haven't thought yet.	میرا : ابھی سوچا نہیں ہے۔
واٹ ڈڈ یو بائی؟	What did you buy?	تم نے کیا خریدا؟
واشنگ مشین۔	**Dipti :** Washing machine.	دپتی : کپڑے دھونے کی مشین۔
وچ ون؟	**Meera :** Which one?	میرا : کون سی؟
ویڈیوکون۔	**Dipti :** Videocon.	دپتی : ویڈیوکون۔
از اٹ ورکنگ ویل؟	**Meera :** Is it working well?	میرا : اچھی چل رہی ہے؟
لیس ویری ویل۔	**Dipti :** Yes, very well.	دپتی : ہاں بہت اچھی۔
آئی ول کم ٹو سی اٹ۔	**Meera :** I will come to see it.	میرا : میں دیکھنے کے لئے آؤنگی۔
لیس شیور۔ کم ٹومورو	**Dipti :** Yes, sure. Come tomorrow.	دپتی : ہاں ضرور، کل آؤنا۔
او، کے۔	**Meera :** O.K.	میرا : ٹھیک ہے۔
او، کے میرا وی ہیڈ اے ویری	**Mrs. Deshmukh :** O.K. Meera.	مسز دیش مکھ : اچھا میرا چلتے ہیں۔
نائس ٹائم، بائی۔	We had a very nice time, bye.	بھئی بڑا مزہ آیا۔
تھینک یو پلیز کم اگین۔	**Meera :** Thank you, please come again.	میرا : تھینک یو، پھر آئیے گا۔
او کے میرا۔	**Sudha :** O.K. Meera,	سدھا : میرا بہت اچھا لنچ کھلایا
تھینک یو فور د نائس لنچ، بائی۔	thank you for the nice lunch, bye.	تم نے، اچھا بائی۔
تھینکس فور کمنگ، بائی۔	**Meera :** Thanks for coming, bye.	میرا : آنے کا شکریہ، بائی۔

او، کے میرا آئی ٹوول لیوناؤ۔	**Dipti :** O.K. Meera, I too will leave now.	دیپتی : اچھا میرا میں بھی چلتی ہوں۔
وائی؟ اسٹے فورسم ٹائم۔	**Meera :** Why? Stay for sometime.	میرا : کیوں تھوڑی دیر ٹھہرو نا۔
نو چلڈرن مسٹ بی بیک فروم	**Dipti :** No, children must be back from tuition.	دیپتی : نہیں، بچے ٹیوشن سے واپس
ٹیوشن۔ سی یو ٹومورو۔	See you tomorrow.	آ گئے ہوں گے۔ کل ملتے ہیں۔
او، کے۔ بائی سی یو۔	**Meera :** O.K. Bye, see you.	میرا : اچھا، بائی، پھر ملتے ہیں۔

At the Bank (ایٹ د بینک) — بینک میں

اکسکیوز می۔ آئی وانٹ ٹو	**Customer :** Excuse me.	کسٹمر : ذرا سنئے۔ میں اس بینک میں
اوپن این اکاؤنٹ ہیئر۔	I want to open an account here.	اکاؤنٹس کھولنا چاہتا ہوں۔
پلیز گو ٹو دیٹ کیبن۔	**Bank employee :** Please go to that cabin.	بینک ملازم : براہ کرم اس کیبن میں جائیے۔
مے آئی کم ان؟	**Customer :** May I come in?	کسٹمر : کیا میں اندر آ سکتا ہوں؟
یس پلیز۔ واٹ کین	**Bank officer :** Yes, please.	بینک افسر : جی ہاں۔ بتائیے میں آپ
آئی ڈو فور یو؟	What can I do for you?	کے لئے کیا کر سکتا ہوں؟
آئی وانٹ ٹو اوپن این اکاؤنٹ ہیئر۔	**Customer :** I want to open an account here.	کسٹمر : میں یہاں کھاتہ کھولنا
واٹ از د منیمم ڈپوزٹ فور	What is the minimum deposit for	چاہتا ہوں۔ بچت کھاتے کے
اے سیونگس اکاؤنٹ؟	a savings account?	لئے کم سے کم کتنا جمع کرنا پڑتا ہے؟
یو کین اوپن این آرڈینری	**Bank officer :** You can open an ordinary	بینک افسر : آپ کم سے کم ۲۵۰ روپیہ جمع
سیونگس اکاؤنٹ ود اے منمم ڈپوزٹ	savings account with a minimum deposit	کر کے ایک عام بچت کھاتہ کھول
اوف ٹو ہنڈریڈ اینڈ ففٹی روپیز۔	of two hundred and fifty rupees.	سکتے ہیں لیکن چیک بک والے
بٹ فور اے چیک بک اکاؤنٹ ون	But for a cheque book account, one	کھاتے میں کم سے کم پانچ
نیڈز ٹو ڈپوزٹ فائیو ہنڈریڈ روپیز۔	needs to deposit five hundred rupees.	سو روپے جمع کرنے ہوں گے۔
ہاؤ مینی ٹائمز اے ویک	**Customer :** How many times a week	کسٹمر : ہفتے میں کتنی بار ہم بینک سے
کین وی وڈڈراء منی؟	can we withdraw money?	پیسہ نکال سکتے ہیں؟
ان آور بینک نوٹ مور دین	**Bank officer :** In our bank, not	بینک افسر : ہمارے بینک میں ہفتے
ٹوائس اے ویک۔	more than twice a week.	میں دو سے زیادہ نہیں
واٹ از د ریٹ اوف انٹرسٹ اون	**Customer :** What is the rate of interest on	کسٹمر : بچت کھاتے میں سود کتنا ملے گا؟
اے سیونگس اکاؤنٹ؟	a savings account?	
فائیو پرسینٹ۔	**Bank officer :** Five per cent.	بینک افسر : پانچ فیصد۔
اول رائٹ۔ آئی وانٹ	**Customer :** Alright.	کسٹمر : ٹھیک ہے۔ میں یہاں بینک
این اکاؤنٹ ہیئر۔	I want an account here.	کھاتہ کھولنا چاہتا ہوں۔
او کے فل اپ دس فورم پلیز	**Bank officer :** O.K. Fill up this form, please.	بینک افسر : ٹھیک ہے۔ اس فارم کو بھریئے۔ آپ
ڈو یو وانٹ اٹ سنگل اور جوائنٹ۔	Do you want it single or joint?	اکاؤنٹ سنگل (اکیلے) چاہتے ہیں یا جوائنٹ؟
آئی وانٹ اٹ ان اے جوائنٹ نیم	**Customer :** I want it in a joint name	کسٹمر : میں اپنے بیگم کے ساتھ جوائنٹ
ود مائی وائف۔	with my wife.	چاہتا ہوں۔
ان دیٹ کیس یو بوتھ ہیو	**Bank officer :** In that case, you both have	بینک افسر : تب آپ دونوں کو یہاں دستخط کرنے ہونگے۔

ٹو سائن ہیئر۔ ڈو یو نو سم بڈی	to sign here. Do you know somebody	کیا آپ کسی کو جانتے ہیں جو گواہ کے
ٹو سائن ایز وٹنس۔	to sign as witness?	طور پر دستخط کر سکتا ہے؟
یس مائی نیبر مسٹر شرما ہیز این	**Customer :** Yes, my neighbour Mr. Sharma	کسٹمر : جی ہاں، میرے پڑوسی مسٹر شرما کا
اکاؤنٹ ان دس بینک۔	has an account in this bank.	آپ کے بینک میں کھاتہ ہے۔
فائن۔ پلیز آسک ہم	**Bank officer :** Fine, please ask him	بینک افسر : ٹھیک ہے انہیں یہاں دستخط
ٹو سائن ہیئر۔	to sign here.	کرنے کو کہیں۔
اینڈ آفٹر دیٹ؟	**Customer :** And after that?	کسٹمر : اور اس کے بعد؟
ڈپوزٹ دا اماؤنٹ وِد دَ کیشیر۔	**Bank officer :** Deposit the amount with the	بینک افسر : کیشیر کے پاس رقم جمع کیجئے۔
آفٹر دیٹ یو ول گیٹ یور اکاؤنٹ نمبر	cashier. After that, you will get your account	اس کے بعد آپ اکاؤنٹ نمبر
اینڈ د پاس بک۔	number and the passbook.	اور پاس بک دونوں مل جائیں گے۔
تھینک یو ویری مچ۔	**Customer :** Thank you very much.	کسٹمر : بہت بہت شکریہ۔
آئی وانٹ اے ڈرافٹ پلیز۔	**Another customer :** I want a draft, please.	دوسرا کسٹمر : مجھے ایک ڈرافٹ بنوانا ہے۔
پلیز گو ٹو دکاؤنٹر نمبر تھری۔	**Bank officer :** Please go to the counter number three.	بینک افسر : کاؤنٹر نمبر تین پر جائیے۔
	Customer : *(at the counter)*	کسٹمر : (کاؤنٹر پر)
آئی وانٹ اے ڈرافٹ پلیز۔	I want a draft, please.	مجھے ایک ڈرافٹ بنوانا ہے۔
ڈو یو ہیو این اکاؤنٹ ہیئر؟	**Bank officer :** Do you have an account here?	بینک افسر : آپ کا یہاں کھاتہ ہے؟
نو۔	**Customer :** No.	کسٹمر : نہیں۔
فل اپ دس فورم اینڈ ڈپوزٹ	**Bank officer :** Fill up this form and deposit	بینک افسر : اس فارم کو بھریئے اور
دَمنی ایٹ کاؤنٹر نمبر سکس۔	the money at counter number six.	کاؤنٹر نمبر چھ پر پیسے جمع کیجئے۔
ہاؤ مچ ٹائم ول اٹ ٹیک؟	**Customer :** How much time will it take?	کسٹمر : کتنا وقت لگے گا؟
اباؤٹ ٹو آورز۔	**Bank officer :** About two hours.	بینک افسر : قریب دو گھنٹے۔
پلیز ٹرائی ٹو میک اٹ ارلی۔	**Customer :** Please try to make it early.	کسٹمر : ذرا جلدی کر دیجئے۔
آئی ول ٹرائی۔	**Bank officer :** I will try.	بینک افسر : کوشش کرونگا۔
آئی وانٹ ٹو ان کیش	**Another customer :** I want to encash	دیگر کسٹمر : اس چیک کو کیش کرنا ہے۔
دس چیک پلیز	this cheque please.	
کاؤنٹر نمبر سکس پلیز۔	**Bank officer :** Counter number six please.	بینک افسر : کاؤنٹر نمبر چھ پر جائیں۔
تھینک یو۔	**Another customer :** Thank you.	دوسرا کسٹمر : تھینک یو۔
آئی وانٹ اے فکسڈ ڈپوزٹ اکاؤنٹ۔	**Customer :** I want a fixed deposit account.	کسٹمر : مجھے فکسڈ ڈپوزٹ اکاؤنٹ کھولنا ہے۔
فور واٹ اماؤنٹ؟	**Officer :** For what amount?	افسر : کتنی رقم کا؟
فور ٹین تھاؤزینڈ روپیز۔	**Customer :** For ten thousand rupees.	کسٹمر : دس ہزار روپے کا۔
اینڈ فور ہاؤ مینی ایئرز؟	**Officer :** And for how many years?	افسر : کتنے سال کے لئے۔
فور تھری ایئرز۔ واٹ از دَ انٹرسٹ؟	**Customer :** For three years. What is the interest?	کسٹمر : ۳ سال کے لئے۔
پلیز اسٹڈی دس چارٹ۔	**Officer :** Please study this chart.	افسر : اس چارٹ کو پڑھئے۔
از دیئر کمپاؤنڈ انٹرسٹ	**Customer :** Is there compound interest for	کسٹمر : ریکرنگ ڈپوزٹ کے لئے
فور دَ ریکرنگ ڈپوزٹ؟	the recurring deposit?	کمپاؤنڈ انٹرسٹ ہے کیا؟
اٹ از دیئر ان دچارٹ پلیز۔	**Officer :** It is there in the chart, please.	افسر : چارٹ میں لکھا ہے۔

Boss & Secretary (بوس اینڈ سکریٹری) — بوس اور سکریٹری

گڈ مورننگ سر	**Secretary :** Good morning sir.	سکریٹری: گڈ مورننگ سر۔
گڈ مورننگ ٹینا۔ پلیز ٹیک ڈاؤن دس لیٹر اینڈ فیکس اٹ امی جیٹلی۔	**Boss :** Good morning Teena. Please take down this letter and fax it immediately.	بوس : گڈ مورننگ ٹینا۔ یہ خط لکھواور فوراً فیکس کر دو۔
او، کے، سر! یو ہیو این اپوائنٹ مینٹ ود مسٹر مہتا اوف این کے انڈسٹریز ایٹ الیون تھرٹی ٹوڈے۔	**Secretary :** O.K. sir, you have an appointment with Mr. Mehta of N.K. Industries at 11.30 today.	سکریٹری: جی ٹھیک ہے سر۔ این کے انڈسٹریز کے مسٹر مہتا کے ساتھ آج آپ کی ساڑھے گیارہ بجے اپوائنٹمنٹ ہے۔
اول رائٹ۔ ریمائنڈ می اباؤٹ اٹ ایٹ الیون اوکلوک۔	**Boss :** Alright, remind me about it at eleven o'clock.	بوس : ٹھیک ہے مجھے گیارہ بجے یاد کروا دینا۔
یس سر، دس از دَ لیٹر فروم دیئر کمپنی اینڈ دی کوپی اوف دَ رپلائی سینٹ بائی اس۔	**Secretary :** Yes, sir. This is the letter from their company and the copy of the reply sent by us.	سکریٹری: جی اچھا، یہ ان کی کمپنی کا خط ہے اور یہ ہمارے جواب کی کوپی۔
اول رائٹ، سینڈ می کنسرنڈ فائل۔	**Boss :** Alright, send me the concerned file.	بوس : ٹھیک ہے مجھے اس کی فائل بھی بھیج دو۔
دیز آر ٹو اپلی کیشنز۔ مسٹر ساحل ہیز رپورٹیڈ سک اینڈ مسز چودھری ہیز اپلائیڈ فور این اکسٹنشن اوف ہر لیو۔	**Secretary :** These are two applications. Mr. Sahil has reported sick and Mrs. Chaudhary has applied for an extension of her leave.	سکریٹری: یہ دو عرضیاں ہیں۔ مسٹر ساحل بیمار ہیں۔ اور مسز چودھری چھٹی بڑھوانا چاہتی ہیں۔
فور ہاؤ مینی ڈیز؟	**Boss :** For how many days?	بوس : کتنے دن کی؟
تھری ڈیز ٹوینٹی ففتھ ٹو ٹوینٹی ایٹتھ دس از دَ الکٹریشینز بل۔ اینڈ اولسو، آئی ہیو سینٹ فور دَ پلمبر۔ دَ ٹوائلٹ فلش از نوٹ ورکنگ اگین۔	**Secretary :** Three days, 25th to 28th. This is the electrician's bill. And also, I've sent for the plumber. The toilet flush is not working again.	سکریٹری: ۳ دن۔ ۲۵ سے ۲۸ اپریل تک۔ یہ بجلی مستری کا بل ہے۔ اور سر میں نے پلمبر کو بلوایا ہے۔ ٹوائلیٹ فلش پھر سے خراب ہو گیا ہے۔
او کے ہیو یو سینٹ دَ ریمائنڈر ٹو میگھراج اینڈ سنز؟	**Boss :** O.K. Have you sent the reminder to Meghraj and Sons?	بوس : ٹھیک ہے تم نے میگھ راج اینڈ سنز کو ریمائنڈر بھیج دیا۔
	(فون بجتا ہے)	
یس سر۔	**Secretary :** Yes, sir.	سکریٹری: جی سر۔
ہلو، وشال انڈسٹریز۔ پلیز ہولڈ اون۔ سر، دس از مسز ڈی سوزا فروم اسٹینڈرڈ پبلیشرز۔ شی وانٹس این اپوائنٹمینٹ دس آفٹرنون۔	**Secretary :** Hello, Vishal Industries. Please hold on. Sir, this is Mrs. D'souza from Standard Publishers. She wants an appointment this afternoon.	سکریٹری: ہلو! وشال انڈسٹریز۔ جی ذرا ہولڈ کیجئے۔ سر، اسٹینڈرڈ پبلیکیشنز سے مسز ڈی سوزا بول رہی ہیں۔ آج دوپہر میں کسی وقت آپ سے ملنا چاہتی ہیں۔
از دیئر اینی ادر اپوائنٹمنٹ؟	**Boss :** Is there any other appointment?	بوس : اور کوئی اپوائنٹ منٹ ہے؟
نو، سر۔	**Secretary :** No, sir.	سکریٹری: جی نہیں سر۔
اول رائٹ۔ کول ہر ایٹ فور اوکلوک۔	**Boss :** Alright. Call her at four o'clock.	بوس : ٹھیک ہے۔ چار بجے بلا لو۔
او کے مسز ڈی سوزا یو کین کم ایٹ فور اوکلوک دس آفٹرنون۔	**Secretary :** O.K. Mrs. D'souza, you can come at four o'clock this afternoon.	سکریٹری: ٹھیک ہے مسز ڈی سوزا آج آپ دوپہر چار بجے آ سکتی ہیں۔
ہیو آور نیو بروشرز ارائیوڈ؟	**Boss :** Have our new brochures arrived?	بوس : ہمارے نئے بروشرز آ گئے ہیں؟

لیس سر، دس از دلسٹ اوف دکمپنیز	**Secretary :** Yes, sir. This is the list of the	سکریٹری: جی سر، یہ ان کمپنیوں کی لسٹ ہے
وی آر سینڈنگ دیم ٹو۔	companies we are sending them to.	جنھیں ہم بروشرز بھیج رہے ہیں۔
اوکے سینڈ اول دبروشرز ٹوڈے ودآؤٹ	**Boss :** O.K., send all the brochures today without	بوس : آج پکا بھیج دو۔ اور یہ پیکٹ
فیل۔ اولسو سینڈ دس پیکٹ بائی کوریئر۔	fail. Also send this packet by courier.	کوریئر سے بھیج دو۔
لیس سر۔	**Secretary :** Yes, sir.	سکریٹری: جی اچھا۔

The Salesman Reporting to His Boss (دیلزمین رپورٹنگ ٹو ہز بوس) سیلز مین کی اپنے بوس کو رپورٹ

گڈ ایوننگ سر۔	**Salesman :** Good evening sir.	سیلز مین : گڈ ایوننگ سر۔
گڈ ایوننگ امیت۔ ہاؤ واز دڈے ٹوڈے۔	**Boss :** Good evening Amit. How was the day today?	بوس : گڈ ایوننگ امیت، دن کیسا رہا؟
کوائٹ گڈ سر۔ آئی وزیٹڈ اول دَ	**Salesman :** Quite good sir. I visited all the	سیلز مین : کافی اچھا رہا سر۔ میں ان سبھی
کمپنیز اینڈ اوفسز شیڈولڈ فور ٹوڈے۔	companies and offices scheduled for today.	کمپنیوں اور دفتروں میں گیا جو آج کے لئے
		متعین کئے گئے تھے۔
ڈو یو میٹ مسٹر رحمان	**Boss :** Did you meet Mr. Rahman in	بوس : کیا تم ساون انٹر پرائزز میں رحمان
ان ساون انٹر پرائزز۔	Sawan Enterprises?	صاحب سے ملے؟
لیس سر۔ آئی گیو ہم یور ریفرینس۔	**Salesman :** Yes sir, I gave him your reference.	سیلز مین : جی ہاں! میں نے انہیں آپ کا
		ریفرینس بھی دیا ہے۔
ہاؤ واز ہز رسپونس؟	**Boss :** How was his response?	بوس : ان کا جواب کیا تھا؟
ویری پوزیٹیو۔ ہی آسکڈ می	**Salesman :** Very positive. He asked me to	سیلز مین : جی مثبت تھا۔ انہوں نے نمونے
ٹو لیو دسیمپلز اینڈ بروشرز	leave the samples and brochures	اور کتابچہ چھوڑنے اور اگلے ہفتے رابطہ
اینڈ ٹو کونٹیکٹ ہم نیکسٹ ویک۔	and to contact him next week.	قائم کرنے کو کہا ہے۔ انہوں نے
ہی ہیز اشیورڈ می دیٹ ہیئل پلیس	He has assured me that he'll place	اس مہینے کے آخر تک ہمیں آرڈر
این اورڈر بائی د اینڈ اوف دس منتھ۔	an order by the end of this month.	دینے کا یقین بھی دلایا ہے۔
میک اٹ اے پوائنٹ ٹو سی	**Boss :** Make it a point to see	بوس : اگلے ہفتے مسٹر رحمان سے
مسٹر رحمان نیکسٹ ویک۔	Mr. Rahman next week.	ضرور ملنا۔
ڈیفنٹلی سر۔ سر وی گوٹ	**Salesman :** Definitely sir. Sir, we got	سیلز مین : جی بالکل۔ سر ہمیں راجیو انڈسٹریز
این آرڈر اوف فائیو لیکس فروم	an order of five lacs from	سے ۵ لاکھ روپے کا آرڈر ملا ہے۔
راجیو انڈسٹریز۔ بٹ دے وانٹ	Rajeev Industries. But they want	پر انہیں سات دنوں کے اندر
ڈلیوری ودن سیون ڈیز۔	delivery within seven days.	ڈلیوری چاہئے۔
دیٹ کین بی ارینجڈ۔ واٹ اباؤٹ	**Boss :** That can be arranged. What about	بوس : اس کا انتظام ہو جائے گا۔
این کے انٹرپرائزز؟	N.K. Enterprises?	این کے انٹر پرائزز کا کیا ہوا ہے؟
دیئر ریسپونس واز اے لٹل	**Salesman :** Their response was a little	سیلز مین : جی ان کا ریسپونس بہت اچھا نہیں تھا۔
لیوک ورم، سر۔	lukewarm, sir.	
وائی؟	**Boss :** Why?	بوس : کیوں؟
دے کمپلینڈ دیٹ لاسٹ ٹائم ڈلیوری	**Salesman :** They complained that last	سیلز مین : ان کی شکایت تھی کی پچھلی
وازنٹ اون ٹائم۔	time the delivery wasn't on time.	بار ڈلیوری وقت پر نہیں ہوئی تھی۔

وہ ہمارے پیپر کی	They also seemed to be dissatisfied	دے اولسو سیمڈ ٹو بی ڈس سیٹسفائڈ
کوالٹی سے بہت خوش نہیں تھے۔	with the quality of our paper.	ود د کوالٹی اوف آور پیپر۔
بوس : تم نے انہیں منانے کی کوشش نہیں کی؟	**Boss :** Didn't you try to convince them?	ڈڈنٹ یو ٹرائی ٹو کنونس دیم؟
سیلز مین : جی کی تھی۔ میں نے ان سے وعدہ کیا	**Salesman :** Yes sir, I did. I promised them	یس سر آئی ڈڈ۔ آئی پرومزڈ دیم
کہ ڈیلیوری آگے سے وقت پر ہوگی۔	on-time delivery in future. I also told them	اون ٹائم ڈیلیوری ان فیوچر۔
میں نے انہیں یہ بھی بتایا کہ اب ہماری	that we are offering better quality	آئی اولسو ٹولڈ دیم دیٹ
کاغذ کی کوالٹی پہلے سے بہتر ہے۔	paper now. I spoke to the purchase	وی آر آفرنگ بیٹر کوالٹی پیپر ناؤ۔
میں نے خود پرچیز منیجر سے بات کی۔	manager myself.	آئی اسپوک ٹو د پرچیز منیجر مائی سیلف۔
بوس : پھر؟	**Boss :** Then?	دین؟
سیلز مین : انہوں نے کہا کہ وہ سوچیں گے۔	**Salesman :** He said he would think about it.	ہی سیڈ ہی وُڈ تھنک اباؤٹ اٹ۔
بوس : ٹھیک ہے کل تم بہتر کوالٹی کے کاغذ	**Boss :** Alright, you go to them tomorrow	اول رائٹ۔ یو گو ٹو دیم ٹومورو
اور اسٹیشنری سیمپلز کے ساتھ ان	with the new samples of the improved quality	ود د نیو سیمپلز اوف د امپرووڈ کوالٹی
سے دوبارہ ملو۔ انہیں تحریری طور پر	of paper and stationery. Also send them a	اوف پیپر اینڈ اسٹیشنری۔ اولسو
معافی نامہ بھجواؤ اور وعدہ کرو کہ	written apology, that they won't have	سینڈ دیم اے رٹن اپولوجی۔ دیٹ دے
آگے سے انہیں کوئی شکایت نہیں ہوگی۔	any complaints in future.	وونٹ ہیو اینی کمپلینٹس ان فیوچر۔
سیلز مین : جی، میں ایسا ہی کرونگا۔	**Salesman :** Alright, I will do that.	اول رائٹ، آئی ول ڈو دیٹ۔
بوس : اور تم کون کون سی کمپنیوں میں گئے؟	**Boss :** Which other companies did you visit today?	وچ ادر کمپنیز ڈڈ یو وزٹ ٹوڈے؟
سیلز مین : جی میں روہن انٹرپرائزز	**Salesman :** I went to Rohan Enterprises and	آئی وینٹ ٹو روہن انٹرپرائزز اینڈ
اور نو یگ انڈسٹریز میں گیا۔	Navyug Industries. I have also got an	نو یگ انڈسٹریز۔ آئی ہیو اولسو گوٹ
میں نے نول انڈسٹریز نوئیڈا کے	appointment with the purchase manager of	این اپوائنٹ مینٹ ود دَ پرچیز منیجر اوف
پرچیز مینیجر سے بھی کل ملاقات کا	Naval Industries, Noida tomorrow.	نول انڈسٹریز، نوئیڈا ٹومورو۔
وقت لیا ہے۔ یہ ان سبھی جگہوں کی	These are the details of	دیز آر دَ ڈیٹلس اوف
تفصیلات ہیں جہاں میں گیا اور	all the places I visited today	اول دَ پلیسز آئی وزٹیڈ ٹوڈے
جہاں سے مجھے آرڈرز ملے ہیں۔	and the orders I have secured.	اینڈ دَ اورڈرز آئی ہیو سیکورڈ۔
بوس : (کاغذ پڑھتے ہوئے)	**Boss :** (*Looking at the paper*) Well done.	ویل ڈن۔
بہت اچھے، کل کہاں کہاں جاؤ گے؟	Which areas will you cover tomorrow.	وچ ایریاز ول یو کور ٹومورو؟
سیلز مین : جی نوئیڈا اور ایسٹ دہلی سر۔	**Salesman :** Noida and East Delhi, sir.	نوئیڈا اینڈ ایسٹ دہلی، سر۔
بوس : موہن انٹرپرائزز ضرور جانا۔	**Boss :** Make it a point to visit Mohan Enterprises	میک اٹ اے پوائنٹ ٹو وزٹ موہن
مجھ سے مسٹر راجیش موہن کے	tomorrow. Also take from me the reference	انٹرپرائزز ٹومورو۔ اولسو ٹیک فروم می
لئے ریفرینس لیٹر بھی ضرور لے کر جانا۔	letter for Mr. Rajesh Mohan.	د ریفرینس لیٹر فور مسٹر راجیش موہن۔
سیلز مین : آپ انہیں کیسے جانتے ہیں سر؟	**Salesman :** In what capacity do you know him, sir.	ان واٹ کپیسٹی، ڈو یو نو ہم سر؟
بوس : ہمارے پرانے تجارتی تعلقات ہیں	**Boss :** We have old business relations.	وی ہیو اولڈ بزنس ریلیشنز۔
اس کے علاوہ وہ میرے دوست بھی	Besides, he is a personal friend.	بسائڈس ہی از اے پرسنل فرینڈ۔
ہیں۔ وہ ہمیں بزنس ضرور دیں گے۔	He will definitely give us business.	ہی ول ڈیفی نیٹلی گیو اس بزنس۔
سیلز مین : جی اچھا سر۔ گڈ نائٹ۔	**Salesman :** Alright, sir. Good night.	اول رائٹ سر۔ گڈ نائٹ۔

(APPENDIX-I) ضمیمہ -I
انگریزی میں لفظ کی بناوٹ
WORD-BUILDING IN ENGLISH

1. فعل کے آگے *ance* یا *ence* لاحقہ لگانے پر (Abstract Noun) بنتے ہیں۔

Admit (v.)	(ایڈمٹ)	داخل کرنا	(+ance)	Admittance (n.)	(ایڈمیٹنس)	داخلہ
Utter (v.)	(اٹر)	بولنا	(+ance)	Utterance (n.)	(اٹرینس)	تلفظ
Grieve (v.)	(گریو)	ماتم کرنا	(+ance)	Grievance (n.)	(گریوینس)	ماتم
Guide (v.)	(گائیڈ)	راستہ دکھانا	(+ance)	Guidance (n.)	(گائیڈینس)	رہبری
Interfere (v.)	(انٹرفیئر)	دخل دینا	(+ence)	Interference (n.)	(انٹرفرنس)	دخل اندازی
Differ (v.)	(ڈیفر)	اختلاف کرنا	(+ence)	Difference (n.)	(ڈیفرنس)	مختلف
Prefer (v.)	(پریفر)	اولیت دینا	(+ence)	Preference (n.)	(پریفرنس)	اولیت
Occur (v.)	(اوکر)	واقع ہونا	(+ence)	Occurrence (n.)	(اوکرنس)	واقعہ

اسی طرح ان الفاظ کے آگے ance + یا ence + لگائیں۔ depend, reside, indulge, refer میں (+ence) اور contrive
endure, insure, observe میں (+ance) لاحقہ لگتا ہے۔

2. کئی بار Abstract Noun بنانے کے لئے ment + لاحقہ لگایا جاتا ہے۔ جیسے improve سے improvement وغیرہ۔

اب نیچے دئے گئے فعل کے ساتھ ment+ لگا کر نئے لفظ بنائیں اور ان کے معنی لغت میں ڈھونڈیں۔

Achieve	(اچیو)	حاصل کرنا	Announce	(اناؤنس)	اعلان کرنا
Amuse	(امیوز)	خوشی منانا	State	(اسٹیٹ)	کہنا
Postpone	(پوسٹ پون)	ملتوی کرنا	Settle	(سٹل)	فیصلہ کرنا
Move	(موو)	ہلنا	Measure	(میزر)	ناپنا
Advertise	(ایڈورٹائز)	اشتہار دینا	Excite	(اکسائٹ)	جذباتی ہونا

N.B. : اوپر دئے گئے الفاظ میں ment لگایا جاتا ہے achieve+ment = achievement

ضد **(Exception) -1** نیچے دئے گئے لفظ میں ment+ ملانے پر فعل کے آخر کا e معدوم ہو جاتا ہے Argue + ment = Argument

3. Y کے آخر والے فعل کے آگے لاحقہ (Suffix) لگانے پر y کا i ہو جاتا ہے۔ نیچے دئے گئے جدول سے اس کی مشق کیجئے۔

Ally (v.)	(الائی)	ساتھ دینا	(+ance) Alliance (n.)	(الائنس)	مدد، ساتھ
Carry (v.)	(کیری)	اٹھالے جانا	(+age) Carriage (n.)	(کیرج)	بوجھ اٹھانے والی گاڑی
Marry (v.)	(میری)	شادی کرنا	(+age) Marriage (n.)	(میرج)	شادی
Envy (v.)	(انوی)	حسد کرنا	(+ous) Envious (n.)	(انویس)	حاسد
Apply (v.)	(اپلائی)	درخواست دینا	(+cation) Application (n.)	(اپلی کیشن)	درخواست
Qualify (v.)	(کوالی فائی)	لائق ہونا	(+cation) Qualification (n.)	(کوالی فکیشن)	لیاقت رقابلیت
Try (v.)	(ٹرائی)	کوشش کرنا	(+al) Trial (n.)	(ٹرائل)	کوشش
Deny (v.)	(ڈنائی)	انکار کرنا	(+al) Denial (n.)	(ڈنائل)	انکار

but لیکن

betray (v.) (بٹرے) دھوکہ دینا

betrayal (n.) (بیٹریل) دھوکا

4.کئی بار Abstract Noun' al+لاحقہ (Suffix) لگا کر بنائی جاتی ہے۔جیسے refuse + al = refusal انکار۔لفظ کے آخر میں e ہوتو وہ کالعدم ہوجاتا ہے(جیسے refusal میں refuse کے e کا ہوا ہے)

اب آگے دیئے گئے الفاظ میں al+لاحقہ لگائیں اور نئے الفاظ کو لغت میں ڈھونڈیں Approve (قبول کرنا)، arrive (آنا، پہونچنا)، dispose (بیچنا)، propose (پیش کرنا)، betray (دھوکا دینا)

5.کئی بار صفت بھی al + لاحقہ (Suffix) لگا کر بنائے جاتے ہیں۔جیسے centre + al = central (centre کے آخر e معدوم ہوگیا ہے) اب نیچے دیئے الفاظ کے صفت al + لاحقہ جوڑ کر بنائیں اور لغت میں ان کے معنیٰ بھی ڈھونڈیں۔

Continue (جاری رکھنا)، fate (قسمت)، nature (قدرت)، universe (عالم)، practice (مشق کرنا)

6. Y کے آخر والے صفت کے آگے لاحقہ (suffix) لگانے پر y کا i ہوجاتا ہے۔

Adj.		صفت	Adv.		Noun	اسم
Busy	(بیزی)	مشغول	busily	مشغولیت سے	business	مشغولیت
Easy	(ایزی)	آسان	easily	بآسانی	easiness	بآسانی
Heavy	(ہیوی)	بھاری	heavily	بھاری پن سے	heaviness	بھاری پن
Happy	(ہپی)	خوشی	happily	بخوشی	happiness	بخوشی
Lucky	(لکی)	خوش قسمت	luckily	خوش قسمتی سے	luckiness	خوش قسمتی
Ready	(ریڈی)	تیار، پیش	readily	ایکدم، تیاری	readiness	تیاری
Steady	(اسٹیڈی)	استحکام	steadily	استحکام سے	steadiness	استحکام سے

دیکھتے ہی دیکھتے اب آپکو صفت سے Adv. اور اسم Noun بنانا آ گیا۔اسی طرح اب خود ہی صفت سے اسم بنانے کی مشق کر سکتے ہیں۔

7. نیچے دیئے گئے سابقہ (Prefix) سے نئے لفظ بنانے کی مشق کیجئے۔معنیٰ بھی ذہن نشین کیجئے۔پھر لکھیے۔

	dependent	independent
	dependence	independence
in (=نہیں)	definite	indefinite
	justice	injustice
	practicable	impracticable
	possible	impossible
im (=نہیں)	proper	improper
	patience	impatience
	moral	immoral
	mortal	immortal
	reversible	irreversible
irr (=نہیں)	responsible	irresponsible
	removable	irremovable
il (+نہیں)	legible	illegible
	deed	misdeed
mis (=برا)	conduct	misconduct
	management	mismanagement

رموزِ اوقاف اور بڑے حروف

(PUNCTUATION AND CAPITAL LETTERS)

کسی شہر کے میئر ایک بار کسی اسکول کا معائنہ کرتے ہوئے اس درجہ میں پہونچے جہاں Punctuation اور Capital Letters کا مضمون پڑھایا جارہا تھا۔ وہ بہت ناراض ہوئے اور بولے کہ ایک بیوقوف کے سوا اور کوئی بھی شخص ایسا بے کار مضمون نہیں پڑھا سکتا۔ استاد نے خاموش رہتے ہوئے بلیک بورڈ (blackboard) پر یہ لکھا۔ The Mayor says, "The teacher is a fool." یعنی میئر کہتے ہیں کہ استاد بیوقوف ہے۔ اس سے میئر بہت خوش ہوئے۔ اب استاد محترم نے میئر سے کہا کہ اب میں اس جملہ میں صرف Punctuation اور Capital letters بدلونگا اور تب سابقہ جملے کو ایسے لکھا۔ "The Mayor", says the teacher, " is a fool." یعنی استاد کہتے ہیں کہ میئر بیوقوف ہے۔ جملہ کا ایک دم الٹا معنی دیکھ کر میئر محترم بہت شرمندہ ہوئے اور انہوں نے Punctuation اور Capital letters کی اہمیت کو قبول کیا۔ ہمیں بھی ایسا ہی کرنا چاہیئے۔ خاص خاص رموز اوقاف نیچے دئے جارہے ہیں۔

Full stop.... ہر assertive اور imperative جملہ کے آخر میں اور abbreviations اور initials کے بعد لگتا ہے، جیسے:

(i) Alexander invaded India. (ii) Sit down.

(iii) Shri S.N. Mishra is a prominent M.P. from Bihar.

Question Mark (سوالیہ نشان=؟) ہر interrogative جملہ کے آخر میں۔ جیسے:

Have you seen the Taj?

Exclamation Mark (علامت کائیہ=!) ہر exclamatory جملہ کے آخر میں۔ جیسے:

What a marvel the newspaper is!

Semicolon (وقف ناقص=;) یہ full stop سے آدھے وقت کو ظاہر کرتا ہے۔ جیسے:

Her mind was still untouched by any doubt as to what she ought to do; and she felt at rest in the assurance that Nala still loved her better than his own soul.

Colon (وقف توضیحی= :اور:-) یہ semicolon سے لمبا ٹھہراو ظاہر کرتا ہے اور یہ گنتی کو شروع کرنے کے کام آتا ہے۔ جیسے

These are important rivers of India:

The Indus, the Ganges, the Brahmaputra, the Godavari, the Krishna and the Cauvery.

Quotations or Inverted Commas (حوالیہ نشان=" ") کسی کے الفاظ یا مضمون کو بیان کرنے کے لئے جیسے:

Ram says, "Dev bowls well".

Apostrophe (علامات حذفیہ=') missing letter/letters یا Possession کے لئے۔ جیسے۔

Mohan doesn't sit on his father's chair.

Comma (کومارسکتہ= ,) اس کے مختلف استعمال ہیں۔ جیسے :

(i) Yes, I know him.

(ii) Monday, 15th January. January 20, 1939.

(iii) Ravana, the king of Sri Lanka, kidnapped Sita, the wife of Rama.

(iv) Mohan, get me a glass of water. (مخاطب شخص کا نام الگ کرنے کے لئے)

(v) In the south, the Godavari, the Krishna and the Cauvery are the longest rivers. (and کے ذریعہ نہ جڑے ہوئے یکساں الفاظ کو الگ کرنے کے لئے)

(vi) Light and fresh air are in abundance in villages, but they are shut out from the house. (Conjunction کے ذریعے جڑی ہوئی coordinate clauses کو الگ کرنے کے لئے)

(vii) The teacher said, "Ice floats on water".
"Help me to get the golden fleece", said Jason to Medra.
(Direct speech کو main verb سے الگ کرنے کے لئے)

(viii) When he doesn't have any work in the off season, he idles away his time.
(جملہ کے شروع میں آنے والی adverb clause کو الگ کرنے کے لئے)

(ix) Damayanti, that was the name of the Princess, entered the pavilion with a garland in her hands.

(جملہ میں آئے Parenthetical یعنی قوسین میں رکھے جانے والے الفاظ کو الگ کرنے کے لئے)

(x) The time being favourable, Buddha quietly slipped away from the palace.

(nominative absolute کو الگ کرنے کے لئے)

(xi) The evil spirit, who had only been seen by Nala, disappeared from sight.

(adjective clause کو main clause سے الگ کرنے کے لئے)

(xii) Believing the words of the fox, the goat jumped into the well.

(Participle یا adjective کا کام کرنے والی phrases کو الگ کرنے کے لئے)

Capitals یعنی بڑے حروف کے استعمال کی جگہ مندرجہ ذیل ہیں:۔

India has produced many great men and women.	(i) جملہ شروع کرنے کے لئے جیسے:
It takes two hours to reach Meerut by train.	(ii) Propernoun کے لئے
Alexander, the Great invaded India.	(iii) Title (خطاب) کی وضاحت کے لئے
This article is from the pen of M.K. Gandhi.	(iv) Initials نام کے شروعاتی حروف کے لئے
My God and king, to thee I bow my head.	(v) pronoun کے لئے خدا کے نام اور اس سے متعلق ضمائر کے لئے
It was over nine years ago when I visited Hardwar.	(vi) I یعنی میں کے لئے جیسے:
Now is the time to study hard; work will bring its own reward; then work, work, work!	(vii) Poetry کی ہر line کے شروع میں جیسے:
I said to you, "I want your help."	(viii) Quatation marks کے اندر جملہ شروع کرتے وقت۔ جیسے:

مخفّفات
(ABBREVIATIONS)

abbr.	abbreviated	Chap.	chapter
	abbreviation	Chq.	cheque
adj.	adjective, adjourned, adjustment	C.I.D.	Criminal Investigation Department
		cm.	centimetre(s)
Advt.	Advertisement	Co.	company
A.M.	*ante meridiem* (before noon)	c/o.	care of
amt.	amount	cp.	compare
ans.	answer		
Apr.	April	D.	dollar
Aug.	August	Dec.	December
		deg.	degree(s)
B.A.	Bachelor of Arts	dft.	draft
B.B.C.	British Broadcasting Corporation	dict.	dictionary
B.C.	Before Christ	dis.	discount, discoverer
B.Com.	Bachelor of Commerce	D.Litt.	Doctor of Literature
B.Sc.	Bachelor of Science	D.L.O.	Dead Letter Office
B.P.	Blood Pressure	do	ditto (the same as aforesaid)
B.O.A.C.	British Overseas Airways Corporation	D.Phil.	Doctor of Philosophy
		dpt.	department
		Dr.	debtor, doctor
Capt.	Captain	D.C.	direct current, deputy commissioner
Cf.	Confer, compare		

E.	East	Lat.	Latin
E. and O.E.	errors and omissions excepted	lat.	latitude
Ed.	editor, education	lab.	laboratory
Eng.	England, English	lang.	language
Engr.	engineer	Lb.	libra, pound
esp.	especially	Lt.	Lieutenant
Esq./Esqr.	esquire	Lt.-Gen.	Lieutenant-General
Est.	established	Ltd.	Limited
E.T.	English Translation	Lt.-Gov.	Lieutenant Governor
etc.	*et cetera* (and the other)		
ex.	example	mag.	magazine
		Maj.	Major
F. (Fahr)	Fahrenheit	Mar.	March
f.	following	marg.	margin, marginal
fam.	family	mas., masc.	masculine
Feb.	February	M.B.	*Medicinae Baccalaureus* (bachelor
fem.	feminine		of medicine)
ff.	folios (pl.), following	M.D.	*Medicinae Doctor* (Doctor of
Fig.	figure		Medicine)
f.o.r.	free on fail	med.	Medical, medicine, medieaval
ft.	foot, feet, fort	Messrs.	*Messieurs* (Fr.) Sirs, (used as plural of Mr.)
g.	gram	min.	minimum, minute
gaz.	gazette, gazetteer	misc.	miscellaneous
Gen.	General	ml.	millilitre
gen.	gender	M.L.A.	Member of Legislative Assembly
G.P.O.	General Post Office	M.L.C.	Member of Legislative Council
Gr.	Greek	mm.	millimetre(s)
		M.O.	Medical officer, money order
H.	Hydrogen	morn.	morning
h., hr.	hour	M.P.	Member of Parliament
Hon.	Honourable	m.p.h.	miles per hour
H.Q.	headquarters	Mr.	Master, Mister
		Mrs.	Mistress
I.A.	Indian Army	M.S.	Manuscript(s), Master of Surgery
ib.	*ibid., ibidem* (in the same place)	mth.	month
id.	idem (the same)		
i.e.	*id. est.* (that is)	N.	North, Northern
I.G.	Inspector General	n.	name, noun
inst.	instant (the present month)	N.B., n.b.	*nota bene* (note well or take notice)
int.	interest, interior, interpreter	n.d.	no date, not dated
intro, introd.	introduction	neg.	negative
inv.	invoice	No., no	*numero*, (in number)
ital.	italic	Nos. nos.	numbers (pl.)
		Nov.	November
J.	Judge, Justice		
Jan.	January	O	Oxygen
junc.	junction	ob.	obituary (died)
		obj.	object, objective
kc.	kilocycle	Oct.	October
kg.	kilogram	off.	official
km.	kilometre	O.K.	*Ol Korrect* (All correct)
kw.	kilowatts	o.p.	out of print

opp.	opposite	St.	Street, Saint
ord.	order, ordinary, ordinance	st.	stone
Oz.	ounce(s)	sub., subj.	subject
p.	page pp. pages (pl.)	T.B.	tuberculosis
P.C.	post-card	tech.	technical, technology
per cent	*per centum* (by the hundred)	tel.	telegraph
Ph. D.	Doctor of Philosophy	T.O.	turn over
plu., plur.	plural	tr.	translator, transpose
P.M.	*post meridiem* (after noon)	T.V.	television
P.O.	Post Office	U.S.A.	United States of America
P.T.	physical training	U.S.S.R.	Union of Soviet Socialist Republic
P.T.O.	please turn over	U.	uranium, universal
P.W.D.	Public Works Department	U.D.C.	upper division clerk
		U.K.	United Kingdom
Q.	query, question	U.P.	United Provinces, Uttar Pradesh
Q.	queue		
qr.	quarter	vs.	versus (against)
qt.	quantity	vb.	verb
		vid.	*vide* (see)
Rd.	road	viz.	*videlicet* (namely)
Re.	Rupee	V.I.P.	Very Important Person
recd.	received	V.P.	Vice President
recpt.	receipt	vt.	verb transitive
ref.	reference		
Rep.	representative, report, reporter	W.	West
retd.	retired, returned	Wed.	Wednesday
Regt.	Regiment	w.e.f.	with effect from
Rs.	Rupees	w.f.	wrong font
R.S.V.P.	*repondez s' ll vous plait* (Fr.) reply, if you please	W.H.O	World Health Organisation
		wt.	weight
S.	South, seconds	X.	Roman numeral for ten
Sa., Sat.	Saturday	X., Xt.	Christ
s.c.	small capital	Xm., Xmas.	Christmas
s.d.	*sine die* (without a day fixed)		
SEATO	South-East Asia Treaty Organisation	Y., yr.	year
		Y.M.C.A.	Young Men's Christian Association
Sec., Secy.	Secretary		
sec.	second		
Sep., Sept.,	September	Zn.	Zinc
sig.	signature		
sing.	singular	&	*et* (and)
Sq., sq.	square		

(NUMERALS) اعداد

رومن عدد	انگریزی تلفظ	انگریزی اعداد	انگریزی خط	اردو تلفظ	اردو ہندسہ
I	ون	1	One	ایک	۱
II	ٹو	2	Two	دو	۲
III	تھری	3	Three	تین	۳
IV	فور	4	Four	چار	۴
V	فائیو	5	Five	پانچ	۵
VI	سکس	6	Six	چھ	۶
VII	سیون	7	Seven	سات	۷
VIII	ایٹ	8	Eight	آٹھ	۸
IX	نائن	9	Nine	نو	۹
X	ٹن	10	Ten	دس	۱۰
XI	الیون	11	Eleven	گیارہ	۱۱
XII	ٹویلو	12	Twelve	بارہ	۱۲
XIII	تھرٹین	13	Thirteen	تیرہ	۱۳
XIV	فورٹین	14	Fourteen	چودہ	۱۴
XV	ففٹین	15	Fifteen	پندرہ	۱۵
XVI	سکسٹین	16	Sixteen	سولہ	۱۶
XVII	سیونٹین	17	Seventeen	سترہ	۱۷
XVIII	ایٹین	18	Eighteen	اٹھارہ	۱۸
XIX	نائنٹین	19	Nineteen	انیس	۱۹
XX	ٹوینٹی	20	Twenty	بیس	۲۰
XXI	ٹوینٹی ون	21	Twenty one	اکیس	۲۱
XXII	ٹوینٹی ٹو	22	Twenty two	بائیس	۲۲
XXIII	ٹوینٹی تھری	23	Twenty three	تیئیس	۲۳
XXIV	ٹوینٹی فور	24	Twenty four	چوبیس	۲۴
XXV	ٹوینٹی فائیو	25	Twenty five	پچیس	۲۵
XXVI	ٹوینٹی سکس	26	Twenty six	چھبیس	۲۶
XXVII	ٹوینٹی سیون	27	Twenty seven	ستائیس	۲۷
XXVIII	ٹوینٹی ایٹ	28	Twenty eight	اٹھائیس	۲۸
XXIX	ٹوینٹی نائن	29	Twenty nine	انتیس	۲۹
XXX	تھرٹی	30	Thirty	تیس	۳۰
XXXI	تھرٹی ون	31	Thirty one	اکتیس	۳۱
XXXII	تھرٹی ٹو	32	Thirty two	بتیس	۳۲
XXXIII	تھرٹی تھری	33	Thirty three	تینتیس	۳۳
XXXIV	تھرٹی فور	34	Thirty four	چونتیس	۳۴
XXXV	تھرٹی فائیو	35	Thirty five	پینتیس	۳۵
XXXVI	تھرٹی سکس	36	Thirty six	چھتیس	۳۶
XXXVII	تھرٹی سیون	37	Thirty seven	سینتیس	۳۷
XXXVIII	تھرٹی ایٹ	38	Thirty eight	اڑتیس	۳۸
XXXIX	تھرٹی نائن	39	Thirty nine	انتالیس	۳۹
XL	فورٹی	40	Forty	چالیس	۴۰
XLI	فورٹی ون	41	Forty one	اکتالیس	۴۱
XLII	فورٹی ٹو	42	Forty two	بیالیس	۴۲
XLIII	فورٹی تھری	43	Forty three	تینتالیس	۴۳
XLIV	فورٹی فور	44	Forty four	چوالیس	۴۴
XLV	فورٹی فائیو	45	Forty five	پینتالیس	۴۵
XLVI	فورٹی سکس	46	Forty six	چھیالیس	۴۶
XLVII	فورٹی سیون	47	Forty seven	سینتالیس	۴۷
XLVIII	فورٹی ایٹ	48	Forty eight	اڑتالیس	۴۸
XLIX	فورٹی نائن	49	Forty nine	انچاس	۴۹
L	ففٹی	50	Fifty	پچاس	۵۰

رومن عدد	انگریزی تلفظ	انگریزی اعداد	انگریزی خط	اردو تلفظ	اردو ہندسہ
LI	ففٹی ون	51	Fifty one	اکیاون	۵۱
LII	ففٹی ٹو	52	Fifty two	باون	۵۲
LIII	ففٹی تھری	53	Fifty three	ترپن	۵۳
LIV	ففٹی فور	54	Fifty four	چوون	۵۴
LV	ففٹی فائیو	55	Fifty five	پچپن	۵۵
LVI	ففٹی سکس	56	Fifty six	چھپن	۵۶
LVII	ففٹی سیون	57	Fifty seven	ستاون	۵۷
LVIII	ففٹی ایٹ	58	Fifty eight	اٹھاون	۵۸
LIX	ففٹی نائن	59	Fifty nine	انسٹھ	۵۹
LX	سکسٹی	60	Sixty	ساٹھ	۶۰
LXI	سکسٹی ون	61	Sixty one	اکسٹھ	۶۱
LXII	سکسٹی ٹو	62	Sixty two	باسٹھ	۶۲
LXIII	سکسٹی تھری	63	Sixty three	ترسٹھ	۶۳
LXIV	سکسٹی فور	64	Sixty four	چوسٹھ	۶۴
LXV	سکسٹی فائیو	65	Sixty five	پینسٹھ	۶۵
LXVI	سکسٹی سکس	66	Sixty six	چھیاسٹھ	۶۶
LXVII	سکسٹی سیون	67	Sixty seven	سڑسٹھ	۶۷
LXVIII	سکسٹی ایٹ	68	Sixty eight	اڑسٹھ	۶۸
LXIX	سکسٹی نائن	69	Sixty nine	انہتر	۶۹
LXX	سیونٹی	70	Seventy	ستر	۷۰
LXXI	سیونٹی ون	71	Seventy one	یکہتر	۷۱
LXXII	سیونٹی ٹو	72	Seventy two	بہتر	۷۲
LXXIII	سیونٹی تھری	73	Seventy three	تہتر	۷۳
LXXIV	سیونٹی فور	74	Seventy four	چوہتر	۷۴
LXXV	سیونٹی فائیو	75	Seventy five	پچہتر	۷۵
LXXVI	سیونٹی سکس	76	Seventy six	چھہتر	۷۶
LXXVII	سیونٹی سیون	77	Seventy seven	ستہتر	۷۷
LXXVIII	سیونٹی ایٹ	78	Seventy eight	اٹہتر	۷۸
LXXIX	سیونٹی نائن	79	Seventy nine	اتیاسی	۷۹
LXXX	ایٹی	80	Eighty	اسی	۸۰
LXXXI	ایٹی ون	81	Eighty one	اکیاسی	۸۱
LXXXII	ایٹی ٹو	82	Eighty two	بیاسی	۸۲
LXXXIII	ایٹی تھری	83	Eighty three	تراسی	۸۳
LXXXIV	ایٹی فور	84	Eighty four	چوراسی	۸۴
LXXXV	ایٹی فائیو	85	Eighty five	پچاسی	۸۵
LXXXVI	ایٹی سکس	86	Eighty six	چھیاسی	۸۶
LXXXVII	ایٹی سیون	87	Eighty seven	ستاسی	۸۷
LXXXVIII	ایٹی ایٹ	88	Eighty eight	اٹھاسی	۸۸
LXXXIX	ایٹی نائن	89	Eighty nine	نواسی	۸۹
XC	نائنٹی	90	Ninety	نوے	۹۰
XCI	نائنٹی ون	91	Ninety one	اکیانوے	۹۱
XCII	نائنٹی ٹو	92	Ninety two	بانوے	۹۲
XCIII	نائنٹی تھری	93	Ninety three	ترانوے	۹۳
XCIV	نائنٹی فور	94	Ninety four	چورانوے	۹۴
XCV	نائنٹی فائیو	95	Ninety five	پنچانوے	۹۵
XCVI	نائنٹی سکس	96	Ninety six	چھیانوے	۹۶
XCVII	نائنٹی سیون	97	Ninety seven	ستانوے	۹۷
XCVIII	نائنٹی ایٹ	98	Ninety eight	اٹھانوے	۹۸
XCIX	نائنٹی نائن	99	Ninety nine	ننانوے	۹۹
C	ہنڈریڈ	100	Hundred	سو	۱۰۰

رومن عدد	انگریزی تلفظ	انگریزی اعداد	انگریزی خط	اردو تلفظ	اردو ہندسہ
CC	ٹو ہنڈریڈ	200	Two Hundred	دوسو	۲۰۰
CCC	تھری ہنڈریڈ	300	Three Hundred	تین سو	۳۰۰
CD	فورہنڈریڈ	400	Four Hundred	چارسو	۴۰۰
D	فائیوہنڈریڈ	500	Five Hundred	پانچ سو	۵۰۰
DC	سکس ہنڈریڈ	600	Six Hundred	چھ سو	۶۰۰
DCC	سیون ہنڈریڈ	700	Seven Hundred	سات سو	۷۰۰
DCCC	ایٹ ہنڈریڈ	800	Eight Hundred	آٹھ سو	۸۰۰
CM	نائن ہنڈریڈ	900	Nine Hundred	نوسو	۹۰۰
M	تھاؤزینڈ	1000	Thousand	ایک ہزار	۱۰۰۰
I	ٹین تھاؤزینڈ	10,000	Ten Thousand	دس ہزار	۱۰۰۰۰
X	ہنڈریڈ تھاؤزینڈ	1,00,000	Hundred Thousand	ایک لاکھ	۱۰۰۰۰۰
M	ملین	10,00,000	Million	دس لاکھ	۱۰۰۰۰۰۰
-	ٹین ملین	1,00,00,000	Ten Million	کروڑ	۱۰۰۰۰۰۰۰
-	ہنڈریڈ ملین	10,00,00,000	Hundred Million	دس کروڑ	۱۰۰۰۰۰۰۰۰
-	تھاؤزینڈ ملین	1,00,00,00,000	Thousand Million	ارب	۱۰۰۰۰۰۰۰۰۰
-	بلین	10,00,00,00,000	Billion	دس ارب	۱۰۰۰۰۰۰۰۰۰۰

تعدادی اعداد

(سکستھ)	Sixth	چھٹا	(فرسٹ)	First	پہلا
(سیونتھ)	Seventh	ساتواں	(سکنڈ)	Second	دوسرا
(ایٹتھ)	Eighth	آٹھواں	(تھرڈ)	Third	تیسرا
(نائنتھ)	Ninth	نواں	(فورتھ)	Fourth	چوتھا
(ٹینتھ)	Tenth	دسواں	(ففتھ)	Fifth	پانچواں

اعداد تقسیمی

سکس فولڈ	Six fold	چھ گنا	سنگل	Single	ایک گنا
سیون فولڈ	Seven fold	سات گنا	ڈبل	Double	دوگنا
ایٹ فولڈ	Eight fold	آٹھ گنا	ٹریپل	Triple	تین گنا
نائن فولڈ	Nine fold	نوگنا	فور فولڈ	Four fold	چارگنا
ٹین فولڈ	Ten fold	دس گنا	فائیوفولڈ	Five fold	پانچ گنا

اعداد ضربی

(ون سکستھ)	1/6 One sixth	چھٹا حصہ	۱/۶	(ہاف)	1/2 Half	آدھا	۱/۲
(ون سیونتھ)	1/7 One seventh	ساتواں حصہ	۱/۷	(تھری فورتھ)	3/4 Three fourth	تین چوتھائی	۳/۴
(ون ایٹھ)	1/8 One eighth	آٹھواں حصہ	۱/۸	(ٹوتھرڈ)	2/3 Two third	دوتہائی	۲/۳
(ون نائینتھ)	1/9 One ninth	نواں حصہ	۱/۹	(ون فورتھ)	1/4 One fourth	چوتھائی	۱/۴
(ون ٹینتھ)	1/10 One tenth	دسواں حصہ	۱/۱۰	(ون ففتھ)	1/5 One fifth	پانچواں حصہ	۱/۵

براہ راست اور بالواسطہ بیانِ الفاظ (DIRECT & INDIRECT SPEECH)

"I don't know how to swim," said the monkey." - یہ جملہ بندر اور مگرمچھ کی کہانی سے متعلق ہے۔ اس میں بندر نے جیسے کہا اسے ویسے ہی لکھ کر قوسین کے درمیان رکھ دیا گیا ہے۔ اس طرح کا قول direct speech کہلاتا ہے۔ اس کی آسان پہچان ہے قوسین۔ جنہیں inverted commas یا quotation marks کہتے ہیں۔

اوپر کی کہی بات ایسے بھی کہی جاسکتی ہے۔ The monkey said that he didn't know how to swim. ایسے قول کو indirect speech کہتے ہیں۔

1. Haris said to me, "I am going to help you." 2. Haris said to you, "I am going to help you."
3. Haris said to Sami, "I am going to help you."

Direct speech کے ان تینوں جملوں کو indirect speech میں ایسے لکھا جائے گا۔

1. Haris said to me, "I'm going to help you." 2. Haris said to you, "I'm going to help you."
3. Haris said to Sajan, "I'm going to help you."

ظاہر ہے کہ indirect speech بناتے وقت (1) quotation marks کے باہر subject کا جو person ہو وہی person قوسین (quotation marks کے اندر والے subject کا بھی کر دیا جاتا ہے۔ اوپر Haris third person ہے اس لئے indirect speech) میں ' I ' کو he بنا دیا گیا ہے۔ (2) quotation marks کے باہر object کا جو person ہو وہی person, quotation marks کے اندر والے object کا بھی کر دیا جاتا ہے۔ اوپر جملے 1 میں باہر object me. کا first person ہے اس لئے quotation marks کے اندر second person you, object کو first person کے me میں بدل دیا گیا ہے۔ اس طرح میں 2 میں you کو you اور 3 میں you کو he میں بدل دیا گیا ہے۔ (3) اگر quotation marks کے باہر past tense فعل میں ہو تو اندر کی present or future tense کے فعل کو past tense میں بدل دیتے ہیں اور باہر کے said to کو told میں۔ اوپر present continuous کے am going to help کو was going to help میں بدلا گیا ہے۔

مندرجہ بالا جملوں سے ظاہر ہوجاتا ہے کہ جب بات past tense میں کہی گئی ہو تو تب indirect speech بناتے وقت مندرجہ ذیل باتوں کا دھیان رکھتے ہیں۔

(1) quotation marks کے باہر والے subject کا جو person ہوتا ہے وہی person, quotation marks کے اندر والے subject کا بھی کر دیتے ہیں۔ جیسے: اوپر I کا he (استثنا کے لئے دیکھئے۔ (i) آگے۔ (2) باہر والے object کا جو person ہوتا ہے وہی person اندر والے object کا کر دیتے ہیں۔ جیسے۔

(1) میں you کا me (2) میں you کا you اور (3) میں you کا him استثنا کے لئے دیکھئے۔ (ii) آگے۔ (3) اندر والے فعل/افعال کے present tense یا future tense کو corresponding past tense میں بدل دیتے ہیں۔ جیسے: اوپر am going to help کو was going to help میں بدل دیا گیا ہے۔ (4) باہر والے said کو told میں بدل دیتے ہیں۔ (5) باہر والے said کو said ہی رہنے دیتے ہیں۔

1. Hamid says, "I met the teacher on the way."
2. Romana says, "Bhatt writes well."
3. Ali says, "The train will arrive soon."
4. The teacher will say, "There is no school tomorrow."
5. My father will say to me, "You upset my plan."
6. The Government will say, "Exploitation in any form whatsoever shall be punishable."

ان جملوں سے ظاہر ہے کہ اگر باہر والی reporting verb کا present tense یا future tense ہو تو indirect speech بناتے وقت ان باتوں کا دھیان رکھتے ہیں۔

(i) جو person باہر والے subject کا ہو وہی اندر والے subject کا کرتے ہیں۔ جیسے: 1 میں I کا he.

(ii) اگر اندر subject you ہو تو اندر والے subject کو باہر والے subject کے مطابق بدلتے ہیں۔ جو person باہر والے object کا ہو وہی person اندر والے object کا کرتے ہیں۔ استثنا یہ ہے کہ اگر اندر subject ہو تو اسے باہر کے object کے مطابق بدلتے ہیں۔ جیسے: 5 میں you کو I میں۔

(iii) اندر کے فعل کا tense نہیں بدلتے۔

My teacher said, "The earth is round." کا indirect speech ہے My teacher said that the earth is round. فطری حقائق وغیرہ سے متعلق فعل (tense) کا نہیں بدلا جاتا۔ ہاں person کا قاعدہ لگتا ہے۔

کچھ منتخب افعال کے تین اقسام
(3 FORMS OF SOME SELECTED VERBS)

انگریزی میں فعل کی تین حالتیں (forms) ہوتی ہیں۔ان کا زمانہ (Tenses) سے گہرا تعلق ہے۔مختلف Tense میں مختلف form لگتی ہیں۔ یہاں چند منتخب افعال کی تینوں حالتیں (forms) آپ کی سہولت و مشق کے لئے دی جارہی ہیں۔

1. انگریزی میں کئی فعل ایسے ہیں جنکی II اور III forms ایک جیسی ہوتی ہیں۔جیسے allow کی II اور III دونوں forms ایک جیسی allowed ہیں۔ یہ افعال Group I میں رکھے گئے ہیں۔

I form Present Tense, Pronunciation & Meaning			II form Past Tense	III form Past Participle
1.	allow	(الاؤ) حکم دینا	allowed	allowed
2.	appear	(اپئیر) ظاہر ہونا	appeared	appeared
3.	build	(بلڈ) بنانا	built	built
4.	borrow	(بورو) قرض لینا	borrowed	borrowed
5.	boil	(بوائل) ابالنا	boiled	boiled
6.	burn	(برن) جلانا	burnt	burnt
7.	catch	(کیچ) پکڑنا	caught	caught
8.	copy	(کوپی) نقل کرنا	copied	copied
9.	carry	(کیری) لے جانا	carried	carried
10.	clean	(کلین) صاف کرنا	cleaned	cleaned
11.	climb	(کلائم) چڑھنا	climbed	climbed
12.	close	(کلوز) بندکرنا	closed	closed
13.	cook	(کک) پکانا	cooked	cooked
14.	care	(کیئر) پرواہ کرنا	cared	cared
15.	cross	(کروس) پارکرنا	crossed	crossed
16.	complete	(کمپلیٹ) پوراکرنا	completed	completed
17.	dig	(ڈگ) کھودنا	dug	dug
18.	deceive	(ڈسیو) دھوکا دینا	deceived	deceived
19.	decorate	(ڈیکوریٹ) سجانا	decorated	decorated
20.	die	(ڈائی) مرنا	died	died
21.	divide	(ڈیوائڈ) بانٹنا	divided	divided
22.	earn	(ارن) کمانا	earned	earned
23.	enter	(انٹر) اندرآنا	entered	entered
24.	fight	(فائٹ) لڑنا	fought	fought
25.	find	(فائنڈ) پانا	found	found
26.	feed	(فیڈ) کھلانا	fed	fed
27.	finish	(فنش) ختم کرنا	finished	finished
28.	fear	(فیئر) ڈرنا	feared	feared
29.	hang	(ہینگ) لٹکنا	hung	hung
30.	hang	(ہینگ) پھانسی دینا	hanged	hanged

31.	hold	(ہولڈ)	پکڑنا	held	held
32.	hire	(ہائر)	کرائے پر لینا	hired	hired
33.	hunt	(ہنٹ)	شکار کرنا	hunted	hunted
34.	iron	(آئرن)	استری کرنا	ironed	ironed
35.	invite	(انوائٹ)	دعوت دینا	invited	invited
36.	jump	(جمپ)	اچھلنا	jumped	jumped
37.	knock	(نوک)	کھٹکھٹانا	knocked	knocked
38.	kick	(کک)	ٹھوکر لگانا	kicked	kicked
39.	lend	(لینڈ)	قرض دینا	lent	lent
40.	lose	(لوز)	کھو دینا	lost	lost
41.	light	(لائٹ)	جلانا، روشنی کرنا	lighted/lit	lighted/lit
42.	learn	(لرن)	سیکھنا	learnt/learned	learnt/learned
43.	marry	(میری)	شادی کرنا	married	married
44.	move	(موو)	ہلنا	moved	moved
45.	open	(اوپن)	کھولنا	opened	opened
46.	obey	(اوبے)	حکم ماننا	obeyed	obeyed
47.	order	(اورڈر)	حکم دینا	ordered	ordered
48.	pick	(پک)	چننا	picked	picked
49.	pray	(پرے)	التجا کرنا	prayed	prayed
50.	pull	(پل)	کھینچنا	pulled	pulled
51.	punish	(پنش)	سزا دینا	punished	punished
52.	prepare	(پریپئر)	تیار کرنا	prepared	prepared
53.	plough	(پلو)	ہل چلانا	ploughed	ploughed
54.	please	(پلیز)	خوش کرنا	pleased	pleased
55.	push	(پش)	دھکا دینا	pushed	pushed
56.	quarrel	(کوارل)	لڑنا	quarrelled	quarrelled
57.	rain	(رین)	بارش	rained	rained
58.	reach	(ریچ)	پہنچنا	reached	reached
59.	refuse	(ریفوز)	انکار کرنا	refused	refused
60.	ruin	(روئین)	برباد کرنا	ruined	ruined
61.	shine	(شائن)	چمکنا	shone	shone
62.	sell	(سیل)	بیچنا	sold	sold
63.	shoot	(شوٹ)	گولی مارنا	shot	shot
64.	sleep	(سلیپ)	سونا	slept	slept
65.	sweep	(سویپ)	جھاڑو دینا	swept	swept
66.	smell	(اسمیل)	سونگھنا	smelt/smelled	smelt/smelled
67.	spend	(اسپنڈ)	خرچ کرنا	spent	spent
68.	thank	(تھینک)	شکریہ ادا کرنا	thanked	thanked
69.	tie	(ٹائی)	باندھنا	tied	tied
70.	test	(ٹیسٹ)	امتحان لینا	tested	tested
71.	wait	(ویٹ)	انتظار کرنا	waited	waited

72.	work	(ورک)	کام کرنا	worked	worked
73.	wish	(وش)	چاہنا	wished	wished
74.	win	(ون)	جیتنا	won	won
75.	wind	(وائنڈ)	چابی دینا	wound	wound
76.	weep	(ویپ)	رونا	wept	wept
77.	weigh	(وے)	وزن کرنا	weighed	weighed
78.	wring	(رنگ)	نچوڑنا	wrung	wrung
79.	yield	(ییلڈ)	ہار ماننا	yielded	yielded
80.	yoke	(یوک)	جوڑنا	yoked	yoked

2. کچھ فعل ایسے ہیں جن کی II اور III form ایک جیسی نہیں ہوتیں۔ ساتھ ہی III form میں مادہ کے ساتھ اکثر 'en' یا 'n' جڑتا ہے: 'arise' سے 'arose' اور arisen
ان سبھی میں III form وغیرہ حالت bitten, broken, beaten میں بنتے ہیں۔

81.	arise	(ارائز)	اٹھنا	arose	arisen
82.	beat	(بیٹ)	مارنا	beat	beaten
83.	break	(بریک)	توڑنا	broke	broken
84.	bite	(بائٹ)	کاٹنا	bit	bitten
85.	bear	(بیئر)	پیدا کرنا	bore	born
86.	bear	(بیئر)	سہنا	bore	borne
87.	be (is, am, are)	(بی)	ہونا	was, were	been
88.	choose	(چوز)	چننا	chose	chosen
89.	drive	(ڈرائیو)	ہانکنا، گاڑی چلانا	drove	driven
90.	draw	(ڈراء)	کھینچنا	drew	drawn
91.	forget	(فورگیٹ)	بھولنا	forgot	forgotten
92.	fall	(فول)	گرنا	fell	fallen
93.	freeze	(فریز)	جم جانا	froze	frozen
94.	fly	(فلائی)	اڑنا	flew	flown
95.	give	(گیو)	دینا	gave	given
96.	grow	(گرو)	اگنا	grew	grown
97.	hide	(ہائڈ)	چھپنا	hid	hidden
98.	know	(نو)	جاننا	knew	known
99.	lie	(لائی)	لیٹنا	lay	lain
100.	ride	(رائڈ)	سواری کرنا	rode	ridden
101.	rise	(رائز)	اٹھنا	rose	risen
102.	see	(سی)	دیکھنا	saw	seen
103.	shake	(شیک)	ہلانا	shook	shaken
104.	steal	(اسٹیل)	چوری کرنا	stole	stolen
105.	speak	(اسپیک)	بولنا	spoke	spoken
106.	swear	(سویر)	عہد لینا	swore	sworn
107.	tear	(ٹیر)	پھاڑنا	tore	torn
108.	take	(ٹیک)	لینا	took	taken
109.	throw	(تھرو)	پھینکنا	threw	thrown

110.	wake	(ویک)	جاگنا	woke	woken
111.	wear	(ویئر)	پہننا	wore	worn
112.	weave	(ویو)	بننا	wove	woven
113.	write	(رائٹ)	لکھنا	wrote	written

3. کچھ فعل ایسے ہیں جن کی II اور III form ایک جیسی نہیں ہوتیں II form کی حالت کا III form میں اکثر u بن جاتا ہے۔ جیسے۔ drank اور rang کے III form ہیں drunk اور rung وغیرہ۔

114.	begin	(بگن)	شروع کرنا	began	begun
115.	drink	(ڈرنک)	پینا	drank	drunk
116.	ring	(رنگ)	گھنٹی بجانا	rang	rung
117.	run	(رن)	دوڑنا	ran	run
118.	sink	(سنک)	ڈوبنا	sank	sunk
119.	sing	(سنگ)	گانا	sang	sung
120.	spring	(اسپرنگ)	اچھلنا	sprang	sprung
121.	swim	(سوئم)	تیرنا	swam	swum
122.	shrink	(شرنک)	سکڑنا	shrank	shrunk

4. انگریزی میں کچھ فعل ایسے ہیں جن کے تینوں forms کے روپ ایک جیسے ہوتے ہیں۔ تینوں جملوں کا معنی دیکھئے۔

(i) You bet now. تم اب شرط لگاتے ہو۔

(ii) You bet yesterday. تم نے کل شرط لگائی۔

(iii) You have bet. تم نے شرط لگائی۔

ایسے فعل کو خاص طور پر یاد کیجئے تا کہ گفتگو میں غلط استعمال کر کے مضحکہ خیز نہ بن جائیں۔

123.	bet	(بٹ)	شرط لگانا	bet	bet
124.	bid	(بڈ)	بولی لگانا	bid	bid
125.	burst	(برسٹ)	پھٹنا، ٹوٹنا	burst	burst
126.	cut	(کٹ)	کاٹنا	cut	cut
127.	cast	(کاسٹ)	پھینکنا	cast	cast
128.	cost	(کوسٹ)	قیمت ہونا	cost	cost
129.	hit	(ہٹ)	چوٹ لگانا	hit	hit
130.	hurt	(ہرٹ)	چوٹ لگانا	hurt	hurt
131.	knit	(نٹ)	بننا	knit	knit
132.	put	(پٹ)	رکھنا	put	put
133.	rid	(رڈ)	چھٹکارا پانا	rid	rid
134.	read*	(ریڈ)	پڑھنا	read*	read*
135.	spit	(اسپٹ)	تھوکنا	spit	spit

* لکھنے میں read کا تلفظ تینوں فورم میں ایک ہی جیسا ہوتا ہے اس لئے اس فعل کو اس فورم میں رکھا گیا ہے۔ پر اس فعل کے تینوں form کا تلفظ اس طرح ہوتا ہے۔ ریڈ، رڈ، رڈ

25 ضروری مجموعی الفاظ
(25 IMPORTANT COLLECTIVE PHRASES)

ہر ایک زبان کی اپنی لغت بن جاتی ہے اور اسی پس منظر میں الفاظ کا استعمال درست ہوتا ہے یہاں مشترکہ (مجموعی) اردو الفاظ کے انگریزی مترادفات دیئے گئے ہیں۔ انگریزی زبان کے استعمال میں ان الفاظ کا استعمال کیجئے۔ 'a bouquet of grapes' نہیں بلکہ 'a bunch of grapes' کہیں گے اسی طرح اور دوسرے الفاظ کا مناسب استعمال کرنا ہوگا۔

A *bunch* (بنچ) of keys.	چابیوں کا گچھا	1.
A *bunch* (بنچ) of grapes.	انگوروں کا گچھا	2.
A *bouquet* (بوکے) of flowers.	پھولوں کا گلدستہ	3.
A *bundle* (بنڈل) of sticks.	لکڑیوں کا گٹھر	4.
A *crowd* (کراوڈ) of people.	لوگوں کی بھیڑ	5.
A *chain* (چین) of mountains.	پہاڑوں کا سلسلہ	6.
A *flock* (فلوک) of sheep.	بھیڑوں کا ریوڑ	7.
A *flight* (فلائٹ) of birds.	پرندوں کا دَل	8.
A *group* (گروپ) of islands.	جزائر کا مجموعہ	9.
A *galaxy* (گلیکسی) of stars.	تاروں کا جھنڈ	10.
A *grove* (گروو) of trees.	پیڑوں کا جھنڈ	11.
A *gang* (گینگ) of labourers.	مزدوروں کی ٹولی	12.
A *herd* (ہرڈ) of deer.	ہرنوں کا جھنڈ	13.
A *herd* (ہرڈ) of swine.	سوّروں کا جھنڈ	14.
A *hive* (ہائیو) of bees.	مکھیوں (شہد کی مکھیوں) کا جھنڈ	15.
A *herd* (ہرڈ) of cattle.	جانوروں کا جھنڈ	16.
A *heap* (ہیپ) of rubbish.	کوڑے کا ڈھیر	17.
A *heap* (ہیپ) of stones or sand.	پتھر/بالو کا ڈھیر	18.
A *pack* (پیک) of hounds.	شکاری کتوں کا جھنڈ	19.
A *pair* (پیئر) of shoes.	جوتوں کا جوڑا	20.
A *regiment* (رجمینٹ) of soldiers.	فوجیوں کی ٹکڑی	21.
A *range* (رینج) of cliffs.	چوٹیوں کا سلسلہ	22.
A *swarm* (سوارم) of flies.	مکھیوں کا جھنڈ	23.
A *series* (سیریز) of events.	واقعات کا تسلسل	24.
A *troop* (ٹروپ) of horses.	گھوڑوں کی ٹکڑی	25.

(YOUNG ONES OF SOME ANIMALS) کچھ جانوروں کے بچوں کے نام

		جانور	جانور کا بچہ				جانور	جانور کا بچہ	
ass	(ایس)	گدھا	foal	(فول)	horse	(ہورس)	گھوڑا	colt	(کولٹ)
cow	(کاؤ)	گائے	calf	(کاف)	goat	(گوٹ)	بکری	kid	(کڈ)
dog	(ڈوگ)	کتا	puppy	(پپّی)	sheep	(شیپ)	بھیڑ	lamb	(لیم)
hen	(ہین)	مرغی	chicken	(چکن)	wolf	(وولف)	بھیڑیا	cub	(کب)
bear	(بیئر)	ریچھ	cub	(کب)	lion	(لائن)	شیر	cub	(کب)
cat	(کیٹ)	بلی	kitten	(کٹن)	tiger	(ٹائگر)	چیتا	cub	(کب)
frog	(فروگ)	مینڈک	tadpole	(ٹیڈپول)					

چالیس جانوروں کی آوازیں

(40 IMPORTANT WORDS DENOTING THE CRIES OF ANIMALS)

اردو زبان میں جانوروں کی آوازوں کے لئے کچھ خاص لفظ ہیں جیسے رینکنا، بھنبھنانا، چہچہانا وغیرہ۔ رینکنا سے مراد گدھے کی آواز۔ بھنبھنانا سے مراد مکھیوں کی آواز اور چہچہانا سے مراد پرندوں کی آواز ہے۔ ان الفاظ کے بولنے سے پتہ چلتا ہے کہ کس کے متعلق کہا جارہا ہے۔ اسی طرح انگریزی میں بھی چرند، پرند کی آوازوں کے الگ الگ لفظ ہیں۔

۱.	گدھے رینکتے ہیں۔ (ڈھینچوں ڈھینچوں کرتے ہیں)	Asses bray.	(ایسس برے)
۲.	ریچھ غراتے ہیں۔	Bears growl.	(بیئرس گراوٗل)
۳.	مکھیاں بھنبھناتی ہیں۔	Bees hum.	(بیزہم)
۴.	پرندے چہچہاتے ہیں۔	Birds chirp.	(برڈس چرپ)
۵.	اونٹ بلبلاتے ہیں۔	Camels grunt.	(کیملس گرنٹ)
۶.	بلیاں میاؤں میاؤں کرتی ہیں۔	Cats mew.	(کیٹس میو)
۷.	مویشی رنبھاتے ہیں۔	Cattle low.	(کیٹل لو)
۸.	مرغ بانگ دیتے (ککڑوں کوں کرتے) ہیں۔	Cocks crow.	(کوکس کرو)
۹.	کوے کائیں کائیں کرتے ہیں۔	Crows caw.	(کروز کاوٗ)
۱۰.	کتے بھوکتے ہیں۔	Dogs bark.	(ڈوگس بارک)
۱۱.	فاختہ کوکتی ہے۔ (کوں کوں کرتی ہے)۔	Doves coo.	(ڈووز کوٗ)
۱۲.	بطخ قیں قیں کرتے ہیں۔	Ducks quack.	(ڈکس کوئیک)
۱۳.	ہاتھی چنگھاڑتے ہیں۔	Elephants trumpet.	(ایلیفینٹس ٹرمپیٹ)
۱۴.	مکھیاں بھنبھناتی ہیں۔	Flies buzz.	(فلائیز بز)
۱۵.	مینڈک ٹراتے ہیں۔	Frogs croak.	(فروگس کروک)
۱۶.	ہنس کڑکڑاتے ہیں۔	Geese cackle.	(گیز کیکل)
۱۷.	باز چیختے ہیں یا سیٹی بجاتے ہیں۔	Hawks scream.	(ہاکس اسکریم)
۱۸.	مرغیاں کڑکڑاتی ہیں۔	Hens cackle.	(ہنس کیکل)
۱۹.	گھوڑے ہنہناتے ہیں۔	Horses neigh.	(ہارسس نے)
۲۰.	گیدڑ روتے ہیں۔	Jackals howl.	(جے کالس ہاوٗل)
۲۱.	بلی کے بچے میاؤں میاؤں کرتے ہیں۔	Kittens mew.	(کٹنس میوٗ)
۲۲.	میمنے ممیاتے ہیں۔	Lambs bleat.	(لیمس بلیٹ)
۲۳.	شیر دہاڑتے ہیں۔	Lions roar.	(لائنس رور)
۲۴.	چوہے چوں چوں کرتے ہیں۔	Mice squeak.	(مائس اسکوئیک)
۲۵.	بندر غراتے ہیں۔	Monkeys chatter.	(منکیز چیٹر)
۲۶.	بلبل گاتی ہیں۔	Nightingales sing.	(نائیٹنگلس سنگ)
۲۷.	الو ہوہو کرتے ہیں۔	Owls hoot.	(آوٗلس ہوٹ)
۲۸.	بیل ڈکراتے ہیں۔	Oxen low.	(آکسن لو)
۲۹.	طوطے ٹائیں ٹائیں کرتے ہیں۔	Parrots talk.	(پیرٹس ٹاک)
۳۰.	کبوتر گٹر گوں کرتے ہیں۔	Pigeons coo.	(پیجنس کوٗ)
۳۱.	سؤر چیختے ہیں۔	Pigs grunt.	(پگس گرنٹ)
۳۲.	پلے بھوکتے ہیں۔	Puppies yelp.	(پپیز یلپ)
۳۳.	بھیڑیں ممیاتی ہیں۔	Sheep bleat.	(شیپ بلیٹ)
۳۴.	سانپ پھنکارتے ہیں۔	Snakes hiss.	(اسنیکس ہس)
۳۵.	چڑیاں چہچہاتی ہیں۔	Sparrows chirp.	(اسپیروز چرپ)

۳۶. ابابیل چہچہاتی ہے۔ | Swallows twitter. | (سوَیلوز ٹوئٹر)
۳۷. بطخیں کوُجتی ہیں۔ | Swans cry. | (سوانس کرائی)
۳۸. چیتے دہاڑتے ہیں۔ | Tigers roar. | (ٹائگرس رؤور)
۳۹. گدھ چیختے ہیں۔ | Vultures scream. | (ولچرس اسکریم)
۴۰. بھیڑیئے (غراتے) چیختے ہیں۔ | Wolves yell. | (ولوز یل)

وہ الفاظ جو اکثر سنے جاتے ہیں مگر سمجھے نہیں جاتے

(WORDS MOSTLY HEARD BUT NOT MOSTLY KNOWN)

آپ دیہات، قصبہ یا شہر جہاں بھی رہتے ہیں۔ اگر آپ زمانہ موجودہ کے مہذب انسان بننا پسند کرتے ہیں تو آپ کو زبان کے معاملے میں بھی غیر مہذب اور نا اہل نہیں ہونا چاہیئے۔ ہم میں سے بہت سے افراد ایسے الفاظ سنتے ہیں اور خود بھی ان کا استعمال کرتے ہیں لیکن بڑی عجیب بات یہ ہے کہ ہم ان کے ٹھیک معنی اور مطلب سے نا آشنا ہوتے ہیں۔ آپ ان الفاظ کو سیکھئے جس سے آپ کو علم ہوگا۔ دوسروں پر بھی آپ کی گفتگو کا رعب پڑنے لگے گا۔

(Ten words about spheres of knowledge) علمی میدان کے دس الفاظ

۱. علم الانسان۔ انسانی مزاج، تاریخ وتمدن کا علم | Anthropology | (اینتھر وپولوجی)
۲. قدیم چیزوں کا علم۔ علم الآثار | Archaeology | (آرکیولوجی)
۳. علم نجوم، علم ہیئت | Astrology | (ایسٹرولوجی)
۴. علم حشرات الارض۔ کیڑے مکوڑوں کا علم | Entomology | (انٹومولوجی)
۵. علم الاشتقاق۔ وہ علم جو کسی لفظ کے مخرج کے بارے میں بتائے | Etymology | (ایٹیمولوجی)
۶. علم طبقات الارض | Geology | (جیولوجی)
۷. علم زبان دانی۔ وہ علم جس سے زبان کی نشو نما اور فروغ کا پتہ چلے | Philology | (فیلولوجی)
۸. علم روح انسانی۔ انسان کے دل اور اس کے نفسیات کا علم | Psychology | (سائیکولوجی)
۹. علم ایکسرے۔ وہ علم جس سے عکاسی کی جاسکے | Radiology | (ریڈیولوجی)
۱۰. علم معاشرت۔ انسانی معاشرے کی ترقی اور اسکی شروعات کا علم | Sociology | (سوشیولوجی)

مندرجہ بالا الفاظ آپ کو سننے میں مشکل لگ سکتے ہیں لیکن ایک بار آپ کی سمجھ میں آگئے تو دوسروں پر اس کا خاصا اثر پڑے گا۔

(Ten words showing personality) شخصیت کو ظاہر کرنے والے دس الفاظ

مندرجہ ذیل الفاظ انسانی شخصیت کے کچھ پہلوؤں پر روشنی ڈالتے ہیں۔ آپ اس طرح کے لوگوں سے اچھی طرح متعارف ہیں۔ یہ الفاظ آپ نے بالکل نہ سنے ہوں، ایسی بھی کوئی بات نہیں۔ پھر کیوں نہ آپ انہیں یاد رکھنے کی کوشش کریں۔

۱. انسانوں اور مادّی چیز سے اکتایا ہوا | Blase | (بلاز)
۲. خود رائے رخود بین۔ اپنے قول اور فعل کو اولیت (فوقیت) دینے والا | Dogmatic | (ڈوگ میٹک)
۳. شرمیلا۔ اپنے اوپر کم اعتبار کرنے والا | Diffident | (ڈیفیڈینٹ)
۴. اپنے علاوہ دوسری اشیاء اور انسانوں میں دلچسپی رکھنے والا | Extrovert | (ایکسٹروورٹ)
۵. ہر وقت لوگوں کے ساتھ رہنے کی خواہش رکھنے والا | Gregarious | (گریگیرس)
۶. اپنی بات کو دو آدمیوں کے سامنے نہ کہہ سکنے والا | Inhibited | (ان ہبیٹڈ)
۷. اپنی بات کو اپنے تک ہی محدود رکھنے والا، جو دوسروں سے ملنے میں شرم محسوس کرے | Introvert | (انٹروورٹ)
۸. ہوائی قلعے بنانے والا۔ خوابوں میں رہنے والا | Quixotic | (کیونک زوٹک)
۹. دوسروں کو ستانے والا یا ان پر حکومت کرنے پر خوش ہونے والا | Sadistic | (سیڈسٹک)
۱۰. وحشی، بے رحم، سنگدل شخص۔ تندخو، جنگ جو۔ | Truculent | (ٹرکولینٹ)

نظامِ زندگی، آرٹ وفلسفہ سے متعلق نظریات (Theories about life, art & philosophy)

نیچے کچھ نظریات (ism) کے نام دیئے گئے ہیں۔ کچھ آپ نے سن رکھے ہیں اور کچھ نہیں۔ ان سے اپنی معلومات میں اضافہ کیجئے۔

۱.	دوسروں کا خیر اندیش۔ اسمیں ہر کام دوسروں کے فائدے کے لئے کیا جاتا ہے۔	Altruism	(الٹروازم)
۲.	اس میں خدا کے وجود سے انکار کیا جاتا ہے۔	Atheism	(ایتھی ازم)
۳.	اس میں کسی بھی آدمی کا اپنے ملک کے لئے بیحد رشک بھرے جذبات ہوتے ہیں۔	Chauvinism	(شوونزم)
۴.	اس میں کچھ ایسے خیالات ہوتے ہیں جو کچھ ہے ٹھیک ہے (توکل) اور کسی قسم کی کوئی تبدیلی کی گنجائش نہیں ہوتی	Conservatism	(کنزروٹیزم)
۵.	ملک اور مذہب کے معاملات میں آزاد خیال ہونا	Liberalism	(لبرلزم)
۶.	اس کے مطابق یہ بنیادی خیال ہے کہ تشدد کے ذریعہ لائی گئی تبدیلیوں سے عمدہ حکومت قائم ہوتی ہے۔	Radicalism	(ریڈیکلزم)
۷.	اس میں یہ خیال ہوتا ہے کہ ہر چیز کو حقیقی زندگی کے قریب ترین ہونا چاہیئے۔	Realism	(ریلزم)
۸.	اس کے مطابق آرٹ اور ادب کی قدرت اور حقیقت کی خیالی اور جذباتی تصویر کھینچنی چاہیئے۔	Romanticism	(رومینٹیسزم)
۹.	اس کے مطابق ساری معلومات غیر معین ہے اس لئے اس دنیا کی کسی بھی چیز کے بارے میں بات نہیں کی جاسکتی۔	Skepticism	(اسکیپٹی سزم)
۱۰.	یعنی مملکت ہی سب کچھ ہے۔ شہری کچھ بھی نہیں۔ انسانوں کا وجود صرف مملکت کے لئے ہے۔	Totalitarianism	(ٹوٹیلی ٹیریئنزم)

ذہن کی دس ناقص شدہ حالتیں (Ten abnormal conditions of mind)

آپ پڑھے لکھے اور سمجھدار لوگوں میں بیٹھیں گے تو یہ الفاظ آپ کی گفتگو کو خوبصورت بنائیں گے۔

۱.	پڑھنے میں دقت ہونا	Alexia	(الکسیا)
۲.	قوت یادداشت کا خاتمہ	Amnesia	(ایمینزیا)
۳.	قوت گویائی کا خاتمہ	Aphasia	(ایفیشیا)
۴.	علم نفسیات میں انسان کی نفسیات کا بگڑ جانا۔ (دماغی کمزوری، انحطاط)	Dementia	(ڈیمنشیا)
۵.	منشیات کے استعمال کی بے قرار خواہش	Dipsomania	(ڈپسومیپا)
۶.	کسی کے صحت کے بارے میں خوف، فکر یا گھبراہٹ ہونا (مراق)	Hypochondria	(ہائپوکونڈریا)
۷.	بے خوابی کا شکار۔ نیند نہ آنا	Insomnia	(انسومنیا)
۸.	کسی چیز کو چرانے کی زبردست خواہش	Kleptomania	(کلپٹومیپا)
۹.	اپنی عظمت کے بارے میں جھوٹے خیالات اور بے بنیاد یقین	Megalomania	(میگلومیپا)
۱۰.	دل گیری اور ناامیدی کی مسلسل برقرار رہنے والی دماغی حالت (مالیخولیا)	Melancholia	(میلنکولیا)

ڈاکٹری پیشے سے متعلق دس الفاظ (Ten words about doctors' profession)

جب آپ کسی ماہر ڈاکٹر کے سلسلے میں کوئی مشورہ کرنے کی بات کرتے ہیں تو آپ کو ہر خاص بیماری کے لئے استعمال ہونے والے خاص الفاظ کی معلومات ہونی چاہئے۔ یہ الفاظ بظاہر تو بڑے ہی غیر معروف لگتے ہیں پر ہیں بڑے متاثر کرنے والے۔ انہیں اپنے ذہن میں محفوظ کر کے دوسروں پر اپنی زبان کا رعب ڈالئے۔

۱.	جلدی امراض کا ماہر	Dermatologist	(ڈرمیٹولوجسٹ)
۲.	امراض ماہر نسواں	Gynaecologist	(گائنیکولوجسٹ)
۳.	جسم کے اندرونی اعضاء کے امراض کا ماہر	Internist	(انٹرنسٹ)
۴.	بچہ کے پیدائش کے عمل کا ماہر	Obstetrician	(اوبسٹریشین)
۵.	ماہر امراض چشم	Ophthalmologist	(اوف تھیلمومولوجسٹ)
۶.	دانتوں کی بیماری کا ماہر	Orthodentist	(اورتھوڈینٹسٹ)

۷. قدرتی بیماریوں کی وجوہات جاننے والا ڈاکٹر — Pathologist (پیتھولوجسٹ)

۸. صرف نومولود اور بچوں کا معالج — Paediatrician (پیڈی ایٹریشین)

۹. پاؤں کی چھوٹی چھوٹی بیماریوں کا معالج — Podiatrist (پوڈیاٹرسٹ)

۱۰. نفسیاتی بیماریوں کا ماہر — Psychiatrist (سائیکیٹرسٹ)

۷۵. متبادل الفاظ

(75 ONE-WORD SUBSTITUTES)

شیکسپئر کا قول ہے 'اختصار عقل کی روح ہے'۔ زبان کے متعلق یہ ایک بہت بڑی حقیقت ہے۔ جہاں تھوڑے سے الفاظ سے کام چل سکتا ہو وہاں طول طویل جملوں کا استعمال اپنے ذہن کا بے جا استعمال ہے اور وقت کی بربادی بھی۔ انگریزی میں ایسے بہت سے الفاظ ہیں جو بڑے بڑے جملوں پر بھاری ہوتے ہیں۔ ان الفاظ کا استعمال مختصر نوٹس، تار اور تکنیکی مضامین میں تو کام آئے گا ہی عام بول چال میں بھی ان الفاظ کا رعب اور اثر بھی پڑے گا۔

1. **Abdicate** (ایبڈی کیٹ) ..... To give up a throne voluntarily.
۱. حکومت کو اپنی خوشی سے ترک کر دینا

2. **Autobiography** (آٹو بایوگرافی) ..... Life story of a man written by himself.
۲. خود نوشت سوانح حیات۔ اپنے ہاتھ سے لکھی ہوئی اپنی زندگی کی کہانی

3. **Aggressor** (ایگریسر)..... A person who attacks first.
۳. حملہ آور۔ جو آدمی پہلے حملہ کرے

4. **Amateur** (امیچر) ..... One who pursues some art or sport as hobby.
۴. شوقیہ۔ جو کسی آرٹ، فن یا کھیل میں شوقیہ کام کرتے ہیں

5. **Arbitrator** (آربیٹریٹر) ..... One appointed by two parties to settle disputes between them.
۵. ثالث۔ جسے دو لوگوں کے درمیان جھگڑے کو ختم کرنے کے لئے مقرر کیا جائے

6. **Adolescence** (اڈولیسنس) ..... Stage between boyhood/girlhood and youth.
۶. سنّ بلوغت۔ بچپن اور جوانی کے بیچ کی عمر

7. **Bibliophile** (ببلیو فائل) ..... A great lover of books.
۷. کتابوں کا شوقین

8. **Botany** (بوٹنی) ..... The science of plant life.
۸. علم نباتات

9. **Bilingual** (بائی لنگوَل) ..... People who speak two languages.
۹. دو زبانوں کے بولنے والے

10. **Catalogue** (کیٹلاگ) ..... A list of books.
۱۰ فہرست کتب

11. **Centenary** (سنٹینری) ..... Celebration of a hundredth year.
۱۱. صدی، سو سالہ جشن

12. **Colleague** (کولیگ) ..... A co-worker or a fellow-worker in the same institution.
۱۲. ہم شریک، شریک کار

13. **Contemporaries** (کنٹمپر ریز) ..... Persons living in the same age.
۱۳. ہم عصر، ایک ہی زمانے کے آدمی

14. **Credulous** (کریڈولس) ..... A persons who readily believes in whatever is told to him.
۱۴. سریع الاعتقاد۔ جو کچھ کہا جائے اس پر فوراً یقین کرنے والا

15. **Callous** (کیلس) ..... A man devoid of kind feeling and sympathy.
۱۵. سنگدل۔ نرمی اور رحم دلی کے جذبات سے یکسر بے بہرہ شخص

16. **Cosmopolitan** (کوسموپولٹن)..... A man who is broad and international in outlook.
۱۶. محب عالم، جو شخص وسیع النظر اور عالمی بھلائی کا حامل ہو

17. **Celibacy** (سیلی بیسی) ..... To abstain from sex.
۱۷. تجرد۔ اختلاط مرد وزن سے دور رہنا

18. **Deterioriate** (ڈیٹی ریوریٹ) ..... To go from bad to worse. ۱۸. بد سے بدتر ہونا

19. **Democracy** (ڈیموکریسی) ..... Government of the people, for the people, by the people. ۱۹. جمہوریت۔عوام کی نمائندہ حکومت

20. **Monarchy** (مونارکی) ..... Government by one. ۲۰. بادشاہت۔ایک حکمراں کی حکومت

21. **Drawn** (ڈران) ..... A game or battle in which neither party wins. ۲۱. مساوی، برابر۔جس میں کوئی فاتح نہ ہو

22. **Egotist** (اگوٹسٹ) ..... A person who always thinks of himself. ۲۲. خودبین۔جو اپنے ہی لئے سوچتا ہو

23. **Epidemic** (اپی ڈیمک) ..... A disease mainly contagious which spreads over huge area. ۲۳. متعدی۔عام وبا، ایسی بیماری جو ایک علاقے میں ایک ساتھ پھیل جائے

24. **Extempore** (ایکسٹم پور) ..... A speech made without previous preparation. ۲۴. برجستہ، برمحل، بناتیاری کے تقریر کرنا

25. **Etiquette** (ایٹی کیٹ) ..... Established manner or rules of conduct. ۲۵. آداب، آداب محفل کے طے شدہ طور طریقے

26. **Epicure** (اپی کیور) ..... A person fond of refined enjoyment. ۲۶. نعمت شناس، خوش عادتوں کا مالک

27. **Exonerate** (ایکزونریٹ) ..... To free a person of all blames in a case. ۲۷. معصوم بے گناہ۔الزام سے بری کرنا

28. **Eradicate** (اریڈیکیٹ) ..... To root out an evil or a bad practice etc. ۲۸. بیخ کنی کرنا، جڑ سے اکھاڑنا۔ (برائی یا بری عادتوں کا جڑ سے اکھاڑنا)

29. **Fastidious** (فاسٹی ڈیس) ..... A person difficult to please. ۲۹. نازک مزاج۔تنگ مزاج۔ایسا آدمی جسے خوش کرنا مشکل ہو

30. **Fatalist** (فیٹلیسٹ) ..... A person who believes that all events are predetermined or subject to fate. ۳۰. تقدیر کو ماننے والا۔جو قسمت کو سب کچھ مانتا ہو

31. **Honorary** (آنریری) ..... A post which doesn't carry any salary. ۳۱. بلا معاوضہ، عزت بخش، ایسا عمل جو مفت کیا جائے

32. **Hostility** (ہوسٹیلٹی) ..... State of antagonism. ۳۲. غیر قانونی کام

33. **Illegal** (الیگل) ..... That which is against law. ۳۳. جاہل، جو آدمی لکھ پڑھ نہ سکتا ہو

34. **Illiterate** (الٹریٹ) ..... A person who cannot read or write. ۳۴. عداوت، دشمنی و عناد

35. **Incorrigible** (انکوریجبل) ..... That which is past correction. ۳۵. ناقابل اصلاح۔ایسی خرابی جسکی اصلاح یا درستی نہ ہو سکے

36. **Irritable** (اری ٹیبل) ..... A man who is easily irritated. ۳۶. تنگ مزاج، ایسا شخص جو جلد ہی برافروختہ ہو جاتا ہے

37. **Irrelevant** (ارلیونٹ) ..... Not to the point. ۳۷. غیر متعلق، خارج

38. **Invisible** (ان ویزیبل) ..... That which cannot be seen. ۳۸. پوشیدہ، غائبانہ

39. **Inaudible** (ان اوڈیبل) ..... That which cannot be heard. ۳۹. غیر مسموع

40. **Incredible** (انکریڈیبل) ..... That which cannot be believed. ۴۰. ناقابل اعتبار، غیر معتبر

41. **Irreadable** (اریڈیبل) ..... That which cannot be read. ۴۱. جو پڑھا نہ جا سکے

42. **Impracticable** (امپریکٹیکیبل) ..... That which cannot be practised. ۴۲. ناقابل عمل

43. **Invincible** (ان ونسیبل) ..... That which cannot be conquered. ۴۳. ناقابل تسخیر

44. **Indispensable** (ان ڈسپنسیبل) ..... That which cannot be ignored. ۴۴. جس کے بغیر چارہ نہ ہو

45. **Inevitable** (انویٹیبل) ..... That which cannot be avoided. ۴۵. برحق، جس سے بچا نہ جا سکے

46. **Irrevocable** (ارّی ووکیبل) ..... That which cannot be changed. ۴۶. ناقابل تنسیخ یا تردید

47. **Illicit** (الیسٹ) ..... A trade which is prohibited. ۴۷. غیرقانونی، وہ تجارت جو غیرقانونی ہو

48. **Insoluble** (انسولیوبل) .. A problem which cannot be solved. ۴۸. نہ حل ہونے والا۔ وہ مسئلہ جس کا حل نہ ہو۔ تحلیل نہ ہونے والا

49. **Inflammable** (انفلیمبل) ..... Liable to catch fire easily. ۴۹. آتش گیر۔ آگ پکڑنے والا، جو جلدی جل سکے

50. **Infanticide** (انفینٹی سائڈ) .. The murderer or murderer of infants or killing of infants. ۵۰. طفل کش، بچوں کا قاتل

51. **Matricide** (میٹری سائڈ) ..... The murder or murderer of one's own mother. ۵۱. مادرکش، ماں کا قاتل

52. **Patricide** (پیٹری سائڈ).....The murder or murderer of one's own father. ۵۲. پدرکش، باپ کا قاتل

53. **Kidnap** (کڈنیپ) ..... To carry away a person forcibly. ۵۳. اغوا، کسی شخص کو زبردستی اٹھا کر پوشیدہ کردینا

54. **Medieval** (میڈیول) ..... Belonging to the middle ages. ۵۴. درمیانی زمانہ، عہدوسطی

55. **Matinee** (میٹینی) ..... A cinema show which is held in the afternoon. ۵۵. دوپہر کے بعد کی فلم (شو)

56. **Notorious** (نوٹوریس) ..... A man with evil reputation. ۵۶. بدنام، وہ آدمی جو برائیوں کی وجہ سے بدنام ہو

57. **Manuscript** (مینوسکرپٹ).....Hand written pages of a literary work. ۵۷. قلمی تحریر، قلمی کتاب

58. **Namesake** (نیم سیک) ..... Person having the same name. ۵۸. ہم نام، جس کا نام دوسرے کے نام سے ملتا ہو

59. **Novice** (نووس)..... One who is new to some trade or profession. ۵۹. نوآموز۔ مبتدی جو کسی تجارت یا کسی کام میں نیا ہو

60. **Omnipotent** (اومنی پوٹنٹ) ..... One who is all powerful. ۶۰. قادر، قادر مطلق۔ جس کے پاس ہرطرح کی طاقت ہو

61. **Omnipresent** (اومنی پریزنٹ) ..... One who is present everywhere. ۶۱. حاضروناظر، سب جگہ موجود رہنے والا

62. **Optimist** (اوپٹیمسٹ) ..... One who looks at the bright side of the thing. ۶۲. روشن پہلو کو دیکھنے والا

63. **Panacea** (پنیسیا) ..... A remedy for all diseases. ۶۳. اکسیراعظم، سب بیماریوں کی اچوک دوا

64. **Polyandry** (پولی اینڈری) ..... Practice of having more than one husband at a time. ۶۴. ایک عورت کے کئی شوہر رکھنے کا رواج

65. **Polygamy** (پولیگیمی)..... Practice of having more than one wife at a time. ۶۵. بیک وقت کئی بیویاں رکھنے کا رواج

66. **Postmortem** (پوسٹ مارٹم)... Medical examination of a body held after death. ۶۶. موت کے بعد لاش کی طبی جانچ

67. **Pessimist** (پیسی مسٹ) .....One who looks at the dark side of things. ۶۷. جو کسی چیز کی صرف خرابی کی طرف ہی دیکھتا ہو

68. **Postscript** (پوسٹ اسکرپٹ) ... Anything written in the letter after it has been signed. ۶۸. ضمیمہ، تتمہ وہ عبارت خط یا تحریر جو بعد میں لکھی گئی ہو۔

69. **Red-tapism** (ریڈٹیپ ازم) ..... Too much official formality. ۶۹. بہت زیادہ دفتری الجھنیں

70. **Synonyms** (سینونیمس) ..... Words which have the same meaning. ۷۰. ہم معنی، مترادف

71. **Smuggler** (اسمگلر) ... The importer or exporter of goods without paying customs duty. ۷۱. اسمگلر، بغیرمحصول ادا کئے مال کو چرا کر لے جانے والا

72. **Vegetarian** (وجیٹیرئن) ..... One who eats vegetables only. ۷۲. سبزی خور، ساگ سبزیاں کھانے والا

73. **Venial** (وینیل) ..... A pardonable fault. ۷۳. قابل معافی جرم، گناہ صغیرہ۔

74. **Veteran** (ویٹرن) ..... A person possessing long experience of military service or of any occupation. ۷۴. تجربہ کار، آزمودہ کار۔ وہ آدمی جو کسی کام میں پختہ اور ماہر ہو۔ ماہر حرب وغیرہ

75. **Zoology** (زولوجی) ..... The science dealing with the life of animals. ۷۵. علم حیوانات

جانوروں کے نام کا بطور محاورہ استعمال

(IDIOMATIC USE OF ANIMAL NAMES)

انگریزی زبان میں جانوروں کو بامحاورہ یا استعارے کے طور پر استعمال کیا جاتا ہے۔ مندرجہ ذیل کچھ ایسے استعمال دیئے گئے ہیں۔ جن سے کوئی بھی انگریزی سیکھنے کا خواہش مند آدمی اپنی زبان کو شاندار بنا سکتا ہے۔

اصل معنی Literal Meaning	محاورہ دار معنی Idiomatic Meaning	انگریزی الفاظ مع تلفظ Phrases with Pronunciation	
۱. ایک ریچھ	ایک غیر مہذب آدمی	A bear	(اے بیئر)
۲. ایک بلی	ایک خراب عورت	A cat	(اے کیٹ)
۳. ایک نر مکھی	ایک بیکار آدمی	A drone	(اے ڈرون)
۴. ایک ٹٹہری	ایک بے وقوف آدمی	A dotterel	(اے ڈوٹیریل)
۵. ایک کتا	ایک قابل نفرت انسان	A dog	(اے ڈوگ)
۶. ایک نر لومڑی	ایک خراب آدمی	A fox	(اے فوکس)
۷. ایک ہنس	ایک بے وقوف انسان	A goose	(اے گوز)
۸. ایک مرغابی	ایک بھونڈا انسان	A gull	(اے گل)
۹. ایک میمنا	معصوم، بے ضرر	A lamb	(اے لیم)
۱۰. ایک بندر	نقال	A monkey	(اے منکی)
۱۱. ایک طوطا	رٹو	A parrot	(اے پیرٹ)
۱۲. ایک سؤر	پیٹو	A pig	(اے پگ)
۱۳. ایک بچھو	زہریلا، خطرناک شخص	A scorpion	(اے اسکورپین)
۱۴. ایک سانپ	زہریلا، چالاک شخص	A viper	(اے وائپر)
۱۵. ایک لومڑی	تیز طرار عورت	A vixen	(اے وکسن)

جانوروں کے ناموں سے بنائی گئی کچھ تشبیہات کا بھی انگریزی میں استعمال ہوتا ہے۔ انہیں سمجھئے اور یاد رکھئے۔

۱. جھوٹے آنسو		crocodile-tears	(کروکوڈائل ٹیرس)
۲. کوڑیوں کے مول، بہت سستا		dog- cheap	(ڈوگ چیپ)
۳. تیز بھدی ہنسی کی آواز		horse-laugh	(ہورس لاف)
۴. بیوی کا غلام		hen-pecked	(ہین پیکڈ)
۵. بے وقوف		pig-headed	(پگ ہیڈیڈ)
۶. بزدل، ڈرپوک		chicken-hearted	(چکن ہرٹیڈ)

متضاد الفاظ

(ANTONYMS)

متضاد الفاظ کی معلومات بھی زبان کے شان کے لئے ضروری ہے۔ اس طرح آپ بڑی آسانی سے اپنے الفاظ کے ذخیرے میں اضافہ کر سکتے ہیں۔ کچھ الفاظ (سابقہ) بدلنے سے متضاد بن جاتے ہیں۔ نیچے کچھ اس طرح کے الفاظ دیئے گئے ہیں ذہن نشین کر کے اپنی علمی قابلیت بڑھائیے۔

معنی Meaning	الفاظ Words	تلفظ Pronunciation	معنی Meaning	الفاظ Words	تلفظ Pronunciation
قابلیت	ability	(ایبلیٹی)	ناقابلیت	inability	(ان ایبلیٹی)
خوش	happy	(ہیپی)	ناخوش	unhappy	(ان ہیپی)

درآمد	import	(امپورٹ)	برآمد	export	(ایکسپورٹ)
اندرونی	Interior	(انٹرییئر)	بیرونی	exterior	(ایکسٹیرییئر)
زیادہ سے زیادہ	maximum	(میکسی مم)	کم سے کم	minimum	(مینیمم)
شامل کرنا	include	(انکلوڈ)	نکالنا	exclude	(ایکسکلوڈ)
چھوٹا، نیا	junior	(جونیئر)	بڑا، پرانا	senior	(سینئر)
اکثریت	majority	(میجوریٹی)	اقلیت	minority	(مائینوریٹی)
پرامید/رجائی	optimist	(اوپٹی مسٹ)	ناامید/قنوطی	pessimist	(پسمیسٹ)
عمدہ	superior	(سُپرییئر)	گھٹیا، خراب	inferior	(انفیریئر)

بہت سے الفاظ کے متضاد الفاظ بنانے کے لئے دوسرے الفاظ ڈھونڈھنے پڑتے ہیں۔ یعنی وہ مختلف لفظ ہوتے ہیں ایسے الفاظ مندرجہ ذیل ہیں۔

اوپر	above	(ابوو)	نیچے	below	(بلو)
منظور کرنا	accept	(ایکسپٹ)	نامنظور کرنا	refuse	(ریفیوز)
حاصل کرنا	acquire	(ایکوائر)	ضائع کرنا	lose	(لوز)
قدیم	ancient	(اینشینٹ)	جدید	modern	(موڈرن)
اتفاق کرنا	agree	(ایگری)	اختلاف	differ	(ڈیفر)
زندہ	alive	(الائیو)	مردہ	dead	(ڈیڈ)
تعریف کرنا	admire	(ایڈمائر)	برائی کرنا	despise	(ڈسپائز)
بنجر	barren	(بیرن)	زرخیز	fertile	(فرٹائل)
بڑا	big	(بگ)	چھوٹا	small	(اسمول)
کند	blunt	(بلنٹ)	تیز	sharp	(شارپ)
بہادر	bold	(بولڈ)	بزدل	timid	(ٹمڈ)
چمکیلا	bright	(برائٹ)	دھندلا	dim	(ڈم)
وسیع	broad	(بروڈ)	تنگ	narrow	(نیرو)
مہذب	civilised	(سولائزڈ)	غیر مہذب	savage	(سیویج)
دیکھ بھال	care	(کیئر)	لاپروا	neglect	(نگلیکٹ)
صاف	clean	(کلین)	گندہ	dirty	(ڈرٹی)
منظور کرنا، اقرار کرنا	confess	(کنفس)	انکار کرنا	deny	(ڈنائی)
ٹھنڈا	cool	(کوُل)	گرم/گنگنا	warm	(وارم)
ظالم	cruel	(کروئل)	رحمدل	merciful/kind	(مرسی فل/کائنڈ)
گھریلو پالتو	domestic	(ڈومسٹک)	جنگلی	wild	(وائلڈ)
مشکل	difficult	(ڈیفیکلٹ)	آسان	easy	(ایزی)
خطرہ	danger	(ڈینجر)	حفاظت	safety	(سیفٹی)
اندھیرا	dark	(ڈارک)	اجالا	bright	(برائٹ)
موت	death	(ڈیتھ)	پیدائش	birth	(برتھ)
ادھار کھاتہ	debit	(ڈیبٹ)	جمع کھاتہ	credit	(کریڈٹ)
سویرے، جلدی	early	(ارلی)	دیر	late	(لیٹ)
کمانا	earn	(ارن)	خرچ کرنا	spend	(اسپنڈ)
خالی	empty	(امپٹی)	بھراہوا	full	(فل)
تفریح	enjoy	(انجوائے)	تکلیف برداشت کرنا	suffer	(سفر)
آزادی	freedom	(فریڈم)	غلامی	slavery	(سلیوری)
وحشی	fierce	(فیرس)	شریف	gentle	(جینٹل)
جھوٹا	false	(فولس)	سچا	true	(ٹرو)

موٹا	fat	(فیٹ)	پتلا	thin	(تھن)
عمدہ،نفیس	fine	(فائن)	عقلمند	wise	(وائز)
بیوقوف	foolish	(فولش)	گھٹیا/کھردرا	coarse	(کورس)
تازہ	fresh	(فریش)	باسی	stale	(اسٹیل)
خوف	fear	(فیئر)	ہمت	courage	(کریج)
مجرم	guilty	(گلٹی)	معصوم	innocent	(انوسینٹ)
فائدہ	gain	(گین)	نقصان	loss	(لوس)
اچھا	good	(گڈ)	برا	bad	(بیڈ)
راستہ دکھنا	guide	(گائیڈ)	گمراہ کرنا	misguide	(مس گائیڈ)
خوبصورت	handsome	(ہینڈسم)	بدصورت	ugly	(اگلی)
اونچا	high	(ہائی)	نیچا	low	(لو)
نرم دل	humble	(ہمبل)	مغرور	proud/arrogant	(پراوڈ/ایروگنٹ)
عزت کرنا	honour	(آنر)	بے عزت کرنا	dishonour	(ڈس آنر)
خوشی	joy	(جوائے)	دکھ	sorrow	(سورو)
معلومات	knowledge	(نالج)	بے علم	ignorance	(اگنورنس)
رحمدل	kind	(کائنڈ)	ظالم	cruel	(کروئل)
جھوٹ	lie	(لائی)	سچ	truth	(ٹرتھ)
تھوڑا	little	(لٹل)	زیادہ	much	(مچ)
مذکر	masculine	(میسکولین)	مؤنث	feminine	(فیمینین)
بنانا	make	(میک)	برباد، تباہ	mar	(مار)
قدرتی	natural	(نیچرل)	مصنوعی	artificial	(آرٹی فیشیل)
شور	noise	(نوائز)	پرسکون	silence	(سائیلنس)
زبانی	oral	(اورل)	تحریری	written	(رٹن)
غرور	pride/arrogance	(پرائڈ/ایروگینس)	عاجزی انکساری	humility	(ہیومی لیٹی)
مستقبل	permanent	(پرمانینٹ)	عارضی	temporary	(ٹمپریری)
موجودگی	presence	(پریزنس)	غیر موجودگی	absence	(ایبسنس)
فائدہ	profit	(پروفٹ)	نقصان	loss	(لوس)
نثر	prose	(پروز)	نظم	poetry	(پوئیٹری)
تیز	quick	(کوئک)	دھیرے، آہستہ	slow	(سلو)
حاصل کرنا	receive	(ریسیو)	دینا	give	(گیو)
نامنظوری	reject	(ریجکٹ)	منظور کرنا	accept	(ایکسپٹ)
پکا، پختہ	ripe	(رائپ)	کچا، خام	raw	(راو)
کھردرا	rough	(رف)	چکنا	smooth	(اسموتھ)
یادکرنا	remember	(ری ممبر)	بھولنا	forget	(فورگیٹ)
مالدار، امیر	rich	(رچ)	غریب	poor	(پؤر)
عمدہ	superior	(سپیریئر)	گھٹیا	inferior	(انفریئر)
تیز	sharp	(شارپ)	کند	dull	(ڈل)
موٹا	thick	(تھک)	پتلا	thin	(تھن)
غمگین/المیہ	tragedy	(ٹریجڈی)	خوش وخرم/طربیہ	comedy	(کمیڈی)
عالمی	universal	(یونیورسل)	خاص، ذاتی	particular	(پرٹیکولر)
فتح	victory	(وکٹری)	شکست	defeat	(ڈیفیٹ)
جنگلی	wild	(وائلڈ)	پالتو، گھریلو	tame/domestic	(ٹیم/ڈومسٹک)

کمزور	weak	(ویک)	مضبوطی	strong	(اسٹرونگ)
عقلمندی	wisdom	(وزڈم)	بے وقوفی	folly	(فولی)
جوان	youthful	(یوتھ)	عمر رسیدہ، ادھیڑ	aged	(ایجڈ)

شہریت ظاہر کرنے والے الفاظ
(WORDS DENOTING NATIONALITY)

اردو میں جیسے چین، برما، امریکہ اور پاکستان وغیرہ کے رہنے والوں کو بالترتیب۔ چینی، برمی، امریکی اور پاکستانی وغیرہ کہتے ہیں۔ اسی طرح انگریزی میں بالترتیب، چائنیز برمن، امریکن اور پاکستانی وغیرہ کہتے ہیں۔ انگریزی سیکھنے والوں کو انگریزی میں ان ممالک کے نام اور ان کے باشندوں کے لئے استعمال کئے جانے والے الفاظ جس سے انگریزی کا رنگ ان کی زبان پر چڑھ جائے، مندرجہ ذیل ہے۔

Countries ممالک		Inhabitants شہریت		Countries ممالک		Inhabitants شہریت	
America	امریکہ	American	امریکن	Ireland	آئرلینڈ	Irish	آئرش
Argentina	ارجنٹائنا	Argentine	ارجنٹائن	Israel	اسرائیل	Israeli	اسرائیلی
Belgium	بلجیئم	Belgian	بیلجیئن	Italy	اٹلی	Italian	اٹلین
Bhutan	بھوٹان	Bhutanese	بھوٹانیز	Kuwait	کویت	Kuwaiti	کویتی
Burma	برما	Burmese	برمیز	Morocco	موروکو	Moroccan	موروکن
Canada	کناڈا	Canadian	کناڈین	Nepal	نیپال	Nepalese	نیپالیز
China	چائنا	Chinese	چائنیز	Pakistan	پاکستان	Pakistani	پاکستانی
Egypt	اجپٹ	Egyptian	اجپٹین	Poland	پولینڈ	Pole	پول
France	فرانس	French	فرنچ	Russia	رشیاء	Russian	رشین
Greece	گریس	Greek	گریک	Sri Lanka	سری لنکا	Sri Lankan	سری لنکن
India	انڈیا	Indian	انڈین	Sweden	سوئیڈن	Swede	سوئیڈی
Iraq	عراق	Iraqi	عراقی	Turkey	ترکی	Turk	ترک
				Yugoslavia	یوگوسلاویہ	Yugoslav	یوگوسلاو

کچھ اہم فقرے
(SOME IMPORTANT PHRASES)

کچھ بامحاورہ فقروں میں ایک ہی طرح کے الفاظ (مرکب) استعمال میں آتے ہیں۔ یہ ایک طرح سے محاورے بن جاتے ہیں۔ اس لئے ان الفاظ میں ذرا سا بھی تغیّر و تبدّل نہیں ہونا چاہئے۔ بامحاورہ بولنا زبان کو مزید پر لطف اور پر کیف بنا دیتا ہے۔

1. **Again and again** (اگین اینڈ اگین) — ۱. بار بار
   We shouldn't commit mistakes *again and again.* — ہمیں بار بار غلطیاں نہیں کرنی چاہئیں۔
2. **Now and again** (ناؤ اینڈ اگین) — ۲. شاذ و نادر، گاہ بگاہ
   Now and again, a genius is born. — عظیم انسان شاذ و نادر پیدا ہوتے ہیں۔
3. **All in all** (آل ان آل) — ۳. سبھی کچھ
   On his sister's marriage, Munis was *all in all.* — اپنی بہن کی شادی کے موقعہ پر مونس ہی سب کچھ تھا۔

4. **All and sundry** (آل اینڈ سنڈری)
All and sundry came to the meeting.

۴. ذاتی طور پر گروہ میں آئے لوگ
بہت سے لوگ ذاتی طور پر اور کچھ اکٹھے ہو کر جلسہ میں آئے ہیں۔

5. **Back and belly** (بیک اینڈ بیلی)
The days have gone when the problems of a labourer concerned only *back and belly*.

۵. روٹی کپڑا
وہ دن چلے گئے جب مزدوروں کے مسائل صرف روٹی کپڑے تک محدود تھے۔

6. **Bag and baggage** (بیگ اینڈ بیگج)
The British left India in 1947 *bag and baggage*.

۶. بوریا بستر باندھ کر
انگریز لوگ ۱۹۴۷ء میں بوریا بستر باندھ کر ہندوستان سے چلے گئے۔

7. **Before and behind** (بفور اینڈ بہائنڈ)
In World War II our soldiers fought *before and behind*.

۷. آگے بڑھ کر
دوسری جنگ آزادی میں ہمارے فوجی آگے بڑھ کر لڑے۔

8. **Betwixt and between** (بٹ وکسٹ اینڈ بٹوین)
Whatever they earn, they will share betwixt and between.

۸. آپس میں آدھا آدھا
جو کچھ وہ کمائیں گے آپس میں آدھا آدھا کر لیں گے۔

9. **Bread and butter** (بریڈ اینڈ بٹر)
One should be satisfied if one gets *bread and butter* these days.

۹. دال روٹی
آج کل کوئی روزی روٹی کما لیتا ہے تو اسے مطمئن رہنا چاہئے۔

10. **Fetch and carry** (فیچ اینڈ کیری)
I'm content to *fetch and carry*,
for uneasy lies the head that wears a crown.

۱۰. کم مرتبے والا
میں کم مرتبے والا ملازم ہونے پر مطمئن ہوں کیوں کہ اقتدار کا
وزن جو سنبھالتا ہے وہ چین کی نیند نہیں سو سکتا۔

11. **Goods and chattel** (گڈس اینڈ چیٹل)
We bought *goods and chattel* when we migrated to India.

۱۱. متحرک دولت
جب ہم ہندوستان آئے تو ہم نے متحرک دولت اکٹھی کی۔

12. **Chock-a-block** (چوک اے بلاک)
Chock- a-block houses have made Indian cities ugly.

۱۲. ایک دوسرے سے جڑے ہوئے، ٹیڑھے میڑھے
ٹیڑھے میڑھے مکانوں نے شہروں کو بدصورت بنا دیا ہے۔

13. **Pick and choose** (پک اینڈ چوز)
We must *pick and choose* our career before it is too late.

۱۳. توجہ سے انتخاب کرنا
ہمیں اپنے مستقبل کو وقت سے پہلے دھیان سے منتخب کرنا چاہئے۔

14. **Every now and again** (ایوری ناؤ اینڈ اگین)
She comes *every now and again*.

۱۴. بیچ بیچ میں آنا
وہ مجھے دیکھنے کے لئے بیچ بیچ میں آتی ہے۔

15. **See eye to eye** (سی آئی ٹو آئی)
He didn't *see eye to eye* with me on many issues.

۱۵. پورے طور پر اتفاق کرنا
وہ کئی باتوں میں مجھ سے اتفاق نہیں کرتا۔

16. **Face to face** (فیس ٹو فیس)
We have had a *face to face* talk, so now we can understand each other's point of view.

۱۶. آمنے سامنے دو بدو
ہم نے دو بدو بات چیت کی ہے
اس لئے ایک دوسرے کی نظروں کو سمجھ سکتے ہیں۔

17. **Fair and square** (فیئر اینڈ اسکوائر)
Let all our actions be *fair and square*.

۱۷. صاف اور صحیح
ہماری سبھی عادتیں صاف اور صحیح ہونی چاہئیں۔

18. **Fee-faw-fum** (فی فافم)

۱۸. بچوں کو ڈرانے کے لئے شور مچانا

India is not to be cowed down by Pakistan's *fee-faw-fum.*

پاکستانی بچکانے شور سے ہندوستان کو ڈرایا دھمکایا نہیں جاسکتا۔

19. **Flux and reflux** (فلکس اینڈ ریفلکس)

۱۹. بڑا بحث و مباحثہ

There was a great *flux and reflux* in the drawing room.

بیٹھک میں بڑا بحث و مباحثہ ہوتا رہا۔

20. **Give and take** (گیو اینڈ ٹیک)

۲۰. لین دین

It's always *give and take* in life.

زندگی ہمیشہ لین دین سے چلتی ہے۔

21. **Goody-goody** (گڈی گڈی)

۲۱. اوپر سے اچھے دکھائی دینے والے لوگ

The world is full of *goody-goody* people but hardly a good man.

دنیا اوپر سے دکھائی دینے والے لوگوں سے بھری پڑی ہے مگر کوئی اچھا انسان مشکل سے ہی ملتا ہے۔

22. **Hand in hand** (ہینڈان ہینڈ)

۲۲. ہاتھ میں ہاتھ ڈال کر

They walked *hand in hand.*

وہ ہاتھ سے ہاتھ ملا کر چلے۔

23. **Haves and have-nots** (ہیوس اینڈ ہیونوٹس)

۲۳. امیر و غریب

There has always been a conflict between the *haves* and *have-nots.*

ہمیشہ امیر اور غریب کے درمیان ٹکراؤ رہا ہے۔

24. **Hodgepodge** (ہوج۔پوج) / **Hotchpotch** (ہوچ۔پوچ)

۲۴. الٹ پلٹ، بے ترتیب

While trying his hand at cooking for the first time, he made a *hodgepodge.*

پہلی بار کھانا بنانے کی کوشش میں اس نے سب کچھ الٹ پلٹ کر دیا۔

25. **Humpty-dumpty** (ہمپٹی۔ڈمپٹی)

۲۵. لڑکھڑاتا ہوا

Capitalism is *humpty-dumpty these days.*

آج کل سرمایہ داری نظام لڑکھڑا رہا ہے (اب گرا، تب گرا)

26. **Ins and outs** (انس اینڈ آوٹس)

۲۶. باریک سے باریک باتیں جاننا

He knows all the *ins and outs* of this profession.

وہ اس پیشہ کی باریکیوں کو جانتا ہے۔

27. **Law and order** (لا اینڈ آرڈر)

۲۷. نظم وضبط

There cannot be any democracy without *law and order.*

نظم وضبط کے بغیر جمہوری حکومت کا وجود ممکن نہیں۔

28. **Off and on** (اوف اینڈ اون)

۲۸. جب تب

He comes to your shop *off and on.*

وہ تمہاری دکان پر جب تب آتا ہے۔

29. **Rain or shine** (رین اور شائن)

۲۹. چاہے کیسا بھی موسم کیوں نہ ہو

Rain or shine, we must attend to your duties.

بارش ہو یا تپتی دھوپ، ہمیں اپنے کام پر جانا چاہئے۔

30. **Really and truly** (ریئلی اینڈ ٹرولی)

۳۰. طے شدہ طور سے

Really and truly, I'll do your work.

طے شدہ طور پر میں آپ کا کام کر دوں گا۔

31. **Tit for tat** (ٹٹ فور ٹیٹ)

۳۱. جیسے کو تیسا

Tit for tat cannot end a dispute.

جیسے کو تیسا کرنے سے لڑائی کا خاتمہ نہیں ہو سکتا

32. **Tittle-tattle** (ٹٹل ٹیٹل)

۳۲. پھس پھس کرنا

We just waste time in *tittle-tattle.*

پھس پھس کرنے کے چکر میں ہم صرف وقت خراب کرتے ہیں۔

33. **Ups and downs** (اپس اینڈ ڈاؤنس)

۳۳. نشیب و فراز

The great men rise through the *ups and downs* of life.

عظیم انسان زندگی کے نشیب و فراز سے ہی اونچا اٹھتے ہیں۔

ایسے الفاظ جن کے معنیٰ میں اکثر اشتباہ ہو جاتا ہے

(WORDS WHICH COMMONLY CONFUSE)

کسی بھی زبان میں الفاظ کا مناسب استعمال ہی اہم بات ہے اس کے لئے مسلسل مشق اور لگاتار کوشش کی ضرورت ہوتی ہے۔ ہمیں الفاظ کو استعمال کرنے سے پہلے اس کے معانی آنے چاہئیں۔ کچھ الفاظ ایسے ہوتے ہیں جو ہوتے تو الگ الگ ہیں مگر دونوں کے معنی قریب قریب یکساں ہوتے ہیں۔ ایسے الفاظ کو اچھی طرح ذہن نشین کر لیجئے۔ اور پھر دونوں کے معانی میں جو فرق ہے اسے جملوں میں استعمال کر کے واضح طور سے سمجھیے۔

۱. **admit** (ایڈمٹ) درست قرار دینا، سچائی کو تسلیم کرنا
confess (کنفیس) جرم کا اقبال کرنا

(a) I *admit* that you are abler than I am.
میں یہ تسلیم کرتا ہوں کہ تم مجھ سے زیادہ قابل ہو۔

(b) He *confessed* his guilt before the judge.
اس نے جج کے سامنے اقبالِ جرم کر لیا۔

۲. **among** (امونگ) دو سے زیادہ لوگوں کے درمیان
between (دو کے درمیان)

(a) The property was divided *among* four children.
جائیداد کو چاروں بچوں میں تقسیم کر دیا۔

(b) The property was divided *between* two children.
جائیداد کو دونوں بچوں میں تقسیم کر دیا۔

۳. **amount** (اماؤنٹ) مقدار، جسے شمار نہ کیا جا سکے
number (نمبر) ایسی مقدار جو شمار ہو سکے

(a) A large *amount* of rice was delivered to the store-house.
اسٹور کو چاول کی کافی مقدار فراہم کی گئی۔

(b) A large *number* of bags of rice was delivered.
چاول کی بہت سی بوریاں دی گئیں۔

۴. **anxious** (اینکشس) فکرمند
eager (ایگر) مشتاق، آرزومند

(a) We were *anxious* about his health.

(b) We are *eager* to see him healthy again.
ہم اسے دوبارہ صحت مند دیکھنے کے مشتاق ہیں۔

۵. **apt** (ایپٹ) *(adjective)* راغب فطرت میں شامل کرنا
liable لائبیل *(adjective)* ذمہ دار

(a) He is *apt* to get into mischief.

(b) If you drive rashly, you are *liable* to a heavy fine.
اگر گاڑی تیز چلاؤ گے تو جرمانے کے ذمہ دار ہو گے۔

۶. **artisan** (آرٹیزن) دستکار
artist (آرٹسٹ) فن کار، جو کسی ہنر میں ماہر و کامل ہو۔

(a) That carpenter is a good *artisan*.
بڑھئی ایک اچھا دستکار ہے۔

(b) Kalidas was a good *artist*.
کالی داس ایک اچھے فنکار تھے۔

۷. **as** (ایز) جیسا، مانند (مددگار لفظ جس کے بعد فعل لگتا ہے)
like (لائک) جیسا، طرح دو چیزوں کو ملانے والا لفظ

(a) Do *as* I do, not *as* I say.
جیسا میں کرتا ہوں ویسا ہی کرو، جیسا میں کہتا ہوں ویسا نہیں۔

(b) Try not to behave *like* a child.
بچوں کی طرح سلوک کرنے کی کوشش نہ کرو۔

۸. **audience** (اوڈیئنس) سامعین
spectators (اسپیکٹیٹرس) تماشبین، تماش بین

(a) The speaker bored the *audience* with his long speech.
مقرر نے اپنی طویل تقریر سے سامعین کو اکتا دیا۔

(b) The slow hockey game bored the *spectators*.
ہاکی کے دھیمے کھیل نے تماش بین کو اکتا دیا۔

۹. **better** (بیٹر) بہتر
well (ویل) پوری طرح ٹھیک

(a) She is *better* today than she was a week ago.
پہلے ہفتہ سے آج تک اس کی صحت بہتر ہے۔

(b) In a month or two she will be quite *well*.
وہ ایک دو ماہ میں پوری طرح صحت یاب ہو جائے گی۔

۱۰. **both** (بوتھ) دونوں
each (ایچ) ہر ایک

(a) *Both* the sisters are beautiful.
دونوں بہنیں خوبصورت ہیں۔

(b) *Each* girl has a new book.

ہر ایک لڑکی کے پاس نئی کتاب ہے۔

bring .۱۱ (برنگ) لانا

take (ٹیک) لے جانا

(a) *Bring* a bread from the bazaar.

بازار سے ایک ڈبل روٹی لے آؤ۔

(b) *Take* your breakfast with you when you *go to* the school.

جب تم اسکول جاؤ تو اپنا ناشتہ ساتھ لے جاؤ۔

can .۱۲ (کین) سکنا، جسمانی طور پر کام کے قابل

may (مے) اجازت کے معنی میں

(a) She is so weak that she *cannot* walk.

وہ اتنی کمزور ہے کہ چل پھر نہیں سکتی۔

(b) *May* I come in.

کیا میں اندر آسکتی ہوں؟

climate .۱۳ (کلائمیٹ) آب وہوا، ایک معتدل موسم جو سال میں کچھ دنوں تک رہتا ہے۔

weather (ویدر) موسم کی ہر ایک دن کی بدلتی ہوئی حالت

(a) I like the *climate* of Simla more than that of Dehradun.

میں دہرہ دون کی آب وہوا کے مقابلے شملہ کی آب وہوا زیادہ پسند کرتا ہوں۔

(b) The *weather* was stormy.

آندھی کا موسم تھا۔

couple .۱۴ (کپل) جوڑا

pair (پیئر) جوڑا (دو یکساں چیزیں)

(a) Two *couples* remained on dance floor.

دو جوڑے ناچ کے فرش پر رہ گئے۔

(b) I have a new *pair* of shoes.

میرے پاس جوتے کا ایک نیا جوڑا ہے۔

despise .۱۵ (ڈیسپائز) نفرت کرنا [۱]

detest (ڈیٹسٹ) پسند نہ کرنا

(a) Some people *despise* the poor. [۲]

کچھ لوگ غریبوں سے نفرت کرتے ہیں۔

(b) I *detest* hot weather.

میں گرمی کا موسم پسند نہیں کرتا۔

---

۱. نفرت کرنا، اور پسند نہ کرنا، دو الگ الگ باتیں ہیں۔

۲. **poor** لفظ واحد اور جمع میں یکساں رہتا ہے۔

each other .۱۶ (ایچ ادر) آپس میں

one another (ون انَدر) ایک دوسرے سے

(a) Kavita and Savita have known *each other* for ten years.

کویتا اور سویتا آپس میں دس سال سے متعارف ہیں۔

(b) These four girls have known *one another for* ten years.

یہ چار لڑکیاں ایک دوسرے سے دس برسوں سے متعارف ہیں۔

former .۱۷ (فورمر) دو میں پہلا

latter (لیٹر) دو میں سے دوسرا

(a) The *former* half of the film was dull.

فلم کا پہلا آدھا حصہ غیر دلچسپ تھا۔

(b) The *latter* half of the film was interesting.

فلم کا دوسرا حصہ دلچسپ تھا۔

habit .۱۸ (ہیبٹ) عادت

custom (کسٹم) رسم

(a) Gambling is a *habit* with him.

اسے جوا کھیلنے کی عادت ہے۔

(b) It is a *custom* among Hindus to cremate the dead.

ہندوؤں میں مرے ہوئے آدمی کے جلانے کی رسم ہے۔

if .۱۹ (اف) شرطیہ، اگر

whether (ویدر) گویا

(a) She'll get through the examination *if* she works hard

اگر وہ محنت کرے گی تو کامیاب ہو جائے گی۔

(b) She asked me *whether* I intended to go to cinema.

اس (عورت) نے مجھ سے پوچھا کہ کیا میں سنیما جانا چاہتا تھا۔

if it was .۲۰ (اف اٹ واز) اگر ایسا تھا

if it were (اف اٹ ور) اگر ایسا ہوتا

(a) *If it was* there in the morning, It should be there now.

اگر وہ چیز صبح وہاں تھی تو اب بھی وہیں ہونی چاہیئے۔

(b) *If I were* the Prime Minister of India, I would have removed poverty.

اگر میں ہندوستان کا وزیر اعظم ہوتا تو غریبی ہٹا دیتا۔

۲۱. **in** (ان)، میں، کے اندر (اس میں حرکت نہیں ہوتی)

into (ان ٹو) (کے اندر) اس میں حرکت ہوتی ہے

(a) The papers are *in* my drawer.

کاغذات میری دراز میں ہیں۔

(b) You put the papers *into* my drawer.

تم نے میری دراز میں کاغذات رکھے۔

۲۲. **learn** (لرن) معلومات حاصل کرنا (سیکھنا)

teach (ٹیچ) معلومات کرانا (سکھانا)

(a) They *learn* to read English.

وہ انگریزی پڑھنا سیکھتے ہیں۔

(b) They *teach* English.

وہ انگریزی سکھاتے ہیں۔

۲۳. **leave** (لیو) چھوڑنا۔ (بذات خود فعل ہے)

let (لیٹ) اجازت دینا۔ (یہ معاون فعل ہے)

(a) *Leave* this room at once.

اس کمرے کو فوراً چھوڑ دو۔

(b) *Let* me go now. اب مجھے جانے دو

۲۴. **legible** (لجبل) نہ پڑھا جاسکنے والا (مضمون)

readable (ریڈیبل) پڑھا جانے والا، دلچسپ

(a) Your hand-writing is not *legible*.

تمہاری تحریر پڑھی نہیں جاسکتی۔

(b) This book being on technical subject is not *readable*.

یہ کتاب تکنیکی مضمون پر ہونے کی وجہ سے دلچسپ نہیں۔

۲۵. **many** (مینی) بہت، جیسے بہت سے لوگ، تعدادی

much (مچ) بہت، (جیسے بہت سا دودھ) مقداری

(a) There were *many* students in the class.

کلاس میں بہت سے طلباء تھے۔

(b) We haven't *much* milk.

ہمارے پاس زیادہ دودھ نہیں ہے۔

۲۶. **may** (مے) سکنا (امکان کے معنی میں مستعمل (Present tense) (زمانہ حال میں میں آتا ہے۔)

might (مائٹ) سکنا۔ (امکان کے معنی میں آتا ہے) زمانہ ماضی میں

(a) He *may* come today. وہ آج آسکتا ہے۔

(b) He *might* have come if you had written a letter. اگر تم نے خط لکھا ہوتا تو وہ ضرور آجاتا۔

۲۷. **patron** (پیٹرن) سرپرست

customer (کسٹمر) خریدار، گاہک

(a) The artist thanked his *patrons* who eagerly awaited his paintings.

فن کار نے اپنے تعریف کرنے والوں کا شکریہ ادا کیا جو اسکی تصاویر کا انتظار کر رہے تھے۔

(b) The shopkeeper attended his *customers*.

دوکاندار نے اپنے خریداروں کو سامان دیا۔

۲۸. **people** (پیپل) لوگوں کا گروہ، باشندے

persons (پرسنس) بہت سے لوگ

(a) The *people* of India were poor.

ہندوستانی باشندے غریب تھے۔

(b) Only thirteen *persons* remained in the cinema-hall after the interval.

انٹرول کے بعد صرف ۱۳ آدمی سنیما ہال میں رہ گئے۔

۲۹. **recruitment** (ریکروٹمنٹ) بھرتی (noun)

employment (ایمپلائمنٹ) ملازمت (noun)

(a) The *recruitment* of soldiers is going on.

فوجیوں کو بھرتی کیا جا رہا ہے۔

(b) Suman is in search of *employment*.

سمن ملازمت کی تلاش میں ہے۔

۳۰. **rob** (روب) طاقت کے زور پر کسی سے کوئی چیز چھیننا

steal (اسٹیل) کوئی چیز چرانا

(a) The robbers *rob* wayfarers usually at night.

لٹیرے اکثر رات میں مسافروں کو لوٹتے ہیں۔

(b) Bad boys *steal* books of their class-fellows.

برے لڑکے دوسرے ہم جماعت کی کتابیں چراتے ہیں۔

۳۱. **shall** (شیل) زمانہ مستقبل کی I, we کے ساتھ لگنے والا جیسے:۔ I *shall*, We *shall*

will (ول) زمانہ مستقبل کی he, she, it, they, you کے ساتھ لگنے والا فعل جیسے:۔ he *will*, they *will*: لیکن پکا ارادہ ظاہر کرنا ہو تو shall اور will آپس میں بدل جاتے ہیں۔

(a) I *will* reach in time.

میں وقت پر ہی ضرور پہونچوں گا۔

(b) You *shall* not reach in time.

تم وقت پر بالکل نہیں پہنچو گے۔

۳۲. **state** (اسٹیٹ) بیان کرنا (رسمی طور سے)

say (سے) عام طور سے کہنا۔

(a) Indian ambassador *stated* the terms for a

(b) He *gave* readily enough to the poor.

اس نے اپنی خوشی سے غریبوں کو بہت کچھ دیا۔

۳۵. **testimony** (ٹیسٹی منی) صرف زبانی طور سے دی ہوئی اطلاع

evidence (ایویڈینس) زبانی یا تحریری طور پر فراہم کیا گیا ثبوت

(a) He gave *testimony* before the jury.

اس نے جیوری کے سامنے زبانی ثبوت پیش کیا۔

(b) The defendant presented written *evidence* to prove that he was not present at the scene.

مدعا علیہ نے یہ ثابت کرنے کے لئے کہ وہ واقعہ کے وقت موجود نہیں تھا، تحریری ثبوت پیش کیا۔

۳۶. **win** (ون) کھیل میں جیتنا

beat (بیٹ) دوسرے کھلاڑی کو ہرانا

(a) Hurrah! We *won* the match.

آہا! ہم نے میچ جیت لیا۔

(b) I *beat* you while playing cards.

میں تاش میں تمہیں ہرا دیتا ہوں۔

cease-fire agreement.

ہندوستانی سفیر نے معاہدۂ امن کی شرطیں رکھیں۔

(b) You *say* that you won't complete the job.

تم کہتے ہو کہ تم کام پورا نہیں کرو گے۔

۳۳. **stay** (اسٹے) قیام کرنا، ٹھہرنا۔

stop (اسٹوپ) ختم کرنا، روکنا

(a) We *stayed* at the hotel for two days only.

ہم صرف دو دن کے لئے ہوٹل میں ٹھہرے۔

(b) We *stopped* the work and returned home.

ہم نے اپنا کام ختم کیا اور گھر لوٹے۔

۳۴. **tender** (ٹینڈر) پیش کرنا

give (گیو) اپنی خوشی سے دینا، یا خیرات دینا

(a) On the orders of his boss, he *tendered* an apology for his misbehaviour.

افسر کے حکم سے اس نے اپنی بدسلوکی کی معافی مانگی۔

انگریزی میں کچھ لفظ ایسے بھی ہیں جن کی آواز تو ایک دوسرے سے ملتی ہے مگر ان کے معنی متضاد ہوتے ہیں۔ ایسے الفاظ میں اچھے خاصے پڑھے لکھے بھی غلطی کر بیٹھتے ہیں۔ آپ کی یا ہماری انگریزی زبان کی معلومات کتنی ہی زیادہ کیوں نہ ہوں لیکن اگر آپ یا ہم سے کوئی ایسی دو چار غلطیاں بھی ہو جائیں۔ تو اس کا اثر دوسروں پر اچھا نہیں پڑ سکتا۔ اس لئے ان الفاظ کے معنی، فرق کو سمجھئے اور ذہن نشین کر کے فائدہ اٹھائیے۔

۳۷. **accept** (ایکسپٹ) قبول کرنا۔(verb)

except (ایکسیپٹ) چھوڑ کر۔(prep)

(a) He *accepted* my advice in this matter.

اس نے اس بارے میں میری رائے منظور کر لی۔

(b) The entire staff *except* juniors has been called.

چھوٹے ملازموں کو چھوڑ کر سارے ملازمین بلا لئے گئے ہیں۔

۳۸. **access** (ایکسیس) پہنچ (noun)

excess (ایکسیس) زیادتی، کثرت (noun)

(a) He was a poor man and had no *access* to the higher authorities.

وہ ایک غریب آدمی تھا اور اعلیٰ عہدیداران تک اس کی پہنچ نہ تھی۔

(b) *Excess* of everything is bad.

کسی بھی چیز کی زیادتی بری ہے۔

۳۹. **adapt** (ایڈیپٹ) موافق بنانا یا نئی شکل اختیار کرنا(verb)

adopt (ایڈوپٹ) اپنانا (verb)

adept (ایڈیپٹ) ماہر، ہوشیار(adjective)

(a) One must learn to *adapt* oneself to circumstances.

آدمی کو اپنے آپ کو حالات کے موافق بنانا ہوگا۔

(b) He *adopted* a child from orphanage.

اس نے یتیم خانے سے ایک بچہ گود لیا۔

(c) He is an *adept* carpenter.

وہ ایک ہوشیار بڑھئی ہے۔

۴۰. **addition** (ایڈیشن) زیادہ رزیادتی (noun) شامل کرنا

edition (ایڈیشن) کتاب کا شمارہ (noun)

(a) Some alterations and *additions* have been made in this book.

اس کتاب میں کچھ تبدیلیاں اور شمولیات کی گئی ہیں۔

(b) Third and latest *edition* of the Kitab-e-Aqdas has been published.

کتاب اقدس کا تیسرا اور نیا شمارہ چھپ چکا ہے۔

۴۱. **adverse** (ایڈورس) بدقسمتی (adjective)

averse (ایورس) کسی کام کو کرنیکی خواہش نہ ہونا *(adjective)*

(a) True friends never leave in *adverse*

conditions. بد قسمتی میں سچے دوست کبھی ساتھ نہیں چھوڑتے۔

(b) In modern time, most of the students are *averse* to hard work.

موجودہ زمانے میں اکثر طلباء سخت محنت سے بچتے ہیں۔

۴۲. **affect** (افیکٹ) متاثر کرنا (verb)

effect (افیکٹ) اثر (noun)

effect (افیکٹ) لاگو کرنا (verb)

(a) Your behaviour should *affect* others.

تمہارے سلوک سے دوسرے کو متاثر ہونا چاہیئے۔

(b) His speech didn't produce any *effect* on the audience.

اس کی تقریر کا سامعین پر کوئی اثر نہیں پڑا۔

(c) The old rule is still in *effect*.

پرانے قانون اب بھی لاگو ہیں۔

۴۳. **all ready** (آل ریڈی) سبھی لوگ اور سبھی چیزیں تیار

already (آل ریڈی) پہلے سے ہی

(a) We were *all ready* to go when the class-teacher arrived.

جب استاد پہونچے تو ہم سب جانے کو تیار تھے۔

(b) We had *already* begun writing when the class-teacher arrived.

استاد کے پہونچنے سے پہلے ہی ہم نے لکھنا شروع کر دیا تھا۔

۴۴. **all together** (آل ٹوگیدر) سبھی ملکر، جمع ہو کر

altogether (آل ٹوگیدر) پوری طرح سے

(a) The boys and girls sang *all together*.

سبھی لڑکے اور لڑکیوں نے ملکر گایا۔

(b) This was *altogether* strange for a person of my type.

مجھ جیسے شخص کے لئے یہ بات بہت ہی عجیب ہے۔

۴۵. **all ways** (آل ویز) سبھی طرح سے، تمام راستے

always (آل ویز) ہمیشہ، سدا

(a) The scheme was in *all ways* acceptable to the masses. منصوبہ ہر طرح سے عوام کو منظور تھا۔

(b) *Always* help the poor.. غریبوں کی ہمیشہ مدد کرو۔

۴۶. **altar** (آلٹر) قربان گاہ، پوجا کی دیوی (noun)

alter (آلٹر) بدلنا، تبدیل کرنا (verb)

(a) He knelt before the *altar* and took a vow not to touch wine all his life.

اس نے قربان گاہ کے سامنے جھک کر عہد کیا کہ وہ تاحیات شراب کو ہاتھ نہیں لگائے گا۔

(b) I can't *alter* my plans now.

اب میں اپنے منصوبے بدل نہیں سکتا۔

۴۷. **amend** (امینڈ) درست کرنا، ترمیم کرنا (verb)

emend (امینڈ) ترمیم کرنا، تصحیح کرنا کسی ادبی کتاب میں۔ (verb)

(a) You must *amend* your ways.

تمہیں اپنا برتاؤ درست کرنا چاہیئے۔

(b) Before publication, first part of the book had to be *emended*.

شائع کرنے سے پہلے کتاب کے پہلے حصے میں ترمیم کی جانی تھی۔

۴۸. **alternate** (الٹرنیٹ) ایک دن چھوڑ کر (adjective)

alternative (الٹرنیٹو) دو میں سے ایک کو پسند کرنا (noun)

(a) The doctor comes to see him on every *alternate* day.

ڈاکٹر ایک دن چھوڑ کر اسے دیکھنے آتا ہے۔

(b) There was no other *alternative*, so I agreed to the terms.

دوسرا کوئی راستہ نہ تھا اس لئے میں نے اسکی تمام شرائط منظور کر لیں۔

۴۹. **bazaar** (بازار) یعنی وہ جگہ جہاں چیزوں کی خرید و فروخت ہوتی ہے۔ (noun)

bizarre (بزائر) بھدا یا عجیب، انوکھا (noun)

(a) She went to *bazaar* for shopping.

وہ سامان خریدنے بازار گئی۔

(b) She dresses in a *bizarre* manner.

وہ عجیب ڈھنگ سے کپڑے پہنتی ہے۔

۵۰. **berth** (برتھ) سونے کی جگہ (noun)

birth (برتھ) پیدائش، ولادت (noun)

(a) She got a *berth* reseved for herself in the Kalka Mail.

اس نے کالکا میل میں اپنے سونے کے لئے جگہ محفوظ کرائی ہے۔

(b) What's your date of *birth*?

تمہاری تاریخ ولادت کیا ہے؟

۵۱. **beside** (بسائڈ) قریب، نزدیک، ساتھ (Preposition)

besides (بسائڈس) کے علاوہ، علاوہ ازیں *(adverb)*

(a) He was sitting *beside* me. وہ میرے نزدیک بیٹھا تھا۔

(b) The agents get commission *besides* their salary.
نمائندے اپنی تنخواہ کے علاوہ کمیشن لیتے ہیں۔

۵۲. **boar** (بور) جنگلی سؤر (noun)
bore (بور) سوراخ کرنا، چھید کرنا، برمانا (verb)

(a) The hunter shot a wild *boar.*
شکاری نے جنگلی سؤر کا شکار کیا۔

(b) They *bore* a hole in the soil to take out oil.
انہوں نے تیل نکالنے کے لئے زمین کو برمایا۔

۵۳. **born** (بورن) پیدا ہونا (verb)
borne (بورن) اٹھانا(verb)

(a) I don't know when I was *born.*
میں کب پیدا ہوا، میں نہیں جانتا۔

(b) We have *borne* our burdens with patience.
ہم نے اپنے بوجھ صبر کے ساتھ اٹھائے ہیں۔

۵۴. **breath** (بریتھ) سانس (noun)
breathe (برید) سانس لینا (verb)
breadth (بریڈتھ) چوڑائی(noun)

(a) Before you dive in, take a deep *breath.*
غوطہ لگانے سے پہلے لمبا سانس لو۔

(b) *Breathe* deeply in open air.
کھلی ہوا میں گہرا سانس لو۔

(c) In a square, the *breadth* is equal to the length.
مربع میں چوڑائی لمبائی کے برابر ہوتی ہے۔

۵۵. **canvas** (کینوس) موٹا کپڑا (noun)
canvass (کینوس) ووٹ مانگنا، تشہیر کرنا(verb)

(a) *Canvas* bags are very strong.
کینوس کے تھیلے بہت مضبوط ہوتے ہیں۔

(b) Student's were *canvassing* for the Congress candidate.
طلباء کانگریس کے امیدوار کے لئے ووٹ مانگ رہے تھے۔

۵۶. **cease** (سیز) بند کرنا، روکنا، تھامنا (verb)
seize (سیز) برآمد ہونا، پکڑنا (verb)

(a) At last the war has *ceased.*
آخیر کار جنگ بند ہوگئی۔

(b) The policeman *seized* the stolen articles.
سپاہی نے چوری کا سامان برآمد کر لیا۔

۵۷. **cent** (سینٹ) ایک سکہ (noun)
scent (سینٹ) عطر، خوشبوجات (noun)

(a) *Cent* is a small coin of America.
سینٹ امریکہ کا ایک چھوٹا سکہ ہے۔

(b) The *scent* of flowers is very pleasant.
پھولوں کی خوشبو بہت خوشگوار ہے۔

۵۸. **childish** (چائلڈش) بچکانہ، بچونگی سی (عادت بُد)
childlike (چلڈ لائک) بھولا بھالا (اچھی عادت والا)

(a) You have *childish* habits and are not yet mature.
تمہاری عادتیں بچکانہ ہیں۔

(b) We like his *childlike* habits.
ہم اسکی بچوں جیسی عادتیں پسند کرتے ہیں۔

۵۹. **choose** (چوز)، چھانٹنا، انتخاب کرنا (verb)
chose (چوز) چنا، منتخب کیا choose مصدر سے ماضی(verb)

(a) *Choose* what you want.
جو چاہتے ہو منتخب کرلو۔

(b) I finally *chose* singing for a career.
میں نے آخیر میں موسیقی کے پیشہ کو چن لیا۔

۶۰. **cite** (سائٹ) حوالہ دینا (verb)
sight (سائٹ) منظر (noun)
site (سائٹ) جگہ (noun)

(a) He was fond of *citing* from the Holy Quran.
وہ کلام پاک سے حوالہ دینے کا شوقین تھا۔

(b) The Taj presents a pleasant *sight* in full moon.
تاج محل چودھویں کی رات کو ایک خوشگوار منظر پیش کرتا ہے۔

(c) His father is looking for a *site* for his new shop.
اس کے والد اپنی نئی دوکان کے لئے جگہ تلاش کر رہے ہیں۔

۶۱. **comic** (کومک) مذاقیہ (مزاحیہ بہروپ بھرنا) (adjective)
comical (کومکل) بھدا، پھوہڑ (جس پر ہنسی آئے) (adjective)

(a) *Comic* scenes are put in a drama.
ڈراموں میں مزاحیہ مناظر بھی رکھے جاتے ہیں۔

(b) The peculiar dress she wore gave her a *comical* appearance.
عجیب لباس پہن کر اس کا حلیہ بھدا ہو گیا۔

۶۲. **complement** (کمپلی مینٹ) مکمل کرنے والا حصہ (noun)

compliment (کمپلی مینٹ) تعریف (noun)
compliments (کمپلی مینٹ) آداب (noun)

(a) This book is a *complement* to that one.
یہ کتاب اس کتاب کا مکمل کرنے والا حصہ (تکملہ) ہے

(b) Her husband paid her a *compliment*.
اس کے شوہر نے اس کی تعریف کی۔

(c) Pay my *compliments* to your parents.
اپنے والدین سے میرا آداب کہیے۔

۶۳. **consciene** (کانشنس) باطن، ضمیر، دل (noun)
cautious (کاوشش) ہوشیار، چاق و چوبند (adjective)
conscious (کانشس) واقف، آگاہ (adjective)

(a) One should have a clear *conscience*.
انسان کا ضمیر صاف ہونا چاہئے۔

(b) One should be extremely *cautious* while driving.
گاڑی چلاتے وقت آدمی کو ہوشیار رہنا چاہیے۔

(c) He was *conscious* that he was being followed.
وہ آگاہ تھا کہ اس کا تعاقب کیا جارہا ہے۔

۶۴. **consistently** (کنسس ٹینٹلی) مضبوطی سے (adverb)
constantly (کونس ٹینٹلی) مسلسل، بار بار، لگاتار (adverb)

(a) If you want to give advice to others, first act *consistently* with that yourself.
اگر تم دوسروں کو نصیحت کرنا چاہتے ہو تو پہلے تم مضبوطی سے اس پر عمل کرو۔

(b) He *constantly* argued with me.
وہ مسلسل میرے ساتھ بحث کرتا رہا۔

۶۵. **continual** (کنٹینوئل) بار بار، تھوڑا رک کر، (adjective)
continuous (کنٹی نیوس) مسلسل، لگاتار (adjective)

(a) The teacher gave the class *continual* warning.
استاد نے جماعت کو بار بار ہوشیار کیا۔

(b) We had *continuous* rain yesterday for many hours.
کل ہمارے یہاں کئی گھنٹے مسلسل بارش ہوتی رہی۔

۶۶. **contract** (کونٹریکٹ) اقرارنامہ (noun)
contract (کونٹریکٹ) سکڑنا (verb)

(a) He has signed a *contract* for going abroad.
اس نے غیر ممالک جانے کے لئے اس اقرارنامے پر دستخط کئے۔

(b) All metals *contract* on cooling.
سب دھاتیں ٹھنڈا ہونے پر سکڑ جاتی ہیں۔

۶۷. **course** (کورس) نصاب (noun)
coarse (کورس) گھٹیا کم حیثیت، کھردرا (adjective)

(a) What is the *course* of your studies.
تمہاری تعلیم کا نصاب کیا ہے؟

(b) This cloth is very *coarse*.
یہ کپڑا بہت گھٹیا ہے۔

۶۸. **credible** (کریڈیبل) قابل یقین (adjective)
creditable (کریڈیٹیبل) قابل تعریف (adjective)
credulous (کریڈولس) جلدی یقین کرنے والا (adjective)

(a) The story does not appear *credible*.
کہانی قابل یقین نہیں لگتی۔

(b) His success in the examination is *creditable*.
امتحان میں اس کی کامیابی قابل تعریف ہے۔

(c) Shiela is very *credulous*. She believes in what she is told.
شیلا بڑی جلدی یقین کرنے والی ہے اس سے جو کہا جائے وہ اس پر یقین کر لیتی ہے

۶۹. **decease** (ڈیسیز) موت، انتقال، مردہ (noun)
disease (ڈیزیز) بیماری (noun)

(a) The *deceased* person has been taken from the hospital.
مردہ آدمی کو ہسپتال سے لے جایا گیا۔

(b) That man died of an incurable *disease*.
اس آدمی کی موت ایک لاعلاج مرض کی وجہ سے ہوئی۔

۷۰. **deference** (ڈیفرنس) عزت، تعظیم (noun)
difference (ڈیفرنس) فرق، اختلاف (noun)

(a) In *deference* to his father's memory, we did not play yesterday.
اس کے والد کی یاد کے احترام میں ہم کل نہیں کھیلے۔

(b) There is a *difference* of opinion on this subject.
اس موضوع پر خیالات میں اختلاف ہے۔

۷۱. **desert** (ڈزرٹ) ریگستان (noun)
desert (ڈزرٹ) چھوڑنا (verb)
dessert (ڈزرٹ) کھانے کے بعد کھائے گئے پھل یا مٹھائی (noun)

(a) Rajasthan is mostly a *desert*.

راجستھان زیادہ تر ایک ریگستان ہے۔

(b) An ideal husband must not *desert* his wife.

ایک خیال رکھنے والے شوہر کو اپنی بیوی نہیں چھوڑنی چاہئے۔

(c) The party was served with apples and fruit-cream as *dessert*.

پارٹی کو کھانے کے بعد کھانے کے لئے سیب اور فروٹ کریم دی گئی۔

۷۲. **disinterested** (ڈس انٹریسٹیڈ) بے غرض (adjective)

uninterested (ان انٹریسٹڈ) غیر دلچسپ (adjective)

(a) The judge must always be a *disinterested* party in a trial.

کسی جھگڑے میں جج کو ہمیشہ بے غرض رہنا چاہئے۔

(b) I was *uninterested* in games, so I returned home early.

کھیلوں میں دلچسپی نہیں تھی۔ اس لئے میں گھر جلدی لوٹ آیا۔

۷۳. **dual** (ڈوئل) دوغلہ، دوطرح کا (adjective)

duel (ڈوئیل) دو آدمیوں کی لڑائی (noun)

(a) Some persons have a *dual* personality. They say something and do otherwise.

کچھ انسان دوہرے کردار کے ہوتے ہیں۔ وہ کہتے کچھ ہیں، کرتے کچھ ہیں۔

(b) They fought a *duel* and one person was severely injured.

ان دونوں نے لڑائی کی اور ایک آدمی بری طرح زخمی ہوگیا۔

۷۴. **eligible** (ایلجیبل) قابل انتخاب (adjective)

illegible (ایلجیبل) جسے پڑھا نہ جاسکے (adjective)

(a) Only a graduate is *eligible* for this post.

صرف بی اے پاس آدمی ہی اس عہدے کے لئے قابل انتخاب ہیں۔

(b) Your handwritting is *illegible*.

تمہاری تحریر پڑھی نہیں جاسکتی۔

۷۵. **expand** (ایکسپینڈ) پھیلانا، وسیع کرنا (verb)

expend (ایکسپینڈ) خرچ کرنا (verb)

(a) As the work increases, we shall have to *expand* our office space.

جیسے کام پھیلے گا ہمیں اپنے دفتر کی جگہ بڑھانی ہوگی۔

(b) We shouldn't *expend* beyond our limit.

ہمیں آمدنی سے بڑھ کر خرچ نہیں کرنا چاہیئے۔

۷۶. **fair** (فیئر) میلہ (noun)

fair (فیئر) ٹھیک درست (adjective)

fair (فیئر) صاف (adjective)

(a) Many people attend the National Book *Fair*.

بہت سے لوگ قومی کتاب میلے میں جاتے ہیں۔

(b) We must always play a *fair* game.

ہمیں ہمیشہ درست طریقہ سے کھیل کھیلنا چاہئے۔

(c) She is *fair*-complexioned and *fair*-haired.

وہ گورے رنگ اور ہلکے بھورے بالوں والی ہے۔

۷۷. **fare** (فیئر) کرایہ (noun)

fare (فیئر) ترقی (verb)

(a) What is the rail *fare* from Delhi to Agra?

دہلی سے آگرہ تک ریل کا کرایہ کتنا ہے؟

(b) How did you *fare* in your examination?

امتحان میں تم نے کتنی ترقی کی؟

۷۸. **farther** (فاردر) دور (adverb)

further (فردر) آگے (adverb)

(a) Mumbai is *farther* from Delhi than Banaras.

ممبئی بنارس کی نسبت دہلی سے زیادہ دوٗر ہے۔

(b) Proceed *further,* please.

مہربانی کرکے آگے بڑھیئے۔

۷۹. **feel good** (فیل گڈ) خوش ہونا (verb)

feel well (فیل ویل) صحت یاب ہونا (verb)

(a) She *feels very good* amidst her friends.

وہ اپنی سہیلیوں میں خوش رہتی ہے۔

(b) She is *feeling well* now.

وہ اب خود کو صحت مند محسوس کر رہی ہے۔

۸۰. **fewer** (فیور) کم چیزیں یا آدمی جو گنے جاسکیں (adjective)

less (لس) کم چیزیں جو تعداد میں کم نظر آئیں (adjective)

(a) The doctor attended *fewer* patients than last week.

ڈاکٹر کے یہاں پچھلے ہفتہ کے مقابلہ میں مریض کم دیکھے۔

(b) I have *less* money in my pocket than you have.

تمہاری نسبت ہماری جیب میں کم رقم ہے۔

۸۱. **floor** (فلور) فرش *(noun)*

flour (فلور) آٹا (noun)

(a) She is sitting on the *floor*.

وہ فرش پر بیٹھی ہے۔

(b) We make chapaties (bread) of *flour.*

ہم آٹے کی چپاتی بناتے ہیں۔

۸۲. **formally** (فورملی) باقاعدہ (adverb)

formerly (فورمرلی) زمانہ گزشتہ میں (ماضی) (adverb)

(a) The letter was written *formally* by me.

خط میرے ہاتھوں باقاعدگی سے لکھا گیا۔

(b) He was *formerly* a minister.

پہلے وہ ایک وزیر تھا۔

۸۳. **forth** (فورتھ) آگے (adverb)

fourth (فورتھ) چوتھا (adjective)

(a) They went *forth* like an ancient warrior.

وہ ایک پرانے بہادر کی طرح آگے بڑھے۔

(b) The *fourth* of every month is our pay day.

ہر ماہ کی چوتھی تاریخ کو ہماری تنخواہ کا دن ہوتا ہے۔

۸۴. **hair** (ہیئر) بال (noun)

heir (ائر) وارث (noun)

hare (ہیئر) خرگوش (noun)

(a) The colour of Shiela's *hair* is golden.

شیلا کے بال سنہرے ہیں۔

(b) The eldest prince is the *heir* to the throne.

ولی عہد (بادشاہ کا بڑا بیٹا) حکومت کا وارث ہے۔

(c) The *hare* runs very fast.

خرگوش بہت تیز دوڑتا ہے۔

۸۵. **hanged** (ہینگڈ) لٹکانا، پھانسی دینا (verb)

hung (ہنگ) لٹکانا، ٹانگنا (verb)

(a) The prisoner was *hanged* at dawn.

قیدی کو طلوع آفتاب کے وقت پھانسی دی گئی۔

(b) The picture was *hung* on the wall.

تصویر دیوار پر ٹنگی تھی۔

۸۶. **holy** (ہولی) پاک، قابل احترام (adjective)

wholly (ہولی) پورا، مکمل، آخری حد تک (adverb)

(a) Eid is our *holy* festival.

عید ہمارا پاک تیوہار ہے۔

(b) I *wholly* agree with your decision.

آپ کا فیصلہ ہمیں ہر طرح سے منظور ہے۔

۸۷. **however** (ہاؤایور) اس پر بھی، تو بھی

however (ہاؤایور) کیسی بھی، کیسے بھی

(a) I don't recommend this book *however,* you can read it.

میں اس کتاب کی شفارش تو نہیں کرتا پھر بھی آپ اسے پڑھ سکتے ہیں۔

(b) I am certain that, *however,* you decide to work, you will succeed.

مجھے یقین ہے کہ تم کیسے بھی کام کرنے کا تہیہ کرو، کامیاب رہو گے۔

۸۸. **its** (اٹس) اس کا (pronoun)

it's (اٹس) یہ ہے

(a) The shed lost *its* roof.

شیڈ کی چھت گرگئی۔

(b) *It's* an old house.

یہ ایک پرانا گھر ہے۔

۸۹. **last** (لاسٹ) آخری (adjective)

latest (لیٹسٹ) جدید ترین (adjective)

(a) *Last* date of admission is near. So we should hurry up.

داخلے کی آخری تاریخ نزدیک ہے، اس لئے ہمیں جلدی کرنی چاہیے۔

(b) The *latest* edition of the book is under print.

کتاب کا جدید ترین ایڈیشن شائع ہو رہا ہے۔

۹۰. **least** (لیسٹ) سب سے چھوٹا، کم *(adjective)*

less (لیس) دو میں سے چھوٹا، کم (adjective)

(a) He walked the *least* distance of all.

وہ سب سے کم فاصلے پر گیا۔

(b) Tea is *less* desirable for me than milk.

چائے میرے لئے دودھ کی بنسبت کم ضروری ہے۔

۹۱. **lightening** (لائٹننگ) ہلکا کرنا (verb)

lightning (لائٹننگ) بجلی کا چمکنا، برق کا کوندنا (noun)

lighting (لائٹنگ) روشنی کا انتظام (noun)

(a) He is *lightening* my burden.

وہ میرا وزن ہلکا کر رہا ہے۔

(b) Last night there was flash of *lightning* in the sky.

گذشتہ رات آسمان میں بجلی چمکی۔

(c) There was good *lighting* arrangement at the marriage.

شادی میں روشنی کا انتظام بہت خوب تھا۔

۹۲. **loan** (لون) ادھار، قرض (noun)

lend (لینڈ) ادھار دینا، قرض دینا (verb)

(a) The bank granted him a *loan* of five thousand rupees.

بینک نے اسے پانچ ہزار روپے کا قرض دیا۔

(b) *Lend* me some money. مجھ کو کچھ روپے قرض دیدیجئے۔

۹۳. **moral** (مورل) اخلاق وعادات (noun)

morale (موریل) حوصلہ، ہمت، جرأت (noun)

(a) He is a man of good *moral*.

وہ اچھے اخلاق وعادات کا آدمی ہے۔

(b) The *morale* of the troops on the front is very high.

اگلے حصے کی ٹکڑیوں کا حوصلہ بہت بلند ہے۔

۹۴. **most** (موسٹ) سب سے زیادہ، خاص *(adjective)*

almost (آلموسٹ) لگ بھگ، تقریباً (adjective)

(a) Mohan Das Gandhi was the *most* honest boy in the class.

موہن داس گاندھی اپنی جماعت کا سب سے ایماندار لڑکا تھا۔

(b) It's *almost* time to go for a walk.

یہ تقریباً گھومنے کا وقت ہے۔

۹۵. **notable** (نوٹیبل) مشہور، قابل تحریر (adjective)

notorious (نوٹوریس) بدنام (adjective)

(a) August 15, 1947 is a *notable* day in the history of India.

ہندوستان کی تاریخ میں ۱۵ راگست ۱۹۴۷ء کا دن قابل تحریر ہے۔

(b) He is a *notorious* gambler.

وہ ایک بدنام جواری ہے۔

۹۶. **once** (ونس) ایک بار (adverb)

one's (ونس) ایک آدمی کا، کسی آدمی کا اپنا (pronoun)

(a) I have been there *once*.

میں وہاں ایک بار ہو آیا ہوں۔

(b) One should obey *one's* conscience.

انسان کو اپنی ضمیر کی آواز پر چلنا چاہیے۔

۹۷. **ordinance** (اورڈی نینس) خاص حکم رضابطہ (noun)

ordnance (اورڈ نینس) جنگ کا سامان، توپ خانہ (noun)

(a) The president has issued an *ordinance* today. صدر جمہوریہ نے آج ایک خاص حکم جاری کیا۔

(b) He is employed in the *ordnance* department.

وہ سامان جنگ کے شعبے میں ملازم ہے۔

۹۸. **passed** (پاسڈ) گذرا ہو (verb)

pass کا IInd اور IIIrd form

past (پاسٹ) ماضی پچھلا (adjective)

(a) The month *passed* away very soon.

یہ مہینہ بہت جلد گزر گیا۔

(b) The *past* month was very enjoyable.

پچھلا مہینہ بڑا تفریح کا تھا۔

۹۹. **peace** (پیس) سکون، امن (noun)

piece (پیس) ٹکڑا، حصہ (noun)

(a) A treaty of *peace* was signed between two countries.

دونوں ملکوں کے درمیان امن کا سمجھوتہ ہوا۔

(b) The teacher asked for a *piece* of chalk.

استاد نے ایک چاک کا ٹکڑا طلب کیا۔

۱۰۰. **persecute** (پرسے کیوٹ) پریشان کرنا (verb)

prosecute (پروسے کیوٹ) مقدمہ دائر کرنا۔ (verb)

(a) The jews were *persecuted* in Nazi Germany.

یہودیوں کو نازی جرمنی میں تنگ کیا گیا۔

(b) Trespassers will be *prosecuted*.

غیر قانونی طور پر داخل ہونیوالوں کو سزا دی جائیگی۔

۱۰۱. **personal** (پرسنل) ذاتی (adjective)

personnel (پرسونل) شعبہ کے ملازمین (noun)

(a) It is my *personal* matter. Please don't interfere.

یہ میرا ذاتی معاملہ ہے براہ کرم آپ دخل انداز نہ ہوں۔

(b) The officer maintained the morale of the *personnel* in his division.

افسر نے اپنے شعبے کے ملازمین کی ہمت کو بنائے رکھا۔

۱۰۲. **physic** (فزک) دوا (noun) (old use)

physique (فزیک) جسم کی بناوٹ (noun)

(a) No *physic* can cure the patient, if he is careless.

اگر مریض ہی لاپرواہ ہو تو کوئی دوا کام نہیں کر سکتی۔

(b) He has a fine *physique*.

اس کے جسم کی بناوٹ اچھی ہے۔

۱۰۳. **pore** (پور) سوراخ، مسام (noun)

pour (پور) ڈالنا، انڈیلنا، پلٹنا (verb)

(a) Sweat comes out from the *pores* of the skin.

پسینہ جلد کے مسام سے نکلتا ہے۔

(b) *Pour* some water in my glass.

میرے گلاس میں تھوڑا سا پانی انڈیلو۔

۱۰۴. **portable** (پورٹیبل) ہاتھ سے اٹھا کر لے جانے کے قابل/نقل پذیر (noun)

potable (پوٹیبل) پینے کے لائق (adjective)

(a) She has brought a *portable* television from Germany.

وہ جرمنی سے ہاتھ سے اٹھا کر لیجانے والا ٹی، وی لے کر آئی ہے۔

(b) Pond water is not *potable*.

تالاب کا پانی پینے کے قابل نہیں ہوتا۔

۱۰۵. **prescribe** (پرس کرائب) (دوا کے لئے) ہدایت دینا (verb)

proscribe (پروس کرائب) ملکی حقوق سے خارج کرنا (verb)

(a) The doctor *prescribed* a very costly medicine.

ڈاکٹر نے ایک مہنگی دوا لکھی ہے۔

(b) That man has been *proscribed* by law.

اس آدمی کو قانوناً نکال دیا گیا۔

۱۰۶. **president** (پریذیڈنٹ) صدر (noun)

precedent (پریسی ڈینٹ) سابق واقعہ یا مثال/نظیر (noun)

(a) The *president* of India has gone to England for two weeks.

ہندوستان کے صدر دو ہفتہ کے لئے انگلینڈ گئے ہیں۔

(b) She has set a good *precedent* for others to follow.

اس نے دوسرے لوگوں کے لئے ایک اچھی مثال قائم کی ہے۔

۱۰۷. **price** (پرائس) قیمت، نرخ (noun)

prize (پرائز) انعام (noun)

(a) The *price* of paper has gone up.

کاغذ کی قیمت بڑھ گئی۔

(b) Ali got the first *prize* in the race.

علی کو دوڑ نے میں اول انعام ملا۔

۱۰۸. **principal** (پرنسپل) اسکول یا کالج کا ذمہ دار (noun)

principle (پرنسپل) اصول (noun)

(a) Who is the *principal* of your college?

آپ کے کالج کے پرنسپل کون ہیں؟

(b) My uncle was a man of *principle*.

میرے چچا اصول پسند آدمی تھے۔

۱۰۹. **propose** (پروپوز) تجویز پیش کرنا (verb)

purpose (پرپس) ارادہ، مقصد (noun)

(a) Let them *propose* the subject for the debate.

انہیں اپنی بحث کا موضوع خود ہی تجویز کرنے دو۔

(b) I had come with a *purpose* to see you.

میں تمہیں دیکھنے کے ارادے سے آیا تھا۔

۱۱۰. **rain** (رین) بارش ہونا (verb)

reign (رین) حکومت کرنا (verb)

rein (رین) لگام *(noun)*

(a) It's raining.

بارش ہو رہی ہے۔

(b) The queen *reigned* over England.

ملکہ نے انگلینڈ پر حکومت کی۔

(c) When the *reins* were pulled tightly the horse stopped.

جب لگام زور سے کھینچی گئی تو گھوڑا رک گیا۔

۱۱۱. **recollect** (ریکلیکٹ) بھولی بسری چیز کو یاد کرنا (verb)

remember (ریممبر) یاد کرنا (verb)

(a) I often *recollect* my childhood and feel amused.

میں اکثر اپنے بچپن کو یاد کرتا ہوں اور لطف اٹھاتا ہوں۔

(b) I *remember* my lesson every day.

میں روزمرہ اپنا سبق یاد کرتا ہوں۔

۱۱۲. **respectable** (ریسپیکٹ ٹیبل) معزز، عزت دار (adjective)

respectful (رسپیکٹ فل) باادب (adjective)

respective (رسپیکٹیو) اپنی اپنی

(a) Our boss is a *respectable* gentleman.

ہمارے افسر ایک معزز آدمی ہیں۔

(b) You should be *respectful* to your parents.

تمہیں اپنے والدین کے لئے باادب ہونا چاہیئے۔

(c) After the lecture was over, the students returned to their *respective* classes.

لکچر کے ختم ہونے کے بعد طلباء اپنی اپنی جماعتوں میں واپس چلے گئے۔

۱۱۳. **root** (روٹ) جڑ، بنیاد (noun)

route (روٹ) راہ سفر (noun)

(a) Love of money is the *root* of all evils.

دولت کی محبت تمام برائیوں کی جڑ ہے۔

(b) What is the railway *route* between Delhi and Mumbai.

دہلی اور ممبئی کا ریل کا راستہ کیا ہے؟

۱۱۴. **rout** (راؤٹ) ہار، شکست (noun)

riot (رائٹ) جھگڑا، لڑائی (noun)

(a) The morale of the enemy was very low, because of its *rout*.

ہارنے کے وجہ سے دشمن کے حوصلے پست ہو گئے۔

(b) There is a great disturbance in the town because of the Hindu-Sikh *riot*.

ہندو سکھ جھگڑے کی وجہ سے شہر میں بڑی بدامنی پھیلی ہوئی ہے۔

۱۱۵. **shoot** (شوٹ) کونپل (noun)

shoot (شوٹ) شکار کرنا *(verb)*

(a) A *shoot* has sprung up from the plant.

پودے میں ایک کونپل نکل آئی ہے۔

(b) That man has gone to *shoot* duck.

وہ شخص بطخ کا شکار کرنے گیا ہے۔

۱۱۶. **sole** (سول) جوتے کا تلا۔ پیر کا تلوا (noun)

soul (سول) روح (noun)

(a) Get the *sole* of the shoe changed.

جوتے کا تلا بدلوالو۔

(b) A good *soul* goes to heaven.

اچھی روح جنت میں جاتی ہے۔

۱۱۷. **stationary** (اسٹیشنری) ٹھہرا ہوا، قائم (adjective)

stationery (اسٹیشنری) پڑھنے لکھنے کا سامان، جیسے: قلم، دوات، وغیرہ (noun)

(a) The sun is *stationary*. سورج ٹھہرا ہوا ہے۔

(b) He deals in *stationery*.

وہ اسٹیشنری فروخت کرتا ہے۔

۱۱۸. **table** (ٹیبل) میز *(noun)*

table (ٹیبل) فہرست (noun)

(a) There is a book on the *table*.

میز پر ایک کتاب ہے۔

(b) There is a *table* in chapter six of this book.

اس کتاب کے چھٹے باب میں ایک فہرست ہے۔

۱۱۹. **tasteful** (ٹیسٹ فل) دلچسپ قرینے سے (adjective)

tasty (ٹیسٹی) لذیذ، مزیدار (adjective)

(a) The house of our madam was decorated in a *tasteful* manner.

ہماری استانی صاحبہ کا گھر بڑے اچھے قرینے سے سجا ہوا تھا۔

(b) Our madam served us very *tasty* meals.

ہماری استانی صاحبہ نے ہمیں بہت لذیذ کھانا کھلایا۔

۱۲۰. **two** (ٹو) دو (adjective)

to (ٹو) کی، کو، طرف *(preposition)*

too (ٹو) بھی، اتنا، زیادہ (adverb)

(a) There are *two* sides of everything.

ہر ایک چیز کے دو پہلو ہوتے ہیں۔

(b) Come *to* me, I'll advise you.

میرے پاس آنا، میں تمہیں مشورہ دوں گا۔

(c) She is *too* weak to walk.

وہ اتنی زیادہ کمزور ہے کی چل پھر نہیں سکتی۔

۱۲۱. **uninterested** (ان انٹریسٹڈ) دلچسپی نہ رکھنا (adjective)

disinterested (ڈس انٹریسٹڈ) لاتعلق، بے غرض *(adjective)*

(a) I am *uninterested* in inactive games.

میں میدانی کھیلوں میں دلچسپی نہیں رکھتا۔

(b) Let us ask any *disinterested* man to settle our dispute.

ہم اپنا جھگڑا سلجھانے کے لئے کسی لاتعلق یا بے غرض آدمی سے کہیں۔

۱۲۲. **valuable** (ویلیوایبل) بیش قیمت (adjective)

invaluable (ان ویلیوایبل) انمول (adjective)

(a) This is a *valuable* manuscript.

یہ ایک بیش قیمت قلمی تحریر ہے۔

(b) Kohinoor is an *invaluable* diamond.

کوہ نور ایک انمول ہیرا ہے۔

۱۲۳. **whose** (ہوز) کس کا؟

who's (ہوز) کون ہے؟ (who is)

(a) *Whose* pen is this? یہ قلم کس کا ہے؟

(b) *Who's* at the door? دروازے پر کون ہے؟

کچھ الفاظ کے استعمال میں عام غلطیاں

(COMMON ERRORS IN THE USE OF WORDS)

انگریزی بات چیت میں کچھ غلطیاں ایسی ہیں جنھیں ہم اور آپ اکثر کرتے ہیں۔ آپ ادنیٰ درجے کے ملازم ہوں یا اعلیٰ افسر، عورت ہوں یا مرد، طالب علم ہوں یا تجارت پیشہ یا کوئی دست کار۔ باہمی گفتگو میں غلطیوں سے واسطہ پڑتا رہتا ہے۔ آپ کی سہولت کے لئے مندرجہ ذیل دو کالموں میں آمنے سامنے صحیح اور غلط جملے دیئے گئے ہیں۔ انہیں ذہن نشین کریں۔

	Incorrect غلط	**Correct** درست
1.	My ***hairs*** are black.	My ***hair*** is black.
2.	I need a ***blotting.***	I need a ***blotting paper.***
3.	He works better than ***I.***	He works better than ***me.***
4.	I ***availed*** of the opportunity.	I ***availed myself*** of the opportunity.
5.	The two brothers are quarrelling with ***one another.***	The two brothers are quarrelling with ***each other.***
6.	He is guilty. Isn't ***it***?	He is guilty. Isn't ***he***?
7.	I beg ***you*** leave.	I beg ***leave*** of you.
8.	He is more ***cleverer*** than his brother.	He is ***cleverer*** than his brother.
9.	***The*** Gold is a precious metal.	Gold is a precious metal.
10.	She has ***got*** headache.	She has got ***a*** headache.
11.	Stop ***to write.***	Stop ***writing.***
12.	It is ***raining*** for four hours.	It ***has been raining*** for four hours.
13.	I live ***in*** Lajpat Nagar ***at*** New Delhi.	I live ***at*** Lajpat Nagar ***in*** New Delhi.
14.	Work hard lest you ***may not*** fail.	Work hard lest you ***shculd*** fail.
15.	The boy is ***neither*** fool ***or*** lazy.	The boy is ***neither*** fool ***nor*** lazy.

مندرجہ بالا پندرہ جملوں میں پہلے کالم میں غلط جملے دیئے گئے ہیں اور دوسرے کالم میں درست ان جملوں میں مختلف قسم کی غلطیاں ہیں۔ جنہیں ہر زبان داں کو سیکھنے سمجھنے اور ذہن نشین کرنا چاہئے۔ انگریزی ایک عالمگیر زبان ہے۔ اس میں الفاظ کے استعمال کا میدان وسیع ہونا بھی قدرتی بات ہے۔

اردو بھی ایک وسعت پذیر زبان ہے اس میں بھی اکثر ایسے مواقع جو زبان سیکھنے والے کو سمجھنے اتنے آسان نہیں ہوتے لیکن اردو ہماری مادری زبان ہے۔ اس لئے اس کی باریکیاں اتنی محسوس نہیں ہوتیں جتنی کہ انگریزی زبان کی۔

اب ذرا سا مندرجہ بالا جملوں کو توجہ سے پڑھئے جس سے ہم بہت اچھی طرح آگاہ ہیں۔

وہ دقت کیا ہے؟ ہم آپ کو بتاتے ہیں جب آپ پہلے کالم کا جملہ پڑھتے ہیں تب وہ آپ کو درست سا لگتا ہے۔ مگر جب آپ پھر دوسرے کالم کے جملے کو پڑھتے ہیں تو تھوڑا چونک جاتے ہیں۔ کبھی تو آپ کو بھول کا احساس ہونے لگتا ہے۔ لیکن کبھی آپ سمجھ ہی نہیں پاتے کہ دوسرا جملہ کیوں کر درست ہے۔

ٹھیک ہے نا یہی بات! آپ بالکل پریشان نہ ہوں اور اس جملے کو ذہن نشین کر لیجئے "بالکل ٹھیک اور صحیح زبان سیکھنا دنیا کا اہم ترین کام ہے۔ یہ کوہ ہمالیہ پر چڑھنے کے مترادف ہے۔ لیکن اگر آپ اس پر آہستہ آہستہ چڑھنا شروع کریں تو آپ اس کی بلندیوں کو یقیناً ایک ایک کر کے ناپ سکتے ہیں اور منزل مقصود تک پہنچ سکتے ہیں۔

کیا آپ اس کے لئے کمر بستہ ہیں؟ اگر ہاں، تو آیئے ایک ایک قدم آگے بڑھیں۔

اسم کے استعمال میں غلطیاں

(ERRORS IN THE USE OF NOUNS)

(1) Scenery, issue, hair, furniture, machinery, fruit, (b) poor, rich, bread, work (a) وغیرہ الفاظ واحد (singular form) میں رہتے ہیں۔

Incorrect غلط	**Correct** درست
1. The *sceneries* of Simla *are* very charming.	The *scenery* of Simla *is* very charming.
2. Sarla has no *issues*.	Sarla has no *issue*.
3. She had gone to buy *fruits*.	She had gone to buy *fruit*.
4. Her *hairs are* jet black.	Her *hair* is jet black.
5. The mother feeds the *poors*.	The mother feeds the *poor*.
6. I told *these news* to my father.	I told *this news* to my father.
7. The fleet *were* destroyed by the enemy.	The fleet *was* destroyed by the enemy.
8. These buildings are made of *bricks* and *stones*.	These buildings are made of *brick* and *stone*.
9. I have no more *breads* to give to the beggars.	I have no more *bread* to give to the beggars.
10. I'll go to the town *on feet*.	I'll go to the town *on foot*.
11. All her *furnitures have* been sold.	All her *furniture has* been sold.
12. The *machineries* are not functioning properly.	The *machinery* is not functioning properly.
13. I have *many works* to do.	I have *much work* to do.

(2) Advice, mischief, abuse, alphabet یہ لفظ واحد (singular) ہی رہتے ہیں۔ ان کی جمع کا رواج نہیں بلکہ ان کو اس طرح استعمال کیا جاتا ہے۔---pieces of advice وغیرہ۔

14. The teacher gave us many *advices*.	The teacher gave us many *pieces of advice*.
15. My younger brother did many *mischiefs*.	My younger brother did many *acts of mischief*.
16. The boys were shouting *abuses*.	The boys were shouting *words of abuse*.
17. I have learnt the *alphabets*.	I have learnt the *letters of the alphabet*.

(3) Rupee, dozen, mile, year, foot---یہ لفظ جب تعداد (numeral) کے لئے استعمال کئے جاتے ہیں تو ہمیشہ واحد (singular) میں ہی استعمال ہوتے ہیں۔ جیسے---five rupee note ہوگا five rupees note نہیں کہیں گے۔

18. I have a *five rupees* note.	I have a *five rupee* note.
19. We bought two *dozens* pencils.	We bought two *dozen* pencils.
20. He ran in a two *miles* race.	He ran in a two *mile* race.
21. Abida is a ten *years* old girl!	Abida is a ten *year* old girl.
22. It's a three *feet* rule.	It's a three *foot* rule.

(4) Vegetables (سبزیاں)، spectacles (عینک)، trousers (پتلون یا پاجامہ)، Himalayas (ہمالیہ)، people (لوگ)، orders (حکم)، repairs (مرمت) یہ الفاظ ہمیشہ جمع میں ہی استعمال ہوتے ہیں، واحد (singular) میں نہیں۔

278

	Incorrect	Correct
23.	I had gone to buy ***vegetable***.	I had gone to buy ***vegetables***.
24.	The road is closed for ***repair***.	The road is closed for ***repairs***.
25.	The judge passed ***order*** for his release.	The judge passed ***orders*** for his release.
26.	Very few ***peoples*** are hard-working.	Very few ***people*** are hard-working.
27.	His ***spectacle*** is very expensive.	His ***spectacles*** are very expensive.
28.	The ***scissor*** is blunt.	The ***scissors*** are blunt.
29.	Your ***trouser*** is not loose.	Your ***trousers*** are not loose.
30.	The ***Himalaya*** is the highest ***mountain***.	The ***Himalayas*** are the highest ***mountains***.

(5) Fish (مچھلی یا مچھلیاں)، deer (ہرن)، sheep (بھیڑ یا بھیڑیں)، cattle (جانور) یہ الفاظ جمع کے لئے بھی واحد (singular) ہی استعمال ہوتے ہیں۔

	Incorrect	Correct
31.	The fisherman catches many ***fishes*** in the pond.	The fisherman catches many ***fish*** in the pond.
32.	I saw many ***sheeps*** and ***deers*** in the jungle.	I saw many ***sheep*** and ***deer*** in the jungle.
33.	The ***cattles*** are returning to the village.	The ***cattle*** is returning to the village.

(6) Gentry (مہذب لوگ) اس کا استعمال جمع میں ہوتا ہے، واحد میں نہیں۔

	Incorrect	Correct
34.	The ***gentry*** of the town ***has*** been invited.	The ***gentry*** of the town ***have*** been invited.

کئی بار لوگ گفتگو میں ادھورے الفاظ استعمال کرتے ہیں۔ایسے الفاظ استعمال کرنیوالے کومہذب سماج میں مذاق کا نشانہ بننا پڑتا ہے۔ایسی غلطیوں سے پرہیز کرو۔

	Incorrect	Correct
35.	This is not my ***copy***.	This is not my ***copy-book***.
36.	Bring some ***blotting*** from the office.	Bring some ***blotting paper*** from the office.
37.	She lives in the ***boarding***.	She lives in the ***boarding house***.
38.	Please put your ***sign*** here.	Please put your ***signature*** here.

ادھورے الفاظ کی طرح ہمیں لکھنے اور بولنے میں الفاظ کی کثرت سے بھی پرہیز کرنا چاہیئے۔

	Incorrect	Correct
39.	Your servant is a ***coward boy***.	Your servant is a ***coward***.
40.	She is my ***cousin sister***.	She is my ***cousin***.

اسم ضمیر کے استعمال میں غلطیاں

(ERRORS IN THE USE OF PRONOUNS)

	Incorrect غلط	**Correct** درست
41.	It is ***I***.	It is ***me***.
42.	***I, you*** and ***he*** will go to ***Kolkata*** tomorrow.	***You, he*** and ***I*** will go to ***Kolkata*** tomorrow.
43.	You are wiser than ***I***.	You are wiser than ***me***.
44.	Let her and ***I*** do this work.	Let her and ***me*** do this work.
45.	One should do ***his*** duty.	One should do ***one's*** duty.
46.	Everyone must do ***their*** best.	Everyone must do ***his*** best.
47.	Every man and boy is busy with ***their*** work.	Every man and boy is busy with ***his*** work.
48.	These two sisters love ***one another***.	These two sisters love ***each other***.

49. These three sisters love ***each other***.	These three sisters love ***one another***.
50. ***Neither*** Kanta ***nor*** Abita ***are*** in the class.	Neither Kanta nor Abida ***is*** in the class.
51. Neither ***you nor I are*** lucky.	Neither ***of us is*** lucky.
52. She has studied ***neither*** of these ten books.	She has studied ***none*** of these ten books.
53. ***Who*** is this for?	***For whom*** is this?
54. ***Who*** are you expecting now?	***Whom*** are you expecting now?
55. Say ***whom*** you think will get the prize.	Say ***who*** you think will get the prize.
56. ***Who*** do you think we met?	***Whom*** do you think we met?
57. I am enjoying now.	I am enjoying ***myself*** now.
58. Jasbir hid behind the wall.	Jasbir hid ***herself*** behind the wall.
59. They resigned to the will of God.	They resigned ***themselves*** to the will of God.
60. We applied heart and soul to the task before us.	We applied ***our*** heart and soul to the task before us.
61. ***Which*** is cleverer, Rajiv or Rakesh?	***Who*** is cleverer, Rajiv or Rakesh?
62. Please bring ***mine*** pen.	Please bring ***my*** pen.
63. This pen is ***my***.	This pen is ***mine***.
64. I do not like ***any*** of these two books.	I do not like ***either*** of these two books.
65. I like ***not any*** of these two books.	I like ***neither*** of these two books.

(1) جب میں، تم، اور وہ الفاظ انگریزی میں ایک ساتھ استعمال کئے جا۔تے ہیں تو وہ اس ترتیب سے آتے ہیں۔ you (تم) he (وہ) اور I (میں)

(2) Let کے ساتھ him, her اور me (Pronoun) آتے ہیں۔ he, she, I نہیں استعمال ہوتے۔

(3) Everyone, every man الفاظ کے بعد his یا her لگتا ہے۔ their نہیں۔ لیکن one (Pronoun) کے بعد one's لگتا ہے his, her یا their نہیں۔

(4) دو آدمیوں کے لئے each other آتا ہے اور تین یا تین سے زیادہ آدمیوں کے لئے one another

Neither....nor کے ساتھ singular فعل (is وغیرہ) لگتا ہے اور یہ الفاظ دو آدمیوں کے معنوں میں استعمال ہوتے ہیں۔

(6) بہت چیزوں کے بیچ میں 'کوئی بھی نہیں' کے لئے none آتا ہے۔ neither نہیں۔

(7) Enjoy, hid, resign, apply, avail, absent ان افعال کے بعد himself, herself, themselves, yourself, myself, ourselves وغیرہ لگتے ہیں۔

(8) My اور mine کا مطلب ہے میرا۔ your اور yours کا مطلب تمہارا اور our یا ours کا مطلب ہے ہمارا۔ لیکن استعمال میں (a) my, your, our تب آتے ہیں جب ان کے بعد کوئی اسم (noun) رہتا ہے۔ جیسے : my pen, Your father, our mother

(b) جب ان ضمیر کے بعد میں کوئی اسم نہیں ہوتا تو اکثر mine, yours, ours وغیرہ جڑتے ہیں۔

صفت کے استعمال میں غلطیاں

(ERRORS IN THE USE OF ADJECTIVES)

Incorrect غلط	**Correct** درست
66. You are ***more*** stronger than I.	You ***are*** stronger than I.
67. She is growing ***weak*** and ***weak*** everyday.	She is growing ***weaker*** and ***weaker*** everyday.
68. Mohan is ***elder*** than Salim.	Mohan is ***older*** than Salim.

69. Delhi is ***older*** than other cities in India.	Delhi is the ***oldest*** city in India.
70. Bombay is ***further*** from Delhi than Amritsar.	Bombay in ***farther*** from Delhi than Amritsar.
71. Have you ***anv*** ink?	Do you have ***some*** ink?
72. Have she ***much*** books?	Does she have ***many*** books?
73. Lila was her ***oldest*** daughter.	Lila was her ***eldest*** daughter.
74. Lila was the ***eldest*** of the two sisters.	Lila was the ***elder*** of the two sisters.
75. He is the ***youngest*** and ***most*** intelligent of my two sons.	He is ***younger*** and ***more*** intelligent of my two sons.
76. I visited many worth seeing places.	I visited many places worth seeing.
77. I told you the ***last*** news.	I told you the ***latest*** news.
78. You are junior than ***I***.	You are junior to ***me***.
79. I have ***less*** worries than Mohan.	I have ***fewer*** worries than Mohan.
80. No ***less*** than fifty persons died of cholera.	No ***fewer*** than fifty persons died of cholera.
81. This is the ***worst*** of the two.	This is ***worse*** of the two.
82. After lunch we had no ***farther*** talk.	After lunch we had no ***further*** talk.
83. He wasted ***his all*** wealth.	He wasted ***all his*** wealth.
84. I prefer cycling ***more than*** walking.	I prefer cycling ***to*** walking.
85. I am ***more*** stronger than he.	I am stronger than he.
86. He is the ***weakest*** boy of the two.	He is the ***weaker*** boy of the two.
87. I have got few books.	I have got a few books.

(1) Elder اور older دونوں کا مطلب ہوتا ہے۔ دو میں سے بڑا۔ لیکن elder سگے رشتے میں ہی آتا ہے۔ جیسے:۔ elder brother, elder sister, جب دو آدمی یا دو چیزیں مختلف ہوں تو older استعمال ہوتا ہے جیسے:۔ Mohan is older than Salim.

(2) Eldest اور oldest دونوں کا مطلب ہوتا ہے۔ 'سب سے بڑا' مگر elder کی طرح eldest سگے رشتہ میں ہی آتا ہے۔

(3) Further (اگلا) اور farther (دو میں سے دور والا) ان الفاظ کو سمجھ کر استعمال کرنا چاہیئے۔

(4) Many تعداد بتانے والی صفت ہے۔ جیسے (بہت سی کتابیں) many books اور much مقدار ظاہر کرنے والی صفت۔ much water (بہت سا پانی)

(5) صفت کی تین ڈگری (Three degrees) کا استعمال وقت کے مطابق ہوشیاری سے کرنا چاہیئے۔

(6) Many کی طرح Few بھی تعداد بتانے والی صفت ہے اور Much کی طرح less مقدار بتانے والی صفت ہے ان کا استعمال بھی ہوشیاری سے کرنا چاہیئے۔

فعل کے استعمال میں غلطیاں

(ERRORS IN THE USE OF VERBS)

(Incorrect) غلط	**(Correct)** درست
88. Her father told me that honesty ***was*** the best policy.	Her father told me that honesty ***is*** the best policy.
89. The cashier-cum-accountant ***have*** come.	The cashier-cum-accountant ***has*** come

90.	The cashier and the accountant ***has*** come.	The cashier and the accountant ***have*** come.
91.	***Can*** I come in, sir?	***May*** I come in, sir?
92.	I'm so weak that I ***may not*** walk.	I'm so weak that I ***cannot*** walk.
93.	Tell me why ***are you*** abusing him.	Tell me why ***you are*** abusing him.
94.	Pushpa as well as her other sisters ***are*** beautiful.	Pushpa as well as her other sisters ***is*** beautiful.
95.	I ***am*** ill for two weeks.	I ***have been*** ill for two weeks.
96.	The ship ***was drowned***.	The ship ***sank***.
97.	He has ***stole*** a pen.	He has ***stolen*** a pen.
98.	Dhulip ***sung*** well.	Dhulip ***sang*** well.
99.	Mohamed has often ***beat*** me at tennis.	Mohamed has often ***beaten*** me at tennis.
100.	I ***laid*** in bed till eight in the morning.	I ***lay*** in bed till eight in the morning.
101.	I ***will*** be drowned and nobody ***shall*** save me.	I ***shall*** be drowned and nobody ***will*** save me.
102.	You ***will*** leave this place at once.	You ***shall*** leave this place at once.
103.	We ***shall*** not accept defeat.	We ***will*** not accept defeat.
104.	I should learn to ride if I ***buy*** a cycle.	I should learn to ride if I ***bought*** a cycle.
105.	I never ***have*** and I never ***will*** do it.	I ***have*** never done, and I ***will*** never do it.
106.	Neither he came nor he ***wrote***.	Neither ***did*** he ***come*** nor ***did*** he ***write***.
107.	Seldom I go to the hills.	Seldom ***do*** I go to the hills.
108.	This food is hard to be ***digested***.	This food is hard to ***digest***.
109.	He ordered to withdraw ***the army***.	He ordered ***his army*** to withdraw.
110.	Each and every father love ***their*** children.	Each and every father loves ***his*** children.

(1) Can اور May کا مطلب ہے سکنا۔لیکن can کا استعمال طاقت کے معنی میں ہوتا ہے اور may کا استعمال اجازت کے معنوں میں ہوتا ہے، دیکھئے جملے نمبر 91،92

(2) As well as سے پہلے اگر کوئی فاعل واحد ہو تو فعل بھی واحد ہونا چاہیئے دیکھئے جملہ نمبر 94

(3) جب جملہ Why وغیرہ الفاظ کے ساتھ Indirect form میں رہتا ہے تو Why are you کی جگہ Why you are ہوتا ہے۔ایسے جملے میں سوالیہ نشان بھی نہیں لگتا۔دیکھئے جملہ نمبر 93

(4) Drown اور sink دونوں کا مطلب ہے 'ڈوبنا' مگر جاندار چیزوں کے ڈوبنے کے لئے drown استعمال کیا جاتا ہے۔اور بے جان چیزوں کے لئے sink آتا ہے۔دیکھئے جملہ نمبر 101 اور 96

(5) عام طور پر مستقبل کے جملے کو بتانے کے لئے I, we کے ساتھ shall اور he, she, they نیز you کے ساتھ will لگتا ہے دیکھئے جملہ نمبر 101 لیکن اگر پختہ ارادے اور دھمکی ظاہر کرنا ہو تو اس کے برعکس استعمال ہوتا ہے۔I, we کے ساتھ will اور he, she, they, you کے ساتھ shall دیکھئے جملے نمبر 102-103

(6) Shall کا past tense کا صیغہ should ہوتا ہے۔جس جملے میں should کا اس معنی میں استعمال ہو تو اس جملے میں دوسرا فعل بھی past tense میں آئے گا۔دیکھئے جملہ نمبر 104

(7) Neither, seldom منفی (negative) لفظ ہیں ان کے استعمال میں (مختلف negative جملوں کی طرح) do, did, کا استعمال ہوتا ہے۔دیکھئے جملے نمبر 106-107

(8) ذرا سوچئے کی جملہ 110 میں his children کیوں آیا ہے۔ their children کیوں نہیں آیا؟ (ٹھیک ہے his کا تعلق father سے ہے۔children سے نہیں اس لئے یہاں his ٹھیک ہے۔)

صفت فعل کے استعمال میں غلطیاں

(ERRORS IN THE USE OF ADVERBS)

Incorrect غلط	**Correct** درست
111. I play basketball ***good***.	I play basketball ***well***.
112. I am very ***much*** sorry.	I am very sorry.
113. It is ***much*** cold today.	It is ***very*** cold today.
114. The horse is ***too*** tired.	The horse is ***very*** tired.
115. This girl is ***very*** poor to pay her dues.	This girl is ***too*** poor to pay her dues.
116. She is too weak ***for*** walk.	She is too weak ***to*** walk.
117. I am ***too*** pleased.	I am ***much*** pleased.
118. We ***slowly walked***.	We ***walked slowly***.
119. We should ***only*** fear God.	We should fear God ***only***.
120. This house is ***enough large*** for them.	This house is ***large enough*** for them.
121. He doesn't know ***to*** swim.	He doesn't know ***how to*** swim.
122. I don't know ***to*** do it.	I don't know ***how to*** do it.
123. Don't run ***fastly***.	Don't run ***fast***.
124. She is not clever to do it.	She is not clever ***enough*** to do it.
125. He explained clearly his case.	He explained his case clearly.
126. You have done it very ***quick***.	You have done it very ***quickly***.
127. It's ***too*** hot.	It's very ***hot***.
128. It's ***very*** hot to play tennis.	It's ***too*** hot to play tennis.
129. Poona is known for its figs.	Poona is ***well*** known for its figs.
130. I went ***directly*** to school.	I went ***direct*** to school.
131. I feel ***comparatively*** better today.	I feel better today.
132. He runs ***fastly***.	He runs ***fast***.
133. The child walks ***slow***.	The child walks ***slowly***.
134. I am ***very*** delighted to see you.	I ***am much*** delighted to see you.
135. He is now ***too strong*** to walk.	He is now ***strong enough*** to walk.

(1) well (adverb) کی جگہ good (adjective) کا استعمال درست نہیں ہے دیکھئے جملہ نمبر۔111

(2) Too اور very دونوں کا مطلب ہے 'بہت' مگر too (a) کے بعد (relative) لفظ to جڑتا ہے۔ جیسے وہ اتنی کمزور ہے کہ چل پھر نہیں سکتی۔ She is too weak to walk. دیکھئے جملہ نمبر 116 (b) بہت کے معنوں میں عام طور پر very یا much جڑتا ہے۔ دیکھئے جملہ نمبر 117,127

(3) Slowly, clearly وغیرہ سبھی adverbs اکثر فعل کے بعد آتے ہیں دیکھئے جملہ نمبر 118,125

(4) کئی لوگ comparatively better. کہتے ہیں۔ ذرا سوچئے جب better ہی دو میں سے اچھا ہونے کا پتہ چلتا ہے تو comparatively کیوں؟ دیکھئے جملہ نمبر 131.

(5) ذرا بتایئے تو جملہ نمبر 135 غلط کیوں لگتا ہے؟ He is now too strong to walk. (ہاں یہ جملہ اس لئے غلط ہے کیونکہ اس کا مطلب ہوگا کہ وہ اتنا طاقت ور ہے کہ چل پھر نہیں سکتا۔ مطلب الٹا ہے اس لئے too strong کی بجائے strong enough لگے گا۔)

حروف عطف کے استعمال میں غلطیاں

(ERRORS IN THE USE OF CONJUNCTIONS)

Incorrect غلط	**Correct** درست
136. Though he works hard ***but*** he is weak.	Though he works hard ***yet*** he is weak.
137. The teacher asked ***that*** why I was late.	The teacher asked why I was late.
138. Wait here till I ***do not*** come.	Wait here till I come.
139. No sooner we reached the station, the train started.	No sooner ***did*** we reach the station ***than*** the train started.
140. Not only he ***abused*** me but also beat me.	Not only ***did*** he abuse me but beat me also.
141. We had hardly gone out ***before*** it began to rain.	We had hardly gone out ***when*** it began to rain.
142. Run fast lest you should ***not*** be late.	Run fast lest you should ***be*** late.
143. As Satish is fat ***so*** he walks slowly.	As Satish is fat, he walks slowly.
144. I doubt that she will pass this year.	I doubt ***whether*** she will pass this year.
145. When I reached there ***then*** it was raining.	When I reached there, it was raining.
146. Although he is poor ***but*** he is honest.	Although he is poor, ***yet*** he is honest.
147. Wait here ***until*** I do not come.	Wait here ***till*** I come.
148. Unless you ***do not*** try, you will never succeed.	Unless you try, you will never succeed.
149. There is no such country ***which*** you mention.	There is no such country as you mention.
150. He had scarcely reached the station ***than*** the train started.	He had scarcely reached the station when the train started.

(1) کچھ حروف عطف ایک ساتھ استعمال ہوتے ہیں جیسے though...yet; no sooner...than also; not only...but also; hardly...when; scarcely... when اور lest...should; although...yet; such...as وغیرہ (though وغیرہ کے ساتھ yet وغیرہ ہی آئے گا، but وغیرہ نہیں۔)

(2) No sooner, not only منفی لفظ ہیں۔ اس لئے do, did کا استعمال ان کے بعد ہوتا ہے۔ دیکھئے جملہ 139,140.

(3) lest کا مطلب ہے ایسا نہ ہو کہ اس لئے lest کے بعد should آئے گا، should not نہیں دیکھئے جملہ 142.

(4) As کیساتھ relative لفظ so نہیں آتا دیکھئے جملہ 143.

(5) انگریزی میں when کے آگے tnen نہیں جڑتا ہے، جیسے اردو میں جڑتا ہے۔ دیکھئے جملہ 145.

حروف اضافت کے استعمال میں غلطیاں

(ERRORS IN THE USE OF PREPOSITIONS)

(i) کوئی حرف اضافت نہیں لگتا

Incorrect غلط	**Correct** درست
151. My mother loves ***with*** me.	My mother loves me.
152. He reached ***at*** the station.	He reached the station.
153. He ordered ***for*** my dismissal.	He ordered my dismissal.
154. Rajiv married ***with*** your cousin.	Rajiv married your cousin.
155. Amitabh entered ***into*** the room.	Amitabh entered the room.

156. What is the time *in* your watch?   What's the time *by* your watch?
157. They went to Banaras *in* train.   They went to Banaras *by* train.
158. She was killed *with* a robber.   She was killed *by* a robber.

159. He is angry *upon* me.   He is angry *with* me.
160. Are you angry *on* her?   Are you angry *with* her?
161. My principal is pleased *from* me.   My principal is pleased *with* me.
162. Wash your face *in* water.   Wash your face *with* water.
163. The dacoit was killed *by* a sword.   The dacoit was killed *with* a sword.
164. Compare Akbar *to* Rana Partap.   Compare Akbar *with* Rana Pratap.
165. She covered her face *by* her shawl.   She covered her face *with* her shawl.

166. Open your book *on* page ten.   Open your book *at* page ten.
167. Ram lives *in* Sonepat.   Ram lives *at* Sonepat.
168. Why did you laugh *on* the begger?   Why did you laugh *at* the beggar?
169. Who is knocking *on* the door?   Who is knocking *at* the door?
170. The train arrived *on* the platform.   The train arrived *at* the platform.

171. We go to school *by* foot.   We go to school *on* foot.
172. We congratulate you *for* your success.   We congratulate you *on* your success.
173. The rioters set the house *to* fire.   The rioters set the house *on* fire.
174. The house was built *over* the ground.   The house was built *on* the ground.
175. Father spent a lot of money *at* her wedding.   Father spent a lot of money *on* her wedding.

176. Vimal was married *with* Shyam.   Vimal was married *to* Shyam.
177. You are very kind *on* me.   You are very kind *to* me.
178. We should pray God everyday.   We should pray *to* God everyday.
179. I won't listen what you say.   I won't listen *to* what you say.
180. I object *at* your statement.   I object *to* your statement.

181. Swatantra Kumari lives *at* Bombay.   Swatantra Kumari lives *in* Bombay.
182. He was walking *into* the garden.   He was walking *in* the garden.
183. Please write *with* ink.   Please write *in* ink.
184. I have no faith *upon* your story.   I have no faith *in* your story.
185. The rain will cease *after* a little while.   The rain will cease *in* a little while.

(viii) into کا استعمال

186. Divide the cake ***in*** five parts.	Divide the cake ***into*** five parts.
187. Please look ***in*** the matter.	Please look ***into*** the matter.
188. She jumped ***in*** the river.	She jumped ***into*** the river.
189. I fear that she will fall ***in*** the hands of robbers.	I fear that she might fall ***into*** the hands of robbers.
190. Translate this passage ***in*** Hindi.	Translate this passage ***into*** Hindi.

(ix) of کا استعمال

191. She died ***from*** plague.	She died ***of*** plague.
192. We are proud ***on*** our country.	We are proud ***of*** our country.
193. The child is afraid ***from*** you.	The child is afraid ***of*** you.
194. Hamida is not jealous ***to*** Abdul.	Hamida is not jealous ***of*** Abdul.
195. We should take care ***for*** our books.	We should take care ***of*** our books.
196. He died ***from*** hunger.	He died ***of*** hunger.

(x) from کا استعمال

197. My shirt is different ***to*** yours.	My shirt is different ***from*** yours.
198. His mother prevented him ***of*** going to cinema.	His mother prevented him ***from*** going to cinema.
199. I commenced work ***since*** 14th July.	I commenced work ***from*** 14th July.
200. He hindered me ***to*** do this.	He hindered me ***from*** doing this.

(xi) for کا استعمال

201. He won't be there ***before*** four months.	He won't be there ***for*** four months.
202. The employer blames her ***of*** carelessness.	The employer blames her ***for*** carelessness.
203. Three scholarships are competed.	Three scholarships are competed ***for***.
204. Free meals should be provided ***with*** the poor children.	Free meals should be provided ***for*** the poor children.
205. Who cares ***of*** you?	Who cares ***for*** you?

(xii) between, among, since, up, against وغیرہ کا استعمال

206. Distribute the fruit ***among*** Kamla and Vimla.	Distribute the fruit ***between*** Kamla and Vimla.
207. Divide this money ***between*** these girls.	Divide this money ***among*** these girls.
208. Rakesh has been absent ***from*** college from last Monday.	Rakesh has been absent from college ***since*** last Monday.
209. He tore ***away*** the bills.	He tore ***up*** the bills.
210. The English fought ***with*** the Russians.	The English fought ***against*** the Russians.

جہاں تک حرف اضافت (Preposition) فعل کے ساتھ استعمال کا سوال ہے تو یہ اس لئے استعمال ہوتے ہیں کہ انگریزی زبان میں ان کا اسی طرح استعمال ہوتا ہے۔ اس میں بحث کی گنجائش نہیں ہے۔ اس لئے انگریزی سیکھنے کی خواہش مند حضرات کو ان کا صحیح استعمال ذہن نشیں کرنا چاہیئے۔

اردو میں بھی بہت سے استعمال روایتی بن گئے ہیں تو وہی آج ٹھیک مانے جاتے ہیں۔ یہ بات تو ہر زبان کے ساتھ کم وبیش ہوتی ہی ہے اس لئے اسے ضروری مان کر سمجھنے کی کوشش کرنا چاہیئے۔

حروف تنکیر A, an, the کے استعمال میں غلطیاں

(ERRORS IN THE USE OF ARTICLES)

Incorrect غلط	**Correct** درست

(i) the کا استعمال :

211. ***The*** Delhi is the capital of India.	Delhi is the capital of India.
212. She met me in ***the*** Faiz Bazaar.	She met me in Faiz Bazaar.
213. He has failed in ***the*** English.	He has failed in English.
214. She was suffering from ***the*** typhoid.	She was suffering from typhoid.
215. ***The*** union is strength.	Union is strength.

(ii) ایسے الفاظ سے پہلے the کا استعمال ہوتا ہے

216. This is ***a*** best player I have ever met.	This is ***the*** best player I have ever met.
217. Ganga flows into Bay of Bengal.	***The*** Ganga flows into ***the*** Bay of Bengal.
218. Rose is sweetest of all flowers.	***The*** rose is ***the*** sweetest of all ***the*** flowers.
219. Rich are happy but poor are unhappy.	***The*** rich are happy but ***the*** poor are unhappy.
220. Ramayana and Mahabharata are the epics of India.	***The*** Ramayana and ***the*** Mahabharata are epics of India.

۱. اسم معرفہ (جیسے:Delhi, Faiz Bazaar, English language) اسم مادہ (جیسے: gold, silver وغیرہ) اور اسم حسیات (union, honesty) اور امراض کے نام وغیرہ کے ساتھ the کا استعمال نہیں ہوتا۔

۲. صفت کی تیسری حالت میں شہروں، پہاڑوں، ندیوں اور سمندروں وغیرہ کے ناموں سے پہلے the لگتا ہے جیسے:۔(the Ganga, the Himalayas وغیرہ) نیز کتابوں کے ناموں سے پہلے the لگتا ہے جیسے:۔(the Ramayana, the Mahabharata وغیرہ)
اسم کی شکل میں استعمال ہونے والے صفاتی الفاظ سے پہلے the لگتا ہے۔ جیسے:۔(the rich, the poor وغیرہ) اس کے علاوہ کسی چیز یا آدمی پر زور دینا ہو تو وہاں بھی پہلے the استعمال ہوتا ہے جیسے:۔(the rose, the flower, the epic وغیرہ۔

(iii) ان حالتوں میں a نہیں استعمال ہوتا :

221. ***A*** man is mortal.	Man is mortal.
222. Your sister is in ***a*** trouble.	Your sister is in trouble.
223. He made ***a*** rapid progress.	He made rapid progress.
224. There is ***a*** vast scope for improvement.	There is vast scope for improvement.
225. He writes ***a*** good poetry.	He writes good poetry.

۳. جملہ نمبر 221 میں کسی فرد واحد (a man) کی بات نہیں ہے۔ بلکہ پوری انسانی برادری کی ہے۔ اس لئے a نہیں لگے گا۔ جملہ نمبر 222 میں حادثہ/مشکل (trouble) تعداد بتانے والے الفاظ نہیں ہیں اس لئے a نہیں لگے گا۔ اسی طرح صفت اور اسم مادہ سے پہلے عام طور پر a یا an نہیں جڑے گا۔

(iv) عام طور پر صفت سے پہلے a لگتا ہے۔

Incorrect غلط	**Correct** درست
226. Don't make noise.	Don't make ***a*** noise.
227. He is good boy.	He is ***a*** good boy.
228. I got headache.	I got ***a*** headache.
229. Your words are not worth penny.	Your words are not worth ***a*** penny.
230. He is an European.	He is ***a*** European.

(v) جن الفاظ کے شروع کا حرف **vowel** ہوتا ہے یا تلفظ **vowel** کا ہوتا ہے وہاں **an** لگتا ہے

Incorrect	Correct
231. She was not ***a*** Indian.	She was not ***an*** Indian.
232. Please buy ***a*** umbrella from the Bazaar.	Please buy ***an*** umbrella from the Bazaar.
233. I'll finish with my work in ***a*** hour.	I'll finish with my work in ***an*** hour.
234. He was ***a*** M.L.A.	He was ***an*** M.L.A.
235. She is ***a*** M.A.	She is ***an*** M.A.

۴. a اور an یکساں وزن والے articles میں فرق ہے تو صرف اتنا ہے کہ جن الفاظ کا پہلا حروف consonant ہوتا ہے وہاں a لگتا ہے۔اور جن الفاظ کا پہلا حروف vowel ہوتا ہے وہاں an استعال ہوتا ہے جیسے:-

a: *a* book, *a* nation, *a* noise

an: *an* Indian, *an* umbrella, *an* apple وغیرہ

۵. an کا استعمال کبھی دوسرے حروف کے ساتھ بھی ہوجاتا ہے عام طور پر ان کا پہلا حرف خاموش (silent) ہوتا ہے۔جیسے (آور) hour نیز (آنر) honour اور (آنیسٹ) honest ایسے لفظ کیساتھ an لگےگا a نہیں جیسے۔ an honour, an hour, an honest. وغیرہ

۶. an کے استعمال کی بات یہیں پر ختم نہیں ہو جاتی۔آگے چل کر short form یعنی مختصر الفاظ دیکھئے.,M.A., M.L.A اب ذرا سوچئے ان کے ساتھ a لگے گا یا an آپ سوچ رہے ہوں گے دونوں میں پہلا حرف صحیح 'M' ہے۔اس لئے a لگے گا لیکن بات ایسی نہیں ہے کیوں کہ .M.A اور M.L.A. دونوں میں m کا تلفظ اے vowel جیسا ہوتا ہے۔اس لئے یہاں *an* M.A. اور *an* M.L.A. ہوگا۔دیکھئے جملے 235 اور 234

۷. اب 230 واں جملہ پڑھئے۔وہاں a European' کیوں ٹھیک سمجھا جاتا ہے جواب وہی ہے جو *an* hour کے بارے میں تھا اے یوروپین میں 'E' silent ہے اور u کا تلفظ بھی یو (solid) ہے اردو کی طرح۔

اخیر میں ہم آپ سے ایک بات کہنا چاہیں گے۔وہ یہ ہے کی آپس کی بول چال میں استعمال میں آنے والی انگریزی میں ایسی عام غلطیوں پر غور کیجئے۔جب آپ زبان سے متعلق ایسے نظریئے اپنائیں گے تو غلطیاں اپنے آپ ہی آپ کے سامنے کھلتی چلی جائیں گی۔اور آپ محسوس کریں گے کی انگریزی میں بات چیت کرنا نہ صرف آپ کے پیشہ کے لئے فائدے مند ہے بلکہ یہ تو آپ کے۔لئے بہت لطف اندوز بھی ہے۔ ہماری نیک خواہشات آپ کے ساتھ ہیں۔

انگریزی میں لفظ کی بناوٹ
(WORD BUILDING IN ENGLISH)

انگریزی زبان میں الفاظ دو طرح کے ہوتے ہیں : بنیادی عام (Simple) اور مصدری (Derived)

(a) بنیادی/عام الفاظ کو ابتدائی (Primitive) بھی کہتے ہیں۔ایسے الفاظ کو موضوع ٹکڑوں میں نہیں بانٹا جا سکتا مثلا : man, good, far وغیرہ۔

(b) بنیادی الفاظ سے بنے الفاظ کو (Derived یا Derivatives) کہتے ہیں۔ایسے الفاظ چار طرح سے بنتے ہیں۔

(i) بنیادی لفظ میں تھوڑی سی تبدیلی کر کے۔ایسے الفاظ کو ابتدائی مصدری الفاظ (Primary Derivative) کہتے ہیں۔مثلا: hot سے heat، tale سے tell، full سے fill وغیرہ۔

(ii) عام لفظ سے پہلے سابقہ (prefix) جوڑ کر۔جیسے: wise سے قبل un سابقہ لگانے سے unwise اور side سے ماقبل out یا in جوڑ کر outside یا inside وغیرہ لفظ۔

(iii) عام لفظ کے آگے لاحقہ (suffix) جوڑ کر۔جیسے: man کے آگے hood لاحقہ لگانے سے manhood اور good کے آگے ness لاحقہ لگانے سے goodness اور اسی طرح fear کے آگے less لاحقہ لگانے سے fearless وغیرہ الفاظ۔

(iv) ایک لفظ کے ساتھ دوسرا لفظ جوڑنے سے۔ایسے الفاظ کو مرکب الفاظ (compound words) کہتے ہیں۔جیسے: sometime, midday, foothpath, وغیرہ۔

نیچے ان چاروں قسم کے الفاظ کی تفصیلی معلومات دی جا رہی ہیں۔اس کے مشق سے آپ اپنا ذخیرہ الفاظ (vocabulary) جتنا چاہیں بڑھا سکتے ہیں۔

I- ابتدائی مصدری الفاظ (Primary derivatives) کئی طرح سے بنتے ہیں۔

(1) فعل سے اسم بنانا :

فعل	تلفظ	معنی	اسم	تلفظ	معنی
feed	(فیڈ)	کھانا/کھلانا	food	(فوڈ)	غذا/کھانا
die	(ڈائی)	مرنا	death	(ڈیتھ)	موت
strike	(اسٹرائیک)	حملہ/چوٹ کرنا	stroke	(اسٹروک)	حملہ/چوٹ
write	(رائٹ)	لکھنا	writ	(رٹ)	تحریری حکم
speak	(اسپیک)	بولنا	speech	(اسپیچ)	تقریر
believe	(بلیو)	یقین کرنا	belief	(بلیف)	یقین
break	(بریک)	مداخلت کرنا	breach	(بریچ)	مداخلت

(2) صفت سے اسم بنانا :

صفت	تلفظ	معنی	اسم	تلفظ	معنی
grave	(گریو)	سنجیدہ	grief	(گریف)	تکلیف
proud	(پراوڈ)	مغرور	pride	(پرائیڈ)	غرور کرنا
hot	(ہوٹ)	گرم	heat	(ہیٹ)	گرمی

(3) اسم سے صفت بنانا :

اسم	تلفظ	معنی	صفت	تلفظ	معنی
wisdom	(وزڈم)	دانش مندی	wise	(وائز)	دانش مند
milk	(ملک)	دودھ	milch	(ملچ)	دودھ دینے والی

(4) اسم سے فعل بنانا :

اسم	تلفظ	معنی	فعل	تلفظ	معنی
blood	(بلڈ)	خون	bleed	(بلیڈ)	خون بہانا
gold	(گولڈ)	سونا	gild	(گلڈ)	سونا چڑھانا
tale	(ٹیل)	کہانی، قصہ	tell	(ٹل)	کہنا
food	(فوڈ)	غذا	feed	(فیڈ)	کھلانا
wreath	(ریتھ)	مالا	wreathe	(رید)	مالا پہنانا
cloth	(کلوتھ)	کپڑا	clothe	(کلود)	کپڑا پہنانا
bath	(باتھ)	غسل	bathe	(بید)	غسل کرنا
breath	(بریتھ)	سانس	breathe	(برید)	سانس لینا

(5) صفت سے فعل بنانا :

صفت	تلفظ	معنی	فعل	تلفظ	معنی
full	(فل)	مکمل	fill	(فل)	تکمیل، بھرنا
grave	(گریو)	سنجیدہ	grieve	(گریو)	تکلیف دہ
frosty	(فروسٹی)	پالے سے ڈھکا	frost	(فروسٹ)	پالا پڑنا

II- انگریزی میں French, Latin, Anglo saxon اور Greek زبانوں کے الفاظ کثرت سے مستعمل ہیں اس لئے ان الفاظ سے ان کے الگ الگ سابقہ (prefix) استعمال میں آتے ہیں۔ ان سے تعارف حاصل کیجئے۔

(English, French, Latin, Greek Prefixes) انگریزی، فرانسیسی، لاطینی اور یونانی سابقے

سابقہ	معنی	مثال
A-	پر، دور، بغیر	*a*shore, *a*way, *a*pathy
Ab-	پرے، دور، الگ	*ab*normal
Ad-	ساتھ، طرف سے	*ad*here, *ad*vocate
After-	بعد میں	*after*wards, *after*growth
Al-	سب، پورا	*Al*mighty, *al*most, *al*together
Amphi-	دونوں، دومشترک	*amphi*bious, *amphi*theatre
An-	غیر، بنا	*an*archy
Ana-	پر، اوپر، پھر	*ana*lyse, *ana*tomy
Ant, Anti-	ضد، دشمنی، نفی	*ant*agonist, *anti*pathy
Ante-	پہلے، قبل	*ante*cedent, *ante*date, *ante* meridiem
Arch-, Archi-	پہلا، خاص، اول	*arch*bishop, *archi*tect
Auto-	خود، اپنا	*auto*vehicle, *auto*biography, *auto*graph
Bi-	دو، دونوں	*bi*nocular, *bi*lingual, *bi*centenary
By-	اضافی، عرف	*by*election, *by*name, *by*path, *by*product
Circum	مدور شئے کے متعلق	*circum*ference, *circum*navigation, *circum*scribe
Circu	چاروں طرف	*circu*s, *circu*lar, *circu*it
contra		*contra*dict, *contra*band
counter	مختلف، ضد، نفی	*counter*act, *counter*balance, *counter*feit, *counter*foil
contro		*contro*versy, *contro*vert
De-	نیچے، جلد، لپت	*de*scend, *de*fame, *de*crease
Demi-	آدھا، نصف	*demi*god, *demi*structure
Dia-	ذریعہ	*dia*logue, *dia*meter
Dis-	الٹے یا نفی کے معنی میں	*dis*order, *dis*obey, *dis*grace
E-	فرانسیسی زبان کا ایک سابقہ جو مخصوص صوتی اثر پیدا کرتا ہے	*e*state, *e*squire, *e*special
Em-, En-	میں، کے اندر	*em*bark, *en*list
Epi-	اوپر، پر	*epi*taph, *epi*logue, *epi*dermis
Ex-	ماقبل، باہر الگ	*ex*-student, *ex*-minister, *ex*clude
Extra-	علاوہ	*extra*ordinary, *extra*judicial
Fore-	پہلے، آگے، مستقبل	*fore*see, *fore*warn, *fore*word, *fore*thought
Gain-	خلاف	*gain*say
Hetero-	مختلف، الٹا برے معنی میں	*hetero*dox, *hetero*geneous
Homo-	نر، آدمی، برابر	*homo*geneous, *homo*sexual
Homoeo-	ایک جیسا، مساوی	*homoe*opathy
Hyper-	علاوہ، زیادہ	*hyper*sensitivity, *hyper*tension

In-	نہیں، میں	*in*convenience, *in*clude, *in*ward
Inter-, Intro-	فرق، درمیان	*inter*national, *inter*continent, *intro*duce
Mal, Male-	برا، خراب، بد	*mal*treatment, *mal*content, *male*factor, *male*diction
Mid-	بیچ، درمیان	*mid*night, *mid*wife
Mis-	برا، خراب	*mis*fortune, *mis*use, *mis*behaviour
Non-	نہیں، نفی	*non*sense, *non*payment
Off-	سے پرے، الگ	*off*shoot, *off*shore
On-	اوپر، پر	*on*looker
Out-	باہر	*out*side, *out*come, *out*cast
Over-	اوپر	*over*coat, *over*done, *over*look
Para-	اوپر، باہر	*para*phrase, *para*psychology
Post-	بعد پیچھے	*post*dated, *post*script
Pre-	پہلے، قبل	*pre*arrange, *pre*caution, *pre*dict
Re-	دوبارہ	*re*set, *re*sound, *re*tract, *re*arrange
Sub-	نائب	*sub*heading, *sub*-editor, *sub*branch
Super-	ماورا، بہت	*super*natural, *super*power, *super*man
Sur-	زیادہ	*sur*pass, *sur*charge, *sur*plus
Tele-	دور	*tele*phone, *tele*vision, *tele*graph
Trans-	پار، پرے	*trans*form, *trans*port
Un-	الٹا یا ضد کے معنی میں	*un*wise, *un*ripe, *un*able
Vice-	نائب	*vice*-chancellor, *vice*-principal
Wel-	اچھا، خوش	*wel*come, *wel*done, *wel*fare
With-	پیچھے	*with*stand, *with*draw

III- سابقہ کی طرح انگریزی میں اینگلو سیکسن لاطینی، فرانسیسی اور یونانی لاحقے کا بھی استعمال ہوتا ہے۔ ان کی معلومات بھی حاصل کیجیے

انگریزی، فرانسیسی، لاطینی اور یونانی لاحقے

(English, French, Latin, Greek Suffixes)

Suffixes (لاحقے)	معنی و تشریح	مثال
-able, -ible	کے لائق (اردو میں، دار لاحقہ کے ہم پلہ عزت+دار=عزت دار)	respect*able*, port*able*, service*able* resist*ible*, revers*ible*
-acy	کی حالت	suprem*acy*
-age	کی حالت	bond*age*
-archy	نظام، حکومت	hier*archy*, mon*archy*
-ary	اس لاحقہ سے صفت اور اسم بنائے جاتے ہیں	arbitr*ary*, diction*ary*, exempl*ary*
-cide	قتل، قاتل	geno*cide*, homi*cide*
-cracy	نظام (یہ لاحقہ یونانی زبان کے مادہ کے ساتھ جوڑا جاتا ہے)	demo*cracy*, pluto*cracy*
-craft	ہنر، فن	wood*craft*, book*craft*

-crat	کسی نظام کا حامی یا مندوب	demo*crat*, pluto*crat*, bureau*crat*
-cule	چھوٹا/چھوٹے پن کا اشارہ	mole*cule*, animal*cule*
-dom	درجہ، حالت، حصے کا اشارہ	free*dom*, king*dom*, bore*dom*
-ed	اسم کو صفت بنانے کا لاحقہ	tail*ed*, feather*ed*
-ee	(Passive voice) بنانے میں مستعمل	trust*ee*, employ*ee*, pay*ee*
-en	(i) چھوٹے پن کا معنی دینے والا	chick*en*
	(ii) مادہ کا معنی دینے والا	vix*en*
	(iii) جمع کا معنی دینے والا	ox*en*
	(iv) اسم کو صفت بنانے والا	gold*en*, wood*en*
	(v) صفت کو فعل بنانے والا	deep*en*, moist*en*
-er -or	(i) فعل سے اسم بنانے والا	preach*er*, teach*er*, sail*or*
	(ii) تقابلی صفت بنانے والا	great*er*, bigg*er*
-ess	مادہ اسم میں	princ*ess*, govern*ess*
-et	(Nominative case) بنانے میں مستعمل	proph*et*, po*et*
-ette	تصغیر کے معنی میں (قدیم انگریزی میں استعمال)	cigar*ette*
-fold	گنا، تعدادی الفاظ میں جوڑا جاتا ہے	mani*fold*, four*fold*, ten*fold*
-ful	والا، پر، شامل	delight*ful*, cheer*ful*, grace*ful*
-hood	زمانہ اور مدت سے متعلق	child*hood*, boy*hood*
-ian	اسم سے صفت بنانے میں مستعمل	Christ*ian*, Arab*ian*, Ind*ian*
-il	صفت بنانے والا	civ*il*, utens*il*
-ing	(i) رہے، رہا، رہی Continuous tense کے فعل میں	kill*ing*, read*ing*
	(ii) فعل سے اسم بنانے میں مستعمل	(mass) kill*ing*
-ion	لاحقہ اسم بنانے میں مستعمل	relig*ion*, tens*ion*, opin*ion*
-ise	اسم بنانے میں مستعمل	franch*ise*, exerc*ise*
-ish	اسم بنانے میں مستعمل	blu*ish*, child*ish*, boy*ish*
-ism	(i) خاص حالت کا اشاراتی	ego*ism*, hero*ism*
	(ii) ازم (نظام)	Commun*ism*, Capital*ism*, Naz*ism*
-ist	(i) فاعل کے معنی میں	novel*ist*, art*ist*
	(ii) نظامی، نظام فعل کا منبع	Commun*ist*, impression*ist*
-ite	متعلق کے معنی میں، تصغیر کے معنی میں	Isra*elite*
-ive	حالت کا اشارہ کرنے والا	act*ive*, pass*ive*
-kin	چھوٹے کے معنی میں	lamb*kin*
-ling	چھوٹے کے معنی میں	duck*ling*
-less	بغیر	guilt*less*, home*less*
-let	چھوٹے کے معنی میں	leaf*let*
-ly	کے جیسا، کی طرح، خصوصیت بتانے والا	home*ly*, man*ly*, wicked*ly*
-ment	فعل سے اسم بنانے میں	establish*ment*, nourish*ment*
-most	اوج کا اشاراتی	top*most*, super*most*, inner*most*
-ness	صفت سے اسم بنانے میں	good*ness*, kind*ness*, sweet*ness*

-ock	(تصغیر) چھوٹے کے معنی میں	bull*ock*, hill*ock*
-ous	زیادتی، متعلق، ساتھ	religi*ous*, glori*ous*
-red	(کی) حالت	hat*red*
-right	بالکل، پوری طرح کے معنی میں	out*right*
-ry	کسی کام، فعل کے نتیجہ کے معنی	poet*ry*, slave*ry*
-se	صفت سے فعل بنانے میں	(clean) سے (clean*se*)
-ship	اسم بنانے میں	friend*ship*, hard*ship*
-some	اسم و فعل سے صفت بنانے میں	whole*some*, hand*some*, trouble*some*
-th	(i) اسم میں مادی حالت کا علم	streng*th*, bread*th*
	(ii) تعداد کے ساتھ واں کے معنی میں	ten*th*, four*th*
-tor	فعل سے اسم بنانے والا	conduc*tor*, crea*tor*, trai*tor*
-ty	اسم بنانے والا	digni*ty*, priori*ty*, seniori*ty*
-ule	تصغیر کے معنی میں	glob*ule*, gran*ule*, pust*ule*
-ward	طرف، کی طرف	way*ward*, home*ward*
-way	حالت، سمت کا اشارہ	straight*way*
-y	(i) اسم بنانے میں	famil*y*, memor*y*
	(ii) ساتھ، مع صفت بنانے میں	might*y*, dirt*y*
	(iii) اسم کے معنی میں	arm*y*, deput*y*, treat*y*

IV- مرکب الفاظ (Compound words) مندرجہ ذیل قسم کے ہوتے ہیں۔

(۱) مرکب صفت (Compound Adjectives)

دوالفاظ	مرکب الفاظ	معنی
child + like	child – like	بچے کی طرح
life + long	life – long	تاحیات
home + made	home – made	گھر کی بنی ہوئی
out + spread	out – spread	باہر پھیلی ہوئی
out + come	out – [illegible]	نتیجہ
bare + foot	bare – foot	ننگے پاؤں

(۲) مرکب فعل (Compound Verbs)

دوالفاظ	مرکب الفاظ	معنی
back + bite	back – bite	چغل خوری کرنا
full + fill	ful – fil	پورا کرنا
put + on	put – on*	پہننا
switch + off	switch – off*	بجلی بجھانا
switch + on	switch – on*	بجلی جلانا

*مرکب الفاظ بننے کے بعد یہ دونوں الفاظ الگ رہتے ہیں

(۳) مرکب اسم (Compound Nouns)

(الف) اسم سے پہلے اسم ملانے سے مرکب اسم بنتے ہیں۔ جیسے :

دوالفاظ	مرکب الفاظ	معنی
foot + path	foot – path	پگڈنڈی
mother + land	mother – land	مادر وطن
fountain + pen	fountain – pen	قلم
sun + beam	sun – beam	شعاع شمس
sun + shade	sun – shade	دھوپ سے بچنے کے لئے سایہ دار جگہ

(ب) اسم سے قبل اسم کے علاوہ دوسرے الفاظ ملانے سے نئے مرکب الفاظ بنتے ہیں جیسے:

دوالفاظ	مرکب الفاظ	معنی
he + goat	he – goat	بکرا
she + wolf	she – wolf	بھیڑیا (مادا)
blotting + paper	blotting – paper	سوختہ
looking + glass	looking – glass	آئنہ
spend + thrift	spend – thrift	فضول خرچ
mid + day	mid – day	دوپہر، نصف النہار
gentle + man	gentle – man	شریف آدمی

(TWO-WORDS VERBS) مرکب افعال بدو الفاظ

copies.

2. بستر سے اٹھنا

He will ***be up*** at five in the morning.

Bear down – زبردستی اکھاڑ پھینکنا یا دبا دینا

The dictator ***bore down*** all opposition./The president ***bore down*** all dissent.

Bear on – متعلق ہونا

Does this book ***bear on*** the same subject as that?

Bear out – ثابت کرنا، بنیاد بننا

If the evidence ***bears out*** the charge,Mahesh will be convicted for armed robbery.

Bear with – برداشت کرنا

It is very difficult to ***bear with*** Rani's bad temper.

Beat back – پیچھے ہٹنا

The flames ***beat back*** the firemen.

Beat off – حملے کا ڈٹ کر مقابلہ کرنا اور حملہ آور کو پیچھے ہٹانا

In the battle of Waterloo the British ***beat off*** Napoleon.

Believe in – یقین کرنا

I do not ***believe in*** astrology.

Bid fair – اچھی امید ہونا

His coaching has been so good that he ***bids fair*** to win the race.

Bind over – قانونی بندھن رکھنا

The man was ***bound over*** by the court not to indulge in any criminal activity for at least six months.

Blow down – طوفان سے گرنا

The storm last night ***blew down*** many big trees.

Blow out – بجھانا

On her birthday she ***blew out*** fifteen candles on her cake.

Blow over – نقصان نہ کرتے ہوئے چلے جانا یا ختم ہونا

We hope that this crisis will ***blow over*** and be forgotten.

Blow up – دھماکہ کرنا / رہونا

The retreating army ***blew up*** all the bridges.

(A)

Act for – کسی کے بدلے اس کی جگہ پر کام کرنا

The senior clerk was asked to ***act for*** head clerk when he went on leave.

Act upon – متاثر کرنا

Heat ***acts upon*** bodies and causes them to expand.

2. بھروسہ رکھنا، بھروسہ رکھ کر کارروائی کرنا

Acting upon a witness's evidence the police caught the thief.

Agree with – مناسب، لائق ہونا

Oil does not ***agree with*** my stomach.

Answer for – ذمہ دار ہونا

Every man must ***answer for*** his actions to God.

Ask after – کسی شخص کے بارے میں پوچھ تاچھ کرنا

He was ***asking after*** you when I met him this morning.

Ask for – مانگ لینا

You can ***ask for*** anything you need.

Attend on – خدمت، خدمت کرنا

Acting as a good hostess she ***attended on*** her guests well.

(B)

Back out – زبان سے پھر جانا

He had promised me two hundred rupees but later he ***backed out*** from his words.

Back up – متفق ہونا، حمایت دینا / کرنا

Let us all ***back up*** his demands.

Be off – چلے جانا

I'll ***be off*** to the railway station now.

Be on – چالو، وقوع

The concert will ***be on*** till nine p.m.

Be over – اختتام ہونا

After the picture will ***be over*** we will go home.

Be up – ختم ہونا (وقت)

Time is going to ***be up***, hand over your answer

Break off – دوستی ٹوٹنا توڑنا

Vijay and Arun were close friends, but they seem to have ***broken off*** now.

Bring about – بنانا، وقوع پذیر کرنا

The new government ***brought about*** many reforms.

Bring forward – منصوبہ رکھنا

The proposal he ***brought forward*** did not seem practical.

Bring in – اکٹھا کرنا، فروخت سے کمانا

How much does your monthly sale ***bring in?***

Bring off – مشکل وغیر متوقع کام کر دکھانا

The touring Indian cricket team in England ***brought off*** a spectacular victory.

Bring on – پیدا کرنا

Dirt often ***brings on*** diseases.

Bring out – باہر نکالنا

War ***brings out*** the worst in people.

Bring to – ہوش میں لانا

The unconscious man was ***brought to*** consciousness by a passer-by through artificial respiration.

Bring under – دبانا، اختیار استعمال کرنا

The king ***brought under*** the rebels and established peace in his kingdom.

Bring up – (بچے کی) پرورش پرداخت کرنا

Anil was ***brought up*** by his uncle.

Brush off – غیر مہذب طریقے سے ٹالنا

As he became irritating she had to ***brush him off.***

Buckle to – کام میں مشغول ہو جانا

With his examinations round the corner Ramesh has to ***buckle to*** at once.

Build up – بڑھانا، مضبوط کرنا

You need a good tonic to ***build up*** your strength after your recent illness.

Burn down – جل کر برباد ہونا/کرنا

The house was completely ***burnt down*** in the great fire in the city.

2. اچانک غصہ ہونا

I did not understand why he ***blew up*** at my answer.

Border upon – نزدیک ہونا

His ranting ***bordered upon*** madness.

Break away – خود کو بندھن سے چھڑا کر بھاگنا

The horseman tried to hold the horse by the bridle, but the horse ***broke away.***

Break down – (مشین کا) خرابی کی وجہ سے بند پڑنا، رکنا

Our car ***broke down*** on the way to Agra.

2. جذبات کے طوفان سے رو پڑنا

She ***broke down*** at his departure.

3. تشریح کرنا، الگ الگ فہرست بنانا

If you ***break down*** the figures you will find out your mistake.

Break in – (گھوڑے کو) سکھانا

How much time will you need to ***break in*** this house?

2. (دروازہ وغیرہ) زبردستی کھولنا

We had to ***break in*** the room when there was no response from her.

Break into – چوری سے یا زبردستی اندر گھسنا

The thieves ***broke into*** the bank and stole the money from its lockers.

Break loose – کھل جانا، بندھن ٹوٹنا

During the storm the boat ***broke loose*** from its anchor and was washed away by strong current.

2. بھاگنا

The buffalo ***broke loose*** the rope and ran away.

Break off – اچانک رکنا، ختم کرنا

She was saying something, but ***broke off*** as she saw him.

Break out – اچانک شروع کرنا

No one could tell the police how the fire ***broke out.***

Break up – لڑائی جھگڑا روکنا

He intervened to ***break up*** the quarrel.

2. تتر بتر ہونا/کرنا

The police resorted to a lathi-charge to ***break up*** the crowd.

This house has ***changed hands*** twice during the last ten years.

Check out – (ہوٹل) چھوڑنا

He was caught before he could ***check out*** without paying the bill.

Check up – پتا لگانا، جانچ کرنا

Please ***check up*** if he is at home or not.

Clear off – بھاگ جانا

I went to see who had thrown the stone, but the boys had ***cleared off***.

Clear out – چلے جانا

His impudence infuriated me so much that I asked him to ***clear out*** of my house.

Close down – ہمیشہ کے لئے بند کرنا

On account of a slump in the market he had to ***close down*** his shop.

Close up – کچھ وقت کے لئے بند کرنا

He ***closed up*** the shop for the day and went home.

Come about – وقوع پذیر ہونا

You have grown so thin! How did this ***come about***?

Come along – ترقی کرنا

How is your book ***coming along***?

Come by – حاصل کرنا

Initially he was not doing very well, but now he has ***come by*** a fantastic contract.

Come into – وراثت میں ملنا

He will ***come into*** the estate on his father's death.

Come of – نتیجہ نکالنا

Nothing ***came of*** his proposal.

Come off – وقوع پذیر ہونا

When does the concert ***come off***?

Come out – ظاہر ہونا، پتا چلنا

It ***comes out*** that she was aware of the startling facts all the time.

Come round – دھیرے دھیرے صحت بہتر ہونا

My friend was seriously ill for some days, but is now ***coming round.***

(C)

Call at – گھر پر ملنے جانا

I ***called at*** my friend's place to inquire about his health.

2. رکنا

This ship does not ***call at*** Cochin.

Call for – لینے کے لئے آنا

The washerman ***called for*** the wash.

2. ضرورت ہونا

Good painting ***calls for*** a great skill.

Call off – رد کرنا

I had to ***call off*** the party because of my wife's illness.

Call on – ملنے جانا

The visiting Australian prime minister ***called on*** the president.

Care for – اچھا لگنا، پسند کرنا

Would you ***care for*** a cup of tea?

2. حفاظت، نگرانی کرنا، پالنا پوسنا

Mother Teresa ***cares for*** many orphans.

Carry on – چالو رکھنا، کام کرتے رہنا

Despite the accident they ***carried on*** with the show.

Carry out – تکمیل، مکمل کرنا، حکم کی تعمیل کرنا

My secretary ***carries out*** her duties very efficiently.

Carry through – کام مکمل کرنا

It required lot of effort for the engineers **to *carry through*** the building construction.

Catch on – سمجھ میں آنا

When he explained his plan I ***caught on*** to his motive.

Catch up – کسی کے برابر پہنچ جانا

He ran so fast that it was difficult to ***catch up*** with him.

Cave in – گرنا، ڈھہ جانا

On account of a major earthquake recently the outer wall of our house ***caved in.***

Change hands – (جائداد، مکان کی) ملکیت بدلنا

Don't *cut in* while I am speaking to someone.

Cut off – کاٹ دینا، بیچ میں روکنا، روک لگانا

Our army *cut off* the enemy's escape route.

Cut out – نکال دینا

You can safely *cut out* the last paragraph of this article.

Cut short – وقت سے پہلے ختم کرنا

The meeting was *cut short* as the chief speaker suddenly fell ill.

Cut up – دکھی ہونا

He was greatly *cut up* by his failure in the examination.

2. سخت تنقید کرنا، چھوٹا کرنا

The reviewers mercilessly *cut up* his autobiographical novel.

(D)

Dash off – کہیں جلدی سے جانا

The horse *dashed off* down the street.

2. جلدی میں لکھنا

He *dashed off* three letters in half an hour.

Dawn on – سمجھ میں آنا

It only later *dawned on* me that he was all this while pulling my leg.

Deal in – کاروبار کرنا

My friend *deals in* ready-made garments.

Deal out – بانٹنا

Justice Ram Nath Bajaj of Delhi High Court is famous for *dealing out* equal justice to all.

Deal with – کسی کے ساتھ تجارت کرنا

I've had bad experience with him. I won't *deal with* him any further.

2. متعلق ہونا

This book *deals with* foreign policy matters.

Deliver from – نجات دلانا، بچانا

Oh God, *deliver us from* evil!

Die away – کم ہونا، ختم ہونا

After a while the sounds *died away*.

Die down – کم ہونا، ختم ہونا

After a while the noise *died down*.

2. مان لینا

He was strongly opposed to the idea of going to Badkal lake for picnic, but after lot of persuasion he *came round* to others' wishes.

Come through – کامیاب ہونا

As I've studied hard for the examination I am quite confident that I'll *come through*.

Come to – ہوش میں آنا

He *came to* after a long period of unconsciousness.

2. بل بنانا

How much does the bill *come to*?

Come upon – اتفاق سے پانا، دکھانا

While wandering through the jungle I *came upon* a strange bird.

Cook up – بات بنانا، جھوٹی کہانی بنانا

As he feared beating he *cooked up* a story to explain his absence.

Correspond to – اس جیسا دکھائی دینا

The bird's wing *corresponds to* the man's arm.

Cry out – چلانا

She *cried out* for help when she saw a car speeding towards her child.

Count in – شامل کرنا

If you are planning to make a trip to Simla you can *count* me *in*.

Count on – بھروسا رکھنا

You can always *count on* my help.

Count out – شامل نہ کرنا

If you are planning any mischief, please *count me out*.

Cover for – دوسرے کے کام کی ذمہ داری لینا

Go and take your coffee break, I'll *cover for* you until you return.

Cross out – کاٹ دینا، نکال دینا

She *crossed out* his name from the invitees' list.

Cut down – مقدار کم کرنا

If you want to reduce you must *cut down* on starchy and oily food.

Cut in – بیچ میں بول پڑنا

297

Draw out – کسی کو اپنی رائے دینے کے لئے تیار کرنا

He was reluctant to comment on Anil's behaviour, but in the end I managed to **draw him out**.

Draw toward – کسی کی طرف کشش ہونا

Kumar finds Asha very charming and feels **drawn towards** her.

Draw up – تیار کرنا، بنانا

Let us **draw up** a list of all the people we want to invite.

Drive at – مقصد، نشانہ

I listened to his rambling talk and could not make out what he was **driving at**.

Drop in – یوں ہی ملنا

I **dropped in** on Prakash on my way to market.

Drop out – چھوڑ دینا

Arun **dropped out** of the medical course as he found it very laborious.

Dwell on – کسی بات پر زیادہ دیر تک بولنا

In his speech he **dwelt on** the importance of prompt action.

(E)

Eat into – زنگ کھانا، زنگ سے کٹ جانا

Rust **eats into** iron.

Egg on – اکسانا (عام طور پر برے کام کے لئے)

He is a well-behaved boy, but he was **egged on** by Kumar to fight with Ashok.

Enlarge upon – کسی موضوع پر لمبی تقریر کرنا

The lawyer **enlarged upon** this part of the evidence and treated it as of great importance.

Explain away – بہانا بنانا، جھوٹ موٹ کی تفصیلات بیان کرنا

Although he was at fault yet he tried to **explain away** his mistake.

(F)

Fall back – پیچھے ہٹنا

When our army charged, the enemy **fell back**.

Fall behind – پچھڑنا، ترقی نہ کرنا

On account of a prolonged illness, she **fell**

Die off – برباد ہونا

As the civilisation advanced, many backward tribes **died off**.

Die out – برباد ہونا

As the night advanced the fire **died out**.

Dip into – معلوم کرنا، کسی کتاب پر طائرانہ نگاہ ڈالنا

I have not read this book; I have only **dipped into** it. I had to **dip into** my savings to buy a motor cycle.

Dish out – آسانی سے تعریف، مذمت تنقید کرنا، نکالنا

The flattery he **dishes out** would turn anyone's head. Everybody, please **dish out** Rs. 10 each for this trip.

Dispense with – کسی شخص کے بغیر کام چلانا

You can easily **dispense with** his services.

Dispose of – بیچ دینا

The rich man **disposed of** all his property and became a sadhu.

Do for – کسی شے کی جگہ پر کام آنا

This plot of land is fairly large and will **do for** a playground.

Do over – پھر سے کرنا

You will have to **do over** this sum, as you have made a mistake.

Do up – کمرہ ٹھیک ٹھاک کرنا

If you **do up** this place it will look beautiful.

Do without – کسی چیز کے بغیر کام چلانا

We will have to **do without** many facilities at this village.

Draw back – پیچھے ہٹنا، مکر جانا

I cannot **draw back** from my promise.

Draw in – اندر کی طرف لے لینا

The cat **drew in** its paws and curled up on the floor.

Draw near – پاس آنا

As winter **draws near**, people start wearing woollen clothes.

Draw on – نزدیک آنا

As the time of the concert **drew on** the audience got anxious.

298

the candidates had to ***fill out*** several forms.

Fit out – سامان کو سجانا

Today, she is very busy ***fitting out*** her house for the big party.

Fix up – مرمت کرنا

We decided to ***fix up*** the old house ourselves.

Flare up – یکایک غصہ ہونا

It is immature to ***flare up*** on trifles.

Fly at – یکایک غصہ ہونا

I asked him to lend me five rupees and at once he ***flew at*** me.

Fly open – زور سے کھلنا

Suddenly the door ***flew open*** and he ran out.

Fly out – جلدی میں باہر بھاگنا

As the fire spread all the people ***flew out*** of the burning house.

Follow suit – نقل کرنا

She asked the speaker a probing question and gradually everyone ***followed the suit***.

Fool around – ہنسی مذاق کرنا

Stop ***fooling around*** and get to work.

Fool away – بیکار گنوا دینا

Don't ***fool away*** your time like this.

Front for – کسی کی نیابت کرنا

The chairman is the real boss in this company but the general manager ***fronts for*** him.

(G)

Get about – گھومنا، ادھر ادھر جانا

For last two months he was bed-ridden on account of typhoid. Now, he is ***getting about*** again.

Get across – سمجھانا

At last I was able to ***get across*** my point.

Get ahead – آگے بڑھنا، آگے نکل جانا

Unless you work hard how will you ***get ahead*** of others in studies?

Get along – گھل مل کر رہنا، دوستی رکھنا

She is highly sociable and ***gets along*** with every body.

behind in her studies.

Fall flat – پرکشش نہ ہونا

Although she is an accomplished dancer her performance last week ***fell flat***.

Fall for – پرکشش ہونا

Usha ***fell for*** the pretty sari displayed in a window shop.

Fall in – قطار میں کھڑے ہونا

The captain ordered the soldiers to ***fall in.***

Fall off – کم ہونا

On account of the heavy snowfall, attendance at the evening class has ***fallen off*** considerably.

Fall on – حملہ کرنا

The angry mob ***fell on*** the running thief.

Fall out – جھگڑا کرنا

Anil and Sunil were good friends, but now they seem to have ***fallen out***.

Fall through – کسی کام کا نا مکمل یا ناکام رہنا

We had been planning to go to Nainital this summer but for want of money the programme ***fell through***.

Fall under – شمولیت ہونا

This entire district ***falls under*** my jurisdiction.

Feel for – ہمدردی رکھنا

I deeply ***feel for*** you in your suffering.

Feel like – خواہش ہونا

I ***feel like*** taking a long walk.

Figure on – اندازہ لگانا، امید کرنا

I had ***figured on*** your attending the meeting.

Figure out – سمجھنا، معنی لگانا، سلجھانا

His lecture was long and boring and I couldn't ***figure out*** what he was driving at.

Figure up – حساب یا اندازہ لگانا

Have you ***figured up*** the cost of this entire project?

Fill in – کسی دوسرے کی جگہ لینا

As the principal was on leave, the vice-principal ***filled in*** for him.

Fill out – فارم بھرنا

For the marketing management examination

He ***gave away*** Ram's name as he had drawn teacher's cartoon.

Give in – ہار ماننا

He knew he was losing the match, but he refused to ***give in***.

Give off – خارج کرنا، باہر پھینکنا

Some gases ***give off*** a pungent smell.

Give out – ظاہر کرنا

He ***gave out*** that he had got nominated on the Welfare Board.

Give up – چھوڑ دینا، ہار ماننا

When he realised that he would not be able to win the race, he ***gave up***.

Give way – ٹوٹ پڑنا

Ashok kept on kicking the door vigorously and finally it ***gave way***.

Gloss over – ملمع چڑھانا، لیپ پوت کرنا، گناہ چھپانا

In Ram Chandra's biography the writer has ***glossed over*** many of his shortcomings.

Go around – کافی ہونا، مکمل ہونا

I am afraid we do not have enough chairs to ***go around***.

Go back – بات سے پھر جانا

He promised to lend me his history notes but now he has ***gone back*** on his word.

Go down – یقین کرنا

Your story is highly unconvincing and will not ***go down*** with the authorities.

Go for – حملہ کرنا

The boys ***went for*** the poor dog with stone.

Go off – دھاکے سے پھوٹنا، اڑنا

The gun ***went off*** with a loud bang.

Go on – بننا، وقوع پذیر ہونا

What's ***going on*** here?

2. جاری ہونا

Jaya ***went on*** reading and did not pay attention to her friends.

Go out – بجھنا

The lights ***went out*** as Sanjeev entered the room.

2. پیش رفت ہونا، ترقی کرنا

How is Mr. Rao ***getting along*** in his new job?

Get around – ٹالنا

He tried to ***get around*** the policeman's inquiries.

Get at – کوشش سے حاصل کرنا

Our enquiry's object is to ***get at*** the truth.

Get away – نکل کر بھاگنا

Despite vigilance of the policeman the thief ***got away***.

Get back – واپس آنا

He has just ***got back*** from his tour after two months.

Get by – کوشش کرنا

You will have to somehow ***get by*** with this work.

Get down – کسی سواری سے اترنا، شروع کرنا

Let us ***get down*** at the next stop. The exams are approaching fast. Let's ***get down*** to studies.

Get off – بس یا موٹر گاڑی سے اترنا

We have to ***get off*** the bus at the next stop.

Get on – بس یا گاڑی پر سوار ہونا

I saw him ***get on*** to the bus at the last stop.

2. ترقی کرنا

Ashok is quite industrious and sure to ***get on*** in the world.

Get over – کسی بیماری سے آزاد ہونا

Have you ***got over*** your cold?

Get round – کسی شخص کو خوشامد سے راضی کرنا

I'm sure he'll somehow ***get round*** the money-lender for a loan.

Get through – پورا کرنا

When will you ***get through*** with your work?

Get to – پہنچنا

Balrampur is a remote village in Madhya Pradesh and very difficult to ***get to***.

Get up – بستر یا کرسی سے اٹھ بیٹھنا

He ***got up*** from his seat to receive me.

Give away – بانٹنا

The chief guest ***gave away*** the prizes.

2. راز کھولنا

Hang on to the rope lest you should fall down.

Hang up – ٹیلیفون نیچے رکھ دینا

I rang him up but as soon as he heard my voice he ***hung up.***

Hang upon – دھیان سے سننا

The audience ***hung upon*** every word of the distinguished speaker.

Happen on – اچانک دکھائی دینا

During my Himalayan trek I ***happened on*** a tiger in a forest.

Have on – پہنے ہوئے ہونا

What sari did she ***have on*** when you saw her?

Hear of – پتہ چلنا

Have you ***heard of*** the bus accident at Okhla in which ten persons got killed.

Hit upon – اتفاق سے پتہ چلا

To begin with, I tried quite a bit and finally by sheer luck I ***hit upon*** the right solution.

Hold forth – لمبی چوڑی تقریر کرنا

He ***held forth*** on his favourite topic for one full hour.

Hold good – چالو رہنا

The promise I made you last week still ***holds good.***

Hold off – کوئی فیصلہ کرنے میں دیر لگانا

Everybody in the office is wondering why Mr. Rao is ***holding off*** his decision?

Hold on – کس کر پکڑے رہنا

Hold on to the rope, lest you should fall down.

Hold out – مقابلہ جاری رکھنا

Despite massive strength of the enemies our soldiers ***held out*** to the last.

Hold over – روکنا، دیر لگانا

In view of the fresh evidence available the judge has decided to ***hold over*** the case till the next month.

Hold still – خاموش کھڑے رہنا

How can I take your photograph if you do not ***hold still.***

Hold together – اکٹھے رہنا

Go over – دوہرانا، یاد کرنا

I ***went over*** the events of the day as I lay in bed at night. ***Go over*** this chapter again and again until you have learnt it thoroughly.

Go through – تکلیف اٹھانا، سہنا

You will never know what she ***went through*** to give her children good education.

Go upon – کسی بنیاد پر چلنا

Is this the principle you always ***go upon?***

Go with – میل کھانا

A blue cardigan will not ***go with*** a green sari.

Go without – کسی چیز کے بغیر کام چلانا

How long can you ***go without*** food?

Go wrong – خراب ہونا

What has ***gone wrong*** with your car?

Grow upon – عادی ہونا، عادت لگانا

The habit of taking drugs is ***growing upon*** college boys.

(H)

Hand down – عدالت میں سزا سنانا

The judge ***handed down*** his verdict in the case.

Hand in – دے دینا

Time is up, please ***hand in*** the answer books.

Hand out – بانٹنا

The examiner ***handed out*** the question papers to the candidates.

Hand over – سونپنا

The retiring sales engineer ***handed over*** the charge to the new engineer.

Hang about – کسی جگہ کے ارد گرد گھومنا

A suspicious-looking man was seen ***hanging about*** the house last night.

Hang around – بغیر کام کے کسی شخص یا جگہ کے ارد گرد گھومنا

I have often seen him ***hanging around*** her house.

Hang back – پیچھے رہنا

I asked him to receive the chief guest, but he ***hung back.***

Hang on – لٹکنا، لٹکے رہنا

(K)

Keep at – کرتے رہنا
If he only ***keeps at*** his work, he will soon finish with it.

Keep back – چھپانا
I won't ***keep back*** anything from you.

Keep away – دور رہنا
We should advise our children to ***keep away*** from bad company.

Keep house – گھر سنبھالنا
He wants his wife only to ***keep house*** and not work in an office.

Keep off – دور رکھنا
The curtains will ***keep off*** the mosquitoes.

Keep on – جاری رکھنا، چلتے رکھنا
It was a long journey and he was tired, but he ***kept on*** going.

Keep out – باہر رکھنا
The woolen clothes are warm enough to ***keep out*** the cold.

Keep to – جاری رکھنا، کرتے رہنا
Unless you ***keep to*** the job you are doing, you will never be able to finish with it.
2. قول کا پاس رکھنا
You must learn to ***keep to*** your word.

Keep together – ساتھ ساتھ رہنا
I asked my children to ***keep together*** in the crowd.

Keep up – سلسلہ جاری رکھنا
India must ***keep up*** with the development and progress in the world of science.

Knock down – نیچے گرانا
The boxer struck his opponent a heavy blow and ***knocked*** him ***down***.

Knock off – کام بند کرنا
He did not take long to ***knock off*** the work.

Knock out – پوری طرح سے ہارنا، بے سدھ کرنا
A heavy blow on the nose by his opponent ***knocked out*** the boxer.

This chair is so rickety that it will not ***hold together*** if you sit in it.

Hold true – سچا ہونا
Newton's Law of Gravitation will always ***hold true*** on earth.

Hold up – دیر لگانا، روک دینا
Your late arrival has ***held up*** the work.
2. ڈاکہ ڈالنا
Two armed robbers ***held up*** the bank staff.

Hunt for – ڈھونڈھنا
What were you ***hunting for*** in the newspaper?

Hunt up – کوشش کرکے ڈھونڈ نکالنا
I am ***hunting up*** material for my new book on politicking in India.

(I)

Inquire after – خیریت پوچھنا
Since last week Ashok had not been feeling well, so I went to his place to ***inquire after*** him.

Introduce into – نئی چیز بیچ میں لانا
He ***introduced into*** the debate a fresh approach.

Issue from – کسی جگہ یا شے سے باہر نکلنا
Water ***issued from*** a small crack in the stream.

(J)

Join in – شامل ہونا، حصہ لینا
At first he kept aloof from our games, but later ***joined in***.

Join with – بانٹ لینا
I'll ***join with*** you in the expenses of the trip.

Join up – فوج میں بھرتی ہونا
When the war was declared, the government appealed to all young men to ***join up***.

Jump at – بے قراری میں قبول کرنا
When I suggested that we could go for picnic tomorrow he ***jumped at*** the proposal.

Jump to – جلدی بازی میں نتیجہ اخذ کرنا
Don't be hasty in judging him and ***jumping to*** the conclusion that he is hostile to you.

Let out – کرائے پر دینا

As I am hard up nowadays I had to ***let out*** a portion of my house.

Let up – کم ہونا

If the rain ***lets up*** we will go to the market.

Light on – اتفاق سے معلوم ہونا

While wandering in the jungle the boys suddenly ***lighted on*** a secret cave.

Live on – کسی چیز پر منحصر رہنا

Squirrels ***live on*** nuts.

Look after – دیکھ بھال کرنا، دھیان دینا، سنبھالنا

Will you please ***look after*** the house in my absence?

Look for – ڈھونڈھنا

I ***looked for*** my lost watch everywhere in the house, but couldn't find it.

Look in – یوں ہی تھوڑے وقت کے لئے ملنے جانا

Do ***look in*** after dinner if you are free.

Look into – جانچ کرنا

Have the police ***looked into*** the matter relating to theft at your house.

Look out – ہوشیار رہنا

Look out there is a car coming.

Look over – جانچ کرنا

The examiner was ***looking over*** the students' answer papers.

Look up – معنیٰ ڈھونڈھنا

Suresh ***looked up*** the word in the dictionary as he did not know its meaning.

2. بڑھنا

Prices of cooking oil are ***looking up.***

(M)

Make after – پیچھے دوڑنا

The policmen ***made after*** the thief very fast.

Make believe – یقین کرنے کے لئے تمہید باندھنا

Arun ***made believe*** that he was sick to take a leave from school.

Make clear – سمجھانا، تفصیل بتانا

The teacher ***made clear*** to me my mistake.

Knuckle under – ہار ماننا

We thought it would be a tough bout, but it was not long before one of the boxers was ***knuckling under***.

(L)

Lay about – چاروں طرف سے پٹائی کرنا

As the watchman spotted a man stealing watches from a shop he ***laid about*** him with his cane.

Lay down – استعفیٰ دینا

After ten long years he ***laid down*** the chairmanship of the company.

Lay off – کچھ وقت کے لئے کام سے نکال دینا

If the sales continue to fall like this we may have to ***lay off*** one or two people.

Lay on – زور سے پٹائی کرنا

Taking up a stick he caught the mischievous boy and ***laid on*** vigorously.

Lay open – راز کھولنا

I shall not rest till I've ***laid open*** the whole conspiracy.

Lay out – خاکہ بنانا

The garden was ***laid out*** by an expert.

Lay up – مستقبل کے لئے اکٹھا کرنا

The squirrel was busy ***laying up*** nuts.

Leave alone – ساتھ چھوڑنا

How can you ***leave*** me ***alone*** in my hard times?

Leave out – چھوڑ دینا

It will be unfair to ***leave*** him ***out*** of the picnic programme.

Let down – نیچا کرنا، مایوس کرنا، دھوکا دینا

I was counting on your help, but you ***let*** me ***down***.

Let off – چھوڑ دینا

You must prepare hard. Interviewers won't ***let*** you ***off*** so easily.

Let on – بتادینا

Don't ***let on*** to Dev that we are going to a movie tonight.

303

(O)

Occur to – خیال میں آنا

As I always considered him an honest person it never ***occurred to*** me that he was lying.

Offend against – ناگوار گزرنا

There was nothing in his speech to ***offend against*** good taste.

(P)

Pack off – جلدی میں رخصت کر دینا

As he was getting on my nerves I ***packed*** him ***off***.

Palm off – ٹھگنا

He tried to ***palm off*** a forged hundred-rupee note on me.

Part with – دے دینا

Nobody likes to ***part with*** one's property.

Pass away – مرنا

Kumar's father ***passed away*** yesterday.

Pass for – سمجھ لیا جانا

Our villagers being largely illiterate he ***passes for*** a learned man in our village.

Pass out – ہوش وحواس کھونا

She could not bear the sight of accident and ***passed out***.

Pass over – خیال نہ کرنا

I ***passed over*** many candidates before I could choose this one.

Pay attention – دھیان دینا

The teacher asked the student to ***pay attenion*** to him.

Pay off – حساب چکا کر چھٹی دے دینا

He was not happy with his servant so he ***paid*** him ***off***.

Pick on – چڑھانا، جھگڑا مول لینا

The quarrelsome boy always ***picked on*** fights with small children.

Pick out – چننا، پسند کرنا

Anil spent a long time ***picking out*** a nice gift

Make faces – منہ ٹیڑھا کر کے دکھانا

Stop ***making faces*** at me.

Make for – کسی طرف جانا

The thief entered the house and ***made for*** the safe.

Make good – ترقی عہدہ ہونا

Being a hard worker he is sure to ***make good*** in that new job.

Make of – سمجھ پانا

I cannot ***make*** anything ***of*** this statement.

Make merry – موج منانا

As we have now an unexpected holiday, so let us ***make merry***.

Make out – مشکل سے سمجھ پانا

Can you ***make out*** his handwriting?

Make over – سپرد کرنا

He has ***made over*** all his property to his son.

2. مرمت کرنا

She is an efficient housewife and ***makes over*** all her old clothes.

Make room – جگہ بنانا

I cannot ***make room*** for anything more in this trunk.

Make sense – بامعنٰی ہونا

How can you be so foolish in dealing with your clients? It doesn't ***make sense*** to me.

Make towards – کسی طرف جانا

The swimmer ***made towards*** the right bank of the river.

Make up – بنانا، گڑھنا

Don't ***make up*** such silly excuses for your absence yesterday.

Make way – راستہ دینا

The crowd hurriedly ***made way*** for the leader as he arrived.

Mix up – گڑبڑ گھوٹالا کرنا

As they were introduced to me in a hurry I ***mixed up*** their names and called him by the wrong name.

fighting together. If they manage to ***pull together*** they'll succeed.

Pull up – رکنا

The taxi ***pulled up*** at the entrance of the hotel.

Push off – چل پڑنا

I'm getting quite late, so I must ***push off*** now.

Push on – وقت سے آگے بڑھنا

He was exhausted and ill, but he ***pushed on***.

Put across – سمجھانا، اجازت دلوانا

He ***put across*** his arguments very eloquently and convincingly.

Put away – کسی صحیح جگہ پر رکھ دینا

The workmen ***put away*** their tools and left the factory.

Put down – دبانا

The army easily ***put down*** the revolt.

Put forward – قابلِ غور بات رکھنا

He ***put forward*** his suggestions for our consideration.

Put off – ملتوی کرنا

The match had to be ***put off*** because of bad weather.

Put on – کپڑے پہننا

She ***put on*** her best dress for the party.

دکھانا

Don't ***put on*** as if you don't know anything.

Put out – بجھانا

He ***put out*** the light and went to sleep.

2. تکلیف پہونچانا

You should take care not to ***put out*** people by your irresponsible behaviour.

3. شائع کرنا

The party ***put out*** a pamphlet to explain its economic policy.

Put right – مرمت کرنا

Ask the carpenter to ***put right*** this broken table.

Put together – جوڑنا، اکٹھا کرنا

The child took the watch apart but couldn't ***put*** it ***together*** again.

for Anita.

Pick up – تھوڑا سا علم حاصل کرنا

The children don't take long time to ***pick up*** what they see around.

Play down – اہمیت کم کرنا

Some newspapers ***played down*** the significance of disturbances in Poland.

Play off – ایک کو دوسرے سے بھڑانا

The crooked man ***played off*** the two friends against each other for his own benefit.

Play on – بجانا

Can you ***play on*** a violin?

2. الفاظ کا ہوشیاری سے استعمال کرنا

His skill to ***play on*** words makes him a very forceful speaker.

Play with – چھیڑ خانی کرنا

It is dangerous to ***play with*** fire.

Prevail over – متاثر کرنا

None of these considerations ***prevailed over*** his prejudices.

Prevail with – منانا

He is a difficult person. So I found difficult to ***prevail with*** him.

Proceed against – کسی کے خلاف کارروائی کرنا

I have decided to ***proceed against*** him in a court of law.

Provide against – کسی برے دن کے لئے انتظام کرکے رکھنا

A wise man takes care to ***provide against*** emergencies.

Pull in – آنا

The coolies started running towards the train as it ***pulled in***.

Pull out – چلے جانا، نکلنا

At the guard's signal the train ***pulled out*** of the station.

Pull through – بچ جانا

Although he was seriously ill and doctors had given up hope he ***pulled through***.

Pull together – متفق ہونا، مل کر کام کرنا

The partners of Adarsh Enterprise have been

Rule out – نکال دینا، نہ ماننا

The police has ***ruled out*** the possibility of sabotage in this train accident?

Run across – اتفاق سے ملنا، پانا

I was quite surprised to ***run across*** him in the market.

Run after – پیچھے دوڑنا

Running after money does not speak well of you.

Run against – انتخاب میں خلاف کھڑا ہونا

She will ***run against*** her husband in the municipal elections.

Run down – نیچا دکھانا

Certain malicious reviewers will ***run down*** even the best book ever written.

Run errands – پیغام پہونچانا

Ramesh is of obliging nature and ***runs errands*** for all the neighbours.

Run for – انتخاب لڑنا

He ***ran for*** presidentship in the college elections.

Run into – اتفاق سے ملاقات ہونا

I ***ran into*** an old friend yesterday at the cinema hall.

ناواقفیت کے سبب مصیبت مول لینا

If you spend your money so recklessly you will soon ***run into*** debt.

Run out – ختم ہونا

We were afraid that we might ***run out*** of our food supply at the excursion.

Run over – گاڑی کے نیچے آنا

The unlucky dog was ***run over*** by a car.

Run short of – ختم ہونا

If we ***run short of*** food we will get more from some restaurant.

Run through – جلدی سے دیکھ لینا

I had to ***run through*** the book in an hour.

Put up – رہنا، قیام کرنا

Where should I ***put up*** in Bombay?

(R)

Rail against – شکایت، مذمت کرنا

It is useless ***railing against*** your master's orders.

Rail at – شکایت کرنا

He has always ***railed at*** his parents for not understanding him.

Rake up – پرانا جھگڑا پھر سے شروع کرنا

Please do not ***rake up*** old quarrels at this critical juncture.

Rank with – ہم پلّہ

There is scarcely any poet who can ***rank with*** Kalidas.

Reason with – سمجھانے کی کوشش کرنا

I had to ***reason*** hard ***with*** him for my proposal's acceptance.

Reckon on – بھروسا رکھنا

I was ***reckoning on*** her presence at the function.

Reflect on – برا اثر پڑنا

Your misconduct will ***reflect on*** your character.

Relate to – متعلق ہونا

Please get me the file that ***relates to*** this matter.

Resort to – مدد لینا

As the crowd became unruly the police had to ***resort to*** lathi-charge.

Rest on – بنیاد رکھنا

His whole theory ***rests on*** a wrong assumption.

Ride out – طوفان سے بچ کر نکلنا

Fortunately our ship ***rode out*** the storm.

Root out – اکھاڑ پھینکنا، جڑ سے ختم کرنا

The government is determined to ***root out*** corruption.

Rout out – زبردستی باہر نکالنا

I ***routed*** him ***out*** of bed early in the morning.

306

Set about – کام کا آغاز کرنا

As your examination is near you should ***set about*** your work without delay.

Set apart – محفوظ رکھنا

One day in the week is ***set apart*** as the rest day.

Set aside – مسترد کرنا، ردّوبدل کرنا –

The supreme court ***set aside*** the verdict of the high court in Bihari Lal case.

Set down – نوٹ کرنا

The magistrate ***set down*** in writing the witness' statement.

Set forth – پیش کرنا

He ***set forth*** his views with clarity and force.

Set in – آغاز ہونا

Just as I was about to go out, the rain ***set in.***

Set off – نکل پڑنا

As we have to go a long distance we will ***set off*** early in the morning.

Set up – انتظام کرنا

The state government has ***set up*** a new auditorium at Mehta Chowk to encourage performing arts.

Set upon – حملہ کرنا

As the poor old beggar approached the corner house two dogs ***set upon*** him.

Set out – نکل پڑنا

He ***set out*** on his travels.

Set to – کام شروع کرنا

You have a lot to do, so you should ***set to*** work at once.

Settle down – مستقل سکونت اختیار کرنا

After retirement I have ***settled down*** in Delhi.

Settle on – غیر یقینی حالت کے بعد کسی نتیجہ پر پہونچنا

Finally, she ***settled on*** a blue sari.

Show off – نمائش کرنا

She went to the party as she was quite keen to ***show off*** her new dress.

Show up – آپہونچنا

(S)

Search out – ڈھونڈ نکالنا

Our aim in this inquiry is to ***search out*** the truth.

See about – انتظام کرنا

I am badly tied up with other things, so you will have to ***see about*** the catering arrangements at the party.

See off – وداع کرنا

I went to the airport to ***see off*** my friend who left for U.S.A. last night.

See through – مشکلات کے باوجود مکمل کرنا

He ***saw through*** the entire job by himself.

2. راز جان لینا

He was trying to be clever, but I ***saw through*** his trick.

See to – ذمہ داری لینا

Will you please ***see to*** the catering arrangements for the function?

Seek out – کوشش کرکے ڈھونڈ نکالنا

Ramesh and Vikas have gone to the nearby wood to ***seek out*** the place of rabbits.

Sell out – ملکیت بیچ دینا

He ***sold out*** his business as he could not make a profit.

Send away – کسی کو چلتا کرنا

He was becoming a nuisance, so I had to ***send*** him ***away***.

Send for – بلا بھیجنا

She has fallen unconscious. Please ***send for*** a doctor immediately.

Send word – پیغام بھیجنا

He ***sent word*** to me that he would come in a week's time.

Serve out – پورے وقت تک کام کرنا

The apprentice has ***served out*** his period of apprenticeship, so he is due for an increment.

Serve up – پیش کرنا

She ***served up*** a tasty meal.

rebellion.

Stand against – مقابلے پر آنا
Parashuram was so powerful that no king could *stand against* him.

Stand by – انتظار کرنا
Please *stand by* for an important announcement.

Stand for – علامت ہونا، نیابت کرنا
The stars in the American flag *stand for* fifty states.

2. انتخاب لڑنا
My uncle *stood for* chairmanship of the Municipality.

3. برداشت کرنا
I will not *stand for* such a rude behaviour.

Stand out – متوجہ کرنا
She *stood out* in the crowd because of her beauty.

Stand up – برداشت کرنا
How can you *stand up* to such tremendous pressure of work?

Start for – چل پڑنا
When did he *start for* Bombay?

Stay up – رکے رہنا
I had to finish with some work last night, so I *stayed up* till one o'clock.

Stay with – کسی کے ساتھ رہنا
When you come to Bombay, please *stay with* me.

Step down – عہدہ چھوڑنا
Next month our company's president will *step down* in favour of his son.

Step up – رفتار بڑھانا
I *stepped up* the speed of my car.

Stick around – ٹھہر جانا، اسی جگہ پر بنے رہنا
After dinner we requested our guest to *stick around* for the movie on the TV.

Stick at – ہچکچانا
He will *stick at* nothing to fulfil his ends.

Stick by – ساتھ دینا

I have been waiting for him for more than an hour, but he has not yet *shown up*.

پول کھولنا
If he provokes me further, I will have to *show* him *up*.

Shut in – اندر بند رکھنا
As night came the shepherd *shut* his flock of sheep *in*.

Shut off – کوئی مشین بند کر دینا
There appeared to be some trouble with his car so he *shut off* its engine.

Shut up – زبردستی چپ کرانا
As the boy was chattering a lot, the teacher asked him to *shut up*.

Side with – طرفداری کرنا
No matter what happens, I will always *side with* you.

Sit out – ختم ہونے تک بیٹھے رہنا
I *sat out* his long lecture.

Sit up – اٹھ بیٹھنا
The poor old man was too weak to *sit up*.

Sleep off – سوکر تازگی حاصل کرنا
I was exhausted after the day's work, so I decided to *sleep off* my fatigue.

Slow down – دھیرے دھیرے رفتار کم کرنا
The train *slowed down* as it approached the station.

Smart under – ذلت یا سہنا
The clerk was *smarting under* the officer's rebuke.

Snap at – بے تابی کے ساتھ قبول کرنا
He *snapped at* the offer I made to him.

Speak up – زور سے بولنا
As the audience could not hear the speaker it requested him to *speak up*.

Spell out – تفصیل سے بتانا
He *spelt out* his treking plan in detail and asked me to accompany him.

Stamp out – دبا دینا
The government tried its best to *stamp out* the

(T)

Take after – ملتا جلتا ہونا، برابر دکھائی دینا
She has **taken after** her mother.

Take apart – پرزے الگ کرنا، کوئی مشین کھولنا
Can you **take apart** a watch?

Take down – لکھ لینا
Take down carefully whatever I say.

Take for – سمجھ بیٹھنا
I **took** him **for** a doctor.

Take in – دھوکا دینا، دھوکا کھانا
He tried to play a trick on me, but I couldn't be **taken in**.

Take off – کپڑے اتارنا
He **took off** his coat.

اڑان بھرنا
We watched the plane **take off**.

Take on – نوکری پر رکھنا
They are **taking on** many new workers at that factory.

Take over – ذمہ داری سنبھالنا
After the Chairman retired, the Managing Director **took over** as the new Chairman.

اختیار جمانا
They defeated the enemy and **took over** the fort.

Take place – منعقد ہونا، وقوع ہونا
Where did the meeting **take place**?

Take to – کشش ہونا
I **took to** Anil right from the very beginning.

Take turns – باری باری سے کام کرنا
During the trip Jeevan and I **took turns** at car driving.

Take up – اپنانا، پڑھائی شروع کرنا
After completing school he **took up** mechanical engineering.

Talk back – بے ادبی سے جواب دینا
It is very rude to **talk back** to your elders.

Talk over – رائے مشورہ کرنا
The committee is **talking over** our report.

Stick by your friends in their difficulty.

Stick out – باہر نکالنا
I went to the doctor with a stomach complaint and he asked me to **stick out** my tongue.

Stick to – ایک ہی بات پر ڈٹے رہنا
Despite interrogation he **stuck to** his story till the end.

Stir up – اکسانا، بھڑکانا
He tried to **stir up** trouble between the management and the workers.

Stop short – اچانک رکنا
He was talking about Naresh, but suddenly **stopped short** as he saw him coming.

Strike down – مسترد کرنا، رد کرنا، غیر قانونی قرار دینا
The court **struck down** the government's ordinance as unconstitutional.

Strike off – فہرست سے خارج کر دینا
At the last moment something came into her mind and she **struck off** his name from the list of invitees.

Strike up – گیت شروع کرنا
At the end of the programme the band **struck up** the national anthem.

Strike work – ہڑتال کرنا
The factory workers **struck work** to demand higher wages.

Subscribe to – کسی رائے سے متفق ہونا
Do you **subscribe to** the philosophy of Karma?

Subsist on – زندگی گزارنا
The sadhu **subsisted on** nuts and roots for many weeks.

Succeed to – کسی کے بعد عہدہ سنبھالنا
The prince will **succeed to** the throne on the king's death.

Sue for – قانونی چارہ جوئی کرنا، عدالت میں حق مانگنا
As he developed after-operation complication, he **sued** the Verma Nursing Home **for** damages to the extent of ten thousand rupees.

The photographer ***touched up*** my photograph.

Trade in – بدلے میں لینا دینا

I ***traded in*** my old car for a new one.

Trade on – فائدہ اٹھانا

I ***traded on*** his good nature to help me out of my financial difficulties.

Trifle with – مذاق اڑانا

It is cruel to ***trifle with*** anybody's feelings.

Trump up – جھوٹ موٹ بات بنانا

The story you have ***trumped up*** is not at all convincing.

Try on – پہن کر دیکھنا

The tailor asked me to ***try on*** the coat.

Try out – جانچ کے لئے چلا کر دیکھنا

You should ***try out*** that TV set before you finally buy it.

Turn about – مڑ جانا، الٹی طرف منہ کرنا

The moment she saw him coming she ***turned about***.

Turn against – کسی کے خلاف کھڑے ہو جانا

We have been such good friends and I had no idea that he would ***turn against*** me.

Turn around – پورا گھومنا

Being a novice he could not ***turn around*** the car in the narrow lane.

Turn aside – راستے سے منحرف ہونا

Never ***turn aside*** from the path of truth.

Turn away – واپس بھیجنا

He has ***turned away*** three applicants for the new post of purchase-officer.

Turn back – پیچھے ہٹنا، ہٹانا

Please ***turn back*** from the edge of the water.

Turn down – نامنظور کرنا، انکار کرنا

I'm counting a lot on this so please do not ***turn down*** my request.

2. کم کرنا

Please ***turn down*** the volume of the radio.

Turn in – پیش کرنا

He ***turned in*** his answer paper and came out of the examination hall.

Talk shop – اپنے کام کے بارے میں بات چیت کرنا

The two lawyers always ***talk shop***.

Taste of – ویسا ہی مزہ ہونا

This coffee is no good, it ***tastes of*** kerosene.

Tear down – گرانا، برباد کرنا

They brought bulldozers to ***tear down*** the building.

Tell against – خلاف جانا

The new evidence relating to this case ***tells against*** the accused.

Tell off – مذمت کرنا

The headmaster ***told off*** the rowdy student.

Tell on – چغلی کرنا

It is unfair to ***tell on*** others.

Tell upon – متاثر کرنا، دکھانا

You must not work so hard. It will ***tell upon*** your health.

Think of – رائے ہونا

What did you ***think of*** the movie?

Think out – سوچ سمجھ کر دستور العمل بنانا

They will have to ***think out*** some good idea to produce this kind of advertisement.

Think up – سوچ کر کھوج نکالنا

You will have to ***think up*** a good excuse for the delay.

Throw out – نامنظور کرنا، باہر نکالنا

He was making a nuisance of himself, so he was ***thrown out*** of the lecture hall.

Throw up – استعفیٰ دینا

Why have you ***thrown up*** your job?

Tide over – نبھالینا

Will this amount enable you to ***tide over*** your financial difficulties?

Touch at – بہت کم وقت کے لئے رکنا

The Rajdhani Express between Delhi and Bombay ***touches at*** Baroda.

Touch on – مختصر میں ذکر کرنا

Your lecture was illuminating but did not ***touch on*** the problem of casteism in the country.

Touch up – تھوڑا ٹھیک کرنا

Wash out – دھو کر نکال دینا

Can this stain be ***washed out***.

Watch over – نگرانی کرنا، حفاظت کرنا

The dog faithfully ***watched over*** his master's sleeping child.

Wear off – دھندلا پڑنا

This colour will ***wear off*** soon.

Wear out – پھینکنے لائق بنانا

Constant use will ***wear out*** any machine.

While away – وقت برباد کرنا

Get to work. Don't ***while away*** your time in trifles.

Wind up – ختم کرنا، بند کر دینا

Recurring losses compelled him to ***wind up*** his business.

گھڑی کی چابی دینا

I ***wound up*** my watch when I went to bed.

Wink at – نظرانداز کرنا

I can ***wink at*** his faults no longer.

Work away – کام کرتے رہنا

He is a hard-working man. He can ***work away*** at his job for hours at a stretch.

Work into – زبردستی اندر داخل ہونا

The miner's drill ***worked into*** the hard rock.

Work open – کسی طریقے سے کھولنا

I had lost my suitcase's key, but somehow I managed to ***work*** it ***open***.

Work out – سلجھانا، جواب ڈھونڈ نکالنا

Could you ***work out*** that problem?

Work up – جذباتی ہونا

Why are you so ***worked up***?

(Y)

Yield to – قبول کرنا، مان لینا

It took me long to persuade him to ***yield to*** my request.

Turn on – چالو کرنا

Please ***turn on*** the light.

Turn out – پیداوار، تیاری

How many cars does this factory ***turn out*** everyday?

ثابت ہونا

To begin with he looked like any other carpenter, but later he ***turned out*** to be a very talented one.

Turn tail – بھاگ جانا

The enemy had to ***turn tail*** as it could not hold against the massive attack of our army.

Turn up – اچانک آپہونچنا

Everybody was surprised to see him ***turn up*** at the meeting.

ظاہر ہونا

Some interesting facts have ***turned up*** during the inquiry.

(U)

Used to – عادت ڈالنا

I am quite ***used to*** driving in crowded places.

Use up – استعمال کر کے ختم کرنا

Have you ***used up*** all the paper I had given you?

(W)

Wade into – حملہ کرنا

Ram could not tolerate Shyam's insulting remark. He ***waded into*** him and knocked him down.

Wade through – لمبا کام ہاتھ میں لینا

Today I have to ***wade through*** a lot of correspondence.

Wait for – انتظار کرنا

I'll ***wait for*** you at my office till you come.

Wait on – خدمت کرنا

She ***waited on*** us efficiently.

IDIOMS & PHRASES محاورے اور فقرے

(A)

Abounding in – سے بھرپور

Sea ***abounds in*** all kinds of animals.

Above all – خاص کر، سب کچھ ہوتے بھی

Above all, don't mention this to Hari.

Abreast with – جانکاری رکھنا

He keeps himself ***abreast with*** the latest developments in the world of science.

Absent-minded person – خالی الذہن، غیر متحرک شخص

Our professor is a very ***absent-minded person***.

Accessary to – معاون

This man was ***accessary to*** the crime.

Affect ignorance – کچھ معلوم نہ ہونے کا دکھاوا کرنا

You cannot ***affect ignorance*** of the law and escape punishment.

Aghast at – ہکا بکا ہونا

As she entered the hospital, she looked aghast at the bed of the wounded.

Agreeable to – پسند رمطابق رموافق

He being very fussy, the plan was not ***agreeable to*** his wishes.

Alive to – جانکاری رکھنا، ہوشیار رہنا

He is not at all ***alive to*** the current economic problems.

All at once – اچانک

All at once the sky became dark and it began to rain.

All moonshine – بالکل جھوٹا، بناوٹی

What you are saying is ***all moonshine***.

All of a sudden – اچانک

All of a sudden the walls of the room started shaking.

All the same – پھر بھی

Although your agreements appear convincing, ***all the same*** it will not happen.

Animal spirits – جوشیلی فطرت

Young children are by nature full of ***animal spirits***.

Apple of discord – جھگڑے کا نتیجہ رجھگڑے کی وجہ

Ever since their father's death, this property has been ***an apple of discord*** between the two brothers.

Apple of one's eye – بہت محبوب

His lovely little daughter is the ***apple of his eye***.

Ask for something – نقصان یا خطرہ مول لینا

Now you are complaining about the cut in your salary. You had ***asked for*** it by regularly coming late.

At all – تھوڑا سا بھی

He told me that he did not have any money ***at all***.

At daggers drawn – دشمنی ہونا

Once upon a time they were friends, but now they are ***at daggers drawn*** over the issue of money.

At large – دائرۂ عمل سے باہر پکڑا نہ جانا

A convict who had escaped from prison last month is still ***at large***.

At once – فوراً

The boss was furious over secretary's mistake and asked him to come to his room ***at once***.

At the eleventh hour – آخری لمحہ پر، عین موقعہ پر

The mob was getting out of control, but ***at the eleventh hour*** the police arrived and averted a riot.

At times – کبھی کبھی

At times she feels a little better, but then again relapses into her old condition.

Aware of – جانکاری ہونا

I was not ***aware of*** his intentions.

(B)

Back out of – دیے گئے قول سے پھر جانا

He ***backed out of*** the promise he had given me.

Backstairs influence – چھپا، ناجائز اثر

They own a house and a car, so they certainly are **well-off**.

Be worth its weight in gold – بہت قیمتی ہونا
In the desert a bottle of water is **worth its weight in gold**.

Bear down upon – حملہ کرنا (جنگی جہاز سے)
Our warship **bore down upon** the enemy convoy.

Beast of burden – مال ڈھونے والا جانور
Mules are used as **beasts of burden** by the Indian Army.

Beast of prey – شکاری جانور
A tiger is a **beast of prey**.

Beat about the bush – ادھر ادھر کی باتیں کرنا
Come to the point. Don't **beat about the bush**.

Beck and call – بلانے پر حاضر ہونا
You cannot expect me to be at your **beck and call** everytime.

Bed of roses – خوش حالی
Life is not a **bed of roses**.

Beggar description – ناقابل بیان
Her beauty **beggared description**.

Behind the scenes – چھپ کے
The leaders had been discussing **behind the scenes** for long and finally they arrived at an agreement.

Bent on – رجحان، ذوق
I am sure the two boys are **bent on** some mischief.

Better half – زوجہ، بیوی
His **better half** takes good care of him.

Bide his time – مناسب موقع کے لئے خاموش انتظار کرنا
The hunter **bided his time** till the tiger approached the pond for a drink.

Big deal – حد سے زیادہ خود اعتمادی
You think you can beat me! A **big deal**.

Birds's eye view – طائرانہ نظر
We had a **bird's eye view** of the city from the plane.

Birds of a feather – ہم مزاج لوگ

He managed to get the job through **backstairs influence**.

Bad blood – جانی دشمنی
There is **bad blood** between the two neighbours.

Be a party to something – طرفداری، متفق ہونا
I disagree with your proposals, so I won't **be a party to** this agreement.

Be all ears – بہت دھیان سے سننا
The children were **all ears** as I began to tell the story of Alibaba.

Be beside oneself – جذبات سے بے قابو ہونا
She was **beside herself** with grief when she heard about her son's death.

Be born with a silver spoon in one's mouth
نہایت ہی مالدار ہونا
Pandit Nehru was **born with a silver spoon in his mouth**.

Be bound to – یقینی طور پر
We are **bound to** be late if you don't hurry up.

Be bound for – کسی یقینی جگہ پر جانا
This ship is **bound for** London.

Be ill at ease – پریشان ہونا
The whole night mosquitoes kept on biting him and he was quite **ill at ease**.

Be in the way – راستہ روکنا
Is this chair **in your way**?

Be no more – مر جانا
Since her husband is **no more**, she feels quite lost.

Be off – چلے جانا، نکل جانا
I was tired of his chattering and asked him to **be off**.

Be out of the question – ناممکن ہونا
Without oxygen life is **out of question**.

Be under age – نابالغ ہونا
You cannot vote as you are **under age**.

Be up to something – کوئی منصوبہ بنانے میں مشغول رہنا
These boys have suspicious movements. I am sure they are **up to something**.

Be well-off – مالدار ہونا

the sad *news* to his family somehow.

Breathe one's last – مرجانا

The nation plunged into grief as the beloved leader Pandit Nehru *breathed his last*.

Bring to light – رازکھولنا

The C.I.D. *brought to light* a hideous conspiracy to assassinate the police chief.

Bring to the hammer – نیلام کرنا

As he went bankrupt, all his goods were *brought to the hammer*.

Broad daylight – دن دہاڑے

Yesterday the bank near our house was robbed in *broad daylight*.

Brown study – اپنے خیالوں میں مگن رہنا

Shyam is in the habit of getting into *brown study*.

Build castles in the air – ہوا میں محل بنانا

Be content with what you have. There is no point in *building castles in the air*.

Burning question – سلگتا مسئلہ، ہنگامی حالات

In the world today, issue of Iraq is a *burning question*.

Burn the candle at both ends – اپنی طاقت یا دولت کا اسراف

If you *burn the candle at both ends* like this, you will soon land up in the hospital.

Bury the hatchet – دشمنی بھول کر دوستی کرنا

The two warring nations reached a truce and at last *buried the hatchet*.

By and by – آہستہ آہستہ

By and by people began to come into the lecture hall.

By heart – زبانی

I know many passages from Shakespeare *by heart*.

By himself – اکیلے

I have often seen him walking all *by himself* in the woods.

By the way – بات بات میں، یوں ہی

By the way, are you married?

Birds of a feather tend to flock together.

Black sheep – بدنام شخص

Ramesh is the *black sheep* of the family.

Blind alley – ایک طرف سے بندگلی

They had to turn back as they had entered a *blind alley*.

Blind to – اندیکھی کرنا

He is *blind to* his son's actions.

Blow one's own trumpet – اپنے منھ میاں مٹھو

Blowing one's own trumpet speaks of ill breeding.

Blow one's top – بہت غصے میں ہونا

Ram has not been caring for his studies at all. Naturally, his father had to *blow his top*.

Blue stocking – ادیبہ، ادیب

She has made a name for herself in society as a *blue stocking*.

Body and soul – جی جان سے

He gave himself *body and soul* to the pursuit of learning.

Boil down – خلاصہ، مطلب

It all *boils down* to a clear case of murder.

Bolt upright – بالکل سیدھا

As he was suddenly awakened by a passing procession's noise he got up and sat *bolt upright*.

Bosom friend – جگری دوست

Arun and Anil are *bosom friends*.

Brazen-faced fellow – غیر مہذب شخص

I cannot stand that *brazen-faced fellow*.

Break cover – چھپنے کی جگہ سے باہر آنا

The enemy resumed heavy firing as the soldiers *broke cover*.

Break in – زبردستی داخل ہونا

The thief quietly *broke in* when everyone was asleep.

Break the ice – خاموشی توڑنے کے لئے باتیں چھیڑنا

They sat in awkward silence till I *broke the ice*.

Break the news – کوئی خبر دینا

Ram had drowned and somebody had to *break*

Karan had committed a ***cold-blooded murder***, so the judge didn't show any mercy in awarding death sentence.

Cold feet – ڈر جانا
At the sight of his opponent he got ***cold feet***.

Cold reception – بے دلی سے خوش آمدید، سرد مہری سے استقبال
I wonder why she gave him such a ***cold reception***.

Cold shoulder – کسی کا ساتھ نا مناسب لگنا
He tried to talk to her, but she gave him the ***cold shoulder***.

Come of age – بالغ ہو جانا
Now that you have ***come of age***, you should take your own decisions.

Come off it – عادت کو چھوڑنا
Come off it, don't start with that boasting again.

Come to an end – ختم ہونا
It was such a boring film that I thought it would never ***come to an end***.

Come to light – پتا چلنا
The conspiracy ***came to light*** at the right time and plotters were arrested.

Come up to – برابر ہونا
The profit from this deal with M/s Renuka Enterprise has not ***come up to*** my expectations.

Come up with – اعلیٰ خیالی ہونا
I must say you have ***come up with*** an excellent idea.

Commanding view – اونچائی سے دکھائی دینے والا منظر
Come, we can go up and get a ***commanding view*** of the harbour from the hill top.

Confirmed bachelor – نامزد کنوارا
Is he going to marry late or is he a ***confirmed bachelor***?

Corresponding to – ملتا جلتا ہونا
While digging in the field other day I found an old coin ***corresponding to*** the one shown in this picture.

Cover a lot of ground – تفصیل سے بتانا
In his very first lecture the professor ***covered***

(C)

Call a spade a spade – صاف صاف کہہ دینا
I'am not rude but at the same time I don't hesitate to ***call a spade a spade.***

Call to order – مجلس، مجلس کا آغاز کرنا
The chairman ***called*** the meeting ***to order***.

Capital crime – موت کی سزا جیسا گناہ
Murder is a ***capital crime***.

Capital idea – بہترین سوچ
Going on a picnic this Sunday is a ***capital idea***.

Capital punishment – موت کی سزا
The murderer was awarded ***capital punishment***.

Carry one's point – اختلاف ختم کرنا
In the beginning Mohan was slightly vague in his speech but gradually he succeeded in ***carrying his point***.

Carry the day – کامیاب ہونا، جیت جانا
The opener scored a century and ***carried the day***.

Cast about for – انتظار میں رہنا
He will ***cast about for*** an opportunity to take revenge on you.

Catch one's eye – متوجہ کرنا
I could not ***catch his eye***, else I would have greeted him.

Chicken-hearted fellow – ڈرپوک آدمی
A ***chicken-hearted fellow*** like you will never make a soldier.

Clear off – جانا، بھاگنا
Don't bother me? ***Clear off*** !

Close-fisted man – بخیل
Although having lot of money, he is a ***close fisted man.***

Close shave – بال بال بچنا
My car was just about to dash against the lamp post. It was quite a ***close shave.***

Cock and bull story – بناوٹی کہانی
Who would believe such a ***cock and bull story***?

Cold-blooded murder – بے رحمانہ قتل

are now a ***dead letter***.

Dead loss – قطعی پورا نہ ہونے والا نقصان

He invested quite a lot of money in paper business but it proved to be a ***dead loss***.

Dead of night – آدھی رات کو

The thief entered the house at ***dead of night***.

Dead silence – زبردست خاموشی

There was ***dead silence*** in the deserted house.

Dead tired – بہت تھکا ہوا

Having walked four miles I felt ***dead tired*** and immediately fell asleep.

Dish something out – بہت صفائی سے تنقید کرنا

He is a glib talker and very good at ***dishing out*** flattery.

Do a city – شہر میں سیر کر کے پرکشش مقامات دیکھنا

While I ***do the city*** you can relax in the hotel and watch the television.

Do away with – برباد کرنا

The murderer seems to have ***done away with*** the body.

Done to death – مار ڈالنا

The poor man was ***done to death*** by repeated lathi blows on the head.

Do well – ترقی کرنا، شہرت یافتہ

He is ***doing*** quite ***well*** in his new business.

Dog-eared book –

کتاب کے وہ مخصوص صفحات جو خاص توجہ کے لئے موڑ دئے جاتے ہیں

This ***dog-eared book*** suggests that you have read it carefully and marked the important pages.

Down and out – بے ہمت ہونا

He was without money and without food. In short, just ***down and out***.

Draw out a person –

کسی شخص کی خواہش کے برخلاف ہوشیاری سے جانکاری حاصل کرنا

For a long time he was reluctant to say anything, but in the end I managed to ***draw him out***.

Draw a line – حد طے کرنا

I can at the most give you one thousand rupees. And then I must ***draw a line***.

a lot of ground.

Creature comforts – جسمانی آرام کی اشیاء

Being rich he would equip his mansion with all ***creature comfort***.

Crocodile tears – بناوٹی آنسو

He shed ***crocodile tears*** at the loss incurred by his friend.

Crux of a problem – مسئلہ کا خاص پہلو

The ***crux of the problem*** is how we are going to raise the funds we require for this project.

Cry over spilt milk – بعد از وقت پچھتانا، خواہ مخواہ کی معذرت

In the beginning only, I had told you that was a bad bargain. It is no use ***crying over spilt milk*** now.

Curtain lecture – اکیلے میں بیوی کا شوہر کو ملامت کرنا

The henpecked husband had to endure a ***curtain lecture*** every night.

Cut a sorry figure – نااہل ثابت ہونا

When asked to make a speech he ***cut a sorry figure***.

Cut out for – لائق ہونا

Vikas is not ***cut out for*** army.

Cut to the quick – دل لگتی بات کہنا

Your reproaches ***cut*** him ***to the quick***.

(D)

Dance attendance on one – آگے پیچھے گھومنا

He ***danced attendance on*** her all the time, but she ignored him.

Day in, day out – روز روز

He worked ***day in, day out*** to pass his C.A. Examination.

Dead against – بالکل خلاف

Her mother is ***dead against*** her acting in the films.

Dead letter – گم شدہ خط

As there was no address on the letter it went to the ***dead letter*** office.

2. ملتوی قانون

Several enactments still on the statute book

I read this copy very carefully, but don't know how this mistake **escaped** my **notice**.

Escape one's lips – بول جانا

Never let that abusive word **escape** your **lips** again.

Every now and then – اکثر و بیشتر

We are very good friends and visit each other **every now and then**.

(F)

Fast living – عیش و آرام کی زندگی

Rich men's children generally like **fast living**.

Feather one's nest – ناجائز طریقے سے حاصل شدہ مال

The corrupt people are always busy **feathering** their **nests**.

Fed up with – تنگ آ جانا

I am **fed up with** this daily drudgery.

Feel up to – خود کو اہل پانا

Do you **feel up to** writing letters after a hard working day?

Fellow feeling – بھائی چارہ، اپنا پن

One should have **fellow feelings** for all.

Few and far between – بہت کم

His visits to our place are now **few and far between**.

Fight shy of – ٹالنا

I **fight shy of** air travel as it makes me sick.

Fill one in – جانکاری دینا

As Ramesh could not attend the meeting he asked me to **fill him in**.

Fish out of water – نامناسب حالات میں لوگوں کے درمیان رہنا

I felt like a **fish out of water** in the company of those scientists.

Flowery style – مسجع عبارت

Flowery style is not suited to every kind of writing.

Fly in the face of – جان بوجھ کر الٹا سلوک کرنا

Why should you recklessly **fly in the face of** danger?

Fly off at a tangent – بیچ میں کوئی غیر متعلق بات چھیڑنا

Drop a line – چھوٹا سا خط لکھنا

As soon as I get to Mumbai, I'll **drop** you **a line**.

Drop a subject – کسی موضوع پر مباحثہ بند کرنا

We don't seem to agree, so let us **drop** the **subject**.

Drop in on – ملنے جانا

Do **drop in on** me whenever you have the time.

Drop out of – چھوڑ دینا

He had to **drop out of** the race when his car broke down.

Dutch courage – شراب پی کر آنے والی جھوٹی بہادری

He showed a lot of **Dutch courage,** but got frightened as the drink wore off.

(E)

Ease someone out – پُر وجاہت برخاستگی

After the two companies merged, a number of their officers had to be **eased out**.

Easy come, easy go – بغیر کوشش حاصل ہونا، خرچ ہو جانا

He inherited great wealth but spent it all foolishly. It was a case of **easy come, easy go**.

Eat humble pie – غرور ترک کرنا، عاجزی کرنا

He used to boast about his intelligence. Now with such bad examination results he has to **eat the humble pie**.

Eat one's words – جملے واپس لینا

He was vehemently insisting on his point, but finally had to **eat his words**, when the truth came out.

Eat out – ہوٹل میں کھانا کھانا

When you **eat out**, what restaurant do you generally go to?

Elbow room – کام کرنے کی آزادی

He is a go-getter and needs just **elbow room** to succeed.

Err on the safe side –

دو متبادل میں نقصان نہ دینے والا، متبادل غلط ہو تو بھی قبول کرنا

To **err on the safe side**, I gave him fifty-five when he asked seventy pieces.

Escape notice – دھیان نہ جانا

with these days are just **fair weather friends**.

Fall a prey to – ٹھگ جانا

The innocent man **fell a prey to** the designs of the cheat.

Fall back upon – کسی چیز کا سہارا لینا

If I don't do well as a businessman I'll have to **fall back upon** my old profession of journalism.

Fall behind in – پچھڑ جانا

He fell ill and had to miss his college for a month. As a result he **fell behind in** his studies.

Fall foul of – کسی سے دشمنی مول لینا

If this new clerk continues with his criticism like this he will soon **fall foul of** the manager.

Fall in with – متفق ہونا

He found my plan very profitable and so readily **fell in with** it.

Fall out of use – غیر مستعمل

As a language grows new words are added and many old ones **fall out of use**.

Fall out with – جھگڑا کرنا

It is indeed sad to see that you have **fallen out with** your best friend.

Fall to one's lot – نصیب میں ہونا

I **fell to my lot** to become a writer.

Fall to work – کام شروع کرنا

He **fell to work** with enthusiasm and completed the job in an hour.

Family likeness – خاندانی مشابہت، خاندانی برابری

There is a **family likeness** between the two cousins.

Family tree – شجرہ

Our **family tree** is rooted in eighteenth century.

Fan the flame – کسی بری عادت کو بڑھاوا دینا

Although outwardly he professed loyalty, in secret he was **fanning the flame** of sedition.

Fancy price – بہت زیادہ قیمت کا ہونا

He has recently bought an imported TV set at a **fancy price**.

(G)

Gain ground – دھیرے دھیرے ترقی کرنا

Stick-to the point. Don't **fly off at** a tangent.

For good – ہمیشہ کے لئے

He proposes to leave India **for good**.

For long – بہت وقت کے لئے

I cannot go on with this boring work **for long**.

Force one's hand – دل کی بات ظاہر کرنے کے لئے مجبور کرنا

I **forced his hand** to learn the real motive behind his plan.

Forty winks – بہت تھوڑی دیر کے لئے جھپکی لینا

After lunch I must have my **forty winks**.

Fill in for – کسی کی جگہ لینا

Our manager has not been keeping well. So, I have **filled in for** him.

For the time being – کچھ وقت کے لئے

For the time being, I am staying at a hotel, but I propose to rent a flat shortly.

Freelance – آزاد صحافی

He is a **freelance** and contributes to several papers and magazines.

French leave – ہنگامی چھٹی

The boss is angry with him for taking **french leave**.

Fresh lease of life – تجدید کاری

The heart patient was almost dying. But now through the relentless efforts of the doctor, he has got a **fresh lease of life**.

Fringe benefits – تنخواہ کے علاوہ ملنے والا فائدہ

His salary is small, but he gets good **fringe benefits**.

Face up to – کسی ناگوار بات کو قبول کرنا

You have to **face up** the fact that you are not capable of handling this job.

Fair play – منصفانہ برتاؤ

I know him well and can count on his sense of **fair play**.

Fair sex – عورت ذات

She was the only representative of the **fair sex** at the meeting.

Fair weather friend – مصیبت میں ساتھ نہ دینے والا دوست

Most of the people you are associating

318

Naresh and I ***get on with*** each other quite well.

Get out of – باہر نکل جانا

Sita is a very affectionate mother and does not let her children ***get out of*** her sight.

Get out of line – اقدار توڑنا

The headmaster warned unruly Gopal that he would be expelled if he ***got out of line*** in future.

Get rid of – چھٹکارا پانا

Don't ask what all I had to do to ***get rid of*** a bore like Vinay.

Get the better of – فتح حاصل کرنا، مات کرنا

He easily ***got the better of*** her in the argument.

Get the sack – نوکری سے ہٹایا جانا

He is thoroughly incompetent and I know that one day he will ***get the sack***.

Get the upper hand – مات کرنا، فوقیت حاصل کرنا

It was a keenly fought match, but in the end I ***got the upper hand.***

Get through with – کام پورا کرنا

When will you ***get through with*** your homework?

Get wind of – راز کا پتا لگانا

There was a well-guarded conspiracy, but somehow the government ***got wind of it***.

Get word – پیغام ملنا

I ***got word*** that my brother had suddenly become ill.

Gift of the gab – فن تقریر

He has a ***gift of the gab*** and can hold his audience spellbound.

Give a break – موقع دینا

Considering the fact that it was his first offence the judge ***gave him a break*** and let him off only with a warning.

Give a piece of mind – کوسنا

He is so negligent in his work that I had to ***give*** him ***a piece of my mind***.

Give a ring – ٹیلیفون کرنا

I'll ***give*** you ***a ring*** as soon as I get there.

Give a wide berth – ٹالنا، دور رکھنا

India lost the first two matches, but began to ***gain ground*** gradually.

Game is not worth the candle –

تکلیف کی حالت میں مناسب فائدہ نہ ہونا

If you have to send your article to a dozen editors to get it published, I must say that the ***game is not worth the candle***.

Get ahead of – آگے نکل جانا

Ram has ***got ahead of*** Shyam in mathematics.

Get all dolled up – بہت سج دھج کر تیار ہونا

She ***gets all dolled up*** when she gets ready to go to parties.

Get along with – دوستانہ رہنا

He has the knack for ***getting along with*** all sorts of people.

Get away with – برا کام کر کے سزا سے بری رہنا

You can't cheat me like that and ***get away with*** it.

Get by heart – زبانی یاد کرنا

Have you ***got*** the whole poem ***by heart***?

Get down to – کام مستعدی سے شروع کرنا

Now as we have had an hour's rest let us ***get down to*** business.

Get even with – بدلہ لینا

The other day Arun made a fool of Anil. And Anil wants to ***get even with*** him.

Get hold of – مطلب سمجھ پانا

I was quite far from the stage and couldn't ***get hold of*** what the speaker was saying.

Get into a soup – جھنجھٹ میں پڑنا

You will ***get into a soup*** if you neglect your studies like this.

Get into the swing of things – نئی حالت میں گھل مل جانا

Many of the Indian students don't take long to ***get into the swing of things*** in the U.S.A.

Get on one's nerves – تنگ کرنا

She talks so much that she ***gets on my nerves***.

Get on with – کام چالو کرنا

Get on with your work.

2. ساتھ ہونا

to serve his motherland.

Go through with – کوئی کام آخر تک کرتے رہنا
Do you have the determination enough to *go through with* this job?

Go to law – قانون کا سہارا لینا
In the western countries people *go to law* on very petty issues.

Go to rack and ruin – برباد ہونا
The government must do something to save this sick sugar mill from *going to rack and ruin*.

Go to town – کوئی کام دھیان سے کرنا
The interior decorator *went to town* on my flat and made it like a palace.

Go without saying – واضح ہونا
It *goes without saying* that honesty pays in the long run.

Going concern – اچھی طرح سے چلنی والی تجارت
He has expanded his business and it is now a *going concern*.

Golden mean – بیچ کا راستہ
We shall not go to the extremes, rather find a *golden mean* between the two.

Golden opportunity – بہت معقول حالت، سنہرا موقع
It was a *golden opportunity* for me to show my mettle.

Good deal – بہت زیادہ، بہت مقدار میں
This sofa set has cost me a *good deal* of money.

Good hand – ماہر
She is quite a *good hand* at knitting.

2. اچھی لکھاوٹ
You have a *good hand*.

Good humour – پرمسرت
He has got a promotion today, so he is in *good humour*.

Good offices – مدد سے
This dispute between the two countries can be resolved only through the *good offices* of the Irrigation Ministers.

Green room – پس پردہ، مقام رقص و سرود

He is not to be trusted. You should always *give him a wide berth*.

Give chapter and verse – ثابت ہونا
I can *give* you *chapter and verse* for every statement I am making.

Give currency to – پھیلانا، ظاہر کرنا
Many new words in English have *got currency* of late.

Give into – مان لینا، متفق ہونا
He *gave into* her wishes.

Give quarter – ہمدردی دکھانا
The conqueror *gave* no *quarter* to the defeated.

Give the go by – بھولنا، ٹالنا
There are many old religious practices to which we have now *given the go by*.

Give the slip – چکمہ دے کر بھاگ جانا
As the thief saw the policeman he *gave* him *the slip* by getting into a nearby lane.

Give to – لت
I was sorry to see that he was *given to* heavy drinking.

Go a long way – کافی حد تک مناسب ہونا
This amount will *go a long way* in defraying your trip's expenses.

Go hand-in-hand – ساتھ ساتھ چلنا
Going hand-in-hand with this expansion programme of the company is a massive plan of modernisation.

Go in for – دلچسپی لینا
What sports do you *go in for*.

Go off the deep end – جلدی سے کچھ کر بیٹھنا
Think with a cool mind. There is no need to *go off the deep end* and act foolishly.

Go through channels – مناسب راستے سے
You will have to *go through the channels* if you want your representation for promotion to be considered.

Go through fire and water – کوئی بھی خطرہ مول لینا
A patriot is ready to *go through fire and water*

320

He can be very funny if he ***has a mind.***

Have a thing at one's finger tips – مکمل طور پر معلوم ہونا

He has the Maratha history ***at his finger tips.***

Have an easy time of it – آرام ہونا

As long as Mr. Rao was there as the manager, the staff had ***an easy time of it,*** but now things have changed.

Have another guess coming – غلط ہونا

If you think I'll be with you in this mischief, you ***have another guess coming.***

Have been to – کسی جگہ کو ہو آنا

Have you been to Mumbai of late.

Have clean hands – بے گناہ پانا

You can't suspect him of taking bribe. I am sure his ***hands are clean.***

Have in hand – کوئی کام ہاتھ میں ہونا

What job do you ***have in hand*** at present?

Have it out with – جھگڑا کرنا

I am sure he has cheated me and I am going to ***have it out with him.***

Have an eye on a thing – کسی چیز پر نظر رکھنا

Be content with what you have. Don't ***have an eye on others' things.***

Have one's hands full – کسی کام میں مشغول ہونا

Please do not ask me to do anything more, my ***hands are already full.***

Have one's heart set on – بہت خواہش رکھنا

Ever since he had heard of accounts of the U.S.A. from his brother he ***has his heart set on*** going abroad.

Have one's way – اپنی ہی بات رکھنا

Little children must ***have their way*** in everything.

Have the right ring – ٹھیک محسوس ہونا

The statesman's speech about the problem ***had the right ring about it.***

Have too many irons in the fire – ایک ہی ساتھ کئی کام کرنے کی کوشش کرنا

Beware of your health breaking down under the strain of overwork; I think you ***have too***

After the play was over I went to the ***green room*** to see the hero.

Grow grey – ایک ہی کام میں زندگی گزارنا

Prasad began working at the age of twenty and has ***grown grey*** in the same office.

Grow out of – عمر بڑھنے کے ساتھ کوئی عادت چھوٹنا

As a child he used to stutter, but now has ***grown out of*** it.

(H)

Hall mark – چھاپ، پہچان، بہترین یادگار

He is generally a good painter, but Batik painting is one of his ***hall marks.***

Hammer and tongs – بڑے زور زور سے

The opposition went for the government's policies ***hammer and tongs.***

Hang by a thread – بہت نازک حالت میں ہونا

Naresh has been badly injured in the train accident and he is still ***hanging by a thread.***

Hang fire – دیر ہونا

This matter had been ***hanging fire*** for more than a month.

Hard-boiled – تجارت کے آگے جذبات کی قربانی

He is a ***hard-boiled*** businessman.

Hard of hearing – کچھ حد تک بہرا

You will have to speak a little louder, as Mr. Rao is ***hard of hearing.***

Hard up – روپے کی تنگی ہونا

Ever since he has left his job, he has been quite ***hard up.***

Haul over the coals – مذمت کرنا

The boss ***hauled him over the coals*** for his insubordination.

Have a brush with – تھوڑی سی اَن بَن ہونا

Our union's president ***had a brush with*** the general secretary in a meeting last week.

Have a finger in the pie – کسی چیز میں حصہ لینا

Why should you be so interested in what he is being paid? Do you ***have a finger in the pie?***

Have a mind – راضی ہونا، دل کرنا

Hold out against – مقابلہ جاری رکھنا

Although our force was small we **held out against** a large number of enemies.

Husband one's resources –
کسی آڑے وقت کے لئے چیز بچا کر رکھنا

We were careful to **husband our resources** for our journey across the desert.

Hush money – رشوت

A lot of **hush money** passed between the minister and his favourite business house.

(I)

Idle compliment – جھوٹی تعریف

Although he praised my work yet I knew it was an **idle compliment**.

In a bad way – صحت قابلِ فکر ہونا

Rajiv had an accident yesterday and now he is **in a bad way**.

In a body – سب مل کر

The boys went **in a body** to the headmaster to request him to declare a holiday on account of their winning a cricket match.

In a fair way – اچھی امید ہونا

The doctor thinks that Ramesh is **in a fair way** to recovery.

In a fix – کشمکش میں پڑنا

I could not decide whether to leave or stay, I was **in a fix**.

In a mess – مشکل میں پڑنا

Do your work properly, else you'll get **into a mess**.

In a person's good books – کسی کا پیارا ہونا

Ram is a bright boy and naturally **in his teacher's good books**.

In a temper – غصے میں ہونا

The boss seems to be **in a temper** today.

In a word – مختصر میں

In a word he doesn't care for your company.

In an instant – ایک ہی لمحہ میں

In an instant the panther leapt onto its prey.

many irons in the fire.

Help oneself to – خود لے لینا

Please **help yourself to** whatever you would like to have.

Henpecked husband – زن مرید

Prakash is known among his friends as an **henpecked husband**.

Herculean task – بہت مشکل کام

Preparing such a big report in such a short time was indeed a **herculean task**.

Hide one's light under a bushel – خوبی چھپا کر رکھنا

To keep such a learned man in his present obscure position is like **hiding his light under a bushel**.

High and low – ہر جگہ

I searched for my pen **high and low**.

High-flown style – اعلیٰ رنگ ڈھنگ

He has a **high-flown style** which does not cater to masses.

High living – عیش و آرام کی زندگی

Many diseases are brought on by **high living**.

High noon – دوپہر

At **high noon** during summer in Delhi, people generally keep indoors.

High time – ٹھیک وقت پر ہونا

It is **high time** to get up.

Hit it off – گھل مل جانا

She and her husband do not seem to **hit it off**.

Hit the nail on the head – صحیح بات کہنا

The reviewer **hit the nail on the head** when he wrote that the main shortcoming of the book was the author's ignorance of the subject.

Hold on to – مضبوطی سے پکڑے رہنا

He **held on to** the rope for fear of falling.

Hold one's own – اپنا مقام قائم رکھنا

Will you be able to **hold your own** in front of a great player like him?

Hold one's tongue – خاموش رہنا

She talked so much that I had to ask her to **hold her tongue**.

Iron hand – سختی

The despots usually rule their kingdom with an *iron hand*.

Iron will – پر جوش خواہش

Sardar Patel is known as a man of an *iron will*.

(J)

Jack of all trades – ہر فن مولا

Anand is a *jack of all trades* and master of none.

Jail bird – بار بار جیل جانے والا ملزم

He being a notorious *jail bird* the judge did not show any mercy to him.

Join in with – حصہ لینا

We requested him to *join in with* us, but he preferred to act independently.

Jaundiced eye – یرقان زدہ نگاہ

Don't look at the proposal with a *jaundiced eye*.

Jump to a conclusion – جلد بازی میں نتیجہ اخذ کرنا، پورا غور نہ کرتے ہوئے

Don't *jump to the conclusion* that Ravi does not care for you only because he could not help you this time.

Just the thing – بالکل صحیح

You are being critical but in my opinion Arun's appointment to this post is *just the thing*.

(K)

Keep a thing to oneself – راز نہ کھولنا

I knew he did not mean what he was saying, so I *kept the whole thing to myself*.

Keep an eye on – نگرانی رکھنا

Please *keep an eye on* my suitcase while I buy my ticket.

Keep body and soul together – زندہ رہنا

His income is just enough to *keep his body and soul together*.

Keep company with – صحبت

If you *keep company with* bad people you will automatically acquire bad habits.

Keep good time – ٹھیک وقت بتانا

In all – سب ملا کر

In all there were thirty students in the class.

In a bad taste – غیر مناسب، نامبارک

You should not have criticised him so viciously. It was *in a bad taste*.

In course of time – وقت کے ساتھ، وقت گزرنے پر

In course of time the little boy grew into a fine young man.

In keeping with – مطابق

I knew he would help you. This is *in keeping with* his character.

In one's element – موافق حالات میں

Everyone at the party laughed at his jokes and I could see that he was *in his element*.

In one's line – پیشے کے مطابق ہونا

He writes quite well. After all this is *in his line*.

In one's teens – عالم شباب میں

Some girls get married while still *in their teens*.

In the air – کسی خبر کی افواہ اڑانا

It's *in the air* that he is going to become a minister.

In the chair – صدر کے عہدہ پر

Who was *in the chair* at the meeting?

In the doldrums – ترقی رک جانا

On account of trade recession his business is *in the doldrums* for more than a year.

In time – وقت پر

Did you reach office *in time*?

In the long run – آخرکار، آخر میں

You will find that he proves to be your best friend *in the long run*.

In the van – سب سے آگے

Kalidas will always be *in the van* of Sanskrit poets.

In vain – بیکار

All efforts of the doctor went *in vain* and the patient could not be saved.

Ins and outs – پوری تفصیلات

Only Prakash knows the *ins and outs* of this affair.

wonder how come he has ***kicked this habit***.

Kick something around – کسی درخواست پر غور کرنا

They will first ***kick around with*** many proposals and then finally settle on one.

Kill two birds with one stone – ایک ہی وقت میں دو کام کرنا

While in New Delhi I'll call on a friend and also do some shopping. Thus, I'll ***kill two birds with one stone***.

Knock off – کوئی کام ختم کرنا

He did not take long to ***knock off*** the work.

Know by sight – شکل سے پہچانا

Although I haven't been introduced to our new neighbour, yet I ***know him by sight***.

Knowing look – معنی خیز نظر

He gave me a ***knowing look***, when I said I was busy in the evening.

(L)

Laid up with – بیمار ہو کر بستر پر پڑے رہنا

He was out in the rain yesterday and now is ***laid up with*** cold and fever.

Lame excuse – بے کار کا بہانا

Whenever Virendra is late for office he gives some ***lame excuse***.

Land on one's feet – کسی خطرے سے بچ نکلنا

It was dangerous dive in the air, but he finally ***landed on his feet***.

Laugh in one's sleeve – دل ہی دل ہنسنا

He was wearing a funny dress at the party and everyone was ***laughing in his sleeve***.

Laughing stock – ہنسی مذاق کا نشانہ بننا

He talked nonsense and made himself the ***laughing stock*** at the party.

Lay bare – راز کھولنا

I can't rest until I've ***laid bare*** this conspiracy.

Lay down the law – حکم چلانا

In his house his wife ***lays down the law***.

Lay hands on – زبردستی پکڑنا

The bandit ***laid hands on*** the poor travellers.

Lay one's hand on – ضرورت کی چیز کا مل جانا

My watch always ***keeps good time***.

Keep in mind – نہ بھولنا

Please ***keep in mind*** that you promised to phone her this evening.

Keep in the dark – جانکاری نہ دینا

Why did you ***keep me in dark*** about your illness.

Keep in touch with – باخبر رکھنا، تعلق بنائے رکھنا

He promised to ***keep in touch with*** us while he was abroad.

Keep late hours – دیر تک جگے رہنا

If you ***keep late hours***, you will ruin your health.

Keep on with – حواس نہ کھونا، ہنگامی حالت میں ہمت رکھنا

I asked him to check these proofs and he has ***kept on with*** it for the last four hours.

Keep one's head – ہنگامی حالات میں حوصلہ رکھنا

When I saw a thief enter the room, I ***kept my head*** and bolted the door from outside.

Keep out of the way – دور رکھنا

Keep selfish people like Govind ***out of the way***.

Keep pace with – ساتھ ساتھ، اسی رفتار سے

Jeewan is really fast in Mathematics. I cannot ***keep pace with*** him.

Keep someone at arm's length – پاس پھٹکنے نہ دینا

He is a cheat so I take care to ***keep him at arm's length***.

Keep the wolf from the door – غربت سے لڑنا

The poor man found it hard to ***keep the wolf from the door***.

Keep to the house – گھر سے باہر نہ جانا

He has not been keeping well of late so he ***keeps to the house***.

Keep track of – نوٹ کر کے رکھنا

We are going to ***keep track of*** all our expenses while we are in the U.S.A.

Keep up with – اسی رفتار سے چلنا

Ram walks so fast that it is difficult to ***keep up with*** him.

Kick a habit – عادت چھوڑ دینا

He used to be quite a heavy smoker. I

Thousand rupee notes are not ***legal tender*** any more.

Lend a hand – امداد کرنا

Let us all ***lend him a hand*** in carrying these books to the basement.

Lend one's ear – دھیان سے سننا

Friends, *lend* ***me your ears.***

Let bygones be bygones – گزری ہوئی باتیں بھول جانا

We are now friends, so let ***bygones be bygones.***

Let fly – زور سے پھینکنا

The boy ***let fly*** a stone in the direction of the dog.

Let go of – چھوڑ دینا

Don't ***let go of*** the rope until I tell you.

Let loose – کھلا چھوڑنا

The dogs were ***let loose*** on the running thief.

Let the cat out of the bag – بھید کھولنا

Ramesh ***let the cat out of the bag*** when he said Renu was just pretending to be ill because she did not want to go to school.

Let the grass grow under your feet – کسی کام میں بے حد تاخیر کرنا

Do this work quickly; don't ***let the grass grow under your feet.***

Lie in one's power – اختیار میں ہونا

I will do whatever ***lies in my power*** to get you the job.

Lie in wait for – انتظار میں رہنا

The tiger hid and ***lay in wait for*** its prey.

Light-fingered gentry – پاکٹ مار

As he reached his trousers' pocket for his wallet, he realised that he had fallen a victim to the ***light-fingered gentry.***

Light reading – ہلکا ادب

I think I'll do some ***light reading*** during train journey to pass time.

Light sleeper – آسانی سے جاگ جانے والا شخص

I am a ***light sleeper*** and even a slight sound can wake me up.

I hope I'm lucky to ***lay my hand on*** the history book I'm looking for.

Lay oneself open to – خود کو خطرے میں ڈالنا

Fault finders ***lay themselves open to*** attack if they make a slip anywhere.

Lay up for a rainy day – مشکل وقت کے لئے انتظام رکھنا

Don't spend your money so lavishly. You should ***lay up something for a rainy day.***

Lay waste – برباد کرنا

During World War II many cities in Europe were ***laid waste*** by continuous bombardment.

Lead a charmed life – بڑے بڑے خطروں سے بچ نکلنا

I wonder how he has come out unscathed from this dangerous mission. He seems to be ***leading a charmed life.***

Lead a person a dance – کسی کو ضرورت سے زیادہ تکلیف دینا

Why don't you pay him his dues instead of ***leading him a dance***?

Lead by the nose – کسی کو اپنے حکم کے تابع رکھنا

He is quite a henpecked husband and is ***led by nose*** by his wife.

Leading question – جن کا جواب سوال ہی میں پنہاں ہے

The lawyer asked the witness many a ***leading question.***

Leave in the lurch – مشکل میں ساتھ چھوڑ دینا

He stood by me as long as all was well but ***left me in the lurch*** the moment he sensed danger.

Leave much to be desired – خواہش کے مطابق نہ ہونا

The arrangements they made for the function ***left much to be desired.***

Leave the beaten track – گھسی پٹی لکیر سے ہٹنا

This author had ***left the beaten track*** and suggested a fresh look on the age-old problem of casteism.

Leave to oneself – اکیلا چھوڑنا

At times I prefer to be ***left to myself.***

Left-handed compliment – الٹا معنی نکلنے والی تعریف

It is no ***left-handed compliment.*** You really acted very well.

Legal tender – سرکاری منظور شدہ

car.

Look up to – عزت کرنا

When Gandhiji was alive everybody used to ***look up to*** him.

Lord it over – حکومت کرنا

Try to be independent. Don't let others ***lord over you.***

Lose ground – پچھڑ جانا

To begin with, he was ahead of others in the race; but later he ***lost ground.***

Lose heart – حوصلہ کھونا

Don't ***lose heart***, everything will be all right in due course.

Lose one's cool – جذباتی ہونا

One should not ***lose one's cool*** even in the most difficult situation.

Lose one's head – حوصلہ کھو بیٹھنا

You are, of course, in fix but still you must not ***lose your head***.

Lose one's touch – مشق نہ رہنا، پہلے جیسی مہارت نہ رہنا

I'm afraid I will not be able to play well anymore; I seem to have ***lost my touch***.

Lose one's way – راستہ بھولنا

We had gone for hunting, but while returning, ***lost our way*** in the woods.

(M)

Maiden name – شادی شدہ عورت کا شادی سے قبل کا نام

What is the ***maiden name*** of Mrs. Kapur?

Maiden speech – پہلی تقریر

The new M.P. of our area promised to bring electricity in our town in his ***maiden speech***.

Make a clean breast of something – سب کچھ بتا دینا

The accused ***made a clean breast of everything***.

Make a hash – گڑبڑ گھوٹالہ کر دینا

Don't meddle in my cooking, you will ***make a hash*** of everything.

Make a mountain of a molehill – چھوٹی سی بات کو بڑھا چڑھا کر پیش کرنا

Lion's share – بہت بڑا حصہ ہونا

The ***lion's share*** of his profit was appropriated by his financier.

Little by little – دھیرے دھیرے

His health is improving, but ***little by little***.

Live from hand to mouth – مفلسی میں گزارا کرنا

Majority of Indian population ***lives from hand to mouth.***

Live it up – عیش و آرام کی زندگی گزارنا

The rich man's son went to America and ***lived it up.***

Live up to – قول کا خیال رکھنا

Kuldip had great expectations of his son but he did not ***live up to*** them.

Long and short – مختصر میں

The ***long and short*** of what I have to say to you is that you are inefficient.

Long winded – لمبی تقریر

The audience visibly appeared bored with his ***long winded*** speech.

Look a gift horse in the mouth – ملے ہوئے تحفہ کی تحقیر کرنا

You should not say that the book Mohan has gifted you is rubbish, it is improper to ***look a gift horse in the mouth***.

Look back on – یاد کرنا

It is usually pleasant to ***look back on*** the childhood memories.

Look daggers at someone – کسی کو بہت غصے سے گھورنا

What have I done? Why are you ***looking daggers at me***?

Look down upon – حقیر سمجھنا، نفرت کرنا

We should not ***look down upon*** him just because he is poor.

Look every inch – پوری طرح، مکمل طور پر، صحیح صحیح لگنا

He ***looks every inch*** a king.

Look forward to – بیتابی سے انتظار کرنا

We are all ***looking forward to*** your visit to Mumbai.

Look out for – کھوج میں ہونا

I am on the ***look out for*** a good second hand

When business was good he worked hard and made money, he believes in ***making hay while the sun shines***.

Make it up with – صلح کرنا

I had quarrelled with Ram yesterday, but now I have ***made it up with*** him.

Make light of – زیادہ اہمیت نہ دینا

Although Naresh had committed a serious mistake in the ledger, yet he tried to ***make light of*** it.

Make much ado about nothing –

چھوٹی سی بات کا بہت شور مچانا

I am only five minutes late, so don't ***make much ado about nothing***.

Make much of – بہت اہمیت دینا

Every mother ***makes much of*** her children.

Make neither head nor tail – کچھ بھی سمجھ میں نہ آنا

He was so confused that I could ***make neither head nor tail*** of what he said.

Make no bones about – کسی بات کو صاف صاف کہہ دینا

She ***made no bones about*** her distaste for mathematics.

Make off with – چوری سے لیکر بھاگ جانا

The thief ***made off with*** a thousand rupees.

Make one fire – حوصلہ مندانہ کام کرنا

I am amazed at your capacity for hard work and I wonder what ***makes you fire***.

Make his mark – خوبیوں کا صلہ

It did not take him long to ***make his mark*** at the college.

Make their mouth water – منہ میں پانی بھرنا

As I was hungry the sight of cakes ***made my mouth water***.

Make his way – غیر موافق حالات میں دھیرے دھیرے ترقی کرنا، آگے جانا

I ***made my way*** through the great crowd.

Make oneself at home – اپنا ہی گھر سمجھ کر بغیر ہچک استعمال کرنا

Please ***make yourself at home***, there is no need to be formal.

Make oneself scarce – چلے جانا

Don't trouble me, ***make yourself scarce***.

This job will not take you more than a few minutes, so don't ***make a mountain of a molehill***.

Make a living – زندگی گزارنا

In India it is difficult to ***make a living*** as an artist.

Make a point – کوئی کام یقینی طور پر کرنے کا ارادہ رکھنا

I ***make it a point*** of buying a new book every month.

Make a virtue of necessity

کوئی ناموافق کام مجبوری میں کرنا لیکن اس کو احساسِ ذمہ داری سے نبھانا

Knowing that the landlord was about to drive him out he vacated the house himself, thus ***making a virtue of necessity***.

Make an example of – مثال دینا، ملنا

I must ***make an example of*** behaving in the same rude manner as he does with others.

Make amends for – نقصان پورا کرنا

By his good deed today he had ***made amends for*** past misbehaviour.

Make away with – چوری سے بھاگ جانا

The thief ***made away with*** a thousand rupees.

Make believe – یقین دلانا

The little girl ***made believe*** that she was a princess.

Made bold to –

جس کو کرنے کے لئے ہمت مردانہ کی ضرورت ہو ایسا کام کرنا

We ***made bold to*** call directly on the minister to present our memorandum of demands.

Make both ends meet – کم آمدنی میں گزارا کر پانا

In a poor country like India a lot of people find it difficult to ***make both ends meet***.

Make common cause with – کسی کام میں کسی کی مدد کرنا

I will ***make common cause with*** you in your efforts to eradicate the evil of casteism from the country.

Make fun of – کسی کا مذاق اڑانا

Anita had made a very funny hairdo for the party and everybody ***made fun of*** it.

Make hay while the sun shines –

حالات کی سازگاری کا فائدہ اٹھانا

young.

Milk of human kindness – ہمدردی کا جذبہ

She is full of the ***milk of human kindness***.

Mind one's own business –

دوسروں کے کام میں دخل نہ دینا، اپنا ہی کام کرنا

Mind your own business; don't interfere in my personal affairs.

Miss the boat – موقعہ کھونا

It was a golden opportunity for him to make a profit, but choosy as he is, he ***missed the boat***.

Moot point – اختلافی موضوع

Whether school children should be given sex education or not is a ***moot point***.

Move heaven and earth – کسی کام کے لئے بہت زیادہ کوشش کرنا

He will ***move heaven and earth*** to find out about the murderer.

(N)

Naked eye – ننگی آنکھ سے، کھلی آنکھ

You cannot look straight at the sun at noon with ***naked eye***.

Narrow escape – بال بال بچنا

No sooner did we run out of the burning house than it collapsed. It was indeed a ***narrow escape***.

Never mind – کوئی بات نہیں، تکلیف کرنے کی کوئی ضرورت نہیں ہے

Never mind, if you cannot arrange for the books I had asked for.

Next to nothing – قریب قریب کچھ بھی نہیں

The children have eaten the entire loaf of bread and there is ***next to nothing*** left.

Nine days wonder – چار دن کی چاندنی

Many a scientific inventions have proved just ***nine day's wonders***.

Nip in the bud – شروع ہی میں ختم کر دینا

The government ***nipped the*** revolt ***in the bud***.

No love lost between – ان بن، دشمنی ہونا

Although Mr. Sharma and Mr. Verma do not quarrel openly there is ***no love lost between*** them.

Make short of – جلد ختم کر دینا

Our lawyer was quite smart and ***made short of*** the defence counsel's arguments.

Make the best of – غیر موافق حالات کو خوشی سے جھیلنا

If we cannot find a larger apartment we will continue living here and ***make the best of*** what we have.

Make the best of a bad bargain –

مایوس کن حالات کا ہر ممکن فائدہ اٹھانا

As the cloth was little damaged, I got it very cheap, thus ***making the best of a bad bargain***.

Make up for – نقصان پورا کرنا

You will have to ***make up for*** the loss you have caused.

Make up one's mind – فیصلہ کرنا، سوچ کر کام کا لائحہ عمل طے کرنا

Have you ***made up your mind*** about my proposal to go to Simla this summer?

Make up to – خوشامد کرنا

Ramkrishan has been ***making up to*** the manager in the hope of a promotion.

Man in a thousand – ہزاروں میں ایک

I like Ramesh very much; in my opinion he is a ***man in a thousand***.

Man in the street – عام آدمی / رنائب

The critics praised him as a great author, but the ***man in the street*** did not think much of him.

Man of letters – ادیب

He started writing at a very young age and is now an acknowledged ***man of letters***.

Man of parts – مختلف خصوصیات والا شخص

He is a singer, a dancer and a musician; in short, a ***man of parts***.

Man of straw – ناقابل اعتبار شخص

Gulzar is a ***man of straw***. You cannot possibly rely on him.

Meet one half way – سمجھوتہ کرنا

I cannot accept, but I am prepared to ***meet one half way***.

Middle age – چالیس سے ساٹھ کی درمیانی عمر

Although he is ***middle aged***, yet he looks quite

He tried to trick me, but I was ***on my guard***.

On one's last legs – ختم ہونے کی تیاری میں ہونا

The hotel project is ***on its last legs*** now.

On purpose – جان بوجھ کر

I suspect he made that mistake ***on purpose***.

On the alert – ہوشیار

The commander asked the guards to be ***on the alert***.

On the double – دوڑ کر، ایکدم، جلدی

Double up to your quarters, soldiers.

On the eve of – کسی کام کا وقت آ پہونچنے پر

On the eve of his marriage, he fell ill.

On the look out – تلاش میں، ہوشیار، خبردار رہنا

The police inspector asked all constables to be ***on the look out*** for the thief.

On the spot – جائے وقوع پر، ابھی، اسی وقت

During police firing one man died ***on the spot***.

On the wane – اثر کم ہوتے جانا

The British Empire's influence is now on ***the wane***.

On the whole – عام طور پر

I have slight doubts about certain things but ***on the whole*** I agree with you.

On time – وقت پر

Did you reach office ***on time*** today?

Once and for all – آخری بار یقینی طور پر

I am warning you ***once and for all*** to mend your ways.

Once in a while – کبھی کبھی، ایک آدھ بار

Earlier I used to see a film every Sunday, but now I go only ***once in a while***.

Once upon a time – قدیم زمانہ میں (کسی وقت)

Once upon a time there was a king, who was very powerful.

One and all – سب کے سب

The soldiers ***one and all*** were drunk.

Open fire – گولی چلانا شروع کرنا

As the enemy approached, we ***opened fire***.

Open-handed man – شاہ خرچ

He is an ***open-handed man*** and will certainly

No matter – کچھ بھی ہو تو بھی

No matter where the thief tries to hide, the police will find him out.

Not fit to hold a candle – نچلے درجے کا ہونا

Most of the English dramatists are ***not*** even ***fit to hold a candle*** to Shakespeare.

Not on your life – بالکل نہیں

I asked Ashok if he was interested in joining politics and he retorted: " ***not on your life*** ".

Not worth his salt – نالائق آدمی

I had employed him as he had brought good certificates, but I soon found out that he was really ***not worth his salt***.

Now and then – کبھی کبھی

I don't often fall ill, but ***now and then*** I do catch cold.

Null and void – بے کار

This offer is open for six months, after which it will become ***null and void***.

(O)

Of a piece – برابر، اس جیسا

Ram and Shyam are ***of a piece*** in their general conduct.

Of late – آج کل

Of late many girls have started dressing like boys.

Off and on – کبھی کبھی، غیر یقینی طور پر

He drops in ***off and on*** for a chat with me.

Off one's head – عقل ماری جانا

How can you say I won't help you? Are you ***off your head***?

Oily tongue – خوشامدی زبان

I have seen many people falling prey to his ***oily tongue***.

On edge – بیچین ہونا

Expecting his examination result any moment he was ***on an edge*** throughout.

On one's guard – ہوشیار، خبردار

I had to take a taxi because my car was ***out of order***.

Out of pocket – خالی ہاتھ

I'm sorry I cannot lend you any money as I am ***out of pocket*** myself.

Out of sight, out of mind – کوئی چیز یا کوئی کام سامنے نہ ہونے سے بھول جانا

Even when I was in Mumbai I remembered you always, it was not a question of ***out of sight*, out of mind.**

Out of sorts – طبیعت ٹھیک نہ ہونا

I feel ***out of sorts*** today.

Out of step – بے وقت یا غیر متعلق

Your remark is quite ***out of step*** in what we are discussing.

Out of temper – غصے میں ہونا

Be on your guard, the boss seems to be ***out of temper*** today.

Over and over – بار بار

He is such a dull boy that I have to explain to him the same thing ***over and over***.

Over head and ears – دل وجان سے چاہنا

He is ***over head and ears*** in love with her.

Over night – رات بھر، رات میں

It's quite late, why don't you stay here ***over night***?

Over and above – اسکے علاوہ

Over and above this consideration, there is another I wish to mention.

Over one's head – سمجھ میں نہ آنا

The speech of chairman was so pedantic that it went ***over the heads*** of the audience.

(P)

Part and parcel – ایک ہی چیز کا حصہ ہونا

Every person is ***part and parcel*** of the society.

Passing strange – تعجب خیز

Rakesh has turned out to be a spy for the enemy! It's ***passing strange***.

Pay one back in his own coin – جیسے کو تیسا

help you with money.

Open-hearted man – کھلے دل کا آدمی

He is an ***open-hearted person*** and liked by all.

Open mind – کشادہ ذہن رکھنا، کسی بات پر (فیصلہ پر) نہ پہونچنا

I have an ***open mind*** on this question.

Open one's mind – اپنا راز بتادینا

She ***opened her mind*** to me and told me that she was in love with him.

Open question – فیصلہ کن بات

Whether the government will accept opposition's this proposal or not is an ***open question.***

Open secret – کھلی حقیقت

It is an ***open secret*** that this film star is bald and wears a wig.

Order of the day – کوئی چیز رکام رائج ہونا

Nowadays jeans are the ***order of the day*** among youth.

Out and out – پوری طرح سے

He is ***out and out*** a docile character.

Out at elbows – غریب، مسکین

He has suffered heavy losses in business and is now ***out at elbows.***

Out of breath – تھک جانا، زور زور سے سانس لینا

He ran very fast and was ***out of breath***, when he reached here.

Out of date – پرانا، قدیم

Double-breasted coats are now ***out of date.***

Out of doors – گھر کے باہر

One must spend some time ***out of doors*** everyday.

Out of favour – خفا ہونا

Mr. Sharma, once a great favourite of our boss, now seems to be ***out of favour*** with him.

Out of hand – بلا تاخیر، فوراً

If you do this job ***out of hand*** you will be free in the evening.

Out of one's mind – پاگل ہو جانا

You are shouting and screaming as if you are ***out of your mind***.

Out of order – کام نہ کرنے والی مشین

Play truant – بھاگ جانا
Playing truant is a bad practice among school children which should be checked at a proper stage.

Play up to – خوشامد کرنا
Ravi ***plays up to*** every girl he meets.

Plume oneself on – ڈینگ مارنا
Vikas always ***plumes himself on*** his record in mathematics.

Pocket an insult – بے عزتی سہہ کر خاموش رہنا
A debtor unable to pay, has to often ***pocket insults*** from his creditor.

Poet laureate – درباری شاعر
Wordsworth was the ***poet laureate*** for England during the early nineteenth century.

Point blank – فوراً
When I asked him to loan me 200 rupees, he refused ***point blank***.

Poison the mind – کسی کے خلاف دماغ میں زہر گھولنا
Ramesh tried to ***poison my mind*** against Umesh.

Pros and cons – کسی مسئلہ کے دونوں پہلو
Don't pester me about your appointment. I shall take a decision only after weighing the ***pros and cons*** of the matter.

Provide against a rainy day – برے دن کے لئے بچت کرنا
Wise men save to ***provide against a rainy day***.

Pull one's punches – نرم تنقید کرنا
When I complained to the neighbour about his vicious dog, I did not ***pull any punches***.

Pull one's weight – ذمہ داری نبھانا
If you do not ***pull your weight*** you will be sacked.

Pull oneself together – خود پر قابو پانا
You can't go on weeping like this over bad results. ***Pull yourself together***.

Pull well with – مل جل کر کام کرنا
I resigned my job because I could not ***pull well with*** my ill-tempered boss.

Don't play tricks on him, otherwise he will ***pay you back in your own coin***.

Pick a lock – چابی کے بغیر تالا کھولنا
The burglar ***picked the lock*** and broke into the house.

Pick a quarrel with – کسی کے ساتھ الجھنا
The soldier was furious over his insulting remark and was determined to ***pick a quarrel with*** the sailor.

Pick holes – غلطیاں نکالنا
Scientists tried to ***pick holes*** in his theory.

Pick pocket – پاکٹ مارنا
A young boy was arrested by the police for ***picking*** a man's ***pocket***.

Pick up the tale – دوسرے کا بل چکانا
When he went abroad to attend an international conference, his company ***picked up the tale***.

Pin something on – کسی کو ذمہ دار ٹھہرانا
Despite his best efforts the public prosecutor could not ***pin*** the robbery ***on*** the accused.

Pink of condition – اعلیٰ صحت ہونا
If you want to make a name as an athlete, you must be in the ***pink of condition***.

Piping hot – بہت گرم رتازہ
I always prefer to have my tea ***piping hot***.

Play a trick on – کسی کے ساتھ مذاق کرنا
The boys tried to ***play a trick on*** the professor, but he was too clever for them.

Play fast and loose with – کام پورا نہ ہونے کی پرواہ نہ کرنا
You promised to stitch my shirt by today, but you haven't. How can you ***play fast and loose with*** your promises like this.

Play second fiddle – نچلی جگہ قبول کرنا
He always ***plays second fiddle.***

Play something by the ear – اندازے سے کارروائی کرنا
As I did not know much of subject, I decided to ***play it by the ear*** rather than show my ignorance by asking too many questions.

Play the game – قاعدہ سے کرنا
Whatever you do, always ***play the game***.

Unless you **put the screw** on your extravagant expenditure you'll be in debt soon.

Put everything ship shape – ٹھیک ٹھاک رکھنا

Clean the room and **put everything ship shape**.

Put to bed – سلانا

She **put** her children **to bed**.

Put to flight – بھگانا

During the 1971 war, the Indian Army put up a tremendous show and **put** the enemy **to flight**.

Put to sea – بحری سفر شروع کرنا

That ship will be **put to sea** tomorrow.

Put to shame – شرمندہ کرنا

I had been unfair to him, but he **put** me **to shame** by his generous behaviour.

Put to the sword – قتل کرنا

Nadir Shah **put** many innocent Indians **to sword**.

Put up to – اکسانا

Who **put** you **up to** this mischief?

Put up with – برداشت کرنا

How do you **put up with** that kind of noise whole day?

(Q)

Quarrel with one's bread and butter – لگی روزی سے لڑائی

Giving it back to your superiors is just like **quarrelling with your bread and butter**.

Queer fish – عجیب آدمی

You never know how he might behave. He's a *queer fish*.

Quick of understanding – تیز عقل والا

I didn't think much of him, but he was *quick of understanding* and easily grasped the subject.

Quite a few – بہت سارے

Quite a few students were absent in our class today.

(R)

Rack one's brains – بہت زیادہ سوچنا

Put a spoke in one's wheel – ترقی میں رکاوٹ

Babu Ram was getting on well in business till Lala Ram opened a rival establishment and thus **put a spoke in his wheel**.

Put down in black and white – لکھ کر رکھنا

I am not lying. The evidence is here in **black and white**.

Put it to one – رائے کے لئے پیش کرنا

I **put it to you**, is it wise to squander money like this.

Put on trial – کیس کرنا

Although Ram hadn't stolen any money he was **put on trial**.

Put one on his guard – کسی کو ہوشیار کرنا

As the robber saw the watchman he **put his** accomplice **on his guard**.

Put one out of countenance – شرمندہ کرنا

My friendly response to his hostile attitude **put him out of countenance**.

Put one's foot down – سخت ممانعت، سخت انکار

I did not mind my son spending some money on clothes, but when he asked for a hundred rupees for a new tie, I had to **put my foot down**.

Put one's foot in it – بہت بڑی غلطی کرنا

He **put his foot in** when he addressed the chief guest by the wrong name.

Put one's hand to a thing – کوئی کام ہاتھ میں لینا

Once you **put your hand to this** job you won't find it very difficult.

Put one's shoulder to the wheel – خود خوب کوشش کرنا

It was a very tough job to be handled by one person, but he **put his shoulder to the wheel**.

Put something by for a rainy day – بچت کرنا

Don't be in a hurry to spend all your money; **put something by for a rainy day**.

Put the cart before the house – الٹے سرے سے کوئی کام کرنا

How can you prepare the plan before you have got the loan sanctioned. It's like **putting the cart before the horse**.

Put the screw – زبردستی روکنا

See me ***right here*** at this shop after half an hour.

Right now – فوراً، اسی وقت

Let us do it ***right now***.

Rise like a phoenix from its ashes – فنا کی ہوئی چیز کا پھر سے وجود ہونا

Many times the tyrant stamped out revolt in his kingdom, but it kept on ***rising like a phoenix from its ashes***.

Rise to the occasion – کسی خاص موقعہ کا مقابلہ کرنا

During the Chinese aggression many people ***rose to the occasion*** and raised crores of rupees for war efforts.

Roaring business – بہت تیزی کی تجارت

Till yesterday he was a small time shopkeeper. But ever since he has started with book trade he has been doing ***roaring business***.

Rough guess – موٹا اندازہ

At a ***rough guess*** I would say there were about fifty people at Shyam's party.

Round dozen – پورا درجن

This man has a ***round dozen*** of children.

Rule of thumb – قابلیت نہیں تجربہ کی بنا پر کام کرنا

He is an efficient mechanic although he does the job only by ***rule of thumb***.

Rule the roost – دوسروں پر رعب ڈالنا، حکم لگانا

I don't like Ashok. He always tries to ***rule the roost***.

Ruling passion – زندگی کا خمیر

Love of money has been the ***ruling passion*** of his life.

Run away with – بہہ جانا

If you let your feelings ***run away with*** your judgement, you won't make a good judge.

2. ایک ہی جذبہ کو لئے بیٹھے رہنا

Don't ***run away with*** the notion that I do not want to succeed.

Run in the blood – (خاندان میں) خاندانی ہونا

Acting ***runs in*** Kapoor family's ***blood***.

Run of good luck – موافق قسمت کا موقعہ

I ***racked my brains*** over this algebra problem for two hours, but could not find a solution.

Racy style – خاص انداز

He writes in a ***racy style***.

Read between the lines – بین السطور پڑھنا

His speech was very simple, but if you ***read between the lines*** you can find it was full of biting criticism.

Read upon – جانکاری اکٹھی کرنا

I am ***reading upon*** Canada as I shall be shortly visiting it.

Ready money – نقد روپیہ

Do you have ***ready money*** to make the payment?

Ready pen – جلد لکھنے کا ہنر

A journalist has to have a ***ready pen***.

Real estate – مکان وغیرہ مستقل ملکیت

The most safe investment these days is the one in the ***real estate***.

Red letter day – سنہرا دن

15 August 1947 is a ***red letter day*** in Indian history.

Red tape – دفتری کارروائی میں تاخیر پرتاخیر

The ***red tape*** of government thwarts many a promising projects.

Rest on one's laurels –
اور زیادہ حصول کامیابی کے لئے کوشش نہ کرنا

It's a great achievement to have secured a first position in university but you must not ***rest on your laurels***.

Rest on one's oars – تھوڑی کامیابی کے بعد کوشش بند کر دینا

Don't ***rest on your oars*** until you've reached the top.

Ride a hobby – اپنے پیارے مضمون کی ہی باتیں کرتے رہنا

I tried to converse with him on various subjects, but he kept ***riding his hobby***.

Right hand man – دست راست ہونا، داہنہ ہاتھ ہونا یعنی خصوصی مددگار

Ram Prashad is the minister's ***right hand man***, so you can't displease him.

Right here – اسی جگہ

It ***served him right***.

Set a scheme on foot – منصوبہ شروع کرنا

After we had worked out all the details we ***set the scheme on foot***.

Set at defiance – پرواہ نہ کرنا

He ***set*** the law of land ***at defiance*** and landed up in jail.

Set at liberty – رہا کرنا

As the police could not prove the case against the prisoner he was ***set at liberty***.

Set eyes on – دیکھنا

While wandering in the woods yesterday I happened to ***set*** my ***eyes on*** a strange sight.

Set one on his legs again – مصیبت زدہ کی مدد کرکے پھر سے کھڑا کرنا

After he sustained serious losses in his business I gave him a loan to ***set him on his legs again***.

Set one's face against – پرزور اختلاف کرنا

They tried their best to draw him in the conspiracy but he ***set his face against*** it.

Set one's heart on – بہت چاہنا

My son has ***set his heart on*** going abroad for higher studies.

Set one's house in order – اپنے دستور العمل کا مناسب لائحہ عمل

Ever since Lal Singh's son has taken over the business he has ***set the house in order***.

Set one's teeth – مشقت برداشت کرنے کا حوصلہ رکھنا

I know I had to suffer hardship, but I had ***set my teeth*** and determined not to give up.

Set one's teeth on edge – نفرت پیدا کرنا

His disgusting behaviour ***set my teeth on edges***.

Set sail – سمندری سفر شروع کرنا

Let us go on board, the ship is about to ***set sail***.

Set store in – بہت اہمیت دینا

You don't seem to ***set store in*** his advice.

Settle an account – جھگڑا کرنا

I have to ***settle an account*** with Ram.

In the beginning he had a ***run of good luck*** and made a big profit, but has been suffering losses now.

Run on a bank – بینک سے فوراً روپے نکالنے کی درخواست

There was a ***run on the bank*** as the rumour spread that it was being closed down.

Run out of – ختم ہو جانا

We ***ran out of*** petrol on our way to Agra.

Run riot – غیر شریفانہ برتاؤ کرنا

The poet's imagination has ***run riot*** in this poem.

(S)

Scot free – بچ کر نکلنا

As the police could not collect enough evidence against the robber he went ***scot free***.

Search me – مجھے پتہ نہیں

"Why did she get so angry suddenly?" ***Search me***.

Seasoned food – مسالے دار غذا

Seasoned food is tasty, but not good for digestion.

See how the land lies – چاروں جانب کے حالات کا اندازہ لگانا

We'll attack the enemy at night after ***seeing how the land lies***.

See how the wind blows – حالات کا جائزہ لگانا

We might launch the product in the market next month after ***seeing how the wind blows***.

See the light – شائع ہونا

He says he has written a book. But if he has, it is yet to ***see the light***.

See through coloured spectacles – پیشگی اندازہ، تخیل کرنا

If you couldn't do well in the hockey tournament you should not lose heart. Don't ***see through coloured spectacles***.

Send one about his business – کسی کو حقارت سے چلتا کرنا

As the salesman started getting on my nerves I ***sent him about his business***.

Serve one right – جیسی کرنی ویسی بھرنی

He was trying to push Sanjay but fell himself.

Sit up with – بیٹھے رہنا
As her husband was ill she ***sat up with*** him throughout the night.

Skin of one's teeth – بال بال بچنا
When the ship sank everybody drowned except Vimal who managed to escape with the ***skin of his teeth***.

Sleeping partner – غیر منتظم شریک، کسی تجارت میں سُست شریک کار
I told him that I could invest some money in a joint venture with him, but as I was busy with my own affairs, I could only be a **sleeping *partner***.

Slip of the pen – لکھنے میں تسامح ہونا، لغزش قلم
It was just a ***slip of the pen*** when I wrote 'boot' instead of 'foot'.

Slip of the tongue – بولنے میں چوک ہونا
I didn't mean to hurt you. It was just a ***slip of the tongue***.

Slip through one's fingers – ہاتھ سے نکل جانا
Had you been a little careful, this golden opportunity would not have ***slipped through your fingers***.

Small arms – پستول وغیرہ ہتھیار
Illegal distribution of ***small arms*** has given a fillip to crime in our area.

Small fry – چھوٹا، معمولی
I have a factory of my own, but as compared to a big industrialist like you I am only a ***small fry***.

Small hours – صبح سے قبل کا وقت
As I had to catch a flight, I got up in the ***small hours*** of the morning.

Small talk – گپ شپ
We passed a pleasant hour in ***small talk***.

Snake in the grass – آستین کا سانپ
Don't ever trust Mohan. He is a ***snake in the grass***.

So far – اب تک
So far I have completed only five chapters of this book.

Sound a person – کسی بات کا پتہ بتانا

Sharp practice – غیر شریفانہ سلوک
It is said that he has made good money through ***sharp practice***.

Shooting star – شہاب ثاقب
Have you ever seen a ***shooting star***?

Short cut – نزدیک کا راستہ
This lane is a ***short cut*** to my house.

Show a bold front – اٹھ کر اختلاف کرنے کا حوصلہ دکھانا
You only have to ***show a bold front*** and he will yield to your demand.

Show fight – لڑنے کی تیاری دکھانا
A bully is a coward, and he will back out if you ***show fight***.

Shut one's mouth – کسی کو چپ کرانا
You can easily ***shut his mouth*** if you remind him of his foolish behaviour in the last party.

Sick bed – بیمار شخص کا بستر
How did you get into ***sick bed***? Till yesterday you were alright.

Sick leave – بیماری کی وجہ سے لی گئی چھٹی
I am on ***sick leave*** for the last one week.

Side issue – ضمنی بات
We'll take up the ***side issues*** after we are through with the main problem.

Side line – اصل کام کے علاوہ کام
We are mainly dealers in ready-made garments, but sale of hosiery items is our ***side line***.

Sightseeing – سیر و تفریح
During our halt in Madras we went ***sightseeing***.

Single blessedness – غیر شادی شدہ ہونا
Why should I marry? I don't want to give up the state of ***single blessedness***.

Sink money – کسی تجارت میں ہمیشہ کے لئے شمولیت
He has ***sunk*** in a lot of ***money*** in a business of precious stones and nothing has come out of it.

Sink or swim – کرو یا مرو
Whatever be the situation I will never leave you. We shall ***sink or swim*** together.

view of the matter.

Spur of the moment – اسی لحہ

On the ***spur of the moment*** we decided to go to Simla for vacation.

Stand in another man's shoes – کسی دوسرے کی جگہ پر

In his absence I have to ***stand in his shoes***.

Stand in good stead – بہت کام آنا

His regular habit of saving ***stood him in good stead*** in difficult times.

Stand on ceremony with – آداب کا لحاظ کرنا

Please be at ease, you don't have to ***stand on ceremony with*** me.

Stand one's ground – اپنی بات پر ڈٹے رہنا

He put forth many objections to my proposal but I ***stood my ground***.

Stand a chance – پرامید ہونا

Although the rival cricket team was quite good, it did not ***stand a chance*** of beating us.

Stand out against – ہار نہ ماننا

We tried our best to take him along for the expedition, but he ***stood against*** all our efforts.

Stand to reason – سمجھداری کے مطابق ہونا

It ***stands to reason*** that he would side with you.

Stand up for – زور سے مانگ کرنا

If you yourself don't ***stand up for*** your rights, no one else will do it for you.

Standing joke – ہمیشہ کے لئے ہنسی مذاق کا موضوع

His so-called skill at horse riding has become a ***standing joke*** after his fall from the horse the other day.

Standing order – ہمیشہ عمل کرنے کے لئے بنائے گئے قاعدے

Our ***standing orders*** are to answer all letters the same day.

Stare one in the face – کوئی مشکل سامنے آجانا

During his trek across the desert he ran out of water supply and death ***stared him in the face***.

Steer clear of – دور رہنا

Why do you get involved with bad

I learn you have been ***sounded for*** the general manager's post.

Sound beating – اچھی طرح پٹائی کرنا

The teacher caught on to Gopal's mischief and gave him a ***sound beating***.

Sour grapes – کھٹے انگور

The fox tried her best to reach the grapes but couldn't. Finally she said that ***grapes were sour***.

Sow one's wild oats – عالم شباب میں بے ہنگم زندگی گزارنا

After ***sowing his wild oats*** he has now got a job and finally settled down.

Spare time – آرام کا وقت

In my ***spare time*** I prefer to read.

Speak extempore – کسی موقع پر بغیر پیشگی تیاری کے تقریر کرنا

Although he ***spoke extempore***, it was a fine speech.

Speak for itself – خود بولنا

I am not exaggerating by praising him. His work ***speaks for itself***.

Speak for one – کسی کی طرف سے بولنا

As he was too shy to put forward his case, I had to ***speak for him***.

Speak of one in high terms – خوب تعریف کرنا

You ***speak of him in high terms***. But does he deserve so much praise?

Speak one's mind – صاف صاف بتانا

Since you have asked for my candid opinion, I shall ***speak my mind***.

Speak volumes – اچھی طرح ثابت کرنا

It ***speaks volumes*** for her love for him that she left her home to marry him.

Speak well for – اچھا نتیجہ نکالنا

The neatness of his writing ***speaks well for*** him.

Spin a yarn – کہانی کہنا

Are you telling the truth or just **spinning a yarn**?

Split hairs – بہت باریک فرق نکالنا

You should not ***split hairs***, but take a broad

swan song.

Sworn enemies – کٹر دشمن

Nothing can bring these two ***sworn enemies*** together.

(T)

Take a fancy – بہت پسند آنا

Although there is nothing outstanding about this bedsheet, yet I have ***taken a fancy*** to it.

Take a leap in the dark – نتیجہ کی پرواہ کیے بغیر کوئی خطرہ کا کام کرنا

You ***took a leap in the dark*** by going into partnership with a dishonest person like Kuldip.

Take advantage of – فائدہ اٹھانا

I ***took advantage of*** the sale at 'Babulal and Company' and bought some cheap shirts.

Take by storm – اچانک متاثر ہونا

Runa Laila, melodious singer, ***took*** the audience ***by storm.***

Take into account – غور کرنا

In judging his performance in the examination, you should also ***take into account*** the fact that he was ill for a month.

Take it easy – زیادہ فکر نہ کرنا

The test is still quite far. So, ***take it easy.***

Take it ill – برا ماننا

I hope you will not ***take it ill*** if I tell you the truth.

Take one at his word – کسی کے کہنے پر یقین کرنا

Taking him at his word I put in Rs. 10,000 in sugar business.

Take one's time – جلدی نہ کرنا

I am in no hurry to go out. You ***take your time.***

Take oneself off – چلے جانا

Munnu, don't trouble me. ***Take yourself off.***

Take sides – دو کے جھگڑے میں کسی ایک کی طرفداری کرنا

I would not like to ***take sides*** in this quarrel.

Take someone by surprise – تعجب کرنا

I didn't know he could sing so well. He ***took me by surprise*** that day.

Take someone for – غلط سمجھ بیٹھنا

He resembles you so much that I ***took him for*** your brother.

characters? You should ***steer clear of*** them.

Stick at nothing – کچھ بھی کرنے سے نہ جھکنا

He is so ambitious that he will ***stick at nothing*** to get ahead of others.

Stick up for – طرف دار

If anybody criticises you in the meeting, I'll ***stick up for*** you.

Stone deaf – کامل بہرہ

My grandmother was already hard of hearing but, of late, she has become ***stone deaf.***

Stone's throw – بہت تھوڑا سا فاصلہ ہونا

The railway station is just at a ***stone's throw*** from our house.

Strain every nerve – بہت زیادہ کوشش کرنا

Although he ***strained every nerve*** to get audience's attention, nobody listened to him.

Strait-laced person – تنگ دل شخص

His ideas are too liberal for a ***strait-laced person*** like his father.

Strike a bargain – سودا پٹانا

The fruitseller was asking for eight rupees for one kilogram of grapes. But I managed to ***strike a bargain*** and got them for six only.

Strike while the iron is hot – موقع سے فائدہ اٹھانا

Now that prices are rising let us sell our stocks. We should ***strike while the iron is hot.***

Strong language – غصہ سے بھری زبان

Don't use such ***strong language*** in the company of ladies.

Sum and substance – کل ملا کر، مطلب

The ***sum and substance*** of my argument is that it is now too late to do anything.

Swallow the bait – جھوٹی اور بناوٹی بات سے ٹھگا جانا

Election time promises are made to catch votes and many illiterate and ignorant men ***swallow the bait.***

Swan song – آخری بات

Mr. Pronob Ghoshal, a leading communist leader, issued a statement to the press during his serious illness, which proved to be his

years old.

Tell two things/persons apart – دو چیزوں میں فرق سمجھنا

The two brothers look so much alike that no one can ***tell them apart.***

Through and through – پورے طور پر

I was caught in the rain yesterday and by the time I reached home, I was wet ***through and through.***

Through thick and thin – مخالف ماحول میں

The two friends stayed together ***through thick and thin.***

Throw away money – اندھا دھند خرچ کرنا

If you ***throw away money*** like this, you will soon be on the streets.

Throw cold water upon – بہت حوصلہ کرنا

I was eager to set up a business in precious stones, but he ***threw cold water upon*** my enthusiasm by pointing out its minus points.

Throw dust in one's eyes – ٹھگنا ، آنکھوں میں دھول جھونکنا

He outlined a grand plan and asked for a loan for it, but I knew he was trying to ***throw dust in my eyes.***

Throw oneself on – کسی سے التجا کرنا

He knew I could help him out of the tight corner so he ***threw himself on*** my mercy.

Throw people together – لوگوں کو جمع کرنا

The purpose of my party is to ***throw persons of like*** interests ***together.***

Time after time – بار بار

He applied for a professor's job ***time after time*** but could not succeed.

Time hangs heavy – مشکل سے وقت گزارنا

Time hangs heavy on my hands on a holiday.

To a man – سب کے سب

They rose ***to a man*** and left the room agitatedly.

To and fro – آگے پیچھے

Preoccupied with his emotional problems he walked ***to and fro*** about the room in a pensive mood.

Take stock – حالات کا جائزہ لینا

It is time for us to ***take stock*** of the situation before we take any further steps.

Take the air – کھلی ہوا میں گھومنا

To improve your health you should ***take the air*** every morning.

Take the bull by the horns – مصیبت کا ڈٹ کر مقابلہ کرنا

Finally he decided to ***take the bull by the horns*** and ask his boss for a promotion.

Take the law into one's hands – کسی کو اپنے ہی ہاتھوں سزا دینا

Even if he is guilty, you can't ***take law in your hands*** and beat him like this.

Take time off – چھٹی لینا

Since I was not feeling well, I ***took*** two days ***off*** last week.

Take to heart – قلبی تعلق سے

She has ***taken*** her father's death ***to heart.***

Tell to one's face – منہ پر مخالفت کرنا

Do you have the courage to ***tell him to his face*** that he is a fool ?

Take to one's heels – بھاگ جانا

As the thief heard policeman's whistle, he ***took to his heels.***

Take to pieces – پرزے الگ الگ کرنا

Only yesterday I bought Raja this toy train and today he has ***taken it to pieces.***

Take to task – کوسنا، مذمت کرنا

Mother ***took*** Naresh ***to task*** for his idleness.

Take aback – متعجب ہونا

I was ***taken aback*** at a strange sight in the jungle.

Taken up with – مشغول رہنا

My time is ***taken up with*** a lot of household jobs.

Take upon oneself – ذمہ داری لینا

I ***took upon myself*** to look after Gopal's ailing father.

Tell time – گھڑی کا وقت بتانا

My son could ***tell time*** when he was only four

338

What not – کیا کچھ نہیں، وغیرہ

She went to the market on a shopping spree and bought shirts, socks, ties and ***what not***.

What's what – کسی حالت میں کیا ضروری ہے

He is an intelligent person and knows ***what's what***.

Wheels within wheels – مشکل کام کا اور مشکل ہونا

To begin with I thought I could tackle this job, but then I found that there were ***wheels within wheels***.

Wide awake – پورا جاگا ہوا

I thought Manmohan was asleep. But as I talked of the plan for a film, he got up ***wide awake***.

Wide of the mark – نشانہ چوکنا

His argument sounds impressive, but is ***wide of the mark***.

With might and main – پوری طاقت لگا کر

They pushed the huge rock ***with might & main*** & cleaned the way.

With bated breath – بڑے تجسس سے

They all waited ***with bated breath*** for the election results.

Within an ace – قریب قریب

He was ***within an ace*** of being killed by the tiger.

Wolf in sheep's clothing – دوستی جتانے والا خطرناک شخص

Beware of Suresh. He is a ***wolf in sheep's clothing***.

World of good – بہت اچھا اثر ہونا

This ayurvedic medicine has done a ***world of good*** to my stomach problem.

Worn out – راز پتہ لگا لینا

The spy pretended to be his friend and tried to ***worn his secret out*** of him.

Worship the rising sun – اگتے سورج کو سلام کرنا

The newly appointed manager has taken over and the staff has been ***worshipping the rising sun***.

Turn away from – توجہ ہٹانا، فارغ ہونا

I tried to ***turn*** them ***away from*** their evil purpose, but was unsuccessful.

Turn over a new leaf – نئی زندگی شروع کرنا

He gave up his bad habits and ***turned over a new leaf***.

Turn the tables – کسی کی برتری کو الٹ دینا

He was ahead of me in the terminal examination, but I ***turned the tables*** on him in the annual examination.

Turn up one's nose at – نیچا سمجھنا

He is so poor that he hardly gets anything to eat, and yet he ***turns up his nose at*** the idea of working for a living.

(U)

Under a cloud – مشتبہ ہونا

After his misbehaviour on the field in India, boycott is ***under a cloud***.

Up in arms – لڑنے کو تیار ہونا

In Afghanistan many Pathans are ***up in arms*** against Russians.

Up-to-date – جدید

He is very careful to keep up with ***up-to-date*** fashions.

Ups and downs of life – زندگی کے نشیب و فراز

I have had my share of ***ups and downs of life.***

(W)

Wash one's hands of – ذمہ داری ختم کر لینا

I don't think anything is going to come off your programme of going for a trek, so I ***wash my hands of*** it.

Waste one's breath – بے کار کوشش کرنا

Don't argue with Harish any longer. You are only ***wasting your breath.***

Watch out for – نظر رکھنا

One thief went inside while the other waited outside near the gate to ***watch out for*** the police.

(Some Difficult Words Commonly Misspelt) کچھ مشکل الفاظ جن کے لکھنے میں اکثر بھول ہو جاتی ہے

Correct	Incorrect	Correct	Incorrect	Correct	Incorrect
Absorption	absorpshun, absorpsion	**G**aiety	gayty, gaity	philosophy	phylosophy
abundant	abundent, aboundant	galloping	gallopping, galopping	physique	physic
abyss	abiss, abis	gorgeous	gorgeus, gorgias	persuasion	persuation
access	acces	**H**ammer	hammar, hamer	pleasant	plesant, plesent
accident	accidant	handicraft	handecraft	professor	professer, professer
acquaintance	acquintance	hindrance	hinderance, hindrence	profession	proffesion, profesion
advertisement	advertismant, advertisement	humour	humor (American), humar	proprietor	propritor, propriter
aerial	airial, aireal	hygiene	hygeine, higiene	prominent	prominant
aggregate	aggregat, agregrate	**I**lliterate	illitrate, illetrate	**Q**uinine	quinin
alcohol	alchohol, alkohal	indigenous	indigenus, indeginous	quotation	quotetion, quottation
altar	altre	influential	influensial, influntial	**R**abbit	rabit, rabitt
aluminium	alluminium, alumminium	ingenious	ingeneaus, inginious	railing	railling, relling
amateur	amature, ameture	ingenuous	inginuous	realm	relm, rilm
analysis	analisis, analises	irresistible	irrestable	receipt	receit, reciept
appropriate	appropriat, apropriate	**J**ealous	jelous, zelus	recur	recurr
aquatic	acquatic	jester	jestor	recurred	recured
ascertain	assertain, asertain	jugglery	juglery, jugglary	recurrence	recurence, recurrance
ascetic	asetic, aestik	**K**erosene	kerosin, kerosine	referred	refered
autumn	autamn, autum	knack	nack	reference	referrence
Balloon	baloon, ballon	**L**aboratory	labrartory, laboratery	regrettable	regretable, regretteble
banana	bannana	language	languege	relieve	releive, relive
banquet	bankuet, banquette	leopard	lepard, leppard	removable	removeable
barrier	berrier, barriar	library	liberary, librery	repetition	repeatition, repitition
beneficent	beneficient, benificent	licence (noun)	license	**S**alutary	salutory
bequeath	bequethe, bequith	license (verb)	licence	saviour	savior, saviur
besiege	besige, beseege	lieutenant	leftenant, leiutenant	scholar	scholer, skolare
bouquet	bokuet, bequett	lily	lilly	scissors	sissors, scisors
buoyant	boyant, bouyant	limited	limitid	separate	separat, saparate
Calendar	calender, calandar	literary	litrary	several	severel, sevarel
calumny	calumni, calamny	livelihood	livlihood, livelyhood	shield	sheild, shild
candour	candoar, cander	lustre	luster, lustar	shyly	shily, shiely
canvas	canvass	**M**aintenance	maintainance	smoky	smokey
canvass	canvas	manageable	managable, managible	sombre	somber
career	carrier	manoeuvre	manover, manour	sovereignty	sovereinty
carcass	carcas, carcese	marvellous	marvelous, marvellus	spectre	spector, specter
catalogue	catalog, catalaug	millionaire	millioner	sufficient	sufficent
certain	sertain, certen	miscellaneous	misellaneous, miscellenous	summary	summury, sumary
chew	choo, cheu			superintendent	superintandant
coffee	cofee, coffe	mischief	meschief	susceptible	suseptible, susesptible
coincide	concide, conecide	modelled	modled, moddled	**T**echnique	technic
commission	comission, commison	moustache	moustashe, mustance	tolerance	tolerence
committee	comittee	mystery	mystry, mistery	tranquillity	tranquilitey, tranquilty
Decease (death)	disease, dicease	**N**asal	nazal	transferred	transfered
disease (ill-health)	decease, dicease	necessity	nescity, necesity	tributary	tributory, tributery
deceive	decieve, deceeve	neighbour	naghbour, neigher	tuition	tution
defendant	defendent	noticeable	noticable, notiseable	**U**nintelligible	uninteligeble
depth	deapth	**O**bedient	obidient, obdiant	unmistakable	unmistakeable
descendant	discendant	occasion	occesion, ocasion	utterance	utterence
desperate	desparate, disperate	occurred	occured	**V**accinate	vaxinate, veccinate
detector	detecter	occurrence	occurance	Vacillate	vascilate, vacillate
develop	develope, devalop	odour	odor, oder	valley	valey, velley
diamond	daimond	offence	offense	veil	vail
director	directer	offensive	offensev	ventilator	vantilatar, ventilater
discipline	descipline	offered	offerrd	verandah	varanda, varandah
Element	eliment, elemant	offering	offerring	victuals	victuels
elementary	elimentary, elementory	omelette	omlette, oumlet	vigorous	vigorus, vigrous
embarrassed	embarassed	omitted	ometted, ommitted	visitor	visiter, visitar
endeavour	endevour, endeavur	opportunity	oppurtunity, oporunity	**W**ield	weild, wilde
entrance	enterance	orator	orater, oratar	wilful	willful, wilfull
Fascinate	facinate, fashinat	**P**arallel	paralel	woollen	wollen, woolen
fibre	fiber	parlour	parler	**Y**awn	yan, yaun
fiery	firy, firey	persuade	pursuade, parsuade	yearn	yern
forfeit	forfit				
fusion	fushion				
furniture	farniture, furnetur				

■ Technical terms

Correct	Incorrect	Correct	Incorrect	Correct	Incorrect
algebra	algabra	dynamo	dinomo	oxygen	oxigen
arithmetic	arithmatic	eclipse	eclypse	peninsula	pennisula
adjacent	adjcent	electricity	elektricity	parliament	parleament
ambiguous	ambigous	equilibrium	equilibriam	plateau	plato
apparatus	aparatus	executive	exeketive	positive	posetive
artillery	artillary	expedition	expidition	percentage	percentege
barley	barly	formulae	formuli	phenomenon	phenomenun
barometer	barometre	governor	governer	phosphorus	phosforus
circumference	circumferance	government	governmant	quotient	quoshent
carnivorous	carnivorus	hypothesis	hipothisis	route	rute
corollary	corolary	insect	insact	revenue	ravenue
chocolate	chokolate	lens	lensce, lense	season	seeson
compass	compas	liquid	lequid	sepoy	sepoi
conqueror	conqerer	league	leegue	science	sience
column	colum	mammal	mamal	secretary	secretery
concave	conkave	mathematics	mathametics	subtraction	subtrection
convex	conveks	machinery	machinary	sulphur	sulpher
cocoa	coco	metre	mitter	temperate	tamperate
cyclone	syklone	mercury	mercary	theoretical	theoreticle
cylinder	cylindar	mineral	minarel	triangle	trangle
diagonal	digonal	microscope	microskope	tobacco	tobaco
diagram	digram	neutral	netural	veins	vains
decimal	decimale	negative	negetive	vacuum	vaccum

■ Proper nouns

Correct	Incorrect	Correct	Incorrect	Correct	Incorrect
Alexander	Alexendar	Buddhism	Budhism	Guinea	Gunea
Andes	Andis	Buenos Aires	Bonus Aeres	John	Jhon
Antarctic	Antratic	Caesar	Ceaser	Mediterranean	Maditeranion
Arctic	Arktic	Calcutta	Calcatta	Muhammad	Mohammad
Atlantic	Atlantik	Delhi	Dehli	Napoleon	Napolian
Bombay	Bombai	Egypt	Egipt	Philip	Phillip
Buddha	Budha	Europe	Erope	Switzerland	Swizerland
Buddhist	Budhist	European	Europian	Scotch	Scoch

■ Words which are erroneously combined

Correct	Incorrect	Correct	Incorrect	Correct	Incorrect
all right	alright	at least	atleast	some one	someone
all round	alround	in spite of	inspite of	some time	sometime
at once	atonce	per cent	percent	uptill	uptil

■ Words which are erroneously divided

Correct	Incorrect	Correct	Incorrect	Correct	Incorrect
anyhow	any how	into	in to	sometimes	some times
anything	any thing	instead of	in stead of	somebody	some body
almost	all most	madman	mad man	schoolboy	school boy
already	all ready	more over	moreover	somehow	some how
anybody	any body	nobody	no body	together	to gether
afterwards	after wards	newspaper	news paper	today	to day
cannot	can not	nowadays	now-a-days	tomorrow	to morrow
everybody	every body	ourselves	our selves	utmost	ut most
everywhere	every where	otherwise	other wise	welfare	well fare
elsewhere	else where	outside	out side	welcome	well come

CLASSIFIED VOCABULARY مرتب لغات

جسم کے حصے
(PARTS OF BODY)

آنت (انتڑی)	Intestine, Bowel	(انٹسٹائن، بوول)
آنکھ (چشم)	Eye	(آئی)
ابرو (بھوں)	Eyebrow	(آئی برو)
اندام نہانی (فرج)	Vagina	(وجائنا)
انگلی (ہاتھ کی)	Finger	(فنگر)
انگلی (پیر کی)	Toe	(ٹو)
انگلی (چھوٹی)	Index finger	(انڈکس فنگر)
انگلی (درمیانی)	Middle finger	(مڈل فنگر)
انگلی (شہادت کی)	Ring finger	(رنگ فنگر)
انگلی (چھوٹی انگلی یا چھنگلی)	Little finger	(لٹل فنگر)
انگوٹھا	Thumb	(تھم)
ایڑی	Heel	(ہیل)
بازو	Arm	(آرم)
بال	Hair	(ہیئر)
بغل	Armpit	(آرم پٹ)
پتا (پت)	Bile	(بائیل)
پتلی (آنکھ کی) دیدہ	Eyeball	(آئی بول)
پٹھے	Muscle	(مسل)
پردۂ دل	Pericardium	(پیری کارڈیم)
پستان	Breast	(برسٹ)
پستان کا سرا	Nipple	(نپل)
پپنی، پلک، مژگان	Eyelash	(آئی لیش)
پسلی	Rib	(رب)
پلک، پپوٹے	Eyelid	(آئی لڈ)
پنڈلی	Calf	(کاف)
پیٹ	Abdomen	(ایبڈومن)
پیٹ (بیرونی)	Belly	(بیلی)
پیٹ (اندرونی)	Stomach	(اسٹومک)
پیٹھ	Back	(بیک)
پھیپھڑا	Lung	(لنگ)
پیر (پاوں)	Foot	(فٹ)
پیشانی	Forehead	(فورہیڈ)
تالو	Palate	(پیلیٹ)
تلوہ	Sole	(سول)
تلی	Spleen	(اسپلین)
تھوتھنی	Snout	(اسناوٹ)
ٹخنا (ٹخنہ)	Ankle	(اینکل)
ٹھوڑی (ٹھڈی)	Chin	(چن)
جبڑا	Jaw	(جاؤ)
جوڑ	Joint	(جوائنٹ)
جوڑا (بالوں کا)، لٹ	Lock, bun	(لوک، بن)
جگر	Liver	(لیور)
چمڑہ، جلد	Skin	(اسکین)
چوتڑ	Rump	(رمپ)
چہرہ	Face	(فیس)
حلق	Gullet	(گلٹ)
داڑھ	Molar teeth	(مولر ٹیتھ)
داڑھی	Beard	(بیئرڈ)
دانت	Tooth	(ٹوتھ)
دل	Heart	(ہارٹ)
دماغ	Brain	(برین)
دھڑ	Trunk	(ٹرنک)
ران (جانگھ)	Thigh	(تھائی)
رِحم	Womb	(ووم)
رِحم	Uterus	(یوٹرس)
رخسار (گال)	Cheek	(چیک)
رگ (نس) ورید	Vein	(وین)
رواں	Hair	(ہیئر)
زبان	Tongue	(ٹنگ)
زلف (لٹ)	Lock	(لوک)
سانس کی نلی	Trachea	(ٹریکیا)
سپاری	Glans penis	(گلانس پینس)
سینہ (زنانہ)	Breast	(برسٹ)
سینہ (مردانہ)	Chest	(چسٹ)
شریان	Artery	(آرٹری)
عقل داڑھ	Dens serotinous	(ڈنس سیروٹینس)
عصب (پٹھہ)	Nerve	(نرو)

عضو تناسل	Penis	(پینس)
فرج کا ابھار	Glans clitoris	(گلانس کلائٹورس)
کان	Ear	(ایئر)
کان کا پردہ	Eardrum	(ایئرڈرم)
کرکری ہڈی	Cartilage	(کارٹی لیج)
کلائی	Wrist	(رسٹ)
کمر	Waist	(ویسٹ)
کندھا (شانہ)	Shoulder	(شولڈر)
کنپٹی	Temple	(ٹمپل)
کہنی	Elbow	(البو)
کھوپڑی	Skull	(اسکل)
گردن	Neck	(نیک)
گردہ	Kidney	(کڈنی)
گلا	Throat	(تھروٹ)
گھٹنا	Knee	(نی)
لب (ہونٹ)	Lip	(لپ)
مثانہ	Urinary bladder	(یوریزی بلیڈر)
مسام	Pore	(پور)
مسوڑہ	Gum	(گم)
مقعد	Anus	(انس)
منہ	Mouth	(ماؤتھ)
مونچھ	Moustache	(ماوس ٹچ)
ناخن	Nail	(نیل)
ناف	Navel	(نیول)
ناک	Nose	(نوز)
نبض	Pulse	(پلس)
نتھنا	Nostril	(نوسٹرل)
ہاتھ	Hand	(ہینڈ)
ہتھیلی	Palm	(پام)
ہڈی	Bone	(بون)
ہنسلی	Collar-bone	(کولر بون)

بیماریاں اور جسمانی حالات

(AILMENTS & BODY CONDITIONS)

آتشک	Syphilis	(سفلس)
آنت اترنا	Hernia	(ہرنیا)
آنسو	Tears	(ٹیرس)
استسقا (استقی)	Dropsy	(ڈروپسی)
اسقاط	Abortion	(ابورشن)
اندھا (نابینا)	Blind	(بلائنڈ)
انفلوئنزا	Influenza	(انفلوئنزا)
البینو (سورج مکھی)	Albino	(البینو)
بخار	Fever	(فیور)
بھوک کی شدید کمی	Anorexia	(انورکسیا)
بدہضمی	Indigestion	(انڈائجیشن)
بلغم (کف)	Phlegm	(فلیم)
بونا	Dwarf	(ڈآرف)
بواسیر	Piles	(پائلس)
پاخانہ	Stool	(اسٹول)
پاگل	Mad	(میڈ)
پاگل پن	Lunacy	(لونیسی)
پردۂ بکارت	Hymen	(ہائی من)
پتھری	Stone	(اسٹون)
پسینہ	Sweat	(سویٹ)
پیاس	Thirst	(تھرسٹ)
پیپ (مواد)	Pus	(پس)
پیٹ درد	Stomach ache	(اسٹومکک)
پیشاب	Urine	(یورن)
پیچش	Dysentery	(ڈی سنٹری)
پھنسی (مہاسہ)	Pimple	(پمپل)
پھوڑا	Boil	(بوآئل)
تپ دق	Tuberculosis	(ٹیوبرکولوسس)
تھوک	Spittle	(اسپٹل)
ٹھنڈ	Chill	(چل)
جلن (تیزابیت)	Acidity	(ایسی ڈیٹی)
جماہی	Yawning	(یاوننگ)
چربی بڑھنا	Obesity	(اوبےسیٹی)
چکر آنا	Giddiness	(گڈی نیس)
چوٹ	Hurt	(ہرٹ)
چیچک	Small pox	(اسمول پوکس)
چھینکنا	Sneezing	(اسنیزنگ)
خارش	Scabies	(اسکے بیز)
خسرہ	Measles	(میزلس)
خون بہنا	Bleeding	(بلیڈنگ)
خون کی کمی	Anaemia	(انیمیا)

داد	Eczema, ringworm	(اکزیما، رنگ ورم)
دبلا	Lean	(لین)
درد	Pain	(پین)
دردسر	Headache	(ہیڈیک)
دست	Loose-motion, diarrhoea	(لوزموشن، ڈائریا)
دل کی بیماری	Pericarditis	(پیری کارڈٹس)
دمہ	Asthma	(ایزما)
دماغی پریشانی	Psychosis	(سائکوسس)
نزدیک کی نظر کمزور ہونا	Long-sightedness	(لونگ سائیڈنیس)
ڈکار	Belching	(بلچنگ)
رال	Saliva	(سلیوا)
زخم	Sore, wound	(سور، ووُنڈ)
زچگی	Delivery	(ڈلیویری)
زکام	Coryza	(کوریزا)
زیابطیس	Diabetes	(ڈائی بٹیز)
سردی کا بخار	Ague	(ایگو)
سوجن	Swelling	(سوئیلنگ)
سوزاک	Gonorrhoea	(گونوریا)
سیلان الرحم	Leucorrhoea	(لیوکوریا)
طاعون	Plague	(پلیگ)
قبض	Constipation	(کونسٹی پیشن)
قے کرنا	Vomit	(وومٹ)
کالا بخار	Typhus	(ٹائیفس)
کالی کھانسی	Bronchitis	(برونکائٹس)
کانا	One-eyed	(ون آئیڈ)
کبڑا	Hunchback	(ہنچ بیک)
کیڑا (پیٹ کا)	Worm	(ورم)
کوڑھ	Leprosy	(لپروسی)
کینسر (زہرباد)	Cancer	(کینسر)
کھانسی	Cough	(کف)
کھجلی	Itch, scabies	(اچ، اسکیبز)
گنجا	Bald	(بالڈ)
گٹھیا	Rheumatism	(رومیٹزم)
گلا بیٹھنا	Hoarseness	(ہورس نس)
گلے کی تکلیف	Sore throat	(سور تھروٹ)
گلے کی خراش	Tonsilitis	(ٹونسلائٹس)
غدہ (گلٹ)	Gland	(گلینڈ)
گانٹھ	Tumour	(ٹیومر)
گونگا	Dumb	(ڈم)
لار	Saliva	(سلیوا)
لو لگنا	Sunstroke	(سن اسٹروک)
لنگڑا	Lame	(لیم)
لنگڑا بخار	Dengue	(ڈینگے)
لیوکوڈرما	Leucoderma	(لیوکوڈرما)
مروڑ	Griping	(گرپنگ)
مرگی	Epilepsy	(اپلپسی)
مستا	Wart	(وارٹ)
موتی جھرا	Typhoid	(ٹائیفائیڈ)
موتیابند	Cataract	(کٹاریکٹ)
مہاسہ	Acne	(ایکنی)
ناسور	Fistula	(فسٹولا)
نکسیر	Epistaxis	(اپس ٹیکس)
نیند نہ آنا	Insomnia	(انسومنیا)
نیند کی بیماری	Narcolepsy	(نارکولیپسی)
موچ (نس چڑھنا)	Sprain	(اسپرین)
ورم	Swelling	(سویلنگ)
ہچکی	Hiccup	(ہکپ)
ہیضہ	Cholera	(کولرا)
یرقان	Jaundice	(جونڈس)

(DRESSES) لباس

آستین	Sleeve	(سلیو)
استر	Lining	(لائننگ)
پاجامہ	Pyjama	(پاجامہ)
پتلون	Pant, trousers	(پینٹ، ٹراوزرس)
پٹا	Lace	(لیس)
تولیہ	Towel	(ٹوویل)
ٹوپ	Hat	(ہیٹ)
ٹوپی	Cap	(کیپ)
جانگھیہ	Underwear	(انڈرویئر)
جالی	Gauze	(گوز)
جام دانی	Damask	(ڈیمسک)
جھالر	Trimming	(ٹرمنگ)
جیکٹ	Jacket	(جیکٹ)
چادر	Sheet	(شیٹ)

چوغہ (لبادہ)	Gown	(گاؤن)
چولی	Bodice	(بوڈس)
دستانہ	Glove	(گلوو)
دوپٹہ	Scarf	(اسکارف)
دوشالہ	Shawl	(شال)
رضائی	Quilt	(کوئلٹ)
رومال	Handkerchief, hanky	(ہینڈکرچیف، ہینکی)
ریشم	Silk	(سلک)
زین	Drill	(ڈرل)
سسپنڈرس	Suspenders	(سسپنڈرس)
سرج	Serge	(سرج)
السٹر	Chester, overcoat	(چیسٹر، اوورکوٹ)
صافہ	Turban	(ٹربن)
فیتہ	Tape	(ٹیپ)
قمیص	Shirt	(شرٹ)
کامدانی	Diaper brocade	(ڈائپر بروکڈ)
کرمچ	Canvas	(کینوس)
کشمیرا	Cashmere	(کشمیری)
کمربند	Belt	(بیلٹ)
کمبل	Blanket	(بلینکٹ)
کوٹ	Coat	(کوٹ)
کوٹ پتلون	Suit	(سوٹ)
گدا	Mattress	(میٹرس)
گلوبند	Muffler	(مفلر)
گھاگھرا (گھنگھرا)	Skirt	(اسکرٹ)
گھونگھٹ	Veil	(ویل)
لہنگا	Long skirt	(لونگ اسکرٹ)
مگزی	Border	(بورڈر)
موزہ	Stockings, socks	(اسٹوکنگس، سوکس)
واسکٹ	Waist-coat	(ویسٹ کوٹ)
وردی	Uniform	(یونی فارم)

تعلقات

رشتے ناطے/اہل قرابت

(RELATIONS)

استاد	Teacher	(ٹیچر)
استانی	Mistress, madam	(مسٹرس، میڈم)
باپ	Father	(فادر)
بیٹا	Son	(سن)
بیٹی	Daughter	(ڈاوٹر)
بہن	Sister	(سسٹر)
بہنوئی	Brother-in-law	(بروران لا)
بیوی	Wife	(وائف)
بھائی	Brother	(برور)
بھتیجہ، بھانجہ	Nephew	(نفیو)
بھتیجی، بھانجی	Niece	(نیس)
چچا، تایا، خالو	Uncle	(انکل)
چچی، تائی	Aunt	(انٹ)
خالہ	Mother's sister, Aunt	(مدرس سسٹر)
دادا	Grandfather	(گرینڈ فادر)
دادی	Grandmother	(گرینڈ مدر)
داشتہ	Concubine	(کنکیو بائن)
داماد	Son-in-law	(سن ان لا)
دوست	Friend	(فرینڈ)
زمیندار، مالک مکان	Landlord	(لینڈ لارڈ)
ساس	Mother-in-law	(مدران لا)
سالا	Brother-in-law	(بروران لا)
سالی (نند/دیورانی/جٹھانی)	Sister-in-law	(سسٹران لا)
سسر	Father-in-law	(فادران لا)
سوتیلا باپ	Step-father	(اسٹپ فادر)
سوتیلا بیٹا	Step-son	(اسٹپ سن)
سوتیلا بھائی	Step-brother	(اسٹپ برور)
سوتیلی بیٹی	Step-daughter	(اسٹپ ڈاوٹر)
سوتیلی ماں	Step-mother	(اسٹپ مدر)
سوتیلی بہن	Step-sister	(اسٹپ سسٹر)
شاگرد	Disciple, pupil	(ڈسائپل، پوپل)
کرایہ دار	Tenant	(ٹی نینٹ)
گاہک	Customer	(کسٹمر)
ماموں	Maternal uncle	(میٹرنل انکل)
متبنّیٰ بیٹا	Adopted son	(اڈوپٹڈ سن)
متبنّیٰ بیٹی	Adopted daughter	(اڈوپٹڈ ڈاوٹر)
محبوب/محبوبہ	Lover	(لوَر)
ممانی	Maternal aunt	(میٹرنل آنٹ)
مریض	Patient	(پیشینٹ)
مئوکل	Client	(کلائنٹ)

Host	(ہوسٹ)	میزبان
Guest	(گیسٹ)	مہمان
Preceptor	(پریسپٹر)	ناصح
Maternal grandfather	(میٹرنل گرینڈ فادر)	نانا
Maternal grandmother	(میٹرنل گرینڈ مدر)	نانی
Heir	(ایئر)	وارث
Mother	(مدر)	والدہ (ماں/اماں/امی/ممی)

گھریلو چیزیں
(HOUSEHOLD ARTICLES)

Mirror	(مرر)	آئینہ
Almirah	(الميرا)	الماری
Cupboard	(کبرڈ)	الماری (دیواری)
Wardrobe	(وارڈروب)	الماری (کپڑوں والی)
Iron	(آئرن)	استری
Bobbin	(بوبن)	انٹی (پھرکی)
Cinder	(سنڈر)	انگارہ
Thimble	(تھمبل)	انگشتانہ
Hearth	(ہرتھ)	انگیٹھی
Mortar	(مورٹر)	اوکھلی (کھرل)
Fuel	(فیول)	ایندھن
Wick	(وک)	بتی
Perambulator	(پرامبولیٹر)	بچوں کی گاڑی
Pot	(برتن)	برتن
Brush	(برش)	برش
Button	(بٹن)	بٹن
Ice-box	(آئس بکس)	برف بکس
Bottle	(بوٹل)	بوتل
Sack	(سیک)	بورا
Rolling pin	(رولنگ پن)	بیلن
Palanquin	(پلانکوئین)	پالکی
Doormat	(ڈورمیٹ)	پائندان
Cup	(کپ)	پیالہ
Flower-vase	(فلاورویس)	پھول دان (گل دان)
Spittoon	(اسپٹون)	پیکدان
Lock	(لوک)	تالا
Balance	(بیلنس)	ترازو
Pillow	(پلو)	تکیہ
Pillow-cover	(پلوکور)	تکیہ کا غلاف
Oven	(اوون)	تندور
Plate	(پلیٹ)	تھالی
Basket	(باسکیٹ)	ٹوکری
Tray	(ٹرے)	ٹرے
Grate	(گریٹ)	جالی (چولہے کی)
Broom	(بروم)	جھاڑو
Swing	(سوئنگ)	جھولا
Key	(کی)	چابی
Bed-sheet	(بیڈشیٹ)	چادر
Cot	(کوٹ)	چارپائی
Mat	(میٹ)	چٹائی
Pastry-board	(پیسٹری بورڈ)	چکلا (چوکی)
Spoon	(اسپون)	چمچہ
Tong	(ٹونگ)	چمٹا
Pincers	(پنسرس)	چمٹی
Sieve	(سیو)	چلنی (چھلنی)
Stove	(اسٹوو)	چولہا
Electric-stove	(الکٹرک اسٹوو)	چولہا (برقی)
Umbrella	(امبریلا)	چھتری (چھاتا)
Stick	(اسٹک)	چھڑی
Attache	(اٹیچی)	چھوٹا بکس
Hubble-bubble, hookah	(ہبل ببل، ہوکاہ)	حقہ
Toothpick	(ٹوتھ پک)	خلال
Thread	(تھریڈ)	دھاگا
Censer	(سنسر)	دھوپ دانی
Box	(بوکس)	ڈبہ
Bowl	(باؤل)	ڈونگا
Ash	(ایش)	راکھ
Dish	(ڈش)	رکابی (تھالی)
String	(اسٹرنگ)	رسّی
Rope	(روپ)	رسا
Nut cracker	(نٹ کریکر)	سروتا
Casket	(کاسکٹ)	سنگاردان
Needle	(نڈل)	سوئی

(نٹنگ نڈل)	Knitting needle	بننے کی سلائی
(فائل)	Phial	شیشی
(سوپ)	Soap	صابن
(سوپ کیس)	Soap-case	صابن دانی
(فلیگن)	Flagon	صراحی
(بوکس، ٹرنک)	Box, trunk	صندوق
(سوسر)	Saucer	طشتری
(شینڈ لیر)	Chandelier	فانوس
(پن)	Pen	قلم
(فنل)	Funnel	قیف (ٹیپ)
(فورک)	Fork	کانٹا
(لیڈل)	Ladle	کرچھل
(چیئر)	Chair	کرسی
(کالڈرن)	Cauldron	کڑاہی
(بلینکٹ)	Blanket	کمبل
(کوم)	Comb	کنگھا، کنگھی
(کنستر)	Canister	کنستر
(باؤل)	Bowl	لوٹا
(لیمپ)	Lamp	لیمپ
(ماچس)	Matches	ماچس
(میچ اسٹک)	Match-stick	ماچس کی تیلی
(میچ بوکس)	Match-box	ماچس کی ڈبیہ
(چرنر)	Churner	متھنی
(جار)	Jar	مرتبان
(ٹیبل)	Table	میز
(بولسٹر)	Bolster	مسند (تکیہ)
(کیروسین آئل)	Kerosene oil	مٹی کا تیل
(پسل)	Pestle	موسلی
(کینڈل)	Candle	موم بتی
(ٹیپ)	Tap	نل

زیورات و گہنے
(ORNAMENTS & JEWELLERY)

(رنگ)	Ring	انگوٹھی
(آرم لٹ)	Armlet	بازوبند
(کوارز)	Quartz	بلور
(نوز پن)	Nose-pin	بے سر (لونگ)
(اینک لٹ)	Anklet	پازیب
(ہیئر پن)	Hair-pin	پن (بالوں کی)
(ایمرلڈ)	Emerald	پنّا
(بلٹ)	Belt	پیٹی
(ٹوپاز)	Topaz	پکھراج
(کراؤن، تیارا)	Crown, tiara	تاج
(زرکن)	Zircon	تگڑی
(مڈل)	Medal	تمغہ
(رسٹ لیٹ)	Wristlet	توڑہ (پہونچی)
(ٹوپس)	Tops	ٹوپس
(ہیڈلوکٹ)	Head-locket	ٹیکہ (مانگ ٹیکہ)
(جوئیلری)	Jewellery	جواہرات
(سلور)	Silver	چاندی
(کلپ)	Clip	چٹی
(بینگل)	Bangle	چوڑی
(اوپل)	Opal	دودھیا پتھر
(ٹرکوائز)	Turquoise	فیروزہ
(ائر اسٹڈ)	Ear stud	کان کا بندہ
(چین)	Chain	کڑی
(بروچ)	Brooch	کانٹا (ساڑی کا)
(برا سلٹ)	Bracelet	کنگن (کڑا)
(روبی)	Ruby	لال پتھر
(کیٹس آئی)	Cat's eye	لہسنیا
(گارلینڈ)	Garland	مالا
(پرل)	Pearl	موتی
(مدر اوف پرل)	Mother of pearl	موتی کی سیپ
(کورل)	Coral	مونگا
(نوزرنگ)	Nose-ring	نتھ
(سفائر)	Sapphire	نیلم
(نیکلس)	Necklace	ہار، گلوبند
(ڈائمنڈ)	Diamond	ہیرا

آلات موسیقی
(MUSICAL INSTRUMENTS)

(فلوٹ)	Flute	بانسری
(بگل)	Bugle	بگل
(ماؤتھ آرگن)	Mouth-organ	بین باجا

بینجو	Banjo	(بینجو)
بیلا	Violin	(وائلن)
پیانو	Piano	(پیانو)
ترہی	Clarion	(کلیرین)
جھانجھ	Cymbal	(سمبل)
دف	Tambourine	(ٹیمبورن)
ڈگڈگی	Drumet	(ڈرمٹ)
ڈھول	Drum	(ڈرم)
ڈھولک	Tomtom	(ٹوم ٹوم)
سارنگی (چنگ)	Harp	(ہارپ)
ستار	Sitar	(ستار)
سیٹی	Whistle	(وھسل)
شنکھ	Conch	(کونچ)
شہنائی	Clarionet	(کلیریونٹ)
طبلہ	Tabor	(ٹیبر)
گٹار	Guitar	(گٹار)
گھنٹی	Bell	(گھنٹی)
مشک بین	Bagpipe	(بیگ پائپ)
مرچنگ	Jew's harp	(جیوز ہارپ)
نقارہ (نگاڑا)	Drum	(ڈرم)
ہارمونیم	Harmonium	(ہارمونیم)

کھانے پینے کی چیزیں
(CEREALS & EATABLES)

آٹا	Flour	(فلور)
اچار	Pickle	(پکل)
اراروٹ	Arrowroot	(ایئروروٹ)
ارہر	Pigeon pea	(پجین پی)
ارنڈ کے بیج (ریڈی کے بیج)	Castor-seed	(کاسٹر سیڈ)
اڑد	Vetch	(وچ)
الائچی دانہ	Comfit	(کم فٹ)
اناج (دانہ)	Grain	(گرین)
ارنڈی کا تیل	Castor-oil	(کاسٹر آئل)
باجرہ	Pearl millet	(پرل ملٹ)
ببول کا گوند	Gum acacia	(گم اکاسیا)
برف	Ice	(آئس)
بسکٹ	Biscuit	(بسکٹ)
بھٹہ	Corn-ear	(کورن ایئر)
پنیر	Cheese	(چیز)
پوست	Poppy	(پوپی)
ترکاری (سبزی)	Vegetable	(وجی ٹیبل)
تل	Sesamum	(سیس مم)
تیل	Oil	(آئل)
ٹماٹر کی چٹنی	Tomato ketchup, sauce	(ٹمیٹو کیچپ رسوس)
جو	Barley	(بارلے)
جوار	Millet	(ملٹ)
جئی	Oat	(اوٹ)
جئی کا آٹا	Oat-meal	(اوٹ میل)
چوڑا	Beaten paddy	(بٹن پیڈی)
چاول	Rice	(رائس)
چائے	Tea	(ٹی)
چپاتی	Loaf	(لوف)
چٹنی	Sauce	(سوس)
چوکر	Bran	(بران)
چینی	Sugar	(سوگر)
خشخاش	Poppy	(پوپی)
دال	Pulse	(پلس)
دودھ	Milk	(ملک)
دلیہ	Gruel	(گروئل)
دھان	Paddy	(پیڈی)
دہی	Curd	(کرڈ)
روٹی (ڈبل روٹی)	Bread	(بریڈ)
سرسوں (رائی)	Mustard	(مسٹرڈ)
سرسوں (سفید)	White mustard	(وائٹ مسٹرڈ)
سرکہ	Vinegar	(وینگر)
سوجی	Semolina	(سیمولینا)
سیم	Bean	(بین)
شراب	Wine	(وائن)
شربت	Syrup	(سیرپ)
شکر	Sugar	(سوگر)
شوربہ	Broth	(بروتھ)

شہد	Honey	(ہنی)
شیرہ (راب/چاشنی)	Treacle	(ٹریکل)
قلفی	Ice-cream	(آئس کریم)
قہوہ	Coffee	(کوفی/کافی)
قیمہ	Minced meat	(منسڈ میٹ)
کڑھی	Curry	(کری)
گوشت	Meat	(میٹ)
گوشت (بھیڑ/بکرا/بکری کا)	Mutton	(مٹن)
گوشت (گائے/بھینس/بیل کا)	Beef	(بیف)
گوشت (سؤر کا)	Pork	(پورک)
گوشت (مرغا/مرغی/چوزہ)	Chicken	(چکن)
گوار	Cluster-bean	(کلسٹر بین)
گھی	Ghee	(گھی)
گیہوں	Wheat	(وھیٹ)
مٹر	Pea	(پی)
مٹر (گول)	Field-pea	(فلڈ پی)
مٹھائی	Sweetmeat	(سوئیٹ میٹ)
مٹھا	Whey	(وھے)
مسور	Lentil	(لنٹل)
مصری	Sugar-candy	(سوگر کینڈی)
مکھن	Butter	(بٹر)
مکا/مکئی	Maize	(میز)
ملائی	Cream	(کریم)
مربّہ	Conserve	(کنزرو)
مرمرہ	Puffed-rice	(پفڈ رائس)
مونگ	Kidney-bean	(کڈنی بین)
میدہ	Maida	(میدہ)
میتھی	Buck-wheat	(بک وھیٹ)

مسالے

(SPICES)

آملہ/آنولہ	Amla	(آملہ)
اجوائن	Caraway	(کیراوے)
اجوائن (خراسانی)	Parsley	(پارسلے)
اجوائن (کاست)	Thymol	(تھائی مول)
ادرک	Ginger	(جنجر)
السی	Linseed	(لنسیڈ)
الائچی	Cardamom	(کارڈمم)
پودینہ کاست	Menthol	(منتھول)
پھٹکری	Alum	(ایلم)
تل	Niger	(نگر)
تلسی	Basil	(باسل)
تیج پات	Cassia	(کیسیا)
جاوتری	Mace	(میس)
جائے پھل	Nutmeg	(نٹ مگ)
چرتا	Chirata	(چرتا)
خمیر	Yeast	(ییسٹ)
خشخاش	Popy seed	(پوپی سیڈ)
دارچینی	Cinnamon	(سنامن)
دھنیا	Coriander seed	(کوری اینڈر سیڈ)
زعفران	Saffron	(سیفرن)
زیرہ	Cumin seed	(کیومن سیڈ)
سابودانہ	Sago	(ساگو)
سپاری	Betel-nut	(بٹل نٹ)
سفیدا	Litharge	(لتھارج)
سنایا	Senna	(سنا)
سونف	Aniseed	(اینی سیڈ)
سونٹھ	Dry ginger	(ڈرائی جنجر)
شورا	Saltpetre	(سالٹ پیٹر)
شورا (قلمی)	Niter	(نائٹر)
کافور (کپور)	Camphor	(کیمفر)
کالی مرچ	Black pepper	(بلیک پیپر)
کتھ	Catechu	(کیٹچو)
کستوری	Musk	(مسک)
کسیس	Vitriol	(وٹرآئل)
کلونجی	Nigella	(نائی جیلا)
کوکین	Cocain	(کوکین)
کھار	Alkali	(الکلی)
کیسر	Saffron	(سیفرن)
صندل	Sandal	(صندل)
لونگ	Clove	(کلوو)
ماجو،پھل	Gall-nut	(گول نٹ)

مرچ	Red pepper, Chilli	(رِڈ پیپر، چلی)
مردہ سنگ	Litharge	(لتھارج)
مجیٹھ	Indian madder	(انڈین میڈر)
مسبّر (اگر)	Aloe	(ایلو)
ملٹھی	Liquorice	(لک رائس)
نمک	Salt	(سالٹ)
ہلدی	Turmeric	(ٹرمیرک)
ہینگ	Asafoetida	(ایس فِٹڈا)
ہرّے	Myrobalan	(مائی روبلان)

معدنیات
(MINERALS)

ابرک رابرق	Mica	(مائکا)
اسٹیے ٹائٹ	Steatite	(اسٹیے ٹائٹ)
بٹومن	Bitumen	(بٹومن)
تانبہ	Copper	(کوپر)
تابنہ (بھورا)	Grey copper	(گرے کوپر)
پلاسٹک کلے	Plastic clay	(پلاسٹک کلے)
پارا	Mercury	(مرکری)
پٹرولیم	Rock oil, Petroleum	(روک آئل، پٹرولیم)
جست	Zinc	(زنک)
چاندی	Silver	(سلور)
رام رج	Yellow ochre	(یلو آکر)
رانگ (ٹن)	Tin	(ٹن)
زہر (سنکھیا)	Arsenic	(آرسینک)
سرمہ	Antimony	(اینٹی منی)
سفید ابرق	Muscovite	(مسکووٹ)
سفیدا	White lead	(وھائٹ لڈ)
سلیٹی پتھر	Shale	(شیل)
سندور	Cinnabar	(سنے بر)
سنگ مرمر	Marble	(ماربل)
سیسہ	Lead	(لیڈ)
سیل کھڑی	Soap stone	(سوپ اسٹون)
عقیق	Cornelian	(کورنلین)
کسوٹی	Touchstone	(ٹچ اسٹون)
کھریا	Chalk	(چوک)
کوئلہ	Coal	(کول)
گندھک	Sulphur	(سلفر)
گیرو	Red ochre	(رِڈ اوکر)
لوہا	Iron	(آئرن)
ملتانی مٹی	Fuller's earth	(فولرس ارتھ)
مٹی کا تیل	Kerosene oil	(کیروسین آئل)
نیلا تھوتھا	Blue vitriol	(بلووٹریل)
نیٹرن	Natron	(نیٹرن)
ہرتال	Orpiment	(اورپی منٹ)

درخت اور انکے حصے
(TREES & THEIR PARTS)

آم	Mango	(مینگو)
امرود	Guava	(گوآوا)
املی	Tamarind	(ٹمارنڈ)
انکر	Germ	(جرم)
اشوک	Polyalthia	(پولی یالتھیا)
بانس	Bamboo	(بمبو)
ببول (کیکر)	Acacia	(اکاسیا)
بیج	Seed	(سیڈ)
بھوج پتہ	Birch	(برچ)
پتی	Leaf	(لیف)
پراگ	Pollen	(پولن)
پراگ دانہ	Pollen-grain	(پولن گرین)
پراگ نلی	Pollen-tube	(پولن ٹیوب)
پھول	Flower	(فلاور)
تاڑ	Palm	(پام)
جٹ (ناریل کی)	Coir	(کوائر)
جڑ	Root	(روٹ)
جھاؤ	Conifer	(کونیفر)
چھال	Bark	(بارک)
چھلکا	Skin	(اسکین)
چیڑ	Pine	(پائن)
رس (عرق)	Juice	(جوس)
ریشہ رنس	Fibre	(فائبر)
سرو	Cypress	(سائپرس)

ساگوان	Teak	(ٹیک)
سرس	Abbizzia	(ابزیا)
شاخ (ٹہنی)	Branch	(برانچ)
قلم	Graft	(گرافٹ)
قند	Bulb	(بلب)
کلی	Bud	(بڈ)
کانٹا	Thorn	(تھورن)
کیکٹس	Cactus	(کیکٹس)
کیسر	Pistil	(پسٹل)
گودا	Pulp	(پلپ)
گوند	Gum	(گم)
گٹھلی	Stone	(اسٹون)
لکڑی	Wood	(ووڈ)
ہلدوا	Haldo	(ہلدو)

پھول، پھل، میوے اور سبزیاں

(FLOWERS, FRUITS, DRY FRUITS & VEGETABLES)

آڑو (شفتالو)	Peach	(پیچ)
آلو	Potato	(پوٹیٹو)
آلوبخارا	Bokhara plum	(بخارا پلم)
آلوچہ	Plum	(پلم)
آلوچہ (جاپانی)	Japanese plum	(جیپنیز پلم)
اخروٹ	Chestnut	(چس نٹ)
ادرک	Ginger	(جنجر)
املی	Tamarind	(ٹمارنڈ)
امرود	Guava	(گوآوا)
انار	Pomegranate	(پوم گرینٹ)
انگور	Grape	(گریپ)
اناناس	Pineapple	(پائن ایپل)
انجیر	Fig	(فگ)
اروی	Colocesia	(کولوسیسیا)
بادام	Almond	(المنڈ)
بکائن	Lilac	(لیلاک)
بند گوبھی	Cabbage	(کیبج)
بنفشہ	Sweet violet	(سوئیٹ وائلٹ)
بھٹہ	Corn-ear	(کورن ائر)
بھنڈی	Lady's finger	(لیڈیز فنگر)
بیگن	Brinjal	(برنجل)
پالک	Spinach	(اسپائنچ)
پرول	Trichosanthes dioica	(ٹرائیکوسینتھس ڈوئکا)
پستہ	Pistachio	(پس ٹیشیو)
پٹوا	Hemp	(ہمپ)
پپیتا (پہاڑی)	Mountain papaya	(ماؤنٹین پاپایا)
پپیتا	Papaya	(پاپایا)
پھوٹ (کھڑا)	Cucurbit gourd	(کوکربٹ گورڈ)
پھول گوبھی	Cauliflower	(کولی فلاور)
پودینہ	Mint	(منٹ)
پوست	Poppy	(پوپی)
پیاز	Onion	(اونین)
تربوزہ	Watermelon	(واٹرملن)
تری (گھیا)	Luffa	(لفا)
تمباکو	Tobacco	(ٹوباکو)
ٹماٹر	Tomato	(ٹومیٹو)
جامن	Blackberry	(بلیک بیری)
چقندر	Sugar beet, Beetroot	(سوگر بیٹ)
چکوترہ	Citron	(سائٹرن)
چلغوزہ	Pinus	(پائنس)
چمپا	Magnolia	(میگنولیا)
چمیلی	Jasmine	(جیسمن)
چولائی	Amaranthus	(ایمرینتھس)
چچنڈا	Snake gourd	(اسنیک گورڈ)
چیری (کھٹی)	Sour cherry	(ساور چیری)
چیری (میٹھی)	Sweet cherry	(سوئیٹ چیری)
چیکو	Sapodilla	(سیپوڈیلا)
خربوزہ	Musk melon	(مسک ملن)
خشخاش	Poppy	(پوپی)
خوبانی	Apricot	(ایپری کوٹ)
دھتورا	Belladona	(بیلاڈونا)
دھنیا	Coriander	(کوری اینڈر)
رتالو	Yam	(یام)

روئی	Cotton	(کوٹن)
روز بیری	Rose berry	(روز بیری)
زیتون	Olive	(اولیو)
سابودانہ	Sago	(ساگو)
سرس پھل	Berry	(بیری)
سلاد (کاپتہ)	Lettuce	(لٹیوس)
سن	Flax	(فلیکس)
سنترہ	Orange	(اورنج)
سنگھاڑا	Water nut	(واٹرنٹ)
سیب	Apple	(ایپل)
سیب (جنگلی)	Crab apple	(کریب ایپل)
سیم	Bean	(بین)
سیمل	Silk cotton	(سلک کوٹن)
شریفہ	Custard apple	(کسٹرڈ ایپل)
شکرقند	Sweet potato	(سوئٹ پوٹیٹو)
شلغم	Turnip	(ٹرنپ)
شہتوت	Mulberry	(مل بیری)
کاجو	Cashewnut	(کیشوٗنٹ)
کاشی پھل	Red pumpkin	(رڈ پمکن)
کٹہل	Jack fruit	(جیک فروٹ)
کدو	Pumpkin	(پمکن)
کریلا	Bitter gourd	(بیٹر گورڈ)
کشمش	Currant	(کرنٹ)
کمرق	Carambola	(کرم بولا)
کمل	Lotus	(لوٹس)
کنیر	Oleander	(اولینڈر)
ککرمتا، سماروغ	Mushroom	(مشروٗم)
ککڑی (کھیرا)	Cucumber	(کوکمبر)
کھجور	Date	(ڈیٹ)
کیلا	Banana	(بنانا)
کیوڑا	Pandanus	(پنڈانس)
گاجر	Carrot	(کیرٹ)
گانٹھ گوبھی	Knolkhol	(نول کھول)
گل بہار	Daisy	(ڈیزی)
گل داؤدی	Chrysanthemum	(کری سین تھمم)
گل مہندی (چھوئی موئی)	Touch-me-not	(ٹچ می نوٹ)
گلاب	Rose	(روز)
گولر	Boll	(بول)
گنا	Sugarcane	(شوگرکین)
گیندا	Marigold	(میری گولڈ)
للی	Lily	(للی)
لیچی	Lichi	(لیچی)
لیمو	Lemon	(لیمن)
لیمو (کھٹا)	Lime	(لائم)
مالٹا	Malta	(مالٹا)
مٹر	Pea	(پی)
مرچ	Chilli	(چلی)
مکوآ	Night shade	(نائٹ شیڈ)
مکھانا	Dry water lily	(ڈرائی واٹرلیلی)
منقہ	Raisin	(ریزن)
مونگ پھلی	Groundnut	(گراؤنڈنٹ)
موسمی	Mosambi	(موسمبی)
مولی	Radish	(ریڈش)
نارنگی	Orange	(اورنج)
ناریل	Coconut	(کوکونٹ)
ناگ پھنی	Prickly pear	(پرکلی پیئر)
ناگ بھکا	Cobra flower	(کوبرا فلاور)
نرگس	Narcissus	(نارسس سس)

عمارات اوراس کے حصّے
(BUILDINGS & THEIR PARTS)

آرام گاہ	Bedroom	(بڈروٗم)
آلا	Niche	(نانچ)
آنگن	Courtyard	(کورٹ یارڈ)
اٹاری (کوٹھا)	Attic	(ایٹک)
اسپتال	Hospital	(ہاسپٹل)
اسکول	School	(اسکول)
انگیٹھی	Hearth	(ہرتھ)
باورچی خانہ (مطبخ)	Kitchen	(کچن)
برآمدہ	Verandah	(ورنڈا)
برساتی	Portico	(پورٹیکو)
برف خانہ	Ice factory	(آئس فیکٹری)

بند (کرسی)	Plinth	(پلنتھ)
بنگلہ	Bungalow	(بنگلو)
بنیاد	Foundation	(فاؤنڈیشن)
بیٹھک خانہ (بارہ دری)	Drawing room	(ڈرائنگ روُم)
بیت الخلا	Latrine	(لیٹرن)
پاگل خانہ	Lunatic asylum	(لونیٹک اسائلم)
پرنالا	Gutter	(گٹر)
پڑھنے کا کمرہ	Reading room	(ریڈنگ روُم)
پلاستر	Plaster	(پلاسٹر)
پیشاب خانہ	Urinal	(یوُرینل)
ٹکٹ گھر	Booking office	(بکنگ آفس)
تجربہ گاہ	Laboratory	(لیبوریٹری)
تہہ خانہ	Underground cell	(انڈرگراونڈ سیل)
جالی	Lattice	(لیٹِس)
جامعہ	University	(یونیورسیٹی)
جھروکہ	Peep-hole	(پیپ ہول)
جھونپڑی	Cottage	(کوٹج)
چبوترہ	Platform	(پلیٹ فارم)
چڑیا خانہ	Zoo	(زوٗ)
چڑیا گھر	Aviary	(ایویئری)
چمنی	Chimney	(چمنی)
چنگی گھر	Octroi-post	(اوکٹرائی پوسٹ)
چھت (اندرونی)	Ceiling	(سلنگ)
چھڑ	Bar	(بار)
چھپر	Shed	(شیڈ)
چوکھٹ	Door-frame	(ڈور فریم)
دروازہ	Door	(ڈور)
دفتر	Office	(آفس)
دہلی	Door-sill	(ڈور سل)
دہلیز	Threshold	(تھرشولڈ)
دیوار	Wall	(وال)
روشن دان	Ventilator	(وینٹی لیٹر)
زنجیر	Chain	(چین)
سامان رکھنے کا کمرہ	Store-room	(اسٹور روُم)
سرائے	Inn	(انّ)
سنیما گھر	Cinema hall	(سنیما ہال)

سمنٹ	Cement	(سمنٹ)
سیڑھی	Stair	(اسٹیئر)
شہتیر (دھرن)	Beam, Rafter	(بیم، ریفٹر)
صحن	Courtyard	(کورٹ یارڈ)
عمارت	Building	(بلڈنگ)
غسل خانہ	Bathroom	(باتھ روُم)
فرش	Floor	(فلور)
فوارہ	Fountain	(فاؤنٹین)
فوجی آرام گاہ	Barrack	(بیرک)
قصائی خانہ (مذبح)	Slaughter-house	(سلاوٹر ہاؤس)
قلعہ	Fort	(فورٹ)
کارخانہ	Factory	(فیکٹری)
کارنیس	Cornice	(کورنیس)
کالج	College	(کالج)
کتب خانہ	Library	(لائبریری)
کسرت گاہ (ورزش خانہ)	Gymnasium	(جمنازیم)
کمرہ	Room	(روُم)
کونہ	Corner	(کورنر)
کونیا	Bracket	(بریکٹ)
کھپریل	Tile	(ٹائل)
کھلیان	Granary	(گرینری)
کھڑکی	Window	(ونڈو)
کھونٹی	Peg	(پیگ)
گرجا گھر	Church	(چرچ)
گنبد	Dome	(ڈوم)
گندہ نالا	Drain	(ڈرین)
گلیارہ	Gallery	(گیلری)
مچان (چبوترہ)	Dais	(ڈائس)
محراب	Arch	(آرچ)
محل	Palace	(پیلس)
مسجد	Mosque	(موسک)
مٹھ	Cloister	(کلائسٹر)
مکان	House	(ہاؤس)
مندر	Temple	(ٹمپل)
منڈیر	Battlement	(بیٹلمنٹ)
منزل	Storey	(اسٹوری)

مینار	Steeple	(اسٹیپل)
یتیم خانہ	Orphanage	(آرفنیج)

اوزار (آلات)

(TOOLS)

آری	Saw	(ساء)
استرا	Razor	(ریزر)
بادیا	Stock & dies	(اسٹاک اینڈ ڈائز)
بانک	Vice	(وائس)
بنسی	Fishing-rod	(فشنگ رڈ)
برما	Auger	(اوگر)
برمی	Drill	(ڈرل)
برنجی	Needle-point	(نڈل پوآئنٹ)
بھٹی	Still	(اسٹل)
پتوار	Rudder	(رڈر)
پچکاری	Syringe	(سرنج)
پرکار	Divider	(ڈیوائڈر)
پیچ	Screw	(اسکریو)
پیچ کس	Screw-driver	(اسکریوڈرائیور)
پھاوڑا (بیلچہ)	Spade	(اسپیڈ)
پھالی	Bar-shear	(بارشیئر)
پھکنی	Blowpipe	(بلوپائپ)
پھنی	Cleat	(کلیٹ)
ترازو	Balance	(بیلنس)
ٹکوآ	Awl	(آول)
چوسا	Rasp	(ریسپ)
چھرا، خنجر	Dagger	(ڈیگر)
چھینی	Cold chisel	(کولڈ چسل)
چھینی (ٹانکی)	Stone chisel	(اسٹون چسل)
درانتی	Bagging hook	(بیگنگ ہوک)
درانتی (ہنسوآ)	Sickle	(سیکل)
دستی قینچی	Pruning shear	(پرونگ شیئر)
دھری	Axis	(ایکسس)
دھونکنی	Bellows	(بلوز)
ڈنڈا (پتوار)	Oar	(اور)
ڈھیکل	Lever	(لیور)
رندا (بڑا)	Jack plane	(جیک پلین)
رندا (پتام)	Rebate plane	(ربیٹ پلین)
رندا (باریک)	Smoothing plane	(اسموتھنگ پلین)
رندا (دھاری)	Tooling plane	(ٹولنگ پلین)
رندا (گول)	Bead plane	(بیڈپلین)
رندا (چھوٹا)	Trying plane	(ٹرائنگ پلین)
رمبھا	Dibble	(ڈبل)
ریتی	File	(فائل)
سان (دھار لگانے کا پتھر)	Hone	(ہون)
ساھل	Plumbine	(پلم بائن)
سطح ناپنے کا آلہ	Spirit-level	(اسپرٹ لیول)
فرما (موچی کا)	Last	(لاسٹ)
قطب نما	Compass	(کمپاس)
قینچی	Scissors	(سیزرس)
کانٹا	Clamp	(کلیمپ)
کدال	Spade	(اسپیڈ)
کرگھا	Loom	(لوم)
کولہو (گنے کا)	Sugar mill	(شوگر مل)
کولہو (تیل کا)	Oil-mill	(آئل مل)
کولٹر	Colter	(کولٹر)
گولچہ	Gauge	(گوج)
گونیہ	Trying-angle	(ٹرائنگ اینگل)
گینتی (کلہاڑی)	Axe	(ایکس)
لٹو (مخروطہ)	Cone	(کون)
لنگر	Anchor	(اینکر)
منگری	Mallet	(میلٹ)
نشتر لگانے کی چھری	Lancet	(لین سٹ)
نہائی	Anvil	(اینول)
ہاتھ سے پکڑنے کا آلہ	Hand vice	(ہینڈ وائس)
ہل	Plough	(پلاو)
ہل کا پھالا	Ploughshare	(پلاوشیر)
ہتھکلی	Spanner	(اسپینر)
ہتھوڑا	Hammer	(ہیمر)

متعلقات جنگ
(WARFARE)

ایٹم بم	Atom bomb	(اٹم بم)
ایٹمی جنگ	Atomic warfare	(اٹومک وارفیئر)
باروُد	Gunpowder	(گن پاؤڈر)
باروُدخانہ	Magazine	(میگزین)
بغاوت	Mutiny	(میوٹنی)
دھماکہ خیز بم	Explosive-bomb	(اکسپلوسیوبم)
بم	Bomb	(بم)
بم کا حملہ	Bombardment	(بمبارڈمنٹ)
بحری فوج	Navy	(نیوی)
بھرتی (ہنگامی فوجی)	Conscription	(کونس کرپشن)
پن ڈبی	Submarine	(سب میرائن)
تباہ کرنے والا	Destroyer	(ڈسٹرائر)
توپ	Cannon	(کنین)
توپ کا گولہ	Cannon-ball	(کینن بال)
توپ (ہوائی مار کرنے والی)	Anti-aircraft gun	(اینٹی ائرکرافٹ گن)
جنگی جہاز	Battle ship	(بیٹل شپ)
جنگی قیدی	Prisoners of war	(پرزنرس اوف وار)
حملہ	Aggression, attack	(ایگریشن، اٹیک)
حیوانی طاقت	Brute force	(بروٹ فورس)
خانہ جنگی	Civil-war	(سول وار)
خندق	Trench	(ٹرنچ)
خوں ریزی، خون خرابہ	Bloodshed	(بلڈشیڈ)
دفاع کا خزانہ	Defence fund	(ڈیفنس فنڈ)
دشمن	Enemy	اینمی
دفاع	Defence	ڈیفنس
رسد	Provisions	پرووزنس
زرہ بکتر	Armour	آرمر
سرد جنگ	Cold war	کولڈوار
شعبۂ دفاع	Defence service	ڈیفنس سروس
صلح نامہ	Treaty	ٹریٹی
فوج (پیدل)	Land force	لینڈفورس
فوج	Army, troops	آرمی، ٹروپس
فوج (گھڑسوار)	Cavalry	کیویلری
فوجی حرکات	Campaign	کمپین
فوج کا اعلیٰ افسر	Field-marshal	فلڈ مارشل
فوجی نقل وحرکت	Operation	آپریشن
فوج کا حاکم اعلیٰ	Commander-in-chief	کمانڈران چیف
فوج کی حرکت ختم کرنا	Demobilization	ڈی موبیلائزیشن
فوج میں بھرتی	Recruitment	ریکروٹمنٹ
قلعہ بندی	Fortification	فورٹی فکیشن
کارتوس	Cartridge	کارٹرج
کوُچ کرنا	Expedition	ایکسپیڈیشن
کشتی (گولہ پھینکنے والی)	Torpedo boat	ٹورپیڈوبوٹ
گولابارُود	Ammunition	ایموُنیشن
گولی	Bullet	بوُلٹ
گوریلا جنگ	Guerilla war	گوریلاوار
گیس نقاب	Gas mask	گیس ماسک
گھیرا	Siege	سیج
جنگی کارنامے، جنگی پلان	Strategy	اسٹریٹیجی
جنگ کرنے والے (افراد)	Combatants	کمباٹینٹس
جنگ لڑنے والا (ملک)	Belligerent nation	بلی جرنٹ نیشن
جنگی ہتھیار (آلات حرب)	Armaments	آرمامنٹس
جنگ بندی	Cease-fire	سیزفائر
لڑاکو طیارہ	Fighter plane	(فائٹرپلین)
مشین گن	Machine-gun	(مشین گن)
معاون فوج	Auxiliary force	(آوکزیلیری فورس)
ناکہ بندی	Blockade	(بلوکیڈ)
وزارت دفاع	Defence ministry	(ڈیفنس منسٹری)
وزیر دفاع	Defence minister	(ڈیفنس منسٹر)

پیشے اور کاروبار
(PROFESSIONS & OCCUPATIONS)

اخباروالا	Newspaper vendor	(نیوز پیپر ونڈر)
استاد	Teacher	(ٹیچر)
انجینئر	Engineer	(انجینئر)
باورچی	Cook	(کک)
بزاز	Draper	(ڈریپر)
بس میں ٹکٹ کاٹنے والا	Conductor	(کنڈکٹر)
بیج فروخت کرنے والا	Seedsman	(سیڈس مین)

بڑھئی	Carpenter	(کارپنٹر)
پادری	Priest	(پرسٹ)
پھیری والا	Hawker	(ہاکر)
پیغمبر، پیامبر	Messenger	(میسنجر)
تاجر	Merchant, businessman	(مرچنٹ، بزنس مین)
تیلی	Oil man	(آئل مین)
ٹیکہ لگانے والا	Vaccinator	(ویکسنیٹر)
ٹائپ کرنے والا	Compositor, typist	(کمپوزیٹر، ٹائپسٹ)
ٹھیکہ دار	Contractor	(کنٹریکٹر)
جادوگر	Magician	(میجیشین)
جراح	Surgeon	(سرجن)
جلاہا	Weaver	(ویور)
جلدساز	Book-binder	(بک بائنڈر)
جوہری	Jeweller	(جوئلر)
چھاپنے والا	Printer	(پرنٹر)
چپراسی (اردلی)	Peon, orderly	(پیون، اردلی)
چوکیدار	Watchman	(واچ مین)
حاکم صفائی	Sanitary inspector	(سینٹری انسپکٹر)
حجام	Barber	(باربر)
حکیم، طبیب	Physician	(فزیشین)
حلوائی	Confectioner	(کنفکشنر)
خرادوالا	Turner	(ٹرنر)
خزانچی	Treasurer	(ٹریزر)
دانت کا ڈاکٹر	Dentist	(ڈنٹسٹ)
دائی	Midwife	(مڈوائف)
دکاندار	Shopkeeper	(شوپ کیپر)
دستکار	Artisan	(آرٹیزن)
دلال	Broker	(بروکر)
درزی	Tailor	(ٹیلر)
دُھنیا	Carder	(کارڈر)
دھوبی	Washerman	(واشرمین)
دھوبن	Washerwoman	(واشرووُمین)
ڈرامہ نگار	Dramatist	(ڈراماٹسٹ)
ڈاکٹر (معالج)	Doctor	(ڈاکٹر)
ڈاکیہ	Postman	(پوسٹ مین)
راج	Mason	(میسن)
رنگریز	Dyer	(ڈائر)
رنگساز	Painter	(پنٹر)
ریل میں ٹکٹ چیک کرنے والا	T.T.E.	(ٹی ٹی ای)
زمیندار	Landlord	(لینڈلارڈ)
سپاہی	Constable	(کانسٹبل)
سائیس	Groom	(گروم)
سبزی فروش	Green vendor	(گرین وِنڈر)
سنار	Goldsmith	(گولڈ اسمتھ)
سیاست داں	Politician	(پولی ٹیشین)
سنگ تراش	Sculptor	(اسکلپچر)
شاعر	Poet	(پوئٹ)
شیشہ لگانے والا	Glazier	(گلیزیر)
صفائی کرنے والا	Cleaner	(کلینر)
طبلچی	Tabla player	(طبلہ پلیئر)
عطّار	Perfumer	(پرفیومر)
فنکار	Artist	(آرٹسٹ)
فوٹوگرافر	Photographer	(فوٹوگرافر)
قصائی	Butcher	(بوچر)
قلی	Coolie	(قلی)
کسان	Farmer	(فارمر)
کاریگر	Artisan	(آرٹی زن)
کوچوان	Coachman	(کوچ مین)
کمپاؤنڈر	Compounder	(کمپاؤنڈر)
کیمیاگر	Chemist	(کیمسٹ)
کمہار	Potter	(پوٹر)
کار چلانے والا	Chauffeur	(شوفر)
کھچڑی فروش	Retailer	(ریٹلر)
گوالا	Milkman	(ملک مین)
گوالن	Milkmaid	(ملک میڈ)
لوہار	Blacksmith	(بلیک اسمتھ)
مال ڈھونے والا	Carrier	(کیریئر)
ملاح	Sailor	(سیلر)
مالی	Gardener	(گارڈنر)
موچی	Cobbler	(کوبلر)
مدیر	Editor	(اڈیٹر)
مالک	Proprietor	(پراپرائٹر)

مستری	Mechanic	(مکینک)
معائنہ کرنے والا	Inspector	(انسپکٹر)
ممتحن	Examiner	(اکزامنر)
منتظم	Manager	(منیجر)
مچھیرا	Fisherman	(فشرمین)
مشین چلانے والا	Operator	(آپریٹر)
مانجھی	Boatman	(بوٹ مین)
منیم (گماشتہ)	Agent	(ایجنٹ)
منشی (محرر)	Clerk	(کلرک)
مہتر (بھنگی)	Sweeper	(سوئیپر)
مینا کار	Enameller	(اینمیلر)
مصوّر	Artist	(آرٹسٹ)
مصنف	Writer	(رائٹر)
ناچنے والا	Dancer	(ڈانسر)
ناشر	Publisher	(پبلیشر)
ناول نگار	Novelist	(ناولسٹ)
نثّار	Prose-writer	(پروزرائٹر)
نرس	Nurse	(نرس)
نان بائی	Baker	(بیکر)
نغمہ ساز	Musician	(میوزیشین)
نقشہ نویس	Draftsman	(ڈرافٹس مین)
نیلام کرنے والا	Auctioneer	(آکشنیئر)
وکیل	Advocate	(ایڈووکٹ)
ہوٹل کا ملازم، بیرا	Waiter	(ویٹر)

تجارتی وکاروباری الفاظ
(BUSINESS)

آمدنی (پیداوار)	Income, Earning	(انکم، ارننگ)
آمدنی وخرچ کا حساب	Receipts & account payments	(رسیٹس اینڈ اکاؤنٹ پیمینٹس)
آزاد دیوالیہ	Discharged bankrupt	(ڈسچارجڈ بینک رپٹ)
آئندہ تاریخوں کا چیک	Postdated cheque	(پوسٹ ڈیٹڈ چیک)
آسانی سے نہ چلنے والے بڑے نوٹ	Tight money	(ٹائٹ منی)
آنے والے وقت میں قیمت	Call rate	(کال ریٹ)
ابتدائی کھاتہ	Initial account	(انیشیل اکاؤنٹ)
ادا کرنے کی صلاحیت	Paying capacity	(پینگ کیپے سیٹی)
اداشدہ بل	Discharged bill	(ڈسچارجڈ بل)
ادائیگی شدہ قرض	Discharged loan	(ڈسچارجڈ لون)
اداہونے والا بل	Bill payable	(بل پے ایبل)
ادھار (قرض)	Credit	(کریڈٹ)
ادھار کا کھاتہ	Credit account	(کریڈٹ اکاؤنٹ)
ادھار پر بکری	Sale on credit	(سیل اون کریڈٹ)
ادھار لینے والا خط	Letter of credit	(لیٹر اوف کریڈٹ)
ادھار جمع	Credit deposit	(کریڈٹ ڈپوزٹ)
ادھار بل	Bill of credit	(بل اوف کریڈٹ)
ادھار دینے والا	Moneylender	(منی لنڈر)
ادھار کھاتہ	Credit book	(کریڈٹ بک)
اجازت نامہ	Letter of authorisation	(لیٹرآف اوتھورائزیشن)
اصل آمدنی	Net Income	(نٹ انکم)
اصل سرمایا، رقم	Capital	(کیپٹل)
امداد باہمی بینک	Co-operative Bank	(کوآپریٹیو بینک)
اندراج کرنے والا	Endorser	(انڈورسر)
اندراج منظوری	Endorsement	(انڈورس مینٹ)
اندراج شدہ چیک	Endorsed cheque	(انڈورسڈ چیک)
انفرادی کھاتہ	Individual account	(انڈویجویل اکاؤنٹ)
اوسط	Average	(ایوریج)
اوسط قیمت	Average rate	(ایوریج ریٹ)
اوسط فاصلہ	Average distance	(ایوریج ڈسٹنس)
ادائیگی کا وقت، نکلا ہوا بل	Overdue bill	(اوور ڈیو بل)
ادھار جمع کرنا بذریعہ چیک	Cheque	(چیک)
	Deposit crediting	(ڈپوزٹ کریڈیٹنگ)
ادائیگی	Charges	(چارجز)
ادائیگی ہونے والا بل	Bill receivable	(بل ریسیویبل)
الگ الگ صفحوں کا کھاتہ	Loose leaf ledger	(لوزلیف لیجر)
ایسا قرض جس کے ڈوب جانے کا اندیشہ ہو	Suspended debt	(سسپنڈڈ ڈیبٹ)
ایسا ادھار جو فوراً ادا کیا جائے	Emergency credit	(ایمرجنسی کریڈٹ)
ایسی نقدی جو فوراً بازار میں نہ چلے	Hard currency	(ہارڈ کرنسی)
باقی قرض	Loan balance	(لون بیلنس)
باقی ادائیگی ادھار	Standing credit	(اسٹینڈنگ کریڈٹ)

باقی/بقایا	Balance	(بیلنس)
باقی بقایا نکالنا	Balancing	(بیلنسنگ)
بازار	Commodity market	(کموڈیٹی مارکیٹ)
بازار کی قیمت	Market price	(مارکیٹ پرائس)
برآمد	Export	(اکسپورٹ)
برآمد ادھار	Export credit	(اکسپورٹ کریڈٹ)
برآمد ٹیکس	Export duty	(اکسپورٹ ڈیوٹی)
بکری کا بل	Bill of sale	(بل اوف سیل)
بکری کا کھاتہ	Sales ledger	(سیلس لیجر)
بقایاجات	Arrears	(ایریئرس)
بجٹ جمع	Saving deposit	(سیونگ ڈپوزٹ)
بنانے کا طریقہ	Manufacturing process	(مینوفیکچرنگ پروسس)
بنانے والے کا مارکہ	Maker's brand	(میکرس برانڈ)
بے ضمانتی قرض	Clean loan	(کلین لون)
بہی کھاتہ	Account book	(اکاؤنٹ بک)
بے قیمت	Free of charge	(فری آف چارج)
بینکوں کی ادائیگی	Banker's payment	(بینکرس پیمینٹ)
بینک کو ادائیگی کا حکم	Banker's order	(بینکرس آرڈر)
بینک کو پیشگی دینا	Banker's advance	(بینکرس ایڈوانس)
بینک ادھار	Bank credit	(بینک کریڈٹ)
بینک شرح	Bank rate	(بینک ریٹ)
بینک کا حساب	Bank account	(بینک اکاؤنٹ)
بینک کا قرض	Banking debt	(بینکنگ ڈٹ)
بینک کے قرض کی بنیاد	Banker's security	(بینکرس سیکوریٹی)
بینک کھاتہ مانگ	Bank call	(بینک کال)
بینک میں جمع شدہ رقم	Bank cash	(بینک کیش)
بینک رہن	Banker's mortgage	(بینکرس مورٹرج)
بینک ادائیگی	Bank charge	(بینک چارج)
بینکنگ نظام	Banking structure	(بینکنگ اسٹرکچر)
بیمہ	Insurance	(انشورنس)
پہلے سے تیار کئے گئے کھاتے	Advance accounts	(ایڈوانس اکاؤنٹس)
غیر معینہ مدت کا قرض	Morning loan	(مارنگ لون)
پابند ڈیوٹی	Restrictive duty	(ریسٹرکیٹیو ڈیوٹی)
پرانا چیک	Stale cheque	(اسٹیل چیک)
پچھلا حساب	Account rendered	(اکاؤنٹ رینڈرڈ)
تاریخ مقررہ کا قرض	Time money	(ٹائم منی)

تاجر	Merchant	(مرچینٹ)
تبادلہ	Exchange	(اکسچنج)
تجارت شروع کرنے سے پہلے کا خط	Forwarding letter	(فورورڈنگ لیٹر)
تجارت میں لگا سرمایہ	Working capital	(ورکنگ کیپیٹل)
تجارت میں بچا ہوا مال	Stock in trade	(اسٹاک ان ٹریڈ)
تجارتی مال	Merchandise	(مرچنڈائس)
تجارتی لین دین	Trade creditor	(ٹریڈ کریڈیٹر)
تجارتی سرمایہ	Trading capital	(ٹریڈنگ کیپیٹل)
تجارتی بینک	Commercial bank	(کمرشیل بینک)
تجارتی کھاتہ	Commercial account	(کمرشیل اکاؤنٹ)
ترمیم شدہ متبادل رقم	Cash transfer clearing	(کیش ٹرانسفر کلیرنگ)
تسلیم شدہ کرنسی	Approved currency	(اپرووڈ کرنسی)
تحریر شدہ مانگ	Demand note, indent	(ڈیمانڈ نوٹ، انڈنٹ)
ترقی کے اخراجات	Development expenses	(ڈیولپمینٹ ایکپنس)
تفصیلی خط	Covering letter	(کورنگ لیٹر)
تنخواہ، ادا	Pay	(پے)
تھوک بازار	Wholesale market	(ہول سیل مارکیٹ)
ٹکسال شرح	Mint par	(منٹ پار)
ٹوٹ پھوٹ	Wear & tear	(ویئر اینڈ ٹیر)
ٹیکس شدہ قیمت	Duty paid price	(ڈیوٹی پڈ پرائس)
جاری قرض	Current loan	(کرنٹ لون)
جانچ رجسٹر	Check register	(چیک رجسٹر)
جاری جمع	Current deposit	(کرنٹ ڈپوزٹ)
جسکی ادائیگی نہ ہو	Open cheque	(اوپن چیک)
جعلی نوٹ	Forged note	(فورجڈ نوٹ)
جمع فنڈ	Consolidated fund	(کونسولڈیٹڈ فنڈ)
جمع کھاتہ	Book deposit	(بک ڈپوزٹ،
	Deposit ledger	ڈپوزٹ لیجر)
جمع کرنے کی رسید	Pay in slip	(پے ان سلپ)
جمع کرنے والا بینک	Bank of deposit	(بینک اوف ڈپوزٹ)
جمع شدہ رقم	Deposit account	(ڈپوزٹ اکاؤنٹ)
جمع شدہ کرنسی	Deposit currency	(ڈپوزٹ کرنسی)
جمع کا حساب کتاب کا کھاتہ	Deposit account	(ڈپوزٹ اکاؤنٹ)
جمع رجسٹر	Deposit register	(ڈپوزٹ رجسٹر)

جمع ہونے والا قرض	Funding loan	(فنڈنگ لون)
جمع شدہ مال کا کھاتہ	Stock account	(اسٹاک اکاؤنٹ)
چالو کھاتہ	Current account	(کرنٹ اکاؤنٹ)
چارٹرڈ اکاؤنٹینٹ	Chartered accountant	(چارٹرڈ اکاؤنٹینٹ)
چھوٹی اکائی کی قیمت	Retail price	(ریٹیل پرائس)
چھوٹ	Discount	(ڈسکاؤنٹ)
چھوٹ کھاتہ	Discount account	(ڈسکاؤنٹ اکاؤنٹ)
چھوٹ کا تبادلہ	Exchange at discount	(ایکسچینج ایٹ ڈسکاؤنٹ)
حساب کرنے والا ایجنٹ	Clearing agent	(کلیئرنگ ایجنٹ)
حساب کھاتہ	Account	(اکاؤنٹ)
حساب بند کرنا	Closing of account	(کلوزنگ آف اکاؤنٹ)
حصہ دار	Partner	(پارٹنر)
حکم پر ادائیگی والا چیک	Order cheque	(آرڈر چیک)
خالی اندراج	Blank endorsement	(بلینک انڈورسمینٹ)
خرچ کا بل	Bill of costs	(بل آف کوسٹس)
خرچ (ادائیگی)	Charge	(چارج)
خرچ کا لینے والا	Creditors for expenses	(کریڈیٹرس فور ایکسپنسز)
خزانہ	Finance	(فائینینس)
خزانچی	Cashier	(کیشیئر)
خط	Letter card	(لیٹرکارڈ)
درخواست	Application	(اپلی کیشن)
دستاویز ہنڈی	Documentary bill	(ڈوکومنٹری بل)
دیسی بینک	Indigenous bank	(انڈیجینس بینک)
دستاویزوں پر ادائیگی	Cash against documents	(کیش اگینسٹ ڈوکومنٹس)
دکھا کر ادائیگی کی جانے والی ہنڈی	Bill payable after sight	(بل پے ایبل آفٹر سائٹ)
دکھا کر ادائیگی کرنے کا ریٹ	Cheque rate	(چیک ریٹ)
دیکھنے کے بعد ادائیگی کرنے والی بل ہنڈی	Bill payable at sight	(بل پے ایبل ایٹ سائٹ)
دعوی کی رقم	Claimed amount	(اکلیمڈ اماؤنٹ)
دکان	Shop	(شوپ)
دلال/بچولیہ	Arbitrator	(آربٹریٹر)
دیوالیہ	Bankrupt	(بینک رپٹ)
دیوالیہ پن	Bankruptcy	(بینک رپسی)
ڈاک خرچ	Stamp duty	(اسٹامپ ڈیوٹی)

ڈوبے ادھار کا کھاتہ	Bad debt account	(بیڈ ڈیبٹ اکاؤنٹ)
ڈوبی رقم	Bad debt	(بیڈ ڈیبٹ)
رجسٹرار کے یہاں اندراج سرمایہ	Authorised capital	(آتھورائزڈ کیپیٹل)
رقم	Amount	(اماؤنٹ)
رقم جو مقررہ وقت سے پہلے مانگی گئی	Call in advance	(کول ان ایڈوانس)
رقم لسٹ	Cash scroll	(کیش اسکرول)
رقم کی ادائیگی کا حکم نامہ	Draft	(ڈرافٹ)
رقعہ پر ادھار	Credit paper	(کریڈیٹ پیپر)
رقعہ جمع	Credit note	(کریڈیٹ نوٹ)
روزانہ کا کچا کھاتہ	Rough day book	(رف ڈے بک)
روزمرہ کے کام کا لاگت کھاتہ	Job cost ledger	(جوب کوسٹ لیجر)
روپیہ (دولت)	Currency, money	(کرنسی منی)
روپیہ کا بازار سے سمٹنا	Deflation of currency	(ڈیفلیشن اوف کرنسی)
روپے کا تبادلہ	Currency transfer	(کرنسی ٹرانسفر)
روپے کا رواج، چلن	Monetary system	(مونٹری سسٹم)
روپے کی قیمت میں گراوٹ	Depreciation of currency	(ڈیپری سی ایشن اوف کرنسی)
روپے کا تبادلہ	Currency exchange	(کرنسی ایکسچینج)
روپیہ بازار	Money market	(منی مارکیٹ)
ریل تک مفت	Free on rail (F.O.R)	(فری آن ریل)
روکنے کی اطلاع	Notice of stoppage	(نوٹس آف اسٹاپیج)
روپیہ لگانے والا	Financer	(فائینینسر)
سالانہ فنڈ	Annuity fund	(اینوٹی فنڈ)
سالانہ منافع	Annual profit	(اینول پروفٹ)
سالانہ کھاتہ	Annual account	(اینول اکاؤنٹ)
سالانہ واپسی	Annual return	(اینول ریٹرن)
سالانہ آمدنی	Annual pay	(اینول پے)
سالانہ کل منافع	Annual net profit	(اینول نٹ پرافٹ)
سالانہ رواج	Annuity system	(اینوٹی سسٹم)
سرکاری خزانہ	Public finance	(پبلک فائینینس)
سرکاری کھاتہ	Public account	(پبلک اکاؤنٹ)
سرکاری ادھار	Public credit	(پبلک کریڈیٹ)
سرمایہ بازار	Capital market	(کیپٹل مارکیٹ)
سرمایہ کھاتہ	Capital account	(کیپٹل اکاؤنٹ)

سرمایہ دار	Capitalist	(کیپٹلسٹ)
سرمائے سے ملنے والا منافع	Capital profit	(کیپٹل پرافٹ)
سرمائے کا باہری پھیلاؤ	Capital outflow	(کیپٹل آوٹ فلو)
سرمائے اور آمدنی خرچ کا کھاتہ	Capital & revenue account	(کیپٹل اینڈ ریوینو اکاؤنٹ)
سرمائے کی باقی رقم	Capital sums	(کیپٹل سمس)
سرمائے پر منافع	Return on capital	(ریٹرن آن کیپٹل)
سرمائے سے حاصل کی جانے والی جائیداد	Capital asset	(کیپٹل ایسٹ)
سیلس مین	Salesman	(سیلس مین)
شرح بینک کا گھٹنا بڑھنا	Manipulation of bank rate	(مینی پولیشن اوف بینک ریٹ)
شرح تبادلہ	Exchange rate	(ایکسچینج ریٹ)
شہرتی کھاتہ	Goodwill account	(گڈول اکاؤنٹ)
شیئر بازار	Stock exchange	(اسٹوک ایکسچینج)
شروعات پر پچھلا باقی	Opening balance	(اوپننگ بیلنس)
شبہ کا کھاتہ	Suspense account	(سسپینس اکاؤنٹ)
شہر سے باہر بینک پر چیک	Outstation cheque	(آوٹ اسٹیشن چیک)
صارف	Consumer	(کنزیومر)
صارفین استعمال کی اشیاء	Consumer's goods	(کنزیومرس گڈس)
صرافہ بازار	Bullion exchange	(بولین ایکسچینج)
صنعتی بینک	Industrial bank	(انڈسٹریل بینک)
ضروری محفوظ رقم	Compulsory reserve	(کمپلسری رزرو)
ضمانتی بل	Bill as security	(بل ایز سیکوریٹی)
عزت کے لئے ادائیگی	Payment for honour	(پیمنٹ فور آنر)
غیر معینہ مدت کا قرض	Morning loan	(مورننگ لون)
غیر ملکی کرنسی	Foreign exchange	(فورن ایکسچینج)
غیر یقینی ضمانتی خط	Risk note	(رسک نوٹ)
فالتو روپیہ	Floating money	(فلوٹنگ منی)
فوراً نقد ادھار کھاتہ	Demand cash credit	(ڈیمانڈ کیش کریڈٹ)
قابل ٹیکس مال	Dutiable goods	(ڈیوٹی ایبل گڈس)
قرض دینے والا	Creditor	(کریڈیٹر)
قرض کا کھاتہ	Book debt	(بک ڈٹ)
قرض شروع کرنا	Floatation	(فلوٹیشن)
قرض کے دین دار	Debtors for loan	(ڈیٹرس فور لون)
قرض کے لینے والے لون	Creditors for loan	(کریڈرس فور لون)
قیمت	Price	(پرائس)
قیمتوں کے فہرست	Price list	(پرائس لسٹ)
قیمتوں کا بڑھنا	Inflation	(انفلیشن)
کارخانہ	Factory	(فیکٹری)
کام، پیداوار نکاس	Job, outturn	(جوب آوٹ ٹرن)
کاغذ پیمانہ	Paper scale	(پیپر اسکیل)
کاغذی روپیہ (نوٹ)	Paper currency	(پیپر کرنسی)
کل پیداوار	Net production	(نٹ پروڈکشن)
کل کمائی	Net earning	(نٹ ارننگ)
کل فروختگی	Net selling, sale	(نٹ سیلنگ سیل)
کل پیداوار	Gross earning	(گروس ارننگ)
کل نقصان	Gross loss	(گروس لوس)
کل آمدنی	Net income	(نٹ انکم)
کرایہ گاڑی	Freight	(فریٹ)
کرنسی کا بازار میں پھیلاؤ	Inflation of currency	(انفلیشن اوف کرنسی)
کفایت	Economy	(اکونومی)
کم مدت کا قرض	Short-term credit	(شورٹ ٹرم کریڈٹ)
کم مدت کا ادھار	Floating debt	(فلوٹنگ ڈٹ)
کم سے کم قیمت	Bottom price	(بوٹم پرائس)
کتابوں میں ادائیگی دکھانا	Paying in book	(پے ئینگ ان بک)
کھاتہ اور باقی	Account & balance	(اکاؤنٹ اینڈ بیلنس)
کھاتہ لکھنے والا	Accountant	(اکاؤنٹینٹ)
کھاتوں کو رکھنا	Maintenance of account	(مئنٹی نینس اوف اکاؤنٹ)
کھاتے کا سال	Accounting year	(اکاؤنٹنگ ایئر)
کھاتہ بہی (چھوٹے چھوٹے اخراجات کی)	Petty cash book	(پٹی کیش بک)
کھاتہ رکھنے کا طریقہ	Accountancy	(اکاؤنٹینسی)
کھاتہ لکھنے والے کا معاون	Assistant accountant	(اسسٹینٹ اکاؤنٹینٹ)
کیش بک	Cash book	(کیش بک)
گاہک (خریدار)	Customer	(کسٹمر)
گاہکوں کا کھاتہ	Customer's account	(کسٹمرس اکاؤنٹس)
گارنٹی دینے کا خط	Letter of guarantee	(لیٹر آف گارنٹی)
گراوٹ	Depreciation	(ڈپریسیشن)

گراوٹ کا کھاتہ	Depreciation account	(ڈیپری سیشن اکاؤنٹ)
گھٹنا بڑھنا ادھار	Revolving credit	(ریوالونگ کریڈٹ)
گھٹنا بڑھنا	Fluctuation	(فلکچوئیشن)
لائن لگا چیک	Crossed cheque	(کراسڈ چیک)
لین دین کرنے والا بینک	Exchange bank	(ایکسچینج بینک)
لین دین کا خط	Letter of exchange	(لیٹر اوف ایکسچینج)
مال	Goods	(گڈس)
مال رکھنے کی مدت	Stock limit	(اسٹوک لیمٹ)
مال اور نقدی کی کتاب	Goods cash book	(گڈس کیش بک)
مالک	Employer	(امپلائر)
مالی لین دین	Financial transaction	(فائینشیل ٹرانزیکیشن)
مالی سال	Financial year	(فائینشیل ایئر)
مالی روزنامچہ	Financial memorandum	(فائینشیل میمورینڈم)
مالی تفصیل	Financial statement	(فائینشیل اسٹیٹ منٹ)
مالی صلاح	Financial advice	(فائینشیل ایڈوائس)
مالی رپورٹ دینا	Financial reporting	(فائینشیل رپورٹنگ)
مالی انتظام	Financial management	(فائینشیل مینجمنٹ)
مالی کنٹرول	Financial control	(فائینشیل کنٹرول)
مالی حصہ دار	Financial partner	(فائینشیل پارٹنر)
مالی دین داری	Financial liability	(فائینشیل لائیبلیٹی)
مالی قیمت	Capitalised value	(کیپٹلائیزڈ ویلو)
مانگی رقم کا بقایا	Call in arrears	(کال ان ایریئرس)
محدود حصہ دار	Limited partner	(لمیٹڈ پارٹنر)
محفوظ سرمایا	Capital reserve fund	(کیپٹل ریزروفنڈ)
مسافروں کا ادھار خط	Travellers	(ٹریولرس)
	Letter of credit	لیٹر آف کریڈٹ)
مشروط قرض	Tied loan	(ٹائیڈ لون)
مضبوط بازار	Firm market	(فرم مارکیٹ)
ملاجلا کھاتہ	Joint account	(جوائنٹ اکاؤنٹ)
ملاجلا سرمایا بینک	Joint stock bank	(جوائنٹ اسٹوک بینک)
منافع	Bonus	(بونس)
مندے کی طرف جھکاؤ	Bearish tendency	(بیئرش ٹینڈنسی)
منڈی بازار	Market	(مارکیٹ)
منظوری کھاتہ	Accounts stated	(اکاؤنٹس اسٹیڈ)
نام کھاتہ	Debt account	(ڈیبٹ اکاؤنٹ)
نام باقی	Debt balance	(ڈیبٹ بیلنس)
نام زد فنڈ	Allotted fund	(الوٹیڈ فنڈ)
نرئ ہنڈی	Clean bill	(کلین بل)
نقد ادائیگی والی قیمت	Cash value	(کیش ویلو)
نقد جمع	Cash deposit	(کیش ڈپوزٹ)
نقد ایڈوانس خیرات	Cash imprest	(کیش امپرسٹ)
نقد رقم	Cash balance	(کیش بیلنس)
نقد رقم کا کھاتہ	Cash account	(کیش اکاؤنٹ)
نقد روپیہ	Cash	(کیش)
نقد ادائیگی	Cash payment	(کیش پیمنٹ)
نقد ادائیگی کی رسید	Cash memo	(کیش میمو)
نقد ادائیگی کی چھوٹ	Cash discount	(کیش ڈسکاؤنٹ)
نقد ادائیگی کا حکم	Cash order	(کیش آرڈر)
نقد ادھار	Cash credit	(کیش کریڈٹ)
مالگذاری کا دباؤ	Financial Obligation	(فائینشیل اوبلیگیشن)
مالگذاری کا جرمانہ	Financial penalty	(فائینشیل پنالٹی)
مانگ اطلاع	Call notice	(کول نوٹس)
مانگ مطالبہ	Demand	(ڈیمانڈ)
مانگا گیا قرض	Demand loan	(ڈیمانڈ لون)
مانگے گئے روپے کا حکم	Demand draft	(ڈیمانڈ ڈرافٹ)
متحرک سرمایہ	Active capital	(ایکٹو کیپٹل)
متبادل کنٹرول	Exchange control	(ایکسچینج کنٹرول)
مخصوص ٹیکس	Specific duty	(اسپیسفک ڈیوٹی)
میعادی ہنڈی	Bill payable after date	(بل پے ایبل آفٹر ڈیٹ)
میعادی قرض، مدتی قرض	Terminable loan	(ٹرمنیبل لون)
میعادی جمع	Fixed deposit	(فکسڈ ڈپوزٹ)
نکالی گئی رقم	Withdrawn amount	(ووڈران اماؤنٹ)
نقصان	Loss	(لوس)
نقصان پورا کرنے کا دعوی	Compensation	(کمپنسیشن)
واجب وقفہ	Validity period	(ویلڈیٹی پیریڈ)
ادائیگی والے بل	Bill of collection	(بل اوف کلیکشن)
وہ بینک جو ڈرافٹ ادا کرے	Payable bank draft	(پے ایبل بینک ڈرافٹ)
واپس آیا ہوا چیک	Returned cheque	(ریٹرنڈ چیک)
وعدہ بازار	Free market	(فری مارکیٹ)
ہنڈی	bill	(بل)
ہنڈی کی پہلے سے ادائیگی	Retirement of bill	(ریٹائرمنٹ اوف بل)

ہنڈی کی ادائیگی کرنا	Clearing a bill	(کلیرنگ اے بل)
ہنڈی دلال	Bill broker	(بل بروکر)
ہنڈی بہی	Bill journal	(بل جرنل)

اسٹیشنری
(Stationery)

آدھی رسید	Counterfoil	(کاؤنٹرفوائل)
آرام کرسی	Easy-chair	(ایزی چیئر)
اخبار	Newspaper	(نیوز پیپر)
الماری	Almirah	(الميره)
بنچ	Bench	(بنچ)
بہی کھاتہ	Ledger	(لیجر)
پرکار	Divider	(ڈیوائڈر)
پرکاقلم	Quill pen	(کوئل پین)
پن کی گدی	Pin-cushion	(پن کشن)
پنچ مشین	Punch machine	(پنچ مشین)
پنسل	Pencil	(پنسل)
پنسل (نقل کرنے کی)	Copying pencil	(پنسل)
پوسٹ کارڈ	Postcard	(پوسٹ کارڈ)
تار	Wire	(وائر)
تپائی	Stool	(اسٹول)
ٹکٹ (ڈاک)	Postage-stamp	(پوسٹیج اسٹامپ)
ٹکٹ (رسیدی)	Revenue-stamp	(ریوینو اسٹامپ)
جاذب	Blotting paper	(بلوٹنگ پیپر)
جیبی کتاب	Pocket- book	(پاکٹ بک)
چٹی	Clip	(کلپ)
دعوت نامہ	Invitation card	(انوٹیشن کارڈ)
دوات	Inkpot	(انک پوٹ)
ڈرائنگ پن	Drawing-pin	(ڈرائنگ پن)
ڈوری	Tag	(ٹیگ)
ربر	Eraser	(اریزر)
ردی کی ٹوکری	Waste paper basket	(ویسٹ پیپر باسکٹ)
رجسٹر	Register	(رجسٹر)
رسید بک	Receipt-book	(رسید بک)
روشنائی	Ink	(انک)
روشنائی (کالی)	Black ink	(بلیک انک)
روشنائی کا گدہ	Inkpad	(انک پیڈ)
روشنائی (نیلی)	Blue ink	(بلوانک)
روزنامہ	Daily paper	(ڈیلی پیپر)
رولر	Ruler	(رولر)
فائل	File	(فائل)
فیتا	Tape	(ٹیپ)
قلم	Pen	(پین)
کاغذ (لپیٹنے کا)	Wrapper, packing paper	(ریپر)
کاغذ (سادہ)	Blank paper	(بلینک پیپر)
کاغذ (عکسی)	Tracing paper	(ٹریسنگ پیپر)
کاغذ (روغنی)	Oil paper	(آئل پیپر)
کاغذ (نقل کرنے کا)	Carbon paper	(کاربن پیپر)
کاغذ تراش	Paper cutter	(پیپر کٹر)
کاغذ داب	Paper-weight	(پیپرویٹ)
کاگ	Cork	(کورک)
کارڈ	Card	(کارڈ)
کارڈ (شناختی)	Identity card	(آئیڈینٹیٹی کارڈ)
کارڈ (ملاقاتی)	Visiting card	(وزیٹنگ کارڈ)
کھڑیا	Crayon	(کرین)
گھنٹی (بلانے کی)	Call bell	(کول بیل)
گوند	Gum, glue	(گم، گلو)
لغت	Dictionary	(ڈکشنری)
موم (لاکھ پر مہر لگانے کی)	Sealing-wax	(سیلنگ ویکس)
لفافہ	Envelope	(انویلپ)
لکھنے کا پیڈ	Writing pad	(رائٹنگ پیڈ)
ماہانہ رسالہ	Monthly magazine	(منتھلی میگزین)
مہر	Seal	(سیل)
مہر (ربر کی)	Rubber stamp	(ربراسٹامپ)
موم جامہ	Tracing cloth	(ٹریسنگ کلوتھ)
میز	Table	(ٹیبل)
نب	Nib	(نب)
نقشہ	Map	(میپ)
ہفت روزہ/ہفتہ واری	Weekly paper	(ویکلی پیپر)
ہولڈر	Holder	(ہولڈر)

جانور

(Animals)

اونٹ	Camel	(کیمل)
بارہ سنگھا	Stag	(اسٹیگ)
بارہ سنگی	Hind	(ہائینڈ)
بکرا	He-goat	(ہی گوٹ)
بکری	She-goat	(شی گوٹ)
بکری کا بچہ	Kid	(کڈ)
بلی	Cat	(کیٹ)
بلی کا بچہ	Kitten	(کٹن)
بن مانس	Chimpanzee	(چمپینزی)
بندر	Monkey	(منکی)
بچھڑا	Calf	(کاف)
بچھیا	She-calf	(شی کاف)
بھالو	Bear	(بیرٗ)
بھیڑیا	Wolf	(وولف)
بھیڑ(نر)	Sheep	(شیپ)
بھیڑی(مادہ)	Ewe	(ایو)
بھیڑ کا بچہ/میمنا	Lamb	(لیم)
بھینس	Buffalo	(بفیلو)
بیل	Ox	(اوکس)
پلا	Puppy	(پپی)
تیندوا	Leopard	(لیوپرڈ)
ٹٹو	Pony	(پونی)
چوہا	Mouse, rat	(ماؤس، ریٹ)
چھچھوندر	Mole	(مول)
چیتا	Panther	(پینتھر)
چینٹی خور	Ant eater	(اینٹ ایٹر)
خچر	Mule	(میول)
خرگوش	Rabbit, hare	(ریبٹ، ہیر)
زراف	Giraffe	(جراف)
زیبرا	Zebra	(زبرا)
سانڈ	Bull	(بل، سائر)
ساہی	Porcupine	(پورکیوپائن)
سؤر	Pig, swine	(پگ، سوآن)
سؤر (جنگلی)	Boar	(بور)
شیر	Lion, tiger	(لائن، ٹائگر)
کتا	Dog	(ڈوگ)
کتا (جھبرا)	Spaniel	(اسپینیل)
کتا (شکاری)	Hound	(ہاؤنڈ)
کتیا	Bitch	(بچ)
کنگارو	Kangaroo	(کنگارو)
گائے	Cow	(کاؤ)
گلہری	Squirrel	(اسکوئرل)
گدھا	Ass	(ایس)
گیدڑ	Jackal	(جیکال)
گینڈا	Rhinoceros	(رائنوسرس)
گھوڑا	Horse	(ہورس)
گھوڑی	Mare	(میئر)
گھوڑے کا بچہ	Colt	(کولٹ)
لومڑی	Fox	(فوکس)
میمنا	Kid	(کڈ)
مینڈھا	Ram	(ریم)
لکڑ بگھا	Hyena	(ہائنا)
لنگور	Ape	(ایپ)
نیولا	Mongoose	(مونگوز)
ہاتھی	Elephant	(ایلی فینٹ)
ہرن	Deer	(ڈیئر)
ہرن (کستوری)	Musk deer	(مسک ڈیئر)
ہرن کا بچہ	Fawn	(فون)

کیڑے مکوڑے

(Worms & Insects)

اژدھا	Boa	(بوا)
بچھو	Scorpion	(اسکورپیئن)
پسّو (چوہے کا)	Flea	(فلی)
تتیا (بھڑ)	Wasp	(واسپ)
تتلی	Butterfly	(بٹرفلائی)
ٹڈا	Grasshopper	(گراس ہوپر)
ٹڈی	Locust	(لوکسٹ)
جگنو	Glow worm	(گلو ورم)

جوں	Lice	(لائس)
جونک	Leech	(لیچ)
جھینگر	Cricket	(کرکٹ)
چھپکلی	Lizard	(لزرڈ)
چیلر	Body-lice	(بوڈی لائس)
دریائی گھوڑا	Hippopotamus	(ہپوپوٹیمس)
دیمک	Termite	(ٹرمائیٹ)
ریشم کا کیڑا	Cocoon	(کوکن)
سیپ	Oyster	(اواسٹر)
شہد کی مکھی	Honey bee	(ہنی بی)
کیچوا	Earthworm	(ارتھ ورم)
کیکڑا	Crab	(کریب)
کچھوا	Turtle	(ٹرٹل)
کھٹمل	Bug	(بگ)
گریلا	Beetle	(بٹل)
سانپ	Snake	(اسنیک)
سانپ (گیہون)	Adder	(ایڈر)
سانپ (مچھلی جیسا)	Eel	(ایل)
گھونگھا	Snail	(اسنیل)
لیکھ	Nit	(نٹ)
مکڑی	Spider	(اسپائڈر)
مکھی	Fly	(فلائی)
مچھر	Mosquito	(موسکیوٹو)
مچھلی	Fish	(فش)
مچھلی (جھینگا)	Lobster	(لوبسٹر)
مینڈک	Frog	(فروگ)
مینڈک کا بچہ	Tadpole	(ٹیڈپول)
ناگ	Cobra	(کوبرا)

پرندے (Birds)

ابابیل	Swallow	(سویلو)
الو	Owl	(آؤل)
باز	Hawk	(ہوک)
بٹیر	Quail	(کوئل)
بطخ (نر)	Drake	(ڈریک)
بطخ (مادہ)	Duck	(ڈک)
بطخ کا بچہ	Duckling	(ڈکلنگ)
بلبل	Nightingale	(نائٹنگیل)
بیا	Weaver bird	(ویوربرڈ)
تیتر	Partridge	(پٹریج)
چمگاڈر	Bat	(بیٹ)
چوزہ	Chicken	(چکن)
چیل	Kite	(کائٹ)
سارس	Crane	(کرین)
شاہین	Eagle	(ایگل)
طوطا	Parrot	(پیرٹ)
فاختا	Dove	(ڈو)
کالاکوا	Raven	(ریون)
کبوتر	Pigeon	(پیجین)
کٹھ پھوڑا	Woodpecker	(ووڈپیکر)
کوئل	Cuckoo	(ککو)
گدھ	Vulture	(ولچر)
گوریا	Sparrow	(اسپیرو)
لوا	Lark	(لارک)
مرغا	Cock	(کوک)
مرغی	Hen	(ہن)
مور	Peacock	(پی کوک)
مورنی	Peahen	(پی ہن)
نیل کنٹھ	Magpie	(میگ پی)
ہنس	Swan	(سوآن)

English-Urdu Dictionary انگلش - اُردو ڈکشنری

بترتیب انگلش از صفحہ 366 تا صفحہ 408

A

aback.. (ابیک) *adv.* backwards متعجب پیچھے taken aback, surprised.

abandon......... (اَبَین ڈَن) *v.t.* to forsake, to give up to another. کسی کے اوپر چھوڑ دینا، ترک کرنا

abandonment... (اَبین ڈَنمنٹ) *n.* giving up completely, surrender. مکمل اخراج

abate... (اَبیٹ) *v.t.* to diminish or weaken. کم کرنا، کمزور کرنا، گھٹانا

abatement........... (ابیٹ منٹ) *n.* deduction, decrease. کمی، کٹوتی

abbreviate.... (اَبری ویٹ) *v.t.* to make brief or short. مختصر کرنا، مختصر کرنا

abbreviation... (اَبری ویشن) *n.* short form of a word or phrase. کسی لفظ یا جملہ کو مختصر کرنا، تخفیف کرنا

abide. (ابائیڈ) *v.t.* stand firm, continue, put up with. جم کر رہنا، جاری رہنا

abiding .... (ابائنڈنگ) *adj.* permanent, enduring مستقل

ability........ (اَبی لیٹی) *n.* capacity, skill, mental or physical power. صلاحیت، واقفیت، قابلیت

abject........... (ایبجکٹ) *adj.* mean, worthless. ادنیٰ، نکما

ably.. (اَیبلی) *adv.* in a competent manner. قابلیت سے، اہلیت کے ساتھ

abnegate (ابنی گیٹ) *v.t.* to deny oneself, to give up. اپنے کو حذف کرنا

abnegation.......... (ایب نگیشن) *n.* denial, self sacrifice. قربانی، ایثار

abnormal......... (ایب نارمل) *adj.* irregular, not usual. غیر پابند، خلاف معمول

aboard.... (ابورڈ) *prep. adv.* on a ship, aircraft or train. جہاز، ہوائی جہاز یا ریل گاڑی کے اوپر

abode (ابوڈ) *n.* dwelling. جائے قیام

abolish...... (ابولش) *v.t.* to put an end to. ختم کرنا (خصوصاً کوئی رواج یا قانون)

abomination.......... (ابومنیشن) *n.* an object of disgust, a hateful thing or habit. نفرت انگیز کام یا عادت

abortion.. (ابورشن) *n.* miscarriage before birth. اسقاط حمل

above....... (اَبوو) *adv.* in a higher place. اوپر *prep.* on the top of, more than. اوپر، زیادہ

abridgement.......... (ابرجمنٹ) *n.* shortening. چھوٹا، مختصر، کمی، تلخیص

abrupt.......... (ایبرپٹ) *adj.* hasty, unexpected, sudden, unconnected. غیر متوقع، یکایک، اچانک، متلون مزاج

absence.. (ایبسنس) *n.* being away from a place, non-existence. غیر حاضری، غیر موجودگی، کمی

absent .. (ایبسنٹ) *adj.* not present. غیر حاضر absent-minded, abstracted. کھویا ہوا سا

absentee.... (ایبسنٹی) *n.* one away from a place or post of duty. جو کسی جگہ یا کام پر حاضر نہ رہے، غائب رہنے والا

absolutely.. (ایبسولیوٹلی) *adv.* in an absolute way. پورے طور پر، آزادانہ، مکمل

absorb... (ایبزورب) *v.t.* to take in, to incorporate , to engage. سوکھنا، ہڑپ کر لینا، مشغول ہونا

absorption........ (ایب زورپشن) *n.* sucking, engrossment. مشغولیت

abstract............ (ایبس ٹریکٹ) *n.* summary. خلاصہ، حاصل

abstract .... (ایبس ٹریکٹ) *v.t.* to abridge, to remove. ہٹانا، مختصر کرنا

absurd....... (ایبسرڈ) *adj.* illogical, ridiculous. غیر منطقی، مضحکہ خیز

abuse..... (ابیوز) *v.t.* to ill treat, to insult. غیر اخلاقی روش، ذلیل کرنا، برا بھلا کہنا

accede... (ایکسیڈ) *v. i.* to agree, to consent, to comply with. قبول کرنا، ہموار ہونا، ماننا

acceleration......... (ایکسلریشن) *n.* increase in speed. چال میں تیزی

accept.. (ایکسپٹ) *v.t. & i.* to agree, to have, agree to a statement or proposal. قبول کرنا، ذمہ داری لینا، منظور کرنا

acceptable... (ایکسپٹیبل) *adj.* fit to be accepted, welcome. قابل قبول، خوش آمدید

acceptance........ (ایکسپٹینس) *n.* approval of offer. اجازت، منظوری

access........ (ایکسس) *n.* approach, passage. پہنچ، راہ

accessible....... (ایکسس ایبل) *adj.* easily approachable, easily influenced. جس سے آسانی سے ملا جا سکے یا اثر ڈالا جا سکے

accidental......... (ایکسی ڈنٹل) *adj.* happening by chance. بلا وجہ یا معاً حادثاتی

acclaim (اکلیم) *v.t.* to applaud, to cheer. بر مسرت، قبولیت *n.* acclaimer. مادح

acclamation .... (اکلے میشن) *n.* shoutings of applause. پرمسرت پرزور آواز

accomplish.. (اکمپلش) *v.t.* fulfil, achieve, bring to completion. کام پورا ہونا، پورا کرنا

accomplished...... (اکمپلشڈ) *adj.* perfect, graceful. ماہر، دقاق

accomplishment. (اکمپلش منٹ) *n.* fulfilment, attainment. تحصیل

according........... (اکورڈنگ) *adv.* consistent with. موافق، مطابق

accordingly..... (اکورڈنگلی) *adv.* as demanded by the circumstances. مطابق حال

account (اکاؤنٹ) *v.t.* reckon, to judge. گننا، قیمت لگانا *v.i.* give reason. وجہ بتانا

accumulation..... (اکیومولیشن) *n.* collection, amassing. ڈھیر، ذخیرہ

accurate (ایکوریٹ) *adj.* exact. صحیح

accuracy.. (ایکوریسی) *n.* exactness. تصحیح شدہ، بالکل ٹھیک

accuse...... (اکیوز) *v.t.* to blame, to charge. الزام لگانا، الزام تراشی

accused.......... (اکیوزڈ) *adj., n.* a person charged with crime, defendant. ملزم، مجرم

achieve..... (اچیو) *v.t.* accomplish, to secure an end. کام پورا کرنا، کامیاب ہونا

achievement. (اچیومنٹ) *n.* deed, accomplishment, exploit. کام، حاصل شدہ، حصول

acknowledgement (اکنولجمنٹ) *n.* recognition, a receipt. اجازت نامہ، رسید

acquaintance....... (ایکوئنٹینس) *n.* familiarity, knowledge. تعارف، علم

acquainted............ (اکوئنٹڈ) *adj.* familiar. متعارف

acquiesce.. (ایکویس) *v.i.* to agree, to assent. دل ہی دل میں راضی

acquire....... (اکوائر) *v.t.* to get, to obtain, to be in possession of. حاصل کرنا، قبضے میں کرنا

acquisition...... (ایکویزیشن) *n.* the act of acquiring, gain. حصول، فائدہ

acquit..... (ایکوئٹ) *v.t.* to set free, to declare innocent, to release. الزام سے بری کرنا، چھٹکارا دینا

action....... (ایکشن) *n.* deed, a law suit, battle, activity. مقدمہ، لڑائی، رنگ ڈھنگ، کام

activity.... (ایکٹی ویٹی) *n.* the state of being active, action. حرکت، کام

actor............ (ایکٹر) *n.* dramatic performer, a doer. اداکار، عامل

actress.... (ایکٹرس) *n. fem.* female actor. اداکارہ

actually..... (ایکچوئلی) *adv.* in fact. فی الحقیقت

acute.. (ایکیوٹ) *adj.* sharp, keen. تیز، چست، شدید

adapt.......... (اڈپٹ) *v.t.* to make suitable, to fit. ٹھیک کرنا، مناسب

add.. (ایڈ) *v.t.* to join, to sum up, to unite. جوڑنا، جتانا

addition.......... (ایڈیشن) *n.* act of adding, something added. جوڑ، جمع

additional... (ایڈیشنل) *adj.* extra, supplementary. علاوہ، زیادہ، ضمنی

addiction.. (ایڈکشن) *n.* the state of being addicted. عادی، لت

addressee.. (ایڈریسی) *n.* a person to whom a letter etc. is addressed. جسے خط لکھا جائے

adequate.... (ایڈیکوئٹ) *adj.* fully sufficient, equal to a requirement. بھرپور، لائق، کافی

adhere ...... (ایڈہیئر) *v.t.* to stick. چپکنا، لگے رہنا

adherence............. (ایڈہیرنس) *n.*

attachment. لگاو

adjoin........ (ایڈجوآئن) *v.t. & v.t.* to join to, to be in contact with. قریب ہونا، ملانا

adjourn ..... (ایڈجرن) *v.t.* to put off till another day, to postpone. ملتوی کرنا، ٹالنا

adjournment.......... (ایڈجرنمنٹ) *n.* putting off till another day, postponement. التوا، زمانۂ التوا

adjure...... (ایڈجیور) *v.t.* to charge under oath. قسم دیکر پابند کرنا،

adjustment...... (ایڈجسٹ منٹ) *n.* putting in order, modify to suit purpose. قرینے سے، انتظام، مطابقت

administer...... (ایڈمنسٹر) *v. t.* to manage, to furnish, to act as administrator. انتظام کرنا، حکومت کرنا، دینا

administration...(ایڈمنسٹریشن) *n.* management of an office, agency or organization, Government department which manages public affairs. منتظم، حکومت، انتظام

administrator- (ایڈمنسٹریٹر) *n.* a governor, one who administers. حاکم

admirable...... (ایڈمیریبل) *adj.* worthy of admiration. قابل تعریف، قابل مدح

admire....... (ایڈمائیر) *v.t.* to prize highly, to wonder at. تعریف کرنا، مدح کرنا

admissible..... (ایڈمسیبل) *adj.* fit to be allowed. قابل قبول، قابل عمل

admission... (ایڈمیشن) *n.* access, introduction. داخلہ

adult.. (اڈلٹ) *n. & adj.* a grown up person. بالغ، جوان

adulterate........ (اڈلٹریٹ) *v.t.* to make impure, to corrupt. گندا کرنا، ملاوٹ کرنا

adulteration.... (اڈلٹریشن) *n.* act of adulterating. مخلوط، ملاوٹ کرنا

advancement.... (ایڈوانسمنٹ) *n.* promotion, improvement. ترقی، بڑھنا

advantageous.... (ایڈوانٹیجیس) *adj.* beneficial. سودمند

adventure.......... (ایڈونچر) *n.* an enterprise, a risk or hazard. شجاعانہ *v.t.* to risk, to dare. ہمت کرنا، مہم

adventurer...... (ایڈونچرر) *n.* one who seeks adventure, speculator. ہمت یا بہادری کا کام کرنے والا، داو لگانے والا، مہم جو

adventurous......(ایڈونچرس) *adj.* enterprising. باہمت، ترقی پذیر، نڈر

adverb... (ایڈورب) *n.*a word that modifies an adjective, a verb or another adverb. متعلق فعل

adversary.......... (ایڈورسری) *adj.* enemy, an opponent. دشمن، مخالف

adverse................... (ایڈورس) *adj.* opposing, contrary. ضد مخالف

adversity............... (ایڈورسٹی) *n.* misfortune. بدقسمتی

advert......... (ایڈورٹ) *v.t.* to turn attention to, to allude. دھیان دینا، مقصد

advertise (ze)- (ایڈورٹائز) *v. t.* to make public. شائع کرنا، اشتہار دینا

advertisement (ایڈورٹائزمینٹ) *n.* a public notice. اعلان، اشتہار

advice.......... (ایڈوائس) *n.*counsel, instruction. نصیحت، مشورہ

advise .... (ایڈوائز) *v.t.& t.* to give suggestion. نصیحت کرنا، خبر دینا، مشورہ دینا

aerogram.. (ایروگرام) *n.* wireless message. بنا تار کے ذریعہ بھیجا گیا پیغام

aesthetic.............. (استھٹک) *adj.* concerning appreciation of beauty. خوبصورتی کی پہچان سے متعلق

affect.... (افیکٹ) *v. t.* to act upon, to pretend, to assume. متاثر کرنا، بنانا

affectation...... (افیکٹیشن) *n.* false pretence. بناوٹ، دکھاوا

affected........... (افیکٹیڈ) *adj.* influenced, unnatural. بناوٹی، مصنوعی

affective (افکٹیو) *adj.* emotional. جذباتی

affection (افکشن) *n.* love, tender attachment. محبت، الفت

affiliate...... (افیلیٹ) *v.t.* to bring into close association or connection. ساتھ ملانا، شامل کرنا

afford... (افورڈ) *v.t.* to give forth, to have means. خرچ کرنے کی طاقت رکھنا خرچ اٹھانا

aforesaid..... (افورسیڈ)*adj.* before mentioned. سابقہ قول

afraid..... (افریڈ) *adj.* frightened. ڈرا ہوا، خوفزدہ

afternoon..... (آفٹرنون) the time from noon until evening. دوپہر

afterwards..... (آفٹرورڈس) *adv.* subsequently. بعد میں

again..... (اگین) *adv.* once more. دوبارہ، ایک بار اور

against............(اگینسٹ) *prep.* in opposition, in contrast to. ضد، سامنے، خلاف، تعلق میں

age......... (ایج) *n.* period of life, maturity of years, generation. بالغ ہونا، جوان ہونا، عمر

aged....... (ایجڈ) *adj.* advanced in years. عمر دراز، بوڑھا

agitate...... (ایجیٹیٹ) *v.t.* to move, shake, discuss, excite feelings. ہلانا، جھک جھورنا، بحث کرنا، انقلاب کرنا

agitation... (ایجیٹیشن) *n.* moving disturbance, public excitement. انقلاب، عام بحث مباحثہ

agnostic..... (ایگناسٹک) *n. & adj.* one who believes that nothing can be known about God except material things. ظاہرداری، لاادری

ago..... (اگو) *adj. & adv.* past. پہلے

agree.... (ایگری) *v. t. & i.*consent. راضی ہونا، ہم نوا ہونا

agreeable........ (ایگری ایبل) *adj.* pleasing, ready to agree. پسندیدہ، مطابق، ہم نوا

agreement.......... (ایگریمنٹ) *n.* understanding, contract, treaty. اقرارنامہ، سمجھوتہ، مفاہمت نامہ

agriculture.......... (ایگری کلچر) *n.* cultivation of land. زراعت، کھیتی

aid.....(ایڈ)*n.* help, grant. مدد، مالی مدد

ailment.............(ایلمنٹ) *n.* pain, disease. درد، بیماری

aim......... (ایم) *n.& v. t.* purpose, destinaton, to direct a blow, point. مقصد، نمونہ نشانہ لگانا، نشانہ

air......... (ایئر) *n.* the atmosphere, outward manner, a tune or melody. فضا، ہوا، شکل، چال ڈھال، تان، سر

airmail.. (ایرمیل)*n.* mail carried by aeroplane. ہوائی جہاز سے آنے والی ڈاک

airport .... (ائرپورٹ) *n.* aerodrome. ہوائی اڈہ

alcohol... (الکحل) *n.* intoxicating liquor. شراب

alignment.. (الائن منٹ) *n.* a row, plan of a road or railway. صف، سڑک یا ریل کی لائن کا نقشہ، قطار بندی

alike (الائک) *adj . & adv.*like, in the same manner. جیسا، برابر، ایک طرح کا

alien............ (ایلین) *n.* foreigner, stranger. غیرملکی، انجان

alive..... (الیو) *adj.* living, acting, full of. زندہ، ہوش مند، مکمل

allegation................ (ایلیگیشن) *n.* assertion. موردالزام، الزام

allegoric...............(al) (ایلگورک) figurative. نظم کی ایک قسم

alley.. (ایلی) *n.* a narrow passage, a street. پتلا راستہ، پتلی گلی

alliance (الائنس) *n.* relationship, union. تعلق، ناتا، میل

alligate.. (الیگیٹ) *v.t.* to conjoin, to combine. ساتھ ساتھ ملانا، جوڑنا

alliteration.......... (ایلی ٹریشن) *n.* coming of several words in a sentence with the same letter. نظم کی قسم

allocate.. (ایلوکیٹ) *v.t.* to assign, to allot. حصہ متعین کرنا، بانٹنا

allopathy.. (ایلوپیتھی) *n.* a system of treatment of disease. انگریزی طریقہ علاج

allotment.... (الوٹ منٹ) *n.* share distributed. حصہ بخرہ، نامزدگی

allow... (الاؤ) *v.t.* to permit. اجازت دینا

allowable.(الاؤایبل)*adj.*suitable to be allowed. اجازت دینے لائق

allowance............... (الاؤنس) *n.* permission, a grant, discount. اجازت، گذارا، کٹوتی، بھتہ

allure....... (الیور) *v.t.* to tempt, to entice. للچانا، پھسلانا

allusion... (ایلوزن) *n.* implied or indirect reference. مقصد، اشارہ

almighty.. (آل مائٹی) *adj.* having infinite power, omnipotent. قادر، قوی

almost.... (آل موسٹ) *adj. adv.* & *n.* nearly all but. تقریباً، تقریباً سبھی

alone............. (الون) *adj.* single, solitary. اکیلا، ایک *adv.* singly, اکیلے، صرف

alphabet. (الفابٹ) *n* . the letters of a language arranged in order. ابجد

already............. (آل ریڈی) *adv.* previously, by this time, پہلے ہی سے

altar....(الٹر) *n.* an elevated place for sacrifice or offering. مقتل، قربان گاہ

alter.... (الٹر) *v. t. & i.* to change, to make different. بدلنا، الگ الگ کرنا

alteration .. (الٹریشن) *n.* change, ادل بدل، تبدیلی

alternate......... (الٹرنیٹ) *adj.* by turns, *v.t.* to follow in turns. متبادل باری باری سے

alternative.. (الٹرنیٹو) *n.* a choice between two. متبادل

although (آول دو) *conj.* though, supposing that. اگرچہ، مانو

altitude.. (الٹی چیوڈ) *adv.* height above sea level. اونچائی

altogether...... (آول ٹوگیدر) *adv.* entirely, quite. ہمیشہ، مکمل طور پر

always......... (آول ویز) *adv.* at all times. ہمیشہ، لگاتار

amateur........ (امیچر) *n.* one who cultivates an art, a game etc. for pleasure sake. شوقیہ، مشاقی

amazement........... (امیزمنٹ)*n.* astonishment. تعجب، حیرت

ambiguous.........(امبی گوئس) *adj.* doubtful, indistinct, of more than one meaning. غیر واضح، مشتبہ، ذومعانی

ambition.. (امبیشن) *n.* an ardent or eager desire to rise in position or power. خواہش، چاہت، آرزو

ambitious.......... (امبیشیش) *adj.* strongly desirous. شائق، مشتاق

ambulance............ (ایمبولینس) *n.* conveyance used for the wounded or sick persons. گھائلوں مریضوں کی مخصوص گاڑی

ameliorate....... (ایمیلیوٹ) *v.t.* to improve, to make better. سدھارنا، ترقی کرنا

amenable.............. (ایمنیبل) *adj.* responsible, submissive, liable to. فرماں بردار، ذمہ دار

amendment.......... (امنڈمنٹ) *n.* improvement. تصحیح، ترقی، ترمیم

amiable........... (امی ایبل) *adj.* of pleasing disposition, lovable. نیک طبیعت، خوشنما

amicable............. (امی کیبل) *adj.* friendly. دوستانہ، نیک نیت

amount ... (اماؤنٹ) *n.* full value, پوری قیمت، جوڑ *v.t.* to be equivalent to. برابر ہونا، نتیجہ ہونا، میزان

ample...... (ایمپل) *adj.* sufficient, spacious, abundant کافی، کشادہ، پھیلا ہوا

amplification..... (ایمپلی فکیشن) n. development. توسیع

amplifier.......... (ایمپلی فائر) *n.* an appliance for increasing force. طاقت بڑھانے کی ایک مشین

amplify.. (ایمپلی فائی) *v.t.* to make bigger, to enlarge. بڑا بنانا

amputate.....(ایمپوٹیٹ) *v.t.* to cut off the limb of a creature. کسی جاندار کا جسم کاٹنا

amusement........(ایموزمنٹ) *n.* a pastime دل بہلاؤ

anaemia..(انیمیا) *n.*deficiency of haemoglobin in blood. خون کی کمی، کمزوری

analysis..... (انالسس) *n.* (pl.ses.) the act of analysing, resolving into simple elements. تجزیہ بکھیرنے کا عمل

ancient........(انشنٹ) *adj.* of time long past, old, belonging to former age. قدیم، پرانا

angel....... (اینجل) *n.* a messenger from heaven. فرشتہ

anger........ (اینگر) *n.* rage ,wrath, ناراضگی، غصہ *v.t.*to make angry. غصہ کرنا

angler.......... (اینگلر) *n.* one who angles. مچھلی پکڑنے والا

anglo.......... (اینگلو) *pref.* meaning English. "انگریزی" کے معنیٰ میں سابقہ

angry...(اینگری) *adj.* wrathful. غصہ ور

anguish....... (اینگوئش) *n.* extreme pain (of mind). ذہنی تکلیف، کوفت

animal... (اینمل) *n.* a loving and feeling creature *adj* relating to life. جانور، جاندار حیات سے متعلق

annex.... (انکس) *v.t.* to append, to take possession. جوڑنا، ملانا، اختیار میں لے لینا

annihilation (اینی ہلیشن) *n.* total destruction. مکمل بربادی، انہدام

anniversary.. (اینی ورسری) *n.* (pl. ries) an yearly celebration of an event. سالانہ جشن

announcement... (اناؤنسمنٹ) *n.* proclamation. اشتہار، اعلان

annoy... (انوائے) *v.t.* to worry, to trouble. تکلیف دینا، چڑھانا

annoyance..(انوائینس) *n.* worry. تکلیف، دکھ، جھنجھلاہٹ

annual......... (انوال) *adj.* yearly, happening every year. سالانہ، ہر ایک سال ہونے والا *n.* a plant that lives for one year only. ایک سال تک رہنے والا پودا

another........ (اندر) *adj. & pron.* different, not the same, one more. دوسرا، مختلف، دوسرا کوئی، ایک اور

anonymously. (انونمسلی) *adv.* in a way where no name is mentioned. گمنام سے، بنا نام لکھے ہوئے

answerable....... (آنسریبل) *adj.* that may be replied to. جواب دہ، جواب دینے والا

ante.......... (اینٹی) *pref.* before پہلے

antecedent......... (اینٹی سیڈنٹ) *n.* previous, preceding . پہلے کا، قبل کا

antelope.. (اینٹی لوپ) *n.* a kind of deer. ہرن کی ایک قسم

ante merediem... (اینٹی میریڈیم) (abbr. a. m.) before noon. دوپہر سے پہلے کا

anterior.... (اینٹیریئر) *adj.* former, previous. ماقبل، پہلے کا

anti...... (اینٹی) *prep.* opposite to, against. مخالف، ضد

anticipate (اینٹی سیپٹ) *v.t.& i.* to do in advance, to foresee. پہلے سے سوچنا، امید کرنا

anticipation........ (اینٹی سپیشن) *n.* expectation. امید، پہلے سے واقف

antique............. (اینٹک) *adj.* old fashioned, unusual. قدیم، انوکھا

antiquity (اینٹی کویٹی) *n.* relics of old times. قدیم زمانہ کے باقیات

antiseptic.. (اینٹی سپٹک) *adj. & n.* preventing decay. سڑن روکنے والی

antonym...(اینٹونم) *adj.*a word of contrary meaning. الٹے معنیٰ کا لفظ

anxiety... (اینکزائٹی) *n.* uneasiness of mind, eager desire. فکر، خواہش، بیقراری

anxious.. (اینکشس) *adj.* uneasy, troubled. فکرمند، بے چین

any......... (اینی) *pron & adj.* one, some. کسی، کوئی، کچھ، کیسا ہی

apathy... (اپیتھی) *n.* insensibility, indifference. بے رخی، بیگانگی

apology.. (اپولوجی) *n.* (pl.gies) an excuse, vindication. معافی، معذرت

apostrophe (اپوسٹرافی) *n.* sign of an ommission of a letter (') , exclamatory address. حرف کے محذوف کا نشان، خطاب

apparent.. (اپرینٹ) *adj.* visible, clear, evident. صاف، واضح

appear...... (اپیئر) *v.t.* to become visible, to show oneself, to seem. ظاہر ہونا، دیکھ پڑنا، جان پڑنا، دکھائی دینا

appearance............ (اپیرنس) *n.* outward look. ہیئت، روپ، موہوم

appendix................ (اپنڈکس) *n.* something added at the end of a document or human intestine.

ضمیمہ، آنت کا ایک مرض

appetite....... (اپیٹائٹ) *n.* hunger. بھوک

appetize..... (اپی ٹائز) *v.t.* to have hunger. بھوک لگنا

appetizer....... (اپیٹائزر) *n.* a thing that gives appetite. بھوک بڑھانے والا

applause...... (اپلاز) *n.* approval, praise. تعریف، توصیف

applicable...........(اپلی کیبل) *adj.* suitable. مناسب، معقول

applicant....... (اپلی کینٹ) *n.* one who applies. درخواست کنندہ

apply........... (اپلائی) *v.t. & i.* (p.t. applied) to put close to, to employ, to fix mind upon. ملانا، لگانا، استعمال کرنا، درخواست دینا

appointment..... (اپوائنٹ منٹ) *n.* engagement. تقرر

apposite... (اپوزٹ) *adj.*suitable, proper. لائق، معقول، ٹھیک

appraise.. (اپریز) *v.t.* to estimate the worth of, to set price on. قیمت ٹھہرانا، دام لگانا

appreciable..(اپری شی ایبل) *adj.* noticeable. جاننے لائق

appreciate... (اپری شی ایٹ) *v.t. & i.* to estimate, to value highly, to rise or raise in value. خوبی جاننا، تعظیم کرنا

apprehension...... (اپری ہنشن) *n.* understanding, fear. گمان، ڈر

approach.... (اپروچ) *v.t. & i.* to come near, to ask, to make proposal, to advance. نزدیک آنا، پروگرام بنانا، مانگنا، بڑھنا

appropriate... (اپروپری ایٹ) *v.t.* to take possession of, to set apart as fund for a certain person or purpose. اختیار کرنا، اپنانا، الگ نکال کر رکھ دینا

approval.. (اپروول) *n.* sanction. منظوری

approve .(اپروو)*v.t.* to sanction, to like, to commend. منظور، منظوری دینا

approximately.... (اپروکسی میٹلی) *adv.* in an approximate manner, nearly. لگ بھگ، قریب قریب

apt.... (اپٹ) *adj.* ready, quick to learn, suitable. تیار، لائق، معقول

arbitrate.... (آربٹریٹ) *v.t.* to act as a judge. پنچوں کا فیصلہ کرنا

arbitration...........(آربٹریشن) *n.* decision of an arbitrator. پنچ کا فیصلہ

arbitrator.(آربٹریٹر) *n.* one who arbitrates. پنچ حکم

architect.......... (آرکٹکٹ) *n.* one skilled in planning and erecting buildings. ماہر تعمیرات

architecture.(آرکی ٹکچر) *n.* art of building. معماری، تعمیراتی ہنر، فن تعمیر

ardent.... (آرڈنٹ) *adj.* burning, eager. خواہش مند، حوصلہ مند

ardour...... (آرڈر) *n.* warmth of feeling, heat, zeal. جوش، خروش، خواہش مندی

argue..(آرگیو) *v.t.& i.* to discuss, to try, to prove. مباحثہ کرنا، مناظرہ کرنا

argument...........(آرگیومنٹ) *n.* reasoning, debate, subject. فن مناظرہ، مضمون، بحث

aristocrat. (ارسٹوکریٹ) *n.* one of good birth. رئیس، امیر

arithmetician.... (ارتھ میٹیشین) *n.* one skilled in arithmetic. ماہر علم الحساب

armament............(آرمامنٹ) *n.* equipment for fighting. آلات حرب

army... (آرمی) *n.* a large body of men armed for war. فوج

around..... (اراونڈ) *adv.* in every direction, about, along. چاروں طرف، آگے، سب طرف

arrange..... (ارینج) *n. t.* to put in proper place, to settle, to adjust. مناسب جگہ میں لگانا، تیاری کرنا

arrear.... (ایریر) *n.* state of being behind. پیچھے رہنے کی حالت، باقی، بقایا

arrears..... (ایریرس) *n.* pl. money due but not paid. بقایا

arrest...... (ایرسٹ) *v.t.* to step, to seize by legal authority, to check motion. روکنا، پکڑنا؛ to stop imprisonment. گرفتاری، رکاوٹ

arrival............(ارائیول) *n.* act of reaching. آمد، پہنچ

arrive....... (ارائیو) *v. t.* to reach a place, to attain. پہونچنا، حاصل کرنا

arrogant............ (ایروگنٹ) *adj.* haugty. مغرور

art....... (آرٹ) *n.* human skill or knowledge, cunning. فن کاری، ماہر، شاطرانہ

article......... (آرٹکل) *n.* a thing, a literary composition in grammar, the words a , an & the. شے a, an the مضمون، قانونی شق، انگریزی قواعد میں

artisan.... (آرٹیزن) *n.* a skilled worker. (potter, plumber etc) دست کار

artist... (آرٹسٹ) *n.* one skilled in fine art. مصور، ماہر کاریگر

ascend....... (اسنڈ) *v.t.t.& i.* to go up, to rise, to mount. چڑھنا، بڑھنا، اوپر جانا

ascension........ (اسنشن) *n.* act of ascending. اوج، چڑھاو

ascertain....(اسرٹین) *v.t.* to make certain, to find out. متعین کرنا، جانچنا

ash (ایش) *n.* name of a tree, dust or remains of anything burnt. ایک قسم کا درخت، راکھ، دھول

ashamed... (اشیمڈ) *adj.* abashed. شرمندہ

aside.... (اسائڈ) *adv.* on one side, away. ایک طرف، الگ

asleep.. (اسلیپ) *adj.* in a state of sleep. نیند سے سوتے ہوئے

aspiration..(ایسپریشن) *n.* intense desire. خواہش، آرزو، چاہت

assail.......(اسیل) *v.t.* to attack, to assault. حملہ کرنا

assassination........(اسیسی نیشن)*n.* murder. قتل (سیاسی)

assay........... (ایسے) *v.t.* to try, to analyse, امتحان لینا، جانچ کرنا، *n.* trial , test of purity. امتحان، جانچ، پرکھ

assembly... (اسمبلی) *n.* a meeting, a council. سماج، مجلس، مجمع

assert...........(اسرٹ) *v.t.* to state positively, to affirm. واضح طور پر اظہار کرنا، قبول کرنا

assertion (اسرشن) *n.*affirmation. حامی، واضح قول

assessment............ (اسیسمنٹ) *n.* valuation. اندازہ، تعین

assessor........ (اسیسر) *n.* one who estimates taxes. ٹیکس آنکنے والا، ٹیکس افسر

assets. (ایسٹس) *n.* pl. property of a person. پونجی، مالیت

assign.... (اسائین) *v.t.* to ascribe. to allot, to refer. مندرج کرنا، تقرر کرنا، سونپنا

assignation.............. (اسگنیشن) *n.* allotment. بٹوارہ، سونپنا، حصے میں دینا

assistance....(اسسٹنس) *n.* act of assisting, help. معاونت، نائب

assistant...(اسسٹنٹ) *n.* one who assists another. معاون، نائب

assume..... (ازیوم) *v.t.* to take for granted, to adopt. قیاس کرنا، مان لینا، اختیار کرنا

assumption... (ازمپشن) *n.* act of assuming, supposition. قیاس، مانی ہوئی بات، گمان

astonish............ (اسٹونش) *v.t.* to surprise greatly, to amaze. متعجب کرنا، اچنبھے میں ڈالنا

astrology......... (ایسٹرولوجی) *n.* the science of the influence of stars on human affairs. علم نجوم

astrologer........... (ایسٹرولوجر) *n.* a student of astrology. نجومی

astronomy...... (ایسٹرونومی) *n.* the science of the heavenly bodies. علم ہئیت

atheism... (اتھزم) *n.* disbelief in God. کفر

athlete.........(ایتھلیٹ) *n.* a person trained in physical exercises. کھلاڑی

atomic... (اٹومک) *adj.* pertaining to atoms. جوہری (اٹم سے متعلق) توانائی

attachment......... (اٹیچ منٹ) *n.* a fastening, great affection. بندھن، قربت

attack... (اٹیک) *v. t.* to fall upon, to assault. حملہ کرنا، دھاوا بولنا *n.* offensive operation. اقدام، حملہ

attain.. (اٹین) *v.t.& i* to reach, to gain, to achieve. حاصل کرنا، پہونچنا

attendance.............. (اٹنڈینس) *n.* presence. حاضری

attendant (اٹنڈینٹ) *n.* a person attending. تابع، ساتھی

attention..........(اٹینشن) *n.* act of applying one's mind. دھیان، کشش

attest.....(اٹسٹ) *v.t. &. i.* to bear witness, to affirm solemnly. ثابت کرنا، صحیح کرنا، تصدیق کرنا

attestation................(اٹسٹیشن)*n.* testimony. گواہی، ثبوت، تصدیق

attitude...(ایٹی چوڈ) *n.* behaviour, posture of body. برتاؤ، ہیئت جسمانی

attract...(ایٹریکٹ) *v.t.* to draw, to entice. کشش، لبھانا

auction.. (اوکشن) *n.* a public sale of property to the highest bidder. نیلامی

auctioneer..(اوکشیئر)*n.* a holder of auction. نیلامی کرنے والا

audacity......(اوڈیسٹی)*n.* daring spirit. بیباکی، بے ہودگی، ڈھیٹھی، دلیری، بہادری

audible... (اوڈبل) *adj.* able to be heard. سنائی دینے لائق

audience.. (اوڈینس) *n.* a body of hearers, interview. سامعین، زباندانی، ملاقات

auditor........ (اوڈیٹر) n. one who audits accounts. حساب کو صحیح کرنے والا

aught...(اوٹ) *n.*& adv. anything in any respect. کچھ، کسی طرح سے

authentic.............. (اوتھنٹک) *adj.* reliable, true. مستند، سچا

authenticity..........(اوتھنٹی سیٹی) *n.* genuineness. استناد

authority...... (اتھارٹی) *n.* power, right (*pl.*)the person in power. اثر، طاقت، ذمہ دار شخص

authorize.. (اوتھورائز) *v.t.* to give authority to. اختیار دینا

auto... (آٹو) pref. in the sense of one's own. 'اپنا، آپ ہی' کے معنی کا سابقہ

autobiography... (آٹوبایوگرافی) *n.* life of a person written by himself. خودنوشت، آپ بیتی

autocracy............ (آٹوکریسی) *n.* absolute government. تاناشاہی

autograph.......... (آٹوگراف) *n.* signature. خودخط، دستخط

automatic... (آٹومیٹک) *adj.* self acting. خودکار

autumn.........(آٹم) *n.* the third season of the year. موسم سرما، موسم خزاں

auxiliary........ (آوکزلیری) *adj. n.* (*pl.*ries) helping, a helper. معاون، مددگار

available...............(اویلیبل) *adj.* within one's reach دستیاب

avarice.....(اوریس) *n.* greediness. لالچ، طمع، حرص

avenue... (اوینو) *n.* road or street with trees. درخت سے ڈھکا ہوا راستہ

average... (ایوریج) *n.* an ordinary standard, mean value. درمیانی حالت، رائج، ناپ *adj.* of the ordinary standard. درمیانی، عام اوسط

avoid..... (اوآئڈ) *v. t.* to evade, to shun. ترک کرنا، ٹالنا، بچانا

avoidance...(اوآئڈنس) *n.* the act of avoiding. آناکانی، بچاو

await.(اویٹ) *v. t. & i* to wait for انتظار کرنا

awake.(اویک) *v.t. & i.* to get up, to become active, to rouse from sleep, جاگنا، ہوشیار کرنا *adj.* not asleep, vigilant. جاگ، ہوشیار

award....... (اوارڈ) *n.* judgement, thing awarded, فیصلہ، عدالت کا فیصلہ، انعام

aware...... (اویئر) *adj.* knowing, conscious, informed, attentive. ہوشیار، خبردار

away......... (اوے) *adj. & adv.* at distance, far. دور لگاتار to go away. چلے جانا

awful...........(آفل) *adj.* terrible, dreadful. ڈراونا

awhile.(اوسائل) *adv.* for a short time. لمحہ بھر کے لئے، ذرا دیر کے لئے

awkward (آوک ورڈ)*adj.*clumsy, difficult to deal with. بھدا، بھونڈا، بے خبر

axe..... (ایکس) *n.* a chopping tool, کلہاڑی an axe to grind an ulterior object. خودی

axiom. (ایکسیم) *n.* a self evident truth. بذات خود ثبوت، اقوال، بدیہیات

aye............ (اے) *intej. & n.* an affirmative answer. ہاں!

B

baa........... (با) *n.* bleat of a sheep بھیڑ کی ممیاہٹ

bachelor (بیچلر) *n.* an unmarried man. غیر شادی شدہ (مرد)

backbite......... (بیک بائٹ) *v.t.* to speak evil of in the absence of a person. پیٹھ پیچھے چغلی کرنا

backbone .... (بیک بون)*n.* the spine, support, power to resist. ریڑھ کی ہڈی، ہمت، دم

backdoor...(بیک ڈور) *n.* door at the back of a house مکان کا پچھلا دروازہ، چوردروازہ

background.. (بیک گراونڈ) *n.* the ground or base specially of a scene. پس منظر، بنیاد

backward............(بیک ورڈ) *adj.* behind in time, slow in learning. پیچھے سے آنے والا، سیکھنے میں سست

bacteria....... (بیکٹیریا) *n.* minute germs or organisms in air and water. پانی اور ہوا میں پایا جانے والا جرثومہ

badge..........(بج) *n.* special mark مخصوص نشان

badly... (بیڈلی) *adv.* in a bad way بری طرح

bagman............... (بیگ مین) *n.* a commercial traveller. کاروباری مسافر

balcony...... (بال کنی)*n.* portion of house jutting out. چھجا

bale........... (بیل) *n.* bundle. گانٹھ

baleful (بیل فل) *adj.* regrettable, causing sorrow or pain. تکلیف دہ، قابل تشویش

ball........ (بول) *n.* a round object used in games, bullet, گیند گولی a dance-party. انگریزی ناچ پارٹی

ballad...(بیلڈ) *n.* a short story in verse. اشعار میں لکھی ہوئی کہانی، قصہ، الھا

ballet.......(بیلے) *n.* entertainment with music and dance. ناچ گانے کی نمائش

balm.. (بام) *n.* an ointment. مرہم

ban............... (بین) *n.* an order prohibiting some action, curse, sentence of outlawry. ممنوع، بددعا، ملک بدر

banana..... (بنانا) *n.* a plant or its fruit. کیلے کا پودا، پھل

bandage...... (بینڈج) *n.* band for binding wounds. زخم کی پٹی

bangle....(بینگل) *n.* a large ring worn round the arm. کنگن، چوڑی

bank... (بینک) *n.* margin of river, an establishment for keeping money. ندی، کنارہ، بینک

bankrupt........(بینک رپٹ) *n.* an insolvent person. دیوالیہ *adj.* bankruptcy. دیوالیہ پن

banner....... (بینر) *n.* a flag. جھنڈا

bar- (بار) *n.* a rod, a barrier, a check, place for prisoners at trial, a tribunal. وکیلوں کی ٹولی، to be called to the bar, counter for wine etc. ڈنڈا، بندھن، روک تھام کے لئے بنائی گئی لائن، عدالت میں وکیلوں کے لئے کھڑے ہونے کی جگہ، وکیلوں کی ٹولی، پیشۂ وکالت میں داخل ہونا، شراب کا کاؤنٹر

barbarism........... (باربیرزم) *n.* absence of culture, savage life. غیر شائستگی، جنگلی پن

barbarity.... (باربیرٹی) *n.* cruelty, savage behaviour. بے رحمی، جنگلی پن

barbarous- (باربیرس) *adj.* uncultured, uncivilised. غیر مہذب، جنگلی، بے رحم

barber......... (باربر) *n.* one who shaves and cuts hair. نائی، حجام

bare................ (بیئر) *adj.* naked, undisguised, baled, unfurnished. ننگا، کھلا، خالی، غیر جاذب

barely..........(بےارلی)*adv.* hardly مشکل سے، صرف، چند

bargain.. (بارگین) *n.* agreement, contract.
سودا، اقرار، کسی چیز کے بیچنے یا خریدنے کا سمجھوتہ
bark... (بارک) *n.* sheath of tree, a ship, cry of a dog.
پیڑ کی چھال، ناؤ، کتے کا بھونکنا
barrack........ (بیرک) *n.* soldiers' quarters. فوجی سپاہیوں کی جائے قیام
baseless................ (بیس لس) *adj,* groundless. بغیر کسی بنیاد کے، بے بنیاد
basement.... (بیس منٹ) *n.* storey below ground level. تہہ خانہ
baseness. (بیس نس) *n,* meanness.
کم ظرفی، گنوار، کمینہ پن
basic.. (بیسک) *adj.* fundamentals.
بنیادی
bastard................. (باسٹرڈ) *n.* an illegitimate child. ناجائز اولاد
batsman...(بیٹس مین) *n.* one who plays with the bat. بلے باز
batch.............. (بچ) *n.* a quantity produced at a time. مجموعہ، جھنڈا
bath............ (باتھ) *n.* a place for bathing or washing.
غسل خانہ، غسل کرنے کا پانی
bathe..(بید) *v. t. & i.* to immerse in a liquid, to put in a bath , to wash the body all over. ڈبونا، نہانا
bathing........... (بیدنگ) *n.* act of bathing. غسل
batter.(بیٹر) *v t.* to beat together.
متھنا، ملانا، اچھی طرح چھنا ہوا آٹا، بری طرح مارنا
beach..(بیچ) *n.* the shore of a sea or lake. جھیل یا سمندر کا کنارہ *v. t.* to put a vessel on shore. جہاز کو کنارے پر لگانا
beak.. (بیک) *n.* the bill of a bird.
چونچ
beam............ (بیم) *n.*ray of light.
چمکنا *v.t.* to shine. روشنی کی کرن چمک
bear........ (بیئر) n. a thick furred animal, an unmannerly person.
بھالو، غیر مہذب شخص
bear........ (بیئر) *v. t.& i.* (p.t. bore, p.p born) to carry, to support, to endure, to conduct oneself, to produce.
لے جانا، سہارا دینا، سہنا، استعمال کرنا، پیدا کرنا
beard... (بیرڈ) *n.* hair that grow on cheek and chin, awn of plants.
داڑھی، اناج کی بال
bearable..(بیرئیبل) *adj.* tolerable.
قابل برداشت
bearer........ (بیرر) *n.* a domestic servant. گھریلو ملازم، بیرا
beargarden..(بیر گارڈن) *n.* scene of uproar. ہنگامہ، شور وغل
beast....(بیسٹ) *n.* a quadruped ,a rude, brutal person.
جانور، بے درد، غیر مہذب شخص
beauteous............. (بیوٹیس) *adj.* beautiful, endowed with beauty.
جاذب، خوب صورت
bedding....... (بیڈنگ) *n.* mattress and bed clothes. چٹائی، بچھاون
bedizen..... (بڈائزن) *v.t.* to dress gaudily. چٹکیلا لباس پہننا
bee..........(بی) *n.* an insect which produces honey and wax. شہد کی مکھی
beer........(بیئر) *n.* liquor prepared from barley. جو کی شراب
befool...... (بیفول) *v .t.* to make a fool of. بیوقوف بنانا
beforehand........ (بیفور ہینڈ) *adv.* before the time. وقت سے پہلے
beggar...... (بیگر) *n.*on who begs.
بھکاری
beginner....... (بگینر) *n.* one who begins, a learner. ابتدائی، شروع کرنے والا
behave..... (بی ہیو) *v.t.* to conduct oneself, to act. سلوک کرنا، برتاؤ کرنا
behaviour...(بی ہیویر)n. conduct, manners, way of behaving.
سلوک، برتاؤ
behind.. (بی ہائنڈ) *adv. prep. & n.* in the rear, at one's back, further back. پیچھے، پیٹھ کی طرف
behold...(بی ہولڈ) *v.t.* to see. دیکھنا
belief............ (بی لیف) *n.* faith, confidence, trust, assurance.
یقین، عقیدہ، بھروسہ
believable.......(بلیوییبل) *adj.* that may be believed. قابل یقین
bell......(بل) *n.* a hollow metallic vessel with a sounding tongue.
گھنٹا، گھنٹی
belongings.(بلونگنس) *n.* pl. one's goods. مالیت، متعلقات
beloved..........(بلوڈ) *n.* very dear.
پیاری، عزیزہ
beneath.......(بینیتھ) *adv. & prep.* under, below. نیچے، نیچے کی طرف
beneficial..(بنی فیشل) *adj.* useful, advantageous, serviceable.
فائدہ مند، سودمند، فائدہ کرنے والا
benefit... (بنی فٹ) *n.* advantage , act of favour . فائدہ، بھلائی، ہمدردی *v.t. & i.* (*p.t.* benefited) to do good to.
بھلائی کرنا، فائدہ اٹھانا
benevolence.......... (بینیولنس) *n.* goodwill, kind disposition.
رحم، کرم، موانست، فیض رسانی
benighted.............. (بنائٹڈ) *adj.* overtaken by darkness, ignorant.
تاریکی سے ڈھکا ہوا، ناواقف
benign..... (بنائن) *adj* kind, mild, gentle. ہمدرد، رحیم، شفیق
benignly (بنائنلی) *adv.* mildly, in a gentle way. مؤدبانہ
bereavement..(بریومنٹ) *n.* loss by death. جانی نقصان، جدائی
beside....... (بسائڈ) *prep.* near, by the side of. قریب، نزدیک
besides......(بسائڈس) *adv.prep.* in addition to, otherwise. زیادہ، اور بھی، سوا
best... (بسٹ) *adj. & adv. (sup.* of good or well) of the most excellent kind. عمدہ، بہتر، سب سے اچھا to make the best of. بہتر انتظام کرنا to do for the best.
اچھے نیت سے کرنا
bethink............ (بتھنک) *v.t.*(p.t. bethought) to call to mind.
غور کرنا، سوچنا
betimes (بٹائمس)*adv.* early, soon. جلدی، وقت پر، اول وقت
betray....(بیٹرے) *v.t.* to disclose, to deliver by treachery.
بھید کھولنا، دھوکا دینا، بھنڈا پھوڑنا
betrayal.....(بیٹریل) *n.* breach of faith. دھوکا
better.......... (بٹر) *adj. adv. & n.* (comp. of good or well) superior value, in a higher degree, improved. اچھا، برتر، ترقی *v.t.* to improve. سدھارنا better half (one's wife) زوجہ
between.... (بٹوین) *prep. & adv.* in the middle of, along, across.
درمیان میں، فرق میں
bewail...... (بیویل) *v.t.* to lament.
آہ وزاری کرنا، ماتم کرنا
beware..(بیویئر) *v.t.* to take heed, to be on one's guard.
چوکنا ہونا، ہوشیار ہونا
bias.............. (بائس) *n.* prejudice, partiality. طرف داری، جانبداری
big........ (بگ) *adj.* haughty.
مغرور، بڑا
bigamist... (بائی گیمسٹ) *n.* having two husbands or wives at a time.
دو بیوی والا مرد، دو شوہر والی عورت
billion.......... (بیلین) *n.* a million millions. دس کھرب کا عدد
binding.. (بائنڈنگ) *n.* & adj. the cover of a book, a bandage, بندھن، جلد، ضروری obligatory.
biograph..(بایوگراف)*n.* a moving picture machine, bioscope. بائسکوپ
biographical ....(بایوگرافیکل) *adj.* pertaining to a biography.
سینما، بائسکوپ، سوانح حیات سے متعلق
biology.... (بایولوجی) *n.* science of life. علم الحیات
biologist (بایولوجسٹ)*n,* expert in biology. ماہر علم الحیات
birth..(برتھ)*n.* origin, beginning.
پیدائش، ابتداء، شروعات
birthright... (برتھ رائٹ) *n.*a right acquired by birth. پیدائشی حق
biscuit......(بسکٹ) *n.* a hard, dry bread in small cakes. بسکٹ
bisect......(بائی سکٹ) *v. t.* to divide into two parts. دو حصہ کرنا
bishop... (بشپ) *n.* a consecrated clergyman. بڑا پادری

bit......... (بٹ) *n.* a small piece, a small coin, horse's curb. چھوٹا حصہ، تھوڑا سا a bit rather. ٹکڑا، چھوٹا سکہ لگام

bitch.... (بچ) *n.* female of dog or wolf. کتیا

bitter... (بٹر) *adj.* tasting hot and acrid, causing grief, painful, severe. تیکھا، تیتا تکلیف دہ، تلخ to weep bitterly. پھوٹ پھوٹ کر رونا

blackmail. (بلیک میل) *n.* to extort money by threats. (رشوت) زبردستی پیسہ لینا

blamable.... (بلیم ایبل) *adj.* fit to be blamed. قابل مذمت، قابل ملامت

blame....... (بلیم) *v.t.* to find fault with. الزام لگانا *n.* censure. الزام، جرم

blank.... (بلینک) *adj.* not written, empty, without rhymes. سادا، خالی، بے ربط n. an empty space. خالی جگہ

blanket........... (بلینکٹ) *n.* a soft woollen covering. کمبل

blaze...... (بلیز) *n.* a bright flame, fire of active display. چمک، دکھاوا *v.t.* to throw out flame. چمک، دکھاوا، شرارہ پھینکنا

bleed........ (بلیڈ) *v. t. & i.* to emit blood, to draw blood. خون بہنا

blemish....... (بلیمش) *n.* a stain, a defect. دھبا، داغ، الزام لگانا *v. t.* to spoil the beauty of. خوبصورتی برباد کرنا

blessing.............. (بلیسنگ) *n.* an invocation of happiness or success. دعا

blockade........ (بلاکیڈ) *n. v. & t.* a blocking up. روک، گھیرنا

bloodshed... (بلڈشڈ) *n.* killing of many people. قتل، خون ریزی

blood-thirsty..... (بلڈ تھرسٹی) *adj.* eager for slaughter. قاتل، خون کا پیاسا

bloom........... (بلوم) *n.* a blossom, freshness, perfection. پھول، تازگی، تکمیل

blotting- paper... (بلاٹنگ پیپر) *n.* a paper used for drying ink. سیاہی سوختہ، جاذب

blouse......... (بلاوز) *n.* a woman's upper garment. عورت کا بلاؤز

blunder........... (بلنڈر) *n.* a gross mistake. بڑی غلطی

bluntly..... (بلنٹلی) *adv.* roughly. گنوار پن

boast............. (بوسٹ) *v.t.* to talk proudly. بڑے بول، گھمنڈ کرنا

boat......... (بوٹ) *n.* a small open vessel for transport by water. ناؤ

boating............ (بوٹنگ) *n.* act of making a boat sail. ناؤ چلانا

bodice... (بوڈس) *n.* a close fitting jacket worn by a woman. انگیا، چولی

bold....... (بولڈ) *adj* . courageous, brave, daring, steep. باہمت، بہادر، گہرا

bombastic............ (بمباسٹک) *adj.* extravagant. لفاظی

bone........... (بون) *n.* a white hard substance which constitutes the skeleton of a body. ہڈی

bonus............ (بونس) *n.* an extra payment. بڑھاوا

bookworm...... (بک ورم) *n.* one who is extremely devoted to books. کتابی کیڑا

boot........ (بوٹ) *n.* a covering for human foot, profit, advantage. جوتا، فائدہ

borne. (بورن) (*p.p.*of bear) *v.t.* to carry. لے جانا

borrow.... (بورو) *v.t.* to get loan. ادھار لینا، قرض لینا

borrower... (بوروار) *n.* one who takes loan. قرض لینے والا، مقروض

bosom. (بوسم) *adj.* dear, intimate. دلی، قلبی پیارا، عزیز *n.* the heart.

botany.... (بوٹنی) *n.* the science of human life. علم النباتات

both......... (بوتھ) *pron.&adv.* the two, equally. دونوں، برابر سے

bother... (بودر) *v.t.&i.to* worry,to tease. تنگ کرنا، مذاق اڑانا

bottom.. (بوٹم) *n.* the lowest part, the base, keel of a ship, foundation. تل، بنیاد، جہاز کی پینڈی

bough... (باؤ) *n.* branch of a tree. پیڑ کی ڈالی، درخت کی شاخ

bounce.... (باؤنس) *v.t.* to jump, to boast. اچھلنا، اپنی بڑائی کرنا

bow...... (بو) *v.t. to* curve. جھکنا، گھمانا

boy...... (بوآئے) *n.* a male child, a lad. بچہ، لڑکا

boycott. (بائکاٹ) *v.t.* to refuse to have dealing with. رد کرنا، حصہ نہ لینا

boyhood... (بوائے ہڈ) *adj.* state of being a boy. بچپنا، لڑکپن

brain................. (برین) *n.* nerves enclosed in the skull. دماغ

brake.... (بریک) *n.* apparatus for checking motion. بریک لگانا بریک، رفتار دھیمی کرنے والا پرزہ، روکنا

branch (برانچ) *n.* bough of tree, divisions of subjects, section, line of descent. شاخ، ڈالی، حصہ، اولاد

brand.. (برانڈ) *n.* mark made by a hot iron, a trade mark. چھاپ، مارکہ، داغ لگانا، داغنا

bravery........... (بریوری) *n.* brave بہادری، ہمت

bravo..... (بریو) (*pl.*bravoes) *n.* a bandit. ڈکیت *interj*, well done. شاباش

bread......... (بریڈ) *n.* baked food, livelihood. روٹی، گذر بسر

breadth.... (بریڈتھ) *n.* broadness, width. چوڑائی، توسیع

breakable.. (بریک ایبل) *adj.* able to be broken. ٹوٹنے لائق

breakage.......... (بریکیج) *n.* act of breaking. توڑنے کا کام

breakfast...... (بریک فاسٹ) *v.t.* to take breakfast. ناشتہ کرنا، صبح کا کھانا کھانا

breast.... (بریسٹ) *n.* part of the chest. پستان

breath...... (بریتھ) *n.* air inhaled and exhaled. سانس

breathe.......... (بریدھ) *v.i.* to take breath. سانس لینا

breezy......... (بریزی) *adj.* full of breeze. ہوادار

brevity...... (بریویٹی) *n.* shortness. مختصر، چھوٹاپن

bribe........... (برائیب) *n.* an illegal reward given to someone. رشوت *v.t.* to give bribe to. رشوت دینا

bribery.......... (برائیبری) *n.* act of giving or receiving bribes. رشوت دینے یا لینے کا کام، رشوت خوری

brick.... (برک) *n.* moulded burnt clay used for building. اینٹ

bride... (برائیڈ) *n.* a woman just married or going to be married. دلہن، عروس

bridegroom......... (برائیڈ گروم) *n.* husband of a bride. دولہا

brilliant...... (برلینٹ) *adj.* bright, splendid, clever. چمکیلا، عقل مند *n.* a gem of finest quality. ایک عمدہ جوہر

bring........ (برنگ) *v.t.* (p.t.& p. p. brought) to carry, to produce. لانا، پیش کرنا

brink......... (برنک) *n.* edge, bank. margin. کنارہ، چھور

Britain..... (برٹن) *adj.* name of a country. ایک ملک کا نام، برطانیہ

British..... (برٹش) *n.* pertaining to Britain. انگریزی، برطانیہ سے متعلق

bronchitis............. (برونکائٹس) *n.* inflammation of the branches of the windpipe. پھیپھڑے کی سوجن

bronze. (برونز) *n.* alloy of copper and zinc. کانسہ

brother....... (برودر) *n.* sons of the same parents. سگا بھائی

brotherhood.......... (برودرہڈ) *n.* companionship. بھائی چارہ

brush......... (برش) *n.* tool of hair used in painting. بالوں کا بنا ہوا کنگھا، برش

brush........... (برش) *v. t.* to clean, rub. دھیرے سے ملنا، صاف کرنا، جھاڑنا

brutality..... (بروٹیلیٹی) *n.* cruelty, rudeness. بے دردی، غیر مہذب ہونا

brute.......... (بروٹ) *n.* a beast, an unfeeling person. جانور، سخت آدمی

build.... (بلڈ) *v. t.* to construct, to form. بنانا، تعمیر کرنا

bulk.... (بلک) *n.* size, magnitude, the main body. ثبوت، مقدار، توسیع، جسامت

bull........ (بل) *n.* a male ox. سانڈ

bullet....(بلٹ) *n. a small missile fired from a gun.* بندوق کی گولی

bulletin.(بلٹن)*n.* a short official statement. سرکاری اخبار (گزٹ)

bum..(بم)*n.* good for nothing. بیکار،فضول

bump... (بمپ) *n.* a heavy blow,a swelling. دھکا،سوجن

bureau. (بیؤرو) *n.* a writing desk with drawers, office for public business. میز، محکمہ، دفتر، مرکز

burly..............(برلی) *adj.* sturdy, bulky. بھدا،موٹا

burn.. (برن) *v.t. & i.* (*p.t* . burnt, burned) to consume by fire, to be on fire, *n.* injury by fire. جلانا، جلنا، آگ سے جلنا

bushy.. (بشی) adj. full of bushes. جھاڑی دار

busy. (بیزی) *adj.* fully occupied, diligent. مشغول

butter.... (بٹر) *n.* fatty substance made from cream. مکھن

buttermilk.... (بٹرملک) *n.* liquid left after making butter. مٹھا، چھاچھ

by........... (بائی) *prep.* near, in the company, through, of. پاس، ساتھ میں، سے; by the bye (incidentally) معاً، اتفاق سے

bygone... (بائی گون) *adj.* past. گذرا ہوا، بیتا ہوا

byproduct..........(بائی پروڈکٹ) *n.* anything of less value produced during the manufacture of another. ضمنی شے، ضمنی پیداوار

byword..... (بائی ورڈ) *n.* a familiar saying, proverb. کہاوت

C

cablegram.........(کیبل گرام) *n.* a telegram sent by underwater cable. سمندری تار

cadet......(کیڈٹ) *n.* student of a military school. فوجی تربیت کا طالب علم

cafe............. (کیفے) *n.* restaurant. کھانے پینے کی جگہ

cage......(کیج) *n.* an enclosure for birds. پنجرہ *v.t.* to shut in a cage. پنجرے میں بند کرنا

cake........... (کیک) *v. t.* to make a cake. کیک بنانا

calamity (کلامٹی) *n.* misfortune, disaster. آفت، ہنگامی تکلیف

calibre........ (کیلیبر) *n.* diameter. capacity. دائرہ، اہمیت

calligraphy.......... (کیلی گرافی) *n.* good handwriting. خطاطی، خوشخطی

callous............ (کیلس) *adj.* hard hearted. سخت دل

calmly............. (کالمی) *adv.* in a peaceful way. خاموشی سے، سکون سے

calmness ... (کامنس) *n.* the state of being calm. خاموشی، غیر متحرک، سکوت

calorie........... (کیلوری) *n.* unit of bodily heat. جسم کی حرارت کی اکائی

calumination...(کلمنیشن) *n.* false charge. الزام، مذمت، افتراء، بدنام کرنا

calumny...........(کلمنی) *n.* false accusation, slander. الزام، مذمت، افتراء

campaign.........(کمپین) series of military operations, organized course of action. مسلسل جنگ، متعین کارکردگی

cancel........(کینسل) *v.t.* to cut, to abolish, to annul. کاٹنا، توڑنا، مٹانا، رد کرنا

cancellation.....(کینسلیشن) *n.* act of cancelling. کاٹنے یا مٹانے کا عمل، رد کرنا

candidature...(کینڈیڈیچر) *n.* one standing for selection. امیدواری

cannon (کینن) *n.*a big gun. توپ *v.t.* to fire with gun. توپ سے اڑانا

canon..(کینن) *n.* a law or church decree. مذہبی رواج، گرجا گھر کا انتظام

can't.....(کانٹ) *v.t.* short form of 'can not'. کین نوٹ کا مخفف

canto....... (کینٹو) *n.* division of a poem. نظم کا ایک حصہ، عنوان

cantonment......... (کینٹونمنٹ) *n.* quarters for troops. چھاؤنی

capability..(کیپبلیٹی) *n.* capacity. اہلیت، طاقت

capacity...(کیپسیٹی) *n.* power of grasping , ability. وسیع، طاقت، اہلیت

capitalist.(کیپی ٹلسٹ)*n.* one who has money. ساہوکار، مہاجن، سرمایہ دار

caprice....... (کیپرس) *n.* a change without reason, whim, fancy. بے وجہ تبدیلی، خواہش، موج، سنک

capture..(کیپچر) *n.* arrest. پکڑ *v.t.* to take prisoner. پکڑنا، حوالے کرنا

caretaker....(کیئر ٹیکر) *n.* a person left in charge. نگراں جس کو دیکھ ریکھ سونپی گئی ہو

cartage.. (کارٹج) *v.* charges. بھاڑا

carve........... (کارو) *v.t.* to cut, to engrave, to sculpture. کاٹنا، کھودنا

carving (کارونگ) *n.* act or art of sculpture. سنگ تراشی

cash..(کیش) *n.* money, currency. نقد

caste......... (کاسٹ) *n.* a class of society, social position. سماجی حالت، ذات

casualty............ (کیزوالٹی) *n.* an accident. ہنگامی حادثہ *pl.* list of men killed or wounded. جنگ میں مرے یا گھائل فوجیوں کی تعداد

catalogue...(کیٹیلاگ) *n.* a list of books. فہرست کتب

catch......(کیچ) *v.t.&i.* to seize, to grasp, to understand , to take captive, to reach in time. قبضے میں کرنا، پکڑنا، باندھنا، سمجھنا، وقت پر پہونچنا

categorical....(کیٹیگوریکل) *adj.* of category. حصے یا درجے کا

category...... (کیٹگری) *n.* class or rank, general heading. درجہ، رتبہ، عہدہ، برابر درجہ

cater..(کیٹر) *v.t.* to provide food or entertainment. کھانے پینے کا نظم کرنا

causeway....(کاؤزوے) *n.* raised footpath. پیدل چلنے کی اونچی فوٹ پاتھ

caution........(کوشن) *n.* foresight. warning. احتیاط، دانش مندی، چوکسی

ceaseless..(سیزلس)*adj.* continual. روز، لگاتار

ceiling (سلنگ) *n.* the top surface of a room. کمرے کے اوپر کی چھت

celebration.. (سلبریشن) *n.* act of celebrating. تقریب

celebrity..............(سلبریٹی) *n.* a famous person. ناموری، شہرت

celestial ....(سلس شل) *adj.* heavenly. جنتی

cellar... (سیلر) *n.* an underground cell or room. زمین دوز، کمرہ

cement.... (سمنٹ) *n.* a substance for stitching bond or union. جوڑنے، چپکانے کی ایک شے، سیمینٹ

censure............(سنسر) *n.* blame. reproof. جرم، مذمت *v.t.* to blame. مجرم گردانا، مذمت کرنا

census......(سنسس) *n.* an official numbering of people. مردم شماری

centigrade......... (سینٹی گریڈ) *adj.* a thermometric scale. سو کا حصہ

central...(سنٹرل) *adj.* relating to the centre, principal. مرکز سے متعلق، خاص

centralize.........(سنٹرالائز) *v.t.* to concentrate. مرکزیت

centre......... (سنٹر) *n.* the middle point of anything, pivot, source. مرکز، درمیانی حصہ، مبدا

century.... (سنچری) *n.* of hundred years, a hundred of something. صد سالہ، سو برس، سو

cereal... (سیریل) *adj.* relating to corn. اناج سے متعلق *n.* corn used as food. غذا میں استعمال کرنے کا اناج

ceremonial.....(سریمونیل) *adj. & n.* with ceremony, a formality. مذہبی طریقے سے آداب، طور طریقہ

ceremony.. (سریمنی) *n.* religious rite, ritual. مذہبی رواج

certain......... (سرٹین) *adj* settled, fixed, sure. متعین، ضروری، کوئی

certainly ....(سرٹینلی) *adv.* with no doubt. بے شک، بلاشک

certainty. (سرٹینٹی) *n.* settled fact. فیصلہ، ضرور، ایقان

certificate........... (سرٹیفکٹ) *n.* a written declaration. سند

certify........(سرٹیفائی) *v.t.* to attest formally, to inform. ثابت کرنا، خبر دینا

challenge..... (چیلنج) *v.t.*to call to contest, to object to. ٹوکنا،للکارنا *n.* demand of something. للکار

chancellor.....(چانسلر) *n.* state or law official, head of a university. خاص الخاص مذہبی پیشوا، جامعہ کا سب سے اعلیٰ عہدہ دار

change.........(چیخ) *v.t.* to alter, to exchange. بدلنا، پلٹنا، ترک کرنا *n.* small coin given for a larger one, alteration. ریزگاری، تبدیلی

changeable......... (چیخ ایبل) *adj.* given to change. تبدیلی والا

chaos.(کےاوس) *n.* confused state, disorder. مبہم حالت، بھگدڑ

character........(کیرکٹر) *n.* actor's part, person in novel or drama. کردار، ناول اور ڈرامے کے کردار

chargeable.......(چارج ایبل) *adj.* liable to be charged. جرم لگانے لائق

charitable...........(چیریٹیبل) *adj.* generous. ہمدرد، رحم دل

charity (چیریٹی) act of kindness, leniency, alms. ہمدردانہ، رحم دلی، رواداری،

chaste..(چسٹ)*adj.*pure, virtuous. refine. واضح، مذہبی، نظامت، صاف

chasten..... (چیسن) *v.t.* to refine. صاف کرنا، تطہیر

chastity...(چسیٹیٹی) *n.* chasteness, purity of conduct. صاف شفاف

chatter... (چیٹر) *v.t.* to talk idly, to make a noise. شوروغل کرنا، بکواس

cheap....(چیپ) *adj.* low in price, worthless. سستا، ادنیٰ

cheat...(چیٹ) *v.t.* to deceive. دھوکا دینا *n.* deceiver. شاطر، ٹھگ

check..........(چیک) *v.t.* to stop, to restrain, to chide, روکنا، جھڑکی دینا *n.* a sudden arrest, cross-lined pattern. ضبط، رکاوٹ، چارخانہ

cheer... (چیر) *v.t.* to make joyful applaud, to comfort. خوش کرنا، تسلی دینا

cheerful.......(چیرفل) *adj.* in good spirits. پرمسرت

cheerfulness..........(چیرفل نس) *n.* happiness. خوشی

cheese.......(چیز) *n.* a food made of milk. پنیر

chemistry.........(کیمسٹری) *n.* the scientific study of substances. علم کیمیا

cheque......(چیک) *n.* an order for money. ہنڈی، چیک

chew...(چیو) *v.t.& i* to grind with teeth. دانتوں میں چبانا

chicken (چکن) *n.* the young of a domestic fowl. مرغی کا بچہ

chiefly... (چیفلی) *adj.* principally. خاص طور پر

childhood .... (چائلڈ ہوڈ) *n.* the period of being a child. بچپنا

childish......(چائلڈش) *adj.* like a child. بچوں کے جیسا

childlike.............(چائلڈ لائک) *adj.* simple, good. سیدھے، مزاج کا

chill ....(چل) *n.* coldness. ٹھنڈ

chilly ....(چلی) *adj.* cold. ٹھنڈا

chin. (چن) *n.* front part of lower jaw. ٹھڈی

chirp...(چرپ) *v.t.* to make sharp notes like a bird. چہچہانہ

chit-chat... (چٹ چیٹ) *n.* gossip. بات چیت، گپ شپ

chloroform.........(کلوروفارم) *n.* a colourless liquid used to make people unconscious. بے ہوشی کی ایک دوا

chorus...........(کورس) *n.* band of singers. گانے والوں کی ٹکڑی

chorus.......... (کورس) *v.t.* to sing together. ساتھ ساتھ گھانا، مل کر گانا

Christ..(کرائسٹ) *n.* the Messiah. عیسیٰ مسیح

Christianity- (کرسچینیٹی) *n.* Christian religion. عیسائی مذہب

chronic...... (کرونک) *adj.* lasting for a long time, lingering, deep-seated. پرانا، قدیم، مزمن، شدید

chronicle (کرانکل) *n.* a narrative, an account. تشریح، تفصیلی بیان

circle... (سرکل) *n.* a round figure, a ring, persons of a certain class. دائرہ، گول، جماعت

circular...... (سرکلر) *n.* a business letter, a communication sent to many people. تجارتی خط، اشتہار

circumstance..... (سرکم اسٹانس) *n.* situation. واقعہ

circumstances..(سرکم اسٹانسس) *n.* *plural*, situations in life. حالت، موقع

civilisation.. (سویلائزیشن) *n.* state of being civilized. تہذیب

clap..... (کلیپ) *n.* pat. تھپتھپاہٹ *v.t.* to applaud by striking the palm of hands together. تالی بجانا

clarify........ (کلیریفائی) *v.t. & i.* to make clear, purify. وضاحت کرنا، صفائی

clarification. (کلیریفکیشن) *n.* act of making clear. وضاحت

clash..........(کلیش) *v.t.* to make a clash, to disagree, to interfere. ٹکرانا، اختلاف کرنا، مداخلت کرنا

class.... (کلاس) *n.* division, rank, order, set of students taught together. درجہ، رتبہ، ذات، اسکول کی جماعت

classic......... (کلاسک) *n.* study of ancient languages. قدیم زبانوں کا علم

classical.................(کلاسکل) *adj.* pertaining to ancient literature. قدیم ادب سے متعلق

classification.....(کلاسی فیکیشن) *n.* arrangement in groups. درجہ بندی

cleanliness .... (کلین لائنس) *n.* purity. صفائی، نظافت

cleanse........(کلینس) *v.t.* to make clean. صاف کرنا

clearance...(کلیرنس) *n.* removal of obstacles. اڑچن دور کرنا

clerical.(کلیریکل) *adj.* pertaining to clergy or a clerk. پادری، کلرک سے متعلق

clerk........(کلرک) *n.*a writer in an office. دفتر کا ملازم

clever.............(کلیور) *adj.* skilful, ingenious. ہوشیار، عقل مند، چالاک

client............(کلائنٹ) *n.* a person using services of a professional, customer. مؤکل، اسامی، گاہک

climax..... (کلائمکس) *n.* the highest point, the greatest degree. اونچائی، اوج، ترقی

climb (کلائم) *v.t.* to ascend. چڑھنا

clinical..(کلینکل) *adj.* pertaining to the sick-bed. علاج سے متعلق، بستر پر پڑے مریض سے متعلق

cloak......(کلوک) *n.* a loose upper garment, that which conceals, a pretext. لبادا، ڈھانپنا، بہانہ

clock................ (کلوک) *n.* a time indicating instrument. بڑی گھڑی

closure.......... (کلوزر) *n.* closing, closing of debate. تمام، بحث مباحثہ کو ختم کرنا، بند کرنا

cloth..........(کلوتھ) *n.* (pl. clothes) fabric made from wearing. کپڑا

clothe.. (کلود) *v.t. p. t.* or (*p.p.* clothed or clad) to dress, to cover. کپڑا پہننا

clothing (کلوذنگ) *n.*ڈھانپنا clothes. کپڑا

coalition... (کولیشن) *n.* temporary combination between parties. مختلف احزاب کا عارضی ملاپ

coarse....(کورس) *adj.*rough, rude, vulgar. رف، غیر مہذب، بھدا

cobbler......(کوبلر) *n.*a mender of shoes. موچی

cock.....(کوک) *n.* male bird, male fowl, part of the lock in a rifle, a tap. نر چڑیا، بندوق کا گھوڑا، ٹونٹی

cocktail..... (کوکٹیل) *n.* a kind of horse, a mixed drink. ایک طرح کا گھوڑا، ایک قسم کی شراب

coconut.......(کوکونٹ) *n.* the coco palm. ناریل کا پیڑ

code... (کوڈ) *n.* a system of laws. rules or signals. مجموعہ قوانین، قانونی اشارہ

co-education........(کوایجوکیشن) *n.* system of education where girls and boys study together. مخلوط تعلیم

coerce.... (کوئرس) *v. t.* to compel. to restrain. روکنا، رخنہ ڈالنا، دباؤ ڈالنا

coin... (کوآئن) *n.* piece of money. سکہ *v.t.* to make metal into coin, to invent. سکہ بنانا، ایجاد کرنا

cold.. (کولڈ) *adj.* wanting in heat, spiritless, reserved.

ٹھنڈا، سرد مہر، گہرا، زکام

collaborate....(کولوبوریٹ) v.t. to work together. مل کر کام کرنا

collaboration.......(کولیبریشن) *n.* state of working together. باہمی معاونت سے کام کرنے کی حالت

collapsible. (کولپس ایبل) *adj.* fit for collapsing. تہہ ہو جانے والی

collapsable..... (کولپس ایبل) *adj.* same as collapsible. تہہ ہو جانے والی

collision...... (کولیزن) *n.* state of being collided. ٹکر

colloquial.............(کولوکوئل) *adj.* conversational. بول چال کا

colon... (کولن) *n.* the punctuation mark, part of large intestine. وقفہ اوقاف، آنتوں کا خاص حصہ

colour............ (کلر) *n.* hue, tint, appearance, pretence. رنگ، ہیئت، بہانہ (*pl.*) paints, a flag. رنگ، پتا کا (جھنڈا) *v.t.* to give colour to. رنگ دینا

comb....... (کوم) *n.* an instrument with teeth for dressing hair, wool etc, crest of a cock. کنگھی، مرغی کی کلغی *v.t.* to dress, to separate. کنگھی کرنا، الگ کرنا

comfortable......(کمفورٹیبل) *adj.* promoting comfort. آرام دہ، عیش کوش

comic......(کومک) *adj.* humorous, funny. ہنسی لانے والا، مزاحیہ

comma...... (کوما) *n.* punctuation mark. وقفہ کا نشان (،) inverted commas. قوسین، سکتہ

commanding.... (کمانڈنگ) *adj.* impressive. پر اثر

commandment.. (کمانڈمنٹ) *n.* mandate, order. حکم

commence.......... (کمنس) *v.t.* to begin, to originate. شروع کرنا

commencement.. (کمنسمنٹ) *n.* beginning. شروع

comment...(کمنٹ) *v.t.* to write, to write explanatory notes on. نقد کرنا، تشریح کرنا a collection of notes. نقد، تشریح

commentator.... (کمنٹیٹر) *n.* the writer of a commentary. معلن، شارح

commercial........ (کمرشل) *adj.* pertaining to a trade. تجارت سے متعلق

commit..(کمٹ) *v.t.* to entrust, to send, to be guilty. سونپنا، بھیجنا، مجرم ہونا

commitment....... (کمٹ منٹ) *n.* pledge. وعدہ

commodity........... (کوموڈیٹی) *n.* articles of trade, useful things. ضروری شے، تجارتی اشیا

commoner.(کومنر) *n.* one of the people. عام آدمی

communicate.(کمیونکیٹ) *v. t.* to give information, to join. خبر دینا، ملانا

communication.. (کمیونکیشن) *n.* act of giving information, information, message, correspondence. خبر دینے کا عمل، خبر، پیغام، مراسلت، ترسیل

communism........... (کمیونزم) *n.* a system in which the state controls & owns the means of production for the people. اشتراکیت

companion- (کمپنین) *n.* an associate, a mate. ساتھی، ہم کار

comparable (کمپیریبل)*adj.* able to be compared. موازنہ کرنے کے لائق

compare..(کمپیئر) *v.t.* to find out points of likeness. موازنہ کرنا

comparison... (کمپیریزن) *n.* act of comparing. موازنہ

compassion..... (کمپیشن) *n.* pity, sympathy. رحم، کرم

compensation.......(کمپنسیشن) *n.* balancing a loss. ہرجانہ

compete.... (کمپیٹ) *v.t.* to strive with others, to contend. تقابل کرنا، برابری کرنا

competent.......(کمپٹینٹ) *adj.* of sufficient ability, suitable. ماہر، لائق

competition......... (کمپیٹیشن) *n.* rivalry. مقابلہ، برابر

compile....(کمپائل) *v.t.* to collect matter from various sources. ترتیب دینا، جمع کرنا

complain............(کمپلین) *v.t.* to express displeasure, to find fault with. ناموافقت ظاہر کرنا، غلطی نکالنا، شکایت کرنا

complainant. (کمپلینینٹ) *n.* one who makes a charge against another. الزام لگانے والا، شکایت کرنے والا

complaint............. (کمپلینٹ) *n.* accusation, ailment. شکایت، مرض

complement......... (کمپلمنٹ) *n.* anything that completes. پر کرنے والا

complementary..... (کمپلمنٹری). *adj.* supplying a deficiency. کمی پوری کرنے والا

complete..(کمپلیٹ) *v.t. to* finish, to perfect. ختم کرنا، پورا کرنا

completion............ (کمپلیشن) *n.* accomplishment. تکمیل

complex......... (کمپلیکس) *adj.* not simple, intricate. ملا ہوا، پیچیدہ

complicacy.... (کمپلیکسی) *n.* state of being in a complicated situation. الجھن

complication........(کمپلیکیشن) *n.* complicated situation. الجھن، الجھاؤ

compliment.........(کمپلیمنٹ) *n.* a polite praise or respect. آداب *v.t.* to praise. تعریف کرنا

complimentary...... (کمپلیمنٹری) *adj.* expressive of praise. قابل تعریف

composition........... (کمپوزیشن) a construction, literary production. ادبی تحریر، بناوٹ، کھیل

comprehension... (کمپری ہنشن) *n.* understanding. سمجھ

comprise.(کمپرائز)*v.t.* to contain, to include. شامل کرنا، ملانا

compromise... (کمپرمائز) *v. t.* to settle by mutual consent. باہمی سمجھوتا کرنا *n.* settlement. سمجھوتہ

compulsion...(کمپلزن) *n.* force, obligation. دباؤ، درخواست

compulsory.........(کمپلسری) *adj.* having no option. ضروری، لازمی

compute. (کمپیوٹ)*v.t.* to reckon, to value. آنکنا، حساب کرنا

comrade- (کامریڈ) *n.* a companion. دوست، شریک کار، ساتھی

conceal....(کنسیل) *v.t.* to hide, to shelter. چھپانا، پناہ دینا

conceivable.......(کنسیوایبل) *adj.* able to be conceived. لائق غور

conception............ (کنسپشن) *n.* thought, notion. غور، تخیل

concentration.... (کنسنٹریشن) *n.* act of concentrating. یکسوئی، ارتکاز

conception.............(کنسپشن) *n.* concept, idea. بچار، خیال، تصور، تشکل

concern.....(کنسرن) *vt.t.* to relate to, to belong to , to have to do with. تعلق رکھنا، مقصد ہونا *n.* business or affair, anxiety. تجارت، پریشانی

concise.....(کنسائز) *adj.* short مختصر

conclude- (کنکلوڈ) *v.t.*to finish, to infer. تمام کرنا، اختتام

concord..... (کونکورڈ) *n.* harmony, agreement. میل ملاپ

condemn............. (کنڈم) *v.t.* to pronounce guilty, to censure. سزا دینا، مجرم گردانا

condemnation... (کنڈم نیشن) *n.* the act of condemning. جرم کی سزا

condense............ (کنڈنس) *v.t. to* reduce in volume, to compress, to abbreviate. گھٹا کرنا، گاڑھا کرنا

condensation.(کنڈنسیشن) *n.* act of making dense. انجماد

condition........ (کنڈیشن)*n.* state, circumstance. حالت، موقع محل

conditional........ (کنڈیشنل) *adj.* depending on conditions. حالت پر منحصر، موقع کے ساتھ

condole....(کنڈول) *v.t.* to grieve, to sympathise. آہ و بکا کرنا، ہمدردی ظاہر کرنا

condolence... (کنڈولنس) *n.* grief expressed on other's loss. تعزیت

conduce.... (کنڈیوس) *v.t.* to load, to contribute. نتیجہ خیز، بڑھانا

conducive............(کنڈیوسیو) *adj.* tending. محرک

conduct..(کنڈکٹ) *v.t.* to lead or guide, to direct, to manage, to behave, to carry. راستہ دکھانا، انتظام کرنا، سلوک کرنا، لے جانا

confectioner.........(کنفکشنر) *n.* a maker or seller of sweetmeats.

حلوائی

confess......... (کنفس) *v.t. & i.* to acknowledge, to disclose.
اقرار کرنا، تسلیم کرنا

confession......... (کنفیشن) *n.* the acknowledgement of a fault or crime.
اقرار جرم

confide......... (کنفائڈ) *v.t.* to trust.
یقین کرنا، بھروسہ کرنا

confidence..... (کنفڈنس) *n.* trust.
یقین

confident................. (کنفڈنٹ)
confidential. *adj.* trusted, private.
قابل یقین، ذاتی

confirm............. (کنفرم) *v.t.* to strengthen, to make sure,to ratify.
مضبوط کرنا، یقینی بنانا، ثابت کرنا

confirmation........ (کنفرمیشن) *n.* corroborating statement.
تائید

conflict...... (کنفلکٹ) *v.t.* to fight.
رقابت، ٹکراؤ

conform.... (کنفرم) *v.t.* to adopt, to make like , to comply with.
اس جیسا کرنا، برابر کرنا، قبول کرنا

conformation........ (کنفرمیشن) *n.* act of conforming.
شکل، بناوٹ

confront.... (کنفرنٹ) *v.t.* to face.
مقابلہ کرنا، سامنا کرنا

confuse......... (کنفیوز) *v.t.* to mix together, to perplex,
گڑبڑ کرنا، تذبذب میں ڈالنا

confusion............ (کنفیوزن) *v. t.*
گڑبڑی، تذبذب
disorder.

congratulate... (کنگریچولیٹ) *v.t.* to wish joy.
شاباشی دینا، مبارک باد دینا

congratulation... (کنگریچولیشن) *n.* expression of joy at the success.
شاباشی، مبارکبادی

connect .... (کنکٹ) *v.t.* to join together, to associate.
جوڑنا ملانا

conquer... (کنکوئر) *v.t.* to gain by force, to subdue.
جیتنا، قبضے میں کرنا

conqueror.. (کنکورر) *n.*one who conquers.
فاتح

conscience.......... (کونشینس) *n.* the sense of right and wrong.
ضمیر

conscious............. (کونشس) *adj.* knowing, aware.
باخبر، جاننے والا

consciousness...... (کونشسنس) *n.* person's thoughts and feelings.
ضمیر، شعور احساس

consequence........... (کونسکوئنس) *n.* result, importance.
نتیجہ، اثر

consider....... (کنسیڈر) *v.t. & i.* to think.
سوچنا، غور کرنا

consider.. (کنسیڈر) *v.t.* to contemplate, to reflect upon.
غوروفکر کرنا

considerable... (کنسڈریبل) *adj.* great, important.
قابل قبول، اہم

consist.......... (کنسسٹ) *v.t.* to be composed of.
تعمیر شدہ، بنا ہونا

consolation............ (کنسولیشن) *n.* alleviation of grief.
تسکین، ڈھارس

consolidate.... (کنسولڈیٹ) *v.t.* to solidify together into a mass, to unite.
یکجا کرنا، جوڑنا

conspire....... (کونسپائر) *v.t.* to plot together.
شرارتی عمل، سازباز کرنا

conspiracy.. (کونسپریسی) *n.* a plot.
سازش

constancy............. (کونس ٹینسی) *n.* firmness.
پائداری

constant..... (کونسٹینٹ) *adj.* fixed, unchanging.
ہمیشہ کا، جما ہوا

constipation........ (کونسٹی پیشن) *n.* difficulty in evacuating the bowels.
قبضیت

constituency..... (کونسٹی چوئنسی) *n.* body of electors in a place.
علاقہ رائے دہندگی

constitution....... (کونسٹی چیوشن) *n.* natural state of mind or body, formation, established form of government.
قدرتی، جسمانی حالت، بناوٹ، قانون، آئین

construction. (کنسٹرکشن) *n.* act of forming , what is formed.
تعمیر، بناوٹ

consult....... (کنسلٹ) *v.t.* to seek advice.
صلاح لینا

consultation......... (کنسلیٹیشن) *n.* conference.
مشورہ

consume. (کنزیوم) *v.t.* to eat up, to destroy.
برباد کرنا، کھالینا

consumption.. (کنزمپشن) *n.* act of consuming, a wasting disease.
کھپت، ایک قسم کا مرض

contain.... (کنٹین) *v.t.* to hold, to include.
شامل کرنا

contempt....... (کنٹمپٹ) *n.* scorn, disrespect.
نظرانداز، بےعزت

contending.......... (کنٹنڈنگ) *n.* opposing.
مخالف

content... (کنٹنٹ) *adj.* satisfied.
مطمئن

contentment......... (کنٹنمنٹ) *n.* satisfaction.
اطمینان

contest..... (کنٹسٹ) *v.t.* to debate, to fight. جھگڑنا *n.* debate, strife.
اختلاف، جدل

continental.......... (کنٹی ننٹل) *adj.* pertaining to a continent.
براعظم سے متعلق

continual............. (کنٹینوئل) *adj.* occurring on every occasion.
لگاتار، ایک ہی عہدہ والا ہم پلہ

continuation...... (کنٹینوئیشن) *n.* going on in a series or line.
تسلسل

continue........ (کنٹینو) *v.t. & t.* to remain, to maintain, to extend, to prolong.
جاری رکھنا

continuous.......... (کنٹینوئس) *adj.* uninterrupted.
لگاتار، مسلسل

contra... (کنٹرا) *pref.* in sense of "against"
الٹا، کے معنیٰ کا سابقہ

contradict...... (کنٹراڈکٹ) *v.t.* to oppose.
اختلاف کرنا

contrary................ (کنٹریری) *adj.* opposite, opposing.
الٹا، ضد

contrast.. (کنٹراسٹ) *v.i.* to set in opposition. بھید دکھلانا *n.* opposing.
اختلاف، فرق

contribution. (کنٹری بیوشن) *n.* act of contributing, a literary article.
ادبی مضمون، معاونت

controversy....... (کنٹرو ورسی) *n.* a discussion, a dispute.
مباحثہ، چپقلش

convenience.......... (کنونئینس) *n.* suitableness, comfort.
سہولت، مناسب ہونا

convenient............ (کنوینئنٹ) *adj.* suitable, handy.
مناسب، معقول

conventional........ (کنونشنل) *adj.* customory.
رواج کے مطابق

conversant....... (کنورسینٹ) *adj.* well acquainted with.
ماہر، جانکار

conversation......... (کنورسیشن) *n.* talking.
بات چیت، گفتگو

conveyance- (کنوینس) *n.* act of carrying, a carriage.
لے جانے کا عمل، گاڑی

cooperate........ (کوآپریٹ) *v.t.* to work together.
مل کر کام کرنا

cooperation.... (کوآپریشن) *n.* the act of cooperating.
مدد، معاونت

cooperative....... (کوآپریٹو) *adj.* on the basis of cooperation.
مددگار

coordinate. (کوآرڈنیٹ) *adj.* of the same order or rank. ایک ہی عہدہ والا، تعلق میں لانا *v.t.* bring together. ہم پلہ

coordination...... (کوآرڈنیشن) *n.* act of coordinating.
امدادی، ربط باہمی

copyright..... (کاپی رائٹ) *n.* legal right to print and publish books and articles.
شائع کرنے کے جملہ حقوق

cordially. (کورڈیلی) *adj.* warmly.
قلبی طور پر

cordiality... (کورڈیلیٹی) *n.* state of being cordial.
دوستانہ، محبانہ

corn......... (کورن) *n.* a grain seed, horny growth on toes. اناج، پیر کا سوجن

corporal.. (کورپورل) *n.* an officer in an army next to a sergeant.
فوج کا ایک ذمہ دار افسر pertaining to body.
جسم سے متعلق

corporation......... (کورپوریشن) *n.* united body of persons.
مجموعہ، سماج

corps........ (کور) *n.* a division of an army.
پلٹن، دستہ

correction............... (کرکشن) *n.* amendment.
تصحیح کرنا

correctness.... (کرکٹنس) *n.* state of being correct, accuracy.
تصحیح

correlation.. (کوریلیشن) *n.* mutual relation.
رواجی تعلق

correspondence... (کورسپونڈنس)

communication by letters. تعلق، مراسلت

correspondent..(کورسپونڈنٹ) *n.* one who communicates by letter. نامہ نگار

corruption...............(کرپشن) *n.* depravity. رشوت خوری، کھوٹا پن، بدعنوانی

cosmetic.......... (کوسمیٹک) *n. adj.* relating to personal adornment. سنوارنے بنانے سے متعلق

cost.. (کوسٹ) *n.* money, expense paid for things. قیمت، خرچ، دام

costly..(کوسٹلی) *adj.* expensive. قیمتی

cottage..(کوٹج) *n.* a small house. جھونپڑی

councillor...(کاؤنسلر) *n.* member of a council. کاؤنسل کا ممبر

counteract... (کاؤنٹرایکٹ) *v. t.* to oppose, to defeat. اختلاف کرنا، ہرانا

counterattack... (کاؤنٹراٹیک) *n.* attack done after enemy's action. جوابی کارروائی

countercharge...(کاؤنٹر چارج) *n.* charge in answer to another. جوابی الزام

counterfoil.........(کاؤنٹرفوائل) *n.* a corresponding part of a cheque etc. retained by the sender. مثنی

courage..........(کریج) *n.* bravery. ہمت، شجاعت

courageous..........(کریجیس) *adj.* brave, bold. بہادر، ہمت ور

courtesy....(کرٹسی) *n.* politeness. عاجزی

cousin..(کزن)*n.* a child of one's uncle or aunt. چچازاد، ماموزاد، خالہ زاد، پھوپھازاد بھائی بہن

coward........... (کاؤرڈ) *n.* a faint hearted person. کائر، ڈرپوک

cowardice.(کوآرڈس)*n.* timidity. ڈرپوک پن، بے ہمتی

craftsman...... (کرافٹس مین) *n.* an artisan. فن کار

credible................ (کریڈبل)*adj.* believable. قابل یقین

creditable.......... (کریڈٹیبل) *adj.* praiseworthy. لائق ستائش

credulous...(کرڈولس) *adj.* ready to believe. قابل یقین

crimson.. (کرمسن) *adj.* of a deep red colour. گہرے لال رنگ کا

cripple............(کرپل) *n.* a lame person. لنگڑا آدمی *v.t.* to disable, to weaken. لنگڑا کرنا، کمزور کرنا

crisis... (کرائسس) *n.* (*pl.*crises) a turning point, a decisive moment. نقطۂ تبدیلی، نتیجہ خیز لمحہ، بحران، خطرناک موقع

critic....(کریٹک) *n.* one skilled in judging the quality of a thing. حسن وقبح پہچاننے والا، ناقد

criticism.... (کرٹیزم) *n.* a critical judgement. نقد، جرح

critique..... (کریٹک) *n.* a critical estimate. نقد، ناقدانہ نظر

crooked..........(کروکڈ) *adj.* bent, deformed, dishonourable. اینٹھا، ٹیڑھا، قبیح، بے عزت

crossing............ (کراسنگ) *n.* an intersection of roads. چوراہا

crystal........(کرسٹل) *adj.* clear as glass. شیشہ کے جیسا شفاف *n.* clear transparent mineral. بلور

culmination..(کل منیشن) *n.* state of having risen to the highest point. اعلیٰ ترین حالت کا حصول

culprit... (کلپرٹ) *n.* an accused person. ملزم

cultivator. (کلٹی ویٹر) *n.* one who cultivates. کسان، دہقاں

curiosity.. (کیوریوسیٹی) *n.* state of being curious. تعجب، حیرت، اچنبھا، تجسس

curriculum.............(کیوری کولم) (*pl.*curricula) *n.* course of study. نصاب تعلیم

curse..... (کرس) *v.t.* to call down evil on. بددعا دینا *n.* an utterance of destruction. بددعا

cursory....... (کرسری) *adj.* hasty, without much care. سرسری، جلدی میں

curtail...(کرٹیل) *v.t.* to cut short. چھوٹا کرنا، مختصر کرنا

curtain..... (کرٹین) *n.* a hanging screen. پردہ *v.t.* to screen. پردہ لگانا

curved...(کروڈ) *adj.* bent. جھکی ہوئی

custard- (کسٹرڈ) *n.* a mixture of milk, eggs etc. پکا ہوا انڈا اور دودھ کا مجموعہ

cyclone ......(سائکلون) *n.* circular storm, whirlwind. چکردار آندھی، طوفان

cyclopaedia..... (سائکلوپیڈیا) *n.* a guide to knowledge arranged alphabetically. دائرۃ المعارف

cyclostyle.... (سائکلواسٹائیل) *n.* an apparatus for printing copies from stencil-plate. ہاتھ کی لکھاوٹ چھاپنے کی مشین

cylinder.......(سلنڈر) *n.* a roller-shaped hollow or solid vessel. بیلن کے جیسا خالی، رولر یا ٹھوس چیز

cymbal...(سمبل) *n.* one of a pair of brass plates clashed together for sound. مجیرا، جھانجھ

cypher..........(سائفر) (cipher)- *n.* nothing. صفر

D

dacoit..(ڈکوائٹ) *n.* one of a gang of robbers. ڈاکو

dacoity........(ڈکوائٹی) *n.* a dacoit's work. ڈکیتی

dainty............. (ڈینٹی) *adj.* neat, delicious. مزیدار، ذائقہ دار، اچھا

dais......(ڈائس) *n.* raised platform. منچ، چبوترہ

damage..... (ڈیج) *n.* injury, loss. برباد کرنا، *v.t.* to injure, to defame. نقصان کرنا، تکلیف پہونچانا

dame.(ڈیم) *n.* the lady keeper of a boarding house, wife of a baronet knight. منتظمہ، بیرونٹ یا نائٹ کی بیگم، خاتون

damnable.(ڈیمنیبل)*adj.* hateful, dangerous. نفرت انگیز

dangerous............(ڈینجرس) *adj.* perilous. خوفناک، خطرناک

daring .....(ڈیرنگ) *n.* boldness. ہمت bold, fearless. بہادر، نڈر

daughter.......(ڈاوٹر) *n.* a female child, *n.* daughter-in-law (son's wife) لڑکی، بیٹی، بہو

dauntless. (ڈونٹلس)*adj.* fearless. نڈر

daybook........... (ڈے بک) *n.* an account- book of daily transactions. حساب کتاب کا روزنامچہ

dazzle. (ڈیزل) *v.t.* to overpower with, to confound with brilliance. حیرت کرنا، چوندھیانا

de....(ڈی) *pref.* in sense of down, away. نیچے، دور کے معنی کا سابقہ

dealing. (ڈیلنگ) *n. pl.* a person's conduct or transactions. میل جول، لین دین

dear....(ڈیئر) *adj.* beloved, costly. پیارا، مہنگا

dearth.............(ڈرتھ) *n.* state of scarcity, deficiency. کمی، خشکی

debatable.(ڈبیٹیبل) *adj.* liable to be disputed. قابل بحث

debate.....(ڈبیٹ) *v.t.* to argue, to discuss. بحث کرنا، جھگڑنا *n.* discussion. بحث مباحثہ کرنا

debt.......(ڈٹ) *n.* sum owed to a person. ادھار، قرض

debtor.....(ڈیٹر) *n.* person owing something to another. قرض دار، دین دار، مقروض

decency......(ڈسنسی) *n.* goodness, beauty. اچھائی، خوب صورتی، نفاست

decent........ (ڈسنٹ) *adj.* proper, respectable. لائق، مہذب قابل قدر

decision...........(ڈسزن) *n.* act of deciding , judgement. فیصلہ

declare....(ڈکلیئر) *v.t.* to assert, to decide in favour of . خبر کرنا، اعلان کرنا

decorate...........(ڈکوریٹ) *v.t.* to decorate. سنوارنا، مزین کرنا

decoration..............(ڈکوریشن) *n.* ornamentation. تزئین، سجاوٹ

dedicate.......(ڈڈیکیٹ) *v.t.* to set apart for a holy purpose, to give wholly up to, to inscribe. ملاقات کرنا، سونپنا

deer (ڈیئر)*n.*a ruminant mammal with branched horns. ہرن

deface.... (ڈفیس) *v.t.* to disfigure. چہرے کا بگاڑ

defacement ....(ڈفیس مینٹ) *n.*

act of defacing. چہرہ کا بگاڑ

defamation... (ڈفیمیشن) *n.* act of defaming. بدنامی، مذمت

defame...(ڈفیم) *v.t.* to take away the good name of, to accuse falsely. مذمت کرنا، الزام لگانا، بدنام کرنا

default......(ڈفالٹ) *n.* neglect of duty. چُوک، جرم

defaulter..... (ڈفالٹر) *n.* one who fails in payment. قرض نہ چکانے والا

defeat...(ڈفیٹ) *v.t.* to subdue, to overcome. ہرانا

defect ....(ڈفکٹ) *n.* want, imperfection. کمی، غلطی

defence......(ڈفنس) *n.* protection. justification, defendant's plea. حفاظت، بچاؤ، جواب الجواب

defend....(ڈفنڈ) *v.t.* to protect, to resist. حفاظت کرنا، بچانا

defensive..(ڈفینسو) *adj.* serving to defend. حفاظتی

defer.(ڈیفر) *v.t.* to put off, to lay, to submit, to yield. دیر کرنا، ٹالنا، مان لینا

deference...(ڈفرنس) *n.* respectful conduct. مؤدبانہ سلوک

deficiency........ (ڈفشینسی) *n.* lack, want. حقیر، کمی

definable...(ڈفائنیبل) *adj.* able to be defined. پہچان، بتلانے لائق

definition....(ڈفنیشن) *n.* an exact statement of meaning. تشریح، تعریف

deformity...........(ڈیفورمیٹی) *n.* ugliness. بھدا پن، بھونڈا پن

degradation........(ڈگریڈیشن) *n.* disgrace. زوال، گراوٹ

degrade..(ڈگریڈ) *v.t.* to lower in rank, to disgrace. عہدہ کم کرنا، بے عزت کرنا، منصب کم کرنا

degree...............(ڈگری) *n.* rank, proportion, academic proficiency, 360 part of a circle, part of right angle. عہدہ، حالت، منصب، حصہ

deity............... (ڈیٹی) *n.* a god or goddess. دیوی، دیوتا

dejected.. (ڈجکٹیڈ) *adj.* sad. غم گین

delay.(ڈلے) *v.t.&t.* to postpone, to hinder. ٹالنا *n.* lingering. دیر کرنا، طول

delegate................. (ڈیلیگیٹ) *n.* representative, deputy. نائب، مندوب

delegation.(ڈیلی گیشن) *n.* body of delegates. جماعت، مندوبین

delete.. (ڈلیٹ) *v.t.* to blot out, to erase. ہٹانا، مٹانا

deliberation..........(ڈیلیبریشن) *n.* careful consideration. مناسب غور وفکر، غور

deliberate...... (ڈیلی بریٹ) *v.t.* to reflect, to consider. سوچنا، غور کرنا

delicacy................. (ڈیلی کیسی) *n.* tenderness, state of being delicate. نازک پن، نزاکت، نفاست

deliver... (ڈلیور) *v.t.* to set free, to make an address. آزاد کرنا، چھوڑ دینا، تقریر کرنا

deliverence..(ڈلیورنس) *n.* release. چھٹکارا، نجات

delusion.. (ڈلیوزن) *n.* deception. غلط فہمی

demarcation.........(ڈمارکیشن) *n.* boundary, separation. حد، الگاؤ

democracy........... (ڈموکریسی) *n.* government by the people. جمہوریت

demonstration.. (ڈمونسٹریشن) *n.* proof. ثبوت، دکھاوا

demoralize.(ڈمارلائز) *v.t.* to ruin the morals of, to cause fear. اخلاق برباد کرنا، خائف کرنا

denial...(ڈنائل) *n.* act of refusing or denying. انکار، ممنوع

dense. (ڈنس) *adj.* thick, compact, dull. گھنا، بیوقوف

density... (ڈنسیٹی) *n.* closeness of a substance, denseness. ٹھوس پن، (گنجانیت، کثافت) سخت

dentist......... (ڈنٹسٹ) *n.* a dental surgeon. ماہر دندان

deny ...... (ڈنائی) *v.t.* to refuse, to contradict. ناقابل قبول، منع کرنا

depart.. (ڈپارٹ) *v.t.* to go away, to leave. چلا جانا، چھوڑنا

departure...... (ڈپارچر) *n.* act of departing. روانگی

dependable........ (ڈپنڈیبل) *adj.* reliable. منحصر، قابل یقین

dependant.......... (ڈپنڈنٹ) *n.* a follower. دوسرے پر منحصر

deponent....(ڈپونٹ) *n.* one who gives sworn testimony. گواہ

deposit.......... (ڈپوزٹ) *v.t.* to lay down, to entrust. جمع کرنا، مالیت رکھنا

depression.............. (ڈپریشن) *n.* dejection, a hollow. مایوسی، گڈھا

deprive..(ڈپرائیو) *v.t.* to take away from, to rob of. اڑالے جانا، چھین لینا

depth......... (ڈپتھ) *n.* deep place, depress. گہرائی

deputation.. (ڈپوٹیشن) *n.* person or persons appointed to act or speak for others. نائب، نمائندہ جماعت

derangement........ (ڈرینجمنٹ) *n.* disturbance, disorder. بے انتظامی

descend....... (ڈسنڈ) *v.t.* to come down,to be derived from, to invade. اترنا، خاندان میں ہونا، حملہ کرنا

description........... (ڈسکرپشن) *n.* account in detail, verbal portraiture. تفصیلات، خیالی خاکہ

deserving............(ڈزرونگ) *adj.* meritorious. لائق، ماہر

desirable........... (ڈزائریبل) *adj.* agreeable. خواہش کے مطابق

desirous...(ڈزائرس) *adj.* wishful. خواہش مند

desperation...........(ڈسپریشن) *n.* hopelessness. ناامیدی، بے باکی

destination...(ڈسٹی نیشن) *n.* place to be reached. ٹھکانہ، منزل

destroy........(ڈسٹرائے) *v.t.* to lay waste, to ruin. برباد کرنا، ختم کرنا

destructible...... (ڈسٹرکٹیبل) *adj.* destroyable. برباد کرنے لائق

detective.............(ڈٹکیٹو) *n.* one employed in detecting criminals. جاسوس، مخبر

deteriorate.. (ڈی ٹیریوریٹ) *v.t.* to become worse in quality. برباد ہونا

determination- (ڈٹرمنیشن) *n.* resolution. ضرور، عزم

determine... (ڈٹرمائن) *v.t. &i.* to resolve, to fix , to influence. حل کرنا، طے کرنا، اثر ڈالنا

develop..(ڈولپ) *v.t.* to unfold, to promote the growth of. بڑھانا، ترقی کرنا

development...... (ڈولپ منٹ) *n.* gradual growth. ترقی

devil..... (ڈول) *n.*evil spirit. شیطان

devoted...... (ڈیوٹڈ) *adj.* ardent, zealous. نذر کرنا، وفادار

devotee...... (ڈیووٹی) *n.* a devoted person. پرستار

dew. (ڈیو) *n.* moisture deposited on cool surface. شبنم

diagnosis.............. (ڈائگنوسس) *n.* examination of a disease by its symptoms. تشخیص، علاج

dialogue.................(ڈایئلاگ) *n.* conversation. بات چیت، مکالمہ

diary (ڈائری) *n.* a daily record of events. روزنامچہ

dictate.......... (ڈکٹیٹ) *v.t.* to ask another to write. دوسرے کو لکھانا، حکم چلانا

dictation.......... (ڈکٹیشن) *n.* act of dictating. بول کر لکھانا، املا

dictator... (ڈکٹیٹر) *n.* an absolute ruler. تاناشاہ، مطلق العنان

diet.. (ڈائٹ) *n.* a way of feeding food. قوت، غذا

difference............... (ڈیفرنس) *n.* unlikeness. فرق

different................(ڈیفرنٹ) *adj.* unlike. مختلف

differentiate.(ڈیفرنشی ایٹ) *v.t.* to discriminate. الگ کرنا

difficulty......(ڈفکلٹی) *n.* difficult situation, obstacle. مشکلات، اڑچن

diffusion (ڈفیوزن) *n.* a spreading abroad, distribution. پھیلاؤ، کشادہ، بانٹنا

digest.........(ڈائجسٹ) *v.t.* to make absorbable, to arrange, to think over. بچانا، اکٹھا کرنا، سوچنا *n.* collection. of laws, summary. مجموعۂ قوانین، لب لباب

dignity........... (ڈگنیٹی) *n.* honour, impressiveness. عزت، وقار

dilemma.....(ڈائلمنا) *n.* a difficult

position. تذبذب

diligence....... (ڈلجنس) *n.* earnest effort. مشق، مزاولت

dilute......... (ڈائلوٹ) *v.t.* to make thin by mixing with water. پانی ملا کر پتلا کرنا

dimension...... (ڈائمنشن) *n.* size, extent. حجم، سائز

dine....... (ڈائن) *v.t.* to take food. کھانا کھانا

dining-room....(ڈائننگ روم) *n.* a room used for meals. طعام گاہ

dinner (ڈنر) *n.* the chief meal of the day, a public feast. دن کا بڑا کھانا

diplomat.... (ڈپلومیٹ) *n.* person who represents his country's government abroad. چالاک

direction..... (ڈائرکشن) *n.* course, guidance. نشانہ، پتہ، سمت

directive... (ڈائرکٹیو) *adj.* giving instruction. حکم

disability............ (ڈس ایبلیٹی) *n.* incapability. نااہلیت

disagreeable..... (ڈس ایگری ایبل) *adj.* unpleasant. ناگوار

disappear......... (ڈس اپیر) *v.t.* to vanish. غائب ہونا

disappointment. (ڈس اپاوئنٹ منٹ)*n.* failure of expectation. ناامیدی

disapproval.......(ڈس اپرووَل) *n.* state of rejection. نامنظوری

disarmament.. (ڈس آرمامنٹ) *n.* abandonment of warlike establishment. تحدیدِ اسلحہ

disbelief...(ڈس بلیف) *n.* refusing to believe, have no confidence. ناقابلِ یقین

discharge....... (ڈس چارج) *v.t.* to unload, to acquit, to dismiss, to fire, to perform. بھار ہٹانا، چھوڑنا، آزاد کرنا، کام کرنا

disclose............ (ڈس کلوز) *v.t.* to uncover, to expose to view. واضح کرنا، اظہار کرنا

discomfit........ (ڈس کمفٹ) *v.t.* to defeat,to frustrate. ہرانا، مات کرنا

disconnect........ (ڈسکنکٹ) *v.t.* to disunite, to separate. کھولنا، قطع تعلق

discouragement..(ڈس کرجمنٹ) *n.* act of discouraging. ہمت توڑنا، پست ہمتی کی حالت

discovery........(ڈسکوری) *n.* thing discovered. ایجاد، کھوج

discussion.... (ڈسکشن) *n.* debate. مباحثہ، بات چیت

disease. (ڈسیز)*n.* illness. بیماری، مرض

disengage...... (ڈسنگیز) *v.t.* to set free, to separate. آزاد کرنا، الگ کرنا

disfavour... (ڈس فیور) *n.* dislike, displeasure. ناپسندیدگی، ناراضگی

disgrace...........(ڈس گریس) *v.t.* to dishonour. بے عزت کرنا

disguise.(ڈس گائز)*v.t.* to conceal, to misrepresent. چھپانا، حلیہ بدلنا، حلیہ

disgust........ (ڈسگسٹ) *n.* dislike, loathing. نفرت، جھنجھلاہٹ *v.t.* to excite aversion. غیر دلچسپی پیدا کرنا

dishonest.......... (ڈس آونسٹ) *adj.* insincere. شاطر، طرّار، بے ایمان

dishonour......... (ڈس آنر) *v.t.* to disgrace. بے عزت کرنا

disinterested...(ڈس انٹرسٹیڈ) *adj.* without personal interest. غیر دلچسپی، غیر جانب دار

dislike............. (ڈس لائک) *v.t.* to disapprove. ناپسند کرنا

dislocate..........(ڈس لوکیٹ) *v.t.* to displace. جگہ سے ہٹا دینا

dislodge .... (ڈس لوج) *v.t.* to remove from a position. جگہ سے ہٹانا

dismiss.. (ڈس مس) *v.t.* to remove from office , to send away. عہدہ سے ہٹا دینا، وداع کرنا، برخاست کرنا

dismissal...... (ڈس مسل) *n.* act of dismissing. برخاست کرنا، الگاؤ

disobedient.. (ڈس اوبیڈینٹ) *adj.* one who does not obey. حکم نہ ماننے والا، نافرمان

disobey........... (ڈس اوبے) *v.t.* to refuse to obey. حکم نہ ماننا

disorder............... (ڈس آرڈر) *n.* confusion. گڑبڑ، پریشانی، الجھاؤ

dispatch.(ڈس پچ)*v.t.* to send out, to dispose of. روانا کرنا، طے کرنا، نپٹانا

dispensary.......... (ڈسپنسری) *n.* a druggist's room. مطب، دواخانہ

disperse........... (ڈس پرس) *v.t.* to dismiss, to scatter about. ادھر ادھر ہٹانا

displace...... (ڈس پلیس) *v.t.* to put out of place. جگہ سے ہٹانا

display. (ڈس پلے) *v.t.* to exhibit, to make a show of. نمائش کرنا

displease..(ڈس پلیز)*v.t.* to annoy ناخوش کرنا *n.* displeasure. ناخوشی

disposal................ (ڈس پوزل) *n.* arrangement, settlement. انتظام

dispute... (ڈسپیوٹ) *v.t.* to argue. جھگڑنا، نہ ماننا

disreputable.. (ڈس ریپوٹیبل) *adj.* of ill fame. بدنام

disrepute (ڈس ریپوٹ)*n.* ill fame. بدنامی

distance (ڈس ٹنس)*n.* remoteness. دوری

distant......(ڈس ٹینٹ) *adj.* far off. بہت دور

distaste........(ڈس ٹسٹ) *n.* dislike, aversion. ناپسند، نفرت انگیز

distemper................(ڈس ٹمپر) *n.* derangement of body , paint for wall. طبیعت خراب ہونا، دیوار کا روغن

distillation.. (ڈس ٹلیشن) *n.* act of distilling. عملِ تقطیر، کشید

distort. (ڈس ٹورٹ) *v.t.* twisted to give false or twisted account. توڑ مروڑ کر بیان کرنا

distortion (ڈس ٹورشن) *n.* twisted or false account. متغیر، غیر حقیقت پسندانہ

distribution ....(ڈسٹری بیوشن) *n.* division. بانٹنا

disturb..(ڈسٹرب) *v.t.* to unsettle, to cause agitation. بے راہ روی، گڑبڑی پیدا کرنا

disunite........ (ڈس یونائٹ) *v.t.* to separate, to cause dissension. فرق کرنا، متفرق کر دینا، الگ کرنا

ditto.(ڈٹو)........*n. adj. & adv.* the same as above (in account or lists etc.) ایضاً

diversity........(ڈائیورسیٹی) *n.* being unlike, variety. تفریق، بے میل ہونا

diversion..(ڈائیورسن) *n.* diverting of attention, amusement, a military manoeuvre. دھیان ہٹانا، دل بہلاو، ایک فوجی چال

divert ....(ڈائیورٹ) *v.t.* to turn aside, deflect, to change. رخ پھیرنا، راہ بدل دینا

dividend...(ڈیویڈنڈ) *n.* number to be divided, sum payable as interest on loan or profit. تفریقی عدد، منافع، تقسیم

division..(ڈوژن) *n.* distribution, disagreement, classification, a unit in the army. ووٹ، اختلاف، درجہ بندی، فوجی ٹکڑی

divorce...(ڈاورس) *n.* dissolution of marriage *v.t.* to dissolve. marriage. طلاق، طلاق دینا

docile..(ڈوسائل)*adj.* submissive. سیدھا، پالتو

doctrine....... (ڈوکٹرائن) *n.* belief. religious or scientific teaching. مذہبی، سائنسی نظریہ، یقین

document............. (ڈوکومینٹ) *n.* an official paper. دستاویز، مضمون

dogma (ڈوگما) *n.* principle, rigid opinion. نظریہ، راسخ العقیدہ

dogmatic........... (ڈوگ مٹیک) *adj.* doctrinal, authoritative. نظریاتی، استنادی ،متشدد

domain........... (ڈومین) *n.* estate, territory. راج، علاقہ

domestic............. (ڈومسٹک) *adj.* concerning the home. گھریلو

domination.... (ڈومنیشن) *n.* rule. حکومت، اقتدار، غلبہ

donation........(ڈونیشن) *n.* gift of money. دان، عطیہ

donee............. (ڈونی) *n.* one who receives a gift. عطیہ پانے والا

donor.......(ڈونر) *n.* giver. دینے والا

doom..(ڈوم) *n.* condemn to hard fate, decree. سخت سزا دینا، بدقسمتی

doubt..(ڈاوٹ) *v.t.* to distrust.

شک کرنا، ہچکچانا

dowry.........(ڈوری) *n.* money or goods given to a daughter as a marriage gift. جہیز

dozen..............(ڈزن) *n.* twelve. بارہ عدد، درجن

drainage.. (ڈرینج) *n.* a system of drains. گندی نالیوں کا نظم

dramatist ...(ڈریمیٹسٹ) *n.* writer of dramatic work. ڈرامہ نگار

drastic...(ڈراسٹک) *adj.* powerful, violent. سخت

drawback........... (ڈرابیک) *n.* a disadvantage. کمی، غلطی

drawing (ڈرائنگ)*n.* a sketch, a picture. خاکہ، تصویری خاکہ

dread............(ڈریڈ) *n.* fear. *adj.* fearful. *v.t.* to be afraid. بھیانک، ڈرنا

dreamy..... (ڈریمی) *adj.* given to dream, full of vision. خواب نما، خیالی

dressing (ڈریسنگ)*n.*bandage. پٹی

drive..... (ڈرائیو) *n.* a ride, سواری، سڑک *v.t. & i.* to push, to move forward. ڈھکیلنا، ہانکنا

drizzle......(ڈرزل) *v.t.* light rain. ہلکی بارش، پھوآر

drone......... (ڈرون) *n.* male bee. شہد کی مکھی (نر)

drowsy.......... (ڈراوزی) *adj.* half asleep. نیم خوابی

dual. (ڈوئل) *adj.* of two, double. دوہری

duchess.........(ڈچس) *n.*wife of a duke. ڈیوک کی ملکہ

due.......(ڈیو) *adj.* proper, owing, adequate. مناسب، دیا جانے والا، بہتر *n.* that which owed. قرض

duel...... (ڈوئل) *n.* fight between two persons. باہمی ٹکراو

duke...........(ڈیوک) *n.* a noble of England. ڈیوک

duly.....(ڈولی) *adv.* in due course of time. عین وقت پر

dumb...(ڈم) *n.* speechless. گونگا

dunce .....(ڈنس) *n.* dull student, dullard. غبی، کم عقل

duplicate....(ڈپلی کیٹ) *n.* second copy; *adj.* double. *v.t.* to make twice. دوسری نقل، دوہرا، دہرانا

duplicity..... (ڈپلی سیٹی) *n.* double dealing. دورنگی چال

durability..........(ڈیوریلیٹی) *n.* the quality of being lasting for a long time. مضبوط، ٹکاؤپن

durable... (ڈیوریبل) *adj.* lasting. ٹکاؤ، پائیدار

duration......(ڈیوریشن) *n.* time during which anything lasts. میعاد، متعین وقت، مدت

during....... (ڈیورنگ) *prep.* in the time of. میں، درمیان

dusty.......(ڈسٹی) *adj.* full of dust. دھول سے بھرا

dutch............ (ڈچ) *n.* a man of Holland. (Netherlands). ہالینڈ کا باشندہ

duty (ڈیوٹی) *n.* what one ought to do, deference due to a superior, a tax on goods. کام، ٹیکس

dwarf.....(ڈوارف) *n.* a very small man. بونا، ناٹا

dwelling.....(ڈویلنگ) *n.* place to live in, house. مکان

dynamite......... (ڈائنامائٹ) *n.* an explosive substance. بارود

dynamo..(ڈائنمو) *n.* machine for creating electric energy. برقی مشین

dysentery.. (ڈسنٹری) *n.* an upset of the bowels. آوں، پیچش

E

each... (ایچ) *adj.* every one. ہر ایک

eager....(ایگر) *adj.* earnest, keen. خواہش مند

eagle.. (ایگل)*n.* a big bird of prey. گدھ

earmark.. (ایئرمارک)*n.* a mark of identification. نشان تعارف

earnest. (ارنسٹ) *n.* part payment as guarantee . پیشگی *adj.* serious, determined, eager. سنجیدہ، خواہش مند

earnings......... (ارننگس) *n.* wages earned. آمدنی

earth.. (ارتھ) *n.* soil, land . زمین، مٹی

earthen........(ارتھن)*adj.* made of soil. مٹی کے بنے ہوئے

earthly (ارتھلی)*adv.* wordly. دنیوی

earthquake........ (ارتھ کوئیک) *n.* a sudden, violent shaking of the earth. یکا یک، زلزلہ

ease... (ایز) *n.* freedom from pain or difficulty. *v.t.* to render easy. آرام، آسانی، آرام دہ بنانا

easel.............(ایسل) *n.* frame for supporting pictures during painting. مصوری میں معاون ڈھانچہ

easygoing.. (ایزی گوئنگ) *adj.* one who takes things easy. بےفکر، نیک طینت

eatable...........(ایٹیبل)*adj.* fit for eating. کھانے لائق

echo...........(ایکو) *n.* repetition of sound. آواز کی گونج

echo.....(ایکو) *v.t.* to resound. گونجنا

ecstacy..(ایکسٹیسی) *n.* condition of extreme joy. بڑا مزہ

eczema........... (ایکزیما) *n.* a skin disease, inflammation of the skin. کھجلی

edge... (اج) *n.* border, sharpside of an instrument. کنارا، تیز دھار

edible. (اڈیبل)*adj.* fit for eating. کھانے لائق ، کھانے کی چیز

edition.... (اڈیشن) *n.* the number of copies of a book published at a time. اشاعت

editor.... (اڈیٹر)*n.* one who edits. مدیر

educative. (ایجوکیٹو) *adj.* likely to prove instructive. نصیحت آمیز، سبق آموز

effect................(افکٹ) *n.* result. influence. نتیجہ، اثر

effective............... (افکٹو) *n. adj.* powerful, having effect. کارگر، کام کرنے والی

efficiency (افشینسی)*adj.* competent. capable. مہارت، قابلیت، ہنرمندی

efficient............... (افشینٹ) *adj.* competent, capable. ماہر، ہنرمند

effigy.................(افجی) *n.* image, representation in dummy form. پتلا

effort ....(افورٹ) *n.* exertion. endeavour. کوشش

egoism........(اگوازم) *n.* too much interest in oneself. خودفکری، خودپسندی

egotism...............(اگوٹزم) *n.* self absorption, speaking too much of oneself. خودستائی

eighty...(اٹی) *n.* eight times ten. اسی

elastic.....(الاسٹک) *adj.* springing back, able to recover former state quickly. لچیلا

elasticity..........(الاسٹی سیٹی) *n.* the quality of tension. لچیلا پن

elder.(الڈر) *adj.* older in age. بڑا

elderly.. (الڈرلی) *adj.* grown old. سن رسیدہ، بزرگ

elect.......(الکٹ) *v.t.* to choose or select . چننا، چنا ہوا *adj.* chosen. چنا ہوا

electorate.........(الکٹوریٹ) *n.* the body of electors. رائے دہندگان کا مجموعہ

electropathy.........(الکٹروپیتھی) *n.* medical treatment by means of electric current. برقی علاج

element...(المنٹ) *n.* component, part, substance incapable of analysing. (elements *n.* plural.) شے، جز، حصہ، عنصر

elementary..........(المنٹری) *adj.* simple, rudimentary. بنیادی، اساسی، آسان

elephant........ (الفینٹ) *n.* a huge quadruped with tusks. ہاتھی

elevation.......(الویشن) *n.* raising, height above sea level. اونچائی، ترقی

eligible......(الی جیبل) *adj.* fit to be chosen, desirable. لائق

elopement.(الوپ منٹ) *n.* secret running away of a woman from her guardian with a lover. عاشق کے ساتھ معشوق کا بھاگ جانا

elucidate.......... (الوسڈیٹ) *v.t.* to explain. واضح کرنا، سمجھانا

elusion.......(الیوزن) *n.* escape by deception. دھوکا،جعل سازی

em.. (ام) *n.* unit of measurement (in types) ٹائپ بٹھانے کی ناپ

embrace.... (امبریس) *v.t.* to hold in arms, to receive eagerly. بانہوں میں لینا،گرم جوشی سے استقبال کرنا

embroidery...... (ایمبر وآئڈری) *n.* designs worked in a fabric with needles. کشیدہ کاری

emergency............ (ایمرجنسی) *n.* anything calling for prompt action. فوری کارروائی کی ضرورت، ناگہانی

emigrant.. (ایمگرنٹ) *n.* one who emigrates. پردیسی

emotion..... (ایموشن) *n.* agitation of mind ,feeling . جذبات،احساسات

employ....(امپلائے) *v.t.* to engage in service, to give work to, to use. نوکر رکھنا،کام میں لگانا، استعمال کرنا

employee .. (امپلائی) *n.* one who is employed. خادم،نوکر، ملازم

employer .. (امپلایر) *n.* one who engages others for service. مالک

emporium.(امپوریم) *n.* (pl: -s. & ria) a large store-house, centre of trade. بڑا گودام،تجارتی مرکز

empower.... (امپاور) *v.t.* to give authority to. اختیار دینا

empress.....(امپرس) *n.* wife of an emperor. مہارانی،ملکہ

emptiness... (امپٹی نس) *n.* state of being empty. صفر کی حالت،خالی ہونے کی کیفیت

emulation (امیولیشن) *n.* ambition to rival another. حسد،جلن

enclose.. (انکلوز) *v.t.* to surround, to shut up. گھیرنا،بند کرنا

encounter.(انکاؤنٹر) *v.t.* to meet, to oppose, to fight against. لڑائی کرنا، بھڑنا

encourage......(انکریج) *v.t.* to put courage into, to stimulate. جوش دلانا،ہمت بڑھانا

encyclopaedia.. (انسائکلوپیڈیا) *n.* a dictionary of general knowledge. دائرۃالمعارف

endeavour.......... (انڈور) *v.t.* to attempt. کوشش کرنا، کوشش

endorsement.....(انڈورس منٹ) *n.* to give one's approval, to a claim, action etc. منظوری، دستخط

endurance...(انڈیورنس) *n.* power of enduring. قوت برداشت

endure (انڈیور) *v.t. & i.* a to bear. سہنا، برداشت کرنا

enema........ (انما) *n.* injection of liquid into the rectum. پچکاری، حقنہ

energetic....(انرجیٹک) *adj.* full of energy. پھرتیلا

enforce....(انفورس) *v.t.* to compel obedience, to impose action on. لاگو کرنا، چلانا، مجبور کرنا

engagement........ (انگیج منٹ) *n.* appointment, employment, betrothal, fight. کام، لڑائی، منگنی

enmity..........(انمیٹی) *n.* hostility. دشمنی، خلاف

enormous....(انورمس) *adj.* huge. بہت بڑا

enough......... (انف) *adj. & adv.* sufficient. کافی، پورے طور پر

enquire.....(انکوائر) *v.t.* to inquire. پوچھنا،معلوم کرنا

entry......(انٹری) *n.* act of entering, entrance,item entered. آمد، راستہ، گھسنا

envelope...(انولپ) *n.* cover of a letter. لفافہ

enviable (انویبل) *adj.* worthy of envy. حسد کرنے کے لائق، حسد پیدا کرنے والا

envious (انویس) *adj.* full of envy. حسد کرنے والا، حاسد

envoy.......(انوآے) *n.* messenger. پیغامبر، ایلچی

envy... (انوی) *v.t.* to have ill will. حسد کرنا

epic....(اپک) *n. & adj.* a poem in lofty style narrating a series of great events. ادبی شہ پارہ، شاندار رزمیہ

epidemic...........(اپیڈمک) *n.* an infectious disease prevalent in a community at the same time. مہلک، وبائی مرض

epistle.......... (اپسل) *n.* a letter. خط

epitaph................ (اپٹاف) *n.* an inscription on a tomb. قبر پر کتبہ

equal......(اکوئل) *adj.* of the same size, identical. برابر *v.t. & i.* to make or to be equal to. برابر ہونا،کرنا

equation....(اکویشن) *n.* reduction to equality. برابری،حل طلب

equi.......... (اکوئی) in combination meaning "equal". برابر معنی کا سابقہ

equilibrium........ (اکوئیلی بریم) *n.* state of even balance. مساوی، برابر کا

equitable.(اکوٹیبل) *adj.* impartial, just. غیر جانب دار، انصاف پسند

equity.........(اکویٹی) *n.* justice,fair dealing. فیصلہ، غیر جانب داری

equivalent. (اکیوئیولینٹ) *adj.* of equal value, corresponding to. برابر کا، مناسب قیمت کا

era.......(ارا) *n.* a period of time. زمانہ،قرن

eradicate..........(اریڈیکیٹ) *v.t.* to uproot, to destroy utterly. جڑ سے اکھاڑنا، بنیاد ختم کرنا

erection........... (ارکشن) *n.* act of erecting. تعمیر

err...(ار) *v.t.* to wander from the right path, to make mistakes. بھٹکنا، غلطی کرنا

error......(ارر) *n.* mistake, wrong opinion. بھول، غلطی، خامی

erst.(ارسٹ) erstwhile- (ارسٹ وائل) *adv.* of old, formerly. پرانا، پہلے کا

escape..... (اسکیپ) *v.t. & i.* to get away from danger, to avoid, to hasten away. بھاگنا، بچانا، بھاگ نکلنا *n.* evasion. چھٹکارا

essence.......... (اسنس) *n.* intrinsic nature, a perfume. لب لباب، عطر

essential............... (اسنشیل) *adj.* necessary. ضروری

establishment....(اسٹابلشمنٹ) *n.* household, house of business. گھریلو، تجارتی ادارہ

estate.......(اسٹیٹ) *n.* condition, state, property. حالت، مالیت

esteem........... (اسٹیم) *v.t.* to think highly of, to regard. عزت کرنا

estimable............(اسٹیمیبل) *adj.* deserving good opinion. قابل قدر

etching........... (اچنگ) *n.* art of engraving. کھدائی

eternal........ (اٹرنل) *adj.* without beginning or end. ابدالاباد

ethics....(اتھکس) *n.* the science of conduct. علم الاخلاق

eulogy............ (یولوجی) *n.* praise. تعریف، توصیف

evacuate...(اویکویٹ) *v.t.* to make empty, to leave. خالی کرنا، نکالنا

evade..(اویڈ) *v.t.* to escape from, to avoid cunningly. ہٹانا، نکلنا

eve........(ایو) *n.* evening. شام کا وقت

even.(ایون) *n.* (in poetry) evening. شام *adj.* level, not odd. برابر، مسطح

event...(اونٹ) *n.* something that happens, an incident. واقعہ

everlasting.......(ایورلاسٹنگ) *adj.* perpetual. ہمیشہ رہنے والا

evidence.(ایوڈنس) *n.* testimony, a sign or token. ثبوت، گواہ

evident....(اوڈنٹ) *adj.* obvious, clear. واضح، غیر مبہم

evolution (اوولیوشن) *n.* evolving, development. ارتقا، ترقی

exaggerate....(ایگزیزریٹ) *v.t.* to overstate. بڑھا کر کہنا، مبالغہ کرنا

exaggeration...(ایگزیزریشن) *n.* a statement in excess of the truth. مبالغہ آمیزی

examinee (اکزامنی) *n.* one who is examined. طالب علم (شریک امتحان)

examiner..(اکزامنر) *n.* one who tries or inspects. ممتحن

exceed.........(اکسیڈ) *v.t. & i.* to go beyond, to surpass. زیادہ ہونا، بڑھنا

excellent...... (ایکسلنٹ) *adj.* very good. عمدہ، ارفع

exception.......... (ایکسپشن) *n.* not according to rule, objection. ضد، چھوڑنا، اختلاف، استثناء

exchange....(ایکسچینج) *v.t.* to change. بدلنا

exchangeable........(ایکس چینجیبل) *adj.* able to be exchanged. قابلِ تبدیلی، بدلنے کے لائق

excise...(ایکسائز) *n.* a tax on home products, money paid for a licence. چنگی

excitement.......(ایکسائٹ منٹ) *n.* stimulation. جذباتیت

exclaim.(ایکس کلیم) *v.t.* to cry out, to speak aloud. چلانا، پکارنا

exclamation.......(ایکس کلیمیشن) *n.* outcry, expression of surprise and the like. اظہارِ تعجب، تحیر، چلاہٹ

exclude....... (اکسکلوڈ) *v.t.* to shut out, to debar from. الگ کرنا، نکالنا

exclusion.....(اکسکلوزن) *n.* act of rejecting. ممنوع، الگاؤ، اخراج

exclusive..(اکس کلوسو) adj. having power to exclude. منع کرنے والا، مخصوص

excusable.........(اکسکیو زیبل) *adj.* admitting of excuse. قابلِ معافی

excuse.....(اکس کیوز) *v.t.* to let off from punishment, to overlook a fault. معاف کرنا، بہانہ کرنا، بہانہ

exempt......(اگزمیٹ) *v.t.* to make free, to free. آزاد کرنا چھوڑنا *adj.* free from duty etc. ٹیکس سے بری

exhaustion.(اگزہوشن) *n.* the state of being exhausted. تھکاوٹ

exhibit..... (اگزہبٹ) *v.t.* to show. دکھانا

exhibitor....(اگزہبیٹر) *n.* one who exhibits. نمائش کرنے والا

exist....(اگزسٹ) *v.t.* to be, to live. ہونا، جینا

existence.(اگزسٹینس) *n.* continued being. زندگی، وجود

expand......(اکسپینڈ) *v.t.* to spread out, to enlarge. بڑھانا، پھیلانا

expansion......(اکسپینشن) *n.* act of expanding. پھیلاؤ، توسیع

expect.(اسپکٹ) *v.t.* to suppose, to anticipate, to hope. امید کرنا

expectation........... (اکسپکٹیشن) *n.* anticipation, hope. امید

expensive..(اکسپنسو) *adj.* valuable, costly. خرچیلا، قیمتی، مہنگا

expedite.......... (اکسپڈائٹ) *v.t.* to hasten. جلدی کرنا، نمٹانا (کام کو)

expedition........ (اکسپڈیشن) *n.* an undertaking, an enterprise. تحقیقی و تجرباتی سفر، مہم

expel .... (اکسپل) *v.t.* to drive out, to banish. باہر نکالنا، ہٹانا

experiment......(اکسپیریمنٹ) *n.* a trial to discover something. تجربہ، تجربہ کرنا

experimental....(اکسپریمنٹل) *adj.* based on experiment. تجربہ سے متعلق

expire........(اکسپائر) *v.t.* to die, to come to an end. مرنا، آخر ہونا

expiry.....(اکسپائری) *n.* end. آخر

explanation.....(اکسپلینیشن) *n.* the statement that explains. تشریح، جواب

explode.......(اکسپلوڈ) *v.t.* to burst with a loud sound. دھڑاکے سے پھٹنا

exploit....(اکسپلوائٹ) *an.* a heroic act. بہادری کا کام

explore..........(اکسپلور) *v.t. & i.* to search carefully, to travel through new regions. ڈھونڈنا، نئے علاقے میں سفر کرنا

export......(اکسپورٹ) *v.t.* to send goods to another country. برآمد کرنا *n.* exported articles. برآمد

expose... (اکسپوز) *v.t.* to lay open, to subject to danger. شائع کرنا، مصیبت میں ڈالنا، کھولنا

express...(اکپریس) *adj.* definite, precise, going at a high speed. یقینی، صاف، سرعت، تیز چلنے والا، ظاہر کرنا

expressible....(اکسپرسیبل) *adj.* fit to be expressed. قابلِ بیان

expression............ (اکپریشن) n. utterance, a phrase, look. تلفظ، محاورہ، بیان

expulsion............... (اکسپلشن) *n.* banishment. اخراج

extempore-(اکسٹمپور) *adv.* & *adj.* expressed without previous preparation. بناتیاری کے کہاہوا، فوری، تقریر

extend.........(اکسٹنڈ) *v.t.* to stretch out, to enlarge. پھیلانا

extension.... (اکسٹنشن) *n.* extent, stretch. پھیلاؤ

extra........(اکسٹرا) *adv.* unusually. زیادہ علاوہ *adj.* additional.

extract......(اکسٹریکٹ) *n.* passage from a book, essence. نچوڑ، ماخوذ

extraordinary...(اکسٹراآرڈنری) *adj.* uncommon غیر معمولی، تعجب خیز

extravagance.....(اکسٹراویگنس) *n.* unnecessary expenditure. اسراف

extreme.(اکسٹریم)*adj.* outermost, remote. آخری، آخر

eyebrow.....(آئی برو) *n.* fringe of hair over the eye. ابرو

eyelid.... (آئی لڈ)*n.* cover of the eye. پلک

eye-witness....(آئی وٹنس) *n.* one who can testify from his own observation, one who sees a thing done. چشم دید، چشم دید گواہ

F

facial.... (فیشل) *adj.* of the face. منھ سے متعلق، چہرے کا

facile......(فیسل) *adj.* easily done, ready with words, yielding. آسان، باتونی، سیدھا

facilitate..(فیسی لٹیٹ) *v.t.* to make easy, to help. آسان بنانا، مدد کرنا

facility (فسلیٹی) *n.* easiness. آسانی

facilities.............(فیسیلٹیز) *n. pl.* opportunities, good conditions. مواقع، اچھے ذریعے

fade.......(فیڈ) *v.t. & i.* to wither. مرجھانا، سوکھنا

faint......(فنٹ) *adj.* feeble, weak, inclined to swoon. کمزور، دبلا، غش

faintness....(فنٹ نس) *n.* state of being senseless. غشی

faithful..(فیتھ فل) *adj.* loyal, true. قابلِ یقین، سچا، ایماندار

fallacy.............(فیلیسی) *n.* a false argument, a wrong belief. غلط عقیدہ، غلط دلیل

famous. ....(فیمس) *adj.* well-known. مشہور

fantasy..(فینٹیسی) *n.* imagination, fanciful invention, mental image. گمان، بھول، خیال

farewell.(فیئرویل) *n.* words said at parting, leavetaking. الوداعی

fascinate(فینسی نیٹ)*v.t.* to charm, to attract, to enchant. موہ لینا، تسخیر کرنا

fatal...............(فٹل) *adj.* deadly, destructive. مہلک، تخریبی

fault (فولٹ) *n.* an error, a wrong action, an imperfection. بھول، غلط کاری، بدی

favourable.......... *adj.* suitable, helpful. فائدہ مند، سودمند، مناسب

feasible.................(فیزیبل) *adj.* practicable, convenient. بامعنی، سہل

feasibility............ (فیسیبلیٹی) *n.* practicability. آسانی

feature............ .(فیچر) *n.* marked peculiarity, ہیئت *pl.* countenance, منھ بنانا *v.t.* to portray. دکھانا، خصوصیت

feeble........(فیبل)*adj.* weak. کمزور

female...........(فیمیل) *n. & adj.* a woman or a girl. لڑکی، عورت، مادہ

feminine.... (فمی نن) *adj.* relating to woman. مادہ سے متعلق

festival (فسٹیول) *n.* a grand feast, time marked out for pleasure making. تقریب، تہوار

festive......(فسٹو) *adj.* of festival. تہوار سے متعلق

fever...(فیور) *n.* high temperature. بخار

fiction.........(فکشن) *n.* something invented, false story, literature of stories. تخیلاتی ادب مثلاً ناول

fictitious..............(فکٹشیش) *adj.* imaginary, not genuine. تخیلاتی، نقلی

fidget ....(فیجٹ) *v.t.* to move uneasily. بے چینی سے جسم ہلانا (-y)*adj.* بے چینی، بے سکون، متحرک

fiend.....(فنڈ) *n.* the devil, a cruel person. شیطان، خبیث

fierce..........(فیئرس) *adj.* violent,

angry. غضبناک، بھیانک

fiery.......(فائری) *adj.* containing fire, ardent, irritable. مشتعل، آگ کی طرح، جوشیلا

figurative.....(فگوریٹو) *n.* words used to denote thing other than that pointed out by the straight forward meaning. مقفیٰ مسجع، ذومعنی

filthy (فلتھی) *adj.* unclean, dirty. گندا، میلا

finance..(فائنینس) *n. (pl.)* matters relating to money, revenue, science of controlling public money. مالیت، آمدوخرچ سے متعلق

finely........(فائنلی) *adv.* decently. عمدہ طریق سے، اچھی طرح سے

finish....... (فنش) *n. (no pl.)* end. تمام، ختم

firebrigade..(فائر بریگیڈ) *n.* body of firemen. دمکل

fireproof......(فائر پروف) *adj.* that can not be burnt in fire. آگ میں نہ جلنے والا

fishery.......(فشری) *n.* business of catching fish. مچھلی پکڑنے کا کام

fist..(فسٹ) *n.* the clenched hand. مٹھی، مکا

fitness...(فٹنس) *n.* state of being fit. لائق، ٹھیک ہونے کی حالت

fixity........(فکسیٹی) *n.* the state of being fixed, permanence. استقلال

flagrant................(فلیگرنٹ) *adj.* prominent, notorious. خاص، بدنام

flame...........(فلیم) *n.* a blaze. شعلہ

flatter...(فلیٹر) *v.t.* to please with false praise. جھوٹی تعریف، جھوٹی امید دلانا

flavour.(فلیور)*n.* a distinguishing taste or smell. مزہ، خوشبو

flawless...... (فلولس) *adj.* perfect, without any defect. مکمل، بے عیب

flexible.....(فلکسیبل) *adj.* pliable, yielding, easily bent. لچیلا

flexibility...(فلکزیبلیٹی) *n.* state of being flexible. لچیلاپن

flight...........(فلائٹ) *n.* the act of flying, flock of birds, series of steps. اڑان، پرندوں کا جھنڈ، سیڑھیوں کا سلسلہ

flirt ..(فلرٹ) *v.t.* to jerk, to show affection for amusement without serious intentions. ہلانا، جھوٹا پیار دکھانا

flirtation.(فلریٹیشن) *n.* playing at a courtship. نمائشی پیار

flock.......(فلوک) *n.* a company of birds or animals. پرندوں کا جھنڈ

fluctuation............(فلکچویشن) *n.* unsteadiness. بے قرار، ادھرادھر ہلنا

fluent..........(فلوئنٹ) *adj.* flowing easily in speech and writing. بہتا ہوا

fluidity...(فلوئڈیٹی) *n.* the quality of being fluid. تحلیلی، خصوصیت

foamy.. (فومی) *adj.* covered with foam. جھاگ دار

foggy...(فوگی) *adj.* covered with fog, dim. کہرے سے ڈھکا ہوا، دھندھلا

folio.....(فولیو) *n.* a sheet of paper once folded, page number of a printed book, a volume having pages of the largest size. دوپرت میں موڑا ہوا کاغذ، صفحہ، بہت بڑے سائز کی کتاب

folk-lore...(فوک لور) *n.* legendary tradition. روایتی کہانی

follower...... (فولوئر) *n.* one who follows. تابع

following.............(فولوئینگ) *adj.* succeeding. اگلا، مندرجہ ذیل

foolish........(فولش) *adj.* weak in intellect. غبی، بیوقوف

forbade....(فوربیڈ) *past tense* of forbid. انکار کیا، منع کیا

forbear.........(فوربیئر) *v.i. & t.* to refrain, to be patient. روکنا، حوصلہ رکھنا *n.* ancestor. آباواجداد

forbearance........... (فوربیئرنس) exercise of patience. حوصلہ

forbid.....(فوربڈ) *v.t.* to tell not to do, to prohibit. روکنا، منع کرنا

forcible (فورسیبل) *adj.* powerful. قوی

forebode..(فوربوڈ) *v.t.* to predict. مستقبل بتانا، گمان کرنا

forecast...........(فورکاسٹ) *v.t.* to foresee, to predict, to conjecture beforehand. پیش گوئی، دوربینی

forefather..(فورفادر) *n.* ancestor. آباواجداد

forego.. (فورگو) *v.t.* to precede, to give up. آگے ہونا، چھوڑنا

foregoing............(فورگوئنگ) *adj.* preceding. پہلے کا

foreigner...(فورنر) *n.* a stranger, an alien. اجنبی، غیرملکی

forejudge...(فورجج) *v.t.* to judge beforehand. طے شدہ فیصلہ

forerun. (فوررن) *v.t.* to precede. آگے جانا

foresight...............(فورسائٹ) *n.* fore-knowledge. پیشگی معلوم، دوراندیشی

forever.......(فورایور) *adv.* always. ہمیشہ، سدا

foreword ....(فوروڑ) *n.* introductory remarks to a book. تعارف، دیباچہ

forfeit...(فورفٹ) *v.t.* to lose right to, to pay as penalty for. مالی سزا دینا، اختیار چھوڑنا، مال ضبط کرنا

forgiveness...........(فورگیونیس) *n.* pardon. معافی

forge...(فورج) *n.* furnace, smithy. انگیٹھی، بھٹی، گھڑنا

forgettable.(فورگیٹ ایبل)*adj.* apt to forget, not remembering. بھولنے والا

formality.......(فورملٹی) *n.* formal conduct. تکلف، رواج کے مطابق سلوک

formally..........(فورملی) *adv.* in a formal way. قاعدہ کے مطابق، دکھاوا

formulate........(فورمولیٹ) *v.t.* to express in a clear and definite form. واضح لفظوں میں کہنا

forsake...............(فورسیک) *v.t.* to abandon, to renounce. ترک کردینا

fort.. (فورٹ) *n* . a fortified place. قلعہ

fortify ....(فورٹفائی) *v.t.* to strengthen & secure. مضبوط کرنا

forthwith .... (فورتھ ود) *adv.* immediately. فوراً

fortitude..(فورٹی ٹیوڈ)*n.* patience, firmness, strength of mind, endurance. ہمت، حوصلہ

forty (فورٹی) *adj.* four times ten. چالیس

forum...(فورم) *n.* a market place, public place for meeting. ہاٹ، عام مقام

forwards........... (فوروڈس) *adv.* onwards. مستقبل میں، آئندہ

foundation (فاؤنڈیشن) *n.* basis, the act of establishing. بنیاد، اساس

founder........(فاؤنڈر)*n.* one who establishes. مؤسس

foundry..(فاؤنڈری) *n.* a place forcasting metals. ڈھلائی کا کارخانہ

fourfold.(فورفولڈ) *adj.* four times of much. چوگنا

frankly....(فرینکلی) *adv.* without any hesitation. صاف طور سے، غیرمذبذب

frankness- (فرینکنس) *n.* state of being outspoken. واضح طور پر

fraud...............(فراڈ)*n.* cheating, deception. دغا، دھوکا

freehold...(فری ہولڈ) *n.* land hold free of rates. ٹیکس معاف اراضی

freewill.....(فری ول) *n.* power of doing work voluntarily, liberty of choice. اپنی مرضی، من موجی

freeze.. (فریز) *v.t. & i.* to chill, to become ice. برف ہونا، ٹھنڈا ہونا، انجماد

freight ....(فریٹ) *n.* goods transported by ship. بوجھ، مال کا بھاڑا

frequency.............. (فری کوئنسی)*n.* freque... urrence. بار بار ہونا

fretful....(فریٹ فل) *adj.* peevish, irritable. چڑچڑا

friendly.(فرینڈلی)*adj.* acting as a friend on amicable terms. دوستانہ، معقول

frigidity..(فریجی ڈیٹی) *n.* coolness. ٹھنڈک، ٹھنڈاپن

front..... (فرنٹ) *n.* forehead, fore part, face. پیشانی، منہ، اگلا حصہ

frosty... (فروسٹی) *adj.* full of frost, coolness. پالے سے بھرا ہوا

fruitful................(فروٹ فل) *adj.*

productive. اپجاؤ

fruition...(فروِیشن) *n.* fulfilment. دلی چیز کا ملنا

fruity .(فروٹی)*adj.*of fruit. پھل جیسا

fulfil ....(فل فل) *v.t.* to carry out, to complete, to bring, to pass. پورا کرنا، کامیاب کرنا

fulfilment............(فل فلمنٹ) *n.* accomplishment. مکمل، صبر

fullstop ....(فل اسٹوپ) *n.* a punctuation mark used at the end of a sentence. وقفہ، ٹھہراو

fun. (فن) *n.* a sport, amusement. کھیل کود

function (فنکشن) *n.* a ceremony, special work. خاص کام، تقریب

fundamental..... (فنڈامنٹل) *adj.* important, belonging to foundation, essential. ضروری، بنیادی، خاص

funny........ (فنی) *adj.* full of fun, amusing, odd. مزاحیہ، عجیب

furious.(فیوریس) *adj.* very angry. غضبناک

furnishings............ (فرنشنگس) *n.* *plural.* furniture. سامان

furniture ....(فرنیچر)*n.*wooden equipment like table, chair, etc. سامان، اسباب، جیسے میز کرسی وغیرہ

further.(فردر) *adv.* moreover, to a great distance or degree. آگے، اور بھی

furthermore........(فردرمور) *adj.* moreover. اور بھی آگے

furthest...... (فردسٹ)*adj. & adv.* farthest. سب سے آگے

fury...(فیوری)*n.* rage, great anger, excitement. جذبات، غم وغصہ

fusibility....(فیوزبلیٹی) . the act of being melted or amalgamated. تحلیلی، پگھلنے والا

fusible...(فیوزبل) *adj.* capable of melting. گلنے رگلانے لائق

fusion......(فیوزن) *n.* fused mass, act of fusing. یکسانیت

fuss.... (فس) *n.* to be overexcited over trivials. گڑبڑ، غوں غاں

fussy... (فسی) *adj.* making a fuss. جھمیلیا

future.......(فیوچر) *n.* going to be, about to happen. مستقبل، آگے ہونے والا

futurity........(فیوچریٹی) *n.* time to come. آگے آنے والا وقت

futile..........(فیوٹائل) *adj.* useless, trifling. بے فائدہ، بیکار

fy...............(فائی) *int.* same as fie. چھی! چھی! نفرت انگیز لفظ

G

gaby.....(گیبی) *n.* foolish fellow, simpleton. بیوقوف

gaiety.......(گیٹی) *n.* cheerfulness. خوشی، مسرت

gait............(گیٹ) *n.* manner of walking, bearing. چال ڈھال

gamble....(گیمبل) *v.i.* to play for money. جوا کھیلنا

gambol.......... (گیمبل) *n. & v.i.* a frolic, a skip. کھیل کود

gaol.... (گول) *n.* jail, prison. جیل

garland......(گارلینڈ) *n.* wrath of flowers. مالا، ہار

garment......... (گارمنٹ)*n.* dress. کپڑا، پوشاک

gathering... (گیدرنگ) *n.* crowd, assembly. بھیڑ، جلوس

gaze....(گیز) v.i. to look steadily at, a fixed look. دھیان سے دیکھنا

gem...(جیم) *n.* jewel, an object of great worth. ہیرا، جواہرات، قیمتی شے

generally... (جنرلی) *adv.* usually. عام طور سے

generate (جنریٹ)*v.t.* to produce, to give birth, to originate. پیدا کرنا

generation...... (جنریشن) *n.* race, people of the same period. خاندان، حسب نسب

generosity............... (جنروسیٹی)*n.* nobleness, kindness. رواداری، ہمدردی

generous....(جنرس) *adj.* kind, of liberal nature. روادار، ہمدرد

genius...........(جنیس) *n.* a person having extraordinary mental power. عبقری، ذہین وفطین

gentle...(جنٹل) *adj.* noble, Kind. ہمدرد، نیک

gentleness..............(جنٹل نس) *n.* mildness, goodness. نرمی، نیک نامی

genuine.....(جنوئن)*adj.* pure, real. صاف، شفاف، اصل

germ....(جرم) *n.* that from which anything develops, productive element. بیج، انکور، جنین، جرثومہ

giant... (جینٹ) *n.* a very large creature of human shape. دیت

gifted..........(گفٹڈ) *adj.* talented. خوش بخت

ginger...(جنجر)*n.* a hot spice. ادرک

girdle....(گرڈل) *v.t.* a thing that surrounds something. پیٹی سے باندھنا

girlhood....(گرل ہوڈ) *n.* the state of being a girl. زنانہ پن

girlish.......(گرلش)*adj.* like a girl. لڑکی کی طرح

gladly....(گلیڈلی) *adv.* cheerfully. ہنسی خوشی، پرمسرت

glamour...(گلیمر) *n.* fascination, magic spell. کشش، جادوٹونا

glare....(گلیئر)*n.* a dazzling light. چکاچوند ھ روشنی

glimpse.......... (گلمپس) *n.* a brief passing view. جھلک

globe....(گلوب) *n.* a round body, a sphere, the earth. گول، مدور، زمین

glorious..(گلوریس) magnificent, illustrious. مشہور، شاندار

glossary...... (گلوزری) *n.* a list of words with their meanings. لغت، فرہنگ

God...(گوڈ) *n.* the creator/maker and ruler of all things. خدا، خالق

godless....... (گوڈلس) *adj.* living without God. ملحد

godly.......(گوڈلی) *adj.* pious. مذہبی

gold..(گولڈ) *n.* a precious yellow metal, money, riches. سونا، مِلک

goldsmith.....(گولڈاسمتھ) *n.* one who works in gold. سنار

goodbye...(گڈبائی) *int.* farewell. الوداعی سلام

goodness...(گڈنیس) *n.* kindness, excellence. رحم، کرم

goodwill...(گڈول) *n.* a friendly feeling, popularity in trade. دوستانہ، تجارت میں شہرت

gossip.........(گوسِپ) *n.* idle talk. گپ شپ

governable .... (گورنیبل)*adj.* capable of ruling. راج کاج کرنے کے لائق

grace... (گریس)*n.* mercy, favour, pardon, politeness. رحم، کرم، معافی

gradually......(گریجوئلی) *adv.* in a gradual manner. تدریجاً، دھیرے دھیرے

grand.......(گرینڈ) *adj.* supreme, magnificent. اعلیٰ، اعظم، شاندار

grammarian..(گریمیرین)*n.* one well versed in grammar. ماہر قواعد

grape.........(گریپ) *n.* a fruit. انگور

grasp... (گراسپ) *v.t.* to catch, to hold, to seize. سمجھنا، کس کر پکڑنا

gratification........(گریٹفکیشن) *n.* delight, pleasure, satisfaction. مزہ، خوشی، صبر

gratitude..............(گریٹی چیوڈ) *n.* thankfulness. احسان مندی، مبارکباد

gratuity...... (گریچوئٹی) *n.* a gift, a payment on discharge. اختتام خدمت پردیا گیا تحفہ رتحائف

greatness..(گریٹ نس) *n.* state of being great. بڑپن، اعلیٰ ظرفی

greediness.... (گریڈی نس) *n.* the quality of being greedy. لالچی پن

greedy...(گریڈی) *adj.* intensely desirous. لالچی

greed (گریڈ) *n.* eager desire. لالچ

greeting..(گریٹنگ)*n.* salutation. مبارکباد

grey....(گرے)*adj. & n.* of mixed black and white colour. بھورا

grievance.(گریونس) *n.* distress, injustice, hardship. تکلیف، ناانصافی

grip.....(گرائپ) *v.t.* to seize. پکڑنا

groaning (گرونگ) *n.* deep sigh. آہ وزاری، کراہنا

groundnut...........(گراونڈنٹ) *n.* peanut. مونگ پھلی

growth..(گروتھ)*n.* development.

بڑھوتری، ترقی

grumble............(گرمبل) *v.i.* to murmur, to complain. بھنبھنانا

guarantee.....(گارنٹی) *n.* a pledge, surety. پکا وعدہ، ضمانت

guardian.......(گارجین) *n.* person having custody of minors. محافظ، ضمانتی، سرپرست

guidance (گائڈنس) *n.* direction, act of guiding. رہنمائی

gun...........(گن) *n.* cannon, rifle, revolver etc. توپ، بندوق، پستول وغیرہ

gunsmith (گن اسمتھ) *n.* one who makes gun. بندوق بنانے والا

gust ......(گسٹ) *n.* a sudden blast of wind. طوفانی ہوا، جھونکا

gutter...(گٹر) *n.* a passage made for running water. نالی

guy....... (گائے) *n.* a rope to hold tents, a man. رسی، آدمی

gymkhana...........(جم خانہ) *n.* a competition where horses are ridden round a course. کھیل کود کی جگہ، ورزش خانہ

gymnastics...........(جمناسٹکس) *n.* muscular exercises. کسرت، ورزش

H

habitual...............(ہیبی چوئل) *adj.* customary, acquired by habit. عادی، عملی

hale..... (ہیل) *adj.* healthy, stout. طاقتور، توانا، تندرست

half-hearted...(ہاف ہرٹیڈ) *adj.* indifferent, wanting in zeal. غم گین، پست حوصلہ

halt....(ہالٹ) *v.t.* to stop. رکنا، ٹھہرنا
n. stopping. آرام، پڑاو

handful....... (ہینڈفل) *n.* quantity that fills the hand. ہاتھ بھر، مٹھی بھر

handicap.......(ہینڈی کیپ) *v.t.* to place at a disadvantage. رکاوٹ

handicraft....(ہینڈی کرافٹ) *n.* a manual occupation. ہاتھ کی نقاشی

handkerchief..(ہینڈ کرچیف) *n.* a square cloth for wiping hands and face. رومال

haphazard..(ہیپ ہیزرڈ) *n.* mere chance. یکا یک موقعہ *adj.* casual. *adv.* casually. غیر معینہ

happiness...(ہیپنس) *n.* the state of being happy, good luck. خوشی، سکھ، خوش قسمتی

harmful..(ہارم فل) *adj.* injurious. نقصان دہ

haste....... (ہیسٹ) *n.* hurry, rash, speed. سرعت، جلدی

hasten.... (ہیسن) *v. t.* to hurry, to make haste. جلدی کرنا

hasty.... (ہاسٹی) *adj.* speedy. جلدباز

hateable............ (ہیٹ ایبل) *adj.* detestable. نفرت کرنے کے لائق

hatred.......(ہیٹرڈ) *n.* dislike. نفرت

haughty.........(ہوٹی) *adj.* proud, arrogant. مغرور

havoc .....(ہیوک) *n.* destruction. بربادی

headache.....(ہیڈک) *n.* pain in the head. سردرد

heading......(ہیڈنگ) *n.* title. سرخی

healthy.....(ہیلدی) *adj.* in state of good health. تندرست

hearsay......(ہیئر سے) *n.* rumour. چرچا، افواہ

heartache.......(ہرٹیک) *n.* mental anguish. دماغی الجھن

hearty............ (ہرٹی) *adj.* genial, sincere. دل سے

hectogram. (ہکٹوگرام) *n.* a weight of 100 grams. ۱۰۰ گرام کی تول

heir..... (ائیر) *n.* one who inherits other's property. وارث

helpless...(ہلپ لس) *adj.* wanting help. بے سہارا، مستحق مدد

hence.(ہنس) *adv.* therefore, from here. اس لئے، یہاں سے

herd...(ہرڈ) *n.* number of beasts assembled together. ریوڑ (جانوروں کا جھنڈ)

herdsman.......(ہرڈس مین) *n.* one who tends a herd. چرواہا

hereabouts ..(ہیئر اباوٹ) *adv.* around here. اسی کے آس پاس

hereafter...(ہیئر آفٹر) *adv.* in the future. مستقبل میں

heredity (ہیریڈیٹی) *n.* passing of characteristics from parent to child. خاندانی خصلت

heretofore..........(ہیئر ٹوفور) *adv.* formerly. پہلے سے

hereunder...........(ہیئر انڈر) *adv.* underneath this. اس کے نیچے

hereupon (ہیئر اپون) *adv.* on this. اس پر

herewith...(ہیئر ود) *adv.* with this. اس کے ساتھ

heritage ....(ہیری ٹیج) *n.* inheritance. وراثت میں ملی ملکیت

hero.. (ہیرو) *n.* the chief person in a play, brave. بہادر، طاقت ور، فلمی ہیرو

heroine........(ہیروئین) *n.* a female hero, supremely courageous. بہادر، فلمی ہیروین

hesitation...(ہیزی ٹیشن) *n.* act of hesitating. ہچکچاہٹ

hiatus...(ہائٹس) *n.* break between two vowels. دوحروف علت میں تفریق

highway (ہائی وے) *n.* a road. سڑک

himself.............(ہم سلف) *pron.* reflexive form of him. خود

hinder....(ہنڈر) *v.t.* to check, to prevent, to retard. روکنا

hindrance............ (ہنڈرنس) *n.* obstruction. رکاوٹ

historian...(ہسٹورین) *n.* writer of history. مؤرخ

historical...........(ہسٹوریکل) *adj.* belonging to past, pertaining to history. تاریخی

hitherto....(ہیدرٹو) *adv.* till now. اب تک

hoarse..(ہورس) *adj.* harsh. سخت

hobby......(ہوبی) *n.* an interest, a favourite pursuit. شوق

hoist..(ہوئسٹ) *v.t.* to lift, to raise. (Flag hoisting ceremony) اٹھانا، پھہرانا، پرچم بلند کرنا

holiday...(ہولی ڈے) *n.* a festival, a day of recreation. چھٹی

hollow..(ہولو) *adj.* false, empty, insincere. صفر، خالی، کھوکھلا

homeopath...........(ہومیوپیتھ) *n.* a one who practises homeopathy. ہومیو پیتھک کے ذریعہ علاج کرنے والا

homeopathy.........(ہومیوپیتھی) *n.* Hahneman's system of curing disease by minute doses of drugs. ہومیو پیتھک علاج

honesty..(اونسٹی) *n.* uprightness, sincerity. ایمانداری

honeymoon ....(ہنی مون) *n.* the wedding holiday. نوعروسی کے موقع پر سیر وتفریح

honorarium ...(آنزریم) *n.* a fee paid for professional services. اجرت (مانگے بغیر دینا)

honorary (اونزیری) *adj.* holding office without pay. اعزازی

honour ..(اونر) *n.* dignity, pride. عزت، وقار

honourable..........(اونریبل) *adj.* worthy of honour. عزت مآب، قابل قدر

horizon.(ہورائزن) *n.* limit, a line where sky and earth seem to touch. اُفق

horrible......(ہوربل) *adj.* fearful, بھیانک

horror..... (ہورر) *n.* fear, dislike. ڈر، خوف

horticulture............ (ہوٹی کلچر) *n.* gardening. باغ بانی

hosier..(ہوزیر) *n.* one who deals in hosiery. موزے، بنیان وغیرہ کا تاجر

hospitality...............(ہوسپٹلیٹی) *n.* kindness to guest. میزبانی

host......(ہوسٹ) *n.* a person who entertains a guest, an inn keeper. میزبان، سرائے یا ہوٹل کا مالک

hostel....(ہوسٹل) *n.* a residence for students. رواق، ہوسٹل، قیام گاہ

hostile...... (ہوسٹائل) *adj.* warlike, rude. اُجڈ

hostility (ہوسٹلیٹی) *n.* enimity. دشمنی

hour....(اور) *n.* a period of sixty

minutes. گھنٹے

household (ہاؤس ہولڈ) *n.* family, of family. گھریلو

housemaid (ہاؤس میڈ) *n.* a female servant. نوکرانی

housewife (ہاؤس وائف) *n.* mistress. خاتونِ خانہ

however (ہاؤایور) *adv.* in whatever manner. تو بھی

howsoever (ہاؤسوایور) *adv.* although. اگرچہ

human (ہیومن) *adj.* pertaining to mankind. انسان

humane (ہیومین) *adj.* kind. رحم دل، آدمیت

humanity (ہیومینٹی) *n.* human nature. انسانیت

humbly (ہمبلی) *adv.* in a humble manner. عاجزی سے

humiliate (ہیومیلیٹ) *v.t.* to humble. بے عزت کرنا، نیچا دکھانا

humility (ہیومیلٹی) *n.* humbleness. عاجزانہ، عاجزی

humour (ہیومر) *n.* wit, state of mind, inclination. طرز، دل کی حالت، جھکاؤ

humorist (ہیومرسٹ) *n.* a man of playful fancy. مزاقیہ، مزاح نگار

hungry (ہنگری) *adj.* suffering from hunger. بھوکا

hunter (ہنٹر) *n.* one who hunts. شکاری

hurriedly (ہریڈلی) *adv.* in haste. جلدی میں

hygiene (ہائی جین) *n.* the science of health. علم الصحت

hygienic (ہائی جینک) *adj.* pertaining to health. صحت سے متعلق

hygrometer (ہائگرو میٹر) *n.* an instrument for measuring moisture. مقیاس الماء

hymn (ہم) *n.* a song in praise of God. حمد، توصیف

hymnal (ہمنل) *n.* a hymn book. کتاب حمد

hypercritic (ہائپر کریٹک) *adj.* over critical. رئیس التنقید

hypnotism (ہپنوزم) *n.* arificially induced sleep. تنخیری عمل

hysteria (ہسٹیریا) *n.* a nervous affection accompanied with a convulsive fit. غشی کا ایک مرض

hysterical (ہسٹریکل) *adj.* pertaining to hysteria. غشی کے مرض سے متعلق

I

ibid (ابڈ) *adv.* in the same place. اسی جگہ پر

icon (آئکن) *n.* statue, image of a saint. مجسمہ، مورتی

ideal (آئیڈیل) *n.* standard of perfection. *adj.* perfect, faultless. نمونہ، مکمل، ٹھیک

idealist (آئیڈیالسٹ) *n.* an upholder of idealism. با اصول، اصول پرست

identity (آئیڈنٹٹی) *n.* sameness. برابری، مساوات

idiom (ادیم) *n.* peculiar but customary way of expression. محاورہ

idle (آئیڈل) *adj.* indolent, useless. بیکار، سست

idler (آئیڈلر) *n.* one who observes idleness. کاہل

idol (آئڈول) *n.* an image, statue. مورتی

idolator (آئڈولیٹر) *n.* one who worships idols. مورتی پوجنے والا

if (اف) *conj.* whether. اگر

igneous (اگنیس) *adj.* pertaining to fire, produced by fire. آگ سے متعلق

ignitable (اگنائٹیبل) *adj.* able to be ignited. جلانے کے لائق

ignite (اگنائٹ) *v.t. & i.* to set on fire. آگ لگانا

ignoble (اگنوبل) *adj.* mean, of low birth, dishonourable. کمتر، کمینہ

ignorance (اگنورنس) *n.* want of knowledge, darkness. جہالت، تاریکی

ill (ال) *adj.* evil, bad, sick. برا، بیمار، غیر صحت مند

illegal (الیگل) *adj.* contrary to

law. خلاف قانون، غیر قانونی

illegible (الی جیبل) *adj.* indistinct. غیر واضح

illustrative (السٹریٹو) *adj.* serving as illustration. مثال

imagination (امیجینیشن) *n.* idea, dream. قیاس

imbibe (امبائب) *v.t.* to absorb, to drink in. پینا، سوکھنا

imitable (امٹیبل) *adj.* which can be imitated. قابل تقلید

imitate (امیٹیٹ) *v.t.* to copy, to mimic. چڑھانا، نقل کرنا

imitator (امیٹیٹر) *n.* one who imitates. نقال، مقلد

illusion (الیوزن) *n.* deception. دھوکا، غلط فہمی

illiteracy (الٹریسی) *n.* want of knowledge, want of education. جہالت، لاعلمی

illiterate (الٹریٹ) *adj.* unable to read and write. جاہل

illness (النس) *n.* bad health, disease. مرض

Illogical (الوجیکل) *adj.* without reason. غیر منطقی

immobile (اموبائل) *adj.* immovable. غیر متحرک

immature (امیچور) *adj.* imperfect, not mature. نا پختہ، کچا

immeasurable (امیزریبل) *adj.* unlimited, boundless. ناقابل پیمائش، انتہا

immorality (اموریلٹی) *n.* viciousness, sin. غیر اخلاقی، گناہ

immovable (اموبل) *adj.* which cannot move, fixed. غیر متحرک

immune (امیون) *adj.* free, not responsible. آزاد، بلا احسان

impassable (امپاسبل) *adj.* that cannot be penetrated into. جسے پورانہ کیا جاسکے، غیر ممکن

impatience (امپیشنس) *n.* intolerance. عدم تحمل

impatient (امپیشنٹ) *adj.* restless. اتاولا، بے صبرا

impeach (امپچ) *v.t.* to accuse, to

charge with crime. ملزم گرداننا

imperfect (امپرفکٹ) *adj.* defective, incomplete. ناکمل

imperil (امپیرل) *v.t.* to bring into danger. مشکل میں ڈالنا

imperishable (امپیرشبل) *adj.* indestructible. جو کبھی مٹے نہیں

impiety (امپائٹی) *n.* ungodliness, sin. گناہ، پاپ

impolite (امپولائٹ) *adj.* not civil, rude. غیر مہذب

import (امپورٹ) *v.t.* to bring into country. درآمد، غیر ملکی مال لینا

impose (امپوز) *v.t.* to influence, to deceive. دھوکا دینا، اثر ڈالنا

imposture (امپوسچر) *n.* deceit, fraud. دغا اور دھوکا

imposter (امپوسٹر) *n.* a false character, a swindler. دھوکے باز، دغا باز

impotence (امپوٹنس) *n.* weakness. نامردی

impracticable (امپریکٹی کیبل) *adj.* not able to be done. ناقابل عمل

impression (امپریشن) *n.* an effect produced. دل پر پڑا ہوا اثر، تاثر

improper (امپرپر) *adj.* incorrect. نادرست

improvable (امپروبل) *adj.* that can be improved. سدھارنے لائق

improvement (امپرومنٹ) *n.* progress. ترقی، سدھار

impure (امپیور) *adj.* unchaste. غیر شفاف، جو خالص نہ ہو

in (ان) *prep.* into, against, towards. میں، ضد

inability (ان ایبلیٹی) *n.* incapacity. نا اہلی، کمی

inaccurate (ان اکوریٹ) *adj.* erroneous. غیر صحیح

inactive (ان ایکٹو) *adj.* not active. کاہل، سست

inapplicable (ان اپلی کیبل) *adj.* irrelevant. لاگو نہ ہو سکنے والا

inattentive (ان اٹنٹو) *adj.* paying no heed. دھیان نہ دینے والا

inaudible (ان آؤڈیبل) *adj.* that

388

cannot be heard. جو سنا نہ جا سکے

inauguration.... (ان اوگوریشن) *n.* formal ceremony, beginning. افتتاح، تقریب

inauspicious...(ان اوسپیشیس) *adj.* unlucky, unfortunate. نامبارک

incalculable.....(ان کسکولیبل) *adj.* uncertain. غیر معین

incapable....... (ان کیپبل) *adj.* not capable. نااہل

incapacity............ (ان کپیسٹی) *n.* inability. نااہلی

incarnation..........(ان کارنیشن) *n.* embodiment in human form. اوتار

inch....(انچ) *n.* a unit of measure, 1/12 foot, an island. ایک انچ، جزیرہ

incident..............(انسڈنٹ) *n.* an occurrence. واقعہ

include....(ان کلوڈ) *v.t.* to contain, to regain. شامل کرنا

incoherent.......(ان کوہرنٹ) *adj.* disconnected. غیر واضح

incoming (ان کمنگ) *adj.* coming in. آنے والے

incommode- (ان کموڈ) *v.t.* to annoy, to molest. دق کرنا

incomparable. (ان کمپریبل) *adj.* matchless. بے جوڑ، بہترین

incompetent...... (ان کمپٹنٹ) *adj.* not competent. ناقابل، نالائق

incomplete.......... (ان کمپلیٹ) *adj.* imperfect. ادھورا، نامکمل

incontestable....(ان کنٹسٹیبل) *adj.* indisputable. بلامقابلہ، ناقابل تردید

inconvenient... (ان کنوینینٹ) *adj.* unsuitable. تکلیف دہ

incorrect.(ان کرکٹ) *adj.* wrong. غلط

incorrigible......(ان کوریجبل) *adj.* depraved, impossible to rectify. بگڑا ہوا، ناقابل اصلاح

incorruptible...(ان کرپٹیبل) *adj.* a person who can't be corrupted. جسے منحرف نہ کیا جا سکے

incredible ....(ان کریڈیبل) *adj.* hard to believe. ناقابل یقین

increment...........(ان کریمنٹ) *n.* profit, increase. فائدہ، ترقی

incurable.....(انکیوریبل) *adj.* that cannot be cured. لاعلاج

indecency............ (ان ڈسنسی) *n.* immodesty. ذلالت، کمینہ پن

indeed..........(ان ڈیڈ) *adv.* really. سچ مچ، حقیقتاً

index................(انڈکس) *n. & v.i.* alphabetical list of names, places etc. ابجدی فہرست

indication.......(انڈیکیشن) *n.* hint. اشارہ، نشانی

indicator......(انڈیکیٹر) *n.* a guide. اشارہ کرنے والا

indifference.........(ان ڈیفرنس) *n.* absence of interest. بے پروائی، لاپرواہی

indifferent.......(ان ڈیفرنٹ) *adj.* neutral. مایوس، بے پروا

indigestion..(ان ڈائجیشن) *n.* want of proper digestion. بدہضمی

indirectly.........(ان ڈائرکٹلی) *adv.* بالواسطہ، بذریعہ

individual............ (انڈیوزوال) *n.* special person, peculiar, separate. انفرادی

induct.(انڈکٹ) *v.t.* to introduce. شروع کرنا

indulgence............ (انڈلجنس) *n.* gratification, tolerance. قناعت، تحمل

industrial........... (انڈسٹریل) *adj.* pertaining to industry. صنعتی

industrious........(انڈسٹریس) *adj.* active, smart, diligent. محنتی

inequity....(ان ایکوٹی) *n.* injustice. ناانصافی

inertia.......... (انرشیا) *n.* inactivity. بے حرکتی، سستی

inevitable............(ان ایوٹیبل) *adj.* unavoidable. ضروری، ناگزیر

inferiority (انفرئیریٹی) *n.* the state of being inferior. احساس کمتری، گھٹیاپن

infinite............. (ان فائنائٹ) *adj.* endless. جس کا آخر نہ ہو

infirmity (انفرمیٹی) *n.* weakness. کمزوری

inflammation.....(انفلیمیشن) *n.* a swelling on a part of body. سوجن

inflammatory...(انفلیمیٹری) *adj.* tending to inflame or excite. جوشیلا

inflate....(انفلیٹ) *v.t.* to increase, to blow up with air or gas. پھولنا، بڑھانا، ہوا یا گیس بھرنا

infringement........ (انفرنجمنٹ) *n.* violation. خلاف ورزی کرنا

influence..(انفلوئنس) *n.* the power of producing influence. اثر

influenza..... (انفلوئنزا) *n.* a fever with severe cold. ایک قسم کا بخار

informal..... (انفورمل) *adj.* not in due form. غیر تسلسل، غیر رسمی

inhabitant (انہبیٹینٹ) *n.* dweller. رہنے والا، اہل وطن

inhale......(ان ہیل) *v.t.* to breathe. سانس لینا

inheritance..........(ان ہریٹینس) *n.* which is inherited. وراثتی ملکیت

inhuman (ان ہیومین) *adj.* brutal, barbarous. بے رحم

initial (انیشیل) *adj. & n.* primary, of the beginning. آغاز کا

initiate (انیشیئیٹ) *v.t.* to introduce, to begin. آغاز کرنا

initiative...........(اینشی ایٹو) *n.* self reliance, taking the first step. خود اعتمادی، پہلا قدم

injection..........(انجکشن) *n.* act of injecting. سوئی

injury..............(انجوری) *n.* harm, damage. نقصان، چوٹ

inland.....(ان لینڈ) *adj. & adv.* of the country. اندرون ملک

inmost........(ان موسٹ) *adj.* most inward. سب سے اندر

inn....(ان) *n.* a shelter, a lodging for travellers. سرائے، قیام گاہ

innocence.(انوسنس) *n.* simplicity, harmlessness. بے ضرر، بھولاپن

innumerable.....(انیومیبل) *adj.* numberless. بے شمار، انگنت

inodorous ....(انواڈورس) *adj.* odourless. بے خوشبو

inquire....(انکوائر) *v.t. & i.* to ask, to make an investigation. پوچھ تاچھ کرنا، جانچ کرنا

inquiry.................(انکوائری) *n.* investigation. جانچ

inquisition............(انکوئزیشن) *n.* a search, investigation. تلاشی

inquisitive............ (انکوئزیٹو) *adj.* inquiring. متجسس

insanity.....(ان سینٹی) *n.* madness. پاگل پن

inscription............ (انسکرپشن) *n.* engraving. کھدا ہوا، نقاشی کیا ہوا

inseparable...... (ان سپریبل) *adj.* that cannot be separated. الگ نہ ہونے والا

insert... (ان سرٹ) *v.t.* to place in, to introduce. لکھنا، درج کرنا

insertion....... (ان سرشن) *n.* act of inserting. مندرج، دخول

inside.....(ان سائیڈ) *n. adj. & adv.* within. اندرون

insight.....(ان سائٹ) *n.* power of understanding through knowledge. عمیق غور و فکر

insistence..... (انسسٹنس) *n.* the act of insisting. ہٹ، ضد

insoluble....... (انسولیبل) *adj.* that cannot be dissolved in fluid. جو گھل نہ سکے

insolvent........... (انسولوینٹ) *adj.* bankrupt. دیوالیہ

insomnia................ (انسومنیا) *n.* sleeplessness. بے خوابی

inspector..... (انسپکٹر) *n.* one who inspects. نگراں، معائنہ کرنے والا

inspiration............(انسپریشن) *n.* inhaling of air, divine influence. غیبی اشارہ، تحریک

instability ....(انسٹیبلیٹی) *n.* fickleness. غیر پختہ، چلبلاپن

instance.............. (انسٹینس) *n.* an example, suggestion. مشورہ، مثال

instant........(انسٹینٹ) *adj.* urgent, immediate. فوراً

instigate....(انسٹیگیٹ) *v.t.* to urge

on, to stimulate. بھکانہ، اکسانا

institute.....(انسٹی چیوٹ) *v.t.* to set up, to establish. بنیاد ڈالنا، آغاز کرنا

instructor............ (انسٹرکٹر) *n.* a teacher. استاد، راہبر

insufficient .....(ان سیفشینٹ) *adj.* inadequate. نامناسب، ناکافی

insult....... (انسلٹ) *n.* dishonour. بے عزتی، ناقدری

insuperable (انسپریبل) *adj.* not able to be overcome. ناقابلِ عبور

insurance...(انشورنس) a contract, to indemnify insured things against loss. بیمہ

insure...(انشیور) *v.t.* To issue or take out the insurance policy. بیمہ کرانا، بیمہ کرنا

integrity.... (انٹگریٹی) *n.* honesty. سچائی، ایمانداری

intelligent....(انٹلیجنٹ) *adj.* quick to learn. عقل مند، ذہین

intelligible.......... (انٹلی جیبل) *adj.* comprehensible. قابلِ فہم، آسان

intend..... (انٹنڈ) *v.t.* to mean, to purpose. ارادہ کرنا

intense......(انٹنس) *adj.* extreme, eager. تیز، بہت زیادہ

interchange....... (انٹرچنج) *v.t.* to change with another. تبادلہ

interesting...........(انٹرسٹنگ) *adj.* exciting interest. پرکشش، دلچسپ

interfere............ (انٹرفیئر) *v.i.* to obstruct. مداخلت کرنا

interference..........(انٹرفیرنس) *n.* obstruction. رکاوٹ، تداخل

interim (انٹرم) *n.* of the time, in between. درمیانی مدت کا
adj. temporary. غیر معینہ، تھوڑے وقت کا

interlink........... (انٹرلنک) *v.t.* to connect together. آپس میں ملانا

interlock.... (انٹرلوک) *v.t.* to lock together. آپس میں ملانا

intermediary...(انٹرمیڈیری) *n.* & *adj.* mediator. درمیانی

intermingle... (انٹرمنگل) *v.t.* & *i.* to mix together. ملانا

intermission....... (انٹرمشن) *n.* an interval. وقفہ

intern.......(انٹرن) *v.t.* to confine within the limits of a place. نظر بند کرنا

internal.......(انٹرنل) *adj.* inward. داخلی
اندرونی *ant.* external.

interpolation........(انٹرپولیشن) *n.* insertion of something new, not genuine. آمیزش، دروغ گوئی، بغیر اجازت کے داخلہ

interpreter........(انٹرپریٹر) *n.* one who interprets. شارح

interrupt..........(انٹرپٹ) *v.t.* to obstruct. رخنہ ڈالنا، روکنا

interval....(انٹرول) *n.* a halt, stop. درمیانی وقفہ

intervention.......... (انٹرونشن) *n.* interference. مداخلت

interview................ (انٹرویو) *n.* conference, a formal meeting for talk. ملاقات ،زبانداني

intestine...(انٹسٹائن) *n.* the lower part of the digestive system. آنت

intimacy...... (انٹی میسی) *n.* a close familiarity. مقرب

intimate.............. (انٹی میٹ) *adj.* familiar. مقرب

intimation (انٹی میشن) *n.* hint. اشارہ

intimidate..... (انٹی میڈیٹ) *v.t.* to terrify. ڈرانا

into.. (انٹو) *prep.* entrance within a thing. اندر، میں

intolerable... (انٹولریبل) *adj.* not to be endured. ناقابلِ برداشت

intonation........(انٹونیشن) *n.* the production of a musical tone. علم سرود سے متعلق، موسیقی سے متعلق

intoxication........(انٹوکسی کیشن) *n.* state of being intoxicated. نشہ

intricacy................ (انٹری کیسی) *n.* complication. مشکلات

intrigue....... (انٹرگ) *v.t.* to plot secretly. سازش

introduction......(انٹروڈکشن) *n.* a formal presentation. تعارف

intrude....... (انٹروڈ) *v.t.* to enter uninvited. بغیر اجازت کے داخل ہونا، بن بلائے پہونچنا

intuition.... (انٹویشن) *n.* insight, instructive knowledge. الہام

invalid......... (انویلڈ) *n.* ill, weak. بیمار، کمزور

invariable....... (انویری ایبل) *adj.* constant, without change. غیر مبدّل

invasion ......(انویزن) an attack, encroachment. چڑھائی، حملہ

invention (انونشن) *n.* discovery. ایجاد

investigate......(انوسٹیگیٹ) *v.t.* to search out carefully. تحقیق و تفتیش

invigorate...... (انویگوریٹ) *v.t.* to put life. زندگی بخشنے والا، طاقت دینے والا

invincible ....(انونسبل) *adj.* unconquerable. ناقابلِ تسخیر

invisible....... (انوزیبل) *adj.* that cannot be seen. غیر مرئی، غیب، غائب

invitation................(انوٹیشن) *n.* solicitation. دعوت

invite.. (انوائٹ) *v.t.* to request to come and participate. دعوت دینا، بلانا

invocation (انوکیشن) *n.* the act of calling in prayer. مناجات

invoke.....(انووک) *v.t.* to beg for protection. حفاظت کے لئے دعا کرنا

inwardly... (انوارڈلی) *adv.* in the mind. دل میں

irk..........(ارک) *v.t.* to trouble, to annoy. تنگ کرنا، پریشان کرنا

iron (آئرن) *n.* name of a metal. لوہا

irony......(آئرنی). satire, state of affairs which is the opposite of what was desired. طنز

irrecoverable.....(ارِکوریبل) *adj.* that cannot be recovered. ناقابلِ حصول

irreducible.. (انڈیوسیبل) *adj.* not able to be lessened. کم نہ کرنے کے لائق

irregular.... (ارگولر) *adj.* uneven. ٹیڑھا میڑھا

irregularity... (ارِگولیریٹی) *n.* the quality of being irregular. ناہمواری

irrelevant..... (ارَلوینٹ) *adj.* not to the point. غیر متعلق

irreparable. (ارِ پیریبل) *adj.* not able to be rectified. ناقابلِ تلافی
جس کی مرمت نہ ہوسکے

irritable.......(ارِیٹیبل) *adj.* easily angered. غصہ ور، غصیل، چڑچڑا

irritate. (ارٹیٹ) *v.t.* to annoy, to make angry. ناراض کرنا، چڑھانا

irritation....(ارِٹیشن) *n.* vexation. جذباتیت، ہیجان

island ....(آئی لینڈ) *n.* land surrounded by water on all sides. جزیرہ

isle........... (آئل) *n.* island. جزیرہ

islet.....(آئلٹ) *n.* a small island. چھوٹا جزیرہ

J

jabber........ (جبر) *v.t.* to chatter rapidly. تیزی سے بولنا

jack....... (جیک) *n.* knave at card, flag, machine for lifting weights. (تاش کا) غلام، جھنڈا، بوجھ اٹھانے کا آلہ

jackal..(جیکال) *n.* an animal. گیدڑ

jailer.....(جیلر) *n.* the keeper of a prison. جیل کا نگراں

jam... (جیم رجام) *n.* fruit preserved by sugar. مربہ، میٹھا اچار

jaundice....(جونڈس) *n.* a kind of disease with yellowness of eyes and skin. یرقان

jealousy.....................(جیلسی) *n.* suspiciousness. حسد

jester ......(جسٹر) *n.* one who jests. مذاقیہ آدمی

jet black........(جٹ بلیک) *n.* ivory black. چمکتا ہوا کالا رنگ

jew........... (جیو) *n.* a person of the Hebrew race. یہودی

jewel..(جوئل) *n.* a precious stone. لعل، قیمتی پتھر

jewellery...(جولری) *n.* jewels in general, ornaments. جواہرات، زیورات

journal......... (جرنل) *n.* a diary, a magazine, a register. خط، بہی کھاتا، روزنامچہ، رسالہ

journalist. (جرنلسٹ) *n.* one who writes in or conducts a newspaper or a magazine. صحافی

journey............(جرنی) *n.* & *v.t.* a traveller. سفر

joyously.. (جوائسلی) *adv.* merrily. پرمسرت طور سے

judicial.............. (جوڈی شیل) *adj.* pertaining to justice, impartial. انصاف سے متعلق، انصافانہ، غیر جانب دار

juice...(جوس) *n.* the fluid content of plant, liquid. رس، عرق

juncture........(جنکچر) *n.* a critical point. نازک وقت، صورت حال، مقام اتصال

juniority (جونیرٹی) *n.* the state of being junior. چھوٹاپن

juryman............(جوری مین) *n.* a member of jury. پنچوں میں سے ایک

justice (جسٹس) *n.* equity, judge. انصاف، جج

justify.. (جسٹی فائی) *v.t.* to prove, to be just or right. ٹھیک گردانا

juvenile..(جوینائل) *adj.* youthful, childish. بچکانہ

juvenility..................(جوینیلیٹی) *n.* youthfulness. لڑکپن

juxtaposition......(جکسٹاپوزیشن) *n.* nearness, placing side by side. نزدیکی، قربت، پہلو بہ پہلو

K

kerchief.....(کرچیف) *n.* a square piece of cloth. رومال

kernel.(کرنل) *n.* inner part of nut, essential part. گودا، مخصوص حصہ، مغز

kerosene......(کیروسین) *n.* refined petroleum. مٹی کا تیل

kindergarten..(کنڈرگارٹن) *n.* an infant school. بچوں کا اسکول

kindle..... (کنڈل) *v.t.* to inflame, to set on fire. جلانا، مشتعل کرنا

kindly. (کائنڈلی) *adj.* & *adv.* with kindness. ہمدردی سے

kinship...(کن شپ) relationship. رشتہ ناطہ

kiss. (کس) *v.t.* to touch with lips. پیار کرنا، چومنا، پچکارنا، بوسہ لینا

kitchen.. (کچن) *n.* a place where cooking is done. باورچی خانہ، مطبخ

knit..... (نٹ) *v.t.* to weave into a net, to unite. بننا

knock.... (نوک) *v.t.* & *i.* to push, to clash, to strike. دھکا دینا، ضرب پہونچانا، دستک دینا

knot.(نوٹ) *n.* a tie, a cluster. گانٹھ

knowingly............. (نوانگلی) *adv.* consciously. سوچ سمجھ کر

knowledge...(نالج) *n.* learning. تعلیم، علم

kodak...........(کوڈک) *n.* a small camera. چھوٹا کیمرہ

kopeck......(کوپیک) *n.* a Russian coin. روسی سکّہ

kraal..(کرال) *n.* an enclosure for cattle. باڑا

L

laboratory......(لیبورٹری) *n.* place for experiments. تجربہ گاہ

laborious.............(لیبوریس) *adj.* industrious. محنتی

labour.....(لیبر) *n.* to work hard, to toil, to strive, work. محنت، محنت کرنا، کام

laboured..(لیبرڈ) *adj.* unnatural. غیر فطری

lack. (لیک) *v.i.* & *t.* to be in need of, want. کمی

lamb.(لیم) *n.* young one of sheep. میمنا

lame.......(لیم) adj. imperfect *v.t.* disabled in one or two limbs. لنگڑا

lament (لیمنٹ) *v.i.* to feel sorry. آہ و بکا کرنا

lamentation..........(لیمنٹیشن) *n.* lamenting. آہ وبکا، گریہ وزاری

landlord...(لینڈلورڈ) *n.* owner of land. زمیندار

landscape (لینڈسکیپ) *n.* a part of land seen from a point. طائرانہ نظر

lane......... (لین) *n.* a street. تنگ گلی

language....(لینگویج) *n.* faculty of human speech or of a nation. زبان

lantern....... (لین ٹرن) *n.* case for holding or carrying light. لالٹین

largely.....(لارجلی) *adv.* to a great extent. بڑھکر، زیادہ تر

lastly........(لاسٹلی) *adv.* in the end. آخر میں

latrine. (لیٹرن) *n.* toilet, lavatory. بیت الخلا

laudable... (لوڈیبل) *adj.* worthy of praise. سراہنے کے قابل

laughable....(لافیبل) *adj.* funny, ridiculous. ہنسنے کے لائق

lavatory.. (لیوٹری) *n.* a place for washing hand and face. ہاتھ منھ دھونے کی جگہ

lavish.... (لیوش) *adj.* extravagant, abundant. *v.t.* زیادتی، کثرت، خرچیلا

lawful.. (لوفل) *adj.* just, rightful. ٹھیک، قانونی

lawless.(لولس) *adj.* against law, disobedient. خلاف قانون، نافرمان

lawyer........ (لوایر) *n.* pleader, a man of legal profession. وکیل

leap......... (لیپ) *n.* spring, jump, bound. *v.i.* اچھلنا، کودنا

leavings.........(لیونگس) *n. plural.* remaining portion. بچاہوا حصہ

lecture...........(لکچر) *n.* a formal reproof. *v.t.* to discourse. تقریر، بیان

ledger...........(لیجر) *n.* a book of accounts. بہی کھاتہ

legacy........(لگیسی) *n.* the money which is left by will. وصیت کے ذریعہ چھوڑا گیا مال

legal....... (لیگل) *adj.* just, lawful. قانونی

legible............ (لجیبل) *adj.* clear, readable. صاف، پڑھنے کے لائق

leisure..... (لیزر) *n.* a spare time. چھٹی کا وقفہ

length......(لینتھ) *n.* the distance between two points, extension. لمبائی

lengthy (لینتھی) *adj.* long. لمبا، طویل

leniency...(لنفیسی) *n.* mildness. نرمی

lenient..(لنینٹ) *adj.* mild, gentle. شریف، نرم دل

lessen.............(لیسن) *v.t.* & *i.* to diminish, to decrease. کم کرنا، رہونا

lesson.......(لیسن) *n.* instruction, something to be learnt. *v.t.* an example, punishment. سبق، تعلیم

let..(لٹ) *v.t. aux.(verb)* to allow, to permit, to give, leave. حکم دینا

liability..................... (لائبلیٹی) *n.* responsibility. ذمہ داری

liable....(لائبل) *adj.* accountable, responsible, probable. ذمہ دار

liberal..............(لبرل) *adj.* kind, unselfish. خیر خواہ، فیاض

liberate..(لبریٹ) *v.t.* to set free. آزاد کرنا

liberty...(لبرٹی) *n.* freedom, right to do as one likes. آزادی

librarian (لائبریرین) *n.* one who keeps a library. منتظم کتب خانہ

licence................ (لائسنس) *v.t.* to authorize, to grant permission. اختیار دینا، حکم دینا *n.* permission. حکم

licensee.......(لائسنسی) *n.* holder of licence. صاحب اجازت نامہ

lie......(لائی) *v.t.* to utter falsehood. دروغ گوئی

lifelong...(لائف لونگ) *adv.* during the life time. تاحیات، زندگی بھر

limited.......(لمیٹڈ) *adj.* bounded. محدود

linguist...(لنگوسٹ) *n.* one skilled in many languages. کئی زبانوں کا ماہر

liquid (لکوئڈ) *n.* a substance which flows. رقیق شے

liquidate (لکوئڈیٹ) *v.t.* to settle, to clear up debts, to put an end. قرض ادا کرنا، ختم کرنا

liquidity .... (لکوئڈیٹی) *n.* state of being liquid. رقیق

liquor.........(لیکر) *n.* a fermented drink. شراب

listener...........(لسنر) *n.* one who listens. سامع

literacy.......(لٹریسی) *n.* ability to read and write. پڑھنے لکھنے کی صلاحیت

livelihood.......(لائیولی) . means of living. کسب، ذریعۂ معاش

liver...........(لیور) *n.* the gland by which the bile is secreted. جگر

locality.......(لوکیلیٹی) *n.* position, situation. جگہ

lockup.........(لوک اپ) *n.* a place where prisoners are kept. جیل

loftiness.........(لوفٹی نس) *n.* pride, height. غرور، اونچائی

logic. (لوجک) *n.* art of reasoning. منطق

longevity......(لونگے ویٹی) *n.* long life. عمردرازی

longitude....(لونگی چیوڈ) *n.*distance east or west from meridian. خط متوسط

loom........ (لوم) *n.* a machine for weaving. کرگھا *v.t.* to appear indistinct. غیرواضح

lot............ (لوٹ) *n.* luck, choice. قسمت، انتخاب

lotus.....(لوٹس) *n.* water lily. کمل

lovable...(لوایبل) *adj.* charming, worthy of love. پیار کرنے کے لائق

love.(لو) *n.* affection, *v.t.* to like very much. پیار کرنا

loving.. (لونگ) *adj.* affectionate. پیارا

low...(لو) *adj.* humble, not high. نیچا، چھوٹا، کوتاہ

loyalty..(لوائیلٹی) *n.* faithfulness. وفاداری

lubricant............ (لبریکنٹ) *n.* a substance used for lubricating. چکنا کرنے والی شے

lucidity.. (لوسڈیٹی) *n.* brightness. شفاف

luminous..... (لیومنس)*adj.* bright, clear. روشن، روشنی دینے والا

lunatic....(لونیٹک) *n.* a mad man. پاگل

lust.......... (لسٹ) *n.* eager desire. شدید خواہش، خواہش نفس، شہوانی خواہش، مستی

lustre... (لسٹر) *n.* brightness. چمکیلا

luxurious........... (لکزریس) *adj.* indulging in luxury. عیش وتنعم

luxury....... (لکزری) *n.* expensive living, easy going life. عیش کوش زندگی

M

machinery.............(مشینری) *n.* machines in general. مشین

machinist.............(مشینسٹ) *n.* a machine maker. مشین بنانے والا

mad...(میڈ) *adj.* insane. پاگل، دیوانہ

madam.....(میڈم) *n.* a courteous form of address to a lady. جناب، جنابہ

magic..........(میجک) *n.* witchcraft conjuring. میجک، جادو

magician....(میجیشین) *n.* one who knows magic. جادوگر

mail.........(میل) *n.* bag of letters, post. ڈاک کا تھیلا، ڈاک

maintain (مین ٹین) *v.t.* to affirm, to assert, to support. سنبھالنا

maintenance......... (مینٹی نینس) support, subsistence. کسب، سہارا

majority.....(میجوریٹی) *n.* full of age, the greater number. جوانی، زیادہ حصہ، اکثریت

maladministration.............. (میل ایڈمنسٹریشن) *n.* faulty administration. بری حکومت

malice........... (میلس) *n.* spite, ill feeling. بری سوچ، حسد، کینہ، عداوت

malpractice.......(میل پریکٹس) *n.* improper conduct. غلط عادت

mammoth....... (میمتھ) *adj.* big, huge, very large. بہت بڑا

manage............ (مینج) *v.t.* & *i.* to handle, to control, to contrive. چلانا، انتظام کرنا

manageable....(مینج ایبل) *adj.* fit for managing. انتظام کرنے کے لائق

management.........(مینجمنٹ) *n.* administration. انتظام

manager...(مینجر) *n.* a controller, one who manages affairs. منتظم

manhood....(مین ہوڈ) *n.* the state of being a man. آدمیت

manifold.............. (مینی فولڈ) *adj.* numerous and varied, complicated. پیچیدہ، گوناگوں، بوقلموں

mankind..............(مین کائنڈ) *n.* the human species. آدمی

manoeuvre.....(مینوور) *n.* skillful movement, stratagem. مہارت *v.t.* to manage artfully. ہوشیاری سے انتظام کرنا

manual...(مینوئل) *n.* a handbook. کتابچہ *adj.* pertaining to or do with one's hand. ہاتھ کا

manufacture........(مینوفیکچر) *v.t.* making on a large scale. بڑی مقدار میں بنانا

marble.....(ماربل) *n.* a very hard stone with polish. سنگ مرمر *v.t.* to paint like marble سنگ مرمر کی طرح رنگنا

mariner..(میرینر) *n.* a sailor. ناخدا

mark....(مارک) *n.* a sign of note, target. نشان، نشانہ *v.t.* to make a mark. دیکھنا، نمبر دینا

marking..(مارکنگ) *n.* impression with a mark. نشان، چھاپ

maroon... (مرون) *n.* a brownish crimson colour. بھورا لال رنگ

marriageable.....(میرجیبل) *adj.* able to be married. شادی کرنے کے قابل

martyrdom............(مارٹرڈم) *n.* suffering of a martyr. قربانی، شہادت

marvellous.......... (مارویلس) *adj.* wonderful, astonishing. تعجب خیز

masculine..........(میسکولین) *adj.* manly, of the male sex. مرد ذات کا

masque................ (ماسک) *n.* an entertainment, consisting of pageantry, a masked person. نقاب پوش، نقاب

massage.....(مساج) *n.* a form of cure by rubbing and kneading the body. مالش

massive.(میسو) *adj.* large, bulky, heavy. بڑا بھاری، جسیم

masterpiece.........(ماسٹرپیس) *n.* greatest work of an artist. سب سے عمدہ کام، شاہکار

match.......(میچ) *v.t.* & *i.* to be of proper value, to correspond. مقابلہ کرنا

mathematics..... (میتھے میٹکس) *n.* the science of magnitude and number. علم الحساب

matinee.... (میٹینی) *n.* a show in the day time. دن کا سینما

matrimony............ (میٹری منی) *n.* marriage. شادی

matron.........(میٹرن) *n.* married woman, female superintendent in a school, hospital etc. شادی شدہ عورت ،اسپتال اسکول وغیرہ کی منتظمہ

matter..........(میٹر) *n.* substance, cause of trouble, subject. شے، مضمون جھگڑے کی وجہ

mature......(میچور) *adj.* ripe, fully developed. پورا، پکا، پختہ کار

maturity.........(میچوریٹی) *n.* fully developed state. پختہ، سن بلوغ

mauve... (موو) *n.* a bright purple dye. چمکیلا، بیگنی رنگ

maxim....... (میکسم) *n.* a proverb, maxim gun, a small gun. کہاوت ، بندوق

maximum...........(میکسیمم) *n.* the greatest side or number. زیادہ سے زیادہ

meantime.......... (مین ٹائم) *n.* the interval between two given times. درمیانی مدت

meanwhile .. (مین وائل) *n.* in the interval. اسی بیچ میں

measure.(میزر) *n.* that by which something is estimated. ناپ

measures....... (میزرس) *n. plural.* means to an end. تدبیر

mechanic....(مکینک) *n.* a skilled workman, an artisan. کاریگر، مشین سے متعلق

mechanical.......... (مکینکل) *adj.* relating to machines. مشینی

medal.(میڈل) *n.* metal worked in the form of a coin, appreciation. تمغہ

meddle.....(مڈل) *v.i.* to interfere. مداخلت کرنا

medium...(میڈیم) *n.* the middle, means, agent. درمیان، ذریعہ

melancholy (میلانکلی) *n. & adj.* sad feeling of dullness, gloomy. مایوس، مالیخولیا

memorable.. (میموریبل) *adj.* able to be remembered. یادرکھنے لائق

memory.................. (میموری) *n.* remembrance. قوت یادداشت

menses... (منس) *n.* the monthly discharge from the uterus of a women. ماہواری، حیض

mentality................ (منٹلیٹی) *n.* intellectual power. ذہنی قوت

mentionable.. (منشنیبل) *adj.* that can be mentioned. چرچا کرنے کے لائق

menu......(مینو) *n.* a list of dishes available. فہرست طعام

mercury.... (مرکری) *n.* a planet, quick silver. ایک تارہ، پارا

merely (میرلی) *adv.* simply. صرف

merriment..........(میری منٹ) *n.* enjoyment, mirth. ہنسی مذاق

mesmerize..(مسمرائز) *v.t.* bring to a hypnotic state. مسحور کرنا

message.......................(میسج) *n.* communication. پیغام، خبر

messenger...(میسنجر) *n.* one who brings message. پیغام بر

metaphor...(میٹافر) *n.* figurative use of words. ایک صفت شعری

mew.... (میو) *n.* cry of cat, sound like cat. بلی کی آواز *v.i.* to cry like cat. بلی کی طرح رونا

midnight (مڈنائٹ) *n.* the middle of night. نصف لیل، آدھی شب

midst....... (مڈسٹ) *n.* the middle. *adv.* in the middle. درمیان، درمیان میں

midwife......(مڈوائف) *n.* a woman who assists another in child birth. دائی

might.(مائٹ) *n.* power, strength. طاقت

milky.....(ملکی) *adj.* of milk. دودھ کا

miller..(ملر) *n.* one who operates mill. مل میں کام کرنے والا

million (ملین) *n.* one thousand thousands. دس لاکھ

millionaire...... (ملینر) *n.* a very rich person. امیر

minimize...(مینمائز) *v.t.* to reduce to the smallest amount. بالکل چھوٹا کرنا

minimum..... (منیمم) *n.* the least amount. سب سے چھوٹا

minor....(مائنر) *adj.* smaller, less, unimportant. چھوٹا، کم عمر

minority....(مائینوریٹی) *n.* state of being minor. نابالغی

minute......(منٹ) *n.* very small, trifling, of little consequence, exact. ایک گھنٹہ کا ساٹھواں حصہ

miracle........(مریکل) *n.* a marvel, natural event. معجزہ

miraculous.........(میریکولس) *adj.* wonderful, surprising. عجیب وغریب

mirror.(مرر) *n.* a looking glass. آئینہ

mirth............(مرتھ) *n.* joy, glee. خوشی، مسرت

misguide....(مس گائڈ) *v.t.* to lead into error. بھٹکانا

mislead.......(مس لیڈ) *v.t.* to lead wrongly. بھٹکانا، گمراہ کرنا

mismanage....... (مس مینج) *v.t.* to manage wrongly. بدنظمی

misplace (مس پلیس) *v.t.* to place in a wrong place. بے جگہ

misprint.. (مس پرنٹ) *n.* mistake in printing. طباعت کی غلطی *v.t.* to print incorrectly. غلط طباعت

mistake...............(مسٹیک) *v.t.* to understand wrongly. غلطی میں پڑنا

misunderstanding............. (مس انڈراسٹینڈنگ) *n.* misconception. غلط فکر، غلط خیال، غلط سوچ

mockery.......(موکری) *n.* ridicule. کھلی، مذاق، ہنسی

modernity........(موڈرنیٹی) *n.* the state of being modern. جدت

moist.......... (موآئسٹ) *adj.* damp, slightly wet. تر، بھیگا ہوا

momentary........ (مومنٹری) *adj.* lasting for a moment. وقتی

momentous......... (مومنٹس) *adj.* important. اہمیت کا

Monday..(منڈے) *n.* the second day of the week. سوموار، پیر کا دن

mono......(مونو) *n.* in the sense of single, alone. اکیلا، ایک

monogram..(مونوگرام) *n.* two or more letters interwoven in a figure. طغرا

monologue......... (مونولوگ) *n.* a speech spoken by one person alone. ایک شخص کے ذریعہ بولی گئی بات

monopolize...... (مونوپلائز) *v.t.* to obtain monopoly of. اجارہ داری کرنا

monopoly....(مونوپولی) *n.* the sole right of dealing in anything. اجارہ داری

monotony............... (مونوٹونی) *n.* uniformity of tone. برابری

monthly...... (منتھلی) *adj., adv. & n.* recurring every month. ماہانہ

moody........ (موڈی) *adj.* in ill humour. بگڑی طبیعت کا

mortality......(موریلیٹی) *n.* virtue. اخلاقی قدر

moreover............(موراوور) *adv.* besides, in addition. علاوہ، اس سے زیادہ

morn.... (مورن) *n.* poetical form of morning. (نظم میں مستعمل) صبح کا وقت

mortality...... (مورٹلیٹی) *n.* death, destruction. موت، بربادی، فنا

mount ....(ماؤنٹ) *n.* a hill. *v.t.* to rise, ascend. پہاڑی، چڑھنا

mourn.... (ماؤرن) *v.t.* to lament. تعزیت کرنا، افسوس کا اظہار کرنا

movables.............. (موویبلس) *n.* personal property. ذاتی ملکیت منقولہ

movement.(موومنٹ) *n.* change of position. حرکت، چال

muddy. (مڈی) *adj.* full of mud, dirty. کیچڑ سے سنا ہوا

multimillionair (ملٹی ملینیر) *n.* a person with millions of money. کروڑپتی

multitude.....(ملٹی چیوڈ) *n.* a large number, a crowd. بھیڑ، بڑا مجمع

mum.........(مم) *adj.* silent. خاموش

murmur............(مرمر) *n.* a low indistinct sound, a complaint. *v.t.* to make a low continuous sound. بڑبڑانا

museum...(میوزیم) *n.* a building where objects of art and science are kept for show. عجائب گھر

mushroom.... (مشروم) *n.* a kind of plant fungus. گوبر چھتا، کُکرمتا

music........ (میوزک) *n.* a melody, pleasant sound. نغمہ

musician...(میوزیشین) *n.* one who is skilled in the practice of music. نغمہ ساز، گانے والا

mutiny............ (میوٹنی) rebellion against constituted authority. بغاوت، غدر

myself..(مائی سلف) *pron.* reflexive form of. خود (میں)، اپنے آپکو

mythology.......(مائتھولوجی) *n.* the science of myth. قیاسی کہانیوں کا علم

N

nab.... (نیب) *v.t.* to catch, arrest. پکڑنا

nail....... (نیل) *n.* a claw, a horny growth. ناخن *v.t.* to fasten with nail. کیل سے جڑنا

naive.......... (نیو) *adj.* unaffected, simple. قدرتی، سیدھا

naked.............(نیکڈ) *adj.* bare. ننگا

namesake......... (نیم سیک) *n.* one having the same name. ہم نام

napkin.. (نیپ کن) *n.* a small cloth for wiping hand. چھوٹی تولیہ

narration........ (نیریشن) *n.* act of relating. قول، بیان

narrow....... (نیرو) *adj.* limited in size, of little width. پتلا *v.t. & i.* to make narrower. سکوڑنا

nationality............. (نیشنلیٹی) *n.*

patriotic sentiment. قومیت

nationalise........ (نیشنلائز) *v.t.* to make national. قومی بنانا

naturally.............. (نیچورلی) *adv.* according to nature. قدرتی طور پر

nature .... (نیچر) *n.* innate character, the universe, essential qualities, natural disposition, kind. قدرتی، کائنات، قدرتی طور پر

navigation... (نیویگیشن) *n.* the act of navigating. سمندری سفر، ناؤ کا سفر

necessary............ (نسری) *adj.* indispensible. ضروری

necessity (نسیسٹی) *n.* imperative need, poverty. ضرورت، غریبی

needle..(نڈل) *n.* a sharp pointed piece of steel for sewing. سوئی

negation......(نگیشن) *n.* a denial, refusal. نفی

neglect.... (نگلکٹ) *v.t.* to have no care, to disregard, to leave undone. نظرانداز کرنا

negligence..............(نگلی جنس) *n.* carelessness. بھول

negotiate............ (نگوشیٹ) *v.t.* to manage, to exchange for value. طے کرنا، تجارت کرنا

negotiation............(نگوشیشن) *n.* transacting for business. سودا

neither....... (نائدر) *adv., conj. & pron.* not either. دونوں میں سے کوئی نہیں

nerveless... (نرولس) *adj.* useless, weak. کمزور، بیکار

net......... (نٹ) *adj.* free from all deductions. بغیر دلالی یا چھوٹ کا

netting....... (نٹنگ) *n.* the act of forming a network. جالی کا کام

neuter............(نیوٹر) *adj.* neither masculine nor feminine. بے جنس، غیر جانب دار

new........... (نیو) *n. adj.* fresh. نیا

news.............(نیوز) *n.* tidings. خبر

nicely............ (نائسلی) *adv.* finely. اچھی طرح سے

nickname...(نک نیم) *n.* an added name, a by name. عرف، چڑھانے کا نام

niece...(نیس) *n.* daughter of one's brother or sister. بھتیجی / بھانجی

nightingale.. (نائٹنگل) *n.* a small singing bird. بلبل

nominee..(نومینی) *n.* a designated person. متعین شخص

nonetheless.......... (ننڈلس) *adv.* nevertheless. اگرچہ

noon...(نون) *n.* midday. دوپہر *adj.* pertaining to noon. دوپہر سے متعلق

normality.............. (نورمیلیٹی) *n.* regularity. تسلسل، باقاعدگی

northward......... (نورتھ ورڈ) *adj.* towards the north. شمال کی جانب

notable.......(نوٹیبل) *n.* a famous person or thing. مشہور شخص / شئے

noteworthy....... (نوٹ وردی) *adj.* remarkable. قابل غور، قابل ذکر

numerous. (نیومرس) *adj.* many in numbers. کئی

nun.. (نن) *n.* a woman who leads a religious and secluded life. پجارن، مرتاضہ

novelty..... (نوویلٹی) *n.* something unusual. انوٹھا، نیا

nowhere ....(ناؤہیئر) *adv.* not anywhere. کہیں بھی نہیں

numberless........... (نمبرلس) *adj.* countless. کئی، لاتعداد

nursery.... (نرسری) *n.* a room for infants, a place where trees and plants are reared. ذخیرہ، باغیچہ، طفل خانہ

nurture........... (نرچر) *n.* training. تعلیم، سکھانا *v.t.* to train, to nourish. پالنا، تعلیم دینا

nutrition .... (نیوٹریشن) *n.* act or process of nourishing, food. غذائیت

nut (نٹ) *n.* the fruit of a tree, a wooden or iron piece with screw. اخروٹ، پیچ *v.t.* to gather. اکٹھا کرنا

O

oath................(اوتھ) *n.* a solemn affirmation to God. حلف

obedience..........(اوبی ڈینس) *n.* submission to another's rule. حکم ماننا

object... (آبجکٹ) *n.* end purpose, a thing which one causes or feels. ارادہ، مقصد، کام

objectionable.(اوبجکشن ایبل) *adj.* disagreeable,unpleasant. قابل اعتراض

oblique...... (اوبلیک) *adj.* slanting. جھکا ہوا

obscene... (اوبسین) *adj.* indecent, lewd. گندہ، فحش

observer..... (آبزرور) *n.* one who observes. محتسب

obstacle.............(آبس ٹیکل) *n.* an impediment, a hinderance. رکاوٹ، اڑچن

obstruction..........(آبس ٹرکشن) *n.* persistent opposition. رکاوٹ

obtain... (اوب ٹین) *v.t. & i.* to get, to gain, to prevail. حاصل کرنا

obviously.......... (آب ویسلی) *adv.* clearly, evidently. واضح طور پر

occasional........... (آکیزنل) *adj.* occurring at times. کبھی کبھی ہونے والا

occupation............(اوکیوپیشن) *n.* employment, business, possession. روزگار، اختیار

occurrence......... (آکرینس) *n.* an incident. واقعہ

ocean.... (اوشن) *n.* the main body of water on the earth. سمندر، بحر اعظم

ochre........ (اوکر) *n.* a kind of pale yellow clay and its colour. پیلی مٹی

odd...(اوڈ) *adj.* not even, strange, peculiar, (انوکھا، بے ڈھنگا) at odds, in disagreement, اختلاف میں odds and ends. متفرق

odorous... (اوڈرس) *adj.* fragrant. خوشبودار

odour.. (اوڈر) *n.* smell, perfume. خوشبو

of......................(اوف) *prep.* کا

off.........(اوف) *adj. & adv.* away, farther. دور، دور کا (off hand. (بغیر تیاری کے) (well off) مالدار

offensive.. (آفن سیو) *adj.* hateful, disgusting. نفرت انگیز، تکلیف دہ

offering.........(آفرنگ) *n.* a gift, a sacrifice. تحفہ، ہدیہ، نذرانہ

official............(آفیشل) *n. & adj.* relating to an office . سرکاری دفتر سے متعلق

oil-painting......(آئل پینٹنگ) *n.* a painting in oil colours. روغنی تصویر

ointment. (آئنٹ منٹ) *n.* a greasy substance used for applying on wounds. لیپ، مرہم

omission........ (اومیشن) *n.* failure, neglect. ترک، بھول

omnipotent.......(اومنی پوٹنٹ) *adj.* almighty. قادر مطلق

omniscient...(اومنی شینٹ) *adj.* all knowing. علیم و خبیر

omnipresent...(آمنی پریزینٹ) *n.* presence everywhere. حاضر و ناظر

onwards...........(آن وارڈس) *adv.* towards the front. آگے کی جانب

opaque............ (اوپیک) *adj.* not transparent, not able to be seen through. غیر شفاف

operator..... (آپریٹر) *n.* one who operates. چلانے والا

opinion........... (اوپنین) *n.* belief, notion, idea. رائے، خیال

opportunity..........(آپرچونیٹی) *n.* chance, favouable time or occasion. موقع

oppose.. (اپوز) *v.t.* to speak or act against, to resist. مزاحمت کرنا

opposite.... (اپوزٹ) *adj.* adverse, contrary. ضد، الٹا

optimism............... (آپٹی مزم) *n.* hopefulness. خوش آئند

optional ....(اوپشنل) *adj.* according to one's choice. من چاہا، خود ارادی

oral....(اورل) *adj.* spoken, verbal. تقریری زبانی

orator....(اوریٹر) *n.* a good public speaker. مقرر

ordinarily........ (آرڈی نرلی) *adv.* usually. عام طور پر

organization....(آرگنائیزیشن) *n.* act of organizing, structure. منظم کرنا، تعمیر، تنظیم

oriental.........(اورینٹل) *n.* eastern,

eastern country. *adj.* مشرقی

ornament....(اورنامنٹ) *n.*a thing that adorns. زیور

orphan......(آرفن) *n.* a parentless child. یتیم

otherwise......(اودروائز) *adv.* in an other manner. نہیں تو

ought..........(آوٹ) *v. aux.* to be bound in duty, to need to be done. چاہنا، لائق ہونا

our..(آور) *pron.* belonging to us. ہمارا

ours...(آورس) *pron.* belonging to us. ہم لوگوں کا

outcome.........(آوٹ کم) *n.* result. نتیجہ، انجام

outdoor.... (آوٹ ڈور) outside the house. باہری

outing...(آوٹنگ) *n.* an excursion. سیر

outline......(آوٹ لائن) *n.* boundry line, a description. باہری حد، خاکہ *v.t.* to make sketch. خاکہ بنانا

output....(آوٹ پٹ) *n.* a product, the quantity prepared at a time. پیداوار، ماحصل

outrage..(آوٹ ریج) *v.t.* to insult, to ravish. بے عزت کرنا، ذلیل کرنا

outright..........(آوٹ رائٹ) *adv.* completely. پورے طور پر

outrun. (آوٹ رن) *v.i.* to pass the line. حد سے باہر جانا

outsider...........(آوٹ سائیڈر) *n.* a person outside a special class. اجنبی

outstanding (آوٹ اسٹینڈنگ) *adj.* prominent, unpaid. خاص، بغیر ادا کیا ہوا

outward............(آوٹ وارڈ) *adj.* exterior. باہری

outwit.... (آوٹ وٹ) *v.t.* to defeat by superior wisdom. ہرا دینا، کان کاٹنا

overact . (اوور ایکٹ) *v.t.* to act too much. زیادہ کام کرنا، ضرورت سے زیادہ اہتمام کرنا

overbid........ (اوور بڈ) *v.t.* to offer more than value. زیادہ قیمت لگانا، بڑھ چڑھ کر بول بولنا

overhear.... (اوورہیئر) *v.t.* to hear stealthily. چھپ کر سننا

overlook (اوورلک) *v.t.* to inspect, to forgive. معائنہ کرنا، معاف کرنا، چشم پوشی کرنا

overnight (اوورنائٹ) *adv.* on the preceding night. رات بھر میں، راتوں رات

oversight..........(اوورسائٹ) *n.* a mistake. شک، بھول

overstate....... (اووراسٹیٹ) *v.t.* to exaggerate. بہت بڑھ کر کہنا

overtake.. (اوورٹیک) *v.t.* to follow and catch. پیچھا کر کے پکڑنا

overtop.......(اوورٹوپ) *v.t.* to rise above the top of. چوٹی پر چڑھنا

overweight.......... (اووروِیٹ) *n.* excessive weight. زیادہ بھاری ہونا

overwhelm....... (اووروھلم) *v.t.* to win, to conquer, to overpower. جیتنا

ownership........... (اونرشپ) *n.* possession. مالکانہ اختیار

ox ....(اوکس) *n.* a bull. بیل

oxygen.......... (آکسیجن) *n.* gas in atmosphere essential to life. آکسیجن، ہواء

P

pabulum ...... (پبولم) *n.* food. غذا

pace.. (پیس) *n.* single step. قدم *v.i. & t.* to walk, to regulate speed. رفتار درست کرنا

pacify...........(پیسفائی) *v.t.* to calm. خاموش کرنا

package. (پیکج) *n.* a small bundle. چھوٹی گٹھری، چھوٹا بنڈل

painting..... (پینٹنگ) *n.* a painted picture. رنگین تصویر

palace. (پیلس) *n.* royal residence, stately mansion. محل، ایوان

palm...... (پام) *n.* a tree. تاڑ کا درخت

palm.... (پام) n. the inner surface of the hand. ہتھیلی

palmist........ (پامسٹ) *n.* one who is versed in palmistry. دست شناس

palpitation..............(پلپٹیشن) *n.* throbbing. دھڑکن، حرکت

panacea......(پنیسیا) *n.* cure for all ills, universal remedy. رام بان، سریع التاثیر، اکسیر

panner... (پینر) *n.* a general fault finder. سب کی غلطی نکالنے والا

pantaloon......(پینٹ لون) *n.* pant, trousers. پتلون، پاجامہ

paper...(پیپر) *n.* material used for writing. کاغذ

parable..... (پیربل) *n.* a proverb. کہاوت

paraffin oil...........(پیرافن آئل) *n.* refined petroleum. صاف پٹرول

paragon......(پیراگون) *n.* a perfect pattern. قدر

parallel.. (پیرالل) *adj.* similar. برابر *v.t.* to equal. برابر کرنا

paralysis. (پیرالسس) *n.* a total or partial loss of motion. لقوہ کی بیماری

paramount..........(پیراماونٹ) *adj.* supreme, chief. اعلیٰ ترین، اہم

parasite... (پیراسائٹ) *n.* a flatterer. خوشامدی، طفیلی

parliamentarian (پارلیامینٹرین) *n.* an orator, a member of parliament. مقرر، پارلیامینٹ کا نمائندہ

parody.......(پیروڈی) *n.* a comical imitation. طنزیہ *v.t.* to imitate rediculously. مضحکہ نقل بری طرح سے نقل کرنا، معنی خیز

parity....(پیرٹی) *n.* equality. برابری

paronym......... (پیرونیم) *n.* words alike in sound but different in spelling. مشبہ الصوت لفظ

partiality..............(پارشیلیٹی) *n.* a tendency to favour. جانب داری

participate......(پارٹی سپیٹ) *v.i.* to have a part in. حصہ لینا

participation..(پارٹی سپیشن) *n.* the sharing in common with other. شرکت، حصہ لینا

particle...(پارٹکل) *n.* a very small part. ایک ذرہ

particular...(پرٹیکولر) *adj.* special, careful. خاص، ہوشیار

particularity.........(پرٹیکولریٹی) *n.* exactness. بالتفصیل

particularly.. (پرٹی کولرلی) *adv.* in detail. تفصیل، خاص طور پر

partner.. (پارٹنر) *n.* a sharer. حصہ دار

partnership.. (پارٹنرشپ) *n.* joint ownership. حصہ داری

passbook ....(پاس بک) *n.* a banker's book. روپے لین دین کا کتابچہ

passenger...(پسینجر) *n.* a traveller in a public vehicle. مسافر

passion... (پیشن) *n.* deep feeling. شدید خواہش، شوق، جذباتی لگاؤ

passionate...... (پیشنیٹ) *n.* easily moved to anger, moved by strong emotions. غصہ ور، جذباتی

pastime... (پاس ٹائم) *n.* recreation. موج مستی، کھیل کود، فرصت کا مشغلہ

patent..(پٹنٹ) *n.* permit given by Government. خصوصی حکم، رجسٹری شدہ

paternal.(پیٹرنل) *adj.* fatherly. نسبی

path.............(پاتھ) *n.*a foot-way. راہ، پگڈنڈی

patience......(پیشنس) *n.* calmness, endurance. *adj.* perseverance. حوصلہ

patient.(پیشنٹ) *n.* a person under medical treatment. مریض

patricide... (پیٹری سائڈ) *n.* murder of father. والد کا قتل

patriotism... (پیٹریوزم) *n.* love of one's own country. حب الوطنی

patron......... (پیٹرن) *n.* protector. خیر خواہ، محافظ، معاون

pattern........... (پیٹرن) *n.* model. سانچہ، نمونہ

payable......... (پے ایبل) *adj.* due. قرض، واجب الادا

payee.......(پے ای) *n.* one to whom money is paid. مال پانے والا

payer .... (پیئر) *n.* one who pays. روپے دینے والا

payment......... (پیمنٹ) *n.* act of paying. ادائیگی

peacemaker.....(پیس میکر) *n.* one who makes peace. امن عطا کرنے والا

peacock...... (پی کوک) *n.* a kind of bird. مور

pearl........... (پرل) *n.* a substance formed within the shell of an oyster. موتی

pearly.......(پرلی)*adj.* resembling pearls. موتی کی مانند

peasant.......(پی زینٹ)*n.* a rustic, farmer. کسان

peasantry..(پیزنٹری)*n.* peasants. کسان سماج

peculiar......(پکولیر)*adj.* strange. عجیب وغریب

pedant....(پڈینٹ)*n.* who makes show of learning. علمی غرور والا

penal....(پینل)*adj.* pertaining to the punishment. سزا سے متعلق

penalize..(پنالائز)*v.t.* to lay under a penalty. سزاوار

penance......(پینینس)*n.* art of self mortification. مجاہدہ، نفس کشی

penetrate....(پنیٹریٹ)*v.t. & i.* to pierce into. داخل کرنا

penetration..(پینیٹریشن) *n.* act of piercing, insight. داخل، داخلی، دخول

penguin......(پنگوئن) *n.* a kind of sea fowl. ایک سمندری چڑیا

pension.......(پنشن) *n.* a payment after retirement. وظیفہ ملازمت

pensionable.....(پنشن ایبل) *adj.* able to obtain pension. پنشن پانے لائق

peonage..(پیونیج)*n.* service. نوکری

perambulator-(پرامبولیٹر) *n.* a child's carriage. بچوں کی گاڑی

percept..........(پرسیپٹ)*n.* mental product. قیاس

percentage .... (پرسنٹیج) *n.* فی صد

perfect.....(پرفکٹ)*adj.* complete, exact. مکمل، پورا *v.t.* to render faultless. اعلیٰ، مکمل کرنا

perfection..(پرفکشن) *n.* faultless. تکمیل، بے عیبی

perfumery.............(پرفیومری) *n.* perfumes in general. عطریات

perhaps...........(پرہیپس)*adv.* by chance. شاید

period....(پیریڈ)*n.* age, a portion of time. وقت، وقفہ، قرن

periodic(al) ....(پیراوڈیکل)*n.* happening at regular interval of time. متعین زمانہ کا

perish..........(پیرش) *v.i.* to die, to decay. مرنا، برباد ہونا، خراب ہونا

perishable...(پیرشیبل)*adj.* liable to perish. برباد ہونے کے قابل

permanent...........(پرمانینٹ) *adj.* lasting. مستقل

permissible.........(پرمیسیبل)*adj.* allowable. اجازت پانے کے لائق، جائز

permission.......(پرمیشن)*n.* leave, consent. اجازت

permissive.............(پرمیسو)*adj.* allowing. اجازت کے لائق، جائز

permit..........(پرمٹ)*n.* a written permission. اجازت نامہ *v.t.* to allow. اجازت دینا

permittance..............(پرمٹنس)*n.* allowance. اجازت، دخول

perpetual.............(پرپیچول) *adj.* everlasting. لگاتار

perpetuation........(پرپیچوایشن) *n.* continuity. بنا رہے

perplex....(پرپلیکس)*v.t.* to puzzle. الجھانا، پریشان کرنا

perplexity..(پرپلیکسیٹی) *n.* puzzled state. گھبراہٹ، بے چینی

persevere(پرسی ویئر)*v.t.* to persist, to try again & again. لگاتار کوشش

personnel............(پرسنیل)*n.* the persons employed in public service. عملہ، ملازمین

perturbed (پرٹربڈ)*adj.* agitated. بے چین

perusal..........(پیروسل) *n.* careful reading. مطالعہ

pervert.........(پرورٹ)*v.t.* to turn from right course. راستے سے بھٹکنا

pessimism...(پیسی مزم)*n.* looking at the worst of things. فتنہ جو قنوطیت

petticoat..(پیٹی کوٹ)*n.* a garment worn by ladies. پیٹی کوٹ

phantasm.(فینٹزم)*n.* an illusion. کسی شئی کا گمان، قیاس

pharmacy.......(فارمیسی) *n.* art of preparing medicine. دوا بنانے کا ہنر

phenomenon............(فنومینن) *n.* anything remarkable. عجیب شئی/شخص، مظہر قدرت

philology....(فیلولوجی)*n.* the study of languages. علم اللسان

philosopher.....(فلاسفر)*n.* expert in philosophy. دانشور

phone..(فون)*n.* telephone. ٹیلی فون

photography...(فوٹوگرافی)*n.* the art of producing pictures by photographic camera. تصویر لینے کا طریقہ

physical (فزیکل) *adj.* pertaining to physics, bodily. علم طبیعیات سے متعلق، جسمانی

physician....(فزیشین)*n.* a doctor of medicines. طبیب

pickle.............(پکل) *n.* vegetable preserved. *v.t.* to preserve in pickle. اچار، مربہ

pickpocket..... (پک پوکٹ) *n.* one who steals from another's pocket. جیب کترا

pictorial...........(پکٹوریل)*adj.* of pictures. مصور، تصویری

picture......... (پکچر)*n.* a beautiful object, a visible image. نقشہ، پرکشش شئے *v.t.* to draw.

picturesque..........(پکچرسک)*adj.* vivid, effective like picture. صاف، خوبصورت، تصویر کے جیسا

pierce......(پیرس)*v.t. & i.* to thrust into. چھیدنا

pilgrim...(پلگرم)*n.* one who goes to holy places. مقدس مقامات کا مسافر

pilgrimage...(پلگریمیج) *n.* journey to holy places. مقدس مقام کا سفر، زیارت

pillow...(پلو)*n.* a soft cushion for the head. تکیہ *v.t.* to lay on pillow. تکیہ لگانا

pinch........(پنچ)*v.t. & t.* to nip, to distress. تکلیف دینا، چٹکی، چٹکی کاٹنا

pisces.... (پیسز) *n.* fish, the twelfth sign of zodiac. (برج فلکی) مچھلی، حوت

pitcher........(پچر) *n.* a vessel for carrying liquids. گھڑا

pitiful.... (پٹی فل)*adj.* full of pity. دردناک، قابل رحم

pity...(پٹی) *n.* compassion. رحم *v.t.* to have pity. رحم کرنا

plaintiff.....(پلینٹف) *n.* one who commences action at law. مدعی

plan..........(پلان)*n.* scheme, map, drawing, project, design. نقشہ، ڈھانچہ، ترکیب

plane............(پلین)*n.* a flat level surface. مسطح

playfellow (پلے فیلو)*n.* playmate. ساتھی، ہم جولی، ساتھ ساتھ کھیلنے والا

pleasant.............. (پلیزینٹ)*adj.* agreeable. دلچسپ، دلفریب

pleasure.. (پلیژر)*n.* satisfaction, delight. اطمینان، خوشی، قناعت

pledge .... (پلیج) *n.* promise. وعدہ *v.t.* to pawn. ضمانت، گروی رکھنا

plenty......(پلنٹی)*n.* quite enough. زیادتی، بہتات

plot... (پلوٹ)*n.* a plan, a piece of ground. قطعہ زمین *v.t.* to conspire. منصوبہ، سازش کرنا

plural......(پلورل) *adj.* consisting more than one. کئی، جمع

pocketful.. (پاکٹ فل)*n.* as much as a pocket can hold. جیب بھر

poetry...... (پوئٹری)*n.* poems. نظم

policy.......... (پالیسی)*n.* statecraft. منصوبہ، حکمت عملی

poisonous.....(پوئزنس)*adj.* full of poison. زہریلا

politeness.(پولائٹنس) *n.* courtesy. خلیق، شرافت، شائستگی

politics......(پولیٹکس)*n.* science of government, strife of parties. سیاست

politician......... (پولیٹیشین)*n.* one versed in politics. سیاست داں

pollute...... (پولیوٹ)*v.t.* to defile. گندہ کرنا، برباد کرنا

pollution...(پولوشن)*n.* defilement. کثافت، آلودگی

polygon..(پولی گن) *n.* a figure with many angles or sides. کثیرالاضلاع، کثیرالذوایا

pomade..... (پومیڈ)*n.* a perfumed ointment for hair. بالوں کا خوشبودار تیل/مرہم

pompous...(پومپس)*adj.* splendid,

showy. شاندار، دکھاوٹی

ponder..........(پونڈر) *v.t.* to think, meditate. سوچنا، غوروفکر کرنا

poorness........ (پوئرنس) *n.* lack of good quality. خوبیوں کی کمی، کسر

popularity.....(پوپولیریٹی) *n.* state of being admired by people. شہرت، مقبولیت، ہردل عزیزی

population......... (پوپولیشن) *n.* the people of a country. آبادی

portable..(پورٹیبل) *adj.* movable, light. اٹھانے لائق، ہلکا

portfolio............. (پورٹ فولیو) *n.* a portable case for keeping loose papers, office of a minister of state. بستہ، قلمدان

portrait.................(پورٹریٹ) *n.* a photograph. تصویر

positively....... (پوزیٹولی) *adv.* in a positive manner. واضح طور پر

possession..... (پزیشن) *n.* state of owning. قبضہ، اختیار

possibly (شاید) *adv.* perhaps. شاید

postal........ (پوسٹل) *adj.* connected with post. ڈاک سے متعلق

poster.....(پوسٹر) *n.* a placard. اشتہار

postdate ...(پوسٹ ڈیٹ) *v.t.* to put on date after the actual time of writing. بعد کی تاریخ ڈالنا

post-mortem... (پوسٹ مورٹم) *adj.* examination after death. موت کے بعد کی تفتیش، معائنہ

postpone......... (پوسٹ پون) *v.t.* to adjourn, to delay. ٹالنا، ملتوی کرنا، دیر کرنا

potency............(پوٹنسی) *n.* power. طاقت، قوت

poverty... (پوورٹی) *n.* the state of being poor. غریبی

practicable (پریکٹی کیبل) *adj.* that may be carried out. حقیقی، قابل عمل

practical... (پریکٹیکل) *adj.* relating to practice. مشق سے متعلق

practise...(پریکٹائز) *v.t. & i.* to put in practice. مشق کرنا

praying......(پرینگ) *n.* the act of praying. استدعا

preach...............(پریچ) *v.t. & i.* to advocate, to deliver sermon. نصیحت کرنا، بتانا

precede. (پریسیڈ) *v.i.* to go before in time or rank. آگے ہونا

precious...... (پریشس) *adj.* costly, dear. قیمتی

precis..(پریسی) *n.* brief summary. نچوڑ، خلاصہ، لب لباب

precise ....(پریسائز) *adj.* exact. ٹھیک

predicate....(پری ڈیکیٹ) *n.* that is affirmed. مفعول

pre-existence.-(پری ایکسس ٹینس) *n.* existing beforehand. ماقبل زندگی

preface................ (پریفیس) *n.* an introduction to a book. دیباچہ *v.i.* to make introductory remarks. دیباچہ تحریر کرنا

prefix .... (پریفکس) *n.* letters placed before a word. سابقہ

pregnancy...(پرگنینسی) *n.* state of being pregnant. حمل

prejudice..........(پری جوڈس) *n.* an unreasonable bias. جانب داری

premature..(پری میچور) *adj.* done or happening too soon. وقت سے پہلے ہونے والا، قبل از وقت

prematurity....... (پری میچوریٹی) *n.* happening untimely. بے وقت، قبل وقت

premier....(پری میئر) *n.* chief. خاص

preparation..........(پری پریشن) *n.* previous arrangement. تیاری

prescription........... (پرسکرپشن) *n.* medicine prescribed. نسخہ

preservation.(پری زرویشن) *n.* act of keeping safe. بچاؤ، حفاظت

preside...... (پری سائڈ) *v.t.* to have control over. صدر ہونا، صدارت کرنا

presidency.......(پریسی ڈنسی) *n.* the office of a president. صدر کا عہدہ

pressure............ (پریشر) *n.* force, compulsion. دباؤ

prestige................(پرسٹج) *n.* high reputation, influence on account of past success. عزت، وقار

prevention...............(پرینشن) *n.* obstruction. روک تھام

priceless.............. (پرائس لس) *adj.* invaluable. بیش قیمتی

pride. (پرائیڈ) *n.* self esteem. غرور *v.t.* to take pride in. غرور کرنا

primitive. (پری میٹو) *adj.* ancient. قدیم، ابتدائی

principal........ (پرنسپل) *adj.* main, chief. خاص *n.* a head of a college. کالج کا استاد اعلیٰ

principle (پرنسپل) *n.* a fundamental rule or truth. بنیادی قاعدہ، اصول

priority..(پرائریٹی) *n.* precedence. پہل، اولیت

prisoner....(پرزنر) *n.* a criminal, one confined in a prison. قیدی

privacy...(پرائیویسی) *n.* seclusion. مخفی، تخلیہ

privilege...(پریویلیج) *n.* monopoly. استحقاق *v.t.* to bestow special right. امتیازی حق

probability........... (پروبیلیٹی) *n.* likelihood. موہوم، گمان

probation.......(پروبیشن) *n.* A period of trial. امیدواری، آزمائشی دنائی

probe. (پروب) *v.i.* to search into. امتحان کرنا، جانچنا

procedure-........... (پروسڈیور) *n.* manner of legal action. قاعدہ، قانون

proceeding .... (پروسیڈنگ) *n.* course of action. کارروائی

process.(پروسس) *n.* summons, writ, method, course, state of going on. مچلکا، طریقہ، رواج، ترقی پروانہ، حکم نامہ، طریقہ عمل

procession........... (پروسیشن) *n.* a number of persons proceeding in orderly succession. سواری، جلوس

proclamation..... (پروکے میشن) *n.* notice to the public. اعلان

producer................ (پروڈیوسر) *n.* generator. پیدا کرنے والا

product...... (پروڈکٹ) *n.* a result, yield. نتیجہ، حاصل

production (پروڈکشن) *n.* the act of producing. پیداوار

professional..........(پروفیشنل) *adj.* pertaining to a profession. پیشے سے متعلق، پیشہ وارانہ

profitable (پروفیٹبل) *adj.* useful. سودمند

profound...... (پروفاؤنڈ) *adj.* very deep, mysterious. عجیب وغریب، گہرا

progress................. (پروگرس) *n.* improvement, increase. ترقی، بڑھاوا *v.t.* to advance, to improve. آگے بڑھنا، ترقی کرنا

progressive......... (پروگریسو) *adj.* advancing. تدریجی ترقی

prohibition (پروہبیشن) *n.* the act of forbidding. امتناع

project....... (پروجکٹ) *n.* a plan of purpose. مقصد *v.t. & i.* to plan. مقصد حاصل کرنا، پلان

prologue (پرولوگ) *n.* a preface. دیباچہ

prominent.......... (پرومنٹ) *adj.* famous. مشہور، تخصیص

pronoun....... (پروناؤن) *n.* a word used in place of a noun. ضمیر

pronounce-.....(پروناؤنس) *v.t. & i.* to utter. ہجے کرنا، تلفظ کرنا

proof.... (پروف) *n.* test, evidence, demonstration, impression taken for correction. ثبوت، امتحان، تصحیح

propagate...........(پروپگیٹ) *v.t.* to increase, to spread. بڑھنا، پھیلانا

property...... (پروپرٹی) *n.* wealth, attribute. مال، خوبی

prophet (پروفٹ) *n.* a foreteller. پیش گو

proposal..(پروپوزل) *n.* a scheme. پروگرام، تجویز، تحریک

propose (پروپوز) *v.t. & i.* to offer, to plan. بات رکھنا، خیال رکھنا، تجویز رکھنا

proposition....... (پروپوزیشن) *n.* a formal statement. پروگرام، بیان قول

proprietor...(پروپرائٹر) *n.* owner. مالک، حاکم

propriety... (پروپرائٹی) *n.* fitness, rightness, good character. لائق مندی، اچھا کردار، معقولیت

prose.. (پروز)*n.* nonmetrical form of speech. نثر *v.i.* to talk in prose. نثر میں بات کرنا

prosper...... (پروسپر)*v.i.* to thrive. کامیاب ہونا

prosperity............ (پروسپرٹی) *n.* flourishing state. خوشحالی

prostitute........ (پروسٹی چیوٹ) *n.* a harlot. فاحشہ، طوائف

protein.................. (پروٹین)*n.* an albuminoid. ایک کیمیاوی شئے، پروٹین، لحیمہ

prototype..........(پروٹوٹائپ) *n.* a model. عمدہ نمونہ، اصل نمونہ

protrude....... (پروٹوڈ)*v.i. & t.* to project, to thrust out. باہر کی طرف نکلنا، اخراج

provocation. (پرووکیشن)*n.* act of provoking. جذبات، برانگیختگی

provoke..(پرووک) *v.t.* to excite. اکسانا، حوصلہ دلانا

prudence.. (پروڈنس)*n.* foresight, wisdom. عقل مندی، دوراندیشی

prudent...... (پروڈنٹ) *adj.* wise, foresighted. ہوشیار، عقلمند

pseudo........ (سیڈو) *prefix.* false, deceptive. جھوٹا، نقلی

pseudonym........... (سیڈونم) *n.* a fictitious name. بدلا ہوا نام

publication...... (پبلی کیشن) *n.* the act of making known publicity. اشاعت

publicity..... (پبلی سیٹی)*n.* the state of being public. شہرت

pun........ (پن)*n.* a play to words. ذومعنی *v.i.* to make use of puns. ذومعنی کا استعمال

punctual.. (پنکچویل) *adj.* exact as to time. پابند

punctuation.... (پنکچویشن) *n.* the act of dividing sentence by marking. رموزواوقاف

punish......(پنش) *v.t.* to chastise. سزا دینا

punishment............ (پنشمنٹ) *n.* penalty imposed for an offence. سزا

purchase......... (پرچز)*v.t.* to buy خریدنا *n.* buying, thing bought. خرید، خریدا ہوا سامان

purgatory..... (پرگیٹری)a place of spiritual purification. گناہ سے پاک ہونے کی جگہ

purification....(پیوری فکیشن) *n.* act of purifying. طہارت

puritan....... (پوریٹن) *n.* a person professing strict purity. سادھو، طاہر

purpose............(پرپز) *n.* idea or aim. مقصد *v.i.* to have an intimation. حصول مقصد

purposely.............. (پرپزلی)*adv.* intentionally. جان بوجھ کر

pursuance........... (پرسوئینس) *n.* following after. پیروی

pursue.... (پرسیو)*v.t.* to aim at, to follow. پیچھا کرنا

puzzle........... (پزل)*n.* a riddle, a difficult problem. پہیلی، سوال *v.t.* to bewilder. پریشان کرنا، گھبرانا

pyorrhoea...(پائریا) *n.* discharge of pus from the gums. دانت کا مرض، سیلان سدیدی

pygmy.... (پگمی)*n.* dwarf. بونا، ناٹا

Q

Q-boat..... (کیوبوٹ)*n.* a warship disguised as a merchant ship. تجارتی جہاز کے بھیس میں لڑاکو جہاز

quadrate.(کواڈریٹ)*v.t.* to make square. مربع بنانا

quail...(کوئیل)*n.* a small bird. *v.t.* to fear, to lose heart. بٹیر، لاوا خوف سے کانپنا

qualification...... (کوالی فیکیشن) *n.* thing that qualifies. قابلیت

qualified........... (کوالی فائیڈ) *adj.* modified. قابل، لائق

qualify.. (کوالی فائی)*v.t.* to modify. قابل ہونا

quality... (کوالیٹی)*n.* rank, virtue. خصوصیت

qualmish............... (کوامش)*adj.* affected with nausea. جی متلانے والا

quantity................. (کوان ٹیٹی)*n.* amount. تعداد

quarrel............ (کوئرل)*n.* angry dispute. جھگڑا، لڑائی *v.i.* to dispute, to find fault with. لڑنا، جھگڑنا

quarrelsome...... (کوئرل سم) *adj.* irritable. جھگڑالو

quarry........... (کواری)*n.* a place where stones are dug out. معدن، شکار (کان) *v.i.* to dig stones from a quarry. پتھر نکالنا

quarterly...(کوارٹرلی)*adj., adv. & n.* once a quarter. سہ ماہی

quarto............. (کوارٹو)*n.* a book consisting of sheets folding in four parts. چارپرت کی کاغذ کی کتاب

quasi... (کواسی) *adv.* as if, unreal. قیاسی، بظاہر، گویا کہ، یعنی

queenly..........(کوئن لی)*adj.* like a queen. رانی جیسی

quell.... (کوئل) *v.t.* to suppress, to quieten. دبانا

quench.... (کوئچ) *v.t.* to slake, to satisfy thirst, to put out fire. پیاس بجھانا، آگ بجھانا

query......... (کوئری) *n.* a question *v.t.* to doubt. سوال کرنا، پوچھ تاچھ کرنا

quest.... (کوئسٹ)*n.* a search. کھوج، تلاش *v.i.* & to make a search for. کھوجنا، تلاشنا

questionable... (کوئسچن ایبل) *adj.* doubtful. مشکوک

questioner..(کوئسچنر) *n.* one who asks questions. سوال کرنے والا، سائل

questionnaire... (کوئسچنر) *n.* list of questions drawn for gathering information. سوالات، سوال نامہ

queue..(کیو)*n.* a line of persons. لائن، صف

quinine.......... (کوئی نن) *n.* a drug obtained from the cinchona tree. کونین

quit.......... (کوئٹ) *v.t.* to leave, to repay. ترک کرنا، چکانا

quite..... (کوئیٹ) *adv.* altogether. بالکل

quiver (کوئیور) *v.t.* to shake. کانپنا

quiz..... (کوئز) *v.t.* to make fun of. مذاق بنانا *n.* a general knowledge test, one given to quizzing. سوال وجواب، دل لگی باز، مذاقیہ

quorum.......... (کورم) *n.* number required for a valid meeting. مجلس کی کارروائی کے لئے لوگوں کی مطلوب تعداد

quota............. (کوٹا) *n.* part share حصہ، بخرہ

quotatin..(کوٹیشن) *n.* that which is quoted, current price. نقل قول، بازاری قیمت

quote.......... (کوٹ) *v.t.* to repeat words, to refer, to state price. حوالہ دینا، ثبوت دینا، قیمت بتانا

R

rabbi.. (ربائی) *n.* a Jewish doctor of law. یہودی اعلی عہدہ دار

racial....... (ریشل) *adj.* pertaining to race. خاندان سے متعلق

rack............ (ریک)*n.* a frame for holding fodder. ناد کھوتی، برتن، ناند *v.t.* to torture. تکلیف دینا، اڑتا بادل

radian.... (ریڈین) *n.* the angle at the centre of a circle. دائرے کے مرکز کا زاویہ

radiance..... (ریڈینس) *n.* brilliant lustre. چمک دمک

radium. (ریڈیم)*n.* a costly metal which emits rays. ایک چمکیلی شئے

radiate..(ریڈیٹ)*v.t. & i.* to send forth rays. شعاع پھینکنا

radiator...... (ریڈیٹر)*n.* a kind of heating apparatus. گرم کرنے کی ایک مشین

rain....... (رین)*n.* water falling in drops from the clouds. بارش *v.i.* to rain. بارش ہونا

rainbow....... (رینبو) *n.* a bow of seven colours. قوس قزح

rainfall.... (رین فول)*n.* shower of rain. بارش

rap.... (ریپ)*n.* a smart blow. دھکا *v.t.* to strike with blow. گھونسا مارنا

rape. (ریپ)*n.* sexual intercourse

with a woman without her consent. زنا *v.t.* to ravish, to take away by force. زنا کاری، چھین لینا، لوٹ لینا

rapid.......... (ریپڈ) *adj.* swift. تیز

rare.......... (ریر) *adj.* uncommon. غیر معمولی، عجیب وغریب، کمیاب

rational.... (ریشنل) *adj.* sensible. قابل غور، عاقل، ذی عقل

raze................ (ریز) *v.t.* to erase. کھرچنا، مٹانا

razor....... (ریزر) *n.* an instrument used in shaving hair. استرہ

reach.. (ریچ) *v.t. & i.* to arrive at. پہنچنا

reaction... (ری ایکشن) *n.* action in response to something. جوابی کارروائی

readable.... (ریڈیبل) *adj.* able to be read. قابل مطالعہ

readily..... (ریڈلی) *adv.* quickly, easily. جلدی سے، آسانی سے

readjust........ (ری ایڈجسٹ) *v.t.* to adjust again. دوبارہ ٹھیک کرنا، ازسرنو سلسلہ وار رکھنا

readmit (ری ایڈمٹ) *v.t.* to admit again. پھر سے داخل کرنا

readmission......... (ری ایڈمیشن) *n.* state of being admitted again. دوبارہ داخلہ

realistic....... (ریلسٹک) *adj.* true to fact. صحیح طور پر، حقیقت پسند

reality................ (ریلیٹی) *n.* actual existence. سچ مچ

reap.. (ریپ) *v.t. & i.* to cut down crop. فصل کاٹنا

reappear. (ری اپیئر) *v.i.* to appear again. دوبارہ ظاہر ہونا، پھر سے شامل ہونا

reappoint .... (ری آپوائنٹ) *v.t.* appoint again. دوبارہ بحال کرنا

reason............ (رزن) *n.* power of reasoning, cause, rational faculty, argument. غور وفکر، منطق، وجہ، مباحثہ *v.t.* to discuss, to argue, to infer. غور کرنا، نتیجہ نکالنا

reassure..... (ری شیور) *v.t.* to give confidence to. یقین دلانا

rebellion................ (ربلین) *n.* a revolt. بغاوت

reception... (رسپشن) *n.* the art of receiving. حصول، استقبال

recital........ (رسائیٹل) *n.* narration, reading. بیان کرنا، زور سے پڑھنا

recognize.......... (رکوگنائز) *v.t.* to identify. پہچاننا

recognition... (رکوگنیشن) *n.* taking notice, a formal acknowledgement. پہچاننا، ثبوت دینا

recognizable... (رکوگنائزیبل) *adj.* able to be recognised. پہچاننے لائق

recognizance... (رکوگنزینس) *n.* a legal bond. قانونی بندش، اقرارنامہ، مچلکہ

recommendation.. (رکمنڈیشن) *n.* statement meant to recommend. سفارش

recovery....... (رکوری) *n.* state of having recovered. حصول، وصولی، پھر سے پانا

recreation .... (ری کری ایشن) *n.* enjoyment. موج مستی

recruit....... (رکروٹ) *v.t.* to enlist soldiers. بھرتی کرنا *n.* newly recruited soldier. بھرتی کیا ہوا فوجی

rectangle............. (رکٹنگل) *n.* a four-sided right-angled figure. مستطیل

rectify........ (رکٹفائی) *v.t.* to refine. پاک کرنا، درست کرنا، ٹھیک کرنا

rectitude... (رکٹی ٹیوڈ) *n.* honesty. سچائی صفائی، راست روی، دیانت

recur. (رکر) *v.t.* to occur again, to be repeated. پھر سے دھیان آنا، دوبارہ آنا

recurring. (رکرنگ) *adj.* coming again. دوبارہ آنے والا

reduce .... (رڈیوس) *v.t.* to bring down, to lower, to degrade. گھٹانا، کم کرنا

reduction...... (رڈکشن) *n.* the act of reducing. کمی

reference..... (ریفرینس) *v.t.* act of referring. حوالہ، اشارہ

referendum..... (ریفرینڈم) *n.* the submiting of a proposed law to the electorate for decision. عوامی فیصلہ، عوامی آراء

refinement.. (رفائن منٹ) *n.* the act of refinement. سدھارنا، صاف کرنا

reform....... (ریفارم) *n.* the act of improving. سدھار، اصلاح

reformer... (ریفارمر) *n.* one who reforms. مصلح

refrain....... (ریفرن) *n.* chorus of songs. گیت کا درمیانی ٹھہراؤ *v.t. & i.* to restrain. روکنا، ضبط کرنا

refreshing......... (ریفریشنگ) *adj.* invigorating. مزہ دینے والا

refreshment....... (ریفریشمنٹ) *n.* light food for drink. ناشتہ

refuge...... (ریفوج) *n.* a shelter or safe place. عارضی محافظ گاہ

refugee....... (ریفوجی) *n.* one who takes refuge. پناہ گزیں

refusal... (ریفوزل) *n.* a rejection. نامنظوری

refuse.... (ریفوز) *n.* waste matter, dross. بچا ہوا حصہ، بے کار حصہ

refutable (ریفوٹیبل) *adj.* able to be refuted, disprovable. قابلِ تغلیط، غلط

regain........ (ریگین) *v.t.* to recover possession of, to gain back. دوبارہ حصول اختیار، پھر سے

regard. (رگارڈ) *v.t. & i.* to esteem. عزت کرنا

regarding......... (رگارڈنگ) *prep.* concerning. کے متعلق

regime............ (ریجم) *n.* time of government. دورِ حکومت میں

regiment (رجمنٹ) *n.* a body of troop commanded by a colonel, rule, control. فوجی دستہ، حکومت، کنٹرول

regional.. (رجینل) *adj.* pertaining to regions. علاقائی

registered.............. (رجسٹرڈ) *adj.* recorded in a register. مندرج، رجسٹر شدہ

regret.. (رگریٹ) *v.t.* to be sorry. اظہارِ افسوس

regrettable..... (رگریٹیبل) *adj.* to be regretted, worthy of regret. افسوس ناک، قابل معافی

regulate........... (ریگولیٹ) *v.t.* to control, to adjust. انتظام کرنا

rehearse (ریہرس) *v.t.* to repeat. دہرانا

reign... (رن) *n.* a rule, kingdom. حکومت، قلمرو *v.i.* to rule as a king. حکومت کرنا

rein .... (رن) *n.* the strap of a bridle. لگام *v. i.* to check, to control. قابو میں کرنا

reinforce..... (رن فورس) *v.t.* to add strength to. طاقت بڑھانا

reinstate.... (رن اسٹیٹ) *v.t.* to put back in a former state. دوبارہ قائم کرنا

reiterate.. (رائٹریٹ) *v.t.* to repeat again and again. بار بار دہرانا

rejection........ (رجکشن) *n.* refusal. نامنظوری

rejoice...... (ری جوائس) *v.t.* to feel great joy. خوش ہونا

rejoin. (ری جوائن) *v. t. & i.* to join again. پھر سے شامل ہونا، پھر ملنا

rejoinder....... (ری جوآئنڈر) *n.* an answer to a reply. جواب

relate... (ریلیٹ) *v.t. & i.* to tell, to report. کہنا، خبر دینا، تعلق بنانا

relaxation..... (ریلکسیشن) *n.* act of relaxing, partial remission. آرام، سکون، چھوٹ

relevance (ریلوینس) *n.* pertinence. تعلق

relevant. (رلونٹ) *adj.* applicable. متعلق

reliable... (رلائبل) *adj.* able to be trusted. یقین، یقینی

reliance. (رلائنس) *n.* confidence. بھروسہ

reluctant............... (رلکٹنٹ) *adj.* unwilling. جو راضی نہ ہو

remain... (رمین) *v. t.* to continue, to stay behind. قائم رہنا، باقی رہنا

remark. (ریمارک) *n.* observation. معائنہ کرنا *v. t. & i.* to notice, to say something. دیکھنا، کہنا

remember.. (ریممبر) *v. t.* to keep in mind. یاد کرنا

rememberance..... (ریممبرنس) *n.*

memory. یادگار

remit .... (رمٹ) *v. t.* to forgo, to send money. چھوڑنا، روپیہ بھیجنا

remittance....(رمٹینس) *n.* money sent. بھیجا ہوا مال

remorse.. (رمورس) *n.* regret. پچھتاوا

removable-(رموویبل) *adj* able to be removed. ہٹانے کے لائق

remove (رمووو) *v. t. & i.t* move from a place, to dismiss. جگہ بدلنا

renaissance.......(رینیسنس) *n.* the revival of art and literature. تجدید، تشکیل جدید، نشاط ثانیہ

rencounter.............. (رکاؤنٹر) *n.* encounter, sudden conflict. ہنگامی ٹکر

render........ (رنڈر) *v. t.* to give in return, to submit. دینا، سونپنا، پیش کرنا

renew.. (رنیو) *v. t. & i.* to repeat, to make again. نیا کرنا، پھر سے کرنا

renewal..(رینول) *n.* revival. تجدید

renounce.... (رناؤنس) *v.t. & i.* to reject, to give up. چھوڑنا، خیرباد کرنا

renowned..(رناؤنڈ) *adj.* famous. مشہور

renunciation (رننسیئیشن) *n.* self denial. قربانی، ایثار، دست برداری، چھوڑ دینا

repair..........(رپیئر) *v.t.* to mend. مرمت کرنا

reparable.... (ریپریبل) *adj.* able to be mended. قابل مرمت

repeatedly....(ریپیٹڈ لی) *adj.* over and over again. بار بار، لگاتار

repent........ (رپنٹ) *v.t.* to regret about. پچھتانا

repentance..(رپنٹنس) *n.* sorrow, regret. پچھتاوا

repetition...... (رپیٹیشن) *n.* act of repeating. دہرانا

reporter...... (رپورٹر) *n.* one who makes a report. خبر رساں

represent........(ریپریزنٹ) *v.t.* to show, to describe, to act for. ظاہر کرنا، بیان کرنا، نیابت کرنا، نمائندگی کرنا

reproduce........(ریپروڈیوس) *v.t.* to produce again, to produce copy of. دوبارہ پیدا کرنا، نقل بنانا

republic............... (ریپبلک) *n.* a commonwealth government without monarch where power is with people and their elected representatives. جمہوریت

require.............. (ری کوائر) *v.t.* to demand, to want. مانگنا، چاہنا

requirement..... (ری کوائرمنٹ) *n.* demand. مانگ

rescuer..........(رسکوئر) *n.* one who rescues. بچانے والا، آزاد کرنے والا

research.... (ریسرچ) *n.* a careful investigation. تحقیق، کھوج

resemblance......... (رزمبلنس) *n.* similarity. یکسانیت

resemble. (رزمبل) *v.t.* to be like or similar to. برابر ہونا، یکساں ہونا

resembling......... (رزمبلنگ) *adj.* similar. یکساں

resent... (رسنٹ) *v.t.* to take ill, to be angry at. غصہ کرنا

resentful (رسنٹ فل) *adj.* irritable. غصہ ور

resentment............(رزنٹمنٹ) *n.* anger. غصہ

reservation...... (رزرویشن) *n.* the act of reserving. حفاظت کرنا، محفوظیت

residence...... (رزڈنس) *n.* a place where one lives. قیام گاہ

resident..... (رزڈنٹ) *n.* one who resides in a place. مقیم

residential............(رزیڈنشل) *adj.* relating to residence. قیام سے متعلق

residue.(رزڈیو) *n.* reminder. بچا ہوا

residuum.......... (رزڈیوم) *n.* that which is left. بچا ہوا حصہ

resign....... (رزائن) *v.t.* to give up office, to surrender. استعفیٰ دینا، چھوڑنا

resignation...(رزگنشن) *n.* the act of resigning. استعفیٰ نامہ

resist...... (رزسٹ) *v.t.* to oppose. خلاف کرنا، مخالفت کرنا

resistance..............(رزسٹینس) *n.* opposition. مخالفت

respect......... (رسپکٹ) *n. & v.t.* to honour, to esteem. عزت کرنا

respectable......... (رسپیکٹیبل) *adj.* deserving respect. قابل عزت

respectively........(رسپیکٹیو لی) *adj.* relatively. علی الترتیب، حسب ترتیب

respond.. (رسپونڈ) *v.t.* to answer. جواب دینا

respondent...... (رسپونڈنٹ) *n.* a person who answers a questionnaire. جواب دینے والا

response............ (رسپونس) *n.* an answer. جواب

responsibility..... (رسپونسی بلیٹی) *n.* the charge for which one is responsible. ذمہ داری

responsible......... (رسپونسبل) *adj.* answerable. ذمہ دار

restoration............(رسٹوریشن) *n.* restoring. دوبارہ نظم کرنا

restore.. (رسٹور) *v.t.* to give back, to build up again, to renew. لوٹانا، سدھارنا، نیا کرنا

restrain..........(ری اسٹرین) *v.t.* to check, to hinder. روکنا، تھامنا

restraint..... (رسٹرینٹ) *n.* check. رکاوٹ

restriction.... (رسٹرکشن) *n.* act of restricting. بندھن، روک، کنٹرول

retail...... (ریٹیل) *v.t. & i.* to sell in small quantities. کھدرا بکری، چھٹکل بکری

retailer............(ریٹیلر) *n.* one who retails. کھدرا بیچنے والا، پھٹکری فروش، پتھکل فروش (پھٹکر) خردہ فروش

retain... (ریٹین) *v.t.* to hold back, to engage. روکنا، اختیار کرنا، اٹکا رکھنا

retaliation............ (ریٹلیشن) *n.* revenge, return. بدلہ، بدل

retard.(ریٹارڈ) *v.t.* to hinder. کم کرنا

retention......... (رٹنشن) *n.* act of retaining. قوتِ اختیار

retina.... (ریٹینا) *n.* sensitive layer of the eyes. آنکھ کا پردہ

retire.......(رٹائر) *v.t.* to draw back, to go to bed. واپس آنا، سونے جانا

retirement........... (رٹائرمنٹ) *n.* privacy. یکسوئی کی جگہ، سبک دوشی

retouch.(ریٹچ) *v.t.* to improve by fine touches. درست کرنا، اصلاح کرنا

retraceable...(رٹریسبل) *adj.* able to be retraced. کھوجنے لائق

retract...... (ری ٹریکٹ) *v.t. & i.* to revoke, to draw back. پلٹنا، واپس لینا

retrench..(ری ٹرنچ) *v.i.* to lessen, to curtail. کاٹنا، کم کرنا

retrievable..... (ری ٹری وبیل) *adj.* recoverable. دوبارہ پائے جانے لائق

retrieve..(ری ٹریو) *v.t.* to recover, to save, to rescue. دوبارہ حاصل کرنا، بچانا، ٹھیک کرنا

retrim.(ری ٹرم) *v.t.* to trim again. کاٹ چھانٹ کرنا

return.... (رٹرن) *v.t. & i.* to come back, to give back. لوٹنا، واپس کرنا، لوٹانا، واپس آنا *n.* act of returning official report. لوٹانا، واپس کرنا، حساب کتاب

reveal.......(رویل) *v.t.* to disclose. کھول کر بیان کرنا

revenge (رونج) *n.* a retaliation. بدلہ *v.t.* to return injury for injury. بدلہ لینا

revere..... (رویر) *v.t.* to venerate. پاک ماننا

reverend........(رورینڈ) *n. & adj.* deserving reverence. عزت مآب

reverse............(رورس) *n.* defeat, contrary condition. ہار، الٹی حالت *adj.* opposite. الٹا *v.t.* to invert. الٹنا

revertible...(رورٹیبل) *adj.* able to be reverted. پلٹنے لائق

reviewer...(ریویوئر) *n.* a writer of reviews. ناقد

revise............... (روائز) *v.t.* to re-examine, to amend faults. دوبارہ جانچنا، غلطیاں سدھارنا، دوہرانا

revivable...(ریوائیوبیل) *adj.* what may be revived. جلانے لائق، ہوشیار کرنے لائق

revival.... (روائیول) *n.* a recovery to life. حیات نو، نئی زندگی

revive... (ریوائیو) *v.t. & i.* to bring back to life or vigour. زندہ کرنا، جان پڑنا

revocation............(ریوکیشن) *n.* cancellation. رد، استرداد، منسوخی، تنسیخ

revoke .... (ریوک) *v.t.* to cancel. رد کرنا

revolt... (ریوولٹ) *v.t. & i.* to rebel, to feel disgust for. غدر، نفرت
revolve......... (ریولو) *v.t.* to move about a centre, to rotate. چکر لگانا، گھومنا
rewardless........ (ریوارڈلس) *adj.* having no reward. بغیر انعام کے
rheum...(روم) *n.* discharge from the nose. نزلہ
rheumatism......... (رومیٹزم) *n.* a painful disorder of joints. گٹھیا کا مرض
rich... (رچ) *adj.* costly, wealthy, fertile. قیمتی، اچھا، زرخیز، امیر
riches... (رچز) *n.* wealth. دھن دولت
richness ....(رچنس) *n.* wealth. دولت مندی
rider.... (رائیڈر) *n.* one who rides. سوار
ridiculous......... (ریڈی کولس) *adj.* causing laughter. بھدا، مسخراپن
rifle corps............ (رائیفل کور) *n.* volunteers armed with rifles. بندوق سے لیس سپاہی
rift....(رفٹ) *n.* a cleft, an opening. دراڑ *v.t.* to burst open. چھید، چیرنا
riftless..... (رفٹلس) *adj.* without a rift. بنا دراڑ کا
rifty.... (رفٹی) *adj.* having cracks. دراڑ دار
right........... (رائٹ) *adj.* correct, lawful, according to rule, opposed to left, straight. ٹھیک، مناسب، صاف سیدھا، داہنا
righteous ..(رائچس) *adj.* upright, honest, just, lawful. انصاف پسند، سیدھا، ایماندار
rigid........ (رجڈ) *adj.* stiff. کڑا
rigidity...... (رجڈیٹی) *n.* stiffness. سختی، پختگی
ring...(رنگ) *n.* an ornament worn on the finger. انگوٹھی
rinse............(رنس) *v.t.* to clean in water. پانی سے صاف کرنا
rinsing (رنسنگ) *n.* washing. دھلائی
risky (رسکی) *adj.* hazardous خطرناک
rival...... (رائیول) *n.* a competitor. *adj.* competing. *v.t.* to emulate. رقیب، حریف، مدمقابل، مقابلہ کرنا

roam..(روم) *v.i.* to wander. گھومنا
roast........ (روسٹ) *v.t.* to bake, to cook on open fire. بھوننا، سینکنا
robe (روب) *n.* a gown. لبادہ *v.t. & i.* to dress with a robe. لبادہ پہننا
rock..... (روک) *n.* a large mass of stone. چٹان
rogue .... (روگ) *n.* a knave. شاطر، آوارہ گرد *v.t. & i to* cheat. دھوکا دینا
roguish...... (رگش) *adj.* knavish, mischievous, villanous. شاطرانہ
romance.........(روماَنس) n. a love story. داستان، عشق
romantic........ (رومانٹک) n. adj. highly imaginative and emotional person. عاشقانہ
room............. (روم) *n.*a space, a separative division of a house. جگہ، کمرہ
rot ....(روٹ) *n.* decay . برباد *v.t & i,* to decay. سڑنا
rotary..... (روٹری) *adj.* revolving. گھومنے یا چکر مارنے والا
rotate............ (روٹیٹ) *v. t.&i.* to revolve, to cause, to revolve. گھومنا، گھمانا
rotation.... (روٹیشن) *n.* the act of turning. گھومنا، چکر
rotten (روٹن) *adj.* decayed. سڑا ہوا
rough..... (رف) *adj.* not smooth, uncivil. بھدا، کھردرا، بدتہذیب
roughen......... (رفن) *v. t.& i .* to make rough. کھردرا بنانا
roundish...............(راؤنڈش) *adj.* somewhat round. کچھ گول
roundly............... (راؤنڈلی) *adv.* completely, boldly. پوری طرح سے، ہمت سے، صاف طور پر
route... (روٹ) *n.* road, way. راستہ
routine....... (روٹین) *n.* a regular course of action. روزانہ کی کارکردگی
rowdy.......(راؤڈی) *n.* disorderly person بلّرباز *adj.* noisy. ہنگامہ خیز
rubbish .... (ربش) *n.* waste matter , trash. کوڑا، ادنیٰ شئے
rumour........ (ریومر) *n.* hearsay. اڑتی پڑتی خبر، افواہ
rupee.. (روپی) *n.* a coin of India, Indian currency. روپیہ، ہندوستانی سکہ
rustic............ (رسٹک) *adj.* of the country. دیہاتی
rusticity........ (رسٹی سیٹی) *n.* rustic manner. دیہاتی پن
rusticate.......... (رسٹیکیٹ) *v. t.* to banish from the institution. ادارہ سے نکال دینا
ruthless.. (روتھ لیس) *adj.* pitiless. بے رحم

S

sabbath... (سبتھ) *n.* the divinely appointed day of rest among Jews یہودیوں میں چھٹی کا مقدس دن
sabotage .... (سیبوتیج) *n.* intentional damage. نقصان، توڑ پھوڑ
sacred............(سیکریڈ) *adj,* holy, divine. مذہبی، پاک
sacrifice........... (سیکری فائس) *n.* an offering to God, a loss. قربانی، نقصان *v. t. & i.* to give up, to resign, to offer to God. قربانی دینا، نچھاور کرنا
sad .(سیڈ) *adj.* sorrowful. دکھی، مایوس
safeguard............ (سیف گارڈ) *n.* protection. حفاظت *v.t.* to guard. حفاظت کرنا
safety.... (سیفٹی) *n.* freedom from danger, security. حفاظت
saint............ (سینٹ) *n.* a sage, a holyman. فقیر، راہب
saleable..(سلیبل) *adj.* fit for sale. قابل فروخت
salary... (سیلری) *n.* pay. تنخواہ *v. t.* to pay a regular salary. باضابطہ تنخواہ دینا
sale.. (سیل) *n.* selling . بکری، فروخت
salt.......... (سالٹ) *n.* a substance formed by action of acid and base on metal. نمک *adj.* نمکین *v. t.* to season with salt. نمکین کرنا
salvation.... (سلویشن) *n.* freedom from sin. گناہ سے بری، نجات
salve............. (سلو). *n.* a healing ointment. مرہم *v. t.* to rescue. برباد ہونے سے بچانا

sample....... (سیمپل) *n.* specimen, model. نمونہ
sandwich........ (سینڈوچ) *n.* two slices of bread with any sort of food between them. سینڈوچ
sane.. (سین) *adj.* of sound mind. کھلا دماغ، صحیح الدماغ
sanitary (سینٹری) *adj.* pertaining to health. صحت سے متعلق، صفائی کا
sap.......... (سیپ) *n.* the vital juice circulating in plants. پودے کارس
satellite...... (سیٹلائٹ) *n.* a planet revolving round another , a hanger on. چھوٹا سیارہ، پیچھے پیچھے چلنے والا
satire... (سٹائر) *n.* irony, sarcasm. طعن، طنز
Saturday.......... (سٹرڈے) *n.* the seventh day of the week. سنیچر، ہفتہ
Saturn.... (سیٹرن) *n.* the name of a planet. ایک سیارہ، زحل
sauce............. (سوس) *n.* liquid or dressing to food for taste. چٹنی
saucer..... (سوسر) *n.*a small plate. طشتری
saving....(سیونگ) *adj.* protecting, preserving. حفاظت کرنے والا، آزاد کرنے والا
savings....(سیونگس) *n.* something, kept from being expended. بچت
saying.... (سے انگ) *n.* a proverb. کہاوت
scale.........(اسکیل) *n.* a thin layer. پتلی تہہ *v. i.* to come off in scales. پرت اترنا، ترازو
scandal.... (اسکینڈل) *n.* reproach, shame, calumny. الزام، داغ
scant..... (اسکانٹ) *n.* scarcity. کمی *adj.* scarce. کم *adv.* scarcely. کم مقدار میں، قلیل
scarce... (اسکیرس) *adj.* scanty, in small quantity. نامناسب، کم سے کم، کمیاب
scarcity..........(اسکارسیٹی) *n.* rarity. famine. کمی، قحط
scarf....... (اسکارف) *n.* a piece of cloth worn round the neck. رومال، اسکارف

schedule........ (شیڈیول) *n.* a list. فہرست *v. t.* to place in list or catalogue. فہرست بنانا

scheme.(اسکیم) *n.* a system, plan. منصوبہ،توسیع *v. t.* to plan. انتظام کرنا

scholar......... (اسکالر) *n.* one who learns, one who is learned. قابل

scholarship......... (اسکالرشپ) *n.* learning, a money allowance made to a student. قابلیت وظیفہ

scientist...(سائنٹسٹ) *n.* one who knows or practises science. سائنسداں

scissors....... (سیزرس) *n.* a cutting instrument of two blades moving on a pin. قینچی

scope.... (اسکوپ) *n.* range, that at which one aims. دائرہ،نشانہ،مقصد

scorn.......... (اسکورن) *n.* extreme disdain. مذمت *v. t.* to hate. نفرت کرنا

sea........ (سی) *n.* the ocean. سمندر

search.................. (سرچ) *n.* an examination. تلاش *v. t. & i.* to seek out , to investigate. جستجو

sculpture.....(اسکلپچر) *n.* work of an sculptor. نقاشی،مورتی

secrecy.. (سکریسی) *n.* privacy. خفیہ

secret....... (سکریٹ) *n.* a mystery. اخفا،بھید *adj.* hidden, private, concealed. چھپاہوا،گہرا

secretariate... (سکریٹریٹ) *n.* the office of a secretary. دفترِ وزارت

secretary..(سکریٹری) *n.* one who writes letters , a government official. معاون،وزیر

secular....... (سیکولر) *adj.* worldly. دنیاوی،غیرمذہبی

securable.... (سیکوریبل) *adj.* able to be secured. مضبوط کرنے لائق

security.(سیکوریٹی)*n. safety.* حفاظت

seesaw..(سی سو) *n.* game in which two children sit and swing. بچوں کا جھولا،ڈھینکی

seize ..... (سیز) *v. t.* to catch. پکڑنا

seizure.......... (سیزر) *n.* a sudden attack. حملہ

seldom... (سلڈم) *adj.* rarely , not often. کبھی کبھی

self............. (سلف) *n.* a person 's identity or private interest. خود،اپنا

selfish................ (سلفش) *n. adj.* concerning only oneself. مطلبی

semi.......(سیمی) *prefix.* in sense of half. آدھا،سابقہ

semicolon... (سیمی کولن) *n.* a mark of punctuation. نصف وقفہ

sensibility............ (سنسی بلیٹی) *n.* capacity to feel. قوت معلومات

sensible................. (سنسبل)*adj.* appreciable. سمجھدار

sensitive....... (سینسٹیو) *adj.* easily moved. جذباتی،حساس

sensuality............ (سنسوالیٹی) *n.* gratification of appetites. جنسی تسکین

sensuous..(سنسواس) *adj.* derived from the senses. نفس سے متعلق

separable..... (سپریبل) *n. & adj.* that can be separated. الگ کرنے لائق

separate.... (سپریٹ) *adj.*divided الگ *v. t. & i.* to divide. الگ کرنا

separation.............. (سپریشن) *n.* disjoining. علیحدگی

serene ..(سیرین) *adj.* clear, calm. صاف،خاموش

sergeant .... (سرجنٹ) *n,* a non-commissioned officer in the army. فوج کا افسر

serviceable........(سروسیبل) *adj.* useful. کارآمد

settlement.... (سٹلمنٹ) *n.* the act for settling. فیصلہ

sever (سیور)*v. t. & i.* to separate. الگ کرنا

several... (سورل) *adj.* more than three. کئی،بہت سے

severe.... (سویر) *adj.* harsh, strict. سخت،کڑا

sex... (سکس) *n.* the characteristics which distinguish a male from female. جنس

sexual..... (سیکسوال *adj.* pertaining to sex. جنسی

shade .... (شیڈ) *n.* a place sheltered from the sun. سایہ *v.t.* to screen, to shelter. سایہ کرنا

shady............ (شیڈی) *adj.* dark, gloomy. چھایادار،گہرا

shake....(شیک)*v. t. & i.* to move, to vibrate. کانپنا،ہلنا

shallow.... (شیلو) *adj.* not deep, trivial. چھچھلا،اوچھا

shampoo.. (شیمپو) *v. t.* wash and rub the head with lather. سردھونا

share....... (شیئر) *n.* a portion, an allotment. حصہ *v. t.* to divide. تقسیم کرنا

sheep..............(شیپ) *n.* a woolly animal. بھیڑ

sheepish...... (شیپش) *adj.* timid. ڈرپوک

sheer...(شیر) *adj.* mere, absolute. بالکل سیدھا،یک دم

sheet.. (شیٹ) *n.* a broad piece of paper, a sail. کاغذتاو،چوا،چادر

shiftiness (شفٹی نس) *n.* the state of being shifty. حاسد،عیاری،مکاری

shield......... (شلڈ) *n.* armour for defence. ڈھال

shining (شائننگ) *adj.* brilliant. چمک دار

shipping.... (شپنگ) *adj.* relating to ships. جہاز سے متعلق

shock..... (شوک) *n.* a collision, a sudden jerk. دھکا

shocking.............. (شوکنگ) *ad.* offensive. تعجب خیز

short....(شورٹ) *adj.* having little height, hasty. چھوٹا *adv.*suddenly. فوراً

shortcoming...(شورٹ کمنگ) *n.* a fault. کمی،غلطی،خامی

shortage.............. (شورٹج) *n.* an insufficient supply. کمی

shorten....(شورٹین) *v. t.* to make short. کم کرنا،گھٹانا

shout............(شاؤٹ) *v. t.* to cry loudly. چلانہ *n.* loud شور،چلاہٹ cry.

shrewd..(شروڈ) *adj.* keen witted, cunning. تیز،ہوشیار

shrinkable.... (شرنکیبل) *adj.* able to contract. سکڑنے کے لائق

shun.............(شن) *v. i.* to avoid. نفرت کرنا،دورکرنا

shut.. (شٹ) *v. t. & i.* to confine, to close. بندکرنا،روکنا

sigh.........(سائی)*n.* long breath. آہ *v. t.* to mourn , to grieve. ٹھنڈی سانس بھرنا،تکلیف بیان کرنا

sign........ (سائن) *n.* a symptom, a gesture, a distinctive work. اشارہ،نشان *v.t.* mark with a sign. نشان لگانا،دستخط کرنا

signature..... (سگنیچر) *n.* person's name written by himself. دستخط

significance......... (سگنفیکنس) *n.* meaning, importance. معنی،اہمیت،مطلب

silence-......(سائیلنس) *n.* stillness. خاموش *v. t.* to make silent . خاموش کرنا

silent...(سائلنٹ) *adj.* calm, quiet, still. خاموش،سکوت،خاموشی

silliness... (سلینس) *n.* the quality of being silly. اناڑی پن

simile......... (سملی) *n.* a figure of speech. ایک صنعت شعری،تشبیہ

simplicity............... (سمپلی سیٹی) *n.* innocence. سہل،سادگی

sin......(سن) *n.* wickedness. گناہ *v. i.* to commit sin. گناہ کرنا

since.....(سنس) *adv. prep. & conj* ago, in the past time after, through the period between past and present. تب سے

sincere........ (سنسیئر) *adj.* honest, true. ایماندار،سچا

sincerity...(سنسیرٹی) *n.* سچائی،کھراپن

singular..... (سنگولر) *adj.* single, rare, remarkable. اکیلا،انوکھا،حیرت انگیز

sir.......... (سر) *n.* a word used in addressing a master or elder. آنجناب

sire.. (سائر) *n.* a senior, a master, father, ancestor, a title. عالی جناب ،حضور،مہاراج،آباواجداد

situate......... (سچویٹ) *adj.* place.

رکھنا قائم کرنا

sketch..(اسکیچ) *n.* an outline . خاکہ

v. t. to draw an outline . خاکہ بنانا

skin .... (اسکین) *n.* hide, rind, چمڑا، چھال *v.t.* to strip off the skin.

کھال اتارنا، جلد اتارنا

skip ....(اسکیپ) *v.i.*to leap . کودنا

slaughter.... (سلاٹر) *n.* a killing قتل *v. t.* to murder. قتل کرنا، ذبح کرنا

slave.... (سلیو) *n.* one who is held in bandage, a helpless victim. غلام

v. i. to work like a slave.

غلام کی طرح کام کرنا

slay........ (سلے) *v. t.* to kill. مارڈالنا

sleep........(سلیپ) *n.* slumber. نیند

v. i. to slumber . سونا

slip........ (سلپ) *n.* a mistake بھول

v. i. & i. to glide, to make a fale step, to err. پھسلنا، بھول کرنا

slum........... (سلم) *n.* a dirty area.

گندی بستی

small....(اسمول) *n.* a slender part. تھوڑا حصہ *adj.* of little size and strength. چھوٹا

smile .... (اسمائیل) *n.* look of pleasure. مسکراہٹ، خوشی

v. i. to laugh slightly. مسکرانا

smoke.......(اسموک) *n.* fog, gases, vapour دھواں *v. t. & i.* to give forth smoke. دھواں نکلنا

smuggle... (اسمگل) *v. t.* to import or export goods without paying custom duties. چوری سے مال لانا / لے جانا

snake .... (اسنیک) *n.* a serpent, a slow, lazy person. سانپ، شاطر شخص

sneeze......(اسنیز) *v. t.* to eject air through the nose violently with an audible sound. چھینکنا

snow.......(اسنو) *n.* frozen vapour falling in white flakes. پالا، برف

v. i. to fall in snow. برف پڑنا

soap.... (سوپ) *n.* a compound of fats and alkalies, a washing substance. صابن *v.t.* to wash with soap. صابن سے صاف کرنا

sociable....(سوشیبل) *adj.* friendly, fit for company. ملنسار

solemn- (سولم) *adj.* serious, grave. سنجیدہ

solicit..(سولی سٹ) *v. t. & i.* to try to obtain. حاصل کرنے کی کوشش کرنا

solid ....(سولڈ)*adj.* whole, compact. ٹھوس، پورا

solidarity.... (سولیڈریٹی) *n.* joint liability. باہمی ذمہ داری، اتحاد

solitude... (سولیچیوڈ) *n.* loneliness.

اکیلاپن

soluble (سولوبل) *adj.* capable of being dissolved. محلل، حل پذیر

solvable..(سولویبل) *adj.* that may be solved. تشریح کرنے لائق، سلجھانے لائق

something..............(سمتھنگ) *n.* unknown event. انجان واقعہ، کوئی چیز

soon..(سون) *adv.* in a short time, promptly. فوراً، معاً

sound......... (ساؤنڈ) *adj.* healthy, unhurt صحت مند *v . t. & i.* to fathom the depth of water. گہرائی ناپنا

sound ...... (ساؤنڈ) *n.* that can be heard. آواز *v. t.* to utter aloud. بولنا

soup..(سوپ)*n.* liquid food. شوربہ

sow....(سو) *n.* a female pig. مادہ سور

v. t. to spread seeds. بونا

sparable...(اسپیریبل) *n.* headless nail used by shoe-makers.

بغیر سر کے کیل

spare...... (اسپیئر) *v. t.* to save. بچانا

adj. frugal, thin . تھوڑا، نحیف

sparkle..........(اسپارکل) *n.* a little spark. چمک *v. i. to* glitter. چمکنا

specific..........(اسپیسفک) *n.& adj.* definite, precise, distinct, a sure remedy. خاص، اچوک دوا

specification....(اسپیسیفیکیشن) *n.* a particular mention of anything.

خصوصاً، تفصیلاً، خصوصی بیان، خصوصیت

spectacle.......(اسپکٹیکل) *n.* show, sight. نظارہ، تماشہ (spectacles..*n.*چشمہ)

speech.... (اسپیچ) *n.* the faculty of speaking. بولی، زبان

spendthrift......(اسپنڈ تھرفٹ) *adj.* person who wastes his money.

فضول خرچ

spin....... (اسپن) *v. t. & i.* to make thread by drawing out and twisting thread. کاتنا

spine....(اسپائن) *n.* the backbone.

ریڑھ کی ہڈی

spirit...........(اسپرٹ) *n.* the soul, courage , disposition, energy.

روح، قوت، جان

spiritual...(اسپرچوال) *adj.* holy.

پاک، روحانی

sport...(اسپورٹ) *n.* a game, jest اچھل کود کرنا *v. t. & i.* to trifle.

ہنسی کرنا، ٹھٹھا کرنا، کھیل

sprinkling (اسپرنکلنگ) *n.* the act of scattering in drops. چھڑکاؤ

spurn......... (اسپرن) *v. t.* to treat contemptuously. دھتکارنا

spy.... (اسپائی) *n.* secret agent, one who watches secretly. جاسوس

squash..(اسکوئیش) *n.* a crush کچلا ہوا

v. t. to crush, to reduce to pulp.

بھرتہ بنادینا، ٹھونسنا

squeezable..(اسکویزیبل) *adj.* able to be squeezed. نچوڑنے لائق

squeeze.(اسکویز)*v. t. & i.* to press, to extort money. دبانا، نچوڑنا، روپیہ، اینٹھنا

stable... (اسٹیبل) *adj.*firmly fixed.

پائیدار، متعین

stable (اسٹیبل)*n.* a building for lodging horses.(گھوڑے رکھنے کی جگہ) اصطبل

v.t. to keep in stable.

گھوڑے اصطبل میں رکھنا

stadium.(اسٹیڈیم) *n.* an a large sports ground. ایک بڑا کھیل کا میدان

stage...(اسٹیج) *n.* a raised platform, scene for the dramatic art. چبوترہ،

v..t. & i. ناٹک کھیلنے کی جگہ

stagnant.......(اسٹیگ نینٹ) *n.* dull.

ٹھہرا ہوا

stamina........(اسٹیمنا) *n.* strength.

قوت برداشت

stammer........ (اسٹیمر) *v. t.* speak with hesitation. ہکلانا

standardize..(اسٹینڈرڈائز) *v. t.* to conform to standard. معیار کے مطابق

stark...(اسٹارک) *adj.* stiff. مشکل

adj. quite. بالکل

starting..(اسٹارٹنگ) *n.* beginning of an action. سفر کی شروعات، ابتداء

starvation... (اسٹارویشن) *n.* act of starving. فاقہ

starve.. (اسٹارو) *v. t. & i.* to cause to starve, to die or die for want of food. فاقہ کشی

stationary..(اسٹیشنری) *adj.* fixed.

ایک جگہ ٹکا ہوا

stationery.. (اسٹیشنری) *n.* writing materials. لکھنے پڑھنے کی اشیاء کی دکان

statue...... (اسٹیچو) *n.* a cast image.

مورتی

stature....... (اسٹیچر) *n.* the natural height of the body. قد، اٹھان

status...... (اسٹیٹس) *n.* rank, social position. عہدہ

stay........... (اسٹے) *n.* stop. رکنا، تھمنا

v. t. & i. to remain, to stop. ٹھہرنا

steadfast..(اسٹیڈ فاسٹ) *adj.* firm.

اٹل

steadily......(اسٹیڈلی) *adv.* firmly.

آرام سے

steely..(اسٹیلی) *adj.* made of steel.

سخت

steep..... (اسٹیپ) *n.* a precipitous place. ڈھلواں جگہ. *adj.* sloping. ڈھالو

stenography.........(اسٹینوگرافی) *n.* short hand. اشاراتی رسم الخط

sterile....... (اسٹرائیل) *adj.* barren, unfruitful, بانجھ، اوسر، بنجر، ناکام

sterling...(اسٹرلنگ) *adj.* genuine, of solid worth. اصح، کھرا، اصلی

n. English coin. انگریزی سکہ

sterility..(اسٹیرلیٹی) *n.* barrenness.

اوسرپن

sterilization...... (اسٹرلائزیشن) *n.* the act of sterilizing. جرثومہ کو ختم کرنا

stimulate...... (اسٹی مولیٹ) *v. i. to* incite. اکسانا

stimulation.... (اسٹی مولیشن) *n.* the actofexciting. جذباتی برانگیختگی

stirring... (اسٹرنگ) *adj.* exciting.

جذباتی زوروشور کا، جوشیلا

stitch... (اسٹیچ) *n.* a single pass of needle in sewing. ٹانکا *v. t. to* sew. سینا، ٹانکہ

stomach.... (اسٹومک) *n.* an organ in which food is digested. پیٹ بطن *v. t.* to suffer patiently. حوصلہ سے سہنا

stone....(اسٹون) *n.* piece of rock , a gem, a monumental tablet. پتھر، زروجواہر

stop (اسٹوپ) *n.*halt, a pause. آرام *v. t.* to halt, to pause. رکنا

stoppage (اسٹوپج) *n.* obstruction. رکاوٹ

storey..(اسٹوری) *n.* the horizontal division of a building. مکان کی منزل

story......(اسٹوری) *n.* legend , tale, short narrative. کہانی

stout.. (اسٹوٹ) *adj.* strong. مضبوط

straight.... (اسٹریٹ) *adj.* honest, not bent. سچا، سیدھا

straighten... (اسٹریٹن) *v. t.* make straight. سیدھا کرنا

straightforward.(اسٹریٹ فورورڈ) *adj.* frank, honest. صاف گو

straightaway........(اسٹریٹ وے) *adv.* at once. فوراً

strained..(اسٹرینڈ) *adj.* unnatural. تنا ہوا

strand...(اسٹرینڈ) *n.* shore, beach. کنارہ، لب *v. t.* to drive ashore. کنارے پر لگانا

stranger..(اسٹرینجر) *n.* a foreigner. پردیسی، اجنبی

strap...(اسٹریپ) *n.* a long narrow strip usually of leather. تسمہ، فیتا، پٹی

strategy...... (اسٹریٹیجی) *n.* military tactics. فوجی چال، ہوشیاری

straw...(اسٹراو) *n.* dry corn,stock. پوآل، بھوسا

stream........ (اسٹریم) *n.* a body of running water. دھار *v. t. & i.* to flow in a stream. دھار میں بہنا، چشمہ

streamlet....(اسٹریم لٹ) *n.* a little stream. چھوٹا چشمہ

strength......... (اسٹرنتھ) *n.* power, force, vigour, intensity. طاقت، اثر

strengthen...(اسٹرینتھن) *v. t. & i.* to make strong. طاقت ور بنانا

stress..(اسٹرس) *n.* pressure, strain, force, effort. بھار، بوجھ، دباؤ، زور

stretch..(اسٹریچ) *n.* extent. تفصیل *v. t.* to lengthen, to extend. پھیلانا

stretcher (اسٹریچر) *n.* an appliance for carrying a sick and disabled person. مریضوں، معذوروں کو ڈھونے والی کرسی

strike......(اسٹرائیک) *n.* refusal of workman to work till the grievance is removed. ہڑتال

striking...............(اسٹرائیکنگ) *adj.* impressive. اثردار

string.......(اسٹرنگ) *n.* a fine cord. ڈوری، رسی

strive.....(اسٹرائیو) *v. i.* to try hard, to stuggle. سخت کوشش کرنا

structure................. (اسٹرکچر) *n.* construction, form. ڈھانچہ، بناوٹ

stubborn.............. (اسٹبرن) *adj.* obstinate. ضدی

studious............. (اسٹوڈیس) *adj.* thoughtful, devoted to study. فکر کرنے والا، پڑھنے والا، محنتی

study........(اسٹڈی) *n.* meditation, careful reading. مطالعہ *v. t. & i.* to contemplate. دھیان، غور

stupid.........(اسٹوپڈ) *adj.* dull. احمق

stupidity...............(اسٹوپڈیٹی) *n.* foolishness. بیوقوفی

sturdiness.(اسٹرڈنس) *n.* the state of being sturdy. مضبوطی، پختگی

sturdy....(اسٹرڈی) *adj.* strong. پختہ

stutterer..(اسٹٹر) *n.* a stammerer. ہکلا کر بولنے والا

style..(اسٹائیل) ڈھنگ *n.* manner, manner of writing or speaking. طور طریقہ

subdivision.... (سب ڈیویژن) *n.* a subordinate department. شعبہ تحتانی

subdue...(سبڈیو) *v. t.* to conquer. جیتنا

subjugate.........(سبجوگیٹ) *v. t.* to bring under control. اختیار میں لانا

sublet.....(سب لٹ) *v. t.* to under-let or lease to another person. کسی دوسرے کو اپنا ٹھیکہ دینا

sublime........ (سبلائم) *n.* majestic style پختہ طریقہ *adj.* noble, exalted. عالیشان، شاندار

submission........... (سب میشن) *n.* obedience to authority. حکم برداری

submit.......(سب مٹ) *v. t. & i.* to yield. ہار ماننا، قبول کرنا

subscribe..(سبس کرائب) *v. t. & i.* to sign, to assent. نام لکھنا، گاہک بنانا

subsequent.......(سبسی کوئنٹ) *adj.* following after. بعدہ، اگلا

subsidiary...........(سبسڈیری) *adj.* helping. معاون

subsidy....(سبسڈی) *n.* assistance, aid in money. مالی اعانت

substance......... (سبسٹینس) *n.* the essential part. اٹوٹ حصہ، جوہر

substantial.......(سبسٹینشیل) *adj.* essential, real, material. اہم، حقیقی، مالی

substitute....(سبسٹی ٹیوٹ) *v. t.* to put in other's place. دوسرے کی جگہ رکھنا *n.* person or thing doing the work for another. نائب

subvention........... (سبونشن) *n.* support. سہارا

subversion.....(شبورژن) *n.* ruin. برباد

succeed.... (سکسیڈ) *v. t. & i.* to be successful, to follow after. کامیاب ہونا، بعد میں ہونا

success..................(سکسس) *n.* a favourable result. کامیابی

succession.............(سکسیشن) *n.* relation, line. خاندانی رشتہ، لائن

successor...(سکسیسر) *n.* one who succeeds. وارث، نائب

such..(سچ) *adj.* of the same kind, similar. اسی طرح کا

sudden....(سڈن) *adj.* happening unexpectedly. یکا یک

suffer..(سفر) *v. t. & i.* endure. سہنا

suffering.....(سفرنگ) *n.* distress. تکلیف

suffice......(سفائس) *v. t. & i.* to be enough. کافی ہونا

sufficiency (سفی شیسی) *n.* ability, capacity. کافی، بہتات

sufficient.............(سفی شینٹ) *adj.* adequate. کافی، مناسب

suffix ....(سفکس) *n.* a letter or syllable appended to a word. لاحقہ

suicide....... (سوسائیڈ) *n.* death by one's own hand. خودکشی

suit.......(سوٹ) *n.* petition. درخواست

suitability- (سوٹیبلیٹی) *n.* suitableness. قابلیت

sum......(سم) *n.* total, a question. کل، سوال *v t.* to total. جوڑنا

summarize.........(سمرائز) *v. t.* to present briefly. مختصر کرنا، اختصار کرنا

summary.......(سمری) *n.* a short, concise statement. تلخیص *adj.* brief. اختصار

sunny.(سنی) *adj.* bright. cheerful. چمکیلا

superhuman............ (سپرہیومین) beyond human power. غیر آدمیت، فوق الانسانی

suprintandance.. (سپرنٹینڈینس) *n.* management انتظامیہ، منتظم

superintendent...(سپرنٹینڈینٹ) *n.* an overseer. نگراں، منتظم

superior.. (سپیریئر) *adj.*higher in place. اعلیٰ تر

superiority.......(سپیریٹی) *n.* pre-eminence. برتری

superlative .... (سپرلیٹو) adj. supreme. سب سے اعلیٰ

supersede...........(سپرسیڈ) *v. t.* to override. پیچھے چھوڑنا

superstition......... (سپرسٹیشن) *n.* false religion. جھوٹا عقیدہ، وہم پرستی

supervise........ (سپروائز) *v. t.* to watch and direct the work. نگرانی کرنا، دیکھ بھال کرنا

supplement ....(سپلیمنٹ) *n.* addition. ضمیمہ، بچا ہوا *v. t.* to add. جوڑنا، بڑھانا

supplementary..(سپلمنٹری) *adj.* additional. علاوہ

suppose .... (سپوز) *v. t. & i.* to think, to imagine. سوچنا، قیاس کرنا
supremacy (سپرمیسی) *n.* highest authority. برتری، عظمت
supreme..(سپریم) *adj.* highest in authority. اعلیٰ ترین
sur .... (سر) over. زیادہ
surcharge....... (سرچارج) *n.* over charge. زیادہ بوجھ
v. t. to over charge. زیادہ ٹیکس لگانا
surely..... (شیورلی) *adv.* certainly. بالضرورت، یقینی طور پر
surgeon...... (سرجن) *n.* expert in surgery. جراح، سرجن
surgery.. (سرجری) *n.* the science and art of a surgeon. جراحی
surmount....... (سرماؤنٹ) *v. t.* to conquer. جیتنا، ہرانا
surname........... (سرنام) *n.* one's family name. عرف، خاندانی نام
surplus.......(سرپلس)*n.* a quantity which exceeds beyond what is wanted. زائد مقدار، فاضل مقدار
surprising...... (سرپرائیزنگ) *adj.* exciting wonder. تعجب خیز
surroundings.....(سراونڈنگس) *n.* circumstances. گردوپیش
surveillance..........(سرویلنس) *n.* inspection. چوکسی
survive.............. (سروائیو) *v. t.* to continue to live. زندہ رہنا
suspicion........... (سسپیشن) *adj.* mistrust, doubt. شک وشبہ
supicious..........(سس پیشیس) *adj.* doubtful. مشتبہ
sustain............ (سسٹین) *v. t.* to support. سنبھالنا
sweat .....(سویٹ) *n.* toil , labour, perspiration. محنت، پسینہ *v. i.* to labour, to perspire. محنت کرنا پسینہ نکلنا
sweep..............(سوئپ) *n.* act of sweeping. - جھاڑو دینے کا عمل *v. t. & i.* to clear with a brush. بہارنا
swell...(سوئل) *n.* increase. بڑھوتری *v. t. & i.* to become larger, to increase, to expand. بڑھانا، پھیلانا، پھیلانا

swift (سوئفٹ) *adj.* active, quick. سرعت، تیزی
swim..(سوئم) *v. t. & i.* to move on water by the movements of limbs sharp. تیرنا
sword ... (سورڈ) *n.* a sharp-edged cutting weapon. تلوار
symbol(سمبل)*n.* a sign. نشان، علامت
symbolize.........(سمبلائیز) *v. t.* to represent by symbol. نشان راہ،
symmetry........ (سمٹری) *n.* right proportion of parts. مکمل تناسب
sympathetic...... (سمپیتھٹک) *adj.* having common feeling. ہمدردانہ
sympathy............... (سمپیتھی) *n.* compassion. ہمدردی
symptom.. (سمٹم) *n.* indication نشان خاص
synonym.........(سنونم) *n.* a word having the same meaning and signification as another. ہم معنی
synopsis............ (سنوپسس) *n.* a summary. تشریح، لب لباب
syrup........ (سیرپ) *n.* a saturated solution of sugar , the juice of fruits boiled with sugar. شربت
systematic...... (سس ٹمیٹک) adj. methodical. قاعدے سے
syntax............... (سن ٹیکس) *n.* the grammatical and due arrangement of words in a sentence. جملے کی ساخت
synthesis............(سنتھیسس) *n.* a building up. ملانا، جوڑنا
syringe.............(سرنج) *n.* a pipe furnished with a piston. پچکاری *v. t.* to spray with a syringe. پچکاری دینا

T

tab ....(ٹیب)*n.* a tag فیتا
tabby...... (ٹیبی) *adj.* of different colours. چتکبرا
table .... (ٹیبل) *n.* چوکی، میز *v.t.* to form into a list جدول بنانا
tablet.....(ٹیبلٹ) *n. a* small table, pills of medicine. چھوٹی میز، (دوا کی) گولی
taboo............(ٹیبو) *n.* something prohibited. ممنوع *v.t. to* prohibit by authority. منع کرنا
tackle..(ٹیکل)*n. an* appliance for lifting or lowering heavy weights. بھاری چیزوں کو اتارنے چڑھانے کی مشین *v.t.* to seize. پکڑنا
tact...(ٹیکٹ) *n.* adroitness, clever ness. مہارت
tactics......... (ٹیکٹکس) *n.* manner of proceeding. طریقہ، چال
tale............ (ٹیل) *n.* a story. کہانی
talent...... (ٹیلنٹ) *n.* high mental ability. جوہر، صلاحیت
talkative................. (ٹوکیٹو) *adj.* loquacious. باتونی، شیخی بگھارنے والا
tamper............ (ٹمپر) *v.t. & i.* to meddle. رخنہ ڈالنا، خاموش سلوک کرنا
tamperer..... (ٹیمپرر) *n.* one who tampers. خاموش سلوک کرنے والا
tangle... (ٹینگل) *n.* complication. الجھن *v.t.* to knit together confusedly. الجھن
tape..(ٹیپ) *n.* a narrow band. فیتا *v.t.* to bind with tape. فیتے سے باندھنا
tardiness..................(ٹارڈنس) *n.* sluggishness. دھیماپن
tax.... (ٹیکس) *n.* a charge made by government on property. محصول *v.t.* to impose a tax. لگان لگانا
taxation.... (ٹیکیشن) *n.* the act of taxing. محصولی
taxi.......... (ٹیکسی) *n.* a motor - car plying on hire. بھاڑے کی موٹر
teaching.. (ٹیچنگ) *n.* instruction. تعلیم
tearless..... (ٹیرلس) *adj.* without tears, easy. بے آنسو، آسان
technique................ (ٹکنک) *n.* mechanical art or skill . تکنیک
technology......(ٹکنولوجی) *n.* the science of industrial arts . تکنیکی
tedious .... (ٹیڈیس) *adj.* wearisome, irksome. تکلیف دہ، مشکل، تھکانے والا
temper... (ٹمپر) *n.* temperament, passion. گوندھنا، مزاج، طبیعت

temperance.......(ٹمپرنس) *n.* self restraint. خوداحتساب، اعتدال
tempest .... (ٹمپسٹ) *n.* tumult, a violent storm. ہلچل، آندھی
temporary......... (ٹمپریری) *adj.* lasting for a short time only. غیر مستقل، عارضی
tempt...........(ٹمپٹ) *v.t.* to try, to allure. کوشش کرنا، للچانا
tenacity..... (ٹینیسیٹی) *n.* obstinacy. ہٹ
tenant..........(ٹننٹ) *n.* one who occupies a house on rent. کرائے دار
tendency..... (ٹنڈنسی) *n.* direction. میلان، جھکاؤ
tenor..............(ٹینر) *n.* a course, direction. سلسلہ
tension.. (ٹنشن) *n.* state of being stretched. تناؤ
tentative......(ٹنٹیٹو) *adj.* made or done as an experiment. تجرباتی
terminate.. (ٹرمنیٹ) *v.t. & i.* to put to end. ختم کرنا
terrible.... (ٹریبل) *adj.* frightful. بھیانک
terrify... (ٹریفائی) *v.t.* to alarm, to frighten. ڈرانا
territory....(ٹیری ٹری) *n.* a region علاقہ، حصہ
testament... (ٹیسٹامینٹ) *n.* a will. وصیت نامہ
textual ....(ٹکسچوئل) *n.* a web. متنی
texture.(ٹکسچر) *n.* pertaining to text اصل، بناوٹ، ساخت
thankless........... (تھنک لس) *adj* . ungrateful. ناشکرا
thanks.... (تھینکس) an expression of gratitude. شکریہ
theft..(تھیفٹ) *n.* stealing a thing. چوری
theist..... (تھیسٹ) *n.* a believer in existence of God. خداپرست
theme ... (تھیم) *n.* topic, subject. مضمون
therefore......(دیئرفور) *adv.* اس لئے
thermometer... (تھرمامیٹر) *n.* an

instrument for measuring temperature. مقیاس الحرارہ

thesis.. (تھیسس) *n.* an essay. مضمون، نظریہ

thief (تھیف) *n.* one who steals. چور

thirst......... (تھرسٹ) *n.* desire for drink. پیاس *v.t.* to have desire for drink. پینے کی خواہش

thither.......... (دیدر) *adv.* to that place. وہاں، اس جگہ پر

thoroughfare...... (تھوروفیر) *n.* a public road. سڑک، شاہراہ عام

though.......... (دو) *adv.* & *conj.* notwithstanding. اگرچہ

thousand......... (تھاؤزینڈ) *n.* the number of ten hundred. ہزار

threat..... (تھریٹ) *n.* declaration of an intention to punish. دھمکی

threaten............ (تھریٹن) *v.t.* to menace. دھمکانا

thrice.. (تھرائس) *adv.* three times. تین بار

thrift.. (تھرفٹ) *n.* frugality. کم خرچ

throat....(تھروٹ) *n.* the gullet. گلا

through.. (تھرو) *prep.* from one end to the other. آر پار

throughout.. (تھرو آؤٹ) *adv.* & *prep.* in every part. ہر ایک حصہ میں

Thursday....... (تھرس ڈے) *n.* the fifth day of a week. جمعرات

tighten......... (ٹائٹن) *v.t.* to draw tight. کسا، کسنا

timely..(ٹائملی) *adj.* & *adv.* early. جلدی، عین وقت پر

timid.............(ٹمڈ) *adj.* fearful. بزدل، ڈرپوک

title............ (ٹائٹل) *n.* a name of distinction. اختیار، عہدہ، عنوان

toady............ (ٹوڈی) *n.* a mean, flatterer. جھوٹی تعریف کرنے والا *v.t.* to flatter meanly. جھوٹی تعریف کرنا

tobacco..(ٹوبکو)*n.* a plant whose leaves are used in eating and chewing. تمباکو

toe .... (ٹو) *n.* a digit of the foot. پیر کی انگلی، اگلا حصہ

tolerance... (ٹولرنس) *n.* patience. قوت برداشت

toil ....(ٹوآئل) *n.* hard labour. سخت محنت *v.i.* to labour. محنت کرنا

tolerable..............(ٹولریبل)*adj.* endurable. کام چلاؤ

tomorrow(ٹومورو) *n.* & *adv.* the following day. کل آنے والا دن

tongue..... (ٹنگ) *n.* the organ of speech and taste, language. زبان (منہ کی)، زبان (بولی)

tonsil....(ٹونسل) *n.* one of the two glands at the root of the tongue. گلٹی

tooth.............. (ٹوتھ)*n.* the hard substance in the jaws used for chewing. دانت *v. t.* to indent. دانت دار بنانا

topaz............... (ٹوپاز) *n.* a gem. پکھراج، ایک قیمتی نگینہ

torpedo............... (ٹورپیڈو) *n.* a submarine weapon. پانی کے اندر چھوڑا جانے والا گولہ

tortoise..... (ٹورٹوائز) *n.* a kind of turtle. کچھوا

torture.. (ٹورچر) *n.* extreme pain of mind or body. تکلیف *v. t.* to vex, to inflict, pain. تکلیف دینا

totality...... (ٹوٹیلیٹی) *n.* the whole sum. پورا عدد، میزان

touching.... (ٹچنگ) *adj.* moving. دل کو چھونے والا

tough.... (ٹف) *adj.* strong, hard, difficult to break. مشکل، سخت

tourist....... (ٹورسٹ) *n.* one who travels for sightseeing. سیاح

towel...(ٹوول) *n.* a cloth used for drying the body. تولیہ

traceable.(ٹریسبل) *adj.* that may be traced. پتہ لگانے لائق

tradition.. (ٹریڈیشن)*n.* unwritten body of belief. رواج،

traditional..........(ٹریڈیشنل)*adj.* according to old custom or practice. رواجاً، روایتی

training..........(ٹریننگ) *n.* act of educating. سکھانا

traitor....... (ٹریٹر) *n.* a deceiver. ٹھگ، دغاباز، غدار

traitorous.... (ٹریٹرس) *adj* guilty of treason. دغابازی

transferable.....(ٹرانسفریبل) *adj.* negotiable, that which can be transferred. قابل قبول، متبادل، تبدیل پذیر

transform........ (ٹرانسفرم) *v.t.* to change the form. شکل بدلنا

transformation (ٹرانسفورمیشن)*n.* change from one form to other form. تبدیلی

transition.(ٹرانسیشن) *n.* a change from one place to another. تبدیلی مقام

travel.....(ٹریول) *v. t.* to go from one place to another. سفر کرنا

travelling (ٹریولنگ)*n.* a journey. سفر

treacherous.........(ٹریچرس) *adj.* violating, not to be trusted. دغاباز

treachery- (ٹریچری) *n.* breach of trust. دغابازی

treasure..(ٹریزر) *n.* great wealth خزانہ *v.t.* to store up. بٹورنا، اکٹھا کرنا

treasury.........(ٹریزری) *n.* place where treasure is kept. خزانہ

treaty (ٹریٹی) *n.* signed contract, agreement. صلح

tremble.... (ٹریمبل) *v.t.* to shake. کانپنا

tribute....... (ٹری بیوٹ) n. praise, acknowledgement, gift. تعریف، تحفہ، نذر

trifle..(ٹرائفل) *n.* a thing of small value. معمولی *v. t.* to waste time. وقت برباد کرنا

trifling......(ٹرائفلنگ) *adj.* of little value. معمولی

trim....(ٹرم) *adj.* neat. *v.t.* & *i.* to decorate. صاف، سجانا

triple........(ٹرپل) *adj.* threefold. تین گنا

triplicate.....(ٹرپلیکیٹ) *adj.* made three at a time . *v.t.* to make three copies. تین گنا، تین کاپیاں بنانا

triumph........(ٹرائمف) *n.* a great victory. *v.t.* to gain a victory. جیت، فتح، فتح ہونا

trivial........(ٹریوئیل) *adj.* of little worth. معمولی

troublesome........ (ٹربل سم) *adj.* annoying. تکلیف دہ

trustworthy....(ٹرسٹ وردی) *adj.* reliable. قابل یقین، قابل بھروسہ

tuberculosis........(ٹیوبرکولوسس) *n.* an infectious disease of lungs. دق، سیل، ٹی بی کا مرض

Tuesday...(ٹیوزڈے) *n.* the third day of the week. منگل

tuitional.................(ٹیوشنل) *adj.* pertaining to tuition. تعلیمی

tumidity...(ٹیومیڈیٹی) *n.* the state of being swollen. سوجن

tumour...........(ٹیومر) *n.* morbid growth or swelling. گلٹی

turbine.......... (ٹربائن) *n.* a water wheel. پن چکی

tutor.....(ٹیوٹر) *n.* private teacher. اتالیق، گھر پر پڑھانے والا استاد

tutorial...............(ٹیوٹوریل) *adj.* pertaining to teaching. تعلیمی

twain.......... (ٹوین) *n.* two, a pair دو، جوڑا *adv.* twice. دوگنا، دوبارہ

twelve......(ٹویلو) *n.*& *adj.* next in order of eleventh. بارہواں

twentieth.........(ٹوئنٹیتھ) *adj.* the ordinal of twenty. بیسواں

twenty....(ٹوئنٹی) *n.* & *adj.* twice of ten. بیس

twice.........(ٹوآئس) *n.* two times. دوبارہ

twin.....(ٹوِن) *n.* one of two born at the same time. جڑواں

twinkle.......(ٹوئینکل) *v.i.* to shine with spark light. چمکنا

twofold...(ٹوفولڈ)*adj.* double. دوگنا

tying...... (ٹائنگ) *n.* knot, string, ribbon. گانٹھ، رسی، فیتہ

type.............. (ٹائپ) *n.* symbol, specimen, letter used in printing. نشان، نمونہ، چھاپے کے حروف

typhoid .... (ٹائفائیڈ) *n.* & *adj.* a

type of fever. میعادی بخار

typical...(ٹپکل) *adj.* symbolical. اشاراتی

tyranny.........(ٹرینی) *n.* severity. بے دردی

tyrant..(ٹائرنٹ) *n.* an oppressive ruler. بے درد،ظالم حاکم

tyre........ (tire) (ٹائر) *n.* a band of iron or rubber which encircles a wheel. ٹائر (گاڑی کا)

tyro............. (ٹائرو) *n.* beginner. نومشق،نوآموز

U

udal............(یوڈل) *n.* a free hold state. محصول خراج معاف اراضی

udder (اڈر) *n.* one of the mammary glands of animals. (جانور کا) تھن

ugly..(اگلی)*adj.* not good-looking. hateful. بدشکل،نفرت انگیز

ulcer...... (السر) *n.* a painful sore from which matter flows. پھوڑا،ناسور

ultimate- (الٹی میٹ) *adj.* farthest, last. آخر

ultra......... (الٹرا) in the sense of beyond. ایک لاحقہ

un...(ان) *pfx.* used before nouns, pronouns, adjectives, signifying a negative meaning. نہیں،یانفی کالاحقہ

unamimous........(یونی نیمس) *adj.* agreeing. ایک زبان

unaware..(ان اویر) *adj.* ignorant. بے خبر

unclose (انکلوز) *v.t.* to open. کھولنا

unclothe....(ان کلودر) *v.t.* to make naked. ننگا کرنا

undergo.. (انڈرگو) *v.t.* to bear, to endure. سہنا، برداشت کرنا

underrate....... (انڈرریٹ) *v.t.* to value below the true worth. کم قیمت لگانا

understand.(انڈراسٹینڈ) *v. t.& i.* to know the meaning of. سمجھنا

undertake..(انڈرٹیک) *v.t. & i.* to attempt, to take upon oneself, to be bound. کوشش کرنا،اپنی ذمہ داری پر کام شروع کرنا،زبان دینا

undo.(انڈو) *v.t.* to ruin, to repeal. برباد کرنا،ردکرنا

undoing....(انڈوئنگ) *n.* ruin. برباد

uneven....(ان اون) *adj.* odd, not smooth. نابرابر،ناہموار

unfair........(انفیئر)*adj.* unjust. غلط

unfold...(ان فولڈ) *v.t.* to disclose. کھولنا،رازکھولنا

uniform...............(یونی فارم) *adj.* distinctive dress , regular. وردی،ایک جیسا

uniformity...........(یونی فورمیٹی) *n.* similiarity. برابری

unimportant (ان امپورٹینٹ) *adj.* not important, unessential.غیرضروری

unique... (یونیک) *adj.* without an equal. نابرابر،انوکھا

unite.......(یونائٹ) *v.t. & i.* to join together. ملانا

unity..(یونیٹی)*n.* the state of being one. میل،وحدت

universality... (یونیورسلیٹی) *n.* the state of being universal. عالمی

unmoved...... (ان مووڈ) *adj.* calm, firm. خاموش،اٹل

unrest..(ان رسٹ) *n.* uneasiness. غیراطمینانی، بے چینی

until.......(انٹل) *prep. & conj.* till. such time. جب تک

unto................(انٹو) prep. to کو

unwell (انویل) *adj.* indisposed. غیرصحت مند،مریض

up ....(اپ) *adv.* aloft, on high. اوپر،اونچا

uphold..(اپ ہولڈ) *v.t.* to devote, to support, to approve or confirm. حمایت کرنا،اٹھانا،صحیح ماننا

uplift....(اپ لفٹ) *v.t.* to raise, to exalt. اٹھانا

upon.(اپون) *prep.* on the surface of. اوپر کی طرف

upset...(اپ سٹ) *v.t.* to disturb, to overthrow. پریشان کرنا،الٹنا

urgent....(ارجنٹ) *adj.* important. بہت ضروری

use...........(یوز) *n.* profit, custom, utility, employment, using. استعمال *v.t. & i.* طریقہ،ضرورت to employ for a purpose, to be accustomed, to consume. خرچ کرنا،استعمال کرنا،مہارت، فائدہ اٹھانا،استعمال میں لانا

usual.........(یوزال) *adj.* common. عام طور پر

usually...(یوزولی) *adj.* ordinarily. عام طریقے سے

utter..(اٹر) *adj.*, complete. total. مکمل *v.t.* to speak. to pronounce. کہنا،تلفظ کرنا

utterance.. (اٹرنس) *n.* the act of uttering. تلفظ،قول

V

vacancy.......(ویکینسی) *n.* the state of being vacant. خالی

vacant.........(ویکینٹ) *adj.* empty. صفر،خالی

vacation..(ویکیشن) *n.* the period of rest. چھٹی

vacationist......(ویکیشنسٹ) *n* one who enjoys holiday. چھٹی گزارنے والا

vaccination..........(ویکسی نیشن) *n.* injection. ٹیکا

vaccinator...... (ویکسی نیٹر) *n.* one who vaccinates. ٹیکا لگانے والا،والی

vacuum... (ویکم) *n.* empty space. خالی جگہ،خالی پن،خلاء

vagabond...(ویگابونڈ) *n.* one who wanders. آزادمنش *adj.* wandering. آوارہ

vague........(ویگ) *adj.* uncertain. غیرواضح

vain.......(وین)*adj.* empty, showy. بیکار

valid....(ویلڈ)*adj.* a legal, strong. مضبوط،منظورشدہ،قانونی

validity......(ویلڈیٹی) *n.* justness. مضبوطی،منظورشدہ

valuable...(ویلوایبل) *adj.* costly. قیمتی

valuation.....(ویلوایشن) *n.* the act of valuing. دام لگانا

value.(ویلو)*n.* worth, importance. اہمیت،قابل استعمال *v.t.* to estimate. دام آنکنا

vanish.(وینش)*v.i.* to pass away, to disappear. برباد ہونا،غائب ہونا

vanishing...........(وینیشنگ) *adj.* passing from sight. معدوم ہوتا ہوا

vanity......(وینیٹی) *n.* empty pride. غرور،عجب

vapour........(ویپر) *n.* gas, steam. بھاپ،دخان

variable.....(ویری ایبل)*adj.* fickle, changeable. چنچل،بدلنے والا

variety...........(ورائٹی) *n.* change, difference. تبدیلی،متفرق

various....(ویریس) *adj.* different. مختلف

vary...........(ویری)*v.t. & i.* to make different, to diversify, to express variously, to alter. الگ الگ کرنا،بدلنا

vegetable.....(ویجی ٹیبل) *n.* a plant used for food. ساگ سبزی

vegetarian.......(ویجی ٹیرین) *n.* one who eats only vegetable. سبزی خور

valiantly........... (ویلی اینٹلی) *adv.* bravely. بہادری سے

vehicle......(وھیکل) *n.* a carriage, medium. گاڑی

veil ....(ویل)*n.* a curtain. گھونگھٹ v.t. to hide. چھپانا،پردہ کرنا

vendor..(ونڈر) *n.* one who sells. بیچنے والا

venerable...........(وینی ریبل) *adj.* w... of reverence. قابلِ تعظیم

venerate.........(وینریٹ) *v.* to pay great respect, to revere. عزت کرنا

ventilator.............(وینٹی لیٹر) *n.* a contrivance to let in fresh air. روشن دان

venture...........(ونچر) *n.* chance. risk. ہمت *v.t. & i.* to dare to a risk. ہمت کرنا

venturous.......(ونچرس) *adj.*bold. باہمت

verbose...(وربوز) *adj.* containing too many words.

مختلف الفاظ کا استعمال، طول پسند

verbosity............(وربوسیٹی) *n.* the quality of being verbose. بتنگڑ

verse....(ورس) *n.* a line of poetry. نظم، آیت

version.....(ورژن) *n.* translation, account. ترجمہ

vertical.......(ورٹیکل) *adj.* upright, perpendicular. قائم، کھڑا عمودی، سطح افق سے زاویہ قائمہ بنانے والا

veteran......(ویٹرن) *n.* old and of long experience, *adj.* بزرگ وتجربہ کار

veto ..... (ویٹو) *n.* an authoritative prohibition. منع کرنا *v.t.* to forbid. امتناع، روک، اختیار

vex.(ویکس) *v.t.* to annoy, to tease, to harass, to distress. رنجیدہ کرنا، ستانا

via.......(وایا) *n.* a way, by way of. راستے سے، براہ

vibration (وائبریشن) *n.* oscillation, quivering. کپکپی، تھرتھری، ارتعاش

vice..(وائس) *n.* fault, evil practice. خرابی، برائی *prefix.* in place of. نائب، جگہ پر

vicious........(ویشس) *adj.* corrupt, wicked. پاپی، بدخلق

viciousness............(ویشس نس) *n.* wickedness. دشمنی، رقابت

victim.............(وکٹم) *n.* sufferer. مصیبت میں پھنسا، شکار

victor..(وکٹر) *n.* a conqueror, one who wins in a contest. مفتح، فاتح

victory..........(وکٹری) *n.* triumph, conquest. فتح، جیت

vigour.............(وگر) *n.* strength force. قوت، طاقت

vigorous.......(وگرس) *adj.* strong, energetic. قوی، طاقت ور

villain...(ولین) *n.* a very wicked person. مردود شخص، برا آدمی

vim.......(وم) *n.* energy. طاقت، قوت

vindicate.......... (ونڈیکیٹ) *v.t.* to depend, to justify. ثابت کرنا، حمایت کرنا، قرار حاصل کرنا

vindication (ونڈیکیشن) *n.* defence, justification. تکمیل، حفاظت

vine..(وائن) *n.* the creeper which bears grapes. انگور کی بیل

vineyard................(وائن یارڈ) *n.* plantation of vine. انگور کا باغ

violate.......(وایولیٹ) *v.t.* to use violence, to break. قوت کا استعمال کرنا، تحلیل کرنا

violation........(وایولیشن) *n.* act of violating. قانون کی نافرمانی

violence..........(وایولنس) *n.* injury, outrage. چوٹ، جرم، تشدد

violet......(وایولٹ) *n.* a plant with purple flowers. بنفشہ، بیگنی رنگ *adj.* dark blue. گہرا نیلا رنگ

virgin.........(ورجن) *n.* a maiden. کنواری لڑکی *adj.* maidenly pure, chaste. پاک

virtue......(ورچو) *n.* moral, worth, excellence, chastity. مذہب، خوبی، اخلاقی اقدار

virtuous....(ورچوس) *adj.* morally good. خوش اخلاق، مذہبی

vision......(وژن) *n.* sight, dream, imagination. نظارہ، خواب، تخیل

visitor..(وزیٹر) *n.* one who visits. زائر، ملاقاتی

vital...........(وائٹل) *adj.* essential, affecting life, animated. ضروری، زندگی سے متعلق، پرجوش

vitality...(وائٹالیٹی) *n.* principle of life. نمو، جان، زندگی، طاقت

vitalize... (وائٹالائز) *v.t.* to put life into . زندگی بخشنا

vitamin...........(وٹامن)*n.* any of numerous organic substances, accessory food factors, present in nutritive foods and essential for the health of animal organism. وٹامن، مقوی اشیا، حیاتین

viva-voce.......... (وائیوا ووس) *adv.* orally, by word of mouth. تقریری، زباندانی

vivid...........(ووڈ) *adj.* full of life, lively, active, clear. صاف، تیز

viz...........(وز) *n.* (contraction of videlicet) that is namely. یعنی

vocabulary............(وکبلری) *n.* a collection of words arranged in alphabetical order and explained, dictionary. لغت، فرہنگ

vocal.........(ووکل) *adj.* relating to voice. لفظی، آواز سے متعلق

vocation......(ووکیشن)*n.* calling in life, profession. پکار، ہنر، پیشہ

volume....(وولم) *n.* a book, space occupied , size, bulk. کتاب، مقدار، جسامت

voluminous..........(وولومنس) *adj.* consisting of many volumes, lengthy,bulky. مختلف کتابوں کا، بالتفصیل، وزنی

voluntary (والنٹری) *adj.* of one's own free will, spontaneous. اپنی خواہش سے، رضا کارانہ

vomit.......(وومٹ) *n.* to throw up from the stomach. قے *v. t. & i.* قے کرنا

volunteer...(والنٹیر) *n.* one who joins to serve with one's free will. رضا کار بنانا *v.t.* to offer oneself. رضا کار

votary.(ووٹری) *n.* one devoted to any cause or vow. حمایتی

vowel.... (ووَول) *n.* a letter which can be sounded by itself. حرف علت

voyage.............(ویایج) *n.* a long journey by water. سمندری سفر

vulgar.......(ولگر) *adj.* mean, low. نیچ، بازاری

vulgarity........(ولگیریٹی) *n.* vulgar manner. بازاری پن، سوقیانہ

vulnerable..(ولنریبل)*adj.* able to be damaged. کمزور مقامات، جراحت پذیر، غیر محفوظ

vulture.. (ولچر)*n.* a large bird of prey. گدھ

W

wabble.(ویبل) *v.t.* to wobble, to move to and fro. گردش کرنا (لٹو کی طرح) ڈگمگاتے ہوئے ادھر ادھر گھومنا

wafer.........(ویفر) *n.* a small, thin sweet cake. پتلا بسکٹ، ویفر، مال پوا، پتلی روٹی

wages......(ویجز) *n.* sum paid for work done. تنخواہ، حق الخدمت

wagon..........(ویگن) *n.* a railway truck. ریل کا ڈبہ

wail.............(ویل) *v. t.* to lament. رونا آہ وزاری کرنا *n.* lament. رونا، آہ وزاری کرنا

waist........ (ویسٹ) *n.* part of the human body between ribs and hips. کمر

waist coat........(ویسٹ کوٹ) *n.* a short, tight, sleeveless coat. واسکٹ، صدری، کرتی

wait..........(ویٹ) *v.t. & i.* to stay. انتظار کرنا

waiter.(ویٹر) *n.* a servant. غلام، بیرا

wake.(ویک) *v.t.& i.* to arouse. جاگنا، جگانا

walk.............(واک) *n.* manner of walking. چال *v.i.* to go on foot. پیدل چلنا

wander.......(وانڈر) *v.t.* to roam. مارامارا پھرنا

wanderer..(وانڈرر) *n.* a walker. گھومنے والا، گھمکڑ

want.....(وانٹ) *n.* need, poverty. کمی ہونا، غریبی، ضرورت *v.t. to & i.* need.

wantage.... (وانٹج) *n.* deficiency. کمی، کسر

wanton.......(وانٹن) *adj.* playful, irresponsible, wild. چنچل، غیر مہذب، مشتعل

warden...(وارڈن) *n.* a guardian. نگراں

wardrobe..........(وارڈروب) *n.* a cupboard where clothes are kept. کپڑوں کی الماری

warfare.(وارفیئر) *n.* engaging in war, armed contest. لڑائی، جنگ

warm............. (وارم) *adj.* ardent, zealous, earnest. ہلکا گرم، گنگنا

warmth...........(وارمتھ) *adj.* zeal. گرم جوشی

warning...... (وارننگ) *n.* caution. اعلان

warrior.(واریر) *n.* a champion, a fighter. لڑاکو، شجاع

washable....(واشیبل) *adj*. able to be washed. دھونے لائق

washerman.....(واشرمین) *n*. one who washes clothes. دھوبی

wasp..(واسپ)*n*. a stinging, winged insect. بڑ، تتیا

wastage..(ویسٹیج) *n*. loss by waste. بربادی،نقصان

waste.....(ویسٹ) *n*. spoil, refuse. تلچھٹ، بیکار، کوڑا *adj*. useless, wild. بے فائدہ *v.t. & i.* to damage, to spoil. اڑانا، برباد کرنا

waterman..... (واٹرمین) *n*. a boat man. مانجھی

waterproof...... (واٹر پُروف) *n. & adj*. impervious to water. جو پانی کے اثر سے بچا رہے، پانی کے اثر سے محفوظ

watt...(واٹ) *n*. an electrical unit of power. بجلی کی اکائی

wave..........(ویو) *n*. a vibration of water. لہر، ترنگ *v.t. & i.* to make wave. لہرانا

wavy.....(ویوی) *adj*.full of waves. لہردار

wax..........(ویکس) *n*. sealing wax, honey. شہد، موم *v.t. & i.* to rub with wax. موم رگڑنا

we...............(وی) *pron*. ہم، ہم لوگ

weakly..(ویکلی) *adj*. infirm. کمزور

weakness................(ویکنس) *n*. feebleness. کمزوری

wealthy............(ویلدی)*adj*. rich. متمول، مالدار

weapon..(وپن) *n*. an instrument of offence or defence. ہتھیار

weather.....(ویدر) *n*. the state of atmosphere. موسم *v.t.* to expose to the air. ہوا کے سامنے کرنا

web........ (ویب) *n*. that which is woven. جالا

wedding... (ویڈنگ) *n*. marriage. شادی

wedlock......(ویڈلاک) *n*. married. متزوج

week.(ویک) *n*. a period of seven days. ہفتہ

weekly......(ویکلی) *n. adj. & adv.* happening once a week. ہفتہ وار

weep..........(ویپ) *v.i.* to lament. رونا، آنسو بہانا

weeping..(ویپنگ)*n*. lamentation. آہ وزاری

weigh..........(وے) *v.t. to & i.* to measure. ناپنا، تولنا

weight........(ویٹ) *n*. heaviness. burden. تول، وزن *v.t.* to load with a weight. بوجھ لادنا

welcome....(ویل کم) *adj*. received with gladness. خوش آمدید *v.t.* to receive with gladness. خوش آمدید کرنا

welfare...(ویل فیئر) *n*. well being. راضی خوشی، خیر و عافیت

westward..........(ویسٹ وارڈ) *adv*. towards the west. مغرب کی طرف

wheat.......(وھیٹ) *n*. a plant with edible seeds. گیہوں

wheel....(وھیل) *n*. circular frame. گھیرا، چاک پہیا *v.i.* to revolve. گھومنا پھرنا، چکر کاٹنا

whence..(وھنس) *adv*. from what place. کیسے

whenever......(وھن ایور) *adv*. at whatever time. جس کسی وقت

whensoever..(وھن سوایور) *adv*. at whatever time. کبھی بھی

whipping..(وھپنگ) *n*. the act of beating with whip. چابک سے مارنے کا فعل

whispering.............(وھسپرنگ)*n*. speaking secretly. کانا پھُسی

white.....(وائٹ). anything white. سفید شے *adj*. pure, spotless, of the colour of snow. صاف، سفید *v.t.* to make white. سفید کرنا

whitewash......(وائٹ واش) *n. & v.t.* to put whitewash on. پتائی کرنا، سفیدی کرنا

whither (وھیدر) *adv*. to what or which place. جدھر، جہاں

whole........(ہول) *adj*. complete, entire. مکمل، سب *n*. complete thing. سب حصہ، تکمیل

wholesale.... (ہول سیل) *n*. sale of goods in large quantities. تھوک بکری *adj*. in large quantities. تھوک

wholly......... (ہولی)*adv*. entirely. پوری طرح سے

width...(وڈتھ)*n*. extent from one side to the other. چوڑائی

widow..(وِڈو)*n*. a woman whose husband is dead. بیوہ

widower...........(ویڈوار)*n*. a man whose wife is dead. رنڈوا

wild.(وائلڈ)*adj*. savage, untamed. جنگلی، غیرمہذب، غصیل

wilful.......(ول فل) *adj*. obstinate. ضدی

will..(ول) *n*. wish, the faculty of deciding. ذوق *v.t.* to order, to resolve. قوت ارادی

window. (ونڈو) *n*. an opening in a wall to admit air and light. کھڑکی

wireless...................(وائرلیس) *n*. communication through electromagnetic waves without wire. وائرلیس، بے تار، لاسلکی نشریات

wisdom.......(وزڈم) *n*. prudence. ہوشیاری، دانش مندی

wishful.....(وش فل) *adj*. desirous. آرزومند، خواہش مند

witch...(وچ) n. a woman having magical power. جادوگرنی *v.t.* to enchant. جادو کرنا

withdraw.....(ووڈرا) *v.t. & i.* to retire. واپس لینا

withdrawal ....(ووڈرائل) *n*. act of withdrawing. واپسی

withhold......(وودھولڈ) *v.t. & i.* to hold back, to stay back. روکنا، تھامنا، دبا دینا

witness.(وٹنس) *n*. testimony. گواہ، ثبوت *v.t. & i.* to attest. ثابت کرنا

woeful.....(ووفل) *adj*. sorrowful. افسوس ناک، بدحالی

wolf.......(وولف) *n*. a wild animal. بھیڑیا

womanhood....(ومن ہڈ) *n*. a the state of being a woman. زنانہ پن

wonder.........(ونڈر) *n*. a miracle. تعجب *v.t.* to marvel. تعجب

wonderful........... (ونڈرفل) *adj*. strange. عجیب

work......(ورک) *n*. labour, effort, employment. کام، محنت، روزگار

workmanship (ورک مین شپ) *n*. skill, quality. کاریگری، دستکاری

worry...............(وری) *n*. anxiety. فکر، پریشانی *v.t.* to trouble, to harass. تکلیف دینا، پریشان کرنا

worship.....(ورشپ) *n*. devotion, reverence. پوجا، عبادت *v.t.* to adore. عزت کرنا، تعظیم کرنا

worshipper............(ورشپر) *n*. a devotee. عابد

worth.......(ورتھ) *n*. value, merit. قیمت، خوبی

worthwhile.......(ورتھ وھائل) *adj*. suitable. لائق، مناسب

worthless.....(ورتھلس) *adj*. of no value. بے قیمت

wound.....(ونڈ) *n*. injury, hurt by cut. زخم *v.t.* to injure, to inflict wound on. زخمی ہونا، گھائل کرنا

wounded......(ونڈڈ) *adj*. injured. گھائل

wrap.(ریپ) *v.t.* to cover, to fold together. تہہ کرنا، لپیٹنا

wreath...........(ریتھ) *n*. garland. (گلے کا) ہار، مالا

wrestle........... (رسل) *v.t. & i.* to struggle. کشتی، لڑنا

wrestling..(رسلنگ)*n*. a struggle. کشتی

wrinkle.(رنکل) *n*. slight ridge on surface. جھری، شکن *v.i.* to become wrinkled. جھرّی ڈالنا

writ......(رٹ) *n*. a writing, legal documents. تحریر، اجازت نامہ

wrong...........(رونگ) *n.* harm, an injury. نقصان،الم، *adj.* not right. غیر صحیح، غلط *v.t.* to treat unjustly. جرم کرنا

X

X-rays..............(ایکس ریز) *n.* the invisible rays emitted by an electric current by means of which the interior of solids are photographed. لاشعائیں، غیر مرئی کرنیں،

xylography..(زائلوگرافی) *n.* art of engraving on wood. لکڑی پر نقاشی کرنے کا ہنر

Y

yean.......(یین) *v.t.* to bring forth young. بھیڑ، بکری کا بچہ جننا، (بھیڑ بکری کا بیانا)

year.........(ای ار) time of twelve months. سال، برس

yearn......(یارن) *v.t.* to have an eager desire of. خواہش مند

yeast...............(ایسٹ) *n.* the froth consisting of fungi used in making beer. خمیر، جھاگ

yellowish (یلواش) *adj.* somewhat yellow. کچھ پیلا

yet...........(یٹ) *adv.* still besides afterall. تو بھی، پھر بھی

yielding........(یلڈنگ) *adj.* giving way, inclined to submit, سیدھا، سونپنا

yoke.......(یوک) *n.* frame of wood placed on oxen, subject, bond. (بیل کا) جوآ، بندھن، غلامی

young......(ینگ) *adj.* not yet old, not far advanced, inexperienced. نوجوان، نا تجربہ کار

youngster......(ینگسٹر) *n.* a lad, a young boy. بچہ، لڑکا

youthful.................(یوتھ فل) *adj.* young. جوان

Z

zealous...........(زیلس) *adj.* fervent. حوصلہ مند

zest....(زسٹ) *n.* a relish, flavour. دلچسپی ذائقہ *v.t.* to give relish to. ذائقہ دار بنانا

zigzag....(زگ زیگ) *n.* something that has a sharp turn. ٹیڑھا میڑھا *v.i.* to turn smartly. تیزی سے آگے بڑھنا

zinc...(زنک) *n.* a white metal. جستا

zoo...(زو) *n.* a zoological garden. چڑیا گھر، حدیقۂ حیوانات

zoology....(زولوجی) *n.* the science of animal life. علم الحیوانات

(APPENDIX-II) II- ضمیمہ

خطوط نویسی

(LETTER WRITING)

خطوط نویسی کے لئے کچھ ضروری ہدایات

آپ چاہے کسی کو خط لکھ رہے ہوں، اس کا مضمون کچھ بھی ہو، اگر آپ مندرجہ ذیل باتوں کا خیال رکھیں گے تو آپ کو خط لکھنے میں کافی مدد ملے گی:۔

ا. اگر آپ رشتے داروں، دوستوں یا کسی آشنا کو خط لکھ رہے ہوں تو آپ کی کوشش یہ رہنی چاہیئے کہ آپ اپنے ہاتھ سے خط لکھیں۔ ہاں اگر آپ کی تحریر صاف نہیں ہے تو آپ ٹائپ کرا کر بھی خط بھیج سکتے ہیں۔

۲. خط کے دائیں طرف (Top right margin) اپنا پتہ لکھیں۔

411/5, Mohalla Maharam,
Shahdara, Delhi-110 032

۳. پتہ کے ٹھیک نیچے تاریخ ڈالیں۔ تاریخ ڈالتے وقت آپ مندرجہ ذیل طریقوں میں سے کسی ایک طریقہ کو اپنا سکتے ہیں۔

4th October, 1986 — Friday, 4th October, 1986
October 4, 1986. — 4.10.1986

۴. خط کی شروعات کیسے کریں؟ **(How to start a letter?)**

خط کی شروعات کافی اہم ہوتی ہے۔ اس میں اس شخص کو مخاطب کیا جاتا ہے، جسے خط لکھا جا رہا ہے۔ تخاطب (القاب و آداب) اس پر منحصر کرتا ہے کہ آپ کسے خط لکھ رہے ہیں۔ الگ الگ درجے کے اشخاص کے لئے الگ الگ خطاب کا استعمال ہوتا ہے۔ کچھ زیادہ مستعمل خطاب نیچے دیئے گئے ہیں:۔

- والدین و رشتے میں بڑے دوسرے متعلقین کو:

My dear father/papa/uncle, — Dear aunt/mother/mummy,

- والدین کے ذریعہ بچوں کو:

My dear Umar, — Dear Rubi,
My dear son, — My dear daughter Salma,

- بھائی بہن اور دوستوں میں:

My dear brother/sister, — My dear sister Pushpa,
My dear Anand, — My dear friend Anand,

- اپنے سے بڑے عہدداروں اور تجارتی فرم کے مالک / مالکان کو:

Sir, — Dear Sirs, — Dear Mr. Ramesh,

۵. خط کے خاص حصے **(Body of the letter)**

اسے موٹے طور پر تین حصوں میں تقسیم کیا جا سکتا ہے سب سے پہلے حوالہ دیجیئے۔ یعنی آپ خط کیوں لکھ رہے ہیں۔ اس کے بعد پیغام دیجیئے یا جس بات کا جواب طلب کیا گیا ہے، وہ لکھئے۔ آخر میں بڑے چھوٹے کو حسب مراتب خطاب کرتے ہوئے خط کے اصل حصے کو ختم کیجیئے۔ تینوں کی ایک ایک مثال نیچے دی گئی ہے:۔

- حوالہ پیغام **(Reference)** :

I have just received your letter.

- پیغام **(Message)** :

Meet Mr. Gajraj and give him the money.

- ختم **(End)** :

Please give my best regards/love/wishes to.......................

۶. خط کا اختتام کیسے کریں؟ **(How to close a letter?)**

خط کا اختتام اس بات پر منحصر ہے کہ آپ کسے خط لکھ رہے ہیں۔ اسے اختتامی لفظ (Subscription) کہتے ہیں۔ خط کیسے لکھا جا رہا ہے اس کے مطابق الگ الگ (Subscriptions) ہوتے ہیں۔ اس میں مراسلہ نگار کے دستخط بھی شامل ہوتے ہیں۔

• والدین وبزرگ رشتے داروں کو :

Affectionately yours, Yours affectionately, Your affectionate son /daughter/nephew/niece,

• والدین چچا چچی وغیرہ کے ذریعہ بچوں کو:

Affectionately yours, Yours affectionately, Your affectionate father/uncle/mother/auntie,

• دوستوں کو :

Sincerely yours, Yours sincerely, Yours very sincerely,

اپنے سے بڑے عہدداروں وتجارتی فرم کے مالکوں کو : Yours faithfully,

• بھائی، بہن میں مراسلت: Your loving sister, Your loving brother,

۷. اگر اختتام خط کے بعد کوئی چیز لکھنے سے چھوٹ جائے تو خط کے نیچے **P.S. (Post-Script)** لکھ کر اپنی بات لکھیں۔

۸. کل ملا کر خط کسا ہوا، اپنا مافی الضمیر واضح طور پر اظہار کرنے والا اور ایسی زبان میں ہونا چاہیئے جو خط پانے والے کے درجے کے مطابق ہو۔ غیر معمولی طوالت بھی خط کا مقصد مجروح کرتی ہے۔ بروقت خط بھیجنے کی بڑی اہمیت ہے ہمیشہ کوشش کیجئے کہ آپ کا خط صحیح وقت پر پہنچ جائے اور اس میں سبھی ضروری باتیں درج کردی گئی ہوں۔ اس لئے مافی الضمیر کے اظہار میں اختصار کی کوشش کیجئے۔

۱. خوشخبری کے خطوط **(Letters of Greetings)**

خوش خبری کے اظہار والے خطوط کا خاص مقصد ہوتا ہے، دوسرے کی خوشی بانٹنا، اپنی خوشی دوسروں تک پہنچانا، اپنی یاد دلانا اور اس طرح خطوط کے ذریعہ انفرادی رسماجی بندھنوں کو تدریجاً خوشگوار بنانا۔ اگرچہ ایسے خطوط رسمی ومختصر ہوتے ہیں مگر اس میں جتنی ہمدردی کی چھاپ رہے گی، خط اتنا ہی پُر اثر ہوگا۔ ان خطوط کی زبان کتابی زبان نہ ہو کر بول چال کی زبان ہوتی ہے۔ قاری کو ایسا محسوس ہو کہ جیسے مراسلہ نگار اس کے سامنے اپنی دلی خوشی کا اظہار کر رہا ہے۔ ایسے خطوط نئے سال، ہولی، دیوالی، عید، دشہرہ، کرسمس، یوم ولادت وغیرہ جیسے موقع پر ارسال کئے جاتے ہیں۔

خوشی کے اظہار کرنے والے جملے سے خط شروع کیجئے:

1. I was pleasantly surprised to know..............
2. Please accept my heartiest greetings on the eve of...............
3. Please accept my best wishes on this happy occasion.............
4. My wife and kids join me in expressing our warmest greetings on the occasion of.........

مبارکباد دینے کے بعد آئندہ مستقبل کے لئے دعائیہ کلمات لکھئے:

5. May this occasion bring you all happiness and prosperity !
6. May every day of your future be as pleasant and auspicious as this day !
7. May God grant you every success in the coming years !
8. I wish this day to be as happy and gay as lily in May !

بذات خود حاضر نہ ہونے پر اظہارِ معذرت کیجئے:

9. I would have joined you so happily in celebrations but for my visit on urgent official business.
10. I regert my absence on this happy day owing to my illness.
11. How eager I am to be with you but my family occupation prevents me from doing so.

کوئی تحفہ / سوغات دینے کے بارے میں اشارہ کیجئے :

12. But you will soon receive a gift as a token of my affection for you on this happy occasion.
13. I hope you like the small gift/bouquet I sent to you today to convey my warm feelings.

پھر اظہارِ مسرت کرتے ہوئے خط کا اختتام کیجئے :

14. Once again I convey my sincerest greetings on this auspicious occasion.
15. Wishing you all the best in life.
16. Looking forward to hearing more from you.

Sample letter

My dear ....,

Please accept my heartiest greetings on your birthday. (2) May this occasion bring you perfect happiness and prosperity in the coming years! (7) I regret my absence on this happy day owing to my illness. (10) But you will soon receive a gift as a token of my affection for you on this happy occasion. (12).

Yours sincerely,

(Letters of Congratulations) ۲. مبارک باد کے خطوط

مبارک باد کے خطوط عام طور سے خوشخبری کے اظہار والے خطوط کے مقابلہ میں زیادہ اہم ہوتے ہیں اور ان میں انفرادی امنگیں زیادہ جھلکتی ہیں۔ ایسے خطوط کے ذریعہ کسی کی انفرادی کوششوں کو سراہتے ہوئے گرم جوشی سے اپنی خوشی کا اظہار کیا جاتا ہے اور خط پانے والے کے مستقبل کے لیئے دعائیہ کلمات لکھے جاتے ہیں۔ ایسے خطوط اظہارِ مسرت کے خطوط کے مقابلے میں کچھ زیادہ بڑے ہوتے ہیں۔ انہیں امتحان میں کامیابی، تجارت میں ترقی، کتاب کے رسم اجراء یا ایسے ہی دوسرے خوشی کے مواقع پر بھیجا جاتا ہے۔

خط کی ابتداء اظہارِ مسرت کے ساتھ کریں:

1. I am so happy to know...............
2. We are thrilled to hear from our mutual friend.
3. My heart is filled with joy to learn about ....
4. My happiness knew no bound the other day when I came to know about.........
5. I was beside myself with joy the other day when I came to know about...........

خوبصورت انداز میں مبارک باد دیں :

6. Please accept my heartiest congratulations on........
7. My wife joins me in congratulating you/your son......on your/your son's grand success.
8. It is really a splendid achievement and we are all proud of you.
9. I am delighted to learn that you have realized your cherished ambition.

روشن مستقبل کے لئے اپنی قلبی دعاؤں کا اظہار کیجئے :

10. Your grand success will make you bask in the glory of good fortune all through your life.
11. May God continue to grant you similar successes all through your life.
12. I am sure you would bring great laurels to your profession and the organization you joined.
13. Having attained a firm footing in your life, I am sure you would go very far on the path of achievements.

مستقبل کے پروگرام کے بارے میں پوچھنے سے باہمی رشتے خوش گوار ہوں گے :

14. Do you plan to celebrate the occasion?
15. When are you intending to join..........?
16. Do you plan to go abroad for higher studies?

خط کا اختتام دوبارہ اظہار مسرت، مبارک بادی کے ساتھ اور کامیابی و کامرانی کی طرف اشارہ کرتے ہوئے کریں :

17. Once again I congratulate you on your well deserved success.
18. Your success is a fitting reward of your merit/painstaking labour.
19. God has duly rewarded your sincere efforts.
20. Accept once again my felicitation on this grand occasion.

....**Sample Letter**

My dear......,

I was beside myself with joy the other day when I came to know about topping the list of the successful candidates in the Civil Services Examination. (5) It is really a splendid achievement and we are all proud of you. (8) May God continue to grant you similar successes all through your life. (11) Do you plan to celebrate the occasion? (14) Your success is a fitting reward of your merit/painstaking labour. (18)

Yours sincerely,

(Letters of Sympathy) ۳. ہمدردی کے خطوط

تکلیف دہ مواقع پر لکھے جانے والے وہمدردی کے خطوط موٹے طور پر چار حصوں میں تقسیم کئے جا سکتے ہیں : مالی نقصان، حادثہ، بیماری، امتحان یا نوکری میں ناکامی۔ ہمدردی کے خطوط میں ماتم پرسی کے خطوط کے مقابلے اظہار افسوس کا حصہ قدرے کم ہی ہوتا ہے کیونکہ مالی نقصان' جانی نقصان کے مقابلے میں کم ہی اہمیت رکھتا ہے۔ پھر بھی قاری کو مراسلہ نگار کی سچی ہمدردی ملنی چاہئے۔

اپنا خط خبر ملنے پر اظہار افسوس سے شروع کریں :

1. I am extremely sorry to hear of the fire that ravaged your factory on 10th Sept.
2. I was much distressed to learn about the theft committed in your house last Monday.
3. I was extremely worried to know about your illness the other day by our mutual friend.
4. It was with profound shock that I learnt about your car accident from the newspaper.
5. I was quite disturbed to know about your supercession in service.
6. It was with great sadness that I learnt from the newspaper about your failure in the examination.

زیادہ نقصان نہ ہونے پر اطمینان کا اظہار کریں و تسلی دیں :

7. However, it is a matter of great relief that the damage caused was not major.
8. At the same time I am quite relieved to know that the loss is not much.
9. But I am sure the regular treatment will make you get rid of it in no time.
10. But I feel greatly relieved to know that you are physically safe.
11. Do not worry, if you could not get your promotion this time, you may get it next year.
12. Success and failure are a part of life and should be taken in stride.

قاری کی غلطی نہ ہونے کے یقین کا اظہار کریں اور کوئی قابل ذکر بات ہو تو لکھیں :

13. Do not get upset about it as I am told it was insured.
14. I am glad that the police is hotly pursuing the case with some useful clues.
15. Take full rest and follow the doctor's instruction. You will get well soon.
16. Success or failure are a matter of luck. Do not lose your heart and work hard with redoubled vigour. Success shall be yours.

اپنی طرف سے معاونت پیش کریں :

17. I know some important personnel in the insurance company. I will speak to them.
18. Please do not hesitate in asking any finacial help from me in case you need.
19. Why do not you come to my place for the convalescence. We'll have good time.
20. Henceforth be careful in driving and also get your car brakes thoroughly checked.
21. Sincere efforts always bring reward, so continue trying.

پھر اظہار افسوس پیش کریں :

22. You have all my sympathies on this unfortunate incident.
23. I feel greatly concerned about your loss.
24. Please convey my heart-felt sympathies to your entire family.
25. May you recover speedily.
26. May God grant you your well-deserved success next time.

....**Sample Letter**

My dear ....,

I was extremely sorry to hear of the fire that ravaged your factory on 10th Sept. (1) However, it is a matter of great relief that the damage caused was not major. (7) Do not get upset about it as I am told it was insured.(13) I know some important personnel in the insurance company. (17) You have all my sympathies on this unfortunate incident. (22)

Yours sincerely,

۴. معذرت نامہ (Letters of Regret)

دعوت کی نامنظوری پر یا کسی وجہ سے مدعو موقع پر نہ پہنچ پانے کا پیغام دینے والے خطوط اس زمرے میں آتے ہیں۔ غیر حاضری کی اطلاع دینے والے خط ذرا بڑے ہوتے ہیں کیونکہ اس میں عدم شرکت کی وجہ بھی بتائی جاتی ہے۔

ابتداء ہی میں دعوت کے لئے شکریہ ادا کریں :

1. Thanks a lot for your kind invitation to attend...............
2. I was extremely happy to receive your letter of invitation to attend........
3. It was so kind of you to have remembered me on the occasion of............
4. It was an honour to have received your courteous invitation letter.

اس کے بعد دعوت کی نامنظوری کے لئے معذرت کریں :

5. I would have been so much delighted to be with you but.......
6. I was thrilled to receive your invitation and was looking forward to meeting you all but owing to...
7. I regret to inform you that in spite of my ardent wish, I would not be able to make it for reasons beyond my control.
8. We were all very keen to participate in..........but...........
9. I have much pleasure in accepting your invitation but deeply regret having to fefuse owing to a previous engagement .

مندرجہ ذیل فقروں میں سے مناسب حصے مندرج جملوں میں جوڑ کر بات پوری کریں :

10. Unfortunately I am not well.
11. Owing to my urgent business trip abroad, I would not be able to attend it.
12. ..... but I am preoccupied with the arrival of guests on the same dates.
13. ..... but I am going out on the same dates to attend my sister's wedding.

414

خوشی کے موقع پر اظہار مسرت کریں :

14. Nevertheless I convey my heartiest good wishes for the happy occasion.
15. All the same, let me congratulate you most heartily on this happy event of your life.
16. My family joins me in wishing you all the best.
17. Best wishes for this grand event of your life.

آخر میں عدم شرکت کیلئے دوبارہ معذرت کریں :

18. How I wish, I would have reached there. I hope you would appreciate my position.
19. I do hope you would accept my sincere apologies for my absence.
20. You cannot imagine how perturbed I am at not being able to make it.
21. I sincerely regret the disappointment I am causing to you.

....**Sample Letter**

My dear ....,

It was an honour to have received your courteous invitation letter. (4) I would have been so much delighted to be with you. (5) but unfortunately I am not well. (10) I sincerely regret the disappointment I am causing to you. (21) Nevertheless I convey my heartiest good wishes for the happy occasion.

Sincerely yours,

5. چھٹی کی درخواست (Leave Applications)

اس قسم کے خطوط (عرضیاں) مختصر گر واضح مقصد ظاہر کرنے والے ہوتے ہیں۔ چاہے اسکول سے چھٹی لینی ہو یا دفتر سے۔ عرضیوں کا استعمال سب کو کرنا پڑتا ہے۔ ایسی عرضیوں میں متعلق ذمہ داران کو مناسب القاب دیتے ہوئے چھٹی لینے کی وجہ بیان کرتے ہوئے درخواست کی قبولیت کی استدعا کی جاتی ہے۔

پہلے وجہ بیان کیجئے:

1. Respectfully I beg to state that I have been suffering from fever since.....................
2. With due respect I wish to bring to your kind notice that my niece is getting married on..........
3. I submit that I have to attend an interview at.......on...........
4. I have to state that I am having a very important work to do on................

پھر چھٹی کی درخواست کیجئے:

5. Therefore, I request you to grant me leave for............days.
6. Hence you are requested to grant me leave of absence for.....
7. I, therefore, request you to grant me leave for............to enable me to attend to this work.

آخر میں شکریہ ادا کرتے ہوئے عرضی کا اختتام کیجئے :

8. I shall be highly grateful.
9. I shall be much obliged to you.

....**Sample Letter**

Sir,

Respectfully I beg to state that I have been suffering from fever since last night. (1) Therefore, I request you to grant me leave for three days. (5) I shall be much obliged to you. (9)

Thanking you,

Yours faithfully,

(Letters of Thanks) ٦. شکریہ نامہ

شکریہ کے خطوط میں اصلاً اظہار تشکر ہوتا ہے۔ کسی خاص موقع پر کسی کے ذریعہ یاد کئے جانے یا تحفہ رتحائف کے لین دین کے جواب میں لکھا جاتا ہے۔ اگرچہ ایسے خطوط بھی رسمی خطوں کے ضمن میں آتے ہیں مگر اس کا خیال رہے کہ شکریہ کے اظہار کے وقت رسمی لفظ کا اظہار نہ ہو۔ ایسے خطوط مختصر مگر بہت اہم ہوتے ہیں کیونکہ آئندہ کے تعلقات استوار ہونے میں ان کا خاص دخل ہوتا ہیں۔

خط کی ابتداء احسان مندی کا اظہار کرتے ہوئے شکریہ کے ساتھ کیجئے :

1. I thank you from the core of my heart for your letter/sending me the gift etc.
2. I express my profound gratitude for your having cared to remember me/send me the beautiful gift etc.
3. It was very kind of you to have ....
4. Thanks a lot for............. (your letter/beautiful gift etc.). Indeed I am grateful.

تحفہ رخط کے متعلق اور اس کی اہمیت کا ذکر کیجئے :

5. Your letter/gift is the most precious possession that I have.
6. Your sentiments expressed through the letter/gift have really boosted my morale.
7. Your letter/gift has really strengthened our bonds of affection.
8. The exquisite gift/warm feelingful letter was most befitting the occasion.

پھر سے شکریہ ادا کرتے ہوئے خط مکمل کیجئے :

9. Thank you once again for your kind letter/gift.
10. Very many thanks for caring to remember me.
11. Thanks a lot for the letter/gift, although your personal presence would have made quite a difference.
12. Thanks again. We are looking forward to meeting you soon.

....**Sample Letter**

My dear ....,

I thank you from the core of my heart for your letter/sending me the gift. (1) Your letter/gift is the most precious possession that I have. (5) Very many thanks for caring to remember me. (10)

Yours sincerely,

(Letters of Condolence) ٧. تعزیتی خطوط

ماتم پرسی کا خط کسی شناسا کو اس کے یہاں کسی حادثہ پر لکھا جاتا ہے۔ ان خطوط کا اصل مدعا اظہار ماتم پرسی کا ہی ہوتا ہے۔ ایسے خطوط مختصر ہوتے ہیں اور حادثہ کی خبر سنتے ہی فوراً روانہ کئے جاتے ہیں۔ ایسے خطوط محض رسمی نہ ہو کر جذباتی ہونے چاہئیں۔ ان میں مرحوم کی خوبیوں کا ذکر عزت، شفقت (مراسلہ نگار سے چھوٹا یا بڑا جیسا بھی ہو) کے ساتھ کرنا چاہئے۔ اگر مراسلہ نگار مرحوم کے اس افسوس کے موقع پر امداد کرنے کا اہل ہے تو اس کا بھی ذکر کرنا چاہیئے۔

اطلاع ملنے پر افسوس کا اظہار کیجئے :

1. It was with deep regret that we learnt the shocking news of the passing away of............
2. I was greatly saddened to know about .... from the newspaper/telephone call/letter.
3. I was rudely shocked to know about the sudden demise .... from......
4. I was deeply distressed to learn about the sudden demise of ....

مرحوم کی تعریف وتوصیف کیجئے :

5. He was such a lovable person.
6. In his death in the prime of life God has snatched a bright jewel from our midst.
7. His sociable nature and cultural refinement would keep him alive in the hearts of his admirers.
8. His death has caused a grievous loss not only to your family but to all of us.
9. He was a source of strength and inspiration to many of his fellow beings.
10. His remarkable achievements would transcend his memory beyond his physical death.
11. Some of his pioneering work will go a long way to benefit many future generations.

آخر میں پھر قلبی افسوس وہمدردی کا اظہار کریں :

12. Please accept my sincerest condolences on this sad occasion.
13. May God grant you enough courage and forbearance to withstand this shock.
14. May his soul rest in peace in heaven and guide you for years to come.
15. We express our most sincere sympathy to you in your great bereavement.
16. We hope that the tree he has planted thrives well to provide protection to his family.

....**Sample letter**

My dear ....,

It was with deep regret that we learnt the shocking news of the passing away of your father. (1) His death has caused a grievous loss not only to your family but to all of us. (8) We express our sincerest sympathy to you in your great bereavement. (15) May God grant you enough courage and forbearance to withstand this shock. (13).

Yours sincerely,

۸. عشقیہ خطوط (محبت نامے) (Love Letters)

محبت کے خطوط خاص طور پر دو قسم کے ہوتے ہیں--(۱) شوہر-بیوی کے خطوط (۲) عاشق-معشوق کے خطوط۔پہلے زمرہ کے خطوط میں اظہارِ محبت کے ساتھ گھریلو حالات کا بھی ذکر ہوتا ہے جبکہ دوسرے زمرہ کے خطوط میں الفت، رومانس اور خیالی باتیں زیادہ ہوتی ہیں۔ان خطوط کی کوئی حد بندی نہیں کی جاسکتی۔اس لئے انہیں قاعدہ قانون کا زیادہ پابند نہیں کیا جاسکتا۔

خط کی شروعات پیار بھری باتوں سے کریں :

1. Your loving letter this morning has come like a ray of sunshine.
2. Your sweet letter has enveloped me in the sweet fragrance of our love.
3. Your letter has flooded me with sheer happiness.
4. Your affectionate letter has dispelled the depression that surrounded me earlier.

پھر متعلق باتوں کا ذکر کریں :

5. Everything is fine here except that I miss you so badly.
6. Has our little daughter (write her name) recovered from flu.
7. Nights really seem unending in your absence.
8. Is all well at home?

آخر میں پھر پیار بھری باتیں کریں :

9. I am longing/dying to meet you.
10. Once again I must tell you how deeply do I love you.
11. Write back soon as your letters provide me a great emotional support.

12. I am counting the days when I will meet you.

پھر تعریفی جملے سے خط کا اختتام کریں :

13. You are the sweetest dream of my life.
14. Your memory keeps me radiant.
15. I am desperately waiting to meet you my sweetheart!
16. You are the greatest thing that happened to my life.

....**Sample Letter**

Your sweet letter has enveloped me in the sweet fragrance of our love. (2) Everything is fine here except that I miss you so badly. (5) Write back soon as your letters provide me a great emotional support. (11) You are the greatest thing that happened to my life. (16)

Love,

Yours ever,

(Letters of Invitation) ۹. دعوتی خطوط (دعوت نامے)

ابتداء میں دعوت کا محل، تاریخ، وقت اور جگہ کا تفصیلی ذکر کریں :

1. It is with great pleasure that I inform you that (I am/my son is getting engaged on 16 February, 1986 at Taj Palace's Crystal Room at 6 p.m.)
2. This is to bring to your kind notice that ....
3. Most respectfully I inform you that ....
4. I am pleased to inform you that ....

اب ذاتی طور پر دعوت دیں :

5. I request you to kindly come with your family to grace the occasion.
6. I would be delighted if you could spare some time from your busy schedule to attend the above mentioned function/celebration.
7. It would be a great pleasure to have you among the guests.
8. Please do come with your family at the appointed place and time.

ایک بار پھر دوبارہ آنے کی پرزور دعوت دیں :

9. You know how important is your presence on this occasion for us. So please do come.
10. I am sure you would not disappoint us.
11. I would be greatly honoured if you could come on this occasion.
12. My whole family is very eagerly awaiting your arrival.

....**Sample letter**

My dear,

It is with great pleasure I inform you that my son is getting engaged on 16th Feb. 1986 at Taj Palace's Crystal Room at 6 p.m. (1) I request you to kindly come with your family to grace the occasion. (5) My whole family is very eagerly awaiting your arrival. (12)

Yours sincerely,

418

۱۰. تعلیمی درخواست، خطوط

(Letters and Applications on Educational Matters)

والدین اور اساتذہ کے درمیان مراسلت کے مواقع برابر جاری رہتے ہیں۔ زیادہ تر ایسے خطوط تعلیم ہی سے متعلق ہوتے ہیں جیسے: سند حاصل کرنے کے لئے لکھے گئے خطوط، بچے کی پڑھائی کے متعلق سوالات وغیرہ۔ ان کی زبان عام فہم ہوتی ہے اور خط میں سیدھے سیدھے اصل مدعا ہی موضوعِ گفتگو ہوتا ہے۔

خط کی ابتداء میں اس کی وجہ کی وضاحت کریں :

1. This is to bring to your kind notice that I am leaving the town and I want to have my son's transfer certificate from your reputed school/college etc.
2. I have been watching my son's studies and find him to be still quite weak in mathematics.
3. I am deeply pained to learn from my son about the callous attitude of some of the teachers towards the students.
4. Since my daughter ...... a student of your school, class .... wishes to compete for the science talent competition, I should be grateful if you could issue the relevant certificates.

آخر میں شکریہ کے ساتھ درخواست ختم کریں :

5. Kindly arrange to issue the certificate at your earliest. Thank you.
6. I would be grateful if some special attention is given to my son ....
7. You are requested to send the relevant certificates by .... (give date)
8. I again request to get the needful done at your end.

....**Sample Letter**

Dear Sir (or Madam),

Since my daughter Neeta, a student of class XI in your school, wishes to compete for the science talent competition, I should be grateful if you could issue relevant certificates. (4) I again request you to get the needful done at your end. (8)

Yours sincerely,

۱۱. شادی سے متعلق اشتہارات کے جوابات

(Replies to Matrimonial Advertisements)

آج کل، خصوصاً بڑے شہروں میں، شادی سے متعلق معاملات اخبارات کے ذریعہ بھی ہوتے ہیں۔ ایسے اشتہارات غور سے پڑھے جاتے ہیں۔ ان کے ذریعہ شادیاں ہوتی ہیں۔ ان اشتہارات کے جواب میں خطوط اس طرح لکھنے چاہیئے جن میں اشتہارات کا پورا حوالہ ہو۔ دلہا/دلہن کے بارے میں پوری تفصیلات ہو، خاندانی حالات کا ذکر ہو، اقتصادی حالت کا خلاصہ، تصویر بھیجنے کی درخواست ہو۔ جواب دینے کی امید ہو وغیرہ۔ یہ خطوط حقیقی حالات پر مبنی ہوتے ہیں۔ اسلئے زیادہ سے زیادہ وضاحت ہونی چاہیئے۔

ابتداء میں اشتہار پڑھنے کی جانکاری دیں :

1. In response to your matrimonial advertisement published in the (newspaper's name and date) I furnish hereunder the relevant particulars about my daughter/son.
2. This is in reference to your matrimonial advertisement published in (name of the newspaper) on......... (date), that I give below the detail of my daughter/son and my family.
3. I have seen your recent advertisement for a suitable bridegroom/bride for your daughter/son and

would like to furnish the following particulars about myself/my son.

اس کے بعد لڑکے/لڑکی کی تفصیل دیں :

4. Name, age, education, appearance and earnings.
5. Brothers, sisters, and their description.
6. Parents and their description.
7. Caste/sub-caste or community details.

خط کا اختتام ایسے کریں :

8. In case you are interested, please send to me more details about the boy/girl along with his/her one recent photograph.
9. If you require more information, I would be pleased to furnish it.
10. If you have belief in astrology, we will send the horoscope also.
11. Since we want marriage at the earliest, a prompt reply will be highly appreciated.

....**Sample Letter**

Dear sir........................,

In response to your matrimonial advertisement published in The Hindustan Times on 20th Sep. 1986, I furnish here the relevant particulars of my daughter (give the relevant details). (1) If you have belief in astrology, we will send the horoscope also. (10) Since we want marriage at the earliest, a prompt reply will be highly appreciated. (11)

Yours sincerely,

۱۲. شادی کے اشتہارات کا جواب الجواب

(Letter to the responses received from Matrimonial Ads)

ان خطوط کا جواب محدود اسلوب میں ہونا چاہیئے کیونکہ ایسے خطوط آپ کی خواہش کی تکمیل میں پہلا قدم ہے۔ جو بھی تفصیلات مانگی جائے اس کا صحیح صحیح بیان ہونا چاہیئے۔ ایک طرح سے ان خطوط کی زبان تجارتی خطوط کے انداز کی ہوتی ہے اس لئے یہ مختصر اور معقول ہوتے ہیں۔

پہلے خط کے موصول کی خوشی کا اظہار کیجئے :

1. I was delighted to receive your letter in response to our ad. in the newspaper.
2. Received your letter soliciting further enquiry into our likely matrimonial alliance.

اس کے بعد جو پوچھا گیا ہے اس کی تفصیلات فراہم کیجئے :

3. My sister is a post-graduate in Economics from Allahabad University.
4. At present my daughter is teaching in Cannosa convent school.
5. Enclosed photograph is a recent shot of..............(name), my sister.

آئندہ بھی دیگر معلومات فراہم کرانے کی یقین دہانی کے ساتھ اپنی معلومات کے لئے چند سوالات پوچھیئے :

6. Should you have any further query, I would be most willing to satisfy it. When is Amit coming for holidays?
7. I hope this satisfies your query. Kindly care to send a recently shot photograph of Amit too.
8. If you need ask anything still, we can meet at Lodhi Hotel between 14th and 16th instt., where I shall be staying during my next visit to Delhi.

آئندہ تعلقات کے خوش گواری کے متعلق خوش فہمی کا اظہار کرتے ہوئے خط کو بند کیجئے :

9. Hope to see our proposal to fruition soon.

10. Expecting to hear from you soon.
11. Looking forward to our coming meeting.

....**Sample Letter**

Dear Mr..............................,

I was delighted to receive your letter in reply to our ad. in the newspaper. (1) At present my daughter is teaching in Cannosa convent school. (2) I hope this satisfies your query. Kindly care to send a recently shot photograph of Amit too. (7) Looking forward to our coming meeting. (11)

Yours truly,

۱۳. خاندانی خطوط : برابر والوں کے درمیان

(Family Letters : Between Equals)

خاندانی خطوط کو بھی کسی معینہ طریقہ پر تقسیم نہیں کیا جا سکتا اور نہ اس کی کوئی حد متعین کی جا سکتی ہے۔ ان خطوط کے مضمون متعین ہو سکتے ہیں۔ انفرادی معاملات سے لیکر عام معاملات تک۔ پھر بھی ان خطوط میں ایک خاص خوبی پنہاں ہوتی ہے، مشفقانہ روش۔ عام طور پر ایسے خطوط لمبے ہوتے ہیں اور بول چال کی روزمرہ زبان میں لکھے جاتے ہیں۔ برابر والوں کے خطوط کا لہجہ ذرا دوستانہ ہوتا ہے جس میں تھوڑی باہمی چھینٹا کشی بھی چلتی ہے جو باہمی انس کو مضبوط تر کر دیتی ہے۔

اظہار مسرت کے ساتھ خط لکھنے کی وجہ بھی بیان کریں :

1. It was indeed a great pleasure to receive your letter.
2. I received your letter and was delighted to go through its contents.
3. Received your letter after ages.
4. So, at long last you cared to remember me!

پھر ذاتی خاندانی خبریں لکھیں :

5. Of late I have not been keeping in good health.
6. Father is now better but his movements are somewhat restricted.
7. After the cataract operation, mother's eyesight has improved considerably.
8. Pappoo secured 86% marks and IV rank in his annual exams.
9. The other day my wife met your cousin at Sheela's marriage.

پھر کچھ ناخوشگواری مگر محبت و نصیحت آمیز جملہ لکھیں :

10. What about your tea-addiction, still going 20 cups strong a day?
11. How are you getting along in your new affair. Any help needed?
12. Are you really so busy as not to be able to correspond frequently?
13. When are you going to marry .... in old age?

دوبارہ ملاقات کی خواہش کے اظہار کے ساتھ بات ختم کریں :

14. Hoping to meet you in the Dussera vacation.
15. I hope you would be coming over to this side at Rahul's marriage. Then we will meet.

....**Sample Letter**

Dear Ramesh....................,

So, at long last you cared to remember me! (4) Of late I have not been keeping in good health. (5) What about your tea-addiction, still going 20 cups strong a day? (10) I hope you would be coming over to this side at Rahul's marriage. Then we will meet. (15)

With loving regards,

Yours affectionately,

۱۴۔ خاندانی خطوط : بڑے اور چھوٹے کے درمیان

(Family Letters: From Elder to Younger)

بڑوں کی طرف سے چھوٹوں کے متعلق خطوط میں شفقت کے ساتھ ساتھ تھوڑی تہذیب وخیراندیشگی بھی جھلکتی ہے اور ان کے مستقبل کی زندگی کے لئے حوصلہ افزا لائحہ عمل بھی۔ ایسے خطوط کی بھی کوئی حد مقرر نہیں کی جاسکتی۔ یہ شخصی ضروریات پر منحصر کرتے ہیں۔

خوشی کا اظہار کرتے ہوئے خط لکھنے کی وجہ کا ذکر کریں :

1. I was happy to receive your letter the other day.
2. It is surprising that since last one month you haven't cared to drop even a single letter to us.
3. The photographs sent by you are really marvellous. We were delighted to see them.
4. Mr. Saxena met me yesterday and told me about his meeting you on 10th instant.

پھر شخصی/خاندانی خبریں لکھیں :

5. Ramesh's competitive exams would start from 21st Oct.
6. Your Sushma auntie expired on September 9 last. She was unwell for some time.
7. Since Reeta's marriage has been fixed on 9th January, I expect you to be here at least a week earlier to help me in the arrangements.
8. Your nephew Bittoo is unhappy as you didn't send him the promised watch.

اب خط پانے والی کی خیروعافیت دریافت کریں :

9. How are you doing in your new assignment? Is it really taxing? Hope it is exciting.
10. I hope you are taking proper care of your health.
11. Tell Asha that I miss the delicious dosas prepared by her.
12. How is Pintoo in his studies?

پھر ملاقات کی خواہش کا اظہار کرتے ہوئے خط پورا کریں :

13. I hope you would be punctual in your letter-writing to us and would come on Dussera.
14. Be careful about your health in this rainy season and continue writing letters.
15. Apply for your leave well in advance so that you are in time for Reeta's marriage.
16. More when we meet.

....Sample Letter

My dear Ram............,

It is surprising that since last one month you haven't cared to drop even a single letter to us. (2) Since Reeta's marriage has been fixed on 9th January, I expect you to be here at least a week earlier to help me in the arrangements. (7) I hope you are taking proper care of your health. (10) More when we meet. (16)

With love,

Yours affectionately,

۱۵. خاندانی خطوط: چھوٹے اور بڑے کے درمیان
(Family Letters : From Younger to Elder)

چھوٹوں کی طرف سے بڑوں کے لئے لکھے جانے والے خطوط میں ہمدردی کے ساتھ عزت اور مرتبہ کا خاص خیال رکھا جاتا ہے۔ یہ خطوط بھی عام خطوط کے مانند ہوتے ہیں اور ان کی کوئی حد مقرر نہیں کی جاسکتی۔ ایسے خطوط ذرا جذباتی و عاجزانہ رنگ کے بھی ہوتے ہیں۔

مسرت کا اظہار کے ساتھ خط تحریر کرنے کی وجہ بھی بتلائیں :

1. I was very happy to receive your letter after a long while.
2. I was thrilled to receive the sweets sent by mummy through Mrs. Jindal.
3. Have you people completely forgotten me? No letters!
4. I am writing this letter to ask you to send Rs. 250/- for my fees at your earliest.

پھر ذاتی / خاندانی خبریں لکھیں :

5. You will be glad to know that I have been selected in the debating group going to U.S.A. for one month.
6. This year owing to extra-classes in Dussera holidays I won't be able to come.
7. Tell Mohan Dada that I need a tennis racket as I have been selected in the college tennis team.
8. Asha wants to go to her parents' place at Diwali. She will go only if you permit.

اب خط پانے والے کی خیریت دریافت کریں :

9. Is Mummy O.K.? How is her arthritis?
10. I hope your blood-pressure must now be under control.
11. Has Sarla auntie returned from Hardwar?
12. Would Munna be going to watch the cricket test match at Kotla ground?

دوبارہ ملنے کی خواہش / تمنا کے اظہار کے ساتھ بند کریں :

13. I hope to come for 10 days in Christmas vacation.
14. I might come there during this month for a day.
15. Hope to talk to you over phone when I go to Chachaji's place.
16. More when we meet.

....**Sample Letter**

Respected Brother,

I was very happy to receive your letter after a long while. (1) You will be glad to know that I have been selected in the debating group going to U.S.A. for one month. (5) Is Mummy O.K.? How is her arthritis? (9) More when we meet. (16)

With regards to elders and love to youngers.

Yours affectionately,

۱۶۔ انٹرویواور تقررنامے سے متعلق استفسارات پرمبنی خطوط

(Letters supplementing the queries arising out of your receiving of the Appointment/Interview Letters)

> ایسے خطوط اکثر مختصر ہوتے ہیں کیونکہ یہ ضمنی خطوط ہیں اور سابقہ خطوط کے مقابل کم مضامین سے متعلق ہوتے ہیں۔ ایسے خطوط بھی محدود اور مختصر ہوتے ہیں۔ ایسے خطوط کے جوابات جلد بازی میں نہیں دینے چاہئیں۔ زبان پوری طرح سے مہذب اور سنجیدہ ہونی چاہئے۔ آخر میں اظہارِ عجز بھی مناسب ہے۔

ابتداء میں اپنی درخواست کا جواب آنے پر مسرت کا اظہار کیجئے:

1. I was glad to receive your query in response to my application.
2. Delighted to receive the questionnaire sent by your office.
3. Extremely pleased to get a favourable response from your side.

اب اصل بات کی وضاحت کرتے ہوئے اپنی حاجت بیان کیجئے :

4. But your letter does not mention anything about the T.A. I am entitled to receive for travelling to attend the interview.
5. There appears to be some discrepancy between the grade given in the ad. and the one given in your letter.
6. Owing to my illness I won't be able to attend the interview on the scheduled date. Could I get a date fifteen days later than the scheduled one?

آخر میں اس کمپنی میں کام کرنے کی دلی خواہش کا اظہار کرتے ہوئے، پورا اعتماد دلاتے ہوئے خط کو ختم کیجئے :

7. Avidly awaiting the interview date/answer to my query.
8. Looking forward to a bright future in your esteemed organisation.
9. I hope you would kindly care to send the required clarifications on the mentioned points to enable me to attend the interview/or join the concern.

....**Sample Letter**

Sir,

I was glad to receive your query in response to my application. (1) But your letter does not mention anything about the travelling allowance I am entitled to receive for travelling to attend the interview. (4) Avidly awaiting the interview date. (7)

Yours faithfully,

۱۷۔ ملازمت کی عرضی (Job Applications)

> ملازمت وغیرہ کیلئے لکھی گئی درخواست میں زبان کی ادبیت اور مضمون کی عمدگی کی خاص اہمیت ہوتی ہے کیونکہ درخواست وصول کنندہ ایک غیر متعارف شخص ہوتا ہے۔ آپ کی کامیابی بہت کچھ اس کی مہربانی اور نظرِ کرم پر منحصر ہوتی ہے ایسے خطوط ویسے تو مختصر اور عام ہوتے ہیں مگر شخصی تفصیلات کی وجہ سے ان کی بھی حد مقرر نہیں کی جاسکتی۔

خط کی ابتداء اس حوالے سے کیجئے جس سے آپ کو اس نوکری کے بارے میں خبر ملی ہو :

1. I have come to know through some reliable sources that you have a vacancy for the post .... in your renowned organisation.
2. I came to know from your advertisement published in the Hindustan Times on.......... that you have vacancy for the post of .... in your esteemed organisation.
3. Being given to understand by your advertisement in............

اب اپنی درخواست کی شروعات کیجئے :

4. Since I meet all the required qualifications and experience conditions, I wish to offer my candidature for the same and supply hereunder my details relevant to the job.
5. In response to the aforementioned advertisement I wish to offer my candidature for the same and supply hereunder particulars relevant to the job.
6. As I possess the requisite qualification I beg to offer my services for the same.

اب اپنی قابلیت اور صلاحیت کا یقین دلاتے ہوئے کسی خاص کام کے لئے انتخاب کئے جانے کی درخواست کیجئے :

7. I assure you, sir, that if selected, I shall do my work most conscientiously.
8. In case you select me, I assure you that I will do my work very sincerely.
9. If given the appointment, I am sure I will prove an asset for your organisation.
10. If you favour me with an appointment I shall do my best to work to the entire satisfaction of my superiors.

اب اپنا تفصیلی بیان درج کیجئے :

Name, Address, Date of Birth, Educational qualification, Experience, Extracurricular activities etc.

....**Sample Application**

Sir,

I came to know from your advertisement published in the Hindustan Times of 8th August, 1986 that you have a vacancy for the post of Administrative Officer in your esteemed organisation. (2) Since I meet all the required qualifications and experience conditions, I wish to offer my candidature for the same and supply hereunder my details relevant to the job. (4) I assure you, sir, that if selected, I shall do my work most conscientiously. (7)

Name :	Date of Birth :
Address :	Qualification :
Experience :	Extracurricular Activities :

Yours faithfully,

(Letters of Complaints) ۱۸. شکایتی خطوط

یہ خط خاص طور پر سرکاری شعبہ/ افسر کو ارسال کئے جاتے ہیں ان میں اپنی تمام تکلیفوں/ پریشانیوں کو پوری طرح بتاتے ہوئے بڑے منطقی انداز سے شکایت کی جاتی ہے۔ اپنی شکایت سخت لب ولہجہ میں کرنے کے بعد اس شعبہ کی کارکردگی کی بھی تھوڑی تعریف کی جانی چاہیئے۔

خط کی شروعات اپنی تکلیف کا ذکر کرتے ہوئے درخواست وصول کنندہ کو پورے ادب واحترام سے کیجئے :

1. It is with great agony that I wish to bring to your kind notice the callousness shown by some employees of your Deptt.
2. I am pained to draw your attention to the following lapse committed by your men.

اب ذرا تفصیل سے اپنی تکلیف بتائیے :

3. For the last fifteen days .... (mention the cause) and in spite of my several reminders, no action has been taken by your men.
4. In spite of my repeated oral complaints and your department's oral assurances, no concrete action has been taken yet to solve this problem.
5. It is indeed sad that your department has turned a deaf ear to our written complaint followed by several reminders.

اب متعلق شعبہ کی تعریف کر کے اپنی پریشانی پر دوبارہ غور کرنے کی درخواست کرتے ہوئے خط پورا کیجئے :

6. It is really surprising that such an efficient department as that of yours is not heeding to our complaints. Please get the needful done without any further loss of time.
7. It is difficult to believe that such thing should have happened under your efficient control. Please get the needful done at the earliest.
8. I can hardly believe that a department like yours which is reputed for its efficiency should be taking so much time in doing the needful.

خط کا اختتام شکایت کے فوراً دور ہو جانے کی امیدوں کے ساتھ کیجئے :

9. I am quite hopeful that we will take a prompt action and oblige.
10. I feel confident of receiving a favourable and helpful reply.

....**Sample Letter**

Dear Sir,

It is with great agony that I wish to bring to your kind notice the callousness shown by your Deptt's personnel. (1) For the last fifteen days my phone is lying dead and in spite of several reminders, no action has yet been taken by your men. (3) It is really surprising that such an efficient Deptt. as that of yours is not heeding to our complaints. Please get the needful done without any further loss of time. (6)

Yours faithfully,

۱۹. ہوٹل میں قیام کے متعلق خطوط

(Letters of Enquiry regarding Hotel Accommodation)

ایسے خطوط کاروباری نوعیت کے ہوتے ہیں۔ کیونکہ آپ خط پانے والے کو ذاتی طور پر نہیں جانتے۔ اس لئے یہ اصولاً مختصر ہونے چاہئیں لیکن قیام کی مدت، پہونچنے کا وقت وغیرہ کی تفصیل صاف صاف لکھنی چاہئے۔ اگر ہوٹل کے متعلق افسر کا عہدہ نہ معلوم ہو تو اسی طرح مخاطب کرنا چاہئے جیسے کسی فرم کو لکھتے وقت کیا جاتا ہے۔

پہلے اپنے پروگرام سے پوری واقفیت بہم پہونچائیے :

1. I shall be coming by the Delhi Express and arrive at your hotel around 5.30 A.M.
2. I want you to book an A.C. room for me from 17th to 20th, both inclusive.
3. Book a single bedded and sea facing room in your hotel between 17th Oct. and 20th Oct. from your time of check in and check out.

اب اگر کوئی خاص ہدایت ہو تو اس کا بھی ذکر کر دیجئے :

4. Please collect all my mails reaching your hotel before my arrival on 17th Oct. morning.
5. Please make sure I get an air-conditioned room.
6. Please arrange a taxi to take me out around 10.30 A.M. the same day i.e. 17th October.

اب اس ہوٹل کی تھوڑی تعریف کرتے ہوئے خط ختم کیجئے :

7. I am sure this visit shall also be as comfortable as it was the last time.
8. You are an added attraction for me to visit your city.
9. Looking forward to a comfortable stay in your hotel.

....**Sample Letter**

Maurya Sheraton,
New Delhi.

Dear Sirs,

I want to book an A.C. room for me from 17th to 20th Oct. both inclusive (2) Please collect all my mails reaching your hotel before my arrival on 17th Oct. morning. (4) Please arrange a taxi to take me out around 10.30 A.M. the same day i.e. 17th October. (6) Looking forward to a comfortable stay in your hotel. (9)

Yours truly,

۲۰. بینکوں سے مراسلت (Letters to Banks)

بینک آج کل ہماری زندگی کا اٹوٹ حصہ بن چکے ہیں۔ جن وجوہات سے بینکوں کو خط لکھے جاتے ہیں، ان میں خاص خاص ہیں۔ نیا کھاتہ کھولنے کی درخواست کرنا، اوور ڈرافٹ کی سہولت فراہم کرنے کی درخواست کرنا، کسی چیک کے کھوجانے کی اطلاع دینا وغیرہ۔ یہ خطوط اغلاط سے پاک، صحیح وشائستہ ہونے چاہئیں۔ ان کے لکھتے وقت ذراسی بھی لاپروائی نہیں برتنی چاہیئے۔

خط کی شروعات اس مدعا کو ظاہر کرتے ہوئے کریں، جس کے لئے آپکو خط لکھنا پڑ رہا ہے:

1. I have recently moved into this town and opened a general store at the address given above. On the recommendation of my friend Vijay I wish to open a current account with your bank.
2. I have been recently posted to (.....) from (....). I am interested in opening a saving account in your bank.
3. With the approach of Diwali we expect a big increase in the sales of our shop/company. As we have just entered this field, the wholesale dealers are unwilling to give us the credit facility. Therefore, we have to request for overdraft for Rs.................
4. I wish to inform you that I have been transferred to (.....). This being the case, it will not be possible for me to continue my account with your bank in future. Hence, I request you to close my account.
5. This is with reference to my personal discussion with you regarding overdraft. I, therefore, now request for allowing me to overdraw on my account (No.........) up to Rs. 3,000/- between 1st January, 1987 to 1st July, 1987.
6. I am writing to ask you to stop the payment of cheque (No..... amount.....) drawn payable to M/s Karan & Karan, Delhi as this cheque has been lost in the post.

اب اگر ریفری (referee) یا ضمانتی (guarantor) کی ضرورت ہو تو ان کے متعلق معلومات حاصل کیجئے یا ان کے متعلق لکھئے:

7. Please send me the necessary form and also let me know if any referee is required for opening a new account.
8. I will provide references should you require them.
9. We have debentures worth Rs........... which we are prepared to deposit as security.
10. As I have no investments to offer as security, I should be grateful if you could make an advance against my personal security.
11. As our past commitments regarding overdrafts have always been honoured, hence we find no reason for you to turn down our proposal.

اب حوصلہ افزا جواب کی امید ظاہر کیجئے:

12. I shall be grateful for an early reply.
13. Hoping for a favourable reply.
14. We shall highly appreciate a sympathetic response to our above request.
15. We shall be grateful if you could grant the overdraft asked for.
16. We should be highly thankful, if you could accede to our request.

....Sample Letter

Dear sir,

I have recently moved into this town and opened a general store at the address given above. On the recommendation of my friend Vijay I wish to open a current account with your bank. (1) Please send me the necessary form and also let me know if any referee is required for opening a new account. (7) I shall be grateful for an early reply. (12)

Yours faithfully,

۲۱. بیمہ کمپنی کو خطوط

(Letters to an Insurance Company)

ابتداء میں بیمہ مضمون کی وضاحت سے بات شروع کیجیئے یعنی بیمہ کس کا کرانا ہے وغیرہ :

1. I want to have my life insurance policy for the sum of Rs......
2. I want to get my car insured by your company for Rs. 1 lakh.
3. I wish to have the householder's insurance policy covering both building and contents in the sum of (give the cost of the building) and (the cost of the contents) respectively.

اب ان کے ذریعہ دی گئی سہولیات کی جانکاری لیجئے :

4. We wish to take out insurance cover against loss of cash on our factory/shop premises by fire, theft or burglary.
5. What rebate or concession you do offer on an insurance policy for Rs. 2 lakhs?
6. Is there any loan facility after a fixed period in the policy you offer?
7. What modes of premium payments do you offer?

Claim کے متعلق لکھیں :

8. I am sorry to report an accident to (mention the property insured). We estimate replacement cost of the damaged property at (give the amount).
9. I regret to report that a fire broke out in our factory stores last night. We estimate the damage to the stores at about (give the amount).
10. We regret to report that our employee (give name of the employee) has sustained serious injuries while doing his work. Doctors estimate that it will take him about a month to be fit to work again.

اب آگے کی کارروائی کے بارے میں لکھیں :

11. Please arrange for your representative to call at our factory premises and let me know your instructions regarding the claim.
12. Should your representative visit to inspect the damaged property, please let me know your instructions regarding the claim.
13. We, therefore, wish to make a claim under the policy (give the name of the policy) and shall be glad if you send us the necessary claim form.

فوری جواب کے امید کے ساتھ خط تمام کیجئے :

14. I hope you would care to send to me an early reply.
15. Please answer this letter as soon as possible.
16. An early reply to my query shall be greatly appreciated.
17. Please send me particulars of your terms and conditions for the policy along with a proposal form, if required.

....**Sample Letter**

Dear sir,

I want to get my car insured by your company, for Rs. 1 lakh. (2) What modes of premium payments you offer? (7) Please send me particulars of your terms and conditions for the policy along with a proposal form, if required. (7) An early reply to my query shall be greatly appreciated. (16)

Yours faithfully,

۲۲. تجارتی شکایتی خطوط

(Letters of Complaints : Business)

ایسے خطوط عام طور پر کسی ایسے ادارہ یا کمپنی کو ارسال کئے جاتے ہیں جن کی تیار کردہ کوئی چیز آپ نے خریدی ہے اور وہ ٹھیک سے کام نہیں کر رہی ہے۔ ان خطوط میں تاریخ خرید، جگہ اور دکان وغیرہ کا نام بالتفصیل ذکر کرنے کے بعد اپنی شکایت کی تفصیل دی جاتی ہے۔ یہ خط پر تکلف انداز کے ہوتے ہیں لیکن شکایت کی تفصیلات کے سبب خاصے لمبے بھی ہو سکتے ہیں۔

خط کی شروعات خط وصول کنندہ کے ذریعہ تیار شدہ مال کے خرید کی تفصیلات سے کیجئے :

1. On.........(date) I bought from..........(place) an instant geyser manufactured by your renowned concern.
2. Your salesman delivered the (name the product) on.....(date) one instant geyser we had ordered.
3. I was shocked to find the instant geyser purchased on .... (date) at (place) ...... by us did not function well.

اب اس کمپنی کی شاخ کا حوالہ دیتے ہوئے اپنی شکایت بتائیے :

4. It is a matter of shame for your esteemed organisation to have brought out such products in the market without proper quality control.
5. It is shocking to find the appliance having faulty wiring system.
6. I am sorry to point out the defect in the geyser.........(write your complaint).

اس امید کے ساتھ آپ کی شکایت فی الفور دور کر دی جائے گی، خط مکمل کیجئے :

7. I am confident that a reputed concern like that of yours can ill afford to lose your reputation and shall get the needful done at the earliest.
8. I hope you would send your salesman/woman to replace the mentioned product of yours.
9. Need I remind you that such product should be lifted/replaced without much fuss.

....**Sample Letter**

(Name of the concern and its concerned officer)

Dear sir,

On 10.9.86 I bought from the Diplomatic Store an instant geyser manufactured by your reputed concern. (1) It is shocking to find the appliance having faulty wiring system. (5) I am confident that a reputed concern like that of yours can ill afford to lose your reputation and shall get the needful done at the earliest. (7)

Yours faithfully,

(Letters of Apology) ۲۳. معذرت نامہ

ہم سبھی اکثر و بیشتر کوئی نہ کوئی غلطی کرتے ہیں۔ مہذب شہری ہونے کا ثبوت ہے 'اپنی غلطی کا اعتراف'۔ معذرت نامہ کے ذریعہ ایسا ہی کیا جاتا ہے۔ اگرچہ غلطی عملاً نہیں کی گئی پھر بھی اگر کسی دوسرے کو تکلیف پہونچی ہے تو وضاحت کر دینا ضروری ہو جاتا ہے۔ ایسے خطوط مخلصانہ طور پر فوراً روانہ کئے جانے چاہئے ورنہ اس خطوط کے ارسال کرنے کا اصل مقصد ہی فوت ہو جائے گا۔

پہلے معذرت طلب کرنے کی وجہ لکھیئے :

1. My son informed me that my cat had eaten away your chickens.
2. My wife told me about our driver's ramming my car into your boundary wall.

پھر معذرت خواہی چاہیئے :

3. I am extremely sorry to know about it and render my sincere apologies.
4. I apologise deeply for the inconvenience caused to you.
5. My sincere apologies.

اس کے بعد اپنے ایماندارانہ رویئے کا اظہار کریں اور بھول چوک، کے لئے خود کو پیش کریں :

6. Although it happened inadvertently, yet I am prepared to compensate for your loss
7. I wish I were there to prevent it. Any way you can penalize me as you want.
8. Kindly care to inform me the loss you have incurred owing to (name the culprit).......this negligence.

دوبارہ ایسی غلطی نہ ہونے کا یقین دلائیں :

9. I promise that in future I shall be extra-vigilant to see it does not happen again.
10. I have admonished my...............and he will be careful in future.
11. I assure you that such things will never happen in future.

آخر میں معافی طلب کرتے ہوئے خط ختم کیجئے :

12. In the end I again ask your forgiveness.
13. Once again with profound apologies.
14. Repeatedly I express my profuse apologies.

....Sample Letter

Dear sir,

My wife told me about our driver's ramming my car into your boundary wall. (2) My sincere apologies. (5) Although it happened inadvertently, yet I am prepared to compensate for your loss. (6) I assure you that such things will never happen in future. (11) Once again with profound apologies. (13)

Yours faithfully,

(Letters on Official Matters) ۲۴. دفتری خطوط

اپنے دفتروں، کارخانوں میں کام کرتے ہوئے کئی ایسے مواقع آتے ہیں جب ہمیں اپنے دفتروں کو خط لکھنے ہوتے ہیں۔ ترقی منصب کی درخواست سے لیکر ذاتی نوعیت، پریشانی تک کچھ بھی ہو سکتا ہے۔ ایسے خطوط چھوٹے واضح اور جذباتی بھی ہو سکتے ہیں۔

خط کی شروعات اپنے کام کی نوعیت اور اپنی موجودہ حالت سے کریں:

1. As your honoured self must be aware that I am working in.......... Deptt, in the capacity of a Junior clerk.
2. For the last twenty years, I am the ....(position) in the factory.
3. I am officiating in the capacity of .... for last two years.

اب خط لکھنے کی وجہ بتائیں :

4. Now I have been transferred to....................
5. Owing to my domestic problems, I request you to change.............
6. On account of my health problems I would not be able to................
7. Owing to my..................(reason) I cannot function in the same position any more.
8. On health grounds I have been advised to leave this city.
9. My family duties have constrained me to seek my transfer.

اس کے بعد مشورہ دیتے ہوئے اصل مدعا پر آئیں :

10. Looking at such a changed situation I won't be able to work in the present position.
11. As such I request you to change my working/shift hours.
12. In the light of the above I request you to transfer me to..........(section) or place.

آخر میں اپنے مشورہ / پریشانی پر ہمدردانہ غور کرنے کی درخواست پر ختم کریں :

13. Hence I request you to expedite/order my desired transfer to.................
14. You are, therefore, requested to release me at the earliest.
15. I pray you to consider my case sympathetically.
16. In view of my loyalty and past performance I am sure you would condescend to grant me the desired wish.
17. I am sure to get a sympathetic response from your side to my genuine problem.
18. With earnest hope I crave your special sympathy in my case.

....**Sample Letter**

Sir,

As your honoured self must be aware I am working in Sales Dept. in the capacity of a Junior clerk. (1) Owing to my domestic problems I request you to change my place of work. (5) In the light of the above facts I pray you to transfer me to Purchase Deptt. (12) In view of my loyalty and past performance I am sure you would condescend to grant me the desired wish. (16)

Yours faithfully,

(Letters from a Landlord to a Tenant) ۲۵۔ مالک مکان کے کرایہ دار کو خطوط

آج کی شہری زندگی میں کرایہ داروں اور مکان مالک کے درمیان اکثر ایسے مواقع آتے رہتے ہیں جب دونوں کے درمیان خط و کتابت ضروری ہو جاتی ہے۔ چونکہ ایسے خطوط میں خاص طور پر دونوں طرف سے کسی پریشانی کا ذکر ہوتا ہے اس لئے ان کی زبان سلجھی ہوئی ہونی چاہئے ان کی زبان ایسی ہونی چاہئے جس سے یہ مقدمہ بازی کی حالت میں دستاویز نہ بن سکے۔

پہلے آپ اپنی کسی شکایت کا حوالہ یا کرایہ دار سے جو خط موصول ہوا ہے اس کا حوالہ دیں :

1. I feel constrained to inform you that due to the recent increase in the house tax I have been left with no alternative but to increase the house rent by Rs.50/- per month w.e.f first of next month.
2. It has come to my notice that your children make so much noise when they play that it causes disturbance to other tenants.
3. I am in receipt of your letter regarding the leaking of the roof of your house.
4. I have noted your complaints about the rent payment receipts.

اب شکایت کے حل کے لئے لکھئے یا کرایہ دار کے خط کا جواب دیجئے :

5. I hope we will not mind this increase in rent as I have retired from service recently and my only source of income is the house rent received from you.

6. I am sure you will give the necessary instructions to your children in this connection.
7. I like to assure you that we are arranging for the necessary repairs at the earliest.
8. The receipts in question will be issued on coming Monday.

خط کا اختتام کرایہ دار سے معاونت کی امید کے ساتھ کیجئے :

9. I hope we won't find this increase burdensome.
10. I hope you will be able to understand and appreciate my point of view.
11. I expect you to bear with me for a few days only.
12. I am sure you will extend your cooperation as always.

....**Sample Letter**

Dear sir,

I am in receipt of your letter regarding the leaking of the roof of your house. (3) I like to assure you that we are arranging for the necessary repairs at the earliest. (7) I expect you to bear with me for a few days only. (11)

Yours sincerely,

۲۶. کرایہ دار اور مالک مکان کے درمیان مراسلت

(Letters from the Tenant to the Landlord)

خط کی شروعات اپنی شکایت یا مالک کی طرف سے اگر کوئی خط ملا ہے تو اس کے حوالے سے کیجئے :

1. I have to inform you that the roof of the house we are occupying leaks during rain causing great inconvenience to our family.
2. I am sorry to point out that despite several reminders you haven't issued the rent payment receipts for the last three months.
3. Please refer to your letter regarding increase in the rent of the house we are occupying.
4. We have noted your complaint regarding our carelessness in switching off the light at the main gate.

اب اپنی شکایت کے حل کے لئے یا مالک مکان کے خط کے جواب میں لکھئے :

5. Hence you are requested to get the necessary repairs done at the earliest.
6. I therefore request you to issue the above mentioned receipts without any further delay.
7. I regret to write that whatever cogent reason you may have for increasing the house rent but my financial means don't permit me to pay a higher rent.
8. Rest assured that we will be careful in future regarding switching off the light at the main gate.

آخر میں مالک مکان سے خوشگوار تعلق بنائے رکھنے پر زور دیں :

9. I hope you will understand our problem and cooperate.
10. Hoping for a favourable reply.
11. I am sure you will appreciate my financial problem and withdraw your rent increase proposal.
12. We are sure that this assurance is enough to set to rest all your doubts in this regard.

....**Sample Letter**

Dear sir,

I am sorry to point out that despite several reminders you haven't issued the rent payment receipts for the last three months. (2) I, therefore, request you to issue the above mentioned receipts without any further delay. (6) Hoping for a favourable reply. (10).

Yours sincerely,

رپیڈیکس ایجوکیشنل CD اسکرپٹ

کچھ اہم ہدایتیں

یہ کورس کی عام CD نہیں ہے بلکہ طویل تجربے اور لاکھوں لوگوں سے کی گئی معلومات اور تحقیق کا نچوڑ ہے۔ اس لیے اس CD سے صحیح معنی میں فائدہ اٹھانے کے لیے مندرجہ ذیل ہدایات کو ضرور پڑھ لیں۔

- یہ CD اس کتاب کا ہی ایک حصہ ہے۔ صرف CD سن کر انگریزی سیکھنے کے خیال کو اپنے ذہن سے نکال دیں۔
- CD کا استعمال کتاب کو، کم سے کم کن ورسیشن تک پڑھ کر ہی کریں۔ اس سے آگے کا حصہ آپ کی مزید اور خصوصی معلومات کے لیے ہے۔
- CD کے شروع میں ABC وغیرہ الفاظ کے تلفظ کو ہم نے جان بوجھ کر رکھا ہے۔ (ہم جانتے ہیں کہ کتاب کو پڑھ کر آپ کو اچھی خاصی انگریزی آگئی ہوگی) اس کی مشق سے آپ انگریزی الفاظ کا تلفظ بالکل صحیح ادا کرنے لگیں گے۔
- CD کے بیچ بیچ میں اسے ریوائنڈ کرکے مشق کرنے کی ہدایت دی گئی ہے۔ اس پر عمل کرنے میں آپ پوری طرح آزاد ہیں۔ اپنی آسانی کے مطابق آپ جہاں سے بھی چاہیں CD کو ریوائنڈ کریں اور اس کے ساتھ مشق کریں۔ جو ہدایتیں CD میں نہیں ہیں انھیں یہاں اسکرپٹ میں باکس میں دیا گیا ہے۔
- کن ورسیشن (بات چیت) کی مشق کرتے وقت ہوسکتا ہے آپ کے کچھ الفاظ یا جملے چھوٹ جائیں اور آپ کو محسوس ہو کہ جملے جلدی جلدی بولے جارہے ہیں۔ اصل میں ایسا نہیں ہے بات چیت میں ایسی رفتار کا ہونا قدرتی ہے اور ہم یہ چاہتے ہیں کہ آپ کی بات چیت میں بھی ایسی ہی رفتار ہو۔ اس لیے جو لفظ یا جملہ آپ سے چھوٹ جائے اس کی پرواہ کیے بغیر اگلے جملوں یا لفظوں کو پکڑ کر ان کے ساتھ بولنے کی مشق کریں کچھ دیر کی مشق کے بعد ہونے والی تبدیلی کو آپ خود محسوس کریں گے آپ کے بولنے کی رفتار بھی اتنی ہی تیز ہوجائے گی جیسی کہ CD میں ہے۔
- بول چال میں سے سب زیادہ ''لوگ کیا کہیں گے؟'' یہ سوچ رکاوٹ بنتی ہے۔ اس سے ابھرنے کے لیے پہلے پڑھ پڑھ کر جملوں کی مشق کریں۔ پھر CD کے ساتھ بول بول کر۔ اسی طرح سے اس مشق کو اگر آئینے کے سامنے کھڑے ہوکر کریں تو آپ کو اپنے ہی چہرے پر اپنی بات بے جھجک کہنے کا اعتماد نظر آئے گا۔ تب نہ تو آپ ہچکچائیں گے اور نہ ہی اٹکیں گے۔
- اور آخر میں اس بات کو اپنے ذہن میں بٹھا لیجیے کہ انگریزی بولنا آپ دو چار روز میں نہیں سیکھ پائیں گے اس کے لیے آپ کو کرنی ہوگی دل و جان سے بار بار مشق۔

CD کی اسکرپٹ

تعارف

دوستو! ریپڈیکس انگلش اسپیکنگ کورس کے ساتھ یہ CD اوراس کی اسکرپٹ آپ کے لیے ہماری طرف سے ایک خصوصی تحفہ ہے۔ یہ C.D آپ کو جہاں انگریزی الفاظ اور جملوں کا صحیح تلفظ سکھائے گی وہیں آپس میں انگریزی بولنے کا آپ کو ایک ماحول بھی فراہم کرے گی۔ اس طرح آپ پڑھنے کے ساتھ ہی سن کر اور اس سے سنے ہوئے کے ساتھ ساتھ دہرا کر انگریزی بول چال کے لیے پوری طرح سے خود کو تیار کر لیں گے۔

اس میں آپ پہلے سیکھیں گے۔ انگریزی حرف تہجی کا تلفظ ہفتے کے دنوں اور بارہ مہینوں کے نام۔ ایک سے سو تک کی گنتی اور پھر کچھ ایسے جملے جن کا استعمال ہم اپنی روزمرّہ کی زندگی میں اکثر کیا کرتے ہیں۔

CD میں اس طرف الگ الگ مواقع اور حالات میں کی جانے ولی بات چیت کے جملے بھی دیے گئے ہیں۔ جن سے آپ کو ان خصوصی حالات میں اپنی بات کو کہنے اور دوسرے کی بات کو سمجھنے میں کسی طرح کی کوئی پریشانی نہیں ہوگی۔

تو آیئے اپنی مشق کی شروعات کریں۔

یونٹ 1 مشق 1:۔

آیئے سب سے پہلے ہم انگریزی کے 26 حروف تہجی کا تلفظ سیکھیں۔ تلفظ دھیان سے سنیے اور ہر حرف کو صحیح ڈھنگ سے دہرایئے اور کہنا سیکھیے۔

حروف تہجی

A	B	C	D	E	F	G
اے	بی	سی	ڈی	ای	ایف	جی
H	I	J	K	L	M	N
ایچ	آئی	جے	کے	ایل	ایم	این
O	P	Q	R	S	T	U
او	پی	کیو	آر	ایس	ٹی	یو
V	W	X	Y	Z		
وی	ڈبلیو	ایکس	وائی	زیڈ		

تلفظ کی مشق کرنے کے لیے C.D کو ریوائنڈ کر کے سبھی حرفوں کو دہرایئے اور صحیح ڈھنگ سے بولنا سیکھیے۔

ہفتے کے سات دنوں کے نام

پیر	منڈے	Monday	جمعہ	فرائی ڈے	Friday
منگل	ٹیوزڈے	Tuesday	سنیچر	سیٹرڈے	Saturday
بدھ	وینزڈے	Wednesday	اتوار	سنڈے	Sunday
جمعرات	تھرس ڈے	Thursday			

سال کے بارہ مہینوں کے نام: آیئے اب سال کے بارہ مہینوں کے ناموں کا صحیح تلفظ سیکھیں۔ دھیان سے سنیے اور ساتھ ساتھ بولئے۔

جنوری	جین اری	January	مارچ	مارچ	March
فروری	فیبر اری	February	اپریل	اپیریل	April

مئی	مے	May	ستمبر	سیپ ٹیمبر	September
جون	جون	June	اکتوبر	اوکٹوبر	October
جولائی	جولائی	July	نومبر	نویمبر	November
اگست	اوگسٹ	August	دسمبر	ڈی سیم بر	December

CD کو پھر سے ریوائنڈ کیجئے اور سبھی ناموں کو دھیان سے سن کر دہرائے اور اچھی طرح آج کے سبق کی مشق کیجئے۔

یونٹ 1 مشق 2

آیئے اس سبق میں انگریزی میں گنتی کا تلفظ سیکھیں۔ساتھ ساتھ بولئے۔

7	6	5	4	3	2	1
سیون	سکس	فائیو	فور	تھری	ٹو	ون
14	13	12	11	10	9	8
فورٹین	تھرٹین	ٹویلو	اے لے ون	ٹین	نائین	ایٹ
21	20	19	18	17	16	15
ٹوینٹی ون	ٹوینٹی	نائن ٹین	ایٹین	سیون ٹین	سکسٹین	ففٹین
28	27	26	25	24	23	22
ٹوینٹی ایٹ	ٹوینٹی سیون	ٹوینٹی سکس	ٹوینٹی فائیو	ٹوینٹی فور	ٹوینٹی تھری	ٹوینٹی ٹو
70	60	50	40	31	30	29
سیون ٹی	سکس ٹی	ففٹی	فارٹی	تھرٹی ون	تھرٹی	ٹوینٹی نائین
				100	90	80
				ہنڈریڈ	نائن ٹی	ایٹی

اب CD کو ریوائنڈ کر کے سبھی نمبروں کو پھر سے بول کر مشق کیجئے۔

جن نمبروں کو CD میں نہیں بولا گیا ہے۔ان کی مشق آپ الگ سے خود کر سکتے ہیں۔

یونٹ 2۔ مشق 1.

آیئے انگریزی میں سلام کرنا سیکھیں۔انگریزی میں رسمی سلام کرنے کا طریقہ دن کے وقت کے ساتھ ساتھ بدلتا رہتا ہے۔دن میں الگ الگ لوگوں سے ملنے پر الگ الگ وقت پر کیسے سلام کرنا چاہیے؟ آیئے سیکھیں۔دھیان سے سنیے۔

رسمی یعنی فارمل (formal) سلام:

صبح سے دوپہر بارہ بجے تک ملنے پر

گڈ مارننگ گرینڈ پا۔ Good morning Grandpa!

گڈ مارننگ روہت۔ Good morning Rohit!

گڈ مارننگ میڈم۔ Good morning Madam!

گڈ مارننگ چلڈرین۔ Good morning children!

دوپہر بارہ بجے سے شام پانچ بجے تک ملنے پر

گڈ آفٹرنون سر۔ Good afternoon Sir!

گڈ آفٹرنون دھیرج۔ Good afternoon Dheeraj!

گڈ آفٹرنون سِمی۔ Good afternoon Simi!

شام پانچ بجے کے بعد ملنے پر

گڈ ایوننگ مسز شرما۔ Good evening Mrs. Sharma!

گڈ ایوننگ انکل۔ Good evening Uncle!

گڈ ایوننگ سوربھ۔ Good evening Saurabh!

غیر رسمی انفارمل (Informal) سلام:

اس کا استعمال کسی بھی وقت اپنے برابر کے لوگوں، نزدیکی رشتے داروں اور دوستوں کے ساتھ کیا جاتا ہے۔ آج کل اس طرح کا سلام عام طور سے رائج ہو گیا ہے۔

ہلو سُمت! Hello Sumit!

ہلو مسز بترا! Hello Mrs. Batra!

ہائی کِٹی! Hi Kitty!

سلام میں استعمال ہونے والے ان سبھی الفاظ کا تلفظ صحیح ڈھنگ سے سیکھنے کے لیے CD کو بار بار چلا کر مشق کیجیے۔

یہ یاد رکھنا ضروری ہے کہ رسمی (Formal) اور غیر رسمی (Informal) سلام کا کب اور کہاں استعمال کیا جائے۔

رخصت ہوتے وقت

عام طور پر کسی سے رخصت ہوتے وقت آپ کو کہنا چاہیے۔

گڈ بائی سیما! Good bye Seema!

یا پھر

بائی دیپک! Bye Deepak!

لیکن اگر آپ شام کو یا رات کو کسی سے رخصت ہو رہے ہیں جس کے بعد آپ کو اس شخص سے دوبارہ ملنے کی امید نہیں ہے تو کہیے۔

گڈ نائٹ سر! Good night Sir!

گڈ نائٹ سُنیل! Good night Sunil!

اب ایک بار CD پھر سے چلا کر سنئے اور جملوں کی مشق کیجیے۔

یونٹ 3: مشق 1.

کچھ کار آمد جملے:

ہدایتوں کے ساتھ جملوں کو دھیان سے سنئے۔ الگ الگ مواقع کے مطابق مناسب جملوں کو سیکھ کر ان کا استعمال کیجیے۔ جملوں کو دھیان سے سن کر تلفظ اور کہنے کے ڈھنگ کو یاد رکھتے ہوئے دہرائیے۔ CD کو کم سے کم ایک بار یا دو بار ریوائنڈ کر کے شروع سے سنئے۔

۱. کسی سے ملنے پر اس کا حال چال اس طرح معلوم کریں:

ہلو۔ ہاؤ آر یو؟ Hello, how are you?

فائن تھینک یو۔ اینڈ یو؟ Fine, thank you, and you?

۲. بہت دن بعد کسی دوست سے ملنے پر:

ہلو دیپک۔ لونگ ٹائم نو سی۔ Hello Deepak, long time no see!

۳. مہمان کا خیر مقدم کرتے ہوئے انھیں اپنے کمرے میں اس طرح بلائیں:

ویلکم، پلیز کم ان۔ Welcome, please come in.

۴. کرسی کی طرف اشارہ کرتے ہوئے انھیں بیٹھنے کے لیے اس طرح کہیں:
Please have a seat.
پلیز ہیوا سیٹ۔

۵. کسی کو رخصت کرتے وقت آپ کہہ سکتے ہیں:
Please keep in touch.
پلیز کیپ ان ٹچ۔

۶. کسی خاص موقع پر شکریہ ادا کرنے کے لیے کہئے:
Thank you! That's very kind of you!
تھینک یو! دیٹس ویری کائنڈ آف یو۔

۷. شکریہ کے جواب میں ہمیشہ کہئے:
You are welcome.
یو آر ویلکم۔

۸. اجازت اس طرح مانگئے:
اگر آپ سگریٹ نوشی چاہتے ہیں تو پوچھئے:
May I smoke here?
مے آئی اسموک ہیئر؟
کسی کے ٹیلی فون سے فون کرنا چاہتے ہیں تو:
May I use your phone please?
مے آئی یوز یور فون پلیز؟
اگر آپ کسی کے کمرے میں جانا چاہتے ہیں تو پوچھئے:
May I come in please?
مے آئی کم ان پلیز؟
اور اگر آپ باہر جانا چاہتے ہیں تو اس طرح جانے کی اجازت لیجئے۔
May I go now?
مے آئی گو ناؤ؟

۹. اگر اوپر دیئے گئے سوال کوئی آپ سے پوچھے تو آپ اجازت دینے کی صورت میں کہہ سکتے ہیں:
Yes, of course.
یس آف کورس۔
یا پھر اس طرح
Yes please.
یس پلیز۔
اور اگر اجازت نہ دینا چاہیں تو اس طرح
Sorry you can't.
ساری یو کانٹ۔

سبھی جملوں کو دھیان سے سنئے۔C.D ریوائنڈ کر کے تلفظ کو دہرانے اور جملوں کو صحیح لہجے میں بولنے کی مشق کیجئے۔ مناسب موقع پر مناسب جملے کا استعمال کیجئے۔ اس کے بعد اگلے سبق میں دیے گئے جملوں کو پھر سے دھیان سے سنئے۔

یونٹ 3: مشق 2.

— عام طور سے کسی بات پر افسوس ظاہر کرنے کے لیے آپ کہیے:
Oh, I am really sorry!
اوہ آئی ایم ریئلی ساری!

— لیکن اگر کسی کی بیماری پر افسوس ظاہر کرنا ہے تو آپ کہیں گے:
I'm really sorry to hear about your father's illness.
آئیم ریئلی ساری ٹو ہیئر اباؤٹ یور فادرز اِلنیس۔

— اگر آپ وقت دے کر تاخیر سے پہنچتے ہیں تو اس طرح سے افسوس ظاہر کیجئے:
I'm sorry for being late.
آئیم ساری فار بینگ لیٹ۔

— یا پھر
I am sorry to have kept you waiting.
آئیم ساری ٹو ہیو کیپٹ یو ویٹنگ۔

— اور جب آپ سے کوئی ایسا کہے۔ تو آپ کہہ سکتے ہیں۔

ڈیٹس آل رائٹ۔ That's all right.

— کسی سے پین اس طرح مانگئے:

مے آئی بارو یور پین پلیز؟ May I borrow your pen please?

— اور اگر آپ سے کوئی پین مانگے تو کہئے:

یو آر ویلکم۔ Thankyou! You are welcome

— اگر آپ پیاسے ہیں تو پانی اس طرح مانگئے:

گِٹ می اگلاس آف واٹر پلیز؟ Get me a glass of water please?

کیسے پوچھیں؟

وقت وقت پر آپ کو جانے انجانے لوگوں سے بہت کچھ پوچھنا پڑتا ہے اور پوچھے جانے پر اس کا جواب بھی دینا پڑتا ہے۔ یہ جملے اسی کی مثال ہیں:

— ڈاکئے سے۔ اپنے خاندان والوں یا پھر اپنے ساتھیوں سے آپ اپنے آنے والے خط کے بارے میں اس طرح پوچھئے:

از دیئر اینی لیٹر فار می؟ Is there any letter for me?

— جسے آپ نے پوسٹ کرنے کے لیے خط دیا ہے اس نے اسے پوسٹ کیا ہے یا نہیں۔ اس بارے میں جاننے کے لیے آپ اس سے پوچھئے:

ڈِڈیو پوسٹ مائی لیٹر روی؟ Did you post my letter Ravi?

— کسی چیز جیسے کسی کتاب کے نہ ملنے پر آپ پوچھیں گے:

ڈِڈیو سی مائی بک اینی ویئر؟ Did you see my book any where?

— اگر وہ اس کے پاس ہوگی تو وہ جواب دے گا:

یس ہیئر اِٹ از۔ Yes, here it is.

— لیکن اگر وہ اس کے پاس نہیں ہوگی تو اس کا جواب ہوگا:

نو آئی ڈِڈنٹ۔ No, I didn't.

— کسی کو کافی عرصے سے نہ دیکھنے پر جب آپ اپنے ساتھی سے پوچھیں گے۔

ہیو یو سین نینا ٹوڈے؟ Have you seen Neena today?

— تو اس کا جواب ہو سکتا ہے۔

یس شی از ان دَلائبریری۔ Yes, she is in the library.

— یا پھر:

نو آئی ڈِڈنٹ سی ہر۔ No, I didn't see her.

— انجان آدمی کے بارے میں جاننے کے لیے جب آپ یہ سوال پوچھیں گے۔

انکل! ہو از ہی؟ Uncle, who is he?

— تو ہو سکتا ہے ان کا جواب ہو۔

ہی از اَور نیو ٹینٹ۔ (یا پھر کچھ اور) He is our new tenant.

— آپ نے دکان دار سے کسی چیز کی طرف اشارہ کر کے پوچھا:

وہاٹ اِز دِس؟ What is this?

— اس کا جواب ہو سکتا ہے:

دِس اِز اَ وِیڈیو گیم۔ This is a video game.

438

کسی کی عمر جاننے کے لیے اُس سے آپ کو اس طرح پوچھنا ہوگا:

How old are you?

ہاؤ اولڈ آر یو؟

اور اگر کوئی آپ سے یہ سوال کرے تو آپ اس کا جواب دیں گے۔

I am fifty five.

آئی ایم ففٹی فائیو (یا آپ کی جتنی عمر ہو)

کسی مقام کے فاصلے کے بارے میں پوچھئے:

How far is it?

ہاؤ فار از اٹ؟

کوئی جب آپ سے پوچھے تو جواب دیجئے:

About five kilometres.

اباؤٹ فائیو کلو میٹرز۔ (یا پھر جتنا فاصلہ ہو)

وقت معلوم کرنے کے لیے آپ کو پوچھنا ہوگا:

What is the time please?

وہاٹ از د ٹائم پلیز؟

اور ایسا پوچھے جانے پر:

Four thirty.

فور تھرٹی۔ (یا جو بھی وقت ہو)

لیٹ ہونے کی وجہ آپ اس طرح پوچھیں:

Why are you late?

وہائی آر یو لیٹ؟

اور یہی سوال جب آپ سے پوچھا جائے آپ کہہ سکتے ہیں:

I missed my bus.

آئی مسڈ مائی بس۔

اوپر دیئے گئے جملوں کی مشق کرنے کے لیے ایک بار پھر CD سے چلا کر سنئے۔

یونٹ:3 مشق.3

کسی کو اپنی بات سنانے کے لیے کہئے:

Listen please.

لسن پلیز۔

اور نزدیک بلانے کے لیے:

Please come here.

پلیز کم ہیئر۔

کام کو جلدی ختم کرنے کے لیے آپ کو کہنا ہوگا:

Hurry up please.

ہری اپ پلیز۔

اگر آپ کسی سے مدد مانگ رہے ہیں تو کہئے:

Please help me.

پلیز ہیلپ می۔

یا پھر

Please do me a favour.

پلیز ڈو می ا فیور۔

کسی طرح کی غلطی ہو جانے پر کہئے:

Please forgive me.

پلیز فار گیو می۔

کسی کی بات سمجھ نہ آنے پر آپ کو اس سے کہنا ہوگا:

Beg your pardon.

بیگ یور پارڈن۔

اپنے دوست کی بیمار والدہ کا حال چال آپ اس طرح معلوم کریں گے:

How is your mother now?

ہاؤ! از یور مدر ناؤ؟

439

— اوراس کا جواب ہوگا:

شی از بے ٹر، تھینک یو۔ — She is better, thank you.

— لیکن اگر طبیعت ابھی بھی خراب ہے تو:

شی اِز اسٹیل ناٹ ویل۔ — She is still not well.

— کسی دوست یا چھوٹے کو شاباشی دیتے ہوئے کہیے:

ویل ڈن! — Well done!

حیرت

— کسی انہونے واقعے کو دیکھ کر یا سن کر حیرت کا اظہار کرتے ہوئے آپ کہہ سکتے ہیں:

ارے باپ رے۔	اوہ مائی گاڈ!	Oh my God!
کتنے افسوس کی بات ہے۔	ہاؤ سیڈ! ہاؤ ٹیریبل!	How sad! How terrible!
کتنی شرم کی بات ہے؟	وہاٹ اشیم!	What a shame!
سن کر افسوس ہوا	آئم ساری ٹو ہیئر ویٹ!	I'm sorry to hear that!

CD کو ریوائنڈ کر کے سبھی جملوں کو سنیئے اور ان کی مشق کیجیے

یونٹ 3: مشق .4

الگ الگ موقعوں پر نیک خواہشات کا اظہار اس طرح کیجیے:

خوش قسمتی آپ کا ساتھ دے۔	وش یو بیسٹ آف لک۔	Wish you best of luck.
سفر کامیاب رہے۔	وش یو ہیپی جرنی!	Wish you happy journey!
نیا سال مبارک ہو۔	وش یو اے ہیپی نیو ایئر!	Wish you a happy new year!
دیوالی مبارک ہو۔	ہیپی دیوالی!	Happy Diwali!
سالگرہ مبارک ہو۔	ہیپی برتھ ڈے!	Happy birthday!
شادی کی سالگرہ مبارک ہو۔	ہیپی ویڈنگ اینی ورسری!	Happy wedding anniversary!
کامیابی یا کسی بھی موقع پر مبارکباد	کانگریچولیشنز!	Congratulations!

— یاد رکھیے: نئے سال یا تہواروں کی مبارکباد کے جواب میں کہیے:

تھینک یو سیم ٹو یو۔ — Thank you, Same to you.

— لیکن باقی سبھی نیک خواہشات کے اظہار کے جواب میں صرف کہیے:

تھینک یو۔ — Thank you.

عام جسمانی تکلیفوں کا اظہار کچھ اس طرح کیجیے:

سر درد ہونے پر۔	آئی ہیو اے ہیڈ یک۔	I have a headache.
پیٹ میں درد ہو رہا ہو تو۔	آئی ہیو اَ اسٹمکیک۔	I have a stomachache.
تھکان کی حالت میں۔	آئی ایم ویری ٹائیرڈ۔	I am very tired.
طبیعت کی خرابی میں۔	آئی ایم ناٹ فیلنگ ویل۔	I am not feeling well.
تھوڑا ٹھیک لگنے پر۔	آئی ایم فیلینگ بیٹر۔	I am feeling better.
پوری طرح صحت یاب ہونے پر۔	آئی ایم پرفیکٹلی آل رائٹ۔	I am perfectly all right.

— کسی کی توجہ مرکوز کرانے کے لیے۔ چھینک آنے پر یا محفل سے اٹھ کر جانے سے پہلے کہنا نہ بھولیں۔

Excuse me. — ایکس کیوزمی۔

— ریستوراں، ہوٹل یا پارٹی میں ویٹر کو ٹپ دیتے وقت کہیں:

Keep the change. — کیپ دچینج۔

— کسی کو خاموشی رہنے کو اس طرح کہیں:

Please keep quiet. — پلیز کیپ کوائیٹ۔

CD کو ریوائنڈ کر کے دھیان سے سنئے او جملوں کی مشق کیجئے۔

آیئے اب سنئے کہ مختلف مواقع پر بات چیت کس طرح کی جاتی ہے۔

یونٹ 4: مشق .1

انٹروڈیوسنگ سیلف اینڈ اَدرز **Introducing Self and Others** (تعارف: اپنا اور دوسروں کا)

Raghav : Excuse me, may I sit here please? — راگھو : ایکسکیوزمی۔ مے آئی سٹ ہیئر پلیز؟

Sudhir : Yes please. — سدھیر : یس پلیز

Raghav : Thank you. I am Raghav Rai. — راگھو : تھینک یو۔ آئی ایم راگھو رائے۔

Sudhir : I am Sudhir Sen. — سدھیر : آئی ایم، سدھیر سین۔

Raghav : What do you do Mr. Sen? — راگھو : وہاٹ ڈو یو ڈو مسٹر سین؟

Sudhir : I am a sales representative in Mega Electricals. What about you? — سدھیر : آئی ایم اے سیلز ری پری زین ٹے ٹیو ان میگا الکٹریکلز۔ وہاٹ اباوٹ یو؟

Raghav : I am an accountant in the Bank of India. — راگھو : آئی ایم این اکاؤنٹینٹ ان دبینک آف انڈیا۔

Sudhir : Where are you from? — سدھیر : ویئر آر یو فرام؟

Raghav : I am from Mumbai. But now I am settled in Delhi. And you? — راگھو : آئی ایم فرام ممبئی۔ بٹ ناؤ آئی ایم سیٹلڈ ان ڈیلہی۔ اینڈ یو؟

Sudhir : I am from Delhi itself. — سدھیر : آئی ایم فرام ڈیلہی اٹ سیلف۔

Raghav : O I see! My stop. O.K. Bye Sudhir. — راگھو : اوہ آئی سی! مائی اسٹاپ۔ او کے۔ بائی سدھیر۔

Sudhir : Bye. — سدھیر : بائی۔

(وین دے میٹ اگین When they meet again دوبارہ ملنے پر)

Sudhir : Hello Raghav. Nice to see you again. How are you? — سدھیر : ہلو راگھو۔ نائس ٹو سی یو اگین۔ ہاؤ آر یو؟

Raghav : Hello Sudhir, I'm fine, thank you, and you? — راگھو : ہلو سدھیر۔ آئیم فائین۔ تھینک یو۔ اینڈ یو؟

Sudhir : Fine. Here, meet my wife Meeta, my son Mohit and my daughter Neha. — سدھیر : فائین، ہیئر، میٹ مائی وائف میتا، مائی سن موہت اینڈ مائی ڈاٹر نیہا۔

Raghav : Hello Mrs. Sen! Hello Children! My wife Shefali and my daughter Saumya. — راگھو : ہلو مسز سین! ہیلو چلڈرین۔ مائی وائف شیفالی اینڈ مائی ڈاٹر سومیا۔

Sudhir : Hello. — سدھیر : ہلو۔

Meeta : (to Shefali) Hello Shefali! — میتا : (شیفالی سے) ہیلو شیفالی!

Shefali : Hello Meeta. — شیفالی : ہلو میتا۔

Meeta : Do you work Shefali? — میتا : ڈو یو ورک شیفالی؟

Shefali : No, I am a housewife. What about you?	شیفالی : نو، آئی ایم ہاؤس وائف۔ وہاٹ اباوٹ یو؟
Meeta : I teach in a school.	میتا : آئی ٹیچ اِن اسکول۔
Shefali : Which School?	شیفالی : وچ اسکول؟
Meeta : Nehru Public School.	میتا : نہرو پبلک اسکول۔
Shefali : O, I see. Where do you live Meeta?	شیفالی : اوہ آئی سی۔ ویئر ڈو یو لیو میتا؟
Meeta : In Model Town, and you?	میتا : اِن ماڈل ٹاؤن۔ اینڈ یو؟
Shefali : We are in Shalimar Bagh. Please drop in sometime.	شیفالی : وی آر اِن شالیمار باغ۔ پلیز ڈراپ اِن سم ٹائم۔
Meeta : Sure, you too.	میتا : شیور یو ٹو۔

Asking the Way آسکنگ دے وے (راستے کی معلومات)

Rohit : Excuse me. Could you tell me the way to the Express Building please?	روہت : ایکس کیوزمی۔ کڈ یو ٹیل می دے ٹو دا ایکسپریس بلڈنگ پلیز؟
The man : Yes, go straight, take the first left turn, and keep walking. You will reach Bahadurshah Zafar Road, The Express Building is on that Road.	راہ گیر : یس۔ گو اسٹریٹ۔ ٹیک دفرسٹ لیفٹ ٹرن۔ اینڈ کیپ واکنگ۔ یو وِل ریچ بہادر شاہ ظفر روڈ، دا ایکسپریس بلڈنگ از آن دیٹ روڈ۔
Rohit : Thank you.	روہت : تھینک یو۔
Rohit : (to a lady) Excuse me Madam. From where can I get a bus to Connaught Place?	روہت : (ایک عورت سے) ایکس کیوزمی میڈم۔ فرام ویئر کین آئی گٹ ابس ٹو کناٹ پلیس؟
Lady : From that bus stop near the bridge.	عورت : فرام دیٹ بس اسٹاپ نیئر د برج۔
Rohit : Thank you.	روہت : تھینک یو۔
Rohit : Is it going to Jantar Mantar?	روہت : از اٹ گوئنگ ٹو جنتر منتر؟
Conductor : Yes. Get in fast.	کنڈکٹر : یس۔ گٹ اِن فاسٹ۔
Rohit : (to a passenger) Would you please tell me when we reach Jantar Mantar?	روہت : (ایک مسافر سے) وڈ یو پلیز ٹیل می وین وی ریچ جنتر منتر؟
Passenger : Yes, I will.	مسافر : یس آئی وِل۔
Rohit : Can I get a bus to Shalimar Bagh from there?	روہت : کین آئی گٹ ابس ٹو شالیمار باغ فرام دیئر؟
Passenger : Yes, easily.	مسافر : یس ایزی لی۔
Rohit : O, thank you.	روہت : او تھینک یو۔

A Boy Talks to a Girl ابوائے ٹاکس ٹو اگرل (ایک لڑکے کی لڑکی سے بات چیت)

Sumit : Hi Reena!	سمیت : ہائی رینا!
Reena : Hi! How are you?	رینا : ہائی! ہاؤ آر یو؟
Sumit : Fine and you?	سمیت : فائن اینڈ یو؟
Reena : Fine, thanks.	رینا : فائن تھینکس۔
Sumit : Where are you going?	سمیت : ویئر آر یو گوئنگ؟

Reena : Actually I am free in this period. I was just wondering what to do.	رینا : ایکچو لی آئی ایم فری ان دِس پیریڈ۔ آئی واز جسٹ ونڈرنگ واٹ ٹو ڈو۔
Sumit : I was going to the canteen. Care to join!	سمیت : آئی واز گوئنگ ٹو دی کینٹین۔ کیئر ٹو جوائن!
Reena : O.K	رینا : او۔کے
Sumit : What do you like, coke or something else?	سمیت : واٹ ڈو یو لائیک۔کوک آر سم تھنگ ایلس؟
Reena : Coke is fine.	رینا : کوک از فائین۔
Sumit : Here you are.	سمیت : ہیئر یو آر۔
Reena : Thanks.	رینا : تھینکس۔
Sumit : Where do you live Reena?	سمیت : ویئر ڈو یو لیو رینا؟
Reena : In Model Town, and you?	رینا : ان ماڈل ٹاؤن۔اینڈ یو؟
Sumit : In Janakpuri. Are you mostly free in the fifth period?	سمیت : ان جنک پوری۔آر یو موسٹلی فری ان دففتھ پیریڈ؟
Reena : Yes mostly, except on Fridays when we have tutorials. I have to go now. Thanks for the coke Sumit.	رینا : یس موسٹلی ایکسپیٹ آن فرائڈیز وین وی ہیو ٹیوٹوریلز۔ آئی ہیو ٹو گو ناؤ۔ تھینکس فار دکوک سمیت۔
Sumit : Bye, see you.	سمیت : بائی۔سی یو۔

(وین دے میٹ اگین When they meet again دوبارہ ملنے پر)

Sumit : Hi Reena, coming from the library?	سمیت : ہائی رینا، کمنگ فرام دَلائبریری؟
Reena : Yes. How are you?	رینا : یس۔ہاؤ آر یو؟
Sumit : Fine. Reena, what are you doing this Sunday?	سمیت : فائین۔رینا، واٹ آر یو ڈوئنگ دِس سنڈے؟
Reena : Nothing special, Why?	رینا : نہ تھنگ اسپیشل۔وائی؟
Sumit : We friends are planning to see a movie this Sunday. Want to join us?	سمیت : وی فرینڈز آر پلے ننگ ٹو سی اموی دِس سنڈے وانٹ ٹو جوائن اَس؟۔
Reena : Which movie?	رینا : وچ مووی؟
Sumit : We haven't decided yet. May be the new English movie on Chanakya.	سمیت : وی ہیونا ٹ ڈسائیڈ یڈیٹ۔ مے بی دَنیو انگلش مووی آن چانکیہ۔
Reena : How many persons are going there?	رینا : ہاؤ مے نی پرسنز آر گوئنگ دیئر؟
Sumit : Five, two boys and three girls. Mona is also coming.	سمیت : فائیو۔ٹو بوائز اینڈ تھری گرلز۔مونا اِز آلسو کمنگ۔
Reena : O. K., Can I bring a friend along?	رینا : او۔کے۔کین آئی برنگ افرینڈ الانگ؟
Sumit : Yes of course.	سمیت : یس آف کورس۔
Reena : How much for the ticket?	رینا : ہاؤ مچ فار دَٹکٹ؟
Sumit : I'll take the money after we buy the tickets.	سمیت : آئیل ٹیک دَمنی آفٹر وی بائی دَٹکٹس۔
Reena : Fine, see you soon. Bye Sumit.	رینا : فائین سی یو سون۔بائی سمیت۔
Sumit : Bye, Reena.	سمیت : بائی رینا۔

یونٹ4: مشق.4

کمپلیننگ اباؤٹ افالٹی اکویمپنٹ Complaining about a faulty equipment (مشین میں نقص کی شکایت)

Salesman : Good morning madam. Can I help you?	سیلز مین: گڈ مارننگ میڈم۔کین آئی ہیلپ یو؟
Customer : Yes, I have a complaint.	گاہک : یس آئی ہیوا کمپلینٹ۔

Salesman : Yes please.	سیلزمین: یس پلیز۔
Customer : I bought this mixer grinder last week from your shop. It doesn't work properly.	گاہک: آئی باٹ دِس مکسر گرائینڈر لاسٹ ویک فرام یور شاپ۔ اٹ ڈزنٹ ورک پراپرلی۔
Salesman : Let me see. What is the problem madam?	سیلزمین: لیٹ می سی واٹ از دِ پرابلم میڈم؟
Customer : The grinder makes too much noise and doesn't grind anything fine. And the blender doesn't mix anything properly.	گاہک: دِ گرائینڈر میکس ٹو مچ نائز اینڈ ڈزنٹ گرائنڈ اینی تھنگ فائن. اینڈ دِ بلینڈر ڈزنٹ مکس اینی تھنگ پروپرلی۔
Salesman : I see. Does it have a guarantee?	سیلزمین: آئی سی۔ ڈزاٹ ہیوا گارنٹی؟
Customer : Yes, one year.	گاہک: یس، ون ایئر۔
Salesman : Do you have the receipt please?	سیلزمین: ڈویوہیودری سیٹ پلیز؟
Customer : Yes, here it is.	گاہک: یس ہیئراٹ از۔
Salesman : Alright madam. Leave the machine with us. I will send it to the company's workshop for repair.	سیلزمین: آل رائٹ میڈم۔ لیودِ مشین وِداس۔ آئی وِل سینڈاٹ ٹو دِ کمپنیز ورکشاپ فار ری پیئر۔
Customer : Can't you change the piece or refund the money?	گاہک: کانٹ یو چینج دِ پیس آر ری فنڈ دِ منی؟
Salesman : We will change the piece if the fault can't be repaired. But we can't refund the money.	سیلزمین: وی ول چینج دِ پیس اف دِ فالٹ کانٹ بی ری پیئرڈ۔ بٹ وی کانٹ ری فنڈ دِ منی۔
Customer : When should I come back?	گاہک: وین شُڈ آئی کم بیک؟
Salesman : Next week Wednesday.	سیلزمین: نیکسٹ ویک ویزڈے۔
Customer : Alright. Thank you.	گاہک: آل رائٹ تھینک یو۔

یونٹ 4: مشق 5.

این انٹرویو فار اجاب An Interview for a Job (نوکری کے لیے انٹرویو)

Candidate : May I come in sir?	امیدوار: مے آئی کم ان سر؟
Interviewer : Yes please.	انٹرویور: یس پلیز۔
Candidate : Good morning sir.	امیدوار: گڈ مارننگ سر۔
Interviewer : Good morning! Please sitdown.	انٹرویور: گڈ مارننگ! پلیز سٹ ڈاؤن۔
Candidate : Thank you.	امیدوار: تھینک یو۔
Interviewer : What is your name?	انٹرویور: واٹ از یور نیم؟
Candidate : Seema Vishwas.	امیدوار: سیما وشواس۔
Interviewer : Married or unmarried?	انٹرویور: میریڈ آر ان میریڈ؟
Candidate : Married.	امیدوار: میریڈ۔
Interviewer : You have applied for the post of a personal assistant. Right?	انٹرویور: یو ہیو اپلائیڈ فار دِ پوسٹ آف اے پرسنل اسسٹنٹ رائٹ؟
Candidate : Yes sir.	امیدوار: یس سر۔
Interviewer : What are your qualifications?	انٹرویور: واٹ آر یور کوالی فی کیشنز؟
Candidate : I am B.Sc. I have also done a diploma in typing and shorthand, and a secretarial course	امیدوار: آئی ایم، بی ایس سی۔ آئی ہیو آلسو ڈن اے ڈپلومہ ان ٹائپنگ اینڈ شارٹ ہینڈ۔ اینڈ اسکیر یٹریل کورس فرام

from the Govt. Polytechnic Gaziabad.	دَ گورنمنٹ پالی ٹیکنگ غازی آباد۔
Interviewer : What is your speed in typing and shorthand?	انٹرویور: واٹ از یور اسپیڈ ان ٹائپنگ اینڈ شارٹ ہینڈ؟
Candidate : Typing is fifty and shorthand is hundred word per minute.	امیدوار: ٹائپنگ از ففٹی اینڈ شارٹ ہینڈ از ہنڈریڈ ورڈ پرمنٹ۔
Interviewer : Can you work on a computer?	انٹرویور: کین یو ورک آن اَ کمپیوٹر؟
Candidate : I can do the word processing on it.	امیدوار: آئی کن ڈو دَ ورڈ پروسیسنگ آن اٹ۔
Interviewer : Have you worked in an office before?	انٹرویور: ہیو یو ورکڈ ان این آفس بی فور؟
Candidate : Yes, I have worked as P.A. to the manager in D.K. Industries.	امیدوار: یس، آئی ہیو ورکڈ ایز پی۔اے ٹو دَ مینیجر ان ڈی۔کے۔ انڈسٹریز۔
Interviewer : Have you left them?	انٹرویور: ہیو یو لیفٹ دیم؟
Candidate : No. But I am looking for a change now.	امیدوار: نو بٹ آئی ایم لوکنگ فار اَ چینج ناؤ۔
Interviewer : Why?	انٹرویور: وائی؟
Candidate: The place is very far. Besides the salary is not enough.	امیدوار: دَ پلیس از وری فار۔ بی سائڈز دَ سیلری از ناٹ اِنف۔
Interviewer : What is your present salary?	انٹرویور: واٹ از یور پریزینٹ سیلری؟
Candidate : Twenty one hundred rupees per month.	امیدوار: ٹوینٹی ون ہنڈریڈ رپیز پر منتھ۔
Interviewer : What salary do you expect?	انٹرویور: واٹ سیلری ڈو یو ایکسپیکٹ؟
Candidate : Around 3000/- rupees.	امیدوار: اراؤنڈ تھری تھاؤزینڈ رُپیز۔
Interviewer : Can you communicate in English fluently?	انٹرویور: کین یو کمیونی کیٹ ان انگلش فولینٹ لی؟
Candidate : Of course I can.	امیدوار: آف کورس۔ آئی کین۔
Interviewer : One last but very important question. A personal assistant may have to stay back late in office sometimes. Can you do that?	انٹرویور: ون لاسٹ بٹ وری امپارٹنٹ کوئیسچن۔ اے پرسنل اسسٹنٹ مے ہیو ٹو اسٹے بیک لیٹ ان آفس سم ٹائمز۔ کین یو ڈو دیٹ؟
Candidate : Only once in a while sir, not always, I have a small baby.	امیدوار: اونلی ونس ان اوائل سر۔ ناٹ آل ویز، آئی ہیو اَ اسمال بے بی۔
Interviewer : All right Mrs. Vishwas. That will do. We will let you know soon.	انٹرویور: آل رائٹ مسز وشواس۔ دیٹ وِل ڈو۔ وی وِل لیٹ یو نو سون۔
Candidate : Thank you sir.	امیدوار: تھینک یو سر۔

یونٹ 4: مشق 6.

باس اینڈ سکریٹری Boss and Secretary (باس اور سکریٹری)

Secretary : Good morning sir.	سکریٹری: گڈ مارننگ سر۔
Boss : Good morning Joyace. Please take down this letter and fax it immediately.	باس: گڈ مارننگ جائس۔ پلیز ٹیک ڈاؤن دس لیٹر اینڈ فیکس اٹ امی ڈی ایٹ لی۔
Secretary : O.K. Sir, you have an apppointment with Mr. Mehta of N.K. Industries at 11.30 today.	سکریٹری: او۔کے۔ سر، یو ہیو این اپائنٹ مینٹ ود مسٹر مہتہ آف این۔کے۔ انڈسٹریز ایٹ الیون تھرٹی ٹوڈے۔

Boss : Alright, remind me about it at eleven O'clock. — باس : آل رائٹ۔ ری مائنڈ می اباؤٹ اِٹ ایٹ ای لیون او کلاک۔

Secretary : Yes sir. This is the letter from their company and a copy of the reply sent by us. — سکریٹری: یس سر، دِس از دَ لیٹر فرام دیئر کمپنی اینڈ اَ کاپی آف دَ رپلائی سینٹ بائی اَس۔

Boss : Alright, send me the concerned file. — باس : آل رائٹ۔ سینڈ می دَ کن سرنڈ فائل۔

Secretary : These are two applications. Mr. Sahil has reported sick and Mrs. Choudhary has applied for an extension of her leave. — سکریٹری: دیز آر ٹو اپلی کیشنز۔ مسٹر ساحل ہیز رپورٹیڈ سک اینڈ مسز چودھری ہیز اپلائیڈ فار این ایکس ٹینشن آف ہر لیو۔

Boss : How many days? — باس : ہاؤ مے نی ڈیز؟

Secretary : Three days, 25th to 28th of April. — سکریٹری: تھری ڈیز۔ ٹوینٹی ففتھ ٹو ٹوینٹی ایٹتھ آف اپریل۔

Boss : Anything else? — باس : اینی تھنگ ایلس؟

Secretary : This is the electrician's bill. And also, I've sent for the plumber. The toilet flush is not working again. — سکریٹری: دِس از دَ الیکٹریشنز بل، اینڈ آلسو آئی ہیو سینٹ فار دَ پلمبر۔ دَ ٹوائلیٹ فلش از ناٹ ورکنگ اگین۔

Boss : Have you sent the reminder to Meghraj and Sons? — باس : ہیو یو سینٹ دَ ری مائنڈر ٹو میگھراج اینڈ سنز؟

Secretary : Yes sir. — سکریٹری: یس سر۔

Secretary : Hello, Vishal Industries. Please hold on (to the boss) Sir, this is Mrs. D'souza from Pustak Mahal Publishers. She wants an appointment, this afternoon. — سکریٹری: ہلو۔ وشال انڈسٹریز۔ پلیز ہولڈ آن۔ (باس سے) سر، دِس از مسز ڈی سوزا فرام پستک محل پبلشرز۔ شی وانٹس این اپائنٹمنٹ۔ دِس آفٹرنون۔

Boss : Is there any other appointment? — باس : از دیئر اینی اَدر اپائنٹمنٹ؟

Secretary : No sir. — سکریٹری: نو سر۔

Boss : Alright. Call her at 4 O'clock. — باس : آل رائٹ۔ کال ہر ایٹ فور او کلاک۔

Secretary : O.K. Mrs. D'souza you can come at four O'clock. — سکریٹری: او کے مسز ڈی سوزا یو کین کم ایٹ فور او کلاک۔

Boss : Have our new brochures arrived? — باس : ہیو اور نیو بروشرز ارائیوڈ؟

Secretary : Yes sir. This is the list of the companies, we are sending them to. — سکریٹری: یس سر۔ دِس از دَ لسٹ آف دَ کمپنیز۔ وی آر سینڈنگ دیم ٹو۔

Boss : O.K. send all the brochures today without fail. Also send this packet by courier. — باس : او۔ کے۔ سینڈ آل دَ بروشرز ٹوڈے وِد آؤٹ فیل۔ آلسو سینڈ دِس پیکیٹ بائی کوریئر۔

Secretary : Yes sir. — سکریٹری: یس سر۔

یونٹ 4: مشق 7.

First Meeting Between a Boy & a Girl For a Marriage Proposal

فرسٹ میٹنگ بٹ وین اے بوائے اینڈ اے گرل فار اے میرج پرپوزل: (پہلی ملاقات لڑکے اور لڑکی کے ساتھ شادی کے لیے)

Rahul : Which college did you attend? — راہل : وچ کالج ڈِڈ یو اٹینڈ؟

Renu : Gargi college. — رینو : گارگی کالج۔

Rahul : What were your subjects? — راہل : واٹ ور یور سبجیکٹس؟

Renu : History, Economics and English. — رینو : ہسٹری۔ ایکنامکس اینڈ انگلش۔

Rahul : What are your hobbies? — راہل : واٹ آر یور ہابیز؟

Renu : Cooking and designing clothes.In my spare time — رینو : ککنگ اینڈ ڈیزائننگ کلوز ان مائی اسپیئر ٹائم

I also read novels and listen to music. — آئی آلسو ریڈ ناولز اینڈ لسن ٹو میوزک۔

Rahul : What type of music? — راہل : واٹ ٹائپ آف میوزک؟

Renu : Light film songs and ghazals. — رینو : لائٹ فلم سانگز اینڈ غزلز۔

Rahul : What are your expectations from a husband? — راہل : واٹ آر یو ایکس پیکٹیشنز فرام اہز بینڈ؟

Renu:(shyly) He should be loving, caring and understanding. — رینو : (شرماتے ہوئے) ہی شُڈ بی لونگ کیرنگ اینڈ انڈراسٹینڈ نگ۔

Rahul : Do you want to work after marriage? — راہل : ڈو یو وانٹ ٹو ورک آفٹر میرج؟

Renu : That depends on my inlaws and the
circumstances after marriage. — رینو : دیٹ ڈپینڈز آن مائی ان لاز اینڈ د
سرکمسٹانسیز آفٹر میرج۔

Rahul : One last but very important question. Being the only son
I'll always stay with my parents. Can you adjust in the family? — راہل : ون لاسٹ بٹ ویری امپارٹنٹ کوئیسچن۔ بینگ دَاونلی سن
آئل آل ویز اسٹے ود مائی پیرینٹس۔ کین یو ایڈجسٹ ان دفیملی؟

Renu : Yes sure. — رینو : یس شیور۔

Rahul : Now you too can ask me whatever you want. — راہل : ناؤیوٹو کین آسک می واٹ اے ور یو وانٹ۔

Renu : I would also like to know about your
expectations from your wife. — رینو : آئی ووڈ آلسو لائیک ٹو نو اباوٹ یور
ایکس پیکٹیشنز فرام یور وائف۔

Rahul : I want her to be my true friend and life partner. — راہل : آئی وانٹ ہر ٹو بی مائی ٹرو فرینڈ اینڈ لائف پارٹنر۔

یونٹ4: مشق.8

این آفیشیل پارٹی An Official party (ایک دفتری پارٹی)

(Mr. Nigam, the Director of Visal Industries throws a party to celebrate the opening of new production line. Mr. Nigam, Mrs. Nigam and his marking executive Sandeep receive the guests. The guests greet and congratulate the hosts.)

مسٹرنگم، دڈائریکٹر آف وشال انڈسٹریز تھروس اپارٹی ٹو سیلی بریٹ داوپننگ آف نیو پروڈکشن لائن۔ مسٹرنگم، مسزنگم اینڈ ہز مارکٹنگ ایکزی کیوٹیو سندیپ ری سیود گیسٹس۔ دگیسٹس گریٹ اینڈ کانگریچولیٹ دہوسٹس۔

Mr. Joshi : Good evening Mr. Nigam, congratulations. — مسٹرجوشی: گڈ ایوننگ، مسٹرنگم کانگریچولیشنز۔

Mr. Nigam : Thank you Mr. Joshi, welcome.
Please meet my wife Neelima. — مسٹرنگم : تھینک یو مسٹرجوشی۔ ویلکم
پلیز۔ میٹ مائی وائف نیلما۔

Mr. Joshi : Hello Mrs. Nigam. My wife Asha. — مسٹرجوشی: ہلومسزنگم۔ مائی وائف آشا۔

Mrs. Nigam : Hello and welcome. Come let me
introduce you go the other ladies. — مسزنگم : ہلواینڈ ویلکم۔ کملیٹ می
انٹروڈیوس یو گودَادر لیڈیز۔

Dilip : Good evening sir, congratulations. — دلیپ : گڈ ایوینگ سر۔ کانگریچولیشنز۔

Mr. Nigam : Thanks and welcome Dilip. — مسٹرنگم : تھینکس اینڈ ویلکم دلیپ۔

Sandeep : Hello Mr. Mittal, come have a drink. — سندیپ : ہلومسٹرمتل۔ کم ہیواڈرنک۔

Dilip : Thanks. So how is business Mr. Patil? — دلیپ : تھینکس۔ سوہاؤاز بزنیس مسٹرپاٹل؟

Sandeep : Business is fine sir. But I am
expecting a bigger order from you this time. — سندیپ : بزنیس از فائن سر۔ بٹ آئی ایم
ایکس پیکٹنگ ابگر آرڈ فرام یو دس ٹام۔

Dilip : Sure. I would love to do that but you got to — دلیپ : شیور آئی وڈ لوٹو ڈو دیٹ بٹ یو گاٹ ٹو۔

make prices a bit more competitive.	میک پرائیز ابٹ مور کام پی ٹیٹو۔
Sandeep : I have quoted the lowest possible prices for you.	سندیپ: آئی ہیو کوٹیڈ دلو یسٹ پاسبل پرائسیز فاریو۔
Dilip : But fifteen percent discount isn't enough.	دلیپ : بٹ ففٹین پرسینٹ ڈس کاؤنٹ ازنٹ اینف۔
You see I've been offered much better price than that.	یوسی آئیو بین آفرڈ مچ بیٹر پرائس دین دیٹ۔
Sandeep : All right, let me speak to my boss sir.	سندیپ : آل رائٹ۔ لیٹ می اسپیک ٹو مائی باس سر۔
Could I get back to you in a day or two?	کڈ آئی گیٹ بیک ٹو یو ان اڈے آرٹو؟
Dilip : Yes, no problem.	دلیپ : یس نو پرابلم۔
Sandeep : Thanks. Come have some snacks sir. These cutlets are very	سندیپ : تھینکس۔کم ہیوسم اسنیکس سر۔دیز کٹلیٹس
very nice. (In the meanwhile Mr.Nigam talks to his guests)	آرویری نائس۔(ان دمیں وائل مسٹرنگم ٹاکس ٹو ہز گیسٹس)
Mr. Nigam : How is everything Mr. Nayar?	مسٹرنگم : ہاؤاز ایوری تھینگ مسٹر نائر؟
Mr. Nayar : Fine. Thanks Mr. Nigam, what about you?	مسٹرنائر : فائن تھینکس مسٹرنگم۔واٹ اباؤٹ یو؟
Mr. Nigam : Fine, by God's grace. Only this	مسٹرنگم : فائن بائی گاڈز گریس۔اونلی دِس
project has kept me very busy.	پراجیکٹ ہیز کیپٹ می ویری بزی۔
Mr. Nayar : Naturally. When are you going to start production?	مسٹرنائر : نیچرلی وین آر یو گوئنگ ٹو اسٹارٹ پروڈکشن؟
Mr.Nigam : If all goes well, in the first week of October I suppose.	مسٹرنگم :اف آل گوزویل۔ان دفرسٹ ویک آف اکتوبر آئی سپوز۔
Mr. Nayar : Good, I'd like to visit your factory one of these days.	مسٹرنائر : گڈ آئیڈ لائیک ٹو وزٹ یور فیکٹری ون آف ویز ڈیز۔
Mr. Nigam : My pleasure. By the way, have you seen	مسٹرنگم : مائی پلیزر۔ بائی دوے ہیو یو سین اور نیو بروشرز؟
our new broshures?	
Mr. Nayar : No. I haven't.	مسٹرنائر : نو۔آئی ہیونٹ۔
Mr. Nigam : I will have them sent to you tomorrow itself. Now	مسٹرنگم : آئی دل ہیو دیم سینٹ ٹو یو ٹو ماروات سلیف۔
that we are expanding. I look forward to a stronger	ناؤدیٹ وی آر ایکس پینڈنگ۔آئی لک فارورڈ ٹو اسٹرونگر
and mutually beneficial business relationship with you.	اینڈ میوچلی بینی فیشل بزنیس ریلیشن شپ ود یو۔
Mr. Nayar : Yes. Ofcourse Mr. Nigam. Please come over to my office	مسٹرنائر : یس۔آف کورس مسٹرنگم۔پلیزکم اور ٹو مائی آفس
one day. We can sit together and work out the details.	ون ڈے دی کین سٹ ٹو گیدر اینڈ ورک آؤٹ دڈ ٹیلز۔
Mr. Nigam : Sure.	مسٹرنگم : شیور۔
Sandeep : Please come for the dinner sir.	سندیپ : پلیزکم فار دڈنر سر۔
<u>(And when the guests start leaving after the dinner).</u>	<u>(اینڈ وین دگیسٹ اسٹارٹ لیونگ آفٹر دڈنر)</u>
Mr. Nayar : Thank you very much Mrs. Nigam.	مسٹرنائر : تھینک یو ویری مچ مسزنگم۔
It was a wonderful evening.	اٹ واز اونڈرفل ایوننگ۔
Mrs. Nigam : Thanks for coming Mr. Nayar.	مسزنگم : تھینکس فار کمنگ مسٹرنائر۔
Sandeep : Excuse me sir. Could I see you in the office this Tuesday?	سندیپ : ایکس کیوزمی سر۔کڈ آئی سی یو ان دآفس دِس ٹیوزڈے۔
Mr. Nayar : Yes. Fix up the time with my P.A. please.	مسٹرنائر : یس۔فکس اپ دٹائم ود مائی پی۔اے۔پلیز۔
Sandeep : Yes sir, good night sir.	سندیپ : یس سر۔گڈ نائٹ سر۔

(اب آپ CD بار بار سنیں۔ساتھ ساتھ بولنے کی مشق کریں۔اس سے آپ کی جھجک دور ہوگی اور کچھ عرصے میں
آپ بے جھجک انگریزی بولنے لگیں گے۔ہماری دعائیں آپ کے ساتھ ہیں)

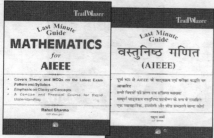

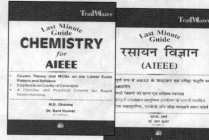

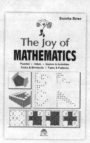

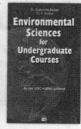

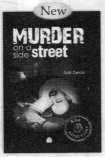

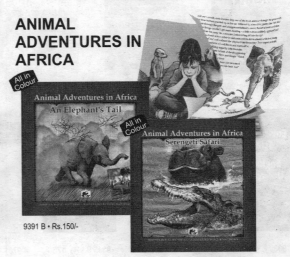

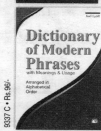

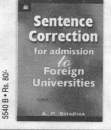

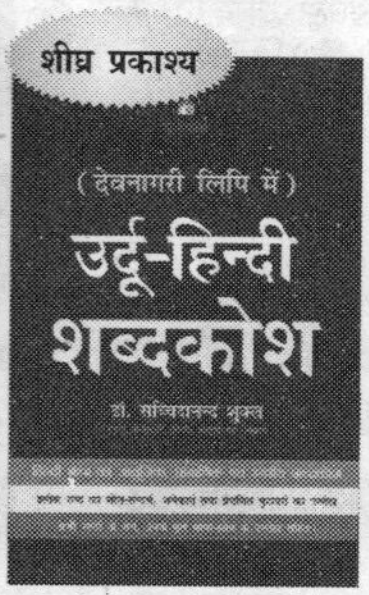

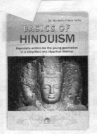

LIGION/ASTROLOGY/PARANORMAL/GENERAL HEALTH/NATURE CURE

9415 B • Rs. 150/-

Paranormal Experiences

9369 D • Rs. 150/-

Four Trines
in
Vedic Astrology

9705 A • Rs. 225/-

मनोवैज्ञानिक ढंग से
अपना व्यक्तित्व
कैसे निखारें

9378 A • Rs. 96/-

The 4-Lane
Expressway to
STRESS
MANAGEMENT

9221 B • Rs. 95/-

अंक विद्या
और ज्योतिष

9971 C • Rs. 96/-

ज्योतिष
प्रदीप

9355 D • Rs. 96/-

Explore the Power of
Astrology

9239 B • Rs. 96/-

Discover the amazing
power of herbs
Spirulina

9219 F • Rs. 50/-

The Little Manual of
MEDITATION
15 Effective Ways
to Discover Your
Inner Self

9353 B • Rs.150/-

The Little Manual of
ENLIGHTENMENT
7 Valuable Tips for
Those in Search of
Awareness

9350C • Rs. 150/-

Taming
The Little Devils
Within

9710 B • Rs. 175/-

Cholesterol
Busters
A 15-Days
Detox Plan
to Reduce Cholesterol

9324 E • Rs. 75/-

संजीवनी क्रिया

9716 J • Rs. 96/-

सिद्धामृत
सूर्य-क्रियायोग

9727 D • Rs. 96/-

अग्नि-क्रियायोग

9797 C • Rs. 96/-

SURYA KRIYA
The Pathway to Immortality

U 9737 Q • Rs. 150/-

हर दसवां भारतीय
मन का रोगी
जानिए,
कहीं आप
तो नहीं

9333 D • Rs. 96/-

PARENTING/RELATIONSHIPS

Rules
of
Attraction
Get the one you admire

9362 A • Rs. 96/-

WIN
the Battles of Life
Relationships

9919 B • Rs. 80/-

THORN IN MY
ROSE BUSH

9344 A • Rs. 96/-

BABY
CHILD CARE

9717 K • Rs. 150/-

progressive
parenting
THE DEFINITIVE
RESOURCE BOOK

9358 A • Rs. 150/-

Explore
the Power of Astrology
Trikona-2

9349 B • Rs. 125/-

Explore
the Power of Astrology
Trikona

9327 C • Rs. 125/-

Mama,
I'm
Hungry!
A practical guide
to child nutrition

9247 B • Rs. 88/-

Solving
CHILDREN'S
Day-to-Day Problems

9374 A • Rs. 96/-

The Joy of
Parenting

9223 A • Rs. 96/-

डांट-डपट
के बिना बच्चों को
कैसे सुधारें

9972 D • Rs. 96/-

Bringing up a
Dream Child
DISCIPLINE
YOUR CHILD
Without
SHOUTING
Or SPANKING

9213 F • Rs. 88/-

UNICORN
Safe-n-Sure
Weight
Loss
Programme

9222 C • Rs. 96/-

The Little Manual of
HAPPINESS
7 Simple Steps to
a Joyful Life

9352 A • Rs. 150/-

www.unicornbooks.in
info@unicornbooks.in